不確實性下 意思決定

| 강성안 저 |

Decision Making under Uncertainty

도서출판 두남

서언(序言)

우리들은 하루에도 몇 번이고 무엇인가를 결정하며 살아간다. 아침에 일어나면 TV를 켤까 말까부터 시작하여 경제뉴스를 볼까 아니면 시사뉴스를 볼까를 결정한다. 주부는 아침 메뉴를 정한다. 회사원은 회사에서 국회의원은 국회에서 교수는 학교에서 자기 업무와 관련하여 끊임없이 결정하여야 한다. 이렇게 결정이 불가피한데 결정하지 않으면 아니 되는 상황에서 항상 잘못 결정하여 나쁜 결과를 가져오지 않을까 우리는 불안하다. 또한 일단 결정하면 이를 실행해야 하며 그 결과를 수용해야 한다. 책임을 져야 한다. 때문에 아무 결정도 하지 않아도 살 수 있는 곳이야말로 천국이라고 말하는 사람마저 있게 된 것이다.

그런데 우리의 환경은 점점 더 결정을 어렵게 만들고 있다. 그 첫 번째 이유가 빨리 아니 누구보다 먼저 결정을 내려야 하기 때문이다. 환경이 급격히 빨리 변화하고 있기 때문에 이에 대응하는 전략이 제때에 수립되지 않으면 도태되기 때문이다. 컴퓨터에서 인터넷 그리고 빠르게 진화하는 로봇을 보면 그 일단을 우리는 알 수 있다. 결정을 어렵게 하는 이유를 몇 가지 더 들어보자.

- 넘치는 정보(情報)
- 늘어나는 불확실성(不確實性)
- 찾아보기 어려운 선례(先例)
- 더욱 잦은 결정
- 더욱 중요하게 된 결정
- 상충되는 목표들
- 늘어나는 의사전달상의 과오
- 이긴 자가 다 차지하는 경향

이렇게 결정이 불가피하면서도 어려운 환경에서 결정을 잘 하려면 어떻게 해야 할까? 골프를 치려는 사람이 골프채를 들고 바로 골프장으로 나가 생각대로 치면서 좋은 플레이를 기대하지는 않을 것이다. 아마도 거의 모든 골프 초심자는 우선 자기가 찾을 수 있는 최상의 프로코치로부터 레슨을 받을 것이며 할 수 있는 한 많은 연습을 할 것이다. 골프프로에게 주저 없이 일련의 개인교습을 받는 사람도 의사결정만은 대부분 자신의 직관(直觀; intuition)과 지능(知能; intelligence) 그리고 경험에 의존하고 있다. 그러나 직관과 경험은 불행하게도 최상의 의사결정을 위한 믿을 만한 선생이 되지 못한다. 오른 손잡이는 본능적으로 오른손을 쓰게 되어 있으나 골프는 힘을 들이지 않아야 하고 평소에 거의 쓰지 않는 왼손을 써야 한다. 그러므로 왼손을 쓰는 요령을 배워야 하며 또 많은 연습이 필요한 것이다.

다행이도 숙련된 의사결정자(decision maker)가 되는 것이 숙련된 프로골퍼가 되는 것보다는 덜 복잡하다. 의사결정 과정은 남에게 배울 수도 있고 스스로 학습할 수도 있다. 물론 훈련되지 않은 골퍼가 잔뜩 힘이 들어간 오른손을 사용함으로써 오비를 내는 것처럼 훈련되지 않은 의사결정자도 특정한 과오를 범한다. 예를 들어 문제점들을 잘못 정의함으로써 최상의 선택대상을 빠뜨려 버리거나 자신의 판단을 과신한 나머지 핵심적인 사실상의 정보를 수집하는 데 실패한다. 따라서 우리는 훌륭한 의사결정자가 되기 위하여 의사결정의 과정을 고찰하고 훌륭한 결정을 내리는데 거쳐야 할 각 과정을 학습하는 데 도움을 주는 코치가 필요한 것이다.

한편 의사결정을 어렵게 만드는 또 한 가지 중요한 요소가 불확실성이다. 우리의 삶은 불확실성으로 가득차 있다. 출생의 순간과 죽음의 순간을 알 수 없듯이 우리의 삶은 본질적으로 불확실하며 우리는 이를 아주 싫어한다. 사업계의 지도자들은 불확실성을 적(敵)으로 간주한다. 숙련된 경영자는 경영을 불확실성이라는 불유쾌한 놀라움을 회피하는 과정으로 보기도 한다. 불확실성은 뿌리 깊게 못 박혀 있어 통제수단에 의한 관리(manage)능력을 무력화시킨다. 불확실성은 조직이 이익을 만들어 내고 일관된 성과를 유지하지 못하게 하는 장애물이다.

경영자로서 우리는 불확실성을 감축하기 위하여 사실과 숫자에 기초한 정보를 수집하며, 우리는 불화실성을 완충하기 위하여 보험을 이용하며, 불확실성을 회피하기 위하여 이를 부인(否認)하기도 한다. 우리는 확실성을 열망한다. 그리하여 자주 사실을 우리의 욕구에 맞추어 왜곡하기도 한다. 우리는 복잡하고 무질서한 실상을 직시하지 않고 이야기를 만들어 내고 얼마나 사실들이 이 이야기와 다른가와 상관없이 거기에 집착하기도 한다. 우리는 우리의 현 사업모델이 늘 성공하여 왔으며 앞으로도 성공할 것으로 믿는다. 그리하여 세상이 변하였다는 것을 새로운 경쟁자가 도착하였음을 보지 못한다.

그러나 불확실성은 꼼짝 못하게 할 수도 가두어 둘 수도 없다. 그것은 다만 조금 길들일 수 있을 뿐이며 우리는 그와 더불어 살아가지 않을 수 없다. 우리는 놀라움을 피할 것이 아니라 그들이 올 때 맞이하여야 할 것이다. 따라서 우리는 불확실성이 어디서 오는 것인지를 알아내고 그리고 이를 관리하는 방책을 갖도록 하는 길밖에 없다.

의사결정자가 어떻게 상황을 신속히 평가하고, 필요한 정보를 수집하여, 불확실성을 감안한 지능적인 결론에 도달하는가? 어떻게 훌륭하고 빠른 그리고 빈번한 그리하여 늘 이기는 결정을 할 수 있을까? 에 대한 답이 결국 우리들의 삶과 경영의 기본이라 할 수 있겠다.

본서는 크게 세 부분으로 나누어 제1편에서는 불확실성의 특성과 그 원천을 중심으로 의사결정과 연관하여 검토하고, 제2편에서는 의사결정에 관하여 특히 학제적 맥락과 경영 일선의 실제적 여건을 기술하고, 제3편에서는 본서의 궁극적 주제인 불확실성하 의사결정에 관하여 상술하였다. 이 책은 가능한 범위에서 넓은 분야를 소개하여 불확실성과 의사결정을 공부하고자 하는 공부하고 있는 그리고 이들을 다루고 있는 사람들이 편람(便覽; handbook)이나 길잡이로 쓰이기를 염원하면서 집필되었음을 밝혀두고 싶다.

이제 우리는 열심히 보다 영리하게 일해야 되는 시대에 살고 있다. 열심히는 기계가 컴퓨터가 하고 우리는 영리하게 행동해야 한다.

2013년 9월

저 자 씀

차 례

제1편 불확실성

제2편 의사결정

제3편 불확실성하 의사결정

제1편

불확실성
(不確實性; uncertainty)

제1장 불확실성의 성질과 출처

1.1 불확실성의 성질

우리의 삶은 **불확실성**으로 가득차 있다. 우리는 실생활에서 이에 적당히 대처하고 있는데 예를 들면 일기예보를 듣고 접는 우산을 가지고 외출하거나 사고에 대비하여 보험에 들거나 한다. 그러나 폭발적으로 늘어나는 정보, 국제경쟁, 급속히 발전하는 기술, 가변적인 정부 정책, 미지의 결과, 언제나 일어날 수 있는 사고(事故; accidents) 등은 이런 통상적인 방식으로 대처할 수 없음을 우리에게 알려주고 있다. 주먹구구에 매달리지 않으려면 무엇보다 불확실성을 정복하여야 한다.

"불확실성"은 다양한 개념을 포함하는 넓은 의미의 용어이다. 불확실성은 불완전한 정보에서 오기도 하고(예 2020년의 우리나라 일 년 예산은 얼마나 될까?) 정보원(情報源; information sources)간의 불일치에서 오기도 한다(예 2006년 중국의 국방 예산은 얼마일까?). 불확실성은 언어표현상의 불명확에서 오기도 한다(예 "한강의 폭은 넓다"라는 말의 정확한 의미는 무엇인가?). 불확실성은 변화성을 지칭할 수도 있다(예 한강의 유량은 얼마인가?). 우리가 완전한 정보를 가지고 있을지라도 정보를 더 쉽게 인식하고 계산할 수 있게 하기 위하여 사용하는 단순화(單純化; simplifications)와 근사화(近似化; approximations) 때문에 우리가 불확실하게 될 수도 있다. 외부세계의 상황에 관한 불확실성과 함께 우리는 무엇을 좋아하나 즉 우리의 선호는 무엇인가에 대하여 그리고 우리가 무엇을 하여야하나 즉 우리의 결정에 대하여 불확실하기도 하다. 우리는 우리의 불확실성의 정도(程度; degree)에 대하여서 조차도 불확실할 수 있다. 합의된 용어의 부족에 따라 불확실성의 형태(形態; types)와 원천(源泉; sources)의 다양성이 상당한 혼선을 가져온다. 확률이 자주 불확실한 믿음의 측척(測尺)(測尺; measure)으로 사용되고 있으나 확률의 성질에 관한 개념상의 혼선이 만들어 지기도 한다. 다른 형태와 원천을 분명하게 구별하는 것은 매우 중요하다. 왜냐하면 형태나 원천이 다른 것은 다른 방법으로 다루어야 하기 때문이다.

불확실성이 연구의 대상이 되는 것은 그 크기뿐만 아니라 그 변화성 때문이다. 결정나무(decision trees)[1)]나 기대효용이론(expected utility theory)[2)]과 같은 분석적 접근법을 이용할

1) 2편 2.6 결정나무 참조
2) 3편 2장 기대효용이론 참조

수 있는 경우가 있는가 하면 아직까지 분석할 수 있는 도구나 기법이 덜 개발되어 분석적 연역(演繹; deduction)보다는 창조성이나 학습에 의존하여야 하는 경우도 있다. 이런 경우 시나리오 계획(scenario planning)[3] 또는 영향그림(influence diagram)[4]과 같은 기법이 사용되기도 한다. 불확실한 정도가 혼돈(混沌; chaos)과 무지(無知; ignorance)에 이르면 우리는 아직 이를 다룰 좋은 도구를 아직 가지고 있지 못하다. 결국 불확실성의 양 극단이 확실성과 무지라고 말할 수 있겠다.

불확실성이란 용어만큼 사용하는 사람에 따라 그 뜻을 다른 의미로 사용하는 용어는 없을 듯하다. 확률개념이 확립된 초기에 철학, 통계학, 결정이론은 모든 형태의 불확실성을 단일 차원의 확률이나 믿음의 정도라는 의미로 분석하였다. 80년대까지도 불확실성하에서의 판단에 대한 심리학적 연구는 이 전통에 따라 확률의 표준 논리에 상응하는 직관적 판단에 초점을 맞추어 왔다. 모든 복잡한 생태 수준(水準; levels)에서 신호(信號; signs)나 자극(刺戟; stimuli)에 관한 불확실성 그리고 일어날 행위의 결과(結果; consequences)에 관한 불확실성이 존재한다. 모든 수준에서 불확실성의 결과가 나타나기 전에 행위가 이루어진다. 그리고 가장 잘 일어날 만한 일을 위해 모든 수준의 준비를 하여두어야 함은 물론 이에 못지않게 기대하지 않았던 일이 일어났을 때 적절하게 대응할 일반적 능력을 구비해 두어야만 한다. 일이 일어나기 전에는 기대(期待; expectations)가 있다. 일이 일어난 뒤에는 아마도 놀라움이 있을 것이다. 기대가 어긋났을 때 우리는 놀라움을 경험한다(Kahneman & Tversky, 1982.).

Kahneman과 Tversky는 불확실성을 외부세계에 귀속되는 것과 우리들의 내부세계인 지식의 상태에 귀속되는 것 두 가지로 나누었다. 그들은 외적인 불확실성은 확률분포의 양식(樣式; mode)으로 사정(査定; assess)할 수 있는 것과 그 확률을 단일 값으로 사정할 수 있는 것이 있다고 하였다. 한편 내적 불확실성은 증거(證據; evidence)와 논거(論據; arguments)에서 벗어나는 것과 그리고 그 중요성을 재보는 과정에서 오는 것과 부합성(附合性; association)의 강도를 내관적(內觀的; introspectively)으로 판단하는 과정에서 오는 두 가지를 들었다. 그들은 결국 불확실성은 확률로 표현할 수 있다고 하였다.

그러나 위험(危險; risk)이라는 용어가 확률과 연관되어 사용되면서 위험과 불확실성을 구분하여 사용하는 학자가 등장한다. 한편 "Ellsberg의 모순"으로 유명한 Ellsberg(1961)가 불확실성이라는 가족의 일원으로 모호성(模糊性; ambiguity)을 제시한 이후 한동안 모호함과 불확실성을 혼동하는 경향이 있었으나 Hogarth와 Einhorn, 1990이 벤처(venture) 이론에서 모호함을 불확실성의 한 형태로 정의하여 사용하면서 불확실성을 위험, 모호함, 무지(無知; ignorance)로 나누어 다루어야 한다는 견해가 대두되었다. 여기서 무지는 결정의 대상에 대하여 지식이나 정보가 전혀 없는 상태를 말하는 것으로 어떤 학자는 모호함을 막연함(漠然性; vagueness)이라고 하기도 한다.

한편 Schoemaker(2002)는 확실성에 혼돈(混沌; chaos)과 무지(ignorance)에 이르는 넓은 지

---

3) 3편 5.6 예측과 시나리오계획참조.

4) 2편 2.4 영향그림 참조

식 스펙트럼(spectrum)이 있으며 이 사이에 위험 — 불확실성 — 모호성의 단계가 있다고 하고 불확실성을 위험과 모호성의 중간 단계라 하였다. 그러나 그의 분류의 기준이 확률분포들 중 어느 정도를 알고 있는지의 정도의 차이에서 불확실성과 모호성을 구별하려 하였으나 확률분포가 전부 파악되지 않은 상태라는 점에서 이를 모호성에 함께 포함에 다룰 수 있을 것이다.

다른 형태와 원천을 분명하게 구별하는 것은 매우 중요하며 형태나 원천이 다른 것은 다른 방법으로 다루어야 한다는 점에 유의하며 우리는 불확실성의 형태를 위험(危險; risk)과 모호성(模糊性; ambiguity) 두 형태로 분류하여 검토하기로 한다.

1.2 불확실성의 형태

1.2.1 위험

위험은 경험적인 자료를 기초로 하는 확률이나 빈도(頻度; frequency)와 같이 수치로 표현될 수 있는 정보를 갖고 있는 상황에서의 불확실성이다. 이때의 확률정보는 한 개의 확률뿐만 아니라 그 분포도 알고 있음을 의미한다.

표준 편차나 분산(分散; variance)을 위험의 척도로 쓰는 경우도 있다. 이 값들이 크면 분포의 폭이 넓은 것으로 높은 위험을 뜻한다. 또한 변분(變分; variation)계수를 쓰기도 한다. 변분계수는 표준 편차 대 평균의 비(比; ratio)로 어느 학교 남학생의 키의 분포와 이들 학생의 몸무게의 분포를 비교할 수 있다. 이 위험척도는 변수의 추정치(推定値; estimates), 측척(測尺)(測尺; measures), 크기(magnitude) 또는 단위(單位; unit)가 다를 때 사용할 수 있다.

확률사정기법을 잘 활용하여 확률분포를 사정함으로써 불확실성상황을 위험상황으로 만들게 되면 결정 문제를 쉽게 분석할 수 있다.

1.2.2 모호성

F. Knight(1921)는 불확실성을 수자로 된 확률로 표현될 수 있는 측정가능 불확실성이나 위험 그리고 수자로 된 확률로 표현할 수 없는 측정불능 불확실성으로 구별하였는데 Ellsberg (1961)는 이에서 출발하여 **모호성**(模糊性; ambiguity)을 한 개인의 확률판단이 막연하거나 확률사정에 대한 확신이 매우 낮은 상태라고 정의하였다. 다른 말로하면 모호성은 사용가능한 정보가 불충분하거나 신뢰할 수 없거나 크게 상충하는 상황이라 할 수 있다.

Becker와 Brownson(1964)은 모호성은 확률분포를 모르는 데서 온다고 하였고 Sherman (1974)은 모호성과 위험의 심리적 차이를 추상적 추리에 대한 애호(愛好)의 유무로 보고 Curley와 Yates(1985)는 모호성을 어떤 결과가 일어나는 과정에 관한 불확실성이라고 정의하고 결과확률에 관한 불확신성이 그 특징이라고 하였다. Einhorn과 Hogarth(1985)는 모호성을 무지와 그리고 위험과 비교하면서 이들은 여러 대안이 되는 분포들 중에서 어느 정도의 분포가 알려져 있는가에 따라 구별된다고 하였다. 즉 모호성은 무지(아무론 분포도 모르는)와 위험(하나의 분포만을 모르는)의 중간상태라는 것이다. 그들에 따르면 모호성은 주어진 상황에서 분포의 집합 중에서 어느 것이 적정한가를 결정하는 것과 연관되는 불확실성이다.

1.3 양의 형태

확률분포가 불확실성의 형태를 구분하는 기준이 될 수 있다고 위에서 말하였으나 어떤 양(量; quantity)의 확률분포를 구할 수 있는지를 알아야 그 상황의 불확실성의 형태를 파악하게 된다는 점에서 양의 형태를 검토할 필요가 있다. 일반적으로 세상(世上; world)의 성질이나 상태를 나타내는 경험적인 또는 우연(偶然; chance)한 양은 확률분포로 나타낼 수 있으나 **결정변수**(決定變數;decision variables)나 **결정매개변수**(決定媒介變數; decision parameter)에 관한 불확실성을 확률분포로 나타내는 것은 부적절하다. 여기서 우리는 확률분포와 연관지우면서 양의 형태를 Morgan & Henrion(1998)을 빌려서 검토하기로 한다.

1.3.1 경험적 양

경험적 양(經驗的 量; empirical quantities)은 현실 세상 시스템의 측정가능 성질을 나타낸다. 이들에는 화학반응속도나 열효율과 같은 자연과학이나 공학 분야에서의 양이 있고 또한 경제학에서의 가격이나 수요 탄력성(彈力性; elasticity) 그리고 심리학적 편향(偏向; bias)과 같은 사회과학 분야에서의 양도 있다. 경험적인 것이 되려면 원칙적으로 변수들은 지금이나 과거 또는 미래의 어느 시기에 측정이 가능하여야 한다.

그것들은 충분하게 잘 특정화(特定化; specified)됨으로써 경험적 양에 관한 불확실성을 확률분포로 표현할 수 있게 된다. 진정으로 불확실성을 확률 분포로 적절하게 표현할 수 있는 유일한 형태의 양은 경험적 양뿐이다. 왜냐하면 경험적인 양만이 불확실하지만 적절하다거나 좋은 값이 아니라할지라도 진짜 값을 갖고 있다고 말할 수 있기 때문이다.

우리는 무슨 종류의 휘발유인지, 어디로 언제 팔리는지 등의 정확한 정보가 있어야만 그 휘발유 값을 말할 수 있다. 이 양의 적절한 명세(明細; specification)는 아마도 2010년 4월 25일 경기도 일산에 있는 A주유소에서의 특급 휘발유의 소매가격일 것이다. 이와 같이 특정화되지 않으면 그 매개변수(媒介變數; parameter)가 무엇을 나타내고 있는지에 관한 막연함(漠然性; vagueness)이 그 진짜 값에 관한 **불확실성**과 혼동되는 원인이 된다.

1.3.2 정의된 상수

어느 달의 날짜 수(예 1월 5일)나 수소의 원자량, π와 같은 수학적 상수(常數; constant) 등과 같이 정의에 의하여 일정한 값을 갖는 양이 있다. 이것은 그 불확실성에 관하여 염려할 필요가 없는 범주(範疇; category)의 양들이다. 의사결정상황에서 이들은 다만 경험적 양과 구별되어야 한다는 점에 그 중요성이 있을 뿐이다.

1.3.3 결정변수

결정변수(決定變數; decision variables)는 결정자가 직접 통제하는 양이다. 이들을 때로는 통제변수(統制變數; control variables)나 정책변수(政策變數; policy variables)라고 부르기도 한다. Morgan & Henrion(1998)에 의하면 어느 공기오염물질(空氣汚染物質; air pollutant)의 기준을 설정하는데 이용되는 위험평가모델(危險評價模型; risk assessment model)에서 최대대기허용수준(最大大氣許容水準; permitted maximum ambient level)이나 오염물질 총 방출량(總放出量; total emitted quantity)같은 양이 결정변수이다. 설비회사에게는 오염통제장치(汚染統制裝置; pollution control equipment)의 형식(型式; type)과 규격(規格; specification)이 결정변수이다. 어떤 사람에게는 결정변수 값으로 어느 값이 제일 좋은 값인지 불확실할 수 있다. 그렇지 않다면 무엇 때문에 정책모델을 제일 먼저 구성하겠는가? 그러나 그 진짜 값에 대하여 불확실하다는 것은 무의미하다. 그것이 결정변수라면 정의상 진짜 값은 없으며 결정자(決定者; decision maker)가 그 값을 선택하는데 달려 있다. 어떤 특정한 양이 결정변수인가 경험적 양인가 아니면 다른 어떤 형태의 양인가의 문제는 그 모델의 배경이나 목적 그리고 누가 결정자인가에 달려 있다. 물고기의 최대수은허용한도는 식약청의 관점에서는 결정변수이지만 어부나 생선장수의 입장에서는 경험적 양일 것이다. 식약청이 이 기준을 결정 공표하기 전에 그 양은 불확실성이 아주 높은 경험적 양이고 어부나 생선장수의 관점에서는 확률분포로 적절하게 모델화 되는 양일 것이다.

1.3.4 가치매개변수

가치매개변수(價値媒介變數; value parameters)는 의사결정자나 그들의 대리인들 선호(選好; preferences)의 양상(樣相; aspects)을 보여주는 것으로 다른 시점(時點)에서 생긴 비용이나 이익을 비교하기 위하여 현제가치를 계산할 때 적용하는 할인율이 그 예이다. 또 다른 예로는 결정분석에서 자주 쓰이는 위험한도(危險限度; risk tolerance)가 있다. 이 매개변수는 불확실한 결과(結果; outcomes)를 비교할 때 위험기피(危險忌避; risk aversion)[5]의 정도를 나타내는데 사용된다.

가치매개변수를 경험적 변수로 취급하는 것이 이상한 일은 아니지만 잘못된 일이다. 예를 들어 다른 기관에서 경험적으로 관찰된 할인율이나 이자율을 결정을 위해 사용할 수는 있다. 비용-이익분석(費用-利益分析; cost-benefit analysis)을 위한 할인율을 선정함에 있어 그 증거로 이 할인율이나 이자율을 내세우는 것이 도움이 될 수 있지만 그 양(할인율)은 최종적으로 결정자 자신이 스스로 정하여야 하는 것으로 이는 불가피한 가치판단이며 그래야만 한다.

가치매개변수라고 가정(假定)된 값이 확률적 값으로 적절하게 취급되고 있는지는 다툼이 있을 수 있다. 어떤 사람이 그 가치에 대한 선호에 확신이 없다면 그는 자신의 가치매개변수가 확률적으로 불확실하다고 여기고 이를 다룰 수밖에 없을 것이다. 만일 자신의 값에 대하여 확신이 없으면 일반적으로 나타날만한 가치매개변수 값들의 범위를 반복하여 분석하는 것이다. 우리는 이렇게 함으로써 매개변수 값에서의 변화가 우리가 다루는 결과(結果; outcomes)에 어떤 변화를 주는지를 알게 된다.

---

5) 2편 4.7 참조

이렇게 보는 데는 두 가지 이유 가 있다. 첫째로 가치매개변수는 가장 확신이 없는 그리고 무엇이 최선의 결정인지에 관한 불확실성에 가장 큰 영향을 주는 양이기 때문이다. 불확실성을 확률적으로 다룸으로써 이 불확실성이 감춰질 수도 있다. 그리고 결정자 자신이 여러 개의 대안이 되는 가치 선택들이 무엇을 의미하는가를 모르게 될 수도 있다. 이들 선택을 매개변수를 가지고 다루면 상황을 더욱 잘 통찰하게 하여줄 것이다. 둘째로 우리는 가치의 선택이 반드시 선행되어야 하는 분석이라고 보지 않는다는 것이다. 사람들이 그들의 가치를 선택하도록 또는 분명하게 하도록 도와주는 일은 분석의 중요한 목적이다. 어떤 분석의 결과가 값들에 대한 현재의 불확실성이 최종 결론에 아무 영향을 주지 않는다는 것이라면 결정자와 분석가는 그의 값들을 더 이상 다듬는 노력을 할 필요가 없다(Fischer, 1980). 반면에 분석의 결론이 값에 대한 불확실성의 범위 전반에서 본질적인 변화가 있음을 보여준다면 이는 이 분석이 주의 깊게 생각하고 잘 다듬어야할 일임을 그리고 모델(model)에서 얻은 결과를 다듬는 과정에서 고려대상으로 사용할 만하다는 것을 보여준다.

결정변수에서처럼 한 양(量; quantity)을 가치매개변수로 분류하는 것은 맥락-종속적(脈絡-從屬的; context-dependent)이다. 만일 그 양이 의사 결정자의 가치나 선호를 모델화하는데 사용된다면 그 양은 가치매개변수로 취급되어야만 한다. 그러나 의사결정자가 아닌 다른 사람이나 단체의 선호가 그들의 행동을 예측하기위해 모델화될 때 그 양들이 도박을 하는 상황에서처럼 그 또는 그들의 행동들을 나타내는 것이라면 그것은 아마도 경험적 매개변수로 분류하여야 할 것이다. 예를 들면 가격설정전략을 설계하려 하고 있는 한 비누회사간부는 그의 회사의 목적을 가치매개변수로 모델화하여야 한다. 그러나 고객이나 경쟁업체의 반응을 예측함에 있어 이들의 선호는 경험적 매개변수로 취급되어야 하고 시장조사나 계량경제학적(計量經濟學的; econometric) 분석으로 예측해야 할 것이다.

1.3.5 지표변수(指標變數; index variables)

한 모델의 공간적 또는 시간적 영역(領域; domain)안에 있는 위치나 칸(cell)을 밝혀 주기 위해 사용된다. 예를 들면 여러 해 모델에서의 특정한 해나 지역모델에서 지리적 격자방안(格子方眼; grid square)과 같은 것이다. **지표변수**(指標變數; index variables)는 또한 서울시의 어느 특정 구와 같이 한 집합의 구성 원소 개개를 규정하는데 사용될 수 있다.

지수변수의 값에 관하여 불확실하다고 하는 것은 무의미하다. 물론 이것이 아무도 공간이나 시간과 같은 양에 대해 불확실할 수 없다는 것을 의미하는 것은 아니다. 이것도 처해있는 전후관계의 문제이다. 예를 들어 거리가 계산된 양이라면 공중으로 던져진 공이 땅에 떨어지는 거리에 관하여 불확실하다는 것은 이해가 된다. 그리고 지수변수는 아니다. 반면에 그 모델이 지상에서 올라간 높이를 거리의 함수로 계산한다면 거리는 지수변수이다. 이 경우 주어진 거리에서의 공의 높이는 불확실할 수 있다.

1.3.6 모델영역매개변수

모델영역매개변수(模型領域媒介變數; model domain parameters)는 지수변수의 범위나 증분(增分; increments)을 규정함으로써 모델화되는 시스템의 영역이나 범위를 특정화한다. 여러 해 투자계획에서 모델의 마지막 해는 그 모델의 시간적 범위를 정해주는 영역변수이다. 수송수단공기오염모델(輸送手段空氣汚染模型; models of the transport atmospheric pollution)에서 최고 높이와 최소 및 최대 위도와 경도를 규정함으로써 영역변수는 그 모델의 공간적 범위를 통제하게 된다. 영역변수는 또한 기준선의 성질을 정의한다. 예를 들면 여러 형태의 발전소의 위험(危險; risks)을 포괄적(包括的; generic)으로 분석함에 있어 분석자는 비교의 목적으로 발전소크기를 임의로 예를 들면 1,000 MW로 선정할 수 있다.

모델영역매개변수는 상당히 큰 잠재적(潛在的; potential) 영향력을 가지고 있음에도 불구하고 불확실성을 분석하는 동안 자주 무시되는 양이다. 불확실성의 근사치를 가지게 하여주는 것은 분석영역과 상세도(詳細度; degree of detail)를 한정하는 것이다. 이렇게 함으로써 표현(表現; representation)의 정밀성(精密性; precision)과 계산상의 복잡성(複雜性; complexity)을 조절한다. 모델영역변수는 과도하게 계산비용을 줄임으로써 부적절하게 근사계산(近似計算; approximate)되지 않게 하고 그리하여 시스템의 전 범위가 적절하게 다루어질 수 있도록 모델을 선택하게 하여야 한다. 이들 매개변수가 비용과 근사계산을 균형 있게 타협하여 선택되도록 하는 것은 모델설계의 가장 중요하고 어려운 과제이다. 그들 매개변수로 어떤 값이 적절한가는 일반적으로 불확실하다. 그러나 결정변수나 가치매개변수에서와 같이 모델영역매개변수의 진짜 값이 얼마인가에 관하여 불확실할 수는 없다. 아마도 잠재적으로 관련된 시간적 공간적 영역은 무한대로 크고 무한정으로 상세하다는 것 외에 진짜 값은 없다. 값의 선택은 모델을 만드는 사람에 달렸다. 주관적 확률분포로 모델영역매개변수에 관한 불확실성을 나타내는 것은 부적절하고 비실용적이다.

1.3.7 상태변수

상태변수(狀態變數; state variables)는 동태적모델(動態的模型; dynamic models)에서 어떤 모델을 운용하는 기간 내의 한 시기가 주어지면 그 시기와 그 이후 시기에서의 그 모델의 모든 변수의 값을 계산할 수 있게 하여주는 최소 부분집합 원소들의 값이 있는데 이 부분집합의 원소들이 상태변수이다. 상태변수가 가치에 있어서 불확실한 것으로 취급되느냐 아니면 확실한 것으로 취급되느냐 여부는 투입매개변수(投入媒介變數; input parameters)가 어떻게 규정되었는가에 달려 있다. 상태변수 개념은 동태적(動態的) 모델화(dynamic modeling)에서 중요한 개념을 구성하지만 불확실성과 연관하여 특별히 도움을 주지 않음으로 이정도로 논급을 끝낸다.

1.3.8 결과기준

결과기준(結果基準; outcome criteria)은 가능한 결과가 얼마나 바람직한가를 측정하거나 순위를 매길 때 사용되는 변수이다. 통상 사용되는 기준으로는 정미이익(正味利益; net profit), 비용-이익 비율(費用-利益 比率; cost-benefit ratio), 내부 수익률(內部 收益率; internal rate of return), 정미현재가치(正味現在價値; net present value)와 효용(效用; utility)등이 있다. 이들 양은 그것들이 종속된 투입량들이 확률적인지 여부에 따라 확정적 또는 확률적이 된다. 결정분석에서는 기대효용이 주로 사용된다.

1.4 경험적 양에서의 불확실성의 출처

불확실성을 몇 가지로 분류하려는 시도가 있어 왔는데 이 시도들의 대부분은 경험적 양에서의 불확실성에 집중되어 왔다. 그 이유는 위험분석(危險分析; risk analysis)이 주로 경험적 양을 대상으로 하기 때문이다. 그런 의미에서 불확실성이 어디에서 생기는가를 기준으로 분류하는 것이 적절하다 하겠으며 또 그 수를 줄이는 방법이 된다. Morgan과 Henrion(1998)은 경험적 양에서의 불확실성을 그것이 생길 수 있는 원천의 종류를 가지고 분류하기로 하고 다음과 같은 불확실성의 출처(出處; sources)를 제시하였다.

- 통계적 변분(統計的 變分; statistical variation)
- 주관적 판단(主觀的 判斷; subjective judgment)
- 언어적 부정확(言語的 不正確)
- 변화성(變化性; variability)
- 본원적 임의성(本源的 任意性; inherent randomness)
- 의견의 불일치(意見의 不一致; disagreement)
- 개략화(槪略化; approximation)

이제부터 위의 불확실성의 출처들을 Morgan과 Henrion(1998)의 설명을 기초로 하여 검토하기로 한다.

1.4.1 무작위 오차

가장 많이 연구되고 가장 잘 이해되고 있는 불확실성은 양을 직접 측정하는 데서 일어나는 **무작위 오차**(無作爲 誤差; random error)이다. 빛의 속도와 같은 경험적 양의 측정도 정확하지 않다. 측정기구와 관측기법의 불완전이 한 번의 관측과 그 다음 번의 관측사이에 불가피하게 차이(差異; variation)를 가져온다. 광속(光速)을 측정하는데 사용되는 복잡한 장치가 10^{12}분의 1의 정밀도를 가지고 있다 할지라도 절대적으로 정확할 수는 없다. 1,000분의 1의 정밀도를 갖는 목공의 나무자의 경우도 마찬가지이다. 이 차이는 바로 오차의 상대적 크기에서 온 것이다. 이 결과로 나타나는 불확실성은 관측과 관측간의 차이(差異; variation)의 크기와 관측회수에 따라 달라진다. 이 불확실성을 수량화(數量化; quantify)하는 기법에 표준편차(標準偏差; standard deviation), 신뢰구간(信賴區間; confidence interval) 등등이 있다.

1.4.2 체계적 오차 및 주관적 판단

어떤 측정도 무작위 오차뿐만 아니라 **체계적 오차**도 포함하고 있다. 체계적 오차는 관심의 대상이 되는 양의 진짜 값과 보다 많은 측정이 이루어짐에 따라 수렴(收斂; converge)하는 측정의 평균값과의 차이로 정의된다. 체계적 오차는 측정기구와 실험과정에서서의 편향(偏向; biases)에서 온다. 이들은 부정확한 눈금매기기(calibration)나 눈금 잘못읽기 또는 관측된 결과로부터 실제 양을 추계하기위하여 설정한 가정(假定; assumption)의 부정확함 등에서 올 수 있다.

측정을 실시하는 과학자의 과제는 체계적 오차를 최소로 줄이는 것이다. 과학자들은 측정기구(測定器具; measurement apparatus)의 면밀한 설계 및 눈금매기기 그리고 주의 깊은 측정절차 설정 및 계산 전제(前提; assumptions)의 분석 등을 통해 이 과제를 해결한다. 그럼에도 불구하고 줄일 수 없는 잔여(殘餘; residual) 오차는 늘 있게 마련이다.

한편 체계적 오차를 적게 보려는 경향이 항상 존재한다. 이러한 경향은 우리가 보아온 모든 물리적 양(量; quantity)의 측정에서 일반적으로 발견된다. 측정당시에는 본질적으로 알 수 없는 오차를 주관적으로 추정함이 매우 어렵다는 점에서 이 경향은 놀라운 일이 아니다. 불확실성을 수량화할 때 잘 모르는 오차의 출처가 존재한다는 것을 인정하지 않고 그것이 주는 영향을 낮게 보는 경향이 아주 강하다.

1.4.3 언어의 불명확

우리는 일상회화에서 자주 불명확한 말로 사건(事件; events)이나 양을 표현한다. 사실 전문적 저술에서도 같은 일을 범하고 있다. 한강의 유량(流量; flow rate)은 불명확하게 표현된 양이다. 예를 들면 2010년 1월1일 정오 잠수교 밑에서의 한강수량이라고 더욱 명확하게 표현하여야 할 것이다.

정통 베이즈파(Bayesian)는 모든 사건(事件; events)이나 양을 면밀하게 규정하면 언어의 불명확함은 단순하게 제거된다고 본다. 이것은 결정 분석가(decision analyst)의 중요한 과제 중 하나다. 또 다른 관점은 언어의 불명확함을 정식 추론체계(formal system for reasoning)가 명백하게 다루어야할 인간화법(人間話法; human discourse)의 피할 수 없는 모습(aspects)으로 보는 **애매집합이론**(曖昧集合理論; fuzzy set theory)(Zadeh, 19 84)이다.

전통적인 집합은 멤버십 함수로 정의되는데 이 함수는 모든 대상에 대해 그 집합의 구성요소(構成要素; member)인가 아닌가를 명시한다. 이에 비해 애매집합은 애매멤버십함수로 정의되는데 이 멤버십함수는 멤버십의 정도를 0과 1사이의 어느 자리를 차지하게 해 준다. 예를 들면 175cm의 갑돌이는 키 큰 사람들의 애매집합에서 대략 0.5 정도의 멤버십을 갖게 될 것이다.

언어의 불명확함(linguistic imprecision)을 명시적으로 나타낼 수 있다는 것이 추론(推論; inference)과 의사결정을 도와주는데 아주 유용하다 할 수 있다. 양(量; quantity)을 명시 할 수 없는 또는 그러기를 꺼려하는 사람들의 판단으로부터 정식모델이 구성되어야만 할 때 더욱 그러하다.

수자로 표현된 확률과 "매우 일어나기 쉬운," "아주 일어나기 어려운" 등과 같은 언어구절로 표현된 확률사이의 대응관계에 관한 연구가 상당히 이루어져왔다. 대부분의 사람들은 수자보다는 말로 된 표현에 더 익숙하다. 그런데 불행하게도 사람에 따라 말로 된 구절을 해석하는데 상당한 편차가 있고 그들의 해석이 대단히 맥락 종속적(脈絡 從屬的; context dependent)이라는 것을 우리는 안다. 예컨대 "홍길동은 키가 크다"라는 말은 홍길동이 어른인지 아이인지를 아느냐 여부에 따라 맞을 수도 있고 틀릴 수도 있다. 이 예는 단어와 숫자를 단순하게 사상(寫像; mapping)하는 것이 적절치 않다는 것을 보여준다.

1.4.4 가변성(可變性; variability)

여러 가지 양(量; quantities)들은 시간이나 공간에 따라 변할 수 있다. 한강의 유량, 서울에서 금년에 태어난 신생아의 몸무게, 지난 10년간의 부산에서의 휘발유 값 같은 것이 그 예이다. 왜냐하면 정확한 날짜, 누구인가, 정확한 위치 등 중요한 차원(次元; dimension)이 명시되어있지 않기 때문이다. 위의 예의 표현들은 어떤 특정한 양이 아니라 어떤 양의 모집단(母集團; population)을 표현한 것이다. 그러나 이들 모집단은 합리적으로 특정화되어야 하고 각각 빈도분포(頻度分布; frequency distribution)로 나타내야 한다.

빈도분포는 때로는 확률분포라고 불리기도하며 실상 같은 성질을 갖고 있다. 그러나 둘을 구별하는 것이 도움을 주지만 빈도분포가 불확실할 수도 있다. 예를 들면 금년에 태어난 신생아의 몸무게 통계 값을 구하고 이를 정확한 빈도분포로 만드는 것은 그리 어렵지 않지만 지난 10년간의 부산에서의 휘발유 값의 정확한 빈도분포를 만들기는 매우 어렵다. 빈도분포에 관한 불확실성은 평균, 표준편차, 중위수, 혹은 백분위수 등과 같은 여러 모수(母數; parameters)에 관한 확률분포로 나타낼 수 있다.

빈도분포가 알려진 모집단에서 무작위(無作爲)로 추출된 어떤 개인에 관한 양의 불확실성을 모델화(modeling)하는데 관심이 있다하자. 이때 이 개인의 양에 관한 불확실성은 표본을 추출한 모집단의 빈도분포와 같은 모수의 확률분포로 나타내는 것이 적절하다. 서울에서 무작위로 추출된 신생아의 몸무게에 관한 우리의 불확실성이 문제라면 그것은 모집단의 빈도분포에 대응되는 확률분포로 적절하게 모델화할 수 있다. 그러나 우리가 그것을 추출한 모집단의 빈도분포에 대해서도 불확실한 경우가 있다. 어떤 특정한 신생아의 무게에 관한 불확실성에는 두 구성요소가 있을 수 있는데 그 하나는 무게에 대한 불확실성이고 다른 하나는 표본을 추출하는데서 오는 분포의 불확실성이다. 여기서 중요한 것은 불확실성과 변화성이 다르다는 점이다. 확률과 그 분포에 대해서는 다음 장에서 자세히 다루기로 한다.

일반적 과오는 빈도분포에서 표본의 추출에서 오는 **가변성**(可變性; variability)과 불완전한 과학적 또는 기술적(記述的; descriptive) 지식에 기인되는 실험관찰의(empirical) 불확실성을 혼동하는 것이다. 예를 들면 수생환경(水生環境; aquatic environment)의 산화(酸化; acidification)가 물고기의 생존력에 주는 영향을 연구할 때 어종(魚種; fish species)에 따라 ph에 대한 민감도에 가변성(可變性; variability)이 있을 수 있고 또한 어느 한 어종의 실제 민감도에 관한 과학적 불확실성이 있을 수 있다. 가변성으로 인한 불확실성은 각 어종에 주는 영향을 각 어종별로 분할하여 계산함으로써 줄일 수 있다. 한편 과학적 불확실성은 종별로 물고기의 생존력에 산도(酸度; acidity)가 주는 영향에 관한 과학적 연구만이 해결할 수 있다. 우선 불확실성을 고찰함으로써 우리는 불확실성을 사정함에 있어 분할이 얼마나 할 만한 가치가 있는 것인지를 알게 된다. 다음으로 불확실성의 고찰을 통해 우리는 물고기를 더욱 연구하는 것이 얼마나 중요한지를 알 수 있게 된다.

1.4.5 무작위성(randomness) 및 예측불가능성(豫測不可能性; unpredictability)

본래부터 내재되어있는 **무작위성(임의성)**은 원칙적으로 줄일 수 없다는 점에서 다른 종류의 불확실성과 구별된다. 양자역학에서는 Heisenberg의 **불확정성**(不確定性; indeterminacy)을 이런 의미에서 본래부터 내재되어있는 무작위성이라고 본다. 한 입자의 위치와 속도는 원칙적으로 정확하게 동시에 정할 수 없다는 것이다. 물론 불확정성이 원칙의 문제가 아니라 우리들이 이 세상을 이해하는데 한계가 있기 때문일 수도 있다. 우리가 이해할 수만 있다면 이 분명한 불확정성을 해결할 수 있는 숨겨진 변수와 우연한 구조(構造; mechanism)가 있을지도 모른다.

양자역학의 대안이 되는 다른 관점들의 장점들이 무엇이든 간에 우리 일반인들의 관심을 거시적 수준에서 분석하기 위한 실제적 쟁점(爭點; issue)은 불확실한 양을 예측할 수 있는가이다. 원칙으로 그 값들을 예측할 수 있게 하여주는 잘 정의된 양태(樣態; pattern)가 실제로 있다 할지라도 현실로 그렇게 하기 위하여서는 그 양태에 관한 지식이 필요하다. 이 점이 무작위성을 개인특유의 관점에서 보는 것이라고 생각하게 한다. 우리가 그 차이를 설명할 수 있게 하여주는 양태(樣態; pattern)나 모델을 모르고 있다면 우리는 그 양을 무작위적인 것이라고 할 것이다. 이런 관점에서 무작위성은 확률과 마찬가지로 사정자(査定者; assessor)의 가용지식(可用知識; available knowledge)의 함수이다. 어떤 양이 어느 사람에게는 무작위적인 것이지만 그 양이 만들어진 과정을 아는 사람에게는 무작위적인 것이 아니다.

한 시스템을 지배하는 물리학 법칙이 잘 알려져 있더라도 모델화 및 계산의 한계로 그 행동을 예측할 수 없을 수도 있다. 근간에 많은 비선형(非線型; nonlinear) 시스템이 초기조건(初期條件; initial conditions)에 극단적으로 민감하다는 것이 분명하게 되었다. 초기의 작은 차이가 뒤따르는 기후에 큰 변화를 가져온다는 기상학모델에서 그 예를 볼 수 있다. 이를 **나비효과**(butterfly effect)라고 하기도 하는데 베이징에서 나비의 날개를 때리면 다음 달 뉴욕에서의 폭풍방향에 영향을 준다는 개념이다. 초기조건의 표현이 자료가 부족하기 때문에 그리고 슈퍼컴퓨터조차도 계산의 정확도(正確度; accuracy)와 상세함에 한계가 있기 때문에 이 현상이 일주일이상의 일기예보가 어렵다는 것을 설명해주며 나아가 장기예보가 현실적으로 불가능하다는 것을 시사한다. 이 초기조건에 대한 민감성의 원칙이 동전던지기, 주사위, 룰렛바퀴와 같은 무작위적 행동을 보여줄 의도로 고안된 장치에서 이용된다. 우리는 이들 장치가 표준 물리학법칙에 따르지 않는다고 믿는 것이 아니라 오히려 초기의 측정할 수 없을 만큼 아주 사소한 초기의 방향, 위치, 또는 속도에서의 차이가 결과로는 큰 차이를 가져온다고 믿는다.

여기서 우리의 목적은 내재하는 무작위성 때문이든 실제적 예측불가능성 때문이든 간에 줄어들지 않을 것 같은 불확실성과 더 많은 연구와 더 상세한 모델화를 통해 줄일 수 있는 불확실성을 구별하는 것이다. 예를 들면 원자력발전소의 사고로 인한 방사능의 누출이 환경에 주는 영향을 예측할 때 바람의 속도와 방향은 결정적으로 중요하다. 이 때 우리가 할 수 있는 최선의 일은 풍배도(風配圖; wind-rose)자료를 기초로 가변성(可變性; variability)을 모델화하는 것이다. 우리가 미래의 누출일(漏出日; date of release)을 안다할지라도 바람의 본래부터 가지고 있는 예측불가능성이 우리로 하여금 이로 인해 생기는 불확실성을 줄일 수 없게 할 수 있다.

1.4.6 의견불일치

증거를 수집하고 여러 대안이 되는 이론들을 비교하는 일을 포함하여 과학 활동에서 과학적 측정가능 양(量; quantities)의 값에 관해 과학자들은 장기적으로는 종국적 의견일치를 이끌어 낸다. 그러나 낮은 농도로 널리 퍼져있는 환경 오염물질(汚染物質; contaminants)이 건강에 미치는 영향을 측정하는 일과 같이 자료를 얻기 어려운 곳에서는 그 기간이 더욱 길어진다. 이처럼 실제로 과학계 전문가간의 **의견불일치**(意見不一致; disagreement)가 불확실성의 주요출처가 된다.

많은 의견불일치가 구할 수 있는 같은 과학적 증거(證據; evidence)를 기술적으로 다르게 해석하기 때문에 일어나긴 하지만 사람들이 문제를 아주 다른 시각으로 본다는 사실이 의견불일치를 본질적으로 복잡하게 만든다. 흡입제독극물학자(吸入毒劇物學者; inhalation toxicologists), 임상의사(臨床醫師; clinical practitioners), 폐 생리학자(肺 生理學者; lung physiologists), 역학자(疫學者; epidemiologists)들은 특정한 공기오염물질이 건강에 미치는 영향에 대하여 아주 다른 시각들을 가지고 있다. 게다가 사람들은 문제의 결과(結果; outcome)에 직접적 또는 간접적으로 다른 이해관계를 가진다. 그리하여 그들의 판단이 의식적이든 무의식적이든 어떤 동기로 인하여 유발된 편향(偏向; biases)에 영향을 받을 수 있다. 어느 경우에는 이들 이해관계가 아주 뚜렷하여 그 결과가 그들의 직위나 수입(收入; income)에 영향을 준다. 어떤 전문가는 특정한 시각에 그의 명예를 걸기도 한다.

정보를 받은 전문가 간에 어떤 불확실한 경험적 양에 관한 의견의 차이가 있을 때 통상 쓰는 방법은 가중치(加重値; weights)를 써서 의견들을 결합하는 것이다. 여러 방법이 이들 가중치를 할당하는데 사용된다. 이들 가중치는 전문가들의 자기평가(自己評價; self-rating)로부터 또는 서로의 상대 평가로부터 도출되기도 하고 또는 분포로 표현된 불확실성에서 도출되기도 한다. 분석가(分析家; analyst)들은 그들이 가지고 있는 상대적 지식(相對的 知識; relative knowledge), 신뢰도(信賴度; reliability), 전문가들의 눈금매기기(calibration)에 관한 정보 등을 기초로 직접 할당하기도 한다.

한 특정한 양에 관한 정보를 받은 전문가사이에 의견의 차가 나타나면 제일 먼저 이 차이가 각 전문가가 인정하는 불확실성과 비교하여 유의적(有意的; significant)인지 여부를 조사하는 것이 중요하다. 전문가에게 어떤 불확실한 양에 관한 그들의 최선의 판단을 주관적 확률분포의 형식으로 표현하도록 해줌으로써 그들은 이 양에 관해 쉽게 대답할 수 있다.

1.4.7 근사계산

근사계산(近似計算; approximation)에서 오는 불확실성은 모델이 현실세계 시스템을 단순화시킨 형태로 모델화되었기 때문에 일어난다. 영역매개변수(領域媒介變數; domain parameters)가 시간적 영역과 공간적 영역에 대하여 모델의 범위를 명시하여준다. 영역매개변수는 시간적으로나 공간적으로 변하는 값의 모델화에 사용되는 시간 및 공간 구간의 크기를 표현하는 지표변수(指標變數; index variables)이며 모델의 해결수준(解決水準; level of resolution)을 조절하는데 사용된다. 근사계산은 연속분포를 나타내기 위하여 이산(離散; discrete)분포를 사용할 때도 도입된다. 각 근사계산은 표현의 정밀함과 모델의 계산비용 간에 균형이 잡히도록 되어야한다.

제2장 확률(確率; probability)

2.1 확률의 기본이론

확률이론은 불확실성의 언어이다. 확률이론은 분명히 불확실성의 계량화를 위한 가장 잘 알려진 그리고 가장 널리 사용되는 이론이다. **확률**이란 어떤 사건(事件; event)이 일어날 수 있는 가능성의 정도를 수량적으로 표현한 것이다. 여기서는 Baird(1989)를 빌려 확률의 기본이론을 검토하기로 한다.

2.1.1 확률의 기본개념과 특성

확률이론은 불확실성의 개념 및 측정(測定; measurement)과 관련된 수학의 한 분과이다. 확률이론이 우리의 통계적 추론(推論; inference)을 가능하게 하여 주고 통계적 추론이야말로 불확실성하 의사결정의 기본인 만큼 그 기본 개념과 특성을 이해하는 것이 의사결정을 공부하는 출발점이라 하겠다.

이 확률개념에는 일반적으로 객관적 개념과 주관적 개념이 있으며 객관적 개념은 다시 연역적(演繹的; a priori) 또는 고전적(古典的; classical) 개념과 귀납적(歸納的; a posteriori) 또는 상대빈도(相對頻度; relative frequency) 개념이 있다.

▌고전적 확률개념

이 개념은 17세기 중엽에 주로 노름(주사위나 카드노름)을 위하여 개발된 것이다. 이 개념에서는 동전의 앞뒷면이 나올 확률에서 알 수 있는 것과 같이 서로 발생할 확률이 같고(equally likely) 각 결과는 서로 배타적(排他的; mutually exclusive) 이어서 앞뒷면이 동시에 발생하는 일은 없다는 것을 근거로 확률을 평가한다.

만일 어떤 사건이 N개의 상호 배타적이고 동일한 발생확률로 일어나는 경우 이 중 m개의 사건이 E의 특성을 갖는다면 E가 발생할 확률은 m/N라고 정의할 수 있다. 즉

$$P(E) = \frac{m}{N} \tag{2.1.1}$$

여기서 $P(E)$는 E의 확률이다.

▌상대빈도 개념

이 개념은 어떤 사건(事件; event)의 과정이 반복하여 발생할 수 있으며 이 사건이 일어나는 빈도를 측정할 수 있다는 것을 전제로 하고 있다. 즉 한 사건이 발생하는 **상대빈도**를 말하는 것으로 만일 어떤 과정이 많은 회수의 n번 반복되는 경우 E라는 특성을 갖는 사건이 m번 일어난다고 하자. 이 때 E의 상대빈도 m/n는 대략적으로 E의 확률이 될 것이며 장기간에 걸친 시도(試圖; trial)의 수(數)가 증가함에 따라 빈도가 수렴하는 값이 그 확률이라고 정의할 수 있다. 즉

$$P(E) = \frac{m}{n} \tag{2.1.2}$$

이 객관적 확률은 반복되지 않는 경우에는 일어나거나 일어나지 않는 즉 확률이 1이거나 0만 있을 수 밖에 없게 된다.

▌주관적 확률

주관적 관점은 90년대에 최초로 크게 주목받은 접근법으로 과정의 반복을 전제하지 않으며 단 한 번 일어나는 사건에 대하여도 적용할 수 있는 개념으로 확률을 [우리에게 알려진 현재의 모든 관련 정보를 근거로 우리가 어떤 일이 일어날 가능성에 대한 우리의 믿음의 정도]라고 정의된다. 따라서 확률은 사건뿐만 아니라 정보의 함수가 되는 것이다. 의사결정자에 따라 하나의 사건에 관련된 정보가 다를 수 있고 시간이 지나면서 같은 사람이 새로운 정보를 얻을 수도 있으므로 한 사건의 확률은 시간과 사람에 따라 다를 수 있는 것이다. 이러한 관점에서 확률이란 근본적으로 뉴톤 물리학에서의 질량이나 길이와 같이 객관적으로 측정할 수 있는 성질을 가지고 있지 않다. 다만 관측자에 의존할 뿐이다. 양자물리학이나 상대성이론에서 Heisenberg의 불확정성원리에 의하면 질량도 파장도 확실하게 동시에 측정할 수 없다고 한다. 이에 우리는 하나의 확률이 아니라 너나 나의 또는 어느 전문가의 확률이라 하는 것이다. 그러나 이 주관적 확률은 임의적일 수 있으며 객관화가 어렵다.

2.1.2 확률의 특성과 형태

확률은 항상 영(零; zero)보다 크거나 갖고 따라서 비음(非陰; nonnegative)이며 1보다 작거나 같다. 가능성이 없는 사건(事件; event)의 확률은 영이고 확실(確實; certain)한 사건의 확률은 1이다. 음(陰; negative)의 확률과 1보다 큰 확률은 존재하지 않는다.

사건(事件; events)이 상호 배타적(相互 排他的; mutually exclusive)이고, 다시 말하여 한 번의 시도로는 오직 한 사건만 발생하고 집합적(集合的; collectively)으로 망라(網羅; exhaustive) 되었으면 즉 모든 가능한 사건이 다 포함되어 있다면 이들 사건의 확률의 합은 1이다.

확률에는 세 가지 형태: 단순 확률, **조건부확률**(條件附確率; conditional probability), **연합확률**(聯合確率; joint probability)이 있다. 단순 확률은 다른 사건의 발생(發生; occurrence)을 조건부로 하지 않는 확률이다. 기호적으로 이 형태의 확률을 A와 B가 사건일 때 $P(A)$ 혹은

$P(B)$라고 표기한다. 조건부확률은 어떤 다른 사건(들)의 발생을 조건으로 하는 발생 확률이다. 어떤 사건이 이미 일어났을 때 이제 두 번째 사건의 확률은 얼마일까? 기호적으로 이 형태의 확률을 $P(A|B)$라고 표기하고 "사건 B가 이미 일어난 후에 사건 A가 일어날 확률"이라고 읽는다. 세 번째 형태의 확률이 연합 확률이다. 이 확률은 동시에 또는 계속하여 일어나는 하나 이상의 사건의 확률이다. 기호적으로는 $P(AB)$라고 표기하는데 사건 A와 사건 B 둘이 함께 일어나는 확률을 말한다.

연합확률과 연관하여 **주변 확률**(周邊 確率; marginal probability)이란 용어가 사용되고 있는데 이는 〈표 2.1.1〉과 같이 연합확률의 주변에서 볼 수 있기 때문이다. 표의 가장 오른쪽 행과 가장 아래쪽 열에 있는 확률이 주변 확률이며 이들은 연합확률의 합이다.

2.1.3 확률의 계산

▶ **여집합(餘集合) 구하기(complementation).** 한 사건이 일어나느냐 안 일어나느냐의 경우 집합적으로 망라된 것이므로

$$P(A)+P(\overline{A})=1 \tag{2.1.3}$$

여기서 $P(A)$=사건 A의 주변 확률
$P(\overline{A})$=사건 A가 일어나지 않는 주변 확률

▶ **곱하기(multiplication).** 여러 사건이 일어나고 이 여러 사건이 독립적일 때 이 사건들이 함께 일어날 연합(joint) 확률은 다음과 같이 곱셈으로 계산한다.

$$\begin{aligned} P(ABC\cdots N) &= P(A\text{와 } B\text{와 } C\cdots\text{와 } N) \\ &= P(A)\times P(B)\times P(C)\times\cdots\times P(N) \end{aligned} \tag{2.1.4}$$

그러나 사건 A가 일어난 뒤에 사건 B가 일어날 확률은 사건 B의 주변 확률과 같지 않다면 이 사건들은 비독립적(非獨立的, dependent)이다. 따라서 이 경우는 위의 계산식을 따를 수 없고 그 연합확률은 다음과 같다.

$$P(AB)=P(A\text{와}B)=\begin{cases} P(B)\times P(A|B) \\ P(A)\times P(B|A) \end{cases} \tag{2.1.5}$$

〈표 2.1.1〉 사고 운전자의 비율

	중상	경상	계
음 주	0.30	0.20	0.50
비음주	0.10	0.40	0.50
계	0.40	0.60	1.00

▶ **더하기(addition).** 사건(事件; events)이 서로 배타적(mutually exclusive)이면 어떤 복합

결과의 확률은 그 결과들이 일어날 수 있는 모든 가능한 것들의 확률을 더함으로서 구할 수 있다. 상호 배타적인 N개의 사건일 경우 위 식은 다음과 같이 된다.

$$P(A\ \text{혹은}\ B\ \text{혹은}\ C\cdots\text{혹은}\ N) = P(A) + P(B) + P(C) + \cdots P(N) \qquad (2.1.6)$$

"A 혹은 B"라는 말은 사건 A가 일어나거나 아니면 사건 B가 일어난다는 것을 의미한다. "A와 B"와 혼동해서는 아니 된다. 이 말은 A와 B 두 사건이 모두 일어난다는 것을 뜻한다. 한편 일반적으로 사건 A와 B가 상호 배타적이 아닐 때 사건 A혹은 B의 확률은

$$P(A\ \text{혹은}\ B) = P(A) + P(B) - P(AB) \qquad (2.1.7)$$

이다. 유의 할 것은 $P(AB)$는 $P(A$ 혹은 $B)$의 부분 집합이란 것이다. 즉 $P(A$ 혹은 $B)$에는 A와 B가 함께 일어나는 것뿐만 아니라 A만 그리고B만 일어나는 것도 포함하고 있다.

확률의 특성과 계산법을 그림으로 쉽게 설명하기 위하여 벤 그림(Venn diagram)이 사용되는데 확률관련 기본참고서를 참고하기 바란다.

2.1.4 확률 나무(probability tree)

확률 나무는 [그림 2.1.1]과 같이 연쇄적으로 일어날 수 있는 확률적 사건들을 가지로 표현하는 계보(系譜; sequence diagram)이며 의사결정 나무로도 이용된다. 각 가지에는 대안이 있는 곳에 마디가 있어 각 대안의 내용을 가지에 적고 확률도 병기한다. 이때 그 마디에 연결된 가지의 확률의 합은 1이어야 한다. 왜냐하면 모든 가능한 사건들은 서로 배타적이고 집합적으로 다 망라되어야 하기 때문이다. 제일 첫 번째 출발점에서 다음 마디에 이르는 가지의 확률은 단순 확률이다. 그러나 그 다음 마디에 이르는 가지의 사건은 먼저 가지의 사건을 전제로 일어나는 사건이므로 조건부 확률이다. 출발점에서 가지의 종점까지의 적정한 확률들을 곱함으로서 특정한 연쇄 사건들의 연합 확률을 구할 수 있다. 확률나무는 특히 연쇄 사건을 분석할 때 그리고 연합 확률보다는 조건부 확률이 알려 졌을 때 유용하다.

[그림 2.1.1]의 확률 나무에서 품질관리 검사원이 같은 제품을 생산하는 세 개의 생산라인에서 표본(標本; sample)을 채취한다. 첫 번째 라인이 생산속도가 제일 빨라 40%를 생산하고 나머지 두 라인은 각각 30%를 생산한다. 설계와 사용기간이 다르기 때문에 이 기계들은 불량품 생산비율이 다르다. 기계 A는 4%의, 기계 B는 8%의, 기계 C는 10%의 불량을 각각 내고 있다. 검사원은 어느 라인에서 만든 것인지 모르는 체 세 라인의 제품으로부터 표본을 취하여 검사한다. 이 표본이 불량이라면 A라인에서 생산됐을 확률은 얼마일까? 불량이 아닐 확률은 얼마일까? 불량이 아니라면 그 표본이 기계 B에서 왔을 확률은 얼마일까? 그림에서 첫 번째 분지(分枝; branch)는 세 개의 생산라인을 나타낸다. 뒤따르는 분지(分枝)는 어떤 기계에서 생산됐는가를 아는 것을 조건으로 불량인가 아닌가를 나타낸다.

[그림 2.1.1] 확률 나무

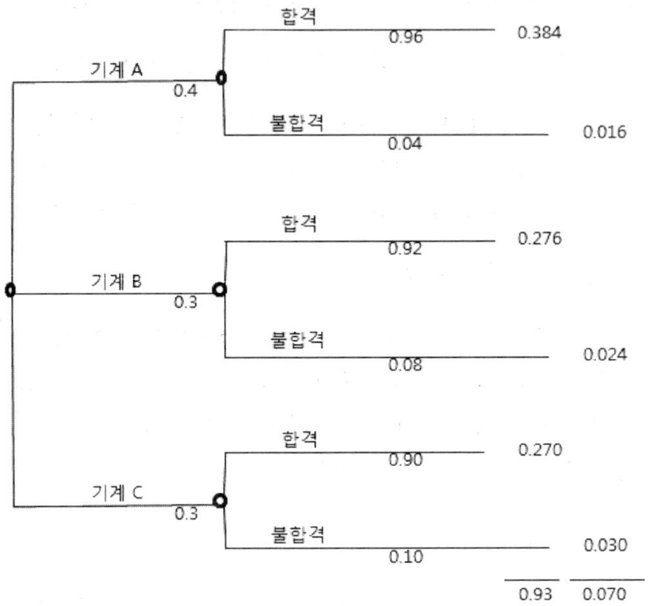

이것들은 조건부 확률이다. 가지의 최종점에 연합 확률이 있다. 주변 확률은 나무의 맨 아래 오른 쪽에 있으며 적정한 연합확률의의 총계로 구한다.

그 표본이 불량이 아닐 경우의 확률은 세 생산라인 모두에서 불량이 아닌 경우의 확률로서 0.93이다. 만일 그것이 불량이라면 라인A에서 생산됐을 확률은

$$P(\text{라인 }A|\text{불량}) = \frac{P(\text{라인 }A + \text{불량})}{P(\text{불량})}$$

$$= \frac{0.4 \times 0.04}{0.4 \times 0.04 + 0.3 \times 0.08 + 0.3 \times 0.10} = \frac{0.016}{0.070} = 0.2286$$

이고

$$P(\text{라인 }B|\text{합격}) = \frac{P(\text{라인 }B + \text{합격})}{P(\text{합격})} = \frac{0.276}{0.930} = 0.2968$$

이다.

2.2 확률변수와 확률분포

앞에서 개별 사건(事件)의 확률에 관하여 고찰하였는데 여기서는 가능한 모든 사건(事件; events)들의 확률을 종합적으로 다루는 방법을 알아보기로 한다. 추측통계 와 통계적 의사결정에 내포된 불확실성을 다루려면 어떤 결정이나 실험의 결과(結果; outcomes)를 모두 고려하여야 하므로 이들 결과를 종합적으로 나타내 주는 확률변수와 이들 확률변수의 분포를 알아야

한다.

2.2.1 확률변수

룰렛바퀴를 돌리기, 특정지역의 날씨예측, 생산라인의 불량품수의 추산, 잠재고객이 구매해 줄 신상품수의 추측 등은 지금 그 결과를 알 수 없지만 그 확률을 말할 수는 있다. 그와 같은 예측은 실험이나 표본조사에 의하여 이루어 질 수 있다. 그러나 이 실험이나 표본조사는 잘 정의(定義)되고 안정적으로 반복할 수 있어야 하고 그 결과에는 불확실성이 함께한다. 다른 말로 하면 실험 때마다 그 결과가 다를 수 있다. 즉 변수(變數; variable)이며 값이 주어질 수 있다. 이들 변수에 가치를 부여하여 주는 수학적 표현이 함수(函數, function)이고 이 함수를 가지고 이들 변수가 추정하는 값의 상대 발생빈도(相對 發生頻度; relative frequency of occurrence)를 계산할 수 있다면 이 함수를 확률함수(probability function)라고 그리고 이에 쓰이는 변수를 무작위 변수 또는 **확률변수**(確率變數; random variable)라고 부른다.

확률변수는 어떤 투자의 수익률과 같이 실수(實數; real number)로 표시되는 경우도 있지만 동전 던지기에서처럼 앞면과 뒷면일 수도 있다. 그러나 앞면 뒷면을 0, 1과 같이 수자로 변환하여 사용할 수도 있다. 이 경우 확률변수는 실수가 아니라 어떤 값(value)을 의미하게 된다. 〈표 2.2.1〉에서 확률변수의 예를 볼 수 있다.

이상에서 유의하여야할 중요한 포인트를 Baird(1989)는 다음과 같이 요약하였다.[6]

1. 특정한 상황에 관하여 의사결정자(意思決定者, decision maker)의 마음에 불확실성이 존재한다.
2. 하나 이상의 결과가 가능하다.
3. 특정한 사건(事件; event)과 특정한 수치(數値, numerical value)를 결부시켜 주는 규칙이 존재한다.

〈표. 2.2.1〉

확률변수	확률변수 값의 언어표현	확률변수의 값
X	여섯 번 동전 던지기에서 뒷면이 나올 수 있는 회수	0, 1, 2, 3, 4, 5, 6
Y	어느 날 서울시에서의 자동차 사건의 수	0, 1, 2. ⋯
R	무작위표본 넷 중 불량품수	0, 1, 2, 3, 4

2.2.2 이산 대 연속 확률변수

실험적 결과들은 일어날 수 있을 것이며 그 결과들은 두 가지 다른 방식으로 분류될 수 있다. 결과(outcomes)가 한정되거나 셀 수 있는(countable) 수의 방식으로 일어날 때 속성(屬性; attributes)이라는 용어가 자주 사용된다. 속성은 가능한 결과들의 잴 수 있는(measurable) 수

6) Baird, B. F. Managdrial Decisions under Uncertainty. Wiley, 1989. pp 302.

중 하나를 지칭한 것이다. 세 번의 동전 던지기에서 앞면이 나오는 수는 0, 1,2,3이다. 이때의 속성은 4개다. 한편 20개 제품의 품질을 조사하는 실험에서 불합격품의 수는 0에서 20까지 사이의 어느 정수(整數; integer) 중 하나이다. 이 경우 속성의 수는 합격과 불합격 둘이다. 속성은 정수(整數; integer)로 나타나기 때문에 이산적(離散的; discrete)이지만 유한(有限, finite)하다. 반면에 이산 확률변수는 셀 수 있다는 점에서 속성과 같지만 무한(無限; infinite)하다는 점에서 다르다.

시간이나 부피와 같이 계속적으로 관찰할 수 있는 것도 많다. 그 일을 끝내는데 얼마나 걸릴까? 사람은 얼마나 살까? 제철소의 생산량은 얼마일까? 이러한 질문의 답들은 예를 들어 몇 년 몇 개월 일 수 있다. 그러나 그것은 진짜 값의 근사치(近似値; approximation)로 한 순간에서 다음 순간으로 끊임없이 변하는 연속(連續; continuous)되는 변수이다. 이처럼 연속 확률변수는 어떤 구간(區間) 사이에 있는 임의의 변수이다.

의사결정을 위하여 확률을 사용함에 있어 이산(離散)과 연속의 개념은 중요하다. 이산과 연속 확률변수의 차이는 중대한 것으로 확률 모델이 서로 다르기 때문이다. 예를 들면 이산 확률변수에 확률을 할당할 때 이들 확률의 합은 1이다. 그러나 연속 확률변수는 헤아릴 수 없을 정도의 많은 가치를 가정하므로 집합적으로 망라된 가치들을 다룰 수 없다. 합이 1이 되는 확률변수를 가정할 수 없기 때문이다. 다만 연속 확률변수의 관심 있는 가치들의 부분집합(部分集合; subset)에 확률을 할당할 수 있다.

2.2.3 이산 확률분포(discrete probability distributions)

일단 이산(離散; discrete) 확률변수가 정의되면 그 실험의 결과(結果; outcomes)를 나타내는 여러 수적(數的; numerical) 가치에 확률을 할당할 필요가 있다. 각각의 가치(사상)에 하나의 확률을 주어야 한다.

모든 가능한 가치에 확률이 주어졌다면 우리는 확률이 모든 가능한 결과에 어떻게 분포되어 있는가를 보여 주는 관계를 알게 된다. 이 관계를 확률함수나 확률분포 또는 확률변수의 분포라고 한다. 관습상 확률변수들을 대문자(예 X)로 그 확률변수의 개별가치는 그 문

자의 소문자(예 x)로 표기한다. 예를 들면 여섯 번 동전던지기의 앞면이 나오는 횟수인 확률변수 X는 일곱 개의 가능한 값 $x_0, x_1, \cdots, x_6$을 갖는다. 이산 확률분포는 〈표 2.2.2〉에서 보는 것처럼 결국 확률변수 X를 위한 한 쌍의 수들의 집합에 불과하다 할 수 있다.

〈표 2.2.2〉 여섯 번 동전던지기에서 앞면 나오는 횟수

X의 값(x_i)	0	1	2	3	4	5	6
확률 $P(X=x_i)$	1/64	6/64	15/64	20/64	15/64	6/64	1/64

확률분포를 그래프(graph)로 표현하는 방법도 있다. [그림 2.2.1]은 수평축(水平軸; horizontal axis)위에 x_i 수직축(垂直軸; vertical axis)위에 확률이 있는 확률 질량함수의 세상에는

수많은 확률분포가 있다. 일부는 주사위, 화투놀이 동전던지기와 같이 그 본질그래프이다. 이 선험적(先驗的; a priori)이다. 일부는 출처(出處; source)로 보아 경험적(經驗的; empirical)이며 많은 과거자료(過去資料; historical data)를 근거로 상대발생빈도(relative frequencies of occurrence)로 다룬다. 일부는 주관적으로 이지적인 의사결정자의 합리적 분석에 의하여 도출된다. 그 확률이 어떻게 구해졌는가와 관계없이 모든 이산(離散; discrete) 확률분포는 다음의 두 규칙 모두를 따라야 한다. 각 개별(個別; individual) 확률은 비음(非陰; nonnegative)이고 1보다 커서는 아니 된다. 그리고 집합적으로 망라(collectively exhaustive)되고 서로 배타적(mutually exclusive)인 사건(事件; events)의 확률 모두의 합은 1과 같아야 한다. 기호로는

$$0 \le P(X) \le 1$$
$$\sum_{\text{모든 } x} P(X) = 1$$

이다.

[그림 2.2.1] 〈표 2.2.2〉의 그림 표현

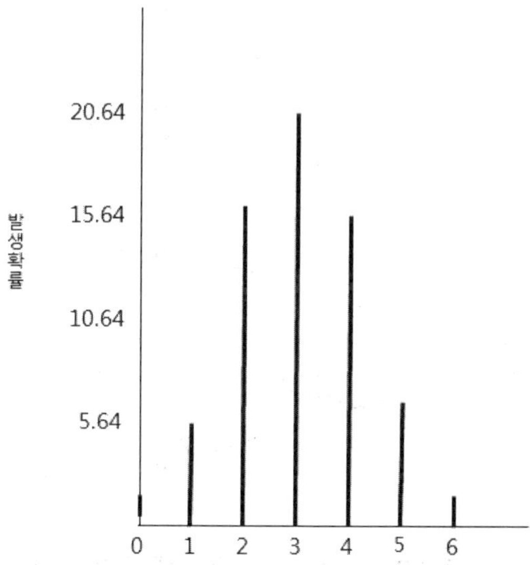

세 번 동전던지기를 예로 들면 다음과 같은 사건(事件; events)을 예상할 수 있다. 즉(앞면 3), (앞면 2, 뒷면 1), (앞면 1, 뒷면 2) 및 (뒷면 3)의 4개의 사건만 일어나므로 서로 배타적이고 일어날만한 모든 사건이 포함되어 있으므로 집합적으로 망라되어있다. 우리는 확률변수(確率變數; random variables) X을 공평한 동전던지기에서 앞면이 나오는 회수라고 정의한다. 이 동전던지기에 대한 확률나무는 [그림 2.2.2]로 데이터는 〈표 2.2.3〉로 나타냈다. 각 확률 값은 비음이며 1보다 크지 않고 모든 $P(X)$ 값의 합이 1이므로 $P(X)$와 X의 관계는 정당(正當; valid)한 확률분포이다.

두 번째 예로 주관적 확률분포를 생각해보자. 한 자동차 딜러가 월초에 8대의 신차재고를 가지고 이달에는 추가주문을 하지 않는다고 한다. 과거경험, 계절적요인, 근간의 경제적 사정 등을 고려하여 이달의 신차 판매대수에 대하여 〈표 2.2.4〉와 같이 확률을 사정(賦課; assess)하였다. 이 주관적 분포도 위의 두 가지 규칙을 만족하므로 정당한 확률분포이다. 그가 사정한 분포가 다른 딜러의 분포와 다를 수는 있지만 확률분포로서는 정당한 것이다.

마지막으로 다음 확률 분포가 정당한지 알아보자.

$$x = 0, 1, 2, 3 \text{에 대하여} \qquad P(X) = \frac{X}{5}$$

$P(X)$의 값은 0, 1/5, 2/5, 3/5일 것이다. 이들 값 모두가 비음(非陰, nonnegative)이고 1보다 크지 않으므로 첫 번째 규칙은 충족한다. 그러나 그 합이 6/5로 1보다 크므로 두 번째 규칙은 어기고 있다. 두 규칙 모두를 충족시켜야하나 하나를 어겼으므로 정당한 확률분포가 아니다.

[그림 2.2.2] 세 번의 공평한 동전 던지기

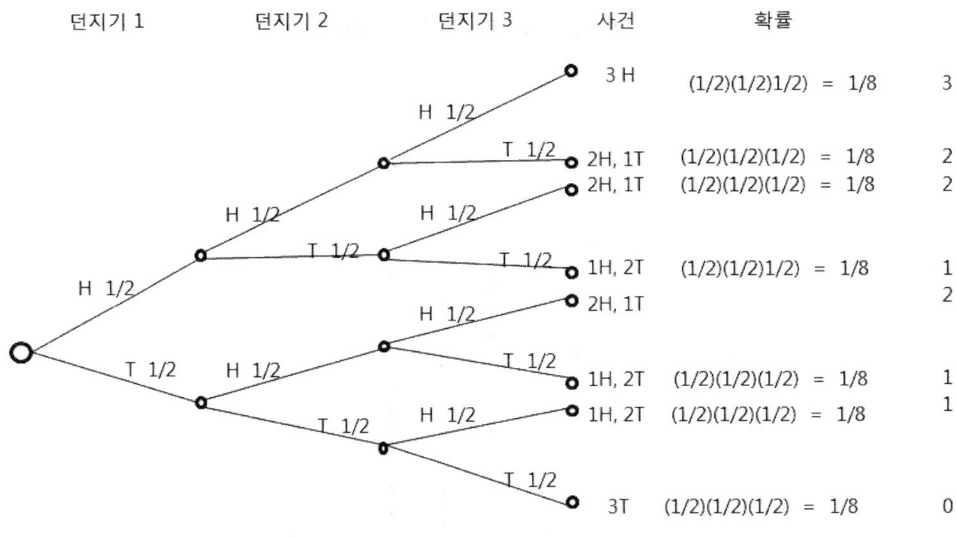

〈표 2.2.3〉 [그림 2.2.2]에 대한 확률 분포

사 건	확률 $P(X)$	X	사건발생 방식의 수
앞면 3번	1/8	3	1
앞면2번, 뒷면1번	1/8 + 1/8 + 1/8 = 3/8	2	3
앞면1번, 뒷면2번	1/8 + 1/8 + 1/8 = 3/8	1	3
뒷면3번	1/8	0	1
합계 8/8 = 1			

어떤 경우에는 누적 확률분포가 필요할 때가 있다. [그림 2.2.1]과 〈표 2.2.2〉에 묘사된 **확률**

질량함수(確率質量函數, probability mass function)가 특정한 사상 x_i가 일어날 확률을 설명하여 준다면 누적 분포함수는 어느 사상 x_i와 이보다 적은 모든 사상들이 일어날 확률을 모두 합한 확률을 나타낸다. 〈표 2.2.3〉의 예에서 앞면3, x_3의 확률은 20/64이다. "앞면 3과 그 이하"라는 사상은 $(X \le x_3)$로 표기할 수 있으며 그 확률은 (20/64+15/64+6/64+1/64=42/64)이다. [그림 2.2.3]이 [그림 2.2.2]의 예의 누적 분포함수(累積 分布函數)이며 이를 표로 만들면 다음과 같다.

$X(x_i)$의 값들	0	1	2	3	4	5	6
확률$(X \le x_i)$	1/64	7/64	22/64	42/64	57/64	63/64	64/64

〈표 2.2.4〉

이달에 팔릴 신차의 대수, X	$P(X)$
0	0.00
1	0.05
2	0.10
3	0.20
4	0.20
5	0.20
6	0.15
7	0.10
8 또는 그 이상	0.00
합계	1.00

[그림 2.2.3] 누적분포함수

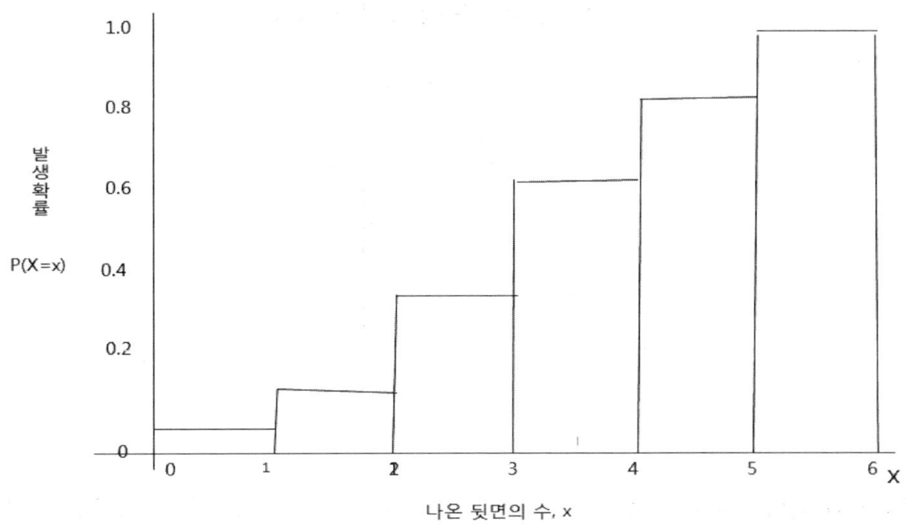

2.2.4 연속 확률변수를 위한 확률분포

만일 확률변수가 연속적이라면 셀 수 없이 많은 수의 값을 추정할 수 있을까? 이들 변수 중 두 값이 정해졌을 때 두 값 사이 구간 안에 있는 값의 수를 센다는 것은 그 수가 무한히 많기 때문에 불가능하다. 바로 이것 때문에 연속 확률변수에 의하여 추정된 각 값의 확률을 정의하지 못한다.

연속의 경우는 무한 수(無限 數)의 X값이 있을 수 있다. 각 값은 일정한 높이(빈도; 頻度)를 갖고 있지만 폭은 한 점(點; point)의 폭과 같다. X의 값의 수가 무한히 증가한다면 각 값의 폭은 무한히 감소하여 영에 접근할 것이다. 이처럼 특정 값의 면적은 $f(X) \cdot 0 = 0$에 접근할 것이다. 이는 X가 일어날 정확한 확률은 X가 연속 확률변수라면 영임을 의미한다. 예를 들어 우리가 모래주머니에서 두 움큼의 모래를 집어낼 때 어떤 한 알의 모래를 집어낼 확률은 정확하게 얼마 일까? 모래알의 크기가 점점 작아질수록 영에 근접할 것이다.

그래서 그 변수의 특정한 값과 결부된 특정한 확률들 대신에 우리는 **확률 밀도함수**(密度函數; density function)를 사용한다. XY좌표에서 확률변수X는 수평축에 밀도함수 $f(X)$는 수직축에 있다. 만일 확률변수가 이산적(離散的; discrete)이면 수직축에 밀도 $f(X)$대신 확률 $P(X)$가 있다. 이는 이산 과 연속 확률변수의 근본적 차이에서 연유한다. 이산적(離散的; discrete) 분포의 경우에는 변수들 X의 수자를 셀 수 있고 일반적으로 이들 값은 정수(整數; integers)이다. 정당한 확률분포함수에는 모두 다음 원칙이 적용된다.

1. 분포함수는 음(陰; negative)일 수 없다.
2. 밀도함수 밑의 면적은 1이다.
3. 어떤 특정 확률변수 값의 발생확률은 0이다.
4. 확률변수 X가 a와 b사이에 들어갈 확률은 $f(X)$아래 a와 b사이의 면적이다.

[그림 2.2.4] 연속분포에서의 확률

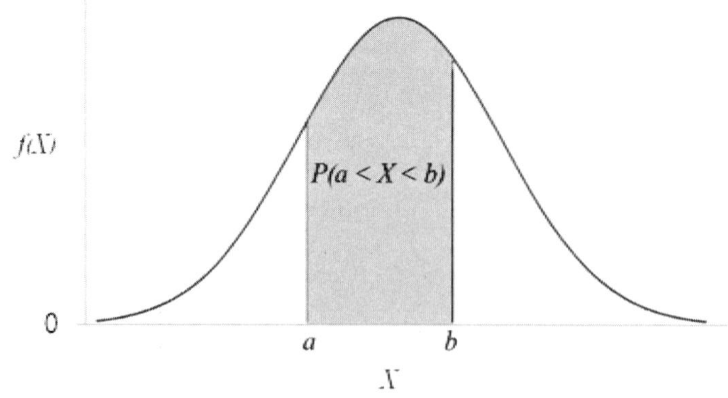

어느 사건 x_i와 이보다 적은 모든 사건들이 일어날 확률을 모두 합한 확률인 누적확률의

분포가 필요할 때가 있다. 누적확률변수는 $P(X \le x_i)$로 누적확률분포함수는 $F(X \le x_i)$로 표기한다. 관습적으로 밀도함수는 $f(X)$ 누적분포함수는 $F(X)$로 나타낸다. [그림 2.2.4]가 확률밀도함수의 모양을 보여준다. 그림에서 검은 색으로 표시된 부분의 면적이 a와 b 사이에 들어갈 확률을 나타낸다.

2.2.5 수학적 기대(數學的 期待; mathematical expectation)

의사결정상황에서 우리는 확률변수의 평균 또는 대표치(代表値; central tendency)를 자주 쓰게 된다. 여러 번 반복된 무작위 실험을 한다 하자. 이 실험을 할 때마다 매번 확률변수의 한 값은 꼭 나온다. 극도로 많은 회수의 실험이 행해지고 그때마다 나오는 값들을 추적하여 관찰된 모든 확률변수의 값을 합하고 이를 행해진 실험의 회수로 나누면 그 결과 값이 산술평균이 된다. 실험회수가 무한대에 근접할 수록 이 계산된 산술평균은 진짜 산술평균에 가까워진다. 이 산술평균을 확률변수의 **수학적 기대** 또는 **기대가치**(期待價値; expected value)이라고 부른다.

어느 이산 확률변수의 기댓값을 계산하려면 X의 각 값을 그것이 일어날 확률로 곱하여 가능한 모든 값에 대한 곱을 다 합하면 된다. 기대가치의 수학적 정의는 다음과 같다.

$$E(X) = \sum_{i=1}^{n} x_i \bullet P(x_i) = x_1 \bullet P(x_1) + x_2 \bullet P(x_2) + \cdots + x_n \bullet P(x_n)$$

여기서 $E(X)$ = 확률변수 X의 기대가치
x_i = 확률변수의 i번째 값
$P(x_i)$ = X의 i번째 값의 확률
$\sum_{i=1}^{n}$ = $i=1$에서 $i=n$까지 변수 모든 값의 총합계(시그마; sigma라 읽으며 수열의 총합계를 말한다.)

대부분의 의사결정 상황에서 우리는 변수(變數; variable)의 기대 가치(또는 대표 값)뿐만 아니라 변수들이 평균을 중심으로 어느 정도로 분산되어 있는 가에도 관심을 가져야 한다. 위험(危險; risk)이 포함된 결정에서 경영자는 수익의 분포가 기대 값에서 얼마나 흩어져 있는가를 알려고 한다. 수익이 같은 5억 원 일지라도 그 분포가 4억 원에서 6억 원 사이에 분포된 경우와 -1억 원과 11억 원인 경우는 다른 것이다.

평균 주위의 흩어짐을 측정하는 방법으로는 분산(分散; variance) 또는 표준편차(標準偏差; standard deviation)가 있다. 분산은 그 편차가 일어날 확률로 가중(加重; weighted)된, 평균으로부터의 확률변수의 편차(偏差; deviations)의 자승의 합(合; sum)이라고 정의한다. 수학적으로 분산은

$$Var(X) = \sum_{i=1}^{n} [x_i - E(X)]^2 \cdot P(x_i)$$

여기서 $Var(X)$ = 확률변수 X의 분산
x_i = 확률변수 X의 i번째 값
$E(X)$ = X의 평균의 기대 값
$P(x_i)$ = X의 i번째 값의 확률

더 빨리 계산하는 방법은 식 (2.2.1)을 이용하는 것이다.

$$Var(X) = E(X^2) - [E(X)]^2 \tag{2.2.1}$$

2.2.6 수학적 기대와 함수

함수(函數; function)는 변수들 간의 특별한 형태의 관계이다. 결정분석에서 우리는 특히 수요, 단위원가. 판매가와 같은 경제적 변수에 관심이 많다. 변수라는 용어는 특정문제에서 여러 값을 가정(假定; assume)하는 수량(數量; quantity)을 나타낸다. 우리는 변수를

(1) 통상 X로 표기하는 독립변수(獨立變數; independent variables)와
(2) Y로 표기되는 종속변수(從屬變數; dependent variable)

두 범주(範疇; category)로 나눈다. 후자는 Y가 특정한 값에 대해 X에 의존한다는 뜻을 가지고 있다. 직선의 방정식 (2.2.2)

$$Y = aX + b \tag{2.2.2}$$

에서 X와 Y는 어떤 특정한 문제 안에서 무한한 수의 값을 가정할 수 있는 변수이다. a와 b는 상수(常數; constant number) 값이며 어떤 문제에 대해 변수가 될 수 없다. X는 독립변수이며 그것의 가정된 값들의 집합을 변역(變域; domain)이라고 명명한다. Y가 종속변수로 있을법한 값들의 집합을 치역(値域; range)이라고 부른다. X 각각의 값에 대응하는 Y값이 존재할 때 두 변수간의 관계를 함수라고 한다. 함수의 기본요건은 한 개의 종속변수 값은 한 개의 어느 독립변수의 값에 의해 정해질 수 있다는 것이다. 모든 방정식의 특별한 부분집합이 선형방정식의 집단이다. 위의 직선을 위한 방정식은 하나의 **선형함수(線形函數)**이다. 기본적으로 일반 형태의 함수

$$Y = a_1X_1 + a_2X_2 + a_3X_3 + \cdots + a_nX_n + b$$

는 **선형방정식**이다. 이 경우 n개의 독립변수 $(X_1, X_2, X3, \cdots, X_n)$와 상수 b가 있다. Y의 값은 이들 변수의 값들과 계수(係數; coefficients) a_i 그리고 상수 b에 의해 정해진다. 어느 선형함수에 대해서도 그 함수의 기댓값은 독립변수의 기댓값의 함수이다. $Y = aX + b$는 선형함수이므로

$$E(Y) = a[E(X)] + b$$

그렇지만 선형(線形; linear)이 아닌 경우는 독립변수 (D)의 기댓값을 계산하여 이것을 함수의 기댓값을 구하기 위하여 함수에 대입하여서는 아니 된다. 함수의 기대에 관련하여 유용하게 쓸 수 있는 일반사항이 다음에 있다.

1. 만일 X와 Y가 독립 확률변수라면 그들의 기대(期待; expectations)는 그들의 적(積; product)의 기대와 같다.

   $$E(X) \cdot E(Y) = E(XY)$$

   그러나 만일 X와 Y가 통계적으로 종속적이면 위의 관계는 성립하지 않는다.
2. 만일 X와 Y가 확률변수라면 그들의 합의 기댓값은 그들의 기댓값의 합과 같다.

   $$E(X+Y) = E(X) + E(Y)$$

   X와 Y가 독립변수이든 아니든 위의 관계는 성립한다.
3. 만일 X가 확률변수이고 k가 상수(常數; constant)이면

   $$E(X+k) = E(X) + k$$
   $$E(k \cdot X) = kE(X)$$
   $$\mathrm{Var}(X+k) = \mathrm{Var}(X)$$
   $$\mathrm{Var}(kX) = \mathrm{Var}(X) \cdot k^2$$

2.3 이론적 확률분포[7)]

확률 변수와 확률분포에 대하여 살펴보았는데 이들 분포들은 성질 상 경험적이거나 주관적인 것이었다. 그러나 현실 세상에는 이외에 편리한 확률분포가 여러 개 있다. 만일 이들 분포의 기본이 되는 가정들이 정당하거나 아니면 개략적(概略的; approximately)으로 정당하면 복잡한 그림대신에 표로 된 값이나 방정식을 사용할 수 있을 것이다. 이항(二項; binomial), 포아송(poison), 초기하(超幾何; hypergeometric), 정규(正規; normal), 지수(指數; exponential) 분포 등이 여러 의사결정상황에서 사용되는 이론적 분포의 예들이다. 우리가 어떤 모집단에서 추출한 표본에서 확률 분포를 구했을 때 그것이 이들 분포들 중 하나와 유의미적으로 유사할 때 이 이론적 분포를 대신 사용함으로써 많은 통계적 분석을 쉽게 할 수 있다.

2.3.1 이항 분포(二項 分布; binomial distribution)

이항 분포는 응용 통계학에서 아주 많이 만나는 확률분포이다. 이항 분포는 Bernoulli의 시도로 알려진 과정에서 도출되었다. 이 명칭은 확률이론에 크게 기여한 스위스 수학자 James

---

7) Baird(1989) p.90

Bernoulli(1654-1705)의 이름에서 연유되었다. Bernoulli의 시도는 서로 배타적인 두 결과 중에서만 나올 수 있는 과정(過程; process)이나 실험의 시도이다.

이항 분포의 예로 동전던지기를 들 수 있다. 또 아주 매우 큰 모집단(母集團; population)에서 또는 불량품이 5% 포함된 것으로 알려진 추출 후 복원되는 모집단에서 크기 10의 무작위 표본을 추출할 때 이 표본에 불량품이 포함되지 않을 확률의 분포가 이항 분포이다. 이들 예의 여건은 모두 이항 분포에 적합하다. 그렇다면 어떤 여건이 이항 분포에 적합하며 어떤 특성을 공통으로 가지고 있을까? 기본적으로 세 개의 가정을 전제로 이항상황(二項狀況; binomial situation)은 정의된다.

1. 한 번의 시도에는 확률 변수로 오직 두 개의 값만이 있을 수 있다. 이항 실험에서는 그 결과가 여자 또는 남자; 합격과 불합격; 앞면과 뒷면; 성공과 실패 등과 같이 이분법에 따라야 한다. 여기서 이항(二項; binomial)이란 말이 나온 것이다.
2. 두 개 중에서 하나가 나올 확률은 항상 같아야 한다. 동전던지기에서 앞면이 나올 확률은 항상1/2이다. 제품이 합격이냐 불합격이냐 에서 합격의 확률은 항상 1/2이다.
3. 연속되는 시도(試圖; trials)중에서 어느 하나의 시도결과가 다른 시도에 영향을 주지 않는다. 앞에서 앞면이 나왔다고 하여 다음 시도에서도 앞면이 나와야 하는 것은 아니다.

이들 기본 가정은 표본의 모집단이 무한으로 크다고 전제한다. 일부 모집단의 크기는 성질상 무한하다. 예를 들어 동전던지기 상황은 이론적으로는 끝없이 계속될 수 있다. 그러므로 무한의 표본이 존재할 수 있다. 제조과정에서 생산된 부품의 합격여부를 검사할 때 불합격이면 불합격품으로 복원하고 다시 검사한다면 모집단은 같아지고 결국 무한히 큰 모집단으로 돌아가는 것이다. 이런 경우를 "복원되는 표본추출"이라 한다. 만일 유한한(셀 수 있는) 수의 부품을 표본으로 검사하고 대체하지 않는다면 이항 분포의 가정을 위반하는 것이다.

한 상자에 10개의 전구가 있고 이중 세 개가 불량품이라 하자. 이 상자에서 무작위로 한 개를 꺼내 검사하여 불량으로 판정되었다. 이 사건의 확률은 분명히 3/10이다. 이 불량품을 제거하고 같은 검사를 한다면 이때의 확률은 세 개의 불량품 중 하나가 빠져 2개의 불량과 9개의 합격품 중에서 하나를 검사하는 것이므로 2/9와 3/10이 달라 기본 세 가정 중 두 번째를 어기는 것이므로 이항 분포를 적용할 수 없다. 여기서 우리는 차이가 대체에서 왔음을 알 수 있다.

한편 전구제조공장에 10,000개의 전구가 있고 3,000개가 불량품인 경우 불량을 뽑을 확률은 0.3 (3000/10,000)이고 그 표본 하나를 제거하고 다시 한 개를 검사할 경우의 확률은 2,999/10,000로 0.2999이어서 두 값은 매우 근사(近似)하다. 엄밀하게는 이항 가정을 위반하고 있지만 그 정도가 무시할 정도로 작으므로 이항분포를 사용할 수도 있을 것이다. 다만 어느 정도까지가 무시할 수 있는 한계인가가 문제인데 여러 논란이 있겠지만 표본의 크기가 모집단의 10%이하라면 쓸 수 있을 것이라고 가정(假定)할 수도 있다.

우리가 다음과 같이 정의한다면

n = 시도(試圖; trials)의 회수(回數)

p = 성공 확률

$1 - p$ = 성공 못할 확률

x = n번의 시도 중 성공할 확률

우리는 다음의 관계가 옳다는 것을 알게 된다.

$n > 0$	적어도 한 번의 시도는 있다.
$0 \leq p \leq 1$	p는 확률이므로 확률의 규칙을 따른다.
$0 \leq (1-p) \leq 1$	$1-p$는 확률이므로 확률의 규칙을 따른다.
$0 \leq x \leq n$	$x = 0, 1, 2, 3, \cdots, n$ 가능한 성공의 가장 적은 횟수는 0이다. 가장 많은 횟수는 n번 전부에서 성공하는 것이다.

이항 분포의 기본 가정이 충족될 경우 X을 이항으로 분포된 확률 변수라 하고 X가 특정한 값을 가질 확률은 다음 방정식으로 계산한다.

$$P(x|n,p) = \frac{n!}{x!(n-x)}p^x(1-p)^{n-x} \tag{2.3.1}$$

n(시도의 회수)와 p(성공확률)가 주어지면 방정식 (2.2.3)을 써서 성공 확률을 구할 수 있다. 위 방정식에서 첫 항

$$\frac{n!}{x!(n-x)!}$$

은 n시도에서 X가 몇 가지로 나타나는지(예를 들면 세 번 동전던지기에서 $n = 3$이고 성공확률은 1/2이다. 그리고 앞면이 나오는 것을 성공으로 치면 X는 0번 1번, 2번, 3번의 네 가지)를 계산하는 것으로

$$\binom{n}{x}$$

로 또는 ${}_nC_x$로 축약하여 표기하기도 한다. ${}_nC_x$는 수학에서는 조합(組合; combination)이라 하는데 통계에서는 이항계수(二項係數; binomial coefficient)라고 부른다.

식 (2.2.3)의 이항계수를 뒤따르는 둘째 항 p^x는 성공확률 p를 x제곱한 것이다. 마지막 항 $(1-p)^{n-x}$는 실패확률 $(1-p)$을 $(n-x)$제곱한 것이다. 세 항 모두를 결합하여 전체 이항확률분포를 계산할 수 있다. 통상 응용통계학 책에는 이항확률분포표가 실려 있다.

이항분포의 성질에 관하여 마지막으로 언급할 순서이다. 첫째로 특정한 분포를 정의하려면 모수(母數; parameter)라 부르는 두 값이 반드시 있어야 한다. 한 개의 분포를 독립시키기 위해서는 표본의 크기 n와 비율(比率; proportion) p를 알아야 한다. n가 1에서 무한대(無限大;

infinity)까지의 값을 갖고 p는 0에서 1까지의 값을 가진다고 친다면 이 두 모수의 조합이 무한 수의 이항분포를 산출할 것이란 것은 분명하다. 표본크기든 비율이든 어느 하나만으로는 이항 분포를 정의하기에 불충분하다.

한편 이항분포는 $p=0.5$일 때만 대칭이다. p의 값이 0.01이나 0.99처럼 0.5에서 양 극단 0과 1쪽으로 멀어질수록 비대칭의 정도가 커진다. 중요한 것은 이론상 무한대의 모집단에서 또는 표본추출이 복원되는 유한한 모집단에서 표본이 추출될 때만 적용될 수 있다.

다음으로 이항 분포의 평균과 분산을 구해보자. 알고 있는 것처럼 평균, μ 또는 $E(X)$는 그 분포의 중앙값 또는 대표 값이고 분산 σ^2는 그 분포가 얼마나 흩어져 있는가를 나타내 주는 값이다.

어떤 이항분포도 그 평균 μ와 분산 σ^2은

$$\mu = np$$
$$\sigma^2 = np(1-p)$$

이다. 이항분포의 평균값과 분산 값은 두 방법으로 계산하게 되는데 그 하나는 위의 방정식을 이용하는 것이고 이산분포의 경우 다음과 같이 이산분포의 평균과 분산의 정의에 따르는 것이다.

$$X\text{의 기댓값} = \mu = E(X) = \sum x_i \cdot p(x_i)$$
$$X\text{의 분산} = \text{var }(X) = \sigma^2 = \sum [x_i - E(X)]^2 \cdot p(x_i)$$

2.3.2 초기하 분포(超幾何分布; hyper-geometric distribution)

우리는 이항 분포가 정당(正當; valid)하려면 모집단이 추출된 후 표본추출 전으로 복원되어야 한다는 것을 알았다. 이 조건은 무한정으로 큰 모집단에서 아주 작은 표본이 추출된 뒤 복원되지 않더라도 근사계산(近似計算; approximation)비용이 적을 때는 개략적으로 충족된다. 만일 모집단이 유한할 때 표본이 복원(復元; replacement)되지 않는다면 표본크기만큼 모집단은 줄어들 것이다. 만일 크기가 N인 유한한 모집단에서 복원 없이 n개의 표본을 추출한다고 하자. 이 때 X가 관찰된 “합격품” 수를 나타내는 이산 확률변수이고 이 모집단 안에는 N개보다 작은 수의 합격품이 있다면 X을 초기하 확률 변수라 부른다. 작은 모집단에서 복원 없이 표본을 추출해야만 할 때 사용할 수 있는 모델이 초기하 모델이고 이를 뒷받침하는 분포가 **초기하 분포**이다.

X가 초기하적으로 분포되었다면 X의 확률은 다음 식으로 구할 수 있다.

$$P(x) = \frac{\binom{N_1}{x}\binom{N_2}{n-x}}{\binom{N}{n}}, \quad x = 0, 1, 2, 3, \cdots \min\{n, N_1\}$$

여기서 N= 모집단 안에 있는 제품의 수
N_1= 모집단 안에 있는 합격품의 수

N_2=모집단 안에 있는 불합격품의 수
n=시도(試圖; trials)회수(표본의 크기)
$\min\{n, N_1\}$=n와 N_1 중 작은 것

물론 $N_1 + N_2 = N$이다.

초기하 분포의 평균과 분산은 다음과 같다.

$$E(X) = n \cdot \frac{N_1}{N}$$

$$\mathrm{Var}(X) = \frac{N-n}{N-1}\left[n\left(\frac{N_1}{N}\right)\left(1-\frac{N_1}{N}\right)\right]$$

2.3.3 포아송 분포(Poisson distribution)

1837년 Simeon Denis Poisson(1781-1840)이 최초로 이 분포를 발표하여 그 이름을 따 **포아송 분포**라고 부르게 되었다. 이 분포는 특히 평균 발생 건수가 적은 경우 부피, 면적, 시간당 발생 건수의 확률을 설명하는데 유용하다. 예를 들면 옷감의 m^2당 결점 수, 많은 기계를 사용하는 제조공장에서의 기계의 사고 건수, 음료수와 같은 많은 용량의 액체에 들어있는 독극물의 농도 등과 같은 것을 추정하는데 사용된다.

한 개의 치마에서 결점 수를 셀 수 있지만 무결점 수는 셀 수 없다. 왜냐하면 무결점 수는 무한하기 때문이다. 우리가 옷감의 표면에 얼마나 많은 점의 흠이 있는가를 알고 있다하더라도 흠이 없는 점이 얼마인가를 모른다면 우리는 흠이 있는 점의 비율을 알 수가 없다. 또한 우리는 옷감의 경우 연속적인 것이므로 n를 구할 수 없다. 마찬가지로 p와 n을 구할 수 없기 때문에 이항(二項; binomial) 모델을 적용할 수 없다.

포아송 분포는 다음 식으로 설명된다.

$$P(X) = \frac{e^{-\lambda}\lambda^x}{x!} \qquad (2.3.2)$$

여기서 X=확률 변수
$P(X)$=정확하게 X가 발생하는 확률
e=2.71828인 상수(常數;constant)
λ=측정 단위당 평균 발생건수

이항분포에서는 두 개의 모수 (n, p)가 필요한데 포아송분포에서는 하나의 모수 (λ)만 있으면 된다. 우리가 분포의 평균만 안다면 분포 전체를 계산할 수 있다. 그리고 여기서 알아두어야 할 것은 포아송 분포의 분산과 평균은 같다는 것이다. 즉 X의 기댓값 $E(X) = \mu =$ X의 분산 $= \sigma^2 = \lambda$이다. 아마도 이것이 의사결정상황에서 포아송 분포가 널리 사용되는 하나의 이유일 것이다. 예를 들면 다음과 같은 분야이다.

1. 제품의 수요
2. 책에서의 인쇄 상 과오
3. 공장에서의 사고
4. 계산대에 고객이 도착하는 형태
5. 직물의 결점 수
6. 방사선 분말의 방출

이항 분포에서와 마찬가지로 포아송 분포가 정당하려면 다음 몇 개의 가정(假定; assumptions)을 충족하여야 한다.

1. X의 평균은 하나의 시도에서 다른 시도에 이르기 까지 항상 일정하여야 한다.
2. 하나의 시도에서 다른 시도까지 X의 발생 수는 서로 독립적이어야 한다.
3. 확률 변수 X는 측정단위당 정수(整數; integer)이어야 한다.
4. X는 측정단위 안에서 비교적 드물게 일어나는 것이어야 한다.

포아송 분포와 누적 분포는 통상 응용통계학 책에 부록으로 실려 있다.

2.3.4 정규 분포(正規 分布; normal distribution)

정규분포의 공식은 1733년 Abraham deMovre(1667-1754)에 의해 처음 출판되었다. 정규 분포의 역사와 연결되는 수학자로는 Marquis de Laplace(1667-1754)와 Carl Friedrich Gauss(1777-1855)를 들 수 있으며 특히 Gauss의 이름을 따서 가우스 분포(Gaussian distribution)라 부르기도 하였다. 이 분포는 대단히 중요한 확률분포로 아마도 베이즈 결정이론과 불확실성하 의사결정을 위한 고전적 통계추론(古典的 統計推論; classical statistical inference) 분야에서 가장 중요한 확률분포일 것이다.

정규 밀도함수의 방정식은 다음과 같다.

$$f(X) = \frac{1}{\sigma\sqrt{2\pi}} e^{-\frac{1}{2}\frac{(x-\mu)}{\sigma^2}} \tag{2.3.3}$$

여기서

X = 확률 변수, $-\infty \leq X \leq +\infty$
$f(X)$ = X의 밀도(密度; density)
$e = 2.71828.....$
$\pi = 3.14159.....$
μ = 평균을 나타내 주는 모수(母數; parameter)
σ = 표준 편차(분산의 제곱근)를 나타내는 모수

이항분포에서처럼 특정한 정규분포를 정의하기 위해서는 두 개의 모수가 필요하다. 정규 분

포의 대표 값(central tendency)은 정규적으로 분포된 확률변수 X의 기댓값 μ라고 정의한다. 이 대표 값을 중심으로 한 X의 산포도(散布度; dispersion)는 분산 σ^2로 정의된다. 분산의 제곱근 σ는 표준 편차(標準 偏差; standard deviation)이다. 정규 분포는 언제나 대칭이고 종(鍾; bell) 모양이나 이 두 모수가 달라지는 데 따라 다른 형상을 나타낸다. [그림 2.3.1]에서 μ는 같으면서 σ가 다른 분포들과 σ는 같으면서 μ가 다른 분포들을 볼 수 있다. σ을 고정하고 μ을 변화시키면 모양은 같으나 μ에 따라 수평으로 이동한다. μ을 고정하고 σ을 변화시키면 수평축에 위치가 고정되지만 산포도가 변한다. 분산은 제곱된 수를 합하여 구하므로 언제나 비음(非陰; nonnegative)이다. 어떤 분산도 $\sigma^2 = 0$이라 표시되지는 않는다. 0은 분산의 가장 작은 수일 수 있지만 실제로는 수직선을 의미한다. 분산이 0보다 커지면서 점점 길게 양옆으로 퍼지면서 납작하게 된다. 어느 정규함수아래 면적은 1이다. 정규분포를 포함하여 모든 밀도함수는 아래면적이 1이고 비음이기 때문에 X가 a보다 크고 b다 작을 확률은 곡선의 a와 b사이 아래면적이다.

[그림 2.3.1] 여러 가지 모양의 정규분포

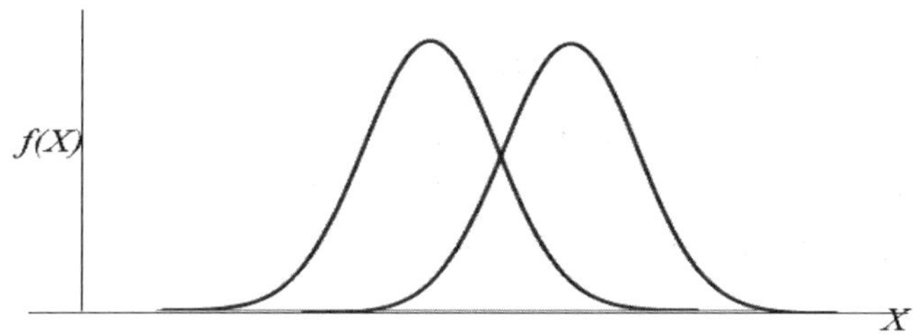

동일 분산, 다른 평균을 가진 정규분포들

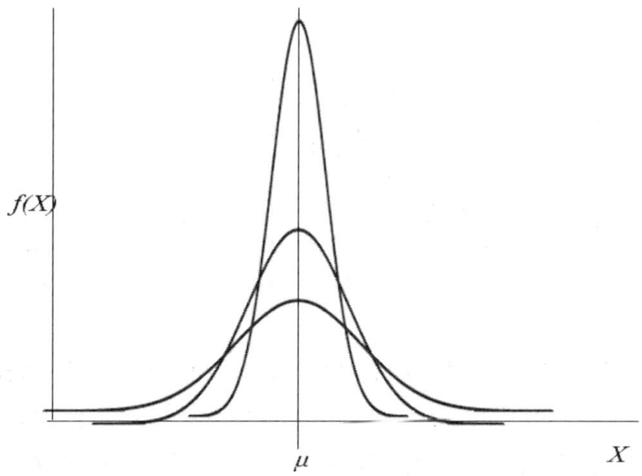

동일 평균, 다른 분산을 가진 정규분포들

위의 원칙을 정규밀도함수를 위한 방정식과 조합하더라도 우리의 문제를 풀기에는 식

(2.3.3)는 너무 복잡하다. μ, σ, a 및 b가 정해지면 $-\infty$(함수의 왼쪽 끝)에서 a까지의 곡선아래면적을 적분(積分; integration)하여 구해야한다. 다음으로 b에서 $+\infty$까지의 면적을 같은 방법으로 구한다. 그리고 1에서 이 두 면적을 빼면 우리가 구하고자 하는 곡선의 a와 b사이 아래면적이고 확률이다. 또 다른 방법은 a까지 면적과 b까지 면적의 차로 구하는 것이다. 어느 방법도 시간이 걸리고 적분을 알아야한다.

다행히 어떤 정규분포도 이른바 표준화 작업을 통하여 μ와 σ의 값에 관계없이 하나의 표로 표시할 수 있다. μ와 σ의 값에 따라 많은 이항 표를 만든 것처럼 μ와 σ의 값에 따라 수많은 정규 분포 표를 만드는 대신에 평균 μ가 0이고 표준편차 σ가 1인 한 개의 표준 정규 분포를 정의하는 것이다. 이 분포에 의해 설명되는 확률변수를 Z라 표시하고 표준 정규 편차(標準正規 偏差; standard normal deviate)라고 부른다. Z값은 다음 식으로 계산되며 그 분포도는 [그림 2.3.2]에 있다.

$$Z = \frac{X - \mu}{\sigma} \tag{2.3.4}$$

표준 분포의 수학적 특성은 아래와 같다.

1. 면적의 반은 $\mu = 0$ 와 +∞의 사이이고 나머지 반은 $\mu = 0$과 -∞의 사이이다.
2. μ을 중심으로 양쪽으로 Z값이 -1과 +1사이의 면적이 전면적의 약 2/3다.
3. μ를 중심으로 양쪽으로 Z값이 -2과 +2사이의 면적이 전면적의 약 19/20.
4. μ를 중심으로 양쪽으로 Z값이 -3과 +3사이의 면적이 거의 전 면적을 차지한다.

[그림 2.3.2] 표준정규분포

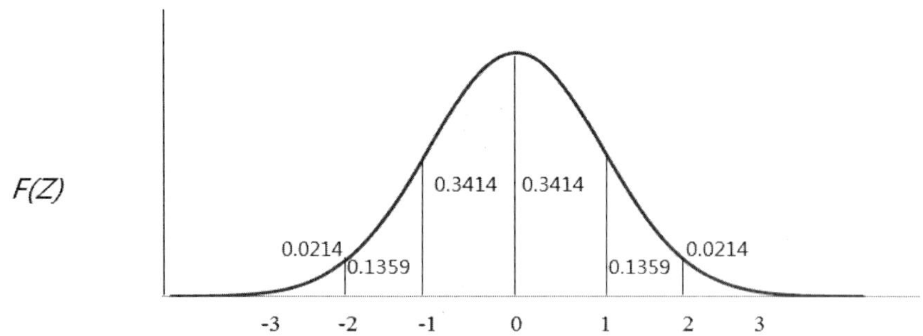

어느 변수가 정확하게 정규분포인가를 증명할 수는 없지만 현실세계의 많은 분포가 정규 분포를 가지고 개략적으로 계산할 수 있다. 정규분포는 통계적 추론에서 넓게 사용되지만 결정이론에서도 탁월한 지위를 차지하고 있다. 정규분포는 이항분포를 약산(略算; approximate)할 때도 쓰인다. n가 크고 p가 작을 경우 포아송 분포로 이항 분포를 약산할 수 있음을 기억할 것이다. 그러나 n가 크고 p 가 0.5에 근접하는 경우 포아송 분포보다 개선된 결과를 얻을 수 있다.

2.3.5 지수 분포(exponential distribution)

포아송 분포가 성립하기 위한 전제를 기억할 것이다. 적절한 환경에서 Poisson 분포는 일정기간 사이에 X가 일어날 확률을 추정하는데 사용된다. 어느 특정한 하루사이에 한 번의 매매가 성립할 확률은 얼마일까? 한 시간 동안에 KTX 기차표 매표구에 한 시간에 다섯 명이 표를 사러올 확률은 얼마일까? 일주일간의 생산기간 중 90개의 불량이 발생할 확률은 얼마일까? 등등. 포아송 분포가 일정기간 사이에 X가 일어날 확률을 추정하는 예들이다. 발생회수는 부피, 면적, 시간과 같은 측정단위에 정수 값으로 주어진다. 이들 분포는 이산적(離散的; discrete)이다. 위 질문을 역으로 바꾸면 발생 사이에 소모될 시간은 얼마나 걸릴까가 된다. 시간은 연속적인 것으로 이산적이 아니다. 만일 일을 일으키는 과정이 성질상 포아송이라면 도착 간의 시간을 정의하는 연속 분포가 있을까?

지수 분포는 이러한 경우에 적합한 분포로 그 특성은 다음 함수로 알 수 있다.

$$f(t) = \lambda e^{-\lambda}$$

여기서 t=다음 일이 일어나기 전에 소모한 시간
e=상수, 2.71828...
λ=포아송 과정의 평균
$f(t)$=t의 빈도(밀도)
t와 λ는 양(陽; positive)

λ가 시간당 평균 발생 건수라면 $1/\lambda$는 포아송 과정이 연속적으로 일어나는 사이에 소모되는 평균 시간이다. 예를 들어 포아송 과정이 평균 3시간이라면 평균 발생사이의 시간은 $1/\lambda$ 즉 1/3시간이다. 연속되는 사건(事件; events)사이에 소모되는 시간은 20분이 될 것이다.

포아송 과정의 평균과 분산은 다 같이 λ이다. 마찬가지로 지수분포의 평균과 표준 편차는 같다.

$$\text{평균} = 1/\lambda = \text{표준 편차}$$

$$\text{분산} = (\text{표준 편차})^2 = \left(\frac{1}{\lambda}\right)^2 = \frac{1}{\lambda^2}$$

현실세계에서 지수분포는 많은 분야에서 응용되고 있다. 장치(裝置; equipment), 전기기구(電氣器具; electric devices), 기타 물리적 현상의 가동수명을 설명하는데 사용된다. 은행이나 시장의 고객들, 착륙을 기다리는 비행기들, 다리를 통과하려는 자동차들, 수리를 기다리는 기계들 등등의 대기선(待機線; waiting line)을 분석하는데도 응용되고 있다.

이상에서 주요 확률분포를 살펴보았는데 여기서 파생확률변수와 파생확률분포에 대해 간단하게 언급하기로 한다. 파생확률변수는 확률변수를 필요에 따라 수리적 연관성을 갖고 변형시킨 것으로 "X가 확률변수이면 X의 함수인 $g(X)$ (예를 들면 $aX+b$, aX^2+bX+c, ae^{bX} 등)도 확률변수이다."라는 정리(定理; theorem)를 근거로 파생확률분포를 만든다. 카이자승(chi square; χ^2) 분포, 대수정규(對數正規; lognormal) 분포, 감마(gamma; γ) 분포, 베타(beta; β) 분포 등이 파생확률 분포들이다.

2.4 확률의 사정(査定; assessment)

의사결정의 대상이 되는 사건이 일어날 확률을 사전에 사정하여 의사결정모델에 투입하는 일은 의사결정분석의 출발이라 말할 수 있다. **사전확률**(事前確率; prior probability)이 있다는 것과 그것을 수정하는 것이 통계적 의사결정의 중요 수단 중 하나인 Bayes 기법의 두드러진 두 특징이다. 사전 확률이 있느냐 없느냐가 의사결정에 있어서 위험(危險; risk)과 모호함(模糊性; ambiguity) 하 의사결정의 다른 점이다.

사전 확률은 기본적으로 다음 세 가지 방법을 사용하여 사정할 수 있다.

1. 축적된 과거자료를 여건의 변화에 맡게 조정하거나 의사결정에 적합 하도록 수정하여 사용
2. 개인의 내적 관조, 판단 및 "지적이며 편향 없고 이성적인 믿음의 정도"를 사용
3. 의사결정 상황에 적용되거나 근사적(近似的; approximately)으로 적용될 수 있는 이론적 확률분포를 응용

2.4.1 기본 개념

우선 확률이론의 기본원칙을 다시 한 번 정리해보자.

1. 확률은 항상 영과 같거나 크고 1보다 작거나 같다. 확률이 적을수록 사건(事件; event)이 일어나기 어렵다. 불가능한 사건의 발생확률은 0이고 확실한 사건은 발생확률이 1이다.
2. 상호 배타적인 사건은 동시에 일어나지 않는다.
3. 사건들이 집합적으로 망라되어 있다면 모든 가능한 사건은 그 집합 안에 포함되어 있다.
4. 그 집합이 서로 배타적이고 집합적으로 망라되어 있다면 그들 확률의 합은 1이다.
5. 가능한 모든 확률 변수와 그에 상응하는 확률은 그 확률 변수의 확률분포를 구성한다.
6. 확률 변수는 이산적(離散的; discrete)인 것과 연속적인 것 두 가지가 있다.
7. 이산적 확률 변수의 확률분포는 확률 질량(質量; mass) 함수로 연속 확률분포는 확률 밀도함수로 나타낼 수 있다. 둘 모두 누적 함수로 나타낼 수도 있다

확률변수에 의해 나오는 결과는 셀 수없이 많으므로 그림으로 표현할 수 없다. 그래서 편법을 쓰기도 한다. 분포의 분위수(分位數; fractile)를 쓰는 것도 한 방편이다. 확률분포의 평균치나 중앙치(中央値; median) 또는 최빈치(最頻値; mode)는 분포 값들의 중심 위치를 나타내는 측척(測尺; measures)이다. 분산(分散; variance)이나 표준 편차(standard deviation)나 범위(범위; range)는 분포의 산포도(散布度; degree of dispersion)를 나타내는 측척이다. 또 다른 측척으로 분위수가 있다. 연속 확률분포의 p분위수에서 p는 분포의 면적을 p로 균등하게 나누었을 때의 첫 번째 X가 X_p인 그런 수이다. 즉 $P(X \leq X_p) = 1/p$이다. $P_{0.5}$는 X의 확률이

0.5와 같거나 작은 X의 값이다. 이 분위 수는 중앙치라고도 하는 특수한 분위수로 2분위수라 부를 수도 있다. 이 분위수는 분포의 면적을 둘로 나누는 특수한 확률변수 값이다. 또 다른 특수한 분위수는 4분위 수(四分位數; quartile)이며 분포의 면적을 4등분하는 그런 확률변수 값으로 $X_{0.25}$와 $X_{0.75}$를 말한다. 또 하나의 특수한 분위 수는 백분위수(百分位 數)이다. 기본적으로 백분위수들은 분포를 백 등분한다. p번째 백분위수는 값들의 p%가 X_p의 값 아래에 있고 (100 -p)%는 X_p의 값보다 큰 그런 p의 값이다.

우리가 사정하고자 하는 확률 변수를 **목표 변수**(目標 變數; target variable)라고 부른다. 누가 한 제품의 단위시간당 수요 또는 기계고장을 다룬다면 확률변수는 확실하다. 그러나 기댓값의 계산이 바람직하다면 문자등급의 사용은 부적절하다. 어떻게 하든 A, A^-, B^+ 등등의 여러 등급은 정량화되어야한다. 대학에서 사용하는 4.0, 3.8, 3.2 등등과 같은 학점이 정량화된 등급의 한 예이며 확률변수로 사용할 수 있다.

단순한 문제에서 목표 변수는 결정분석에 포함된 다른 확률 변수와 무관하다. 이들 확률들은 사전(事前; prior)에 사건(事件; event)이 일어났는지 아니 일어났는지에 상관하지 않는다. 만일 이런 가장 단순한 경우 의사결정자가 목표변수의 어느 한 개의 값이 일어날 가능성이 가장 높다고 그리고 다른 값들의 확률이 그 가장 가능성이 높은 값에서 양 쪽으로 멀어져갈 때 부드러운 곡선으로 작아진다고 느낀다면 그 밀도함수는 단봉형(單峰形; unimodal)이고 그 누적함수는 왼쪽에서 그 기울기가 0에서 시작하여 가장 가능성이 높은 값까지 커지다가 이 가능성이 높은 점부터 오른쪽 꼬리 끝까지 작아진다. [그림 2.4.1]이 이경우의 가장 기본적인 모양을 보여 준다.

[그림 2.4.1]

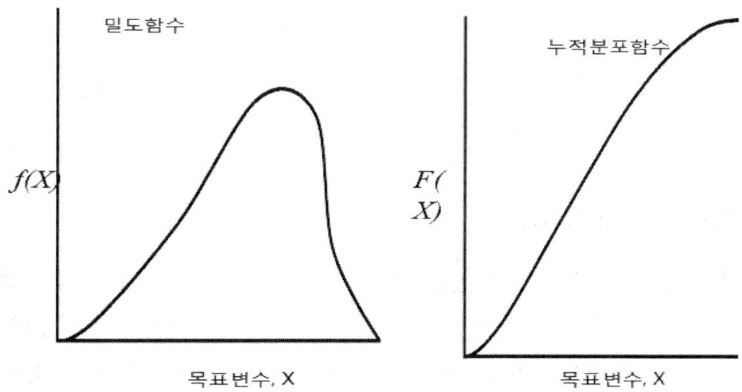

위와 다른 상황에서 직접 사정은 더욱 복잡한데 사정에 둘 또는 그 이상의 요인이 포함될 때 불확실성이 생기기 때문이다. 이 점을 분명히 하기 위하여 다음 주 있을 휘발유 수요(需要)의 확률을 사정하려는 주유소 소장이 직면하고 있는 불확실성을 생각하여보자. 목표변수는 휘발유 수요이다. 또한 내주중반에 눈보라의 가능성이 있음을 가정한다. 만일 눈이 오지 않는다면 눈이 올 경우보다 수요는 높을 것이고 눈보라가 심하면 수요는 더욱 낮을 것이다. 기상상태를 분리하여 고려하지 않고 단일의 수요확률을 사정하려 하는 것은 어리석은 일이 아닐까? [그림 2.4.2]가 적절한 접근법을 보여 준다. 의사결정자는 우선 삼지창으로 나타낸 "맑음", "눈", "눈보라"의 확률을 사정하고 나서 이중에서 하나 예를 들면 맑음의 점 A에서 예상되는 수요확률을 부채 살 모양으로 사정한다. 이처럼 비와 태풍에서도 같은 방법으로 수요확률을 사정한다. 만일 단일 수요분포가 필요하다면 세 개의 분리된 수요 분포를 결합한다. 맑음, 눈, 눈보라의 확률을 0.5, 0.3, 0.2로 그리고 수요에 대한 확률을 〈표 2.4.1〉과 같이 사정한다고 가정하자. 단일 수요 분포는 각 열을 기상상태의 확률과 가중하여 구하게 된다. 예를 들면 p(수요=10)=0.5(0)+0.3(0.15)+0.2(0.2)=0.085이고 p(수요=12)=0.5(0.05)+0.3(0.2)+0.2(0.15)=0.115이다. 완성된 질량함수(質量函數; mass function)는 [그림 2.4.3]에 있다. 이 질량함수는 단봉형(單峰形; unimodal)이 아니고 이봉형(二峰形; dimodal)이다.

[그림 2.4.2] 확률그림

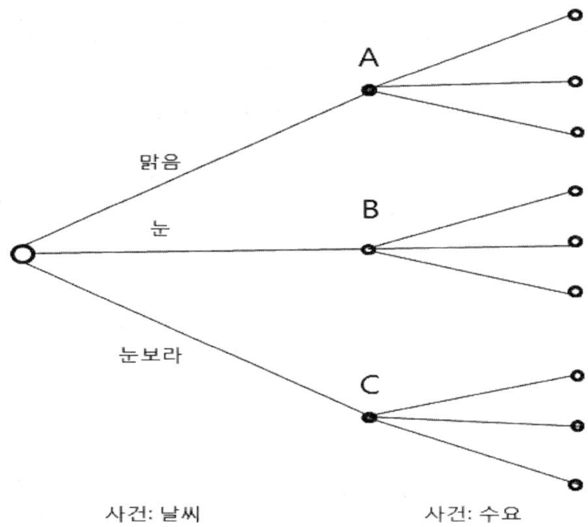

2.4.2 과거자료에 기초한 확률사정

오직 하나의 확률 변수에 관심이 있고 그 확률 변수에 대하여 많은 량의 과거자료가 있는 상황이다. 어떤 한 동내에서 같은 가격으로 수년간 책을 팔고 있는 서점 주인은 충분한 과거자료를 축적하여 가지고 있을 것이고 미래의 조건도 같은 장소에서 같은 수요자를 상대로 같은 제품을 팔 것이므로 그는 그의 과거자료를 상대빈도로 정리하여 장기간에 걸친 수요확률을 추산할 수 있을 것이다. 그가 지나간 수년간의 기록과 앞으로 있을 결과가 크게 다르다고 믿을 이유가 없으므로 축적된 자료를 장기간의 상대빈도 형태의 사전확률로 사용하는 것은 합리적이라 할 수 있다.

〈표 2.4.1〉 가솔린 수요확률의 분포

수요(천 갤런)	p(수요|개임)	p(수요|소낙눈)	p(수요|눈보라)
0	0	0	0
2	0	0	0.05
4	0	0	0.10
6	0	0	0.20
8	0	0.1	0.20
10	0	0.15	0.20
12	0.05	0.2	0.15
14	0.08	0.25	0.10
16	0.10	0.2	0
18	0.12	0.1	0
20	0.15	0	0
22	0.20	0	0
24	0.15	0	0
26	0.10	0	0
28	0.05	0	0
30	0	0	0

[그림 2.4.3] 질량함수(mass function)

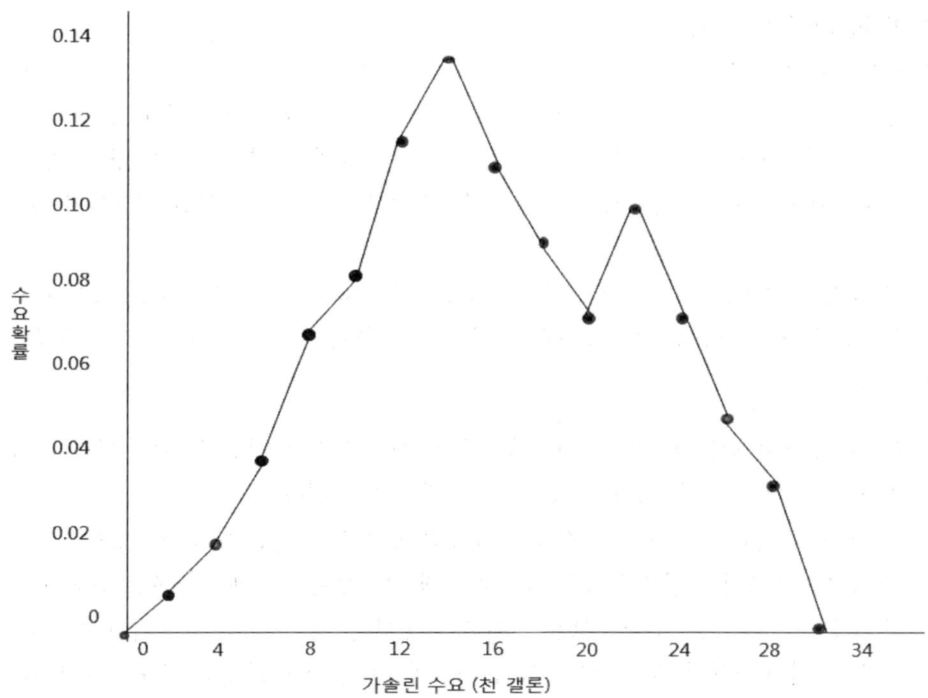

어떤 경우 과거자료를 주의 깊게 조사하다보면 특이한 관측치(觀測値; observations)를 보게 되는데 이것들은 분포내의 다른 자료들과 일치하지 않는 것처럼 보이는 것들이다. 이것들은 불완전한 측정, 잘못된 계산, 단기간에 잠깐 영향을 준 불규칙변화에 기인하거나 단순한 우연일지 모른다. 그렇다면 이들 관측치 들은 재외 되어야 하나? 우리가 이들 자료를 전체의 흐름을 나타내지 않는다고 제외시킬 때 우리는 아마도 특별한 이유는 모르지만 특이한 상황에서 온 것이기 때문이라고 말할 것이다. 보기에 특이한 관측치가 사실은 유효할지 모를 그리고 유사성의 부족이 우연에 기인할지 모를 가능성이 있을 수 있다. 만일 이 특이함이 우연에서 온 것이라면 이들 관측치 들이 편향(偏向; bias)을 초래할지 모르므로 제외되어서는 아니 된다.

의사결정자는 자료를 제외시킬 때 두 가지 과오가 있을 수 있다는 것에 항상 유념하여야 한다. 불규칙적이고 제대로 나타내 주지 못하는 관측치가 버려져야 하였음에도 불구하고 데이터에 포함될 수도 있다. 이런 것들이 편향을 초래한다. 반면에 일어날 것 같지 않은 사건(事件; event)이 일어났다거나 과정이 임의적이라는 이유만으로 비슷하지 않은 유별난 자료를 제외시킨다면 편향이 초래될 것이다. 일부 통계학자는 확률적 이유가 아니라 이유를 붙일 수 있는 자세한 전문적 조사를 근거로 하여서만 제외시킬 수 있다고 주장한다. 그러나 이 주장은 너무나 보수적이어서 많은 경우 응용할 수 없다. 결정적 문제를 제외시키는 것이 의사결정에 어떤 영향을 줄까? 영향을 주지 않는다면 이 문제는 잊어버려도 될까? 영향을 준다면 과오를 저지름으로써 또는 붙일 수 있는 이유를 찾는데 얼마나 비용이 들까? 이들 질문에 균형 잡힌 타협점을 찾는 것이 중요하다.

과거자료가 빈약하다면?

방대한 량의 자료가 있고 비정상적인 관측치 들이 제외되었을 때 확률분포는 그 자료로 부터 직접 도출될 수 있다. 자료를 사용할 수는 있지만 빈약한 경우 사전 확률분포를 추정하려면 몇 가지 새로운 개념이 도입 되어야 한다. 예를 들어 보자. A사는 B사의 구매담당자로부터 미리 수요에 대한 예측자료를 받을 수 없기 때문에 과거 자료만이 유일한 정보이며 〈표 2.4.2〉와 같다.

누적빈도를 도형(圖形)으로 나타내면 [그림 2.4.4]와 같다. 수요의 분포는 특이(特異)한 점 없이 단봉형(單峰形; unimodal)이고 매끄럽다고 가정한다. 이 그림에는 몇 가지 주목할 만 한 점이 있다.

1. 단순히 실제로 있었던 값만이 아니라 가능한 모든 값을 나타냈다. 예를 들면 과거자료에는 30 이상만 있지만 30이하 영까지 연장하여 나타냈다.
2. 매끄러운 곡선은 가능한 수직축의 11개 선의 중간점을 가깝게 통과하도록 맞추어 졌다. 이 곡선은 기울기가 왼쪽 끝에서 영으로 시작하여 오른쪽 끝에서 영으로 끝난다. 이 곡선의 모양은 [그림 2.4.1]에서 보는 고르고 단봉형인 밀도함수의 모양과 비슷하다.
3. 누적함수의 중간에서 과거자료는 장기수요 예측치를 잘 나타내고 있다. 끝부분에는 높은 판단력을 요구한다. 30이하와 150이상의 과거자료가 없다고 하여 30이하나 150이상의

수요가 전혀 없다고 단정할 수는 없다. 다만 그 확률이 영은 아니지만 매우 주관적일 수밖에 없어 신중히 고려하여야 할 것이다.

〈표 2.4.2〉 골재에 대한 과거 수요

대수(臺數)/월(月)	관측된 회수(回數)	상대빈도(相對頻度)	누적빈도(累積頻度)
30	1	0.1	0.1
45	1	0.1	0.2
50	1	0.1	0.3
60	1	0.1	0.4
70	1	0.1	0.5
85	1	0.1	0.6
90	1	0.1	0.7
105	1	0.1	0.8
125	1	0.1	0.9
150	1	0.1	1.0
계		10	1.0

[그림 2.4.4] 수요분포

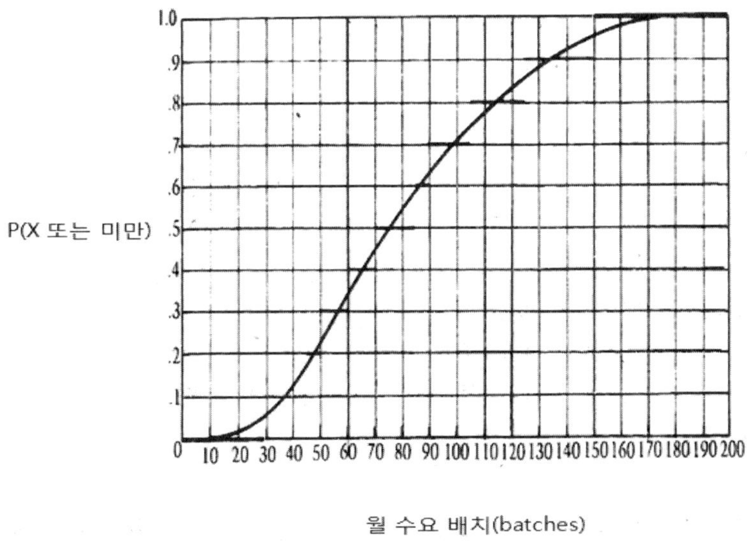

4. 단봉형이고 매끄럽다고 가정하였다는 것은 의사결정자가 이 곡선의 값들은 확률 과정이 만들어 낸 것이라고 느끼고 있다는 것을 의미한다. 여기서 말하는 확률과정은 많은 수의 작은 독립 요인들이 작용한 단 하나의 기본적 확률 요소로 이루어 진 것이라는 것 이다. 만일 그가 기후조건과 기초수요와 같이 두 개의 기본요소가 있다고 느꼈다면 위의 가정은

타당하지 않다.

5. 이 누적 함수는 질량 또는 밀도함수보다는 과거자료를 매끄럽게 표현한 것이다. 왜냐하면 질량함수나 밀도함수는 확률 변수의 많은 값들에 대한 확률을 사정하여야하기 때문이다.

A사가 일단 만족스러운 누적 밀도함수를 가지게 되면 벽돌의 적정한 생산량을 선택하는 문제를 풀 수 있다.

골재가격은 주문량이 한 달에 100대 이하이면 대당 ₩200,000이고 한 달 주문량이 100대 이상이면 ₩175,000으로 내려간다. 생산은 차단위로 이루어진다. 다른 규격의 제품생산필요성 때문에 A사에게는 B사의 주문을 기다려 생산량을 결정한다는 것은 바람직하지 않다. 초과생산으로 인한 재고는 결국 추가비용의 발생을 가져오므로 피하게 된다. 생산이 중단된 공장을 가동하기위한 준비비용은 ₩1,000,000이고 정상적인 절차를 따른다면 생산원가는 대당 ₩100,000이다. 생산된 물량이 주문량에 못 미쳐 추가생산을 할 경우 새로운 생산준비 비용이 ₩1,000,000 그리고 정상순서가 아닌 생산으로 추가되는 노무비와 효율 저하 그리고 다른 규격의 제품을 생산하지 못하는 데서 오는 기회비용 때문에 생산원가가 대당 ₩140,000원이 추가된다. 이와 같은 상황에서 정확한 수요예측은 필수적이다.

〈표 2.4.3〉 균등 확률 집단 개략 값

수직구간	수평범위(대수)	구간확률	구간중위수(대수)
0-0.1	10-36	0.1	28
0.1-0.2	37-48	0.1	43
0.2-0.3	49-56	0.1	52
0.3-0.4	57-65	0.1	60
0.4-0.5	66-75	0.1	70
0.5-0.6	76-86	0.1	80
0.6-0.7	87-98	0.1	92
0.7-0.8	99-115	0.1	106
0.8-0.9	111-136	0.1	124
0.9-1.0	137-175	0.1	148
계	1.0		

과거자료를 근거로 만들어진 [그림 2.4.4]의 곡선은 분위수로 약산(略算; approximated)되어 있다. 분위가 많을수록 좋겠지만 계산이 복잡해지는 단점이 있어 10분위 수 정도면 컴퓨터 없이도 계산이 가능하므로 10개 값이면 충분하다고 가정(假定)하고 진행하기로 한다. 그림에서 P(X와 같거나 작은)$=0.05$에서 수평으로 함수와 만나는 점에서 아래로 내려가면 $X=28$과 만난다. 그림에서 첫 번째 확률 은 대략 $X=10$과 $X=36$사이의 수요를 보여 주고 있다. 이 0에서 0.1까지의 수직 구간의 중위수(0.05에 위치한)가 대표하는 것으로 하기로 한다. 다른 말

로 하면 그 구간의 중앙값 28이 10에서 36사이의 모든 값을 대표하는 것이고 그 확률은 0.1이라는 뜻이다. 이는 계산상 편의를 위한 것으로 〈표 2.4.3〉으로 요약된다.

이제 이익계산식을 만들기로 한다. Q는 A사가 최초로 준비하여 생산하는 대수이고 X는 B사가 실제로 주문한 대수이다. 식에서는 단위를 ₩1000으로 하였다. 이익계산식은 다음과 같다.

▌조건

(1) 이익$=200X-100Q-1000$ $\quad$ $Q\geq X$ 그리고 $X<100$

(2) 이익$=175X-100Q-1000$ $\quad$ $Q\geq X$ 그리고 $X\geq 100$

(3) 이익$=200X-100Q-140(X-Q)-2000$ $\quad$ $Q<X$ 그리고 $X<100$

(4) 이익$=175X-100Q-140(X-Q)-2000$ $\quad$ $Q<X$ 그리고 $X\geq 100$

식 (1)과 (2)는 한 번의 생산으로 주문량을 생산하는 경우이고 식 (3)과 (4)는 첫 번째 생산으로 모자라 추가로 생산한 경우이다. 추가로 생산한 량은 $(X-Q)$이고 140(천원)$(X-Q)$만큼의 추가 생산비와 1,000(천원) 의 추가 준비비용이 든다. 생산량이 80대분일 때와 100대분일 때 기대이익은 〈표 2.4.4〉와 〈표 2.4.5〉에 있는 것과 같이 3,615(천원)와 2,700(천원)이다. 여러 생산량에 대한 기대이익을 위의 식을 사용 계산하여 〈표 2.4.6〉에 정리하였다.

A사에게 가장 바람직한 것은 주문을 받아 바로 생산하는 것이다. 즉 $Q=X$이다. 이때는 한 번의 생산준비비용이 1,000(천원)과 대당 생산원가가 140(천원)이면 되므로 위의 이익계산식은 다음과 같이 변한다.

〈표 2.4.4〉 주문량 T = 80일 때 기대이익

X, 수요	맞는 이익계산식	이익	확률	이익 x 확률
28	(1)	-3,400	0.1	-340
43	(1)	-400	0.1	40
52	(1)	1,400	0.1	140
60	(1)	3,000	0.1	300
70	(1)	5,000	0.1	500
80	(1)	7,000	0.1	700
92	(3)	6,720	0.1	672
106	(4)	4,910	0.1	491
124	(4)	5,540	0.1	554
148	(4)	6,380	0.1	638
			1.0	
		계 ₩36,150,000		₩3,615,000

(5) $X<100$이면 이익$=200X-140X-1000=60X-1000$

(6) $X\geq 100$이면 이익$=175X-140X-1000=35X-1000$

〈표 2.4.6〉을 보면 최대치는 수요 X가 대략 60대분 근처일 때 이루어진다.
이 A사의 예는 우리에게 다음을 설명하여 준다.

〈표 2.4.5〉 주문량 T = 100일 때 기대이익

X, 수요	맞는 이익계산식	이익(₩1000)	확률	이익 × 확률(₩1000)
28	(1)	-5,400	0.1	-540
43	(1)	-2,400	0.1	-240
52	(1)	-600	0.1	-60
60	(1)	1,000	0.1	100
70	(1)	3,000	0.1	300
80	(1)	5,000	0.1	500
92	(1)	7,400	0.1	740
106	(4)	5,710	0.1	571
124	(4)	6,340	0.1	634
148	(4)	7,180	0.1	718
			1.0	
계 27,230(천원)				2,723(천원) (기대이익)

〈표 2.4.6〉 생산량에 대한 기대이익

T, 생산량(차량대수분)	기대이익(₩1000)
0	2,873
10	2,273
40	3,405
50	3,667
60	3,875
70	3,815
80	3,615
100	2,723
120	1,467

1. 빈약한 과거자료를 누적분포의 형태로 바꾸는 기법
2. 집단화된 약산(略算; approximation)과 균등할확률(均等割確率; equiprobable) 값 그리고 구간중위수의 개념(槪念; concept)
3. 약산을 이용하여 문제를 푸는 절차

2.4.3 개인적 사정(個人的 査定; personalistic assessment)

본질적으로 동일한 환경 하에서 아주 많이 반복하여 시도(試圖; trial)할 수 있는 우연의 게임에서 확률을 상대빈도로 해석하는 개념이 나왔다. 많은 과거자료가 집적된 결정상황에서는 상대빈도 접근법이 유효할 것이다. 그러나 이 접근법이 부적절한 결정상황이 많이 존재한다, 신상품의 판매, 주식이나 채권의 취득, 수요가 불확실한 제품의 생산이나 구매, 유일하고 반복적이 아닌 성질의 큰 사업 계획의 착수와 같은 것이 그렇다. 이런 경우는 어떤 확률주장도 주관적이고 개인적이며 판단에 의한 것이다.

그런 주장은 어떤 특정한 사건(事件; event)이 일어날 것인가 안 일어날 것인가에 관한 개인의 합리적 [믿음의 정도]이다. 이 확률 모델(模型;model)은 정보화된 신념의 행동, 즉 목표변수와 관련되어 사용할 수 있는 모든 정보를 사용하여 그 결정상황에 익숙한 개인의 주의 깊고 합리적이고 주관적인 사정(査定; assessment)에 의존한다. 이들 추정은 확률로 해석할 수 있지만 그 시도가 반복되지 않기 때문에 상대빈도는 아니다. 여기서 중요한 것은 시도가 반복될 수 있는지 여부가 아니라 주관적인지 여부라는 것이다.

어떤 특정 상황에 익숙한 합리적이고 지적인 두 의사결정자가 같은 사건에 대하여 서로 다른 확률을 사정할 수도 있다. 그들의 판단이 다르므로 그들의 사정도 다르다. 이는 그들이 다른 훈련을 받았고 정보를 다르게 받아들여 처리하거나 다른 정보를 근거로 확률을 사정하기 때문일 수도 있다. 여기서 더욱 중요한 것은 그들의 사정이 "옳다" "그르다" 또는 "좋다" "나쁘다"고 나누는 것은 부적절하다는 것이다. 이것은 그 사건이 실제로 일어나는지 안 일어나는지와 상관없이 그러하다. 만일 A씨가 금년도 야구리그에서 삼성 라이온스가 우승할 확률이 0.5라 하고 B씨는 0.1이라 하였다 하자. 실제로 롯데 자이언트가 우승하였다 하여 B씨가 잘하였고 A씨가 잘못하였다고 말하는 것은 옳지 않다. 문제는 B씨가 얼마나 그의 판단을 잘 수치화하였는지이지 얼마나 실제 결과에 일치하느냐가 아니다. 또 한 가지 내일 비가 올 확률과 안 올 확률에서 이를 못 맞추었다 하여 나쁜 확률사정이라 말 할 수는 없다. 다만 그 사정이 옳지 않았다는 것이다.

확률사정은 확률의 기본규칙을 따라야 한다. 이런 의미에서 모순이 없고 일관성이 있어야 한다. 어떤 확률도 1보다 작거나 0보다 커야한다. 집합적으로 망라되고 서로 배타적이어서 그 합이 1이어야 한다. 가능성이 높을수록 사정된 확률은 커야 한다. 삼성 라이온스가 우승하는 것과 우승 못하는 것과 같이 두 사건이 함께 일어날 확률이 0인 경우 두 사건은 상보적(相補的; complementary)이므로 그 확률의 합은 1이어야 한다.

한 의사결정자가 복잡한 상황에서 확률을 사정할 때 부주의나 확률규칙을 잘 몰라 모순되게 사정하였을 경우 사정된 전부를 버릴 것이 아니라 이들 추정치를 정규화(正規化; normalize)하여 사용할 수도 있다. 한 학생이 중간시험을 치른 뒤 그 과목 교수가 그에게 학점을 어떻게 줄지 모르고 있다. 학점은 A, B, C, D, F 네 가지가 전부이다. 이 학생이 자기가 받을 학점을 다음과 같이 사정하였다고 하자.

학점	A	B	C	D	F	합계
확률	0.2	0.5	0.2	0.1	0.1	1.1

학점은 A, B, C, D, F 네 가지뿐이므로 집합적으로 망라되고 서로 배타적인 사건에 해당되므로 그 합은 1이어야 한다. 이때 그 합이 1이 아니므로 이것들을 버릴 것이 아니라 그 합인 1.1로 나누어 정규화 하여 사용할 수 있다. A학점의 경우는 (2/10)/(1.1)=2/11이 된다. 결과적으로

학점	A	B	C	D	F	합계
최초확률	2/10	5/10	2/10	1/10	1/10	11/10 ≠ 1
정규화된 확률	2/11	5/11	2/11	1/11	1/11	11/11 = 1

이 되며 이는 확률규칙에 맞는다. 문제는 사정한 사람 마음의 만족여부이다.

정규화된 개인의 사정기법을 이용하는 대신에 제2의 방법을 쓸 수도 있다. 확률은 대수(對數; odds)와 함께 십분위 수나 분수 혹은 백분율 수로 표현할 수 있음을 기억하자. 한 사건의 대수가 x대y라고 하자. 이때 이 사건의 확률은 $x/(x+y)$이다. 만일 우리가 내일 비올 확률이 3:1이라고 표현한다면 사정된 비올 확률은 3/(1+3)=3/4이다.

사전 확률의 사정에 공통적으로 사용되는 또 다른 기법은 가상적(假想的; hypothetical) 내기 상황이나 제비뽑기(lottery)를 쓰는 것이다. 올바른 여건 하에서 확률을 사정하기 위하여 정당한 내기가 어떤 것인지에 대한 의사결정자의 조건을 간접적으로 쓸 수도 있다. 당신이 삼성 라이온스가 우승할 대수를 1:4로 사정하였다고 가정하자. 이 이야기는 삼성의 우승할 확률이 1/5로 사정한다는 뜻이며 다른 말로 하면 우승하지 못할 확률은 4/5이다. 당신이 사정한 확률을 전제로 [그림 2.4.5]의 **결정도**(決定圖; decision diagram)를 구성하였다. 당신은 내기 A와 내기 B중에서 하나를 선택한다. 어느 내기를 선택하는가에 따라 야구리그가 끝나 우승자가 알려지면 0원이나 1,250원이나 또는 5000원을 받게 된다. 어느 쪽을 선택할 것인가? A인가 또는 B인가?

이론적으로 당신은 선호중립(選好中立; indifferent)이어야 한다. 다른 말로 하면 이 내기가 공정 한지를 고려하여야 한다. 만일 공정하지 않다면 당신은 이길 확률을 다시 사정하여야 한다. 오직 당신이 어느 쪽 선호도 없이 선호중립일 경우에만 1/5과 4/5의 확률이 정직하게 사정된 것이다.

이 사정 방법은 다음 공리(公理; axioms)가 정당하다는 것을 전제로 한다.

1. **일관성**(一貫性; consistency). 당신의 사정은 확률의 기본 규칙을 따른다.
2. **이행성**(移行性; transitivity). 당신이 B보다 A을 그리고 C보다 B을 선호(選好; prefer)한다면 당신은 C보다 A를 선호하여야한다.
3. **대체성**(代替性; substitutability). 당신이 A와 B에 대하여 선호중립이라면 어느 결정에서도 B를 A로 대체할 수 있고 대체하더라도 당신의 선호는 변하지 않는다.

[그림 2.4.5] 결정도(決定圖; decision diagram) (단위: 1000원)

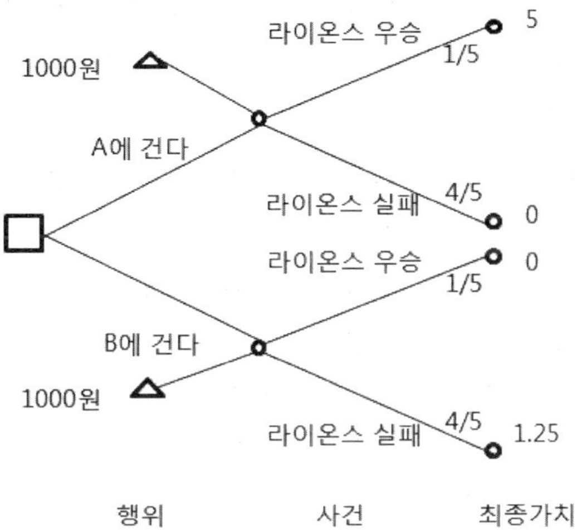

공리는 아니지만 위에서 쓴 방법은 위험(危險; risk)에 대하여 중립적 태도를 가정한다. 즉 기대금전가치는 적절한 결정기준이라는 것이다.

확률사정에 있어 이 방법과 앞에서 요약된 방법들과의 차이는 이 방법에서는 하나의 행위가 반드시 선택된다는 것이다. 의사결정자의 행동에 초점이 있다. 단순하게 믿음을 수량화하거나 직접 확률을 산출하기보다는 선호중립 점에 도달할 때까지 하나의 행위를 선정하여야한다. 제비뽑기가 공정하다면 이를 통해 확률은 간접적으로 만들어질 수 있다. 제비뽑기 기법의 좀 더 복잡한 예로써 그의 회사에서 생산한 적이 없는 제품의 원가(原價; cost)를 추산하여야하는 의사결정자를 생각해보자. 고광택 페인트를 개발하였음으로 판매할 것인지 아니 할 것인지를 결정하여야하는데 이는 투자회수(回收)가 가능한가에 달려 있다. 투자회수를 추산하는데 중요한 요소는 생산원가이다. 재무 분석가인 김 아무개는 제품 리터당 변동비의 확률분포를 사정하여야 한다. 이 사람은 그의 회사에서 생산하고 있는 유사한 제품의 원료비 그리고 노무비에 관하여 잘 알고 있다. 원가를 추정(推定; estimate)함에 있어 수율(收率; yield)은 불확실하다. 수율이 낮으면 원가가 높아져 수익성이 없게 된다.

첫 단계로 중위(中位; median) 원가를 선정한다. 김 씨가 최선이라고 추정한 중간 값(분포를 두 개의 동일한 부분으로 나누는 값)은 6(천원)이다. 만일 다음의 둘 중 하나를 선택하는 내기에서 결과이익(結果利益; payoff)이 부장으로의 승진이나 유럽여행, 그랜저 승용차와 같이 상당히 크더라도 김 씨는 선호중립이어야 한다.

A에 건다. 실제 원가는 리터당 6(천원)보다 높다. 또는
B에 건다. 실제 원가는 리터당 6(천원)보다 낮다.

만일 김 씨가 위의 내기에서 A와 B에 대하여 선호중립이 아니라는 생각이 든다면 중위수 값을 다시 선택하여야 할 것이다.

두 번째 단계는 4분위 값을 추정하는 것이다. 사분위수는 분포를 4등분하는 것으로 아래쪽 사분위수(Q_L), 중위수, 위쪽 사분위수(Q_U)가 있다. 만일 김 씨가 중위수 값을 다시 사정하기로 하고 이 값으로 40(천원)을 선택한다고 가정하자. 일 단계와 같이 상당히 큰 결과이익을 적용하여 다음 내기를 하여보기로 한다.

A에 건다. 실제원가는 4(천원)과 6(천원)사이에 있다. 또는
B에 건다. 실제원가는 4(천원)이하이다.

김 씨 판단으로 이 내기는 공평한가? 그는 A를 선호할까 B를 선호할까. 그가 B를 선호한다고 하자. 이는 그가 원가의 진짜 값이 4(천원)이하일 확률이 4(천원)과 6(천원)사이일 확률보다 높다고 믿는다는 것을 의미한다. 이때 김 씨는 아래쪽 사분위수로 4(천원)이하의 값을 택하여야할 것이다. 김씨가 3.75(천원)이 공평하다고 느낀다고 하자.

세 번째 단계는 위쪽 사분위수를 추정하는 것이다. 이 값은 김 씨가 원가의 실제 값이 Q_U보다 큰 값으로 된 내기 사이에 또는 중위수와 Q_U 사이에 선호중립이 되도록 선정된다. 김 씨가 내기는 공정하다고 느낄 때까지 수정을 거듭하여 Q_U가 결정되었다면 김 씨는 원가분포를 4등분하는 세 개의 값을 가지게 된다. Q_U가 95(천원)로 사정되었다고 하자. 이 값을 검증하기 위하여 김 씨는 스스로 전 단계에서와 같이 다음의 내기에서 선호에 차이가 있는지 물어 보아야 한다.

A에 건다. 실제원가는 9(천원)보다 크다.
B에 건다. 실제원가는 6(천원)과 90(천원)사이에 있다.
C에 건다. 실제원가는 3.75(천원)과 60(천원)사이에 있다.
D에 건다. 실제원가는 3.75(천원)이하이다.

주머니 속에서 이들 네 가지 중 하나를 선택하는 내기를 김 씨에게 줄 때 김 씨는 어느 하나라도 택하고 싶지 않은 것이 있는지 또는 이중 하나만을 선택할 수 있겠는지 김 씨에게 물어보아 그의 대답을 가지고 다시 사정하여야 할지 여부를 정하게 되는 것이다.

다음으로 분포의 두 극단(極端; extremes)을 정해야 한다. 앞에서 설명된 특수벽돌의 예에서처럼 이들 상단(上端; upper extreme)과 하단(下端; lower extreme)은 사분위수보다 훨씬 어렵다. 상(賞; prize)의 가치를 바꾸지 않기 위하여 김씨에게 20개의 칩을 넣은 작은 포대를 마음속으로 그려보라고 한다. 이 칩의 19개는 검고 한 개는 희다. 이들 칩은 색깔 이외에는 똑같이 생겼다. 김 씨는 다음 내기 에서 어느 쪽을 선호할까?

A에 건다. 실제원가는 Y이하이다. 또는
B에 건다. 흰 칩을 포대에서 한 번의 시도로 꺼낼 수 있다.

위의 내기에서 선호중립이 되는 Y값으로 김 씨는 얼마를 택할까? 모든 요인들을 고려하여 5번째 백분위수를 나타내는 원가인 X는 얼마일까? 원가의 95%는 X보다 크고 5%는 X보다 작다. 김 씨가 선호중립 점으로 2(천원)을 택했다 하자. 이제는 역으로 다음 내기를 한다.

A에 건다. 　　　실제원가는 Y이하이다. 또는

B에 건다. 　　　검은 칩은 단번에 꺼내진다.

[그림 2.4.6] 누적분포(累積分布; cumulative distribution)

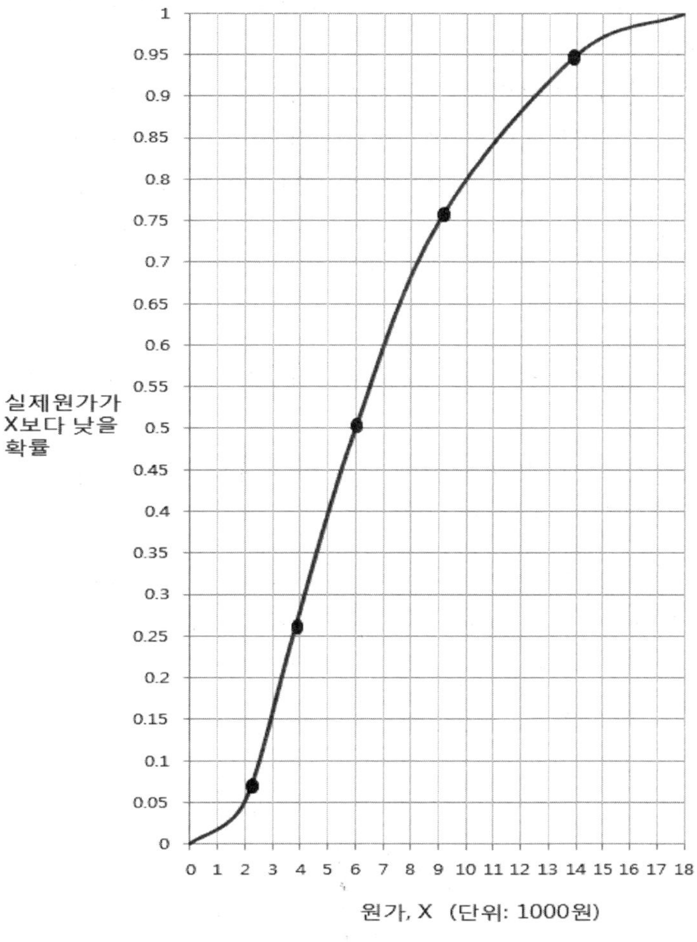

사정된 Y값은 95번째 백분위수를 나타내며 14(천원)이 택하여졌다고 치자.

5번째와 95번째의 선택은 임의적이다. 10번째 백분위수(제일 아래쪽 십분위수) 와 90번째 백분위수(제일 위쪽 10분위수)를 택할 수도 있다. 양 극단 값의 사정은 피해야 하지만 원가분포는 이론적으로 영에서 최대치까지 퍼져 있을 것이다. 양 극단 값을 사정하는 것은 이론적으로 옳지 않으며 비현실적인 것으로 실제로 사정하기 어렵다. 이 때문에 지금까지 해 온 스스로 내기길기를 신행하여 분포의 양쪽 끝 근처에 적당한 값을 선택한다.

김 씨가 이 원가의 누적분포로 매끄러운 단일 모양의 곡선이 적절하다고 생각한다면 이 곡선을 만들어야 할 것이다. 이것은 이 원가의 기본적이고 확률적인 요소가 하나라는 것을 전제로 하고 있음을 의미한다. 만일 김 씨가 원가가 두 개의 기본요소로 이루어졌다고 느낀다

면 각 요소별로 나누어 사정하여야 할 것이다. 기금까지 사정한 점을 정리하면

X, 리터당 원가	₩2,000	3,750	6,000	9,000	14,000
P(원가 X보다 작음)	0.05	0.25	0.5	0.75	0.95

이 되고 이분포의 그래프는 [그림 2.4.6]에 있다. 김 씨는 이분포가 함축하고 있는 확률을 의사결정과정에 반영할 수 있을 것이다.

다음은 **확률바퀴**에 대하여 설명하기로 한다. 확률바퀴는 [그림 2.4.6]과 같이 두 부분으로 구분 된 돌릴 수 있는 원반과 그 중심에 고정된 지시바늘로 구성된 것으로 크기는 사용하기 편하게 조절하면 된다. 한 회사의 부장이 경쟁회사가 일주일 이내에 경쟁상품을 출시(出市)할 확률을 사정하려 할 때 어떻게 확률 바퀴를 사용하는가 보기로 한다. 우선 확률바퀴의 흰 부분의 면적이 80% 사선 부분이 20%가 되도록 조절하고 다음과 같은 가설적 두 내기 중에서 하나를 선택하게 한다.

- A에 건다. 경쟁업체가 경쟁상품을 출시하면 백만 원을 따고 출시하지 않으면 상금(賞金)은 없다.
- B에 건다. 확률바퀴를 한 번 돌려서 지시바늘이 흰색 부분에 들어가면 백만의 상금을 받으며 사선 부분을 지시하면 상금은 없다.

만일 그 부장이 B에 건다면 그가 경쟁상품의 출시 확률이 80%이하라고 믿고 있다는 뜻이다. 흰 부분의 비율을 줄여 같은 내기를 걸게 하는 방식으로 흰 부분의 비율을 조정하여 두 내기에 대한 선호가 무차별이 되는 비율을 구한다. 이것이 40%라면 그 부장은 구하고자 하는 확률을 0.4로 추정한 것이다.

[그림 2.4.6] 확률바퀴

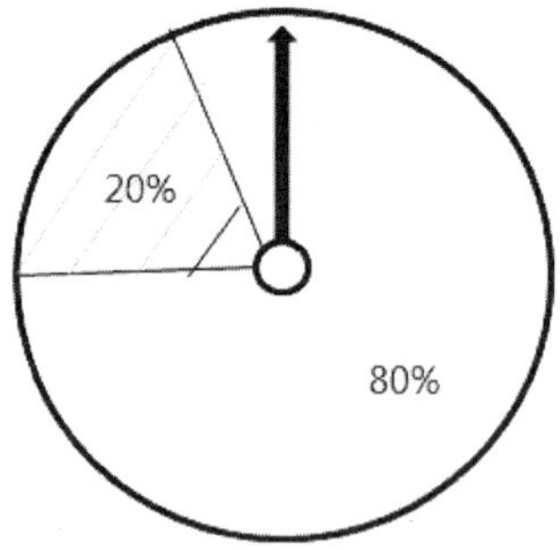

2.4.4 수학적 사전확률분포(事前確率分布; prior probability distribution)

우리는 2.3에서 수학적 확률분포에 대하여 공부하였다. 이들 분포들은 각각 필요한 모수(母數; parameters)를 결정하거나 사정함으로써 특정(特定; specified)된다. 만일 사전분포가 이들

이론적 분포들 중 하나에 해당되거나 아주 근사(近似; approximate)하다면 전 절에서 검토된 방식으로 전 분포를 만들어 낼 필요가 없다. 예를 들어 평균과 표준편차를 알게 되면 하나의 정규분포를 충분히 정의할 수 있다. 의사결정자가 정규분포를 전제로 한 가정(假定)이 정당하다고 믿는다면 사전 분포는 사분위, 백분위 등의 개념에 의지하지 아니하고 쉽게 특정(特定; specify)할 수 있다.

목표변수(目標變數; target variables)가 성질상 원가, 부피, 시간 등과 같이 연속적이고 의사결정자가 다음 가정을 정당하다고 느낀다고 하자.

1. 다른 어떤 것보다 가능성이 높은 단 하나의 확률변수 값이 존재한다.
2. 이 가장 가능성이 높은 값 위 아래로 같게 가능성이 있는 값들이 있다.
3. 밀도가 이 가장 가능성이 높은 값에서 양쪽으로 부드럽게 떨어져 내려와 아래쪽 끝과 위쪽 끝은 0에 접근한다.

이 경우에는 정규 사전분포가 적절할 것이다. 이들 분포가 대칭(對稱; symmetrical)이고 종(鐘; bell)모양이며 연속적이라는 것을 상기할 것이다.

의사결정자는 이제 위의 가정 1에서 요약된 수치(數值; numerical value)를 특정하여야한다. 가장 가능성이 높고 분포를 2등분하는 값은 얼마일까? 정규 분포의 성질 때문에 중심(重心; mean)과 가장 가능성이 높은 값(최빈수; mode) 그리고 중위수(中位數; median)는 모두 동일하다. 위의 원가문제로 돌아가서 김 씨는 정규 분포를 적용하고 60(천원)이 평균치 μ로 적당하다고 느낀다고 하자. 다음 내기가 공정하다고 간주될 것이다.

A에 건다. 실제 원가는 6(천원)보다 크다.
B에 건다. 실제 원가는 6(천원)보다 작다.

다음 단계는 위에서와 똑 같다. 위쪽과 아래쪽의 사분위수는 얼마일까? 정규분포는 대칭이므로 평균값으로부터 같은 거리에 있다. 즉 $\mu - Q_L$과 $Q_U - \mu$는 같아야 한다. 이는 그림2.4.7에서 볼 수 있다. 이제 김 씨는 다시 한 번 다음의 내기에서 위쪽과 아래쪽 사분의 수를 특정하여야 한다.

A에 건다. 실제 원가는 Q_U이상이다.
B에 건다. 실제 원가는 μ와 Q_U사이에 있다.
C에 건다. 실제 원가는 Q_L과 μ사이에 있다.
D에 건다. 실제 원가는 Q_L이하이다.

Q_L과 Q_U가 각각 45.(천원)과 75(천원)로 특정되었다고 하자.

어느 정규 분포에서도 그 면적의 반은 평균의 표준 편차의 2/3안에 들어간다. 따라서

[그림 2.4.7] 비용 분포

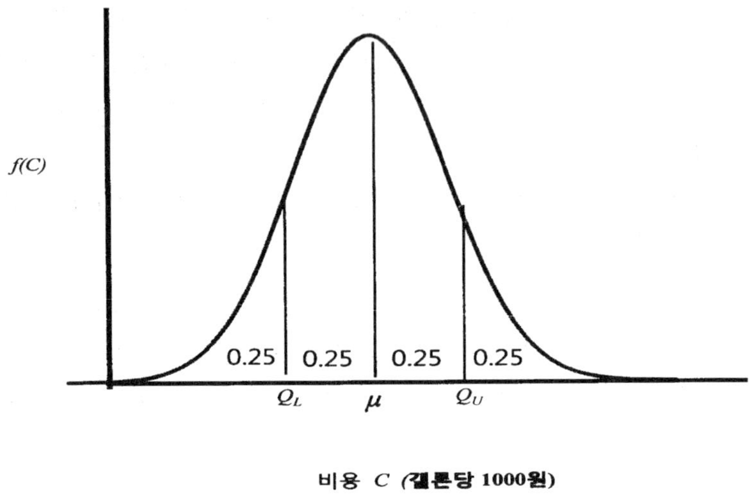

$$2/3\mu = \mu - Q_L \text{ 또는 } Q_U - \mu$$
$$= 60 - 45 \text{ 또는 } 75 - 60$$
$$= 15(\text{천원})$$
$$\sigma = 3/2(15) = 22.5(\text{천원})$$

로 표준 편차는 22.5(천원)이다. 이제 평균과 표준 편차를 갖게 되었으므로 원가 분포를 알 수 있어 어느 원가에 대하여도 그 확률을 알 수 있게 된 것이다. 이 분포가 먼젓번 예의 분포와 일치하지 않는데 이는 하나의 대체되는 접근법을 제시한 것이지 두 방법을 비교하기 위한 것이 아니라는 점에 유의하기 바란다.

사정이 잘 되었는지 여부는 통계적 추론인 **적합도 검사**(適合度 檢査; goodness-of-fit test)로 검사할 수 있다. 예를 들면 어떤 확률변수들이 어떤 특정한 이론적 통계 분포를 갖는 다는 가설을 검정하는데 카이-자승(chi-square) 분포를 쓸 수 있다. 어느 정도의 자료가 있다면 카이-자승 분포를 확률 변수가 정규로 분포되었는지를 검사하는데 쓸 수 있다.

사전 분포내의 변화에 대한 결정의 **민감도**(敏感度; sensitivity)[8]도 분석되어야 할 것이다. 사전분포(事前分布; prior distribution)가 조정될 때 결정은 얼마나 영향을 받을까? 실은 많은 경우 사전사정(事前查定; prior assessment)에서의 합리적인 변화에는 별로 민감하지 않다. 표본정보가 클수록 결정은 사전분포에 대하여 덜 민감하다. 표본정보가 부족하거나 사전 정보보다 상당히 적을 때 그리고 사전사정에서의 작은 변화에도 결정이 민감할 때 의사결정자는 사전분포의 사정에 상당한 주의를 기울일 필요가 있다.

---

8) 2편 4.5 민감도분석 참조

제 2 편

의사결정
(意思決定; decision making)

제1장 판단과 결정의 심리적 배경

우리는 길을 건너가는 것이 안전한지 판단한다든가, 직장을 옮기기로 결정한다든가 창문에 달 커튼의 색과 문양을 선택한다든가 이런 저런 판단과 결정에 많은 시간과 에너지를 소모한다. 우리는 일상 언어생활에서 판단과 결정이란 용어를 혼동하여 사용하지만 판단은 본질적으로 평가 또는 추정이고 결정은 특정한 행위방향을 추구하는 의도를 가리킨다. 물론 우리의 판단이 우리가 내리는 결정에 영향을 준다.

오늘날 우리는 갈피를 잡을 수 없을 정도로 많은 선택에 직면해 있다. 사람들은 어떻게 의사를 결정하나? 그들은 어떻게 대안들의 바다에 빠지지 않고 정보를 그런대로 활용하나? 무엇이 그들을 어떤 특정한 방향으로 인도하는 요인들일까? 이런 문제에 답을 구하기 위해 여기서는 우선 Plous(1993)을 빌려 판단과 의사결정의 몇 가지 심리적 구성요소(構成要素; building blocks): 지각(知覺; perception), 기억(記憶; memory), 및 맥락(脈絡; context)에 관하여 알아보기로 한다.

1.1 지각, 기억, 맥락

맥락과 동떨어진 의사결정이란 있을 수 없다. 모든 판단과 결정은 우리가 세상을 보고 해석하는 방법에 따라 내려진다. 이를 위해 선택적 지각, 인지적 일관성에의 압력, 기억에서의 편향, 및 맥락에서의 변화라는 소제목으로 이들을 검토하는 것으로 판단과 결정에 대한 공부를 시작하기로 한다.

1.1.1 선택적 지각

일반적으로 우리의 **지각**(知覺; perception)은 우리가 기대하는 것에 의하여 크게 영향 받는다. 무언가가 당신의 눈 바로 앞에 있을지라도 사전에 형성된 생각이 없이 그것을 관찰하기 어렵다. 당신은 완벽하게 편향되지 않은 방향으로 물체를 보고 있다고 느낄는지 모른다. 그러나 앞으로 밝혀지겠지만 사람들이 지각에서 편향(偏向; biases)을 회피한다는 것은 거의 불가능하다. 오히려 사람들은 그들이 보기를 기대하거나 희망하는 것을 선택적으로 지각한다.

선택적 지각(selective perception)에 관한 실험으로 가장 빨리 그리고 제일 잘 알려진 것이 Bruner & Postman(1949)이다. 그들이 사람들에게 색깔이 잘못된 카드(까만 색 하트 3)가 섞인 다섯 장의 트럼프를 순간노출기(瞬間露出機; tachistoscope)로 보여주었을 때 대부분의 사람들이 이 잘못된 카드를 알아차리지 못하였다. 그들의 실험결과로는 정산적인 것을 보여주는 노출시간보다 네 배의 노출시간이 주어졌을 때 겨우 잘못된 카드를 알아냈다. 그들은 대부분의 잘못된 반응을 우세(優勢; dominance), 타협(妥協; compromise), 혼란(混亂; disruption), 및 재인(再認; recognition) 네 형태로 분류하였다.

우세 반응(dominance reaction)은 주로 Bruner와 Postman이 이름붙인 "지각부인(知覺否認; perceptual denial)"에 기인한다. 까만 하트 3을 순간적으로 보았을 때 사람들은 이 카드가 정상적인 하트 3이거나 정상적인 스페이드 3이라고 확신한다. 첫째 경우 사전기대(prior expectation)에 모양은 지배되고 색깔은 동화되었다. 두 번째 경우는 색깔이 지배되고 모양이 동화된 것이다.

또 다른 예로 **타협반응**(妥協反應; compromise reaction)이 있다. Bruner와 Postman의 피험자 중 일부는 빨간 스페이드 6을 자주색 스페이드 6이거나 자주색 하트 6 둘 중 하나라고 말하였다. 다른 사람들은 까만 하트 4를 회색 스페이드 4라고 생각하거나 빨간 클로버 6을 빨간 빛으로 조명된 클로버 6이라고 생각하였다. Bruner와 Postman의 피험자 중 반은 빨간 카드에 타협반응을 보였고 11%가 까만 카드에 타협반응을 보였다.

사람들이 잘못된 반응을 보이는 세 번째 길은 **혼란반응**(disruption reaction)이다. 대답이 혼란스러울 때 사람들은 어떤 것도 지각하기 어려워한다. 혼란은 드물게 나타나지만 나타나게 되면 결과는 극적이다. 예를 들면 한 피험자는 "도대체 그것이 무엇인지 모르겠다. 그것이 트럼프인지 조차도." 다른 피험자는 "그것이 그 때는 카드로 보이지 않았다. 나는 이제 그것이 무슨 색깔인지 모르겠다. 그것이 스페이드인지 하트인지 아니 스페이드가 어떤 모양인지 모르겠다." 라고 말했다.

마지막 반응은 **재인**이었다. 피험자들이 무엇인가 잘못되었다는 것을 인정하였다 할지라도 때로는 그들이 그 잘못된 것을 오인(誤認; misperceive)하였다. 무엇이 잘못인지 정밀하게 인정하기 전에 Bruner와 Postmans의 피험자 중 여섯이 카드 상의 심벌이 어떻게 자리 잡았는지에 관하여 무엇인가 이상하다고 느끼기 시작하였다. 예를 들면 빨간 스페이드 6을 본 한 피험자는 심벌이 거꾸로 되어있다고 생각하였으며 까만 하트 4를 본 한 피험자는 스페이드들이 틀린 방향으로 돌려져 있다고 선언하였다.

이들 결과는 기대가 지각에 강력하게 영향을 준다는 것을 보여준다. Bruner와 Postman의 말을 빌리면(p.222) "지각의 구성(perceptual organization)은 환경과 거래된 과거위에 구축된 기대에 의하여 정해진다." 사람들이 특정한 상황과 충분한 경험이 있을 때 그들은 자주 그들이 볼 것이라고 기대한대로 본다.

Wilson & Abrams(1977)의 Rutgers Alcohol Research Laboratory에서의 실험을 통하여 기대가 얼마나 어떻게 영향을 주는지를 살펴보자. 이 실험에서 피험자들은 자신의 체중에 따라 보드카와 토닉의 비율이 조절된 술을 마시고 20분 뒤에 독실에 들어가 실험인의 매력 있는 여성 보조원과 이야기를 하게 되어있다.

피험자가 술잔을 비우고 독실에 들어간 뒤 여성보조원이 그 방에 들어와 피험자에게 묻는다. "당신은 얼마나 취하였습니까? 당신의 심장박동상태는 어떻습니까?

그들의 실험결과는 실제로 알코올을 마셨는지 여부에 관계없이 보드카와 토닉을 마셨다고 생각하는 피험자가 토닉만을 마셨다고 생각하는 피험자보다 심장박동수가 증가한다는 사실을 발견하였다. 심장박동 수는 피험자가 알코올을 마셨는지 여부에 유의적으로 영향 받지 않으며 그가 알코올을 마셨다고 믿는지 여부에 영향 받는다. 기대가 혈액 속 알코올 농도보다 더 중요하다.

McMillen, Smith, & Wells-Parker(1989)는 Wilson과 Abrams의 실험과 유사한 실험기법을 사용하였다. 이들은 대학생들에게 알코올성 음료수와 비 알코올성 음료수 중 하나를 마시게 하였다. 실험 전에 학생들을 "기분파"와 그리고 "신중파"로 구별하였다. 그들이 음료수를 마신지 반시간 후 학생들은 비디오게임을 하였는데 이 게임에서 그들은 도로를 따라 운전을 하며 가속페달을 밟아 다른 차를 추월하게 된다. 학생들은 모의 자동차를 실제 자동차를 운전하듯 운전하라는 지시를 받았다.

McMillen과 그의 동료들은 그들이 실제로 술을 마셨던 안 마셨던 간에 알코올을 마셨다고 믿는 기분파가 틀리든 맞든 간에 그렇지 않다고 생각하는 기분파보다 유의적으로 더 많은 차를 추월한다는 것을 발견하였다. 이와 대조적으로 알코올을 마셨다고 믿는 신중파가 그렇지 않다고 생각하는 신중파보다 더 주의 깊었다.

이들 실험과 Bruner와 Postman(1949)의 실험에서 사람들의 지각은 그들의 미리 갖고 있는 믿음과 기대에 강력하게 영향 받는다는 것을 알 수 있다. 심리학자들은 이들 영향을 "**인지요인**(認知要因; cognitive factor)"라고 부른다. 그러나 지각은 그들이 볼 것이라고 기대하는 것뿐만 아니라 그들이 보기를 원하는 것에도 영향을 받는다. 희망, 욕구, 및 감정적 집착을 다루는 요인을 "**동기요인**(動機要因; motivational factor)"이라고 부른다. 이제부터 동기요인들이 인지요인과 뒤얽혀 있는 선택적 지각의 예를 검토해보기로 한다.

이제는 선택적 지각의 고전적 연구가 된 Hastorf & Cantril(1954)의 연구를 통하여 똑같은 사건이 입장이 다름에 따라 달리 인식된다는 것을 살펴보자. 1951년11월 23일 Dartmouth와 Princeton 미식축구팀은 Princeton 대학 Palmer Stadium에서 머리를 맞대었다. 시작휘슬 조금 후부터 게임은 점점 거칠어지기 시작하였다. Princeton의 Time 표지를 막 장식한 스타선수 는 코가 깨져 게임에서 물러났다. Princeton이 이긴 이 게임이 끝날 때까지 양측은 상당히 많은 반측을 범하였다. 게임이 끝나자 노기가 불타오르고 신랄한 비난이 오고갔다. 교내지에는 열성 팬들의 가차 없는 비난 글들이 올라왔다. 예를 들어 게임 나흘 후 Daily Princetonian(Princeton의 학생신문)의 한 기고인은 "본 참관자는 스포츠의 이름을 더럽히는 그런 구역질나는 경기를 본 일이 없다. 양 팀 모두 떳떳하지 못하지만 누구보다 먼저 Dartmouth가 비난받아 마땅하다. Princeton은 분명히 앞선 팀으로 Dartmouth를 거칠게 다룰 이유가 조금도 없었다."라고 선언했다. 같은 날 Dartmouth 학부 신문인 Dartmouth는 Princeton의 감독이 "지지 말고 때려잡아라!"고 투지를 고취(鼓吹; instill)하였다고 비난하였다. 이어지는 주 내내 Dartmouth와 Princeton

의 학생들은 어떤 일이 있었으며 누가 책임이 있었는가에 대해 첨예하게 대립하여 논쟁을 벌였다. Albert Hastorf 당시 Dartmouth의 사회심리학교수와 Hadley Cantril(Princeton의 조사연구원)이 논쟁에 편승하여 이제는 선택적 지각의 고전적 연구가 된 조사(Hastorf & Cantril, 1954)를 시행하였다.

그들은 163명의 Dartmouth 학생과 161명의 Princeton 학생에게 다음과 같은 질문을 하였다. "게임이나 영상물 또는 기사를 통해 본 것에서 당신은 어느 팀이 거친 경기를 시작했다고 느끼는가?" 놀랄 것 없이 Dartmouth와 Princeton의 반응 사이에 큰 차이가 있었다. Dartmouth 학생 중 53%가 양측이 시작하였다고 주장하였고 36%는 Dartmouth가 시작하였다고 말했다. 이와 대조적으로 Princeton 학생의 86%는 Dartmouth가 먼저 시작했다고 그리고 단지 11%만이 양측이 시작하였다고 생각하였다. 이 의견차는 Hastorf & Cantril로 하여금 Dartmouth와 Princeton의 학생이 실제로 다른 게임을 본 것은 아닌지 또는 같은 게임을 보긴 했지만 단순히 현장을 다르게 해석하는 것인지 의심하게 하였다. 이 의문을 풀기위해 그들은 두 학교의 다른 학생구릅에게 그 게임의 필름을 보여주고 그들이 주목한 반측행위를 기록하게 하였다. 양 학교 학생들이 바로 그 필름을 보고 관찰된 반측에 점수를 매기는데 같은 채점시스템을 사용하였다.

그 결과는 높은 선택적 지각을 보여준다. Dartmouth 학생은 양측에 거의 같은 수의 반측수를 관찰하였다(자기 측 4.3 Princeton 측 4.4). 반면에 Princeton 학생은 Dartmouth 팀이 Princeton 팀의 두 배 이상의 반측을 범했다고 보았다(자기 팀 4.2에 비해 상대팀 9.8).

이들 지각상의 차이를 근거로 Hastorf & Cantril(1954, pp.132-133)은 하나의 "게임"이 실제로는 많은 다른 게임들이고 같은 "사물"에 대해 다른 사람들이 다른 "태도"를 취한다고 말하는 것은 부정확하고 오도(誤導; misleading)하는 것이며 그 이유는 "사물"이 미식축구경기든, 대통령선거든, 공산주의든 시금치든 간에 그 "사물"이 다른 사람에게는 다른 것이기 때문이라고 결론 내렸다. 1981년 John Loy와 Donald Andrews는 Hastorf와 Cantril의 연구방법을 재현하였는데 그들도 같은 결론에 도달하였다.

Vallone, Ross & Lepper(1985)는 이런 종류의 선택적 지각이 하나의 쟁점의 각 편에 서 있는 정치당파들이 매스미디어(mass media)의 보도를 그들 편에 반대되는 방향으로 편향되었다고 보도록 유도한다고 추측하였다. Vallone, Ross, 및 Lepper는 이 현상을 적대적 미디어 효과라고 불렀으며 그들은 1980년 Jimmy Carter 와 Ronald Reagan 간의 대통령선거의 맥락에서 이를 연구하였다. 선거 3일전에 그들은 유권자 160명에게 후보자에 관한 미디어 보도가 편향되었는지 그리고 그렇다면 그 편향의 방향은 어느 쪽인지를 물었다. 그들이 발견한 것은 대략 응답자의 삼분의 일이 편향되었다고 하였으며 이들의 약 90%가 그들이 지지하는 후보에 반대하는 쪽으로 편향되어 있다고 느꼈다.

이 최초의 발견에 흥미를 갖게 되어 Vallone, Ross, & Lepper(1985)는 두 번째 연구를 하게 되는데 이 연구에서 68명의 "친 이스라엘" 대학생, 27명의 "친 아랍"학생, 및 49명의 "중립적" 학생이 Beirut 대학살(1982년에 일련의 아랍-이스라엘 간의 대립이 레바논의 Sabra 및 Chatila의 난민 수용소의 있는 아랍시민을 대량으로 학살하게 한 사건)을 보도하는 TV 뉴스의 보도 장면들을 보게 하였다. 이들 보도 장면은 10일 간에 걸쳐 미국에서 전국적으로 6번 보도된 다른 저녁 및 심야 뉴스프로그램에서 뽑았다.

Vallone, Ross, & Lepper는 각 구릅은 적대적 미디어 효과를 뒷받침하여 뉴스보도가 자기편이 아니라 다른 편으로 편향된 것으로 보고 있음을 발견하였다. 친 아랍 학생들은 뉴스보도가 친 이스라엘 쪽으로 편향되었다고 그리고 친 이스라엘 학생들은 아랍 쪽으로 편향되었다고 생각하였으며 중립적인 학생들은 두 구릅의 중간에 들어가는 의견을 내놓았다. 그 위에 친 아랍 학생은 그 뉴스프로그램이 "그들이 다른 나라들을 비난하면서도" 이스라엘을 변명해주었다고 느끼고 있었고 반면에 친 이스라엘학생은 "그들이 다른 나라를 변명하여줄 때" 이스라엘을 비난하였다고 느끼고 있었다.

Dartmouth-Princeton의 경우에서처럼 Vallone, Ross, 및 Lepper는 이 불일치가 단순히 의견의 차이가 아니라 지각(知覺; perception)에서의 차이라는 것을 발견하였다. 예를 들어 친 아랍 및 친 이스라엘 학생들은 뉴스프로그램 중 이스라엘에 유리한 배경화면과 불리한 배경화면 수의 지각에서도 서로 달랐다. 평균해서 친 아랍학생들은 배경화면의 42%가 이스라엘에 유리하였고 26%가 불리하였다고 보고하였다. 반면에 친 이스라엘학생들은 배경화면의 57%가 이스라엘에 불리하였고 단지 16%만이 유리하였다고 회상하였다. 더 나아가 친 이스라엘학생들은 중립적인 학생들이 뉴스보도를 본 후 이스라엘에 대해 더 부정적이 되었다고 생각했으며 반면에 친 아랍학생들은 대부분 그렇지 않다고 생각했다.

Vallone, Ross, 및 Lepper는 파당들은 논쟁의 대상이 되는 일의 미디어 보도를 불리하게 편향된 것으로 그리고 자신들이 지지하는 입장에 적대적이라고 보는 경향이 있다고 결론지었다. 그들은 또한 유사한 지각상의 편향이 조정(調停; mediation), 중재(仲裁; arbitration), 또는 양측이 사전의 입장에 강하게 묶여 있는 상황과 같은 맥락에서도 일어날 수 있다고 추측하였다. 다음 절에서 이 추측이 일리가 있음을 보게 될 것이다. 사람들은 특정한 원인이나 행동방향에 묶이게 될 때 그들의 지각이 자주 이 묶여있는 것에 끝까지 남기위하여 바뀐다.

우리는 이상에서 살펴본 선택적 지각의 편향에서 벗어나기 위하여 중요한 판단이나 결정을 내리기전에 잠시 멈추고 다음 몇 개의 질문에 답해볼 필요가 있다.

1. 나는 사물을 확실한 방향으로 보도록 동기가 부여되었는가?
2. 어떤 기대를 상황에 끌어드리고 있는가?
3. 나는 이들 기대와 동기가 없다면 사물을 다르게 볼 것인가?

1.1.2 인지 부조화(cognitive dissonance)

한 반유대인 마을의 중심가에 그의 가게를 열려고 만용을 부리는 유대인 재단사가 있었다. 그를 마을 밖으로 쫓아내려는 젊은 깡패들(gang)이 그의 가게를 찾아가 입구에 서서 "유대인! 유대인! 하고 외쳐댔다. 잠 못 자는 몇 날을 보내고 나서 그 재단사는 계획을 바꾸었다. 다음번에 그 깡패들이 그를 위협하러왔을 때 그 재단사는 자기를 유대인이라고 부르는 누구든 다임

(10센트) 하나를 주겠다고 선언하였다. 그는 그런 뒤 그 깡패의 한 사람 한 사람에게 다임을 나누어주었다.

새로운 보상에 만족하며 깡패들은 다음날 다시 와 "유대인! 유대인! 하고 외쳐대자 그 재단사는 미소 지으며 한 사람 한 사람에게 그날은 니켈(5센트)밖에 줄 수 없다고 하면서 니켈 하나씩을 주었다. 깡패들은 어쨌든 니켈은 니켈이므로 만족하고 돌아갔다.

그 다음날 그 재단사는 깡패 각자에게 더 이상 돈이 없다고 하면서 단지 일 페니만을 주었다. 일 페니(1센트)는 보상금이라 할 정도의 돈이 아니므로 깡패들은 받기를 거부하였다.

재단사가 받든지 물러가든지 하라고 하자 그들은 물러가기로 결정하고 재단사가 자기들이 단지 일 페니를 위해 그를 유대인이라고 부르리라고 생각했다면 그는 정신 나간 것이라고 소리쳤다. 깡패들은 왜 재단사를 거저로는 괴롭히고 일 페니로는 괴롭히지 않겠다고 하는가?

위의 이야기는 Ausubel(1948)에 나오는 민담이다. 이 이야기는 **인지 부조화**(認知 不調和; cognitive dissonance)의 좋은 예로 인용된다(Deci, 1975도 참조). 이 이야기를 가지고 Festinger(1957)가 제안하고 그 이후 수많은 실험을 통해 심리학연구실에서 이루어진 "인지 부조화"이론을 이해하기위해 부조화가 어떻게 판단과 의사결정에 영향을 주는지를 살펴보기로 한다.

인지 부조화 이론에 따르면 사람들은 통상 심리적 모순을 줄이거나 피하려는 동기를 가지고 있다. 그 재단사가 유대인이라고 불리는 것이 행복하다고 선언했을 때 그리고 그가 깡패들의 동기를 반유대주의에서 금전적 보상으로 바꾸었을 때 깡패들은 그를 재정적 보상 없이 즐겁게 하여주는 것이 이상하다고 생각하게 만들었다. 큰돈을 받지도 못하고 자신들의 목적에 타격을 받음으로써 더 이상(결과적으로 재단사를 즐겁게 해주고 자신들을 망치게 하는) 모순되는 행동을 할 수 없었다.

똑같은 원리가 사회심리학에서 가장 유명한 연구 중 하나인 Festinger & Carlsmith(1959)에 의하여 입증되었다. 이 입증의 근거가 된 실험 내용을 아래에 요약한다.

Stanford 대학교의 60명 남자대학생들은 무작위로 세 구룹으로 나뉘어 졌다. 세 구룹의 임무는 모두 같다. 학생들은 반시간동안 쟁반위에 12개의 실패(spool)를 한손으로 올려놓고 난 뒤 바로 내려놓고 다시 올려놓고 난 뒤 바로 내려놓고를 반복한다. 30분이 지난 뒤 남은 30분에는 나무못말판에 꽂혀 있는 48개의 나무못을 하나씩 한번에 4분의 1을 돌린다.

첫째 구룹의 피험자는 지루한 한 시간의 실험임무를 마치고 나면 기다리는 학생에게 임무가 흥미 있고 즐거웠다고 말하고 $1.00을 받도록 되어있다. 둘째 구룹의 학생들은 똑같은 일을 하고 $20.00을 받는다. 마지막 구룹의 피험자는 단순히 지루한 임무에만 참가하고 돈은 받지 않는다.

셋째 구룹의 피험자에게는 임무가 끝난 뒤 바로 임무가 얼마나 즐거웠는지 점수를 매기라고 요구하였다. 그리고 첫째와 둘째 구룹의 모든 피험자는 기다리는 사람에게 그들의 임무가 아주 즐거웠다고 말하고 나온 뒤 막 마친 임무를 평가하라고 요청받았다.

Festinger & Carlsmith(1959)가 발견한 것은 $1.00 받는 조건의 피험자가 임무를 다른 두 조건에 있는 피험자보다 유의적으로 더 즐겁다는 점수를 주었다는 것이다.

Festinger & Carlsmith는 단지 $1.00를 받는 피험자가 다른 사람에게 거짓말을 하는 것은 "인지 부조화"를 경험한 것이라고 주장한다. Festinger(1957)에 의하면 사람들은 그들이 심리학적으로 모순되는 두 생각(즉 어딘가 앞뒤가 맞지 않거나 양립할 수 없다고 느껴지는 생각)을 동시에 가질 때 경험한다. 위 실험에서 부조화조건은

1. 임무가 지루하였다.
2. 단지 $1.00 때문에(정직한 사람인) 내가 누군가에게 임무가 흥미 있었고 즐거웠다고 말한다.

두 개를 함께 취하면 이들 말은 $1.00 조건에 있는 피험자가 아무 이유 없이 거짓말을 하는 것이다. (반면에 $20.00 조건에 있는 피험자는 분명히 아주 좋은 이유라고 생각되어지는 것($20.00)을 위해 "고용"되겠다고 동의한 것이다.)

Festinger(1957)는 사람들은 가능할 때는 언제나 인지부조화를 줄이려고 노력한다고 주장하였다. 그는 인지 부조화 이론을("인지"라는 단어에도 불구하고) 동기이론이라고 주장하였다. 그의 이론에 의하면 위의 실험에서의 피험자는 위에 열거한 두 생각 사이의 모순을 줄이려는 동기가 있다.

사실은 피험자가 다른 사람에게 임무가 즐겁다고 말했고 그들이 그 일을 단지 $1.00받고 했다(그리고 그들은 확실히 정직하고 공정한 사람으로서 자신의 시각을 바꾸려하지 않았다)는 것이다. 반면에 임무의 지루함에 대해서는 피험자가 교묘히 빠져나갈 길이 남아있다. 즉 지루함은 사람마다 그 느낌이 다르다고 말할 수도 있다.

Festinger & Carlsmith(1959)는 $1.00 조건에 있는 피험자가 뒤에 다른 사람에게 임무가 재미있고 즐겁다고 말함으로써 야기된 부조화를 줄이기 위해 그 임무를 비교적 즐겁다고 평가하였다고 결론지었다. 이와 대조적으로 $20.00 조건에 있는 피험자는 실험임무를 있는 그대로 압도적으로 지루하다고 보았다. 이 조건의 피험자는 그들의 행동을 설명할 좋은 — $20.00을 받는다는 — 재료를 갖고 있기 때문에 부조화를 줄일 필요가 없다.

▌자기지각 이론

1960년대 중반 심리학자 Daryl Bem은 Festinger와 Carlsmith가 발견한 인지부조화 연구결과를 "**자기지각 이론**(自己知覺 理論; self-perception theory)"로 설명할 수 있다고 주장하였다. 자기지각이론에 따르면 부조화 연구결과는 부조화와는 아무 관계도 없으며 사람들이 스스로의 행동으로부터 자신의 믿음을 어떻게 추론하는가와 관계가 있다(Bem, 1972.).

Bem의 자기지각이론은 두 주요 전제를 기초로 하고 있다. 즉

1. 사람들은 여러 상황에서의 자기 행동을 관찰함으로써 그들 자신의 태도와 정서(情緖; emotion), 및 기타 내적 상태를 발견한다.
2. 내부의 신호들이 약하거나, 모호하거나, 또는 해석할 수 없을 지라도 사람들은 추론을 내

릴 때 외부 관찰자와 대체로 같은 입장에 있다.

자기지각이론가는 단지 $1.00을 위해 그 임무를 높게 말하는 스스로를 본 피험자는(외부 관찰자가 추론하리라고 생각되는 바로 그대로) 그들이 그 임무를 즐겼음에 틀림없다고 추론한다고 주장함으로써 Festinger와 Carlsmith의 결과를 설명한다. 반면에 $20.00 조건에 있는 피험자는 그들의 행동이 — 외부 관찰자가 추론할 것으로 생각 되는대로 — 큰 재정적 보상에 대한 반응이상 아무 것도 아니라고 추론한다. 자기지각이론과 부조화이론의 차이는 자기지각이론이 고전적 부조화 연구결과를 사람들이 어떻게 그들의 행동 원인을 추론하느냐라는 견지에서 설명하는 반면에 인지부조화 이론은 이들 연구결과를 내적 갈등이나 부조화를 줄이려는 자연적 동기부여라는 견지에서 설명한다는 것이다. Bem에 따르면 Festinger & Carlsmith(1959)연구의 피험자들은 아무것도 긴장을 느끼지 않았을 것이며 여전히 같은 형태의 결과를 냈을 것이다.

이들 이론을 비교하는 많은 연구가 이루어졌지만 어느 이론이 "부조화현상"을 설명하는데 더 정확하거나 더 유용한가에 관해서는 단정할 수 없으며 아마도 두 이론 모두 타당하다고 보는 것이 사리에 맞는다고 하겠다.

여하튼 인지 부조화는 판단과 결정에 영향을 준다. 대부분의 부조화를 야기 시키는 상황은 두 일반적 범주로 나눌 수 있는데 이는 결정 전(pre-decisional) 및 결정 후(post-decisional) 상황이다. 첫 번째 범주의 상황에서 부조화는 사람들이 내리는 결정에 영향을 주고 두 번째의 경우 부조화는 이미 내려진 선택을 뒤따르며 부조화가 나중 행동에 효력이 있다.

결정 전 부조화의 예

아버지와 그의 아들이 밖에서 운전을 하고 있다. 그들이 사고를 당했다. 아버지는 사망하고 아들은 중상을 입었다. 아들은 병원으로 이송되어 수술실로 보내졌다. 의사가 들어와 환자를 보고 외쳤다. "나는 수술을 할 수 없다. 이 사람은 내 아들이다!"

이 시나리오는 가능한 일인가? 대부분의 사람은 이것이 불가능하다고 말할 것이다. 그들은 환자의 아버지가 죽었다면 환자가 의사의 아들일 수는 없다고 판단할 것이다. 적어도 그 외과의가 환자의 어머니라는 일이 일어날 때까지는 그렇게 판단할 것이다.

이 가능성이 당신에게 이해되기 시작하지 않는다면 그리고 당신이 스스로를 비교적 남녀평등주의자라고 생각한다면 당신은 이제 바로 부조화를 경험하는 좋은 기회를 갖게 된다. 나아가 인지부조화 이론에 의하여 당신은 지금까지보다 더 남녀평등주의자로 행동함으로써 부조화를 줄이려는 동기를 갖게 되어야한다.

위 이야기는 1980년 Jim Sherman과 Larry Gorkin이 부조화를 실험하기 위하여 사용한 가설이다. Sherman & Gorkin(1980)은 "사회적 쟁점에 대한 태도와 논리적 문제를 푸는 능력 사이의 관계"에 관한 실험에서 전통적인 성 역할의 고정관념을 보인 후 학생들은 더 해방된 행위를 함으로써(혹은 자기지각 이론에 의하면 그들이 성차별주의자가 아니라고 보이려고 노력함으로써) 그들의 부조화를 줄이려 노력하였다. "보강하기(bolstering)"라 불리는 이 부조화 축소방법은 에너지절약을 장려하는데도 성공적으로 이용되었다. Kantora, Syme, & Campbell(1984)은 전기를 과다하게 사용하는 사람이 자기가 전기를 과다하게 사용한다는 것을 알게 되고 일찍이 절약을 약속하였음을 상기시켰을 때 그 소비를 상당히 줄인다는 것을 발견하였다.

결정전 부조화는 Doob et al.(1969)이 보여주는 것처럼 소비자행동에도 영향을 준다. 이 연구인들은 총 매출이란 면에서 할인점의 12쌍을 짝지었다. 그리고 그들은 무작위로 한 쌍의 각 멤버에게 자사브랜드의 구강세척제 $0.25짜리와 $0.39짜리 중 하나씩을 도입하도록 할당하였다. 그런 9일 후 $0.25짜리를 파는 가게에 그 값을 $0.39로(상대 가게의 값과 같게) 올리게 하였다. 같은 절차를 치약, 은박지, 전구 및 쿠키가 따르게 하였다.

Doob et al.(1969)은 높은 값을 도입한 가게가 더 많은 구강세척제를 파는 경향이 인지부조화와 일치한다는 것을 발견하였다. 12쌍 중 10에서 $0.39로 팔기 시작한 가게가 $0.25에 팔다가 나중에 $0.39로 올린 가게보다 물건을 더 팔았다.

Doob과 그의 동료는 이 발견을 고객의 "적응수준(adaptation level)"과 부조화 회피욕구라는 면에서 설명하였다. 그들은 "구강세척제를 $0.25로 내놓았을 때 그것을 산 또는 그 값을 아는 고객들은 그 제품을 $0.25짜리로 생각하였을 것이다. 그들은 스스로에게 이것은 $0.25짜리라고 말한다. 뒤따르는 주에 값이 0.39로 인상되었을 때 이들 고객은 그 값이 과하게 매겨졌다고 생각하게 될 것이고 이처럼 비싼 값에는 사지 않으려 할 것이다. 더 나아가 부조화이론에 의하여 어떤 것에 더 많이 지불한 사람일수록 그들은 그것에 더 많이 가치를 부여하고 그것을 계속해 사라는 압력을 느끼게 된다. 이 원리는 구매에서 뿐만 아니라 자원이나 노력을 어떤 목표에 넣겠다는 약속에서도 진리이다(다른 사례로 Aronson & Mills, 1959 참조).

결정 후 부조화

결정 후 부조화는 결정을 앞서기보다 뒤따르는 부조화이다. Knox와 Inkster(1968)가 경마내기 꾼들을 대상으로 1이 기회가 "약간"이고 7이 기회가 "매우 많음"을 나타내는 7점 눈금에 그들이 건 말이 이길 가능성을 매기게 한 실험에서 돈을 막 걸으려 하는 사람은 그의 말에 이길 가능성에 평균 3.48(어느 정도 이길 가능성)의 점수를 준 반면 이미 내기걸기를 마친 사람은 평균 4.81(꽤 높은 가능성)의 점수를 주었다. 이미 내기를 건 사람들은 내기에서 이길 것이라고 더 자신을 갖게 되었다.

이 발견은 흥미 있는 의문을 제기한다. 자기가 투표한 후보가 당선될 것이라는 믿음이 투표 후 더 커지나? Frenkel & Doob(1976)은 이 질문을 조사한 연구결과를 발표하였다.

Frenkel과 Doob은 Knox & Inkster(1968)가 사용한 절차와 기본적으로 같은 과정을 사용하였다. 그들이 투표하기 바로 전과 바로 후에 사람들에게 접근하였다. 한 실험에서 그들은 캐나다의 지방선거에서의 투표자를 그리고 다른 한 연구에서 캐나다의 연방선거의 투표자를 조사하였다. Knox와 Inkster의 결과와 같게 Frenkel과 Doob은 "두 선거 모두에서 투표자들은 그의 후보가 최고이며 선거 전보다 선거 후가 더 당선될 가능성이 높다고 믿는다."는 것을 발견하였다.

태도의 변화가 행동의 변화를 가져온다는 것은 잘 알려진 것이다. 그러나 인지부조화 연구가 태도의 변화가 행동의 변화를 뒤따를 수도 있다는 것을 보여준다. 인지부조화 이론에 따르면 일관되게 느끼려는 압력이 흔히 사람들을 그들의 믿음이 그들의 행동과 일치하도록 이끌어준다.

1.1.3 기억(memory)

P. A. Lamal(1979, October)의 연구에서 재학 중인 85%의 대학생이 기억을 뇌 속의 기억상자에 비유할 수 있다. 그 기억상자에 자료를 맡기고 거기로부터 나중에 필요할 때 그것을 끄집어낼 수 있다. 때때로 그 상자에서 무언가 없어질 때 우리는 잊어버렸다고 말한다."라는 말에 동의하였다.

그러나 **기억**(記憶; memory)은 기억은행에 맡겨둔 우리의 과거경험을 복사하는 것과는 다르다. 그와 달리 끄집어내는 시점에 구성된다(Loftus, 1980; Myers, 1990). 순간적인 재구성에서 사용된 자료는 애초의 기억 및 기타 관련된 정보에 포함되었던 상세한 자료가 빠진 연합된 기억을 보충하는 논리적 추론일 뿐이다.

Bransford & Franks(1971)는 기억 하나하나가 따로따로 저장되지 않는다는 것을 보여주었다. Bransford와 Franks는 실험을 통해 사람들은 단순히 문장을 기억하는 것이 아니라 시나리오를 구성하여 기억한다고 하였다. 그들에 의하면 일단 한 조각의 정보가 다른 것과 결합이 되면 어느 것이 새로운 것이고 어느 것이 이미 알고 있었던 것인지 기억하기 어렵게 된다.

▮ 부서진 기억(shattered memory)

기억이 재구성된다는 것을 가장 잘 논증한 것 중 하나는 Loftus & Palmer(1974)에 의하여 제시되었다. 첫 번째 실험에서 45명의 학생에게 교통사고를 묘사한 일곱 개의 다른 필름 커트 장면을 보여주었다. 길이가 5초에서 30초짜리이었으며 더 긴 운전자 교육용 필름에서 차용한 것이다.

각각의 필름을 본 후 학생들은 일련의 질문에 답하였다. 그 중에 하나는 자동차가 얼마나 빨리 달리고 있었나? 이다. 5분의 1의 학생에게는 차들이 접촉할 때 대략 얼마나 빨리 달리고 있었는가라는 질문에 답하게 하였다. 같은 수의 나머지 학생은 "접촉(contact)할 때"라는 말만 "치일(hit) 때", "부딪칠(bumped) 때", "충돌(collide)할 때" 또는 "박살날(smashed) 때"로 바꾸는 것 외에 똑같은 질문에 답하였다. 〈표 1.1.1〉에서 볼 수 있는 것처럼 자동차가 "박살날 때" 달리던 평균 속도 추정치가 "접촉할 때" 달리던 평균추정치보다 9마일/시간 빨랐다. 이에 따라 Loftus와 Palmer는 질문의 형식이 ― 비록 한 단어가 바뀌더라도 ― 한 사건의 기억을 재구성하는데 뚜렷한 영향을 준다고 결론지었다.

어느 것이든 두 번째 실험결과는 훨씬 더 극적이었다. 이번에 Loftus와 Palmer는 150명의 학생에게 4초간의 다중충돌 장면을 보여주었다. 50명에게는 "차들이 서로 박살낼 때 대략 얼마의 속도로 달렸는가?"라고 물었다. 다른 50명에게는 "차들이 서로 칠 때 대략 얼마의 속도로 달렸는가?"라고 물었다. 그리고 마지막 남은 50명에게는 자동차의 속도를 판단하는 질문을 하지 않았다. 그런 뒤 학생들은 돌아갔다 일주일 후에 돌아와 그 필름을 다시 보지 않고 일련의 질문에 답하였다. Loftus와 Palmer가 관심을 가지는 핵심 질문은 학생들이 충돌할 때 창유리가 부서지는 것을 보았는지 여부이다.

〈표 1.1.1〉 자동차가 얼마나 빨리 달렸나(miles/hr)

동사	평균속도
박살날 때	40.8
충돌할 때	39.3
부딪칠 때	38.1
치일 때	34.0
접촉할 때	31.8

〈표 1.1.2〉 깨진 창유리를 보았나요?

	실험 조건		
대답	"박살난"	"치인"	제어집단
예	16	7	6
아니요	34	43	44

Loftus와 Palmer는 학생에게 "박살날 때" 차의 속도를 묻는 것이 더 빠른 추정치를 가져오게 할 뿐만 아니라 일주일 후에 더 많은 비율의 학생이 그 사고에서 유리가 부서졌다고 기억한다는 것을 발견하였다. 결과는 실험조건 사이에 통계적으로 신뢰할만한 차이를 보여주며 이는 〈표 1.1.2〉가 보여준다. 이 결과에서 흥미가 있는 것은 사고에서 깨진 창유리는 없었다는 것이며 박살난 차의 속도를 추정한 피험자는 그 사고로 창유리가 깨졌다고 재구성하였다는 것이다.

달콤한 회상(sweet remembrance)

Loftus와 Palmer의 실험이 보여준 것처럼 기억은 저장될 때 고정되지 않는다. Bransford & Franks(1971)는 더 나아가 기억은 하나하나가 따로따로 저장되지 않는다는 것을 보여주었다. Bransford와 Franks는 당초 한 사건에 관한 글의 리스트를 대학생에게 제시하였다. 예를 들어 그 리스트의 하나가 다음과 같은 것이다.

1) 개미가 식탁위에 있는 단 젤리를 먹었다.
2) 개미가 부엌에 있었다.
3) 개미가 단 젤리를 먹었다.
4) 부엌에 있는 개미가 식탁위에 있는 젤리를 먹었다.
5) 젤리는 식탁위에 있었다.
6) 부엌에 있는 개미가 젤리를 먹었다.

그 뒤 오 분정도 지난 후 학생들에게 또 다른 글의 리스트를 제시하였다. 그리고 어느 글이 첫째 리스트에 있었는지를 가리키라고 요구하였다. 그들에게 또 각각의 답에 자신의 신뢰도(confidence)의 점수를 1-5의 눈금위에 매기라고 요구하였다. 즉 다음의 예와 같다.

a. "개미가 식탁위에 있는 젤리를 먹었다"

1) 이 글은 먼저 리스트에 있었다.
2) 이 글은 먼저 리스트에 없었다.
이 기억에 대한 나의 신뢰도(확신도)는 _______이다.

그런데 실제로 먼저 리스트에 있었던 글은 "개미가 단 젤리를 먹었다" 뿐이었다. 만일 당신이 Bransford와 Franks에 의한 연구에 참가한 대부분의 사람과 같다면 당신은 이 글이 먼저 리스트에 있었다는 것에 중간정도(신뢰도상 2에서 4)의 확신을 가질 것이다.

더 재미있는 것은 "부엌에 있는 개미가 식탁위에 있는 젤리를 먹었다"에 대한 당신의 반응이다. 이 글은 먼젓번 리스트에 들어가 있지 않지만 Bransford 와 Franks에 의한 연구에 참가한 학생들은 그것을 먼저 리스트에서 그것을 보았다는데 대단히 확신을 가지는 경향이 있었다. 당신도 그럴까?

두 번째 글 중에서 "부엌에 있는 개미가 식탁위에 있는 단 젤리를 먹었다."라는 글에 관하여 의미 있는 것은 이 글이 첫 번째 글들 중에 있는 어느 개별적인 글에 젤리가 달다거나 부엌에 있는 개미가 단 젤리를 먹었다고 결코 말하지 않았다. 위의 글은 첫 번째 글 속에서 따로따로의 단어를 조합하여 만든 것이다.

이처럼 사람들은 단순히 문장을 기억화(memorize)하는 것이 아니라 그들은 일반적인 시나리오를 구성하고 기억화 하는 것이다. 일단 한 조각의 정보가 다른 것과 결합이 되면 그것은 때로 어느 것이 새로운 것이고 어느 것이 이미 알고 있었던 것인지 기억하기 어렵다.

1.1.4 회상 편향(hindsight biases)

인간의 마음은 우리가 우리의 생존을 위해 우리의 환경과 교섭하고 거기에 맞추어 행동할 수 있게 그 환경을 이해하기위하여 존재한다. 환경을 이해하는 방식의 일부분은 사물의 설명을 구성하는 것이다. 우리는 우리의 설명을 아주 드물게 과학적으로 검사할 수 있을 뿐이다. 그리고 사람들은 때때로 설명과 입증을 구별하는데 실패한다. 우리가 세상을 이해하려고 하는 한 가지 방식은 세상이 어떻게 오늘에 이르렀는가에 비추어 과거를 해석하는 것이다. 그러나 그렇게 하는 데 따르는 위험중 하나는 우리가 특정한 결과를 실제보다 더 쉽게 예상하거나 불가피한 것으로 보기 시작할 수도 있다는 것이다. 이것은 아주 예상하기 어려운 부정적 결과에 불공정하게 책임을 돌리는 것과 같은 해로운 결과를 또는 범죄나 정신적인 병을 그들의 삶의 불가피한 산물로 보게 할 수도 있다. Fischhoff(1975)는 이를 **잠행성 결정론**(潛行性 決定論; creeping determinism)이라고 불렀다. 편향에 대해서는 뒤에서 별도로 검토되겠지만 여기서는 우선 기억과 연관된 편향에 한하여 검토하기로 한다.

사람들은 또 결과에 관한 정보에 의하여 어떻게 영향을 받는지 말하는데 어려움을 겪고 있다. 예를 들면 심리학 실험의 결과에 관하여 알게 되면 그들은 그 발견결과를 처음부터 예측할 수 있어왔다고 - 또는 적어도 결과를 배우기전에 판단하는 것보다 더 잘 예측할 수 있다고 생각하는 경향이 있다. 더 나아가 사람들에게 마치 자기들이 실험의 결과에 관하여 전혀 모르는 것처럼 행동하라고 요청해도 그들은 모르는 사람보다 더 아는 사람처럼 대응한다. 즉 그들에게 그 결과가 일어나기 전에 일어나리라고 얼마나 가능성 높게 생각하였는지 회고하여 추정하라고 요청하면 실험결과를 미리 예측하였던 사람들보다 더 높은 확률을 배정한다.

이 경향은 "**회상 편향**" 또는 "나는 — 처음부터 — 알았다" 효과라고 알려져 있다. 회상 편향은 - 결과를 알고 있다는 회상이 누구의 판단에 영향을 주고 있다는 것을 알아차리지 못한 채 이미 일어난 것을 비교적 불가피한 또는 명백한 것으로 보려는 경향이다.

▶ **Gurka와 Nixon 연구**: Fischhoff는 결과를 알고 있다는 것이 불확실한 판단에 주는 효력을 조사하기위하여 몇 가지를 연구하였다. 한 연구(Fischhoff, 1975, 실험 1)에서 피험자들은 네 가지 익숙하지 않은 역사적 사건의 설명서를 받았는데 그중 하나가 1814년 네팔의 Gurka를 향한 영국군의 군사행동에 관한 것이다. 각각의 시나리오를 뒤따르는 결과가 기술되어있다. Gurka 시나리오에서의 결과는 (a) 영국승리, (b) Gurka승리, (c) 강화 없이 군사적 대치 및 (d) 강화와 함께 군사적 대치 등이다. 피험자의 한 구룹에게는 이 결과 중 어느 것이 일어났는지 들려주지 않았다. 반면에 다른 네 구룹에는 이들 중 하나가 일어났다는 것을 말해주었다. 모든 피험자들에게 각각의 결과에 확률을 할당하도록 요구하였다. 〈표 1.1.3〉에서 보는 것처럼 하나의 특정한 결과에 관하여 들은 피험자들은 어떤 결과에 대한 정보도 듣지 못한 사람들보다 그 결과 확률을 더 높게 평가하였다. 다른 시나리오에서도 비슷한 결과가 나왔다.

회상 편향(hindsight bias)이라는 용어는 결과가 일어났다는 것을 알고 난후 그 불확실한 결과가 일어날 가능성을 흔히 더 높게 보는 관찰을 기술하기위하여 사용된다. Fischhoff는 피험자에게 그들이 판단을 내릴 때 결과에 관한 지식을 무시하라고 요청하였을 때조차도 회상 편향은 일어난다는 것을 발견하였다(1975, 실험 2와 3). 그는 또한 결과지식이 사람들의 시나리오 정보 적절성의 사정(査正; assessment)을 바꾼다는 증거도 발견하였다. 예를 들어 Gurka 시나리오에서 피험자들은 — 영국의 승리를 무시하라는 말을 들은 사람을 포함하여 — 영국의 승리를 알고 있는 피험자가 결과정보를 제공받지 않은 피험자에 비하여 영국장교들이 쓰라린 패배를 당한 후에서야 겨우 주의해야한다는 것을 배웠다는 사실이 더 중요하다고 말하였다.

또 다른 고전적 연구(Fischhoff & Beyth, 1975)는 거의 현시대의 사건, 역사적인 1972년(아직 국제관계에 냉선의 그림자가 드리워져 있던 시기) 닉슨대통령 의 중국 및 소비에트연방 방문에 기초를 두고 있다. 닉슨의 방문 전에 Fischhoff와 Beyth는 그의 방문기간에 일어날 사건의 가능성을 이스라엘 학생에게 물었다. 예를 들어 학생들은 중국방문에 관하여 미국이 베이징에 외교공관을 설치할 또는 적어도 한번은 모택동을 만날 확률 추정하라는 요청을 받았다. 반면에 소비에트방문에 관해서는 합동우주계획의 수립이나 Lenin묘 방문 같은 일이 일어날 가능성을 추정하라는 요청을 받았다. 그 방문이 있은 지 2주에서 6개월 사이에 같은 학생에게 자신들이 그 방문 전에 내놓은 확률을 주고서 동일한 일이 일어날 확률을 적으라고 하였다. 대부분의 학생이 일어난 일에 대해서는 부풀리고 일어나지 않은 일은 줄였다. 당초의 추측과 회상 과제 사이가 3개월 이상일 때 특히 심했다.

〈표 1.1.3〉 영국-Gurka 대결에서의 결과 추정확률(%)

	영국승리	Gurka승리대치	강화 없이 대치	강화하고
결과지식 무	32	21	32	12
결과지식 유	56	38	48	26

▶ **가설설계(假說設計; hypothetical design)와 기억설계:** 이 편향은 흔히 먼저 내려진 판단의 왜곡된 상기(想起; recollection)와 연계되지만 실제로는 먼저의 판단이 내려져야 하거나 어느 일이 일어나기 전에 그 일에 아무 생각이나 내놓는 것조차 필요 없다. 당신이 눈치 챘을지 모르는 대로 위의 두 연구는 다른 설계로 기술되었다. Gurka 연구는 결과지식을 가진 사람과 결과지식이 없는 사람의 판단을 비교하는 **가설설계**의 한 예이다. 닉슨 연구는 **기억설계**(記憶設計; memory design)의 예로서 피험자는 결과를 모르면서 그 결과가 일어날 가능성을 판단한다. 그 후 그 결과가 실제로 일어났는지 여부를 알게 되고 마지막으로 자신들의 당초 가능성판단을 회상한다. 회상 편향이 가설설계에서 더 심하지만(Campbell & Tesser, 1983; Davies, 1992; Fischhoff, 1977; Wood, 1978) 이는 기억설계 연구 피험자 일부가 자기의 당초 판단을 정확하게 기억하였다는데 기인하는 것으로 Schwarz와 Stahlberg(2003)는 정확하게 기억된 답을 제외하면 두 설계 사이에 차이가 없다는 것을 발견하였다.

회상 편향은 선거(Leary, 1982; Synodinos, 1986), 의료진단(Arkes, Wortmann, Saville, & Harkness, 1981), 임신검사(Pennington, Rutter, McKenna, & Morlet, 1980), 구매결정(Walster, 1967), 게임(Leary, 1981) 및 기타 많은 분야에서 입증되었다.

▶ **회상 편향 줄이기:** 사람들로 하여금 회상 편향을 알게 하는 것이 그것을 줄이는데 충분하지 않은 것으로 보이며(만일 편향을 완전히 없애는 것이 아니라면) 다른 방법을 쓰는 것이 더 성공적이었다. 한 실험에서 신경병학의 사례언구에 관한 회상 진단에 참여한 신경 병리학자에게 세 가지 있을 수 있는 진단 각각이 왜 옳은 지에 관한 이유를 말해달라고 요청했을 때 회상 편향이 줄어들었다(Arkes et al., 1988.).

심리학 실험 결과를 판단하는 다른 연구(Davies, 1987)에서 두 주 전에 있었던 결과가 나오기 전 수업에서 피험자들이 만들어냈던 생각과 아이디어의 기록을 본 사람들 중에서 회상 편향이 줄어들었다. Slovic & Fischhoff(1977)는 사람들에게 역지사지(counter-factual thinking)를 해보도록 하는 것이 회상 편향을 줄여준다는 것을 발견하였다. 그들은 사람들로 하여금 여러 가지 있을 수 있는 과학적 발견의 재현가능성(replicability)의 점수를 매기게 하였다. 당초 연구의 결과를 안 사람들은 높은 재현가능성 점수를 주었지만 당초연구가 다르게 변하였다고 상상하고 어떻게 이를 설명할 것인가를 대답하도록 요청받은 피험자 중에서 회상 편향이 줄어들었다.

▶ **문화 및 개인 차**: Nisbett(2003)는 서구인들에 비하여 동아시아인들이 일반적으로는 세상을 그리고 특정적으로는 인간행동을 더 전체논적으로 그리고 복잡하게 본다는 증거를 조사하였는데 그는 이를 서구인의 사고(思考; thought)와 다른 오랜 전통의 사고에 기인하다고 보았다. 전체논적인 사고에 많은 장점이 있지만 Choi & Nisbett(2000)는 그런 사고가 회상 편향에 더 큰 민감성을 가질 것이라고 추측하였다. 서구인과 동아시아인을 비교하는 일련의 연구에서 그들은 복잡한 행동모델이 전후관계와 인과관계를 혼동하는 설명을 더 잘 뒷받침할 수 있으며 따라서 그런 모델을 따르는 사람들이 결과를 뒤따르는 당혹과 놀라움을 경험할 가능성은 낮고 회상 편향을 보일 가능성은 더 높다는 것을 발견하였다.

Musch(2003)는 인격의 차가 회상 편향의 정도를 조정할 수 있다는 증거를 제시하였다. Musch의 연구에서 인격요인은 기억설계보다 가상설계에서 더 큰 역할을 하였다. 그는 사람들이 예측 및 회상의 정도를 비교할 수 있을 때 그들은 기억설계에서 자기내세우기의(self-presentational) 영향 및 기타 영향을 억제할 수 있다고 말하였다. Musch는 예측가능성의 욕구가 기억설계에서 편향과 관련된다는 것을 발견하였다. 즉 모호함을 좋아하지 않는 독단적인 사람이 더 큰 회상 편향을 보여준다는 것이다. 표준적 가상설계를 가지고 Musch는 남의 영향을 받기 쉬운 사람들과 자기내세우기(self-presentation)에 관심이 있는 사람들 사이에서 더 큰 회상 편향을 발견하였다. 아마도 더 높은 수준의 성실함을 가진 사람들이 정보를 더 열심히 이해하려하며 회상편향도 적을 것이다.

회상 편향의 이론적 배경

Fischhoff(1975)는 회상편향을 결과 정보가 바로 지금 존재하는 기억구조 속으로 흡수되는 것이라고 설명한다. 기억재구성의 역할은 Carli(1999)의 연구에서 예증되었다. 그녀는 피험자에게 피드백 구룹에게는 강간으로 끝났다고 말해준바 있는 낭만적 만남에 관한 정보를 주었다. 그의 연구에 의하면 일주일 후에 강간이라는 결과로 끝나는 그 낭만적인 만남의 상세를 피드백 받은 구룹이 피드백 받지 않은 구룹보다 잘못 회상할 가능성이 더 크다. 결과와 일치하는 잘못된 회상이 회상 판단을 조정한 결과다.

아래에서 기술되는 대로 일부 다른 접근들은 결과지식이 자동적으로 기억에 흡수된다고 전제하지 않았다. 대신에 회상 편향은 누구의 판단을 회고적으로 재구성한 결과로서 생긴다는 것을 이론화하였다. 그러나 이 두 가설화된 과정의 차이는 절대적이 아니라 정도의 문제일 뿐이다. 많은 부분에서 회상 편향은 **느낌 만들기**(sense making) 인지과정의 결과로 나타나는 것 같다. 이는 기대하지 않은 결과가 사람들로 하여금 더 높은 수준으로 느낌 만들기 활동을 하도록 한다는 관찰을 통해 알아볼 수 있다(Hastie, 1984; Sanna & Tur1ey, 1996; Weiner, 1985.).

사물을 느낄 수 있다는 것은 우리가 미래에 더 적절하게 생각하고 행동할 수 있게 도와준다. 그리고 이 의미에서 회상편향은 단순하게 인지조절과정의 부산물일 수 있다.

회상편향이 느낌 만들기 인지활동에서 일어난다는 아이디어는 회상편향이 일어날 때와 함께 일어나지 않을 때의 상황을 조사함으로써 뒷받침할 수 있다. Pezzo(2003)는 그가 제안한 **느낌 만들기 모델**(sense making model)에서 결과에 대한 최초의 놀라움(initial surprise)이 느낌 만들기 활동으로(그림 1.1.1) 이끈다고 말한다. 만일 느낌 만들기 과정이 성공적이라면 결과에서 오는 놀람(resultant surprise)이 줄어들고 회상편향이 생긴다. 그러나 느낌 만들기 과정이 실패하면 결과에서 오는 높은 수준의 놀램이 생기고 **역 회상편향**(reverse hindsight bias)과 연계된다. 이로 인하여 진짜 결과가 잘 추측될 가능성이 작아지는 것 같다.

역 회상편향이 여러 연구에서 보고되었다. Ofir & Mazursky(1997, Experiment 3)는 피험자에게 작가가 표시되지 않은 그림(paintings)을 보여주고 한 구룹에게는 Picasso가 그렸다 하고 또 한 구룹에게는 Picasso나 Renoir나 12살란 소년이 그린 것이 아니라고 하고 세 번째 구룹에게는 아무 정보도 주지 않았다. 앞의 두 구룹의 피험자들은 그들이 작가에 관한 아무 정보도 들은바 없다면 Picasso, Renoir, 12세 소년, 또는 다른 누군가 넷 중 누구일 가능성을 점수 매겨야 한다. 그리고 작가에 관한 정보를 들었을 때 얼마나 놀랐는지 그 정도의 점수도 내라고 하였다. 작가에 관한 정보를 전혀 주지 않은 사람들에게도 작가가 누구일지 그 가능성을 점수 매기게 하였다. Picasso가 작가라고 들은 사람들은 오히려 놀랐고 Picasso가 작가일 가능성은 14%라고 하였다. Picasso나 Renoir나 12살란 소년이 그린 것이 아니라고 들은 사람들은 이 정보에 그리 놀라지 않았고 Picasso가 작가일 가능성이 12.3% 있다고 말하였다. 정보를 전혀 듣지 못한 사람들은 Picasso에게 19.3%를 가능성 점수로 주었다. 이들 가능성 점수는 회상편향의 반대방향이다.

그의 느낌 만들기 모델을 검사하기위해 특별히 설계된 몇 개의 연구를 통해 Pezzo는 폭 넓은 근거를 발견하였다. 그가 사용한 과제 중 하나에는 가짜 인지능력을 검사하기위하여 긍정적 피드백이나 부정적 피드백이 포함되거나 또는 피드백이 없는 것도 있다(피드백이 있는 경우). 실행결과 피드백을 받은 후 피험자에게 그들에게 생긴 아무 생각이라도 적도록 5분을 주었다. 이번에는 피드백이 없는 구룹의 피험자들에게 자기들이 한일을 얼마나 잘 생각하였는지를 그리고 피드백이 있는 구룹의 사람들에게 피드백을 받기 전에 어떻게 응수하였는지를 물었다. 끝으로 결과 놀람의 점수를 받았다. 느낌 만들기 모델이 추측한데로 회상편향의 증가는 결과 놀람의 감소와 연계되었다. 더 나아가 가장 높은 놀람수준을 보인 피험자는 역 회상편향을 나타냈다. 생각을 나열하는 과제에서 결과와 일치하지 않는 생각을 더 많이 한 사람들이 더 낮은 수준의 회상편향을 보였다.

Sanna et al.(2002)은 Gurka 시나리오에 관한 사실에 반하는 생각 10개를 만드는 것이 두 개를 만드는 것보다 더 많은 회상편향을 생기게 한다는 것을 발견하였다. 다른 증거는 기억설계연구에서 일어난 편향의 일부가 사물의 반복을 통한 친숙함의 결과임을 보여준다('반복효과'에 대해서는 Hertwig et al., 1997 참조).

[그림 1.1.1] 회상편향의 Pezzo 모델(2003)

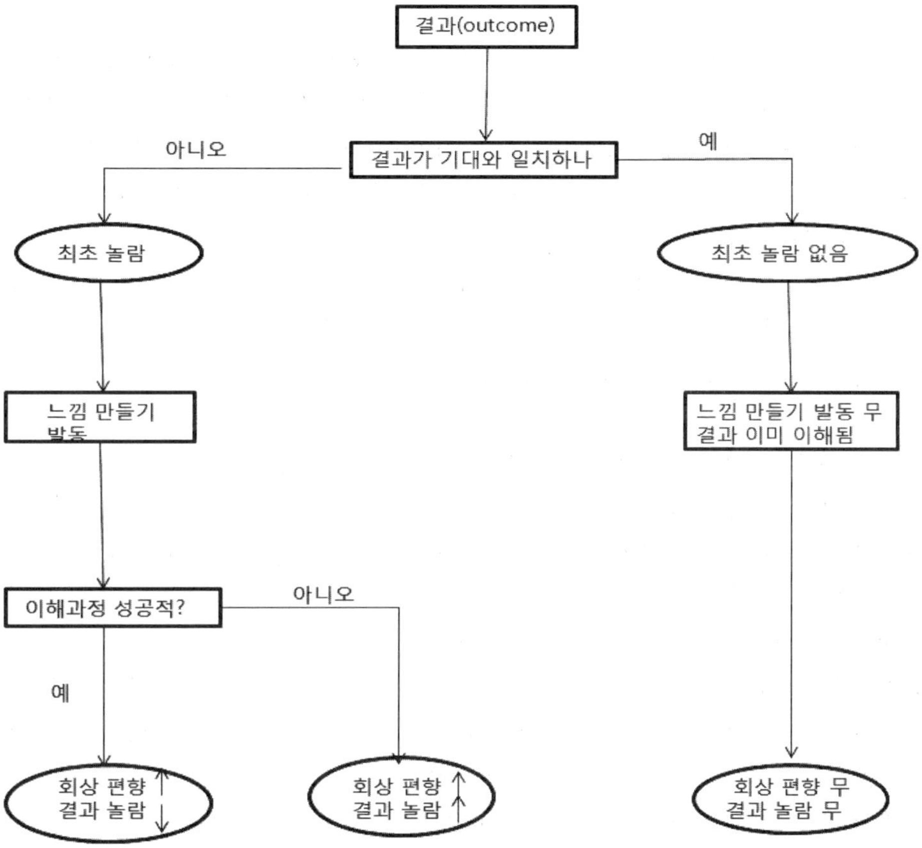

1.1.5 맥락종속(脈絡從屬; context dependence)[9]

의사결정자는 사물을 별개로 지각하고 기억하지 않는다. 즉 그들은 과거 경험과 그 일이 일어난 맥락에 비추어 새로운 정보를 이해한다. 예를 들어 성격적 특색과 같은 자극(stimulus)이 한 가지로 지각되는 것 같지만 다른 상황에서는 “같은” 자극이 전혀 다르게 보일 수도 있다. 많은 지각 상의 착각이 **맥락종속**으로 설명된다. 판단과 의사결정 분야에서 맥락종속을 잘 설명해주는 것이 대조(對照; contrast)효과, 수위(首位; primacy)효과, 최신(最新; recency)효과, 및 후광(後光; halo)효과 등이다.

▍대조효과(對照效果; contrast effect)

당신의 친구에게 실연해 보라. 필요한 것은 세 개의 큰 물 항아리뿐이다. 첫 번째 항아리에 뜨거운 물을 가득 채운다. 두 번째 항아리에 미지근한 물을 채운다. 세 번째 항아리에 얼음물을 채운다. 다음으로 뜨거운 항아리에 한손을 찬 항아리에 다른 한 손을 넣고 30초간 그대로 놔둔

9) Plous, 1993 pp.38

다. 당신의 손이 그 물 온도에 적응되면 "뜨거운" 손을 미지근한 항아리에 넣고 5초 후에 찬 손도 함께 넣는다.

당신이 대부분의 사람과 같다면 아주 이상한 느낌을 받을 것이다. 전에 뜨거운 물에 넣었던 손은 당신에게 미지근한 물이 차다고 그리고 찬물에 넣었던 손은 미지근한 물이 뜨겁다고 느끼게 될 것이다. 만일 이 실험을 당신 친구에게 시키면서 미지근한 물의 온도를 비밀로 한다면 그 사람은 아마도 그 물의 온도를 말할 수 없을 것이다. 각각의 손은 "**대조효과**"를 보여주지만 두 결과는 반대방향이다.

많은 심리학의 초기연구는 온도식별, 색채식별, 및 무게추정과 같은 지각을 통한 판단에 관한 것이었다. 그 결과로 대조효과가 실험실에서 확실하게 볼 수 있는 첫 번째 심리학적 현상이 되었다. 예를 들어 Sherif, Taub, & Hovland(1958)는 무게를 판단할 때의 대조효과에 대한 영향력 있는 논문이다. Sherif, Taub, 및 Hovland에 의하면 피험자가 처음에 무거운 것을 들어 올린 뒤에 가벼운 것을 들어 올리면 실제보다 더 가볍게 느낀다.

대조효과의 가장 흥미 있는 연구 중 하나가 Coren & Miller(1974)의 실험이다. Coren과 Miller는 키가 5피트 10인치인 아나운서가 농구팀 선수들과 인터뷰할 때 키가 작게 보이지만 경마의 기수와 인터뷰할 때는 크게 보인다는데 주목하였다. 한편 그 아나운서가 큰 말 또는 스타디움 옆에 서 있을 때는 작아 보이지 않는다.

이 관찰에서 Coren과 Miller는 대조효과가 자극물이 서로 비슷할 때만 효과가 나타난다고 생각하였다. 이를 검정하기위하여 [그림 1.1.2]에서 보여주는 도형모임 각각을 12명의 지원자에게 보여주었다. 위쪽 왼편 4분면에 있는 도형모임이 유명한 Ebbinghaus의 **착각** 예 중 하나이다. 가운데 원이 작은 원에 둘러싸여있을 때가 큰 원에 둘러싸여있을 때보다 커 보인다.

Coren과 Miller는 둘러싼 것의 모양이(피험자가 판단 할 때) 원과 같지 않을 때 Ebbinghaus의 효과가 떨어진다는 것을 발견하였다. 원보다 오각형과 함께 있을 때, 삼각형일 때는 더 그리고 불규칙한 다각형일 때는 제일 착각의 정도가 약하였다. [그림 1.1.2]의 가운데 원의 크기를 비교함으로써 당신은 단순한 크기의 판단조차도 맥락(脈絡; context)에 - 주위환경에 결정적으로 영향 받는다는 것을 알 수 있다.

수위(首位; primacy)효과

맥락종속에 관한 고전적 연구인 Asch(1946)의 "인상형성(印象形成; impression formation)"에 관한 부분에서 Asch는 뚜렷한 특징을 가진 가상적 사람의 인상을 피험자에게 말하게 하는 10번의 각각 다른 실험을 하였는데 그중 하나의 예를 보기로 하자.

이 실험에서 Asch는 반수의 피험자에게는 질투심이 강한, 고집 센, 꼬치꼬치 캐기 좋아하는, 충동적인, 부지런한, 그리고 지적(知的; intelligent)인 누군가의 인상에 대해 물었다. 나머지 반에게도 똑같은 특성을 가진 사람에 관하여 물었는데 다만 그 특성을 역순으로 지적인, 부지런한, 충동적인, 꼬치꼬치 캐기 좋아하는, 고집 센, 그리고 질투심이 강한 사람이라고 하였다.

[그림 1.1.2] Ebbinghaus의 착시

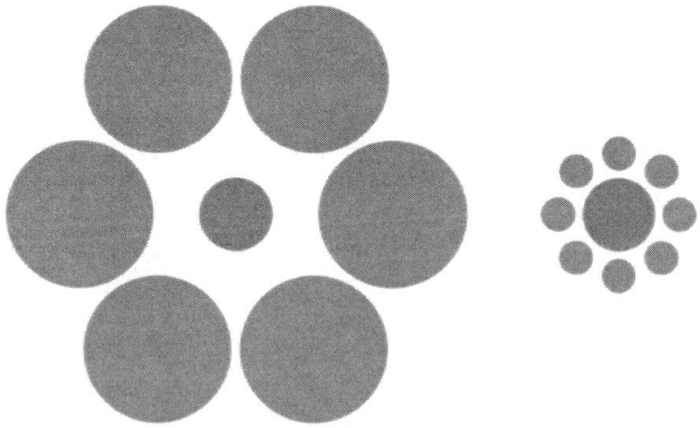

Asch가 발견한 것은 각 시리즈에서 앞에 나오는 특성이 나중에 나오는 특성보다 더 강한 인상을 준다는 것이다. 이것이 "수위효과"이다. 당신이 먼저 나온 특성 시리즈를 듣는다면 아마도 질투심이 강하고 고집 센 특성이 당신의 인상에 제일 크게 작용할 것이다.

만일 "지적"이 첫 번째 단어로 "질투심이 강한"과 "고집 센"을 앞선다면 그래도 그것이 수위효과를 가져올까? Anderson(1965)에 따르면 수위효과가 단순히 시리즈의 선두에 나오는 것만의 산물은 아니다. 오히려 말한(적어 나간) 위치와 그것이 판단에 주는 효과 사이의 일반적 관계이다. 첫 번째 인상이 가장 중요하지만 두 번째와 세 번째 인상도 역시 의미 있는 수위효과를 보여준다.

▌최신효과

수위효과는 사람들이 서로의 인상을 형성할 때뿐만 아니라 순차적 정보의 평가가 포함된 상황에서도 일어난다. 예를 들면 수위효과는 사람들이 논쟁적 이슈의 반대편이 되었을 때 일어난다. 많은 경우 이어지는 쟁점에 의해서보다 제일 먼저 나타난 쟁점에 의해 더 영향 받는다.

그러나 언제나 그런 것은 아니다. 일부의 경우 제일 끝에 나타나는 것이 첫 번째 나타나는 것보다 더 영향을 준다. 이것을 "**최신효과**(最新; recency effect) "라고 부른다. 최신 효과는 흔히 사람들이 마지막에 나타난 것을 첫 번째로 나타난 것보다 더 분명하게 기억할 수 있을 때 일어난다. 어떤 효과가 가장 강력할까? 예를 들면 당신이 공개토론에 참가하게 되어 첫 번째와 마지막 연사 중에서 선택하게 되었을 때 당신은 어느 쪽을 선택할 것인가. 당신이 첫째를 택한다면 당신은 수위효과의 장점을 취하는 것이고 마지막을 택한다면 당신은 최신 효과에 편승하는 것이다. 어느 선택이 최선일까?

Miller & Campbell(1959)은 결함이 있는 증발기로 인하여 발생한 손실에 관한 재판 기록을 편집하였다. 소송기록을 모든 원고의 것은 문서의 지면 왼쪽에 가도록 그리고 피고의 것은 오른쪽에 가도록 재배치하였다. 예컨대 "찬성" 기록은 원고 측 증인의 증언, 원고 측 변호사의 피고 측 증인에 대한 반대신문, 그리고 원고 측 변호사의 시작 및 최종 변론 등이고 "반대"

기록은 피고 측 증인의 진술, 반대를 위한 반대신문, 그리고 피고 측 변호사의 시작 및 최종 변론 등이다.

Miller와 Campbell은 소송기록을 편집한 후 그들은 이 기록들을 변호사, 증인, 등 다른 당사자들의 부분을 각각 다른 사람이 읽도록 하고 이를 녹음하였다. 원고와 피고의 공방과 중간 지체의 순서 배열에 따라 여덟 개의 다른 조건에서 피험자에게 판단을 내리게 하였다. 실험에서 Miller와 Campbell이 발견한 것은 일부 경우에는 수위 효과 다른 경우에는 최신 효과이었다. 그들은 최신효과가 기억 차의 함수라는 증거도 발견하였다.

앞서의 질문에 대한 답도 그렇다. 공개토론에서 첫 번째 연사와 마지막 연사 중 하나를 택하게 될 때 만일 당신이 당신의 상대가 당신 바로 뒤에 반론을 하고 얼마간 시간이 지난 후 사람들이 찬반의견을 내게 되어있다면 첫 번째를 택해야한다. 반면에 찬성연설과 반대연설 사이가 얼마간 떨어져 있고 반대연설 후 바로 의견을 내게 되어있다면 최신 효과에 편승하여 마지막을 택해야 할 것이다.

Hoch(1984)는 사람들이 어떻게 예측을 하는가에 관한 몇 개의 실험에서 본질적으로 같은 결과를 발견하였다. Hoch는 사람들에게 미래에 어떤 일이 왜 일어날 것인지(긍정)의 이유와 왜 그 일이 일어나지 않을 것인지(부정)의 이유를 물었다.

일부 일에 대해서 사람들은 긍정이유를 첫 번째로 열거하였고 다른 일에 대해서는 부정이유를 첫째로 열거하였다. Hoch는 사람들이 두 이유의 집합을 연이어 만들어낼 때는 수위 효과가 강하고 긍정과 부정이유를 열거하는 사이에 다른 일을 3분간 하도록 하였을 때는 최신 효과가 강하다는 것을 발견하였다. 이들 발견은 오래된 판매기법과 일치하는데 이 기법에서 고객은 구매하게 하는 이유와 구매하지 않게 하는 이유를 열거하게 한다. 만일 이유들의 두 집합이 연이어 만들어 진다면 고객은 부지불식간에 수위 효과의 희생이 될 것이다.

후광(後光; halo)효과

대조, 수위, 및 참신 효과는 같은 자극이 맥락이나 받는 순서에 따라 다른 효과를 가져 올 수 있다는 것을 보여준다. 맥락종속의 다른 예가 "**후광효과**"인데 이는 Edward Thorndike가 1920년에 그 이름을 지었다. Thorndike는 군의 상관에게 그의 휘하 장교들을 지능, 체격, 리더십, 및 성격 면에서 평가하도록 하였을 때 그 순위가 높은 연관성이 있다는 것을 발견하였다. Thorndike의 실험에 참가한 사관후보생의 수업을 감독해왔던 비행중대장은 그들의 지능과 체격 사이에 0.51, 지능과 통솔력 사이에 0.58, 지능과 성격 사이에 0.64의 연관성이 있다고 하였다. Thorndike는 급료와 승진을 결정하는데 사용될 여러 가지 교사평가들 사이에 긍정적인 상관관계가 있음도 발견하였다. 예를 들면 어떤 경우 교사로서의 일반적인 장점이 용모, 건강, 민첩성, 지력, 그리고 청렴성 및 성실성의 점수와 강한 연관성이 있다. 다른 경우 교사의 목소리가 지능과 "지역사회에의 관심"과 강한 상관관계가 있다.

후광효과에 관한 그의 초기 논문에서 Thorndike(1920, pp.28-29)는 아주 유능한 반장, 고용자, 교사, 혹은 부서장이라 할지라도 그들의 부하를 따로따로의 재능 복합체로 다룰 수 없고 다른 것들과 독립시켜 이들 각각에 크기를 할당할 수 없다는 결론을 내렸다. Thorndike의 발견은 부분적으로 그 채점눈금이 어떻게 구성되었는가의 기술적 측면에 기인하기도 한다. 그러나 그의 일반적 아이디어는 지금도 유효하다. 채점에 복잡 미묘한 측정기법이 요구될 때일지라도 후광효과는 흔히 나온다(Cooper, 1981; Feldman, 1986).

Thorndike의 관찰이후 많은 후광효과가 증명되었다. 예를 들어 "미(美; beauty)후광효과"에 관한 연구는 보통으로 보이는 또는 남의 눈을 끌지 않는 사람들에 비해 육체적으로 매력적인 사람이 더 행복해, 직위가 높아, 결혼하였을 가능성이 높은 것으로, 그리고 인격 면에서 더 바람직하게 보인다는 것을 보여 주었다(Dion, Berscheid, & Walster, 1972). Landy & Sigall (1974)도 보통으로 보이는 또는 남의 눈을 끌지 않는 사람들보다는 육체적으로 매력적인 저자의 논문이 더 높은 점수를 받는다는 것을 발견하였다.

대조효과에서처럼 후광효과에 관한 선구적 실험이 Asch(1946)에 의하여 실행되었다. 예를 들어 한 실험에서 Asch는 실험자의 약 반에게 지적, 능숙한, 근면한, 따뜻한, 결의가 굳은, 실질적인 그리고 용의주도한 어느 사람의 인상을 그려보라고 요청하였다. 그리고 그 나머지 사람들에게 비슷하게 지적, 능숙한, 근면한, 냉정한, 결의가 굳은, 실질적인 그리고 용의주도한 사람의 인상을 그려보게 하였다. 피험자의 두 구릅에게 첫째 예에서 따뜻한 으로 둘째 예에서 냉정한 으로 묘사된 것 외에는 동일한 특징을 주었다.

그런 뒤 피험자에게 특징들의 쌍들(대부분 반대되는)을 제시하고 어느 특징이 그들이 그린 그 사람의 인상과 가장 일치하는가라고 물었다. 그 쌍들은 관대한/도량이 좁은, 불행한/행복한, 화를 잘 내는/마음씨 고운, 및 유머러스한/유머가 없는 등과 같은 특징이 포함되어있다. Thorndike의 초기발견의 뒤를 이어 Asch는 따뜻한 또는 냉정한과 같은 중추적인 특성이 그 사람의 전반적 인상에 영향을 준다는 - 즉 피험자가 "후광"을 만들어낸다는 것을 발견하였다. 따뜻한 사람의 인상을 그린 피험자의 75내지 95%의 피험자가 그런 사람은 또한 관대하고, 행복하며, 마음씨가 좋고, 유머러스하다고 생각하였다. 이에 비해 냉정한 사람의 인상을 그린 피험자의 단지 5내지 35%가 같은 특징을 갖고 있다고 생각했다.

이들 결과는 단순한 지필(paper-and-pencil) 설문의 부산물만이 아니다. Kelley(1950)는 특징 리스트 대신에 진짜 사람들을 사용하여 후광효과를 탐색한 연구결과를 발표하였으며 그는 그보다 수년전에 Asch가 관찰한 것과 같은 후광효과를 발견하였다. 따뜻한 교사라고 기대하게 된 학생은 그 교사를 비교적 인정이 있고 마음씨 고우며 그리고 사교적일뿐만 아니라 더 인기있고 유머러스하며 교양 있다고 보았다. 더 나아가 학생들은 교사를 따듯하다고 믿게 되면 그 교사와 더 교류하려는 경향이 있었다. 이들 결과는 후광효과가 사회적 상호관계에 작용하고 그 결과로 이어지는 행동에 영향을 준다는 것을 보여준다.

대조, 수위, 그리고 최신 효과처럼 후광효과도 사람들이 자극에 반응하는 방식이 맥락에 의존한다는 것을 설명해준다. 맥락 없는 자극은 없다. 자극이 기하학적 모양이든 성격상의 특징이든 법적 논쟁이든 시금치든 간에 전후관계의 요인이 사람들이 어떻게 그 자극에 반응하는지에 강력하게 영향을 준다.

맥락 효과가 아주 일반적이기 때문에 때로는 감추어질 수 있다. 사실 지각이 맥락종속(context-dependent)이 아닌 세상은 상상하기 어렵다. 그런 세상은 무엇처럼 보일까? 맥락에서 독립된 판단을 논한다는 것은 무엇을 의미하나?

맥락효과가 사회적 관계의 성질에 관하여 의미심장한 질문을 던진다. 예를 들어 대조효과는 어떤 절대적 의미에서 “한 사람”을 안다는 것이 불가능하다는 것을 말해준다. 당신이 한 친구의 성실을 판단할 때 이 판단은 상대적이고 당신이 아는 다른 친구의 성실에 어느 정도 영향 받는다. 대조효과에 따르면 A라는 친구가 불성실한 행동을 당신에게 했다면 B라는 친구가 변함이 없다 하더라도 당신은 친구 B가 더 성실하다고 볼 것이다. 당신이 친구의 성실에 관해 내린 판단이 다른 사람의 성실과 무관하다고 보일지 모르지만 사회적 판단은 흔히 부분적으로 맥락에 영향 받는다.

행복조차도 맥락종속이다. Brickman, Coates, 및 Janoff-Bulman(1978)은 일리노이 주 복권 당첨자의 연구에서 이런 사례를 발견하였다. 지리적으로 같은 지역에 사는 비당첨자 비교집단에 비해 복권당첨자가 여러 가지 일상 활동에서 즐거움을 덜 느낀다. Brickman, Coates, 및 Janoff-Bulman은 이 차이가 부분적으로 평범한 활동이 복권에 당첨되는 스릴(thrill)과 비교되는 대조효과의 결과라고 주장하였다.

설득 전문가들은 오랫동안 맥락효과의 힘을 인정하여 왔다. 예컨대 부동산 중개업자들은 때로는 구매자에게 상태가 좋지 않은 또는 값이 비싼 집을 사려고하는 집보다 먼저 보여줌으로써 대조효과를 활용한다. 정치지망생들은 흔히 한두 번의 지난 성공을 광범한 능력으로 표현하여 후광효과에 편승한다. 그리고 광고회사는 그들이 판매를 촉진시키려는 제품을 눈에 띄게 만드는 맥락을 만들어내기 위해 노력한다.

물론 맥락효과가 무한이 크지는 않다. 걷잡을 수 없는 거짓말이 다른 사람이 얼마나 많은 거짓말을 하든 상관없이 정직하게 보일 수는 없다. 그리고 무능한 정치가가 후광효과를 단지 이용할 수 있을 뿐 크게 성공하지는 못한다. 동심원의 배경이 네모의 변이 굽은 것처럼 보이게 할 수는 있지만 네모를 원으로 만들 수는 없다. 그럼에도 불구하고 어떤 판단과 의사결정의 포괄적인 분석도 맥락효과를 고려하지 않으면 안 된다. Hershey와 Schoemaker(1980)는 맥락효과의 실험실에서의 입증이 일상생활에서 맥락효과가 얼마나 강력한 영향을 주는가를 과소평가한다고 말한다.

1.2 증거(證據; evidence) 및 주장(主張; argument)

우리 일상사고(日常思考; everyday thinking)의 많은 부분이 우리가 가지고 있는 의견이 정당하다는 것을 다른 사람들이 믿도록 하기위한 논거 만들기로 구성되어있다. 역으로 우리는 우리에게 제시된 주장을 평가할 필요가 있다. 여기서는 Hardman(2009, pp.42-51)를 빌려서 우선 **주장**이 무엇으로 이루어져 있는지를 살펴보기로 하자. 그 뒤 이론과 **증거**를 구별하기위한, 반론에 적절하게 대응하기위한, 주장에 있는 하자(瑕疵; flaws)를 발견하기위한, 그리고 논증을 토픽의 양면 모두에서 고려하기위한 사람들의 능력을 살펴보기로 한다. 또한 설득메시지를 우리가 어떻게 가공하는지 그 방법에 영향을 주는 요인들은 무엇인지를 검토하기로 한다. 마지막으로 사람들이 어떻게 고도로 복잡한 주장의 본체를 이해하는지를 간략하게 검토해보고자 한다.

1.2.1 주장의 구조(structure of arguments)

일상생활에서의 주장의 기본구조는 일찍이 철학자 Toulmin(1958)에 의하여 기술된바 있는데 그는 대부분의 일상의 주장에 정식 논리가 적용되지 않음을 재인(再認; recognize)하였다. Toulmin의 도식(圖式; scheme)에서 사람들은 데이터(정보)를 제시하고 정당한 이유를 사용하여 그 데이터가 그 주장에 타당하다는 것을 보여줌으로써 그들의 주장이 타당하다는 것을 입증하려고 한다. 그 기본 도식을 [그림 1.2.1]에서 볼 수 있다.

[그림 1.2.1]에서 김 박사가 A대학에서 6년간 일해 왔다는 정보의 타당성이 A대학의 교수는 매 6년마다 안식휴가를 가질 수 있다는 사실(정당하다는 근거)에 의하여 입증된다.

[그림 1.2.1a] 추상적 및 구체적 형태의 Toulmin의 기본 논증도식

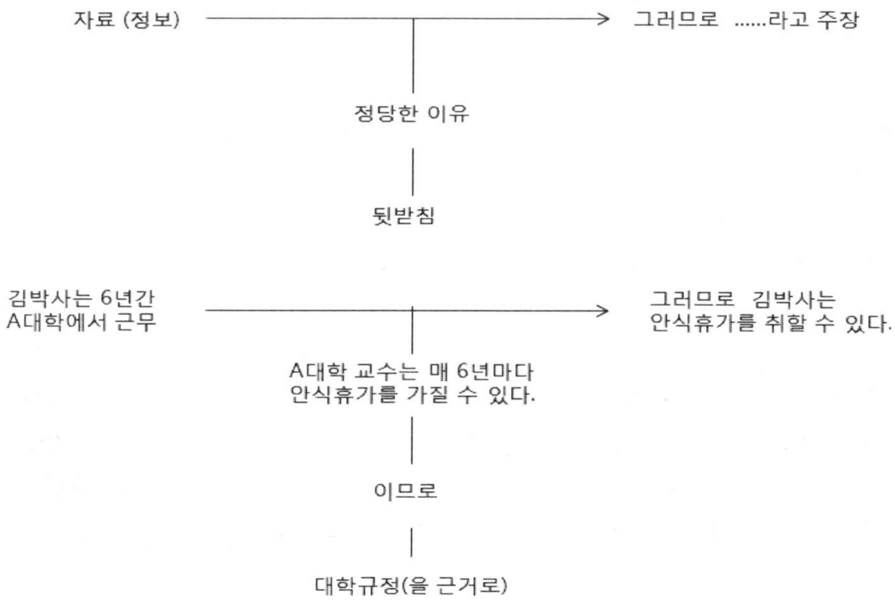

이 주장을 들은 사람이 그 정당한 근거에 의문을 제기하였을 때 그 주장을 한 사람은 그 정당한 근거가 그 대학교의 규정이 정당하다는 것을 확인하여준다고 지적할 수 있다. 이것이 정당한 근거의 뒷받침이다. Toulmin은 또 반론에 직면하여 주장이 옳음을 인정받을 수 있게 하는 논증구조도 개발하였다(그림 1.2.1b). 반론은 주장을 약화시키거나 번복시키는 이의제기이다. 김 박사의 예에서 그의 수업에 6년 동안 학생이 있었다면 그가 안식휴가를 취득할 수

[그림 1.2.1b] [그림 1.2.1a]에서의 주장의 구체적 예

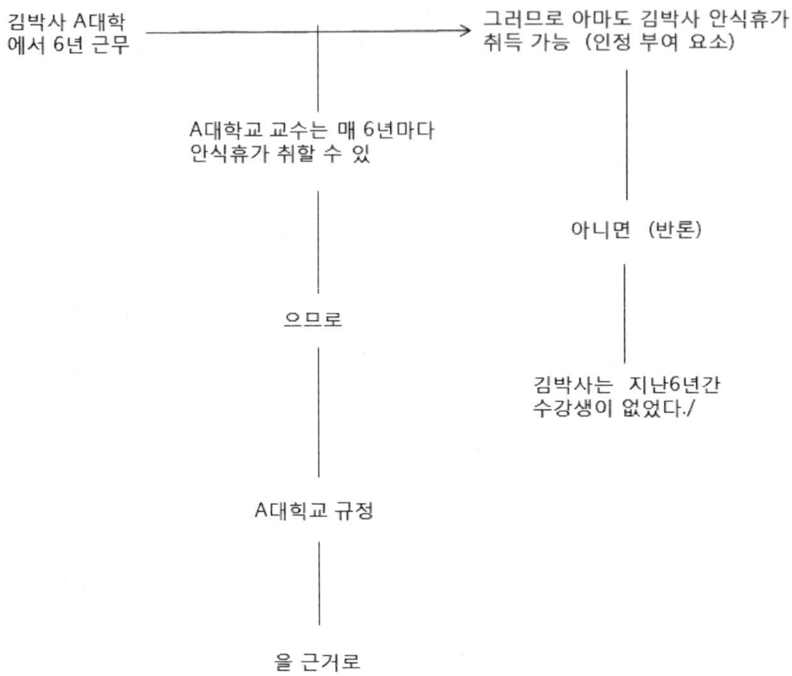

없다는 반론은 성립이 안 될 것이다(논증의 일상생활에서의 형식에 대해서는 Walton, 1989, 1996 참조).

Curley & Benson(1994)은 본질적으로 어떻게 논거가 판단으로 이어지는가에 관한 인지모델인 **신념처리이론**(信念處理理論; theory of belief processing)을 제안하였다. 그들의 이론은 데이터생성모듈, 논거구성모듈, 및 타당성확립(qualifier)모듈로 이루어져있다. 이 모델에서 데이터는 기억에서 생성되거나 외부환경에서 얻어질 수 있다. 데이터와 논거 사이에도 상호관련성이 존재한다. 논거의 고려 자체가 데이터를 환기시켜 주고 이끌어내며 데이터가 논거를 고려하도록 하기도 한다. 관련성이 없다고 판단되는 데이터는 선별되어 제외되고 남아있는 주장의 집적된 힘이 최종결론의 힘에 반영된다. 타당성확립의 힘은 데이터의 신뢰도, 개별주장의 힘, 증거의 완벽성, 및 다른 주장의 내부 일관성(一貫性; coherence)에 기반을 둔다.

이론과 논거의 차이

사람들이 자주 주장을 위하여 설명을 하지만 진정한 증거를 제시하지는 못한다는 것이 발견되었다. Kuhn(1991)은 피험자에게 상습적 범행, 학교교육실패, 및 실직의 원인에 관한 자신의 견해를 밝히라고 요구하였다. 각각의 면담기간동안 피험자들에게 그들의 견해에 대한 증거를 제시하고, 그들 견해에 대한 반대에 어떻게 대응할 것인지를 생각하고, 대안이 되는 견해를 내놓으라고 요구하였다. 일반으로 사람들은 문제가 되는 토픽에 의견을 내놓을 수 있었지만 동시

에 그들의 의견을 뒷받침하는 진짜 증거를 내놓지는 못하였다. 실은 Kuhn이 피험자의 반수이하만이 진짜 증거를 제시할 수 있었다고 보고하였는데 증거 대부분의 형식은 그녀가 **의사증거**(擬似證據; pseudo-evidence)라고 이름붙인 것(그 현상이 어떻게 일어날 수 있었을까를 묘사하는 시나리오 또는 스크립트; 1991, p.65)이었다. 160명 중 26명만이 세 토픽 모두에 대해 진짜 증거를 내놓을 수 있었다.

Brem과 Rips(2000)는 Kuhn의 발견에 더 낙관적인 견해를 피력하였다. 그들은 일상의 주장이 갖고 있는 토픽은 아주 복잡하며 우리가 모든 있을 수 있는 가설을 검증할 시간도 힘도 가지고 있지 않다고 지적하였다. 더 나아가 매스컴이 모든 관련정보를 우리에게 제공하지 못할지도 모르며 우리가 받아들이는 정보조차도 기억하기 어려울 수도 있다. 이런 환경에서 설명을 만들어 냄으로써 더 잘 이해하고 주장의 강점과 약점을 구별해내며 데이터를 탐색할 수 있도록 가이드해주고 우리의 지식을 새로운 상황에 적용하는 능력을 향상시키도록 우리를 도와줄 수 있다(2000, p.579).

Kuhn과 유사한 재료를 사용한 네 개의 연구에서 Brem과 Rips는 사람들이 Kuhn이 자신의 연구에서 기대할 수 있었던 것보다 설명과 증거를 더 잘 구별하는 것을 발견하였다. 예를 들어 피험자들에게 다른 사람에게 한 관점을 믿게 만드는 이상적인 증거가 무엇일까 물었을 때 58%가 진정한 증거를 제시한데 비해 단순히 증거만을 제시하라는 요구를 받은 피험자는 38%만이 진짜 증거를 제시하였다. 후자의 집단은 아마도 그들이 기억할 수 있던 실제의 증거만을 제시하라고 강요받는 느낌이었을 것이다. 결과적으로 그들은 더 많은 양의 의사증거(擬似證據; pseudo-evidence)를 만들어냈다. 다른 연구에서 피험자들에게 하나의 설명 또는 여러 이슈와 관련된 증거가 제공되었고 그 정보가 얼마나 강력하게 특정한 주장을 뒷받침하는지 점수를 매기라고 요구하였다. 그러나 일부 사람들에게는 아주 적은 정보만이 사용가능하다고 말해준 반면에 그 외의 사람들에게는 다량의 정보를 사용할 수 있다고 말해주었다. 전반적으로 피험자들은 설명보다는 증거에 더 높은 점수를 주었지만 정보가 풍부한 조건보다는 정보가 빈약한 조건에서 설명에 더 높은 점수를 주었다.

Sá et al.(2005)에 의한 연구는 인지능력이 높은 사람과 낮은 사람이 어떻게 이론과 증거를 조정하는가를 조사하였다. 그들의 피험자들은 평균연령이 32세인 94명의 나이든 학생으로 그들의 학업을 마치기 위하여 고등학교로 돌아온 사람들이다. 그들 연구인들은 시사문제에 대해 Kuhn의 면담 기법을 써서 피험자와 면담하였다. 이 경우 문제는 무엇이 아이들이 학업에서 실패하게 하나? 그리고 수감자가 석방된 후 왜 다시 범행을 범하나? 이다. 피험자는 유동적 및 고착된 사고력 의 측척(測尺), 즉 편견 없는(open-minded) 사고(思考; thinking)를 측정하는 척도와 미신에 사로잡힌(superstitious)사고를 측정하는 척도도 완성하였다.

한편 종전의 인과관계이론을 되풀이하는 또는 그것에 공을 들이는 경향에 개인차가 있었다. 종전의 인과관계이론의 반복 또는 공들임은 인지능력에서 낮은 점수를 받은 사람들 중에서 더 자주 일어났다. 그것은 또한 미신에 빠진 사람들과 관련이 있으나 활발하게 마음을 연(open-minded) 사고에 더 높은 점수를 받은 사람들은 먼저의 이론을 덜 반복하거나 덜 공들이는 듯하다. 적극적으로 마음을 연 사고(思考; thinking)가 인지능력이 통제된 뒤에도 적은 반복과 공들임을 예측하게 하여준다. 그러나 반대가 참은 아니다. 일단 적극적으로 마음을 연 사고가 통제되고 나면 인지능력이 반복이나 공들임을 예측하여주지는 않았다. 인지능력이 사고의 성향(性向; disposition)이 통제된 이후에도 의미 있는 예측변수로 남는다는 것이 일부 이전의 연구에서 발견 된다(Sa et al. 1999; Stanovich & West, 1997). 그러나 이 차이는 이들 연구가 문맥에서 벗어난 사고방식으로 임하라 지시하였기 때문인 것 같다.

Sa et al.(2005)이 제기하는 질문은 '누군가가 당신이 틀렸다고 증명할 수 있을까?' 이었다. 최소한 하나의 토픽에 대한 그들의 대답이 "분명한 no"로 분류된 사람들이 인지능력에서 낮은 점수를 받았고 적극적으로 마음을 연 사고 척도에서 낮은 점수를 받았으며 미신에 빠진 사고척도에서 높은 점수를 받았다.

13 및 14 년 된 연구도 설명이나 증거의 선택이 추론(推論; reasoning)의 목표에 의하여 영향받을 수도 있다는 것을 보여준다(Glassner et al. 2005.). '당신은 .....를 어떻게 아시는가?'로 시작하는 질문은 설명보다는 증거를 더 잘 도출하여주는 듯하다. 반면에 '당신은 왜 .....라고 생각하나?'로 시작하는 질문은 설명을 더 잘 도출하는 듯하다. 저자들은 '어떻게' 라는 질문은 목표의 증명을 끌어내는 반면에 '왜'라는 질문은 설명목표를 끌어낸다고 주장한다, 그러나 이 결과는 자기에게 제공된 정보로 부터 선택하는 피험자들에 근거를 두고 있다. 증명이나 설명을 위해 자기 자신의 아이디어를 내놓아야하는 임무에서 학생들은 증거보다 설명을 내놓았는데 이는 설명을 향한 보다 강력한 성향이 있음을 보여주는 것이다.

▌모순된 증거 대 믿음의 고집(固執; perseveration)

사람들이 증거에 적절한 방식으로 대응하는지에 관한 많은 연구가 있었다. MacCoun(1998)은 하나의 토픽에 강력한 믿음을 가진 사람이 그의 믿음을 뒷받침해주지 않는 증거를 적절하게 대응하지 못한다고 결론지었다. Lord et al.(1979)은 그들의 고전적 실험에서 피험자에게 사형(死刑; death penalty)을 통한 두 개의 억제효과에 대한 연구결과를 보여주었다. 한 연구는 억제효과가 있음을 보여주었지만 다른 하나는 효과가 없음을 보여주었다. 이 토픽에 관한 이들 피험자의 사전의견은 이미 알고 있었는데 한 그룹은 사형에 찬성이고 다른 한 그룹은 반대였다. 학생들인 두 그룹 다 자신의 의견에 찬성하는 연구가 다른 연구보다 더 잘 처리되었으며 더 믿음을 준다고 보고하였다. Lord et al.은 이결과가 증거의 편향된 동화(同化; assimilation)에 기인된다고 제안하였다. 그들의 피험자들은 태도분극화(attitude polarization)도 보여주었다. 즉 아무 증거도 읽어보기 전에 그들이 가졌던 그들의 의견에 대한 확신보다 두 연구를 본 다음에 그들의 의견이 옳다는 확신이 더 커졌다.

논쟁의 대상이 되는 다양한 토픽들을 사용하여 Edwards & Smith(1996)는 믿음을 고집하는 경향 밑에 깔려있는 심리적 메커니즘의 본성을 설명할 수 있었다. 그들은 (1) 피험자들은 그들이 먼저 가지고 있던 믿음과 맞지 않는 주장을 자세히 따져보는데 많은 시간을 소모한다. (2) 그들은 자기의 믿음에 맞는 주장에 대한 응답보다 맞지 않는 주장에 대한 응답에 더 많이 생각하고 주장을 편다. (3) 이들 생각과 주장은 제시된 논거가 자기 믿음과 맞지 않을 때 반박적으로 되는 경향이 있다. Edwards와 Smith는 이 과정을 **거부편향**(拒否偏向; disconfirmational bias)이라고 말한다.

편향된 동화효과는 주어진 영역에서의 문외한(門外漢; layperson)에만 한정되는 것이 아니고 전문가에게서도 관찰되어왔다. Koehler(1993)는 초감각적 지각 논쟁의 양편에 있는 전문가에게 편향된 동화효과를 똑 같이 실험하고 그 효과가 초심리학자(超心理學者; parapsychologists) 사이에서보다 회의론자 사이에서 실제로 더 강력하다고 보고하였다. McHoskey(1995)는 Kennedy 암살에 관한 음모 설을 가지고 있는 사람들과 그들을 비방하는 사람들 둘 다 같은 증거를 그들의 견해를 뒷받침하는 것으로 해석한다는 것을 발견하였다.

MacCoun(1998)은 일부 연구가 태도분극화는 실험이나 관찰에 의한 것이 아니라 자기보고(自己報告; self-report)에 의한 변화 점수화(change ratings)에 한정된다는 것을 발견한 것처럼 편향된 동화(biased assimilation)를 위한 증거가 태도분극화를 위한 것보다 더 확고하다는 것을 발견하였다.

믿음과 지각

우리들의 믿음과 약속(commitment)이 우리들의 사건을 지각하는 방법에 영향을 줄 수 있다는 여러 연구에 주목할 필요가 있다. 예를 들어 Princeton 대학의 미식축구팀의 팬들은 Dartmouth 팀이 반측을 더 많이 또는 더 심하게 한다고 생각하고 Dartmouth 팀 팬들은 그 반대로 인식한다(1.1.1 선택적 지각 참조).

동기가 부여된 추론(Motivated Reasoning)

당신이 신문에서 당신의 눈 색깔과 같은 눈을 가진 사람이 다른 눈 색깔을 가진 사람보다 평균이상의 지능과 넓은 폭의 친구를 가지고 있다고 주장하는 새로운 연구결과에 관한 기사를 읽었다고 치자. 당신은 아마도 스스로 냉정하다고 생각할 것이고 어렴풋이 우수하다는 만족감을 갖게 될 것이다. 반대로 그 연구결과가 반대로 당신의 눈 색깔과 같은 사람은 평균이하이고 친구도 적다는 것이라면 거의 틀림없이 당신은 한숨지우며 무슨 바보 같은 소리야! 의심할 것 없이 다음 주에는 반대되는 기사가 나올 것이야! 라고 생각할 것이다.

이것이 정확하게 사람들이 자신과 관련이 있는 긍정적인 그리고 부정적인 정보에 주는 반응의 일종이다. 지능, 사회적 민감성, 직업적 적성, 또는 앞으로 있을지도 모르는 병의 위험성 등에 관한 긍정적 정보가 부정적 정보보다 더 정당하고 정확하며 내적인 인과관계가 있는 것으로 인식된다(Beckman, 1973; Ditto et al., 1988; Pyszczynski et al., 1985; Wyer & Frey, 1983.). 부정적 정보는 덜 정당하고 덜 정확하며 외적 요인으로 설명이 가능한 것으로 간주되는 경향이 있다.

그러나 사람들은 믿고 싶지 않은 정보를 단순하게 무시하지는 않는 것으로 보인다. 우리는 앞에서 강한 믿음과 모순되는 주장에 대해 부정적으로 주장하는 편향이 있다는 것을 보았다.

즉 사람들은 그것들이 왜 틀리는 가를 찾으려고 노력하면서 그와 같은 주장들에 많은 주의를 기울인다. Ditto & Lopez(1992, 실험 1)은 피험자에게 그들이 대학입학에 관한 모의의사결정연구에 참가하고 있다고 말하여 주었다. 이 연구의 한 부분에서 그들은 일련의 유추(類推; analogy)문제에 대해 파트너와 함께 일하게 되었다. 그러나 그러기 전에 함께 일할 두 후보자 중 더 지능이 높은 한사람을 선택하여야 했다. 어느 사람이 더 지능이 높은가를 정하기 위하여 그들은 각 후보자가 먼저 풀었던 유추문제들에 대한 답들을 살펴볼 수 있었다. 그 답들은 어떤 후보자의 것은 다른 사람의 것보다 더 정확하였다(긍정적 대 부정적 정보). 피험자들은 과거유추문제에 대해 파트너가 내린 각 후보자의 개인적 평가를 볼 수 있었다. 이 평가를 기초로 하여 어떤 후보자는 마음에 들고 다른 후보자는 그렇지 않았다.

능력정보가 부정적일 때 마음에 드는 후보자에 대한 정보보다 그렇지 못한 후보자에 대한 정보가 훨씬 적은 경우 후보자를 바꿨다. 긍정적 능력정보에 대해서는 후보자가 마음에 들 때의 정보만큼 마음에 들지 않는 후보자의 정보가 많을 때 후보자를 바꿨다.

여기에 더한 두 개의 연구에서 Ditto와 Lopez는 가짜(fake) 의학검사에서 부정적인 그리고 긍정적인 결과(結果; outcomes)에 대한 사람들의 응답을 조사하였다. 피험자들은 표면을 화학적으로 코팅한 작은 종이 조각에 그들의 침을 발라야 했다. 그들은 효소가 모자라느냐 그렇지 않느냐에 따라 그 종이 조각의 색깔이 달라진다고 믿었다. 실은 색깔은 전혀 변하지 않는다. 실험의 결과를 재는 측척(測尺)(outcome measure)은 봉투 속에 그 종이조각을 봉입할 때까지 학생들이 얼마나 오래 기다리느냐 이었다. 효소가 모자라는 조건의 사람들은 그들이 효소가 부족하지 않다면 종이 조각의 색이 변하리라고 믿는 쪽으로 이끌린다. 이들 피험자는 그들이 효소가 부족하다면 종이 조각의 색이 변할 것이라고 믿는 사람들에 비해 봉투에 종이 조각을 넣기까지 거의 30초가 더 걸리었다. 부분적으로 이는 효소부족 쪽의 사람들이 스스로 다시검사한데 기인하였다. 그렇지 않은 사람들의 18%에 비해 효소부족 쪽 사람들의 52%가 스스로 재검사를 하였다. 말할 필요도 없이 검사가 한 조건에서보다 다른 조건에서 더 신뢰할 수 없었을 이유는 없는 것이다.

부족 쪽 사람들은 이 검사기간의 뒤를 이어 행해진 설문지에 의한 측척(測尺)에서 심리적 방어성(防禦性; defensiveness)도 보여주었다. 효소부족이 아닌 쪽의 피험자들에 비해 부족 쪽의 사람들은 효소의 부족이 사람에게 덜 심각하며 더 만연되어 있다고 인식한다. 그들은 또한 (효소부족의 결과인) 췌장질환(膵臟疾患; pancreatic disease)이 그렇지 않은 사람들이 매긴 점수보다 덜 심각하며 더 만연되어 있다고 점수 매겼다. 끝으로 부족 쪽의 사람들이 그렇지 않은 사람들보다 타액(唾液; saliva) 반응검사가 그들의 건강상태의 덜 정확한 지표라고 본다.

1.2.2 논거의 결함

Shaw(1996)은 논거에 대한 일부 반론이 인지적으로 부담이 더 적으므로 다른 반론보다 만들기가 쉽다고 하였다. 특히 전제와 결론간의 연결을 공격하기보다 전제나 결론의 진실성에 의문을 제기하는 것이 훨씬 쉽다. 전제나 결론에 의문을 제기하는 것은 전제와 결론이 연결될 수 있는 방법을 나타내는 정신적 모델의 구성이나 평가를 요구하지 않으며 결론을 논박할 수 있는 정보가 빠졌음을 찾아내라고 요구하지도 않는다. Shaw는 학생피험자들이 전제와 결론에 의문을 제기함으로써 신문 및 잡지 논설의 주장을 더 많이 공격한다는 것을 발견하였다. 그러나 그녀는 전제와 결론사이의 연결에 관심을 끌어들임으로써 이 연결을 공격하는데 기초를 둔 반론의 수를 늘릴 수 있다는 것을 발견하였다.

두 번째 실험에서 Shaw는 전제와 결론의 연결에 반론을 명확하게 말할 가능성이 높은 사람이 자연언어로 된 문장에서 전제와 결론을 가장 잘 구별해 낼 수 있는 피험자라는 것을 보여주었다. 이처럼 분별력이 부족한 사람이 전제와 결론의 진실성에 의문을 제기하는 것에 그들의 반론의 기초를 둘 가능성이 더 높다. 마찬가지로 맥락파악의 수준이 높은 사람이 일상생활에서의 추론오류를 더 잘 찾아낼 가능성이 높다(Neuman, 2003; Neuman과 Weizman, 2003).

1.2.3 일방 대 쌍방 주장(one-side vs two-side arguments)

Baron(1995)은 사람들이 논쟁의 대상이 되는 쟁점(여기서는 낙태)의 쌍방을 다 고려하는 주장을 더 찬성하는 경향이 있는지 또는 일방적인 주장에 더 점수를 주는지를 발견하려는 실험의 결과를 내놓았다. 일단의 학생에게 가상의 반(班; class) 토론을 위한 주장을 만들라고 요구하였다. 그리고 난 후 결과로 나온 주장의 리스트를 학생들이 찬반 두 갈래로 주장을 내놓았는지 여부에 따라 일방적 혹은 양면적으로 분류하였다. 그 후 같은 학생들에게 가상의 다른 학생 24명으로부터의 주장 리스트를 제시하고 그들 학생의 생각을 평가하라고 요구하였다. 그들 주장의 일부는 일방적 주장인 반면 여타 주장은 쌍방적이었다. 주장 리스트의 등급을 매기라고 요청하였을 때 피험자들은 그들이 주장을 편 사람과 의견을 공유하는 리스트에 높은 등급을 주었으나 주장을 편 사람이 반대하는 쪽보다 공유하는 의견 쪽을 더 많이 주장하는 경우에만 그러하였다. 더 나아가 그들이 제시된 주장에 동의하지 않는 경우에서 조차도 쌍방적 리스트보다 일방적 리스트에 더 높은 등급을 주었다. 그들이 매긴 등급의 정당성을 대라고 요구하였을 때 피험자들은 일방적인 것이 도덕적이라고 그리고 쌍방적 주장을 우유부단 또는 작자의 자기모순으로 보았다. 그러나 때로는 피험자들이 일방과 쌍방을 함께 정당화함으로써 사람들이 두 표준을 함께 가질 수 있다는 앞서의 시사(Baron, 1991)를 뒷받침하였다.

일방적 주장을 선호하는 이 경향에도 불구하고 Baron은 또한 자기 자신이 쌍방적 주장 리스트를 만들어냈던 학생이 가상 학생의 양면적 리스트에 더 높은 점수를 준다는 것을 발견하였다(편견 없는 생각에서의 개인차는 Stanovich & West(1998)도 보고한바 있다). 쌍방적 주장은 또한 몇몇 다른 맥락에서도 설득력이 있음이 발견되었다. 2차 세계대전에서 독일이 패배한 뒤를 따라 Carl Hovland와 그의 동료들은 일본군과 싸우고 있는 미군을 대상으로 하는 두 개의 라디오 방송프로를 제작하였다(Myers, 2005에 인용된 Hovland et al. 1949). 그 방송프로는 미군병사들이 진행되고 있는 전쟁이 쉬워질 것이라고 생각하지 않도록 하려는 의도로 제작되었다. 그 방송프로의 하나는 일방적이었고 미국이 이제 두 적 대신 단지 하나의 적과 싸우는 이점(利點; advantage)을 언급하지 않았다. 또 하나의 방송프로는 이 사실을 인정하였다. 쌍방적 방송프로는 당초에는 전달된 관점에 동의하지 않았던 사람을 설득하는데 가장 효과가 있음이 밝혀진 반면에 일방적 호소는 이미 동의한 사람에게 더 효과가 있었다. 모의재판을 통한 연구도 검찰 측에 앞서 피고 측 변호인이 불리한 증거를 내세움으로써 이득을 얻을 수 있음을 발견하였다(William et al., 1993). 청중이 한 주장에 양면성이 있음을 안다면 일면만을 이야기한 사람은 편향된 것으로 간주되고 청중은 자기 자신의 반론을 만들어낼 지도 모른다.

1.2.4 알고 있는 지식 및 믿음을 따르려는 편향

사람들이 반대 믿음으로부터 추론하기를 어려워한다는 것을 보여주는 연구가 있다. George(1995)는 세 그룹의 사람들에게 다음의 세 과제 중 둘을 완성하도록 요구하였다.

확신(confidence)과제에서

수출이 감소하면 실업이 증가한다.

고 하는 조건부 선언(宣言; statement)이 참인지를 평가하게 하였다.

계사한정(繫辭限定; entailment) 과제에서 사람들에게 '수출이 감소하다 '라는 선언을 전제로 하고 이것이 '실업은 증가하고 있다'라는 결론을 한정하는지를 정하라고 물었다.

긍정논법(肯定論法; modus ponens) 과제에서 사람들은 완전한 주장

수출이 감소하면 실업이 증가할 것이다.
수출이 감소한다.
결론: 실업이 증가하고 있다.

을 제시받았다. 피험자들에게 전제조건이 참이라고 가정하고 나서 결론이 어느 정도 참인지 점수를 매기게 하였다. 형식논리에서 이 주장은 긍정 형 추론방식(modus ponens)이라고 알려져 있으며 만일 P라면 Q; P; 따라서 Q의 구조를 가지고 있다. 이 주장은 연역적으로 정당하다. 그래서 — 전제를 가정하면 — 결론은 전제의 믿음성과 관계없이 받아들여야 한다. 추상적 재료를 가지고는 거의 100%의 피험자가 이 주장에 찬성하였다.

[그림 1.2.2]에서 '우리는 실업이 늘고 있다'는 결론이 확신 또는 계사한정 조건 어느 쪽에서도 아주 높은 참 점수(truth rating)를 얻지 못하였음을 볼 수 있다. 결과적으로 피험자들의 45%가 긍정 형 추론방식에 대한 그들의 믿음을 제쳐둘 수 없었으며 따라서 응답 옵션 '참'을 찬성하지 않았다.

다른 연구는 사람들이 논리적으로 정당하지 않은 주장과 정당한 주장을 구별하려는 경향이 있는 반면에 그들은 또한 **믿음 편향**을 보여주었다. 즉 사람들은 특히 정당하지 않은 주장이 따르는 믿을 수 없는 결론보다 믿을 수 있는 결론을 받아들인다는 것을 발견하였다(Evans et al., 1993 참조). 믿음의 효과는 Kuhn(1991)의 주장의 솜씨 연구에서도 분명히 알 수 있다. 그녀는 피험자의 60% 이상이 대안이 되는 이론을 만들어낼 수 있다 할지라도 반 이하의 사람들은 그들 자신의 관점에 대한 반론을 만들어 낼 수 있다는 것을 발견하였다. 이들 단점에도 불구하고 Kuhn은 다음과 같이 썼다. '사람들은 확신을 가지고 있다 할지라도 그 답들이 다를 수

도 있다고 깊이 생각하지 않았다는 순진한 의미에서 우리들 질문의 답을 "알고" 있었다'(1991, p.265.).

[그림 1.2.2] 만일 수출이 감소하면 실업이 늘 것이라는 조건부 선언과 관련된 세 과제에 대한 응답 선택의 백분율

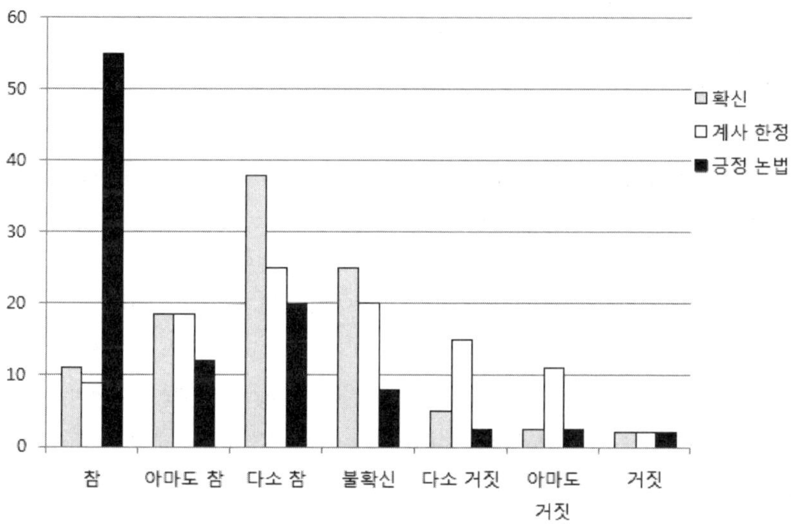

Evans와 기타 연구자들은 사람들이 논리적 사고에서 믿음을 분리할 수 없음을 보았지만 다른 연구자들은 격식을 차리지 않은 추론에서 같은 유의 현상을 보았다. 이 전통을 지키는 연구자들은 이 편향을 **내편 편향**이라고 이름 붙였다(예 Baron, 19 95; Perkins, 1985). Stanovich & West(2007)는 믿음 편향과 내편 편향을 다음과 같이 구별하였다. 즉 믿음 편향이 평가 처리에서 사전의 지식을 분리하지 못하게 하는 반면에 내편 편향은 평가에서 사전의 믿음을 분리하지 못하게 하는 것이다.

Stanovich와 West는 믿음 편향의 연구가 인지능력의 측척(測尺)에서 높은 점수를 받는 사람들이 믿음 편향을 적게 보여주는 경향이 있음을 발견하였다(예 Stanovich & West, 1997, 1998; Handley et al., 2004.). 반면에 내편 편향의 연구에서는 내편 편향과 인지능력과는 관계가 없다고 관찰되었다(예 Klaczynski, 1997; Klaczynski & Robinson, 2000). Stanovich와 West (2007)는 여러 연구 집합들의 결정적인 차이가 믿음 편향 연구들이 임무에서의 사전 믿음과 지식을 무시하도록 명시적으로 지시함으로써 올 수도 있다고 하였다. 이것이 내편편향 연구의 사례는 아니지만 이 내편편향연구가 아마도 더 현실세계의 사고를 잘 표현하는지도 모른다.

1.2.5 설득(persuasion)

메시지는 어떤 분위기에서 다른 사람을 설득할 수 있을까? **정교화 공산**(精巧化 公算; elaboration likelihood) **모델**(Petty & Cacioppo, 1986)과 **체험 직감적-체계적**(heuristic-systematic) **모델**(Chaiken et al., 1989)에 따르면 사람들은 두 루트 즉 중앙루트와 주변루트 중 하나를 따라 논거를 처리한다. 중앙루트를 따라 처리되는 논거는 주의 깊게 꼼꼼히 따져지고 그 결과 행동의 전조가 되는 새로운 태도를 참고 기다리게 된다. 그러나 주변루트를 따라 처리되는 논거는 단지 피상적인 관심의 대상이 될 뿐이다. 후자의 경우 커뮤니케이션(communication)의 설득력은 감지된 신뢰성 및 전달자(communicator)의 매력과 같은 주변단서에 의하여 영향을 받는다. 그와 같은 커뮤니케이션은 태도를 변화시킬 수도 있지만 일시적이고 행동을 예측할 수 없을 가능성이 있다. 메시지가 중앙루트를 따라 처리되는지 아니면 주변루트를 따라 처리되는지 여부는 인식된 메시지의 중요성, 듣는 사람의 열의, 및 듣는 사람의 인지능력에 영향 받는다.

Mackie & Worth(1989, 실험2)는 개인과 메시지요인이 어떻게 상호작용하는지 그 예를 제시하였다. 이 연구에서 피험자에게 5분짜리 비디오 장면(Saturday Night Live의 긍정적 기분을 주는 장면과 중립적 기분을 주는 와인에 관한 단편)을 보여줌으로써 긍정적이거나 또는 중립적 기분이 생기도록 유도하였다. 피험자는 그리고 나서 그들의 생각에 반대되는 생각을 옹호하는 총포규제에 관한 미리 작성되어 있던 연설문을 읽었다. 사람들의 반은 연설문이 유명한 법학자가 작성한 것(출처가 전문가)이라고 그리고 나머지 반은 대학 일년생이 작성한 것(출처가 비전문가)이라고 들려주었다. 연설문 자체로는 사람들의 반에게는(미리 검사하여 정해진) 여덟 개의 약한 주장이 포함된 버전을 그리고 반에게는 여덟 개의 강한 주장이 포함된 버전을 주었다. 끝으로 피험자들은 그 메시지를 70초 동안 아니면 무제한으로 보게 하였다.

[그림 1.2.3a]가 정보를 접하는 시간이 짧으면 좋은 기분을 가진 사람들은 주장의 강도에 영향 받지 않는다는 것을 보여준다. 그들은 약간의 태도변화를 보였지만 그 변화가 약한 주장과 강한 주장사이에서 차이가 없었다. 반면에 [그림 1.2.3b]는 사람들이 그 메시지를 읽는데 무제한의 시간이 주어졌을 때 기분이 주장의 처리에 영향을 주지 않는다는 것을 보여준다. 즉 강한 주장이 기분과 관계없이 약한 주장보다 태도에 더 큰 영향을 준다. 중립적인 기분에 있는 사람들에게 출처가 전문가인가 비전문가인가는 짧은 보임에서든(그림 1.2.4a) 무제한 보임에서든(그림 1.2.4b; 중립적 조건에서의 전문가와 비전문가 간의 작은 차이는 통계적으로 의미가 없다) 둘 다 그 효과 면에서 통계적으로 차이가 없다. 그러나 긍정적 기분의 피험자는 비전문가보다 전문가로부터의 짧은 보여줌에서 더 큰 태도변화를 보여주었다(그림 1.2.4a). 그러나 무제한의 시간 조건에서는 출처의 전문성은 영향을 주지 않았다(그림 1.2.4b).

Mackie와 Worth는 긍정적 기분이 열의를 감축하기보다 인지능력을 감축하는 효과가 있다고 주장하였다(긍정적 기분 조건에서 사람들이 메시지를 읽는데 무제한의 시간이 주어졌을 때 더 많은 시간을 소모한다). 다른 연구가들은 누구의 긍정적인 느낌이 메시지 그 자체와 연결되게 된다는 것에 주목하였다(Petty et al., 1993.).

Bless et al.(1992)은 막 기술된 연구가 메시지암호화시점에서의 기분효과와 판단시의 기분효과를 구분하지 않았다는데 주목하였다. 이는 사람들이 원고(原稿; text)의 일부분을 읽은 뒤 즉각적으로 그들의 행동 판단을 내리기 때문이다. Bless et al.(1992, 실험 1)은 사람들의 기분

[그림 1.2.3] 강한주장 또는 약한 주장을 읽은 후 유도된 기분이 태도변화에 주는 영향 (a) 짧게 본 후 (b) 무제한 봄. 태도변화는 0-9 척도

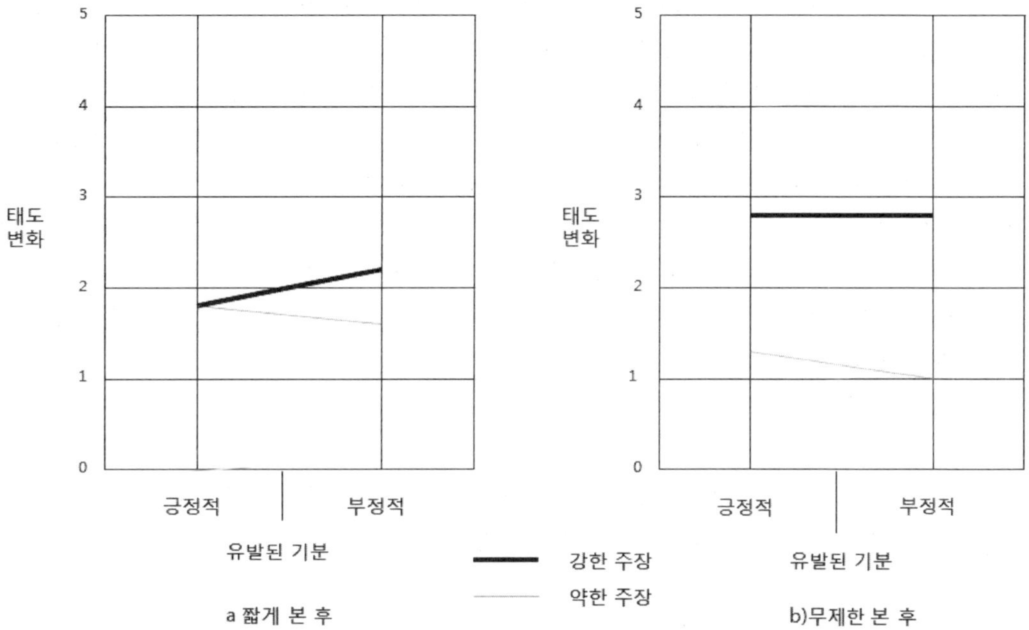

[그림 1.2.4] 전문가 또는 비전문가로 부터의 주장을 읽은 후 유도된 기분이 태도 변화에 주는 영향 (a) 짧게 본 후 (b) 무제한 봄. 척도: 0-9

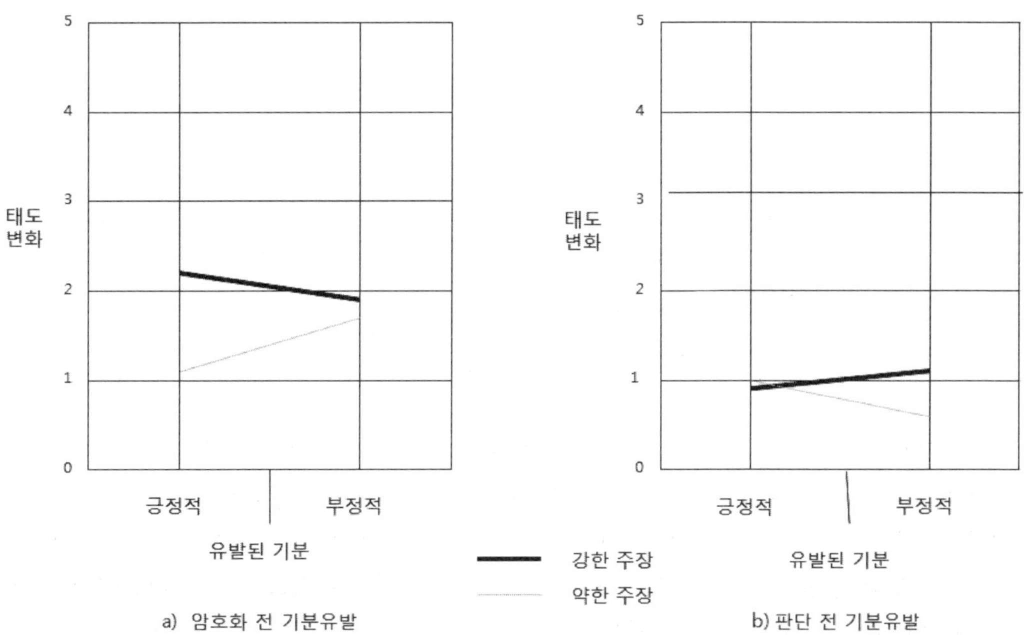

이 조종되는 시점을 조작함으로써 이 문제를 조사하였다. 일부 사람들은 학교등록금인상을 찬성하는 주장을 읽기 전에 자기의 기분을 조종하였다. 이 원고를 읽은 다음에 그들은 그들을 중립(불편부당) 상태로 돌아가도록 의도된 임무를 수행하였다. 마지막으로 그들에게 수업료에 대한 개인적 태도를 판단하게 하였다. 다른 학생들은 메시지를 읽기 전에 중립적 임무를 수행하였고 그들의 행동 판단을 내리기 바로 전에 긍정적 또는 부정적 기분에 빠지게 되었다.

이 연구의 결과는 [그림 1.2.5]에서 볼 수 있다. 그 결과는 설득력 있는 메시지의 부호화(符號化; encoding)에 영향을 줌으로써 아니면 최초메시지 정교화와 관계없는 과정에 영향을 줌으로써 기분이 행동 판단에 영향을 줄 수 있다는 것을 보여준다. 메시지를 읽을 때 좋은 기분에 있는 사람은 강력한 주장과 마찬가지로 약한 주장에도 동등하게 영향 받는 반면 부정적 기분에 있는 사람은 강한 주장에 더 큰 신뢰를 준다. 이는 먼저 있었던 발견을 되풀이한 것이다. 그러나 누가 중립적 상태에서 최초 메시지를 읽었을 경우 그가 판단을 내리는 시점에 긍정적 기분이었다면 강력한 주장에 더 큰 믿음을 주었다.

[그림 1.2.5] 기분, 기분유도시기, 및 주장의 강도의 함수로서의 태도변화. (a) 암호화 전 기분유도 (b) 판단 전 기분유도. 1: 강하게 반대; 9: 강하게 찬성

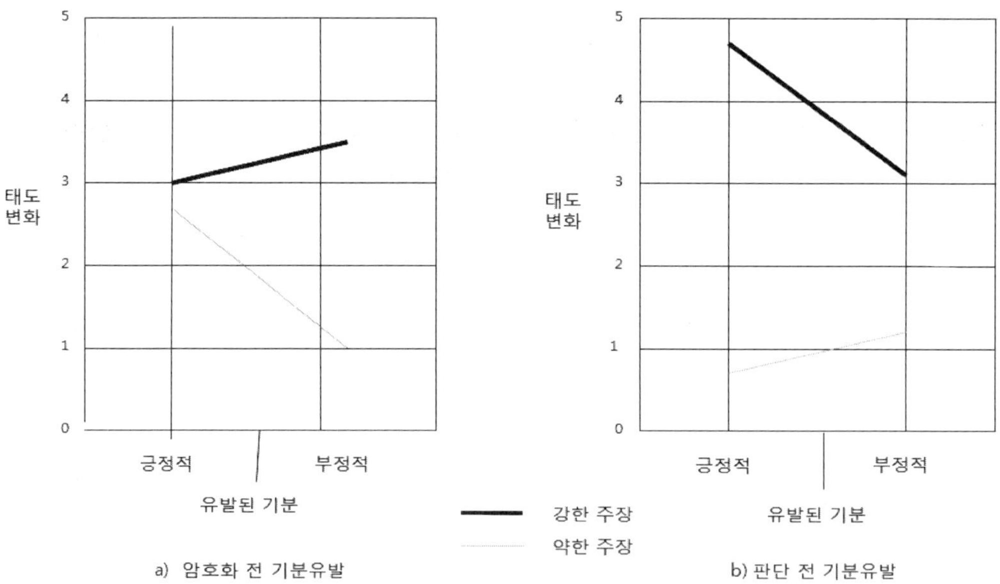

이들 결과는 사람들이 그들의 태도를 나타낼 때 단순히 내려진 판단을 생각해 내는 것이 아니라 오히려 즉석에서 그들의 판단을 구성한다는 것을 보여준다. 이원처리모델에 일치하게 메시지를 읽기 전 긍정적 기분이 메시지의 정교화를 줄이는 결과를 가져다주는 것으로나타난다. 판단 전의 긍정적 기분이 사람들로 하여금 주장의 질을 강화하는 메시지의 어떤 특정한 측면에 의존하도록 이끌어 주는 것으로 나타난다.

사람들이 메시지의 어떤 측면에 관심을 가지는가를 발견하기위하여 Bless et al. 은 두 번째 연구를 수행하였는데 그것은 피험자들이 어느 정도 메시지의 원고를 이해하였는가를 조사하는 것이다. 피험자들은 미국 남서부 해안에서 석유탐사시추를 지지하는 설득력 있는

메시지를 읽는다. 이 후에 일부 사람들은 그들이 본 주장의 강도에 관하여 생각하도록 요청받는데 이는 그들의 마음속으로 문제를 거시적으로 보게 하려는 의도로 한 것이다. 나머지 사람들은 그들이 본 다른 주장에 관하여 그리고 얼마나 많은 논거가 있는지에 관하여 생각하게 하였다. 이것은 그들이 마음속으로 보다 더 미시적으로 보게 하도록 의도된 것이다. 다음으로 피험자들이 긍정적, 중립적, 부정적 기분을 갖도록 유도하였다. 그리고 난 후 9점 눈금에 그들의 판단을 나타내기로 하고 그들이 그들의 답을 생각하는 동안 그들에게 일어났던 모든 생각의 일람표를 만들도록 하였다.

긍정적인 기분에 있는 동안 메시지를 거시적으로 보게 된 사람이 상세하게 보게 된 사람보다 강력한 주장에 더 신뢰를 주었다. 중립적인 사람도 마찬가지였다. 그러나 부정적 기분인 사람은 그들이 거시적으로 보았던 미시적으로 보았던 상관없이 강한 주장과 약한 주장을 거의 구별하지 못했다. 생각을 나열하는 임무에서는 부정적인 기분에 있는 사람들과 비교하여 긍정적인 그리고 중립적인 기분이 거시적으로 보았던 사람을 위해 거시적인 사고가 더 많이 나열되게 하였다.

종합적으로 이들 두 연구의 결과는 긍정적 기분의 효과가 부호화단계와 평가단계 모두에서 일어나는 인지처리부담을 줄여준다는 것을 보여준다.

1.2.6 설명기반 의사결정(explanation-based decision making)

위에서 메시지가 어떤 조건에서 더 또는 덜 설득력을 갖는가를 살펴보았다. 이 절에서는 사람들이 복잡한 정보를 어떻게 평가하는가를 살펴보기로 한다. 이 점에 있어서 Pennington & Hastie(예 1993; Hastie & Pennington, 2000)는 '함의(含意; implication)가 풍부하고 조건부로 관계되는 증거의 조각들로 이루어진 큰 근거가 예상되는 행동방향의 집합으로부터 한 대안을 선택하는 예비단계로 평가되어야만 하는' 상황을 기술하기위하여 **설명기반 의사결정** 이론을 제안하였다(Hastie & Pennington, 2000, p.212).

앞에서 설명과 증거가 구별되었지만 이 이론에서 '설명기반'이란 용어가 증거부족을 의미한다고 해석해서는 안 된다. 반대로 그것은 많은 양의 증거를 포함하는 상황을 사람들이 어떻게 이해하는가에 관한 것이다. 이것은 법률, 공학, 의학, 정치, 외교, 및 일상생활에 관한 결정을 포함할 수 있다(Hastie & Pennington, 2000).

이 이론에 따르면 의사결정자는 결정과정을 가용의 사실을 설명하기위하여 인과관계 모델을 구성하는 것에서부터 시작하여 뒤를 이어 설명기반 의사결정모델을 기반으로 결정이 내려진다. 이 분야에서의 많은 연구가 모의 배심원(mock-jurors)과 함께 이루어졌으며 모의배심원의 인과관계모델이 이야기체의 구조를 가지므로 이에 따라 Pennington & Hastie의 이 분야 이론을 **이야기모델**(story model)이라고 부른다(Pennington & Hastie, 1986.).

Pennington & Hastie(1992)는 배심원평결이 이야기구성의 어려움에 영향을 받으며 이야기

가 진실성 정보의 효과를 조정한다는 것을 발견하였다. 예를 들어 한 연구(1992, 실험 1)에서 피험자들은 정보가 쟁점별로 정리된 또는 이야기형태로 된 두 개의 법정기록을 읽었다. 기록에는 네 증인의 증언이 들어 있는데 그 중 한사람은 나머지 세 사람의 증언과 상반되는 증거를 내놓았다. 진실한 것으로 보이게 또는 진실하지 않게 보이게 만들어주는 증인에 관한 상반된 정보가 제공되었다. 한 경우는 유죄평결을 편드는 증거가 포함되어 있었고 그리고 다른 하나의 경우는 무죄를 찬성하는 증거를 가지고 있었다.

피험자가 쟁점기반기록을 읽느냐 아니면 이야기기반기록을 읽느냐 여부가 그들이 자유로운 회상으로 얼마나 많은 사례들을 기억하느냐에 영향을 주지 않는다. 하지만 이야기형식으로 된 것을 읽은 사람들이 이야기형식으로 된 회상을 할 가능성이 더 높다. 각 사례에 대해 피험자는 -10에서 +10까지로 되어있는 척도 상에 유죄와 무죄의 강도를 점수로 매겼다. 그들은 그들의 결정에 대한 자신감을 점수로 매기는데도 같은 척도를 사용하였다.

각각의 경우에 대해 유죄 또는 무죄의 점수로 매겨진 강도는 증거의 다수의 방향으로 되어 있었지만 이야기형식으로 된 기록을 읽은 사람에 더 강하게 그러하였다. 이야기형식 피험자가 역시 그들의 결정에 더 자신감을 가지고 있었다. 그 경우에서 일관성이 없는 증인이 신빙성을 잃었을 때 그 사람의 증언은 쟁점형식의 반대인 이야기형식으로 된 기록을 읽은 피험자들에 의하여 경시될 가능성이 더 높았다.

두 번째 연구(1992, 실험 2)에서 피험자들은 증거의 불록들을 제시받았다. 한 경우는 피고의 유죄 쪽을 겨누고 있었고 두 번째는 무죄를 겨누고 있었고 세 번째는 중립이었다. 일부 피험자는 한 불록의 증거 다음에 최초의 유무죄의 점수를 말하라고 요청 받았고 나머지 사람들에게는 모든 정보를 받은 후에 단순하게 전체적인 점수를 내게 하였다. Pennington과 Hastie는 뒤의 경우가 사례를 이야기로 표현하는데 더 도움이 될 것이라고 예측하였다. 예측한대로 그들은 총괄적인 점수매기기를 내놓은 피험자들이 더 강력하게 증거가 우세한 방향으로 평결을 내놓는다는 것을 발견하였다.

그들은 또한 항목별로 평가하는 사람이 내놓은 평결점수매기기와 각각의 단계에서의 점수매기기에 Bayes의 규칙을 적용하여 내놓은 평결점수매기기를 비교하였다(**Bayes의 법칙**은 새로운 증거를 고려하여 믿음을 최신화(最新化; update) 하기위해 설계된 규범적 법칙이다. 4.5.1 배이즈의 정리 참조). 그들은 항목별 피험자들이 증거에 비추어 그들의 믿음을 충분히 최신화 하지 않는다는 것을 발견하였다. 오히려 앞서의 점수매기기가 앵커(anchor)로 기능하는 것으로 보이지만 피험자는 현실에 맞게 그 앵커로부터 충분히 조절하지 않았다.

주어진 이야기를 받아들일 수 있느냐는 두 개의 주요한 **확실성 원칙**(certainty principle)으로 결정된다(Penningston & Hastie, 1993.). 첫째 **유효범위 원칙**(coverage principle)은 한 이야기를 받아들일 수 있는지는 그 이야기가 얼마나 많은 증거를 설명하여주는가에 달려있다는 원칙이다. 사람들은 많은 증거를 설명하는데 실패한 이야기를 덜 믿을 것이다. 두 번째는 **통일성(coherence) 원칙**이며 이것은 이야기의 일관성(consistency), 타당성(plausibility), 및 완전성(completeness)에 달려있다. 일관성의 정도는 내면적 모순이 있느냐 없느냐에 따라 정해진다.

타당성은 이야기와 의사결정자의 일상생활에서의 지식과의 관련(關聯; correspondence)정도에 달려있다. 완전성은 그 이야기가 의사결정자가 이야기의 구조를 구성하려고 기대하는 모든 부분을 가지고 있는지 여부에 달려있다. 증거를 설명하기위하여 한 개 이상의 통일된 이야기가 만들어졌다면 그 이야기의 특이성(特異性; uniqueness) 결여가 의사결정자의 이야기 각각에 대한 확신을 줄여줄 것이다.

Mulligan & Hastie(2005)는 정보의 순서가 재정투자판단에 영향을 줄 수 있다는 것을 보여준다. 그들은 피험자들에게 여러 다른 회사에 관한 정보를 기초로 하여 주식가격을 예측하고(실험 1) 장기투자결정을 내리도록(실험 2) 요청하였다. 각 원고는 맥락(脈絡; context), 문제, 목표, 계획, 및 결과(結果; outcome)에 따라 6개의 문장을 포함하고 있다. 예를 들면:

(맥락-긍정적) Longfield 기술(주)은 유망한 회사이며 이 회사는 응급 의료품 개발에 성공적이었다.

(문제-긍정적) Longfield는 최근에 회사의 첨단 응급세트에 대해 유명한 출판물의 호평을 받았다.

(반응-부정적) Longfield의 간부는 그들이 과거제품과 같은 의료품키트의 개발을 계속 추진할 것이라고 말했다.

(목표-중립적) Longfield는 회사의 새로운 주문생산 의료품키트가 올 이른 여름까지는 준비가 완료될 것이라고 발표하였다.

(계획-부정적) Longfield는 지출삭감을 하였어야 했으며 연구개발 부서를 6% 축소할 것이다.

(결과-부정적) Longfield의 주문생산 의료키트검사가 늦어져 올 초여름 출시 일자를 맞출 수 없을 것이다.

피험자들은(위와 같은) 이야기순서로 된 정보를 그대로 또는 역순으로 아니면 뒤섞인 순서로 받았다. 이야기순서대로의 정보가 뒤섞인 순서로 된 정보보다 오히려 판단과 결정에 더 큰 영향을 주었다. 이야기순서에서 보다 뒤섞인 순서에서 맥락 및 문제 정보가 더 큰 영향력을 행사하였다. 결론으로 Mulligan과 Hastie는 투자자가 무슨 정보를 가지고 있는가를 안다는 것이 그들의 행동을 예측하는데 충분하지 않을 수 있다는데 주목하였다. 또한 그들이 '그 정보를 어떻게 획득하였는가를' 안다는 것 또한 필요하다(2005, p.154). 이제 이 절에서 공부한 것을 요약해보자.

일상생활의 주장에 관한 Tolumin(1958)의 이론에서 데이터의 타당성(妥當性; relevance)은 문제가 되는 주장(主張; claim)과 그들 데이터를 연결하는 근거(根據; warrants)에 의하여 성립된다. 근거는 그 자체로 어떤 뒷받침의 형식(통상 어떤 사실)에 의하여 성립된다. 주장은 반증(反證; rebuttals)에 의하여 약화되거나 뒤집힐 수 있다. 그래서 때로는 누구의 결론이 맞는지 따져볼 필요가 있다.

비록 일상의 논쟁이 때로는 몇 가지 방식에서 이상적인 성과를 만들어내지 못하기는 하지만

Tolumin의 이론은 Curley & Benson(1994)이 제안한 믿음구조의 인지모델의 기초가 된다. Brem & Rips(2000)가 사람들이 증거를 쉽게 손에 넣을 수 있을 때 이를 사용할 가능성이 더 높다는 것을 보여주었지만 일상 논쟁의 핵심약점은(때로는 설명이라 지칭되는) 이론과 증거를 구별하는데 실패하고 진짜 증거 대신에 가짜증거를 내놓는 것이다(예 Kuhn, 1991).

사람들이 증거에 대응하는 방식은 그들이 이미 갖고 있는 믿음과 그들의 의견의 강도에 달려있다. 사람들이 아주 강한 의견을 가지고 있는 경우 그들은 상반되는 증거에 직면해 그들의 믿음을 뒷받침하는 증거를 지키려는 경향이 있다. 그들은 그들 자신의 믿음과 모순되지 않는 주장을 자세히 따져보는데 시간을 거의 쓰지 않지만 그들의 믿음과 모순되는 주장을 고려하는데 그리고 그 주장에 반론을 만드는 데는 많은 시간을 쓴다(부당성증명 편향). 믿음 또한 우리가 사물을 지각하는 방법에 영향을 준다.

논거를 비판할 때 사람들은 상반되는 두 논거 간의 관계를 공격하는 인지노력에 빠지기보다 전제 또는 결론의 진실에 의문을 제기하는 것이 더 쉽다는 것을 알게 된다. 문서화된 주장에서 결함을 찾아내는 능력은 원고를 이해하는데 있어서의 개인차와 연계된다.

많은 사람들이 한쪽편만 드는 것이 미덕이라고 생각하는 것 같고 양면이 있는 주장은 결단성이 없는 것으로 믿는 것 같다. 그럼에도 불구하고 이 경향에는 개인차가 있으며 상대방의 증거를 알아내는 것이 유리한(법정과 같은)환경 또한 있다. 사람들이 믿지 않는 전제로부터 추리하는 그들의 능력에도 개인차가 있다.

설득의 연구는 논거처리의 이원과정(二元過程; dual-process)모델에 부합된다. 듣는 사람이 열의가 없거나 인지적으로 능력이 모자란다면 또는 그 메시지가 중요하지 않다고 지각된다면 그 메시지는 주변루트를 따라 처리된다. 이는 메시지가 적절하게 잘 조사되지 않을 수도 있고 말하는 사람의 매력과 같은 관계없는 요인에 의하여 듣는 사람이 부당하게 영향 받을 수도 있다는 것을 의미한다. 그러나 메시지는 그것이 중요하다고 여겨질 때 그리고/또는 받아들이는 사람이 열의가 있거나 높은 인지능력을 가지고 있을 때 중앙루트를 따라 처리될 가능성이 높다. 이는 그런 환경에서 사람들은 주장의 강도에 크게 영향을 받고 다른 요인에는 덜 영향 받는다는 것을 의미한다.

마지막으로 복잡한 정보를 이야기형식으로 구성함으로써 복잡한 정보를 이해하는 것 같다. 이 이론은 설명기반 의사결정이라고 알려져 있다(Hastie & Pennington, 2000; Pennington & Hastie, 1993). 그것을 배심원 의사결정에 응용한 것이 이야기모델이다. 배심원은 증거를 설명하기위하여 이야기를 구성한다. 그리고 이야기의 수용성은 두 개의 주요 원칙 즉 유효범위(coverage)와 통일성(coherence)으로 정해진다.

1.3 판단에서의 일반적 함정

1.3.1 과신(過信; overconfidence)

판단과 의사결정의 어떤 문제도 **과신**(過信; overconfidence)보다 더 일반화되고 더 비극적인 것은 없다. Janis(1982)는 집단사고(集團思考; groupthink)에 관한 그의 논문에서 미국의 과신이 일본인들로 하여금 2차 대전에 진주만을 파괴할 수 있게 하였다고 주장하였다. 과신이 미국 우주왕복선 Challenger를 발사함으로써 생긴 재난을 가져오게 한 결정에 한몫을 하게하기도 하였다. 그 왕복선이 25번째 임무 수행 중 폭발하기 전 NASA 공식 발사 팀의 위험추정치는 100,000번의 발사 중 한 번의 비극적 실패이었다(Feynman, 1988, February.). 이 위험추정치는 대략 왕복선을 하루에 한 번씩 발사하면 3세기에 한번 사고가 날 것이라고 기대하는 것과 같다.

Joseph Kidd의 사례

NASA가 진짜로 성공을 과신한 것인가 아니면 단순히 자신감을 보일 필요가 있었던 것일까? 진정한 자신감은 그런 상황에서 측정하기 어렵기 때문에 과신의 가장 설득력 있는 증거는 면밀하게 통제된 실험에서 나온다.

최초의 가장 잘 알려진 이에 관한 연구 중 하나가 Oskamp(1965)이다. Oskamp는 8명의 임상심리학자, 18명의 심리학과 대학원생, 및 6명의 대학생에게 Joseph Kidd의 사례연구를 읽도록 하였는데 29세의 Joseph Kidd는 한때 적응미숙(adolescent maladjustment) 증상이 있었다. 사례연구는 4부분으로 나뉘어 있었다. 부분1은 Kidd를 꽃 장식 스튜디오에서 일하고 있는 참전재향군인으로 소개하고 있다. 부분2는 Kidd의 12세까지의 어린 시절에 관하여 이야기하고 있다. 부분3은 Kidd의 고등학교 및 대학 생활을 다루고 있다. 그리고 부분4는 Kidd의 군대생활과 그 후의 활동을 연대순으로 기록하였다.

피험자들은 사례연구의 네 부분을 읽은 후 그 각각에 대해 한 번씩 네 번의 질문에 대답하였다. 이들 질문은 사례연구에서 실제로 있었던 일들로 구성되었지만 그것들은 피험자에게 Kidd의 인간성을 기초로 임상판단(clinical judgment)을 내리도록 요구하였다. 질문은 항상 다섯 개 중 하나를 꼭 선택해야하는 강제선택의 대안을 가지고 있었으며 각 아이템의 뒤를 이어 피험자들은 그들의 대답이 올바를 가능성을 추정하였다. 이들 자신감수준은 20%(1/5의 정확도 확률수준을 넘을 자신감이 없음)에서 100%(절대적으로 확실)까지 분포되어있다.

놀랍게도 심리학자와 대학원생 그리고 대학생간의 수준에 의미 있는 차이가 없었다. 그래서 Oskamp는 세 집단의 것 모두를 합쳐 그의 결과를 분석하였다. 그가 발견한 것은 자신감수준이 피험자가 읽은 정보의 양에 따라 증가하나 정확도는 그렇지 않았다.

사례연구의 첫째부분을 읽은 후 피험자들은 질문의(확률적 기대치 1/5보다 약간 많은) 26%를 올바르게 대답하였으며 그들의 평균 자신감수준은 33%이었다. 이들 숫자는 상당히 가깝게 합치된다. 그러나 피험자가 더 많은 정보를 읽음에 따라 자신감과 정확성의 차이는 커진다(그림 1.3.1). 정확도가 추가적 정보의 증가에 따라 의미 있게 증가하지 않는데도 불구하고 피험자가 더 많은 것을 읽을수록 그들이 더 많이 자신감을 갖게 된다. 사례연구의 넷째부분까지 다 읽고 났을 때 Oskamp 피험자의 90%이상이 그들의 대답을 과신하고 있었다.

[그림 1.3.1]

Oskamp(1965)는 한 사례연구에서 피험자들이 더 많은 정보를 읽음에 따라 그들의 추정정확도(자신감수준)와 진짜 정확도사이의 차가 커진다는 것을 발견하였다.

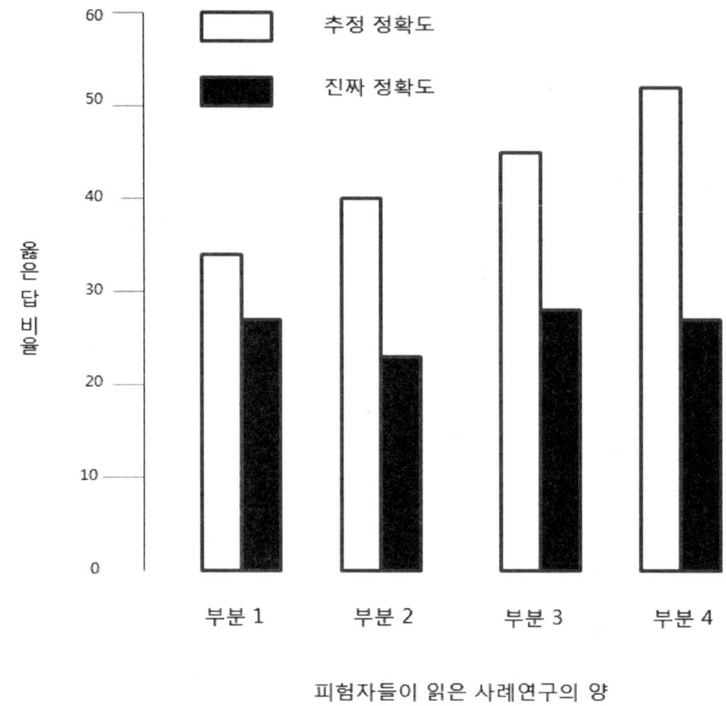

이 실험 수년 뒤에 다수의 연구가들은 특히 정확한 판단이 어려울 때 그들의 판단을 과신하는 경향이 있다는 것을 발견하였다. 예를 들면 Lichtenstein & Fischhoff(1977)는 일련의 실험에서 그들은 사람들이 실제로 50%정도 정확한 것을 65 내지 70%정도 자신하고 있는 것을 발견하였다.

다른 실험에서 Lichtenstein과 Fischhoff는 사람들에게 12명 어린이의 그림 각각이 Europe에서 왔는지 아니면 Asia에서 왔는지 판단하고 각각의 판단이 옳은지를 추정하라고 요구하였다. 판단의 53%만이 옳았음에도 불구하고 평균 자신감수준은 68%이었다.

또 다른 실험에서 Lichtenstein과 Fischhoff는 사람들에게 12개의 회사 주식에 대한 시장조사 보고서를 주고 그 주가가 주어진 기간에 올라갈지 아니면 내려갈지를 예측하게 하였다. 예측의 47%만이 옳았음에도 불구하고 평균 자신감수준은 65%였다.

몇 개의 추가적 연구 후 Lichtenstein과 Fischhoff는 서로 대안이 되는 두 판단에서 정확도와 자신감사이의 관련성(關聯性; correspondence)에 관하여 다음과 같은 결론을 도출하였다.

1. 정확도가 우연수준(偶然水準; chance levels)에 가까울 때 과신이 제일 크다.
2. 정확도가 50%에서 80%로 증가함에 따라 과신은 줄어들며 일단 정확도가 80%를 넘어서

면 사람들이 자신감부족에 빠진다. 다른 말로 하면 정확도가 대략 80%일 때 정확도와 자신감도와의 차이가 최소가 되며 정확도가 이 수준에서 벗어날수록 더 커진다.

3. 정확도와 자신감사이의 불일치는 의사결정자의 지능과 무관하다.

이 연구의 초기 비판가들은 이들 결과가 불명료하거나 토픽에 관한 질문을 사람들에게 어떻게 묻는가에 달려있다고 주장하였지만 근간의 연구가 Lichtenstein과 Fischhoff가 발견한 것을 더 평범한 판단을 가지고 재현시켰다. 예를 들면 10,000이상의 독립된 판단이 포함된 일련의 실험에서 Lee Ross와 그의 동료들은 피험자에게 그들의 행동과 다른 사람들의 행동에 관하여 예측하도록 요구하였을 때 대략 10에서 15%의 과신을 발견하였다(Dunning, Griffin, Milojkovic, & Ross, 1990; Vallone, Griffin, Lin, & Ross, 1990).

이것이 사람들이 항상 과신에 빠진다고 말하는 것은 아니다. 예컨대 Ranis & Yates(1987)는 과신이 부분적으로는 자신감수준이 어떻게 도출되는가와 어떤 유형의 판단이 내려지는가에 따라 달라진다는 것을 발견하였다(일반지식아이템이 비교적 높은 과신수준을 만들어 내는 것처럼 보인다). 전문 브리지(bridge) 노름꾼, 직업적 오즈메이커(oddsmaker)[10], 및 기상청 예보관은 — 그들 모두는 그들의 판단 후에 규칙적인 피드백을 받음 — 과신을 거의 또는 전혀 하지 않는다(Keren, 1987; Lichtenstein, Fischhoff, & Phillips, 1982; Murphy & Brown, 1984; Murphy & Winkler, 1984.). 아직도 대부분의 연구가 과신이 보편적임을 보여준다.

극단적 자신감(extreme confidence)

사람들이 자신의 답이 사실상 옳다고 자신한다면 어떻게 될까? 그런 경우에 그들은 얼마나 정확할까? Fischhoff, Slovic, & Lichtenstein(1977)은 이 문제를 조사하기위하여 일련의 실험을 실시하였다. 그 첫 번째 실험에서 피험자들은 수백 개의 일반적 지식문제에 답을 하고 그들의 답이 정확할 확률을 추정하였다. 예를 들면 압생트(absinthe-프랑스산 리큐르)가 리큐르인지 귀금속인지를 답하고 그들의 자신감을 0.50에서 1.00까지의 척도위에 추정하였다. Fischhoff, Slovic, 및 lichtenstein은 그 뒤 피험자들이 절대적으로 자신하는 답의 정확도를 조사하였다.

그들이 발견한 것은 사람들이 100% 자신한다고 하였을 때 단지 75%내지 85%만이 정확하였다. 옳은 답은 리큐르인데 많은 사람이 이를 자수정(紫水晶; amethyst)과 혼동하였다.

그들의 실험결과가 확률에 관한 오해에서 기인하는 것이 아니라는 것을 확실히 하기위하여 Fischhoff, Slovic, 및 Lichtenstein(1977)은 두 번째 실험을 실시하였는데 이 실험에서 자신감을 옳은 것과 그른 것의 대수(對數; odds)로 표시하였다. 이 실험에서 피험자들에게 100 항목이상이 주어졌는데 그 항목 안에는 2가지 사망원인 - 예컨대 백혈병과 익사(溺死; drowning)가 들어 있었다. 그들에게 어느 사망원인이 미국에서 더 빈번한가를 나타내고 그들의 답이 맞을 대수(예 2:1, 3:1, 등등)를 추정하라고 요구하였다. 이 방법으로 75% 자신감 대신 3:1의 자신감이라고 표현할 수 있었다.

---

10) 내기 · 선거 · 경기 등에서 승산의 비율을 측정하는 사람

Fischhoff, Slovic, and Lichtenstein(1977)이 발견한 것은 자신감과 정확도가 약 3:1까지는 일렬로 잘 정렬되지만 자신감이 3:1에서 100:1까지 늘어남에 따라 정확도는 유의미할 정도로 늘어나지 않았다. 사람들이 정확할 대수를 100:1로 설정했을 때 실험항목의 73%만이 실제로 정확하였다. 대수를 사실상 확실하다고 할 수 있는 1만:1과 1백만:1 사이의 대수를 설정했을 때조차도 85내지 90%만이 정확하였다.

마지막으로 피험자들이 과제를 이해하고 있고 진지하게 생각하고 있는지를 확인하기위한 추가적인 점검을 위해 Fischhoff, Slovic, 및 Lichtenstein(1977)은 세 번의 반복실험(replications)을 실시하였다. 한 반복실험에서 20분간의 강의를 통하여 대수(對數; odds)와 확률사이의 관계를 주의 깊게 설명하였다. 피험자들에게 여러 가지 대수 추정치와 확률 사이의 관련성을 보여주는 차트를 주고 불확실성을 대수 값으로 표현하는 것의 미묘함에 관하여(불확실성을 나타내기 위하여 1:1과 2:1사이의 대수를 어떻게 사용하는가를 특히 강조하면서) 들려주었다. 이들 교육을 받고도 피험자들은 그들의 답에 대해 보증되지 않은 자신감을 보여주었다. 그들은 실제로 대수가 약 4:1일 때 적게는 50:1의 대수를 할당하였으며 5:1의 대수를 주어야 할 때 1000:1의 대수를 주었다.

또 다른 반복실험에서 피험자들에게 자기들이 50:1로 대수를 매긴 답의 정확도를 기초로 아니면 더 좋은 정답일 대수를 기초로 돈 내기를 할 것인지를 물었다. 42명의 피험자들 중에서 39명이 그들의 지나친 자신감이 전부 $140의 손해를 가져다줄지도 모르는 내기임에도 불구하고 내기를 걸었다. 그리고 마지막 반복실험에서 Fischhoff, Slovic, 및 Lichtenstein(1977)은 실제로 피험자와 내기를 했다. 이 연구에서 19명중 13명이 그들이 50:1 또는 그 이상의 대수를 할당함으로써 질문의 12%에서 틀렸음에도 불구하고 그들의 답의 정확도를 기초로 내기를 하기로 동의하였다(모두 $1에서 11$를 잃었고 실험인은 이를 면제하여주지 않았다). 이들 결과는 (1) 그들이 정확하다는 것이 사실상 확실할 때조차 지나친 자신감을 가짐을 그리고 (2) 과신은 단순히 임무를 가볍게 보거나 자신감의 정도를 매기는 방법을 잘못 이해한 결과가 아님을 보여준다. Sieber(1974)는 지나친 믿음이 잘 해내도록하기위한 인센티브가 주어졌을 때 증가한다는 것을 발견하였다.

과신이 중대한 범죄가 될 때

사람들은 적은 돈보다 큰돈이 걸려있을 때 더 과신할까? 비록 윤리적 고려사항이 실험실에서 검사될 수 있는 것을 제한하지만 적어도 한 줄의 증거를 통해 과신이 인간의 수명이 위기에 처해있을 때조차 작동한다는 것을 알 수 있다. 이 증거는 사형선고에 관한 연구에서 나온다.

잘못된 유죄판결의 광범위한 조사에서 Bedau & Radelet(1987)는 미국에서 피고가 "타당한 혐의가 있다는 것 때문에 유죄"로 판단되는데도 불구하고 무죄의 피고가 사형에 처해질만한 또는 처해질지도 모를 죄로 몰리는 350개의 입증된 사례가 발견되었다. 이 사례 중 다섯 건은 선고 전에 발견되었다. 다른 피고들은 그리 행운이 따르지 않았다: 67명은 최장으로는 25년에 이르는 징역형을 선고받았으며 139명은 사형선고를 받았다. Bedau와 Radelet의 조사 때에는 사형선고를 받은 사람 중 23명이 사형집행을 받았다.

눈금 맞추기(calibration)

"눈금 맞추기"는 자신감이 정확도에 어울리는 정도이다. 주어진 자신감수준에서의 모든 판단에 걸쳐 정확한 판단 비율이 정확할 기대확률과 일치할 때 의사결정자의 눈금은 완벽하게 맞추어진 것이다. 다른 말로 하면 정확할 확률에 0.9가 할당된 모든 판단의 90%가 정확하며, 0.8의 확률이 할당된 모든 판단의 80%가 정확하고 0.7의 확률이 할당된 모든 판단의 70%가 정확하다 등등이다.

개별 판단들만을 고려할 때 눈금조정을 말한다는 것은 큰 의미가 없다. 자신 있게 눈금조정을 사정(査定; assess)하는 단 한 가지 길은 수백 개의 판단에서 자신감과 정확도를 비교하는 것이다(Lichtenstein, Fischhoff, & Phillips, 1982).

자신감을 측정하는 길이 많이 있는 것처럼 눈금을 맞추기 위한 기법도 몇 가지가 있다. 한 가지 길은 단순하게 평균 자신감 점수와 올바른 판단의 전반적 비율과의 차를 비교하는 것이다. 예를 들어 의사결정자가 일반지식항목집합에서 평균 80%에 자신감을 보이지만 그 항목의 60%만이 정확하다면 그 의사결정자는 20% 지나치게 자신하고 있는 것이다.

이 눈금조정 측척(測尺)가 편리하다 할지라도 때로는 판단을 그르치게 할 수 있다. 예를 들면 어느 의사결정자의 전체적인 자신감과 정확도가 둘 다 80%라고 하자. 이 사람은 완벽하게 눈금이 맞추어져있나? 반드시 그렇지는 않다. 그 사람은 판단의 반에서는 60% 자신하고 다른 반에서는 100% 자신할지도 모른다(평균 80%의 자신감수준). 그런 사람은 60% 자신할 때 20% 낮게 자신하고 100% 자신할 때 20% 너무 자신하는 것이다.

어느 정도 더 다듬어진 접근법은 일정한 범위의 자신감수준에서 정확도를 조사하는 것이다. 다른 자신감수준들에 대해 따로따로 정확도를 계산할 때 수직축에 자신감 수평축에 정확도를 나타내는 "눈금 맞추기" 곡선을 만들어낼 수 있다. [그림 1.3.2]에 두 눈금 맞추기 곡선이 있는데 그 하나는 기상예보관의 강수예보에 대한 것이고 다른 하나는 내과의사의 폐렴진단에 대한 것이다. 그림에서 보는 것처럼 기상예보관의 눈금 맞추기는 거의 완벽하게 맞추어져있어서 평균적으로 그들의 예보는 날씨와 근접되어있다(일반대중의 믿음과 반대로). 이에 비해 내과의는 불충분하게 맞추어져있다. 과신을 나타내면서 대부분의 예측이 선 아래에 놓여있다.

눈금 맞추기를 사정하는 그이외의 길이 있으며 그 중 일부는 복잡한 수학을 포함하고 있다. 예를 들어 가장 일반적인 기법은(통계학자 Glenn Brier의 이름에서 온) **Brier 점수**(score)라고 알려진 숫자를 계산하는 것이다. Brier 점수는 세 개의 구성요소로 분할할 수 있는데 그 하나는 그 중 하나가 눈금 맞추기에 해당된다. 눈금 맞추기에 대한 Brier 점수 부분은 각 범주에서 정확한 것의 비율과 그 범주에 연계된 확률 의 차이의 평균제곱의 가중평균이다(Yates, 1990 참조).

눈금 맞추기의 가장 홍미 있는 측척(測尺; measures)중 하나는 "**놀람(surprise) 지수**"라고 알려져 있다. 놀람지수는 미지의 양의 간격판단(interval judgment)을 위해 사용되는데 이것은 자신감 간격의 한계를 벗어난 판단의 백분율(%)이다.

[그림 1.3.2]

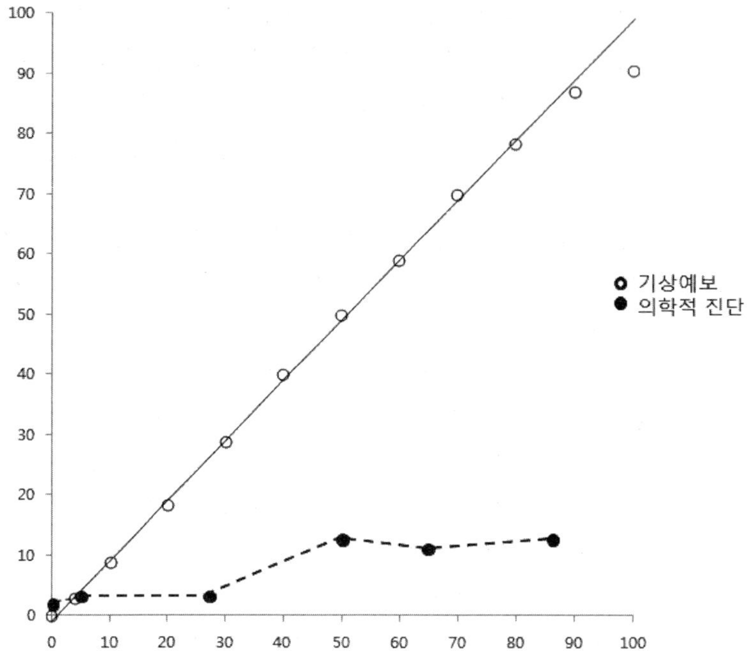

이 그림에는 일기예보관의 강수예보(속이 빈 원)와 내과의의 폐렴진단(검은 원)이 포함되어 있다. 일기예보관은 거의 완벽하게 맞추어져있지만 내과의는 상당한 과신을 보여준다(환자가 폐렴인지 확실성이 담보되지 않는다). 일기예보관의 데이터는 Murphy & Winkler(1984)의 보고서에서 그리고 내과의의 데이터는 Christensen-Szalanski & Bushyhead(1981)의 연구에서 온 것이다(원전: Plous, 1993).

눈금 맞추기 연구의 리뷰에서 Lichtenstein, Fischhoff, & Phillips(1982)는 98%의 자신감 간격(즉 올바른 답이 포함될 기회가 98%인 간격)을 내놓도록 피험자에게 요구한 몇 개의 연구를 실시하였다. 모든 연구에서 놀람지수가 2%를 초과하였다. 정보가 가용(可用; available)인 — 합에서 약 15,000판단 — 모든 실험의 평균 놀람지수가 32%이었다. 다른 말로 하면 피험자가 한 구간이 올바른 답을 포함한다는 것을 98% 자신할 때 판단의 68%가 옳았다. 다시 한 번 과신이 예외라기보다 규칙임이 증명되었다.

당신은 과신하고 있는가? Russo & Schoemaker(1989)는 일반적 지식문제에 대한 과신을 측정하기위한 자기 검사법을 개발하였다(그림 1.3.3). 포괄적인 눈금 맞추기 사정에 수백 개의 판단이 필요하지만 이 검사가 어떤 자신감 수준에서 우리의 일반적 지식문제에 대한 답이 갖는 놀람 지수가 얼마인지를 대충 알려준다. Russo와 Schoemaker는 1000명이상에게 이 검사를 실시하였으며 응답자의 1%이하만이 9개 이상을 맞추었다. 대부분의 사람이 4내지 7항목을 틀려서(놀람지수 40 내지 70%) 확실하게 높은 과신도(過信度; degree of overconfidence)를 보여주었다.

[그림 1.3.3] 과신의 자기 검사(SELF-TEST OF OVERCONFIDENCE)

다음 10항목 각각에 대해 당신의 답이 아래의 낮을 때와 높을 때의 둘 사이에 들어갈 확률이 90%라고 믿는 값을 적어 넣으시오. 당신은 너무 좁지(과대자신감)도 넓지(과소자신감)도 않게 하기에 도전하고 있다. 만일 당신이 이 도전에 성공하기위해서는 10%만 틀려야 하고 이는 바로 하나를 틀리는 것이다.

	90% 낮을 때	자신감범위 높을 때
1. Martin Luther King의 사망 시 나이	______	______
2. Nile 강의 길이(miles)	______	______
3. OPEC의 회원국 수	______	______
4. 구약성서의 권 수	______	______
5. 달의 직경(miles)	______	______
6. 빈 Boeing 747의 무게(pounds)	______	______
7. Wolfgang Amadeus Mozart의 탄생 년	______	______
8. 아시아 코끼리의 회임기간(일)	______	______
9. London Tokyo 간 운항거리(miles)	______	______
10. 해양의 최심(最深; deepest) 점(miles)	______	______

답: (1) 39세; (2) 4187 miles); (3) 13개국; (4) 39권; (5) 2160 miles; (6) 390,000 pounds; (7) 1756; (8) 645일; (9) 5959 miles; (10) 36,198 miles

이 검사가 일반지식에 대한 질문에서 당신이 과신하고 있는지에 대한 약간의 아이디어를 주게 될 것이다(Russo & Schoemaker, 1989에서 인용).

▌자신감과 정확도의 상관관계(correlation between confidence and accuracy)

과신에도 불구하고 아직은 자신감과 정확도 사이에 상관관계가 있을 수 있다. 하나의 예를 보기 위해 한 의사결정자가 70% 자신이 있을 때 50% 정확하고, 80% 자신이 있을 때 60% 정확하며, 그리고 90% 자신이 있을 때 70% 정확하다고 하자. 이런 경우 의사결정자가 한결같이 20% 과대하게 자신감을 가지기는 하지만 자신감이 완벽하게 정확도와 상관관계를 갖는다.

그렇다면 의사결정자가 지나친 자신감을 가지는지 여부와 관계없이 자신감이 정확도와 상관관계가 있는지 의문이 생긴다. 만일 자신감 점수(confidence ratings)가 정확도가 증가할 때 증가한다면 정확도는 의사결정자가 얼마나 자신한다고 느끼는가의 함수로 예측될 수 있다. 그렇지 않다면 자신감은 정확도를 잘못 알려주는 지표가 될 것이다.

많은 연구가 이 문제를 조사하여왔으며 그 결과는 빈번하게 자신감과 정확도사이에 거의 관계가 없음을 보여 왔다. 예증을 위해 군사 역사에 관한 다음의 두 문제를 생각해보자:

▶ **문제** 1. 초강대국(superpower) A와 멀지않은 어느 나라의 집권당이 바뀐 뒤에 초강대국 B와의 교역을 증대시키기 시작하였다. 정부와 교역의 변화를 바로잡기 위하여 초강대국 A는 그 나라로 파병하고 군사적으로 먼젓번 정부를 지원하였다. 초강대국 A는 미국과 소련 중 어느 나라인가 그리고 당신은 당신의 답에 얼마나 자신감을 갖는가?

▶ **문제**2. 1960년대에 초강대국 A는 그 당시의 집권세력을 축출하기위하여 국경을 마주하고 있는 작은 나라를 깜짝 침공하였다. 이 침략은 실패했으며 당초 침공한 군인들의 대부분은 사살되거나 투옥되었다. 초강대국 A는 어느 나라인가 그리고 당신은 당신의 답에 얼마나 자신감을 갖는가?

만일 당신이 첫째 질문에서 소련 둘째 질문에서 미국을 택했다면 당신은 두 개 다 맞았다. 첫째 문제는 1968년 소련의 체코침공을 둘째 문제는 미국의 쿠바의 피그스 만(Bay of Pigs)침공을 말한다. 대부분의 사람들은 그들이 얼마나 자신감을 가지고 있는가에 상관없이 두 문제 중에서 적어도 하나는 틀렸다.

Psychology Today지 1984년 11월호에서 Philip Zimbardo와 Scott Plous는 이들 문제와 초강대국 갈등에 관한 여러 가지 다른 문제들이 포함된 독자조사(reader survey)의 결과를 발표하였다. 그 조사는 미국과 소련의 군사우선정책(militarism)에 관한 사건, 성명(聲明; satements), 또는 정책 등의 기술(記述; descriptions)이 10개 포함되었으나 각각의 기술에서 모든 미국이나 소련이란 문구는 모두 제거하였다. 독자가 해야 할 일은 초강대국 A가 미국인가 소련인가를 그리고 9점으로 된 척도위에 답 각각에 대해 얼마나 자신감을 가지는가를 표시하는 것이다.

3500명으로부터의 조사를 기초로 그들은 두 개의 결론을 내릴 수 있었다. 첫째 응답자들은 미국과 소련의 군사행동을 분리하여 말할 수 없었다. 그들이 동전 던지기로 열개 중 평균 다섯을 맞출 수 있을지는 모르지만 psychology today의 독자들 — 그들은 일반 대중보다 정치적인 문제에 더 영향 받고 있으며 더 교육받았다 — 의 전체적 평균은 4.9항목에서 옳았다. 체코침략에서 응답자의 54%만이 초강대국 A로 소련을 식별하였으며 피그스만 침공에서 25%가 미국을 소련으로 혼동하였다. 이 발견은 미국인들이 소련의 행위와 정책을 그들이 근본적으로 미국의 행위 및 정책과 다르기 때문이 아니라 그들이 소련사람이기 때문에 비난하고 있었다는 것을 보여준다.

두 번째 로 발견한 것은 사람들의 자신감점수는 실질적으로 그들의 정확도와 무관하다(각 응답자의 자신감과 정확도사이의 상관관계는 0에 아주 가까운 0.08이었다). 전반적으로 9내지 10항목을 맞춘 사람은 더 적게 맞춘 사람들보다 더 자신감에 차있지 않았으며 자신감이 큰 응답자의 점수가 자신감이 덜한 사람과 거의 같았다.

이것이 자신감점수가 아무렇게나 만들어진다는 것을 의미하는 것은 아니다; 자신 만만한 사람은 여러 면에서 다른 응답자와 달랐다. 자신감에 차있는 사람(9점을 만점으로 하는 자신감척도에서 평균 8점 이상인 사람)의 3분의2가 남녀 동수인 일반 표본에서 남자였으며 80%가 30세

이상이었다. 자신감의 적은 사람보다 두 배로 자신감이 많은 응답자가 방위비의 증대를 원했으며 거의 두 배가 소련정부는 전혀 믿을 수 없다고 생각했다. 그러나 조사에서 이들 응답자가 얻은 평균점수는 5.1항목을 맞춰 우연으로 기대하는 것(확률 0.5)과 거의 일치하였다. 자신감이 많은 응답자는 소련과 미국의 군사행동을 구별할 수 없었지만 그들은 잘못 인식된 차이에 자신감을 가졌으며 군비증강을 지지하였다.

앞에서 언급한대로 많은 다른 연구들도 자신감과 정확도사이에 상관관계가 거의 또는 전혀 없다는 것을 발견하였다(Paese & Sniezek, 1991; Ryback, 1967; Sniezek & Henry, 1989, 1990; Sniezek, Paese, & Switzer, 1990). 이 일반적 패턴은 목격자 진술에 관한 연구에서 특히 뚜렷하였다. 대체로 이들 연구는 목격자가 그의 진술에 관하여 느끼는 자신감이 실제로 그 진술이 얼마나 정확한가에 별로 관계없다는 것을 보여준다(Brown, Deffenbacher, & Sturgill, 1977; Clifford & Scott, 1978; Leippe, Wells, & Ostrom, 1978.). 목격 및 전문(轉聞; earwitness) 진술에서의 정확도와 자신감과의 관계에 관한 43개의 서로 다른 연구발견의 리뷰에서 Deffenbacher(1980)는 범죄수사에 관련된 연구(예 연출된 범죄를 보기 전에 피험자에게 알려주지 않는 연구)의 3분의2에서 자신감과 정확도와의 사이에 상관관계는 유의미적으로 존재하지 않았다. 이와 같은 발견들이 Eyewitness Testimony의 저자인 Loftus(1979, p.101)로 하여금 "누구든 어느 것을 절대적으로 보장할 만큼 높은 자신감을 가져서는 아니 된다."고 경고하게 하였다.

임상연구에서도 비슷한 결과가 발견되었다. 이 주제를 탐색하고자 하는 첫 번째 연구 중 하나에서 Lewis Goldberg(l959)는 임상진단에서의 자신감과 정확성간의 상관관계를 사정(査定; assess)하였다. Goldberg는 임상의가 Bender-Gestalt 검사(뇌손상을 진단하기위하여 널리 사용되는 검사)로부터의 프로토콜을 기초로 뇌 조직손상을 정확하게 찾아낼 수 있는지 여부에 관심을 가졌다. 그는 30개의 다른 검사결과를 네 명의 경험 있는 임상 심리학자, 10명의 임상수련의, 8명의 비-심리학자(비서)에게 보여주었다. 이들 protocol의 반은 뇌손상이 있는 환자로부터 그리고 반은 조직에는 문제가 없는 정신과환자로부터 나온 것이다. 각 환자가 조직에 문제가 있는지 조직에는 문제가 없는지 여부를 표시하고 심사원들의 자신감을 "긍정적(Positively)", "상당히 확실(fairly certain)", "그렇게 생각(think so)", "아마도(may be)", 및 "어림짐작(blind guess)"로 나타내게 하였다.

Goldberg는 두 개의 놀라운 결과를 발견하였다. 첫째 세 심사원 그룹 — 전문 임상의, 수련의, 비-심리학자 — 모두 환자의 65내지 70%를 올바르게 분류했다. 임상경험에 기초한 차이는 없었다. 비서들도 임상경험 4-10년의 심리학자와 같은 성적이었다. 둘째 개인적인 진단정확도와 자신감의 정도사이에 유의미적인 관계는 없었다. 심사원들은 옳게 판단한 경우에서와 같이 잘못 진단된 경우에서도 자신감을 가졌다. 계속되는 연구에서 암, 폐렴(그림 1.9.2를 보라), 및 기타 심각한 의료 진단에서 눈금이 잘못 맞추어졌음(miscalibration)이 발견되었다(Centor, Dalton, & Yates, 1984; Christensen-Szal-anski & Bushyhead, 1981; Wallsten, 1981).

과신을 줄이는 방법

눈금 맞추기(calibration)를 어떻게 개선하는가에 관한 한 쌍의 실험에서 Lichtenstein과 Fischhoff(1980)는 최초에 지나치게 자신감을 가졌던 사람들이 200개의 판단을 내리고 철저한 성과피드백을 받은 뒤 더 잘 눈금을 맞출 수 있게 배울 수 있게 되었다는 것을 발견하였다. 마찬가지로 Hal Arkes와 그의 동료들은 다섯 개의 현혹될 만큼 어려운 문제를 푼 뒤 피험자에게 피드백을 줌으로써 과신을 없앨 수 있다는 것을 발견하였다(Arkes, Christensen, Lai, & Blumer, 1987). 이들 연구가 비록 그 응용가치가 어느 정도 제한되기는 하지만 과신하는 버릇을 고칠 수 있다는 것을 보여준다. 눈금을 잘 맞출 수 있도록 되기 위해 특별한 훈련수업을 받을 사람은 별로 없을 것이다.

의사결정자가 판단 때마다 지니고 다닐 수 있는 - 무언가 가볍고 영속성이 있고 넓은 범위의 상황에 적용하기 쉬운 그런 기법이 있다면 쓸모가 있을 것이다. 그리고 정말 그런 기법이 있을 것 같기도 하다. 눈금 맞추기를 개선할 가장 효과적인 방법은 아주 단순한 것처럼 보인다. 즉

> 당신의 판단이 왜 틀릴 수 있는지 그 이유를 곰곰이 생각하라.

이 기법의 가치를 Koriat, Lichtenstein, 및 Fischhoff(1980)가 최초로 입증하였다. 이 연구에서 피험자들은 대안이 되는 두 일반지식 문제 두 세트 에 답하였는데 그 하나는 통제지시(統制指示; control instructions) 하의 것이고 다른 하나는 이유지시(理由指示; reasons instructions) 하의 것이다. 통제지시 하에서 피험자는 답을 선택하고 그들의 답이 맞을 확률(0.50과 1.00사이)을 추정하였다. 이유지시 하에서는 답을 선택하기 전에 대안들 각각에 대한 찬반의 이유를 열거하였다.

Koriat, Lichtenstein, 및 Fischhoff는 통제지시 하에서 피험자들은 과신의 전형적 수준을 보여주지만 찬반 두 갈래의 이유를 만들어낸 후에(개략적으로 Lichtenstein과 Fischhoff에 의한 연구에서 집중적인 피드백을 받은 피험자들과 비교될 정도로) 아주 잘 맞출 수 있게 되었음을 발견하였다. 대안들에 대한 찬반 양 갈래의 이유를 열거한 후(첫째로 그들이 0.5를 자주 그리고 1.0을 덜 사용하는 것으로 보아) 피험자들은 자신감이 덜해졌고(아마도 그들이 그들의 답에 더 깊이 생각하는 것으로 보여) 더 정확해졌다.

뒤따르는 실험에서 Koriat, Lichtenstein, 및 Fischhoff는 눈금 맞추기를 개선하게 하여주는 것이 그 이유 자체의 발생(發生; generation)이 아니라 오히려 반대이유의 발생이라는 것이다. 피험자가 자기가 선호하는 답을 뒷받침하는 이유를 열거했을 때 과신은 줄지 않는다. 눈금 맞추기는 피험자가 왜 자기가 선호하는 이유가 틀릴 수 있을까 그 까닭을 고려할 때만이 개선된다. 이들 발견이 부분적으로 "사회적 요구특성"(즉 그들의 자신감의 수준을 낮추라는 지시가 계기가 된 피험자의 느낌)의 함수이긴 하지만 다른 연구들이 반대하는 이유의 발생이 눈금 맞추기를 개선한다는 것을 확인 하였다(예 Hoch, 1985).

Slovic & Fischhoff(1977)의 연구에서 피험자가 왜 특정한 실험결과가 그들이 했던 것과 다르게 나빠졌는지 그 이유를 생각하였을 때 회상편향(hindsight bias)이 줄어든다는 것을 발견하였

다. Slovic과 Fischhoff의 연구 이후 몇 개의 연구가 어떻게 판단편향이 대안이 되는 결과 또는 답이 있을 가능성을 고려함으로써 줄어드는가를 보여주어 왔다(Griffin, Dunning, & Ross, 1990; Hoch, 1985; Lord, Lepper, & Preston, 1984).

Lord, Lepper, & Preston(1984, p.1239)이 지적한 것처럼 "인간은 반대가 있을 가능성에 대해 맹점을 가지고 있다는 관찰은 새로운 것이 아니다. 1960년 Francis Bacon은 '부정보다는 긍정에 더 감동되고 흥분한다는 것은 특유의 그리고 영원한 인간 지능의 오류이다.'라고 썼다." 다음 절에서는 과신의 맹점에 — 그리고 그것의 일부 결과(consequences)에 — 대하여 상세하게 살펴보기로 하고 이상의 검토를 다음과 같은 결론으로 요약하고자 한다.

과신에 관한 연구를 올바른 시각에서 균형 있게 그리고 지속적으로 연구할 필요가 있다. 대부분의 연구에서 평균 자신감의 정도는 정확도를 10에서 20%이상 넘지 못한다. 따라서 과신은 의사결정자가 자신의 판단이 옳음이 확실하다고 생각하지 않는 한 큰 재앙을 가져다 줄 것 같지 않다. 우주왕복선의 예가 보여주듯 잘못 맞추기의 가장 곤혹스럽게 만드는 것은 부적절한 확실성이다.

종합해서 이절에서의 공부가 잘못 눈금 맞춤을 다루기 위한 몇 개의 전략을 추천하여준다.

1. 첫째, 당신은 특별한 고려대상에 대해 자신 있는 판단을 내리기를 원할 수 있다. 과신은 판단이 어렵거나 자신감이 최고조일 때 가장 크다. 그런 경우에는 주의 깊게 진행하여야 한다.
2. 둘째, 당신은 당신의 자신감판단과 다른 사람들의 판단의 눈금을 "다시 맞추기(재조정하기)"를 원할 수도 있다. Lichtenstein과 Fischhoff(1977)는 의사결정자가 90% 자신하지만 70-75%만 정확하다면 그것이 "70-75% 자신감"일지라도 아마 "90% 자신감"으로 취급하는 것이 제일 좋다는 것을 관찰하였다.
3. 셋째 당신은 자동적으로 "100% 자신감"의 판단을 더 낮은 수준의 자신감으로 바꾸기를 원할 수도 있다. 백 퍼센트 자신감은 사람이 어떻게 행동할지를 예측할 때 특히 보장이 안 된다(Dunning, Griffin, Milojkovic, & Ross, 1990).
4. 무엇보다도 한 답에 대하여 당신이 최고조로 자신감이 느껴진다면 다른 답이 맞을지도 모를 이유가 있는지 생각해보라. 당신의 마음을 바꿀 수 없을지도 모르지만 당신의 판단이 아마도 더 잘 눈금을 맞추게 해줄 것이다.

1.3.2 자기충족 예언(自己充足 豫言; self-fulfilling prophecies)

[그림 1.3.4]에 있는 카드 각각의 한 면에는 숫자 그 뒷면에는 문자가 있다고 하자. 누군가가 당신에게 한 면에 모음자가 있으면 그 뒷면에는 짝수가 있다고 말한다. 그 사람이 거짓말을 하는지를 알아내기 위하여 어느 카드를 뒤집어 보아야하나?

Wason & Johnson-Laird(1972)이 128명의 대학생에게 이런 유형의 질문을 주었을 때 그들은 "E와 4"가 가장 공통되는(59명이 선택한) 답이었으며 "E"가 다음(42명이 선택한) 답이었다. 다른 말로 하면 대부분의 학생이(말한 것이 거짓임을 확인할 수 있는 카드가 아니라) 말한 것 그대로를 확인할 수 있는 카드를 뒤집기로 하였다. 단지 5명만이 옳은 답 "E와 7"을 내놓았다.

[그림 1.3.4]

E　　K

4　　7

이 답이 놀랍다고 생각한다면 다음과 같이 생각해보라. 검사하여야하는 규칙은 "모음자면 짝수다." 또는 더 기본적으로는 "X면 Y다." "이면-이다."라고 하는 선언이 잘못임을 밝히는 단 한 가지 길은 "X인데 Y가 아니다."라는 예(예 모음자인데 홀수)를 찾아내는 것이다. 그 규칙이 틀렸음을 보여줄 수 있는 카드는 모음 또는 홀수를 가진 카드들("E와 7")이다. 짝수 또는 자음자를 가진 카드는 관련이 없다.

그것이 단순하게 보임에도 불구하고 대부분의 사람들에게 극도로 어려운 문제다. Dawes(1975)는 5명중 4명의 아주 존경받는 심리학자가 이 문제를 풀지 못하였다는 것을 발견하였다. 이 절의 초점은 이런 문제가 왜 어려운지 그리고 의사결정자에게 무엇을 의미하는 것인지에 있다.

▌다시 알아맞히기

Wason(1960)은 가설검정실험에서 29명의 대학생에게 숫자 2, 4, 6로 된 표본 집합을 예로 들면서 계속 세 개의 숫자를 제시하게 하여 이들 세 숫자가 규칙에 맞는지를 알려주어 실험인의 마음속에 있는 규칙을 발견하는 것이 피험자의 임무라고 설명하였다. Wason의 마음속에 있는 규칙은 항상 "크기가 증가하는 순서로 된 세 숫자"이었지만 단지 6명의 피험자만이 한 번 만에 그 규칙을 발견하였다. 한 피험자의 실험경과를 보면

- 피험자 4번(19세의 여성): 8, 10, 12
- 실험인: 그들 숫자는 규칙을 따른다.
- 피험자: 14, 16, 18
- 실험인: 그들 숫자는 규칙을 따른다.
- 피험자: 20, 22, 24
- 실험인: 그들 숫자는 규칙을 따른다.
- 피험자: 1, 3, 5
- 실험인: 그들 숫자는 규칙을 따른다.
- 피험자: 규칙은 아무 숫자로나 시작하여 다음 숫자가 매번 2씩 증가된다.
- 실험인: 옳은 규칙이 아니다.

4-카드문제에서와 같이 Wason은 피험자들이 규칙이 아닌 것(예 12, 10, 8)을 확인하기보다 규칙(8, 10, 12)임을 확인하려한다는 것을 발견하였다. 이 경향은 "**확인편향**(確認偏向; confirmation bias)"이라고 알려져 있다. "확인편향"이란 용어가 포괄적인 어구로 사용되어왔지만(Fischhoff & Beyth-Marom, 1983), 그것은 통상 가설에 반대되는 정보보다 그것과 일치하는 정보에 대한 선호를 지칭한다.

사람들이 어떻게 가설(육감; hunches, 규칙; rules, 이론; theories, 등등)을 검정하는지의 분석에서 Klayman & Ha(1987, pp.220)는 확인편향이 유용한 체험직감해법(體驗直感解法; heuristic)으로 기능하지만 "어디에도 쓰이는 체험직감해법처럼 언제나 최적이지는 못하고 특정한 상황에서는 심각한 어려움을 가져다 줄 수도 있는" "긍정적인 검정전략"의 결과라고 주장하였다.

자기영속화 사회적 믿음(self-perpetuating social belief)

Snyder & Cantor(1979)는 사회적 인식에서의 확인편향에 관한 세 개의 실험결과를 발표하였다. 이들은 첫 번째 실험에서 모든 피험자에게 어떤 상황에서는 외향적이고 다른 상황에서는 내향적인 아무개 - Jane이라고 이름이 붙여진 여인의 이야기를 나누어주었다. 예를 들어 Jane은 조깅(jogging)을 할 때는 처음 만난 사람과 자유롭게 이야기하지만 슈퍼마켓에서는 부끄러워하고 소심하다. 그 이야기를 읽은 이틀 후 피험자에게 (1) Jane은 외향성과 연계되는 직업(부동산판매)에 잘 어울린다는 진술(陳述; propositions)과 (2) Jane은 내향성과 연계되는 직업(연구사서 직)에 잘 어울린다는 진술 중 하나를 평가하도록 요구하였다. 일부 피험자에게 Jane이 그 직에 응모중이라고 하고 다른 피험자에게는 그녀가 이미 그 직에 종사하고 있다고 하였다. 단순하게 하기위해 여기서는 그녀가 그 직에 응모중이라고 생각하는 피험자에 초점을 맞추기로 한다.

이들 피험자에게 Jane이 그 직에 잘 어울리는지 여부에 관련된 답변에 있는 모든 사실을 열거하고 그녀가 얼마나 그 직에 잘 어울리는지를 결정하라고 요구하였다. Snyder와 Cantor가 발견한 것은 Jane에게 부동산판매자리가 어울린다고 생각한 피험자는 그녀가 외향성이라는 증거가 적절한 것으로 그리고 그녀에게 도서관 자리가 어울린다고 생각한 피험자들은 그녀가 내향성이라는 증거를 적절한 것으로 열거하는 경향이 있었다. 다른 말로 두 조건 모두에서 그렇지 않다는(부인하는; disconfirming) 증거보다 그렇다는(확인하는; confirming) 증거가 더 적절한 것으로 피험자는 보았다. 그 위에 이 확인(confirmation) 편향은 Jane이 고려중인 직무(job)의 적성에 관한 판단과 상관관계가 있다. 더 많은 피험자가 인정하는 증거를 부인하는 증거보다 더 좋아할수록 그녀가 어떤 자리에 응모했느냐에 관계없이 Jane이 그 자리에 더 적합하다고 판단한다.

두 번째 실험은 작은 몇 개의 변경(예 확인의 강조를 피하기 위하여 잘 어울리는 이라는 말을 적합이라는 말로 대체하기) 외에는 첫 번째 것을 반복한 것이고 세 번째 실험에서 피험자들은 단순히 직장응모자가 부동산 판매직 또는 도서관 연구직에 얼마나 적합한지를 평가하기위하여 그 응모자에 관하여 알고 싶은 것이 무엇인지를 열거하였다. 먼저와 마찬가지로 그렇다는 정보가 그렇지 않다는 정보보다 더 빈번히 열거되었다. 예를 들면 부동산판매직 응모자를 생각할 때 피험자는 "그가 얼마나 수줍어하는가?"보다 "응모자가 얼마나 사교적인가?"라고 훨씬 더 자주 물었다. 유사한 발견들이 Snyder & Swann(1978)에 의한 몇 개의 실험에서도 얻어졌다.

Snyder & Swann(1978, pp.1211-1212)은 이들 결과가 함축하고 있는 것은 직무문제너머까지 확장된다는 것을 관찰하였다.

> 사람들은 가설이 자신이 확인하는(self-confirming) 가설이 되고 믿음이 **자기영속화**(自己永續化; self-perpetuating) 믿음이 되는 세상을 스스로 만들어 낼 수도 있다는 것을 관찰하였다. 그들은 이와 같은 시각에서 다른 사람들에 관한 널리 펴져있는 믿음(특히 분명히 잘못된 사회적 및 문화적 고정관념)이 변화에 그처럼 완강하게 저항하는가를 이해할 수 있었다. 비록 누가 이들 믿음의 정확성에 관해 그들 믿음을 활발하게 검사할 만큼 충분한 의구심이 생긴다고 할지라도 그는 그가 이들 믿음을 인정하고 지켜나가는데 필요한 모든 증거를 "발견"할 가능성이 클 수 있다. 그리고 최종적으로 그는 이들 믿음이 적절하고 혹독한 정확성 사정과정을 거쳐 존재해왔기 때문에 이들 믿음이(전혀 보장되지 않았지만) 정확할 것이라는 안전한 느낌을 갖게 될 수 있다.

피그말리온(Pygmalion) 효과

"자기영속화 예측(self-perpetuating prophecy)"는 Merton(1948) 이 만들어낸 용어이다. Merton(1948, pp.195-196)의 이야기(words)에서 self-perpetuating prophecy는 최초에는 원래 그릇된 생각을 진실로 만드는 새로운 행동을 야기하는 상황의 잘못된 정의(定義; definition)이었다. 무제한 계속할 수 있는 예측의 그럴듯한 정당성이 오류의 지배(支配; reign)를 영속화한다. 예언자가 처음부터 사건의 실제과정을 그가 옳다는 증거로 인용하기 때문이다. 그런 것이 사회적 논리의 외고집(perversities)이다. 요약해서 자기충족 예언은 오해(誤解; misconceptions)이지만 그 예언들은 궁극적으로 진실이 되는 오해이다.

Rosenthal & Jacobson(1968)은 자기영속화 예언에 관하여 시행된 것 중 가장 유명한 연구가 된 책을 출판하였다. 이 연구에서 초등학교 선생에게 약 20%의 그들 학교의 생도들이 이듬해에 학문적으로 꽃피울 것이라는 것을 나타내는 진단정보를 제공하였다. 8개월 후의 IQ검사결과 이들 학생이 정말로 다른 생도들보다 더 많이 향상되었다.

이 발견을 주목받을만하게 만든 것은 높은 성취를 이룬 사람들이 무작위(無作爲; at random)로 선발되었다는 사실 때문이다. 분명히 선생들은 성적을 올릴 것으로 진단된 학생을 다른 학생보다 더 칭찬하고 관심을 보였으며 그 결과 실제로 다른 학생보다 더 향상되었다. Rosenthal과 Jacobson은 이 현상을 "Pygmalion 효과"(Higgins교수가 꽃 파는 소녀를 사람들이 그녀가 숙녀가 되리라고 기대하는 방향으로 옷 입고 이야기하도록 가르쳐서 숙녀로 바꾸어 놓은 George Bernard Shaw의 희곡 Pygmalion에서 이름을 따서)라고 불렀다.

Rosenthal과 Jacobson의 연구이후 400이상의 실험이 사람사이의 기대가 예측대로 이루어지는 성질을 조사하였으며 100이상은 특정적으로 선생의 기대효과를 조사하였다(Brophy, 1983;

Jussim, 1986; Rosenthal, 1987, December). 전체적으로 비록 그 효과가 절제되는 경우가 자주 있기는 하지만(Brophy, 1983)이들 연구들이 선생의 기대가 유의적(有意的; significantly)으로 학생들의 성적에 영향을 준다는 것을 보여준다. 흥미롭게도 "학생도 Pygmalion"이라는 증거가 있다. Robert Feldman 과 그의 동료들은 학생의 기대 ― 그들 자신의 성적과 그들 선생의 성과 둘 모두 ― 가 학생-선생 사이의 관계 및 학생의 성적에 선생의 기대만큼 강력하게 영향을 줄 수 있다는 것을 발견하였다(Feldman & Prohaska, 1979; Feldman & Theiss, 1982).

사람들의 마음속에서

Rosenthal & Jacobson(l968)은 학생-선생 간 상호작용을 조사하였지만 Pygmalion 효과는 교실에만 국한되는 것은 아니다. Pygmalion 효과의 가장 극적인 예 중 하나가 어떻게 여성의 매력에 대한 남성의 고정관념을 그대로 이루어지게 만드는지를 탐구한 Snyder, Tanke, & Berscheid(1977)의 연구이다.

이 연구의 첫 부분에서 무작위로 쌍을 이룬 남자와 여자가 서로 전화통화를 통해 친교를 맺는 사이 10분간을 녹음하였다. 그러나 여자에 눈치 채이지 않게 실험인은 남자피험자에게 먼저 "실험중의 다른 사람들은 그들이 말하고 있는 상대의 마음속 이미지를 가지고 있을 때 편안함을 느낀다."라고 말하였다고 알려주었다. 남자들은 Polaroid 카메라로 사진을 찍었고 그들은 각각 여자(표면상 그들의 파트너)의 스냅사진하나씩을 받았다. 실은 그 스냅사진은 미리 준비하여둔 여덟 장으로 이루어진 한 묶음에서 무작위로 선택된 것이다. 이들 사진 중 넷은 아주 매력적이라고 등급이 매겨진 여자의 사진이고 나머지 넷은 매력적이 아니라고 매겨진 여자의 것이다. 이렇게 하여 남자피험자는 그의 상대가 육체적으로 매력적이라는 또는 매력적이 아니라는 마음속 이미지를 갖게 되었다. 남자들이 찍은 Polaroid 스냅사진은 그저 버려버렸고 여자피험자에게는 마음속 사진을 형성할 아무것도 말해주지 않았다.

친분을 쌓는 회화가 끝난 뒤 각각의 남자피험자에게 그가 이야기를 나눈 여자의 인상에 관한 설문지를 완성하게 하였다. 이 설문지에는 매력적인 사람과 연계된 많은 정형화(stereotypic)된 특징 ― 사교성, 몸가짐(poise), 유머, 등등 ― 이 포함되었다. 놀랄 것 없이 육체적으로 매력적인 여자와 이야기했다고 생각하는 남자피험자가 뒤에 매력적이 아닌 여자와 이야기했다고 생각하는 사람보다 자기가 이야기한 여자가 더 사교적이고, 몸가짐이 좋고, 유머가 있으며 사회적으로 성숙되었다고 판단하였다. 이것은 (1.1.5) 맥락종속에서 설명된 후광효과의 한 예이다.

더 중요한 것은 녹음된 대화내용을 들은 몇 명의 독립된 평가인의 판단이다. 평가인의 한조는 각 대화에서 단지 남자의 목소리만을 들었고 다른 조는 여자의 목소리만 들었다(등급 매기기에서 유의적 성차(性差; gender differenccs)는 없었나). 이들 실험가설이나 피험자의 실제 매력에 대해서 아는바 없는 평가자가 내린 판단에 따르면 매력적인 여자와 상대하고 있다고 생각한 남자피험자가 매력적이지 않은 여자와 이야기하고 있다고 생각한 남자보다 더 사교적이고, 성적으로 따뜻하며, 관대하고, 재미있으며, 대담하고, 개방적이고, 유머가 있고, 사회적으로 성숙한 것으로 들렸다. 비록 실험조건이 피험자이게 무작위로 할당되었고 남자의 선입관이 여자가 어떻게 실제로 육체적으로 매력적인가에 아무런 영향을 주지 않았지만 대답에서 당초 육체적으로 매력적이라고 인식된 여자피험자가 당초 매력적이 아니라고 생각되어진 여자보다 (사교성, 몸가짐 등등의 면에서) 평가자에게는 더 매력적으로 들렸다.

Snyder, Tanke, & Berscheid(1977, pp.661, 663)가 "당초 남자의 마음속 실체이었던 것이 이제 서로 영향을 준 여자의 행동 속 실체 - 대화 중 여자 것의 녹음에만 접근한 미경험의 관찰자 판단인에 의해서조차 분리할 수 있는 행동의 실체 가 된 것이다. 지각(知覺)한 사람의 애초 잘못된 속성이 진짜가 되었다. 고정관념이 예언대로 이루어지는 예언으로 정말 기능한 것이다.

▌자기충족 인종 고정관념(self-fulfilling racial stereotype)

이와 같은 종류의 자기충족 예언이 ― 고정관념의 영구화가 ― 인종차별에서 결정적 역할을 한다. Word, Zanna, & Cooper(1974)가 이에 관한 연구를 발표하였다.

Word, Zanna, 및 Cooper는 그들의 보고서 서문에서 사람들이 자주 비언어적 단서를 통하여 타인에 대한 그들의 태도를 나타낸다는데 주목하였다. 예를 들면 사람들이 누군가에 긍정적인 태도를 가질 때 그들은 보통 스스로를 그들에 상당히 가깝게 자리 잡게 하고 비교적 고도의 시선교차를 보이며 더 어깨를 나란히 하고 더 몸을 앞으로 굽힌다. 반면에 비난받는 개인들을 피하려는 경향이 있다. 예컨대 그들은 그런 사람들과의 인터뷰를 더 빨리 끝내고 그들과의 물리적 거리를 멀리 둔다. Word, Zanna, 및 Cooper는 두 실험 ― 백인 피험자가 실험인과 한패인 백인 및 흑인과 인터뷰를 하는 실험 및 실험인과 한패인 백인과 백인피험자와 인터뷰를 하는 실험 ― 을 통해 이들 편향을 조사하였다. 모든 피험자와 실험인과 한패는 남성이다.

첫 번째 실험에서 두 피험자로 생각되는 사람(실은 실험인과 한패인 두 사람)이 실험실에서 피험자를 맞이한다. 그 후 다른 패가 도착하고 실험인은 그 바로 뒤에 걸어 들어온다. 실험인은 네 "피험자"에게 판촉운동(marketing campaign)에서 다른 네 팀과 경쟁하게 될 것이라고 말하였다. 그러나 실험인은 그들의 팀에 한 사람이 더 필요하며 그 다섯 번째 멤버를 선택하기위해 한 팀 멤버가 네 명의 응모자와 인터뷰를 하여야한다고 말하였다. 인터뷰할 사람으로 한 피험자를 선택하는 제비뽑기가 행해졌다. 네 번의 인터뷰를 하게하는 이유는 연구의 진짜목적(즉 인터뷰할 백인이 백인 및 흑인 인터뷰대상자를 어떻게 다루는지 직접비교하는 것)을 숨기기위해서다(항상 백인 지원자와의). 첫 번째 인터뷰는 단순한 워밍업 인터뷰로 생각되었고 마지막 인터뷰는 실시되지 않았다(피험자에게는 지원자가 그의 약속을 취소하였다고 말했다). Word, Zanna, & Cooper(1974)에게 관심이 끌리는 인터뷰는 두 번째와 세 번째 인터뷰이다(뒤에 순서가 차이를 가져다주지 않는다는 것이 발견되었지만). 피험자의 반은 먼저 백인 지원자와 그리고 뒤에 흑인 지원자와 한편 나머지 반은 흑인 지원자를 먼저 그리고 백인 지원자를 나중에 인터뷰하였다. 이들 인터뷰에서(그들도 역시 실험인의 팀원들인) 지원자들은 표준화된 양식으로 행동하도록 훈련받았으며 그들은 실험이 무엇을 하려고 설계된 것인지에 관하여 아무것도 듣지 못하였다. Word, Zanna, & Cooper(l974)는 (1) 인터뷰길이, (2) (불쾌감을 반영한다고 가정된) 인터뷰하는 사람이 하는 이야기실수의 수, (3) 인터뷰하는 사람과 지원자 사이의 물리적 거리 등이 포함된 몇 개의 특성을 측정하였다. 첫 번째 변수는 실험인에 의하여 측정되고 두 번째는 인터뷰의 녹음테이프와 말더듬, 단어반복, 등등의 실례들을 녹음한 것을 들은 독립된 평가자들이 점수를 매겼다. 세 번째 변수인 물리적 거리는 특별하게 독창적인 방법으로 측정된다. 피험자들이 인터뷰실에 들어가면 지원자는 이미 자리에 앉아있고 실험인은 인터뷰를 할 사람 의자가 없음을 깨닫게 된 채한다. 그리하여 피험자들에게 옆방에서 의자를 가져오도록 요청하게 되는데 그들이 놓는 의자의 위치가 지원자로부터의 물리적 거리를 측정하게 해준다.

Word, Zanna, & Cooper(1974)가 발견한 것은 피험자들이 흑인지원자보다 백인지원자를 인터뷰하는데 35% 더 길게 시간을 쓰며 백인보다 흑인을 인터뷰하면서 50% 더 많은 이야기실수를 저지르고 백인보다 흑인으로부터의 거리가 7% 더 멀다는 것을 발견하였다. 모든 차이가 통계적으로 유의적이다.

그러나 그것이 전부는 아니다. 이들 차이를 증거로 기록한 뒤 Word, Zanna, 및 Cooper는 직무인터뷰 행사(行事; performance)에 대한 그들 차이의 효과를 사성하기위하여 두 번째 실험을 실시하였다. 두 번째 실험에서 백인 피험자들은 실험인과 한패인 백인과 인터뷰하였는데 그는 그들을 첫 번째 실험에서 흑인들이 다루어졌던 대로 아니면 백인들이 다루어졌던 대로 다루었다. 즉 먼젓번의 실험조건에서 인터뷰하는 사람은 지원자로부터 멀리 앉았고, 더 많은 말실수를 하였으며, 인터뷰를 빨리 끝냈다.

Word, Zanna, & Cooper(1974)는 흑인 인터뷰 받는 사람이 첫 번째 실험에서 다루어졌던 대로 다루어진 피험자들은 인터뷰에서(인터뷰의 녹화테이프를 본 독립된 판관이 점수매긴 것처럼) 더 서투르게 행동하였으며, 말실수를 59% 더 많이 했고, 뒤에 인터뷰한 사람을 덜 우호적으로 평가한 것을 발견하였다. 흑인 피험자가 첫 번째 실험에서 경험한 것과 같은 대우가 백인 피험자들이 두 번째 실험에서 서투르게 행동하도록 이끌었으며 이것은 어떻게 인종적 고정관념이 스스로 성취되게 되는지를 보여주는 강력한 예인 것이다.

자기충족 고정관념에 관한 연구가 주로 남자 피험자에 국한되어왔었지만(Christensen & Rosenthal, 1982) 다른 자기충족예언 및 확인편향(confirmation biases)이 충분히 남성 및 여성 피험자 양쪽 다에서 증명되었다(Darley & Fazio, 1980; Miller & Turnbull, 1986; Snyder, 1984). 논리문제해결임무에서든, 직무 인터뷰든, 교실에서든, 또는 그렇지 않든 간에 사람들이 증거를 확인하려는 경향은 널리 알려져 있고 잘 확립된 것이다.

Mynatt, Doherty, & Tweney(1977)의 두 실험은 확인편향을 없애기 힘들지도 모른다는 것을 보여준다. 첫 번째 실험에서 Mynatt, Doherty, & Tweney(1977)는 모의실험환경을 만들어냈는데 여기서 피험자들은 컴퓨터스크린에 "입자운동"을 지배하는 일정한 법칙들을 찾아내야한다. 피험자는 (1) 인정 설명(과학자의 기본적 일은 이론과 가설을 인정하는 것이라고 일러주는), (2) 부인 설명(과학자의 기본적 일이 이론과 가설을 반증하거나 부인하는 것이라고 일러주는) ; 또는 (3) 과학자의 일은 단순히 이론과 가설을 검사하는 것이라고 일러주는 세 개의 설명 중 하나를 무작위로 받았다.

Mynatt와 그의 동료들은 부인하는 설명이 확인편향에 실질적으로 별로 영향을 주지 않는다는 것을 발견하였다. 피험자가 어느 설명을 들었든 관계없이 모든 실험시도의 약 70%에서 증거를 인정하려하였음을 발견하였다.

두 번째 실험에서 Mynatt, Doherty, & Tweney(1978)는 부인하는 설명을 확대하였다. 먼저와 같은 과정을 사용하여 피험자를 두 조건 (1) 설명통제가 없는 집단 또는 (2) 강력한 추리집단, 여기서는 피험자가 반증 및 다중가설검정 가치를 강조하는 광범위한 설명을 받는 집단중 하나에 속하게 하였다. 그러나 다시 한 번 반증의 설명은 효과가 없었다.

어떻게 인정 편향과 자기충족 예측을 피할 수 있을까? 이 문제에 관한 연구가 부족하지만 하나의 전략은 동기부여 요인에 초점을 맞추는 것일 수도 있다(Snyder, 1994). 예를 들면 Snyder, Campbell, & Preston(1982)은 인터뷰하는 사람에게 그들이 인터뷰하는 사람들이 일정한 질문을 좁은 소견이나 편견(偏見; prejudice)(예 고정관념의 인정에 방향이 잡힌 질문)을 나타내는 것으로 볼 수도 있다는 것을 경고함으로써 확인편향을 제거하였다. 일단 이 연구에서 인터뷰하는 사람이 이 가능성에 민감하게 되면 그들은 인정하는 및 반증하는 증거를 대략 같은 분량으로 간청하였다.

또 다른 유익한 전략은 질문을 대답의 방식이 반증을 고무하도록 설계하는 것일 수 있다. 결정연구가 Russo & Schoemaker(1989)는 전에 그들의 학생이었던 Jay Freedman의 이야기를 하는데 그는 이 전략을 훌륭하게 사용하였다. 투자회사 Kidder, Peabody & Company의 최고 분석가인 Freedman은 재무적 권고를 하기 전에 늘 반증을 요청하였다.

의사결정자는 그들의 판단이 틀릴 수 있을 이유를 고려함으로써 과신을 줄이고 그들의 결정의 질을 개선할 수 있음을 앞에서 이야기한바 있다(Koriat, Lichtenstein, & Fischhoff, 1980; Lord, Lepper, & Preston, 1984). 그런 접근이 자기충족 예언이나 자기충족 고정관념을 줄이기도 한다. 현재로 이 가능성은 불확실하며 심리학적 연구에 의하여 확인 — 또는 반증 — 되어야 한다.

1.3.3 행동상의 함정(behavioral traps)

"전화 주셔서 감사합니다. 모든 교환원이 일시적으로 바쁩니다. 잠시 전화를 들고 기다리시면 받은 순서대로 응답해드리겠습니다."

일분이 지나고 이분 당신은 전화를 끊고 다시 걸어야할까 생각하게 된다. 당신은 받을 수 없는 라인으로 연결되었는지 모른다. 예를 들어 숲속에 떨어져 있는 전화벨이 울린다면 그것에 답할 아무도 없을 테니까

반면에 전화를 끊는다는 것은 아마도 다시 시작한다는 것을 의미한다. 다른 사람들이 순서를 기다릴 것이고 가지고 있는 어떤 우선권도 잃어버릴 것이다. 계속 기다리는 것이 좋으리라. 당신이 바로 다음 차래일지 누가 아나.

당신은 조금 더 기다린다. 3분. 4분. 무엇이 이리 오래 걸리나? 당신은 의아해한다.

마지막으로 당신은 의사결정을 내린다. 만일 교환원이 30초안에 나오지 않으면 전화를 끊을

것이다. 30초가 지나간다. 40초. 50초가 지났는데도 아직 대답이 없다. 마감시간이 지남에 따라 당신은 희망을 품고 잠시 주저한다. 그러고 나서 불만에 차 수화기를 탕 내려놓는다.

귀에 익은 일로 들리나? 이 상황이 "행동상의 함정"의 모든 특징을 가지고 있다. 행동상의 함정은 개인이나 집단이 나중에 바람직하지 않고 피하기 어렵게 되는 행동을 시작하는 상황이다. 이 정의는 Platt(1973)가 사회적 함정에 관한 그의 선구적 연구에서 개발한 것과 유사하다. 이 절의 주요 내용은 Platt(1973)과 Cross & Guyer(1980)에서 대부분 빌려온 것이다. 함정이 사회적이면서 비사회적이기도 하기 때문에 전통적인 "사회적 함정"이라는 용어대신 일반적인 용어인 **행동상의 함정**을 사용하려한다.

▌함정의 분류(分類; taxonomy)

Cross & Guyer(1980)는 함정과 **역 함정**(逆 陷穽; counter-traps)을 분류하였다. Cross & Guyer(1980, p 18)는 역 함정(부작위(不作爲)의 죄; sins of omission)이 잠재적으로 유익한 행동을 피할 때 일어나는데 반해 함정(작위의 죄; sins of commission)은 잠재적으로 해로운 행동을 취할 때 일어난다고 하였다. 위에서 언급한 것처럼 일반적인 함정의 예로 전화교환원을 기다리는 것이 있다. 통상적인 역 함정에는 하기 싫은(시간이 지남에 따라 쓰레기더미가 점점 커지는) 집안청소하기와(늦어진 기간이 길어짐에 따라 곤란한 일이 증가하는) 늦은 교신(交信; correspondence)을 들 수 있다. 함정에는 몇 개의 형태가 있으며 그 각각은 그것에 상응하는 역 함정이 있다. Cross-Guyer 분류법을 사용하여 함정을 다섯 개의 일반적인 범주로 나누기로 한다.

1. 시간지연의 함정
2. 무지의 함정
3. 투자의 함정
4. 악화(惡化; deterioration)의 함정
5. 집합적(collective) 함정

이들 다섯 함정의 요소들이 혼성(混成; hybrid) 함정을 형성하기도 하지만 각 함정은 무언가 다른 원칙위에서 작동한다. 함정을 각 형태별로 검토해보기로 한다.

▌시간지연함정(時間遲延陷穽; time delay traps)

당신이 다이어트나 정기적으로 운동을 하는 것이 어렵다는 것을 알아차린다면 당신은 **시간지연 함정**의 힘을 알게 된다. 시간지연 함정에서 순간적 만족(滿足; gratification)이 장기결과(長期結果; long-term consequences)를 가지지 못하게 만든다. 단순히 좋아하는 디저트나 몇 개비의 담배로 시작된 것이 많은 해 뒤에 비만과 폐암으로 끝난다. 또는 역 함정의 입장에서 보면 당장 즐겁지 않다고 피하는 것 — 어떤 이에게는 에어로빅, 다른 이에게는 치과검사 — 이 결과적으로 심장마비나 치주염에 이르게 한다. 이들 함정과 역 함정에 관하여 주목하여야 할 것은 단기적으로는 비교적 작은 고통이나 즐거움이 장기적으로는 파괴적인 또는 치명적이기조차한 행동을 만들기에 충분하다는 것이다.

단기간의 결과(consequences)가 장기간의 결과와 상반(相反; counter)되는 어떤 상황도 시간 늦추기 함정이 될 가능성이 있다. 다음과 같은 상황을 생각해보라.

1. 음주의 도취감과 다음 날의 숙취(宿醉; hang-over);
2. 보호되지 않은 성(性; sex)의 순간적 즐거움 대 미루어진 AIDS의 가망성(可望性; prospect)이나 원하지 않는 임신;
3. 사용 후 버릴 수 있는 제품의 편리성(便利性; convenience)과 장기에 걸친 환경 문제;
4. 신용카드로 가능한 "지금 사고 나중에 지불" 옵션과 예약할부판매의 유치상품(留置商品; layaway - 대금완납 시 인도) 계획;
5. 체형(體刑; corporal punishment)이 빠르지만 궁극적으로는 의도에 역행하는 결과를 가져다주는 결과 등등

Eden 동산의 사과조차도 시간 늦추기 함정에 속하는 유혹으로 간주될 수도 있다.

무지(無知; ignorance)의 함정

시간지연의 함정에 걸린 사람들은 흔히 그들 행동의 먼 훗날의 결과를 알고 있다. 과식하는 사람은 통상 체중이 는다는 것을 잘 알며 흡연인은 때때로 담배를 "암 방망이"라고 부르기도 한다. 비만이나 암에 관한 경고가 시간지연 함정에는 별로 효과가 없다.

무지의 함정은 다르게 작동한다. 이들 함정에서 행동의 부정적 결과는 최초에는 이해되지도 예상되지도 않는다. 예를 들어 19세기에 애연가들은 담배가 암과 관련이 있다는 것을 몰랐으며 만일 이런 정보를 접할 수 있었다면 많은 사람이 담배를 피우지 않았을 것이다(물론 담배피우기는 아직도 시간지연 함정의 성질을 갖고 있으며 암과의 연관이 이제 잘 알려졌음에도 불구하고 수백만 명이 계속 이 함정에 걸리고 있다).

무지의 함정은 보통 새로운 인생의 길을 택할 때 나타난다. 예를 들면 대학생은 때때로 졸업할 때 비로소 자기의 전공이 처음에 상상했던 만큼 그다지 전망이 밝지 않은 분야라는 것을 알게 된다. 노동자는 때때로 기대만큼 좋지 않은 직업에 걸려든 것을 발견한다. 그리고 연인들은 때로는 처음에 가졌던 매력을 뒤에 덜 느끼는 파트너와 관계를 맺고 있다. 그런 함정은 함정에 걸릴 기회를 최소화할 수 있는 길이 있기는 하지만 인생의 피할 수 없는 부분이다. 함정에 걸리기를 줄이거나 피할 수 있는 기법은 뒤에서 설명된다.

무지 함정의 특히 비극적인 예가 미국농업에서 살충제 의존의 이야기이다. DDT와 같은 합성유기살충제가 1940년대에 소개되었을 때 그것들이 병충해로부터 수확을 보호하기위한 효과적인 방법인 것 같았다. 이들을 사용할 수 있게 된 직후 미국농부들은 해충통제를 위한 선택으로 그것을 채택하였다.

그리고 난 후 두 개의 예상하지 않은 일이 일어났다: (1)새들과 다른 벌레들이 죽기 시작하였

고 (2) 벌레들은 사용된 화학제품에 저항력을 갖게 되었다. 병충해는 증가하기 시작하였다. 새로운 살충제가 발명되었으나 저항력 있는 해충의 변종이 다시 나타났다. 4억년의 진화를 거치면서 벌레들은 전투 없이 포기하지 않게 되어있었다.

수십 년 동안 이 전쟁은 미국의 농장에서 지속되었으나 화학무기의 새로운 라운드는 오로지 그이상의 폐해(弊害; pestilence)를 유발하였을 뿐이다. 병충해로 인한 미국수확의 손실률은 1950년에서 1974년 사이에 두 배가 되었다(Robbins, 1987).그리고 University of California의 곤충 학자에 의하면 California에서의 가장 심한 농업해충 25종 중 24종이 살충제가 유발하거나 악화시킨 것이었다(Luck, van den Bosch, & Garcia, 1977). 매년 살충제 1억 파운드이상이 미국에서 사용되었으며 야생식물, 채소, 수로, 및 인간 안전의 유해물이 되었다.

투자 함정(投資陷穽; investment traps)

Cross & Guyer(1980)는 그들의 분류에 투자의 함정을 명시적으로 포함시키지 않았지만 이런 형태의 함정은 근간에야 많은 연구의 토픽이 되었다. **투자 함정**은 먼저 들어간 시간, 돈 또는 다른 자원의 소비가 사람들로 하여금 그런 소비가 없다면 하지 않을 선택을 하게할 때 일어난다. 결정연구의 어법으로는 이들 함정이 **매몰비용효과**(埋沒費用效果; sunk cost effect)의 결과다. Arkes & Blumer(1985)는 10개의 다른 작은 실험에서 매몰비용의 효과의 예를 보여주었다. 이들 실험의 하나에서 일단의 피험자들에게 다음과 같은 질문을 던졌다.

> 항공사의 사장으로써 당신은 한 연구프로젝트에 회사 돈 천만 불을 투자하였다. 목적은 재래식 레이더로는 탐지되지 않는 비행기를 제조하는 것이다. 프로젝트의 90%가 완료되었을 때 다른 회사가 레이더로 탐지되지 않는 비행기를 판매하기 시작하였다. 또 이 비행기가 당신의 회사가 제조하고 있는 비행기 보다 훨씬 더 빠르고 경제적이라는 것이 분명하다. 질문은: 당신은 남은 연구자금 10%를 당신의 레이더 탐지불능 비행기를 완성하기위하여 투자하여야하나?

Arkes & Blumer는 그들의 피험자의 85%가 완성된 비행기가 이미 시장에서 다른 비행기보다 열등할 것임에도 불구하고 그 프로젝트를 완료하여야한다고 권유한다는 것을 발견하였다. 그러나 두 번째 구룹의 피험자에게는 이미 들어간 투자에 관한 이야기를 빼고 설명하였는데 그들의 단지 17%만이 프로젝트에 계속 돈을 쓰는 쪽을 선택하였다. 천만 불의 매몰비용이 그 차이를 가져온 것이다.

다른 실험에서 Arkes & Blumer(1985)는 매몰비용이 오래 지속될 수 있음도 보여준다. 이연구에서의 피험자들은 Ohio 대학극장의 계절입장권을 사기위하여 매표소로 가고 있는 60명의 극장관객이다. 이들에게는 알려지지 않았지만 그들에게 무작위로 세 가지 입장권, (1) $15 짜리 정규입장권, (2) $2 할인된 입장권, 및 (3) $7 할인된 입장권 중에서 한 가지를 팔았다. 할인된 입장권을 받을 행운이 따른 피험자에게 할인은 극장 측의 판매촉진을 위한 것이라고 말해주었다.

세 입장권은 각각 색깔이 달랐으므로 Arkes & Blumer(1985)는 각 공연 뒤 입장권의 잔여 쪽을 수집하여 얼마나 많은 피험자가 공연을 관람하였는지를 알 수 있었다. 분석목적으로 극장 시즌을 둘로 나누고 전후반 6개월에 각각 5번의 공연을 갖도록 하였다. Arkes와 Blumer가 후반시즌의 6개월에서 유의적 차이를 발견하지 못하였지만 그들은 전반 6개월에서 정규입장권을 산 피험자가(할인금액과 관계없이) 할인을 받은 피험자보다 더 많이 공연을 관람한 것을 발견하였다. 이처럼 투자에서의 하찮은 $2의 할인일지라도 6개월까지 행동에 영향을 계속 주었다.

이 연구는 두 이유 때문에 중요하다. 첫째 그 연구가 매몰비용효과는 기록(記錄; paper-and-pencil)을 위한 측척(測尺)(測尺; measures)에 한정되지 않는다는 것을 보여주기 때문이다. 둘째 투자의 차이가 행동에 상대적으로 지속적인 영향을 미친다는 것을 보여주기 때문이다. Fischhoff et al.(1981, p.13)은 그들의 책 **Acceptable Risk**에서 "일단 시작된 미합중국에 있는 어느 댐도 미완성인 채로 남아있는 것은 없다는 사실이 어떤 문제를 정의하는데 있어 작은 콘크리트가 얼마나 멀리 가는지를 보여준다."라고 썼다.

악화(惡化; deterioration) 함정

악화 함정은 행동의 비용과 이득이 시간에 따라 변하는 것 외에는 투자의 함정과 비슷하다. 이들 함정은 처음에는 행동의 보상을 받는 과정이 점점 적게 강화 되거나 오히려 벌을 받게 될 때 일어난다.

악화 함정의 상징적인 예가 마약중독이다(마약중독은 시간 늦추기 함정과 무지의 함정이라고 간주될 수도 있지만). 첫째 해로인 사용자는 그 약이 즐거움을 준다는 것을 안다. 그러나 시간이 지남에 따라 그들은 내성이 증가한다. 그리하여 같은 느낌을 얻으려면 더 많은 투여가 필요하게 되고 최후에는 도취감을 맛보기위해서보다는 오히려 금단증상을 피하기 위하여 그 약을 취하게 된다. 즐거운 경험으로 시작된 것이 의존 증의 악몽으로 바뀐다.

같은 과정이 "살충제 중독"에서도 크게 작동된다. 살충제의 사용은 무지의 함정으로 시작될 수도 있지만 부분적으로는 악화 함정으로 계속된다. **Bio-Science**에 실린 보고서에 의하면 살충제 의존은 다음과 같이 작동한다.

> 살충제의 지속기간이 다를 수 있다. 벌레로 인한 수확량감소가 크게 줄어든다. 그러나 결국에는 일차적, 부차적, 또는 살충제-유발에 의한(insecticide-induced) 해충의 저항력만 키워 주게 된다. 이 문제 때문에 살충제를 추가(다변화)하고 바꾸게 되지만 대체된 물질들은... 일반적으로 오래 가지 못하고 같은 효과를 얻기 위해서는 더 자주 사용하여야만 하게 된다. 계속해서 살충제를 사용함에 따라 그들의 문제는 더욱 커진다(Luck, van den Bosch, & Garcia, 1977, p.607).

집단적 함정(集團的 陷穽; collective traps)

앞서의 함정과 달리 **집단적 함정**은 여러 관계자들이 포함된다. 집단적 함정에서 개인의 자기이익추구는 그 집단에게는 불리한 결과를 가져온다. 간단한 예가 러시아워 교통이다. 수백 명의 사람들이 같은 시간에 차를 몰기를 원하지만 각자가 자기만을 위해 움직이면 모두가 고생한다.

집단적 함정 — 수학의 게임이론(Dawes, 1980)에서의 "사회적 딜레마"에 가까운 사촌 — 이 모든 다른 함정을 결합한 것보다 더 연구의 관심을 받았다. 집단적 함정의 가장 유명한 예가 "형사피고인의 딜레마"인데 여기서 두 피고인이 서로 분리된 감방에 감금되어 있으며 다음과 같은 거래를 제안 받는다.

> 지방검사: 들으시오, Billy Boy. 둘 중 누구도 자백을 하지 않는다면 우리는 당신과 당신의 파트너를 일년간 교도소에 처넣을 충분한 증거가 있다. 하지만 우리가 진짜 원하는 것은 적어도 하나의 자백이다. 만일 당신이 자백하고 당신의 파트너가 하지 않는다면 우리는 당신의 파트너를 10년 을 때릴 것이며 당신은 무죄로 하겠다. 반면에 당신이 침묵하고 당신의 파트너가 무죄가 되면 당신이 10년 형을 받을 것이오.
>
> Wild Bill: 우리 모두가 자백하면 우리 둘 다 10년 형입니까?
>
> 지방검사: 그 경우에는 그렇지 않소. 우리는 당신의 정직을 5년 감형으로 보상하겠소.

이 피고인 딜레마에서 두 피고인 모두 같은 선택 — 그들의 파트너가 어떤 선택을 하든 관계없이 자백하는 것이 더 좋은 선택 — 에 직면한다. 만일 그의 파트너가 자백을 하면 그들은 석방된다. 안하면 그들은 적어도 10년 형은 면한다. 딜레마는 두 피고인 모두가 자기이익만을 추구하여 자백하면 그들은 각자 그들이 침묵하였을 때보다 다섯 배나 긴 형기의 형을 선고받는다는 것이다(그림 1.3.5 참조).

또 하나의 유명한 집단적 함정은 생물학자 Garrett Hardin(1968)이 "공동목장의 비극"이라고 부른 것이다. 이 함정의 전통적 버전에서 목축 공동사회는 가축을 먹이기 위하여 공동의 방목장을 사용한다. 처음에는 문제가 없지만 언젠가는 가축수가 방목장의 수용능력에 도달한다. 그 시점에서 그 목장에 동물을 추가하는 것의 효용(utility)에는 하나는 긍정적인 그리고 하나는 부정적인 두 구성요소가 있다. 긍정적인 효용은 하나의 동물을 더 키움으로써 얼마나 이익이 얻어질 것인가로 구성된다. 이 이익은 그 동물을 추가한 목양자 혼자의 소유이다. 부정적인 효용은 새로 들어온 동물로 인한 추가적으로 초과된 먹이의 함수이다. 이 비용은 그 공동사회의 모든 구성원이 지고 어느 한 목양자에게도 무시할 만하다. 결과는 각자가 동물을 하나 더 목장에 넣음으로써 이익을 보게 되지만 개인의 자기이익추구가 이상보다 못한 결과를 가져온다는 딜레마이다. Hardin은 공동목장의 비극을 인구과밀, 공해, 세계적인 자원소모, 및 핵무기의 확산과 같은 문제에 비유하였다.

공동목장의 비극은 많은 면에서 Schelling(1971)이 처음 기술한 집단적 역 함정인 부끄러운 "매트리스 문제"와 비슷하다. 매트리스문제에서 2차선 고속도로위의 수천 대의 승용차가 Cape Cod에서의 주말여행에서 돌아오고 있을 때 북행차선으로 스테이션왜건의 지붕으로부터 매트리스가 눈에 띄지 않은 채 떨어졌다. 문제는 누가 그 매트리스를 치울 것인가? 이다.

흔한 답은 "아무도 안 한다" 이다. 교통의 흐름에서 멀리 뒤처진 사람이 무엇이 문제인지 모르고 또 피할 수도 없다. 매트리스 옆을 지나가는 사람은 행렬에서 오래 기다렸으므로 그들이 생각하는 모든 것은 어떻게 그것을 피해 나가는가이다. 그런 오랜 기다림 뒤에 그들이 하고

[그림 1.3.5]

형사피고인 딜레마의 예. 대각선 위의 숫자는 피고인 A의 선고 그리고 아래 숫자는 피고인 B의 선고를 나타낸다.

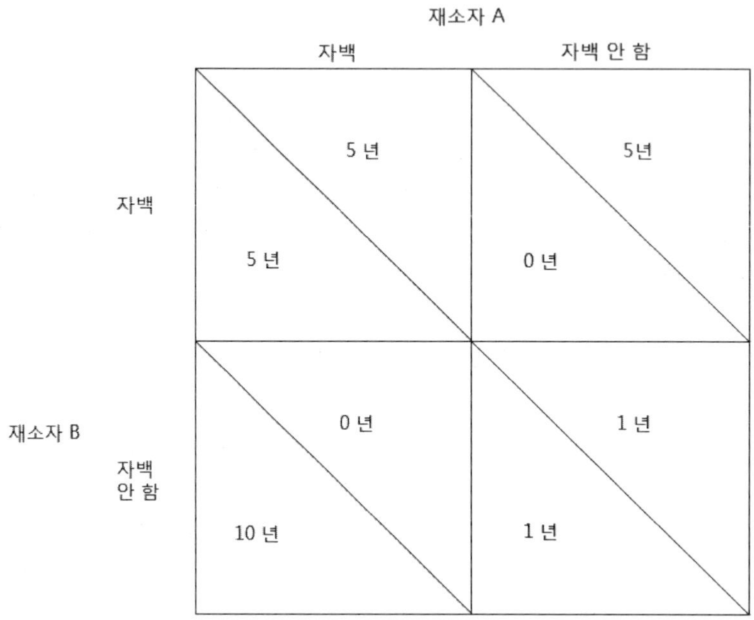

자 하는 마지막 일이 차선을 벗어나 매트리스를 끌어내는데 몇 분을 소모하는 것이다. 이미 그 매트리스를 지나친 사람들은 더 이상 그것을 치우는 것과는 상관이 없다.

매트리스문제는 집단적인 비상상황(이 상황에서 책임은 흩어지고 방관자는 개입이 늦어진다.)에서 발견되는 역 함정의 형태와 비슷하다. 그것은 또한 미국에서 널리 유행하고 있는 정치적 "무관심(無關心; apathy)"에 대해 부분적으로 설명해준다. 불행하게도 Hofstadter(1985, p.757)가 간명하게 말한 것처럼 "개인 수준에서의 무관심은 집단수준에서는 광기(狂氣; insanity)로 바뀐다.

▌일 달러를 위해 당신은 얼마를 지불하겠는가?

심리학적 연구에서 가장 잘 알려진 행동상의 함정중 하나가 달러 옥션게임 — 집단적 함정, 투자함정, 및 무지함정의 특성을 결합한 게임 — 이다. Shubik(1971)이 창안한 이 게임에서 일 달러 지폐가 제일 높은 입찰자에게 경매된다. Platt(1973)가 요약한대로 달러 경매게임은 다음 네 개의 단순한 규칙을 따라야한다.

1. 경매가 진행되는 동안 입찰자들 간 의사소통은 허용되지 않는다.
2. 입찰은 5센트로부터 시작되며 5센트의 배수로만 이루어진다.
3. (입찰자를 광적 열의로부터 보호하기위하여) 입찰은 $50.00을 넘을 수 없다.
4. 달러는 단지 제일 높은 입찰자에게 가지만 제일 높은 두 입찰자는 둘 다 그들의 입찰금을

지불하여야한다(결국에는 경매인이 손실을 어느 정도 회수하여야한다).

게임이 충분히 단순한 것처럼 들리지만 주목할 가치가 있는 "물러설 수 없는 단계"가 둘 있다. 첫째 것은 두 제일 높은 입찰금의 합이 $1을 초과함으로써 경매인이 확실히 이익을 내게 됐을 때(예를 들면 한사람이 ₵50 다른 한 사람이 ₵55를 걸었을 때) 온다. 이 시점에서 경매는 입찰자의 견지에서 아직 매력적이지만(55₵로 일 달러 지폐를 받을 수 있으므로) 개인적 사리(私利; self-interest)의 추구가 이미 입찰자들에게 집단적 손실을 확실히 하고 있다.

두 번째 물러설 수 없는 비탈은 첫째 입찰이 $1.00을 넘었을 때 나타난다. 왜 사람들이 $1.00이상으로 입찰할까를 보기 위하여 다른 누가 $1.00에 입찰한 다음 두 번째로 95₵에 입찰한 누구의 곤경을 생각해보라. 이런 상황에서 당신은 어찌하겠는가? 그 시점에서 당신이 그만 둔다면 당신은 분명 95₵를 잃게 된다. 반면에 당신이 $1.05로 입찰하면 당신은 단지 5₵만을 잃을 뿐이다. 문제는 당신의 입찰경쟁자도 같은 상황에 처해있다는 것이다.

결과적으로 입찰액이 자주 수 달러에 이른다.

달러경매게임이 많은 관심을 받는 것은 그것이 핵무장경쟁 및 기타 국제분쟁과 유사하다는 것 때문이다(Costanza, 1984). 1980년 Allan Teger는 **Too Much Invested to Quit**(빠져나가기에는 너무 많이 투자)를 출판하였는데 책 전체가 달러경매게임연구에 충당되었으며 그의 결론의 많은 것이 바로 군사대립에 적용될 수 있다. Teger에 의하면 피험자들이 통상 개인 적인 이익에 의하여 움직이지만 머지않아 그들의 동기는 바뀐다. 입찰이 계속됨에 따라 피험자는 경쟁에서 이기고, 체면을 세우며, 손실을 최소화하고 자기를 그런 난처한 지경에 빠지게 한 것에 대해 적을 징벌하는데 관심을 갖게 된다(일반적으로 단지 두 입찰자만이 함정의 마지막 단계에 남게 된다). Teger는 입찰액이 $1.00에 접근하였을 때 두 쪽 모두 상대 입찰자로 말미암아 입찰을 계속하지 않을 수 없다고 느낀다는 것 그리고 많은 피험자가 ― 다른 사람들이 동일한 힘이 두 피험자 모두에 작용한다는 것을 보지 못하고 ― 정신없이 계속할 것이라고 생각한다는 것을 발견하였다. 이 경상(鏡像; mirror image)이 핵무기경쟁을 생각나게 한다.

진흙탕에 깊이 빠진 무릎(Knee Deep in the Big Muddy)

달러경매게임에 입찰자가 일단 걸리면 ― Staw(1976)가 표현한 대로 진흙탕에 무릎이 깊이 빠지면 ― 그들은 보통 누군가가 최종적으로 포기하기 전에는 서로 치고받기를 계속한다. Brockner & Rubin(1985, p.5)은 이 역학관계(力學關係; dynamics)를 "올가미(entrapment)"라고 불렀는데 "개인들로 하여금 앞선 투자를 정당화 하거나 보상받기 위하여 실패하더라도 미리 선택된 행동방향에 몰입시키는 의사결정과정"이라고 정의하였다.

함정의 첫 번째 연구들 중 하나는 Staw(1976)에 의하여 이루어졌다. Staw는 경영학도에게 가설적이지만 손실을 보기 시작한 한 하이테크회사에 관한 충분하게 상세한 시나리오를 주고 재무담당 부사장의 역할을 가정하라고 요청하였다. 시나리오에 따르면 회사의 중역들은 제일 큰 두 사업부 ― 소비자용 제품 또는 산업용 제품 ― 중 하나에 천만 불의 추가 연구개발비를 투입하기로 결정하였다. 그 연구의 제1부에서 학생의 반은 어느 사업부가 추가자금을 받아야

하는지를 선택하라는 요구를 받았다(즉 결정에 높은 책임이 따른다). 나머지 반에게는 회사의 재무책임자가 이미 자금을 받을 사업부를 결정하였다고 들려주었다(즉 결정에 책임이 없다). 대략 반쯤의 학생이 그 후 5년간 선택된 사업부가 선택되지 않은 사업부보다 훨씬 높은 성과를 올렸다는 얘기를 들었고(즉 선택이 긍정적인 결과를 가져왔고) 대략 반은 그 반대로 들었다(즉 선택이 부정적인 결과를 가져왔다).

실험의 제2부에서 학생들은 회사관리자들이 재평가한 결과 연구개발을 위한 추가자금 2천만 불을 배분하게 되었다는 것을 알게 되었으며 그들은 이 금액을 두 사업부에 분배하도록 요청받았다. Staw(1976)가 발견한 것은 함정 — 실패하는 행동방향으로의 몰입 — 이었다. [그림 1.3.6]에서 보는 것처럼 최초의 성공적이지 못한 선택에 대해 개인적으로 책임이 있는 학생들은 먼저 선택된 사업부에 — 다른 학생들이 배분한 금액보다 약 400만 불이 많은 — 대략 1300만 불 을 배분하였다. 책임이 높을 때 실패한 쪽에 적게 투자하는 것이 아니라 더 크게 투자하게 하였다.

[그림 1.3.6] Staw(1976)가 발견한 함정의 예

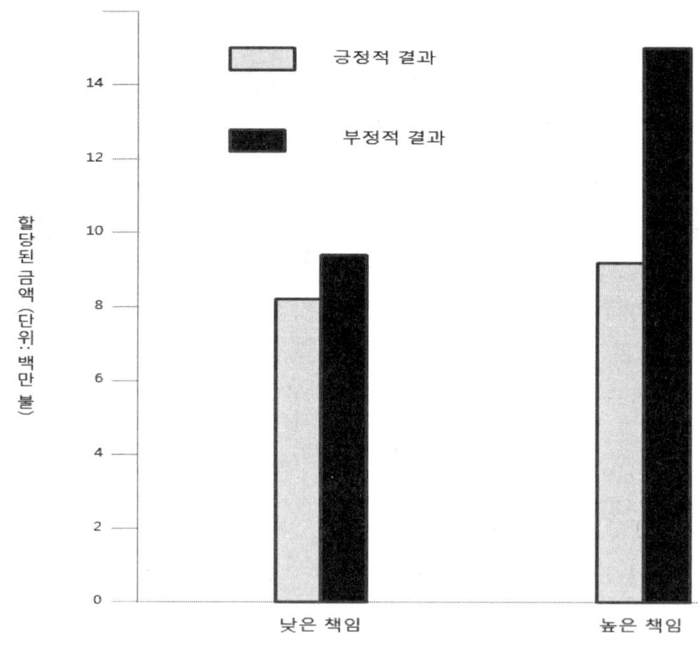

Staw의(1976)실험을 뒤따라 많은 연구가 활발하게 이루어졌으며 그의 연구 이후 함정을 이론적으로 분석한 몇몇 연구가 발표되었다(예 Brockner & Rubin, 1985, 및 Staw & Ross, 1987.). 함정에 관한 연구는 아직도 비교적 새로운 것이지만 실험적 증거가 (1) 자동적 재투자 플랜과 같이 현상(現狀; status quo)을 피동적으로 유지하는 상황이 계속할지를 활발하게 결정 내려야 하는 상황보다 함정에 더 잘 걸려들며(Brockner, Shaw, & Rubin, 1979) (2) 함정은 비사회적 상황보다 경쟁적인 사회적 상황에서 더 크고(Rubin, et al., 1980) (3) 여자들에게만 맞는 일일지 모르지만(Brockner & Rubin, 1985) 함정은 개인에서와 마찬가지로 집단에서도 쉽사

리 일어난다는(Bazerman, Giuliano, & Appelman, 1984) 것을 말하여준다.

열렬한 사랑관계에서의 함정에 관한 일부 데이터도 있다. Rusbult(1980)은 역할연기(役割演技; role playing) 실험에 참가한 대학생들이 관계가 한 달보다 일 년 계속되었을 때 로맨틱한 파트너에 더 많이 몰입한다는 것을 그리고 다른 사람과 데이트할 가능성이 적다는 것을 발견하였다. 이처럼 모든 것이 같을 때 학생들이 관계에 이미 투자한 시간의 양이 그들의 장래 몰입 정도와 직접적으로 관계된다.

대단한 현실도피(the great escape)

함정이 점착성이 있다 할지라도 그것이 영원히 지속되는 일은 별로 없다. 회사 담당자는 나쁜 투자 후에는 좋은 투자를 멈춘다. 불행한 로맨틱 파트너는 파탄난다. 문제는 행동상의 함정이 희생자를 영원히 붙잡는 것이 아니고 돌이켜 생각해보면 사람들이 그들이 하였던 것 보다 더 빨리 그 함정을 벗어났기를 원한다는 것이다.[11)]

다행스럽게도 덫을 줄이거나 피할 수 있는 몇 가지 길이 있다(Brockner & Rubin, 1985; Cross & Guyer, 1980; Staw & Ross, 1987 참고). Staw & Ross(1987)가 제안한 기법은 실행하기 전에 "철수비용문제를 제기하는 것"—즉 장기적 모험사업(冒險事業; venture)에 착수하기 전에 철수비용을 분명하게 고려하는 것이다. 실험에 의한 증거를 통해 함정이 참가비용이 전면에 두드러지게 나타날 때 줄어들거나 제거된다는 것을 알게 하여 준다(Brockner, Rubin, & Lang, 1981; Nathanson et al., 1982).

함정에 관한 그들의 책에서 Brockner & Rubin(1985, p.203)은 의사결정자에게 가능할 때마다 미리 한도를 설정하고 이들 한도를 다음과 같은 방법으로 사용하라고 충고한다.

> 자신들이 한도로 정한 금액을 투자하는 것을 자동적으로 중지하기보다 의사 결정자는 **사전 투자가 이루어졌다는 사실과 관계없이** 지속하는 것이 현명한지 철수하는 것이 현명한지를 재사정하기 위한 한계시점을 설정하여야한다. 즉 만일 개인이 그가 앞서 설정한 한계를 넘어 투자하기로 결정한다면 이결정은(과거지향이 아니라) 예기되는 장래의 비용-이득 분석의 결과로 내려져야 한다.

사업맥락에서 Staw & Ross(1987, March-April)는 "내가 처음으로 이일을 인계받고 이 프로젝트가 계속되고 있음을 발견하면 나는 이일을 뒷받침하여야할까? 아니면 이 일에서 빠져나와야할까?" 라는 질문을 하라고 권고한다. 이 질문은 사업이외의 맥락에서 사용되는데도 쉽게 적용될 수 있다(예 "내가 오늘 이 사람을 처음 만났다면 그 사람 맘에 들었을까?").

또 하나의 예가 최초의 결정과 뒤따르는 결정을 각각 다른 사람이 하게 하는 것이다(Bazerman, Giuliano, & Appelman, 1984; Staw & Ross, 1987). 예를 들면 융자의 결정은 한

---

11) 인구과잉, 기아, 환경악화 및 무력충돌과 같은 특정한 집단적 함정은 이 규칙에 예외일지 모른다. 이들 문제는 영속성을 교란시키는 모양을 가지고 있으며 인류가 그 문제들을 풀 수 있을지 알아야 할 일이 남아있다.

은행원이 결정하고 이를 갱신하는 것은 다른 행원이 하는 것이다). 이 기법의 유리한 점은 나중 결정이 먼저 내려진 결정의 큰 실책에 책임이 없는(그리고 그 때문에 약속을 확대시킬 이유가 없는) 사람에 의해 내려진다는 것이다. 그러나 불리한 것은 연속성의 와해와 "단체 기억(團體 記憶; institutional memory"의 잠재적 상실이다. 이상에서 행동상의 함정들을 공부하였는데 이를 종합하면 다음과 같은 결론이 도출된다.

행동상의 함정은 도처에서 동시에 나타나는 생활의 한 부분이며 억제되지 않으면 심각한 결과를 가져다 줄 수 있다. Staw(1981)는 가장 해로운 개인적 결정과 공적인 정책의 많은 것이 (Vietnam 전쟁에서 발견되는 것과 같은) 연속되는 그리고 확대되는 약속(約束; commitment)에서 일어난다고 주장하였다. Platt(1973, p.651)는 "함정이 우리들의 가장 다루기 힘들고 대규모적인 오늘날의 도시, 국가, 및 국제 문제의 모든 것을 나타낸다."고 주장하였다.

그러나 함정이 항상 나쁜 것만은 아니다. Brockner & Rubin(1985)이 관찰한대로 사람들이 일부러 스스로를 함정에 빠뜨리는 사례가 많다. 예를 들면 회복중인 알코올 중독자, 담배피던 사람, 식이요법 자들이 의도적으로 건강한 생활패턴의 함정에 스스로를 빠져들게 함으로써 자주 그들의 용기를 북돋운다.

함정에 빠져보고 싶을 때 의사결정자들은

1. 함정에 빠져보기를 원한다면 그것에 관한 정보를 상대하지 말고
2. 이를 계속하는 비용의 한도를 정하거나 평가하거나 하지 말고
3. 함정에 빠져보겠다는 약속을 공개적으로 선언하고
4. 같은 목표를 향해 투쟁하는 다른 사람들과 경쟁하여야 한다.

이 책에서 검토된(될) 많은 경험적 해법과 편향에서처럼 행동상의 함정은 본래적으로 좋은 것도 본래적으로 나쁜 것도 아니며 그것이 이 쟁점을 결판내기 위한 심리학적 연구의 목적이 아니다. 오히려 함정 연구의 목적 — 그리고 일반적인 결정연구 — 은 더 경계가 제한적이다. 그것은 어떻게 결정과정이 작동하는가의 이해를 증진하고 그렇게 함으로써 내려지는 결정의 질에 기여하는 것이다.

1.4 관련성, 인과관계 및 사실변환 사고

여기서 우리가 세상을 어떻게 이해하는지 그 방법들을 검토해보고자 한다. 이에는 서로 다른 대상(對象; objects)이나 사건(事件; events)이 어떻게 연계되어 있는지에 관하여 판단을 내리는 것(관련성의 판단) 그리고 하나의 사건이 다른 사건의 원인인지의 여부에 관하여 판단을 내리는 것(인과관계의 판단)에 대하여 검토하기로 한다. 그리고 사실을 바꾸어 생각하기(사실변환 사고)가 인과관계 판단에서 어떤 역할을 하는지 와 행동을 이끌어가는 데 그리고 사람들의 느낌을 조정하는 데 어떤 구실을 하는지에 대하여 살펴보고자 한다. 여기서 우리는 판단이 결정의 출발점이 된다는 것을 되새길 필요가 있다.

1.4.1 관련성(關聯性; association)의 판단

공동변화(covariation)

우리가 습득하는 많은 믿음은 그것이 진짜든 상상에 의한 것이든 간에 변수들 사이의 관계를 우리가 알아맞힌 결과이다. 보험회사의 지점장이 나이가 많은 영업사원의 나이가 많아질수록 더 좋은 영업실적을 올린다는 것을 알아차렸다고 하자. 이 때 우리는 영업사원의 실적이 나이와 함께 변한다고라고 말한다. 이 함께 변하는 **공동변화**의 정도는 상관관계계수 r에 의하여 통계적으로 측정될 수 있는데 그 계수의 범위는 -1에서 +1이다.

1. +1은 완전 상관관계를 나타내는데 이에 의하면 한 변수의 증가가 다른 변수를 선형으로 증가하게 만든다는 관계이다. 점들을 그래프 상에 찍으면 그들은 모두 직선상에 있게 된다.
2. 0은 아무 관계도 없다는 것을 나타낸다.
3. -1은 완전한 부(負; negative)의 상관관계로 한 변수가 증가할 때 나머지 다른 변수는 선형으로 감소한다.

r의 값이 0.92이라면 이는 아주 강하지만 그러나 완전하지는 않은 상관관계를 나타낸다.

두 변수가 상관관계를 가지고 있을 때 우리는 한 변수가 다른 변수의 원인이 되었다고 확실하게 말할 수 없다. 영업사원의 경우 영업활동의 성공은 나이로 인한 것이 아니다. 물론 나이가 많은 사람이 더 좋은 영업 솜씨를 습득할 수도 있다. 한편으로 고객이 영업사원의 능력과 관계없이 금융상품을 나이가 많은 사람으로부터 사기를 선호할 수도 있다. 다른 가능성은 선택편향이 작동하는 것이다. 정해진 목표를 달성하지 못한 젊은 영업부간부는 그 자리를 떠날지 모른다. 그리하여 장기적 기준에서 가장 우수한 영업사원만이 그 자리에 남게 될지 모른다. 이들 설명은 배타적이 아니다. 하나 또는 그이상의 설명이 작동하고 있을 수도 있다. 또는 다른 어떤 ―아직 알아내지 못한 것 같은― 데이터의 설명이 있을 수도 있다.

공동변화의 또 다른 형식은 두 변수가 두 갈래로 나누어 진 곳에서 생긴다. 이 경우 두 값의 범위(範圍; range)가 아니라 두 값 중 하나만을 취한다. 〈표 1.4.1〉 예를 들어 사무실 파티의 주최자가 여자 종업원이 남자 종업원보다 덜 참가할 가능성이 많은지 여부를 정하려고 한다고 하자. 숫자는 먼저 있었던 파티에서 구할 수 있으며 남자가 20명 여자가 10명 참석하였었으며 남자 10명 여자 5명이 참석하지 않았다(표 1.4.2a). 이들 데이터를 기초로(다른 어떤 지식도 없이) 누구는 사무실 파티에 남자와 여자의 참석 가능성이 같다고 추측할 수 있으리라. 이는 남자나 여자나 모두 참석한 사람이 참석하지 않은 사람의 두 배이기 때문이다(전체적으로 남자 종업원이 더 많기 때문에 전반적으로 남자가 더 많이 참석한 것이다). 연구가들은 자주 이런 유의 2×2 표에 대한 조합의 적절한 측척(測尺; measure)으로 피(phi) 계수 ϕ[12]을 사용한다. 이 경우 $\phi = 0$로 파티 참석자와 성별에는 상관관계가 없다는 것을 나타낸다. 대신에 먼저의 데이터가 〈표 1.4.2b〉에서 보여주는 것과 같다고 하자. 이 데이터는 여자종업원이 남자종업원

12) $\phi = (ad - bc) / \sqrt{ab + cd + ac + bd}$

보다 많이 참석하였다(ϕ=.506). 그러나 왜 이런 경우가 나왔는지를 입증하기위해서는 더 많은 조사가 필요하다.

〈표 1.4.1〉

		변수 Y가 나왔는가?	
		그렇다	아니다
변수 X가 나왔는가?	그렇다	a	b
	아니다	c	d

〈표 1.4.2a〉 먼젓번 파티에 참석한 남자 및 여자 종업원 수

		사무실 파티 참석	
		참석	불참석
종업원 성별	남자	20	10
	여자	10	5

〈표 1.4.2b〉 먼젓번 파티에 참석한 남자 및 여자 종업원의 수정된 수

		사무실 파티 참석	
		참석	불참석
종업원 성별	남자	8	22
	여자	12	3

▌착각에 의한 상관관계(illusory correlation)

공동변화판단에서 가장 자주 인용되는 편향이 착각에 의한 상관관계이다. 이것은 사람들이 아무 상관관계도 없는 곳에서 상관관계가 있다고 볼 때 일어난다. 착각에 의한 상관관계로 이끌 수 있는 요인 중 하나가 조건반사 학습에서 평행선을 보이는 현상에서 볼 수 있는 높은 결과기본율(outcome base rate)이다(Valee-Tourangeau et al. 1998). 착각에 의한 상관관계와 관련되는 또 다른 요인은 이미 가지고 있는 믿음이다. 그의 초기 연구에서 Chapman(1967)은 큰 스크린에 일련의 단어 쌍을 피험자에게 보여주었다. 스크린의 왼 쪽에서 피험자는 베이컨, 사자, 꽃, 보트 중 하나를 보았다. 스크린의 오른 쪽에서는 달걀, 호랑이, 노트북 중 하나를 보았다. 왼 쪽과 오른 쪽의 단어가 똑 같은 빈도로 쌍을 이루었지만 사람들은 그들이 베이컨-달걀과 사자-호랑이를 다른 쌍들보다 더 자주 보았다고 과대평가하였다.

Chapman & Chapman(1967, 1969, 1971)은 많은 임상심리학자가 그들 환자의 성격 양상을 구별하기 위한 주관 반영검사(projective test)의 능력에 관하여 잘못된 믿음을 가지고 있음을 발견하였다. 예를 들어 사람그리기검사는 사람의 모습을 그리도록 피험자에게 요구한다. Chapman의 연구에서 대부분의 임상의는 그림의 모습과 그들의 환자의 성격과 연관이 있다고

믿었다. 예컨대 그들은 남을 의심하는 환자들이 비정형의 눈으로 형상을 그린다고 믿었다.

Chapman 부부는 Rorschach 잉크얼룩검사에 대해 같은 결과를 얻었는데 이 검사에서 환자들에게 한 잉크얼룩에서 무엇을 보았는지 말하게 하였다. 조사된 32명의 임상의에 따르면 동성애의 남자에 의한 다섯 개의 가장 일반적인 대답은 (1) 인간 또는 동물의 항문 속 내용물, (2) 여자 옷, (3) 남자 또는 여성의 생식기, (4) 성별이 분간 안 되는 인간, 및 (5) 성별이 불확실한 인간이었다. 실은 이들 대답은 동성애와 이성애 사이에서 차이가 없었다. 동성애의 남자가 다르게 대답하는 경향이 있는 Rorschach 카드가 두 개 있기는 있었다. 그들은 카드 IV에서는 괴물을 그리고 카드 V에서는 일부가 인간 일부가 동물인 모양을 보았다고 보고하였다.

동성연애에 관하여 생각할 때 어떤 단서가 마음속으로 얼마나 강하게 떠오르는지를 말하라는 요청을 받은 한 문외한집단이 근거가 없는 단서들에 중간정도로 강하게라는 점수를 주었지만 근거가 있는 단서에는 아주 약하게라는 점수를 주었다. 또 다른 문외한 집단에게는 카드의 한쪽에 동성애적인 '징후(徵候; symptoms)'(예 다른 남자를 향한 성적 느낌을 가진) 또는 중립적 징후(예 슬프게 그리고 우울하게 느끼게 하는)가 쓰인 Rorschach 카드를 보여주었다. 카드의 다른 쪽에는 동성애에 근거가 있는 단서와 근거가 없는 단서를 일부 끼워 넣기 단서(filler cues)와 함께 기록하였다. 카드 시리즈는 징후와 응답사이에 상관관계가 없도록 구성되었다. 그러나 사전 지식이 없는 피험자가 임상의에 의하여 보고된 착각에 의한 관계를 '찾아냈다'. 그들은 근거 없는 단서를 동성애 징후와 관련지었지만 근거 있는 그리고 끼워 넣기 단서와는 관련짓지 않았다.

▌특정 정보에 편향된 관심(Biased attention to certain type of information)

공동변화판단에서 관찰되어온 또 다른 편향은 사람들이 〈표 1.4.1〉에 있는 네 칸을 똑같이 중요하게 다루지 않는다는 것이다. Smedslund(1963)는 사람들이 두 변수 의 동시발생(co-occurrence)(a 칸)에 너무 많은 중요성을 부여한다는데 주목하였다. 그리고 '통계를 학습하지 않은 정상적인 성인은 상관관계개념과 동일구조(isomorphic)의 인지구조를 갖고 있지 않다고' 결론지었다(p.172). 그러나 이 결론은 이미 기술된 연구에서 논증된 것처럼 사람들의 변수간의 관계를 구별하는 능력을 과소평가한 것이다. 뒤이은 연구가 판단에 주는 다른 칸들의 영향이 $a > b \approx c > d$의 순서를 따른다는 것을 보여준다(예 Kao & Wasserman, 1993; Levin et al., 1993; Lipe, 1990; Wasserman, et al., 1990.). 이순서는 변수가 모두 출석하는 것이 판단에 가장 큰 영향을 주고 모두 결석하는 것이 가장 작은 영향을 준다는 것을 보여준다.

McKenzie와 Mikkelson(2007)은 이미 갖고 있는 믿음의 효과와 네 칸의 서로 다른 영향 둘 다를 설명할 수 있는 공동변화 평가모델을 제안하였다. 그들은 피험자들이 실험실임무를 부여받았을 때 단순히 변수간의 관계를 실험인의 의도대로 기술하려 시도하는 것이 아니라 오히려 피험자들이 있을 법한 관계에 관한 결론을 도출하기 위해 그들의 세상지식을 사용한다고 주장하였다. 이미 갖고 있는 믿음의 역할은 규범적으로 정당화될 수 있으며 Bayes 정리가 새로운 증거를 고려하여 믿음을 갱신(更新; update)하여주는 방법을 알려준다. MecKenzie와

Mikkelson의 주장은 **희소성 가정(稀少性 假定; rarity assumption)**(나올 수도 나오지 않을 수도 있는 변수는 나오기보다는 나오지 않는 경우가 더 흔하다는 아이디어)을 이용한 것이다(예 Anderson, 1990; MecKenzie et al. 2001.). 요컨대 누가 두 변수가 나오기보다는 나오지 않을 가능성이 더 크다고 믿을 때 나오지 않는다는 더 이상의 증거는 별로 유익한 것이 되지 못한다. 그러나 이들 변수의 결합(結合; conjunction)과 마주치는 것은 의외이지만 다행이며 판단에 더 큰 영향을 주게 되는 원인이 된다.

McKenzie & Mikkelson(2007, 실험 2)은 베이즈 모델의 검사에서 피험자에게 학생들의 '정서 상태들' 사이에 관계가 있는지 여부와 그들이 학교를 그만두었는지 여부를 알아맞히는데 도움을 주기위하여 전학 전 고교의 성적표를 보게 하였다. 사실 고교생들이 정서적으로 혼란되는 일은 드물고 학교를 떠나는 일도 드물다. 이들 두 변수에 관한 정보가 두 조건 전반에서 다르게 구성된다. 나오기 드문(presence rare)조건에서는 피험자들에게 성적표에 학생들이 정서적으로 혼란되었는지 여부(예/아니)와 학생이 학교를 떠났는지 여부(예/아니)에 관한 정보가 들어있다고 말하여주었다. 이 조건에서의 예/예 조합은 드문 결과(outcome)이고 〈표 1.4.1〉의 칸 a에 대응된다. 이에 비해 칸 d는 흔히 나오는 결과를 나타낸다.

나오지 않는 것이 드문(absence rare) 조건에서는 피험자들에게 성적표에 학생들이 정서적으로 건강한지 여부(예/아니)와 그들이 졸업했는지 여부(예/아니)에 관한 정보가 들어있다고 말해주었다. 이 조건에서의 예/아니 조합도 〈표 1.4.1〉의 칸 a에 상당하지만 이제는 흔히 있는 결과를 나타내며 반대로 d칸이 드문 결과를 나타낸다.

피험자들에게 a칸에 해당되는 그리고 d칸에 해당되는 두 졸업생의 '무작위로 추출된' 파일을 주고 정서적 상태와 고교졸업여부와 관계를 더 잘 보여주는 파일의 학생을 선택하게 하였다. 베이즈 모델이 예측한대로 피험자들은 나오는 것이 드문(presence rare) 집단에서보다 나오지 않는 것이 드문(absence rare) 집단에서 훨씬 더 자주 d 칸(cell)정보를 선택하였다.

피험자의 또 다른 집단에게는 기본적으로 사전지식의 효과를 방지하기위하여 단지 추상적인 정보만 있는 같은 종류의 과제를 주었다. 아주 적은 사람만이 d 칸 관찰을 선택하였다. 이것은 그렇지 않다는 정보를 갖지 않는 한 사람들이 희소성을 전제한다는 아이디어와 일치한다.

1.4.2 인과관계(causation)의 판단

인과관계 파워 이론(causal power PC theory)

(1.4.1)에서 나온 계수 r과 ϕ는 양방향(bi-directional)이다. 여기서 두 계수는 사건 A가 사건 B에 그리고 사건 B가 사건 A에 얼마나 의존하는가를 나타낸다. 일부 상황에서 연구자들은 단서 A와 결과 O사이의 한 방향 의존성에 더 많은 관심을 갖는다. 이 상황에 대해 통계치 ΔP가 이용된다. 이것은 단서 A가 나타났을 때 O가 일어나는 확률 빼기 단서 A가 나타나지 않을 때 O가 일어나는 확률을 계산한다.

$$\Delta P = P(O|A) - P(O|\sim A) = a/(a+b) - c/(c+d) \quad (1.4.1)$$

〈표 1.4.2〉에서 우리가 만일 남자 파티참석자라고 추측할 수 있는 정도에 관심이 있다면 그

관련 계산은

$$8/(8+22)-12/(12+3)=-0.533$$

이다. 이 계산은 남자의 파티참가확률 빼기 여자의 파티참가확률을 나타낸다. 결과는 남자의 파티참가 공산이 적다는 것을 보여주는 마이너스의 우발가능성(偶發可能性; contingency)이 나왔다.

ΔP는 단순히 관찰된 데이터간의 관련정도만을 측정하는데 반하여 인과관계의 판단은 데이터를 뛰어넘는 추리가 포함된다. 이 것 등등 때문에(예 Shanks, 2004), Cheng(1997)은 인과관계 판단을 위한 규범적 모델로 인과관계 파워 이론을 제안하였다. C가 목표원인이고 E가 결과인 곳에서 목표원인이 결과를 촉진하는 정도는

$$p=\frac{\Delta P}{1-P(E|\sim C)} \text{(인과관계를 조장하는 힘)} \tag{1.4.2}$$

에 의하여 결정된다. 이 방정식에 따르면 후보원인(candidate cause)은 $P(E|\sim C)$가 증가할수록 인과관계 파워가 더 커진다고 판단한다. 그러나 $P(E|\sim C)=1$이면 나눗셈이 정의되지 않으므로 인과관계에 대한 어떤 결론도 추리될 수 없다. 예방 인과관계를 위한 방정식은 다음과 같다.

$$p=\frac{\Delta P}{P(E|\sim C)} \text{(예방하는 힘)} \tag{1.4.3}$$

〈표 1.4.3〉 평균 우발가능성(偶發可能性; contingency) 판단

$P(E\|C)$	$P(E\|\sim C)$				
	0.00	0.25	0.50	0.75	1.00
1.00	0.85	0.52	0.37	0.13	-0.03
0.75	0.65	0.43	0.16	0.06	-0.12
0.50	0.37	0.19	0.01	-0.19	-0.34
0.25	0.12	-0.10	-0.14	-0.37	-0.58
0.00	-0.08	-0.45	-0.51	-0.66	-0.75

출처: Wasserman et al. 1993 실험 3

이 경우에 사람들은 $P(E|\sim C)$가 감소함에 따라 예방하는 힘의 추정치를 증가시킨다.

이 분야에서의 공통되는 연구 설계는 일련의 시도에서 변수간의 관계를 사람들이 얼마나 잘 학습하는가를 연구하는 것이었다. 한 연구(Wasscrman et al. 1993)에서 피험자들에게 플래시(flash)에 백색(결과 E)을 나타나게 하는 전신(電信; telegraph) 키 누르기(원인 C)의 정도를 사정(査正; assess)하게하였다. 조건에 따라 키 누르기가 불을 항상 또는 때때로 들어오게 하거나 전혀 들어오지 않게 하였다. 키를 누른 다음 불이 들어오는 확률 $P(E|C)$는 〈표 1.4.3〉에 있다. 조건에 따라 키의 누름이 없이 불은 항상 또는 때때로 들어왔거나 전혀 들어오지 않았다.

이들 확률 $P(E|\sim C)$도 〈표 1.4.3〉에 있다. $P(E|C)$와 $P(E|\sim C)$의 짝은 전부 합해서 25 조건에 이른다. 각 조건은 일분 간 지속된다. 피험자가 일초 간격 이내에 키를 누르지 않으면 불은 $P(E|\sim C)$의 확률로 들어온다. 각각의 조건을 완료한 후에 피험자는 키 누르기의 원인이 되는 결과를 -100(불이 들어오지 못하게 함)에서 +100(불을 들어오게 함)까지의 척도 상에 점수를 매겼다. 여기서 0은 아무 결과가 없음을 나타낸다.

이 연구의 결과가 피험자들이 조건부 확률(표 1.4.3)에 극단적으로 민감하였다는 것을 보여준다. 키 누르기가 항상 불을 들어오게 하는 상황($P(E|C)=1$)에서 사람들은 키 누르기가 항상 불을 들어오게 하는 +100의 판단을 내려야한다. 그러나 키 누르기 없이 불이 들어오는 가능성 $P(E|\sim C)$가 증가함에 따라 사람들의 인과관계 판단이 감소한다.

데이터는 사람들의 판단이 인과관계 파워 모델을 따르지 않음을 보여준다. 예를 들면 각각의 조건에서 $p=1$임에도 불구하고 $P(E|C)=1$인 상황에서 $P(E|\sim C)=0$일 때 $+85$부터 $P(E|\sim C)=0.75$일 때 $+13$까지 변한다. 사실 사람들의 판단이 p보다 Δp에 더 가깝다 (Shanks, 2004).

대부분의 다른 연구도 사람들의 판단이 p보다 Δp에 더 가깝다는 것을 발견하였다(Shanks, 2004). 예를 들면 Lober & Shanks(2000, 실험1과 2)에서 p는 일정한 값이었고 Δp는 변하였다. 인과관계 파워 모델 이론과 반대로 이러한 조작이 사람들의 인과판단을 다르게 이끌었다. 피험자에게 시행순의 설명이 아닌 요약정보를 주었을 때 Lober & Shanks(2000, 실험4와 5)의 피험자의 추정치가 더욱더 가깝게 Δp에 관련되었다. 다른 연구자들도 사람들이 요약형식으로 제시된 우발가능성 정보에 더 민감하다는 것을 발견하였다(Kao & Wasserman, 1993; Ward & Jenkins, 1965). 그러나 Lober와 Sahnks는 시도(試圖; trial)별로 실험하였는데 여기서 그들은 사람들의 판단이 Δp가 일정하게 유지되고 p가 조작 되는대로 인과관계 파워 이론에 일치되게 변한다는 것을 발견하였지만 실험 6에서는 이 발견을 되풀이 되지 않았다.

Rescorla-Wagner 이론

Lober와 Shanks는 이들 발견의 모두가 **Rescorla-Wagner의 학습이론**(Rescorla & Wagner, 1972)의 내용과 일치한다고 주장한다. 이 이론은 자극물에 얼마나 노출되는가가

1. 학습속도(rate of learning)와
2. 최대 잠재적 관련 강도(associative strength)와 현제 강도 간의 차이

에 의해 결정되는 관련강도에 변화를 주는 원인이 된다는 것이다. Rescorla-Wagner 이론은 방정식

$$\Delta V=\alpha\beta\left(\lambda-\sum V\right) \tag{1.4.4}$$

으로 표현할 수 있다. 여기서 ΔV는 원인과 결과(또는 단서와 결과)사이의 관련강도의 변화를, λ는 최대 잠재적 관련강도를, $\sum V$는 당해 시도 상의 관련강도를, 그리고 α와 β는 원인과

결과(또는 단서와 결과) 각각의 연관가능성을 나타내는 학습속도 매개변수이다. 동물학습에서의 많은 영향을 설명할 뿐만아니라 Rescorla-Wagner 이론은 인간의 인과관계 학습에서의 많은 영향도 설명하여준다. 그럼에도 불구하고 이 이론은 수정 없이 마음 놓고 수용할 수 없다는 발견들이 있고 제안된 다른 모델들 또한 있다(Perales & Shanks, 2003은 일곱 모델을 검토하였다).

몇 개의 연구 또한 다른 판단전략을 적용하는 피험자 중 소집단의 존재에 주목하였다. Lober & Shanks(2000, 실험 2)는 파워PC이론이 예측대로 정확하게 행동한 작은 소집단을 관찰하였다: 검사 후 질문을 통해 그들이 $P(E|C)$와 $P(E|\sim C)$의 차이는 $P(E|C)$가 1.0일 때 정보가치가 없다는 것을 알고 있었다는 것을 알게 되었다. 더 나아가 이 연구에서의 모든 피험자가 그리고 Anderson & Sheu(1995)의 대부분 피험자는 그들이 $P(E|C)$와 $P(E|\sim C)$을 계산하고 비교하려고 노력하였다고 말하였다. 후자의 연구 또한 $P(E|C)$만을 계산하였다고 보고한 소집단을 구별해 놓았다. 이것이 Anderson(2000, p.357)이 다음과 같이 말하게 한 배경이다.

> 피험자들은 어느 정도 의식적으로 가설을 검정하는 태도로 행동하였는데 이것은 Rescorla-Wagner 이론이 흉내 낸 것이다. 하위 생물체가 그런 의식적 계산을 할 수 없지만 Rescorla-Wagner 이론에 맞게 행동한다는 것은 그럴듯하다.

증거(證據; evidence)와 인과구조(因果構造; causal mechanism)

모든 인과관계 판단이 장시간에 걸쳐 이루어지는 일연의 학습들을 기반으로 내려지는 것은 분명히 아니다. 따라서 일부 연구자들은 인과관계 판단의 연구에 다른 접근법을 택해왔다. 예를 들어 Schustack & Sternberg(1981)는 아래에 있는 것과 같은 인과관계 시나리오를 피험자들에게 주었다:

한 시장분석가가 화장품제조회사 중

회사 1에서

회사의 사무실 간부가 노조를 조직하고 가입하였다.
그 회사의 주 제품에 발암물질이 들어있다는 의심을 사고 있다.
회사의 주식가치가 급격하게 하락하였다.

회사 2에서

회사 사무실의 간부가 노조를 조직하지도 가입하지도 않았다.
그 회사의 주 제품에 발암물질이 들어있다는 의심을 사고 있다.
회사의 주식가치가 급격하게 하락하였다.

회사 3에서

불법캠페인 참여(參與; contribution)에 대해 회사의 경영자가 추궁 당하고 있다.
그 회사의 주 제품에 발암물질이 들어있다는 의심을 사고 있지 않다.

회사의 주식가치가 급격하게 하락하지 않았다.

어떤 다른 화장품회사가 그 회사의 주 제품에 발암물질이 들어있다는 의심을 사고 있다면 그 회사 주가가 급격하게 하락할 확률은 얼마나 될까?

Schustack과 Sternberg는 사람들이 자신의 판단을 내릴 때 다섯 유형의 증거를 사용하였다고 보고하였다.

1. 목표 사건(event)이 특정한 결과(outcome)의 원인이라고 하는 가설은 그 사건과 결과가 함께 나타나는 것으로 확인된다(그 사건은 그 결과를 위해 충분하다).
2. 그 가설은 그 사건의 출현과 그 결과의 불 출현으로 그 부당성이 증명된다(그 사건은 그 결과를 위해 불충분하다).
3. 그 가설은 목표사건의 불 출현과 그 결과의 출현으로 그 부당성이 증명된다(그 사건은 그 결과에 필요하지 않다).
4. 그 가설은 그 사건과 그 결과의 공통 불 출현으로 인정된다(그 사건은 그 결과를 위해 필요하다).
5. 목표가설은 대안이 되는 다른 가설의 힘에 의하여 그 부당성이 증명된다.

다른 연구자들은 사람들이 인과관계에 관해 생각할 때 단순하게 사건들의 공통으로 변화하는 정도에 관심을 갖는 것이 아니라 오히려 결과를 이끌어내는 특정화된 구조에 관심을 갖는다는데 주목하였다. 실제로 인과관계구조의 이해 없이 공동변화관계를 발견한다는 것은 불행한 결과(consequences)를 가져올 수 있다(Hardman, 2009, p.60). Ahn et al.(1995, 실험 1)은 피험자에게 '항공편 921이 지난겨울 Lincoln, Nebraska에서 추락하였다'와 같은 문장을 보여주었다. 그들에게 그 사건의 원인을 생각해내기 위하여 그리고 최종적으로 가장 가능성이 높은 그 사건의 원인을 말하기위하여 하고 싶은 어떤 질문도 할 수 있는 기회를 주었다. 피험자의 약 삼분의 2가 인과구조에 관한 질문을 하였고(공동변화형 질문을 유발하기위한 지침이 있었음에도 불구하고) 극히 적은 수가 공동변화형 질문을 하였다. 이에 따라 설명의 최종 설명의 83%가 구조설명이었다. 또 다른 연구(1995, 실험 4)에서 Ahn et al.은 사람들에게 사건(events)과 관계가 있는 공동변화 및 구조에 대한 서술의 여러 가지 조합(combinations)을 제시하였다. 예를 들면:

Kim은 지난 저녁에 교통사고를 당하였다.
Kim은 근시이고 운전 중에는 안경을 끼지 않는다.
지나간 밤이 교통사고가 일어날 가능성이 다른 밤에 비해 많은 밤이었다.

피험자들은 목표사건(이 경우 Kim의 교통사고)에 대해 각각의 원인이 얼마나 책임이 있는지 그 정도를 점수로 매기도록 하였다. 그 결과를 보면 구조정보(構造情報; mechanism information)가 뒷받침하는 원인이 높은 인과관계 점수를 받는다는 것을 알 수 있다.

Fugelsang & Thompson(2003)은 정량적 공동변화데이터가

1. 사람들의 후보원인에 관한 최초의 믿음과
2. 사람들이 이전에 구조정보나 비 정량적(non-quantitative) 공동변화정보에 접하였었는지 여부

의 함수로서 사람들의 인과관계 믿음에 효력이 있다는 것(이것은 단순히 앞서의 연구가 후보원인과 결과(outcome)사이의 상관관계를 발견하였다는 것을 말해준다)을 발견하였다. 이전에 비 정량적 공동변화정보에 접하였던 사람들에게 뒤따르는 정량적 정보는 어떤 요인의 인과관계효과에 대한 높은 또는 낮은 믿음을 가진 사람들에게 같은 영향을 준다. 그러나 사전에 구조정보에 접하였던 사람들에게 정량적 공동변화데이터는 후보원인이 이미 높게 믿을만하다고 생각될 때 더 큰 영향을 준다. 더 나아가 내관적(內觀的; introspective) 점수매기기는 실험참가인들이 그들의 판단에 주는 공동변화의 영향을 합리적으로 알고 있지만 자기 자신이 사전에 갖고 있던 믿음의 영향을 거의 모른다는 것을 보여주었다.

Fugelsang과 Thompson은 인과관계 판단의 첫 번째 단계는 그럴듯한 메커니즘을 찾아내는 일이라고 주장하였다. 이 탐색은 기본적으로 다루기 쉬운 수의 인과관계 후보들을 가져다주는 유용한 체험직감해법(體驗直感解法; heuristic)인데 이 후보들 중에 공동변화도 고려된다. 그럴듯한 구조를 찾아낼 수 있다면 공동변화 정보에 더 큰 가중치가 주어진다. 그러나 사람들이 믿어지지 않는 인과관계후보를 판단하라고 요청받는다면 그들은 그들의 선택 집합 속으로 더 많은 그럴듯한 대안들을 도입할 것이다. 이것이 믿어지지 않는 후보에 주는 공동변화 데이터의 영향을 희석시킬 것이다. 사람들이 그들 자신이 갖고 있는 믿음의 영향력을 충분히 모른다는 사실이 인과관계의 믿음이 자동적으로 채용된다는 그리고 그 응용이 추론인(推論人; reasoner)의 의식적 통제 밖에 있을 수 있다는 생각과 일치한다(White, 1989도 보라).

인과관계 추론의 또 다른 연구(Fugelsang & Dunbar, 2005)는 이론과 데이터가 모순이 있을 때에 비하여 모순이 없을 때 뇌의 다른 부분이 활성화된다는 것을 발견하였다. 모순 없는 이론과 데이터는

1. 믿을만한 이론과 강한 데이터 또는
2. 믿기 어려운 이론과 약한 데이터

둘 중 하나를 나타낸다. 비슷하게 모순이 있는 이론과 데이터는

1. 믿을만한 이론과 약한 데이터와
2. 믿기 어려운 이론과 강한 데이터

둘 중 하나를 나타낸다.

정신적 모델(mental model)과 정신적 모의(mental simulation)

정신적 모의(模擬; simulation)의 개념은 사람들이 인과관계(causality)의 기초가 되는 타당한 구조를 숙고할 수도 있다는 개념과 연관되어있다. 철학자 Kenneth Craik(1943)는 사람들의 외부세계에 대한 이해가 내적 모델(여기서 정신적 모델이라고 부르는 것)로 표현된다고 제안하였다. 이들 모델들은 현실(現實; reality)의 정신적 모의를 통하여 행위(行爲; action)의 결과를 예측할 수 있게 해준다. 그러나 예측의 정확도는 정신적 모델이 얼마나 정확하게 사실을 묘사하는가에 달려있다.

예를 들면 사람들은 온도조절장치(thermostats)가 어떻게 작동하는가에 관해 각각 다른 아이디어를 가지고 있다(Kempton, 1986). 온도조절장치에 대한 하나의 관점은 가열이 진행되는 시간의 상대적 비율을 조절한다는 것이다. 또 하나의 관점은 온도조절장치는 얼마나 많은 열이 산출되는가를 조절한다는 것이다. 이들 정신적 모델 둘 다 방을 가장 빠르게 따뜻하게 하려면 온도조절장치를 최대로 높여야 한다는 것을 예언한다. 그러나 사실은 두 모델 다 옳지 않다. 온도조절장치는 단순히 가열을 중지시키거나 시작하게 할뿐이다. 가열이 시작되면 온도조절장치는 온도가 그것에 설정된 온도에 도달할 때까지 계속 유지된다. 그리고 나면 가열을 멈추게 한다. Norman(2002[1988], p 38)이 지적한대로 우리는 온도조절장치가 어떻게 작동하는지에 관한 직접적 증거를 갖고 있지 않다. 우리가 알고 있는 전부는 우리의 방이 추울 때 온도조절장치를 올리면 우리가 따뜻함을 느낀다는 것이다.

몇 개의 연구를 통해 사람들에게 인과관계 시나리오를 상상하거나 설명하게 함으로써 그 시나리오를 인식하는 확률을 높여준다는 것을 알게 되었다(Carroll, 1978; Gregory et al., 1982; Koehler, 1991). 그러나 그 인식확률은 사람들이 대안이 되는 시나리오를 함께 생각할 때는 감소될 수도 있다. Dougherty et al.(1997)은 사람들에게 불길을 잡으려는 소방관의 죽음에 관한 이야기를 읽게 하였다. 그 이야기가 죽음의 원인에 관해서 언급하지 않았는데도 불구하고 텍스트는 연기흡입이 가장 두드러진 원인처럼 들리게 만들었다. 피험자들에게 이 원인의 가능성을 점수매기고 이 질문에 관하여 생각하는 동안 그들이 고려하였던 생각이나 아이디어를 열거하라고 요구하였다. 예측한대로 그들의 목록이 단지 하나의 인과관계 시나리오만인 사람들이 하나 이상의 인과관계 시나리오를 내놓은 사람들보다 연기흡입에 의한 사망에 더 높은 확률을 주었다.

더 진전된 연구를 위해 대안이 되는 원인의 가능성이 어떻게 시나리오 만드는데 영향을 주는지를 조사하였다. 이런 방식으로 대안이 되는 것들이 나올 공산(公算; likelihood)이 별로 없도록 만들어졌을 때 초점이 되는 시나리오가 가장 공산이 높은 것으로 판단되었다(그리고 대안들의 공산이 커졌을 때 공산이 낮아지는 것으로 판단되었다). 사람들이 대안들의 공산이 커졌을 때 대안이 되는 원인을 생각할 공산이 가장 크게 된다는 것을 생각-리스트작성은 보여준다. 그것들이 별로 공산이 없게 되면 사람들은 그들 대안들을 아직 생각하지만 그 뒤 그것들을 무시하였다(이런 환경에서 대안들에 관한 사실변환 사고(counterfactual thought)가 가장 흔히 생긴다). Dougherty et al.은 MINERVA-DM모델이 이들 발견을 설명하여 줄 수도 있다고 제언하였다. 사람들은 그들이 고려중인 여러 가지 인과관계 시나리오를 가지고 기억을 더듬는다고 주장한다. 초점이 되는 시나리오가 있을 공산은 얼마나 많은 시나리오가 고려되나 및 이들 시나리오와 기억에 저장된 사례들 사이에 얼마나 유사성이 있는가에 의해 정해진다. 더 상세한 시나리오들은 기억더듬기와 저장된 사례사이의 유사성을 증가시킬 것이다.

1.4.3 사실변환사고(事實變換思考; counterfactual thought)

사실변환 사고와 인과관계

전 장에서 우리는 사람들에게 사건들(事象; events)이 어떻게 다르게 나타나는가를 상상하게 하는 것이 때로는 **되돌아보기 편향**을 줄여줄 수 있다는 것을 알아보았다. 이런 종류의 생각을 — 지나간 사건의 대안에 관한 생각을 — **사실변환사고**라고 부른다(사실변환사고는 일어났을지도 모르는 것을 상상하는 방식으로 과거의 어떤 측면을 정신적으로 바꾸어보는 것이다). 이것이 사물을 이해하려고 우리가 노력하는 또 다른 방법이다. 사실변환사고는 인과관계의 판단을 위해 특히 중요하다(Mackie, 1974). A가 B의 원인인가에 관하여 판단을 내릴 때 우리가 B가 A를 뒤따른다는 것을 반복적으로 관찰하는 것으로는 불충분하다. 그러나 우리는 또한 B가 A 없이도 일어난 일이 있는지에 관해서도 판단을 내려야한다.

자동적으로 사실변환 생각을 하게 하여주는 가장 일반적인 계기가 부정적 정서이다. 예를 들면(이례적인 환경이든 통상적인 환경이든) 한 아이의 죽음 바로 뒤에 그 아이의 부모가 더 슬프게 느낄수록 일 년 뒤에 그 부모는 더 많이 사실변환 생각을 한다고 말한다(Davis et al. 1995.). 사실변환 생각을 하게하여주는 또 하나의 계기는 결과 근접성(outcome closeness)인데 이는 어떤 사건이 일어난 시기에 얼마나 가깝게 인식하느냐이다. 예컨대 5분 늦어 비행기를 타지 못하게 된 여행자는 한 시간 늦어 비행기를 타지 못한 사람보다 사실변환 생각을 일으킬 가능성이 더 많다(예 Kahneman과 Tversky, 1982).

정상상태(正常狀態; normality)와 변환(變換; mutation)

사실변환 생각이 일단 활성화되면 사실변환은 정상상태를 정신적으로 표현하고 난 뒤 정상상태를 재구성하기위하여 이례적 사건으로 변환시키는 것으로 이루어진다(Kahneman & Miller, 1986.). 예컨대 Kahneman & Tversky(1982)의 연구에서 피험자들은 Jones씨가 귀가하던 중에 음주 운전자에 의하여 죽게 되었다는 것을 알게 된다. Jones씨가 정시에 직장을 떠났지만 늘 다니던 길이 아닌 다른 길로 귀가하였다는 것을 들은 사람들은 그가 늘 다니던 길로 귀가하였다면 아직 살았을 것이라고 말했다. 그가 직장을 정시보다 먼저 떠났다는 말을 들은 사람들은 그가 정시에 떠났다면 아직도 살아있으리라고 말했다. 이 두 경우를 보면 사람들은 이례적 사건을 변환시키는 경향이 있다.

일부 저자는 사실변환 생각이 무행동보다 행동에서 일어날 공산이 더 크다는 연구결과를 보고하였다. 예를 들면 Kahneman & Tversky(1982)는 피험자에게 다음과 같은 시나리오를 제시하였다:

Paul씨는 A사의 주식을 갖고 있다. 작년 중 그는 B사 주식으로 바꿀 것을 고려하였었지만 그는 그리하지 않기로 결정하였다. 이제 그는 그가 만일 B사 주식으로 바꿨었다면 $1200만큼 더 벌었을 것이라는 것을 발견한다. George씨는 B사의 주식을 갖고 있다. 그는 작년 중 A사 주식으로 바꿨다. 그는 이제 B사 주식을 그대로 갖고 있었다면 $1200만큼 더 벌었을 것이라는 것을 알게 된다. 누가 더 후회할까?

피험자의 92%는 George씨가 더 후회할 것이라고 말하였다. 그러나 이 연구에서 사실변환 생각의 존재는 직접 측정되지 않았는데 이 연구는 몇몇 다른 무행동-행동 연구를 비판하는데 이용되어왔다(Roese, 1997을 참고하라). 사실변환 생각의 내용에 영향을 주는 또 다른 요인은 통제가능성(controllability)이다. 더 잘 통제할 수 있을 것으로 인식되는 선행조건(先行條件; antecedents)이 더 잘 변환되는 것 같다(Miller et al. 1990, N'gbala & Branscombe, 1995.).

사실변환 생각의 기능

사실변환 생각은 적어도 두 가지 기능을 가지고 있다고 Roese(1994)가 제언한바 있다. 즉(부정적 결과의 재발을 피하도록 도와주는) 예비기능(preparative function)과 (우리의 기분을 좋게 하여주는) 정서적 기능(affective function)을 가지고 있다. 어떤 목표를 달성하는데 실패할 때 부정적 정서가 작동된다. 이것이 결국은 사실변환 생각 - 즉 어떻게 했으면 일이 더 좋아졌을까하는 생각으로 상향(上向; upward) 활성화(活性化; activation)한다. 예를 들면 한 시험에서 성적이 나쁘게 나온 뒤에 Mike는 자신에게 '술만 취하지 않았었더라면 더 좋은 성적을 받을 수 있었을 터인데' 라고 말한다. 이것이 부정-상향 사실변환의 예이다. 왜냐하면 조건문(if 절)이 사실을 재구성하기위하여 실제로 있었던 앞서의 일을 부정하기 때문이다. 새로운 긍정적 일을 마련하는 긍정-상향 사실변환이 예비라는 관점에서 볼 때 더 유용하다. 예를 들면 '만일 내가 더 열심히 공부하였었다면 나는 더 좋은 성적을 받았을 것이다.' 사실변환은 하향 비교도 포함될 수 있는데 그 예가 '내가 만일 자명종에 시간을 설정해두지 않았었다면 나는 시험을 칠 수 없었을 것이다'(부정-하향), 또는 '내가 그 전날 밤에 과음을 하였었더라면 나는 그 시험을 칠 수 없을 정도로 심하게 아팠었을 것이다'(긍정-하향).

상향사실변환의 예비가치는 Roese(1994 실험2)가 보여주었다. 학생들은 성적이 나쁘게 나온 최근의 시험에 관한 그들의 생각목록을 작성하도록 요구받았고 그들은 또한 기분에 관한 질문지를 완성하였으며 마지막으로 공부, 교수와의 컨설팅, 및 강의에의 참석에 관한 그들의 의향을 점수 매겼다. 생각목록을 작성하지 않은 대조집단(對照集團; control group)에 비해 더 좋은 성적(상향사실변환)으로 이끌어줄 긍정적 행동목록을 작성한 학생이 미래의 성공을 촉진하는 행동을 실행하려는 강한 의도를 보여주었다. 그에 반해서 일을 나쁘게 만들어줄 행동목록을(하향 사실 변환) 작성한 학생들은 대조집단에 비하여 더 훌륭한 의도를 보여주지 않았다. 반면에 하향 사실변환을 만들어낸 사람들은 기분척도에서 더 긍정적인 느낌을 보고하였다.

이 연구에서 긍정적 사실변환과 부정적 사실변환의 효과가 비교되지 않았지만 또 하나의 연구에서 이 비교가 연구되었는데 여기서는 의도보다 실제 미래행동이 평가되었다. 이 연구에서 피험자는 일련의 컴퓨터상의 글자풀이문제에 답하여 점수를 받았다. 그들은 과제의 여러 측면(발표 사이의 간격, 주제범위 및 난이도 수준)에 관해 결정을 내릴 수 있었다. 피험자는 어려운 글자풀이문제의 답에는 보너스점수를 받는다고 들었지만 실은 모든 피험자가 상당히 어려운 글자풀이문제를 받았으며 아무런 보너스점수도 받지 못하였다. 10개의 글자풀이문제를 끝낸 후 피험자는 그들의 진짜점수를 들었지만 그들은 또한 평균점수가 그들 자신의 점수보다 53점 더 높으며 그들의 순위는 45명중 37위이라고 들었다. 대조집단을 위해서외에 피험자는 먼저의 연구에서처럼 그들의 생각목록을 작성하게 하였다. 마지막으로 피험자들은 두 번째 10개의 글자풀이문제를 끝냈다. 상향 사실변환으로 목록을 작성한 사람들은 하향 사실변환을 한(대조집단과 거의 같은 성적을 올린) 사람들보다 유의적으로 더 좋은 성적을 올렸다. 긍정적 사실변환이(유의적이 아니게 대조집단보다 낮은) 부정적 사실변환보다 더 좋은 성적과 관련이 있었다.

이들 연구에서 피험자들은 특정한 유형들의 사실변환목록을 작성하도록 지시받았다. 그러나 실제로 개인들은 하나의 유형 또는 다른 하나의 유형의 구성을 선택하였다. 우리가 이 일을 할 때 타협을 위한 절충이 있을 수도 있다. 우리가 하향 사실변환을 만들어내고 스스로 적어도 단기적으로 기분이 좋아지게 하여야할까? 또는 상향 사실변환을 만들어내어 장기적으로 다른 사건(事象; events)에 더 잘 대비하여야 할까?

이상에서 Hardeman(2009)를 빌려 관련성, 인과관계 및 사실변환 사고에 대하여 공부하였는데 이를 요약하면 다음과 같다.

공동변화 판단의 연구들이 사람들은 때때로 착각의 상관관계 즉 아무것도 없는 관계를 지각한다는 것을 발견하였다. 이는 문제가 되어있는 사건(events)에 관해 이미 갖고 있는 믿음이 있을 경우 특히 그러하다. 또한 사람들은 다른 것들보다 어느 특정한 관련 정보 항목을 우선처리하는 것 같다. 그들은 결합(結合; conjunctions)보다는 오히려 두 사건의 공동출현(joint presence)을 더 중시한다.

인과관계판단의 많은 연구가 사람들에게 한 사건이 다른 사건의 원인이 되는지를 판단하게 하는 일련의 쌍으로 된 사건들을 제시하였다. 그런 판단의 유명한 두 이론이 인과관계 파워 이론과 Rescorla-Wagner이론이다. 두 이론 모두의 증거는 뒤섞여있으며 피험자들 사이에 다른 판단전략이 존재한다는 증거가 있다.

다른 연구자들은 사람들이 증거 특히 인과관계구조에 관한 증거를 해석하는 방법에 더 중점을 두었다. 어느 연구는 사람들이 이미 믿을만한 인과관계구조를 찾아냈다면 그들은 공동변화 정보를 사용할 공산이 크다는 것을 보여준다.

사람들은 또 있을 수 있는 원인에 관하여 생각할 때 정신적 모의(模擬; simulation)를 할 수도 있다. 실제로 인과관계 시나리오에 관하여 생각하는 것이 그 시나리오에 애착심을 갖게 하는 공산을 증가시킬 수 있다. MINERVA-DM 모델은 사람들이 시나리오를 기억 속에 저장된 실례들과 비교한다고 제언하였다. 더 상세한 시나리오가 저장된 실례와 심하게 경쟁할 가능성이 높으며 그렇게 함으로써 공산의 판단에 영향을 준다.

사람들의 인과관계판단은 그들의 정신적 모델에 의하여 영향 받을 수도 있다. 사람들의 정신적 모델은 자주 불완전하거나 바르지 않고 행동에 불행한 영향을 줄 수 있다. 예컨대 사람들은 흔히 온도조절장치가 어떻게 작동하는지에 대해 잘못 이해하여 그 장치를 그르게 조작하게 한다.

사실변환 사고 또한 인과관계 판단에서 역할을 하는 것 같다. 그것은 전형적으로 부정적인 정서(情緖; affect)로 유발되고 흔히 예외적인 사건이 뒤따른다. 사물들이 어떻게 다르게 일어날 수 있는가에 관하여 생각하는 것이 미래의 상황에서 사람들이 그들의 행동이 더 성공적인 결과가 나오도록 만드는 기능을 가질 수 있다. 그것은 또한 사람들이 사건이후에 그들의 느낌을 조절하도록 도와주는 것으로 보인다.

1.5 사회적 판단이론[13)]

심리학에서 선호에 의한 선택(preferential choice)에 관심을 끌기 시작한 시기인 1950년대 중반에(Hammond, 1955) Brunswik는 판단에 대한 연구를 시작하였다(Edwards, 1954.). 판단과 선택의 과정들은 서로 복잡하게 얽혀있지만 판단과 선택은 아주 다른 심리학자 구릅들에 의하여 전혀 다른 연구 분야로 나뉘어 추구되었다(Goldstein & Hogarth, 1997.).

선호에 의한 선택의 연구는 von Neuman & Morgenstern(1947)에 의하여 최초로 촉발되었다. 그들은 **기대효용이론**의 공리화(公理化; axiomatization)를 이용하여 기대효용이 제일 큰 것을 선택하는 것이 합리적인 행동이라고 주장하였다. 정신물리학(psychophysics), 측정, 수학적 모델화 등에 관심이 있는 심리학자들은 기대효용의 극대화가 당연한 것이며 합리성의 표준이라고 생각했으며 이 이론에 착안하여 사람들이 어떻게 기대효용이론으로부터 벗어나는지를 알아보는 실험을 하게 되었다. 1960년대 중반까지 확률사정(probability assessment)에 대한 많은 연구가 행해졌다. 이 연구 분야가 뒤에 체험직감해법(heuristic) 및 편향(biases)으로 발전된다(예 Tversky & Kahneman, 1974).

한편 Brunswik의 판단연구는 **지각**(知覺; perception)의 연구로부터 출발한다. 환경에서의 대상(對象; objects)은 오직 사람들의 감각기관의 자극을 통해서만 감지될 수 있으며 이 직접적으로 입수된 감각정보는 실제로 모호하다고 Brunswik는 주장한다(예를 들면 어떤 크기의 망막영상은 멀리 있는 큰 대상일 수도 있고 가까이 있는 작은 대상일 수도 있다). 그렇기 때문에 불완전하고 믿을 수 없는 정보를 제공하는 감각신호를 수집하여 하나의 지각표상(知覺表象; percept)을 추리하거나 구성하여야한다. Hammond(1955)는 임상판단(臨床判斷; clinical judgment)에서 유사점을 찾았다. 감각신호가 환경적 대상에 대한 모호한 정보를 제공하는 것처럼 환자의 행동, 표정, 및 검사점수(test scores)가 환자의 성격과 진단에 모호한 단서를 제공한다. 두 경우 모두에서 임상의(臨床醫; clinician)/지각하는 사람(perceiver)은 신호 자체 뒤에 있는 무엇인가를 추리하기위하여 여러 개의 신호와 지표(indicator)를 사용하여야한다. 유사점을 찾는 것에 더하여 Hammond는 Brunswik의 더 큰 메타이론인 **확률논적 기능주의**[14)](pro-

---

13) Goldstein(2007)

14) 예를 들어 미국에서 발전한 기능주의 심리학은 의식을 요소로 분석하는 것이 인간이해에 도움이 되지 않으며 의식의 기능을 분석하는 것만이 인간을 올바로 이해할 수 있다고 보았다. 따라서 무

babilistic functionalism)를 응용하였다. Brunswik의 기능주의는 심리작용(psychological process)의 적응성(適應性; adaptiveness)에 관심을 가진다. 그리고 지각뿐만 아니라 판단을 위해 **정확성**(正確性; accuracy)이 필수적이라고 주장한다. 따라서 Brunswik 학파의 판단에 관한 연구는 합리성이 아니라 정확성을 가장 중요한 관심사로 삼았다.

사람들의 직관적 예측이 단순한 통계적 모델의 판단보다 덜 정확한 경향이 있다는 놀라운 발견 때문에 1950년대에 판단의 정확성에 관한 연구가 더 높은 관심을 끌게 되었다(Meehl, 1954.). 이 현상에 대한 관심이 높아지면서 Brunswik파의 자연 연구는 관심과 지지를 받게 되었다. Brunswik파의 원칙을 판단에 관한 연구에 적용할 수 있다는 Hammond(1955)의 입증에 뒤를 이어 실재적 발견, 방법논적 진전, 및 개념적 발전이 있었기 때문에 20년 뒤 Hammond와 그의 동료들은 **사회적 판단 이론**(Social Judgment Theory; SJT: Hammond, Stewart, Brehmer, & Steinmann, 1975)이라 불리는 독특한 Brinswik류 판단의 메타이론을 제안할 수 있었다. 그 이후 SJT는 많은 실재적 분야에 응용되고 개념적으로 확장되며 **인지연속선이론**(認知連續線理論; cognitive continuum theory)이라 불리는 이론에 의하여 보충된다.

사회적 판단이라는 접근법은 어떤 판단을 내릴 때 사람들이 어떤 종류의 정보를 사용하는가를 그리고 여러 종류의 정보들에 얼마의 가중치를 붙이는가를 밝혀내려 한다. 이런 종류의 분석은 특별히 다른 사람들은 정보를 다르게 사용할지도 모른다는 의미에서 개인들에 초점을 맞춘다. 그 위에 이 접근방법은 판단을 시험하고 개선하는데 사용될 수 있다.

어떤 일을 일어나게 할 수 있는 요인과 단서는 수없이 많다. 우리가 해야 할 일은 원인을 진단하거나 결과를 추측하는데 관련된 단서를 확인하는 것과 각각의 요인이 가지는 영향력이 얼마나 큰가를 결정하는 것이다. 여기에 사회적 판단이론(SJT)이 들어갈 자리가 있다. SJT는 특히 전문적인 업무에서 반복적으로 내려지는 판단(예 정신병진단, 가석방 심사, 지불능력 평가, 직장응모자의 평가, 등등)에 이용된다. 그런 일련의 판단에 통계적 분석을 적용함으로써 특정한 형태의 판단에 여러 단서들이 주는 영향을 기술하는 것이 가능하다. 거기에 더해 SJT는 미래의 경우를 예측하는데 사용될 수 있는 — 흔히 보험통계모델이라고 불리는 — 통계모델을 만들어내는 것과 관계가 있다. 이들 보험통계모델은 관련된 단서가 어떻게 판단을 내리는데 결합되어야 하는가를 특정화하기위한 단순한 선형 방정식 또는 규칙이다. 많은 심리연구가 보험통계모델이 인간의 판단보다 성능이 우수하다는 것을 보여 준다.

그 이후 SJT는 수많은 실재적 분야에 응용되었고 개념적으로 확장되었으며 인지 연속체 이론(Cognitive Continuum Theory: Hammond, Hamm, Grassia, & Pearson, 19 87)이라 불리는 사고방식의 다양성에 관한 이론에 의하여 보완되었다. 판단에 관한 Brinswik류 접근에 대해서는 Rappoport & Summers, 1973; Hammond & Joyce, 19 75; Hammond & Wascoe, 1980; Brehmer & Joyce, 1988; Doherty, 1996; Hammond, 1996, 2000; Juslin & Mongomery, 1999; Hammond & Stewart, 2001을 참고하라.

엇을 보았는가(느꼈는가, 생각 하였는가 등) 하는 의식의 내용분석이 아니라 어떻게 보았는가(느꼈는가, 생각 하였는가 등)하는 심리적 기능을 연구대상으로 삼았다

1.5.1 Brunswik의 확률논적 기능주의의 요소들

Brunswik류 판단연구는 보다 넓은 시각에서 심리학의 특성, 심리학의 문제점, 및 적절한 방법론에 근거를 두고 있다는 점에서 더욱 인기를 끌었다. Brunswik류 연구의 일반적 원칙을 살펴보면 그들의 판단이론은 확률논적 기능주의(probabilistic functionalism)로 요약된다(Brunswik, 1952. 1956; Doherty & Tweney, 2004; Hammond, 1966; Hammond & Stewart, 2001). 이 확률논적 기능주의의 핵심 개념을 네 개의 서로 연관된 개념인 **기능주의**, **대리기능**(vicarious functioning), **확률주의**(probabilism), 및 **표상적 설계**로 나누어(Goldstein, 2007) 설명하고자 한다.

▮기능주의

Brunswik는 아주 철저한 기능주의자이다. 그는 심리학의 목표가 어떻게 유기체들이 그들의 환경에 적절히 대응하고 일들을 해내는가를 해명하는 것이라고 생각했다. 그러나 많은 초기의 기능주의자들과 달리 Brunswik는 유기체와 환경 양쪽 둘 다에 중요성을 두었다.

유기체-환경 상호작용에 대한 적확한 어휘를 개발하기위하여 Brunswik는 유기체 및 환경 시스템들이 그 자체의 표면 및 깊은 곳 또는 들어난 및 드러나지 않은 구역을 차지한다고 주장하였다(Brunswik, 1957, p.5.). Brunswik는 변수들에 환경(의 "깊은" 부분들) 그리고 유기체(의 "깊은" 부분들)를 연결하는 연쇄적 인과관계(causal chains)상의 위치에 따라 원위(遠位; distal)의, 근위(近位; proximal)의, 주위(周圍; peripheral)의, 또는 중앙의(central) 라는 라벨을 붙였다. 지각이란 면에서 보면 연쇄적 인과관계는 환경에서 유기체로 나간다. 원위의 변수는 유기체에서 멀리 떨어져 있는 환경의 성질(예 대상의 크기)이다. 근위의 변수("신호(cues)"라고도 불린다.)는 유기체 감각표면(感覺表面; sensory surfaces)에 나타나는 양태(様態; patterns)(예 망막 상; retinal images)를 가리킨다. 주위의 변수는 감각 자극(sensory excitation) 및 신경전달(neural trans=mission)을 말하며 중앙 변수는 유기체내의(intraorganismic) 지각(perceptions)(예 대상의 겉보기크기)이다. 들어난 행위란 면에서 보면 인과의 방향은 역전되어 유기체에서 환경으로 나간다. 중앙변수는 동기(motivation)와 같은 유기체내의 사정(事情; matter)을 일컫는다. 주위의 변수는 신경전달과 운동여기(運動勵起; motor excitation)를 가리킨다("수단"이라고도 불리는). 근위변수는 신체의 움직임 또는 사건을 지칭하며 원위변수는 멀리 떨어진 환경에서 나타나는 행동의 "결과(effects)"를 가리킨다. 많은 조사에서 환경-유기체의 접촉면을 넘나드는(예컨대 근위 및 주위 층간의 또는 주위 및 중앙 변수 간의) 사건들의 교신(交信; correspondence)이 덜 강조되어있다. 그리고 연쇄적 인과관계는 (1) 원위변수에서 근위 신호로 그리고 중앙지각으로 그리고 (2) 중앙 동기에서 근위수단으로 그 다음은 원위의 행동의 결과로 단순화되어 있다.

Brunswik의 기능주의는 유기체가 복잡한 환경에 대응하여 그 복잡한 환경을 정확하게 지각하고 또한 중요한 임무(예 생존과 출산)를 수행하기에 충분하게 효과적으로 행동해야만 한다고 본다. 또한 정확한 지각과 효과적인 행위는 Brunswik가 말한 대로 "성취(成就; achievement)" (또는 "달성"이나 "기능상의 정당성")의 문제이다(Brunswik, 19 57, p.5.). 어쨌든 망막의 표면을 본다는 것 자체는 유기체에 별로 도움이 되지 않지만 그 생태계 안에 있는 대상들을 본다는 것은 필요하다. 마찬가지로 누구의 신체 움직임은 그 자체로서 별로 중요하지 않고 오히려 중요한 것은 이들 신체 움직임의 결과이다. 따라서 유기체의 생존과 안녕은 (1) 지각을 대상과 일치시키는 능력과 (2) 그 유기체가 바라는 것과 일치하는 상황을 불러일으키는 능력에 의존한다고 말할 수 있다. 불행하게도 유기체가 직접적으로 구할 수 있는 유일한 정보는 감각표면의 자극(즉 주위의/근위의 신호들)이며 유기체가 직접 통제할 수 있는 목적 달성기능에는 그 자체의 신경전달 및 신체운동(즉 주의의/근위의 수단들)이 있다.

이상에서 심리학의 중요한 문제가 "유기체와 환경 사이의 연관성"에 있다는Brunswik의 시각을 이해하였다. 유기체는 잠재적 관심의 대상인 모든 원위 변수(감각자극의 원천으로서의 환경의 성질 또는 운동여기(運動勵起; motor excitation))에 의한 행동의 결과)를 가지고 가까운 중앙(지각 또는 동기)-원위(환경의 성질 또는 행동의 결과) 간 교신을 얻어낼 수 없기 때문에 심리학자들은 유기체가 어디에 집중 할 수 있는지 그리고 하는지를 알아야한다. 유기체에 의하여 "성취된"(지각된) 대상의 종류들의 재고(在庫; inventories)가 그 유기체의 능력과 성과를 설명하여줄 것이며 Brunswik는 그런 재고의 추구를 좋아하였다. 사실 중앙-원위 사이의 연관성이 여러 방식으로 근위/주위 변수에 의하여 조정될 수 있기 때문에 Brunswik는 성취된 대상들의 분류와 조정과정을 중시하였으며 조정과정을 마크로조정과 마이크로조정으로 구별하였다. 전자는 원위 및 중앙 초점들 간 근위 및 주위 조정 패턴의 총체적 특성 또는 마크로 구조를 조사하며 그것에 의하여 조정(調停; mediation)의 총괄적 전략문제에 중점을 둔다 (Brunswik, 1957, p.8.). 후자는 "인지과정을 그 구성 부분으로 더 쪼개려하며" 따라서 조정 전술에 관심을 갖는다(p.9.).

대리기능

Brunswik의 "조정의 총괄적 전략"을 이해하려면 중추 개념인 **대리기능**(代理 機能; vicarious functioning)을 이해하여야한다. 이 개념을 도입하기위하여 Brunswik(1952)는 심리학의 주제인 "행동"을 정의하는 문제를 제기하였다. Brunswik(1952, p.17)는 "우연히 한 사람이 장애물에 걸려 넘어지는 것을 행동으로 보아야 하나? 아니면 비행동(非行動; nonbehavior)로 보아야하나?"라고 물었다. 그는 심리학자들이 목적의식이 분명한 행동에 관심을 가지지만 그 목적의식이 분명한 행동은 객관적으로 관측 가능한 패턴으로 재인(再認; recognize)되어야한다고 답하였다. 대부분의 이론가가 제안한 패턴은 주어진 목표를 달성하는 수단(手段; means)의 다양성과 융통성을 또는 Brunswik가 말한 "최종 상태의 안정"과 "이전 난계의 다양성"을 강조하였다. 분명히 성취를 위하여 정상적으로 사용된 신체의 부분들이 손상되면 그 신체의 다른 부분이 그 행동을 이행하기위하여 "대리로" 기능한다. Brunswik는 목표에 이르기 위한 수단의 교환가능성(交換可能性; exchangeability)을 더 일반적으로 지칭하기위하여 "대리 기능"이라는 용어를 사용하였다.

한편 Brunswik는 들어난 행동뿐만 아니라 지각 또한 "최종단계의 안정화"와 "이전 단계의 다양성"을 포함하고 있다고 보았다. 지각에서 최종 단계는 지각표상(知覺表象; percept)의 형성이고 그 전 단계는 유기체의 감각정보(感覺情報; sensory information)의 수집과 통합을 말한다. 즉 Brunswik는 지각표상이 근위(近位; proximal)의 신호(信號; cue)로부터 추리된다고 보았지만 그는 이에 더하여 근위 신호의 여러 가지 집합들이 다른 환경조건 하에서도 있을 수 있다고 보았다. 따라서 유기체는 다수(多數; multiplicity)의 신호에 민감하여야만 하고 목표를 달성하기위한 수단들의 전개(展開; deployment)에서처럼 신호의 사용에서도 같은 유연성을 발휘하여야한다. Brunswik는 신호와 수단 모두를 대리기능(vicarious functioning)으로 사용할 때 다수와 유연성을 내세웠으며 그는 (신호와 수단 모두의 다수, 유연성, 상호대체가능성(inter-substitutability), 및 결합을 포함시키기 위하여 넓게 해석된) 대리가능이 심리학자들이 "행동"에 관심을 갖게 만드는 핵심특성이라고 생각했다.

Goldberg(1965)는 정신병환자의 퇴원진단과 미네소타 다단계 성격특성항목 표(Minnesota Multi-phasic Personality Inventory-MMPI)에 매겨진 점수를 분석하여 정신병과 신경병을 구별하는 단순한 법칙을 도출할 수 있었다.

그는 이 **Goldberg 법칙**의 판단성과와 광범한 MMPI경험이 있는 13명의 임상심리학 박사 및 16명의 임상심리학 대학원 상급생의 판단성과를 비교하였다. 그리고 861의 새로운 사례에서 Goldberg 법칙을 사용하여 퇴원진단의 70%를 예측하였다. 그러나 사람들 판단의 정확도는 50%에서 67%사이이었다. 다른 말로하면 가장 우수한 판관일지라도 보험통계의 성능을 능가하지 못하였다.

일련의 사례에서 결과(outcomes)가 알려졌을 때에 그리고 단서에 관한 정보를 사용할 수 있는 곳에서 우리는 다중 선형 회귀분석이라는 통계절차를 사용하여 각각의 단서가 얼마나 영향력을 발휘하는지를 정확하게 정할 수 있다. 그 결과로 나오는 방정식의 일반적 공식이 1.5.1이다. Y_E항은 판단이 내려져야하는 환경에서의 기준이고 $x_1 \sim x_k$는 결과를 추측하는데 사용되는 단서이다. 각 단서의 값은 결과의 전체 급수(級數; series)에 있는 단서의 영향력을 나타내는 가중인자(加重因子; weighting factor) b_c로 곱하여진다(주: b_{0c}는 단순한 상수). 마지막으로 방정식 끝에 있는 e항은 오차를 나타낸다. 그것은 방정식의 주부분에 의하여 추측되지 못한 결과의 편차(偏差; deviation)이다.

$$Y_e = b_{0e} + b_{1e}x_1 + b_{2e}x_2 + b_{3e}x_3 + \cdots + b_{ke}x_k + e \tag{1.5.1}$$

|← 추측모델 →|

요컨대 식 (1.5.1)은 단서들이 어떤 알려진 결과에 어떻게 연관되는가를 나타내준다. 그리고 방정식에서 추측모델이라고 한 부분은 이런 종류의 미래 판단을 내리는데 우리가 사용하여야 할 것이다.

여러 가지 단서들이 사람들이 내리는 판단에 얼마나 많은 영향을 주는가를 정하기 위하여 회귀분석을 사용할 수 있다. 이것은 실제 결과의 지식조차도 필요 없다(예를 들면 Goldberg의 예에서 사람들이 실제로 정신병자이든 신경병자이든 상관없다). 필요한 것은 각 단서에 대한 사람들의 사정(査定; assessment)과 각각의 경우의 그들의 최종 판단뿐이다. 식 (1.5.1)에서 아래첨자 'e' 가 환경을 나타내는데 반해 식 (1.5.2)에서 아래첨자 's'는 주관적 판단을 나타낸다. 그러나 모든 면에서 가중치 b_s/b_e가 판관이 여러 가지 단서에 얼마나 많은 중요성을 부여하는가에 따라 달라진다는 것 외에는 두 식은 기본적으로 같은 방정식이다.

$$Ys = b_{0s} + b_{1s}x_1 + b_{2s}x_2 + b_{3s}x_3 + \cdots + b_{ks}x_k + e \qquad (1.5.2)$$

|← 독력모델 →|

역시 식 (1.5.2)의 오차 항 e는 식의 주부분이 포착할 수 없는 판관의 대답에서의 편차의 크기이다. 식에서 오차 항 e를 뺀 것이 **독력(獨力; bootstrap[15]))모델**이다. 정보가 일의 진짜 상태를 잘 나타내지 못할 때 독력모델은 판관 자신의 방책을 일관되게 실행하는데 사용될 수 있다. 이 일관성은 독력모델이 판관보다 보통은 더 정확하다는 것을 의미한다. 예를 들어 goldberg(1970)은 그의 판단 27개의 독력모델을 구성하고 판단과 모델이 일치하지 하지 않는 사례에서 어느 것이 가장 정확한지를 조사한 결과 독력모델이 판단을 능가한다는 것을 발견하였다.

▶ **렌즈모델(lens model)**: 위에서 기술된 판단을 바라보는 길을 시각적으로 보여주는 것이 [그림 1.5.1]이다. 왼 쪽은 판단되어질 환경에서의 기준(Y_E) 그리고 이 기준과 여러 단서 $x_1, \cdots, x_k$들과의 관계를 가리킨다. 한 단서(예를 들어 어떤 증상이 얼마나 자주 한 특정한 병과 연계되는가)의 예측치는 그것의 생태적인 정당성으로 알게 된다. 그림의 오른 쪽은 판단하는 사람이 그들 단서들을 고려하여 판단(Y_s)하게 된다는 것을 나타낸다. 만일 우리가 각 경우(예 병이 나타남/안 나타남)에서의 진짜 현상도 안다면 우리는 그 사람 판단의 전반적인 정확도(r_A)도 사정할 수 있다. 이 틀(framework)은 시각을 통한 인식에서의 Brunswik의 논문(예 1955)에서 도출되었으며 렌즈(lens)모델이라고 알려져 있다. 왜냐하면 이 틀이 우리가 세상을 직접적으로가 아니라 여러 항목(項目; items)의 정보(단서)로 이루어진 렌즈를 통해서 인식한다고 전제하기 때문이다. Hammond(1955)는 렌즈모델을 보다 높은 판단에 적용하는데 성공하였다.

렌즈모델은 Brunswik가 변수들을 "focal"이라고 부른 것이 무엇을 뜻하는 지를 설명하여준다. 초점 변수들 사이에 끼어있는 지역들이 상대적으로 혼돈(混沌; chaos) 상태에 있는 것과는 반대로 "focal"이라고 불리는 변수들은 대리기능을 거쳐서 상호간에 안정적 관계를 가질 수 있다는 뜻이다(Brunswik, 1952, p.20.). 그 위에 그것이 초점에 있는 중앙 및 원위 변수들이기

15) 데이터에서 얻어진 통계량의 표본오차를 확률 분포의 가정을 두지 않고 논 파라메트릭(non-parametric)하게 평가하기 위한 하나의 방법. 이 방법에서는 주어진 데이터세트를 원래의 모집단을 대표하는 독립 표본으로 가정하고, 그 자료로부터 중복을 허용한 무작위 재추출로 복수의 자료를 작성하고 각각에서 얻어진 통계량을 계산함. 매개변수(parameter)를 사용하지 않는다는 면에서 독력이라는 용어를 사용하였음.

때문에 렌즈모델은 Brunswik의 중앙-원위 관계를 심리학의 핵심 주제로 강조한 것을 보강하여 준다. Brunswik의 기능주의는 이들 관계가 유기체에게 근본적으로 중요한 것이라는 것을 알아내게 하여주었으며 렌즈모델은 이들 관계가 과학적 조사를 뒷받침하기에 충분할 만큼 가장 안정적인 것이라는 것을 분명하게 보여주었다.

[그림 1.5.1] 렌즈모델

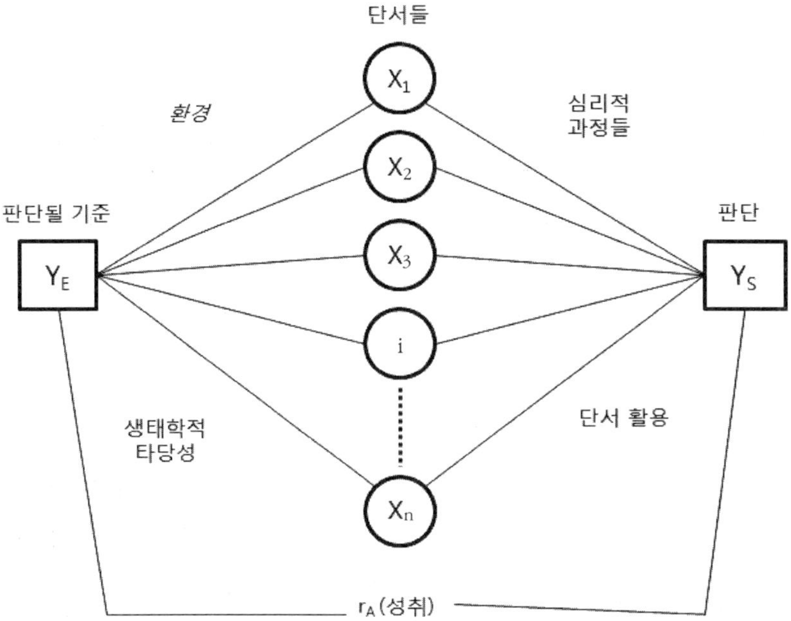

렌즈 모델은 또한 한 유기체가 안정적 중앙-원위 관계를 성취하는 "총괄 전략"을 해석하는데 무엇이 포함되는지를 밝혀내도록 도와준다. 유기체 및 환경 시스템은 따로따로 분석되어야 그리고 비교되어야한다. 지각이란 면에서 표현될 때 환경은 생태적 "구조(構造; texture)" 즉 (1) 원위(遠位; distal)의 대상(對象; object)과 연관되는(그리고 잠재적인 근위(近位;proximal)의/주위(周圍; peripheral)의 신호들인) 특성(特性; features)의 독자성(獨自性; identity); (2) 원위의 대상과(잠재적) 신호들과 관계의 강도(强度; strengths); (3) (부분적으로 대리기능을 허용하는 것이므로) 신호들 간 연관성 등을 정하기 위하여 연구되어야한다. 유기체 시스템에서는 실제로 어느(잠재적) 신호들이 어느 정도의 강도로 사용될지가 결정되어야한다. 마지막으로 시스템들은 유기체의 신호이용이 생태적 정당성과 잘 균형이 잡혀있는지 보기위하여 비교되어야한다.

생태적 구조의 조사에 유기체의 환경에의 대응을 제외하고 환경을 연구하는 부분이 포함된다는 것은 직관에 반하는 것으로 보일 수도 있다. Brunswik는 그것을 생략하지 말라고 경고하였다. 궁극적으로 신호이용의 적절성을 사정하는 것은 생태적 성격에 관한 지식에 달려있다. Brunswik는 "심리학이 유기체-환경 관계의 과학이며 유기체의 과학이 되었다는 것을 잊었다." 라고 종합적으로 표현하였다.

확률주의

원칙적으로 근위(예 신호)/주위(예 신경전달)와 원위 변수(예 대상의 크기) 사이의 관계는 생태적 구조(構造; texture)의 연구에서 결정되어야하지만 Brunswik는 이들 관계가 사실상 언제나 신뢰할 수 없거나, 모호하거나, 또는 "다의적(多義的; equivocal)"일 것으로 판명될 것이라고 믿었다. 적어도 이것은 개별적인 신호 및 수단에 대한 주장이었다. 개별적으로 취해졌을 때 유기체들이 취약점을 극복하기위하여 이 신호들을 결합할 수 있는 그리고 수단을 선택할 수 있는 정도는 성취의 문제이며 연구의 주제이기도 하다.

수단의 다의성(equivocality)은 신호의 다의성보다 더 분명할 수도 있다. 지각에 관하여 Brunswik는 모호한 근위 신호의 수많은 예를 보여주었다. 사다리꼴모양의 망막상(網膜像; retinal image)은 네모의 대상이 비스듬히 보인 것일 수도 있고 또는 그 대상이 실제로 사다리꼴모양일 수도 있다. 두 대상 중 더 큰 망막투영(網膜投影; retinal projection)의 상(像; image)이 가까워서일 수도 있고 또는 큰 물리적 크기 때문일 수도 있다. 이들 두 예에서 그것들이 하나의 모양으로 보이지만 실제로는 다르기 때문에(근위의) 망막상이 모호하다고 할 수 있다. 두 경우 모두 그 신호가 본래부터의 확률적 환경 때문이 아니라 정보의 불완전(不完全; incompleteness) 때문에 모호하다는 것을 말해주고 있다. Brunswik는 유기체가 원위의 대상 및 원위-근위 관계를 지배하는 법칙을 적용하기에 불완전한 그렇지 않다면 부적절한 근위 신호에 접근할 수 있다고 주장하였다. 그는 환경은 유기체에게 그것이 비록 철학적 의미에서 결정적이라 할지라도 확률적으로 보여야만 한다고 하였다(Brunswik, 1955, p.209.). 유기체의 곤경(困境; predicament)을 강조하기위하여 Brunswik는 지각시스템은 직관력 있는 통계전문가처럼 행동하여야만 한다고 비유(比喩; metaphor)하였다(Brunswik, 1956, p.80.).

이들 관찰로부터 Brunswik는 심리학이론을 위해 중요한 결과를 찾아냈다. 구체적으로 말해서 그것은 성취와 그 전략을 해석하기위한 프로젝트의 일정부분은 확률용어로 표현되어야한다는 것이다. 첫째 환경 또는 유기체에 접근할 수 있는 환경의 일부분은 유기체에 확률적인 것으로 보여야 한다. 그러므로 원위 변수(예 대상의 크기)와 접근 가능한 근위의/주위의 신호 및 수단 사이의 관계를 설명하려는 것을 목표로 하는 생태적 구조(ecological texture)의 연구는 확률적 관계들을 설명하여야만 한다. 예를 들면 망막투영과 원위(대상의 크기) 사이의 관계가 유기체로부터 고정된 거리에 있는 대상에 대해 결정적이라 할지라도 유기체가 그 환경에서 맞닥뜨리는 여러 거리에 있는 대상들을 받아들여야할 때 그 관계는 확률적이다. 둘째 생태적 구조에 추가하여 성취(행위나 지각의 결과) 그 자체는 확률적 용어로 설명되어야한다. 그 이유는 모호한, 분명히 확률적인 신호를 만났을 때 "모든 유한한 신이 아닌 개인은 행위(또는 지각)가 … 가정을 또는 내기를 하려할 때 이루어질 수 있다"는 것이며(Brunswik, 1943, p.259) 내기는 잃기도 하고 따기도 한다. Brunswik(1943, p.270)는 "심리학이 철저하게 통계학적 개념을 지지하는 보편적 이상을 포기하지 않는 한 유기체와 환경의 물리적 관계를 다루는 진정한 질량(質量; molar)의 심리학은 있을 수 없다"라고 결론지었다.

표상적 설계(表象的 設計)

우선 Brunswik가 렌즈모델의 틀 안에서 행해지는 연구 특성인 **표상적 설계**라고 알려진 연구 방법론을 검토하기로 한다. 사람들이 어떻게 반응하는가를 보기위하여 관심의 자극물을 체계적으로 조작(操作; manipulate)하는 특정한 실험기법을 적용하기보다는 오히려 대표적 설계를 사용하는 연구자 환경으로부터 자극물을 무작위 표본으로 추출하거나 환경의 특성을 보존하고 있는 표본을 만들어낸다고 Brunswik는 말한다. 그는 표상적으로 설계된 연구의 결과가 표준적인 실험연구보다 더 일반화할 수 있다고 믿었다(표상적 설계에 대하여는 Dhami et al.(2004)를 참고하라).

Brunswik 이론의 마지막 관점(觀點; aspect)이라 할 수 있는 표상적 설계는 오랫동안 논쟁의 대상이었으며 아직도 그 논쟁은 계속되고 있다. 1950년대까지 심리학 조사에 피험자들은 피험자 자신들과 관계없이 발견된 것을 일반화하기위하여 특정화된 모집단으로부터 무작위로 추출되어야만 한다는 것이 일반적인 인식이었다. 한편 Bruniswik는 발견한 것을 연구에 사용된 특정한 자극물 및 조건과 관계없이 일반화하기위하여 그것들의 표본 또한 그 생태를 대표하도록 추출되어야한다고 주장하였다.

성취와 그 전략을 연구하기위하여 Brunswik의 연구자 네 부분: (1) 성취 그 자체의 연구, (2) 생태적 특질의 연구, (3) 유기체 신호의 이용, 및 (4) 생태적 및 유기체의 시스템 비교로 분해되어 있음을 상기하자. 이들 네 부분의 앞 두 부분에 대한 대표적 설계의 중요성은 비교적 이해하기 쉽다. 분명히 성취는 쉬운 또는 어려운 자극물을 사용하여 훌륭하게 또는 열약하게 만들어질 수 있다. 자극물과 조건이 자연적으로 일어난 것들을 표상하지 않는 한 자연환경에서 성취에 관하여 알아볼 것은 별로 없다. 분명히 원위(환경의 성질)와 근위(신호)/주위(신경전달) 변수들 간 관계의 생태적 구조는 연구되어야할 관계를 왜곡하는 자극 하에서는 적절하게 연구될 수 없다. 대표적 설계의 사용을 둘러싼 진짜 논쟁은 그것을 신호이용 연구에 적용할 수 있는지에 집중되며 여기서는 쟁점의 개요를 보여주고 자극의 표본추출이란 면에서 설명될 것이다.

표상상적 설계를 위한 첫째 주장은 신호이용의 연구에서조차 통계적 추리의 논리가 모집단으로부터의 구성단위들의 확률 표본추출에 필요하다는 것이다. 연구에 사용된 특정한 자극물과 관계없이 일반화하는 것이 특정한 피험자와 관계없이 일반화하는 것에 못지않게 중요하다. 일부는 일반화를 위한 다른 비통계적 근거들이 있기(예 이론을 이용한 추리) 때문에 이 주장이 설득력이 없다고 말 할 수도 있을 것이다.

표상적 설계를 위한 둘째 주장은 Brunswik파의 견지에서 신호이용 연구의 주된 관심은 대리기능이라는 것이다. 따라서 유기체들에게 그들이 정상적으로 그들의 환경에서 사용하는 대리기능을 발휘하도록 전반적 범위가 주어져야한다. 그 위에 대리기능에는 신호의 탄력적 선택이 있다. 즉 환경에서의 신호 연관성의 사전 학습을 근거로 다른 신호들로 대체되도록 다른 신호가 가끔 허용되어야한다. 이들 신호연관성을 의도적으로 파괴하면 "사실상 공존할 수 없을 수 있는 또는 아주 비현실적일 수 있는 변량(變量; variates)의 상호결합(intercombination)"이 쉬어질 수 있다(Brunswik, 1955, p.205.). 그런 이상한 자극을 만나는 것이 피험자들을 혼란시키거나 실험을 진지하게 생각하지 못하게 하거나 정상적으로 대리기능을 특정 지워줄 신호의 상호대체성(intersubstitutability)에 의존하는 것을 피하게 만들 수도 있을 것이다. 비평가는 피험자들이 그들의 임무환경에 그렇게 민감하지 않다고 말할 수도 있을 것이고 Brunswik파는 임무에의 민감성이 실증적 문제라고 대답할 수도 있을 것이다.

표상적 설계에 대한 마지막 지적으로 Brunswik파의 연구자(상호관계 연구와 반대로) 실험적 연구 그 자체에 적대적이지 않다는데 유의하여야 한다. 오히려 유기체가 이들 변화에 민감하지 않다는 검사되지 않은 가정과 연계되면 표상적 설계는 자극의 성질을 조작하는 것에 반대한다. 그러나 유기체가 환경을 조작하는 것에 그리고 유기체가 새로운 생태에 적응함에 따라 일어나는 것을 학습하는 것을 관찰하는 것에 의하여 새로운 임무 환경에 적응하는 방식을 연구하는 것은 Brunswik파도 반대하지 않는다.

1.5.2 Brunswik 원칙의 판단연구에의 응용

앞에서 언급한 대로 Hammond(1955)는 Brunswik의 접근이 임상판단과 지각 사이의 유사성을 이용하여 임상판단의 연구를 할 수 있다고 주장하였다(지각/판단의 유사성을 그 과정의 속도 와/또는 자동성(自動性; automaticity)를 강조하는 데 사용하는 사람도 있다.) Brunswik원칙을 응용할 수 있다는 논증을 넘어 Hammond의 연구는 성취(지각 또는 행동의 결과)를 평가하고 환경 및 유기체를 모델화하며 환경 및 유기체의 모델을 비교하기에 적절한 분석용 청사진을 제공한다. Hoffman(1960)의 논문은 이들 분석 중 하나 특히 다중회귀분석기법을 가지고 유기체를 모델화한 것으로 잘 알려져 있다(그 방법들의 리뷰를 위해서는 Cooksey, 1996a, 1996b; Stewart, 1988. Brehmer & Brehmer, 1988를 보라).

Hammond의 논문(1955)의 약점은 단지 환경 및 유기체 모델의 질적 비교만이 제시되었다는 것이다. 이 단점은 **렌즈모델 방정식**의 발전에 의하여 개선된다.

▌렌즈모델 방정식(lens model equation; LME)

렌즈모델 방정식은 성취계수(成就係數; achievement coefficient) 즉 주어진 근위 신호에 대한 기준(환경의 원위 변수)과 판단(유기체의 중앙 반응) 간의 상관관계를 분해하기위한 공식이다. 분해는 최초로 Hursch, Hammond, & Hurch(1964)가 제안하였으나 일반적으로 LME;

$$r_a = GR_eR_s + C\sqrt{1-R_e^2}\ \sqrt{1-R_s^2},$$

로 알려진 것은 Tucker(1964)가 수정한 것이다. 여기서

r_a는 성취계수 즉 기준변수 Y_e와 판단변수 Y_s의 상관관계;

R_e는 근위 신호들과 기준변수 간의 다중 상관관계(multiple correlation);

R_s는 근위 신호들과 판단 간의 다중 상관관계;

G는 기준 및 판단 변수들의 선형 구성요소들 간의 상관관계, 즉 근위 신호 상 기준변수의 선형회귀분석에 의해 예측된 Y_e' 값들과 근위 신호 상의 판단들의 선형 회귀분

석에 의해 예측된 Y_s' 값들 간의 상관관계; 그리고

C는 기준 및 판단 변수들의 비선형 구성요소들 간의 상관관계 즉 잔차(殘差; residual) $Y_e - Y_e'$와 잔차 $Y_s - Y_s'$간의 상관관계이다.

LME는 Brunswik 연구의 표준 도구가 되었다. 그것은 Hammond, Hursch, and Todd(1964)_에 의하여 처음으로 임상판단에 응용되었으며 Hammond & Summers(1965)에 의하여 **다중 신호 확률 학습**(multiple-cue probability learning; MCPL)에 처음으로 적용되었다.

개별 학습

유기체를 Brunswik는 원위의(대상의)성질들을 근위의 신호에 의해 확률적으로 나타낼 수밖에 없는 환경에 적응해야하는 것이라고 하였다. 여기서 어떻게 유기체가 확률적 관계를 학습하는가라는 의문이 제기되며 Brunswik과 연구자들은 **다중-신호 확률학습**(multiple-cue probability learning; MCPL) 이라고 불리는 패러다임에 관한 많은 논문을 발표하였다. MCPL 연구에서 응답자는 신호 값들의 개요(概要; profile)를 보고 기준 변수의 값을 예측한다. 결과 피드백을 사용하는 연구에서 응답자는 옳은 기준 값을 듣고 여러 차례 시도에서 신호-기준관계를 학습하여야한다. MCPL은 Smedslund(1955)에 의하여 처음으로 연구되었으며 Hammond & Summers (1965)가 어떻게 LME를 가지고 그 데이터를 분석하는가를 보여준 이후 이 연구는 큰 관심을 끌게 되었다. 연구자들이 조사한 요인들 중에는

(1) 신호 및 기준 변수들을 연관시키는 함수의 기울기와 모양;
(2) 신호들 간의 급간상관(級間相關; intercorrelation);
(3) 신호를 결합하기위한 최적의 규칙;
(4) 동적(動的; dynamic) 임무 환경; 및
(5) 신호와 기준 변수의 라벨(꼬리표; Label)에 의해 알게 된 대로의 세상 지식 등이 있다(리뷰를 위해 Klayman(1988a) 및 Holsworth(2001b)의 코멘트를 보라).

일반적으로 결과 피드백으로부터의 학습은 놀라울 만큼 느리고 제한적인 경향이 있다. Todd & Hammond(1965)는 "**인식의 피드백**(cognitive feedback)" 개념을 도입하였는데 그들은 여기서 응답자들에게 한 차례 시도들 결과보다는 몇 차례의 시도들 전체의 통계적 성질들을 보여준다. 예를 들면 신호들의 생태적 정당성들을 누구 자신의 신호이용계수들과 비교하게 함으로써 누가 중요성을 신호에 잘못 할당하고 있는지를 볼 수 있게 한다. 이 학습이 일반적으로 결과 피드백을 사용할 때보다 더 빠르고 좋다는 결과가 나왔다. Doherty & Balzer(1988; Balzer, Doherty, & O'Connor, 1989)는 인식의 피드백이

(1) 임무정보(예 신호-기준 관계에 관한 정보);
(2) 인식의 정보(예 신호-판단 관계에 관한 정보; 및
(3) 기능상의 정당성 정보(예 r_a, G, C)

등으로 분해되어야한다고 제안하였다. 그들은 문헌 리뷰를 통해 임무정보가 성과를 향상시킬 책임이 있는 인식 피드백의 구성요소이며 실험에 의해 이 결론이 뒷받침되었다는 것을 보여주었다.

신호 및 기준 값들을 연관 짓는 상향식 과정보다 Brehmer와 그의 동료들은 사람들이 MCPL 임무에서 결과 피드백을

(1) 신호들을 결합하기위한 규칙들;
(2) 신호들에 주어질 가중치들;
(3) 신호-기준 함수의 모양들 등에 관한 연역적(演繹的; a priori) 가설을

검정하기위해 사용한다고 주장하였다(Brehmer, 1974.). 더 나아가 Brehmer는 사람들이 비교적 일정한 순서로 그들의 가설을 검정한다고 하였다. 응답자는 올바른 결합규칙과 신호-기준 함수를 찾는데 완전히 실패할 수도 있다. Brehmer의 접근이 MCPL 연구를 개념형성(概念形成; concept formation), 가설검정(假說檢定; hypothesis testing), 정보수집(情報蒐集; information gathering), 및 규칙발견(規則發見; rule discoverry) 등의 과정에 관한 연구와 연관 짓게 하는 길을 열어주었다(Doherty, Mynatt, Tweney, & Schiavo, 1979; Klayman, 1988b; Klayman & Ha, 1987, 1989; Mynatt, Doherty, & Tweney, 1978).

개인 간의 알력 및 개인 간의 학습

대부분의 심리학적 연구에서 **알력**(軋轢; conflict)은 다른 결과를 받게 되는 또는 근본적으로 다른 것을 원하는 당사자들이 다른 동기(動機)를 갖는 데서 생긴다고 가정한다. Hammond (1965, 1973)는 알력이 인지적 원인에 의해서도 생길 수 있는데 이 경우 사람들은 목표들을 공유하고 있지만 아직 상황의 사정(査定; assessment)과 적절한 행동에서 차이가 있다고 주장한다. 인지적 알력을 연구하기위하여 Hammond는 **개인 간 알력 패러다임**(Interpersonal Conflict Paradigm)을 제안하였다. 여기에는 두 피험자가 판단을 내림에 있어 신호를 다르게 사용하기위하여 MCPL 임무를 따로따로 배울 때의 훈련 단계와 피험자들이 모여서 합의에 의하여 후속 판단을 내리도록 지시받을 때의 알력단계가 있다. 피험자들은 양쪽 다 정확한 판단을 내리기 원한다는 동기가 있지만 훈련단계는 그들에게 사물을 다르게 보라고 가르친다. 피험자들 간의 알력은 알력단계의 각 시도에서 그들이 합의에 이르려고 할 때 최초 판단 사이의 불일치(不一致; discrepancy)로 나타난다. 인지적 알력의 연구를 가능하게 하는데 더하여 이 패러다임은 한 피험자가 다른 피험자로부터 그 임무의 능숙한 수행에 관하여 배우는 일종의 개인 간 학습을 연구하기위하여 사용될 수도 있다(Earle, 1973). 다른 종류의 개인 간 학습이 개인 간 학습 패러다임(Interpersonal Learning Paradigm)이라 불리는 절차를 이용하여 연구될 수 있는데(Hammond, Wilkins, & Todd, 1966) 이것이 개인 간 알력 패러다임에 추가되어 세 번째 단계가 된다. 이 세 번째 단계에서 피험자들은 다시 헤어져 각각 새로운 사례를 판단하도록 그리고 이들 사례를 다른 피험자들은 어떻게 판단할지를 예측하도록 요청받는다. 그래

서 누구는 피험자들이 서로에 관하여 학습하는 것(즉 그들이 그들의 파트너들의 판단시스템에 관하여 학습하는 것)과 함께 피험자들이 각각으로부터 학습하는 것을(즉 그들 자신의 판단시스템이 그들의 파트너와 만남으로 인하여 어떻게 변하는가를) 연구할 수 있다.

▌기타 연구 분야

위에서 돌아본 연구 분야는 SJT의 발전에 직접적으로 기여하였다. Brunswik의 영향을 받은 판단에 관한 연구자들이 역점을 두었던 많은 토픽들 중에는 판단정책, 전문가 판단, 노화(老化; aging), 마약, 및 스트레스가 판단 상에 미치는 영향 등이 있다. **위험**(危險; risk), 미적 정서연구(美的 情緒研究; aesthetics), 공평성(公平性; fairness), 성차별(性差別; sexism), 성격(personality), 및 인간관계 등의 판단이 조사 연구되었다. 판단을 연구하기위한 Brunswik의 접근법은 의학, 교육, 법률, 회계, 아동복지, 및 기상예보의 영역의 판단에 까지 미쳤다. 여기서는 SJT에서 수정되거나 SJT을 기반으로 하는 인지 연속체이론과 빠르고 간소한 체험직감해법(體驗直感解法; heuristic)에 대해서만 간단히 언급 하겠다.

▶ **인지연속선 이론**. 인지연속선이론(cognitive continuum theory, CCT; Hammond, 1996; Hammond et al., 1987)은 인지과정과 임무환경 간 상호작용에 관한 실재적 가설을 제안함으로써 SJT를 넘어섰다. 특정한 임무 특성이 특별한 방식으로 과정들에 영향을 준다고 가정함으로써 CCT는 임무 환경이 달라지면 인지과정도 달라질 수 있다는 단순한 관찰을 뛰어넘으려 하였다. 지면 관계상 CCT를 전면적으로 다룰 수는 없지만(Hammond, 1996, p.147-202를 참고하라.) 그러나 기본적으로 (1) 인지의 여러 양식(樣式; modes)들이 직관과 분석 사이의 연속선 위에 배열될 수 있다는; 그리고 (2) 유도될 가능성이 있는 인지의 종류에 따라서 연속선위에 순서를 잡을 수 있다는 CCT의 두 핵심 전제를 이해해야 할 것이다.

CCT는 Brunswik(1952, p.24; 1956, p.89-99)가 "지각(知覺; perception)"과 "사고(思考; thinking)"는 별개라는 가설에 뿌리를 두고 있다(Goldstein & Wright, 2001). Brunswik는 한 실험(1956, p.89-93)을 통하여 "생각하는" 임무가 확실성에 근거를 둔 전략을 유발하고 "지각의" 임무가 불확실성에 근거를 둔 전략을 유발한다는 것을 입증하였다. 그러나 Brunswik는 "생각하기"가 동질적 과정들이 아니며 이른바 생각하기라 불리는 여러 경우가 있다고 주장하였는데 그 생각하기 또한 "[지각의 불확실성에 근거를 둔 전략처럼] 대리하는 또는 경쟁적인 다수 증거의 경중을 이용한다고" 썼다(Brunswik, 1966, p.490.). 마지막으로 Brunswik는 "생각하기"와 "지각"은 모두 그가 "비율형태의(ratiomorphic)"라는 용어를 붙인 "논증 형 추리(reasoning-type inference)"라는 더 큰 범주(範疇; category)의 특별한 경우로 고려되어야한다고 말하였다(Brunswik, 1966, p.491.).

CCT는 이상에서 언급된 아이디어 중 일부는 바꾸고 일부는 확장하였다. 첫째 판단과 의사결정 맥락에서 불확실성에 근거를 둔 전략은 직관으로 식별되고 확실성에 근거를 둔 전략은 분석으로 식별된다. 분석을 정의하고 나서 직관을 분석의 부재(不在; absence)나 분석의 반대로 정의하는 일반적 관행에서 벗어나서 CCT는 인지의 양식 모두의 특성을 설명한다. 예를 들면 직관에는 비교적 낮은 인지적 통제 및 의식적 관심(conscious awareness) 그리고 비교적 빠른 정보처리(情報處理; information processing)가 포함된다고 말한다(Hammond, et al. 1987을 보라).

둘째 "생각하기" 과정들의 이질성(異質性; heterogeneity)에 관한 Brunswik의 소견에 맞게 CCT는 판단과 결정이 순수한 형태의 직관 또는 분석에 전적으로 근거를 두어야한다는 관념(觀念; notion)을 부정한다. 오히려 CCT는 판단과 결정이 직관과 분석의 여러 가지 혼합을 요구하는 여러 전략들과 함께 일부는 직관적이고 일부는 분석적인 많은 인지적 요소들을 가지고 있다고 본다. 그래서 CCT는 직관과 분석이 인지 양식(modes of cognition)의 연속선의 두 극단에 해당된다고 단정한다. 대부분의 판단과 결정이 분석적 및 직관적 요소 모두를 가지고 있으며 따라서 인지적 연속체의(Brunswik가 사용한 용어로) "준 합리적(準 合理的; quasi-rational)" 내부 어딘가에 위치할 것으로 기대된다(직관과 분석이 어떻게 상호 작용하는가에 대해서는 Kahneman & Frederick, 2002를 참고). Hammond et al.(1987)은 사용 중인 판단전략의 위치를 사정하기위하여 **인지연속선 지수**(Cognitive Continuum Index; CCI)를 고안하였다.

셋째 CCT는 인지적 임무들은 물론 판단전략도 연속선 위에서 순서로 배열될 수 있다고 단정한다. 특히 어떤 일정한 임무의 성질들이 더 직관적인 처리를 유발할 것 같고 다른 임무성질들은 더 분석적인 처리를 유발할 것 같으므로 임무성질들은 극단의 직관유발에서 극단의 분석유발까지의 연속선 위 어딘가에 자리를 잡을 수 있을 것이다. 어떤 임무가 자리 잡을 위치를 사정하기 위하여 Hammond et al.(1987)은 **임무 연속선지수**(Task Continuum Index)를 고안하였다.

마지막으로 누구의 인지양식을 임무의 요구에 맞추는 효과는 |TCI - CCI|와 r_a의 상관관계를 구함으로써 조사한다. 피험자들은 그들의 인지양식이 임무성질과 부합될 때 더 좋은 성취를 이루는 경향이 있다(Cooksey, 2000; Dunwoody, Haarbaur, Mahan, Marino, & Tang, 2000; Hamm, 1988; Hammond, 2000; & Mahan, 1994도 참고하라).

빠르고 간소한 체험직감해법(體驗直感解法; heuristic) (fast and frugal heuristic)[16)]

Gigerenzer와 그의 동료들(Gigerenzer & Kurz, 2001; Gigerenzer, Todd, & the ABC Research Group, 1999; Gigerenzer, 2007)은 Brunswik파의 원래 SJT로 되돌아가 몇 가지 측면을 재고하였다. 첫째 그들은 Brunswik가 유기체 행동의 적응성을 강조한 점에 주목하면서도 판단의 정확도는 제한된 정보를 이용하는 속도와 능력과 함께 그 적응성의 한 양상에 불과하다는 것에 유의하였다. 둘째 비록 Brunswik가 선형회구분석이 대리기능을 대표한다고(예 1952, p.24) 말하였지만 Gigerenzer와 동료들은 선형회귀분석이 (1) 신호에 대한 탐색; (2) 신호탐색을 멈추라는 결정; (3) 일부 신호가 다른 신호(와 통합하기보다는)를 대신하는 길 등을 무시하기 때문에 그 적합성에 의문을 제기하였다. 셋째 이들 연구자들은 심리적 과정의 모델화라는 목표(Brunswik이 그의 생애 늦게에서야 받아들이고 비교적 낮은 우선순위를 준 목표)를 그들

16) 2편 5.1 참조

의 목표로 삼았다. 심리적 과정을 근거로 Gigerenzer와 동료들은 또 판단의 과정모델로서의 선형회귀분석의 타당성에 의문을 품었다.

Gigerenzer와 동료들은 선형회귀분석대신에 사람들이 계산적으로 단순한(즉 빠른) 그리고 그들의 정보요구가 조금인(즉 간소한) 영역-특정(domain-specific) 체험직감해법(體驗直感解法; heuristic)의 목록(目錄; repertoire)을 가지고 있다고 주장하였다. 그런 체험직감해법은 정확도가 과도하게 손상 받지 않는다면 제한된 정보를 가지고 빨리 결정을 자주 내려야하는 상황에서 이용될 수 있다. 따라서 연구자들은 일부 굉장히 단순한 체험직감해법들의 정확도를 연구하여 왔다. 예를 들면 두 대상(예:두 도시) 중 어느 것이 어떤 기준(예 더 큰 주민 수)에서 더 높은 값을 가지는지를 생각해보자. 만일 두 대상 중 하나만을 알고 있다면 "**재인 체험직감해법**(再認體驗直感解法; recognition heuristic)"은 알고 있는 대상이 더 높은 값을 가진다고 말한다. 이것은 분명히 빠르고 간소하다. 그 정확도 또한 정보 환경에 따라서 인상적일 수 있다(인식 신호가 고도로 확실한 환경에서 두 대상 무두를 알아보는 것이 인식 체험직감해법을 적용할 수 없게 만들고 덜 정당한 신호의 사용을 강제하기 때문에 더 중요한 지식이 성능을 손상시킬 수 있다). Czerlinski, Gigerenzer & Goldstein(1999)은 두 대안 중 하나를 선택하는 임무를 조사검토하고 네 개의 결정규칙: (1) 대상들 중에서 차별화되는 가장 정당한 단일 신호에 따라 대답하는 **최선취하기 체험직감해법**(take the best heuristic); (2) 무작위 순서로 된 신호들을 취하고 대상들 중에서 차별화되는 첫째 것을 대답하는 미니멀주의자(Minimalist) 체험직감해법; (3) 선형 회귀분석; (4) 단위가중(unit-weighted) 선형 모델 등의 정확도를 비교하였다. 20개 환경에서의 결과를 평균한 결과 다중회귀분석이 77%의 정확도로 가장 정확하고 최선 취하기(75%), 단위가중(73%), 미니멀주의자(69%)가 그 뒤를 따랐다. 그러나 새로운 경우를 예측할 때는 최선취하기가 가장 높은 정확도(71%)를 보였으며 단위 가중(69%), 다중 회귀분석(68%), 및 미니멀주의자(65%)가 그 뒤를 따랐다. 이처럼 여러 가지 환경에서 단순한 체험직감해법이 훨씬 더 많은 정보와 계산을 요하는 결정규칙만큼 또는 보다 더 잘 할 수 있다.

이 접근에 대한 연구 과제는 (1) "빠르고 간소한" 체험직감해법을 제안하는 것; (2) 이들 체험직감해법이 어떤 환경에서 잘 성능을 잘 발휘하는가를 조사하는 것; (3) 사람들이 체험직감해법을 적용하려고 선택하는데 쓰이는 메타체험직감해법(metaheuristic)을 연구하는 것; 그리고 (4) 사람들이 실제로 제안된 체험직감해법과 메타체험직감해법을 특정한 임무환경에서 사용하는지를 보는 것 이다. 이 프로그램은 "체험직감해법과 편향(H&B)"으로 알려진 연구 프로그램과 유사점을 지니고 있다(Gilovich, Griffin & Kahneman, 20 02; Kahneman, Slovic, & Tversky, 1982; Keren & Teigen, 2007.). 두 접근법 모두 사람들이 단순한 체험직감해법을 사용한다고 주장하며 둘 다 그것들이 사용되는 조건을 찾으려한다. 그러나 Gigerenzer & Todd(1999)는 이 두 접근에 세 가지 차이점이 있다고 강조하였다. 첫째 그들은 체험직감해법에 대한 태도에서의 상이점을 지적한다. 그들 자신의 시각으로 "체험직감해법은 우리가 사리에 맞는 결정을 내리기위하여 환경에서의 정보의 구조를 이용할 수 있는 방법으로 보인다."고 하였다 (Gigerenzer & Todd, 1999, p.28.). 그에 반해서 그들은 H&B(체험직감해법과 편향) 접근법에서의 "체험직감해법을 우리의 의사결정능력이 열등함에도 불구하고 우리가 너무 흔히 의지하는 신뢰할 수 없는 보조기구"(p.28)로 보았다. 둘째 그들 자신이 내세우는 체험직감해법은 정밀한 계산 항(項; terms)이 있는데 반해서 H&B 연구자들의 체험직감해법(體驗直感解法; heuristic)에 관한 설명은 더 막연하다고 주장하였다. 셋째 Gigerenzer와 Todd는 체험직감해법의 성능을 유사성(유사성; 類似性; correspondence)을 기반으로 하는 기준(즉 정확도; accuracy)으로 평가한 반면에 H&B 연구자들은 통상 일관성(一貫性; coherence)을 기준(즉 확률법칙에 얼마나 일치하는가)에 초점을 맞춘다.

빠르고 간소한 체험직감해법과 CCT에 관한 연구와 유사한 다른 연구로 Payne, Bettman, & Johnson(1993)의 **적응하는 의사결정자**에 관한 연구가 있다. 세 연구 프로그램 모두가 (1) 사람들이 가지고 있는 여러 가지 판단과 결정 전략들의 특징을 찾아내려고; (2) 전략을 바꾸게 하는 임무조건을 찾아내려고; (3) 특정한 임무환경에서 사용된 전략의 결과를 사정(assess)하려고 시도하였다. 그러나 Gigerenzer & Todd(1999, p.26-7)와 Hammond(1996, p.213-17)는 Payne et al.(1993)이 일관성기준을 사용하는데 반해 그들 자신은 유사성(correspondence)을 기준으로 사용한다는 것을 강조함으로써 둘 다 그들의 연구가 Payne et al.의 연구와 다르다고 주장하였다(Hammond et al.(1987)에 대한 Payne et al.의 코멘트(1993, p.104-7)도 참고). 체험직감해법(3편 5.1)과 편향(2편 1.6)에 대해서는 따로 상술될 것이다.

1.5.3 사회적 판단이론과 판단 및 결정연구에의 다른 접근법과의 비교

이 마지막 부분에서 간략하게 SJT와 다른 접근법들을 H&B(heuristic & Biases)에 특히 관심을 가지고 비교하고자 한다(좀 더 광범위한 비교를 위해서는 Cooksey, 1996b; Hammond, McClelland, & Mumpower, 1980을 참고). SJT와 H&B를 비교하는 연구들을 보면 조사연구자들이 어떤 일정한 쟁점에 관하여는 합의하지만 실재적 이론과 방법론적 관행(慣行; practice)의 영향에 관해서는 의견이 다르다.

▮ 확실성과 확률주의

Brunswik는 유기체들이 완전한 정확성을 가지고 지각할 수 없는 환경에서 그리고 그들의 행동이 효과적이지 못한 곳에서 기능하지 않을 수 없다고 주장하였다. 불확실성에 관한 유사한 강조는 판단과 결정 연구자들 사이에서는 아주 흔한 일이다. "삶은 도박이다"라는 명제가 1940년대 이후 선호에 의한 선택 연구의 가장 두드러진 특징이었다(Goldstein & Weber, 1955). H&B 프로그램은 불확실성 하 판단에 역점을 둠으로써 형식을 갖추고 성장하였다(Kahneman et at., 1982). 그러나 불확실성이 중요하다는 의견일치에도 불구하고 연구자들은 과학적 관행에 대한 서로 다른 결과를 내놓았다. Brunswik파 연구자들이 확률적 모델을 구성하라는 Brunswik의 충고를 추종한 반면에 다른 연구자들은 확률론적 및 결정론적 모델의 사용에 더 변화를 주었다. 비-Brunswik파 연구자들이 주의(主義; principle)로써 확률론적 모델을 기피한 것은 아니다. 오히려 그들은 그것이 조사연구자의 취향의 문제라고 생각한 것 같다.

▶ **임무환경의 중요성과 표상적 설계**. 연구자들은 임무환경의 중요성에 관해서도 의견의 일치를 보인다. 다만 Brunswik파의 접근 토대는 임무환경이 판단 정확성(예 LME에 있는 R_e 을 매개로)과 심리적 과정들(예 대리기능을 가능케 함으로써) 둘 다에 영향을 준다는 것이지만 비-Brunswik파들은 임무조건이 심리적 과정에 주는 영향에 역점을 두었으며 이것이 30년 이상 판단 및 결정연구의 주제이었다. Tversky(1969)의 선택대안들의 직렬 및 병렬 배열에 대한 언급이 초기의 한 예이다. Payne(1982)의 평론이 이정표를 대변하여준다. Brunswik는 유기체의 임무조건에의 민감도가 결과를 실험실을 넘어 일반화 되게 하기위하여 표상적(表象的; representative) 설계를 필요로 한다고 주장한다. 비-Brunswik파가 비록 일상적으로 임무조건에의 민감도와 결과의 일반화가능성 사이에 관련성이 있음을 인정한다 할지라도 그들의 대표적 설계를 향한 태도는 엇갈린다. 예를 들면 대표성 체험직감해법(體驗直感解法; heuristic)의 검토에서 Kahneman & Frederick(2002)은 피험자들-간 및 피험자들-내 요인설계(要因設計; factorial design)의 우열(優劣; relative merits)을 고려하여 대표적인 설계를 찬성하고 그 주장을 신뢰하였다. 그러나 그들은 그것을 일반적인 관행이라고 옹호하지는 않았다.

▶ **정확성/관련성 대 합리성/일관성**. 이제 확률론적 모델에 관한 쟁점으로 돌아가자. Brunswik는 성취(成就; achievement)의 확률론적 성질을 강조하였으며 그래서 성취의 모델은 확률론적이어야 한다고 주장하였다. 그러나나 그는 주어진 근위신호의 개요에 대한 개인의 반응이 확률론적이라고 주장하지는 않았다. 사실 그는 "직관적 지각의 섬광 같은 속도가 … 신호의 이용에서 상동증(常同症; stereotypy)과 피상성(皮相性; superficiality) … 없이 쉽사리 성취될 수 없을 것이다."라고 주장하면서 여러 신호의 특정한 개요에 대한 개인의 반응은 결정론적일 것이라고 말하였다. 이 관점에서 확률론적 대 결정론적 모델의 적절성은 더 근본적인 쟁점이며 여기서 우리의 목적은 특정한 개요에의 반응을 조사하거나 그것들의 반응을 환경과 연관시킴으로써 더 잘 성취될 것이다.

SJT와 H&B 연구자들 모두 판단과 의사결정의 질에 관심을 가진다. 그러나 그들의 지적 배경과 관심에 따라 그들 두 갈래 연구자들은 다른 실적표준을 가지게 된다. Gigerenzer가 판단연구에서 속도와 인지적 단순성을 강조하기 시작할 때까지 Brunswik의 기능주의가 판단의 **정확성**을 의미하는 것으로 해석되었으며 SJT가 판단의 적응성을 강조하게 만들었다. 정확성에 관한 강조 때문에 SJT 연구는 기준이 발견되거나 정의될 수 있는 판단에 초점을 두었다. 이에 반해 von Neuman과 Morgenstern의 연구는 선호 선택에 집중되었으며 이에 뒤이어 사람들의 확률판단을 조사하였다. 이들 변수 — 선호 선택과 확률판단 — 는 스스로를 외부 기준과 쉽게 비교되게 하여주지 않는다. 기준이 없을 때는 아마도 자연적 표준이 일관성(一貫性; consistency)과 통일성(統一性; coherence)의 기준이 되었으며 기대효용이론과 Bayes의 이론이 사람들이 판단과 선택을 사정할 수 있는 합리성의 표준으로 택해졌다.

연관성을 기반으로 하는 SJT의 연구자들이 임무특성에 따라 때때로 높은 정확성을 찾아내는 동안 일관성을 기반으로 하는 H&B 연구 프로그램은 일반적으로 사람들의 불합리성을 강조하였다. Hammond(1996)는 이들 다른 두 결론이 서로 조정될 수도 있다고 주장하였다. 왜냐하면 일관성 및 연관성(聯關性; correspondence) 기준이 독립적이고 판단능력의 한 형태가 다른 형태로 일반화되지 않을 수도 있기 때문이라고 즉 누구는 합리적이 아니면서 정확할 수(그릇된 이유로 옳을 수) 있으며 누구는 정확하지 않으면서(즉 현실과 동떨어진 일관된 세계관으로) 합리적일 수 있다. 이 사실을 통해 우리는 SJT연구자들이 정확성 즉 환경에 적응한 결과에 관심을 갖는 것과 같은 이유로 H&B 연구자들이 합리성에 관심을 갖는다고 생각할 수도 있다.

▶ **환경에의 적응 대 인과과정**. 대표적 설계에 관하여 H&B 연구자들은 찬반감정을 함께 가지고 있다고 여겨진다. 왜냐하면 그들은 심리학의 목표가 유기체들이 어떻게 환경에 적응하고 그 환경에서 중요한 임무를 완수하는가를 해석하는 것이라는 Brunswik의 입장을 단지 부분적으로만 동의하기 때문이다. 다른 잠재적 목표가 대표적 설계를 방해할 수도 있다. 예를 들면 연구자들은 결과에 영향을 줄 수 있는지 여부 그리고/또는 그 조건을 그들 조건의 특유성(特有性; typicality)을 도외시하고 연구하기를 원할 수도 있다. 어떤 결과의 바탕이 되는 인과과정(因果過程; causal processes)을 연구하려는 욕구가 딜레마를 만들어낼 수 있다. 즉 잠재적인 인과요인들을 구별하려면 그 환경에서 뒤엉킨 변수들을 풀어주어야 할 필요가 있을 수 있다. 그러나 변수들의 바로 그 재구성이 심리적 과정을 변화시킬 수도 있다.

SJT와 H&B 모두 심리적 과정에 관심을 갖는다. 그러나 예외에도 불구하고 일반적으로 두 접근법은 과정의 기술이 적절하다고 생각하는 정도에서 차이를 보인다. 그리고 여러 과학적 목표와 비교하여 심리적 과정을 밝혀내는 것을 강조하는 정도에서도 차이가 있다. 분명히 H&B 연구자들은 비교적 과정묘사의 정도가 상세하여야한다고 주장하는 것 같다. 이에 반해 SJT 연구자들은 일반적으로 정보의 결합을 "이차형적(二次形的; paramorphically)[17)]"으로 기술하는 수학적 모델을 사용한다(Doherty & Brehmer, 1997; Hoffman, 1960; 예외에 대해서는 Gigerenzer et al., 1999.).

이에 더하여 SJT 연구자들은 내부과정만을 강조하는 데 반대하는 Brunswik의 경향을 어느 정도 물려받았다. Brunswik는 "캡슐화된(encapsulated)된" 유기체의 연구자 기능적 적응에 관한 정보를 충분히 담고 있지 않다고 생각하였다. 이것은 인지과정의 연구자 임무 환경을 무시해서는 안 된다는 것이다. 그러나 원위-중앙 관계에 집중되어야한다는 Brunswik의 언급에서 인지과정이 깊은 양면성을 갖고 있음을 알 수 있다. 대리기능의 내부 인지과정은 안정화되지만(즉 그 인지과정이 중앙과 원위 변수 간의 안정된 관계를 만들어내지만) 그 인지과정 자체는 불안정하며(즉 그 인지과정은 유연성과 변화성을 나타내며) 따라서 연구하기가 어려워질 가능성도 있다. 앞에서 지적한대로 Brunswik는 결국 대리기능을 받아들였지만 그는 성취를 연구하는 것보다 낮은 위치에 두었다.

그에 반해서 H&B 연구자들은 심리적 과정에 주안점을 두고 그 다음으로 불합리를 유도하는 조건을 찾으려한다(Payne et al., 1993가 그 예외를 보여주는데 그들은 사람들을 특정한 결정

---

17) 일종의 변이형 또는 변종. 유전적으로 생긴 변화가 아닌 환경적 요인에 의해 유도된 형태.

전략을 사용하도록 유도하는 임무조건에 초점을 두고 있다). Brunswik가 신행동주의(neo-behaviorism)와 관계가 있는데 반해 H&B 접근법은 미국 심리학이 행동주의가 행동의 외부환경에 집중하는 것을 거부하고 내부과정의 연구를 받아들이는 시기에 전개되었다. 그러나 인과과정과 결과를 도출하는 조건을 연구하는 목표를 달성하기위해 대표적 설계로부터 벗어날 필요가 있을 수 있다.

▶ **판단오류와 판단 타당성**. 마지막으로 H&B 연구자들이 환경적응보다 인지과정을 강조하는 것이 SJT와의 또 다른 차이점이다. 구체적으로 말하면 비합리적 행동이 심리적 과정의 진단에 도움이 될 수 있기 때문에 심리과정을 연구하려는 열망이 비합리성을 끌어내려는 노력이라는 방법론적 관행을 만들어냈다. 이 방법론적 도구의 인기가 적어도 H&B 연구자들이 판단 적절성(judgemental adequacy)을 사정하는 것보다 판단 오류(judgmental error)를 찾는데 관심을 더 많이 가지고 있음을 보여준다.

제2장 모델화(modeling)

의사결정을 뒷받침하는 이론으로 확률이론이 개발되었으며 그 이후 고전적인 통계적 추론을 위한 수학적 기초가 마련되었다. 20세기 후반에 들어 불확실성하의사결정이론이 대두되기 시작하여 확률자료가 없는 상황에 대처하는 단계로 발전한다. 결정이론의 궁극적 목적은 아무런 정보가 없는 상황에서 쓸 수 있는 이론을 개발하는 것일 것이다. 이 장에서는 결정이론을 공부하는데 있어 알아두어야 할 일반사항을 정리하기로 한다.

2.1 모델화 (modeling)

결정모델은 누군가가 결정을 내리는 것을 도와주기 위하여 만들어지고 사용되는 사실(事實; reality)의 정량적이고 논리적인 추상이다. 예를 들면 우리가 부동산 하나를 구매하려할 때 우리는 향후 10년간의 수입과 지출 그리고 이 시간이후의 자산의 잔존가치를 예측한 뒤 사려는 부동산의 가치를 사정(査定; assess)하는데 도움이 되는 정보를 모을 것이다. 수입 및 지출과 인플레(inflation)와의 관계를 그리고 나서 여러 가지 인플레시나리오(inflation scenarios)를 조사할 것이다. 결정모델에는 우리의 모든 예측과 모든 변수들 간의 관계가 포함된다. 그것은 우리가 그리는 인플레시나리오에 대한 자산가치의 예측치도 제공할 것이다.

2.1.1 왜 모델(model)인가?

우리는 우리자신의 결정을 도와주기 위하여 또는 누군가 다른 사람의 결정을 도와주기 위하여 모델을 만든다. 도움에는 두 가지 길이 있다. 첫째 한사람이 쉽게 파악하고 해결하기에는 너무 복잡한 문제를 다룰 수 있게 해준다. 둘째로 **모델**은(컴퓨터의 도움을 통해) 상세함을 유지하면서 모든 계산을 신속하게 처리하게 하여준다. 이것이 모델구성자로 하여금 개별적인 상세함과 모델이 만들어내는 복합결과에 관한 판단에 집중하게 하여준다.

▌필요성

모델은 필요하기 때문에 만들어진다. 간단한 접근으로는 불충분할 때 어쩔 수 없이 만들어진다. 모델은 비록 바로 내려야할 결정에서 당신을 유혹하여 끌어낼 만큼 매력적일지는 몰라도 그자체가 목적은 아니다.

누구도 모델을 원하지는 않는다. 결정을 내리는 사람이 원하는 것은 모델이 효율적으로 줄 수 있는 도움이다. 모델은 목표의 한 부분이 아니다 - 결정이 목표다. 모델은 결정의 중요성에 비해 작은 노력으로 만들 수 있어야한다. 작은 것이 걸려있는 결정은 큰 것이 걸려있는 문제의 지렛대로 사용될 만큼 반복적이거나 일반적일 때만 모델화 한다.

더 좋은 결정

우리가 더 좋은 결정을 내린다면 우리는 모델의 도움을 받은 것이다. 결정할 때는 더 많은 관련 사실과 그 사실이 어떻게 결정에 적용되는가를 감안하여야한다. 결정은 관심이 있는 결과(結果; outcomes)에 영향을 주는 것들 간의 관계를 다루어야한다. 결정은 아주 긴 시간에 걸친 영향들 간의 상호작용을 포함하여 결정이 아주 명백한 단기적 고려사항들에 응답하는 것으로 끝나지 않도록 하여야한다. 결과(結果; results)를 보증하는데 불확실한 요인들이 어느 정도의 영향을 주는지를 이해해야한다. 의사결정자는 어느 가정(假定; assumptions)이 결과(結果; outcome)에 가장 영향을 주는지를 이해해야한다.

통찰(洞察; insight)

모델은 주제를 통찰하도록 하여준다. 모델은 우리로 하여금 결정에 들어가는 요인들 간의 균형과 타협점을 찾아내게 해준다. 주제의 구조 - 영향(影響; influences)들 간의 관계(關係; relationships)를 배우게 해준다. 모델은 문제를 조각으로 나누고 이를 다시 그 해부(解剖; anatomy)를 이해하기 위하여 하나의 모델로 되돌려보는데 유용하다. 이 이해를 위하여 우리가 모델을 만들지 않은 다른 문제를 이 모델로 진단해보는 것이 좋을 것이다.

발표(發表; presentation)에의 도움

모델은 발표에 도움을 줄 수 있다. 주제를 보는 시각(視角; aspects) 간의 상요작용에 관한 믿음을 명백하게 해준다. 의사결정자에게 하는 발표나 자기 자신의 결정을 스스로에게 묘사하는데 모델을 사용한다. 그것은 문제에 대한 이해(理解; understanding)를 가능한 한 간결하게 보여준다. 모델화의 결과(結果; results)로 보여줌으로써 빤한 측면(側面; aspects)보다는 중요한 측면에 집중할 수 있다.

직관(直觀; intuition)

복잡한 시스템은 직관적으로 행동하지 않는다. 행동과 반응사이의 시간차, 그들 사이의 상호작용, 그리고 다른 것에 의한 한 영향의 감쇠(減衰; damping) 등에서 오는 이들 비직관적인 행동들을 통찰하게 해준다. 모델은 부분에 관한 통찰에서 시작하여 전체에 관한 통찰을 제공하여준다.

모델은 당신의 지식문제에서의 틈을 당신에게 일러준다. 어쩔 수 없이 우리는 늘 불완전한 이해와 자료(資料; data)를 가지고 일을 한다. 이러한 틈이 대부분 결정에 큰 영향을 준다. 그러나 우리의 모델분석은 정보의 어느 부분이 중요한지를 알려준다. 이것이 우리의 연구계획(研究計劃; agenda for research)을 설정해준다. 시간과 돈이 허용한다면 어느 분야를 공부하는 것이 결정의 질을 가장 잘 향상시켜줄지를 알게 해준다.

2.1.2 모델화 훈련(訓練; discipline)

모델은 신뢰할 수 있어야한다. 그것은 모델구성자의 가정을 정확하게 반영하여야한다. 모델에게는 훈련된 전개(展開; develop)가 필수적이다.

단순성(單純性; simplicity)

모델은 결정이 신뢰받도록 도와주고 동시에 거기에 들어가는 투자를 적게 하기위해서 단순하여야한다. 모델은 확장이 가능하여야한다. 새로운 영향이 고려되어야할 때도 있고 모델의 주제에 관한 새로운 질문이 제기될 때도 있다. 그래서 모델을 만드는 과정은 두 가지 사실을 받아들여야 한다. 첫째 모델은 미래에 사용할 때 확장되기도 하고 줄어들기도 하므로 모델화를 하는 사람은 유연한 편집이 가능한 도구를 사용하여야한다. 둘째 모델화를 위한 유용한 훈련은 흐름도의 형태로 이루어질 수 없는 것이다. 되돌아가거나 앞의 단계를 다시하거나 뒤의 단계로 뛰어넘어 작업하거나 하기위해 필요할지도 모를 모든 가지치기 점(branching points)을 포함한다는 것은 불가능하다. 모델화 훈련을 위한 두 개의 중요한 슬로건(watchwords)이 있다. 그 하나는 가장 기본적인 것에 들이는 첫 노력을 단순화하라이고 그 둘은 진행 중에 발생한 문제에 이미 적용된 어떤 구조도 재고하라 는 것이다.

교신(交信; communication)

모델화하는 사람은 그 모델을 다루는 컴퓨터와 서로 교신하여야하지만 그리 중요하지 않은 교신형태라 할 수 있다. 중요한 것은 모델을 만드는 사람들이 모델을 통하여 모델화된 주제의 구조에 관하여 그들 간에 더 긴밀하게 교신하여야한다는 것이다. 모델은 신속하게 이해될 수 있도록 명확하게 써야한다. 명확하게 씀으로써 신뢰성도 확보할 수 있다.

모델은 또한 다른 사람과의 교신의 수단이 되기도 한다. 그것은 그 구조를 만들어낸 사람의 믿음을 구체화한 것이다. 따라서 명확함은 필수적이다.

매니저(manager)의 역할

특정한 훈련목적을 충분히 이해하려면 매니저와 모델 간의 관계를 이해해야한다. 그들이 관리자로 일하는 동안 그들은 늘 결정모델을 다룸에 있어 세 가지 역할 중 하나나 둘 또는 셋 모두를 담당할 것이다. 관리자는 모델의 구성인(構成人; builder) 및 분석자의 역할, 모델의 전수자(傳受者; initiator) 및 사용자의 역할, 그리고 모델의 수익자(受益者; beneficiary) 또는 의뢰인(依賴人; clients)의 역할을 수행한다. 예를 들면 재무담당자는 분석가로 재무담당부장은 사용자로 재무담당 고위중역은 모델의 의뢰인의 역할을 담당할 것이다.

각각의 역할은 서로 다른 기능이 있으며 다른 역할을 담당하는 사람들의 임무가 중요하다는 것을 알아야한다. 사용자로 매니저는 의사결정의 목적(目的; objectives) 과 성취수단(成就手段; performance measures)이 무엇이며 모델에서 사용될 변수들을 어떻게 구성하는지 모델이 제공할 지원(支援; support)이 무엇인지 그리고 그것을 이용하는 방법을 공부하여야한다. 분석가로 매니저는 모델을 어떻게 쓸(write)지, 어떻게 모델에서 요구되는 숫자를 사정할지, 섞여있는 확실한 변수와 위험한 변수 그리고 시간종속(時間從屬; time-dependent) 변수들을 어떻게 분석할지, 그리고 모델에서 행해진 작업을 현장책임자에게 어떻게 전달(傳達; communicate)할지를 배워야한다. 사용자 및 분석자 모두의 역할에서 매니저는 고객에게 모델의 설계(設計; design)와 그 결과(結果; results)를 제안하는 방법을 배워야한다. 의뢰인으로 매니저는 다른 사람의 작업(作業; work)을 이해하고 평가하기를 배워야하고 모델화 노력에 개입하는 적절한 길을 배워야한다.

2.1.3 모델화의 시작

매니저들에게 모델을 어떻게 시작하는가는 아주 어려운 문제이다. 이 문제는 그들에게 거대하고 정돈되지 않은 것으로 보일 수 있다. 그들은 모델을 만드는데 경험이나 자신(自信; confidence)이 부족할 수도 있기 때문에 모델의 구성이 중요한 것이다.

모델화는 어디서부터 출발할 것인가? 첫째 내려야할 결정을 이해하는 것이다. 이는 단순하게 들리지만 문제가 아주 복잡해서 아무도 무엇을 결정해야하는지를 명확하게 밝히지 못할 때가 많다. 한 예를 신제품개발문제에서 살펴보자. 이 프로젝트가 매우 커서 많은 사람들이 이미 여러 개의 계획을 만들어 놓은 상태일지라도 무엇을 결정해야하는지가 명백하지 않을 때가 종종 있다. 개발을 계속할 것인지 중단할 것인지를 정하는 것인지 그 제품의 재설계문제인지가 불분명할 때가 있다. 이런 경우 최초에 문제를 정의하는데 약간의 시간을 소비하는 것이 뒤에 어마어마한 시간을 절약하게 해준다.

2.2 변수와 목적

이절에서는 결정모델을 만들어내는데 취해야할 첫 단계를 공부하기로 한다. 여기서 말하는 결정모델은 누군가가 결정을 내리는데 도움을 주기위하여 만들어지고 사용되는 사실을 정량적으로 또는 논리적으로 추상화한 것이라고 정의되는 것이다. 실질적으로 모든 결정모델은 다음의 하나이상을 포함한다. 결정의 환경(環境; environment)과 결과를 설명해주는 시스템변수; 이들 변수들 간의 구조적 연계(連繫; linkages)와 상호 의존관계; 그리고 결정의 궁극적 결과(結果; outcomes)에 관한 선호(選好; preference). 모델을 만들기 시작하기 전에 우리는 다음질문에 대답해야한다. 모델에 어떤 시스템변수가 들어가 있나? 대안이 되는 결과들의 선호도(選好度; desirability)를 재는데 쓰일 의사결정자의 목적은 무엇인가? 이 절에서는 이들 두 질문에만 국한하여 다루고 변수간의 상호관계를 어떻게 모델화할 것인가에 관해서는 뒤에 다루기로 한다.

2.2.1 변수

위의 제1편에서 불확실성을 다루는 과정에서 **변수**를 양(量; quantity)의 한 형태로 검토한바 있으나 여기서는 결정모델과 관련된 협의(狹義; narrow meaning)의 변수로 다루고자 한다.

의사결정이나 계획을 위해 개발된 정량적 모델은 몇 개의 변수간의 관계를 수학적으로 기술한 것에 불과하다. 변수를 분류(分類; categorize)하는 데는 여러 가지 길이 있지만 여기서는 그들을 **결정, 매개**(媒介; intermediate), 및 **결과**(結果; outcome) 변수로 나누는 것이 가장 편리하다. 결정 변수는 의사결정자가 통제하는 것으로 의사결정자가 선정한 대안(代案; alternative)과 조화를 이루며 변한다. 결정을 결과에 연결시키는데 필요한 어떤 변수도 매개 변수이다. 결과 변수는 성과(成果; performance)를 측정하기위하여 의사결정자가 사용하는 것으로 여기서는 **속성(屬性; attributes)**이라고 부르기로 한다.

그 변수들이 결정변수인지 매개변수인지 또는 결과변수인지를 구별하는 것은 그 결정모델의 특성을 말해주는 것과 같다. 다음의 세 변수: 목동의 호루라기, 양치기개의 위치, 양 무리의 위치를 상상해보기로 한다. 목동의 호루라기가 결정변수이고 개의 위치가 매개변수 양 무리의 위치가 결과변수인 것은 자연스러운 일이다. 한편 개의 위치를 결정변수로, 양들의 위치를 매개변수로, 그리고 목동의 호루라기를 결과변수로 한다면 문제를 아주 다른 모델로 만들게 한다. 이때는 개가 주인이 되어 목동의 호루라기를 좌지우지 한다고 말하는 것이 옳을 것이다. 결정변수로 무엇을 택하느냐 매개변수로 무엇을 택하느냐에 따라 모델은 전혀 다른 모습을 보여준다. 이처럼 모델화의 첫 단계로 제일 중요한 것이 이들 세 타이프의 변수를 판별하는 것이다.

어떤 변수도 이원(二元; binary), 이산(離散; discrete), 연속(連續; continuous) 세 타이프 중 하나에 속한다. 이원변수는 0이나 1의 값을 지니고 있다. 이원변수는 하느냐 아니하느냐 혹은 계속이냐 중단이냐 와 같은 상황을(예 계속 생산할 것인가 아니면 생산을 중단할 것인가) 다루는데 유용하다. 이산변수는 유한한 수(數; number)의 값을 지니고 있다. 예를 들면 다섯 개의 생산라인이 있는 공장에서 어느 생산라인이냐 라는 질문에 대한 대답은 있을 수 있는 다섯 라인을 나타내기 위하여 정수(整數; integer) 1에서 5까지로 된 다섯 값이 있을 수 있다(숫자는 대안들의 어떤 순위를 의미할 수 도 있고 단지 대안들의 분류표시뿐일 수도 있다. 이 경우는 1에서 5까지와 함께 A에서 E까지의 문자로 나타낼 수도 있다). 이산변수는 정수(整數; integer)이거나 차례로 되어 있지 않아도 되는 값의 유한한 집합일 수도 있다. 예를 들면 4, 5, 6, 9라는 이산의 가능성에서 하나를 택하는 자가용승용차의 선택문제에서 4, 5, 6, 9가 몇 인승의 차인가를 의미할 수도 있다. 반면에 연속변수는 특정한 범위 안에 들어있는 무한수의 있을 수 있는 값을 갖는다. 연속변수의 예를 들년 섬유 원단 생산의 경우 설정된 최장생산량과 최단 생산량 사이에서 선택되는 m수를 나타내는 결정변수가 연속변수이다.

변수를 확률적(確率的; random) 또는 **외생**(外生; exogenous) **변수**로 나누는 분류법도 있다. 확률적 변수는 불확실성을 모델화하는 것으로 확률을 가지고 기술(記述; describe)한다. 외생변수는 모델화의 대상과 관계없이 생긴 변수로 결정변수로부터 영향을 받지 않는다. 외생변수에는 두 가지 형태가 있는데 그 하나는 매개변수에 영향을 주는 것이고 다른 하나는 결정변수에 영향을 주는 것이다. 매개변수에 영향을 주는 외생변수는 "경제"나 경쟁관계에서 주로 생기지만 다른 방면에서 생기는 수도 있다. 결정변수에 영향을 주는 외생변수의 예로 우리가 하려는 선택을 제한하는 정부의 정책을 들 수 있다. 외생변수가 무작위일 수도 있다.

자본투자와 제품라인을 계획하는 상황을 생각해보자. 이 상황에서의 변수는 다음의 〈표 2.2.1〉과 같이 분류될 수 있겠다.

이 예에서 결정변수인 공장의 크기는 연속적이다. A와 B를 생산하느냐 A만 생산하느냐는 이원변수이고 어느 설비에서 생산하느냐는 이산(離散; discrete)적이다. 중간변수와 결과변수는 모두 연속변수이다. 무작위이면서 외생인 변수도 있다(예 제품수요).

어느 변수를 언제 외생변수라고 또는 무작위변수라고 지정할 것인지는 모델을 만드는 사람의 판단에 달려있다. 어떤 의미에서 매개변수는 사실상 무작위하다 라고 생각할 수 있다. 왜냐하면 변수들의 값을 정밀하게 꼭 집어낼 수 없기 때문이다. 반면에 일부로 어느 변수에 무작위성이 있다고 생각할 필요는 없다. 모델을 만드는 사람의 임무중 하나는 어느 변수의 불확실성이 모델의 목적과 관련하여 유의적(有意的; significant)인지를 정하는 것이다. 마찬가지로 모델을 만드는 사람은 어느 변수가 통제범위 안에 있고 나아가 결정변수에 영향을 주는지 아니면 통제밖에 있어서 외생변수로 생각해야하는지를 판단하여야한다.

때로는 모델을 만들기 시작하기가 어렵다. 첫 단계는 어떤 결정들을 내려야하는지를 분명하게 선언하는 것이다. 이 단계에서 번잡성(煩雜性; messiness)을 어느 정도 정리하여야한다. 그러고 나서 그 결정들이 서로 어떤 관계인지를 생각해야한다. 일부 결정은 다른 결정의 전제조건인가? 그것들은 적시에 분별되는가?

〈표 2.2.1〉 변수의 분류

결정변수	매개변수	결과변수
공장의 크기	투자자금	영업이익
A와 B를 생산할까? A만 할까?	운전자금	현금흐름
어느 생산설비에서 생산할까?	생산원가(R)	정미현제가(NPV)
	단가(R, E)	내부자본회수율
	제품수요(R, E)	시장점유율
	경제상황(E)	숙련공의 확보
	경쟁행위(E)	유지할 정규인력

* R: 확률적 변수; E: 외생변수

공기오염방지방법에 관한 문제를 생각해보기로 한다. 결정변수를 투자자금과 여러 가지의 오염통제장치에 쓰이는 에너지소요량 그리고 이에 소요되는 자금을 누가 부담하는가라고 하자. 매개변수로는 현장에서의 생산수준, 외부공기상태, 현장의 인구실태(人口實態; demographics)

등을 들 수 있겠다. 결과변수는 건강에 주는 효과, 여러 가지 세율에 주는 영향, 정치적 효과 등이 있을 수 있다.

결정모델에서의 공통적 문제는 결과변수를 부적절하게 특정화 하는 것이다. 결과변수로 선정되어 성과(成果; performance)를 측정하는데 사용되는 변수들이 결정변수이거나 매개변수이다.

광고의 예를 보자. 어떤 회사는 광고 업무를 순전히 지출로 측정한다. 지출수준은 할당(割當; allocation)에 의한 결정이지 성과의 측정은 아니다. 지출수준을 결과변수로 사용하는 것은 의사결정에 큰 도움이 되지 않는다. 다른 회사는 광고의 성과를 도달(到達; reach) 즉 얼마나 많은 사람이 그 회사의 광고를 보는가와 빈도(頻度; frequency) 즉 그 사람이 얼마나 자주 그 광고를 보느냐로 평가한다. 이 측정이 지출보다는 향상된 것이지만 광고의 목적은 단순히 사람에게 도달하는 것이 아니라 그들을 가르치고 제품의 이미지를 향상시키며 궁극적으로는 구매결정과 판매에 영향을 주는 것이다. 결정모델에서 결정은 의사결정자의 궁극적 목적에 기초한 진정한 결과변수와 연결되는 것이 이상적이다.

응급의료서비스의 예에서 보면 어느 지역에서는 이 의료서비스를 구급차(救急車; ambulances)의 대수(臺數)와 직원의 훈련 량(amount of training)으로 측정하는데 이들이 결정변수인 것이다. 구급차의 운행회수나 연간 부목(副木; splints) 사용량과 같은 시스템 활동의 측치(測値; measures)를 사용함으로써 진일보할 수 있다. 그러나 이들 측치의 숫자들은 사망률(死亡率; mortality)을 감소시키고 질병의 이환율(罹患率; morbidity)을 줄이는 진정한 목적에 도움을 주지 아니해도 아주 높을 수 있다. 부목은 그것이 필요한 사람에게 사용되어야하고 구급차는 무언가 좋은 일에 운행되어야한다. 따라서 사망률과 이환율이 진정한 결과변수이다. 〈표 2.2.2〉는 적절하게 사용된 결과변수와 중간변수 그리고 결정변수의 예를 보여준다.

결정변수나 매개변수가 결과변수로 자주 사용되는 이유가 몇 가지 있다. 매개변수나 결정변수는 쉽게 구할 수 있고 많은 상황에서 더 정확하게 측정될 수 있으며 결과변수보다 덜 논쟁의 대상이 된다. 예를 들어 구급차의 운행회수는 얼마나 많은 생명을 구했나보다 논란이 적다. 거기에 더해 더 합당한 결과변수의 추정치(推定値; estimates)를 찾는 일은 더욱 어렵다. 그럼에도 불구하고 잘못된 성과 측치를 사용하는 결정모델을 만드는 일은 별 의미가 없다. 바른 결과변수를 대신하는 측치가 아무리 쉽게 측정되더라도 부적절한 변수 보다는 훨씬 좋다. 대용(代用; proxy) 측치에 대해서는 뒤에 설명한다.

결정상황에서 결정변수는 분명하지도 않고 저절로 나타나지도 않는다. 그들은 무엇을 달성해야하는가를 명백하게 고려한 결과인 현실적 목적에서 나온다. 목적에 관한 주의 깊은 고려가 모델화 노력을 끌어올리고 나중 수정의 필요성을 줄여준다.

2.2.2 목적과 그 속성(屬性; attributes)의 구성(構成; structuring)

Keeny와 Raiffa(1976)의 정의에 의하면 **목적**(目的; objective)은 더 좋게 하기위하여 움직이는 방향을 일컫는다. 그래서 "극소화," "극대화," "향상"과 같은 단어들이 목적을 표명하는 문장

〈표 2.2.2〉 변수들의 적절한 사용

설 정	결정변수	매개변수	결과변수
광 고	지 출	광고의 통용범위	영향을 받은 고객
	광고를 본 사람 수	매출액	
	광고를 본 회수		
응급의료	구급차 대수	구급차운행회수	사망률
서비스	훈련비	연간부목사용량	이환율

에 나타나는 것이다. 생산성의 극대화는 목적의 한 예이다. 따라서 목적은 달성되든 아니 되든 간에 목표(目標; goal)나 이정표(里程標; milestone)와는 다르다(예 2020년까지 화성에 착륙). 목적은 완벽하게 달성되지 않을 수도 있다. 중요한 것은 달성정도이다. 일반적으로 모든 목적을 동시에 달성할 수는 없다(예를 들면 투자를 최소화하면서 동시에 생산성을 극대화하는 것은 거의 불가능하다). 그러므로 목적들 간의 타협(妥協; tradeoff)이 이루어져야한다.

각 목적에 관련된 부수목적(副隨目的; subobjectives)(예; 노동생산성의 향상과 투자자금의 생산성향상은 생산성극대화의 부수목적이다. 그 목적에 부합되는 정도를 나타내는 측정 가능한 속성을 각 목적은 갖고 있다. 예를 들면 노동생산성향상이라는 부수목적에는 종업원당 생산금액이라는 속성이 있다. 여기서의 "속성"이라는 단어는 자주 사용되는 용어 "**성과측치**(成果測值; measure of performance)"와 "**효과성측치**(效果性測值; measure of effectiveness)"와 동의어로 사용된다. 측정단위의 표시와 그 속성을 어떻게 측정하는가의 설명은 각 상황에서의 속성의 정의(定義; definition)의 한부분이 된다.

목적과 그 결과속성을 만들어내는 과정은 독창적인 것이어서 규칙이나 절차(節次; procedures)로 형식화할 수 없다. 우리는 다만 과정(過程; process)을 도와주는 그리고 언제 과정을 완료하는지에 관한 약간의 지침을 마련하는 활동을 제안할 수 있을 뿐이다.

통상 사람들은 회사상품의 극대화와 같이 단하나의 일반적인 그리고 불분명하게 기술된 목적을 갖고 시작한다. 회사건품이 정밀하게 무엇인가라는 물음에 대한 대답으로 더 구체적인 부수목적을 만들어낼 수 있다. 대부분의 회사에서 이 질문에 대답하는 일은 이사회나 사장 또는 담당중역이 하는 일이다. 다른 상황에서 적절한 목적은 관심의 대상인 분야에서 경험과 특수기능을 함께 갖고 있는 일단의 전문가나 개인이 주기도 한다. 목적은 관련문헌이나 유사기관의 사례에서 찾기도 한다.

사람들이 실제로 어떻게 결정을 내리나 관찰함으로써 비록 목적이 표명되지 않았어도 목적을 볼 수 있다. 사람들은 문제를 어떻게 말하나? 의사결정자가 결정을 내리기전에 어떤 정보를 요구하나? 예를 들면 전략적 마케팅 결정에서 논의의 초점이 시장점유율에 있는지 아니면 현금흐름에 있는지를 주목함으로써 우리는 목적이 시장장악인지 수익성인지를 발견하게 된다.

주관적 지수(主觀的 指數; subjective index)

명백한 측정 속성이 없을 때 목적을 다루는데 사용할 수 있는 방법이 있다. 그 하나가 **주관적 지수**를 만들어내는 것이다. 예를 들어보자. 의사의 통증의 최소화라는 목적은 측정이 곤란하다. 그럼에도 불구하고 통증지수를 만들어낼 수 있는데 환자나 전문가는 통상의 아픔이라는 관점으로 정의된 눈금의 점수인 주관적인 통증지수를 결과의 주관적 측치로 사용하는 것이다.

대용속성(代用屬性; proxy attribute)

다른 방법은 목적의 성취를 반영하지만 직접적인 측치는 아닌 대용속성을 사용하는 것이다. 예를 들면 통증최소화란 목적의 **대용속성**은 누워있는 날수일 수 있다. 대용속성과의 타협을 사정(査定; assess)하는 것이 실제속성과의 타협을 사정하는 것보다 더 어렵다. 마음속으로 대용속성과 진짜속성의 관계를 연역(演繹; deduce)하여야한다(예 누워있는 날의 특정한 수가 얼마의 고통수준에 상응하는가를 연역한다). 주관적 고통지수의 사용이 의사결정자의 선호사정(選好査定; preference assessment)을 단순화시켜준다. 반면에 일반적으로 의료결정과 대용속성과의 관계를 모델화하는 것보다 의료결정과 주관적 지수와의 관계를 모델화하는 것이 더 어렵다.

목적과 대용속성은 다음의 어느 면에서든 서로 관련된다.

1. 간접관계. 대용속성은 밀접한 관계가 있는 목적을 측정한다. 예를 들면 속성 소득(所得; earning)은 목적 투자자(投資者; investor)에 배당증가를 직접 측정하지는 않으며 오히려 관련된 목적 이익증가를 측정한다.
2. 전조(前兆; precursor). 대용속성은 진짜목적의 선행조건을 측정한다. 예를 들면 속성제품의 인지도(認知度; recognition)는 목적 매상극대화를 측정하지는 않지만 목적의 전조를 측정한다.
3. 복합. 속성은 목적의 복합된 집합에 아마도 간접적으로 연관된다. 예를 들면 시장점유율은 생산원가와 마케팅비용 모두에서 규모의 경제 달성과 연관된 복수의 목적을 위한 대용으로 사용될 것이다.

일반적으로 대용속성은 객관적으로 또는 물리적으로 측정될 수 있도록 설계된다. 대용속성에 여러 대안들의 점수들이 매겨진다. 의사결정자는 대용점수를 그의 내재(內在; innate)된 선호에 따라(마음에서든 종이위에서든) 값의 점수로 바꾸어야 한다.

직접선호사정(直接選好査定; direct preference assessment)

속성을 정의하는 또 다른 방법은 속성의 점수매기기와 주관적 선호사정을 **직접선호사정**이라는 단일과정으로 결합하는 것이다. 이 방법에서 대안들은 각 목적에 대해 주관적으로(예컨대 0에서 100까지의 눈금위에) 점수가 매겨진다. 예를 들어 전문학교 입시에서 중요한 목적중 하나는 학력이 높은 학생을 선발하는 것이다. 직접선호방법에서 의사결정자는 단순하게 경험이나 취업가능성과 같은 다른 속성과 함께 학력에 주관적 점수를 응시자에게 준다. 이 방법은 응시자에게 측정 가능한 속성의 점수(예 입시성적이나 수능점수)를 주는 대용속성방법과 비교되며 어떤 절충(折衷; tradeoff)이나 선호판단도 이 점수로 이루어진다. 직접선호사정방법은 보다 빠른 한걸음(one-step) 접근법이지만 의사결정자로서 도움 없이 일관된 주관적 판단을 할 수 있는 능력을 전제로 하고 있다.

2.2.3 목적과 속성의 집합이 정당하게 되는 시기를 어떻게 아나

목적들과 그 각각의 속성을 만들어 낼 때 우리는 언제 멈추어야하나 하는 문제에 부닥치게 된다. 어떤 목적의 집합이 쓸 만한가를 판단하는 검사법이 몇 가지 있다. 우리는 그 집합이 다음과 같은지 물어본다.

1. 완비(完備; complete): 중요한 모든 인자(因子; factors)를 포함했는가?
2. 최소한(最小限; minimal): 여분(餘分; redundant)의 속성이 있지는 않은가?
3. 포괄적(包括的; comprehensive): 각 속성은 모호하지 않은가? 속성의 수준이 알려면 목적이 어느 정도 달성되었는지 분명해지는가? 예를 들어 투자회수율의 개선(改善; improvement)이 목적일 때 판매수입(return on sale)이라는 속성은 포괄적이라고 간주되지 못할 수 있다. 왜냐하면 판매수입이 크더라도 원가가 더 클 경우가 있기 때문이다.
4. 측정가능(測定可能; measurable): 결정변수가 속성에 주는 효력(效力; effect)은 측정이 가능한지 그리고 그 속성의 수준들에 대한 의사결정자의 선호를 사정할 수 있는지? 예를 들어 목적이 회사의 지역사회에서의 지위와 영향력을 높이는 것일 때 그 속성이 회사의 목표에 대해 지역주민이 받아들이는 정도일 수 있지만 이 속성은 객관적으로 측정하기가 너무 어렵다. 이런 경우에는 목적에 간접적인 관계만 있지만 측정될 수 있는 하나 아니면 몇 개의 대용속성을 찾아내는 것이 최선의 길이다. 예를 들어 회사에 대해 좋은 인식을 가진 사람의 백분율이 대용속성이 될 수 있을 것이다.

2.3 순서(順序; orders)와 척도(尺度; scales)

특정한 결과(結果; outcome) O_i에 특정한 효용 U_i을 할당하기 위하여 이론가들은 여러 형식의 측정시스템을 제안해 왔다. 이들 시스템 어느 것도 의사결정분석에 적합한 것으로 보이지 않는다. 측정척도(測定尺度; measurement scales)로 (1) **명목**(名目; nominal) (2) **서수**(序數; ordinal) (3) **기수**(基數; cardinal)의 세 가지 척도가 있을 수 있다. 명목 시스템은 고려중인 대상에 이름을 붙이는 것이다. 혈액형에는 A, B, O, AB라는 이름을 주고 프로젝트에는 수용가능, 불명, 수용불가능 프로젝트라고 명명한다. 그러나 모든 수용가능 프로젝트의 상대적 순위(順位; ranking)는 정하지 않는다. 명목 척도는 결과를 단순히 분리하고 그들의 범주를 설명하는 이름을 붙일 뿐이다. 척도화(尺度化; scaling)의 서수적 시스템은 단순한 범주에 이름을 붙이는 것이 아니라 상대적 순서를 매긴다. 결과(outcomes)는 제일 바람직하다, 조금 더 바람직하다,

바람직하다, 덜 바람직하다, 또는 제일 바람직하지 않다 등으로 순서를 매긴다. 결과(results)는 예외적으로 좋다, 좋다, 적당하다, 나쁘다, 수용할 수 없다 등으로 순서를 준다. 이름만으로는 부족하다. 선호의 상대적 순서는 서수적 효용시스템에 포함되어야만 된다. 기수적 시스템은 효용의 측치(測値; measures)인 수자를 할당하여준다. 밥 한 공기는 5, 국 한 그릇은 4, 빈대떡 한 개는 8, 해물파전 한 개는 10 등등이다. 결과(結果; outcomes)는 아주 특정한 척도로 측정되며 효용의 기수 측치(cardinal measure)로 나타낸다.

불확실성하의사결정에서 사용되는 효용이 서수적이냐 기수적이냐에 관해서 일부 논쟁이 존재한다. 분석초기에 결과를 명목척도로 분류하는 것이 편리할 수 있지만 효용은 단순히 명목적인 것이 아니다. 우리가 특정한 간격이 있는 측치가 아니라 상대적 크기만을 할당하므로 명백하게 기수적이라고 할 수 없다. 어찌 보면 선호를 다룬다는 측면에서 서수적이라 할 수도 있다. 그러나 돈 액수의 효용인 경우는 간접적으로 특정한 간격이 있다 할 수 있고 최소와 최대의 기준점을 갖고 있기 때문에 기수적으로 다룰 수 있다. 기수가 되려면 원점과 간격이 주어져야 한다.

2.3.1 이원관계(二元關係; binary relations)

결정이론의 필수요소인 선호(選好; preference)와 관련된 기본적인 개념은 원소(元素; elements)들의 집합 상의 **이원관계**이다.

'집합(集合; set)'은 더 이상 분석할 수 없는 원시적 개념이다. 우리는 집합을 우리가 항상 한 실체가 어떤 집합의 멤버(원소)인가 아닌가를 정할 수 있다고 가정하고 어느 인지 가능한 실체들(사람들, 수자들, 도시들, 단어들 등등)을 모아놓은 것이라고 생각한다. 따라서 3과 111은 홀수인 정수(正數; integers)의 집합의 멤버이나 0과 1/3 그리고 $\sqrt{5}$는 아니다. 한국은 집합 '동아시아국가들'의 멤버이지만 유럽대륙의 국가는 아니다. 한 원소 a가 집합 A의 멤버이면 $a \in A$라고 쓰고 아니면 $a \notin A$라고 쓴다. 집합 A의 모든 멤버가 집합 B의 멤버이기도 하면 $A \subset B$ 또는 $B \supset A$라고 쓴다. 만일 $A \subset B$이고 $B \supset A$이면 A와 B는 동일하다. 즉 같은 원소들로 구성되어있고 $A = B$라고 쓴다.

집합 위에 있는 이원관계는 그 집합의 순서화(順序化; ordered)된 원소들의 쌍(雙; pair)의 어느 양상(樣相; aspect)이다. 예를 들면 $\{a, b, \cdots\}$이 사람들의 집합일 때 a는 b의 아버지이거나 아니거나 일 수 있다. 그가 아버지이면 $a\,F\,b$라 쓰는데 여기서 F는 '의 아버지이다'를 뜻하는 이원관계이다. a와 b가 수자이고 a가 b보다 크다면 $a > b$라고 쓰고 그렇지 않으면 $a \leq b$라고 쓴다. 여기서 $>$는 '보다 크다'를 의미하는 이원관계이고 $\leq$는 '보다 크지 않다"를 나타내는 이원관계라고 볼 수 있다.

만일 집합 A 안에 있는 원소 a와 b의 모든 쌍에 대해 $a\,Q\,b$ 또는 $b\,Q\,a$(둘 다일수도) 이라면 A에서의 관계 Q을 연결된 관계라고 부른다. 따라서 A가 별개의 수자들의 집합이라면 A 안에 있는 모든 a와 b에 대해 $a > b$이거나 $b > a$이다. 여기서 $>$는 그 집합 위에서 연결된 관계이다.

aPb가 $b\widetilde{P}a$을 의미한다면 관계 P는 비대칭(非對稱; asymmetric)이라고 부른다. 여기서 $\widetilde{P}$는 "P가 아니다"라는 기호이다. 관계 F(의 아버지이다)와 $>$(보다 크다)는 비대칭이다.

aSb가 bSa을 의미한다면 관계 S을 대칭관계라고 부른다. '와 같다'라는 관계는 대칭(對稱; symmetric) 관계이다.

T가 어느 집합 안에 있는 세 원소 $\{a,b,c\}$에 대하여 aTb와 bTc는 aTc을 의미하는 관계라면 T을 이행적(移行的; transitive) 관계라고 부른다. '의 자손이다'와 '보다 크다' 라는 관계는 이행적이지만 '의 아버지다'는 아니다. '의 형'이라는 관계는 a가 b의형이고 b가 c의형일 때 a가 c의형이 아닐 수도 있으므로($a=c$라면)이 관계는 이행적이 아니다.

집합 A위에 있는 관계 P가 연결되어있지 않다면 우리는 $a\widetilde{P}b$이고 $b\widetilde{P}a$인 관계를 가질 수 있다. 이 사실을 나타내기 위하여 새로운 관계 I을 도입하기로 한다. $a\widetilde{P}b$이고 $b\widetilde{P}a$인 관계를 aIb라고 정의한다. 이 경우 I는 대칭이다. P가 '가 보다 선호된다.'라는 의미라고 한다면 I는 **선호무차별**(選好無差別; indifferent)을 나타낸다.

우리들이 크게 관심을 갖는 것은 원소(元素; elements)들의 집합(통상 대안들이라 부른다)에 있는 비대칭 관계 P와 $a\widetilde{P}b$이고 $b\widetilde{P}a$인 관계에서 귀납(歸納; induce)된 관계 I이다. 결정이론에서 P는 선호관계 그리고 I는 무선호(無選好; non-preference)에서 나오는 선호무차별(選好無差別; indifference) 관계를 나타낸다.

2.3.2 선호관계 순서(選好關係 順序; orders of preference relations)

'합리적 행위자(行爲者; actor)'는 자기행위의 결과(結果; consequences)를 고려하는 사람이리고 말 할 수 있다. 이와 같은 생각을 가장 분명하게 보여주는 것이 각 선택대안(選擇代案; alternatives)이 행위자에게 어떤 결과를 가져다줄 것인지를 알고 있는 상황에서 그 행위자가 몇 개의(행동방향이라고 말할 수 있는) 선택대안 중에서 하나를 선택해야하는 상황이다. 예를 들면 선택대안은 행위자에게 선물로 제공되는 물건일 수 있고 한 물건을 선택한 결과(結果; outcome)는 그 물건을 소유하는 것일 수 있다. 행위자가 그가 제일 선호하는 것을 택한다면 그 사람이 합리적 행위를 한다고 말하는 것은 자명한 일(truism)이다.

이제 행위자가 그 선택을 대리인에게 위임한다고 그리고 그 물건들이 모두 있을지는 모른다고 치자. 그렇다면 그 대리인에게 자기의 가장 선호하는 물건에서 가장 덜 선호하는 물건까지를 순서대로 정리한 일람표(一覽表; list)를, 가장 선호하는 물건이 있으면 그 것을 선택하고 없으면 두 번째로 선호하는 물건을 하는 식으로 선택해달라는 부탁과 함께, 주는 것이 합리적이라고 여겨진다.

이와 같은 방법으로 합리적 결정을 정의함에 있어 우리는 행위자가 선택대안의 집합 안에 있는 모두를 자세히 살펴볼 수 있고 그의 선호가 일관성이 있다고 가정하여 왔다. 일부 직관적으로 받아들여진 일관성의 기준은 쉽사리 마음에 올 수 있다. 우리는 행위자의 선호관계 P가 비대칭이라고 기대한다. 즉 그는 그가 a보다 b을 선호하면 b보다 a을 선호해서는 아니 된다.

우리는 또한 P가 이행적이라고 기대한다. 기호로는 aPb 그리고 $bPc \Rightarrow aPc$이다. 그러나 이행성(移行性; transitivity)의 위반(違反; violations)은 결코 흔하지 않은 것이 아니다. 다음상황을 생각해보자. 행위자는 새로이 설립된 클럽 사장이다. 그는 한 위원회의 멤버 세 사람 A, B, C을 지명하고 클럽이 클럽하우스를 지을 것인지 그리고 짓는 다면 거기에 바(bar)를 둘 것인지를 정하게 하였다. 그래서 위원회는 대안 x(클럽하우스 짓지 않음) 대안 y(바 없는 클럽하우스) 대안 z(바 있는 클럽하우스) 중에서 하나를 선택하여야 된다.

A는 구두쇠이다. 돈쓰기를 싫어하여 x, y, z의 순서로 선호한다. 즉 $xPyPz$. B는 애주가이다. 그는 zPx 그리고 xPy이다(그는 바가 있는 클럽하우스를 원하지만 바가 없다면 차라리 클럽하우스를 짓지 않는 쪽을 선호한다).

C는 클럽하우스를 크게 원하나 절대금주주의자(絶對禁酒主義者; teetotaler) 이어서 바가 없는 클럽하우스를 있는 것보다 선호한다.

선택대안들과 위원회 멤버 그리고 대안들의 등급으로 반영된(3이 최고등급) 그들의 선호는 다음과 같다.

		x	y	z
위원회 멤버	A	3	2	1
	B	2	1	3
	C	1	3	2

사장은 위원회 멤버의 선호에 따라가려한다. 그는 먼저 그들의 각 등수를 합하여 대안의 등수를 매기려하지만 합한 수가 모두 6이어서 매길 수 없다. 그래서 다수가 원하는 것에 따르기로 한다. 하지만 A와 B의 다수는 y보다 x을 선호하고 A와 C의 다수는 z보다 y를 선호하며 B와 C의 다수는 x보다 z을 선호하고 있다. 사장의 선호관계가 이행적(移行的; transitive)이라면 이런 순환선호는 일어날 수 없다. 따라서 사장이 다수의 선호에 따르기로 한다면 그는 비이행적(非移行的; intransitive) 선호관계를 나타낼 수밖에 없다.

우리가 선호관계에서 비대칭이라는 것과 순환(循環; cycles)을 허용하지 않는다는 것 외에는 아무 것도 요구하지 않을 때 이와 같은 관계를 하위순서(下位順序; suborder)라고 부른다. 하위순서는 그런 관계로부터 합리적으로 기대할 수 있는 것과 모순되지 않는 가장 약한 선호관계라고 볼 수 있다. 만일 P가 비대칭이라면 $a\widetilde{P}a$가 성립되어야한다. 따라서 한 집합 안에 있는 모든 a에 대해 aIa가 성립한다. 이러한 관계를 재귀적(再歸的; reflexive)이라고 부른다. 더 나아가 aIb는 $a\widetilde{P}b$이고 $b\widetilde{P}a$라는 뜻이어서 bIa이므로 I는 분명히 대칭이다. 그러나 I가 이행적일 필요는 없다. 비대칭이고 이행적인 관계 P는 재귀적이고 대칭인(그러나 이행적일 필요는 없는) 귀납된 관계 I와 함께 엄격한 부분순서(strict partial order)를 정의한다.

엄격한 부분순서를 설명하기 위하여 커피 속에 있는 설탕 양에 대한 한 행위자의 선호를 생각해 본다. 그는 아주 작은 차이(差異; difference)는 인지(認知; perceive)할 수 없다한다. 그래서 그는 설탕의 농도의 차이가 아주 작은 컵 a와 컵 b에 대해서 선호무차별이다. 마찬가지로 그는 같은 이유로 b와 c을 구별할 수 없다. 그러나 a와 c의 설탕양의 차이는 인지할 수 있으리만큼 커서 그는 c보다 a을 선호한다. 여기서 우리는 aIb와 bIc이 반드시 aIc를 의미하는 것은 아니라는 것을 알 수 있다. 결과적으로 I는 이 경우 이행적이 아니며 P로 정의된 순서는 엄격한 부분순서이다. 문제는 우리가 '겨우 알아차릴만한 차이'를 구별할 수 있는가에서 온다. 만일 우리가 그리 할 수 있다면 선호관계 P와 거기서 귀납된 관계 I는 반 순서(半 順序; semi-order)를 정의된다(Suppes & Zinnes, 1963, p.29ff).

만일 비대칭관계 P와 귀납된 관계 I가 둘 다 이행적이라면 약한 순서(weak order)라고 부른다. 약한 순서는 집합을 두 개의 부류로 구분하는데 각각의 부류 안에서 그 부류의 모든 a와 b에 대해 aIb가 성립하지만 a와 b가 다른 부류에 있으면 aPb이거나 bPa이다.

비대칭이고 이행적인 관계 P가 연결되어있다면 즉 식별되는 모든 대안들의 쌍에 대해 a와 b가 aPb이거나 bPa일 때 그 관계는 강한 순서(strong order)를 정의한다. P가 비대칭이므로 우리는 aPb와 bPa을 동시에 가질 수 없다. 다른 말로 하면 어느 서로 다른 대안도 선호무치별일 수 없다(물론 모든 a에 대해 aIa이다).

'강한'이란 말은 서로 다른 순서는 그들의 강도로 비교될 수 있다는 것을 암시한다. 그들은 더 강한 순서는 자기보다 약한 순서의 요구조건을 전부 충족한다는 의미에서 비교될 수 있다는 것이다. 따라서 '강한' 순서는 또한 '약한' 순서가 될 수 있지만 그 반대일 수는 없다. 그러나 관습상으로 우리가 한 순서를 명명할 때 명명된 순서보다 더 이상 강하지 않다고 생각한다.

약한 순서를 **순서척도**(順序尺度; ordinal scale)라고도 한다. 순서선호척도(順序選好尺度; ordinal preference scale)가 주어지면 우리는 더 큰 숫자를 가진 대안이 적은 숫자를 가진 대안보다 더 선호되도록 숫자를 배당할 수 있다. 두 대안이 배당된 숫자가 같다면 그 대안들은 선호무차별이다. 대안에 배당된 숫자는 기억하기에 편리한 도구이다. 우리는 쉽게 어느 대안이 어느 대안보다 선호된다는 것을 한눈에 쉽게 말할 수 있다. 그렇지만 순서척도와 모순되지 않는 숫자가 우리에게 그 이상의 아무것도 말해주지 않는다. 예를 들어서 우리는 대안에 배당된 숫자를 가지고 어느 것보다 다른 하나를 얼마나 선호하는지를 추론할 수 없다.

예를 위해 선호순서 $aPbPc$인 선호에서 a에 3을 b에 2를 c에 1을 배당했다고 하자. 우리가 만일 a에 100을 b에 0을 c에 -5를 배당했다하더라도 그 숫자는 같은 선호순서를 반영한다. 여기서 0에서 -5까지의 차이와 비교하여 100에서 0까지의 차이가 더 크다는 것은 의미가 없다. a에 양수(陽數; positive number) 100, b에 0 그리고 c에 음수(陰數; negative number) -5가 배당된 것도 어떤 특별한 의도의 결과가 아니다. 수학적으로 말하면 순서척도는 양(陽; positive)의 단조변환(單調變換; monotone transformation) 아래에서 불변이다. 즉 어떤 숫자도 그들의 대수적(代數; algebraic) 크기의 순서가 같게 유지되는 한 선호의 정도를 나타낼 수 있다. 선호척도를 다르게 설명하는 길은 원점(原點; point of origin)과 단위(단위; unit) 그리고 연속적인 값들 사이의 간격은 임의로 선택할 수 있다는 것이다.

차이척도(差異尺度; difference scale)는 이 척도 상에서의 선호에 따라 순서가 주워진 연속적 대안 사이의 간격을 임의로 선택할 수 없다는 의미에서 순서척도보다 강하다. 달리 말하면 이들 간격은 순서척도의 요구사항을 충족시켜주고 동시에 그들의 크기에 따라 그들의 순서를 알 수 있게 하여주고 그들 대안 위에서 정의된 순서척도의 변환이 차이의 순서를 바꾸지 않도록 하여야한다.

간격척도(間隔尺度; interval scale)로 설정될 대안들에 배당된 값의 차이 비율이 허용된다는 의미에서 차이척도보다 강하다. 이 척도가 위험상황(危險狀況; risky situation)에서의 결정이론에서 그리고 게임이론의 일부분야에서 크기(효용이라 부르는)를 척도 상의 대안들에 최소한 간격척도이상으로 강력하게 배당할 수 있다고 가정하여야하기 때문에 이 간격척도가 특별히 중요하다.

간격척도는 보통 물리적 측정에서 사용되며 온도의 측정이 가장 잘 알려진 예이다. 연속되는 3일의 기온이 5℃, 10℃, 20℃라고 하자. 우리는 셋째 날에 기온이 둘째 날보다 2배 올라갔다라고 말한다. 그러나 우리는 둘째 날에 온도가 두 배가 되고 셋째 날에 다시 두 배가 되었다고 말할 수는 없다. 이를 알아보기 위하여 이온도를 화씨(華氏; fahrenheit)로 보면 41°F, 50°F, 68°F가 된다. 셋째 날의 온도상승(68－50＝18)은 둘째 날의 온도상승(50－41＝9)의 두 배이지만 온도 는 둘째 날에 두 배 그리고 셋째 날에 다시 두 배가 되는 것이 아니다. 왜냐하면 50은 41의 두 배가 아니고 68은 51의 두 배가 아니기 때문이다.

원점과 관습적 온도척도단위는 임의로 선택됨에 유의하자. 예를 들면 얼음의 용융온도(熔融溫度; melting temperature)는 섭씨(攝氏)로 0°이고 화씨로는 32°이다. 섭씨척도 한 단위는 화씨척도 한 단위의 9/5배이다. 이 원점과 단위의 선택자유는 간격척도의 특성이다.

또 다르게 척도를 특징짓는 방법은 수용가능(受容可能; admissible)한 변환(變換; transformation)을 특정화(特定化; specifying)하는 것이다. 수용가능변환은 특정한 크기를 불변으로 놓아두는 변환이다. 예를 들면 순서척도는 대안들에 배당된 숫자의 상대적(相對的; relative) 크기를 불변으로 놓아두는 변환을 수용한다. 이들 변환을 양(陽; positive)의 단조변환이라고 부른다. 간격척도는 양의 선형변환 - 크기의 차이 비율을 불변으로 놓아두는 변환을 수용한다. 양의 선형변환은 모두 $x' = ax + b$의 형식을 갖는다. 여기서 $a \geq 0$이다. 양의 선형변환은 양의 단조변환보다 더 제한된다. 모든 양의 선형변환은 양의 단조변환이기도 하지만 그 역이 반드시 그러하지는 않다. 수용가능변환이 더 많이 제한될수록 그 변환을 수용하는 척도는 더 강해진다. 이 의미에서 간격척도는 순서척도보다 더 강하다. 이 기준으로 비율척도(比率尺度; ratio scale)가 순서척도보다 더 강하다는 것을 알 수 있다.

비율척도(比率尺度; ratio scale)는 다만 $x' = ax$의 형식으로 유사성(類似性; similarity) 변환만을 수용한다. 기하학적 형상(形象; figure)의 모든 차원(次元; dimensions)이 같은 비율로 변환된다면 그 형상은 유지된다. 즉 그 크기는 바뀌지만 모양은 유지된다. 비율변환의 단위는 임의로 선택된다. 그러나 원점은 주어진다. 통상 비율척도로 주어지는 물리적 크기의 예로는 길이(length), 중량(重量; mass), 절대(Kelvin)온도, 등등이 있다.

제일 강한 척도는 절대척도인데 이 척도는 다만 평범한 동일성변환, $x' = x$만을 수용한다. 확률은 통상 불가능한 사건(事件; event)의 확률인 0과 확실한 사건의 확률인 1이 주어진 절대척도로 표현된다.

척도의 강도는 그 척도에 주어진 크기가 의미를 발휘할 수 있게 하여주는 수학적 연산(演算; operation)의 범위를 설정한다. 순서척도보다 더 강하지 않은 척도에 주어진 양(量; quantities)에 관하여 연역(演繹; deduction)할 수 있는 것은 이들 양의 상대적 크기, 정(正)의 단조변환 아래에서 불변이 유지되는 관계에 관한 것이다. 순서척도보다 강하지 않은 척도에 주어진 양의 평균에 관하여 의미 있게 연역할 수 없다. 그와 같은 평균이 결정이론의 어느 분야에서 사용되려면 그 크기는 더 강한 척도에 주어져야한다.

간격척도로 주어진 양의 가중평균은 이들 가중평균의 상대적 크기가 정의 선형변환 아래에서 불변이 유지된다는 면에서 의미가 있다. 이들 가중평균이 위험(危險; risk) 하 결정이론에서 사용되므로 그 주변상황에서 간격척도에 행위자의 효용을 설정할 수 있다는 것은 중요하다.

비율척도로 주어진 양은 그들의 곱(products)이나 비율에 복합단위가 인접(隣接; adjoin)해 있다면 서로 곱하거나 나누더라도 의미가 변하지 않는다. 물리적 단위는 통상 비율척도로 주어진다. 곱과 비율을 형성할 가능성은 초당그람센티미터(grams centimeters per second-gr · cm/sec.)(힘의 측치)와 이와 유사한 단위의 조합과 같은 개념을 내놓는다. 물리학의 기본개념은 이와 같은 복합단위로 표현된다.

모든 수학적 연산은 특히 거듭제곱(누승; 累乘; exponentiation)이나 대수(對數; logarithm) 취하기 등 더 약한 척도로 주어진 양으로 의미 있게 운용할 수 없는 연산은 절대척도로 주어지는 양으로만 의미를 유지할 수 있다.

요컨대 양(量; quantity)에 대한 수학적 연산의 운용 폭(運用 幅; latitude in performing)은 척도의 강도(强度; strength)와 직접적으로 관계된다. 이 이유 때문에 양을 강한 척도로 설정하는 방법이 수학적 모델 특히 결정이론에서 구성되는 모델에 중요한 부속물(附屬物; adjuncts)이다.

간격척도로 효용을 설정하는 방법은 von Neuman과 Morgenstern(1947)이 제안하였다. 이는 복권들 중에서의 사람들의 선호행위에 근거를 두고 있다.

복권은 당첨될 각각의 확률과 그에 따르는 당첨금액을 갖고 있는 당첨물(當籤物; prizes)이라고 정의된다. 복권은

$$L = (p_1 A_1,\ p_2 A_2,\ \cdots,\ p_r A_r),\quad \sum_{i=1}^{r} p_i = 1.$$

이라고 정의된다. 여기서 p_i는 당첨금 A_i을 받을 확률이다. 행위자는 당첨을 '보다 선호하지 않는다.'를 뜻하는 이원관계 R로 정의되는 순서척도로 순서를 매긴다고 가정한다. aRb는 $a\widetilde{P}b$와 동일하다는데 유의해야한다. 이는 bPa이거나 bIa라는 것과 같은 뜻이다. 이에 따라 A_1이 가장 선호하는 당첨금이고 A_r이 가장 적게 선호하는 당첨금이라면 우리는 $A_r R A_{r-1} R \cdots R A_1$이라고 쓸 수 있다. 관계$R$을 P대신에 사용하는 것은 당첨금액간의 선호무차별이 일어날 수 있다는 것을 가리킨다. 따라서 가장 선호하는 것과 가장 적게 선호하는 것이 둘 이상 있을 수 있다.

피험자에게 당첨금 A_i과 확률 p로 A_1 또는 확률 $(1-p)$로 A_r을 받을 권리가 있는 복권 중에서 하나를 택하도록 한다 하자. 만일 그 사람이 복권보다 A_i을 선호하면 p을 늘리면서 선택을 계속시킨다. 그가 A_i보다 복권을 선호하면 p을 줄이면서 선택을 계속한다. p가 0에서 시작하여 반복적으로 증가하면 p가 1에 도달하기 전 어느 시점에서 피험자는 그의 선택은 복권으로 바뀌게 된다. 왜냐하면 A_r과 A_i간의 선택과 동등하게 되기 때문인데 이는 피험자가 가장 선호하는 당첨물이라고 선언한 것이다.

2.4 영향그림(影響 圖; influence diagram)18)

하나의 결정문제와 결정도우미로 쓰려고 설계하려는 수학적 모델사이의 다리역할을 할 도구에 관하여 검토키로 한다. 일련의 방정식으로 표현되는 수학적 모델이 많은 경우에 그 모델을 구성하거나 그 모델의 내용을 전달하는데 별로 도움을 주지 못하고 있다. 이에 부응하는 도형도구(圖形道具; graphic device)인 **영향그림**은 모델의 개념의 틀을 잡아주고 문제의 내용을 펼쳐 보여줄 것이다. 이 그림은 결정나무에서 쉽게 그릴 수 있지만 결정나무보다 더 일반적이고 쓰기에 덜 성가시다.

영향그림은 그것이 도출된 결정나무처럼 사람들에게 모델을 설명하는데 훌륭한 도우미가 된다. 영향 그림을(또는 그것이 어떻게 단순한 형태에서 마지막 형태로 전개되었는가를) 펼쳐 봄으로써 모델에서 구체화된 주요믿음을 알아볼 수 있다. 또한 그 모델을 사용하는 사람이 뒤엉킨 상황을 이해하고 다루기 쉽게 하여준다.

2.4.1 영향그림

어느 모델도 쓰기 쉽고 결과가 분명하여야 한다. 컴퓨터에 관하여 경험이 별로 없거나 아주 없는 사람은 자신의 경험하거나 이해하고 있는 것을 기술(記述; describe)하는 모델을 만들어야 한다. 그 사람의 믿음을 나타내기 위하여 사용되는 도구는 그 사람의 인식스타일에 맞아야 하고 나아가 컴퓨터분석에 사용될 수 있도록 어느 정도 유사한 언어(言語; language)를 사용하는 것이 편리하다. 이상적인 도구는 사용하는 사람의 사고(思考; thought)과정에 맞아야 하고 그 모델을 컴퓨터로 표현하는데 사용되는 정식언어로 바로 연결되어야 한다.

영향그림은 문제에 속하는 **결정변수**, **중간변수**(中間變數; intermediate variables)그리고 **결과속성**(結果屬性; outcome attributes)과 그들 간의 상호 영향관계를 펼쳐 보여주는 것이다. 영향이란 하나의 변수가 다른 변수에 어떻게 의존하는가를 의미한다.

영향그림은 아마도 최초로 J. Forrester(1968)에 의해 사용되었는데 그 때의 영향그림은 피드백 시스템(feedback system)의 인과관계(因果關係; causal loop)를 나타내는데 쓰였다. 그 이후 SRI(Stanford Research Institute)의 결정분석 팀에서 변수들의 지도(地圖; map)를 그리는데 사용되었다. 이 영향그림은 의사결정연구에서 더욱 일반화되어 결과속성과 그리고 불확실성과

18) Bodily, S.E.(1985)

선호간의 영향관계를 나타내는 데까지 발전하였다.

[그림 2.4.1] 차입결정을 위한 단순한 영향도

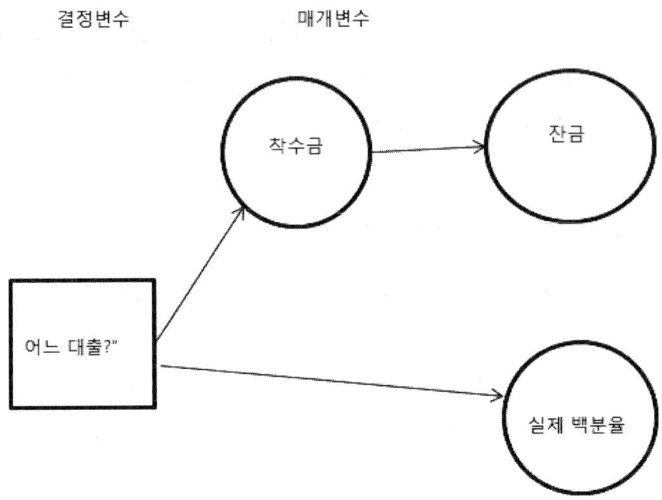

영향그림에서 전통적으로 결정변수는 네모 안에, 중간변수는 원 안에, 그리고 결과속성은 타원 안에 표기한다. [그림 2.4.1]은 단순한 차입결정에 대한 영향도이다. 그림에서 결정변수는 어떤 융자를 택할 것인가이다. 이 선택은 요구되는 차입보증금과 이로 인한 차입자의 현금인수액에 그리고 그 융자의 실제 금리백분율에 영향을 준다. 이 예에서 결과 속성은 차입을 희망하는 사람의 현금인수액과 융자에 대한 이자율이다.

2.4.2 변수(變數; variables)와 영향화살(influence arrow)

영향그림에서 사용되는 변수는 앞에서 설명된 대로 **이원**(二元; binary), **이산**(離散; discrete), **연속**(連續; continuous)의 세 타이프가 있다. 또 **외생**(外生; exogenous) 변수와 **확률적**(確率的; random) 변수가 있다. 영향그림에서 관계되는 변수는 영향을 주는 방향의 화살로 연결된다. 정의에 의하여 영향그림에서 **외생변수**는 직접 또는 간접적인 선행조건(영향을 주고받는 관계의 전제조건으로 주는 조건)으로서의 결정변수를 갖고 있지 않다. 확률적 변수에 의하여 영향을 받는 변수는 확률적 변수이다.

영향화살에는 세 가지 형태의 화살이 있는데 단순한 직선화살은 확실하게 주는 영향, 한번 꺾인 직선화살은 불확실하게 주는 영향, 그리고 이중직선화살은 선호의존관계(選好依存關係; preference dependency)를 나타낸다.

[그림 2.4.2]에서 이들 세 가지 화살의 예를 볼 수 있다. 고정자산(固定資産; fixed asset)의 크기는 감가상각(減價償却; depreciation) 금액에 확실하게 영향을 준다. 고정자산이 10% 증가하면 감가상각 액도 10% 증가한다. 이런 경우에 단순직선화살을 사용한다.

[그림 2.4.2]의 예 B에서 결정변수인 가격은 판매고(販賣高; sales)에 영향을 주는데 이 경우

판매고는 결과속성(outcome attribute)이다. 가격을 얼마로 결정하는가는 마케팅전략에 매우 중요한 결정사항이다. 이처럼 가격은 판매고(販賣高; sales)에 영향을 준다. 그러므로 판매고는 결정변수이다. 그러나 얼마나 어떻게 영향을 줄 것인지는 추정(推定; estimate)만이 가능한 불확실한 것이다. 가격을 인상하면 판매고가 내려가리라 여겨지지만 얼마나 내려갈지 아니 올라갈지도 모른다. 그래서 꺾인 화살을 쓴 것이다.

[그림 2.4.2] 영향그림에서 사용된 기호

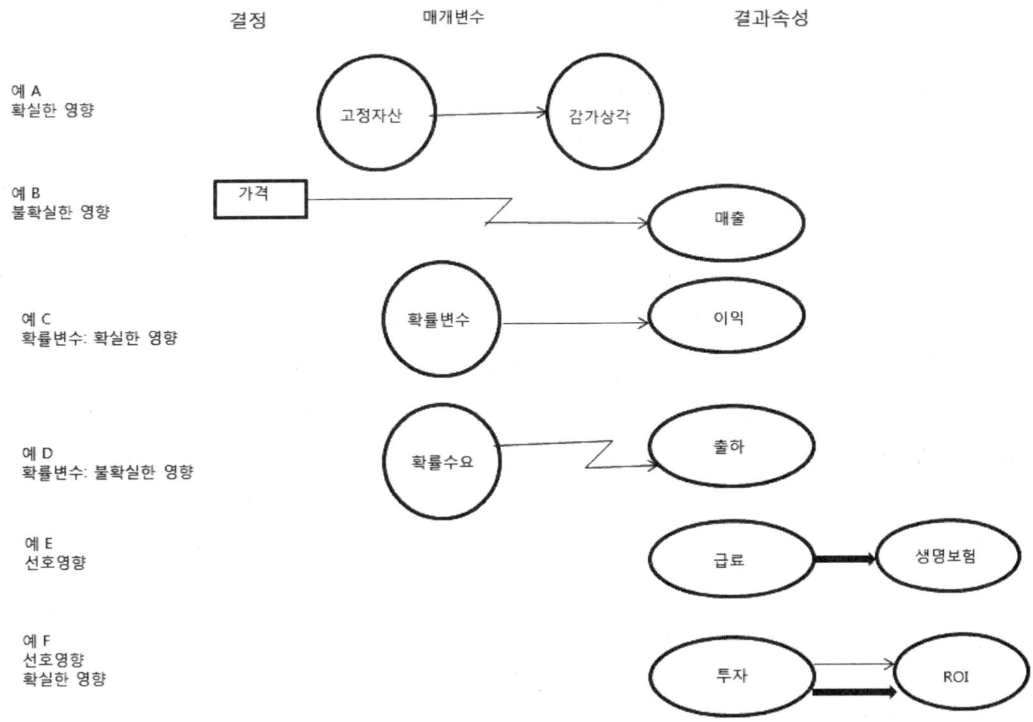

확실한 영향을 나타내는 직선화살은 영향을 주는 변수가 확률적 변수라도 사용한다. 변동비(變動費; variable cost)는 시장상황에 따라 불규칙하게 변동하므로 확률적변수이다. 그러므로 모델에서 변동비는 확률적인 변수로 다루어진다. 따라서 이익도 불규칙하게 변하고 확률적 변수가 된다. 그러나 지금은 무작위상태이지만 그 금액이 정해질 것이고 이때는 이익도 자동적으로 정해지므로 직선화살을 사용한 것이다. 가격이 정해지더라도 불확실한 상태가 지속되는 예 B와는 다르다 하겠다.

변수에 있는 무작위성이 어떤 영향을 주는 변수의 확률성 및 불확실한 영향 두 기지 모두에 기인하는 중요한 상황이 존재한다. 예 D의 경우 제품수요는 확률적이고 출하량(出荷量; shipments)에 영향을 준다. 따라서 출하량도 확률적 변수이다. 그러나 수요가 확실하게 알려졌다고 하더라도 출하량에는 아직도 추가적인 불확실성이 있다. 생산능력, 회사의 방침, 수요처의 분포 및 수송비 등등의 요인에 따라 달라질 수 있으므로 불확실한 영향에 따라 변할 수 있다. 물론 꺾인 화살을 쓴다.

[그림 2.4.2]에서 판매고, 이익, 출하량은 영향을 주는 변수가 확률적이거나 영향이 확률적이기 때문에 불확실하지만 확률적 변수를 나타내는 첨호를 붙이지 않았다. 첨호는 오직 확률성의 근원이 되는 변수에만 붙인다. 모델을 만들거나 사용할 때 한 변수의 다른 변수를 향한 영향화살을 따라 가는 길에 어디라도 확률성이 있으면 그 변수는 확률적이다. 하나의

확률적 변수가 모델의 무든 변수에 확률적으로 영향을 준다면 그 모든 변수는 반드시 확률적이다.

지금까지 기술된 영향관계는 결정변수와 중간변수 또는 결정변수와 결과속성과의 관계이었다. 그 관계는 또한 중간변수와 결과속성 또는 단순한 중관변수와 다른 변수의 관계이었다.

세 번째 형태의 화살은 기본적으로 결과속성(結果屬性; outcome attributes)간에 쓰인다. 이중선(二重線; double-line)의 화살은 의사결정자의 한 속성에 대한 선호가 화살의 출발점에 있는 속성에 영향을 받는다. 예 E에서처럼 한 사람의 개인재무모델에서 생명보험의 액수에 대한 선호는 그 사람의 급료에 영향을 받는다. 급료가 오른다면 더 높은 수준의 생명보험이 바람직할 것이다. 선호가 주는 영향은 영향을 받는 변수의 바람직함(desirability)에 어떻게 영향을 주는가를 보여주는 것이지 그 수준을 보여주는 것은 아니다.

[그림 2.4.2]의 F의 선호영향을 보면 투자회수율(ROI-return on investment)이 투자금액에 영향을 받는 자금투자분석모델이면서 ROI와 투자 둘 다 속성(屬性; attributes)임을 보여주고 있다. ROI에 대한 투자자의 선호수준이 투자금액에 영향을 받는 경우이다. 그러면서도 투자금액이 정해지면 자동적으로 ROI가 정해지므로 영향의 단순직선과 선호영향의 이중선 화살을 쓴 것이다.

변수의 형태들이 영향그림에서 영향을 주는 순서에 따라 나타날 수 있다. 사실 결정변수의 한 집합(集合; set)에서 나온 결과속성이나 중간변수가 다른 결정에 영향을 주기도 한다. [그림 2.4.3]은 두 개의 결정이 있는 영향그림을 보여준다. 첫 째 대학재학생이 그의 공부를 어느 정도 열심히 할까를 정한다. 공부의 결과로 나타나는 결과속성은 성적(成績; grades)이다. 그러나 성적은 대학원 입학심사위원회가 그 학생의 입학을 수락할 것인지를 결정하는데 영향을 줄 것이다. 이 입학수락여부의 결정은 다음으로 이 학생의 미래경력에 영향을 줄 것이다.

변수간의 양방향 영향관계도 허용된다. 그러나 그 변수들이 확률적 변수로 다루어지는 것이라면 양방향영향은 너무 복잡하여 해(解; solution)를 구하기가 매우 어려울 것으로 이 책에서는 다루지 아니하기로 한다. 확률적 변수간의 양방향 관계는 계량경제학 모델에서 볼 수 있다.

[그림 2.4.4a]가 변수 이자비용(利子費用; interest expense)과 차입수준(借入水準; debt level)간의 양방향 의존관계를 설명하고 있다. 이 관계는 두 개의 연립방정식에 의한 선형모델로 나타낼 수 있을 것이다.

이자비용＝0.06(차입금액)

차입수준＝차입금＋이자비용

[그림 2.4.3] 속성이 결정에 영향을 주는 영향그림

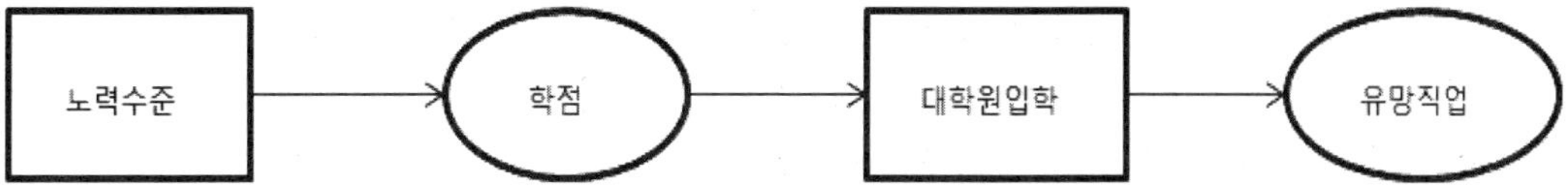

[그림 2.4.4] (a) 양방향과 (b) 환상(環狀; loop)의 영향그림

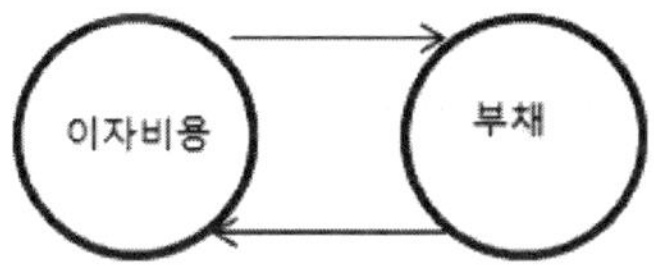

(a)

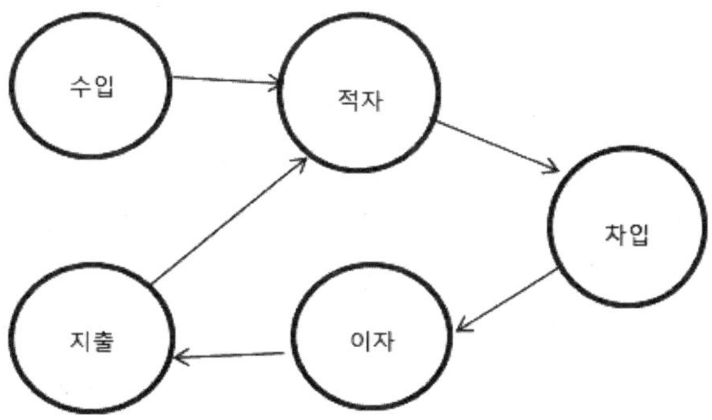

(b)

[그림 2.4.5] 시기가 표기된 변수를 가진 영향그림

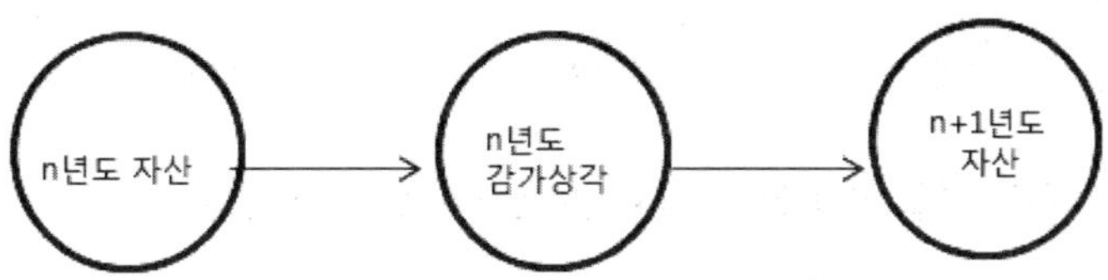

(a)

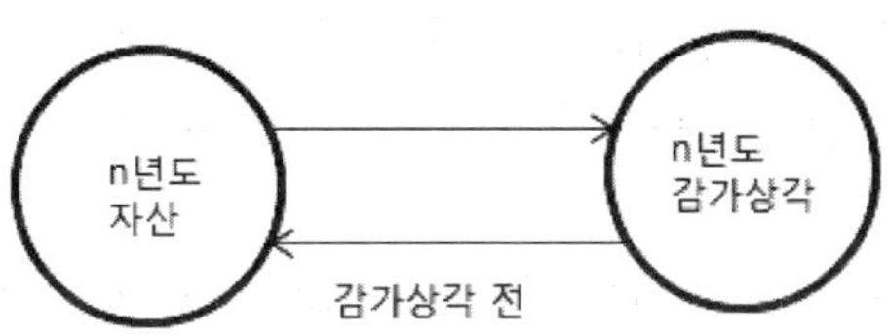

(b)

두 방향의 화살을 갖는 것은 영향관계의 환상(環狀; loop)구조를 쉽게 이해하는 길이다. 양방향 영향관계 없이 많은 변수를 포함하는 환상의 영향그림도 있다. [그림 2.4.4b]에서 수입지출 둘 다 적자에 영향을 주고 다음으로 이 적자가 차입에 영향을 주고 이 차입은 이자비용을 통하여 지출에 영향을 준다. 수학적 모델을 쓰기에 앞서 영향그림을 그리는 이유 중 하나는 이와 같은 환상(環狀; loop)관계를 찾아내기 위해서이다. 환상관계가 있을 때는 언제나 모델에서 연립방정식이 필요하며 이 모델을 쓰려면 특별한 사용법을 알아야 할 것이다.

[그림 2.4.6] 변수로서의 시간

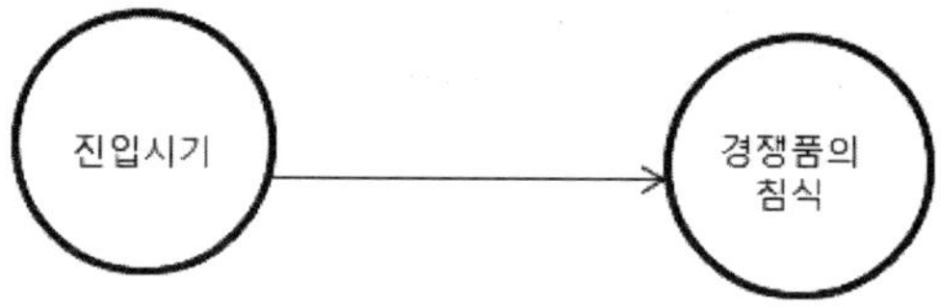

다른 시기(時期; time period)에 측정된 동일한 항목을 나타내기 위하여 분리된 변수들을 가진 영향그림을 쓰는 것이 편리할 때가 있다. 예를 들어 [그림 2.3.5a]는 다른 시기의 자산과 감가상각간의 관계를 보여준다. n 년의 자산이 n 년의 감가상각을 결정하고 이 상각이 $n+1$의 자산을 결정한다. 이 경우는 n 년의 자산과 $n+1$년의 자산은 진짜로 분리된 변수

이므로 환상관계가 아니다. 각각의 시기에 분리된 여러 변수를 만들어내기보다 모델을 만드는 사람이 변수가 시간에 따라 변한다는 것을 나타내기 위하여 아래첨자를 쓰기도 한다. 만일 한 변수(자산이라 하자)가 다른 변수(감가상각이라 하자)의 바로 전의 값에 의하여 영향을 받는다면 화살 밑에 바로전이라고 표시하는 것이다. [그림 2.4.5b]는 [그림 2.4.5a]의 다른 표현법이다.

때로는 시간에 따라 분리된 변수를 사용함으로써 시간효과를 나타내는 것이 제일 쉽다. 신제품도입모델에서 하나의 변수로 미래의 경쟁제품의 출현으로 인한 신제품판매의 감소가 있다. 이 감소의 크기는 그 신제품의 출시시기가 영향을 줄 수 있다. 그 관계를 [그림 2.4.6]이 보여준다.

2.4.3 모델의 구조 만들기(building the structure of a model)

큰 모델을 설계함에 있어 첫걸음에 당장 모델을 써내려는 시도는 권할만한 일이 아니다. 모델을 부분으로 나누어 그 개요(槪要; outline)를 가지고 시작하여 차츰 살찌워 나가면서 최종적으로 상세한 모델이 되도록 하는 것이 훨씬 쉬운 길이다. 영향그림을 만들어내기 위해 문제의 양 끝 즉 출발이 되는 결정과 궁극적인 결과속성을 가지고 출발하여 이 두 끝 사이를 채워나가는 것이 제일 현명하다.

예를 들면 부동산 관리에서 중요한 결정으로 아파트의 임대료설정이 있다. 임대의 궁극적 목적은 이익이다. 필요한 것은 가격결정에서 이익속성에 이르기까지의 요인들 간의 완전한 관계를 아는 것이다. 결정변수로부터 시작하며 결정그림을 그려보면 우선 가격은 임대율(賃貸率;

occupancy)에 영향을 주고 임대율은 수입(收入; revenue)에 영향을 주고 등등으로 이어질 것이다. 또는 거꾸로 이익속성에서 출발하여 뒤로 가보면 이익은 현금흐름과 투자된 금액의 영향을 받을 것임을 알게 될 것이다. 영향그림은 변수들 그리고 수입과 현금흐름을 연결하는 화살을 채워 넣음으로써 완성된다.

영향그림은 의사결정자와의 면담을 통해 도출되는 경우가 자주 있다. 2절에서 제시된 아이디어들을 사용하여 문제의 결정변수와 결과속성들을 설정하는 것으로 시작한다. 설정이 끝나면 나머지 중간변수들과 그들 간의 관계를 끄집어내기 위하여 물어야할 질문은 아마도 "결과속성의 값을 정하기 위해 알고 싶은 것이 어느 변수의 값인가?"일 것이다. 만일 그 속성이 이익이라면 의사결정자는 수입이라고 말하지 않을까? 그렇다고 한다면 이번에는 수입을 정하려면 어떤 변수를 알아야하는가라고 묻는다. 가격이라고 할 것이다 등등.

Coyle(1977)은 변수간의 영향에 대해 여섯 개의 측면에서 정당화하여야 할 것이라고 제안하였다. 그 여섯 가지는

1. 보존법칙의 고려(질량보존의 법칙),
2. 방향성에 주목,
3. 시스템의 설명(방침의 선언),
4. 인정된 이론,
5. 가설 또는 전제조건, 및
6. 통계적 증빙이다.

영향을 잘못되게 모델화하지 않게 하기위하여 뿐만 아니라 그 영향이 어떤 것인지를 이해하기위하여도 위의 제 측면에서 정당성을 찾아야할 것이다.

모델화에서의 제일 쉬운 첫걸음은 결정나무(뒤이어 상술된다.)를 사용하여 문제를 구성하는 하는 것이다. 결정나무는 결정나무의 마디에 있는 변수를 그림에 포함시키고 나무가 열려있는 방향과 같은 화살을 추가시킴으로써 간단하게 영향그림으로 변환될 수 있다. [그림 2.4.7]이 위에서 언급된 부동산 관리와 관련된 결정나무와 거기서 변환된 영향그림이다. 영향그림은 결정나무가 가지고 있지 않은 어느 정도의 융통성(融通性; flexibility)을 가지고 있다. 결정나무에서는 반드시 변동비(變動費; variable costs)의 앞이나 뒤에 고정비(固定費; fixed costs)를 넣어야하지만(변동비가 고정비에 영향을 미칠 수도 있다는 것을 암시) 영향그림에서는 그들 간에 영향관계가 없다고 할 수도 있다.

영향그림의 구성상 주의사항

영향그림은 충분히 단순한 도구이지만 이를 처음 접하는 사람들이 무의식적으로 빠지기 쉬운 함정이 있다. 다음의 사항들이 오용(誤用; misuse)이나 남용(濫用; overuse)을 방지하는데 도움을 줄 것이다.

[그림 2.4.7] 부동산관리 결정나무와 영향그림

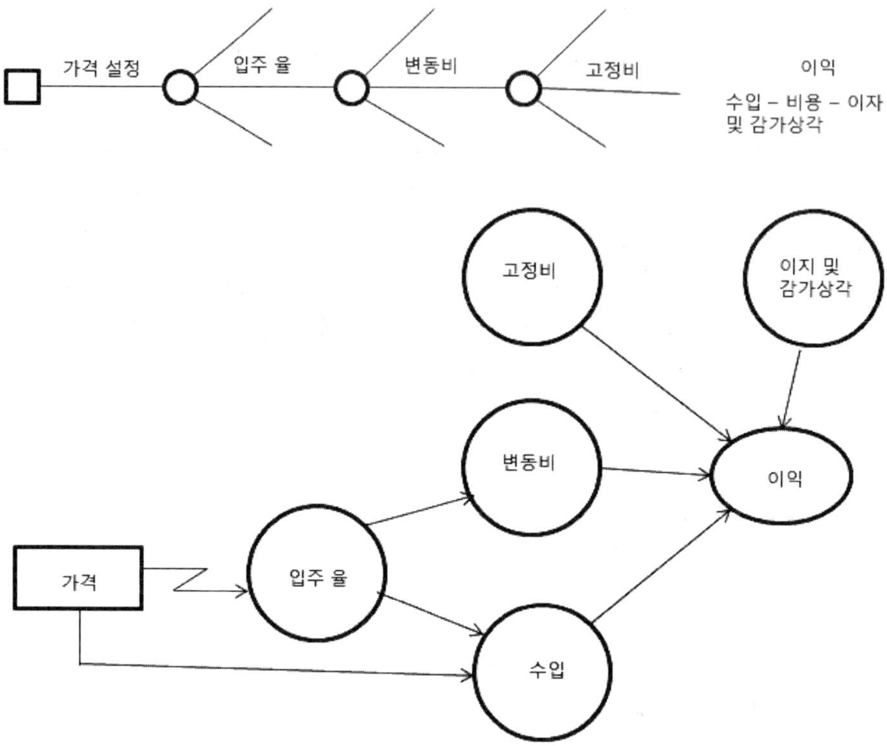

1. 영향그림은
   a. 흐름그림(flow chart)이 아니다; 영향그림은 점 A에서 점 B로 출하되는 물건과 같은 것을 나타내지 않는다.
   b. PERT[19)]에서와 같은 선행조건도(先行條件圖; precedence chart)가 아니다. 영향 그림의 화살은 반드시 뒤따라가야 한다는 것을 뜻하는 것은 아니다.
   c. 조직도(組織圖; organization chart)와 같은 계층구조(階層構造; hierarchical structure)의 표현이 아니다. 화살은 "의 요소"를 의미하지 않는다.
2. 변수를 어느 양(量; quantity)의 수준 그리고 화살을 서로에게 주는 영향의 효과(效果; effects)라고 생각하라. 경제적 성과(經濟的 成果; economic performance)보다는 비용이나 수입과 같은 변수를 사용하라.
3. 명료성(明瞭性; clarity)을 위해 더 자세한 표현이 필요할 때만 변수를 둘 또는 그 이상으로 나누라. 소비자물가지수와 생산자물가지수의 구별이 필요하기 전 까지는 인플레(inflation)로 충분하다.
4. 하나의 화살로는 설명이 부족할 때 다른 변수를 삽입(揷入; insert)하라. 예를 들면 "가격이 판매에 영향"으로 부족하면 "가격이 수요에 영향" 다음으로 "수요가 판매에 영향"으로 확장하라

19) Program Evaluation & Planning Technique로 주로 건설계획을 평가 통제하는 기법

2.4.4 영향그림의 정보구조(情報構造; information structure)

영향그림은 결정할 때 쓸 수 있을 것으로 가정되는 정보와 모델에서의 그 정보의 구조를 잘 말해준다.

결정마디로 향한 화살은 정보의 영향을 나타낸다. 이들은 선택을 하는 시간에 알려질 변수를 밝혀준다. 예를 들어 어떤 과정(過程; procedure)의 외과수술을 하여야 할 것인지를 결정하는 문제를 보기로 하자. 수술을 할 것인가를 결정하기위한 진단(診斷; diagnosis)의 정보영향은 로 나타낼 수 있다. 이와 같은 상황에서 어떤 과정의 외과수술을 할 것인가의 선택은 진단이 이루어진다면 명쾌하게 행하여 질 것이다. 이와 같은 정보영향이 전혀 없어 외과수술을 통해 진단이 이루어지는 상황을 비교해보자. 이런 상황은 영향이 반대방향으로 나타날 것이다.

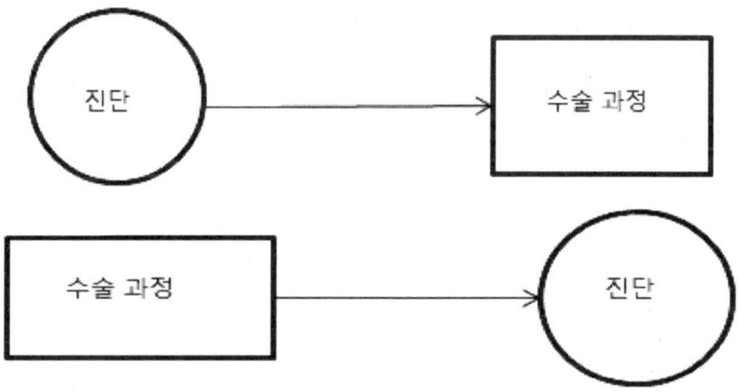

이들 두 상황은 정보의 극단적인 흐름을 보여준다. 첫 번째 경우는 결정을 하려할 때 완전한 정보가 있다고 가정하고 두 번째 경우는 쓸 수 있는 정보가 없다고 가정하고 있다. 여기서 우리는 정보의 가치 즉 결정을 개선하는데 정보가 도움을 준다는 사실을 알게 되었는데 이에 대해서는 결정나무에서 자세히 다루기로 한다.

영향그림이 묘사하는 정보의 또 다른 모습은 전제조건이 되는 영향들의 구조이다. 모든 매개변수를 향하는 화살이 그 매개변수를 조정한다. 예를 들어 의료진단에 영향을 주는 두 가지 분리된 검사에서 온 결과를 보자:

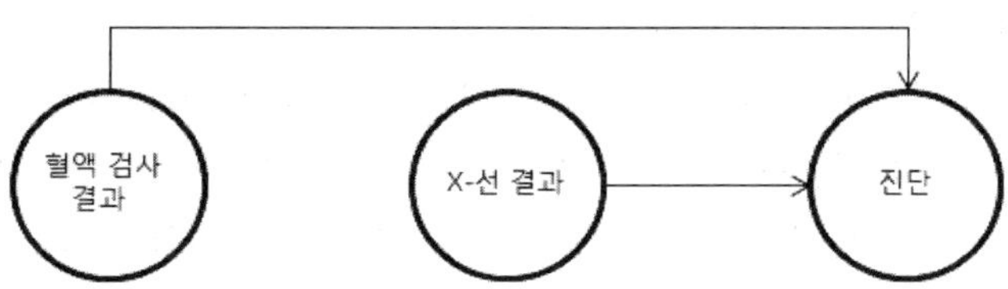

이들 결과가 진단에 분명히 영향을 줄 것이다. 이것은 아래와 같이 어떤 검사결과도 이용할 수 없을 때 또는 진단이 검사결과 전에 알려져 검사결과에 영향을 줄 때하고는 아주 다른 정보구조를 보여준다.

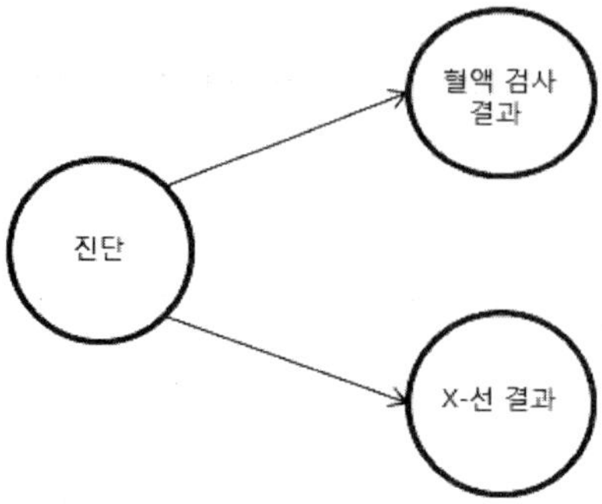

여기서 진단은 무조건적이다. 즉 진단은 어떤 변수에도 영향 받지 않는다. 그러나 검사결과는 진단을 조건으로 한다.

때때로 진짜 상황은 정보의 여러 상태를 반영하기위하여 같은 변수의 여러 버전을 표시함으로써 그 참모습을 나타낼 수 있다. 예를 들면 다음 그림이 정보의 전개와 진단에 주는 영향을 조금 더 정확하게 보여준다.

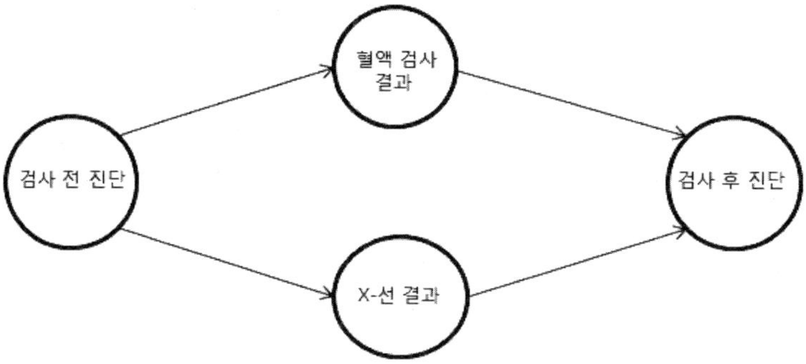

어떤 영향을 줄 것인지 불확실하다면(꺾긴 화살) 영향을 받는 변수의 설정에 사용된 정보는 확률적이다. 이 정보는 직선으로 표현된 정보의 영향력보다 덜 믿음직하다. 영향화살은 직선이든 아니든 간에 인과관계를 나타내기도 하고 나타내지 않기도 한다. 그것은 두 변수간의 연관관계를 반영하는 것이다. 그러나 반드시 영향변수가 영향을 받는 변수에 어떤 변화를 주는 것은 아니다. 예를 들면 우리나라의 닭 마리수와 연간 생산되는 달걀의 수는 서로 관련되어 있다. 우리는 영향그림에서 달걀의 수가 닭의 수에 영향을 주는 것 또는 닭의 수가 달걀의 수에 영향을 주는 것 어느 쪽도 사용할 수 있다. 두 영향중에서 하나를 사용함에 있어 두변수간의 연관관계 또는 영향관계를 찾기 위하여 닭이 먼저냐 달걀이 먼저냐를 미리 정할 필요는 없다.

2.4.5 완성된 그림

완성된 영향그림은 정식모델의 구조를 보여준다. 그것은 모델화과정에서 사용된 사항들 간의 연관성을 보여준다. 또한 영향관계의 정확한 성질을 더욱 특정적으로 표현해주는 뼈대역할을 한다. 영향그림 속에 있는 각 화살은 여러가지 특정한 수학적 관계식으로 나타낼 수도 있을 것이다.

[그림 2.4.8] 완성된 부동산투자를 위한 영향그림

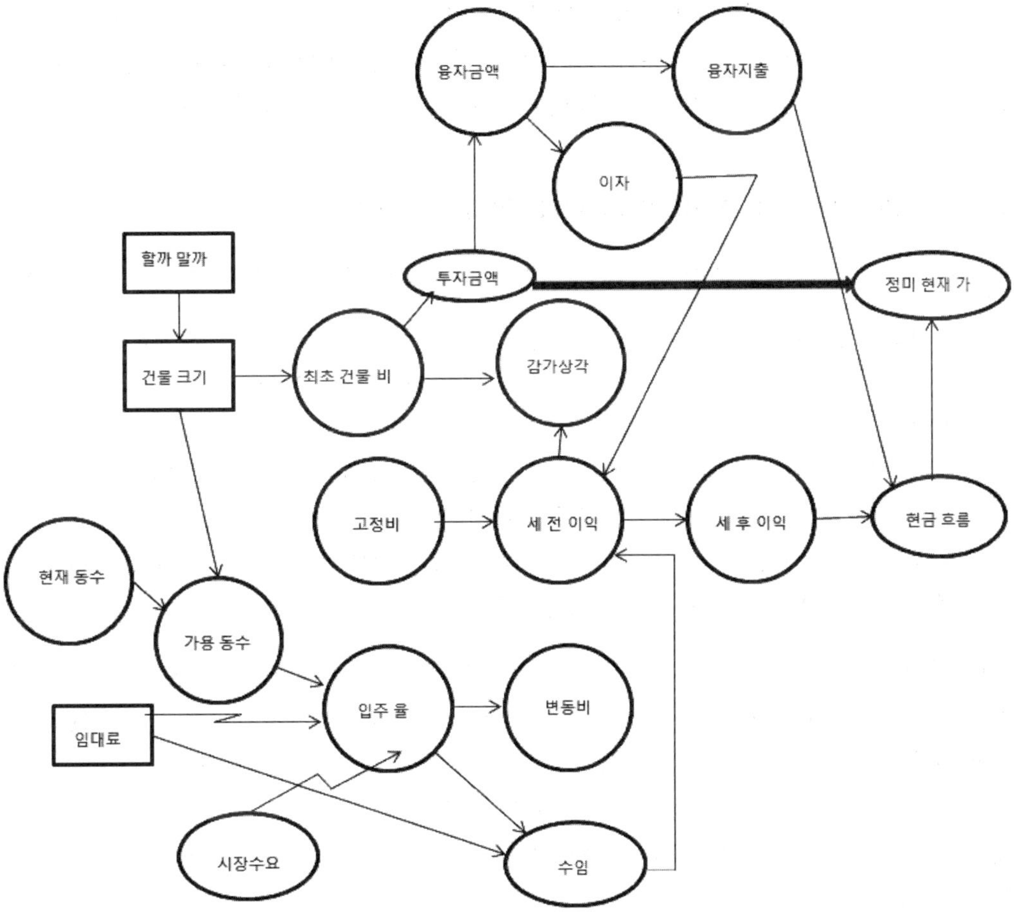

[그림 2.4.8]은 신아파트건설계획을 평가하기위하여 부동산회사가 사용하기로 하였던 부동산 투자모델의 완성된 영향그림이다. 이 회사는 세 개의 결정 즉 (1) 착수할까 말까, (2) 얼마나 크게 지어야하나 (3) 임대료를 얼마로 해야 하나를 정해야 한다.

그림에는 단지 두 개의 불확실한 영향이 있다. 하나는 임대료가 임대율에 주는 영향이고 또 하나는 불확실한 시장수요이다. 두 개의 다른 변수 고정비와 변동비는 무작위(無作爲; random)로 취급된다.

그림에는 두 개의 결과속성(結果屬性; outcome attributes) 투자금액과 정미현세가(正味現在價; net present value)가 있다. 더 많은 투자는 더 큰 현금흐름을 가져올 것이라는 의사결정자의 느낌을 반영하는 영향화살이 투자금액에서 정미현재가로 향해있다. 투자금액은 최초의 현금흐름에 영향을 줌으로 그 영향은 간접적이다. 이 두 영향은 전혀 다른 개념의 영향이므로 이렇게 따로따로인 영향은 애매한 점이 없다.

회사는 고려되는 모든 프로젝트를 평가할 하나의 일반적 모델을 허용하기에 충분한 유사성이 서로 다른 프로젝트 안에 존재한다고 느끼고 있었으므로 이 일반적 모델은 영향그림으로 적절하게 설명된다. 그림에서 모델을 만들어 내기위해서는 두 단계가 더 필요하다. 첫째 단계는 그림 안에 있는 각 화살에 적용되는 수학적 관계식을 찾아내야한다. 둘째는 이 함수에 특정한 숫자를 주는 것이다. 물론 이 숫자들은 프로젝트에 따라 달라져야한다.

2.5 관계(關係; dependencies)의 모델화(模型化; modeling)

정량적(定量的; quantitative) 모델을 만들어내는 과정은 다섯 단계로 설명할 수 있을 것이다.

1. 의사결정자의 목적과 그에 따르는 성과(成果; performance) 측치(測値; measure)나 결과 속성, 결정변수, 그리고 모델에서 사용될 모든 변수들을 분별해낸다.
2. 모델의 변수와 속성간의 영향관계를 구성한다.
3. 각 영향에 대한 영향관계의 형식(形式; form)을 규정(規定; specify)한다.
4. 모델에서 사용하게 되어있는 숫자들을 추정한다,
5. 민감도분석(敏感度分析; sensitivity analysis)이나 위험분석(危險分析; risk analsis)을 포함하여 문제를 분석하는데 모델을 사용한다.

이 절에서는 이중 세 번째 과정을 검토해 보기로 한다. 첫째와 둘째 과정은 2.2, 2.3에서 이미 검토한바 있다. 문제구성(問題構成; problem structuring)은 모든 결정변수와 중간변수 그리고 결과속성을 가지고 있는 영향그림의 형식으로 설명되었다. 그 그림에서 각각의 영향화살은 특별한 형태의 관계(關係; dependencies)를 나타내준다. 이들 관계가 성립이 되고 변수에 대해 숫자가 추정되었을 때 모델의 존재의미가 있게 된다. 추정에 관해서는 뒤에서 따로 다루기로 한다.

2.5.1 관계의 형식규정하기

우선 우리는 2, 3, 4단계를 명확하게 구별하여야 한다. 이들 단계 각각에는 관계되는 변수쌍 사이의 관계를 보는 특정한 주안점이 있다. 2단계의 주안점은 영향, 3단계의 주안점은 함수(函數; function), 4단계의 주안점은 숫자로 간명하게 요약된다.

예를 들어 영향그림에 있는 두 개의 변수가 세전이익(歲前利益; profit before tax)과 세후이익(歲後利益; profit after tax)이라고 하자. 그렇다면 영향화살은(2 단계) 세전이익에서 세후이익을 향할 것이며 세전이익은 독립변수 그리고 세후이익은 종속변수가 될 것이다.

함수는(3 단계) 다음과 같이 특정화된다.

$$세후이익=(1-세율)\times 세전이익$$

변수이외의 모든 것을 수자로 표현한다면(4단계) 세율이 45%라면 위의 함수관계는 다음과 같이 될 것이다.

세후이익=0.55×세전이익

함수관계는 그래프로 나타내는 것이 제일 빨리 알아보는 길일 경우가 많다. 세후이익과 세전이익의 관계를 그래프로 표현하면 [그림 2.5.1]과 같다. 함수의 일반적 관계는 양축에 숫자눈금 없이 나타낼 수도 있다.

함수일람표(函數一覽表; menu of functions)

▶ **선형(線形; linear) 함수**: 가장 쉽고 널리 쓰이는 함수는 직선 또는 선형 함수이다. 여기서 a와 b는 상수(常數; constants)이고 X와 Y는 변수이다. 한 모델에 두 개의 변수 총원가와 생산량이 있고 후자가 전자에 영향을 줄 때 이들 변수 간에는 다음과 같은 선형관계를 가질 것이다.

[그림 2.5.1] 관계의 그래프

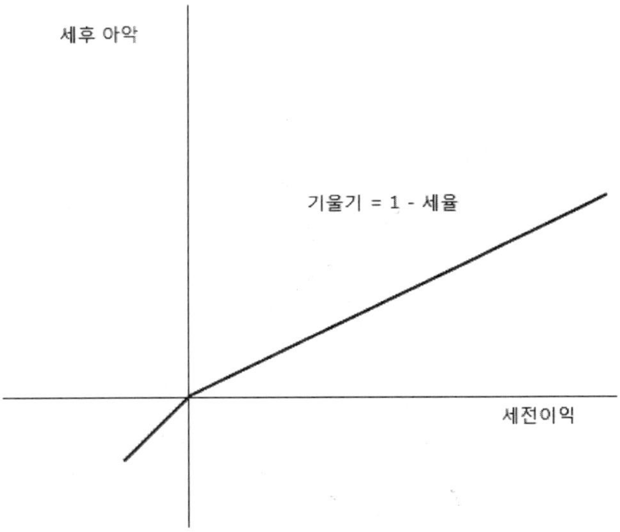

$$Y = a + b \cdot X$$

총원가$= a + b \times$생산량

위의 식에서 a는 고정비(固定費; fixed cost)를 그리고 b는 변동비(變動費; variable cost)라고 할 수 있다. 그렇다면 a와 b는 양(陽;positive)의 수이다. 그러나 일반적 선형함수에서 a와 b는 양일 수도 있고 음(陰; negative)일 수도 있다. [그림 2.5.2]가 여러 가지 a와 b 값에 대한 선형관계를 보여주고 있다. a 값은 Y축과 함수선의 교점(交點; intercept)이고 b는 함수선의 기울기(slope)를 나타낸다.

▶ **2차(二次; quadratic) 함수**: 독립변수가 한 단위 증가할 때의 종속변수가 다르게 증가할

수도 있다. 종속변수의 변화가 증가율이나 감소율로 나타날 때 이 변화가 2차 관계일 것이다. 예를 들면 한 모델에서 시장점유율(市場占有率; market share)이 광고점유율(廣告占有率; advertising share)(회사광고 나누기 산업전체광고)의 영향을 받는다 하자. 광고점유율이 증가함에 따라 시장점유율도 증가한다. 이때의 두 점유율간의 관계는 다음과 같이 a와 b가 양의 상수인 2차함수로 나타낼 수 있다.

시장점유율$= a + b \times$광고점유율$\times$광고점유율

[그림 2.5.3]이 a와 b의 값이 양인 2차 함수의 곡선모양을 보여준다.

[그림 2.5.2] 여러 가지 값에 대한 선형관계

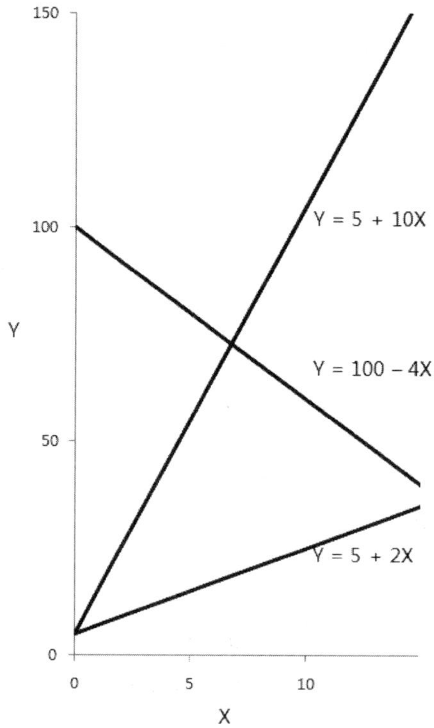

만일 시장점유율이 증가하는 속도로 감소한다면 이차식은 음(陰; negative)의 b을 가질 것이다. 그런 경우가 다른 a와 b 값을 가진 곡선과 함께 [그림 2.5.4]에서 볼 수 있다.

▶ **거듭제곱곡선(power curves) 함수.** 다음 단계는 3차(三次; cubic) 관계, $Y = X^3$, 4차(四次; quartic)관계, $Y = X^4$등등이다. 3차관계의 예로서 창고 안에 구형(球形; spherical)물체가 들어있는 상자를 보관하는 경우 창고의 소요 공간은 다음과 같다.

[그림 2.5.3] 증가하는 2차 관계의 예

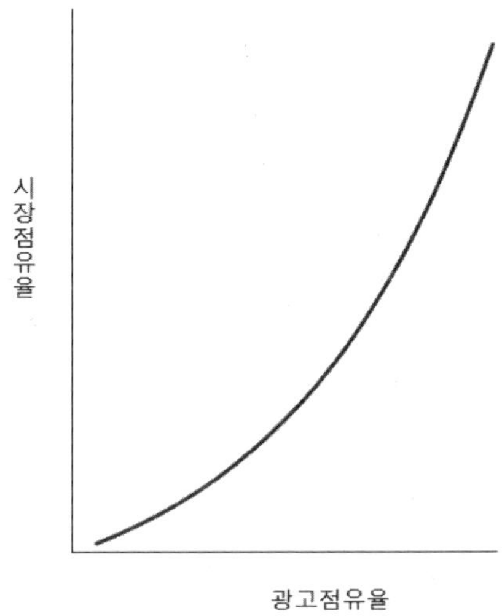

[그림 2.5.4] 일부 있을 법한 이차식

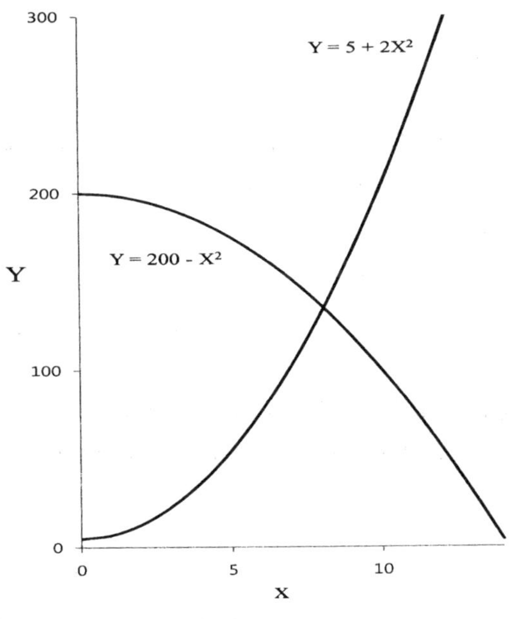

창고 소요 공간$=a+b$(고형물체의 직경)^{3}이 식에서 a는 창고 안에서 상자를 다루는 그리고 건물보전관리에 필요한 장비의 보관을 위한 공간을 나타내고 b는 1에 가까운 숫자일 것이다.

[그림 2.5.5]는 $Y=X^c$인 관계 중에서 c가 3, 4, 5일 때의 곡선을 보여주고 있다. 더 일반적인 식은 다음과 같으며 a는 Y축과 교차하는 점이다.

[그림 2.5.5] 거듭제곱곡선의 예

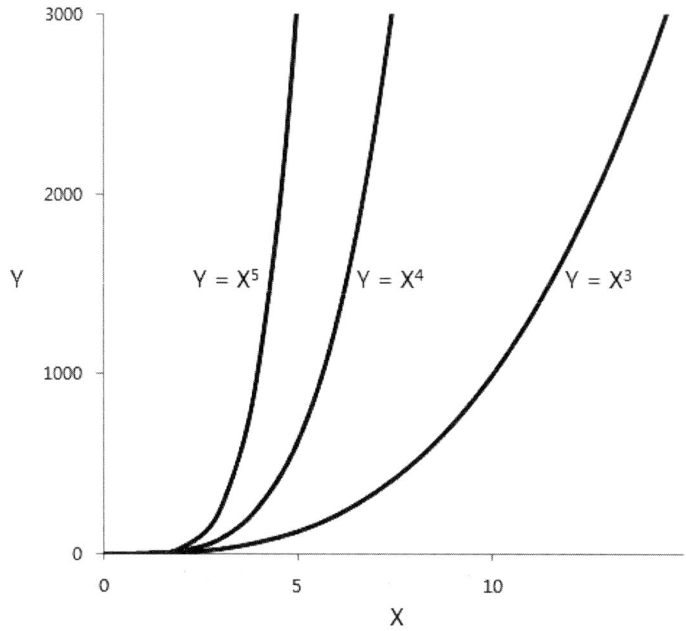

$$Y = a + bX^c$$

▶ **소수(小數; fractional) 거듭제곱곡선 함수.** X의 멱(冪; power) c가 0과 1 사이의 수가 되지말라는 법은 없다. 만일 Y가 X의 제곱근과 관계가 있다면 $Y = X^{0.5}$이다. 총원가와 생산량의 관계에서 규모의 경제를 나타내는 표현으로 다음 식이 있을 수 있다.

여기서도 a는 고정비이다. [그림 2.5.6]는 소수 거듭제곱 곡선들이다.

▶ **지수(指數; exponential) 함수.** 아주 유용한 관계가 지수곡선으로 특히 성장을 모델화할 때 많이 사용된다. 예를 들면 인구는 통상 시간에 지수적(指數的; exponentially)으로 증가한다. 즉

$$인구 = e^{ct}$$

여기서 $e = 2.71828$로 π와 같은 수학적 상수이고 t는 시간 그리고 c는 증가율을 나타내는 상수로 양일 때는 증가 음일 때는 감소를 뜻한다. [그림 2.5.7]이 그 예이다.

▶ **대수(對數; logarithmic) 함수.** 지수함수의 역(逆; inverse)인 대수함수를 사용하는 것이 편리할 때도 있다. 경쟁시장상황을 모델화하면서 경쟁사의 제품시장에 진입 시기(進入 時期; time to entry)를 정하려한다. 우리가 시장규모가 현제의 몇 배정도는 되어야 새로운 경쟁제품의 진입이 가능하다고 믿고 그 정확한 배수(倍數; multiplier)를 임계(臨界; critical) 크기라고

[그림 2.5.6] 소수 거듭제곱 곡선

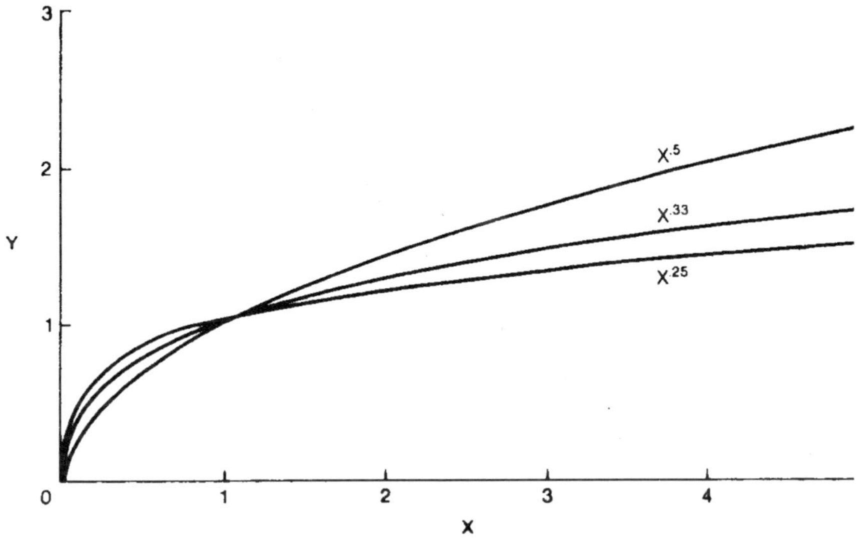

총원가=a+b(생산량)$^{0.5}$

하자. 시장이 20%의 속도로 지수적으로 성장한다고 가정하면

ln(임계 크기)=0.2(진입 시기)

이고 이것은 지수 함수식인

임계 크기=$e^{o.2(\text{진입시기})}$

와 동일하다.

[그림 2.5.8] 이 대수 함수식

Y=a+b · ln(X)

을 나타내는데 여기서 b는 양(陽; positive)일 때도 음(陰; negative)일 때도 있다.

▶ **로지스틱(logistic) 함수.** S자형의 로지스틱 함수는 여러 상황에서 사용될 수 있는 모델로 특히 라이프 사이클 성장모델에 많이 사용된다. 예를 들어 신상품의 판매신장률을 보면 S자형을 보여주는데 초기에는 낮은 신장률로 시작하여 빠른 성장으로 올라서지만 시장이 포화되면서 다시 줄어든다. 일반적인 표현은

$$Y = \frac{a}{1 + be^{-cX}}$$

이며 a는 곡선이 얼마나 높은지를 b는 얼마나 S자 모양에 가까운지 그리고 c는 얼마나 넓은지를 나타낸다.

[그림 2.5.7] 지수곡선

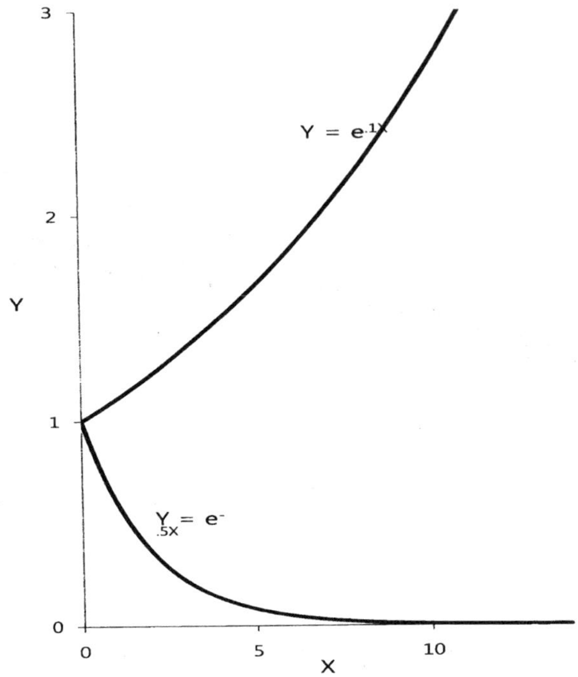

[그림 2.5.8] 대수함수

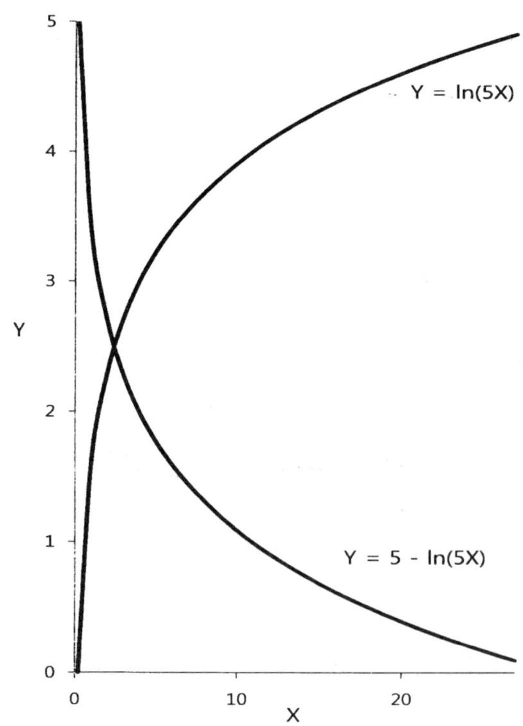

[그림 2.5.9]가 여러 형태의 S형 로지스틱 함수를 보여주고 있다.

▌하나이상 독립변수영향의 모델화

많은 모델에서 하나이상의 독립변수가 하나의 종속변수에 영향을 준다. 아마도 하나이상 변수의 가장 단순한 함수는 최대(最大; maximum)(또는 최소) 함수이다. 예를 들면 판매량은 생산량과 수요라는 두 개의 변수의 영향을 받는다. 분명히 우리는 수요이상으로 판매 할 수도 없고 생산량이상으로 판매할 수도 없다. 따라서

단위 판매량＝최소(생산량, 수요)

위 식의 오른 쪽은 생산량과 수요 중에서 작은 것이란 뜻이다. 이와 같은 최소함수는 둘이상의 독립변수가 있을 때에도 사용할 수 있다.

물론 새로운 모양의 곡선을 정의하기위하여 위에서 보여준 함수들 중에서 둘 이상을 함께 사용할 수도 있다. 함수식

판매량$=a+bt+ct^2$ (t＝시간)

은 그 안에 1차(一次; linear) 및 2차(二次; quadratic) 부분이 함께 있다. 그 곡선의 모양은 a와 b의 크기에 따라 달라진다. [그림 2.5.10]는 a와 b 그리고 c의 값이 다른 몇 개의 곡선모양을 보여준다.

함수와 곡선모양의 조합(組合; combinations)은 아주 많으며 함수도 위에서 설명된 것 이외에 다른 것도 많이 있다. 가장 적합하게 관계를 표현해주는 함수는 넓은 융통성이 있다. 한 가지 더 다른 표현법을 보기로 한다. 그것은 함수를 더하여 만든 것과 달리 그들을 곱하여 만드는 것이다. 곱(product) 형식의 예를 들어보면 제품수요를 추정하는데 사용되는 모델

판매량＝시장규모×시장점유율

을 들 수 있다. 여기서 시장규모는 그 제품이 속하는 시장에서의 총판매량을 지칭한다.

2.5.2 확률적 관계

관리자들이 모델을 만들든지 이해하는데 어려움을 겪는 때는 불확실성이 개재되어있을 때이다.

영향그림은 모델에 들어있을지도 모르는 불확실성의 형태(形態;types)를 표현하는데 사용될 수도 있다. [그림 2.5.11]은 확률적(確率的; random) 변수가 모델에서 나타날 수 있는 네 가지 길을 보여준다(이들 예 모두는 [그림 2.4.8]에서 온 것이다). [그림 2.5.11]에서 (a)의 변수는 다른 어떤 변수로부터 영향을 받아서가 아니라 그자신이 불확실하다. (b)에서는 변수 자신은 불확실하지 않지만 다른 변수에 불확실한 영향을 준다. (c)는 영향관계에는 확률성이 없지만 영향을 주는 변수가 확률성이 있다. 끝으로 (d)는 확률적 변수가 다른 변수에 확률적인 영향을 준다.

[그림 2.5.9] S자형 곡선의 로지스틱 가족

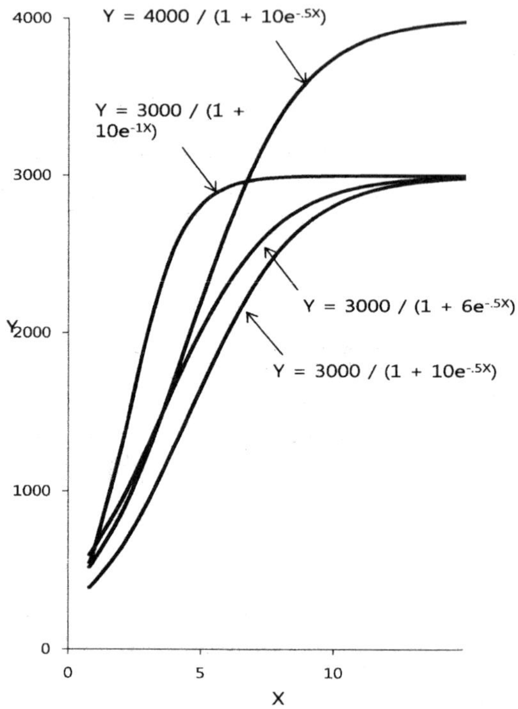

[그림 2.5.10] 일차 및 이차 함수의 합

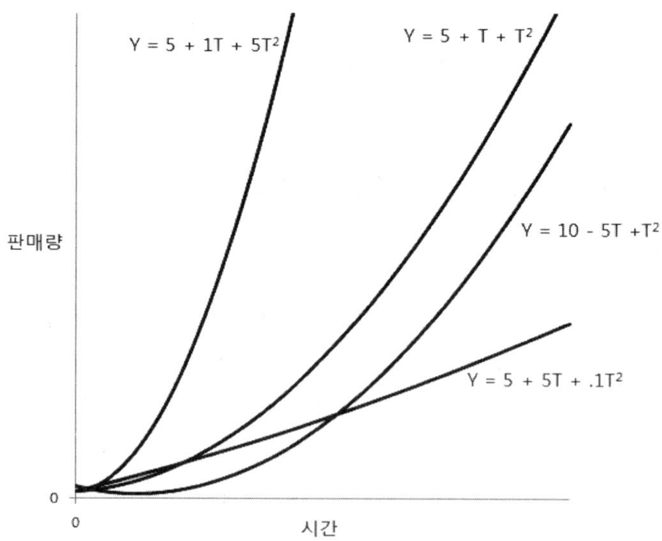

첫 번째 경우 즉 (a)의 경우 우리는 어떻게 다른 변수로부터 영향을 받지 않는 변수의 확률성을 어떻게 모델화할 수 있을까? 이런 경우에는 확률적 변수의 확률분포를 정의하면 된다.

첫째 확률적 변수의 범위구간을 찾아낸다. 그러고 나서 그 범위 안에서 각 일어날듯 한 값의 상대공산(相對公算; relative likelihood)를 구한다. 정해진 구간에 상대공산이나 빈도(頻度; frequency)의 곡선을 그리는 것도 한 방법이다.

상대공산곡선을 그리는 대신 백분위수(百分位數; percentiles)를 사용하는 것이 때로는 더 쉽다. 여기서 50번째 백분위수가 중위수(中位數; median)로 전구간의 50%의 변수가 들어갈 것으로 기대되는 점이다.

[그림 2.5.10 (b)]는 모든 불확실성이 영향을 주는 변수가 아니라 영향관계에 있음을 보여준다. 불확실성을 포함시키는 가장 편리한 길은 모든 불확실성을 포함하는 하나의 변수를 추기해 넣는 것이다. 예를 들어 영향관계를

점유율=122−0.1×임대료+불확실성

라고 표현할 수 있다.

[그림 2.5.11] 확률적 변수와 관계의 예

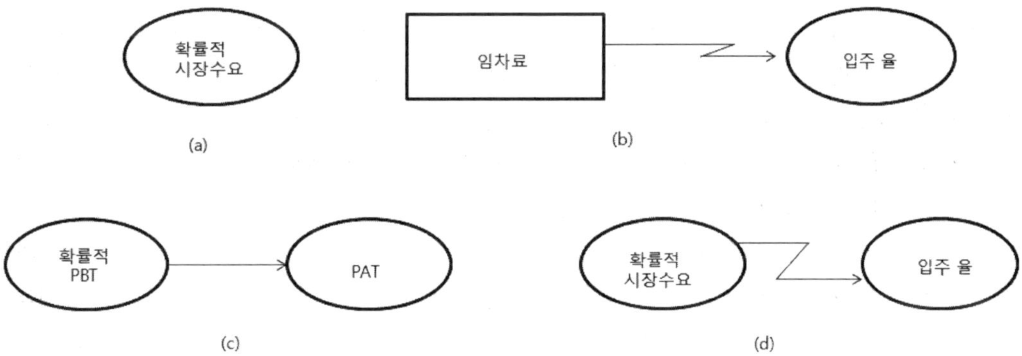

잠시 불확실성을 무시하면 위의 식은 선형감소함수이다. 만일 임대료가 250(천원)이라면 점유율은 97%이다. 그러나 점유율은 확실하게 알 수는 없다. 임대료는 먼저 정하므로 임대료가 불확실하기 때문이 아니다. 임대료가 점유율에 주는 영향이 단지 추정되는 것이기 때문이다.

여기서 불확실성을 줄이는 길은 표본을 통한 정보와 통계적 기법을 사용하는 것이다. 이 부분은 뒤에 추정(推定; estimation)에서 따로 공부하기로 한다.

[그림 2.5.10 (c)]은 두 무작위 변수 간에 있는 확실한 영향관계로 아마도 가장 다루기 쉬운 관계일 것이다. 무작위변수를 포함하지 않는 것과 다르게 다루어지지 않는다. 예를 들어 세전이익과 세후이익의 경우

세전이익=0.55×세후이익

과 같이 두변수가 다 무작위변수이지만 그 관계는 분명하다.

반면에 [그림 2.5.10 (d)]의 경우는 아마도 가장 복잡할 것이다. 여기서는 영향을 주는 변수

와 그 관계가 불확실하다. 이는 어느 의미에서 a와 b의 경우를 복합한 것이다. 종속변수에 있는 불확실성을 어떻게 두 개의 분리된 불확실성으로 나누는가가 어려운 일이다. 이러한 상황에서 우리가 어떻게 의사를 결정할 것인가가 이 책의 주제이기도 하다.

2.6 결정나무(decision tree)

2.6.1 결정나무의 개념과 목적

▮결정나무의 개념

결정의 결과(結果; outcomes)는 선택된 옵션뿐만 아니라 의사결정자의 통제 밖에 있는 외부사건(事件; events)에도 영향을 받는다. 부분적으로 이 이유 때문에 결정의 전후관계(前後關係; sequence)를 고려하는 것이 편리한데 이 전후관계에서 뒤에 취해지는 행동은 의사결정자가 먼저 취한 행동과 뒤따르는 사건의 성질에 의해 정해진다. 분석가들은 일어날 수 있는 외부사건들과 각 외부사건에 뒤따르는 행동들을 연쇄로 구성함으로써 쉽게 초기결정을 내리게 된다. 이런 표현을 **결정나무**라 한다.

예를 들어 설명해보기로 한다. [그림 2.6.1]은 아주 단순한 결정나무이다. 문제는 1000만 원짜리 차량에 20만원의 공제조건이 있는 년 30만 원짜리 차량충돌보험에 들 것인지를 여부를 정하는 것이다. 물론 이 보험은 20만원상당의 손해로부터 차가 완전 파손까지의 범위 내에서 모든 가능성에 책임지는 보험이다. 이 경우 확률 집합이 불필요하게 크므로 무사고와 양극단인 ₩200,000손해와 전파 세 경우만을 고려한 것이다.

[그림 2.6.2]는 조금 복잡한 나무이다. 문제는 원유탐사와 생산을 하는 회사가 근해시추를 위한 리스에 응찰 할 것인지를 정하는 문제이다. 입찰은 리스를 하는 정부당국이 낙찰여부를 결정한다. 낙찰된 후 최종적으로 시추를 결정하기 전에 리스해역의 지진검사(地震檢査; seismic test)를 실시할 수 있다. 검사결과를 검토하여 탐사 정(探査 井; exploration well)을 뚜를 것인지를 결정할 수 있다. 마지막으로 탐사가 실패인지 성공인지의 결정이 나며 성공인 경우 그 양은 모르지만 원유를 생산하게 되는 것이다.

결정나무의 어느 경로(經路; path)도 보편성(普遍性; generality)의 손상 없이 의사결정자의 행동과 환경 속에서의 사건의 서로 다른 연쇄라고 생각할 수 있다. 만일 A가 결정자의 행동이고 E가 그 환경에서의 사건이라면 나무의 어느 경로도 $A_i, E_p, A_j, E_q, A_k, E_r, \cdots$ 모습을 보일 것이다. 각 기회(機會; chance)마다는 **원**으로 결정마다는 네모로 나타낸다. 편의상 나무는 왼쪽에서 오른쪽으로 뻗는다. 나무의 끝(맨 오른쪽)에는 특정한 행동-사건이 어디로 갈 것인지를 설명하는 결과(結果; outcomes)가 있다. 결과는 잃은 또는 받은 원화금액같이 아주 특정한 것일 수 있지만 복잡한 시나리오일 수도 있다.

이제부터 그와 같은 나무를 어떻게 구성하며 분석에 이용하는가를 von Winterfeldt & Edwards(1986)를 기초로 하여 기술하고자 한다.

[그림 2.6.1] 보험 예에 대한 결정나무

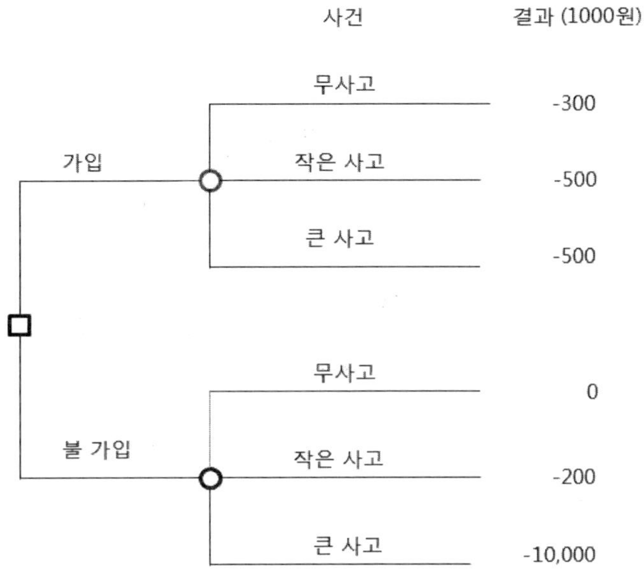

▌결정나무의 목적

결정나무의 주목적은 시나리오의 작성이다. 의사결정자와 환경간의 복잡한 상호작용을 상세하게 특정화함으로써 시나리오 집합을 간결하게 표현할 수 있다. 나무의 왼쪽에서 오른쪽으로 가는 어느 경로도 하나의 시나리오를 구성한다. 만일 의사결정자가 취할 수 있는 각 행동의 결과(結果; consequences)들을 확실하게 알고 있다면 시나리오는 완전히 불필요할 것이다.

취할 수 있는 각 행동을 뒤따르는 시나리오들을 모두 망라한 집합을 특정화함으로써 결정나무는 그 행동의 평가를 쉽게 해준다. 불확실성이 없다면 각 행동의 유일한 결과를 직접 평가할 수 있다. 불확실성이 있을 경우 결정나무는 행동-사건의 연쇄에서 나타날 우발적 결과 각각을 특정화함으로써 각 행동을 간접적으로 평가하게 해준다. 결정나무의 유용성은 그것의 최종평가가 행동이나 그 행동의 직접결과 평가보다 쉬운지를 검사함으로써 알 수 있다.

결정나무의 또 다른 목적은 불확실성에 비추어 행동을 만들어 내는 것이다. 정식으로 결정을 내리기에 앞서 선택대안(選擇代案; options)을 만들게 된다. 결정나무에서 선택대안을 만드는데는 두 가지 길이 있다. 첫째는 정보를 모으는 선택대안을 만드는 것인데 이것은 어느 사건이 일어날만한가를 분류해내는 것을 도와준다. 둘째는 손해에 대비하는 선택대안을 만드는 것으로 이것은 모든 우발적 사건에 합리적으로 대비하게 하여준다.

▌도구적 결과(道具的 結果 instrumental outcomes)와 잡동사니

결정의 가장 중요한 결과는 거의 모든 경우에서 더 많은 결정을 내릴 수 있는 기회이다. 그러므로 대부분의 결정은 도구적 결과이다. 돈이 포함된 상황을 가지고 예를 들어보자. 돈이야말로 순전히 도구로 쓰이기 때문이다. 당신이 휘발유를 산다고 하자. 그때 당신은 그 휘발유를

[그림 2.6.2] 원유시추 예의 결정나무

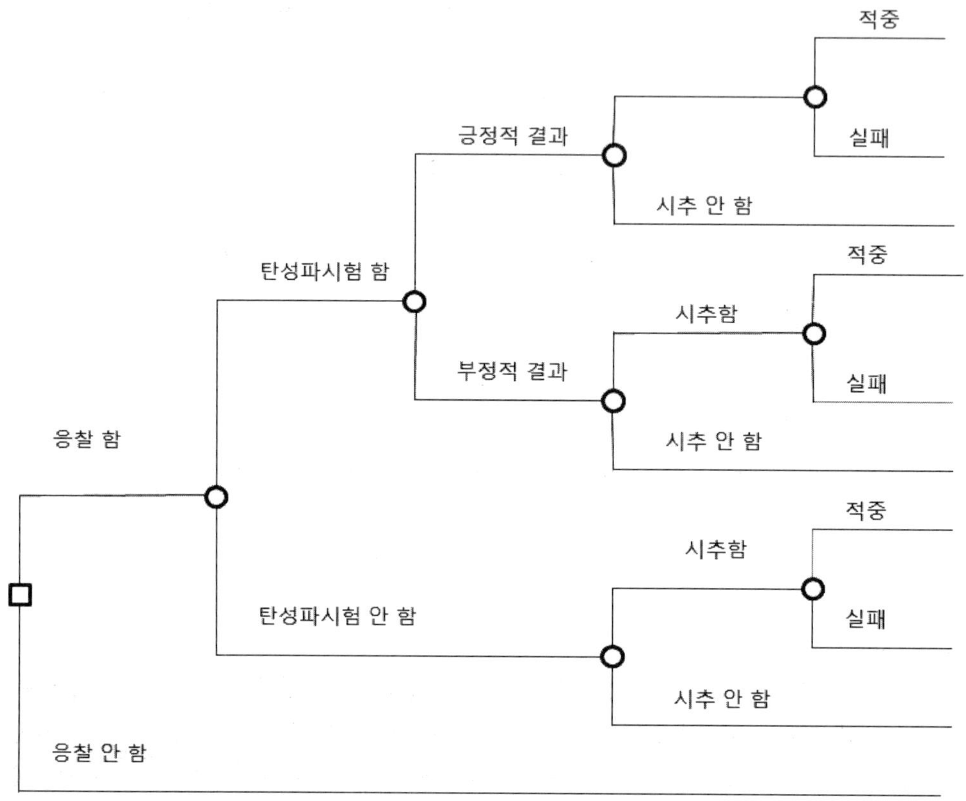

써서 어디로 운전해갈런지 정해야 한다. 점심 먹으러 가기로 한다고 하자. 그러면 식당을 정해야 한다. 그리고 등등. 이러다보면 결정과정은 끝이 없다. 아마도 뜻을 정하고 일을 관리함에 있어 당신이 당신을 계속하게 만드는 결과(結果; effects)를 계속 만들기 때문에 죽을 때가지도 끝나지 않을지 모른다.

그런 결코 끝나지 않는 결정과정을 오직 사실적으로 묘사만 하는 것은 관리할 수 없을 정도의 복잡한 나무 - 분석가들의 말로는 잡동사니를 만드는 것이다. 잡동사니를 관리할 수 있는 크기로 줄이는 자연스러운 수단이 [그림 2.6.1]에 나타나 있다: 당신이 직면하고 있는 결정문제와 불확실성으로 하여금 나무를 자를 곳을 보여주게 하자. 위의 예에서 보험구매결정과 그 가능한 결과(結果; outcomes)가 종결되는 점에서 잘라내는 것은 지극히 자연스럽다. 어떻게 돈을 쓸(혹은 지불할) 것인가를 고려의 대상으로 삼는 것은 불확실성을 줄이기보다는 오히려 추가할 것이다.

2.6.2 결정나무의 구성법

표본 문제

문제의 구성은 결정나무가 아니라 우선 문제의 막연한 체계잡기 혹은 대략적인 선택대안을 찾아내기 및 만들어내기와 선택대안들 중에서 선택하는 주목적들 써넣기로부터 시작된다. 결정나무를 구성하기 전에 선택대안(選擇代案; options)과 목적을 행렬(行列; matrix)로 조직하는 것이 편리하다.

신호대기지역에서 승용차 A, B, C의 이중추돌사고가 났다. 사고는 차 A가 신호가 바뀌어 정지하는 차 B를 추돌하고 차 B가 신호대기 중이던 차 C를 추돌한 것이다. 경찰은 보고서를 작성하였는데 상황은 단순한 것 같았다. 다행히 사고는 경미하여 다친 사람은 없었고 차 B가 심하게 파손되었다. 사고를 일으킨 차 A의 운전자는 무보험자이고 차 B는 충돌보험에 들지 않아 약 200만원의 차 가치 의 손해를 보게 되었다. 차 B의 운전자는 보험 없이 운전을 한 차 A의 무책임함에 화가 났으며 충돌보험에 들지 않은 것을 후회했다.

차 B의 운전자는 결정이론에 정통하여 중요한 행동을 취하기 전에 취할 수 있는 대안들과 목적을 정리하여 결정나무를 구성해야한다는 것을 잘 알고 있다. 차 B 운전자가 처한 문제는 불확실한 수익을 위해 힘들고 돈과 시간을 들여야 하는 소송을 할 것인가 말 것인가를 결정하는 것이다.

이 문제는 단지 돈만의 문제가 아니다. B 운전자는 사정을 알고 난 후 고소하는 것에 대하여 이런저런 생각을 하게 되었다. A 운전자는 가난하여 보험료가 그에게는 너무 비싸서 감당하기 어려웠을 것이다. 이 지역은 대중교통수단이 없으니 가난한 사람은 어찌하라는 것인가? 그럼에도 불구하고 법률문제는 흥미를 끈다. 고소를 하거나 당해본 일이 없어 이에 대하여 알고 싶다. 내가 직접 당사자가 된다는 것은 좋은 기회가 아닐까? 이런 생각들을 행렬로 정리하면 〈표 2.6.1〉과 같이 된다. 이 행렬에서 흥미 있는 것은 유일하게 회수금액만이 불확실하다는 것이다.

B 운전자는 아주 간단한 주관적 **민감도분석**[20]을 통해 “다툼”, “지식”, “복수”, 그리고 “사회적 공감”은 생략하기로 한다. 그는 또 비용과 회수금액은 시간을 고려하지 아니 하고 정미금전수입(正味金錢收入; net monetary return)으로 결합하기로 한다. 이렇게 함으로써 결과적으로 이 문제는 불확실성하 단일차원결과(單一次元結果; single dimensional outcome) 문제가 된다.

이 구성을 마음에 두고 변호사를 찾아가 묻는다. 이 소송에서 이길 수 있는 기회가 변호사비를 200만원으로 나누는 것보다 큽니까? 이 질문은 [그림 2.6.3]의 결정나무에서 유도된 것이다. 만일 x가 변호사 비라면 B 운전자가 고소하여 지면 x원 만큼 손해를 본다. 그가 고소하여 이기면 2백만 원(차의 가치)에서 변호사 비 x을 뺀 금액을 받을 것으로 추측된다. 고소를 아니 하면 어느 경우도 0의 결과를 가져오므로 위험-중립의 의사결정자는 다음의 결정규칙을 적용할 것이다. 고소시 고소의 **기대가치**(期待價値; expected value)는

$$\text{EV(고소)} = \text{P(승소)}(2{,}000{,}000 - x) + [1 - \text{P(승소)}](-x) > 0 \qquad (2.6.1)$$

으로 계산된다. 식 (2.6.1)은

$$\text{P(승소)} > x/2{,}000{,}000 \qquad (2.6.2)$$

---

20) 본서 2편 2.7 민감도분석

인 경우 B 운전자가 고소를 해야 하므로 위의 식은 그가 변호사에게 한 질문을 방정식으로 그대로 표현한 것이다. 변호사의 대답은 (1) 변호사 비는 2십만 원이고 (2)자기가 이길 기회는 200,000/ 2,000,000 혹은 1/10보다 클 것이라는 것이었다.

〈표 2.6.1〉 무보험차 문제의 초기 대안 × 목적 행렬

대안	비용	회수금액	다툼	얻는 지식	복수	사회적 공감
소송함	20만원	?	많다.	많다.	많다.	없다.
소송 안함	0원	0원	거의 없다.	거의 없다.	거의 없다.	많다.

[그림 2.6.3] 추돌문제의 결정나무

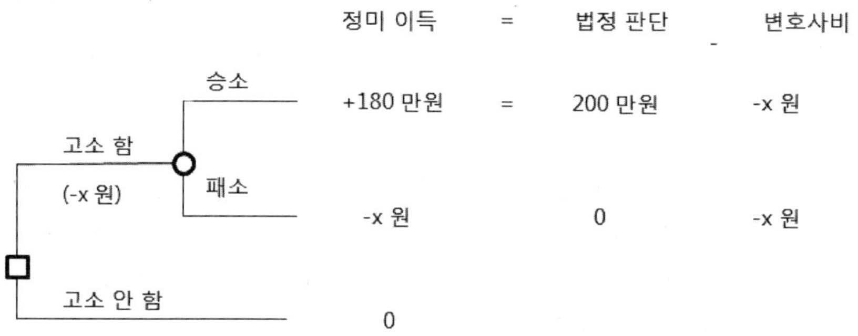

결정이론을 잘 아는 B 운전자로서는 몇 가지 과오를 범하였는데 그 중에 일부 또는 전부를 피할 수도 있었으며 그는 결정나무를 구성하는데 너무 많은 시간을 소비하였다. 첫째로 그는 변호사 비라는 용어가 갖는 의미를 충분히 상세하게 결정하지 않았고 다만 그는 소송제기로부터 돈을 받을 때까지의 모든 비용을 의미한다고 이해하고 있다. 그러나 변호사는 조금 다르게 이해하고 있다. 몇 달 뒤 변호사는 2십만 원은 최초변호의뢰비라고 알려왔다.

둘째로 그는 승소의 의미를 충분히 상세하게 정하지 않았다. 그는 2백만 원의 판결을 받고 이를 입금 받는 것과 승소를 같은 것으로 생각했다. 그러나 판결과 금전적 보상 그리고 그 보상의 입금은 각각 다른 것이다.

셋째로 그는 어떤 정보는 재판에 필요하고 어느 것은 필요 없는 것인지 충분한 주의를 기울이지 않았다. 그는 소송이 알기 쉬운 것이라고 생각했다. 그는 정성들여 경찰조서와 그의 찻값의 견적(見積; estimate) 그리고 파손상태보고서를 모으면서 이들로 소송을 이끌어가는 데 충분하다고 생각했다. 그는 뒤에야 목격자로부터의 다른 그리고 더 비싼 정보가 필요하였다는 것을 알았다.

이들 과오는 계속 그를 따라다녔다. 뒤돌아보면 바람직하지 못한 결과 때문이 아니라 문제를 잘못 구성함으로써 그릇된 결정을 내렸다고 그는 믿는다. 그는 [그림 2.6.3]에 있는 것과 같은 나무를 기초로 하여 그의 결정을 내린 것이다. 그는 뒤에야 [그림 2.6.4]에 있는 것과 같은 나무

[그림 2.6.4] 무보험차문제의 개선된 결정나무

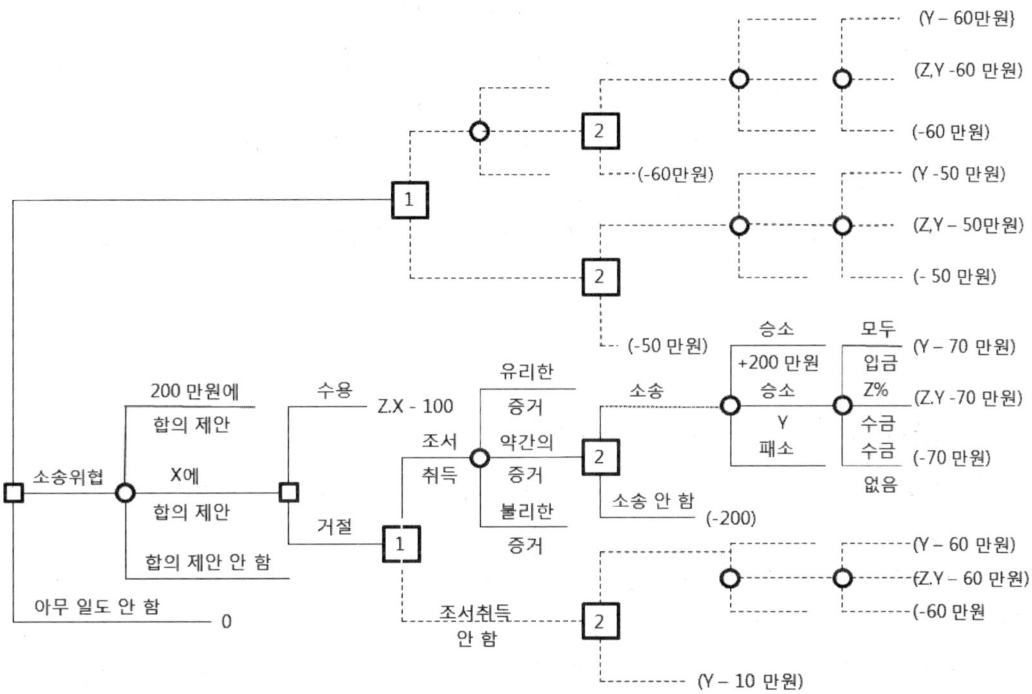

가 훨씬 더 적절한 나무라는 것을 알아냈다. 이들 두 나무사이에 구성하기(structuring), 민감도 분석(敏感度 分析; sensitivity analysis), 자기분석(自己分析; soul searching)같은 것들이 놓여있고 이들 모두를 그가 결정을 내리기전에 했어야 옳았다. 둘의 차이는 [그림 2.6.3]의 나무에서 소송행위는 분명히 가장 높은 기대가치(EV)를 추구하는 행위인 반면 [그림 2.6.4]의 나무에서는 그 반대라는 점이다.

▌결정나무의 구성

결정나무는 결정과 그 환경의 상태 및 사건 간의 상호작용을 나타내므로 그 구성은 의사결정자와 그의 고문(顧問; adviser)의 전문가적 의견에 크게 의존한다. 결정나무의 첫 번째 마디에 선택대안들의 집합을 배치하여 시작하는 것이 관습이지만 꼭 그래야하는 것은 아니다. 의사결정자나 전문가는 각 선택대안으로부터 일어날지 모를 그리고 미래의 사건들의 확률이나 최종의 상태나 결과의 바람직함의 정도에 영향을 미칠 사건들을 오른 쪽으로 이동하여 배열하여야한다.

대안×목적의 행렬은 어떤 의미에서 아주 극단직으로 가지를 친 나무이다. 운전자 B의 소송여부에 대한 결정에 있어 행렬은 아주 간단하게 된다(〈표 2.6.1〉과 [그림 2.6.3] 참고).

[그림 2.6.3]의 나무에는 하나는 큰 또 하나는 작은 두 불확실성이 들어 있다. 큰 불확실성은 소송의 승부와 돈을 받을 수 있는가에 관한 것이고 작은 것은 변호사 비에 관한 것이다. 변호

사 비를 20만원이라고 보기로 할까? 어떤 다른 비용이 더 들어갈까? 실제로 그 상한(上限; upper limit)은 얼마일까? 30만원? 50만원? 아니 100만원까지?

B는 큰 불확실성을 알아차리고 이를 [그림 2.6.3]에서 다루었다. 그는 승소와 200만원을 받는 것을 동일하게 생각하는 과오를 범하였다. 그 금액은 크고 민감도 분석 후에 추정하여야 하였을 것이다. 승소가 단지 백만 원을 의미해도 EV규칙은 소송해볼만하다고 할 것이다. 그의 더 큰 잘못은 변호사비의 부대비용을 과소평가한 것이다.

그가 회수할 금액을 정해줄 사건을 식별하는데 초점을 맞추었다면 다음 사항을 포함시켰을 것이다.

더 많은 변호사비
다른 판단방식
판단한 금액과 입금 가능한 금액과의 차이

어느 다른 결정나무에서와 마찬가지로 그는 각 전후관계의 최종결과의 비교적 확실한 값을 낼 수 있는 행위-사건 연쇄를 찾았어야 했다.

결정나무는 두 가지 불확실한 변수, 사건과 정보변수(情報變數; information variables)를 포함할 수 있다. 사건은 자연의 상태 또는 우리에게 일어날 그리하여 우리의 결정결과와 직접 바꿀 수 있는 일들이다. 정보변수는 결과에 직접 영향을 주지 않지만 나무에 있는 확률을 바꿀 수 있다. 자주 우리는 정보를 구매할지를 결정하지 않으면 아니 되는데 이 결정은 결정나무에 명백하게 포함되어야 한다.

B는 A에 대한 고용상태에 관한 정보를 샀다. 그 비용은 미미하였으며 A는 식당 여종업원이어서 B가 받을 금액의 확률분포에 영향을 준다. B는 목격자로부터 증인진술서를 취득함으로써 정보를 강화할 수 있었다. 이에는 많은 비용이 들었겠지만 그가 승소확률을 사정(査定; assess)하는데 영향을 주었을 것이다.

정보취득에 비용을 쓰는 선택가지(option branch)를 나무에 포함시키는 것은 어떨까? 일반적 규칙으로 정보는 가치가 있어야하고(즉 뒤따르는 확률을 바꾸는 큰 잠재력을 갖고 있어야한다.) 따라서 비쌀 수밖에 없다. 그러나 대부분의 정보는 결정나무에 걸려있는 내기 돈에 비하면 싸다. B는 단순히 그것을 정하기 위해 변호사에게 걸면 부과될 전화 상담료 때문에 A의 고용상태를 [그림 2.6.4]에서 한 것처럼 그림에 기회가지로 넣지 않았다. 싼 정보를 수집하는데 대한 규칙은 간단하다. 그리하라는 것이다. 수집할 항목의 순서를 선정해야할 때 혹은 선정할 항목이 너무 많아 그리하는데 많은 비용이들 때의 규칙도 취득하라 이다. 다만 사건의 확률에 가장 큰 영향을 줄 그런 정보항목들을 먼저 택하라는 것이다. 그림2.6.4에는 목격자로부터 증인 진술서를 취득하는 결정이 정보취득행위로 포함되어 있다.

가지치기와 멈추는 곳 알기

모든 결정나무는 "결과(結果; outcomes)"라고 이름 붙은 마디의 집합 오른편에서 끝난다. [그림 2.6.3]과 [그림 2.6.4]에서 결과는 소송을 하는 결정과 아니 하는 결정에서 오는 금전 이득이나 손실이다. 그러나 나무는 실제로 이들 결과로 멈추어야하나? 패소(敗訴; losing case)와 추가되는 변호사 비는 B에게 계속되는 괴로움과 신차구입할부금지출의 어려움으로 인한 낙담과 분노를 갖게 될 것이다. 결과가 파멸적(破滅的; ruinous)이지는 않겠지만 B의 인생에 몇 가지 변화를 가져다 줄 것이다. 이 처럼 문제는 결정나무를 어디서 끝내느냐이다.

이런 결정을 결정나무의 잘라내기라고 부른다. 돈내기로 이루어진 결정나무는 결과를 지불된 돈이 어떻게 쓰이느냐와 관계없이 결과득실(結果得失; payoffs)로 취급된다. 그러나 실생활 결정나무의 가지치기의 기술은 잘못 이해되고 있어 약간의 지침(指針; guidelines)을 요한다. 몇 가지 알기 쉬운 규칙을 들어보면

1. 다른 사람의 작품을 활용한다.
2. 높은 확률의 가지를 분해한다.
3. 판단을 쉽게 만든다.

등이다.

우리들이 알고 있는 대부분의 결정문제는 상세하게가 아니라 전략상으로 결정한다는 의미에서 총체적이다. 그렇게 함에 있어 우리는 전문가와 다른 사람들이 먼저 내렸던 결정을 활용한다. 당신이 척추디스크제거수술을 할 것인가를 정해야 한다면 당신은 확실히 수술절차나 절제디스크의 크기 등등에 관하여 외과의사에 위임할 것이다. 외과의사는 사전에 당신에게 예컨대 직접 디스크를 제거할 것인지 두 추골(椎骨; vertebrae)을 합치는 척추융합수술을 할 것인지를 정하라고 요구할지 모르지만 당신은 상세한 의사결정의 대부분을 위임할 것이다. 마찬가지로 당신은 마취제와 진통제의 투여량과 투여시기에 대해서는 마취의사에게 위임할 것이다. 이같이 복잡하지 않게 하는 길은 다른 사람이 취했던 행동이나 전문적 지식을 활용하는 것이다. 그리함으로써 복잡한 결정을 다루기 쉽게 할 수 있다.

두 번째 합리적 규칙은 나무에서 일어날 확률이 낮은 기회마디보다 비교적 높은 기회마디를 여러 개의 마디가 되도록 오른 쪽 으로 멀리 길게 하는 것이다. 그 이유는 높은 확률의 마디에 도달하기 쉬우므로 이들을 더 분석하는 것이 유용하기 때문이다.

위의 규칙은 의사결정자가 생각해야하는 것은 모두 단순해야한다는 의도에서 만들어진 것이다. 예를 들면 뒤에서 상술되겠지만 의사결정자가 결과(結果; outcomes)에 관하여 선호(選好; preferences)나 효용(效用; utilities)으로 나타내는 것이 쉬어야 한다. 결정나무를 그리는 단하나의 이유는 오른쪽 끝에 있는 것이 왼쪽 원점의 것보다 평가하기가 쉬울 것이라는 희망이다. 이것이 의사결정자가 최종상태로 선호를 표현하는데 편안함을 느낄 때 분해(가지치기)를 중단하라는 규칙을 알려준다.

2.6.3 일단(一段; one-stage) 결정나무의 해석

▌가장 단순한 나무

자동차추돌사고로 돌아가서 운전자 B는 그의 변호사에게 추가 변호사비에 관하여 몇 가지

간단한 질문만 하였더라도 더 많이 전진할 수 있었다. B는 그 답이 20만원(법정타협)과 백만원(맞고소제기)사이의 금액일 것이라고 믿는다. 그가 최선의 추측 또는 기대비(期待費; expected fee) 50만원으로 결정나무를 만든다면 [그림 2.6.3]은 조금 바뀔 것이다(그림 2.6.5).

결정의 직접적 결과로 생기는 비용을 그 결정(여기서는 소송하기로 결정)밑에 괄호로 표기하는 것이 일반적 규칙이다. 변호사비가 50만원인 단순 구조인 결정나무의 계산은 간단하다. EV(소송하기)와 EV(소송 않기)를 계산하여 더 높은 EV인 결정을 선택하면 된다.

[그림 2.6.5] 최선의 추측에 의한 변호사 비를 적용한 결정나무

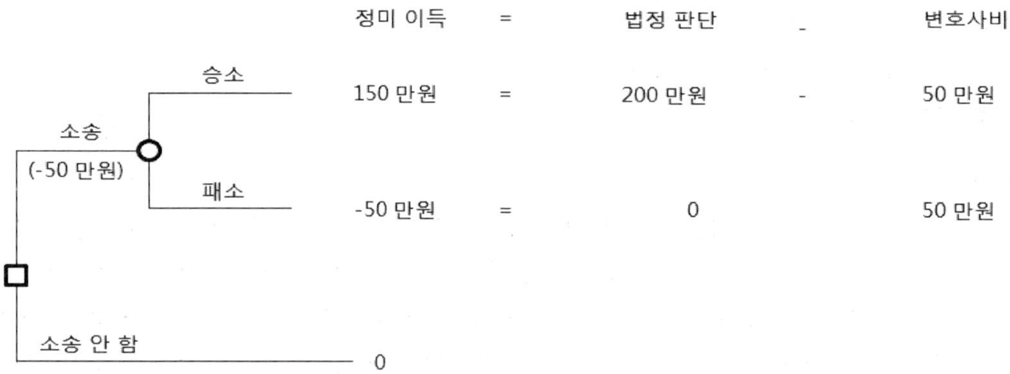

EV(소송하기)=P(승소)(150만원) + [1 - P(패소)](-50만원)

EV(소송 않기)=0 (2.6.3)

결정을 내릴 때 B와 변호사는 승소할 확률이 상당히 높아 0.7정도라고 믿었다. EV(승소)를 계산해보면 90만원이 나오므로 당연히 소송을 제기하여야한다. 확인하기 위하여 승소 분기확률(分岐確率; break-even probability) 즉 소송을 할 만한 가치가 되는 최소의 승소확률을 계산하면

EV(소송하기)=P^*(승소)(150만원)+[1−P^*(승소)(-50만원) (2.6.4)

=EV(소송 않기)

P^*(승소)=500/200만=1/4 (2.6.5)

즉 승소확률이 1/4보다 크면 소송하기의 이익이 소송 안하기보다 유리하다. 이와 같은 보수적 분석결과로도 소송은 제기해야한다.

▌다중결과(多重結果; multiple outcomes)

어느 분석가는 승소와 패소의 이분법으로 단순화한 것을 염려하면서 완승(完勝; total win)과 완패(完敗; total loss)의 범위 안에서 [그림 2.6.5]의 나무를 확장하여 다중사건(多重事件; multiple events)을 고려하기를 권하기도 한다. 그 분석가는 B가 승소하여 얼마간의 돈을 받겠

지만 200만원을 받을 확률은 아주 낮고 A의 차에 입인 손상을 책임질 수도 있어 오히려 50만원 정도를 보험료율이 올라가지 않도록 B가 지불하는 것이 유리할지도 모른다고 주장한다.

[그림 2.6.6] 다중결과를 가진 추돌문제의 결정나무

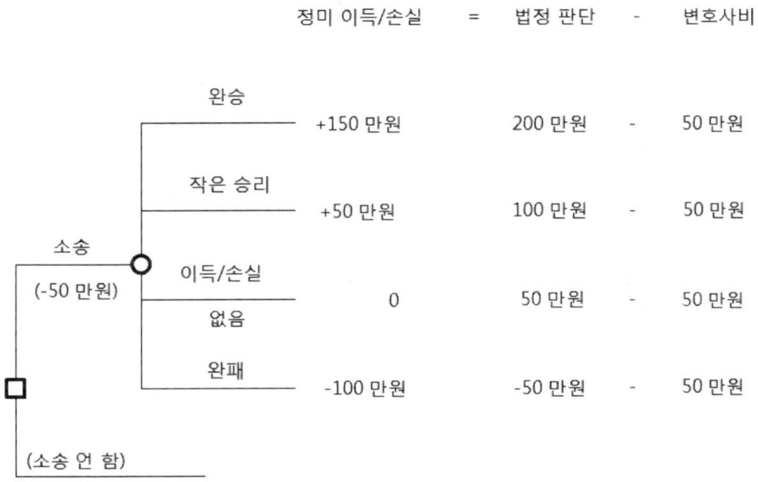

어느 분석가는 다음의 결과 범주(範疇; categories) 즉 [그림 2.6.6]에서 나타낸 것처럼 완승, 부분승소, 이득도 소득도 없음, 완패 그리고 이것들에 연계된 결과들을 제안할지도 모른다. 그림에서 정미(正味; net) 이득/손실 난은 받을 수 있는 법정(法廷; court) 보상금에서 50만원을 뺌으로서 만들어졌다.

상대적 기회(relative chance)는 여전히 유리한 쪽으로 기울어져있다. 즉

P(완승)=0.20
P(부분승)=0.60
P(완패)=0.05
P(이득/손실 무)=0.15
소송하기와 않기의 EV는

EV(소송하기)=0.2(150만원)+0.6(50만원+0.15(0)+0.05(-100만원) (2.6.6)
=55만원
EV(소송않기)=0

이다. 이처럼 다듬어진 분석에서도 소송을 제기하는 쪽으로 기울어져있다. [그림 2.6.7]이 일단 나무의 일반적 형태를 보여주고 있다. 각 행위 a_i의 기대가치는

[그림 2.6.7] 일반화된 일단 결정나무

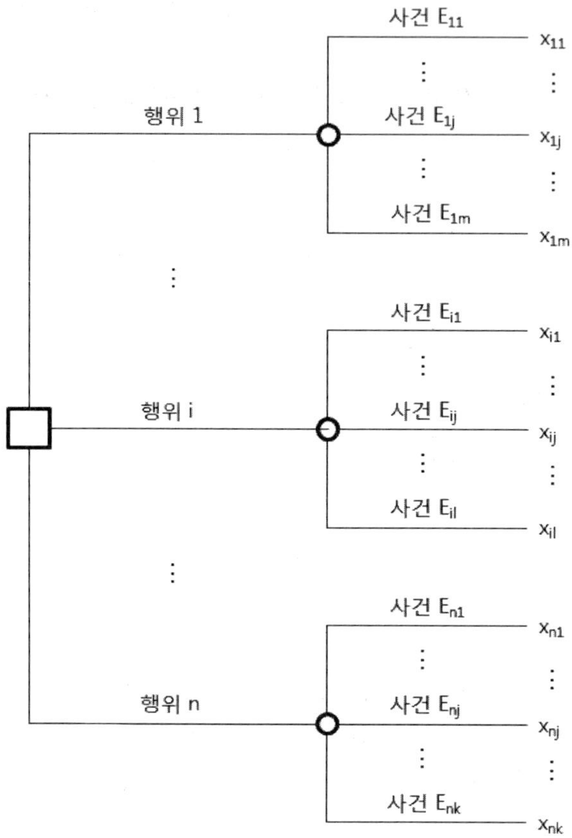

$$EV(a_i) = \sum_{j=1}^{m_j} P(E_{ij}) x_{ij}$$

로 계산하는데 $P(E_{ij})$는 E_{ij}의 확률이다. 의사결정자는 EV가 제일 큰 행위를 선택해야 한다.

2.6.4 다단(多段; multistage) 결정나무 계산법

▶ **평균값구하기와 되돌리기의 예.** 차 추돌문제의 경우 단번에 결정을 내릴 것이 아니라 행위를 늘려 [그림 2.6.8]에서처럼 고소를 위협하여 본 뒤에 최종결정을 내리는 것이 신중한 결정이 될 것이다. 행위가 확장된 [그림 2.6.8]의 구조는 [그림 2.6.5]의 단순한 사건-결과의 구조를 유지하고 있다.

[그림 2.6.8]은 두 개의 재미있는 성질을 갖고 있다. 첫째는 총비용이 달라져있다. 먼저 위협하기 비용과 소송비로 나누어져있다. 변호사가 A에게 편지를 보내는데 10만원이 든다. 만일 A가 화해를 제의해오고 B가 이에 합의하면 변호사 비는 더 이상 지불하지 않아도 된다. 화해가 일우어지지 않았을 때만 B는 소송을 제기할 것이고 추가 비용은 50만원이 될 것이다.

둘째로 위협해 봄으로써 B는 확률을 조금 더 쉽게 사정할 수 있을 것이다. 만일 A가 화 해를 하자고 하면 B는 A가 소송에서 이기기 힘들 것으로 믿고 있다고 추측하여 승소확률을 더 높게 사정할 수도 있다. 화해를 거부하면 A가 자기가 이길 수 있다고 믿고 있다고 그리고 그가 생각했던 확률 1보다 적을 수 있다고 생각하게 될 것이다. 따라서 A의 답변서의 내용이 B의 승소확률사정에 영향을 줄 것이다. 따라서 위협하기는 여러 일들 중에서 정보를 사는 행위이며 그 값은 10만원이고 확률을 바꿀 가능성을 준다. 결국 고소한다고 위협해보고 그 결과에 따라 B는 소송여부를 정하게 된다. 그의 결정은 화해금액의 크기로 정해질 것이며 그 금액이 150만 원 이상이면 화해해야할 것이고 그 이하이면 다툼이 될 것이다. B는 결정나무의 끝에서의 정미(正味; net)금액을 알 수 있다. 그러나 그러려면 화해가 성립될 것인지 아니 될 것인지의 확률을 그리고 A의 답변을 들은 후 이에 따르는 소송 승

패의 조건부확률을 사정하여야한다. 위에서 200만원 전부를 받을 확률은 아주 낮게 0.2 중간 금액을 받을 확률은 비교적 높게 0.6이었음을 상기(想起; remember)하면서 B는 보수적으로 분석하기로 하고 화해를 제안한 이후의 승소확률에 0.6, 화해가 거부된 후의 승소확률에 0.4를 할당(割當; assign)하였다. 이를 정리하면

P(승소 | 합의 성립) = 0.6
P(패소 | 합의 성립) = 0.4
P(승소 | 합의거부) = 0.4
P(패소 | 합의거부) = 0.6

또 B는 A가 100만원의 화해에 응해올 확률을 0.5라고 생각한다.

P(합의 성립) = 0.5
P(합의 안됨) = 0.5

여기서

P(승소) = P(승소 | 합의제의)P(합의제의) + P(승소 | 합의제의 없음)P(합의제의 없음)

이므로 이들 확률의 선택이 전적으로 임의적이 아님을 알 수 있다. 또한 결정나무에서의 모든 확률사정도 확률규칙에 맞게 상호 배타적(相互 排他的; mutually exclusive)이고 집합적(集合的)으로 망라(網羅; exhaustive)되어야 한다.

다음으로 "평균값구하기와 되돌리기"를 해보자. 이 과정은 나무의 끝에서 시작되는데 모두 기회마디에서 나온다. 마지막 마디가 결정마디라면 결정나무의 마지막 끝은 언제나 확률가지이어야 하므로 확률마디가 될 때까지 이를 분해하여야 한다.

첫째 모든 확률마디 가지의 기대가치를 취한다. 예를 들면 위협 없이 바로 소송을 제기하는 것의 EV는 [그림 2.6.8]에서 0.5(150만원) + 0.5(-50만원) = 50만원, 위협 후 화해성립불구 소송제기의 EV는 0.6(140만원) + 0.4(-60만원) = 60만만 원이다. 위협 후 화해불성립으로 소송제기의 EV는 0.4(140만원) + 0.6(-60만원) = 20만원이다. 이렇게 하여 일 단계를 되돌아간 것이 된다. 다른 결과는 그대로이다. 다음으로 이 가지 친 나무를 검사하기로 하는데 이 나무에서 마지

[그림 2.6.8] 추돌문제의 다단결정나무

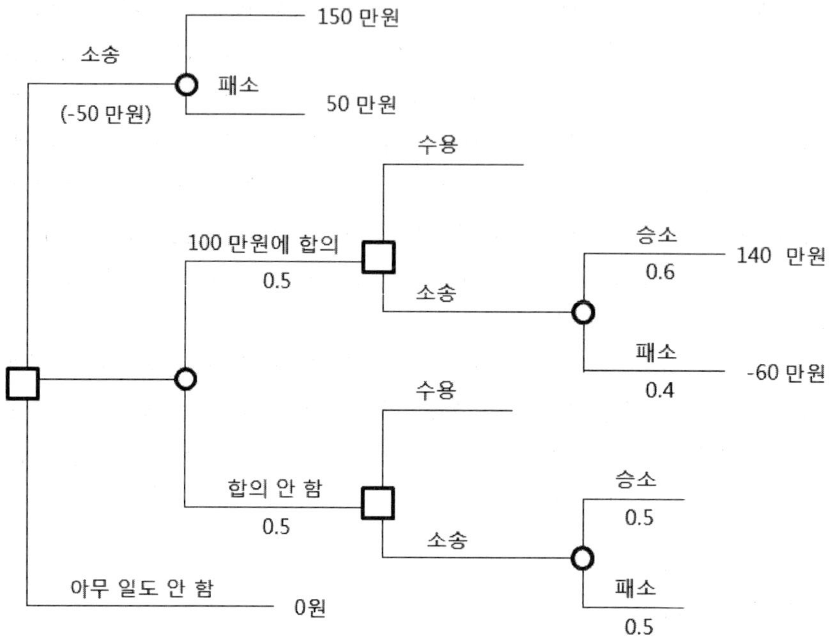

막 두 개의 잔가지는 확률을 모르는 도박으로 바뀌었다. 이 나무(그림2.6.9)는 화해가 받아드려지거나 거부된 후 B가 어떻게 행동해야 하나를 다시 말해 100만원의 화해를 받아들이거나 화해가 거부되면 소송을 하느냐를 일러준다. 이렇게 하여 나무의 두 개의 가지를 없애고 [그림 2.6.10]과 같이 단순화된 일단(一段; one-stage)의 나무를 만든다.

이 나무는 다음과 같이 EV들을 취함으로써 쉽게 풀린다.

EV(소송)=0.5(150만원)+0.5(-50만원)=50만원
V(화해제의)=0.5(150만원)+0.5(20만원)=55만원
EV(아무 일도 안함)=0원

이 계산에 따라 B는 고소하겠다고 위협하고 뒤따라 화해가 합의될 확률을 기초로 실제로 고소할지를 정하면 된다.

다수 및 연속 사건

수금될 금액이 자주 판단에 의해서 특정된 금액과 다르다는 사실을 포함시킴으로써 그림 2.6.5에 있는 결정나무의 조금 더 복잡한 나무를 고려해 보기로 하자. [그림 2.6.11]이 다섯 가지 다른 재판결과를 고려하는 방향의 과정을 보여준다. 많은 있을 수 있는 결과를 고려하고 다수의 사건 단계를 포함시키는 것이 계산하기에 지루하기는 하지만 비교적 쉬운 일이다. [그림 2.6.11]은 당초 나무 (그림 2.6.5)의 고소 가지가 입금노력에 대한 몇 가지 판단 및 그에 따르는 있을 수 있는 결과를 다루도록 확장되었다. 소송의 총 EV는 [그림 2.6.11]의 오른 쪽

[그림 2.6.9] [그림 2.6.8]의 마지막 기회마디를 EVs로 대체함으로써 되돌린 나무

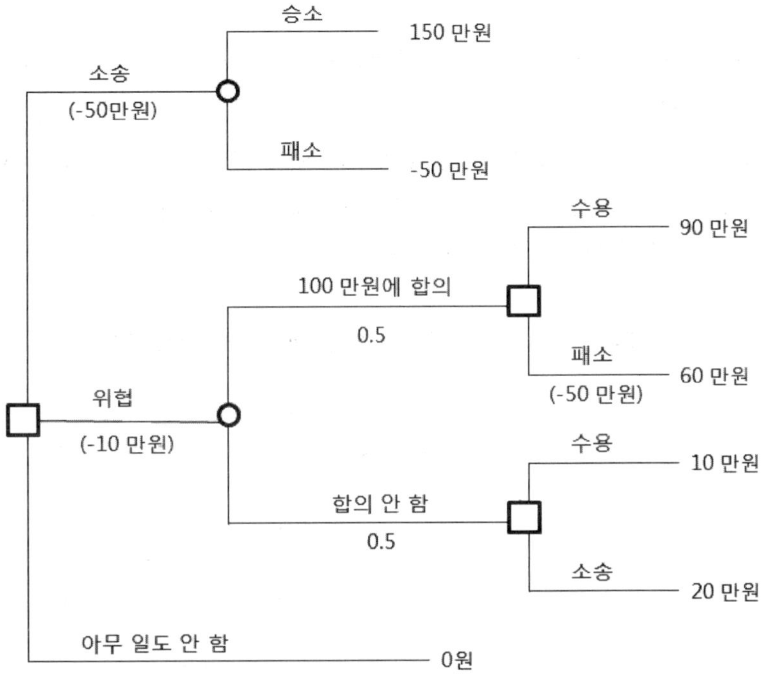

[그림 2.6.10] 추돌문제의 되돌린 나무 (Edwards p.79)

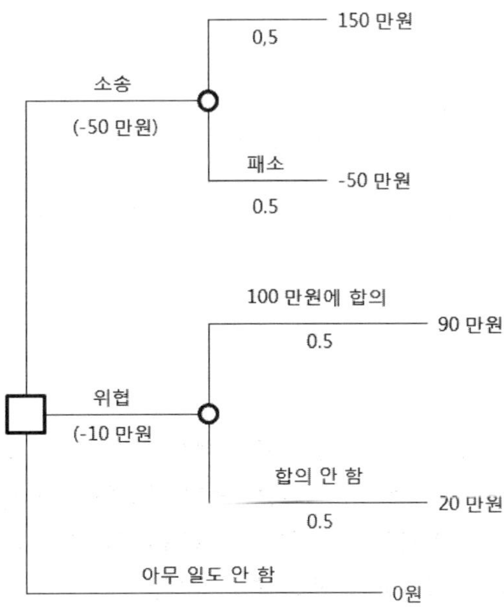

끝에 있는 EV들을 계산하고 나서 그것들을 다음 가지에서 대체함으로써 얻을 수 있다. 여기서 두 사건 가지가 직접 연결되어 있어 되돌리기가 필요 없다는 데 유의하자. 총 EV는 다음과 같이 계산된다.

$$\begin{aligned} EV(\text{소송}) &= .1(70\text{만 원}) + .2(50\text{만 원}) + .4(35\text{만 원}) + .2(0\ \text{원}) + .1(-\text{백만 원}) \\ &= 21\text{만 원} \end{aligned}$$

[그림 2.6.11]의 포맷에서 결정나무를 작성하고 계산하는 것은 지루한 일이다. 연속되는 사건과 그것들의 상응하는 확률분포 또는 밀도함수를 구성하는 것이 편리하다. [그림 2.6.12]가 연속적인 결과를 가진 결정나무를 보여주고 있다.

[그림 2.6.11] 다중판단과 입금금액이 있는 결정나무

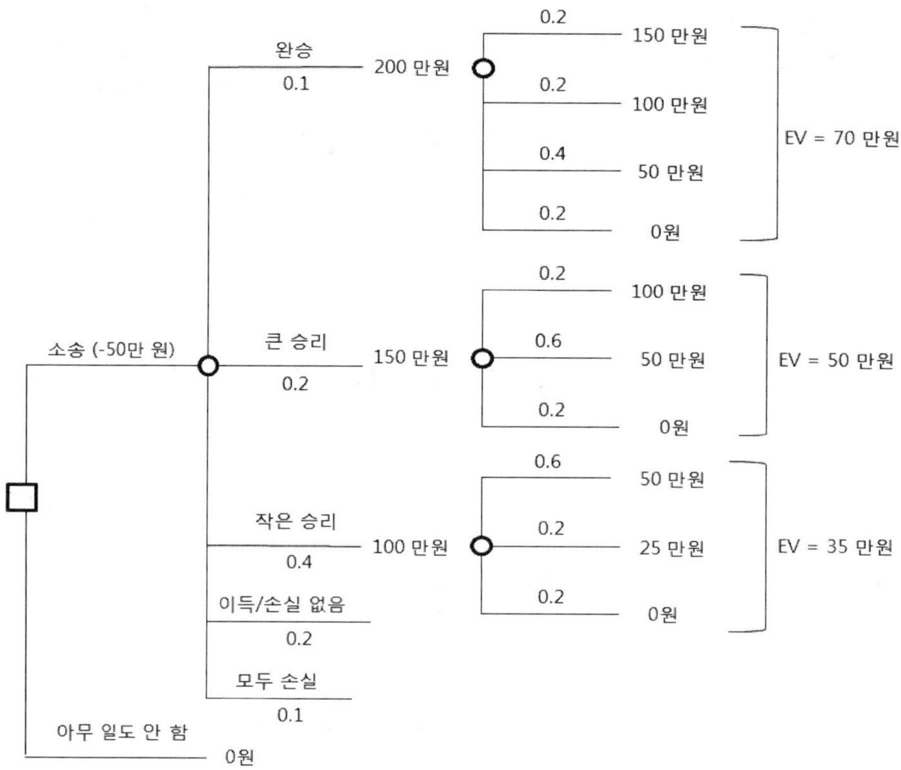

이런 나무의 문제를 풀려면 우리는 확률분포의 형식을 알아야하고 분포모수 사이의 조건부 독립성이나 모델의존성을 추정하여야한다. 예를 들면 사정을 쉽게 하기위하여 정규분포를 사용할 수 있다. 우리는 크기와 상관없이 입금되는 백분율(百分率; percentage)도 평균이 50%이고 표준편차가 20%인 정규분포라고 가정할 수도 있다.

위협할 것인지를 결정하는 경우 화해제의를 조건부로 할 수도 있다. 예를 들면 A가 150만원을 제의한다면 이에 응할 판단의 확률과 입금금액이 커질 확률이 상승할 것이다.

일반화된 다단 결정나무

[그림 2.6.13]은 일반적 다단 결정나무를 개략적으로 보여준다. 나무는 무한대로 복잡하게 될 수 있지만 우리는 이 단순화된 그림에서 복잡한 나무의 모든 필요한 계산을 보여줄 수 있다. 이 나무에는 n개의 최초 행위, 행위 a_i에 따르는 n_i 사건, 사건 E_{ij}에 따르는 n_{ij}개의 행위, 및 결과 x_{ijk}가 뒤따르는 최종사건 F_{ijk}가 있다.

[그림 2.6.12] 연속사건의 경우의 결정나무(테두리 안의 수는 평균의 추정치)

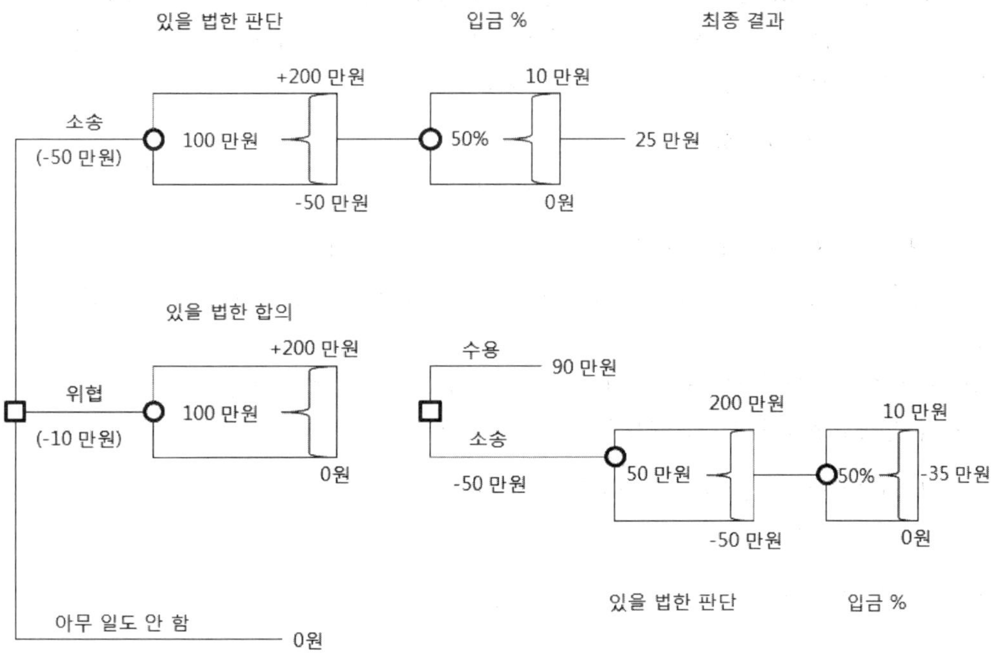

행위 a_i의 기대가치를 계산하기위한 일반 공식은:

$$EV(a_i) = \sum_{j=1}^{n_i} P(E_{ij}) \max\left\{ \sum_{i=1}^{n_{ijk}} P(F_{ijk}) x_{ijk} \right\}.$$

이것은 이미 설명한 되접기 연산(演算; operation)을 단순하게 공식으로 표현한 것이다. 방정식을 오른쪽에서 왼쪽으로 읽어 가면 첫째로 맨 마지막 사건마다에서 EV들이 취해진다.

그리고는 EV를 극대화하는 행위가 발견되고 최대 EV는 다음으로 방정식에 대입되며 여기서 EV의 최대치가 계산된다. 아무리 복잡하다해도 위의 방정식을 평균값구하기와 되접기 기법을 함께 사용하면 해결할 수 있다.

2.6.5 정보의 가치

완전정보(完全情報; perfect information)의 기대가치(EV)

미래에 일어날 일을 알아맞힐 수 있는 천리안(千里眼; clairvoyant)이 있어 B에게 그가 승소할 것인지 패소할 것인지를 분명하게 말해주겠다고 제안한다면 그에게 얼마를 지불해야할까? 우선 가장 단순한 [그림 2.6.5]에서 천리안이 분명히 승소한다고 한다면 B는 천리안의 말을 믿으므로 B는 제소해야하고 150만원은 보장될 것이다. 반면에 천리안이 패소할 것이라고 말한다면 제소하지 않고 그대로 있어야할 것이다. 승패확률에 관한 더 이상의 정보가 없다면 B는 아마도 천리안의 이야기가 맞을 확률이 자기가 애초 느낀 확률 0.7과 같다고 생각할 것이다. 그러면 천리안의 완벽한 정보대로 했을 때의 EV는

$$
\begin{aligned}
EV(\text{완전정보에 따른 행위}) &= P(\text{승소})(150\text{만원})+[1-P(\text{승소})](0). \\
&= 0.7(150\text{만원})+(1-0.7)(0)
\end{aligned}
$$

으로 완전정보가 없었던 때의 90만원과 다르다. 이 두 값의 차이를 완전정보의 EV라고 부른다. 이 경우는 15만원이다. 이 금액이 B가 천리안에게 지불할 금액의 상한선(上限線; upper limit)이다.

천리안예측의 불확실성이 증가함에 따라 완전정보의 EV는 증가한다는 점에 유의해야한다. 승소율의 불확실성을 높여 그 확률을 0.5로 나추면

$$EV(\text{완전정보 없음})=0.5(150\text{만})+0.5(-50\text{만})=50(\text{만원})$$
$$EV(\text{완전정보 있음})=0.5(150)+0.5(0)=75(\text{만원})$$

이므로 완전정보의 EV는 25만원으로 확률 0.7의 경우의 15만원보다 크다.

표본정보(sample information)의 EV

완전한 정보는 매우 드물다. 지질조사를 통해 원유의 매장량(埋藏量; reservoir)에 대한 정보를 얻을 수 있지만 그래도 불확실성은 아직 많이 남아있다. X선은 악성종양의 존재에 관한 불확실성을 조금 줄여줄 뿐이다.

자동차 추돌 사고의 경우 목격자인 B가 A로 인해 밀어낸 앞차 운전자 C의 진술이 믿을 수 없는 정보일 가능성이 있다. C의 이름은 김은숙이었다. B는 그녀의 주소를 경찰조서에서 알아냈다. 불행하게도 B는 그녀가 무엇을 보았으며 어떻게 증언했는지 몰랐다. 그녀가 그에게 불리하게 증언할만한 이유는 있었다. B는 그녀의 증언이 그에게 유리할 것인지를 알아내기 위하여 비교적 작은 비용으로 그녀의 진술을 알 수 있다. 만일 그녀의 진술이 그에게 유리하면 그는 이를 법정에서 사용하여 승소율을 높일 수 있을 것이다. 만약 불리하다면 제소를 포기하거나 A의 변호사가 그녀의 목격진술을 증거로 채택하려하지 않기를 바라면서 그녀의 증언 없이 제소하거나 할 것이다. [그림 2.6.14]가 이문제의 결정나무이다.

[그림 2.6.13] 일반 다단 결정나무의 개략도

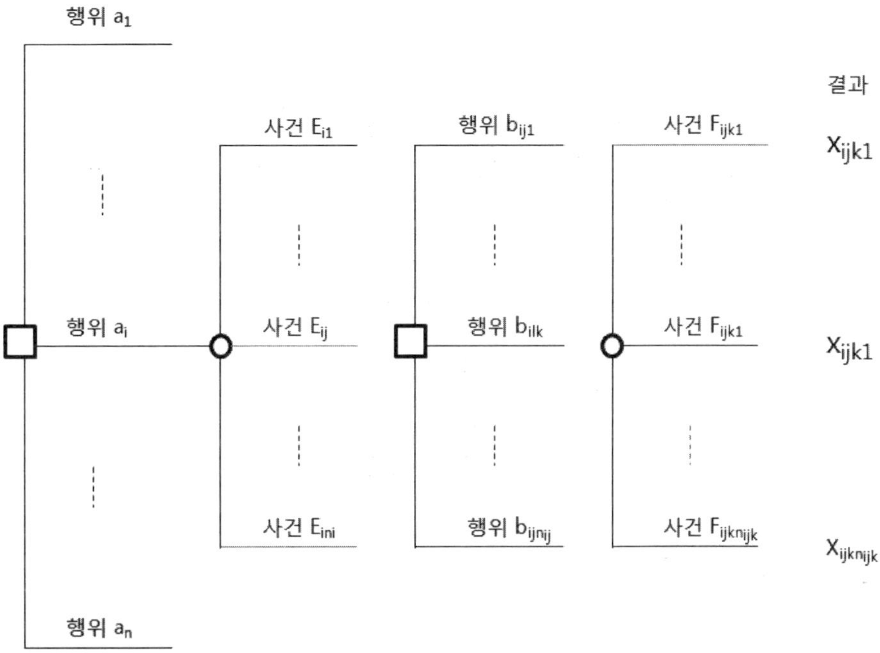

=105만원

이 결정나무를 근거로 B는 그녀의 진술이 그에게 유리할 경우 승소확률을 크게 예컨대 0.9로 올릴 수 있을 것이라고 생각한다. 그녀의 진술이 불리할 경우 승소확률은 0,2가 넘지 않을 것이라고 본다. 마지막으로 진술이 실제로 유리할 확률과 불리할 확률은 거의 같을 것으로 본다.

이 문제를 푸는 과정은 먼저 위협해볼지 또는 바로 제소할지를 결정하는 분석에서와 비슷하게 평균내고 되접기를 하는 것이다. 그림에서 $x=0$인 경우를 보자. 다시 말해 비용을 들이지 않고 진술을 받아내는 것이다. 이 경우 진술을 받아내는 것은 너무도 합당하다. 왜냐하면 정보가 있는 경우의 EV가 정보가 없는 경우보다 크다는 것은 너무도 당연하기 때문이다.

평균값구하기와 되접기 기법을 사용하여 우선 진술이 유리한 경우와 불리한 경우 각각의 EV(승소)를 계산해보면

EV(승소|유리)=0.9(1,500)+0.1(-500)=1,300(만원)

EV(승소|불리)=0.2(1,500)+0.8(-500)=-100(만원)

으로 비용이 들지 않으므로 진술이 유리하면 제소하고 불리하면 제소하지 않으면 된다. 다음으로 진술이 있을 때의 EV와 없이 제소할 때의 EV를 비교해보자.

EV(진술 있음)=0.5(130만)+0.5(0)=65(만원)

EV(진술 없이 제소)=0.55(150만)+0.45(-50만)=60(만원)

두 EV의차가 표본정보의 EV로 50만원이다. 이결과는 B가 진술확보를 위하여 50만원까지

[그림 2.6.14] 추돌문제에서 목격자의 정보에 관한 결정나무

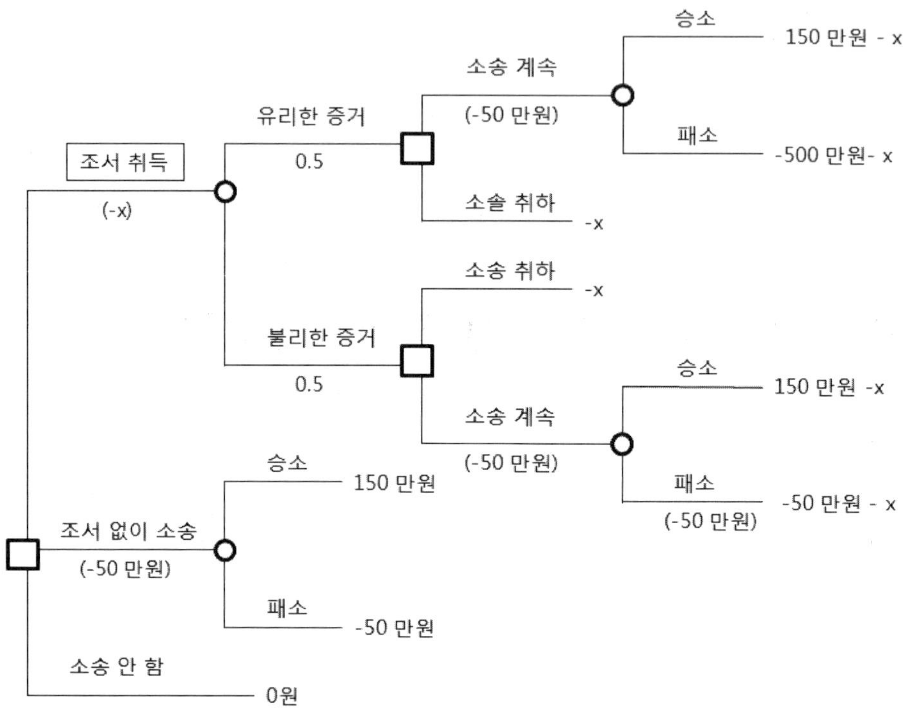

는 지불할 수 있음을 보여준다.

▮정보의 EV을 계산하기위한 일반적 구성(構成; structure)

[그림 2.1.15]가 특정한 정보가치문제의 그림이다. 이 그림에서 위의 가지는 정보를 사용하고 아래는 정보를 사용치 않는다. 다만 정보가 있을 때의 조건부확률만이 변한다. 그림에서 표본정보 Z를 쓰는 EV와 쓰지 않는 EV의 계산은 간단하다.

$$EV(Z\text{사용}) = \sum_{k=1}^{k} P(Z_k)\max\left\{\sum_{j=1}^{m} P(E_{ij}|Z_k)x_{ij}\right\},$$

$$EV(Z\text{사용아니함}) = \max\left\{\sum_{j=1}^{m} P(E_{ij})x_{ij}\right\}$$

표본정보의 EV는 위의 두 값의 차이다.

완전정보의 EV을 계산하기위한 일반적 구성은 [그림 2.6.16]에 있다. 원리는 완전정보의 EV를 계산하는 것이 아니라 천리안의 정보를 이용하여 적정(適正, appropriate)한 행위를 택했을 때에 얻어지는 최댓값의 기대를 취하는 것이다. 완전정보에 의한 행위의 EV를 계산하는 공식은:

[그림 2.6.15] 표본정보 EV의 구성

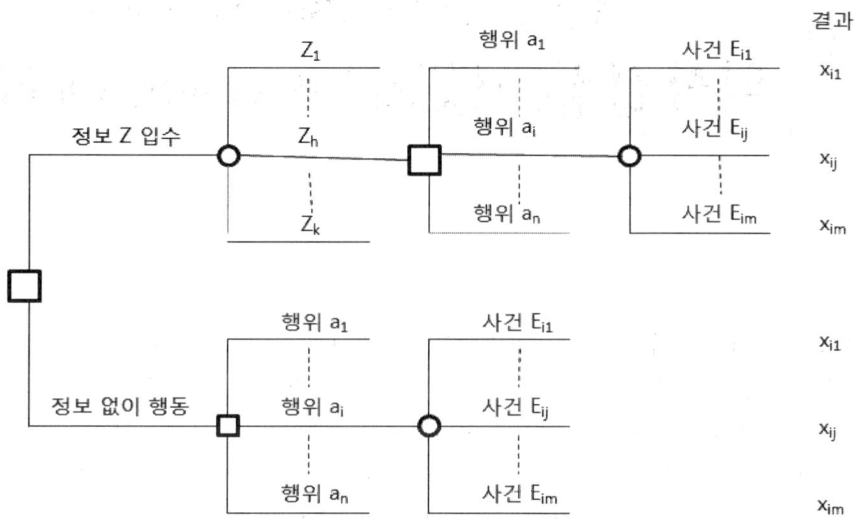

$$EV(\text{완전정보사용}) = \sum_{j=1}^{n} P(E_{ij})\max\{x_{ij}\}.$$

완전정보의 EV는

$$\begin{aligned} \text{EVPI} &= EV(\text{완전정보사용}) - EV(\text{완전정보불사용}) \\ &= \sum_{j=1}^{n} P(E_{ij})\max\{x_{ij}\} - \max\left\{\sum_{j=1}^{n} P(E_{ij})x_{ij}\right\}. \end{aligned}$$

이다.

[그림 2.6.16] 완전정보의 EV를 계산하기 위한 구성

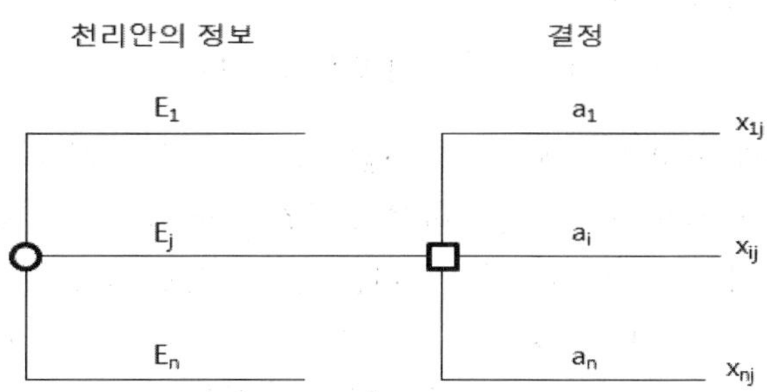

제3장 결정(決定; decision)과 의사결정(意思決定; decision making)

우선 **결정**의 의미를 알아보기 위해 민중서림에서 발간한 국어사전을 보면 "결단해서 정함"이라 되어 있고 "결정짓다"를 "결정되도록 만들다", "결정을 내리다"라고 되어있다. 한편 같은 민중서림의 영어사전에서 영어의 "decision"은 "결정"으로 그리고 "make a decision"은 "결정하다"라고 되어있다. 이는 우리일상생활에서 쓰이는 단어의 뜻을 설명하여 주고 있지만 명료성검사(明瞭性檢査; clarity test)를 통과할 수 없는 애매한 다시 말해 언어상으로 불확실한 설명이다.

우리는 아침에 일어나서 무엇을 제일 먼저 할까를 자세히 분석하지는 않는다. 아침을 먹고 옷을 입고 머리를 빗는 일을 우리는 수천 번 아무 생각 없이 결정하여 행한다. 그러나 이런 행동도 따져 보면 오랜 경험으로 그렇게 하는 것이 타당하다는 잠재의식을 가지고 그렇게 정한 것이다. 결정의 이유와 그 결과 등이 매우 중요하여 이를 분석하지 않으면 손해를 보는 결정도 있다. 비록 개인적인 결정이라도 새로운 집사기나 직장 옮기기와 같이 주의 깊은 생각 나아가 분석을 요하는 결정도 있다. 이러한 결정은 사소한 결정이 아니며 다음 특성의 일부 또는 전부를 가지고 있을 것이다.

1. 뚜렷하고 오래 지속되는 영향이 내포되어 있다.
2. 선택할 수 있는 여러 방안이 있다.
3. 타인뿐만 아니라 결정하는 자신에게도 영향을 준다.
4. 결과는 불확실할 수도 있다.
5. 여러 차원(次元; dimension)의 가치를 내포하고 있다.

위의 속성(屬性; attributes)과 함께 그 양상(樣相; aspects)을 고려하여 결정을 정의하면 [결정은 희망(希望; desired)하는 목적을 달성하려고 자원(資源; resources)을 배분하는 의식적이고 되돌릴 수 없는 행동]이다. 여기서 "의식적"이란 말은 행동할 것을 생각하고 있다는 즉 계획적인 행위라는 뜻이다. 숨쉬기와 같은 무의식적 반응에 대비되는 것이다. "되돌릴 수없는"의 뜻은 뒤에 우리가 마음을 바꾸면 우리의 자원상의 손실(시간, 돈, 에너지, 혹은 정신력의 손실)이나 감당할 수 없을 만큼 큰 배분상의 변화를 초래할 것이라는 것이다. 일부 결정은 본래적으로 되돌릴 수 없다. 예를 들면 환자의 썩은 다리를 절단하는 의사의 결정과 같은 것이다. 여러 대안 중에서 선택하는 이 의식적 행동은 요망되는 목적 - 환자의 생명을 구할 수 있다는 믿음을 가지고 이루어지는 것이다.

직업적으로 경영자는 끊임없이 다양한 상황에 직면하고 이들을 해결하기 위하여 무엇인가 결정을 내려야 한다. 설령 그 문제를 해결해줄지도 모를 결정을 피하고 아무 행동도 취하지 않더라도 그 자체가 결정인 것이다. 결정짓기의 학문적 용어가 결정 만들기인 **의사결정**이라 하자. 무엇을 만들려면 그 무엇의 규격이나 명세(明細; specification), 품질, 또는 목적이 있어야 하고 이를 달성하기 위한 수단과 이들을 분석할 도구 및 기법을 가지고 있어야 한다. 결국 의사결정을 연구한다는 것은 의사결정을 어떻게 하여야 잘 할 수 있을까 잘 한 것일까를 연구하는 것이고 이를 위하여 우선 의사결정의 본성(本性; nature)을 알아야 한다.

3.1 의사결정의 기본개념

3.1.1 의사결정의 본성(本性; nature)

의사결정은 통례적으로 있는 일로 어느 누구도 이를 피해 갈 수 없다. 조직체(組織體; organizations)가 이익 추구를 지향하느냐 하지 않느냐 와는 상관없는 일이다. 산업계, 정부기관, 학계, 과학계의 관리자들도 모두 결정을 내린다.

과학자나 엔지니어 그리고 회사경영자는 끊임없이 원료나 자금은 어디서 공급하나, 디자인의 형태와 부품은, 또는 제조하느냐 구매하느냐 차용하느냐, 가격결정, 생산, 품질 등등 여러 다른 선택상황에 직면한다. 정부의 고위직은 한정된 자금을 여러 프로그램에 배당하여야 하고 자주 잘못 정의된 서로 배치되는 목적 중에서 하나를 선택하여야 한다. 이런 모든 일에 의사결정이 포함되는 것이다. 교육계 담당자는 학과과정(學科科程; curricula), 일정계획(日程計劃; scheduling), 승진(昇進; promotion), 종신 재직 권(終身 在職 權; tenure), 등등에 관한 결정을 내리지 않으면 아니 된다. 이처럼 모든 경영 관리자들은 제일 먼저 결정을 내려야 하는 것이다.

모든 관리자는 직업적 명성은 의사결정의 질에서 온다는 것을 알고 여러 배치되는 선택옵션에서 행동방향을 선정하여야 한다. 조금 더 명확하게 말하면 대부분의 관리자는 그들이 내린 최근 몇 개의 결정을 가지고 그들의 상사나 부하 또는 동료의 평가를 받는다. 전에 내린 좋은 결정의 효과는 빠르게 진부화(陳腐化; decay)되므로 한 경영자의 명성은 그들의 가장 최근선택을 기초로 한다. 이처럼 현장에서 경영자로서 성공하기 위하여 절대적으로 필요한 한가지특성을 들라면 그것은 불완전한 정보만 있는 상황에서 올바른 결정을 내리는 능력이다.

어느 경영자나 현장 교대반장 또는 지식경제부장관이 유능한지 아닌지를 판단하는 길은 불확실성에 직면하여 복잡한 상황에서 내려진 결정의 질을 가지고 판단하는 것이다. 유능한 경영자는 결정솜씨를 연마하는데 집중해야 한다는 것을 안다. 결정은 한기관의 진로를 바꿔 놓는다. 변화의 정도가 중대한 것이든 사소한 것이든 단기간의 것이든 넓은 범위의 것이든 일정기간에 내려진 한 경영자의 총체적 결론이 가장 큰 기업에게조차 중대한 방향으로 영향을 줄 수 있다. 인간관계솜씨, 성장기회, 긴 작업시간, 집중적 노력, 등조차도 그 기관을 가장 나쁜 상황에 빠지게 하는 일련의 무능한 결정을 극복할 수 없다.

한때 직관적 의사결정의 실용적 대안(代案; alternatives)은 없었다. 그러나 얼마 전까지 직관적 의사결정술(意思決定術; art of decision making)이 비직관적 의사결정과학(意思決定科學; science of decision making)에 의하여 크게 진부화(陳腐化; obsolete)되었다. 성공적 경영자는 육감(肉感; hunches)과 억측(臆測; guesses)을 버리고 최종결과의 수량화(數量化; quantification), 확률의 사정(査定; assessment), 전략의 주의 깊은 결정, 가정(假定; assumptions)과 추정(推定; estimates) 등을 포함하는 선택옵션의 합리적 분석 등에 의존한다. 의사결정의 복잡한 과정은 덜 복잡한 하위범주로 쪼개지고 경영자가 목표의 설정, 사용 가능한 대안의 비교, 확률이나 비용과 이익 또는 위험 의 추정과 응용 등을 체계적으로 할 수 있도록 도와주는 단계적 접근법을 쓰게 된 것이다.

기본적 전제는 결정과정은 기술(記述; describe)될 수 있고 더 중요한 것은 배울 수 있다는 것이다. 열심히 공부하는 어느 경영자는 과학적이든 아니든 간에 어떻게 더 훌륭한 의사결정자가 되는가를 배울 수 있다. 좋은 결정은 거저 이루어지는 것이 아니다. 유능한 의사결정자는 만들어지는 것이지 태어나는 것이 아니다. 어떤 사람은 다른 사람보다 더 빨리 더 잘 배운다. 배우지 못하는 사람도 많다. 어떤 사람은 자신의 과오에서 배우거나 다행히 다른 사람의 과오를 보고 배우기도 한다. 결정 솜씨(decision skills)를 습득하고 향상시키는 일은 쉬운 일이 아니다. 경험으로 이해하고 그 개념(槪念; concepts)을 사용하는 것이 아직도 최선의 선생님이다. 기법(技法; approach)과 경험을 결합하는 것이 현실세상에서의 결정의 질을 향상시키는 중요한 길임을 명심하자.

이 책에서 다루고자 하는 결정의 본성을 기술하여둘 필요가 있다. 다음의 특성을 가지고 있는 결정 상황을 반드시 전제한다.

1. 중대하여야 한다. 이 책에서 제시되는 기법은 과오에서 오는 결과가 너무 적어서 그 상황을 조사하는데 시간을 쓸 가치가 없는 결정에는 부적합하다.
2. 아마도 유일하다. 되풀이되는 결정들은 프로그램으로 만들어 그 프로그램을 대신 쓸 수 있다. 그러나 유별나고 아마도 한 번만 이루어지는 결정은 프로그램으로 만들 수 없다.
3. 공부를 위한 어느 정도의 시간이 허용된다.. 예를 들어 여기서 검토되는 기법은 꼬마가 운전하고 있는 자동차 앞으로 뛰어들 때 결정을 내리는 데는 소용이 없을 것이다.
4. 복잡하다. 결정상황에는 한 사람 이상의 의사결정자, 다수의 목적, 사전사건(事前事件; prior events)에 연계된 연속행동, 상호 의존적인 많은 수의 요인들이 포함된다.
5. 불확실성을 포함한다. 특정한 결정이 내려질 때 의사결정자는 어떤 결과가지 절대적 확신을 갖지 못한다.

3.1.2 결정상황(決定狀況; decision situations)의 범주(範疇; categories)

전절에서 기술한 마지막 결정의 특성은 불확실성이었다. 불확실성과 관련하여 중요한 점은 특정한 행동방향을 선택할 때 그 행동의 결과에 관하여 의사결정에 쓸 수 있는 지식이 어느 정도인가이다. 확실성(確實性; certainty), 위험(危險; risk), 모호함(模糊性; ambiguity), 무지(無知; ignorance) 네 개의 범주를 들 수 있겠다.

특정한 대안을 선정하였을 때 나오는 결과를 알고 있을 때 확실성 하에서 의사결정이 이루어진다고 말한다. 의사결정자의 행동이 확실하게 알고 있는 결과를 가져온다면 결정하는데 아무런 어려움도 없을 것이다. 의사결정자는 취할 수 있는 행동방향을 결정할 때 그가 알고 있는 결과수지(結果收支; payoffs)로 평가하여 가장 좋아하는 방향을 선택하기만 하면 되는 것이다. 그러나 선택대안이 아주 많은 경우 컴퓨터의 등장으로 크게 개선되었지만 그래도 어려움이 따를 수 있다.

위험상황에서는 많은 객관적 증거(證據; evidence)와 지식의 사용이 가능하여 객관적 확률을 가지고 다룰 수 있다. 상황이다. 도박이나 보험 사업은 이와 같은 유형을 기초로 하고 있다. 위험상황에서는 하나이상의 결과가 나올 수 있고 각 결과가 나올 확률을 알고 있다. 수많은 보험 결정자들은 이런 위험상황에 있다. 보험전문가는 거대한 양의 자료와 컴퓨터를 사용하여 확률을 계산하고 이를 최대 기대수익 이나 최소 기대손실과 같은 객관적 자료를 얻기 위하여 이용한다. 위험 하 의사결정의 어려움은 단 하나의 선택대안을 선택하였을 때 하나이상의 결과가 존재하는데 있다.

우리는 1편 (1.2.2) 모호함에서 모호함 상황은 위험과 무지의 중간단계라고 하였다. 다른 말로하면 객관적 증거와 지식이 충분하지 않은 상황이다. 그렇다면 얼마면 충분한가? 그 양이 하나인 상황이 아니라 위험과 무지사이의 범위를 말하는 것이다. 주관적 확률을 사정할 수 있을 정도의 자료를 가지고 있을 때 모호한 상황이라고 말할 수 있다.

마지막 범주는 무지(無知; ignorance) 즉 막연(漠然; vague)한 상황이다. 각 선택 대안으로 하나 이상의 결과(結果; outcomes)가 가능하고 이들 결과의 확률도 모른다. 결정은 대부분 주관(主觀; subjectivity)과 불완전한 정보 그리고 행동결과에 대한 개인적 선호를 기초로 이루어진다. 특히 오늘날과 같이 급격히 변하고 하나의 결정에 관련되는 것이 수많은 시대에 살고 있는 우리에게는 점점 더 막연한 상황에서의 의사결정이 중요한 연구대상이 아닐 수 없다. 여기서 직관의 필요성이 발생하고 막연한 상화에서의 의사결정을 위한 연구가 요구되는 것이며 뒤에서 상세히 검토하기로 한다.

불확실한 상황의 양극단은 위험과 완전한 무지이다. 불확실한 상황에서의 과학적이고 합리적인 접근법은 빈약한 정보를 최대한 지적(知的; intelligently)으로 이용하고 의사결정자가 정보를 갖고 선택할 수 있도록 도와줄 연구 실험결과를 조사하여야 할 것이다.

3.1.3 과학과 합리적 접근법

우리 모두 특히 과학자와 엔지니어는 항상 **과학적 방법**(科學的 方法; scientific method)을 접하고 있다. 과학적 방법은 다음을 포함하는 몇 개의 단계로 설명할 수 있다.

1. 관찰(觀察; observation)
2. 일반화(一般化; generalization)
3. 실험(實驗; experimentation)
4. 이론적 공식화(理論的 公式化; theoretical formulation)

어떤 과학 철학자는 용어를 달리하여 정의하는 것이 타당하다고 주장하기도 하고 특정하게 고정된 순서는 옳지 않다고 주장하기도 한다. 그들의 의견으로는 과학적 방법은 본성(本性; nature)으로 순환성이 있다는 것이다. 최초의 이론은 새로운 관찰과 실험을 제시하고 이들은 다시 새로운 이론, 새로운 일반화, 그리고 새로운 실험 등등을 낳는다. 이런 논란은 반론을 만나고 논쟁은 계속된다.

과학적 방법의 적확(的確; exact)한 본성과 관계없이 과학은 의사결정에 있어 중요한 몇몇 특성을 가지고 있다.

첫째로 과학은 열려 있고 분명하고 스스로 수정하며 입증(立證; verifiable)할 수 있다. 과학은 논리적 증거와 경험적 증거를 결합한다. 과학의 방법과 전통은 과학적 결과는 공개적으로 도달되어서 다른 어떤 과학자도 같은 과정을 되풀이 하여 같은 결과를 얻을 수 있으며 모든 관찰(觀察; observations), 계산(計算; calculations), 가정(假定; assumptions), 경험적(經驗的; empirical) 자료(資料; data) 등은 점검(點檢; check), 검사(檢査; test), 비판(批判; criticize), 논쟁(論爭; debate), 검토(檢討; discuss) 등을 받을 수 있도록 기술(記述; describe)되어야 한다.

둘째로 과학적 방법은 객관적이다. 개성(個性; personalities)은 직장생활에서 중요한 역할을 하지만 과학 자체는 개성에 의존하지 않는다. 과학적 주장(主張; proposition)의 진실은 논리적이고 실증적인 방법으로 형성된다. 젊고 경험이 부족한 과학자가 나이가 들고 경험이 많은 과학자에 도전할 수 있다. 잘 알려지지 않은 과학자가 노벨상수상자의 발견에 도전할 수도 있다. 학계는 주창자의 권위와는 상관없이 방법을 기초로 하여 결과를 평가하며 오른 결론을 확립한다. 다른 말로 하면 결과는 객관적 질(質; quality)위에 확립되는 것이지 관련된 사람의 권위와는 별개의 것이다.

과학적 방법은 지식의 축적을 위한 객관적이고 체계적인 과정을 강조함으로써 인간의 편향과 지적 약점을 극복하려 한다. 마찬가지로 의사결정의 과학적 접근도 결정과정을 체계화함으로써 인간의 변덕 을 최소화하려 노력한다. 과학적 조사의 이상적 특성은 똑같이 과학적 의사결정의 이상적 성질에 적용 된다:

1. 정의(定義; definitions)는 아주 명료하여야 한다. 의미(意味; meaning)에 있어서는 모호함(模糊性; ambiguity)이나 불확실성은 제거되어야 한다. 예를 들면 의사결정자의 목표는 모호하지 않은 측척(測尺)와 값으로 정의되어야 한다.
2. 결정과정은 누구에게도 전달이 가능하여야 한다. 의사결정에 있어서의 합리성검사의 하나는 행동방향의 선택에서 사용되는 과정을 의사결정자가 말로 나타거나 기술하는 능력이다.
3. 자료의 수집은 편향 없이 이루어져야 한다. 모든 자료원은 객관적으로 다루어야한다. 정보의 폐기(廢棄; discarding)는 막아야 한다. 의사결정자는 대안(代案; alternati-ves), 기준(基準; criteria), 및 결과(結果; outcomes)를 분석함에 있어 개인적 편향이나 선입관과 관계없이 모든 사실(事實; facts)을 포함시켜야한다.

4. 결정과정은 재현될 수 있어야 한다. 동일한 정보와 옵션(options) 그리고 목표(目標; goals)에 직면한 다른 의사결정자도 같은 행동방향을 취하게 되어야 한다. 다른 의사결정자는 같은 사실을 가지고 사전확률(事前確率; prior probability)을 다르게 사정(査定; assess)할 수도 있으며 나아가 다른 결정을 할 수도 있다는데 유의하여야 한다. 이점은 최초에 명시적으로 지적해 두어야 한다.
5. 옵션은 사실로 취급되어서는 안 된다. 믿음, 판단, 견해 및 짐작으로부터 사실을 분리하기 위한 모든 노력이 경주되어야 한다.
6. 행동의 선택은 마지막 단계이다. 무능하거나 평범한 경영자(經營者; administers)의 공통된 특성은 결정과정을 거꾸로 하는 것이다. 행동이 정하여진 후 사실, 의견, 옵션, 그리고 목표가 정해진 행동을 정당화하기위해 조정된다. 이결과는 결정에서 나타나는 현상일 뿐만 아니라 "교육되지 않은" 지성인의 주된 특성이다.

이들 이상적 특성은 실생활 결정상황에서 전적으로 달성되기 어려울 것이다. 그럼에도 불구하고 이들을 모두 달성하려는 노력은 필요하다. 그것들이 성취되는 정도까지 결정은 개선될 것이다. 무지의 상황에서의 의사결정이 강조되고 주관적 판단의 중요성이 강조되는 이 때 무한정 과학적 방법론만을 고집할 수는 없다. 이를 위해서는 의사결정의 원리(原理; philosophy), 그 구조(構造; framework)와 과정(過程; process) 그리고 방법론(方法論; methodology)의 네 단계를 연구하여야 할 것이다.

3.2 규범적, 기술적, 그리고 처방적 이론[21)]

학문적 노력의 모든 분야에서의 이론을 편의상 두 개의 범주(範疇; categories)로 나눌 수 있다: (1) **규범적**(normative)인 것과 (2) 실증적(實證的; empirical/descriptive) 인 것으로. 가장 큰 차이는 목적에 있다. 실증적 모형은 현실세상에서 일이 어떻게 이루어지는가를 설명 하려 한다. 그래서 **기술적**(記述的; descriptive)라는 용어를 사용한다. 의사결정이론에서 기술적 이론은 일정한 질문에 해답을 구하려 한다. 현실세상에서 결정은 어떻게 내려지나? 실제 행동(行動; behavior) 은 무엇인가? 경영자들은 어떤 과정을 밟는가? 간단하게 이야기하면 "이래야한다(ought)"와 "이러하다(is)"의 문제이다.

아주 초기에는 의사결정이 포함된 모든 이론은 사실상 기술적(記述的)이었다. 경영학도는 최고경영자들이 어떻게 결정을 내리는가를 배웠다. 사례 연구(case study), 현장출장(現場出張; field trips), 방문강의(訪問講義; visiting lectures), 성공한 기업가(企業家; entrepreneurs)들이 사용한 기법(技法; techniques)의 기술적(記述的) 보고서 등이 강조되었다. 결정과하은 없었으며 아무도 배우지 못하였나.

---

21) Bell, Raiffa, & Tversky, 1989 참조

3.2.1 규범적 이론

규범적 모형은 이루어지는 것이 아니라 이루어져야 하는 것을 강조한다. 지침(指針; guidelines), 과정(procedures), 그리고 분석도구(analytical tools) 등이 강조된다. 결정이 현실세상에서 어떻게 내려져 왔고 내려지고 있는 지에는 관심이 없다. 오히려 규범적 접근은 결정의 최적화를 위한 이론을 제공한다. 조직의 목표는 무엇일까? 문제해결을 위한 "이상적(理想的; ideal)" 접근법은 무엇일까? 모형 만들기, 효과의 측척(測尺; measures), 합리성, 계량화, 과학적 방법 등이 강조된다.

둘 사이의 차이는 의사결정의 어떤 논의에서도 중요하지만 언제나 분명하지는 않다. 실상 현존하는 문헌들은 이들 두 접근법의 차이와 정의(定義; definition)에 관한 논쟁으로 가득차 있다. 예를 들면 일단의 경제학자들이 받아들이는 기술적(記述的) 경제이론을 다른 경제학자들은 규범적이라고 해석한다. 그럼에도 불구하고 그 차이는 실재하는 것으로 어떤 의사결정학도도 두 범주를 구분할 수 있어야 한다.

아마도 지난 십여 년 전까지 있었던 경영학을 위한 훈련에서의 가장 중요한 변화는 기술적(記述的) 이론의 강조에서 규범적 이론의 강조로 옮겨졌다는 것일 것이다. 이 이동(移動; shift)은 재무(財務; finance), 마케팅(marketing), 회계(會計; accounting)에서 뿐만 아니라 경제학, 사회 활동, 과학, 공학(工學; engineering), 경영학에서 까지 일어나 왔다. 초기에는 사업결정(事業決定; business decision)의 관찰이 강조되었으며 이것이야말로 아주 기술적(記述的)인 것이다. 그 이후 조금 더 광범하고 어려운 규범적 접근법에 초점이 옮겨진 것이다.

불확실성하 의사결정이론은 규범적이기도 하고 기술적이기도 하다. 두 접근법의 방어를 위해 많은 말을 할 수 밖에 없고 두 관점의 학생들은 심각한 난관에 직면하게 된다. 자연현상의 이론을 공식화(公式化; formulate)하고 검사하고 수정하는 과학실험실에서와 같이 결정과학 학자들도 현실세상의 의사 결정의 형식을 관찰할 수 있다. 이처럼 기술적 이론은 확고한 입지를 차지하고 있지만 한때는 규범적 이론이 보다 큰 관심을 받기도 하였다.

규범적 활동은 그 특성을 규정하기가 어렵다. 거기에는 몇 가지 이유가 있다. 첫째로 규범적 이론은 이상화(理想化; idealized)되고 합리적이며 최고의 지능을 소유한(super-intelligent) 사람들이 어떻게 생각하고 행동하는가와 관련이 있다는 특성이 있으며 이런 분석은 실제사람들, 그들 내면의 혼란, 그들의 편향된 가치, 그들의 불안과 결정 후 떠나지 않는 실망과 후회, 모호함이나 위험에 대한 거부감이나 흥미, 그들의 난해한 계산에 대한 무능, 그들의 제한된 관심의 폭 등을 소홀히 한다는 것이다. 이런 규범적 이론의 특징은 정밀하게 특정화된 절실한 필요(desiderata)와 공리를 사용하여 포착된 일관성과 합리성에서 찾을 수 있다. 즉 의사결정자가 그렇고 그렇다고 믿으면 그 사람은 이리이리 하여야 한다. 수학적 시스템에서 늘 그런 것처럼 일단의 절실한 필요들이 힘을 발휘할 수 있는 것은 그들이 논리적이고 상승작용을 가져다주며 함께 공유하는 내용을 가지고 있기 때문이다.

의사결정에 있어서의 규범적 이론과 다른 이론과의 차이를 알아보기 위하여 **이행성**(移行性;

transitivity)의 개념을 고려해보자. 규범적 견해를 가진 의사결정자들은 누구든 B보다 A을 그리고 C보다 B을 선호하면 그 사람은 C보다 A을 선호한다고 단정한다. 이는 많은 규범적 시스템의 일반적 공리(公理; axiom) 또는 절실한 필요(desideratum)에서 온 것이며 수학자에게는 익숙한 일이다. 이행성의 경우 그 타당성은 자명(自明; self-evident)한 것으로 대부분의 사람들은 대부분의 경우 이행성(移行性; transitivity)을 따르는 방식으로 선택하고 또 하여야한다고 규범적 분석가는 주장하는 것이다.

그러나 규범적 의사결정이론의 논의에서도 몇 가지 복잡한 일이 일어날 수 있다.

1. 의사결정자에게 열려 있는 행동방향의 수는 무한정일 수 있다. 그러므로 모든 선택 대안을 분석하는 일은 불가능하다.
2. 목적의 수(數; number)가 아주 많고 비중을 가리기가 어려울 수 있다.
3. 목적의 수를 제한하는 것이 시간에 따라 목적(또는 비중)이 변화하는 문제나 또는 하나의 목적이 다른 것과 직접 상충할 때 나타나는 어려움을 피할 수 없게 할 수도 있다.
4. 하나의 선택대안을 선정함에 있어 한 사람 이상의 의사결정자가 포함될 수도 있으며 집단역학(集團力學; group dynamics)이나 인제관계(人際關係, interpersonal relationships) 그리고 행동의 어려움 등이 초래될 수도 있다.
5. 규범적 이론의 어떤 논의도 무엇이 "최선"인가를 정의하는 문제에 대처해야 한다. 이는 불가피 하게 가치판단이나 편향 그리고 개인적 선입관을 불러온다. 어느 사람이나 어느 조직 또는 어느 사회에 최선인 것이 다른 사람, 조직, 사회에게도 반드시 최선은 아니다. 이 가치판단이 명시적이 되도 최선을 분리해낸다는 의미에서 "가장 적합(optimal)한" 해답(解答; solution)의 정의(定義; definition)가 관련된 모두에게 수용(受容; accept)되지 않을 수도 있다.
6. 하나의 결정이 좋으냐 아니냐는 의사결정자가 쓸 수 있는 정보를 고려하여 거기에 도달하기 위하여 사용된 과정에 의존한다. "옳은" 결정은 결정의 최종결과란 면에서 판단되어야 한다. 결과가 알려진 후 보면 때로는 좋은 결정이 옳은 결정이 아닐 수도 있다.
7. 현실세상에서 우리는 모든 사실(事實; facts)을 얻을 수는 없다. 불확실성이 언제나 나타난다. 거기에 더하여 만일 의사결정자가 중요한 정보를 무시하거나(거기에 접근하지 않거나) 한다면 또는 부정확한 정보에 크게 의존한다면 결정의 질은 나빠질 것이다.

3.2.2 기술적(記述的; descriptive) 이론

기술적 의사결정이론은 주어진 선택상황에서 사람들이 어떻게 행동하는가에 관한 이론으로써 그와 같은 상황에서의 사람들의 행동을 훌륭하게 예측하기 위하여 필요한 것이 무엇인가 의문을 제기한다. 기술적 이론은 사람들의 행동을 관찰하는 것을 시작으로 그들의 행동을 가능한 한 체계적으로 설명하려 한다. 이와 같은 관점에서 볼 때 기술적 이론은 기본적으로 귀납적(歸納的; inductive)이다. 기술적 의사결정이론의 목표는 특정한 부류의 사람들에게 특정한 상황에서 적용되는 규칙, 그와 같은 의사결정을 예측하게 하여주는 규칙을 발견하는 것이다. 그러나 사람에 따라 또는 상황에 따라 다른 선택행동을 하므로 의사결정에 적용되는 일관된 규칙을 발견하기 어려운 문제가 있다.

기술적 의사결정이론에서 통상 야기(惹起; occurring)되는 문제는 한 사람에게 여러 선택대안이 주어 졌을 때 그의 선택을 보고 선택대안의 집합에 대한 그 사람의 효용(效用; utilities)을 도출하는 것이다. 일부 이와 같은 선택들을 근거로 그의 그 대안들에 대한 효용을 추론할 수 있다면 우리는 그 사람의 미래선택을 예측할 수 있어야 한다. 그러나 이것은 사람들의 선택이 일치하지 않아서 간단한 일이 아니다. 이 불일치는 합리성(合理性, rationality)의 상실이나 의사결정을 지배하는 일관된 규칙의 부족에 그 탓을 돌릴 수 있다. 또는 기초가 되는 일관된 결정규칙에 겹치는 우발적 과오 탓일 수도 있다. 이 문제는 기초가 되는 결정규칙이 분별되면 풀리고 그 불일치는 통계적 변동(變動; fluctuation)이나 오차(誤差; error)로 설명된다.

기술적 결정이론의 또 다른 부분은 심리학에 크게 의존한다. 특별히 결함이 있는 결정의 원인을 추구한다. 여기서 우리는 "결함 있는" 결정을 어느 규범적 결정모형에서 정의된 최적성(最適性; optimality)에서 벗어난 것으로 오해해서는 아니 되고 의사결정자의 개인적 판단이란 측면에서 보아야 할 것이다. 기술적 결정의 관점에서는 결정의 "질(質; quality)"는 항상 어떤 선험적(先驗的; a priori) 원칙이 아니라 특정 의사 결정자의 가치에 준(準; refer)한다.

실제 사람들은 어떻게 생각하고 해동하나? 그들은 불확실성을 인식하고, 증거를 축적하고, 지각(知覺; perception)을 연마하고 새롭게 하나? 그들은 행동에 대해 어떻게 배우고 적응하여 나가나? 그들의 고민, 편향, 내부갈등은 무엇인가? 그들은 그들의 지각과 선택에 관하여 어떻게 말하나? 그들은 그들이 한다고 말하는 대로 행동하나? 그들은 그들의 행동이유를 분명하게 설명할 수 있는가? 그들은 그들의 내부갈등을 해결하거나 아니면 회피하는가? 그들은 복잡한 문제를 분해하고 문제의 구성부분을 분리하여 생각하며 그리고 나서 이들 분리된 분석을 재구성하거나 통합하는가? 혹은 더 전체적으로 그리고 직관적으로 행동하는가? 다른 문화 다른 경험층 사람들의 사고패턴의 유형에서의 차이는 무엇인가? 전통, 모방(模倣; imitation), 미신(迷信; superstition)이 의사결정(또는 결정하지 않기)에서 차지하는 역할은 무엇인가? 얼마나 "근사(近似; approximate)한" 실제행동을 기술할 수 있을까? 미래행동을 예측함에 있어 여러가지 수학적 모델은 얼마나 잘 맞을까?

짧게 말해서 기술적 분석은 사람들이 어떻게 그리고 왜 그들이 하는 대로 생각하고 행동하느냐에 관한 것이다. 때로는 복잡한 수학적 모델화가 포함되고 정교한 통계적 분석이 필요할지도 모른다. 그것은 개인행동과 연관된 사회과학분야에 그대로 들어가는 실증적 임상적 활동이다. 학자들은 행동을 바꾸거나 행동에 영향을 주거나 그런 행동에 관해 교화(敎化; moralize)하거나해야 한다는 염려 없이 이 분야를 연구할 수 있을 것이다.

기술적 개념을 더 분명히 하기 위하여 앞에서 거론된 이행성(移行性; transitivity)을 다시 보기로 한다. 현실을 설명하는 사람들은 사람들이 때때로 비이행적(非移行的; intransitive) 혹은 순환적(循環的; cyclical)인 즉 B보다 A, C보다 B, A보다 C을 택하는 선호(選好; preferences)를 나타낸다고 지적한다. 이런 일이 왜 생기는가에 대해서는 수많은 설명이 있을 수 있다. "선호는 유동적인 것일지도 모른다." "확률논적인 것일지 모른다." 혹은 거기에는 일부 관련된 속성(屬性; attributes)의 균형을 잡으려는 마음이 포함되어 있을 수도 있다. A와 B을 비교할 때 의사결정자는 특정한 속성에 집중하였는지도 모른다. 그 뒤 A와 C 혹은 B와 C을 비교할 때는 다른 속성이 강조되었을지도 모르는 것이다. 또는 의사결정자가 마음을 정하기 위하여 세 사람의 전문가(專門家; expert)에게 자문을 구하였을 때 세 전문가가 전통적인 순환양태대로 그중 한사람은 $A > B > C$($A > B$는 A를 B보다 선호한다는 뜻)이고 다른 한사람은 $B > C > A$이고 그리고 세 번째 전문가는 $C > A > B$이라고 하였을 때 의사결정자가 다수결원칙을 적용하여 그들의 권고를 종합하였다면 선호가 $A > B$, $B > C$, $C > A$로 비이행적이 된다. 또는 외부의 전문가는 없고 의사결정의 당사자의 마음속에 각각 다른 세 가지 생각이 있어 이들의 결합된 선호가 순환적이 되었는지도 모른다. 이들 모두의 요점은 기술적으로 말해서 우리는 가끔 비이행적이다 그리고 이행성을 전제로 하는 규범적 선택개념과 관찰된 행동사이에 차이가 있다. 규범적 경향의 분석가가 비이행성(非移行性; intransitivity)을 그의 수학적 공리적(公理的; axiomatic) 추상화(抽象化; abstraction)에 어느 정도 수용하려 시도하고 이상적 이론화와 경험적인 행동 간의 조화를 위한 융합을 기도(企圖; attempts)할 수도 있다. 그러나 일부 사람들은 비이행성을 나타내면서도 이들의 기도와 다르게 행동하기를 원한다. 이런 것들이 역시 심리학적인 마음을 가진 결정이론가들이 조사하기를 원하는 실증적 주장의 경우일 것이다.

간단하게 말해서 행동을 기술하거나 예측하려는 의도로 만들어진 추상적 시스템을 기술적 모델이라 부르고 이상적인 사람이 어떻게 행동할 것인가를 포착하려는 기도(企圖; attempt)로 만들어진 추상적 시스템을 규범적 모델이라고 부른다.

3.2.3 처방적 이론

우리는 사람들이 어떻게 의사를 결정하는지 또 합리적인 사람으로서 어떻게 의사를 결정해야 하나를 연구해야하지만 또한 우리는 덜 합리적이면서도 합리성을 열망하는 사람이 더 잘 행동할 수 있도록 돕는 일도 고려하여야 하는 것이다. 우리가 비합리적인 사람이라고 말할 때 능력이 결여된 사람을 의미하는 것이 아니며 의사결정과정을 깊이 생각하지 않은 정상적인 사람을 지칭하는 것이다. 사람들은 경제적 자동기계가 아니다. 사람들은 과오를 범하고 후회하고 걱정에 시달리고 마음을 정하지 못한다. 우리는 사람들이 선호를 깊이 생각한다고 전제하지 않고 그들이 다른 소망으로 마음을 나누어 갖은 것으로 그리고 의사결정은 이들 다른 마음을 절충하는 행위라고 전제한다.

의사결정의 규범적 측면과 기술적 측면을 구별하는 이분법이 당연한 것인가 의문을 품으면서 처방적 측면을 추가하여 검토해보기로 한다. 마음이 없고 이상화(理想化; idealized)된 상상의 초이성적(超理性的; super-rational) 인간이 아니라 현실 세상에 묻히어 사는 우리가 깊은 인지적 관심을 훼손하지 않으면서 더 좋은 결정을 내릴 수는 없을까? 규범적 그리고 기술적 분석만으로 이 질문에 대한 답을 구하기가 어렵다는 주장이 대두된 것이다. 처방적 분석은 규범적 이론의 논리적 결과(結果; consequences)의 일부와 기술적 연구의 실증적 발견을 이용한다.

김 씨는 정신을 놓고 별생각 없이 있다가 A와 C 중에서 하나를 택해야하는 상황에서 난처해하고 있다. 그가 꼭 선택하여야하는 상황이다. 문제는 두 대안이 많은 측면에서 아주 다르고 더구나 불확실성이 난처함을 더해주고 있다. 다음과 같은 상황을 상상해보자. 김씨(또는 그의 의사결정 자문인)는 A와 C의 특징을 조사한 후 독창적으로 새로운 대안 B을 만들어냄으로서 B보다 A그리고 C보다 B을 선호한다고 말하기가 편함을 알았다고 한다. 김씨는 A, B, C가 포함된 그의 선호가 이행적(移行的; transitive)이어야만 합리적이라고 생각할지도 모른다. 가상적 대안 B을 만들어낸 것이 그가 진짜로 C보다 A을 선호한다고 믿도록 도와주는 것이 된 것이다.

그러면 이와 같은 결정지원(決定支援; decision aiding) 도구가 기술적일까? 그렇다면 김 씨는 자기 힘으로 이를 할 수 있어야 한다. 아니면 규범적인가(B의 존재를 필요충분조건으로 C보다 A을 선호한다. 등으로)? 그렇게 생각되지도 않는다. 결정분석가가 한 일은 김 씨가 규범적 도구를, 이 경우 이행성을, 쓰도록 도와주는 길을 발견한 것이다. 처방적 분석가도 김 씨는 실제로 마음속에서는 C보다 A을 선호하지 않고 그렇다고 믿게끔 마술거울에 끌려갔다는 것을 알만큼 약은 사람이다. 그렇다면 역(逆; reverse)도 성립할까? 대안 D가 $C > D$가 성립되도록 어울려서 이행성에의해 김 씨가 진짜로 A보다 C을 선호한다는 결론을 이끌어낼 수 있을까? 시도해볼만하지 않겠는가? 이것이 처방적 분석기술의 정신이며 규범적 분석과 기술적 분석의 흥미 있는 혼합 아니 그 이상의 것이다.

우리가 더 좋은 의사결정을 하려면 어떻게 해야 하나? 어떤 사고방식(思考方式; modes of thought), 결정지원(決定支援; decision aids), 개념상 책략(概念上 策略; conceptual schemes)이 이상화되고 신비적이며 탈심리학적인 자동화를 위해서가 아니라 실질적으로 사람들에게 유용한 것일까? 사람들은 정신과 감정 그리고 능력과 욕구 등이 다르므로 좋은 충고는 각 개인의 욕구와 능력 정서적 기질에 어울려야 하며 처방적 충고는 이에 맞추어 이루어진다. 한길로만 생각하는 개인들이 합리적인 분해논자(rational decomposer)나 전체적 직관논자(holistic intuiter)처럼 다른 패러다임(paradigm)을 가진 전문가와 상의할 때 문제가 복잡하게 된다.

어떤 사람에게 현명한 처방은 "평소대로 하시오. 당신은 잘하고 있고 어떤 새로운 분석방식도 당신의 창조적 사고에 방해가 될 것이오."일지 모른다. 다른 사람에게는 충고가 "당신은 문제를 분해하여 전문가로부터 그 구성부분에 관한 자문을 받는 것이 중요하오. 왜냐하면 그렇지 않을 경우 당신은 남들이 아는 것과 당신이 아는 것을 통합하고 합성할 수 없기 때문이오."일지 모른다.

선택의 기술적, 규범적, 처방적 기능의 차이는 그들을 평가할 기준을 조사함으로써 밝혀질 수 있다. 기술적 모델은 그것이 가지고 있는 실증적(實證的; empirical) 정당성(正當性; validity) 즉 관찰된 선택에 부응하는 정도로 평가받는다. 규범적 모델은 이론적(理論的; theoretical) 타당성(妥當性; adequacy) 즉 그것이 어느 정도의 수용할 수 있는 이상화(理想化; idealization)나

합리적 선택을 제공하여주는 지로 평가받는다. 처방적 모델은 실용적(實用的; pragmatic) 가치 즉 그것이 사람들이 더 좋은 결정을 할 수 있도록 도와주는 능력으로 평가받는다. 확실히 어느 과학철학학도도 잘 아는 것처럼 세 기준 모두 정의하고 평가하기가 어렵다. 그럼에도 불구하고 그 기준은 다르다: 규범적 모델의 쟁점이 기술적 모델의 쟁점이 되어서는 아니 되고 그 반대도 마찬가지라는 것은 분명하다.

예를 들어 확률적 우위성(確率的 優位性; stochastic dominance)을 생각해보자. 이 조건은 합리적 선택의 초석(礎石; cornerstone)으로써 이에 따르지 않는 이론은 규범적 입장에서 보면 바람직하지 않은 것으로 간주(看做; regard)된다. 반면에 우리는 관찰된 확률적 우위성의 위반을 기술적 이론이 설명하여주기를 기대한다. 처방적 분석이 그런 위반을 없게 하거나 줄이도록 설계된 수순(手順; procedure)을 개발할 수 있을 것이다. 물론 우위성의 실패가 규범적 모델을 반대하는 예가 되겠지만 그런 위반이 실제 있다는 관찰은 기술적 이론이 설명하여줄 것이고 기술적 모델로써는 불확실하의 도전의 대상이 될 것이다.

3.3 합리성과 그 한계

3.3.1 합리성이란 무엇인가[22]

[그림 2.2.1] Müller-Lyer 착각

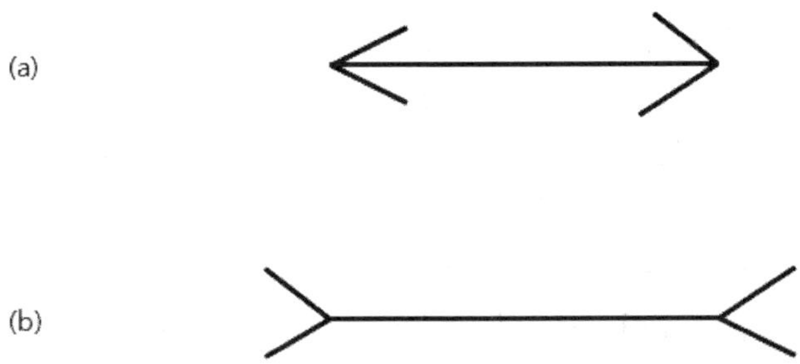

판단과 의사결정을 연구하는 사람들은 가끔 사람들이 어느 정도까지 합리적이 될 수 있을까 묻곤 한다. 합리성은 보통 확률이론이나 결정이론과 같은 규범적 모델을 뒷받침하는 것을 의미한다. 전통적 경제학자들은 합리성을 논할 때 합리적인 경제적 인간이라는 말을 전제로 하여왔다. 심리학자들의 연구가 합리적 이론에서 벗어나는 사례를 많이 보여주지만 경제학자들은 실험실과 현실세계는 다르다고 말한다. 경제학자들은 특정한 분야에서 경험을 쌓아감에 따라 배우게 되고 더 합리적으로 행동하게 된다고 주장한다. 이러한 경험과 배움의 효과를 보여주는 증거가 일부 있지만 특정분야에 경험이 있는 사람이 경제적으로 비합리적인 행동을 하는 증거도 상당히 많이 있다(예 Haigh & List, 2005).

그러나 인류보다 더 오랜 진화역사를 가진 종(種; species)이 합리적 규범을 위반하는 것을

22) Hardman, 2009

(예 Shafir, 1994) 보고 동물은 어딘가 불합리하다고 말할 수는 없다.

비슷한 것을 시각을 통한 인식에서 찾아볼 수 있다. [그림 2.2.1]은 Müller-Lyer **착각**이다. (a)와 (b)의 수평선을 비교해보자. 시각적으로 누구나 (a)보다 (b)가 길다고 말한다. 그러나 두 직선은 자로 대보면 알 수 있지만 같은 길이이다. 시각에 관한 연구논문에는 이런 착각으로 가득차 있다. Müller-Lyer 착각이 어딘가 인위적으로 보일지 모르지만 자연환경에서의 지각에서도 볼 수 있다. 예를 들어 주의를 기울이지 않으면 대부분의 사람이 알아차리지 못하는 착각으로 달 크기에 대한 착각이 있다. 수평선에 막 떠오르는 보름달이 하늘 높이 떠오른 보름달보다 훨씬 크게 보인다.

이와 같은 시각상의 오류의 존재에도 불구하고 시각을 연구하는 사람들 중에 이와 같은 착각을 방지하기위해 우리의 시각시스템을 집단적으로 교정할 필요가 있다고 염려하는 사람은 없다. 우리 시각시스템은 분명히 우리가 우리의 환경을 잘 해쳐나갈 수 있도록 도와주는 방향으로 진화되어왔다. 판단 및 결정에서 가끔 있는 오류는 우리의 생존과 번식을 도와주도록 잘 적응하는 우리의 인식시스템을 위해 지불하는 작은 비용일지 모른다. 실은 지능측정에서 높은 점수를 받는 사람이 시각상의 착각을 더 일으킨다는 의심을 받는다(Jensen, 1998.).

그런 관찰결과가 일부 연구가들이 인간은 원래부터 불합리한 속성을 가지고 있다고 의심하게 만들기도 한다. Ayton(2000, p.667)이 말한 대로 "새도 벌도 그리고 심지어 높은 교육을 받은 박사도 착각을 한다. 어찌 보면 합리적인 규범적 규칙을 위반하는 것은 당연지사가 아닐까? 그렇더라도 이 시대의 환경의 성질이 우리 선조가 진화해온 환경의 성질과 너무 달라져서 시각적 및 지적 환경이 우리들로 하여금 어떤 오류도 값비싼 대가를 지불하지 않을 수 없게 만드는 문제가 제기된다. 영국에서 그리고 일부 다른 나라에서도 고속도로의 출구도로에 줄무늬로 페인트칠을 해놓은 것을 보게 된다. 이는 사람들이 고속도로에서 빠르게 달리다가 고속도로에서 나올 때 속도를 줄여 새로운 도로환경에 적응케 하기위한 것이다(Laming, 2004).

그러나 사람들이 높은 수준의 결정을 내려야하는 이 시대 환경이 우리로 하여금 쉽게 적응하지 못하게 하는 경향도 있다. 예컨대 복권을 사거나 여타 운에 거는 내기를 하는 사람들이 흔히 연속되는 결과(結果; outcomes)가 인과관계로 연결되어 있다고 생각하는 경향이 있다. 물론 사람들은 자연계에서 사건들 사이에 많은 인과관계가 있음을 익히 알고 있다. 그러나 공정한 복권에서 복권 간의 인과관계는 없으며 다음에 뽑은 복권이 먼저 뽑은 복권보다 특정한 숫자가 나올 확률이 그 숫자가 오랫동안 나오지 않았다면 증가하지 않는다. 재무투자의 경우 상호펀드(mutual fund)의 성공을 예측하기란 복권의 당첨여부를 예측하는 것만큼 어렵다. 그러나 펀드를 선택할 때 사람들은 주가지수가 올라갈 때도 내려갈 때도 있다는 평범한 사실을 무시하고 그 펀드의 작년 실적에(그것이 실제로는 미래실적을 예측하여주지 못하는데도) 영향을 받는다.

사람들은 멀리 떨어져있는 것보다 눈앞에 있는 것에 관심을 더 갖는 경향 때문에 실패하기도 한다. 많은 사람이 은퇴 후를 대비해 충분히 저축하지 못하는 것도 이 때문이다.

이런 유의 발견이 합리적인 것이 무엇인가에 대한 답을 어렵게 만든다. 사람들이 자신의 이익을 위해 최선을 다하지 않는 것 같고 이 때문에 사람들은 불합리하다고 생각하게 하기도 한다. 합리적 사고가 여러 옵션을 고려하는 고도의 분석적 사고라고 알려져 왔지만 어떤 경우에는 단순한 전략이 더 성공적일 수 있다는 증거도 있다. 사실 결정 환경이 바뀜에 따라 우리도 행동을 바꾸게 된다. 예를 들면 종업원에게 지출을 뒤로 미루어준다고 약속함으로써 그들이 더 많이 연금보험에 들도록 설득할 수 있다. 이 약속은 회사가 미래의 연금을 위한 공제금액을 점진적으로 늘리는 편법을 쓰는 것이다. 나중에 공제금액이 늘어나는 것 때문에 보험에서 탈퇴할지 모른다는 우려가 있지만 실제로 탈퇴하는 사람은 거의 없다.

어떤 학자는 합리성이라는 용어를 써서는 안 된다고 말하기도 한다. 예를 들면 Ginitis(2006)는 의사결정의 믿음, 선호, 및 제약조건 모델을 내놓았는데 이에 의하면 사람들은 특정한 제약조건 내에서 그들의 선호를 충족시키기 위해 믿음을 사용한다.

한편 사람들과 그들의 정신 상태나 정신 작용이 그리고 그들의 행동이 올바른 인식표준에 맞을 때 합리적이라고 말할 수 있다. 규범적 이론이나 규칙은 이들 표준을 규정하여 주어야하지만 이를 위해 무엇이 옳은 이론이고 옳은 규칙인가인가에 관해서는 논란이 있다(Cohen, 1983; Stein, 1996; Stanovich, 1999; Stanovich & West, 2000). 이들 논란을 어떻게 해결하여야 할까? 아니면 적어도 어떤 점들이 이 해결에 관련되어 있을까? 이들 질문에 관하여 분명히 하기위하여 합리성 자체의 개념에 관하여 몇 가지 점을 조금 더 따져보기로 한다.

한편으로는 흔히 지식의 합리성이라고 불리는 것 그리고 다른 한편으로는 행위의 합리성이라고 불리는 것 사이에는 차이가 있다. 이 차이는 합리적 믿음과 합리적 추론사이의 그리고 합리적 믿음과 합리적 행위 사이의 차이를 말한다. 합리적 믿음은 일반적으로 믿을 수 있는 정신작용에 기초를 두고 있다. 합리적 추론은 주어진 전제하에서 진실이거나 적어도 진실일 확률이 아주 높은 결론을 가지고 있다. 합리적 행위는 “좋다”고 밝혀져야 한다는 의미에서 우리가 실행하기 좋은 행위이다. 예를 들어 한 친구가 우리에게 우리가 아는 사람이 50세이고 비만이라고 말했다고 하자. 그 친구는 언제나 진실을 말하고 우리는 그를 믿는다. 우리로 하여금 그를 친구로 믿고 그가 정직하다는 것을 기억하게 하여주는 믿을만한 정신작용을 우리가 가지고 있기 때문에 우리의 믿음은 합리적이다. 우리는 우리가 아는 그 사람이 비만이라고 추리한다. 이 추리는 “p와 q”에서 q를 추리하는 형식논리학에서 보면 평범하고 정당한 추리이므로 합리적이다. 그 다음으로 우리가 아는 그 사람이 조금 더 운동을 해야 할 것이라고 판단하는 것이다. 이 판단의 전제는 건강이 우리의 목표라는 것이다. 그렇다면 더 많이 운동을 하는 것이 우리의 목표가 되고 우리의 목표를 달성하도록 도와준다는 의미에서 우리가 취할 합리적 행위일 것이다.

이론적 추리(推理; reasoning)와 현실적 추리사이에도 차이가 있다. 우리가 보통 “이성(理性; reason)”이라고 부르는 것은 보통 이론적 이성이다. 이론적 이성은 합리적 추리를 사용하여 세상에 관한 합리적 믿음을 얻는 것을 목표로 한다. 실천적 이성은 통상 “판단”이라고 부르는 것으로 합리적 행위를 선택하는 것을 목표로 한다. 한 게을러 움직이기 싫어하는 사람이 있다. 그의 이론적 추리가 그로 하여금 운동부족이 그의 체중을 늘린다고 추론할 수 있도록 하여준다. 이 추리는 과학적이고 체중은 운동부족에서 온다는 흔한 관찰을 근거로 한 것이다. 그가 이론적 추리에 의하여 일단 그와 같은 결론에 도달하면 그는 어떻게 행동하여야하는지 판단하기위하여 현실적 추리를 하게 된다. 예컨대 매일 조깅을 하기로 결심할지도 모른다. 이 현실적 결론이 반드시 이론적 결론에서 와야 한다는 것은 아니다. 그 게으른 사람이 이론적 추리에 의하여 운동부족이 그를 살찌게 할 것이라는 것을 알았다 하더라도 현실적 추리의 결과로 그의 생활양식을 바꾸는 것이 별 가치가 없다고 결정할지도 모른다. 그가 체중을 낮추는 일을 높게 평가하지 않을 수도 있다. 그가 마르는 것을 어느 정도는 좋아하지만 소파에 편안하게 누워 TV를 보는 것을 더 좋아 할지도 모른다. 이론적 추리는 그것을 사용함으로써 진실이거나 적어도 진실일 가능성이 크다고 믿게 될 때 합리적이다. 그러나 우리는 현실적 추리를 통해 우리의 개인적 목표를 달성하기위해 어떤 행위를 취하는 것이 최선일까를 정하려한다.

3.3.2 도구적 합리성[23]

판단 및 의사결정 분야는 주로 행위 및 행위에 관한 의사결정에 유용한 판단에 관심이 있다. 따라서 이 분야에서는 실천적 추리가 중요하다. 사실 판단과 의사결정에 관한 연구는 보다 깊은 의미에서 합리적 행위가 기본적이거나 일차적이 되도록 합리성을 정의한다. 이것이 합리성의 **도구적**(道具的; instrumental) 관점이다. 이 관점에 의하면 목표를 달성하려는 합리적 행위는 일차적 개념이고 합리적 믿음과 합리적 추론은 이차적이고 파생된 것이다. 도구적 합리성의 중요한 기준은 목표를 달성하기위한 믿을 수 있는 수단을 가지는 것이다. 목표는 많은 돈을 벌겠다는 것과 같이 외면적인 목적이 있다는 의미에서 객관적다. 그러나 그 목표가 모든 합리적인 사람들이 그 목적에 동의할 것이라는 의미에서는 객관적이 아니다. 도구적이라는 의미에서 사람이 많은 돈을 벌면서 합리적이기를 목표로 삼을 수 있지만 마찬가지로 삶에서 덜 물질적인 목적을 찾으면서 합리적이기를 바랄 수도 있다. 사람들은 그들의 주관적 욕망의 결과로서 목표를 가질 수 있다. 여기서 주관적 욕망은 사람에 따라 다른 선호로 나타난다. 이론적 이성은 목표를 달성하기위한 도구이며 목표와 관계가 없는 본질적 가치는 없다. 위대한 경험주의 철학자 Hume(1978, 2권, 3절, 최초출판 1939-40)은 최초로 이 도구주의자의 입장을 명백하게 밝혔으며 강력하게 "이성은 열망의 노예이고 이어야만 한다. 그리고 그에 봉사하고 복종하는 것 외에 다른 일을 하는 척해서는 아니 된다." 라고 주장하였다.

인지심리학과 인지과학에서 합리성에 관한 거의 모든 논문이 합리성의 도구적 이해를 전제로 하고 있으며 그 역사는 최근의 경험주의 및 실용주의 사건가를 거쳐 Hume까지 되돌아갈 수 있다. 최근의 인지 논문에서 이를 생생하고 인상 깊은 은유(隱喩; metaphor)로 명쾌하게 밝힌 것이 "이성은 전적으로 도구적이다. 그것은 우리가 어디로 가야하나를 말해줄 수 없다. 잘해야 어떻게 거기에 도달할 수 있을까를 말해줄 수 있을 뿐이다. 그것은 좋든 나쁘든 우리가 갖고 있는 목표를 위해 일하도록 채용될 수 있는 고용을 위한 무기이다"라는 말이다(Simon, 1983, p.7-8). Hume과 Simon은 우리의 근원적인 또는 일차적인 "열망"이나 목표에 관하여 말

---

23) Over, 2007

하고 있다는데 주목하여야할 것이다. 이성은 우리에게 나쁜 건강보다 좋은 건강을 선호하라고 우리에게 말할 수는 없고 우리가 좋은 건강을 선호한다는 것을 전제로 이성은 우리의 건강을 위해 더 많이 운동하기라는 파생된 목표를 갖도록 도와줄 수 있다.

규범적 규칙과 그들의 적절한 응용에 관한 인지심리학의 모든 논문이 도구적 합리성을 전제로 하고 있다. 그러나 그 결과(結果; consequences)를 언제나 자세하고 명쾌하게 설명하여주지는 못 한다. Baron(2000, p.53)은 그 사고(思考; thinking)가 어떤 종류든 간에 사람들이 그들의 목표를 달성하도록 가장 잘 도와주는 사고가 합리적 사고라고 하면서

> 논리 규칙을 따르는 것이 영원한 행복을 가져다주는 것이라면(우리가 모두 영원한 행복을 원한다고 전제하고) 논리규칙을 따르는 것이 합리적 사고이다. 반면에 매번 논리규칙을 주의 깊게 위반하는 것이 영원한 행복으로 이끌어준다면 이들 위반하는 것이 합리적이라고 하여야할 것이다.

라고 말하였다. 규범적 이론과 규칙은 형식논리학과 그 규칙처럼 합리성의 기준을 마련하여야 한다. 그러나 도구적 관점에서 보면 제안된 규범적 이론이나 그 규칙 중 하나를 지키는 것이 어떤 맥락에서 우리의 목표를 달성하고 목표만족을 갖게 되는데 도움을 준다는 것을 필요충분조건으로 그 규범적 이론이나 그 규칙 중 하나를 지키는 것은 그 맥락에서 우리에게 타당한 것이다. 정규 결정이론은 우리의 목표만족을 극대화하기위하여 규범적 규칙을 정하려는 시도이다(Baron, 2000; 2007). 그 이론에서 목표만족은 주관적 효용으로 측정된다. 있을 수 있는 행위의 결과나 목표 중에서의 우리의 선호가 그 이론의 공리에 모순되지 않는다면 결정이론가들은 우리의 주관적 효용(subjective utility)을 숫자로 나타낼 수 있다. 우리의 주관적 확률판단이 확률이론의 공리들과 모순되지 않는다면 결정이론가는 이 판단도 숫자로 나타낼 수 있다. 이 두 숫자들은 있을 수 있는 결과나 목표의 주관적 기대효용을 계산하기위하여 서로 곱해질 수 있다. 결정이론 규칙의 최종목적은 주관적 기대효용을 극대화하도록 도와주는 것이다.

정규 결정이론은 어느 면에서 특히 모순되지 않는 확률판단을 내리기위해 무제한의 능력이 필요하다는 점에서 너무 강하다. 그것은 다른 면에서는 약하기도 하다. 특히 정규 이론은 객관적 확률에 상응하는 우리의 주관적 확률판단을 요구하지 아니한다. 여기서 객관적 확률이란 통상 객관적 사건(事件; events)의 빈도에 의거하여 정의된다(Baron, 2000.). 그러나 도구적 합리성을 지지하는 대부분의 사람들은 이를 요구한다. 그들은 "현상논자(現象論者: externalists)"로서 그들은 합리성을 우리의 목표만족을 위해 객관적으로 신뢰할 수 있는 지각, 인식, 및 동력의 도구를 갖는 것이라는 견지에서 정의한다. 이 합리성의 정의를 전제로 정규 결정이론을 어느 면에서 너무 강하다고 그리고 다른 데서는 너무 약하다고 비판할 수 있다(Evans & Over, 1996).

Simon(1957, 1983)은 사람들이 한정된 합리성과 "**만족조건최소화**(滿足條件最小化; satisficing)[24]"라는 개념을 채택한다고 주장하였는데 이 만족조건최소화란 주관적 기대효용의 극대화라

24) 만족을 기준으로 하는 의사결정의 원리로서 최소한의 필요조건을 충족시키는 것.

는 이상(理想; ideal)에 못 미치지만 만족하는 것을 말한다. Simon의 도구적 합리성 정의는 그가 의사결정에 있어서의 한정된 합리성과 만족조건최소화 전략에 매기는 가치가 정당하다는 것을 뒷받침한다. 가상의 규범적 규칙에 모순되지 않게 추리한다는 것(reasoning)은 그것이 목표를 달성하기위한 효과적인 도구이기만 하다면 합리적 행동을 위해 가치 있는 일이다. 사용하려는 규범적 규칙이 일부 맥락에서 합당한 것인지에 관한 논쟁은 그 규칙이 바라는 목표에 도달하는데 도움이이 되는 도구인가에 관한 논쟁으로 바뀌어야한다. 우리의 믿음과 판단이 때로는 논리, 확률이론, 또는 결정이론에 완전히 맞아떨어지기에는 너무 막연하거나 조잡할지 모른다. 그러나 그것이 반드시 우리의 믿음과 판단을 정밀하고 일관되게 만드는데 많은 시간과 에너지를 소모하여야한다는 것을 의미하는 것은 아니다. 우리가 어쩌면 타당한 어떤 규범적 규칙에 모순되는지에 관하여 너무 걱정하지 않는다면 우리는 때때로 합리적으로 만족스러운 목표에 도달할 최선의 기회를 가지게 될 것이다. 더 나아가 우리의 믿음과 판단이 모순되지 않고 이들 이론이 이상적으로 어떻게 목표만족을 극대화할 수 있는지를 우리에게 가르쳐준다 할지라도 우리가 논리, 확률 및 결정이론에 매달린 다는 것이 반드시 좋은 생각은 아니다. 이들 이론과 그 규칙을 특정한 경우에 적용하는 것이 우리들의 제한된 능력을 가지고는 너무 어려울 수 있다. 이런 이유들로 때로는 체험직감해법(體驗直感解法; heuristic)에 의존하는 것이 더 좋을 수 있다. 이 체험직감해법은 추론이나 의사결정을 수행하기위하여 한정되거나 만족조건이 최소화된 절차이다. 체험직감해법은 흔히 비교적 자동적으로, 빠르게, 그리고 이치에 맞는 신빙성을 가지고 적용되기 때문에 효율성이 높을 수 있다. 체험직감해법은 우리가 희망하는 마지막 상태와 너무 많은 시간과 에너지를 소비하지 않고 거기에 도달하는 것 두 개의 목표에 이를 수 있도록 도와주기 때문에 도구적으로 정당하다. 체험직감해법(heuristic)에 관해서는 별도로 뒤에 검토될 것이다.

예를 들어 우리가 우리를 보고 웃고 있는 사람을 믿어야할지를 판단하려한다고 하자. 우리가 우리를 보고 웃는 사람을 많이 보아왔고 믿을 만한 사람이었고 그중 몇몇 사람만이 그렇지 않았다고 기억한다. 우리가 이들 기억으로부터 그 사람이 믿을 수 있는 사람이라고 판단한다면 우리는 확률판단을 위해 가용성체험직감해법(availability heuristic; Tvesky & Kahneman, 1973)을 사용한 것이다. 가용성 체험직감해법의 사용이 잘못되고 나쁘게 편향된(biased) 결과를 낳을 수도 있다. Tversky & Kahneman(1973)은 이와 같은 편향의 존재를 강조하면서 동시에 자주 있는 일이 흔치 않은 일보다 기억하거나 상상하기 쉬운 것과 같이 가용성 체험직감해법이 "생태학적 정당성"을 갖는다고 지적하였다. 이 체험직감해법(heuristic)은 사건(事件; events)의 객관적 빈도(frequency)에 관한 데이터 수집에 대한 고도의 과학적 표준에 맞추기에서 벗어나 있지만 보통사람들은 이들 이상적 표준에 아마도 맞출 수 없을 것이다. 따라서 그 해법이 적당한 생태적 정당성을 가지고 있다면 빠른 결정을 위해 가용성 체험직감해법을 사용하는 것도 좋을 것이다(체험직감해법과 편향에 관해서는 제3편 5장에 상술되어있음).

일반적으로 체험직감해법(體驗直感解法; heuristic)[25)]에 의존함으로써 우리는 은연중에 논

---

25) 여기서는 일단 경험을 통하여 발견된 간이 해법이라 이해하고 뒤에 별도로 다루기로 한다.

리, 확률이론, 및 결정이론의 규범적 규칙에 다소간 맞출 수 있다. 그러나 이것이 우리가 그들 규칙을 명시적으로 따르고 있다는 것을 의미하는 것은 아니다. 규칙에 은연중에 맞추거나 따르는 것과 명시적으로 따르는 것 사이에는 차이가 있다(Smith, Langston, & Nisbet, 1992). 가장 형식을 따르지 않으면서 직관적으로 그 차이를 만드는 길은 자각에 관한 것이다. 사람들이 규칙을 따를 때 그들은 의식적으로 규칙을 적용하려 그리고 스스로 규칙에 따르려한다. 우리는 사람들에게 자문자답 프로토콜 내의 작동기억(working memory)의 목록을 보고하도록 요구함으로써 그들이 규칙을 따르고 있는지 검사할 수 있다. 이들 프로토콜이 규칙을 따르고 있는지 그 증거를 제공하여 줄 수 있다. 예를 들어 사람들이 운전면허시험을 치는 동안 그들이 생각하는 것을 크게 이야기한다면 그들은 그들의 강사가 가르쳐준 운전규칙을 말하는 것일 것이다. 다른 차를 추월하거나 지나치려 할 때 속력을 내기 전에 백미러를 보면서 말할지 모른다. 이것이 규칙을 따른다는 좋은 증거일 수 있다. 그러나 이 활동을 안전하게 실천하려면 많은 양의 시각데이터를 처리하여야하는데 그들은 이를 기계적으로 은연중에 무의식적으로 처리한다. 그들은 어떻게 그들이 앞차와의 거리를 계산하였는지를 그들의 작동기억에 보고할 수 없다. 이 거리를 바르게 계산할 수 있게 해주는 규칙이 있지만 사람들은 그것을 명시적으로 따르지는 않는다. 은연중에 이들 규칙을 따르거나 그에 맞춘다는 것은 오히려 그들의 의식 밑에 자신만이 가지고 있는 인지방법이 있다는 것이다.

차간 거리를 판단하는데 보통 “추리(推理; reasoning)”나 “합리성”이라고 불리어지는 무언가가 작용하는 것 같지는 않다. 그럼에도 불구하고 효율적이고 신뢰성 있게 이 판단을 내리는 것은 다른 차를 안전하게 비켜가는 목표 달성이라는 인지활동의 한 부분에 의한 것이다. 눈과 머릿속에서의 자신만의 방법이 목표에 도달하기위한 효과적인 “도구”이며 그 점에서 이성의 “도구”보다 결코 열등하다고 말할 수 없다. 우리가 보통 “추리”라고 부르는 것은 명시적으로 규칙을 따르는 행동을 말하는데 우리가 우리의 판단과 의사결정에 우리의 이성을 사용하였을 때 이렇게 말할 수 있다. 그러나 도구적 합리성이라는 견지에서 보면 목표를 달성하기위한 모든 효율적이고 믿을 만한 “도구”는 의식적이든 무의식적이든, 명시적이든 은연중이든, 또는 통제되든 기계적이든 간에 동등하다.

진실 자체는 우리의 선호를 전제로 우리와 연관된다. 진짜 믿음을 습득한다는 인식에 관한 목표를 포함하여 목표와 그것을 우리가 얼마나 원하는 지를 우리의 선호가 정한다. 간단하게 말해 인식에 관한 효용은 주관적 효용의 한 종류이다(Evans & Over, 1996). 진짜 믿음 외에는 아무 것도 갖기를 원하지 않는 사람은 없다. 과학연구의 규범적 규칙을 따르는 것에 대한 그리고 자신들이 연구하고 있는 주제에 관한 진실에 대한 강한 신호를 가진 헌신적인 과학자들이 있다. 그들의 학구적 생활에서 승진이나 노벨상과 같은 다른 것을 원하기도 하고 그들 삶의 다른 부분에서 많은 다른 목표를 가지고 있다. 거기다 그들은 모든 그들의 시간과 에너지를 그들의 모든 믿음이 모순되지 않고 진짜라는 것을 보증하기위해 쏟아 붓기를 원하지도 않는다. 이것은 어느 경우에서든 논리적으로 불가능한 목표이다. 우리의 믿음이 모순되지 않음을 증명하기 위한 논리적으로 한정된 방식은 없다. 가장 초보적 수준을 넘어 정규논리는 한정되지 않은 시스템이고 모든 다른 규범적 규칙이 그것에 기초를 두고 있으므로 이들도 한정되지 않는다. 때때로 비교적 단순한 믿음에서 일관성을 확립하기위해 유한한 한계가 존재하지만 그 한계는 우리 일생에 아니 몇 백만 년 몇 십억 년에도 도착할 수 없는 것일지도 모른다(Oaksford, & Chater, 1998 4장 참조).

행위의 합리성은 도구적 관점에서 합리적 믿음과 추론보다 우위에 있어야한다. 참된 믿음이나 정당한 추론이 우리가 갖고 있는 목표를 달성하도록 우리를 도와주지 않는다면 그것들이 무슨 소용이 있겠는가? 입원환자가 그가 회복할 객관적 확률보다 훨씬 높을 정도로 자신이 곧 회복될 것이라고 확신하고 있다고 하자. 그렇기 때문에 그의 과신이 그의 객관적 회복가능성을 가능한 한 높일 수도 있다. 그러나 반면에 그의 회복가능성을 낮출 수도 있다. 만일 그가 잘 가늠된 믿음을 얻기 위해 제일 높은 규범적 표준을 따랐다면 그의 회복을 돕기 위해 조치를 취하는데 덜 낙관적이고 더 비관적이 되었을 수도 있다. 그것이 그의 객관적 회복가능성을 낮췄을지도 모른다. 말하자면 그는 잘 가늠하였지만 제일 낮은 수준의 믿음을 갖게 되었다. 이때 그가 확실히 회복될 것이라는 확신이 그에게 행동의 합리성을 준다. 그는 그가 가장 원하는 것을 얻을 객관적 확률이 제일 높은 행동을 실천하는 것이 된다.

믿음과 욕망을 가지고 행동을 실천한다는 것이 무엇인지에 대해서는 논란이 있을 수 있지만 도구적 합리성은 뿌리 깊은 곳에 자리 잡고 있다. 우리는 동물의 행동에서 무언가 성공적인 목표달성을 발견할 수 있을 때만 동물들이 믿음 및 욕망을 갖고 행위를 실천하였다고 받아들일 것이다. 믿음과 욕망은 행위를 만들기 위해 함께 일하는 정신적 상태이다. 행동은 제멋대로의 또는 목적이 없는 물리적 움직임이상의 것이어야 한다. 그것은 목표를 가져야하고 그것이 어딘가 최종상태에 도달하는데 성공하는 것을 보고 목표가 있었음을 알 수 있다. 사실 우리가 "동물"에서 성공적 목표활동을 식별할 수 없다면 우리는 그것을 살아있는 것이 아니라 무생물이라 할 수 있겠다. 이 이유 때문에 일부 철학자들은 빛을 향해 성장하는 식물의 반응처럼 원시적 향성(向性; tropic) 반응조차도 목표지향 활동이라고 그리고 극히 원시적인 도구적 합리성의 한 형태라고 불러야한다고 주장한다(Bermúdez, 2002).

3.3.3 진화와 합리성

합리성의 도구적 이해는 진화심리학에서 상당한 지지를 받았다. 왜 우리의 진화선조에서 점증하는 추리능력이 선택되었을까? 그와 같은 일은 이성이 무언가 본질적 가치를 가지고 있기 때문에 일어난 것이 아니다. 경험주의자나 실용주의자가 아닌 많은 철학자나 종교적 사상가는 이론적 이성은 무언가 필요한 본질적 가치를 가지고 있을 뿐만 아니라 이 가치가 욕망 특히 "기초(基礎; base)" 욕망의 가치보다 훨씬 크다고 생각해왔다. 그러나 자연선택에 의한 진화가 번식성공을 진화의 유일한 "가치"로 격상시켰다. 그리고 "기초"욕망은 진화를 위해 필수적이 되었다. 이성은 더 이상 기린의 긴 목이상의 본질적 가치를 가지고 있지 않다. 기린의 진화선조의 목의 길이가 길어짐으로써 그리고 우리의 추리능력이 증가함으로써 번식성공도 늘어났다. 두 기능이 이 목표를 달성하기 위한 좋은 도구이기 때문에 두 기능 모두 선택받은 것이다. 목길이의 증가가 기린의 선조로 하여금 많은 식량을 확보하게 해주었다. 추리하는 능력의 증가가 우리 선조들이 소통, 협력, 혁신, 및 계획을 효과적으로 하도록 도와주어 더 많은 식량을 얻고 다른 방법으로 번식성공을 이룰 수 있게 하였다. 예를 들어 우리가 도구(道具; tools)란 말 그대로의 기구(器具; instruments)를 발명할 수 있게 하여줌으로써 직간접적으로 진화의 목표를 도와주므로 이성은 도구적이다.

우리가 해야 할 일을 추론하려고 이성을 사용하는데 시간을 소모하기보다 원시적 본능을 전적으로 믿는 것이 때로는 좋을 수 있다. 본능은 일반적으로 번식성공을 달성하는 효과적인 수단인 체험직감해법(體驗直感解法; heuristic)을 구현하고 거의 모든 사람이 높은 가치를 부여하는 목표를 만들어낸다. 우리가 외국의 새로운 음식을 먹고 아프게 되었고 우리의 본능적 반응이 앞으로는 이 음식을 피하는 것이라고 하자. 이는 합리적인가? 그것은 과학적 연구의 규범에 맞지 않지만 합리성의 도구적 분석을 전제로 하면 우리는 그것이 합리적이라고 말할 수 있다. 이런 반응에 의존하기가 이런 잘못된 음식을 먹어서 오는 병을 피하는데 도움이 될 수 있다. 진짜로 우리는 가끔 어떤 음식이 우리를 아프게 하는지 가려내지 못할 때가 있다. 그러나 우리가 음식중독에 관한 과학적 관심이 없다면 우리는 어떤 음식이 병을 유발하는지를 정확히 알아낸 뒤 병에 걸리지 않기를 선호할지 모른다. 우리가 식당식사 후 병에 걸렸다면 공중위생당국은 다른 관점을 갖게 될 것이다. 그러나 우리는 이 경우 진상을 파악할 권한도 과학적 전문지식도 없다. 그리고 우리의 앞으로 행위의 근거로 본능에 맡길 수 있다. Hume은 승인하였을 것이다. 본능이 이성보다 인과관계의 판단을 더 잘 하는 경우가 흔하다는 그의 주장은 유명하다(Hume, 1975, section 45, 최초 1748-51발행).

본능은 음식을 처음 먹고 병을 준 그 음식을 거부하는 반응을 위한, 오직 그 목적을 위한 또는 영역특정(domain-specific)의 모듈(module)이다. 그것은 식중독을 예방하겠지만 다른 병의 원인을 예방하지는 못할 것이다. 이 같은 모듈은 특정한 문제에 관해 추론하고 결정을 내리기위한 내용특정(content-specific) 체험직감해법(heuristic)을 구현한다. 이런 형태 모듈의 다른 예는 얼굴인식이다(Nakayama, 2001). 이들 모듈 둘 다 강한 의미에서 생득적(生得的; innate)이지만 다른 모듈의 본능은 학습에 의한 변경에 유연하고 열려있다. 우리는 보통 웃는 얼굴에 믿음을 주는 본능적 경향이 있지만 우리는 조금 더 웃는 얼굴을 의심하고 덜 믿음직한 사람을 잘 찾아내도록 학습하기도 한다. 영역특정 모듈은 자연선택에 의하여 미리 프로그램화된 "편향된(biased)" 학습에서 일어났다는 점에서 약한 의미의 생득적 본능일 수 있다(Cummins & Cummins, 1999).

누구는 때때로 체험직감해법(heuristic)이 고정되거나 동질인 구조를 가진 영역이나 환경에서 적용된다는 것을 전제로 하여 내용특정 체험직감해법(heuristic)이 생태적 정당성을 갖고 있음을 가끔 보여준다. 우리는 때때로 우리에게 도구적 합리성을 주는데 있어 "환경이 그 일을 하게 하기"도 한다(Gigerenzer, Todd, & the ABC Research Group, 1999.). 그러나 모든 영역이 동질이 아니고 거의 모든 영역에서 예측할 수 없는 변화가 있을 수 있다. 거의 모든 체험직감해법이 일부 조건하에서 실패하게 되어있다. 일부 체험직감해법(heuristic)에 대해 아주 드문

일이기는 하지만 잠재적 실패가 하찮은 일이라고 말할 수 없다. 일부 맥락에서의 실패는 우리가 우리의 삶을 보존하는 것과 같은 치명적 목표를 거부하게 할 수 있다. 도구적 관점에서 정규 규칙이 반드시 체험직감해법(heuristic)보다 우월하다고 주장할 수 없는 것처럼 체험직감해법이 정규규칙보다 우월하다고 주장할 수도 없다.

마음이 영역특정(domain-specific) 모듈에서 내용특정(content-specific) 체험직감해법(heuristic)을 조작한다는 증거가 있지만 때로는 마음이 내용무관(內容無關; content-independent)의 정규규칙을 따름으로써 이들을 무시한다는 증거도 있다. 이 증거로 설득된 사람들이 마음의 이원작용(dual process)론을 제안하였다(Fodor, 1983; Evans & Over, 1996; Sloman, 1996; Stanovich, 1999; Stanovich & West, 2000; Kahneman & Frederick, 2002). 이들 이론에서 정신작용의 두 형태는 시스템 1과 시스템 2로 분류된다. 시스템 1은 내용특정 체험직감해법(heuristic)을 운용하는 영역특정 모듈 시스템이다. 시스템 1은 병행처리의 도움으로 기계적으로 그리고 빠르게 작동한다. 그 작동은 거의 전적으로 의식에서 숨겨져 있고 캡슐에 싸여져 있으며 그 작동 산물이 높은 수준의 인식에 영향을 받지 않는다는 것을 의미한다. 예를 들면 우리는 이 모습이 우리의 시선의 각도나 빛의 장난이라는 높은 수준의 인식을 믿는다 해도 우리는 우리의 얼굴인식 작동의 상세를 알 수 없고 우리는 얼굴과 비슷한 모습을 보지 않을 수 없다. 시스템 1은 비록 아주 빠르고 효율적이긴 하지만, 잘해야 단지 은연중에 어느 정도 내용무관의 규범적 규칙을 따른다. 의식적이고 명시적인 규칙따라 하기는 시스템 2에 자리 잡고 있다. 규범적 규칙이 때로는 시스템2의 바로 그 작용을 설명하도록 도와준다. 그것은 비교적 천천히 그리고 순차적으로 작용하고 가용 기억용량에 심하게 제한받는다. 그러나 시스템2는 때때로 우리에게 이익이 될 때 시스템1의 결과를 무시한다. 예를 들어 우리가 숲에서 웃지 않고 악의에 찬 얼굴모양을 보았을 때 그와 같은 숲 속에 사람이 있을 수 없다는 시스템 2에 의한 판단으로 우리는 도망가지 않는다. 시스템 2는 시스템 1이 어떤 맥락에서 생태적 정당성이 낮기 때문에 실패할 때 시스템 1을 대신할 수 있다. 시스템 2는 또 보기드믄 또는 새로운 일에 효과적으로 대응하는 방법을 찾아내기도 한다. 합리성의 도구적 분석을 전제로 시스템 2가 시스템 1을 무시하여야할 때 이론적으로 말하기는 쉽다. 그것은 그렇게 하는 것이 어떤 맥락에서 목표를 달성하는데 도움을 줄 때에 그렇다. 그러나 언제 무시하는가를 정하는 것은 실천면에서 어려울 수 있고 때로는 불가능하다. 그것은 부분적으로 정규규칙을 써서 정확한 답을 추론하기위해 시간과 에너지를 소비하는 것이 최상일 때의 문제이다. 그 대신 빠르고 효율적이지만 조잡하고 손쉬운, 그러나 운에 따라 좋을 수도 있고 그렇지 않을 수도 있는 체험직감해법(heuristic)에서 해답을 찾는 것이 최상일 수도 있다. 우리가 일반적인 권고를 할 수는 있다. 우리의 효용판단을 전제로 예컨대 우리의 생명이 걸려있을 만큼 중요한 문제라면 그리고 시간과 에너지가 충분히 있다면 우리가 알 수 있는 최선을 다해 시스템 2를 사용하여야할 것이다. 그러나 문제가 그렇게 중요하지 않다거나 시간에 쫓긴다면 우리는 아마도 시스템 1을 사용할 것이다.

시스템 1도 시스템 2도 자연선택에 의한 진화의 결과이지만 시스템 2는 우리에게 번식성공에서 벗어난 예를 들어 산아제한실시와 같은 목표를 추구하는 능력을 준다. 시스템 1은 우리의 유전자가 우리가 유연해지도록 돕기 위해 자유롭게 진행되어온 시스템 2보다 비교적 경직된 본능에 훨씬 더 연결되어있다(Stanovich & West, 2003). 일부 사람들은 비록 목표가 사실상 시스템 1로 구성되더라도 시스템 2의 수준에서의 그들의 개인적 목표중하나로서의 번식목표가 없다. 이로부터 바로 나오는 결과는 우리가 합리성을 진화론의 용어를 사용하여 정의할 수 없거나 논리학, 확률이론, 및 결정이론을 번식성공을 위한 진화론의 규칙으로 대체할 수 없다는 것이다. Rode, Cosmides, Hell, and Tooby(1999, p.302)는

> 우리는 합리성이 수학이나 논리학에서 끄집어낸 규범적 이론에 충실한 것이라고 정의될 때 진화된 기관의 인식구조가 합리적이라고 기대해서는 안 된다. 다만 우리는 우리들의 조상이 진화하는 동안 마주친 적응문제를 해결하기위하여 잘 설계된 인식구조가 생태적으로 합리적이라고 기대할 수 있다.

라고 주장하였다. 이 인용문은 일부 진화심리학자들이 논리, 확률이론, 및 결정이론을 합리성의 표준으로 보는데 부정적인 태도를 가진다는 것을 보여준다. 그들은 합리성을 "추론과 추리의 특정한 영역에 대해 진화가 마음속에 구성한 특수화한 인식메커니즘에의 기준…"이라고 정의하기를 원한다(Gigerenzer, Todd, & the ABC Research Group, 1999, p.30.). 부분적으로 이 태도는 진화심리학자들이 유일하게 합당한 목표가 번식성공이라는 도구적 합리성의 특이한 형태를 전제로 한다는 사실에서 온 결과이다. 이 진화적 접근은 때때로 정규 판단 및 의사결정을 따르는 정규규칙에는 가치가 없다는 것을 암시하는 극단으로 가기도 한다. 그러나 정규규칙을 따르는 것이 일부 목표를 달성하는데 도구적 가치를 가질 수 있다. 사람들이 일반적으로 약간의 정규의 논리 능력, 연역능력을 가지고 있다는 강력한 증거가 있다(Evans & Over, 1996). 그리고 넓은 범위의 문제에 걸쳐서 보다 높은 인지능력을 가진 사람들이 해법을 얻기 위한 정규 규칙을 따르는 보다 큰 능력을 가지는 경향이 있다(Stanovich, 1999; Stanovich & West, 2000).

도구적 합리성은 위의 진화심리학자들(Over, 2002; Stanovich & West, 2003)에 의하여 시사된 대로 진화적 또는 생태적 합리성으로 축소될 수 없다. 우리가 배가 고파 초콜릿 바와 홍당무중 하나를 먹으려한다고 하자. 초콜릿 바가 지방과 당분이 홍당무보다 많이 들어있어 홍당무보다 초콜릿 바를 더 선호하는 경향이 있다. 이 본능은 최대의 칼로리 섭취가 번식성공을 위해 필요한 원시적 조건에서는 유익하지만 기술적으로 발달된 사회에서 건강을 해칠 수도 있다(Strassmann & Dunbar, 1999). 단지 인간의(그리고 인간이전의) 진화역사에서 우리의 선조를 위한 번식성공목표를 조장하게 하여주는 인식구조(cognitive structure) 때문에 이런 선택을 하는 것이 도구직 합리성을 갖는다고 말할 수 없다. 우리가 번식목적을 가지고 있지 않고 아이를 낳거나 더 가지기를 원하지 않을 수도 있다. 시스템 2에 감사하면서 우리는 우리의 본능이 암묵적으로 하는 것보다 현대사회에서의 건강다이어트라는 더 좋은 생각을 할 수도 있다. 좋은 건강을 목표로 가지고 고지식하게 본능적 의식구조에 의존하는 것이 우리의 심장발작을 일으

킨다면 우리는 이 본능적 의식구조를 "합리적"이라고 할 수 없다. 더 일반적으로 원시적 조건에서 자연선택에 의하여 진화된 체험직감해법(體驗直感解法; heuristic)이 기술사회에서 아주 나쁜 결과를 가져올 수 있다. 우리의 본능이 더 이상 존재하지 않는 조건하에서 잘 작동하도록 설계되었다고 전제한다면 현대사회에서 진정한 본능의 도구적 합리성에 안심할 수 없다.

대부분의 인지심리학자들은 그들이 어떤 목적을 위한 정규규칙이나 체험직감해법의 가치를 검토할 때 합리성의 도구적 정의를 전제로 한다. 그러나 도구적 합리성을 비판하는 철학자들도 있다(Nozick, 1993). 비판논의 대부분은 도구적 합리성이 목표, 특히 근원적인 또는 초보적인 목표의 합리성의 극히 제한된 사정(査定; assessment)만을 허용한다는데 초점을 두고 있다. 진짜로 도구적 합리성을 지지하는 사람들이 잘못된 믿음에 의존할 때 욕망과 목표가 때때로 불합리하다고 일컬어진다고 본다는 점에서 Hume(1975, Book II, Section III)을 추종하여왔다. 이 노선을 택할 때 인상이 나쁜 얼굴에서 온 시각 상의 착각을 두려워하는 것 그리고 가능한 한 빨리 도망가려고 하는 것은 불합리하다고 우리는 말할 것이다.

우리는 또 분명히 똑같은 결정 문제를 기술하거나 "짜 맞추는(framing)" 방법 사이에 차이가 있다는 인식착오를 가진 어떤 사람을 불합리하다고 부를 수 있다. 심리학자들은 사람들이 넓게 생각하지 못하는 것이 그들의 선호와 목표에 영향을 줄 수 있다는 것을 발견하였다. Kahneman(1994)은 예를 들어 무엇이 앞으로 우리에게 즐거움 또는 괴로움을 줄 것인가에 관한 잘못된 믿음이 의사결정의 정규 이론에 문제를 던져준다고 지적하였다. 이것들이 반드시 도구적 합리성에 대한 문제들은 아니지만 우리가 아직도 도덕적 또는 법적 근거로 그것들을 비난할 수 있을지라도 목표가 불합리하다고 비판하기위하여 이 합리성의 의미를 사용하는데 기여할 수 없다. 위의 Simon(1983)의 인용문은 잔혹하거나 부당하다 할 수 있는 나쁜 목표를 추구하는데 사람들이 합리적일 수 있다는 것을 암시한다. 대부분의 심리학자들은 인지적인 규범적 표준과 도덕적 및 법적인 규범적 표준 사이에 중요한 차이가 있다고 본다는 면에서 Simon을 추종한다고 볼 수 있다.

3.3.4 한정된 합리성(bounded rationality)[26)]

"한정된 합리성"이란 용어는 의사결정자의 인지적 한계 - 지식 및 계산능력 둘 다의 한계를 고려한 합리적 선택을 가리키는 용어로 사용된다. 한정된 합리성은 경제학으로의 행동적 접근에 있어 중심 주제인데 이 행동적 접근은 실제 의사결정과정이 최종결정에 영향을 주는 방향과 깊은 관련이 있다.

신고전적 경제학의 기초가 되는 **주관적 효용이론**(SEU 이론)은 선택은 (1) 대안들의 주어지고 고정된 집합 중에서 (2) 각각에 대한 결과(outcomes)의 (주관적으로) 알려진 확률분포를 가지고 (3) 주어진 효용함수의 기대가치를 극대화하는 방향으로 이루어진다는 것을 공리로 한다(Savage, 1954.). 이것들은, 아주 풍부하고 품위 있는 이론의 본체를 위한 기초를 제공하는 편리한 전제이지만 우리가 관심을 가지고 있는 경제적 선택상황에는 맞지 않을 수도 있는 가정들

26) Simon, H. A.(1997) pp.291

이다.

한정된 합리성 이론은 SEU이론의 하나이상의 가정을 완화함으로써 만들어질 수 있다. 의사결정자의 선택대상인 대안들의 고정된 집합을 가정하는대신에 우리는 대안들을 만들어내는 과정을 가정(postulate)할 수 있다. 결과의 알려진 확률분포를 가정하는대신 그 분포를 추정하는 절차를 도입하거나 확률지식을 전제로 하지 않고 불확실성을 다루는 전략을 찾아볼 수도 있다. 효용함수의 극대화를 전제로 하는 대신 만족최소화를 전제로 할(postulate) 수 있다. 행동중심 경제학자들이 도입한 SEU의 전체적 극대화 전제에서의 특정한 벗어남은 인간의 사고와 선택과정에 관하여 실증적으로 알려진 것 그리고 특히 대안을 찾아내고 불확실성하 또는 확실성하에서의 그 대안들의 결과를 계산하며 그 결과를 비교하는 인간의 인지적 능력에 관하여 알려진 한계에 대하여 알려진 것에서 도출된다.

대안 만들기

근대 인지심리학은 인간피험자들이 주어진 대안들 중에서 선택하기위하여 사용하는 과정뿐만 아니라 그들이 있을 수 있는 행위의 방향(예 문제를 해결해줄 행위)을 찾기 위하여 사용하는 과정(문제해결과정)을 상당한 깊이로 연구하여왔다(Newell and Simon, 1972). 경제적 행위자, 말하자면 사업경영자의 시간배분을 보면 의사결정시간의 가장 많은 부분을 있을 수 있는 행위의 방향을 찾고 그것들을 평가하는데(그 행위의 결과를 추정하는데) 사용한다. 일단 대안이 만들어지고 그 결과가 조사되면 최종선택을 내리는 데는 훨씬 적은 시간을 사용한다. 우리가 보통 "설계(design)"라는 말로 지칭하는 모든 과정을 포함하는, 길고 중요한 대안만들기과정은 경제적 선택을 SEU로 설명하는 것을 벗어났다. 대안 만들기를 위한 과정의 연구는 신속하게 대부분의 환경에서 모든 대안을 찾아내는 것을 말하는 것은 합당하지 않다는 것을 밝혀냈다. 대안 만들기는 길고 비용이 드는 과정이고 실사회상황에서 최소한의 완벽성도 보장하기 힘든 것이다. 최적탐색이론이 약간의 해결의 빛을 보여주지만 복잡성에서 오는 한계 때문에 실험실에서 관찰되는 인간 대안 만들기 행동은 통상 만족할만한 대안을 또는 전에 쓸 수 있었던 것보다 향상된 대안을 찾는 것을 목표로 하는 경험해법탐색으로 가장 잘 설명된다(Hogarth, 1980.).

결과(consequences)의 평가

인식의 한계, 이 경우에는 지식의 부족과 미래를 예상하는 능력의 한계가 대안의 평가에 중심역할을 한다. 이 인식의 어려움은, 초음속 수송기구 구축, 산성비(acid rain)를 다루기 위한 대책, 이자율에 대한 중앙은행의 정책, 그리고 물론 전쟁을 할 것인지의 결정과 같은 국가적 규모에서 이루어지는 결정에서 분명하게 볼 수 있다.

인식의 한계가 단순히 특정한 정보의 한계만이 아니다. 그 한계는 거의 언제나 관련된 현상을 예측하는데 사용되는 과학이론의 적절성에 대한 한계들이기도하다. 예를 들면 대기화학과 기상학의 가용이론이 주어진 대기오염물질의 양과 분포가 건강과 환경에 주는 결과를 추정하는 데에서 넓은 대역(帶域; bands)의 불확실성을 남긴다. 비슷하게 컴퓨터모델에 의한 경제예측의 정확도가 그 모델의 함수로 나타낸 기초경제메커니즘에 관한 지식의 부족에 의하여 심각하게 제한된다.

▶ **선택의 기준**. 효용함수는 실제로는 항상 증명되지 않는 인간선택의 일관성을 전제로 하고 있다. 극대화의 전제도 의사결정자에게는 무거운(자주 견딜 수 없는) 계산의 짐을 지운다. 한정된 합리성이론은 이론에서 그리고 실제 행동에서 계산적으로 더 단순한 것을 선택하기위한 그리고 인간의 선택패턴에서 관찰되는 불일치를 설명할 수 있는 절차(節次; procedures)를 찾아내려한다.

실제적 및 절차적 합리성

한정된 합리성이론은 의사결정자가 목표달성을 원하고 동시에 자기의 정신을 사용하는 것을 전제로 하는 의사결정 및 선택의 이론이지만 결정과정을 설명함에 있어 인간정신의 실제능력을 고려하는 결정이기도 하다.

표준 SEU이론은 아마도 인간이 결정을 내리기위하여 사용하는 과정의 설명을 의도하지는 않는다. 오히려 일어난 상황에 대한 객관적으로 최적인 대응이라는 전제로 선택을 예측하기위한 도구이다. 그 이론의 주장은 사람들이 주관적 기대효용을 극대화한다고 생각하고 선택한다는 것이다. 최적의 것이 보통 인간의 정신에 의하여 합리적으로 가까워질 수 있을 만큼 투명한 상황에서 결정이 이루어질 때 SEU이론을 위한 강력한 연역적 케이스가 만들어질 수 있다.

한정된 합리성 이론이 실제 결정과정과 더불어 최종결정 그 자체의 실체를 포착하려는 노력면에서 더 야심적이다. 이런 종류의 현실적 이론은 인간정신의 능력과 한계에 대한 실증적 지식을 기반으로, 말하자면 심리적 연구를 기반으로 세워질 수 있다.

(SEU이론과 같은) 합리성의 실제적 이론과 행동이론사이의 차이는 언어학에서 언어적성이론과 언어운용이론 사이의 차이에 생기는 차이와 밀접하게 유사하다. 적성이론은 언어를 문법적으로 말하는 사람은 규칙을 적용함으로써 그렇게 한다고 주장하지 않고 규칙시스템이란 면에서 언어의 문법을 특성화하는 반명 운용이론은 이야기를 만들고 이해하는 실제 과정을 포착하려한다.

결정의 절차적 이론의 바람직함 및 유용함 문제에는 적어도 두 개의 다른 쟁점이 포함된다. 첫째 실제적인 이론과 절차적인 이론 중 어느 것이 결정이 실제로 내리는 것을 더 잘 예측하고 설명하는가의 문제이다. SEU이론이 바라는 정확도로 소비자나 사업자의 시장결정을 예측하는가? 또는 그런 예측에 경제행위자의 인지한계를 고려하여야하는가?

둘째 우리는 단지 최종결론에만 관심이 있는가? 아니면 인간의사결정 그자체가 과학적 호기심의 대상 중 하나인가? 후자의 경우 결정의 실제적 이론은 우리의 요구에 맞지 않고 절차적 종류의 현실적 이론이 우리의 호기심을 충족시켜줄 수 있다.

▌신고전적 경제학의 한정된 합리성

주류경제학 이론이 인간 인지한계를 안중에도 두지 않아왔다고 추측해서는 안 된다. 사실 거시경제학의 가장 중요한 쟁점이 어디에 인간 합리성의 경계가 위치하는지에 관한 논쟁이라고 할 수 있다. 예를 들면 케인스이론에서 불완전고용과 사업 사이클을 설명하는 두 기본메커니즘이 노동계가 겪는 한정된 합리성의 분명한 사례인 돈 착각(money illusion)이다. Lucas의 합리적 사이클의 기대논자 이론에서 상응하는 인지한계는 사업가격의 동향과 일반물가수준의 동향의 차이 - 돈 착각의 또 다른 변형을 구별할 능력이 없다는 것이다. 이들 이론의 근본적 차이는 합리성의 전제에서 꺼낸 다른 추론에서 도출되는 것이 아니라 언제 어디서 이들 전제가 성립하지 않는지에 관한 다른 관점에서 즉 한정된 합리성이론에서의 차이에서 나온다.

당대의 한정된 합리성 이론과 SEU모델로부터의 이들 특별하고 일시적인 이탈을 다르게 만들어주는 것은 전자가 인간합리성모델은 상세하고 체계적인 실험실 및 실사회에서의 인간의 의사결정행동의 실증적 연구에서 도출되어야한다고 주장하는 것이다.

3.4 의사결정 과정

과학적 방법을 정의함에 있어 이견이 있는 것과 같이 의사결정으로의 합리적 접근법에서도 학자들 간에 견해차를 보이고 있다. 단계(段階; steps)에는 어떤 것들이 있나? 일어나는 순서는? 여러 단계 중 어느 것이 제일 중요한가? 왜? 여러 순서 안에 개념들이 자리를 잡고 있는데 일반적으로 "목표의 공식화(公式化; formulation)"에 관한 약간의 서술을 시작으로 여섯 또는 일곱 단계를 거쳐 "행동을 진행시킨다."로 끝난다.

결정과정의 유일하게 수용 가능한 정의에 관한 논쟁에서 비켜서서 의사결정에서 최소한 꼭 있어야 할 단계를 다음에서 요약하기로 한다.

3.4.1 문제의 정의(定義; definition)

의사결정은 문제해결을 지향한다. 문제의 확인(確認; identification)과 정의 없이는 결정은 불가능하며 나아가 필요하지 않을 수도 있다. 문제가 없으면 결정도 없다. 문제의 존재를 정의하기 위하여 문제를 가지고 있는 개인이나 집단(의사결정자)이 있어야 한다. 이들 개인이나 집단은 하나의 목적을 소유하여야 한다. 이를 목표, 기준(基準; norm), 척도(尺度; yardstick), 표준(標準; standard) 또는 목적이라 부른다. 요컨대 원하는 결과이다. 이 결과(結果; result)는 달성되는 것이 아니라 문제를 만들어내는 것이다. 아마도 이것이 유능한 행정가나 경영학자들이 목적의 실정에 그렇게 많이 중요성을 두는 이유일 것이다. 간단하게 말하여 목표가 결정되었을 때 문제는 존재하게 되며, 실제 결과가 알려지면(혹은 추정 가능하게 되면) 원하는 결과와 실제 결과와의 차이를 알 수 있게 되며 그 차이는 의사결정자의 마음속에서 유의적(有義的; significant)이 된다.

3.4.2 선택대안(選擇對案; options)의 목록작성(目錄作成; listing)

의사결정자는 적어도 두 개의 행동방향은 이용할 수 있어야 하며 그 둘은(원하는 결과와 실제 결과간의 의미 있는 차이를 제거하는데 있어) 목표를 달성하는 능력에 있어 갖지 않아야 한다. 만일 다만 하나의 행동방향만 있다면 관리자가 아직 문제를 가지고 있을 수 있지만 내려야 할 결정은 없다. 하나이상의 행동방향이 존재하더라도 선택된 행동에 관계없이 최종결과가 같다면 역시 내려야 할 결정은 없다.

많은 경우에서 존재하는 선택대안의 수는 명백하게 들어나는 것보다 아주 많다. 이들 눈에 띄지 않는 행동방향을 찾는 일이 의사결정의 중대한 부분이다. 조사된 대안들의 목록에 최적의 선택대안이 포함되어 있지 않다면 내려진 결정은 필연적으로 최적이 아닌 것이 될 것이다. 훌륭한 의사결정자는 탐색과 선택대안이란 면에서 생각한다. 대안으로는 무엇이 있을까? 결합시킬 수 있을까? 단순화는? 다른 것을 만들어 낼까? 모든 가능한 행동방향이 포함되어 있나? 이런 사고방식은 물론 창조적이고 상상력이 풍부한 사고를 내포하고 있으며 매우 어려운 작업이다. 인간의 기초적 습관은 탐색을 한정하고 바로 일에 뛰어드는 것이다. "일단 문제가 분명해지면 의심할 여지없이 행동방향을 선택하여야 한다." 많은 최선 결정을 위한 기회가 이런 형태의 사고로 사라지는 것이다.

3.4.3 기준(基準; criteria)의 정의

구체적으로 말해서 개인의 목적은 무엇일까? 미래이익의 형태로 기대이득(期待利得; expected gain)의 극대화(極大化; maximization)가 그들 중 하나일 수 있다. 기대효용 측치(測値; measure)가 더 적절할지 모른다. 아마도 전쟁에서의 비용, 불안(不安; discomfort), 고통, 손실 등의 최소화(最小化; minimization)가 최고로 중요할지 모른다. 일부 목표는 금전적 이득이나 손실로 나타낼 수없는 것도 있다. 목표결정은 단 하나의 목표가 고려대상일 때조차 어려운 일이다. 하나이상의 목표가 포함될 때 추가적인 복잡성이 더해진다. 주관적 가중치(加重値; weights) - 중요성의 순서가 각 목표에 주어진다. 의사결정자들은 언제나 들어나게 또는 내밀하게 이들 가중치를 붙이는데 그 이유는 다른 가중치를 각 목적에 할당하지 않으면 중요성이 모두 같게 되기 때문이다. 한 개 이상의 목표를 추구한다면 중요성의 차이는 피할 수 없다. 문제해결인은 명확하게 어떤 목표가 달성되어야 하며 반드시 존재하는 상대적 중요성의 순서는 어떤 것인지 스스로에게 명확하게 물어야 한다.

3.4.4 선택대안의 분석

각각의 가능한 행동방향은 이제 원하는 결과에 관하여 즉 얼마나 잘 선택대안들이 목적을 달성하여 줄 까와 원하는 결과와 실제 결과의 차이를 제거하여 줄까에 관하여 주의 깊게 고찰하여야 한다. 여기에는 계산(計算; computation), 추정(推定; estimation), 그리고 비교(比較; comparison)가 포함된다. 정보가 수집되어야 하고 의견에서 사실을 주의 깊게 분리하여야 한다. 정보원의 신뢰성(信賴性; reliability)을 객관적으로 평가하여야 한다. 위험(危險; risk)을 검사하고 계량화하여야 한다. 그리하여 여러 대안들이 목표달성(目標達成; goal achievement) 면에서 분석되고 바람직한 순서로 순위를 매길 수 있게 될 수 있다. 다음으로 불가피하게 균형잡는 타협이 있었는지 분석된다. 이모든 과정을 거친 후에도 어떤 선택이 최선인가에 대한 의문이 남을 수도 있다; 그러나 이러한 의문도 공개적이고 합리적인 토론과 공격을 통하여 사라질 수 있다.

3.4.5 행동방향(行動方向; course of action)의 선택

선택할 수 있는 여러 대안 중에서 특정한 행동방향이 선택됐을 때 결정은 내려진 것이 된다. 문제가 해결되는지는 선택된 대안이 최선인지에 그리고 그 문제의 해결책이 의사결정자의 통제 하에 있는지 여부에 달려 있다. 의사결정자가 이용할 수 있는 대안 중 최적의 대안을 선택했지만 목표와 실제 성과가 불일치한다면 문제는 풀린 것이 아니다. 그렇지 않고 행동방향이 선택되고 실행되어 차이가 사라지고 목표가 달성된다면 문제는 풀린 것이다.

3.5 결정의 실제

경영일선에서 일어나는 결정을 보면 정형화된 것과 정형화되지 않은 것이 있다. 예컨대 보험가입업무를 보면 어느 담당자도 수행할 수 있도록 규칙과 규정이 정해져 있어 특별한 결정모형이나 기법이 필요 없다. 이러한 업무는 일상적이고 반복적이며 통상 간단하여 큰 경영솜씨를 요하지 않는다.

그러나 정형화되지 않은 결정은 유일하고 복잡하여 직관만 가지고 쉽게 내릴 수 없는 것이다. 이러한 형태의 결정이 결정분석의 도움을 효과적으로 받을 수 있다. 전략적 경영결정의 경우는 있을 수 있는 행동방향을 마련하여야하고 상충되는 목적을 고려하여야하고 경쟁적 요소와 불확실성의 출처(出處; sources)를 밝혀내야한다. 비정형화결정은 문제를 해결하는데 있어 능숙한 경영자를 필요로 한다.

생산, 마케팅, 재무, 인사, 전략에 있어서의 결정 문제를 포함하여 한 조직이 직면하는 어떤 종류의 비정형화문제도 결정분석기법은 사용될 수 있다. 여기서는 보다 중요하다고 볼 수 있는 생산, 마케팅, 재무 분야의 결정 문제를 좀 더 자세히 다루기로 한다.

3.5.1 생산 결정

생신시스템은 투입(投入; inputs - 생산요소라고도 한다)을 산출(産出; outputs)로 바꾼다. 투입은 노동, 토지, 자본, 자재, 에너지의 형태로 존재한다. 산출은 주로 제품과 서비스이시만 이익, 성장, 고용, 그리고 경제적 정치적 요소(要素; factors)를 포함하기도 한다.

생산시스템이 포함된 많은 결정들은 복잡하여서 구성하고 결정내리기 어렵다. 그런 결정은 공정(工程; process) 설계, 종합계획, 시설(施設; facilities) 계획 등을 포함한다.

▶ **공정 설계**. 한 조직이 사용하는 생산시스템은 여러 형태를 취할 수 있다. 흐름공장(flow shop)일 수도 협업공장(job shop)일 수도 또는 이들 두 형태가 혼합된 경우일 수도 있다. 공장에서의 작업의 순서 그리고 정보와 자재의 흐름은 설계되어야한다. 병원이나 공항과 같은 복잡한 서비스시스템에 대해서도 같은 형태의 결정이 내려져야한다. 설계과정에서 여러 생산기술 중에서의 선택이 이루어져야한다.

▶ **종합계획**. 무엇을 얼마나 그리고 어떤 순서로 생산할 것인가의 종합계획결정은 많은 생산시스템에서 장기간에 걸쳐서 만들어져야한다. 자동차공장을 생각해보면 그 생산은 노동력과 기계를 조직하고 원료를 구매하기 수개월 전에 계획되어야한다. 종합계획은 통상 1년 기간 단위로 이루어지며 여러 상충되는 대안계획들 중에서의 선택이 포함된다.

▶ **시설계획**. 시설계획결정에는 그 기관의 생산용량과 제품조합(製品組合; product mix)을 조사하는 것이 그리고 아마도 바꾸는 것이 포함된다. 예를 들면 모든 기관은 때로는 새 시설을 도입할 것인지 또는 옛 시설을 손보아 쓸 것인지를 정해야한다. 공장이나 병원과 같은 생산시스템을 새로이 구축하려는 결정과 같은 복잡한 문제를 짧게 검토하여보자. 분석의 첫 단계는 통상 수요예측(需要豫測; demand forecasting) 또는 시스템의 조정이나 확장을 위한 계속적 요구가 실제로 있는지를 정하는 것이다. 예측은 자주 상당한 불확실성을 동반(同伴; accompanied by)한다. 다음으로는 경제적 분석과 정성적 및 전략적 요소의 고려(考慮; consideration)를 포함하여 여러 대안들을 만들고 평가하는 단계가 뒤따른다. 그 뒤에 적어도 부분적이라도 분석을 기초로 선택이 내려진다.

3.5.2 마케팅결정

마케팅은 판매나 광고이상의 많은 것을 포함한다. 마케팅결정은 자주 생산결정과 밀접히 관계된다. 중요한 마케팅결정은 제품설계, 가격, 유통시스템설계가 포함될 수 있다.

▶ **제품설계**. 제품설계는 판매에 지대한 영향을 줄 수 있으므로 적절한 설계의 선택은 매우 중요한 결정이다. 이 결정은 자주 복잡한데 그 이유는 제품설계와 판매사이의 관계가 불확실하다는 데 그리고 또한 제품설계결정은 생산시스템의 요소들을 함께 고려하여야한다는 데 있다.

▶ **가격(價格; price)**. 제품이나 서비스의 가격은 통상 판매와 이익 양쪽모두에 영향을 준다. 가격설정이라는 중요한 결정에는 시장의 불확실한 경쟁양상(競爭樣相; competitive aspects) 그리고 가격과 수량(數量; quantity)간의 관계가 포함되는데 이들은 정확하게 알기가 어려운 것이다.

따라서 대안들 중에서의 결정은 복잡하며 통상 재무적 성과(成果; performance)에 강력한 영향을 준다. 여기에 주의 깊은 고려를 보장하여야할 이유가 있는 것이다. 결정 모형(決定 模

型; decision model)구성을 통한 정식 과정(正式 過程; formal processes)이 이결정과정을 도와 줄 수 있다.

▶ **유통시스템결정**. 제품이나 서비스가 어떻게 고객에게 유통되는가는 판매와 이익에 지대한 영향을 준다. 여러 다른 유통시스템의 설계가 있을 수 있으며 이들 중에서 선택하는 일에서 복잡한 결정문제가 대두된다. 유통시스템결정은 모든 다른 결정과 분리하여 내려질 수 없다. 왜냐하면 이 시스템은 제품설계와 가격에 적절하여야 하기 때문이다. 또한 어떻게 광고할 것인가를 정하는 일도 이 시스템설계과정의 부분이다.

3.5.3 재무결정

한 조직의 재무관리는 자본과 현금흐름의 경영을 포함한다. 문제의 중요한 부문은 자금예산(資金豫算; capital budgeting)과 운전자금 관리이다.

▶ **자금예산**. 조직 내에서의 자금의 할당(割當; allocation)을 포함하는 결정이 자금예산결정이다. 그들은 분명히 생산 및 마케팅 결정에 밀접하게 관련된다. 가장 일반적인 형식에서 자금예산결정과정은 자금의 출처(出處; sources)와 사용을 함께 다룬다는 것이다. 많은 복잡한 요소들이 수익성(收益性; profitability), 과세(課稅; taxation), 유보이익(留保利益; retained earning), 기타 핵심변수(核心變數; key variables)들에 영향을 준다. 자금예산결정은 주주(株主; shareholders), 채무자(債務者; debtors), 종업원(從業員; employees), 납품업자(納品業者; suppliers), 그리고 고객에 영향을 준다. 그들은 불확실한 미래 환경에로의 장기간에 걸친 회사의 행동방향에 언질(言質; commitment)을 주기도 한다. 이들 결정의 복잡성(複雜性; complexity)은 아주 크다.

▶ **운전자금 관리**. 유동성(流動性; liquidity)의 유지(維持; maintenance)와 유동자산 및 부채(負債; liability)의 관리가 포함된 결정 또한 많은 복잡성의 근원을 내포하고 있다. 예를 들면 구매(購買; purchasing)과 재고방침대안들은 가용성과 자금비용측면에서 불확실성을 동반할 수도 있다.

위에서 설명된 재무결정의 두 형태에서 그 과정에 포함된 복잡성이 직관으로 결정을 내리기 어렵게 만든다. 그런 경우에는 철저한 양적(量的; quantitative) 분석이 중요한 역할을 발휘한다. 체계화된 합리적 모형이 직관적 판단을 뒷받침할 수 있다.

결정분석이 많은 공공기관이나 정부 그리고 그 에이전시가 정책과 표준을 설정하고 유일한 결정상황을 지원하는데 사용되어왔다.

〈표 3.6.1〉 Mintzberg의 경영자 역할

역 할	내 역
대인관계	
표상(表象; figurehead)	상징적 상사; 법적 사회적 성질의 일상적 업무를 수행하도록 한다.
선도자(先導者; leader)	부하직원에 동기를 부여하고 활성화 할 책임; 직원의 충원, 훈련, 임무부여의 책임
교섭(交涉; liaison)	도움과 정보를 제공하는 외부접촉 및 정보 제공자의 네트워크를 스스로 개발하고 유지
정보관련	
모니터(monitor)	조직과 환경을 철저하게 이해하기위한 여러 분야의 특수정보를 탐색하고 수집; 조직내부와 외부 정보의 신경센터로 등장
전파자(傳播者; disseminator)	외부인(外部人; outsiders)이나 부하직원으로부터 받은 정보를 조직의 멤버에게 전달; 어떤 것은 사실 그대로 어떤 것은 해석(解釋; interpretation) 및 통합(統合; integration)을 포함하여 전달
대변자(代辯者; spokesperson)	조직의 계획, 정책, 활동, 등등을 외부인에게 전달; 조직의 사업에 대한 전문가 역할
결정자역할	
기업가(entrepreneur)	조직과 그 환경의 기회를 탐색하고 변화를 가져올 개선 프로젝트를 시작; 특정 프로젝트의 설계를 감독
소란(妨害; disturbance) 처리인	조직이 중대하고 예상하지 않던 소란에 직면할 때 이를 극복할 올바른 조치를 취할 책임이 있는 사람
자원(資源; resource) 배분인	모든 의미 있는 조직결정을 내리거나 승인한 것이 효과를 가져 오도록 모든 종류의 조직 자원을 배분하는 책임
협상인(協商人; negotiator)	주요 협상에서 조직을 대표하는 책임

3.6 결정지원(決定支援) 시스템[27)]

결정지원시스템(decision support system; DSS)을 공부하기에 앞서 우선 관리자의 역할을 생각해보자. Mintzberg(1980)는 경영자의 역할을 〈표 3.5.1〉과 같이 10개로 요약하였다.

이들 역할을 집행하기위하여 관리자는 컴퓨터가 효율적으로 적시(適時; timely)에 내주는 정보가 필요하다. 그들은 관리자의 역할을 잘 수행하기위하여 필요한 정보를 얻을 뿐만 아니라 의사결정을 직접 뒷받침하여 주고 개선하여주는 컴퓨터를 사용한다.

경영은 자원을 사용하여 조직의 목표를 성취하는 과정이다. 이들 자원이 경영과정의 투입(投入; inputs)이고 목표의 달성이 그 산출(産出; outputs)이다. 조직과 경영자 직무의 성공정도를 흔히 투입과 산출의 비로 측정한다. 이 비가 조직의 생산성의 지표(指標; indication)이다.

생산성의 수준이나 경영의 성공은 계획수립, 조직화, 지휘, 통제와 같은 경영자의 역할수행의 성과에 의존하게 된다. 이들 역할을 이행하기위하여 경영자는 끊임없이 의사결정을 내리게 된다.

27) Turban, E. & Aronson, J.(2001)

모든 경영자의 활동은 의사결정의 반복이다. 경영자는 첫 번째 그리고 가장 앞선 의사결정자이다. 조직은 여러 레벨에 의사결정자로 가득차 있다.

오랫동안 경영자들은 경영을 의사결정을 오랜 기간 동안의 경험(시행착오를 통한 학습)을 통하여 얻어지는 순수한 재능이라고 생각했다. 이런 생각은 과학적 접근에 근거를 두는 체계적 계량적 방법보다는 독창성, 판단, 직관, 경험을 기초로 한 것이다.

그러나 오늘날 경영이 작동하는 환경은 급속히 변하고 있다. 사업과 그 환경은 과거 어느 때보다 복잡해 졌고 그 경향은 더욱 심해지고 있다. 기술과 정보 그리고 컴퓨터의 급속한 진보는 더 많은 대안들 중에서 선택하지 않을 수 없게 만들고 있다. 거기다 경쟁의 격화는 잘못된 결정의 비용을 더욱 크게 하고 있으며 시장의 국제화, 정치의 불안정, 소비자운동, 정부의 간섭은 미래에 대한 불확실성을 늘리고 있다. 변화와 변동의 심화는 신속한 결정을 요구하고 있다.

이와 같은 변화와 경향의 결과로 경영을 시행착오(試行錯誤; trial and error)에 의존한다는 것이 극히 어렵게 되었다. 관리자들은 보다 정교해져야하고 그들의 분야에서 개발되고 있는 새 도구와 기법의 사용법을 배워야한다. 의사결정을 뒷받침하기위해 이들 도구와 기법을 사용하는 것은 효과적인 의사결정을 내리는데 큰 도움을 준다.

3.6.1 전산화된 결정지원과 지원기술의 필요성

컴퓨터기술이 조직과 사회에 주는 영향은 새로운 기술이 전개(展開; evolve)되고 기존(旣存; existing)기술이 확장됨에 따라 증가한다. 사람과 기계 사이의 상호작용과 협력이 조직 활동의 더 많은 측면(側面; aspects)을 다루기 위하여 급속히 증가하고 있다. 급여와 회계장부에서의 전통적 활용에서부터 출발하여 이제 전산화 시스템은 자동화공장의 설계와 경영에서 제안된 인수합병의 평가에 이르는 복잡한 경영자영역으로 침투하고 있다.

컴퓨터의 활용은 업무처리와 모니터링에서 문제의 분석과 해법의 적용으로 이동하고 있다. 우리가 21세기에 들어서면서 자료 접근(資料 接近; data access), 온라인 분석처리(分析處理; analytical processing), 그리고 결정지원을 위한 인터넷 및 인트라넷의 사용과 같은 주제가 현대경영학의 기본이 되었다. 관리자에게 그들의 가장 중요한 과업인 의사결정에서 그들을 직접 도와주는 정보시스템을 제공하게 된 것이다.

전산화된 결정지원시스템(DSS)은 여러 가지 이유에서 필요하다. 그중 공통적인 것 몇 가지를 소개한다.

1. **빠른 계산**(speedy computation). 컴퓨터는 의사결정자가 많은 수의 계산을 아주 빠르게 그리고 낫은 비용으로 할 수 있게 해준다. 응급실에서의 의사의 결정에서 주식거래인의 결정에 이르기까지의 많은 상황에서 적시의 결정은 필수불가결하다.
2. **생산성**(increased productivity)**의 향상.** 의사결정자 특히 전문가 집단의 회합은 그 비용이 크다. 전산화된 지원이 집단의 크기를 줄여주고 집단 멤버가 다른 위치에 있도록 하여준다. 또한 재무 및 법무 분석가와 같은 참모(參謀; staff)의 지원의 생산성도 올려준다.
3. **기술적 지원**(technical support). 많은 결정이 복잡한 계산을 포함한다. 데이터가 다른 데

이터베이스에 그리고 때로는 조직 밖의 웹 사이트(Web site)에 저장될 수 있다. 데이터는 음성과 그림이 포함되며 그들을 떨어져있는 위치로 빠르게 전달할 필요가 있기도 하다. 컴퓨터는 필요한 데이터를 빠르고 경제적으로 탐색, 저장, 전달한다.

4. **품질 지원**(quality support). 컴퓨터는 만들어진 결정의 품질을 개선할 수 있다. 예를들면 더 많은 대안을 평가하고 위험분석(危險分析; risk analysis)을 빠르게 할 수 있고(일부는 멀리 떨어져 있는) 전문가의 견해(見解; views)을 빠르게 경제적으로 수집한다. 이런 전문지식은 컴퓨터시스템을 사용하여 직접 도출할 수 있다. 컴퓨터를 사용하여 의사결정자는 빠르고 경제적으로 복잡한 모의(模擬; simulation)를 실행하고 많은 있을법한 시나리오를 검사하며 다양한 영향을 사정(査定; assess)할 수 있다. 이들 모든 능력(能力; capabilities)이 더 좋은 결정으로 이끌어준다.
5. **경쟁의 지원: 사업과정의 조직 재충전**(組織再充電; reengineering)**과 조직 강화**(組織强化; empowerment). 경쟁 압력이 의사결정을 어렵게 만든다. 경쟁은 가격만이 아니라 품질, 적시성(適時性, timeliness), 제품의 맞춤화(customize), 소비자지원에 까지 미친다. 조직은 자주 그리고 신속하게 가동양식(稼動樣式; mode of operation)에 변화를 주고 공정과 구조를 재설계하고 종업원을 강화하고 쇄신(刷新; innovate)하여야 한다. 전문가 시스템(expert system)과 같은 결정지원기술이 사람들이 지식이 조금 모자라더라도 좋은 결정을 빠르게 내릴 수 있도록 하여주어 조직을 의미 있게 강화한다. 결정지원시스템이 사업과정 재충전(再充電; reengineering)에 사용된다. 전산화된 음성시스템이 경쟁자 활동의 연구와 제품의 맞춤화 및 고객서비스를 쉽게 하여 준다.
6. **처리 및 저장에서의 인식 한계**(認識 限界; cognitive limits) **극복.** 사람의 마음은 정보를 처리하고 저장하는 능력에서 한계가 있다. 또한 사람들은 필요할 때 오류(誤謬; error)없이 정보를 상기하기가 어렵다.

개인의 문제해결능력은 다방면의 정보와 지식이 필요할 때 한계가 있다. 몇몇 개인을 모으면 도움이 되지만 소통과 조정에서 문제가 발생한다. 전산화된 시스템이 사람들로 하여금 거대한 양의 저장된 정보에 접근하여 빨리 처리할 수 있게 한다. 컴퓨터는 집단 작업을 위한 조정과 소통을 개선한다.

결정지원 기술(技術; technologies)

결정지원은 하나 또는 그 이상의 결정지원 기술(도구)에 의하여 제공된다. 주요 결정지원 기술의 일부를 아래에 정리하였다.

1. 결정 지원 시스템(DSS)
2. 집단 지원 시스템(group support system; GSS)
3. 기업/경영진 정보 시스템(enterprise/executive information system; EIS)
4. 공급 망 관리(supply chain management; SCM)

5. 지식 경영(knowledge management)
6. 전문가 시스템(expert system; ES)
7. 인공 신경네트워크(artificial neural network; ANN)
8. 혼성 지능형 지원 시스템(hybrid intelligent support system)
9. 지능형 결정지원 시스템(intelligent decision support system; IDSS)

3.6.2 DSS의 기본구조와 개념

우선 〈표 3.6.2〉을 가지고 표준적(標準的; classic)인 결정지원의 기본구조(基本構造; framework)를 설명하기로 한다. 〈표 3.6.2〉의 왼쪽은 아주 잘 짜여 진(structured)(때로는 프로그램화된 이라고도 하는) 결정에서 전혀 짜여 지지 않은(unstructured)결정에 이르는 의사결정과정을 보여준다. 짜여 진(structured) 과정은 일상적인 그리고 일반적으로 반복적인 문제로 표준해법(解法; solution methods)이 존재한다. 짜여 지지 않은(unstructured) 과정은 애매하고 복잡한 문제로 틀에 박힌 해법이 없다. 의사결정과정을 다음의 세 단계로 나누어 설명하는 학자도 있다.

- 지능(知能; intelligence): 결정의 조건들을 탐색
- 설계(設計; design): 있을법한 행동방향을 만들어내고 개발하고 분석하기
- 선택(選擇; choice): 쓸 수 있는 것들 중에서 한 행동방향을 선택

짜여 지지 않은 문제는 이들 세 단계 모두가 짜여 지지 않은 것이다. 이들 세 단계 모두가 아니고 일부가 짜여 진 결정이 반(半) 짜여진(semi-structured) 것이다.

짜여 진 문제에서는 최선의(아니면 적어도 충분히 좋은) 해법을 얻는 절차를 알 수 있다. 문제가 적절한 재고수준을 찾는 것이든 최적투자전략을 선택하는 것이든 간에 목적은 분명하게 정의된다. 일반적 목적은 비용의 최소화와 이익의 극대화이다. 경영자는 사무(事務; clerical), 데이터처리(data processing), 혹은 경영과학 모델의 지원을 받는다. DSS와 ES 같은 경영지원시스템(management support systems)이 때로는 유용할 수 있다. 짜여 지지 않은 문제에서는 인간의 직관이 자주 결정의 기초가 된다. 전형적 짜여 지지 않은 문제의 예로 새로운 서비스 계획, 중역의 채용, 다음연도 R&D계획 선택 등을 들 수 있으며 다만 짜여 지지 않은 문제의 부분만이 지능형 결정지원시스템(IDSS), **전문가시스템**(expert system), 지식경영시스템(KMS)과 같은 선진결정지원도구의 지원을 받을 수 있다. 반쯤 짜여 진 문제는 짜여 진 문제와 짜여 지지 않은 문제 사이에 들어가며 일부 짜여 진 요소와 일부 짜여 지지 않은 요소를 갖고 있다. 그들 문제는 표준해결절차와 인간판단 결합으로 푼다. 반 짜여 진 문제의 예로 채권거래(trading bond), 컴퓨터제품의 판매예산 짜기, 자본인수분석 등을 들 수 있겠다. 여기서 DSS는 단 하나의 해법뿐만 아니라 대안해법의 범위를 제공함으로써 결정의 기초가 되는 정보의 질을 높일 수 있다. 이런 능력들이 경영자가 더 좋은 결정을 내릴 수 있도록 문제의 성질을 더 잘 이해하도록 하여준다.

〈표 3.6.2〉 결정지원 기본구조

결정의 유형	관리의 유형: 운영관리	경영자관리	전략관리	지원기법
짜여진	① 미수금계정 주문기장	② 예산분석 단기예측(투자) 인사보고 만들까/살까	③ 재무관리 창고위치 유통시스템	MIS OR 모델 거래처리
반쯤 짜여진	④ 생산스케줄 재고관리	⑤ 신용평가 예산확보 공장배치 프로젝트 스케줄	⑥ 신 공장건설 인수합병 신 제품계획 품질보증계획 보상계획	DSS, KMS
아니 짜여진	⑦ 잡지표지선정 소프트웨어구입 대출승인	⑧ 협상 임원채용 하드웨어구입	⑨ R&D계획 신기술개발 사회적 책임	IDSS, ES 신경망
지원기법	MIS, 경영과학	경영과학 DSS, ES EIS, SCM	EIS, ES, 신경망, KMS	

모든 경영자활동은 세 개로 구분된다. 즉 자원배분을 위한 목표와 정책을 수립하는 전략적 계획수립(strategic planning)과 조직목표를 달성하기위해 자원을 획득하고 효율적으로 쓰는 경영관리(management control) 그리고 특정한 과업을 효율적이고 효과적으로 집행하는 운영관리(operational control)가 그것들이다.

결정지원 기본구조 〈표 3.6.2〉는 짜임과 관리의 유형을 혼합하여 아홉 개의 작은방으로 구성되어 있다. 〈표 3.6.2〉의 오른쪽 열과 아래쪽 행에는 여러 결정을 지원하는데 필요한 기법이 들어있다. 예를 들어 반 짜여 진 및 아니 짜여 진 결정에 경영정보시스템(MIS)과 경영과학기법 만으로는 불충분하고 DSS가 필요하게 된다.

짜여 지고 운영관리중심인 과제(작은방 ①과 ② 및 ④)는 하위관리자가 수행하는 반면에 작은방 ⑥과 ⑧ 및 ⑨에 있는 과업은 최고경영자와/혹은 고도로 훈련된 전문가의 책임이다. 이는 전문화되고 복잡한 문제를 다루는 사람을 위해 IDDS, KM, 신경계산, 및 ES가 보다 자주 사용된다는 것을 뜻한다.

DSS의 개념

1970년대 초에 Scott Morton이 최초로 주요 DSS 개념을 분명하게 표현하였다. 그는 "DSS는 컴퓨터에 기초한 상호작용시스템으로 짜여 지지 않은 문제를 풀기위하여 데이터와 모델을 활용하도록 의사결정자를 도와주는 것"이라고 정의하였다(Gorry and Morton, 1971). Keen과 Morton(1978)이 제시한 또 하나의 고전적 정의는 다음과 같다.

DSS는 결정의 질을 향상시키기 위하여 개인의 지능자원과 컴퓨터능력을 결합한다. 그것은 반

짜진 문제를 다루는 경영 의사결정자를 위한 컴퓨터에 기초한 지원시스템이다.

Moore와 Chang(1980)은 초기 DSS 정의의 중요 부분인 짜임새(structuredness) 개념(즉 DSS는 반쯤 짜여 진 그리고 아니 짜여 진 상황을 다룬다는 개념)은 일반적으로 반쯤 짜여 졌나 아니 짜여 졌나는 특정한 의사결정자나 특정한 상황에 따라 달라질 수 있기(즉 짜여 진 결정은 우리가 그것을 그렇게 선택하기) 때문에 무의미하다고 하였다. 이에 따라 그들은 DSS를 불규칙적이고 비계획적인 간격으로 미래계획 짜기를 지향하며 임시적(臨時的; ad hoc) 데이터분석과 결정모델화를 지원할 수 있는 확장 가능한 시스템이라고 정의한다.

Bonczek et al.(1980)은 DSS를 세 개의 상호작용하는 구성요소인 언어시스템과 지식시스템 그리고 문제처리시스템으로 구성된 컴퓨터에 기초한 시스템이라고 정의하였다. 여기서 언어시스템이란 DSS의 사용자와 다른 구성요소 간의 소통을 가능하게 하는 메커니즘이고 지식시스템은 데이터나 절차로 DSS에 합체(合體; embody)된 문제영역 지식의 저장소이며 문제처리시스템은 의사결정에 요구되는 하나 또는 그이상의 일반적 문제를 솜씨 있게 처리하는 능력이 포함된 링크(link)이다. 이 정의가 제시하는 개념이 DSS와 지식의 관계를 이해하게 하여준다.

DSS의 정의를 마지막으로 하나 더 소개하면 Keen(1980)은 "적응할 수 있는 학습과 발전 과정을 통해서만 '최종' 시스템이 개발될 수 있는 상황"에 용어 DSS를 적용하였다. 이에 따라 그는 DSS를 DSS 사용자와 DSS 구성자(構成者; builder) 그리고 DSS 그 자체 모두가 서로 영향을 주어 시스템을 진전시키고 사용패턴을 만들어 낼 수 있는 개발과정의 산물이라고 정의하였다.

불행하게도 DSS의 정식정의(正式定義; formal definition)가 일관된 초점을 제시하지는 못하는데 그 이유는 각각이 그 내용을 다르게 축소하기 때문이다. 더 나아가 DSS의 중심목표인 의사결정을 지원하고 개선하는 것을 무시한다. DSS 정의의 초점이 입력 자료에서 출력자료로 옮겨져 왔다. 강조하는 점이 변한 가장 그럴듯한 이유는 DSS의(결정품질이나 내려진 결정의 신뢰성과 같은) 출력자료를 측정하기 어렵기 때문이다.

3.6.3 DSS의 특성과 능력

정확히 DSS가 무엇인가에 대한 일치된 의견이 없기 때문에 DSS의 표준 특성과 능력(能力; capabilities)에 대해서도 분명히 합의가 없다. 아래에 나열된 주요 DSS의 능력은 하나의 이상적인 집합이다.

1. DSS는 인간의 판단과 전산화된 정보를 접합하여 주로 반쯤 짜여 지거나 짜여 지지 않은 상황에 있는 의사결정자를 지원하여준다. 이런 문제들은 다른 전산화된 시스템이나 표준 계량적 방법이나 도구로 풀릴 수 없다(또는 편리하게 풀리지 않는다).
2. 최고경영자에서 일선 관리자에 이르는 여러 단계의 경영자를 지원한다.
3. 지원은 개인과 더불어 집단에게도 제공된다. 덜 짜여 진 문제는 자주 다른 부서와 조직단계 때로는 다른 조직에서 온 몇몇 사람이 개입되기도 한다.
4. DSS는 몇 개의 서로 영향을 주는 그리고/혹은 잇달아 일어나는 결정에 지원을 제공한다.

결정이 한 번 또는 여러 번 또는 반복적으로 일어날 수 있다.

5. DSS는 결정과정의 모든 면: 지능, 설계, 선택, 실행의 모든 면(面; phases)을 지원한다.
6. DSS는 여러 가지 의사결정과정과 스타일을 지원한다.
7. DSS는 시간에 맞추어 적응한다. 의사결정자는 변하는 여건에 민감하고 빠르게 대응하여야 하고 DSS를 이 변화에 맞추어 나갈 수 있어야한다. DSS는 유연하여 사용자가 기본요소들을 추가하고 삭제하며 결합하고 바꾸며 재배치할 수 있다.
8. 사용자는 DSS를 다루는데 편안하여야한다. 사용자편의성, 높은 도해능력(圖解能力; graphical capabilities), 그리고 언어로 된 인간-기계 상호작용수단(interface) 등이 DSS의 효과를 크게 증가시킨다.
9. DSS는 의사결정의 효율(의사결정의 비용)보다는 효과(정확도, 적시성, 품질)의 향상을 추구한다.
10. 의사결정자는 문제를 푸는데 있어 의사결정의 모든 단계를 완벽하게 통제한다. DSS는 의사결정자를 지원할뿐이지 그를 대신하지는 않는다.
11. 최종사용자는 단순한 시스템을 스스로 구성하고 수정할 수 있어야한다. 큰 시스템은 정보시스템전문가의 도움을 받아 구성한다.
12. DSS는 통상 의사결정상황을 분석하기위한 모델을 이용한다. 이 모델화능력이 다르게 구성된 전략들을 실험할 수 있게 해준다.

DSS는 여러 가지 데이터의 출처와 포맷(formats) 그리고 형식(型式; types)에 접근할 수 있게 해주어야한다. DSS는 개별 의사결정자가 한 장소에서 다른 장치가 필요 없이 이용하는 도구로 사용될 수 있어야한다. 또는 공급망(供給網; supply chain)에 따라 한조직내에서 두루 혹은 여러 조직 내에 분포될 수 있어야한다. DSS는 다른 DSS 및/혹은 다른 용도에 연결될 수 있어야 하고 네트워킹과 웹(Web)기술을 사용하여 내부적으로 그리고 외부적으로 분산될 수 있어야 한다.

이런 특성이 의사결정자로 하여금 적시에 더 좋고 일관성 있는 결정을 내리게 해준다. DSS는 [그림 3.6.1]이 나타내는 것과 같은 하부시스템(subsystems)으로 구성된다.

3.6.4 DSS의 구성요소(構成要素; components)

▶ **데이터관리 하부시스템**(data management subsystem). 이 하부시스템은 데이터베이스를 가지고 있는데 이는 상황에 대한 관련 데이터를 포함하고 있으며 데이터베이스 관리시스템(database management system; DBMS)라고 부르는 소프트웨어에 의하여 관리된다. 데이터관리하부시스템은 회사의 관련 의사결정데이터에 대한 저장소인 회사 **데이터 창고**(data warehouse)에 연결될 수 있다.

[그림 3.6.1] DSS의 개요도

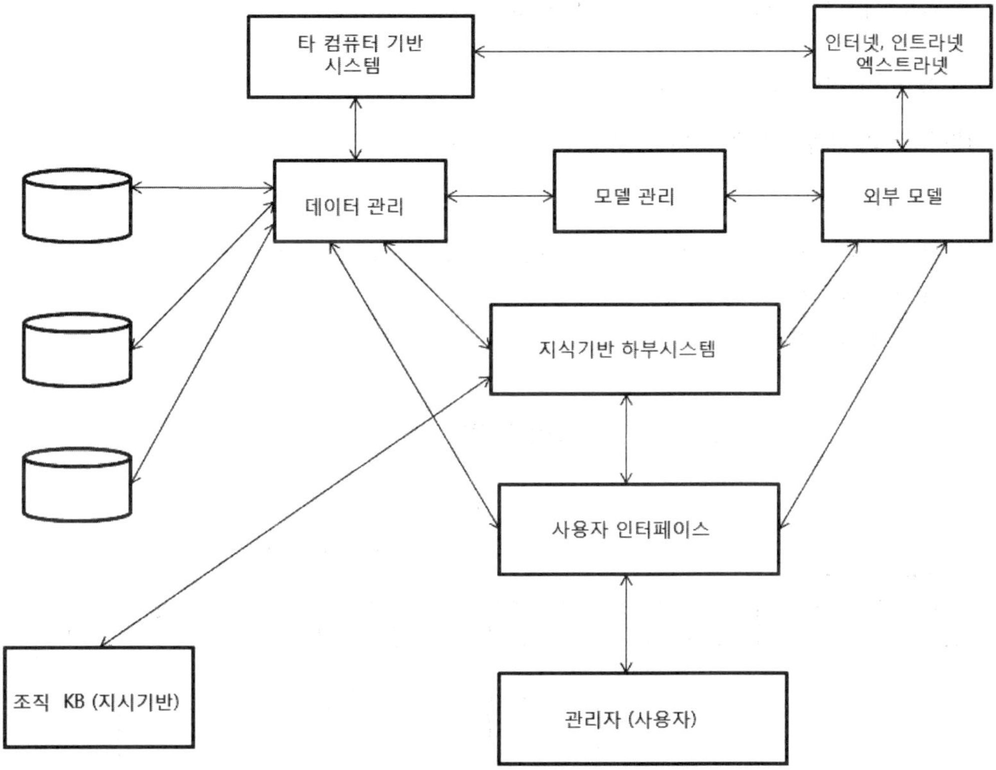

* 원전: Turban & Aronson, 2001

▶ **모델관리 하부시스템**(model management subsystem). 이 하부시스템은 시스템의 분석 성능과 적절한 소프트웨어관리를 제공하는 재무, 통계, 경영과학, 기타 계량적 모델을 포함하는 소프트웨어 패키지(package)이다. 맞춤 모델을 구성하기위한 모델화언어도 포함된다. 이 소프트웨어가 **모델기반 관리시스템**(model base management system(MBMS)이다. 이 컴포넌트는 회사 또는 외부 모델저장과 연결될 수 있다.

▶ **지식기반 관리 하부시스템**(knowldege-based management subsystem). 이 하부시스템은 독립된 컴포넌트로서 다른 어떤 하부시스템이나 행위를 지원할 수 있다. 이것은 의사결정자 자신의 지능을 넓혀준다. 이것은 조직지식베이스(organizational knowledge base)라고 불리는 조직의 지식보관소와 서로 연결될 수 있다.

▶ **사용자인터페이스 하부시스템**(user interface subsystem). 사용자는 이 하부시스템을 통하여 DSS와 소통하고 DSS에 명령할 수 있다. DSS의 독특한 기능의 일부는 컴퓨터와 의사결정자 간의 긴밀한 대화에서 나온다.

이들 구성요수들이 DSS 응용시스템을 형성하는데 이들은 회사 인트라넷과 엑스트라넷 그리고 인터넷에 연결될 수 있다. [그림 3.6.1]이 보여주는 DSS와 상기 컴포넌트의 개요도(槪要圖; schematic view)가 DSS의 일반적 이해를 도와준다.

3.6.5 데이터관리 하부시스템

데이터관리 하부시스템은 다음 요소로 구성된다.

1. DSS 데이터베이스(database)
2. 데이터베이스 관리시스템(database management system: DBMS)
3. 데이터 목록(目錄; directory)
4. 조회기능(照會機能; query facility)

[그림 3.6.2] 데이터관리 하부시스템의 구조

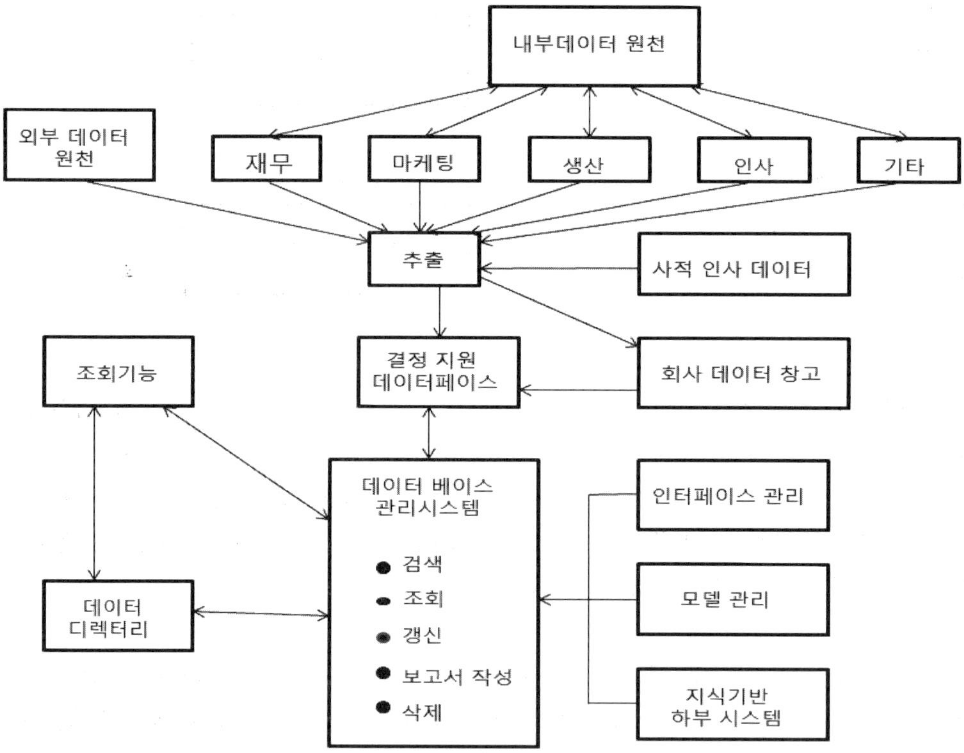

이들 요소들은 [그림 3.6.2]가 개략적으로 보여준다. 또 이 그림에서 데이터관리하부시스템과 여러 데이터출처(出處; sources)와의 상호작용과 함께 DSS의 다른 부문과의 상호작용을 볼 수 있다.

▌데이터베이스

데이터베이스는 조직의 요구와 구조에 맞도록 조직된 서로 관계가 있는 데이터를 모아놓은 것이며 둘 이상의 용도로 두 사람 이상이 동시에 사용할 수 있다. 데이터베이스는 몇 가지 배열방식이 있을 수 있다. 어떤 DSS는 데이터창고에 직접 연결되어있다. 다른 DSS의 용도에서는 필요에 따라 특수한 데이터베이스가 구성된다. 데이터의 출처에 따라서는 하나의 DSS 용도에 여러 개의 데이터베이스가 쓰이기도 한다.

DSS 데이터베이스에 있는 데이터는 내부 및 외부 데이터의 출처와 함께 한 사람 또는 그 이상의 사용자에 속하는 개인적 데이터에서도 뽑아낸다. 뽑아낸 결과는 특정용도의 데이터베이스로 또는 회사데이터창고가 있다면 그리로 간다. 후자의 경우는 다른 용도로도 쓰인다.

내부데이터는 주로 조직의 업무처리시스템에서 온다. 이런 데이터의 전형적인 예가 월별임금대장이다. DSS의 요구에 따라 마케팅(marketing)과 같은 직능부문에서 오는 운영상 데이터가 포함되기도 한다. 내부데이터의 다른 예로는 기계보전 일정계획 또는 예산배정, 미래 판매예측, 재고품절 비용, 및 미래 채용계획 등이 있다. 때로는 내부 웹(Web) 시스템인 인트라넷(intranet)을 거쳐 웹브라우저(Web browser)를 통해 활용할 수 있게 된다.

외부데이터에는 산업데이터, 시장조사데이터, 국세조사(國勢調査; census)데이터, 지역고용데이터, 정부규제, 조세율 표, 및 국가경제데이터 등이 포함된다. 이들 데이터는 정부, 무역협회, 상공회의소, 시장조사회사, 계량경제예측기관, 그리고 외부데이터를 수집하는 조직자체의 노력 등에서 온다. 외부데이터는 많은 경우 인터넷(전산화된 온라인 서비스 또는 검색엔진)을 통해 제공된다.

사적(私的; private) 데이터는 특정 의사결정자가 사용하는 가이드라인과 특정데이터 및/또는 상황의 사정(査定; assessment) 등이 포함된다.

▌데이터 체계화(data organization)

DSS는 독립 형 데이터베이스를 가져야만 할까? 상황에 따라 다를 수 있다. 작은 임시 DSS에서 데이터는 모델에 직접 들어갈 수 있고 때로는 더 큰 데이터베이스에서 직접 뽑아올 수 있다. 삼성전자, SK, 대한항공 같이 공범위하고 아주 많은 데이터를 사용하는 큰 조직에서 데이터는 데이터창고에 모여 체계화되며 필요할 때 사용된다. 큰 DSS는 그것 자체의 여러 출처로부터의 충분히 통합된 DSS 데이터베이스를 가지고 있다. 독립된 DSS 데이터베이스일지라도 회사데이터베이스와 물리적으로 분리될 필요는 없다.

DSS 데이터베이스는 다른 시스템과 함께 DBMS를 공유(共有; share)할 수 있다. DSS 데이터베이스는(그림, 지도, 소리와 같은) 다중매체(多重媒體; multimedia)의 대상을 포함할 수 있다.

▌추출(抽出; extraction)

DSS 데이터베이스 또는 데이터 창고를 만들기 위해서 몇 개의 출처로부터 데이터를 획득할 필요가 있다. 이 작업을 추출(뽑아오기)라고 한다. 이것은 기본적으로 데이터의 파일(files), 요약, 표준화, 여과(濾過; filtration), 및 압축(壓縮; condensation)을 통하여 이루어진다. 추출은 사용자가 DSS 데이터베이스에 있는 데이터를 가지고 보고서를 작성할 때도 생긴다.

데이터베이스관리시스템

데이터베이스는 DBMS에 의해 만들어지고 접속되며 갱신(更新; update)된다. 대부분의 DSS는 아래에 나열된 성능을 가진 상업적 관계형(關係型; relational) 표준 DBMS가 장착되어있다.

1. DSS에 들어있는 데이터를 포착하거나 뽑아냄.
2. 데이터 기록과 파일을 갱신(추가, 삭제, 편집, 변경)
3. 다른 출처로부터의 데이터를 상호 연관
4. 조회와 보고를 위해 데이터베이스로부터 데이터를 찾아냄
5. 포괄적 데이터 안전성(安全性; security)확보(무허가 접속방지, 회복능력 등)
6. 사용자가 자신의 판단에 기초하여 해결대안들을 실험할 수 있도록 사적이고 비공식적인 자료를 취급
7. 조회에 기초한 복잡한 데이터처리과업을 실행
8. DSS내에서의 자료사용을 추적(追跡; track)
9. 데이터 사전(辭典; dictionary)을 통한 데이터관리

효과적인 데이터베이스와 그 관리는 많은 경영자의 활동을 지원한다. 기록의 일반적 위치추적, 다양한 데이터관계의 집합을 마들어내고 보전하기위한 지원, 보고서작성 등이 그 예이다. 그러나 DSS의 진정한 힘은 데이터가 모델과 결합될 때 생긴다.

조회기능

DSS를 구성하고 사용하는 데는 데이터에 접속하고 조종하며 조회할 필요가 있다. 조회기능이 이 일을 수행한다. 이 기능은 다른 DSS 구성요소(그림 3.4.2)로부터 데이터의 요청을 받아드리고 이들 요청에 어떻게 맞추어 주는가를 결정하고 요구를 상세하게 편집하며 그 결과를 요구한 곳으로 보낸다. 조회기능에는 특수한 조회언어가 포함된다. DSS 조회시스템의 중요한 기능은 선별과 조종 작업이다. 예를 들면 "2008년 6월 A지역의 모든 판매내역을 찾아내고 판매원별로 정리하라"와 같은 것이다.

디렉토리(directory) - 데이터목록

데이터 디렉토리는 데이터베이스 안에 있는 모든 데이터의 디렉토리이다. 여기에는 데이터의 정의들이 들어있고 그 주 기능은 데이터 세목(細目; items)과 그 출처 그리고 그 정확한 의미를 물어온 것에 답을 주는 것이다. 데이터의 스캐닝과 문제분야나 기회의 확인을 도와줌으로써 의사결정과정의 지능 단계를 지원하는데 특히 적절하다.

3.6.6 모델관리 하부시스템(model management subsystem)

DSS의 **모델관리 하부시스템**은 다음 요소들로 구성된다.

1. 모델 베이스(model base)

[그림 3.6.3] 모델관리 하부구조의 구조

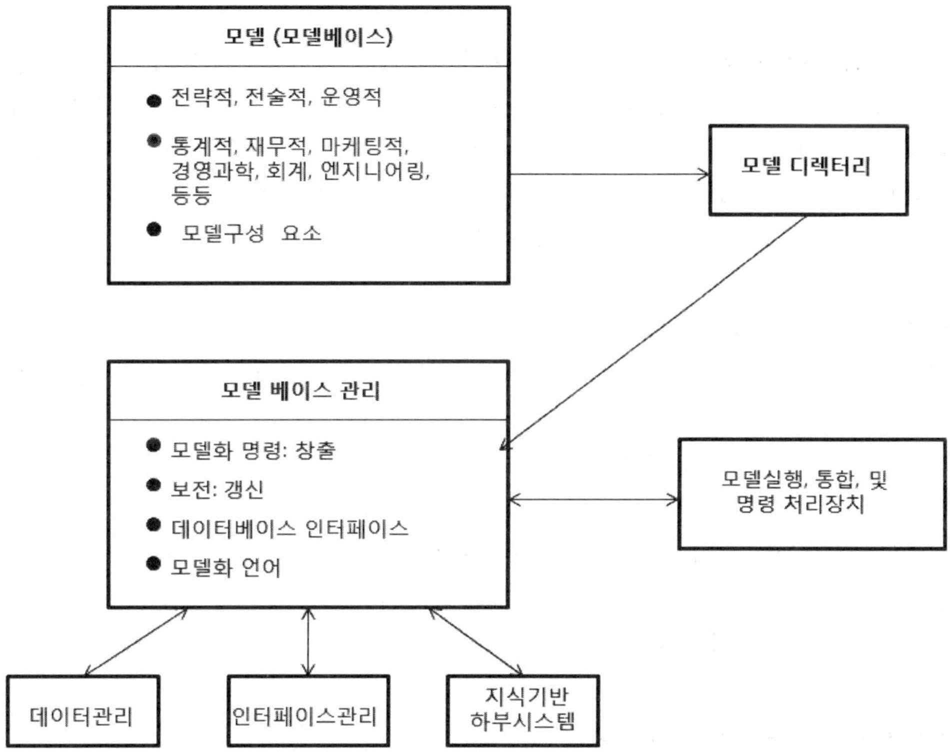

2. 모델 베이스 관리시스템(MBMS)
3. 모델화 언어(modeling language)
4. 모델 디렉토리(model directory)

이들 요소들과 그들의 다른 DSS요소들과의 인터페이스를 그림3.5.3에서 볼 수 있다. 이들 요소 각각의 정의와 기능을 다음으로 설명한다.

▌모델베이스

모델베이스는 DSS에서의 분석능력을 제공하는 일상적인 그리고 특수한 통계, 재무, 예측, 경영과학 및 다른 계량적 모델을 내장하고 있다. 모델을 불러오고 운용하며 변화시키고 결합하며 검사하는 능력이 DSS와 컴퓨터베이스 정보시스템(computer-based information system)을 차별화하는 핵심 DSS 성능이다. 모델베이스 안에 있는 모델들은 네 개의 주요 범주로 나누어진다. 이들은 전략모델, 전술모델, 운영모델, 및 분석모델이다. 여기에 모델 구성단위(構成單位; building blocks)와 수순(手順; routines)이 추가된다.

▶ **전략모델**(strategic models)은 최고경영층의 전략계획 책임을 뒷받침하기 위하여 사용된다. 가능한 응용에 회사목적 개발, 회사인수합병 계획, 공장입지선택, 환경영향분석, 비 정례적 자금예산 등이 포함된다.

▶ **전술모델**(tactical models)은 조직의 자원의 배분과 관리를 돕기 위하여 주로 중간관리 층에 의하여 사용된다. 전술모델의 예로는 노동소요계획, 판매촉진계획, 공장배치결정, 정례적 자금계획 등이 있다. 전술모델은 통상 회계과와 같은 조직 내 하부시스템에서만 이용된다. 전술모델의 시계(時界; time horizon)는 일 개월 이상 2년 미만사이에서 변한다. 일부 외부자료가 요구되지만 주로 필요한 것은 내부데이터이다.

▶ **운용모델**(operational models)은 조직의 일상 작업 활동을 뒷받침하기위하여 사용된다. 전형적인 결정대상으로는 은행에서의 개인의 융자승인, 생산일정계획, 재고관리, 보전(保全; maintenance) 계획과 일정, 품질관리 등이 있다. 운용모델은 주로 하루에서 한 달 사이의 일선 관리자의 의사결정을 뒷받침한다. 이들 모델은 보통 내부 데이터만 사용한다.

▶ **분석모델**(analytical models)은 데이터를 분석하기위하여 사용된다. 그것들에는 통계모델, 경영과학모델, 데이터마이닝[28] 연산(data mining algorithms), 재무모델 등등이 있다. 때때로 그것들은 전략계획모델과 통합된다.

모델 구성단위(構成單位; building blocks)와 수순(手順; routines)

모델 베이스는 전략, 전술, 운용 모델에 추가하여 **모델 구성단위**와 수순을 포함할 수 있다. 예를 들어보면 난수(亂數; random number)발생 수순, 곡선 — 또는 직선 — 맞추기 수순, 현재 가치계산 수순, 회귀분석(回歸分析; regression analysis) 등이 있다. 이와 같은 구성단위들은 몇 가지 방법으로 이용될 수 있다. 그들은 데이터분석과 같은 용도에서 자기 자신에 이용될 수 있다. 그들은 더 큰 모델의 구성요소로 사용되기도 한다. 예를 들면 현재가치 구성요소는 자가 제조 또는 구매(make-or-buy) 모델의 부분이 될 수 있다. 이들 구성단위들의 일부는 예측 모델의 추세선(趨勢線; trend line)을 만들어 내기위해 회귀분석을 사용하는 것처럼 모델 내 변수 및 모수의 값을 정하는데 사용될 수 있다.

모델베이스 관리시스템(model base management system; MBMS)

MBMS 소프트웨어의 기능은 프로그램화 언어를 사용하는 모델 만들어내기, DSS 도구 및/혹은 수순과 다른 구성단위, 새로운 수순과 보고서의 생산, 모델의 갱신과 변경, 그리고 모델데이터의 조종이다. MBMS는 데이터베이스를 통하여 적절하게 연결시킴으로써 모델들을 서로 관계

28) data mining은 데이터베이스에서 지식을 발견하는 것을 의미한다. 이에는 지식추출, 데이터 고고학, 데이터 탐구, 데이터 패턴처리, 데이터 준설, 정보 거둬들이기 등이 포함된다.

를 맺게 한다.

▌모델 디렉토리

모델 디렉토리의 역할은 데이터베이스 디렉토리의 역할과 유사하다. 그것은 모델 안에 있는 모든 모델과 소프트웨어의 목록이다. 그것에는 모델의 정의가 들어있으며 그 주요 기능은 모델의 유용성과 성능에 관한 질문에 응답하는 것이다.

▌모델의 실행(實行; execution), 통합(統合; integration), 및 명령(命令; command)

모델의 실행은 모델의 실제운용을 통제하는 과정이다. **모델의 통합**은 필요시 몇 개의 모델을 결합하거나 DSS와 다른 용도를 통합하는 것이다.

모델 명령 처리기(處理器; processor)는 사용자인터페이스 부문에서 오는 모델화 지시를 받아들이고 해석하며 이들을 MBMS, 모델의 집행, 혹은 통합 기능으로 보내는데 사용된다.

3.6.7 지식기반 관리 하부시스템(knowledge-based management subsystem)

많은 안 짜여 진 그리고 반쯤 짜여 진 문제조차도 너무 복잡하여 그 해답을 위해서는 전문지식이 필요하다. 그런 전문지식은 **전문가시스템** 또는 지능시스템으로부터 제공받을 수 있다. 첨단 DSS는 **지식기반 관리 하부시스템**에 장착되어있다. 이 컴포넌트는 문제의 어떤 측면을 푸는데 그리고 기타 DSS 컴포넌트의 운전을 향상시키는데 필요한 전문지식을 공급할 수 있다.

Silverman(1995)은 지식 하부시스템의 역할을 설명하면서 지식기반 전문가시스템(expert system-ES)과 수학모델을 통합하는 세 가지 길을 제시하였다. 즉 수학으로 해결되지 않는 의사결정과정의 여러 단계를 뒷받침하는 지식기반 결정지원, 사용자가 모델의 라이브러리(library-관련 파일의 집합)를 구성하고 응용하며 관리하는 것을 도와주는 지능형 결정모델시스템, 그리고 이론적으로 엄격한 불확실성의 방법을 전문가시스템 지식베이스에 통합시키는 결정분석 전문가시스템이 그것이다.

지식 컴포넌트는 하나 또는 그이상의 지능형 시스템으로 구성된다. 데이터 및 모델 관리 소프트웨어처럼 지식관리 소프트웨어도 필요할 때 지능시스템의 집행과 통합을 제공한다.

그런 컴포넌트를 내장하고 있는 DSS를 지능형 DSS, DSS/ES, 전문가지원(專門家支援; expert support)시스템, 능동형(能動型; active) DSS, 지식기반 DSS, 등으로 부른다.

3.6.8 사용자 인터페이스(대화) 하부시스템(user interface(dialog) subsystem)

사용자 인터페이스란 용어는 사용자와 DSS간의 모든 측면의 소통을 망라한다. 그것은 모든 하드웨어와 소프트웨어뿐만 아니라 사용의 편의, 접속성, 및 인간-기계의 상호작용을 다루는 모든 인자(因子; factors)를 포함한다. 어떤 MSS(경영지원시스템) 전문가는 사용자인터페이스가 가장 중요한 컴포넌트라고 생각한다. 그 이유는 MSS의 힘, 유연성, 및 사용편의성의 대부분이 이 컴포넌트에서 나오기 때문이다(Sprague and Watson, 1996.). 어떤 사람은 사용자가 MSS

의 이 부분만을 보기 때문에 그에게는 사용자 인터페이스가 시스템이라고 말한다(Whitten and Bentley, 1997.).

▮사용자인터페이스 하부시스템의 관리

사용자인터페이스 하부시스템은 사용자인터페이스 관리시스템(user interface management system; UIMS)이라고 부르는 소프트웨어에 의하여 관리된다. UIMS는 대화 생성 및 관리시스템이라고 부르기도 한다.

[그림 3.6.4] 사용자인터페이스 시스템의 개요도

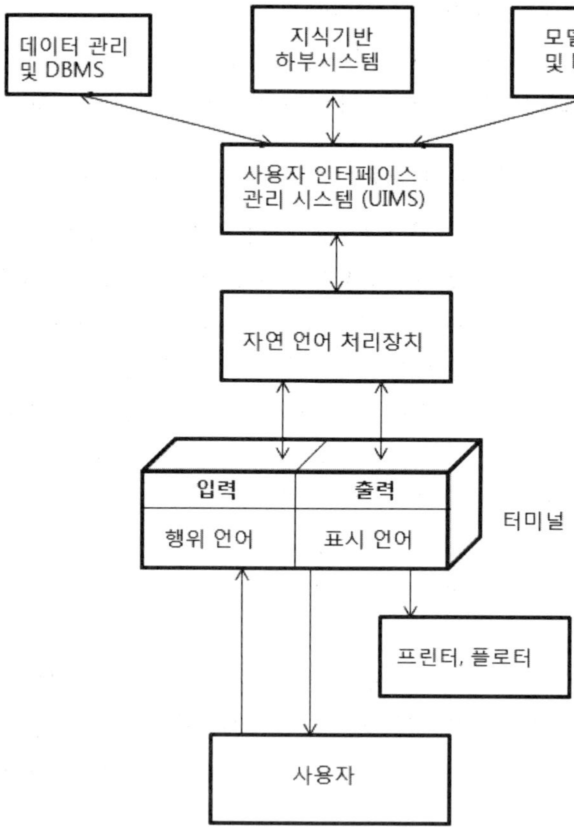

▮사용자인터페이스 과정

MSS를 위한 사용자인터페이스 과정은 [그림 3.4.4]에 계략적으로 나타나 있다. 발전된 시스템에서는 사용자인터페이스 컴포넌트는 그림 사용자인터페이스를 통한 지연언어 처리기가 들어있거나 표준 대상(對象; objects)(내림 메뉴, 단추, 인터넷 브라우저와 같은)이 포함된다. DSS 인터페이스는 음성이나 디스플레이 패널로 휴대전화에 접속할 수 있다.

3.7 지식기반 DSS : 인공지능과 전문가 시스템[29)]

3.7.1 인공지능(人工知能; artificial intelligence)

인공지능의 개념과 정의

의사결정이 매우 복잡하면 데이터나 모델 관리만으로 충분하지 않은 경우가 많다. 필요한 지식을 공급함으로써 인간의 전문지식을 대신하는 전문가시스템이 이를 보충할 수 있다. 이 이외의 몇몇 다른 지능기술이 전문지식을 요하는 결정상황을 지원하는데 사용되고 있다. 이 모든 기술이 지식기반 시스템(knowledge-based system)이라고 부르는 지원을 제공하기위하여 지식을 사용한다. 이들 모두가 인공지능(人工知能; artificial intelligence - AI)의 응용이라 생각된다.

▶ **인공지능의 정의**. 인공지능은 많은 정의를 포함하는 용어이지만(Jackson, 1998; Rayner, 1996) 대부분의 전문가가 AI는 두 개의 기본 아이디어에 관한 것이라는데 동의한다. 그 하나는 (무엇이 지능인지를 이해하기위하여) 인간 사고과정을 연구하는 것이고 또 하나는(컴퓨터나 로봇과 같은) 기계를 이용하는 것으로 이들 과정을 대신하는 것이다.

잘 알려진 AI 정의는 "AI는 사람이 행하면 지능적이라고 말할 것을 기계가 하는 행동"이다. 여기서 지능적 행동이라는 말의 의미를 조사해보자. 지능을 보여주는 신호로 몇 가지 능력을 생각할 수 있다:

1. 경험을 통한 학습과 이해
2. 모호하거나 모순되는 메시지에 의미부여
3. 새로운 상황에 신속하고 성공적으로 대응
4. 효과적으로 문제를 풀고 행동을 이끌어내는 데 추리(推理; reasoning)를 사용
5. 복잡한 상황 다루기
6. 정상적이고 합리적인 방법으로 이해하고 추리하기
7. 환경을 솜씨 있게 다루기 위하여 지식을 응용
8. 사고하고 추리하기
9. 하나의 상황에 있는 다른 요소들의 상대적 중요성을 알아차리기

▶ **지능에 대한 검사**. 컴퓨터가 지능적 행동을 시현하는지를 알아내기 위한 검사가 Alan Turing에 의하여 설계되었으며 이를 **Turing 검사**라고 부른다. 이 검사에 따르면 보이지 않는 인간과 보이지 않는 컴퓨터 모두와 대화하는 인간 면담인(面談人; interviewer) 어느 것이 어느 것인지 성할 수 없을 때만 그 컴퓨터가 똑똑하다(smart - intelligent)고 생각한다. Bourbaki(1990)에 의하면 John Searle이 이 아이디어에 도전하였는데 그의 생각은 Rich & Knight(1991)의 정

29) Turban, E. & Aronson, J.(2001)

의(인공지능은 당장은 인간이 더 잘하는 일을 컴퓨터가 하게 만드는 방법을 연구하는 것)와는 다르다.

다음 AI의 정의와 특성은 의사결정과 문제해결에 초점을 맞추고 있다.

▶ **상징적 처리**(symbolic processing). 상징적 처리는 다음 정의에 반영된 대로 인공지능의 기본적 특성이다. 인공지능은 본래 상징적 그리고 비연산적(非演算的; non-algorithmic)으로 문제풀기를 다루는 컴퓨터과학의 한 분야이다. 이 정의는 두 특성에 초점을 두고 있다.

1. 숫자적(數字的; numeric) 대 상징적(象徵的; symbolic). 컴퓨터는 원래 특별하게 숫자를 처리하게 설계되었다(숫자로 처리하기(numeric processing). 그러나 사람들은 상징적으로 사고하는 경향이 있다; 우리의 지능은 부분적으로 단지 숫자만이 아니라 심벌들(symbols)을 다루는 정신적(精神的; mental)능력에 기초를 두고 있다. 비록 심벌을 다루는 것이 AI의 핵심이기는 하지만 이것이 AI가 수학을 포함하지 않는다는 의미가 아니라 AI가 심벌을 잘 다룬다는 것을 강조한 것이다.
2. 연산적(演算的; algorithmic) 대 비연산적(nonalgorithmic) 연산은 시발점과 종착점이 잘 정의되어있는 단계적 절차이고 특정한 문제의 해답을 찾아주게 되어 있다. 대부분의 컴퓨터 아키텍처(architecture)는 스스로 단계적 방법에 맞도록 되어있다. 많은 인간추리과정은 비연산적이라는 경향이 있다; 다른 말로 하면 우리인간의 행동이 단순한 단계적 절차 따르기 이상의 것들로 이루어져 있다는 것이다.

▶ **체험직감해법**(體驗直感解法; heuristic). 체험직감해법은 다음의 정의에서 AI의 핵심요소가 된다. AI는 정보를 처리하기위하여 어림짐작(rule of thumb)이나 체험직감해법과 함께 심벌을 사용하여 지식을 대신하는 방법을 다루는 컴퓨터과학의 일 분야이다. 사람들은 의사를 결정하기위하여 자주 체험직감해법을 의식적으로 또는 다르게도 사용한다. 체험직감해법 사용함으로써 우리는 유사한 문제에 부닥칠 때마다 무엇을 할까 전부를 다시 생각하지 않아도 된다. 또 AI 방법은 검색메커니즘을 사용한다. 검색을 줄이고 가장 가망이 있는 문제에 초점을 두도록 체험직감해법이 자주 사용된다.

▶ **추리하기**(inferencing). AI는 기계가 추리능력을 보여주도록 하는 시도가 포함된다. 이 추리는 경험적 방법이나 다른 검색방법을 사용하여 사실과 규칙으로부터 추론하는 것으로 이루어진다. AI는 패턴 맞추기(pattern matching) 방법을 사용하여 추론한다는 점에서 독특하다.

▶ **패턴 맞추기**(pattern matching). 다음 AI 정의는 패턴 맞추기 기술에 초점을 두고 있다. 즉 AI는 질적(質的; qualitative) 특색과 논리적 및 계산적 관계라는 면에서 대상(對象; objects)과 사건 및 처리(處理; processes)를 기술하려는 패턴 맞추기 방법을 가지고 일을 한다.

▶ **지식처리**(knowledge processing). 비록 컴퓨터가 인간만큼 다양하게 경험하고 공부하고 학습하지는 못하지만 인간전문가가 그에게 준 지식을 사용할 수는 있다. 그 지식에는 사실, 개념, 이론, 체험직감해법(體驗直感解法; heuristic), 절차, 및 관계 등이 있다. 지식은 또한 정보를 이해할 수 있도록 그리고 문제풀기나 의사결정에 사용될 수 있도록 조직되고 분석된 정보이다.

▶ **지식 베이스**(knowledge bases). AI 시스템에서 사용되는 문제(또는 기회)와 관련된 지식의 모음(collection)은 조직화되며 이를 지식 베이스라고 부른다. 대부분의 지식 베이스는 어느 특정한 통상 좁은 주제 분야(主題 分野; subject area) 또는 영역(領域; domain)에 특히 조점을 두는데 한정된다. 실은 지식의 좁은 영역과 AI 시스템이 의사결정의 일부 질적 측면을 포함하여야 한다는 사실이 AI 이용의 성공을 위해 대단히 중요하게 보여진다. 일단 지식 베이스가 구축되면 AI 기법들이 사실과 지식베이스에 내포된 관계들에 기반을 둔 추리능력을 컴퓨터에 부여하기위하여 사용된다.

▶ **AI 프로그램에서 지식베이스를 사용하기**. 지식베이스와 거기서 추론을 끌어내는 능력을 가지고 컴퓨터는 문제를 푸는 사람과 의사결정자로서 실제적 용도에 쓰일 수 있다. 관련된 사실과 관계를 지식베이스에서 검색하여 컴퓨터는 주어진 문제에 하나 또는 그이상의 해법대안을 찾아낼 수 있다. 컴퓨터의 지식베이스와 추론능력이 특히 풋내기인 사용자의 지식과 추론능력을 증대시켜준다.

인공지능과 자연지능

인공지능의 잠재적 가치는 자연 또는 인간 지능을 그것과 비교함으로써 더 잘 이해될 수 있다. AI는 몇 가지 중요한 상업적 이점(利點; advantages)이 있다.

1. AI는 더 오래간다. 자연지능은 작업자가 그들의 직장을 옮기거나 정보를 잊어버린다는 상업적 입장에서 없어질 수 있다. 그러나 AI는 컴퓨터시스템과 프로그램이 바뀌지 않은 한 영원하다.
2. AI는 복사와 보급이 쉽다. 지식의 몸통을 한사람에서 다른 사람으로 옮기는 것은 긴도제(徒弟; apprenticeship) 기간을 요하고 그렇게 하더라도 완벽하게 복제할 수는 없다. 그러나 한번 컴퓨터에 장착되면 한 컴퓨터에서 다른 어떤 컴퓨터로도 인터넷이나 인트라넷을 통하여 쉽게 옮길 수 있다.
3. AI는 자연지능보다 비용이 덜 든다. 컴퓨터 서비스를 구입하는 것이 그 서비스에 상응하는 일을 수행하는 것보다 비용이 덜 드는 일은 흔히 있다. 이는 특히 지식이 웹(Web)을 통해 보급될 때 더 그렇다.
4. 컴퓨터기술인 AI는 일관성이 있고 더 빈틈이 없다. 사람들은 변하기 쉽기 때문에 자연지능도 변하기 쉽다; 그들은 항상 일관되게 행동하지 않는다.

5. AI는 문서로 증거자료를 내놓을 수 있다. 컴퓨터로 이루어진 결정은 시스템의 추적을 통해 쉽게 문서로 증거자료를 내놓을 수 있다. 자연지능은 그렇게 하기 어렵다. 예를들어 사람이 결론에 도달할 수 있지만 날짜가 조금 지난 후에 그 결론에 이르게 한 추리과정을 반복하지 못할 수 있다는 것이다. 또는 그 결정의 부분이었던 전제조건을 기억조차 못할 수 있다는 것이다.
6. AI는 어떤 과제(課題; tasks)를 인간이 하는 것보다 훨씬 빠르게 집행할 수 있다.
7. AI는 어떤 과제를 많이 나아가 대부분의 사람들보다 더 잘 실행할 수 있다.

반면에 자연지능은 다음과 같은 면에서 AI보다 장점을 갖고 있다.

1. 자연지능은 창조적인 반면 AI는 독창성이 없다. 지식을 획득하는 능력은 인간에게는 타고난 것이다. 그러나 AI에게는 맞춤 지식이 주의 깊게 구성된 시스템에 짜여들어 가야 한다.
2. 자연지능이 감각적 경험을 직접적으로 사용하거나 그것으로부터 이득을 취할 수 있지만 대부분의 AI 시스템은 기호로 된 입력이자 표현을 가지고 일한다.

아마도 가장 중요한 것으로 인간 추리는 모든 시간에 넓은 맥락의 경험을 사용하고 그것을 개별 문제에 집중하게 한다. 이에 비해 AI 시스템은 특히 아주 좁은 초점을 가짐으로써 힘을 얻는다.

AI에 대한 자연지능의 장점은 AI 기술의 응용에 한계를 보여준다. 그러나 많은 경우에 AI기술이 생산성과 품질에서 의미 있는 향상을 가져다주었다.

인공지능분야

인공지능은 그 자체로 상업적 분야는 아니다; 그것은 과학이고 기술이다. 그것은 연구에 적절한 개념과 아이디어의 집적(集積; collection)이지만 거래되는 것은 아니다. 그러나 AI는 여러 상업적 기술의 기초를 제공한다.

▶ **전문가시스템**(expert system: ES). 전문가시스템이란 이름은 지식기반 전문가 시스템이란 용어에서 나왔다. 전문가시스템(ES)은 보통 인간의 전문지식을 요하는 문제의 해결을 위해 컴퓨터에 잡혀있는 인간지식을 사용하는 시스템이다. 잘 설계된 시스템은 특정한 문제를 풀기 위하여 전문가가 사용하는 추리과정을 흉내 낸다. 이런 시스템을 전문가는 영리한 도우미로 쓸 수 있다. ES는 개선되고 일관성 있는 결과인 진귀한 지식자원을 전파하는데 사용된다. 궁극적으로 그런 시스템은 전문지식의 특정적이고 통상 좁은 전문지식분야(도메인이라고 함)에서 판단을 내리는데 어떤 단일 전문가보다 더 잘 기능할 수 있으리라. 이 가능성은 자문 직업(재무 분석가, 변호사, 세금자문인, 등등)에 중대한 영향을 준다.

▶ **자연언어처리**(自然言語處理; natural language processing). 자연언어기술은 컴퓨터사용자에게 컴퓨터와 그들 고유의 언어를 가지고 소통할 수 있는 능력을 준다. 이 기술은 컴퓨터 전

문어(專門語; jargon)와 컴퓨터전용 언어체계 그리고 컴퓨터 명령어로 구성된 프로그램화한 언어를 사용하는 대신 대화형 인터페이스를 사용하게 해준다. 쓰여 진 문장을 인식하고 해석할 수 있는 현행시스템을 통해 그 성공의 일단을 알 수 있다. 자연언어시스템(NLP)의 분야는 두 개의 하부시스템으로 이루어져 있다. 그 하나는 자연언어 이해하기인데 이는 컴퓨터가 사람들을 더 잘 이해할 수 있도록 일상어로 된 명령을 파악하게 하는 방법을 연구한다. 또 하나인 자연언어 만들어내기는 사람들이 더 잘 이해할 수 있도록 컴퓨터가 일상 언어를 만들어내게 노력한다.

▶ **회화(會話; speech)(voice) 이해하기.** 회화 이해하기는 컴퓨터가 말한 언어를 인식하고 이해하는 것이다. Balentine et al.(1999)을 참고하라.

▶ **로봇공학 및 감각시스템.** 시각시스템, 촉각시스템, 및 신호(信號; signal)처리시스템과 같은 감각시스템은 AI와 결합될 때 일반적으로 로봇공학이라고 불리는 넓은 범주의 시스템을 정의한다. 로봇은 수동 과업을 수행할 수 있도록 프로그램화 되어 있는 전기 기계적(電氣 機械的; electro-mechanical) 도구이다. 미국로봇협회는 공식적으로 로봇을 여러 가지 과업의 수행을 위해 프로그램화 된 여러 동작으로 물체, 부품, 공구, 및 특수 도구를 움직이도록 설계된 다시 프로그램화 할 수 있는 다기능 조작기(操作機; manipulator)라고 정의한다.

"지능"로봇은 카메라와 같은 몇 종의 감각 기구(器具; apparatus)를 가지고 있어서 로봇의 운행(運行; operation)과 그 환경에 관한 정보를 수집한다. 로봇의 지능부분은 단지 명령에 따르는 것이 아니라 수집된 정보를 해석하고 그 환경의 변화에 대응하고 적응하도록 하여준다.

로봇은 감각시스템과 기계적 동작이 결합되어 넓은 범위의 지능과 능력을 갖추게 된 기계이다. 감각시스템 우산아래의 연구와 응용영역에 감지하고 움직이며 환경을 조종하는 기계가 포함된다. 조립라인 작업 특히 아주 반복적이거나 위험한 작업이 로봇에 의한 작업의 시초이었다(Wise, 1999).

▶ **컴퓨터 영상(映像; vision) 및 장면인식(場面再認; schene recognition). 시각재인(視覺再認; visual recognition)**는 카메라와 같은 기계감지장치로부터 받아들인 디지털화한 시각정보에 컴퓨터 지능과 의사결정기능 일부를 추가한 것으로 정의되어왔다. 그 결합된 정보는 로봇 동작, 컨베이어속도, 생산라인품질과 같은 작업을 수행하거나 통제하는데 사용된다. 컴퓨터시각의 기본목적은 사진을 만드는 것이 아니라 시나리오를 해석하는 것이다. **시나리오 해석하기**는 용도에 따라 나르게 정의된다. 예를 들어 위성사진 해석하기에서 수확피해(收穫被害; crop damage)지역을 대충 구별하면 된다. 반면에 로봇시각시스템은 조립될 물건에 부품을 정확하게 붙일 수 있도록 조립부품을 정밀하게 구별해 내야한다.

▶ **지능 컴퓨터지원 교육(intelligent computer-aided instruction).** 지능 컴퓨터지원 교육(ICAI)은 인간을 개인지도로 가르칠 수 있는 기계를 말한다. 어느 정도는 이런 기계를 전문가

시스템으로 볼 수 있다. 그러나 전문가시스템의 주목적은 자문(諮問; advice)하는 것이고 ICAI의 목적은 가르치는 것이다.

▶ **신경컴퓨터사용**(neural computing). 인공지능분야는 인간추리를 자동화하는 방향으로 빠르게 발전하였다. 그럼에도 불구하고 AI도구는 대부분 순차적 처리와 일정한 지식 및 논리의 표현에 국한되어 있었다. 여기에 인간두뇌의 처리능력을 흉내 내는 아키텍처와 처리능력을 가진 컴퓨터를 개발하게 되었다. 그 결과가 과거사례에 기초를 둔 패턴인식능력과 대량병행처리 그리고 많은 정보의 빠른 검색 등에 기초한 지식을 표현하는 컴퓨터이다. **신경컴퓨터사용 또는 인공신경네트워크(artificial neural network)**는 인간두뇌의 사고과정을 모의하려고 시도하는 기술이다.

▶ **기타용도.** 여기서는 뉴스요약(summarizing news),언어번역(language translation), 퍼지논리(fuzzy logic), 유전적 알고리즘(genetic algorithm), 지능에이전트(intelligent agent) 등등의 인공지능의 응용분야가 있음을 참고로 소개하는 것으로 끝내고자한다.

지식기반 DSS의 형태

데이터기반 및 모델기반 DSS에 지식요소를 추가한 지식기반 DSS는 대략 다음과 같은 지원을 할 수 있다.

1. 경험이 없는 관리자의 생산자원 배분 및 필요한 운전자금의 분석을 위한 지원
2. 수학으로 다루어지지 않는 결정과정 단계들의 지원. 예를 들면 적절한 입력데이터의 선택을 위해서 전문지식 과 함께 해결할 문제가 사람들에게 주는 영향의 사정(査定; assessment)이 있어야한다.
3. 다중(多重; multiple)모델 DSS에서 모델의 구성, 저장, 관리하기를 지원. 이 지원에 의해 MBMS의 성능을 향상시키고 그것을 지능적이 되게 한다.
4. 불확실성의 분석을 위한 지원. 여기에 퍼지논리에서 신경컴퓨터사용에 이르는 도구를 사용할 수 있는 전문지식이 요구된다.
5. 사용자 인터페이스를 위한 지원. DSS실행에서 사용자 인터페이스가 주 역할을 한다. 지식기반시스템이 사용자인터페이스를 크게 개선한다. 예를 들면 자연언어 처리기(處理器; processor)와 음성기법은 인터페이스를 아주 쉽게 그리고 자연스럽게 해준다.
6. 기타 지원형태

3.7.2 전문가 시스템(expert system)

전문가 시스템의 기본개념

전문가 시스템은 생산성 및 품질을 향상하기위한 주요 도구로 널리 사용되고 있다. 그것들은 또한 전략적 결정 및 사업 조직재충전(組織再充電; reengineering)을 위한 중요한 도구이기도 하다.

ES의 기본 개념에는 전문지식, 전문가, 전문지식 전달하기, 추론하기, 규칙, 및 표현능력 등이 들어있다.

▶ **전문지식(專門知識; expertise). 전문지식**은 훈련, 독서, 및 경험으로부터 얻어지는 광범위하고 과업이 명확한 지식이다. 그것은 다음과 같은 타이프의 지식을 포함한다.

1. 문제의 분야(問題分野problem area)에 관한 이론
2. 일반적 문제분야에 관한 규칙과 절차
3. 주어진 문제의 상황에서 무엇을 해야 하는지에 관한 규칙(체험직감해법(體驗直感解法; heuristic))
4. 이런 형태의 문제를 풀기위한 포괄적 전략
5. 메타지식(지식에 관한 지식)
6. 문제의 분야에 관한 사실

이 형태의 지식은 복잡한 문제를 푸는데 있어 비전문가보다 전문가가 더 잘 그리고 더 빠르게 결정을 내리게 해준다. 전문가가 되기에는 오랜 시간(통상 수개 년)이 걸리며 초심자(初心者; novices)가 전부 전문가가 되지는 않는다.

전문지식에 관한 몇 가지 사실

1. 전문지식은 통상 고도의 지능과 관련되어 있지만 가장 영리한 사람과 항상 연계되어 있지는 않다.
2. 전문지식은 통상 방대한 지식과 관련되어있다.
3. 전문가는 과거의 성공과 과오로부터 배운다.
4. 전문가의 지식은 전문가에 잘 저장되고 조직되고 그로부터 되찾아낼 수 있다.
5. 전문가는 그의 경험에서 패턴을 끌어낼 수 있다.

▶ **전문가.** 전문가가 무엇인지를 정의하기가 어렵다. 왜냐하면 우리가 전문가라 할 때 실제로는 전문지식의 정도나 수준에 관하여 말하기 때문이다(진짜로 묻는 것은 사람이 전문가 자격을 가지려면 얼마나 많은 전문지식을 소유해야 하는가이다). 그럼에도 불구하고 비전문가가 많은 분야에서 기성 전문가에 100:1의 비율로 압도적으로 많다고 말한다. 전문지식의 분포는

고려되고 있는 지식의 형태와 관계없이 같은 모양을 따르는 것 같다. 일반적으로 어떤 분야에서 상위 10위내에 들어가는 전문가는 평균적인 전문가보다 3배의 성취능력을 가지고 있으며 하위 10위내에 들어가는 전문가보다 30배의 성취능력을 갖는다고 믿어진다. 이 분포는 우리가 지식이 모자라는 의사결정자에게 최상급 전문지식을 쓸 수 있게 하여주면 인간 전문지식의 전반적 효과성이 두드러지게(200%까지)증가한다는 것을 암시한다.

일반적으로 인간 전문지식은 다음 활동을 포함한 일단의 행동을 내포한다.

1. 문제의 재인(再認; recognition)과 체계화(體系化; formulate)
2. 문제를 빨리 정확하게 풀기
3. 해법의 설명
4. 경험에서 학습
5. 알고 있는 것의 재구성
6. 필요시 규칙 벗어나기
7. 관련성 정하기
8. (자신의 한계를 알아차리고) 깨끗이 정도 낮추기

인간 전문가를 흉내내기위해 이들 모든 특징을 나타내는 컴퓨터시스템을 만들어낼 필요가 있다. ES의 연구는 계속하여 이들 활동의 다음 단계와 그 다음단계(문제의 해결과 그 해결의 설명)를 탐색하여 왔다. 이에 더하여 ES는 일반적으로 지식의 한계에 도달함에 따라 그 해결이 얼마나 신뢰할 수 있는지를 내놓을 수 있다.

▶ **전문지식의 전달.** 전문가시스템의 목적은 전문지식을 한 전문가로부터 컴퓨터로 그리고 나서 다른 사람(비전문가)에게 전달하는 것이다. 이 과정에는 네 활동: 지식의 획득, 지식의 표현, 지식의 추론, 사용자에게 지식의 전달이 있다. 지식은 지식베이스라는 컴퓨터 컴포넌트에 저장된다. **지식**은 일반적으로 두 가지 형태로 구별된다.

1. 사실(事實; facts)
2. 문제 영역에 관한 절차(통상 규칙)

▶ **추론하기(inferencing).** 전문가시스템의 유일한 특색(特色; feature)이 추리(推理; reason)("사고(思考; think)")하는 능력이다. 지식베이스에 저장된 모든 전문지식이 제공되고 프로그램이 관련 데이터베이스에 접근하게 되는 것을 조건으로 컴퓨터는 추리를 할 수 있도록 프로그램화된다. 추론하기는 문제풀기에 관한 절차가 포함된 **추론기구(推論機具; inference engine)**라는 컴포넌트에서 이루어진다.

▶ **규칙.** 많은 상업적 ES 도구와 기성(旣成; ready-made) 시스템은 규칙기반 시스템이다; 즉 지식은 주로 규칙의 형태로 저장되는데 문제해결절차들이다. 예를 들면 "**만일** 엔진이 멈추고 연

료압력이 38psi 이하이다 **그리고** 게이지(gauge))가 정확하다 **그러면** 연료시스템에 고장이 있다."

〈표 3.7.1〉 전통적인 시스템과 전문가시스템의 비교

전통적 시스템	전문가시스템
• 정보와 그 처리는 통상 하나의 연속된 프로그램에 결합된다.	• 지식베이스는 분명하게 처리(추론)기구로부터 분리된다(즉 지식규칙은 통제에서 벗어난다).
• 프로그램은 과오가 없다(사용자 또는 프로그래머가 과오를 범한다).	• 프로그램도 과오를 범할 수 있다.
• 왜 입력데이터가 필요한지 결론이 어떻게 나왔는지 설명하지 않음.	• 설명은 대부분 ES의 한 부분.
• 모든 입력데이터 필요. 계획되지 않은 한 데이터가 빠지면 작동 않음.	• 모든 최초 사실 불요. 보통 일부 사실 없이도 합리적 결론에 도달할 수 있다.
• 프로그램을 바꾸는 일은 귀찮은 작업	• 규칙을 바꾸는 일은 쉽다.
• 시스템은 완성되어야만 작동	• 첫 번째 원형(原型; prototype)에서처럼 몇 개의 규칙만으로 작동
• 실행은 단계적으로 이루어짐(연산적; algorithmic) 큰 데이터베이스의	• 실행은 체험직감해법(體驗直感解法; heuristic)과 논리로 이루어짐.
• 효과적 조작	• 큰 지식베이스의 효과적 조작
• 데이터의 표현과 사용	• 지식의 표현과 사용
• 효율이 주요 목표. 효과성은 DSS에서 만 중요	• 효과성이 주요 목표
• 양적 데이터를 쉽게 다룸	• 질적 데이터를 쉽게 다룸
• 수치데이터표현을 사용	• 수치 및 기호 지식표현을 사용
• 수치데이터에의 접속을 포착, 확대, 배급	• 판단과 지식에의 접속을 포착, 확대, 배급

▶ **표현능력.** 또 하나 ES의 특색은 권고와 추천을 할 수 있는 능력이다. 설명과 정당화는 정당화기구(正當化器具; justifier) 또는 설명하부시스템이라 불리는 하부시스템에서 이루어진다. 그것이 시스템으로 하여금 그 자체의 추리(推理; reasoning)를 조사하고 그 작동을 설명하게 하여 준다. 이상의 ES의 특성과 능력이 ES 시스템이 전통적인 시스템과 다르게 만들어준다. 그 비교는 〈표 3.5.1〉에 있다.

▌전문가시스템의 구조

ES 시스템은 두 개의 환경: 개발환경과 상담환경을 갖고 있는 것처럼 보일 수 있다. **개발환경(開發環境; development environment)**은 컴포넌트를 구성하고 지식을 지식베이스에 집어넣기 위해 ES를 구성하는 사람이 사용한다. 한편 **상담환경(相談環境; consultation environment)**은 전문가지식과 자문을 얻기 위하여 비전문가가 사용한다. 이 두 환경은 일단 시스템이 완성되면 분리될 수 있다.

거의 모든 전문가시스템이 가지고 있는 세 개의 주요 컴포넌트가 지식베이스, 추론기구(推論

機具; inference engine), 및 사용자인터페이스(user interface)이다. 그렇지만 일반적으로 ES는 다음과 같은 추가 컴포넌트를 포함할 수 있다.

1. 지식획득 하부시스템
2. 칠판(작업장)
3. 설명 하부시스템(정당화기구; justifier)
4. 지식정제(知識精製; knowledge refining) 시스템
5. 사용자.

▶ **지식획득(知識獲得; knowledge acquisition) 하부시스템. 지식획득**은 지식베이스를 구성하거나 확장하기위하여 전문가나 문서화된 지식의 출처로부터 컴퓨터프로그램으로 축적(蓄積; accumulation), 이송(移送; transfer), 및 변환(變換; transformation)하는 것이다. 지식의 잠재적 출처로는 인간전문가, 교과서, 멀티미디어 자료, 데이터베이스(공적 및 사적), 특수연구보고서, 웹(Web)상으로 얻을 수 있는 정보 등이다.

전문가로부터 지식을 획득하는 것은 ES를 구성하는데 자주 병목현상이 되는 복잡한 과업이다. 큰 시스템 구성하기에서 우리는 지식베이스구성에 한사람 또는 그 이상의 인간전문가와 상호작용하기위한 지식엔지니어(knowledge engineer) 혹은 지식도출(知識導出; knowledge elicitation) 전문가가 필요하다. 특히 지식엔지니어는 질문에 대한 인간의 답을 해석하고 통합하기, 유추(類推; analogy)끌어내기, 반례(反例; counter-examples)들이대기, 및 개념적 어려움 밝혀내기를 통해 문제 분야를 구성하는데 도움을 준다.

▶ **지식베이스. 지식베이스**는 문제를 이해하고 공식화하고 해결하는데 필요한 관련지식을 내포한다. 그것은 두 기본요소: (1) 문제분야의 이론과 문제 상황과 같은 사실 그리고 (2) 특별 영역에서의 특정 문제를 풀도록 지식의 사용을 이끌어주는 특수한 **체험직감해법**(體驗直感解法; heuristic) 또는 규칙을 포함한다(이에 더하여 추론기구는 다목적의 문제해결 및 의사결정 규칙을 포함한다). 체험직감해법(體驗直感解法; heuristic)은 응용분야에서의 비공식 판단지식을 표현한다. 지식은 단순한 사실이아니라 ES의 기본 원료이다.

▶ **추론기구(推論機具; inference engine)**. ES의 두뇌가 **추론기구**이고 통제구조(統制構造; control structure) 또는 규칙해석기(規則解釋器; rule interpreter)라고도 부른다. 이 컴포넌트는 본질적으로 지식베이스 안에 그리고 칠판위에 있는 정보에 관해 추리하기위한 그리고 결론을 공식화하기위한 방법론을 제공하는 컴퓨터프로그램이다. 이 컴포넌트는 상담이 자리 잡을 때마다 문제를 풀기위하여 취해지는 단계들을 조직하고 통제하는 행동계획(行動計劃; agenda)을 개발하여 어떻게 시스템의 지식을 사용할 것인지 방향을 제시하여준다.

▶ **사용자인터페이스(user interface)**. ES에는 사용하기 편하고 문제 중심의 사용자와 컴퓨터

간의 대화를 위한 언어처리기가 내포되어있다. 이 대화는 자연 언어로 가장 잘 이루어질 수 있다. 그것은 때로 메뉴, 전자공학 양식(電子工學 樣式; electronic forms) 및 그림으로 보충된다.

▶ **칠판(작업장; workplace). 칠판**(漆板; blackboard)은 입력 데이터가 조건으로 지정하는 대로 당면 문제를 기술(記述; description)하기위한 데이터베이스로 따로 확보한 작업 기억(作業記憶; working memory) 지역이다. 그것은 중간 가설 및 결정을 기록해두는데도 사용된다. 세 가지 형태의 결론이 칠판에 기록될 수 있다: 계획(문제를 어떻게 공격할 것인가), 행동계획(집행을 기다리는 잠재적 행위), 및 해답(시스템이 만들어낸 후보가설과 행동방향의 대안들).

예를 들면 승용차가 고장이 났을 때 우리는 칠판에 저장하기위해 고장증상을 컴퓨터에 입력한다.. 칠판에서 개발된 중간 가설의 결과로 컴퓨터가 몇 가지를 더 검사하여 보고할 것을 권할 수 있다. 이 정보가 칠판에 기록된다.

▶ **설명 하부시스템(정당화기구; justifier).** 출처가 결론에 져야할 책임을 추적하는 능력은 전문지식의 전달과 문제해결 모두에 매우 중요하다. 설명 보조시스템은 그런 책임을 추적할 수 있고 아래와 같은 질문에 대화식으로 답을 줌으로써 ES 행동을 설명할 수 있다:

1. ES가 물어온 그 질문은 왜였을까?
2. 어떻게 그 결론에 도달되었나?
3. 그 대안은 왜 기각되었나?
4. 해답에 도달하기위한 계획은 무엇인가? 예를 들면 최종진단이 정해지기 전에 해야 할일은 무엇이 남아있나?

단순한 ES에서 설명이 특정한 권고사항을 도출하기위하여 사용된 규칙을 보여준다.

▶ **지식정제시스템(knowledge-refining system).** 인간전문가는 **지식정제(知識精製)시스템**을 갖고 있다; 즉 그들은 자신의 지식과 그 용도를 분석할 수 있고 그 지식으로부터 학습하고 미래 상담을 위해 그것을 개선할 수 있다. 마찬가지로 전산화 학습에서 프로그램이 왜 성공했는지 또는 왜 실패했는지 그 이유를 분석할 수 있도록 평가할 필요가 있다. 이와 같은 평가가 더 정확한 지식베이스와 더 효과적인 추리(推理; reasoning)를 개선으로 이끌어준다.

▶ **사용자(使用者; user).** ES의 사용자는 조언이나 훈련이 필요한 비전문인이다. 그러나 ES 출력자료를 어느 행위에의 입력자료로 사용하는 로봇과 여타 자동시스템이 ES시스템의 결과를 사용할 수 있다. 다른 사람이 그 구성(構成; construction)에 포함되는 동안 사용자는 그 ES의 한 부분으로 생각된다.

전문가시스템의 인간적 요소

적어도 두 사람, 아마도 그 이상이 한 ES의 개발과 이용에 참여한다. 최소한 구성인과 사용자가 있다. 또 흔히 전문가와 지식엔지니어가 있다.

▶ **전문가. 전문가**는 특수한 지식, 판단, 경험, 및 방법을 가진 사람으로 그들은 이들 재능을 조언을 주고 문제를 해결하는데 이용할 수 있는 능력을 가지고 있다. 전문가가 하는 일은 지식기반시스템이 수행할 과업을 어떻게 수행하는지에 관한 지식을 제공하는 것이다. 전문가는 어느 사실이 중요한지를 알고 있으며 사실들 간의 관계를 이해하고 있다. 자동차 전기시스템 문제의 진단에서 전문가 기계공은 팬벨트가 고장 나고 배터리가 방전되었다는 것을 안다. 무경험자(無經驗者; novice)에게 팬벨트를 검사하라고 지시하고 벨트가 느슨해지거나 없어진 것의 의미를 해석하는 것은 전문지식의 예이다.

▶ **지식엔지니어(knowledge engineer). 지식엔지니어**는 질문에 대한 인간의 답을 해석하고 통합함으로써 그리고 유사한 것을 찾아내고, 반례(反例; counter-examples)를 제기하고, 개념적 어려움을 밝혀냄으로써 전문가의 문제분야 구성을 도와준다. 지식엔지니어는 시스템을 만들어내는 사람이기도 하다. 경험 있는 지식엔지니어의 부족이 ES 구성의 주된 병목(bottle neck)이었다. 이를 극복하기위하여 ES 설계인은(특수 편집 프로그램과 논리 디버거(debugger; 오류 검출 제거 프로그램)와 같은) 생산성도구를 사용한다. 그리고 지식엔지니어의 필요성을 최소화하는 기계학습 시스템(machine learning systems)이 개발되고 있다.

▶ **사용자.** 대부분의 컴퓨터기반시스템이 단일 사용자용으로 전개되어 왔다. 반면에 ES는 사용자들의 몇몇 부류가 있을 수 있다:

1. **직접 조언을 찾는 비전문가 고객.** 이 경우 ES는 컨설턴트 또는 조언자 역할을 한다.
2. **학습을 원하는 학생.** 여기서는 ES가 교사역할을 한다.
3. **지식베이스를 개선하거나 확장하기를 원하는 ES 구성자.** 여기서는 ES가 파트너로 행동한다.
4. **전문가.** ES가 동료 또는 보조자역할을 한다.

▶ **기타 참여자(參與者; participants).** 몇 명의 다른 참여자가 있을 수 있다. 예를 들면 시스템을 만드는 사람 또는 시스템 분석가가 ES와 다른 전산화시스템과의 통합을 도와줄 수 있다. 도구를 만드는 사람이 특정한 도구를 제공하거나 만들어낼 수도 있다. 벤더(vendors; 판매인)가 도구나 조언을 줄 수 있고 지원 스태프가 사무적 및 기능적 도움을 줄 수도 있다. 또 네트워크 전문가가 분포된 그리고 인터넷기반의 시스템을 위하여 필요할 수도 있다.

전문가시스템은 어떻게 작동하나

ES의 구조와 용도는 세 주된 역할: 개발, 상담, 개량(改良; improvement)으로 구성되어있다.

▶ **개발. 개발**에는 전문가나 서류화된 출처로부터 지식을 얻어서 문제에 맞는 지식을 구성하는 것이 포함된다. 그 지식은 **서술적**(敍述的; declarative)(사실에 기반을 둔; factual) 측면과 **절차적**(節次的; procedural) 측면으로 나뉜다. 개발활동에는 또한 추리엔진, 칠판, 설명기구(說明機具; explanation facility) 및 인터페이스와 같은 여타 필요한 소프트웨어가 포함된다. 지식은 인간전문가를 모방하여 시스템이 인간 전문가의 추리과정을 대리 실행함으로써 결론을 끌어낼 수 있는 방식으로 지식베이스에서 대행된다. 적절한 지식대행 정하기가 개발 중에 일어난다.

▶ **상담(相談; consultation).** 일단 시스템이 개발되고 그 기능이 입증되면 사용자에 의해 사용될 수 있다. ES는 사용자와 양방향 대화를 하며 특정한 사건에 관하여 사실을 확인한다. 사용자의 답을 수용하는 동안 ES는 결론에 도달하려한다. 이런 노력은 추리엔진에서 이루어지며 이 추리엔진은 지식베이스에 있는 규칙이 어떻게 각각의 특정 문제에 적용될 것인지를 정하기 위하여 사용될 체험직감해법(體驗直感解法; heuristic)(heuristic) 탐색기법(探索技法; search technique)을 선택한다. 사용자는 설명을 요구할 수 있다. 추리능력의 질은 규칙(또는 지식표현의 적절성과 깊이)의 질과 완결성(完決性; completeness), 사용된 지식표현법, 및 추리엔진의 힘에 의하여 정해진다.

사용자는 통상 컴퓨터 초심자이므로 ES는 사용하기 쉬어야한다. 일부 ES는 음성입력이 가능하지만 아직까지는 사용자가 PC나 컴퓨터터미널 앞에 앉아서 문제의 설명을 자판으로 입력해야한다. ES가 묻고 사용자는 대답한다. 추가질문과 대답이 있을 수 있고 최종적으로 결론에 도달한다. 상담환경은 시스템을 검사하기위한 개발 시 ES 구성인도 사용한다. 그때 인터페이스와 설명기구를 검사할 수 있다.

▶ **개량.** ES는 개발기간 중 **신속 시제품화(試製品化; prototyping)**라고 불리는 과정을 통해 여러 번 개량된다.

ES의 문제분야(problem areas addressed by ES)

ES는 몇 개의 길로 분류될 수 있다. 한 가지 길은 컴퓨터어드레스로 지정된 일반 문제 분야로 분류하는 것이다. 예를 들면 **진단(診斷; diagnosis)**은 "관찰결과로 컴퓨터기능불량을 추리하기"로 정의될 수 있다. ES의 일반적(generic) 범주(範疇; categories)는 〈표 3.7.2〉에 정리되어 있다. 일부 ES는 이들 카테고리 두 개나 그 이상에 속하는 경우도 있다.

▶ **ES의 이득.** 수많은 ES가 오늘날 거의 모든 산업과 직능분야에서 사용되고 있다. 많은 ES가 과업수행을 위한 시간을 일 단위에서 시간, 분, 아니 초 단위 까지 축소시켜주었으며 개선된 고객만족, 제품과 서비스의 개량된 품질, 및 정확하고 일관된 의사결정과 같은 계량할 수 없는 이득을 주고 있다. 많은 회사에서 효과적 경영을 위해 없어서는 아니 될 도구가 되었다. 주요

잠재적 ES의 혜택을 검토하기로 한다.

▶ **산출(産出; output)과 생산성 증가.** ES는 인간보다 더 빨리 일한다.

〈표. 3.7.2〉 ES의 일반적 범주

범 주	문제분야
해석(解釋; interpretation)	관찰결과로 상황설명을 추리하기
예측(豫測; prediction)	주어진 상황의 있을법한 결과를 추리하기
진단	관찰결과로 기능불량을 추리하기
설계(design)	제약조건하의 환경 설정하기(configuring)
계획하기	목표달성을 위해 계획을 개발하기
모니터링(monitoring)	계획들 관찰결과 비교하기, 예외표시하기
디버깅(debugging)	기능불량의 치료법을 처방하기
수리(修理; repair)	처방된 치료법 처리를 위한 계획 집행하기
교육(教育; instruction)	교육성과를 진단하기, 디버그하기, 바로잡기
통제(統制; control)	시스템행동을 해석, 예측, 수리, 모니터하기

▶ **의사결정시간 단축.** 시스템의 권고를 이용하여 인간은 훨씬 빨리 의사를 결정한다. 이러한 성질은 고객과 상호반응하면서 빠른 결정을 내려야하는 일선 의사결정자를 지원하는데 중요하다.

▶ **중단시간 단축.** 많은 운영ES가 고장을 진단하고 수리를 처방하는데 사용된다. ES를 이용하여 기계 중단시간을 뚜렷이 감축할 수 있다. 이로써 상당한 금액을 절감할 수 있다.

▶ **진귀한 전문지식 확보.** 전문지식의 진귀함은 어떤 과업에 적합한 전문가가 충분하지 않고 전문가가 은퇴하거나 그 자리를 떠나려하거나 전문지식이 넓은 지역에서 필요로 하는 상황에서 분명해진다.

▶ **유연성(柔軟性; flexibility).** ES는 서비스 및 제조업 모두에서 유연성을 발휘한다.

▶ **보다 쉬운 장치운전(equipment operation).** ES는 복잡한 장치를 쉽게 운전하게 해준다. 예를 들어 기계의 운전법이나 컴퓨터프로그램사용법을 훈련시켜준다.

▶ **고가 장치의 필요성을 없앰.** 자주 인간은 모니터링과 통제를 위해 값비싼 정밀계기가 필요할 때가 있다. 계기가 제공하는 정보를 더 철저하고 빠르게 조사하는 ES의 능력 때문에 ES는 값싼 계기로 같은 과업을 수행할 수 있다.

▶ **위험한 환경에서의 작업.** 많은 과업이 인간으로 하여금 위험한 환경에서 일하게 한다. ES는 인간이 그런 환경을 피하게 하여준다. 그것이 고장이 난 원자력발전소와 같은 덥거나 습기차고, 또는 유독(有毒; toxic)한 환경을 피하게 하여줄 수 있다. 이 특색은 전투에서 극도로 중요하다.

▶ **지식과 도우미데스크에의 접근성.** ES는 지식에 접근하게 하여주고 전문가를 일상 업무에서 해방시켜준다. 사람들은 시스템에 질문할 수 있고 유용한 조언 받을 수 있다. 한 가지 응용분야는 도우미데스크를 지원하는 것이다. 또 다른 것으로 콜센터의 지원으로 이제 웹기반 지능시스템을 사용한다.

▶ **불완전하거나 불확실한 정보로 일하는 능력.** 재래식 컴퓨터시스템에 비해 ES는 인간 전문가처럼 불완전하고, 정밀하지 않고 불확실한 데이터나 정보 또는 지식을 가지고 일할 수 있다. 사용자는 상담중 하나 또는 그 이상의 컴퓨터질문에 "모르겠다." 또는 "잘 모르겠다."라고 답할 수 있으며 ES는 그것이 비록 확실한 것이 아닐지라도 답을 만들어낼 수 있다.

▶ **훈련 제공.** ES는 훈련하게 하여준다. ES와 일하는 초심자는 점점 경험이 는다. 설명기구는 교습도구로 쓸 수 있으며 지식베이스에 끼워 넣을 수 있는 노트와 설명으로 쓰인다.

▶ **문제해결과 의사결정의 향상(向上; enhancement).** ES는 문제해결을 분석에 최고전문가의 지식을 통합하여 강화한다.

▶ **개선된 의사결정과정.** ES는 결정의 결과를 재빨리 피드백하고, 팀을 이룬 의사결정자들 간의 소통을 원활히 하고, 예견하지 않았던 환경의 변화에 빠르게 대응하도록 하여주고, 나아가 의사결정상황을 더 잘 이해하게 하여준다.

▶ **개선된 결정의 질(質; quality).** ES는 신뢰할만하다. 그들은 피곤해하지 않고, 지루해하지도 않고, 아프지도 않고 파업도 않으며, 보스에게 말대꾸하지도 않는다. ES는 모든 디테일에 일관되게 주의를 기울이고 관련 정보와 잠재적 해법을 간과하지 않는다. 그리하여 보다 적은 과오를 범한다. 또한 반복되는 문제에 언제나 같은 권고를 한다.

▶ **복잡한 문제 해결능력.** 어느 날 ES는 해결이 인간능력을 벗어나는 복잡한 문제를 설명할지도 모른다. 어느 한 사람의 지식을 뛰어넘는 지식범위가 필요한 문제를 해결할 수 있는 ES가 이미 출현되어있다. 이런 ES는 의사결정자가 풀기 어려운 상황을 통제하고 복잡한 시스템의 운전을 개선하게 하여준다.

▶ **멀리 떨어진 곳으로 지식전달.** ES의 가장 중요한 잠재적 이득 중 하나는 국제적 경계를 넘어 전달하기가 쉽다는 것이다. 이런 전달의 한 예가 WHO(세계보건기구)와 함께 Rutgers 대학교가 개발한(진단과 치료법의 권고에 대한) 눈 관리 ES 이다. 이 프로그램은 세계 여러 나라에서 예를 들어 눈병이 만연하는데도 안과의사가 적은 Egypt와 Algeria에서 실시되고 있다. 그 PC프로그램은 규칙기반(rule-based)이며 간호사, 의사보조원, 또는 일반 개업의가 운전할 수 있다. 웹이 멀리 떨어진 곳에 있는 사용자에게 정보를 배포하기위하여 광범위하게 사용된다.

▶ **다른 정보시스템의 강화.** ES가 다른 정보시스템에 지능적 능력을 제공하는 것을 자주 볼 수 있다.

ES의 문제점과 한계

현제 이용할 수 있는 ES 방법론이 총체적(總體的; generic) 범주에서조차 많은 응용면에서 수월하고 효과적이지 못한 면도 있다. 다음의 문제가 ES의 상업적 전파를 더디게 하여 왔다.

1. 지식은 언제나 쉽게 쓸 수 있지 않다.
2. 인간으로부터 전문지식을 꺼내내기가 어렵다.
3. 각 전문가의 상황평가 방법이 다를 수 있다.
4. 전문가가 고도로 숙련되었다 할지라도 시간압력 하에 있을 때 좋은 상황평가를 추출하기가 어렵다.
5. ES의 사용자가 자연적 인지능력에 한계가 있다.
6. ES는 좁은 지식영역 내에서만 일을 잘 한다.
7. 대부분의 전문가가 그들의 결론이 합리적인지를 점검하는 독립된 수단을 갖고 있지 않다.
8. 전문가가 사실과 관계를 표현하려고 사용하는 어휘나 전문어가 한정되어있고 다른 사람이 이해를 못한다.
9. 드물고 비용이 많이 드는 지식엔지니어의 도움이 자주 필요하고 이로 인해 ES구성이 비싸진다.
10. 최종사용자 입장에서 믿음의 부족이 ES 사용의 장애가 되기도 한다.
11. 지식전달이 인지 및 판단에 선입견을 갖고 있는 주인을 만날 수도 있다.

ES의 성공요인

몇몇 연구가들이 왜 ES가 실전에서 성공하고 실패하는가를 조사하였다. Eom(199 6), Guimaraes, et al.(1996), Kunnathur et al.(1996), Tsai et al.(1994a), and Yoon et al.(1995)의 연구가 그것들이다. 가장 중요한 요인 세 가지는 경영진의 뒷받침, 사용자의 소유의식, 및 훈련이다. 많은 연구가 경영진과 사용자의 참여정도가 MIS 특히 ES의 성공정도에 직접 영향을 준다는 것을 보여주었다. 그러나 이들 요인들만으로는 성공을 보장하기에 불충분하며 다음 사안(事案; issues)들 또한 고려되어야만 한다.

1. 지식의 수준이 충분히 높아야 한다.
2. 전문지식이 적어도 한 협조적인 전문가로부터 얻어낼 수 있어야 한다.
3. 해결해야 할 문제가 순수하게 양적이 아니고 질적 이어야(애매하여야) 한다(그렇지 않다면 숫자적 접근법이 사용되어야 한다).
4. 문제가 범위에서 충분하게 좁아야 한다.
5. ES 셸(shell) 특성이 중요하다. 셸은 고품질이어야 하고 자연스럽게 기억하고 지식을 솜씨있게 처리하여야 한다.
6. 사용자 인터페이스(user interface)는 초보자의 마음에 들어야 한다.
7. 문제가 ES의 개발을 정당화하기에 충분할 만큼 중요하고 어려워야 한다(그러나 핵심기능일 필요는 없다).
8. 좋은 사람솜씨를 가진 유식한 시스템 개발자가 필요하다.
9. 최종사용자 직무개발의 원천(源泉; source)으로서의 ES의 영향을 고려하여야한다. 그 영향은 유리하여야 한다. 최종사용자의 태도와 기대를 고려하여야 한다.
10. 경영진의 뒷받침이 촉진되어야 한다.

ES의 형태

ES에는 다양한 형태의 종류가 있다. ES의 다음 분류는 배타적이지 못하다. 즉 하나의 ES가 여려 범주로 나타날 수도 있다.

▶ **ES 대 지식기반시스템(expert system versus knowledge-based system).** 이 분류에 따르면 ES는 그 시스템의 행동이 복잡 정교하여 우리가 같은 방식으로 일을 해내는 사람을 전문가라고 부르는 그런 시스템이다.

그러나 상업계에는 사실 전문가가 필요 없는 과업을 효과적이고 효율적으로 해낼 수 있는 시스템이 있다. 그런 시스템을 지식기반시스템이라고 부른다(자문시스템, 지식시스템, 지능작업지원시스템 또는 운영시스템이라고도 알려져 있다). 하나의 예로 해외여행을 위해 추천되는 예방주사에 관한 조언을 주는 시스템을 보기로 하자. 이 조언은 나이, 성별, 및 여행자의 건강 그리고 여행국가와 같은 많은 속성에 영향 받는다. 이런 조언을 주기위해서는 여러 가지를 알아야 하지만 전문가일 필요는 없다. 이 경우 이 조언과 관련된 모든 지식은 대부분의 대중건강부서에서 구할 수 있는 매뉴얼에 문서화되어있다(단지 1이나 2%가 전문의와의 상담이 필요할 뿐이다). 또 다른 예가 도움 데스크이다. 이들 두 시스템 형태의 구별은 현실로는 그렇게 뚜렷하지 않다. 많은 시스템이 문서화된 지식과 문서화되지 않은 전문지식을 둘 다 가지고 있다. 기초적으로 어느 범주에 속하는지를 구별하는 것은 전문지식을 얼마나 포함하고 있는가의 문제이다. 지식시스템을 ES보다 더 빨리 그리고 더 싸게 구성할 수 있다.

▶ **규칙기반(rule-based) ES.** 많은 상업적 ES가 규칙기반 시스템의 기술이 잘 개발되고 그

개발도구가 최종사용자에 의해 사용될 수 있기 때문에 규칙기반시스템이다. 그런 시스템에서 지식은 일련의 규칙으로 대신 된다.

▶ **프레임기반(frame-based) 시스템.** 프레임기반 시스템에서 지식은 프레임 즉 객체지향(客體指向; object-oriented) 프로그래밍 처리방법으로 표현된 것으로 대신 된다.

▶ **혼성(混成; hybrid) 시스템.** 혼성시스템은 몇 개의 지식대신처리방법을 적어도 프레임과 규칙을 포함한다.

▶ **모델기반(model-based) 시스템.** 모델기반시스템은 연구 중인 시스템의 구조와 기능을 모의하는 모델주위에 구성된다. 그 모델은 값들을 계산하기위하여 사용되는데 이들 값은 관찰된 가치와 비교된다. 그 비교가(필요하다면) 행동 또는 추가적 진단을 작동시킨다.

▶ **기성(旣成; ready-made; off-the-shelf) 시스템.** ES는 사용자의 특정한 요구에 맞도록 맞춤으로 개발되거나 일반용도로 개발된 기성 패키지(packages)로 구매될 수 있다. 기성시스템은 일반회계원장이나 운영관리에서의 프로젝트관리와 같은 응용패키지와 유사하다. 기성 시스템은 대량생산의 경제성을 누릴 수 있어 맞춤시스템보다 상당히 저렴하다. 또 한 그들은 구매하자마자 사용할 수 있다. 불행하게도 기성시스템은 성질상 매우 일반적이어서 그들이 주는 조언이 복잡한 상황에 있는 사용자에게는 가치가 없을 수 있다. 그러나 그 값이 떨어지고 그 성능이 증가하면서 그들의 인기는 증가한다. 그들을 두 형태: 일반용도와 산업용, 지역용, 및 제품용으로 구별하기도 한다.

3.7.3 DSS와 ES 그리고 AI

[그림 3.7.1] DSS 관계

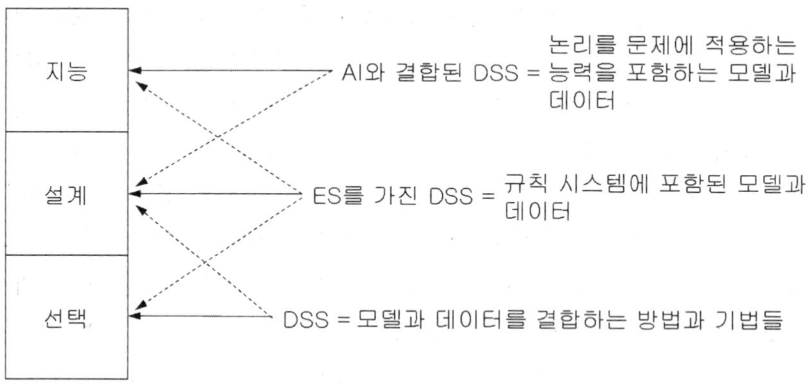

DSS는 AI 특색을 함께 가질 수도 있고 그렇지 않을 수도 있다. AI의 개념과 특색이 DSS속으로 들어갈 수도 있고 근본적으로 ES로 변환될 수 도 있다.

DSS는 보통 수동적이고 모델을 통한 결정지원과 문제에 관한 모델로부터의 추리를 제공하는 반면에 ES는(AI를 함께 가져) 능동적이고 규칙과 논리에 기초하여 연역(演繹; deduction)하고 권고하여준다.

경영자의 결정과정을 Simon이 말한 대로 지능과 설계 그리고 선택의 측면으로 분해할 수 있다. OR과 같은 예전의 결정도움 철학은 주로 선택이란 면을 지원할 수 있었다. 결정분석이 설계도움과 더 효과적으로 지능을 사용하기위한 메커니즘을 제공한다. 시스템을 단지 사용자-친화방식으로 이용하는 DSS의 경우 그들은 첫째로 선택측면에 역점을 둔다. 그러나 인간의 전문지식이 들어가면 DSS는 설계측면을 지원하고 그리고 AI기능이 지능측면에서의 컴퓨터기반 도움을 제공한다. [그림 3.6.1]이 이들 관계를 보여준다. 그림에서 점선은 경계와 관계가 분명하지 않고 일부 중복됨을 보여준다.

3.8 의사결정기준

3.8.1 확률을 고려하지 않는 결정기준(decision criteria)

우리가 결정을 내릴 때 무엇을 기준으로 할까? 미래의 이익이라는 형식으로 나타낸 기대이익의 최대화일 수 있고 비용, 불안, 고통, 손실 등을 최소화하는 것이 더 중요하다고 할 수도 있다. 그러나 하나의 객관적 기준으로 쓰려면 언제 어디서나 쓸 수 있는 그리고 누구나 인정하는 가치 측척(測尺)(價値 測尺; measure of value)이 필요하다. 이에는 우선 금전가치(金錢價値; monetary value)를 들 수 있겠는데 이를 정리하여 의사결정기준으로 사용할 수 있도록 한 것이 결과득실표이다.

▌결과득실 표(結果得失 表; payoff table)

행위와 사건의 어떤 조합(組合; combination)도 그 행위와 사건 그리고 결과간의 관계를 구상화(具象化; visualize)시키는 편리한 방법이 결과득실 표를 만드는 것이다. 〈표 3.7.1〉이 일반화된 **결과득실표**이다. 표의 첫 번째 행은 의사결정자가 선택할 여러 행위들을 나타낸다. 첫 번째 열은 행위가 실시된 후 있을 자연의 상태나 사건을 보여준다. 표 안의 p_{ij}는 여러 행위-사건 조합에 대한 결과득실을 표시하는데 i는 특정한 p가 어떤 열에 그리고 j는 어떤 행에 있는가를 표시한다. p는 결과득실을 표시한다. 행위 A_1이 취해진 뒤 사건 E_1이 일어났을 때 결과득실을 찾으면 1행과 1열의 교차점을 보면 p_{11}을 찾을 수 있다.행위 A_2와 사건 E_3의 결과득실은 3행과 2열의 교차섬에서 찾을 수 있으며 p_{32}이다.

(예제 3.7.1) 한 회사가 신제품을 시장에 내놓으려하고 있다. 이에는 두 가지 행위가 가능한데 하나는 그 제품을 시장에 내놓는 것이고 다른 하나는 내놓지 않는 것이다. 단순하게 하기위하여 세 개의 사건이 일어날만하다고 가정한다. 회사가 그 제품을 출시하고 수요가 많으면 +1,000만원의 결과이득을 수요가 적으면 +200만원의 결과이득을 가져다준다고 하자. 만일 수

요가 없으면 마케팅비용으로 -300만원의 손실이 있을 것이다. 물론 회사가 그 제품을 생산판매하지 않기로 한다면 결과득실은 0이다. 〈표 3.7.2〉가 이 상황을 보여준다.

〈표 3.7.1〉 결과득실 표

	행 위				
사건	A_1	A_2	A_3	$\cdots$	A_n
E_1	p_{11}	p_{12}	p_{13}	$\cdots$	p_{1n}
E_2	p_{21}	p_{22}	p_{23}	$\cdots$	p_{2n}
E_3	p_{31}	p_{32}	p_{33}	$\cdots$	p_{3n}
$\vdots$	$\vdots$	$\vdots$	$\vdots$	$\vdots$	$\vdots$
E_m	p_{m1}	p_{m2}	p_{m3}	$\cdots$	p_{mn}

의사결정자의 역할은 행동방향을 선택하는 것이다. 만일 의사결정자의 행위가 이뤄진 뒤에 있을 자연의 상태나 사건을 안다면 결정을 내리는데 아무 문제가 없다. 예를 들면 시장수요가 클 것을 확실하게 아는 의사결정자는 제품을 생산판매하기로 결정을 내릴 것이다. 수요가 적더라도 제품을 생산 판매하는 것이 아니하는 것보다 더 유리하다. 다만 수요가 없을 때만 생산판매하지 않는 것이 유리할 뿐이다.

(예제 3.7.2) 한 회사가 한 제품의 판매촉진을 위한 광고 예산으로 2,000만원을 가지고 있다. 이 회사는 이 광고예산 전부를 TV광고로 쓰거나 신문광고로 또는 이를 둘로 나누어 반씩 신문광고와 TV광고로 쓸 수 있다. 의사결정자는 대부분의 잠재고객이 TV를 시청한다면 전 예산을 TV광고에 쓸 때 결과득실은 +6,000만원임을 알고 있다. 이 상황에서의 결과득실 표는 〈표 3.7.3〉과 같다.

회사는 반반이 아닌 다른 비율로 광고예산을 나눌 수도 있다. 그러나 몇 가지 이유로 반반이 제일 좋은 비율이라고 가정한 것이다. 마찬가지로 문제를 간단하게하기 위하여 두 사건만을 가정한 것이다. 미래에 관한 의심의 여지가 없는 정보를 가짐으로써 선택을 쉽게 할 수 있다. 만일 의사결정자가 대부분의 잠재고객이 TV를 시청한다는 것을 알았다면 전 예산을 TV광고로 쓴다는 결정을 내릴 것이다. 만일 의사결정자가 유망한 고객에게는 신문이 더 좋은 매체라는 것을 알았다면 전 예산을 신문광고에 투입할 것이다.

〈표 3.7.2〉 예제 3.7.1의 결과득실 표

	행 위	
사 건	생산판매 함	생산판매 아니함
수요 많음	+1,000만원	0
수요 적음	+200만원	0
수요 없음	-300만원	0

〈표 3.7.3〉 예제 3.7.2의 결과득실 표

	행 위		
사 건	모두 TV광고	모두 신문광고	반반
대부분의 고객 TV 시청	+6,000만원	+200만원	+3,000만원
대부분 신문만 구독	+300만원	+4,000만원	+1,000만원

(예제 3.7.3) 회사의 이사문제에서 파느냐 임대하느냐의 두 행위와 낙후될 것인가 아니 될 것인가의 두 사건으로 이루어진 결과득실 표가 〈표 3.7.4〉이다.

의사결정자는 매각할 것인지 임대할 것인지를 정해야한다. 의사결정자가 그 지역이 낙후되지 않을 것이라는 것을 안다면 그 빌딩을 임대할 것이다. 반면에 급속히 낙후될 것이라고 확신한다면 결정은 매각일 것이다.

위의 결과득실 표의 득실은 돈 액수로 표현되어있다. 그러나 모든 의사결정자가 돈에 같은 가치를 부여하지 않는다는 것은 분명하다. 1억의 자금을 가지고 있는 사업가 A에게 1억의 자금이 필요한 투자기회가 생겼다. 이 투자는 두 배의 이익을 가져다 줄 수 있지만 한 푼도 못 건질 수 있다. 한 푼도 못 건질 확률은 0.25이다. 두 배의 이익이 나는 확률은 0.75가 된다. 이 투자의 기대이익은

$$0.75(2억\ 원)+0.25(0)=1억2{,}500만원$$

그에게는 또 하나의 투자기회가 있는데 이 투자기회는 1억을 투자하여 확실하게 2000만원을 버는 것이다.

또 다른 사업가 B는 100억 원을 가지고 있다. 이 사업가에게도 A와 같은 투자기회가 주어진다면 두 사람이 같은데 투자하려 할까? A는 두 배의 이익이 걸린 도박에 자기의 전 자금을 걸어야하지만 B는 1%만 걸면 된다. 이처럼 같은 1억의 돈이지만 두 사람에게는 다른 가치를 가진 것이다. 아마도 A는 도박을 포기하고 B는 이를 택할 것이다.

〈표 3.7.4〉 예제 3.7.3의 결과득실 표

	행 위	
사 건	매 각	임 대
낙후될 지역	+2억5,000만원	+9,500만원
낙후 되지 않을 지역	+2억5,000만원	+10억 원

그렇다면 무엇이 이렇게 같은 금액에 다른 가치를 사정하게 만드는 것일까? 여기에는 두 가지 이유를 들 수 있다. 하나는 A의 경우 전 재산이 걸려있다는 그의 처지 때문에 또는 그가 원래 보수적인 성격의 사람이기 때문에 그러할 것이다.

따라서 우리는 의사결정자가 취하는 행위는 적어도 자산의 수준(level of assets)과 위험(危

險; risk)에 대한 태도 두 가지 조건에 따른다고 결론지울 수 있다. 우리는 이 두 조건이 모든 의사결정자에게 같지 않다는 것을 알고 있다.

돈의 절대액수가 이런 종류의 결정을 내리는데 적정한 기준이 아닐 런지도 모른다. 1738년 Daniel Bernoulli는 이 사실에 주목하여 도박을 평가하는 기준이 모든 사람에게 동일하지 않다고 결론내리고 어떤 물건(物件; item)의 가치는 그 것의 가격이 아니라 그 것이 내놓는 효용(效用; utility)으로 정해진다고 주장하였다. 한 사람의 효용은 위험이 있는 상황에서 있을 수 있는 선택을 함에 있어 나타나는 그 사람의 선호(選好; preference)로 정해진다. 이점을 들어 우리가 효용이론이라고 부르는 이론에 대해 선호이론이란 용어를 사용하는 학자도 있다(효용이론에 대해서는 뒤에서 상술된다).

결과득실우위(結果得失優位; payoff dominance) 기준

선택해야할 행위의 결과득실을 비교하여 우위에 있는 행위를 선택하도록 하는 기준이다. 〈표 3.7.5〉의 결과득실 표를 보기로 한다. 표에서 호박 재배와 배추 재배를 비교하면 정상일 때의 결과득실은 같지만 다른 기상상태에서는 유리하므로 호박이 우위에 있다. 그러나 호박 재배와 고추 재배를 비교할 때 우위성 을 찾을 수 없으므로 다른 기준을 찾아야 할 것이다. 예에서 볼 수 있는 것처럼 비교우위를 찾을 수 있을 때만 적용할 수 있다는 한계가 있다.

〈표 3.7.5〉 기상상황에 따르는 채소재배의 결과득실

사건	호박 재배	배추 재배	고추 재배
기상상태건조	250만원	200만원	350만원
기상상태정상	500만원	500만원	370만원
기상상태다습	320만원	300만원	300만원

최소결과득실 최대화(最小結果得失 最大化; max-min payoff) 기준

행위들 중에서 선택하기 위한 기준인 maxi-min 기준은 가장 나쁜 일이 일어날 것을 가정한다. 즉 의사결정자가 그 행위를 선택한 뒤 그 결과가 나타날 그 시점이 가장 바람지하지 않은 자연의 상태일 것이라고 가정하는 것이다. 이를 전제로 의사결정자는 최소의 결과득실 중에서 최대의 결과득실을 가져다주는 것을 선택하는 것이다.

예제 3.7.2에서 회사는 광고비를 어떻게 사용해야 하나를 정해야한다. 〈표 3.7.5〉의 가장 바람직하지 않은 자연의 상태에서의 행위의 결과득실에 밑줄이 있다. 이들이 그 행위에서의 최소 결과득실이다. 이중 가장 큰 것이 천만 원의 이득을 가져다주는 것이다. 따라서 최대-최소 기준은 TV와 신문 양쪽에 반반씩 광고를 주는 결정을 내리게 해준다.

(예제 3.7.3)의 경우 최소결과득실 최대화 기준으로 보면 매각이라는 결정에 도달한다. 왜냐하면 확실한 결과득실인 2억5천만 원이 임대라는 결정이 가져다 줄 가장 나쁜 결과 9천5백만 원보다 크기 때문이다.

〈표 3.7.5〉 예 2.7.2에 대한 결과득실 표

사 건	행 위		
	모두 TV광고	모두 신문광고	반반
대부분의 고객 TV 시청	+6,000만원	+200만원	+3,000만원
대부분 신문만 구독	+300만원	+4,000만원	+1,000만원

최대기회손실 최소화(最大機會損失 最小化; min-max opportunity loss) 기준

결과득실대신 기회손실(機會損失; opportunity losses)을 가지고 결과득실 표를 만들 수 있다. 기회손실이란 특정한 사건(事象; event)의 결과득실과 그 사건에 대한 최선의 행위를 택함으로써 실현될 결과득실의 차(差; difference)이다. 이를 학자에 따라서는 후회(後悔; regret)라고도 부른다. 결과득실이 원이라면 기회손실은 우리가 가장 이로운 행위를 택하지 않았기 때문에 잃어버린 이익 금액이다. 최소-최대 기준 하에서 의사결정자는 가장 나쁜 사건이 일어날 것으로 기대하고 최대의 기회손실 중에서 최소의 것을 가져다 줄 행위를 선택한다.

(**예제** 3.7.4) 한 제품의 생산량을 늘리려고 하는 어느 회사가 두 가지 방안을 가지고 있다.

〈표 3.7.6〉 예 3.7.4에 대한 결과득실 표.

사 건	행 위	
	작업반추가	외부하도급
수요 많음	3,000만원	2,000만원
수요 적음	300만원	500만원

하나는 작업반을 추기로 편성하여 생산현장에 투입하여 생산을 늘리는 것이고 또 하나는 다른 회사에 하도급을 주는 것이다. 미래의 수요는 많을 수도 있고 적을 수도 있다. 이와 같은 상황에서 회사는 〈표 3.7.6〉과 같은 결과득실 표를 만들었다. 이 표에서 기회손실 〈표 3.7.7〉이 만들어진다.

최소-최대 기준을 사용할 때 회사가 작업반을 추가하면 수요가 작을 때 200만원의 최대 기회손실이 생길 것으로 기대된다. 외부에 하도급을 주면 수요가 많을 때 1,000만원의 최대 기회손실이 생길 것으로 기대된다. 이 두 최대기회손실 중에서 최소금액의 것은 작업반을 추가하고 수요가 적을 때의 200만원이다. 따라서 회사는 작업반을 추가하기로 한다.

최대-최대(最大-最大; max-max)기준

우리가 본대로 최소-최대 또는 최대-최소 기준은 비관주의자(悲觀主義者; pessimist)를 위한 기준이다. 낙관주의자(樂觀主義者; optimist)를 위한 것은 최대-최대 기준이다. 여기서는 어느 행위도 최대의 결과득실을 가져다준다고 가정한다. 낙관적인 의사결정자는 이들 최대의 결과득실을 가져다주는 행위 중에서 최대의 행위를 선택한다. 예제 3.7.1, 3.7.2, 3.7.3의 문제에서 이 기준을 사용하면 우리는 다음과 같은 행위를 선택하게 될 것이다.

1. 제품을 출시할 것인지 말지를 정하려는 회사는 출시를 결정할 것이다.
2. 광고비예산을 어디에 사용할 것인지를 정하려할 때 우리는 낙관적으로 생각하여 대부분의 고객이 TV만을 볼 것으로 믿고 모든 광고예산을 TV광고에 사용할 것이다.
3. 잉여빌딩을 임대와 매각 중에서 임대키로 결정할 것이다.

〈표 3.7.7〉 예제 3.7.4에 대한 기회손실

	행 위	
사 건	작업반추가	외부하도급
수요 많음	0	1,000만원
수요 적음	200만원	0

3.8.2 확률을 고려하는 결정기준

▌균등 확률 기준

선택할 행위가 일어날 확률을 모를 경우에 선택할 행위가 일어날 확률이 같다고 보고 기대결과득실을 계산하여 이중에서 제일 큰 결과득실을 가져다주는 행위를 선택하는 것이다. 확률정보가 전혀 없을 때 적용할 수 있는 기준이다.

억지로 확률을 사정하는 것에 충분한 이유가 없다는 주장을 배경으로 하고 있지만 균등분포로 보는 것도 일종의 확률사정이므로 이 이론도 정당성이 있다고 할 수 없다.

▌Hurwicz 기준

비관주의자와 낙관주의자의 양극단의 사이에 들어가는 사람들을 위하여 Leonid Hurwicz는 타협안을 제안하였다. Hurwicz의 기준을 사용할 때 의사결정자는 각 행위의 최대 및 최소 결과득실의 가중평균을 기준으로 삼고 가장 큰 가중평균결과득실을 가져다주는 행위를 선택한다. 의사결정자의 느낌을 나타내는데 사용되는 가중치(加重値; weights)는 최대와 최소의 결과득실이 일어날 확률이다. 〈표 3.7.3〉의 결과득실 행렬(行列; matrix)에서 의사결정자가 최대결과득실의 확률이 3/4이고 최소의 확률이 1/4이라고 생각한다면 그 사람은 세 개의 행위를 다음과 같이 평가할 것이다.

- 모든 예산을 TV광고로: 6,000만원(3/4)+300만원(1/4)=4,575만원
- 모든 예산을 신문광고로: 200만원(1/4)+4,000만원(3/4)=3,050만원
- TV와 신문에 반반으로: 3,000만원(3/4)+1,000만원(1/4)=2,500만원

따라서 의사결정자는 첫 번째 행위가 최대의 가중평균을 가져다줄 것이므로 TV광고를 택할 것이다. [그림 3.7.1]이 결정상황을 보여준다. 각 행위의 가중평균은 사건가지(event branches)

[그림 3.7.1] (예제 3.7.2)에서 Hurwicz 기준을 응용하는 나무그림(단위: 1000원)

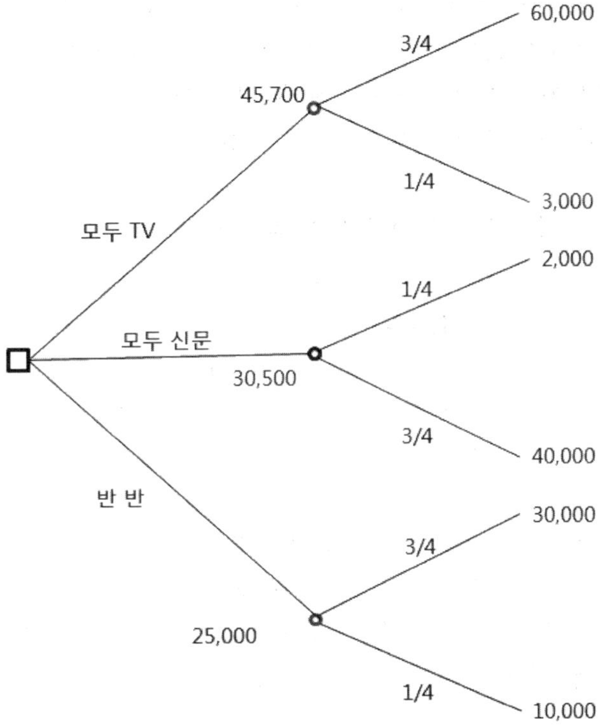

의 원점(原點; origins)에 있다. 확률은 각각의 사건가지에 있다.

▮기대결과득실 기준(베이즈 기준)

기대치 기준은 주관적 확률개념을 응용할 수 있게 해주는데 이 기준은 의사결정자가 기대이익 최대화 또는 기대기회손실 최소화 기법을 사용하는 결정규칙이다. 기대결과득실 기준을 사용하려면 의사결정자는 각각의 특정화된 사건이나 자연의 상태의 확률을 사정할 수 있어야한다. 그리고 이들 확률의 합은 1이어야한다. 이들 확률은 여러 사건이 일어날 공산(公算; likelihood)에 관한 의사결정자의 느낌의 강도를 나타낸다. 이들 확률을 만들어내는 과정이 통상 주관적이므로 기대결과득실 기준과 이와 관련이 있는 이론을 거부하는 사람들도 있다. 결과득실이 금전금액일 경우에 기대금전가치(expected monetary value-EMV)라고 한다.

관련된 미래의 사건을 구별해내고 거기에 확률을 할당하고 난후 각 행위에 대한 기대결과득실을 계산한다. 그리고 제일 좋은 결과득실을 가져다주는 행위를 선택한다. 만일 결과득실이 수입이나 이익이라면 의사결정자는 제일 높은 기대결과득실을 가져다주는 행위를 선택하고 반면에 결과득실이 비용이나 기회손실을 나타내면 가장 낮은 결과득실을 가져다주는 행위를 선택하게 된다.

(예제 3.7.5) 한 부동산개발업자가 구획정리예정지 인근에 부지를 가지고 있다. 이정리예정지에는 산업지구와 공원지구 그리고 주거지구가 들어서게 된다. 그러나 이 업자의 부지 인근에 이 세 지구 중 어느 지구가 들어설지는 아직 모른다. 이 업자는 잡화점과 식당 그리고 주유소 중에서 하나를 택하려한다. 이 상황을 분석하기위하여 이 업자는 〈표 3.7.8〉을 만들어낼 수 있었다. 여기서 결과득실은 향후 5년간의 실현가능한 정미(正味; net) 이익을 나타낸다.

〈표 3.7.8〉 예제 3.7.5를 위한 결과득실 표

	행 위		
사 건	잡화점건축	식당건축	주유소건축
산업지구	1,000만원	1,800만원	2,500만원
공원지구	1,000만원	5,000만원	1,500만원
주거지구	6,000만원	1,500만원	2,000만원

개발업자는 나름대로 자기 소유부지에 인접된 부지가 어느 지구로 지정될 것인지에 대한 확률을 가지고 있는데 산업지구로 지정될 확률이 0.25이고 공원지구가 0.25 그리고 주거지구로 될 확률이 0.5라고 생각한다. 이를 가지고 잡화점건축과 식당건축 그리고 주유소건축 세 행동의 기대결과득실을 계산하게 되는데 그 계산결과는 다음과 같다.

	행 동
계 산	기대결과득실
잡화점건축	1,000만원(0.25) + 1,000만원(0.25) + 6,000만원(0.5) = 3,500만원
식당건축	1,800만원(0.25) + 5,000만원(0.25) + 1,500만원(0.5) = 2,450만원
주유소건축	2,500만원(0.25) + 1,500만원(0.25) + 2,000만원(0.5) = 2,000만원

개발업자는 잡화점건축이 최대의 기대결과득실을 가져다주므로 잡화점을 건축키로 결정한다. 그 업자는 불확실성의 상황에서 이 결정을 내렸으므로 기대이익 3,500만원을 불확실성 하 기대이익이라고 그리고 그 행위를 최적행위라고 부른다.

확률우위 기준(確率優位 基準; probabilistic dominance criterion)

결과득실에 대한 누적확률분포를 비교하여 모든 결과득실의 누적확률이 큰 행위를 택하도록 하는 기준이다. 행위 A와 B의 확률밀도가 교차하는 경우에도 행위 A와 B의 누적확률분포가 교차하는 곳이 하나도 없는 경우가 있다. 이 경우 행위 A의 누적확률이 행위 B의 누적확률보다 항상 크다면 A가 누적확률의 면에서 B보다 우위에 있다. 이런 경우 행위 A를 택하게 하는 것이 확률우위 기준이다.

이 기준의 단점은 두 누적확률분포가 교차하는 곳이 있으면 사용할 수 없다는 점이다.

▌최빈 결과득실(最頻 結果得失; modal payoff 혹은 maximum likelihood) 기준

각 행위의 최빈(最頻; most frequent) 결과득실 중에서 가장 큰 값의 결과득실을 가져다주는 행위를 선택하는 방법이다. 예제 3.7.5에서보면 최빈 결과는 주거지구로 지정되는 것으로 잡화점 건축의 경우 최빈 결과득실은 (0.5)6000만원=3000만원이다. 식당 건축의 경우는 750만원 주유소의 경우는 1000만원이다. 이 중에서 가장 큰 값이 3000만원이므로 잡화점을 건축한다.

〈표 3.7.9〉

행 위	확률	결과득실	기대치
A	0.5	300만원	0
	0.5	-300만원	
B	0.5	3,000만원	0
	0.5	-3,000만원	

▌기대치 기준(expected value criterion)

각 행위의 기댓값을 계산하여 그 값이 제일 큰 행위를 선택하는 것이다. 그러나 이 기준은 각 행위의 결과득실이 얼마나 크나 또는 얼마나 널리 퍼져있는가에 대한 정보를 무시하고 있다. 〈표 3.7.9〉를 보자.

행위 A와 B의 기대치는 다 같이 0이지만 득실을 비교하면 10배의 차가 있다. 그만큼 위험에 차가 있다. 행위 A와 B의 표준편차는 각각 300만원과 3,000만원이다.

▌기대치(평균)-분산(mean-variance) 기준

기대치-분산 기준은 기대치 기준의 단점을 보완하기위하여 분산 또는 표준편차를 추가한 것이다. 개념적으로 분산이나 표준편차는 불확실성을 나타내는 하나의 지표가 된다. 그런 의미에서 기대치 기준보다는 진일보한 기준이라 하겠다. 두 행위 중 하나를 선택하는 문제에서 이 기준은 다음과 같이 선택하게 하여준다.

1. 기대치가 크고 분산이 작은 쪽을 택한다.
2. 기대치가 같은 경우는 분산이 작은 쪽을 택한다.
3. 분산이 같은 경우는 기대치가 큰 쪽을 택한다.
4. 기대치가 작고 분산이 큰 것은 기각한다.
5. 기대치도 분산도 작은 경우는 선호(選好; preference)의 문제가 된다.

▌목표수준(目標水準; aspiration level) 기준

목표수준은 의사결정자가 꼭 가지고 싶어 하는 아주 중요한 결과득실의 수준이다. 이 기준을 적용하려면 우선 목표수준을 정하고 이 수준을 달성할 수 있는 확률을 사정하여 제일 큰 확률을 가져올 행위를 택하는 것이다. 예를 들어 어느 회사가 신제품을 출시하였을 때 월간 기대이

〈표 3.7.10〉

신제품	월간 기대판매량	확률	결과이익
A	2,000개	0.1	200만원
	3,000	0.1	300만원
	4,000	0.2	400만원
	5,000	0.6	500만원
	계	1.0	
B	0개	0.1	0
	1,000	0.2	200만원
	2,000	0.2	400만원
	3,000	0.4	600만원
	4,000	0.1	800만원
	계	1.0	
C	0개	0.1	0
	1,000	0.3	150만원
	2,000	0.3	300만원
	3,000	0.2	450만원
	4,000	0.1	600만원
	계	1.0	

익이 〈표 3.7.10〉과 같이 분포되고 목표수준이 300만 원 이하라고 하자.

이들 분포에서 300만 원 이상의 결과득실을 가져다주는 확률은 A는 0.9 B는 0.7 C는 0.6 이다. A가 가장 크므로 A을 택하게 된다.

확실등가가 큰 쪽을 택하는 확실등가 기준과 효용이 큰 쪽을 택하는 최대효용 기준에 대해서는 4.2 효용이론을 설명하는 과정에서 충분히 다룰 것이므로 여기서는 생략한다.

제4장 통계적 추론 및 효용이론

4.1 통계적 추론

통계적 추론은 어떤 모집단(母集團; population)에서 추출한 표본(標本; sample)으로부터 얻은 결과 값을 기초로 모집단에 관해 추리하는 과정이다.

모집단에 관한 결정에 도달하기위하여 표본을 추출하여 분석하는 이유는 우선 모집단이 너무 커서 전체를 조사하는 일에 엄청난 대가(돈, 시간, 또는 자원)가 들기 때문이다. 또는 측정하는 과정에서 파괴검사가 필요한 경우도 표본 추출을 하게 된다. 예를 들면 전지생산업자가 자기 제품의 평균수명을 알고 싶을 때 모든 생산제품을 검사한다는 것은 비현실적이며 그는 그가 바라는 정보를 표본추출과 추론을 통해서만 얻을 수 있다.

통계적 추론에는 **추정**(推定; estimation)과 **가설검정**(假說檢定; hypothesis testing)두 형태가 있다.

4.1.1 추정(推定; estimation)

▌표본이 추출된 모집단과 목표모집단

표본이 추출된 모집단은 말 그대로 표본을 추출한 모집단이다. 목표모집단은 우리가 정보를 얻으려하는 모집단이다. 이 두 가지 모집단은 같을 수도 있고 다를 수도 있다. 통계적 추론은 적절하게 표본이 추출된 모집단에 관하여 추론하게 하여준다. 통계적 절차는 목표모집단에서 표본을 추출하지 않았다면 목표모집단에 관한 결정을 내릴 수 있도록 도와주지 못한다.

우리가 어떤 지역의 몇 %의 가구(家口; households)가 에어컨을 가지고 있는지를 알려고 할 때 전화부에서 무작위로 가구표본을 선정하고 이 표본에서 얻은 정보를 기초로 추론하면 어떨까? 이 때 우리는 우선 목표가구(조사지역에 사는 가구)와 표본가구(전화번호부에 있는 가구)가 같을까? 라고 스스로에 물어야 한다. 나아가 전화가 없는 가구는 없는가? 전화부에 없는 전화번호를 가진 가구는? 전화번호부는 최신의 것인가?

많은 경우 목표모집단과 표본모집단은 같다. 그러나 다른 경우 엉뚱한 추론을 할 수 있음을 유념하여야한다.

점 추정치와 구간 추정치

우리는 추정량(推定値; estimate)을 점 추정량(點 推定量; point estimates)과 구간 추정량(區間 推定量; interval estimates) 두 형태로 나눌 수 있다. 점 추정량은 표본의 데이터로 계산된다. 그것은 표본이 추출된 모집단의 값(모수-母數-parameter)이 얼마인가를 가장 잘 추정한 값들로 이루어진다. 한편 구간 추정량은 확신의 정도가 변하는 추정 모수(母數; parameter)가 포함된 구간으로 이루어져 있다. 우리는 "일방(一方; one-sided)"과 "양방(兩方; two-sided)" 구간 추정치를 얻을 수 있다. 그러나 일반적으로는 양방 구간 추정치가 사용되며 일방 구간 추정치는 거의 사용되지 않는다. 양방 구간의 경계는 추정될 모수(母數; parameter)의 두 있음직한 값으로 이루어진다. 하나의 점 추정치를 확신을 가지고 추정할 수 없을 때 구간으로 추정하여 믿음의 정도를 높이려는 것이다. 구간이 넓으면 추정 값이 들어갈 확률이 높아지고 좁으면 낮아진다.

신뢰구간(信賴區間; confidence interval)

극단적인 경우를 보면 우리는 어느 모집단의 미지의 평균이 $-\infty$와 $+\infty$사이의 구간에 들어간다고 100%의 확신을 가지고 말할 수 있을 것이다. 그러나 이런 구간은 쓸모없는 구간이다. 다행히 우리는 훨씬 좁고 유용한 구간을 구할 수 있다. 더욱 유용한 구간을 위해 지불해야하는 대가는 추정될 모수가 포함될 믿음의 감소이다. 편리한 구간추정을 구하기 위하여 우리는 표본분포(標本分布; sampling distribution) 지식(知識; knowledge)을 사용한다. 예를 들면 표본이 정규적(正規的; normally)으로 분포된 모집단에서 추출되었다면 그 평균값의 표본분포는 평균이 $\mu_{\bar{x}} = \mu$이고 표준편차가 $\sigma_{\bar{x}} = \sigma/\sqrt{n}$인 정규분포이다. $\bar{x}$가 정규적으로 분포되어 있음을 알았으므로 $\bar{x}$의 분포에 관하여 조금 더 밝혀보자. 예를 들면 $\bar{x}$의 모든 값의 약 95%가 그 수치와 관계없이 평균 μ의 2 × (표준오차) 안에 들어간다. 다른 말로하면 $\mu - 2\sigma_{\bar{x}}$와 $\mu + 2\sigma_{\bar{x}}$을 양쪽 경계로 하는 구간은 그 중심에 μ가 있고 모든 $\bar{x}$값의 약 95%가 그 안에 들어간다.

우리가 구하는 각 구간추정에 신뢰의 정도를 선택할 수 있으므로 우리는 구간추정을 신뢰구간(信賴區間; confidence interval)이라고 그리고 구간의 경계를 신뢰한계라고 부를 수 있다.

추정치(推定値; estimate)와 추정척(推定尺; estimator)

하나의 추정은 특정화된 수자 값이다. 우리는 추정치와 **추정척**을 구별한다. 추정 척은 통상 수학공식으로 표현되는 절차(節次; procedure)나 규칙(規則; rule)이며 추정이 어떻게 계산되는가를 말해준다. 추정척의 한 예가

$$\bar{x} = \frac{\sum x_i}{n}$$

으로 이것은 모집단 평균의 추정치를 얻기 위하여 사용되는 추정척이다.

점 추정량의 한 측면은 특정한 추정척이 좋은가 나쁜가를 가려내야 한다는 것이다. 추정척은

다음기준을 근거로 판단된다.

(1) 무편향성(無偏向性; unbiasedness)
(2) 일관성(一貫性; consistency)
(3) 효율성(效率性; efficiency)
(4) 충분성(充分性; sufficiency).

▶ **무편향성.** 어느 모집단에서 추출한 정해진 크기의 모든 있을법한 무작위 표본들로부터 계산된 통계량(統計量; statistic)의 평균값이 그에 상응하는 모수(母數; parameter)와 같을 때 모집단 모수의 무편향추정척이라고 말한다. 즉 통계량의 기댓값이 모수와 같다면 그 추정척은 무편향하다. 만일 θ가 추정되는 모수이고 $\hat{\theta}$(갓머리 세타라 읽음)이 θ의 무편향추정척이라면 우리는 이를 기호로

$$E(\hat{\theta}) = \theta$$

라고 표현한다. 왼쪽 항을 $\hat{\theta}$의 기댓값이라고 읽는다. 표본의 산술평균 $\overline{x}$는 $E(\overline{x}) = \mu$이므로 모수평균 μ의 무편향추정척이다.

▶ **일관성(一貫性; consistency).** 표본의 크기가 커짐에 따라 추정척이 추정하려는 모집단모수에 가까워지면 그 통계량은 일관성이 있다고 말한다.

$\overline{x}$의 분산, $\sigma_{\overline{x}}^2$은 σ^2/n와 같다. 이는 n가 증가하면 표본평균이 μ에 가까워진다는 것을 가리킨다. 결과적으로 $\overline{x}$는 μ의 일관성 있는 추정척이다. 추정척이 무편향이고 표본크기가 무한에 근접함에 따라 그 분산이 0에 접근한다면 일관성이 있다. 추정척 $\overline{x}$은 이 조건을 충족하므로 일관성이 있다.

▶ **효율성(效率性; efficiency).** 한 추정척의 효율성은 그 분산에 따른다. 작은 분산을 가진 추정척이 큰 분산을 가진 추정척보다 효율성이 크다고 한다. 우리는 두 추정척의 분산의 비(比; ratio)를 계산하여 상대효율성의 측척(測尺)를 구할 수 있다.

▶ **충분성(充分性; sufficiency).** 한 추정척이 충분하다는 것은 표본 안에 포함되었다고 추정되고 있는 모집단에 관한 모든 정보를 활용하였다는 의미이다. 다른 말로하면 충분한 추정척이 모든 정보를 써버려서 다른 어떤 불충분한 추정척을 사용할 필요가 없다는 것이다. 표본평균 $\overline{x}$는 μ의 충분한 추정척이다.

추정의 실제

추정을 구체적으로 생각해보면 표본을 통해 모집단의 평균과 분산을 추정함으로써 모집단의

속성을 파악하는 것일 것이다. 앞에서 설명된 모집단의 평균에 대한 신뢰구간이나 신뢰한계는 모집단의 모집단 분산 수치를 알아야 구해진다. 그렇다면 모집단의 분산을 모르고 평균을 추정하는 길은 없을까? 이 경우에는 이른바 Student의 분포(t 분포)를 사용한다.

추정에는 이 이외에도 두 모집단 평균 사이의 차이 추정하기, 모집단비(母集團比; population proportion) 추정하기, 두 모집단비 사이의 차이 추정하기, 평균을 추정하기위한 표본크기 정하기, 비율을 추정하기위한 표본크기 정하기, 정규로 분포된 모집단의 분산 추정하기, 등등이 포함되는데 이에 관해서는 통계학 책을 이용하기 바란다.

4.1.2 가설검정(hypothesis testing)

가설검정의 목적은 추정과 마찬가지로 모집단에서 추출된 표본에 포함된 자료(資料; data)를 검토하여 우리가 모집단에 관한 결론에 도달하도록 도와주는 것이다.

가설검정의 일반 고려사항

가설은 단순히 하나 또는 그 이상의 모집단에 관한 서술(敍述; statement)이라고 정의할 수 있다. 여기서 관심대상의 가설은 모집단 또는 모집단들의 하나 혹은 그이상의 모수(母數; parameter)와 관련된 것들로 우리는 그 모집단이나 모집단들에 관하여 서술을 만들 수 있다. 어느 품질관리기사는 어떤 공정에서 발생한 측정치(測定値; measurements)의 분산이 특정한 값 σ_0^2과 같다는 가설을 세울 수 있다. 마케팅 분석가가 일정한 지역의 평균 가계소득이 어떤 특정한 값 μ_0와 같다는 가설을 세울 수도 있다. 혹은 어느 회사사장이 자기회사의 종업원의 60%는 최소한 대학1년은 이수하였다는 가설을 세울 수도 있다.

충분한 시간, 돈, 기타자원이 주어진다면 이들 조사자들 각자는 세워진 가설의 대상이 된 모집단전체를 조사함으로써 의심을 넘어 가설의 진실여부를 결정할 수 있다. 그러나 그런 일은 엄청난 비용이 들것이다. 그래서 조사자들은 그들의 가설의 합리성을 검사하는 경제적 수단을 찾게 된다. 그리고 그들은 그들의 결론에 어느 정도의 불확실성과 타협하게 된다. 여기에 표본추출을 통한 검정의 타당성이 있다.

가설검정의 단계(段階; steps)

1. 가설의 서술
2. 검사 통계량과 그 분포의 발견(發見; identification)
3. 유의수준(有意水準; significance level)의 특정화(特定化; specification)
4. 결정규칙(決定規則; decision rule)의 서술(敍述; statement)
5. 자료의 수집과 계산의 시행(施行; performance)
6. 통계적 결정 만들기
7. 결론 끌어내기

1. **가설의 서술**.

이에는 대개 두 개의 가설 즉 **귀무가설**(歸無假說; null hypothesis: H_0)과 대립가설(對立假說; alternative hypothesis: H_1)이 있다. 귀무가설은 검정되는 가설이다. 귀무가설은 통상 관심대상의 모집단의 모수(母數; parameters)중 하나를 특정 짓는다. 예를 들어 한 회사의종업원중 적어도 60%는 대학 1년을 이수하였다는 서술 또는 가설은 최소한 대학 1년을 이수한 조업원의 비율이 0.6이라고 특정(特定; specify)한다. 귀무가설은 통계적 분석 전 과정에서 진짜라고 가정하는 가설이다. 분석은 이 가정을 기본으로 하고 있다. 다만 분석이 끝나야만 그리고 우리가 그렇게 한 것을 보증하는 증거가 있을 때에만 귀무가설이 옳지 않다는 생각을 받아들일 수 있다.

귀무가설이라는 단어는 아무 차이가 없다는 가설이라는 관념을 반영한다. 이 때문에 귀무가설은 늘 같다는 서술로 나타난다. 기호로 표현할 때는 동등기호(同等記號; equal sign)를 포함한다.

대립가설은 귀무가설이 기각(棄却; reject)되어야할 때 쓸 수 있는 대안이다. 종업원의 교육에 관한 회사사장의 가설의 경우 세가지중 하나로 대립가정을 서술할 수 있다: (1) 진짜 비율은 0.6이 아니다. (2) 진짜비율은 0.6보다 작다. (3) 진짜비율은 0.6보다 크다. (1)의 경우 우리가 귀무가설을 기각한다면 모수(母數; parameter)에 관한 모집단의 진짜조건은 귀무가설에서 특정된 것과 다른 어느 것이다. 그러나 이 대안(代案; alternative)은 귀무가설에서 특정된 것보다 큰지 작은지를 지적하지 않고 있다. (2)와 (3)에서는 우리가 귀무가설을 기각할 때 우리는 대립가설에 따라 진짜비율이 0.6보다 큰지 작은지를 결론짓고 있다. 세 대립가설 중 어느 것을 쓸 것인가는 문제의 성질에 따라 정해진다.

가설의 설정. 조사자는 최초에 귀무 형태로 또는 대립 형태로 가설을 설정할 수 있다. 최소한 1년의 대학교육을 이수한 종업원의 비율이 0.6이다(귀무) 또는 0.6이 아니다(대립)라고 서술할 수 있다. 우리가 최초가설을 어떻게 서술하느냐와 관계없이 우리는 자료를 수집하기 전에 적절한 귀무 및 대립가설을 특정하여야한다. 일반으로 우리가 모집단모수 θ가 어느 값 θ_0와 같다고 가설화(假說化; hypothesize)하는 경우 우리는 다음과 같은 식으로 나타낼 수 있다.

$$H_0 : \theta = \theta_0,\ H_1 : \theta \neq \theta_0$$

귀무가설 및 대립가설을 설정할 때 우리는 우리가 내리고자 하는 결론이 무엇인가를 정해야한다. 우리가 귀무가설은 상등(相等; equality)의 서술이 포함된다는 규칙을 어기지 않는다면 대립가설에 우리가 내리고자하는 결론을 서술하여야한다. 우리가 모든 가능성하에서 귀무가설을 기각하기를 원하므로 대립가설에서 내리고자하는 결론이 서술되어야한다.

모집단에 관한 가설을 검정할 필요가 있는 상황을 생각해보자. 표본데이터가 모집단의 평균이 어느 값 μ_0와 같지 않다는 충분한 증거를 제공하는지 아닌지를 알고 싶을 때의 대립가설은

$$H_1 : \mu \neq \mu_0$$

이며 귀무가설은 대립가설의 여집합(餘集合; complement)인

$$H_0 : \mu = \mu_0$$

이다.

대립가설 $H_1 : \mu \neq \mu_0$은 양측검정의 한 예이다. 대답을 구하는 질문이 다음중 하나라면 대립가설형태이다: (1) 표본데이터가 모집단의 평균이 μ_0보다 크다는 충분한 증거를 제공하는가? 이 경우 대립가설은 $H_1 : \mu > \mu_0$이고 귀무가설은 $H_0 : \mu \leq \mu_0$ 이다. (2) 표본데이터가 모집단의 평균이 μ_0보다 작다는 충분한 증거를 제공하는가? 이 경우 대립가설은 $H_1 : \mu < \mu_0$이고 귀무가설은 $H_0 : \mu \geq \mu_0$이다.

우리가 귀무가설을 기각하면 우리는 아주 깊은 신념을 가지고 대립가설이 진짜라는 결론을 내린다. 그러나 우리가 귀무가설을 기각할 수가 없을 때 우리는 귀무가설이 진짜라고 할 수가 없다. 다만 진짜일지도 모른다고만 할 수 있을 뿐이다. 가설에 어울리는 증거가 결정적이 아닌 반면에 반대되는 증거는 가설을 의심하는데 충분하기 때문이다.

예를 들어보자. 두통치료제를 생산하는 회사가 자사제품이 15분 안에 두통을 치유한다고 주장한다. 이것이 회사의 가설이다. 우리가 두통이 나서 이약을 먹었고 15분 안에 우리의 두통이 사라졌다. 그렇더라도 우리는 회사의 가설을 진짜라고 결론내지 않을지 모른다. 우리가 그 이후 25번이나 같은 결과를 경험한다면 회사의 가설이 진짜라는 결론을 내릴까? 회사의 가설을 뒷받침하는 증거의 확실성이 상당히 높아졌지만 제조회사의 가설이 진짜라는 결론을 내리기에는 불충분하다. 우리의 27번째 두통이 30분이 지나도 낫지 않을 때 우리는 그 가설이 진짜가 아니라고 결론 내린다. 이 결론은 기각된 가설을 근거로 하는 것이다. 우리는 이 결론에 도달하는데 오직 하나의 증거만이 필요하였다. 26번의 그 가설을 뒷받침하는 증거도 그 진실을 확인하는데 실패하였다.

여기서 우리가 다루는 형태의 통계적 가설에 관한 결정은 두통약의 경우처럼 명쾌하지 못하다. 그러나 개념(槪念; concept)은 같다. 요약하면 기각된 가설을 기초로 하는 결정은 귀무가설과 어울리는 증거를 기초로 하는 결론보다는 더 결론적이다.

2. **검정통계량(檢定統計量; test statistic)과 그 분포의 발견(發見; identification).**

검정통계량은 통계적 가설검정에 사용되는 통계량이다. 우리는 표본데이터로부터 검정통계량의 수치를 계산한다. 일반적으로 검정통계량은 많은 있음직한 값을 가정한다. 관측된 바로 그 값은 추출된 바로 그 표본에 따른다. 귀무가설을 기각하느냐 아니하느냐를 결정하는 것은 검정통계량의 크기에 따르므로 검정통계량은 의사결정자역할을 한다. 누가 모집단평균에 관한 가설을 검정한다면 하나의 있음직한 검정통계량은

$$z = \frac{\bar{x} - \mu_0}{\sigma / \sqrt{n}}$$

이며 여기서 μ_0는 모집단평균의 가설화된 값이다. 아래첨자 0은 모수의 가설화된 값을 나타내기 위하여 사용된다. 이 양은 몇 개의 가정(假定; assumptions)이 맞고 모집단평균이 가설화된 데로 μ_0일 때 표준정규분포를 따른다. 우리가 관심을 가지게 될 다른 검정통계량은

$$t = \frac{\bar{x} - \mu_0}{s/\sqrt{n}}$$

인데 이는 우리가 모집단평균에 관한 가설을 검정할 때에 있음직한 검정통계량이다.

3. **유의수준(有意水準; significance level)의 특정화(特定化; specification).**

결과가 나왔을 때 두 개의 있음직한 행위가 있다: (1) H_0을 기각 또는 (2) H_0을 기각하지 못함. 기각되지 않은 가설은 참일 수도 있고 거짓일 수도 있다. 마찬가지로 기각된 가설도 참일 수도 거짓일수도 있다. 이처럼 우리가 가설을 검정할 때는 네 개의 있을 수 있는 결과(結果; outcomes)가 있다: (1) 거짓인 귀무가설을 기각함, (2) 참인 귀무가설을 기각함, (3) 거짓인 귀무가설을 기각 못함 (4) 참인 귀무가설을 기각 못함. 결과 (1)와 (3)는 바람직하고 (2)와 (4)는 바람직하지 못하다. 우리는 있을 수 있는 결과를 취하는 행위와 귀무가설과 연관되는 모집단의 조건에 의해 분류할 수 있다. 우리는 위 두 개의 바람직하지 않은 결과를 옳지 않은 행위나 오류로 생각할 수 있다. 그들에 형태의 이름을 붙여줌으로써 구별할 수 있다. 즉 우리는 H_0가 참일 때 이를 기각하는 오류를 I**형 오류**라고 부르고 H_0가 거짓일 때 이를 기각하지 못하는 행위를 II형 오류라고 부른다. 이를 표로 요약하면 다음과 같다.

귀무가설의 있을 수 있는 조건		
	참	거짓
H_0 기각실패	옳다	그르다 (II형 오류)
있을 수 있는 행위		
H_0 기각	그르다 (I형 오류)	옳다

우리는 가설검정상황에서 언제나 우리가 하나 또는 나머지 하나의 오류를 저지를 확률은 항상 있다는 것을 유념해야한다. 우리는 I형 오류를 저지를 확률을 α라고 부르고 II형 오류를 저지를 확률을 β라고 부른다. α가 클수록 I형 오류를 더 쉽게 저지를 것이다. 즉 우리가 더 쉽게 참인 귀무가설을 기각할 것이다. β가 클수록 2형 오류를 더 쉽게 저지를 것이고 거짓인 귀무가설을 기각하지 못하게 될 것이다. 우리는 두 오류를 저지를 확률 모두를 가능한 한 작게 하려한다. 뒤의 예에서 설명되는 것처럼 같은 표본크기에서는 α가 감소하면 β가 증가하고 β가 감소하면 α가 증가한다. 두 가지 오류를 모두 감소시키는 길은 표본의 크기를 늘리는 것이다.

▶ **α의 선택.** 양(量; quantity) α을 유의수준(有意水準; level of significance)이라고도 부른

다. 데이터를 수집하기 전에 우리는 유의수준 또는 1형 오류를 범할 확률을 작은 확률로 특정하여야 한다. 만일 이 확률이 α와 같거나 작으면 우리는 H_1을 뒷받침하고 H_0을 기각한다. 이때 우리는 검정통계량의 계산된 값이 유의(有意; significant)하다고 말한다. 계산된 검정통계량이 α보다 크다면 우리는 귀무가설을 기각할 수 없다. 이때는 검정통계량의 값은 유의하지 않다. 우리는 0에서 1사이의 어떤 α값도 시용할 수 있지만 가장 많이 사용되는 값이 0.05와 0.01이다. α의 선택은 임의적이긴 하지만 관습에 기초한다.

▶ **I 형 오류의 결과(結果; consequences).** 우리는 I형 오류의 결과와 관련하여 α의 값을 선택한다. 실제상황에서 두 오류를 저지를 가능성이 있는 결과를 생각해보자. 계산기를 제조하는 회사가 만일 집적회로 입하량의 7%가 품질기준에 미달한다고 믿을만한 이유가 있다면 그리고 그 집적회로의 입하를 거절하는 방침을 가지고 있다면 관리자는 각 입하단위에서 표본을 추출하여 적절한 가설검정과정을 거칠 것이다. 때로는 가설검정의 결과가 입하 거절일 수 있다. 입하를 거절함으로써 그 관리자는 I형 오류를 범할지도 모른다. 입하가 거절되었을 때 한 대안은 다른 공급업자로부터 집적회로를 사는 것이라고 가정하자. 만일 그 관리자가 실은 규격에 맞는 싼 집적회로의 입하를 거절하고 더 비싼 것을 사들였다면 이는 계산기의 원가를 올리게 한다. 그러면 원가상승은 이 경우 참인 귀무가설을 기각한 결과에서 온 것이다. 반면에 회사가 만족하여 입하를 채택한다면 그것은 2형 오류를 범하는 일이 될지도 모른다. 즉 그것 때문에 불량한 집작회로의 입하를 채택하게 되어 불량계산기를 생산할 기회가 증가할 것이다. 이는 뒤에 회사가 품질보증 면에서 추기적인 비용이 추가될 수도 있다. 만일 너무 많은 불량계산기가 시장에 나가게 되면 회사는 고객으로부터 신뢰를 잃게 될 수도 있다.

그 관리자는 두 오류 중에서 어느 것이 비싼지 결정하지 않으면 아니 된다. 그런 뒤 더 비싼 오류의 확률을 최소화하거나 포함된 비용을 기초로 두 비용간의 균형을 잡거나 하여야 한다.

조사 초기에 α을 선택한다는데 주목하자. 우리가 검정을 끝낸 후에 α를 선택한다면 조사의 객관성이 떨어질 것이다.

▶ **채택 및 기각 영역(領域; region).** 검정통계량의 분포에는 H_0가 참일 때 그 통계량이 가정할 수 있는 모든 값이 포함된다. 다른 말로 하면 귀무가설이 참일 때 가능한 검정통계량의 모든 값의 집합을 상상할 수 있다. 우리는 귀무가설이 참일 때 그럴 것 같지 않은 통계량의 부분집합을 기각영역이라고 부른다. 남은 값을 채택영역이라고 한다(그러나 귀무가설을 채택한다는 구절은 피하자. "채택"이라는 단어는 우리가 기각할 수 없는 가설을 기초로 한 결정과 일치하는 것보다 더 믿음이 간다는 의미를 풍긴다. 우리가 귀무가설을 기각할 수 없다면 우리는 "우리가 귀무가설의 기각에 실패하다"라고 말함으로써 우리 행위의 특성을 나타내야 한다). 우리는 채택영역과 기각영역을 나누어지게 하는 검정통계량의 값을 임계(臨界; critical)값이라고 한다. α의 값은 가설화된 모수의 값과 그것과 관련된 표본분포와 연계하여 채택과 기각 영역의 위치를 정해준다.

4. **결정규칙의 서술(敍述; statement)**.

결정규칙은 우리가 귀무가설을 기각할 것인가 아니할 것인가를 정할 때 따르는 지침이다. 우리는, 데이터를 모으기 전에 만들어진, 결정규칙을 다음과 같이 확률론의 용어로 서술할 수 있다.

귀무가설이 참일 때 실제로 얻어진 것만큼 또는 더 극한적인 검정통계량을 가질 확률이 α과 같거나 작다면 우리는 그 귀무가설을 기각한다. 그러하지 않으면 귀무가설을 기각하지 않는다.

우리는 이 규칙을 다음과 같이 계산된 검정통계량을 써서 표현한다.

계산된 검정통계량의 값이 기각영역에 들어가면 우리는 귀무가설을 기각한다. 검정통계량의 계산된 값이 채택영역에 들어가면 귀무가설을 기각하지 않는다. 계산된 검정통계량의 값이 임계값과 같으면 귀무가설을 기각한다.

5. **데이터의 수집과 계산의 시행**.

모집단이 정당하다는 우리의 결론을 위하여 우리는 건전한 과학적 원칙에 따라 분석될 자료를 얻어야 한다. 이점은 아무리 강조해도 지나치지 않다. 최종결론의 질(質; quality)은 기초가 되는 처리 전 자료(處理 前 資料; raw data)에 의존한다.

사용할 분석에 유의하면서 데이터를 수집하여야 한다. 데이터를 수집하기 전에 상세하게 분석계획을 세우자. 계산은 답해야 할 질문이나 풀어야 할 문제에 따라 그 성질이 정해진다. 분석방법은 계산의 복잡성과 처리하여야 할 데이터의 양에 따라 정해진다. 보다 단순한 문제는 탁상계산기가 적당할지 모른다. 많은 양의 데이터가 포함되는 보다 복잡한 조사를 위하여 아마도 컴퓨터가 필요할 것이다.

6. **통계적 결정내리기**.

우리는 결정규칙에 비추어 계산된 검정통계량을 평가한다. 그 통계적 결정은 이 평가를 근거로 하여 귀무가설을 기각하거나 아니하는 것으로 이루어진다.

7. **결론 끌어내기**.

우리가 귀무가설을 기각하면 우리는 대립가설이 참이라는 결론을 내는 것이다. 우리가 귀무가설의 기각에 실패하면 우리의 결론은 귀무가설이 참일 수도 있다는 것이다.

▮가설의 실제

가설도 결국 추정과 마찬가지로 추출된 표본을 통하여 모집단의 속성을 알아보는 것이다. 이에는 모집단 분산이 알려진 정규분포의 평균 검정, 모집단 분산을 모르는 정규분포의 모집단 평균 검정, 정규분포가 아닌 모집단의 평균 검정, 두 개의 정규분포 모집단의 평균의 차이(差異; difference) 검정, 정규분포가 아닌 두 모집단 평균의 차이 검정, 모집단 비율(比率; proportion) 검정, 두 모집단 비의 차이 검정, 정규분포 모집단의 분산 검정, 두 정규분포 모집단의 분산의 비율 검정 등이 있는데 이에 대해서도 통계학 책에 맡기기로 한다.

고전적 통계추론의 수학적 기반에 확률이론이 개발되면서 통계적 의사결정으로 발전하게 된다.

4.2 통계적 의사결정

4.2.1 베이즈 이론– 정보와 확률의 수정

베이즈 이론은 통계적 의사결정에서 중요한 역할을 해왔다. 한 때는 베이즈 이론과 통계적 결정이론은 서로 호환성 있게 사용되었다. 그러나 베이즈 이론은 통계적 결정이론의 부분집합에 불과하다. 이 절에서 베이즈 정리를 간단한 예를 가지고 이해한 뒤 베이즈 이론의 핵심이라 할 수 있는 정보와 확률의 수정에 대하여 검토하기로 한다.

▶ **베이즈의 정리(Bayes' theorem).** Thomas Bayes(1702-1761)는 수학에 관심이 깊은 성직자였다. 그의 이름은 관찰된 사건을 일으켰을 수도 있는 원인의 확률추정방법에 관한 확률분야에 연계되어 있다. 이 방법은 Bayes의 이름을 지니고 있는 정리(定理; theorem)로 요약된다. 이 정리는 다음과 같다.

$B_1, B_2, \cdots, B_n$이 상호 배타적인 사건으로 그 합이 유니버스(universe)임을 조건으로 하고 A를 이 유니버스에 있는 임의의 사건이라 하자. $P(A) \neq 0$이라면

$$P(B_j|A) = \frac{P(A|B_j)P(B_j)}{\sum_{i=1}^{n} P(A|B_i)P(B_i)} \tag{4.2.1}$$

여기서 $i=1, 2, \cdots, n$, $j=1, 2, \cdots, n$

식 4.2.1을 원인확률을 위한 공식이라 부른다. 이 공식은 우리가 특정한 B_j 또는 사건 A를 일어나게 하였을 수 있도 있는 원인의 확률을 찾아내게 하여준다. 이 공식은 때때로 다음과 같이 표현되기도 한다.

$$P(B|A) = \frac{P(A \cap B_j)}{\sum_{i=1}^{n} P(A \cap B_j)} = \frac{P(A|B)}{P(A \cap B_1) + P(A \cap B_2) + \cdots + P(A \cap B_n)} \tag{4.2.2}$$

(예제 4.2.1) 한 사무실에서 세 명의 사무원이 일정한 양식의 서류를 처리하고 있다. 첫째 사무원 B_1이 이 양식의 서류 40%를, 둘째 사무원 B_2이 35%를, 그리고 셋째 사무원 B_3이 25%를 처리한다. 첫째 사무원은 4%를 둘째는 6%를 셋째는 3%를 잘못 처리한다. 어느 날 무작위로 선택된 한 서류가 잘못 처리된 것이 발견되었다. 그들의 상관은 첫째, 둘째, 및 셋째 사무원 각각이 잘못 처리하였을 확률을 알고 싶어 한다.

A가 잘못된 서류가 무작위로 선택된 사건을 나타낸다고 그리고 B_1, B_2, 및 B_3를 그 서류가 첫째, 둘째, 및 셋째사무원에 의하여 잘못 처리된 사건이라고 하자. 위 공식의 표현방식을

사용하여 $P(B_1|A)$, $P(B_2|A)$, 및 $P(B_3|A)$를 구하면 된다. 주어진 정보에 의하면 $P(B_1)=0.40$, $P(B_2)=0.35$ 그리고 $P(B_3)=0.25$이며 이들이 **사전**(事前; prior) 확률이다.

우리는 오류(誤謬; error)를 알 수 있는 기록인 조건부(條件附; conditional) 확률: $P(A|B_1)=0.04$, $P(A|B_2)=0.06$, 및 $P(A|B_3)=0.03$도 가지고 있다. 이들 확률을 공산(公算; likelihood)이라고 한다. 이들 데이터를 가지고 세 개의 **연합**(聯合; joint) 확률 을 계산할 수 있다.

$$P(A\cap B_1)=P(A|B_1)P(B_1)=(0.04)(0.40)=0.016$$
$$P(A\cap B_2)=P(A|B_2)P(B_2)=(0.06)(0.35)=0.021$$
$$P(A\cap B_3)=P(A|B_3)P(B_3)=(0.03)(0.25)=0.0075$$

식 (4.2.2)를 사용하여 원하는 확률을 구할 수 있다.

$$P(B|A)=\frac{P(A\cap B_1)}{P(A\cap B_1)+P(A\cap B_2)+P(A\cap B_3)}$$
$$=\frac{0.016}{0.016+0.021+0.0075}=\frac{0.016}{0.0445}=0.36$$
$$P(B_2|A)=\frac{P(A\cap B_2)}{0.0445}=\frac{0.021}{0.0445}=0.47$$
$$P(B_3|A)=\frac{P(A\cap B_3)}{0.0445}=\frac{0.0075}{0.045}=0.17$$

이들 확률이 **사후**(事後; posterior) 확률이다.

베이즈 정리는 근대결정이론의 토대로 여겨지고 있으며 때로는 베이즈 결정이론(Bayesian decision theory)라고도 불린다. 그러나 일부 비판도 있다. 비판은 그것이 가지고 있는 수학적 완성도에 있는 것이 아니고 사전확률이 결정되는 방식에 있다. 이들 사전확률이 객관적 데이터에 근거하지 않고 빈번하게 주관적이거나 직관적으로 만들어진다는 것이다.

▶ **정보의 본성**(本性; nature). 유능한 의사결정자는 정보를 중히 여긴다. 현실세상(現實世上; real-world)의 결정상황에서 모든 사실을 다 알 수는 없지만 일부는 알 수 있다. 경험이 있는 경영자는 정보를 사용하여 의사결정의 가치가 올라간 량이 정보의 가치보다 크다면 그런 정보를 찾으려할 것이고 또 사용하려할 것이다. 정보의 가치는 정보자체의 비용과 정보를 취득하는데 소요되는 시간상의 손해에서 오는 비용을 합한 것이다. 대부분의 복잡한 조직에서 경영자들은 정보를 취득하고 사용하고 보관하고 소통시키는 일에 함께 노력하고 있다.

우리는 정보와 데이터가 다르다는 것을 이해해두어야 한다. 정보는 소통(疏通; communicate)되는 지식(知識; knowledge)이다. 불행하게도 정보는 수의 집합으로 모든 것을 다 설명한다는 뜻에서 수량화된 의견으로, 또는 숫자로 종이위에 인쇄된 무엇으로 자주 사용된다. 그러나 의견 또는 여론을 숫자로 된 값으로 바꾸어 종이에 인쇄한다고 해서 그것을 소통되는 지식으로 바꿀 수는 없다. 한편 정보는 의사결정자가 조금 더 지식을 갖추고 지능적인 결론에 도달할 수 있도록 무엇인가를 알려주는 것이다. 숫자가 알려주지 않는다면 즉 의사결정자가 결정을 잘 하도록 도와주지 않는다면 그들은 데이터일 뿐 정보는 아니다. 정보는 불확실성을 줄여주지만 데이터는 그렇지 않다.

대부분의 경영정보시스템(MIS)이 알려주는 일을 목적으로 설계되었지만 그 목적을 달성하지 못하고 있다. 그것들이 단순히 데이터만 넘쳐나게 할뿐이기 때문이다. 정보가 시스템 어딘가에 들어가 있을 것이다. 그러나 그들은 산더미 같은 데이터 속에 숨겨져 있어 찾을 용기를 잃고 여론과 직관에 더욱 의존케 하는 것이다. 이와 같은 데이터과다/정보부족 문제는 현대경영계의 일반적 현상이다. 여러 이유가 있을 수 있지만 가장 큰 이유는 대부분의 경영정보시스템의 설계자가 그 시스템의 사용자가 아니라는 것이다. 한 집단이 한 시스템을 설계하고 다른 집단이 그 시스템의 산물(産物; output)을 사용할 때 일반적인 경향은 의사결정자에게 필요한 정보의 질보다는 보고의 빈도와 페이지 그리고 수자를 늘리는 그리고 복잡성을 늘리는 방향으로 나가게 된다는 것이다.

이 문제를 해결하는 길은 교육과 협력 그리고 소통이다. 경영정보시스템을 설계하고 운영하는 사람들은 자신들이 의사결정을 하는 사람들에게 서비스를 제공하기위하여 존재한다는 것을 알아야한다. 이 서비스가 기본적인 자신들의 존재이유이지 매 y 날짜마다 만들어지는 x페이지의 n보고서가 아니라는 것이다. 이것은 성과평가의 정당한 기준이 아니다. 그들의 목표가 되어야하는 것은 정보의 산출(産出; output)이지 데이터를 만드는 활동이 아니다. 그들은 그들의 조직 내 경영에 대하여 공부하도록 더욱 분발하여야 한다. 가장 중요한 결정분야는 어디인가? 이 분야에서 특정적으로 어떤 정보가 필요한가? 왜? 그것은 어떻게 마련되나? 반대로 경영측은 이들 질문에 어느 정도는 명확하게 특정화된 대답을 할 수 있어야 한다. 어떤 정보가 필요한가? 어떤 형식이어야 하는가? 어디에 핵심 통제 포인트가 있는가? 얼마나 자주? 왜? 또한 경영측은 기본적으로 시스템을 통제하여야 하나 아니면 통제받아야 하나 양자 중 하나를 선택해야함을 알아야 한다. 핵심 결정분야를 설명할 수 없고 이 분야에서 의사결정을 하려면 필요한 정보가 무엇인지를 모르는 경영자는 데이터과다와 자신의 존재정당성을 데이터의 양으로 보는 시스템 집단이외에 기대할 것이 없다.

시스템그룹과 소통하는 과정에서 그리고 의사결정에 사용되어야 할 정보의 바람직한 특성을 정함에 있어 경영자가 사용하여야할 기준은 무엇일까? 기본적으로 정보는

1. 신뢰(信賴; reliable)할 수 있어야한다. 다른 사람이 또는 다른 시기에 처리되어도 같은 관측은 같은 정보를 제공하여야한다.
2. 시기적절(時期適切; timely)하여야한다. 결정을 내려야할 때 사용할 수 있어야 한다.
3. 경제적(經濟的; economical)이어야 한다. 정보에 들어가는 비용은 그 가치보다 작아야한다.
4. 필요(必要; necessary)하여야한다. 관계가 없는 외생(外生; extraneous)의 정보란 없다.
5. 충분(充分; sufficient)하여야한다. 정보는 불확실성을 최대로 없애야한다.
6. 정확(正確; accurate)하여야한다. 정보는 오류(誤謬; error)가 없어야하고 사실과 정확하게

일치하여야한다.

7. 사용가능(使用可能; usable)하여야한다. 정보는 왜곡된 정의나 분류가 있어서는 아니되고 이해할 수 있는 형식으로 발표되어야하며 변경되어서는 아니 된다.

이 기준은 어느 정도 일관성이 없다. 예를 들면 정확성과 시기적절성은 돈을 씀으로서 극대화할 수 있다. 정보비라는 입장에서의 가장 경제적인 정보는 전혀 정보가치가 없다. 의사결정자는 위의 7개의 기준을 모두 충족하는 정보는 없다는 것을 인정하고 이들의 타협점을 찾아야 할 것이다.

그럼에도 불구하고 이들 일곱 특성은 훌륭한 목적이며 유능한 경영자는 의식적으로 이들 기준에 따라 정보를 평가한다. 경제적이란 기준을 예로 들면 정보의 경제적 가치는 정의하기 쉽다. 그것은 정보 없이 성취할 것으로 기대하는 결과와 정보를 가질 때 기대하는 결과와의 차이이다. 물론 두 경우 다 최적결정을 내린다고 가정하고 말이다.

확률의 수정

정보는 불확실성의 반대라고 생각할 수 있다. 일반적으로 의사결정자가 더 많은 정보를 사용할 수 있을수록 특정한 행동방향의 결과(結果; outcomes)에 관한 불확실성은 줄어든다. 어떤 정보도 쓸 수 없다면 선택은 전면적인 불확실성하에서 이루어지게 된다. 완벽한 정보의 사용이 가능하다면 선택은 완전한 확실성하에서 이루어진다. 불확실성을 확률로 보는 것이 편리하다. 확률은 그 시점에서 사용할 수 있는 제한된 정보를 고려하여 그 사람의 최선의 판단을 나타낸다.

대부분의 경우 더 많은 정보를 얻어 추정된 확률을 개선할 수 있다. 이러한 개선은 표본을 조사하기 전에 사용할 수 있었던 정보와 표본을 통해 얻어진 정보를 또는 표본을 통해 얻은 정보와 그 표본에 추가하여 다른 표본을 통해 얻어진 추가정보를 결합하는 과정이다. 이렇게 하여 수정된 확률은 더 지적이고 더 생산적인 결정을 위해 사용될 수 있다.

이들 다른 두형태의 정보를 결합하는 절차를 제공해주는 베이즈 정리는 종속사건(從屬事件; dependent event)들의 조건부확률과 연합확률 그리고 단순(주변)확률간의 관계를 설명해준다. 만일 $P(A) = P(A|B)$라면 사건 A와 B는 통계적으로 독립적이라는 것을 우리는 알고 있다. 다른 말로하면 사건 B가 일어난다는 것이 A가 일어나는 확률에 영향을 주지 않는다. 사건 A의 단순 확률$[P(A)]$는 사건 B가 일어나면 A가 일어나는 조건부확률 $[P(A|B)]$와 같다. 반면에 $P(A) \neq P(A|B)$이면 두 사건은 독립적이 아니고 통계적으로 종속적이라고 말한다. 이 단순 확률과 조건부확률은 서로 같지 않으며 이는 A가 일어나는 확률은 B가 일어났음이 알려지면 바뀐다는 의미이다. A와 B가 서로 종속적인 사건이라면 우리는 A가 일어났다는 사실을 B가 일어날 확률의 추정량을 바꿀지를 정하는데 정보로 사용할 수 있다.

만일 사건 A와 B가 서로 통계적으로 종속적이라면 A와 B의 연합(聯合) 확률은

$$P(AB) = P(A) \times P(B|A) \tag{4.2.3}$$

또는

$P(AB) = P(B) \times P(A|B)$

A와 B가 함께 일어나는 = 하나의 사건이 일어나는 × 첫 사건이 일어나면 다른 사건이
연합 확률 단순 확률 일어나는 조건부확률

우리는 A와 B가 함께 일어나는 연합확률 $[P(AB)]$가 아니라 A가 일어났을 때 B가 일어날 조건부확률 $[P(B|A)]$ 또는 B가 일어났을 때 A가 일어날 조건부확률 $[P(A|B)]$을 계산하려 한다. 이렇게 하기위하여 연합확률을 계산하는 식 양변을 A 혹은 B의 단순 확률로 나누면

$$P(AB) = P(A) \times P(B|A)$$
$$\frac{P(AB)}{P(A)} = \frac{P(A) \times P(B|A)}{P(A)} = P(B|A)$$

혹은

$$P(AB) = P(B) \times P(A|B)$$
$$\frac{P(AB)}{P(B)} = \frac{P(B) \times P(A|B)}{P(B)} = P(A|B)$$

다른 말로하면

$$\frac{\text{연합 확률}}{\text{단순 확률}} = \text{조건부 확률}.$$

(예제 4.2.2) 김 박사는 지방대학에 근무하는 의료연구학자이다. 그는 수년간 무통(無痛; painless)폐암진단법을 개발해오고 있다. 그는 연구와 관련하여 당신의 조언을 원하고 있다. 조언을 위하여 약간의 연구배경에 대하여 물어보았다. 그 진단법은 혁명적인 것인가? 이 진단법이 다른 것과 다른 점은 무엇인가? 오진율(誤診率; error rate)은 얼마인가? 이 이외에 다음사항을 알게 되었다.

1. 이 진단법은 염가(廉價; inexpensive)이고 무통이지만 환자가 두 번 병원에 와야 한다.
2. 이미 암환자라고 생각되는 사람을 위한 추가적 비교검사다.
3. 환자는 방사능탄소가 포함된 지방(脂肪; fat) 한 캡슐을 삼키고 20시간이 지난 뒤에 주머니와 같은 장치에 숨을 뱉어 의료과학자가 그 뱉어낸 공기 속에 포함되어 있는 방사능이산화탄소가 얼마인지를 측정한다. 일정량이상의 방사능이산화탄소가 포함되어 있으면 종양이 있는 것으로 본다.
4. 일반적인 모집단에서 대략 1000명당 한사람 꼴로 암환자이다.
5. 김 박사의 검사법은 환자가 실제 폐암일 때 그 98%를 맞추며 실제 암환가 아닐 때 96% 적중한다. 이 백분율(百分率; percentage)은 많은 사람을 대상으로 실제 암환자인지 아닌지를 모르고 한 검사 결과를 근거로 한 것이다. 또한 암환자인지 아닌지가 뒤에 판명된 검사를 대상으로 하고 있다.

6. 검사가 암환자인 것으로 나타나면 뒤이어 즉시 치료와 수술 그리고 광범위하고 고가인 검사를 받게 된다.
7. 김 박사는 97%의 성공률이라고 말하고 있다. 이는 이 추정량이 그 시기의 폐암 98%를 찾아내고 그 시기의 폐암이 아닌 사람 96%를 알아낸 그리고 이 진단 모두가 옳은 결정이라는 결과를 근거로 하고 있다.

당신의 조언은 무엇인가? 대부분의 사람들은 96-98%의 적중률에 만족할 것이다. 직관적으로 이 진단법은 받아들일만하고 즉시 시장에 내놓을만하다. 동의하시지요? 잘 생각하고 더 읽어나가기 전에 결정해놓으시오.

이 예에서 사건 A는 폐암이고 B는 병에 걸렸다는 진단결과일 것이다. 폐암과 발병검사결과(發病檢查結果) 두 사건의 연합 확률은

$$P(\text{폐암과 발병}) = P(\text{폐암}) \times P(\text{발병검사결과})$$

$$0.001 \times 0.98 = 0.00098.$$

그러나 발병검사결과 B는 두 가지 방식(암에 걸림 과 아니 걸림)으로 일어날 수 있다.

[그림 4.2.1] 확률나무(probability tree)

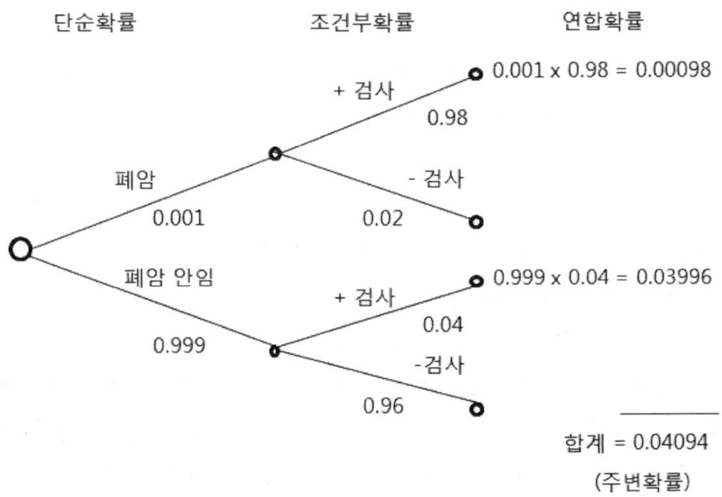

이는 [그림 4.2.1]에서 볼 수 있다. B의 **주변**(周邊; marginal) 확률은 이 두 가지 결과의 합이어야 한다.

$$P(B) = P(AB) + P(\widetilde{A}B)$$

$$= [P(B|A) \times P(A)] + [P(B|\widetilde{A}) \times P(\widetilde{A})]$$

B가 일어날 주변 확률 = B와 A가 일어날 확률 + B는 일어나고 A는 아닌 확률

$$\begin{aligned} P(B) &= (0.98 \times 0.001) + (0.04 \times 0.999) \\ &= 0.00098 + 0.03996 \\ &= 0.04094 \end{aligned}$$

우리들의 주목적인 마지막 계산은 :

$$P(\text{폐암진단후실제폐암}) = P(A|B) = \frac{P(AB)}{P(B)} = \frac{0.00098}{0.04094} \cong 0.024$$

이제 암에 걸렸다는 진단결과가 나온 뒤 폐암에 걸렸다는 결과가 나오는 수정된 확률은 2.4%이다. 이 추정량은 사전 및 진단결과 정보를 근거로 하고 있다(그림 4.2.2). 당초의 추정량 0.001을 사전(事前; prior) 확률이라 부른다. 그 이유는 어떤 추가적 진단 결과를 사용하기 전에 만들어 졌기 때문이다. 그리고 수정된 추정량 0.24는 사후(事後; posterior) 확률이라 부르는데 그 이유는 진단결과가 나온 뒤에 형성되었기 때문이다.

[그림 4.2.1]을 자세히 보면 김 박사의 진단법에는 중대한 문제가 있음을 보여준다.

[그림 4.2.2]

일반 모집단에서 100,000명을 뽑아 진단을 시행하면 1000명당 한사람이 환자이고 이중 98%를 찾아낼 것이므로 98명이 폐암에 걸렸다는 결과를 얻게 될 것이다. 또한 우리는 실제로는 병에 걸리지 않은 3,996명에게 병에 걸렸다고 잘못 알려주고 광범하고 비싼 검사를 받게 할 것이다. 암에 걸려있고 암 치료를 받고 있는 한 사람당 1,000명중 4%인 40명의 암에 걸리지 않은 사람에게 암 치료를 하면서 수술을 권장하고 있다는 결론이 나온다. 두 사람에게 암에 걸리지 않았다고 잘못 알려주고 있음을 무시하고 40건의 과오를 옳은 처치라고 정당화할 수 있겠는가? 어떻게 그들의 비용, 고통, 걱정, 그리고 슬픔을 정당화할 수 있단 말인가? 김 박사가 주장하는 아주 높은 성공률이 무슨 의미가 있단 말인가? 갑자기 완전에 가깝다고 느꼈던 이 진단법이 98%의 과오를 범하는 것으로 보이는 것은 왜일까? 확률의 입장에서 진단조사를 실시하기 전에 나타난 암환자가 있을 확률은 약 0.001이다. 진단조사를 실시한 후의 암환자일 확률은 4094(98 더하기 3996)중 98 즉 0.024로 늘어난다. 반대로 진단결과가 암환자가 아닐 때 실제로 암환자가 아닐 확률은 약 0.976(4094중 3996)이다. 이것은 말 그대로 그 시기의 잘못된 경고가 98%에 이른다는 것을 뜻한다.

결국 이 진단기법은 출시(出市; market)할 준비가 아니 되었다는 것이다. 직관적으로는 틀림없으리라는 것이 잘못된 것으로 바뀐 것이다.

[그림 4.2.1]은 가장 기본적인 수정 상황(두 행위와 두 사건)을 보여주고 있다. [그림 4.2.3]에서 보여주고 있는 확률나무의 기초적인 수학적 표기법을 사용하여 조건부 확률(조건부＝연합/

주변)의 정의를 분해하면

$$P(A|B) = \frac{P(AB)}{P(B)} = \frac{P(A) \times P(B|A)}{[P(A) \times P(B|A)] + [P(\widetilde{A}) \times P(B|\widetilde{A})]} \tag{4.2.4}$$

이 방정식은 가장 간단한 **베이즈 정리**(Bayes theorem)이다. 이 개념에서 한 발짝 더 나아가 사건 A가 "가설은 참"이고 사건 $\widetilde{A}$ 가 "가설은 거짓"이라고 가정하자. B가 종속적 관찰이라면 식(4.2.4)는

$$P(\text{가설은 참}|\text{관찰}) = \frac{P(\text{가설은 참 그리고 관찰결과})}{P(\text{관찰결과})}$$

이 된다. 베이즈 정리의 이 형태는 언제나 정당하다; 그러나 이 형태는 문제가 되는 상황이 두 행위와 두 관측이라는 단순한 상황에서 벗어날수록 복잡하게 된다. 몇 개의 예제를 더 봄으로써 이점이 확실해질 것이고 일반적인 수정 절차를 이해하게 될 것이다.

[그림 4.2.3] 확률나무

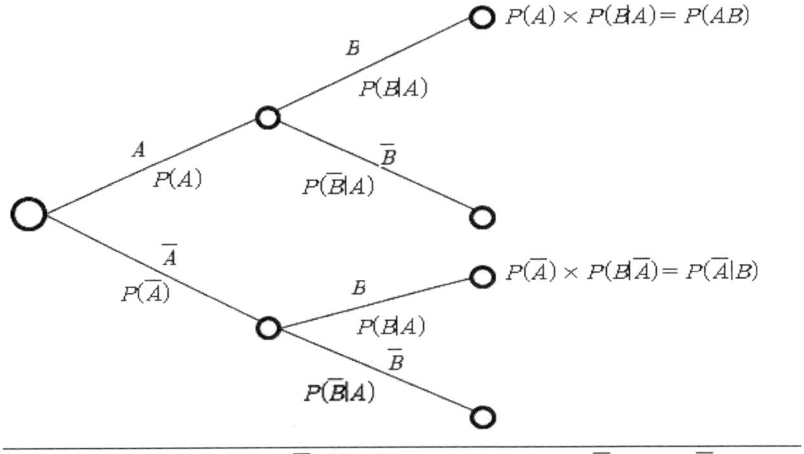

$$P(B) = P(AB) + P(\overline{A}B) = [P(A) \times P(B|A)] + [P(\overline{A}) \times P(B|\overline{A})]$$

(예제 4.2.3) 한 회사가 기름을 탐사하고 있다. 기름이 생산가능양이 있거나 없거나 둘 중 하나라고 가정한다. 특정한 지역이 선정되었다. 이 지역과 유사한 지역 중에서 대략 10%정도가 기름이 있었으므로 경영층은 선정된 지역에 기름이 존재할 확률을

0.1이라고 추정하였다. 기름이 없을 확률은 0.9이다. 이 지역에서 과학적 조사가 이루어졌다. 과거에 이 조사방법은 생산량이 존재한다고 판명된 지역에서 10번 중 9번은 기름이 있다고 알아맞히었다. 기름이 없다고 판명된 경우는 85%가 적중되었다. 만일

단한번의 조사결과가 기름이 있다는 것이었다면 정말로 기름이 있을 수정된 확률은 얼마일까? 기름이 있을 수정된 확률인 사후 추정확률은 0.4로 높아졌다(그림 4.2.4).

그렇다면 검사결과가 기름이 없다는 것이라면 기름이 나올 수정된 확률은 얼마인가? 상식적

으로 생각하면 그 값이 사전 추정량 0.1 과 0사이의 어떤 값일 것이다. [그림 4.2.4]에서 다음과 같이 계산될 것이다.

$$P(\text{있다 와 검사결과 없다}) = 0.1 \times 0.10 = 0.010$$
$$P(\text{없다 와 검사결과 없다}) = 0.9 \times 0.95 = 0.765$$
$$P(\text{검사결과 없다}) = 0.775$$
$$P(\text{있다 와 검사결과 없다}) = \frac{0.010}{0.775} = 0.0129$$

이 경우 기름이 있을 확률이 실은 기름이 없을 것이라는 검사결과를 따라 당초의 10%에서 1.29%로 줄어든 것이다. 이 같은 불완전한 조사의 힘을 생각해보자. 단한번의 조사로 기름이 있을 확률이 10%에서 40%로 또는 10%에서 1%남짓하게 바꾸어 놓은 것이다. 기름이 없는 유정(油井; oil well)을 파거나 생산할만한 기름을 지나쳐버리는 오류가 값비싸고 그리고 올바른 정보가 주는 보상이 꽤 크다면 이 정보는 경영층에게는 중요한 정보가 된다.

[그림 4.2.4] 확률나무

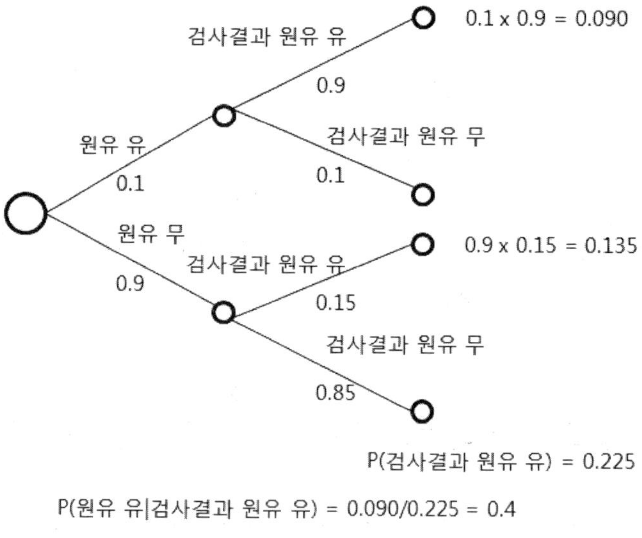

4.2.2 사전, 표본 및 사후 확률의 상호관계

수정의 과정은 사전 확률에 들어있는 정보와 표본에 들어있는 정보를 그대로 조합하는 것이다. 사후 수정된 추정량은 사전 및 표본 정보 모두의 합을 근거로 하고 있기 때문에 사전 및 표본 값들보다 많은 정보를 포함하고 있다. 보통 표본관찰결과와 관련된 조건부 확률은 공산(公算; likelihood)[30] 또는 표본공산함수로 설명된다. $P(\text{사건 } i)$는 사전확률이다. 관찰결과 j

30) 사건 A에 대한 사건 B의 공산, 즉 사건 A가 발생했을 때 사건 B가 일어날 가능성은 확률 P(B/A)로 주어진다.

〈표 4.2.4〉 (예제 4.2.3)의 결과요약

표본관측	표본 확률	관측 후 확률 분포
3 이상	0.23	최우수 0.304
		우수 0.435
		보통 0.261
		미달 0.000
2	0.25	최우수 0.08
		우수 0.24
		보통 0.36
		미달 0.32
1	0.24	최우수 0.042
		우수 0.083
		보통 0.375
		미달 0.500
0		최우수 0.000
		우수 0.072
		보통 0.214
		미달 0.714

는 정보를 가지고 있는 표본에서 생긴다. P(관측결과 j | 사건 i)는 그 사건이 일어났을 때 관찰결과가 생길 조건부 확률이며 공산을 나타낸다. P(사건 i | 관찰결과 j)는 관찰결과가 나왔을 때 그 사건의 사후 또는 수정된 확률이다. 요약하면

P(사건)=사전 확률
P(관찰결과 | 사건)=공산
P(사건 | 관찰결과)=사후 확률.

Bayes의 정리는 수정된 모든 추정치(사후분포)를 얻기 위하여 당초의 정보가 표본정보(공산)와 결합되는 수법을 수학적으로 기술한 것이다. Bayes의 정리를 방금 사용한 용어로 다시 표현하면

$$\text{사후 확률} = \frac{(\text{사전 확률}) \times (\text{공산})}{\sum[(\text{사전 확률}) \times (\text{공산})]}.$$

분명히 사후 추정 값들의 타당성은 사후 및 공산(likelihood)의 추정 값들의 타당성을 전제로 한다. 위에서 든 예제를 분석하는 동안 독자들은 사후 추정 값들의 타당성에 대하여 회의가 있었을 것이다. 만일 사후 추정치가(신뢰하기 어려울 수도 있는) 주관적 사전 추정치와 표본에 포함된 확률정보(작고 따라서 불확실한 값)에 기초를 두고 있다면 의사결정자가 사후 추정치에 대하여 신뢰할 수 있을까? Bayes의 정리가 의문스러운 신뢰성을 불확실한 값과 결합하여 매우

값어치 있고 수학적으로 정밀한 마지막 곱(積; product)을 만들어낼 수는 분명히 없다.

두 출처(出處; sources)에서 나온 정보를 수정된 추정치로 통합하는 수법을 이해해야한다. 때로는 사전 추정치가 표본정보보다 우위에 있을 것이다. 이런 경우에는 사전 분포의 정당성이 최고로 중요하다. 다른 상황에서는 표본 공산(likelihood) 함수가 많은 정보를 가지고 있어 당초의(사전) 추정치보다 중요하다. 이 경우는 사전분포에 포함되어있는 정보는 별로 중요하지 않다. 때로는 두 출처 모두 별로 정보를 갖고 있지 않아 최종 추정치도 큰 의미를 갖지 않는다.

이들 관계를 분명히 하기 위하여 칩이 들어있는 자루에서 복원(復元; replacement)하면서 세 개의 칩을 꺼낼 때 하나는 흰색 둘은 녹색인 경우를 생각해보자. 두 개의 있을법한 p값: (1) 녹색의 비율=0.7(녹색이 많이 들어있는 주머니)와 (2) 녹색 비율=0.3(흰색이 많이 들어있는 주머니)에 대해 생기는 표본의 조건부 확률(lkelihood function)을 정하기 위하여 이항분포(binomial distribution)를 사용하였다. 모수(母數; parameter) p는 0(모두 흰색)에서 1(모두 녹색)사이의 모든 값을 취할 수 있지만 우리는 0에서 1사이의 구간에서 오직 0.7과 0.3으로 한정하였었다. 녹색의 비율이 0에서 1까지의 전 구간에서 변하게 하고 표본크기를 3으로 그리고 표본에서 관찰되는 녹색 칩의 수를 2로 고정할 때 p의 여러 값에 대해 조건부 확률 $P(x = 2|n = 3)$을 이항분포 표에서 찾아 그래프로 나타내면 그 함수는 [그림 4.2.6]과 같다.

[그림 4.2.6] 이항 공산 함수(binomial likelihood function)

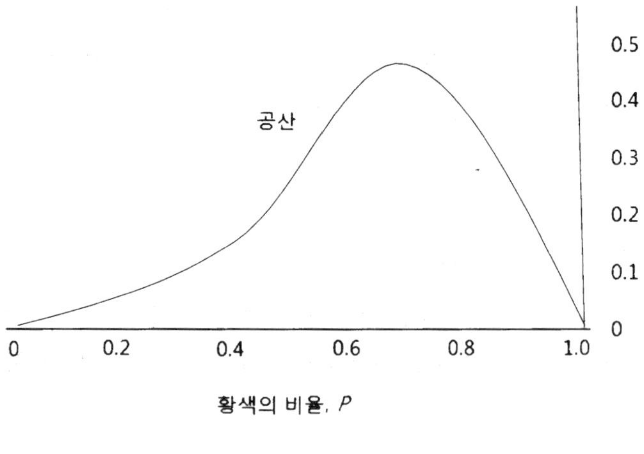

그림에 찍은 점은 이항분포 표에서 $n = 3$을 찾아 $X = 2$의 줄을 왼 쪽에서 오른 쪽으로 이동하여 $p = 0.5$인 행과 만나는 0.3750을 구하게 된다. 이 줄의 한줄 윗줄을 따라 왼쪽으로 이동하다보면 최대치가 0.4444와 0.4443임을 알게 되고 그 p값은 0.33과 0.34이다. 이 확률은 $X = 1$인 경우의 값이므로 $X = 2$에 상응하는 값은 1에서 0.33과 0.34를 뺀 0.66과 0.67사이에 최대치가 있다는 뜻이다. 이 값은 크기가 3인 표본의 2/3가 녹색임으로 논리적으로도 이치에 닿는다고 할 수 있다. 2/3가 녹색인 점 추정치가 최대 공산(likelihood)를 가져야한다. 바꿔 말하면 녹색의 비율이 0이면 흰색뿐인 크기가 3인 표본에서 2개의 녹색을 꺼낼 확률도 0이다. 주머니의 녹색비율이 0.1, 0.2, 0.3 등등으로 증가하면 표본에 녹색이 있을 확률도 증가한다. p가 2/3일 때 공산(likelihood) 함수는 최댓값을 가진다. 즉 크기가 3인 표본에서 2개의 녹색이 발견되는 확률은 가능한 한 제일 크다. 여기서 p값이 예컨대 0.9로 더 커지면 공산은 모든 칩이 녹색일 때 0에 도달할 때까지 다시 감소한다. 녹색의 비율이 1 이라면(흰색 칩이 없다면) 표본 값을 관찰하는 것은 불가능하고 그 확률은 영일 것이다.

다음으로 [그림 4.2.7]에 있는 것과 같은 사전본포가 만들어졌다면 의사결정자는 모든 칩이 녹색일 ($p=1$) 그리고 모든 칩이 흰색일 ($p=0$) 확률은 0이라고 본 것이다. p의 가장 높은 있을법한 값은 1/3이다. 곡선아래면적은 1이다. [그림 4.2.7]의 사전분포와 [그림 4.2.6]의 공산(likelihood) 함수를 결합하면(예컨대 사전정보와 $n=3$, $x=2$인 표본이 주는 정보를 결합하면 어떻게 될까? 사후분포는 어떻게 될까?

[그림 4.2.7] 사전분포

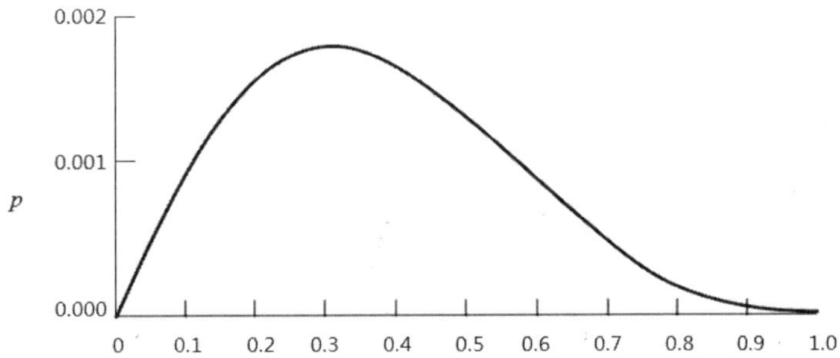

[그림 4.2.8] 사전, 공산, 및 사후 확률($n=3$; $x=2$) Baird 260 위

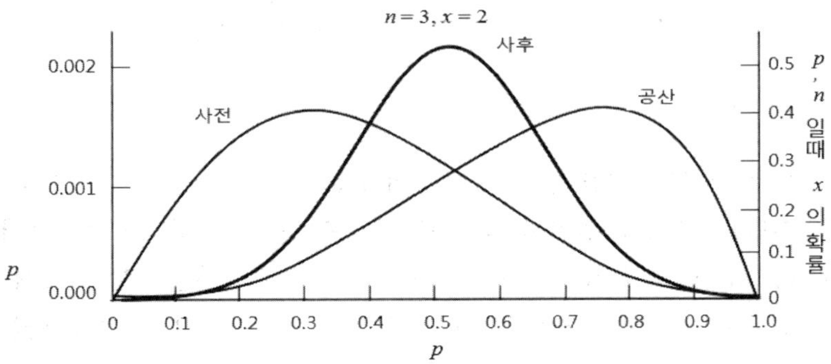

셋 모두는 [그림 4.2.8]에 있다. 다음 사항은 유의해둘만하다.

1. 선택된 사전분포는 공산(公算; likelihood) 함수의 경상(鏡像; mirror image)이다. 당초의 예에서처럼 이것은 의도된 것이다.
2. 사후분포는 대칭이다. 정보의 두 출처인 사전과 공산사이의 타협(妥協; compromise)에서

온 균형(均衡; balance)이다.

[그림 4.2.9]는 셋 사이의 관계를 분명하게 해줄 수 있는 두 번째 경우를 보여주고 있다. 여기서도 위에서 설명된 공산(likelihood) 함수를 이용한다. 이 함수는 녹색의 비율이 0에서 1까지 변하는 동안 크기 3인 표본에서 녹색이 관찰되는 확률이다. 그러나 이두 번째 경우에서 의사결정자는 [그림 4.2.7]에서 보여준 것보다 더 좁은 분포를 만들었다. 예를 들어 이 주관적 추정량에서 p가 0.8을 넘어서면 모두 0이 된다. [그림 4.2.7]의 당초 예에서는 그렇지 않았다. 사전확률이 왼쪽 끝은 그 자리인 채로 오른쪽으로 좁아질수록 분포는 중앙이 위로 올라간다. 정당하다고 여겨지는 몇 가지 이유 때문에 의사결정자는 첫 번째 예에서보다 표본에 앞서는 더 많은 정보를 가지고 있다. 당초 예와 같은 공산(likelihood) 함수와 결합하면 다른 사후분포가 나온다. 사전분포는 더 좁다. 사전정보가 공산(likelihood) 함수보다 우세하므로 사후분포가 사전분포에 근접되어 있다.

[그림 4.2.9] 사전, 공산 및 사후 확률($n=3$; $x=2$; 사전확률이 다름) (B. 260 아래)

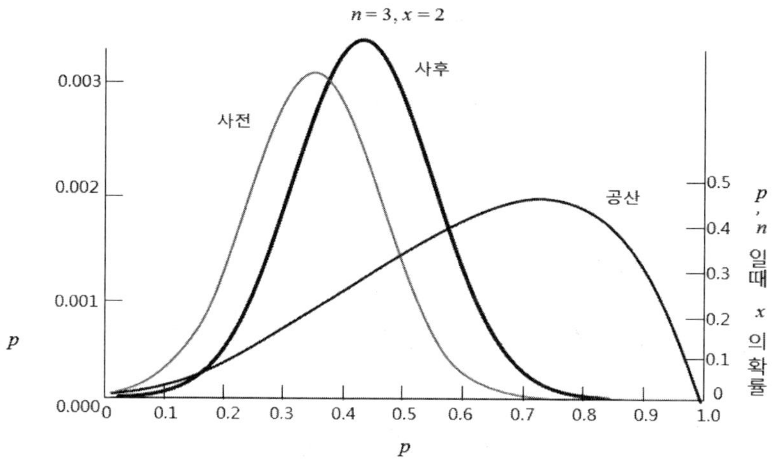

세 번째 예로 극단적인 수정을 통해 12개 중 8개가 녹색으로 관찰되는 표본을 보자. 크기가 3인 표본에서 2개가 녹색으로 관찰될 때 자루가 녹색이 우세할 확률이 70%에서 약 96.7%로 상향 수정되었다. 표본에서 관찰된 녹색의 비율이 둘 다 같기 때문에(8/12=2/3) 우리는 놀라게 되었다. [그림 4.2.10]에서의 이 표본과 이런 큰 수정의 근거는 더욱 명백해졌다. 이 예에서 공산(likelihood) 함수는 사전보다 더 많은 정보를 갖고 있다. 이는 앞의 예와는 반대되는 상황이다. 표본이 사전보다 훨씬 많은 정보를 포함하고 있기 때문에 사후분포는 공산(likelihood) 함수에 근접해있다. 2/3로 일정하게 유지되어온 표본에서 관찰된 녹색의 비율과 상관없이 크기가 3인 표본보다 12인 표본의 정보가 큰 것이다. 이로 인하여 수정은 더 커지고 사전추정량보다 표본 공산(likelihood)가 우세한 것이다.

[그림 4.2.10] 사전, 공산 및 사후 확률($n=12$) (Baird 261)

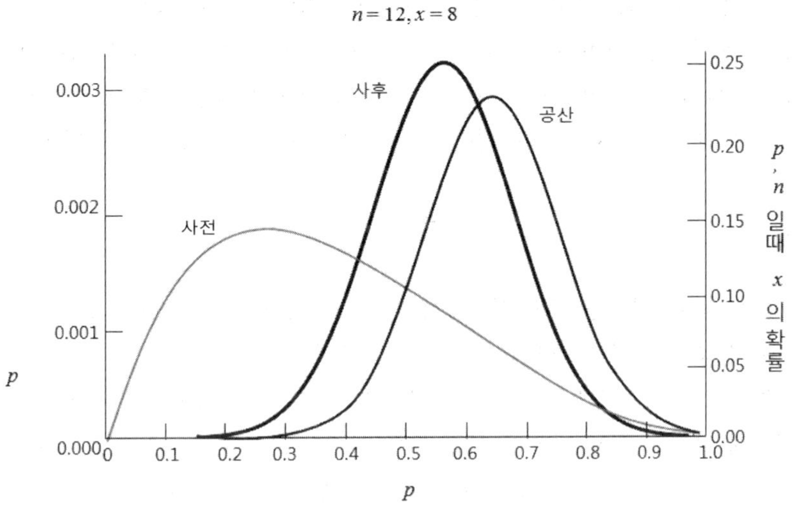

[그림 4.2.11] 사전, 공산, 및 사후 확률($n=$ 99; $x=$66) (B.262)

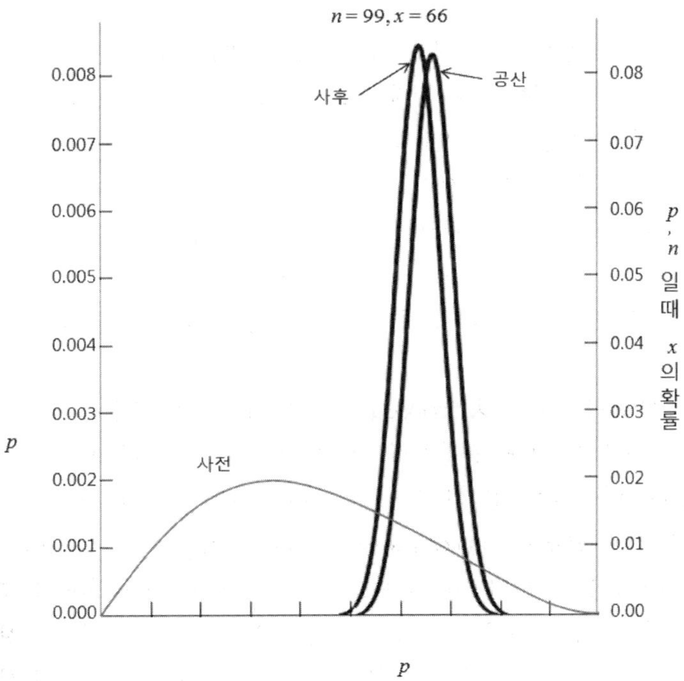

마지막 예로 사전 추정량은 전처럼 같고 표본에서 관찰된 녹색의 비율은 2/3로 같으나 표본의 크기는 더욱 커졌다. [그림 4.2.11]은 녹색 66과 흰색 33로 이루어진 크기 99인 표본을 근거로 수정된 분포를 보여주고 있다. 이제는 공산함수가 완전히 사전분포를 압도하여 사후와 공산이 거의 일치한다. 이 경우 상대적으로 불확실한 사전 추정량이 어딘가 하찮아 보인다. 왜냐하면 표본이 방대한 양의 정보를 가지고 있기 때문이다.

하나 특기할 것은 표본의 크기가 커질수록 정보의 질과 량이 커진다는 것이다. 따라서 표본의 크기는 클수록 좋다는 것이지만 표본이 커진다는 것은 그 만큼 표본의 추출 및 관리에 더 많은 비용이 더 든다는 것을 의미하기 때문에 크기와 비용의 절충(折衷; trade-off)이 필요하게 되며 표본크기의 최적화 문제가 대두된다. 이 문제는 통계학 관련서적에 맡기기로 한다.

4.3 효용이론

사업체에 있는 의사결정자는 어느 정도는 불확실한 환경에서 일을 하고 있다. 이 불확실성은 현제의 상황과 결정이 미래에 가져다 줄 결과에 관련된 것이다.

경영이 마주칠 특히 어느 정도의 불확실성이 포함된 결정유형의 예를 들어보자. 시장에 내놓기로 되어있는 새 제품에 대해 사줄 것으로 예상되는 잠재고객(潛在顧客; potential customers)의 반응은 어떨까? 회사는 신문광고를 늘려야할까 TV광고를 늘려야할까? 회사가 이사하려하는데 빌딩을 사야하나 임차해야하나? 사용하던 낡은 빌딩은 팔아야하나 임대해야하나? 제품을 월간 얼마나 생산하여야하나? 부품을 얼마나 제고로 가지고가야 하나? 이런 의문은 얼마든지 있다.

결정을 요구하는 각 상황에는 선택해야 할 행위들이 대안으로 존재한다. 회사는 새 제품을 시장에 내놓을 수도 있고 보류할 수도 있다. 또는 정보를 더 수집하여 분석한 후 결정을 내릴 수도 있다. 회사는 광고예산을 TV광고에 집중할 수도 있고 TV광고를 줄이고 신문광고를 느릴 수도 있다. 또는 더 조사를 해보고 결정할 수도 있다. 낡은 빌딩을 팔거나 임대하거나 또는 임대하였다가 나중에 팔수도 있다. 회사는 생산량을 늘릴 수도 줄일 수도 아니면 현 수준을 유지할 수도 있다. 부품재고를 높게 또는 낮게 유지할 수도 있다. 주문할 수도 자체 생산할 수도 있다. 있을 수 있는 모든 선택대안 중에서 제일 좋은 것을 선택하는 것이 의사결정자의 책임이다.

각 행위에는 그 행위의 결과(結果; consequence)나 결과득실(結果得失; payoff)이 있다. 결과득실은 +, - 또는 0일 수 있다. 불확실한 상황에서는 결과득실이 어떤지 미리 알 수 없다. 결과득실이 어떤가는 내려지는 결정의 결과(結果; outcome)나 사건(事件; event)에 의해 정해진다. 우리는 결정의 결과(結果; outcomes)를 자연의 상태(state of nature)라 부를 수 있다. 회사가 신제품을 출시하였을 때 인기를 끌 수도 있고 외면당할 수도 있다. 그 회사 잠재고객들은 주로 TV시청자일지 모른다. 또는 비시청자로 많은 시간을 신문을 보면서 보낼지도 모른다. 그 낡은 건물은 좋은 조건의 임대료를 기대할 수 있을지도 모르고 낙후되기 시작하여 별로 임차할 사람이 없어질지도 모른다. 그 제품의 미래수요는 생산증가로 이어져 이익의 증대를 가져다줄지도 모르고 현상유지나 생산 감축이 오히려 유리하게 만들지도 모른다. 부품의 가격이 미래에 올라갈 것이므로 가능한 한 많은 량의 재고를 가져가는 것이 가장 경제적일 수도 있고 보관비용이 가격인상분보다 더 클지도 모른다.

[그림 4.3.1] 확실성등가

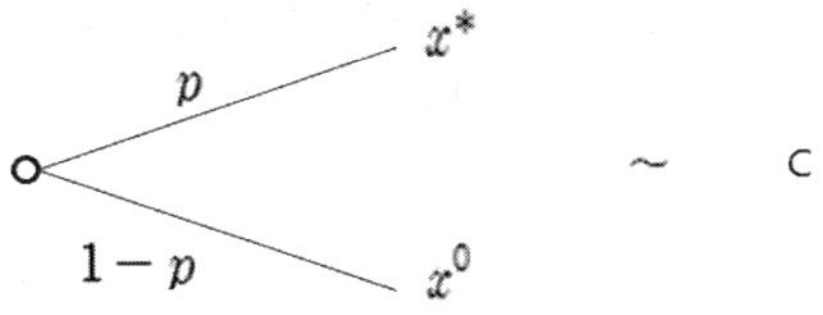

4.3.1 확실성등가와 기대가치

확실성등가(確實性等價; certainty equivalent)는 불확실한 상황에서 의사결정자가 그 상황과 무차별(無差別; indifferent)하다고 생각하는 확실한 금액이다. 확실성등가는 추정하는 것이 아니라 의사를 결정하는 것이다. 이를 그림으로 표현하면 [그림 4.3.1]과 같다.

여기서 p는 확률이고 ~ 표시는 선호가 무차별하다는 기호이다.

확실성등가는 확률이 없어도 그 값을 구할 수 있다. [그림 4.3.1]에서 확률이 없더라도 의사결정자가 주관적으로 마음속으로 판단하여 C값을 정할 수 있고 이것이 확실성등가인 것이다.

한편 확실등가와 밀접한 관련이 있지만 그보다 이해하기 쉽고 쓰기 쉬운 것으로 기대가치가 있다. 이를 일반화하면 행위 A_i의결과(結果; outcomes) Q_j이 가치 V_{ij}와 확률 P_{ij}을 갖고 일어난다면 특정한 행위 A_i의 기대가치는

$$EV_i = \sum_{\text{모든 } j} P_{ij} \times V_{ij} \tag{4.3.1}$$

이다.

어떤 사람의 기댓값이 그 사람의 확실성등가보다 작다면 **위험기피**(危險忌避; risk averse)형의 사람이다. 기댓값과 확실등가가 같다면 **위험중립**(危險中立; risk neutral)형이고 크다면 **위험추구**(危險追求; risk seeking)형이다.

4.3.2 표준도박(標準賭博; standard gambles)

표준도박은 간단하게 $\langle x^*, p, x^0 \rangle$으로 표시하는데 큰 값$x^*$이 나올 확률이 p이고 작은 값 x^0이 나올 확률이 $1-p$인 도박(그림 4.3.1의 왼쪽)을 말한다. 예를 들어보자. 어느 경영자에게 5,000만원을 투자하면 0.5의 확률로 1억의 이익 그리고 0.5의 확률로 5,000만원의 손실이 생길 수 있는 투자 A와 1,000만원의 이익을 내는 확률이 1인 투자 B가 있다. 뒤에 밝혀지는 이유로 여기서 우리는 도박에서 주어진 +1억 원과 -5,000만원의 액수에 임의의 효용지수(效用指數; utility index)를 할당한다. 효용지수는 행위의 결과에 대한 의사결정자의 선호도의 측치(測値; measure)이다. 우리는 -5,000만원에 효용지수 0을 1억 원에 효용지수 1을 주기로 한다. 기호로는 $U(1억원) = 1$ 그리고 $U(-5천만원) =$ 0이라고 표현한다. 1억 원의 지수가 -5,000만원의 지수보다 크기만 하면 어떤 수를 써도 좋다.

이제 우리는 이경영자가 A와 B 중에서 어느 쪽을 선호하는지 묻기로 한다. 그가 B를 선호한

다면 그에게 그가 A를 선호하려면 1억 원을 버는 확률이 얼마이면 되겠는가를 묻는다. 그가 1억 원의 이익을 내는 확률이 1(5,000만원의 손실 확률이 0)이라고 말할 런지도 모른다. 그러면 우리는 보다 낮은 확률로 나출 수 있는지를 알아본다. 우리가 원하는 것은 두 투자기회에 대한 선호가 같은 선호중립(選好中立; indifferent)인 확률을 알기 원한다. 선호중립이 되는 확률을 p라고 하자. 위의 경영자는 p보다 크면 A를 p보다 작으면 B를 선택한다. 그 경영자의 p가 0.85라면 그 경영자의 투자 B와 연관된 1,000만원의 효용지수를 구할 수 있다. 우리는 이를 이 의사결정자의 선호중립점이 선택의 기대효용과 같은 점이라는 가정아래 할 수 있다. 즉

$$\begin{aligned} U(1{,}000\text{만원}) &= 0.85[U(1\text{억원})] + 0.15[U(-5{,}000\text{만원})] \\ &= 0.85(1) + 0.15(0) = 0.85 \end{aligned}$$

우리는 그 경영자를 설득하여 게임을 더 진행시켜보자. 5,000만원의 확실한 이익과 도박사이의 p를 물어 0.95의 답을 받았다면 5,000만원의 효용지수는

$$U(5{,}000\text{만원}) = 0.95(1) + 0.05(0) = 0.95.$$

투자 B의 손실 금액 5,000만원이 2,000만원으로 바뀌면 p는 어떻게 변할까? p가 0.52라면 -2,000만원의 효용은

$$U(-2{,}000\text{만원}) = 0.52(1) + 0.48(0) = 0.52.$$

같은 방법으로 -5,000만원과 +1억 원 사이의 어느 값에 대해서도 그 효용을 구할 수 있다.

이상을 요약하면 표준도박의 확실등가를 구함으로써 효용을 도출할 수 있다.

4.3.3 효용곡선

위의 예에서 경영자(의사결정자)와의 대화 결과 다음과 같은 금전액수와 그 액수와 연계된 효용의 집합 즉(-5,000만원, 0), (1억원, 1), (1,000만원, 0.85), (5,000만원, 0.95) 및 (-2,000만원, 0.52)을 얻었다. 우리는 이것을 [그림 4.3.2]에서 보여주는 것처럼 효용-금액을 축으로 하는 그래프로 만들 수 있다. 우리는 더 많은 점을 찾아낼 수 있고 이들을 연결하여 이 의사결정자의 효용함수에 상응하는 **효용곡선**을 만들어낼 수 있다. 이 효용곡선을 가지고 -5,000만원에서 1억원 사이의 어떤 금액에 대한 그의 효용을 정할 수 있다. 예를 들면 3,000만원의 효용은 0.92이다. 일반적으로 수직축에 있는 한 점(효용)은 (1) 그 효용에 상응하는 곡선상의 점아래의 수평축의 금액을 확실하게 가지는 것과 (2) 효용 값과 같은 확률로 수평축의 제일 큰 금액과 1에서 효용 값을 뺀 확률로 수평축 금액중 제일 적은 금액을 받는 내기를 택하는 것과 선호가 무차별하다는 것을 의미한다. 의사결정자의 효용은 우리가 그에게 이 내기에 더 큰 금액을 할당하도록 요청한 확률과 같다. 이것은 우리가 1억원에 1, -5,000만원에 0을 할당한데서 온 편리함이다.

이 의사결정자에 의하여 발생된 효용곡선이 직선이 아니라 아래쪽에서 볼 때 오목하다는데 유의하자. 이것으로 우리는 그가 보수적인 경향이 있다는 결론을 내릴 수 있다. 이런 형태의

[그림 4.3.2] 효용-금액 그래프

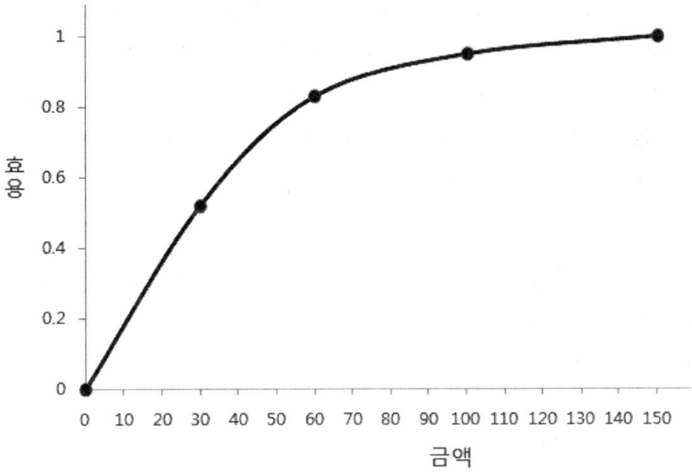

[그림 4.3.3] 효용곡선의 세 형태

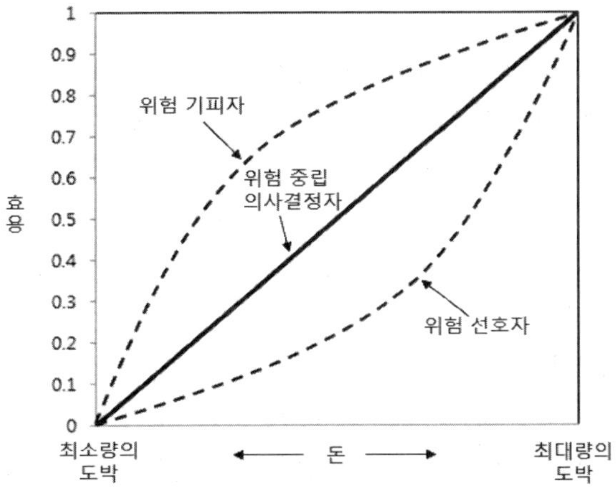

커브는 위험 기피자(危險 忌避者; risk avoider)의 특성이다. 효용곡선이 직선인 의사결정자는 위험중립(危險中立; risk-neutral) 의사결정자라고 한다. 위쪽에서 볼 때 볼록인 효용곡선을 가진 사람은 확실한 것보다 도박을 좋아하는 사람으로 위험선호자(危險選好者; risk preferrer)이다(그림 4.3.3).

이것들만이 의사결정자가 발생시키는 효용곡선의 형태가 아니며 이득 기본 모양에 많은 변형들이 있다.

일반적으로 의사결정자는 기대금전가치보다 오히려 기대효용을 극대화하기를 원한다. 그러나 의사결정자의 효용곡선이 직선일 때 기대효용을 극대화하는 행위와 기대금전가치를 극대화하는 행위는 같다. 결국 의사결정자는 자기가 처한 상황에 맞는 효용곡선을 갖게 될 것이고 이에 맞추어 기대효용을 극대화할 것이다.

위험대가(危險代價; risk premium)

위험대가는 결과득실(結果得失; payoff)에서 확실등가를 뺀 값이다. 이는 확실등가가 좋은 결과와 나쁜 결과의 사이에 있는 값이므로 나쁜 결과가 나올지도 모른다는 위험(危險; risk)에 대한 보상이라고 볼 수 있다. 그렇기 때문에 위험기피 형의 사람은 이 값이 0보다 크다. 즉 위험을 피하기 위하여 대가를 지불하겠다는 것이다. 반면에 위험추구 형인 사람의 위험대가는 0보다 작고 위험중립 형인 사람은 기대를 확실등가로만 평가하므로 위험중립 형인 사람의 위험대가는 0이다.

위험대가의 크기는 위험성향의 정도와 결과보상의 크기 그리고 그 결과보상을 가져다 줄 확률의 크기로 정해지며 효용함수를 알면 쉽게 구해진다. 효용곡선에서 기대효용을 구하고 여기서 기대결과보상 금액을 빼면 위험대가가 나온다.

4.3.4 효용의 기본적 전제

기대가치나 효용이 관련된 사람들의 행동은 본질적으로 옳다거나 그르다거나 라고 할 수 있는 것이 아니다. 그러나 우리들이 효용을 제대로 현명하게 사용하려면 위반해서는 아니 되는 기본원칙이 있다.

1. 순서화(順序化; ordering): 두 대안을 만났을 때 의사결정자는 이들 둘에 선호무차별이거나 첫째 것을 둘째 것보다 선호하거나 둘째 것을 첫째 것보다 선호하게 된다.
2. 이행성(移行性; transitivity): 의사결정자가 대안 A를 대안 B보다 선호하고 대안 B를 대안 C보다 선호하면 그는 대안 A를 대안 C보 다 선호한다.
3. 연속성(連續性; continuity: 의사결정자가 $p=1$일 때의 어떤 결과보다 내기(gamble)을 선호하지만 $p=0$인 내기보다 A를 선호한다면 그 의사결자가 내기와 결괴 A에 대해 선호무차별인 p가 존재한다.
4. 대체가능성(代替可能性; substitutability:)의사결정자가 두 행위 중에서의 선택에 관해 선호무차별이라면 하나를 다른 것으로 대체될 수도 있으며 두 행위의 효용은 같다고 볼 수 있다.
5. 단조성(單調性; monotonicity): 결과(結果; outcomes)가 다른 금액이고 일어날 확률이 같을 경우 사람들은 두 결과 중에 금액이 큰 결과보상(結果得失; payoff)을 갖는 결과를 선호하고 두 결과의 결과보상이 같을 경우는 일어날 확률이 큰 쪽을 선호한다고 상정한다. 이를 기호로 표기하면 다음과 같다.

$$\langle A, p, B_1 \rangle < \langle A, p, B_2 \rangle \;\Leftrightarrow\; B_1 < B_2$$
$$\langle A, p, B_1 \rangle \sim \langle A, p, B_2 \rangle \;\Leftrightarrow\; B_1 \sim B_2$$
$$\langle A, p_1, B \rangle < \langle A, p_2, B \rangle \;\Leftrightarrow\; p_1 < p_2$$
$$\langle A, p_1, B \rangle \sim \langle A, p_2, B \rangle \;\Leftrightarrow\; p_1 \sim p_2$$

6. 혼합복권의 축소(縮小; reduction). 대안 $A_1, A_2 \cdots, A_r$가 복권 $(p_1A_1, p_2A_{2,} \cdots, p_rA_r)$의

당첨금이라고 하자. 복권들의 집합 $L^{(i)} = \left(p_1^{(i)} A_1, p_2^{(i)} A_2 \cdots, p_r^{(i)} A_r\right) (i = 1, 2, \cdots, s)$과 당첨되면 $L^{(1)}$, $L^{(2)}$, $\cdots$, $L^{(s)}$중 하나를 주는 복권 $\left(q_1 L^{(1)}, \cdots, q_s L^{(s)}\right)$이 있을 때

$$p_i^* = q_1 p_i^{(1)} + q_2 p_i^{(2)} + \cdots + q p_i^{(s)} \tag{4.3.2}$$

라면 복권 $\left(q_1 L^{(1)}, \cdots, q_s L^{(s)}\right)$과 복권 $\left(p_1^* A_1, p_2^* A_2, \cdots, p_r^* A_r\right)$사이는 선호무차별이다. 즉 식 (4.3.2)를 조건으로 복권 $\left(q_1 L^{(1)}, \cdots, q_s L^{(s)}\right)$을 복권$(p_1^* A_1,\ p_2^* A_2, \cdots, p_r^* A_r)$으로 축소할 수 있다.

4.3.5 효용의 척도(尺度; scale).

간격척도의 설정

피험자(被驗者; subject)에게 당첨금 A_i을 받는 것과 확률 p로 당첨금 A_1을 받거나 확률 $(1-p)$로 당첨금 A_r을 받을 수 있게 해주는 복권 중에서 하나를 선택하게 한다고 하자. 만일 피험자가 A_i을 복권보다 선호하면 p을 증가시켜 다시 선택하게 한다. 만일 p가 0에서 시작하여 반복적으로 증가시켜 나가면 p가 1에 이르기 전에 피험자는 그의 선택을 복권으로 바꿀 것이다. 왜냐하면 p가 1에 이르면 A_i와 A_1 중에서 선택하는 것과 같게 되어 버리기 때문이다. 그런데 A_1은 피험자가 가장 선호하는 것이라고 이미 선언한바 있다. 마찬가지로 p을 감소시켜 가면 p가 0에 이르기 전 어느 시점에서 복권보다 A_i을 선호하게 될 것이다. 이는 p가 0에서 1사이의 어느 값을 가질 때 그 사람은 A_i와 복권 $\left(pA_1, (1-p)A_r\right)$에 선호무차별이 된다는 뜻이 된다. 그 사람이 선호무차별이 될 때의 p 값을 u_i라고 하자. 간격척도의 원점과 단위는 임의로 선정할 수 있다고 하였으므로 우리는 A_1의 효용을 1 A_r의 효용을 0이라고 설정하면 u_i을 A_i의 효용이라 이름붙일 수 있다.

이 방법의 이론적 설명은 한 복권의 효용은 당첨금의 효용의 가중평균이며 이때의 가중치(加重値; weights)는 당첨금과 연관되는 확률이라는 전제조건에 기초를 두고 있다. 평균값의 상대적 크기는 양의 선형변환 하에서 불변으로 남는다.

이제 당첨금 A_1을 준다는 것은 A_1을 받을 수 있는 확률이 1인 복권의 효용과 동일하다고 볼 수 있다. 이에 따라 그 복권의 효용은 당첨금의 효용과 같다. 한편 A_1의 효용이 1이고 A_r의 효용이 0이면 복권 $\left(pA_1, (1-p)A_r\right)$의 효용은 $p \cdot 1 + (1-p) \cdot 0 = p$이다. 그 사람이 A_i와 복권 $\left(u_i A_i, (1-u_i)A_r\right)$에 선호무차별이고 그의 효용은 $(u_i(1) + (1-u_i)(0) = u_i$이므로 u_i는 A_i의 효용이 된다. 나머지 당첨금의 효용은 같은 방식으로 설정할 수 있다.

이제 복권의 효용을 그 당첨금의 효용을 가중 평균하여 구별할 수 있다는 것을 근거로 우리는 $r > 3$인 복권 $\left(p_1 A_1, p_2 A_2, \cdots, p_r A_r\right)$의 당첨금의 효용을 한 가지 이상의 방법으로 정할 수 있다. A_j의 효용$(j \neq i)$을 정하는 한 가지 방법은 $\left(pA_1, (1-p)A_r\right)$과 A_j중에서 하나를 선택하게 하고 이들 대안에 대해 선호무차별이 될 때까지 p을 조정하는 것이다. 이런 방식으로

정해진 A_j의 효용을 u_j로 설정된 것으로 친다. A_j의 효용을 정하는 또 다른 방식은 복권 $(pA_i, (1-p)A_r)$과 A_j을 주는 것이다. 우리는 이미 A_i의 효용을 u_i로 결정하였으며 A_r의 효용을 0과 같다고 설정한바 있다. 따라서 복권 $(pA_i, (1-p)A_r)$의 효용은 pu_i이다. 복권 $(pA_i, (1-p)A_r)$과 A_j에 대해 선호무차별이 되는 확률을 예컨대 p^*라고 하면 A_j의 효용은 p^*u_i이다. 이제 문제는 $u_j = p^*u_i$인가이다. 기술된 효용결정방법이 의미 있는 것이라면 이 등식은 성립한다. 나아가 복권 중에서 선택하도록 하는 모든 방식으로 도출(導出; derive)된 당첨금 각각의 효용은 불변이어야 한다. 다르게 말하면 한 사람의 선택이 **간격척도** 위의 대안들에 대한 그 사람의 효용을 정하게 하여주려면 그 사람에게 일정한 일관성을 요구하게 된다. 이들 일관성은 (4.3.4) 효용의 기본전제에 의하여 구현된다. 따라서 이 기본전제가 충족된다면 효용은 간격척도를 가질 수 있다.

얼마나 잘 그리고 얼마나 자주 이들 요구조건이 인간의사결정자에 의하여 충족되는 가는 이론(異論)이 많은 문제(open question)이다. 순서화와 단조성이 대체가능성보다 쉽게 충족되고 복합복권의 축소와 복권의 순서화는 특히 복권이 수많고 복잡할 때 매우 드물게 충족되는 것처럼 보인다. 이런 추측은 관찰에 의하여 확인된다. 어느 그러나 가장 단순한 결정상황에서 간격척도로 효용을 설정하는 것이 결코 쉬운 일이 아니다.

비율척도로 정해진 효용

개인의 선호를 조사하는 일반적인 방법은 이른바 선택실험(選擇實驗; choice experiment)을 하는 것이다. 실험수행자는 선택대안들의 기본적 집합 T을 선정하는 것이다. 선택실험에 참여한 피험자(被驗者; subjects)는 T의 부분집합들 A에서 가장 선호하는 대안을 선택하게 된다. 특히 A가 몇 개의 쌍으로 된 대안일 수 있다. 이를 쌍으로 비교하기라고 부르며 (4.3.2)의 표준도박이 이에 해당한다 하겠다.

쌍으로 비교하기에서의 피험자의 판단이 선호에 대한 것이든 크기의 추정에 대한 것이든 일관성을 벗어날 수도 있다. 비대칭(非對稱; asymmetry)과 이행성(移行性; transitivity)을 둘 다 위반할 수도 있다. 즉 우리는 한번은 aPb(피험자가 b보다 a을 선호 또는 b보다 a가 크다고 판단)이라고 다른 때는 bPa이라고 하는 것을 관찰할 수 있다. 순환적(循環的; cyclic) 선호 aPb, bPc, cPa가 관찰될 수도 있다. 이들 불일치(不一致; inconsistency)가 선호의 순서척도를 설정하려할 때 귀찮은 일일 수 있다. 그러나 이들 불일치 자신들이 일정한 일관성기준을 충족한다고 한다면 더 강한 척도를 설정하는데 잘 쓸 수 있다.

이 맥락에서의 일관성은 선택할 수 있는 집합 중에서 여러 대안들을 선택하는 상대빈도(相對頻度; relative frequencies)로 나타낼 수 있다. 여러 경우에서 기본집합 T의 부분집합들이 제시될 수 있다. 전체집합이 대안 $x_1, x_2, \cdots$으로 이루어져 있다고 하면 $p_T(x_i)$는 전체집합 T가 제시되었을 때 대안 x_i가 선택될 확률을 표시할 것이다. 다른 경우 A가 T의 부분집합: $A = \{x_{A_1}, x_{A_2}, \cdots, x_{A_m}\}$이라면 $p_A(x_{A_i})$는 A가 제시될 때마다 대안 x_{A_i}가 선택되는 확률일 것이다.

다음으로 우리는 T가 제시되었을 때 선택된 대안이 부분집합 A에 속할 확률을 $p_r(A)$라고 표시하기로 하면 방정식

$$p_r(A) = p_r(x_{A_1}) + p_r(x_{A_2}) + \cdots + p_r(x_{A_m}) \tag{4.3.3}$$

은 $p_r(A)$을 정의하는 방법이므로 같은 말을 반복하는 것이나 마찬가지이다.

이에 비해 관계

$$p_r(x) = p_r(A)p_A(x) \tag{4.3.4}$$

는 같은 말을 반복하는 것이 아니고 식 (4.3.3)보다 아주 많은 것을 말해준다.

이를 보기위하여 $T = \{a, b, c, d, e\}$, $p_r(a) = p_r(b) = 0.10$; $p_r(c) = 0.20$; $p_r(d) = 0.25$; $p_r(e) = 0.35$, 그리고 $A = \{a, b, d\}$라고 하면 $p_r(A)$을 정의한 (식 4.3.3)에 따라 $p_r(A) = 0.10 + 0.10 + 0.25 = 0.45$이다. 만일 식 (4.3.4)이 이 성립하면

각 $x \in A$에 대하여 $p_A(x) = p_r(x)/p_r(A)$

이어야한다. 즉

$$p_r(a) = 0.10/0.45 = 2/9 = p_r(b);\ \ p_A(d) = 0.25/0.45 = 5/9$$

몇 번의 경우에 전체 집합 T을 제시했을 때 피험자가 a와 b 그리고 d을 선택하는 상대빈도의 관찰결과를 근거로 $p_r(a)$와 $p_r(b)$그리고 $p_r(d)$을 설정하였다. A을 제시했을 때 피험자가 이들 대안을 각각 2/9와 2/9 그리고 5/9의 확률로 선택할지 아니 할지는 단지 경험적으로만 설정될 수 있다. 그는 그럴 수도 그리 아니 할 수도 있다. R. D. Luce(1959b)가 제안한 이른바 선택공리(選擇公理; Choice Axiom)는 그가 그리할 것이라고 즉 식 (4.3.4)가 성립한다고 주장한다.

다른 방법으로 표현하면 대안이 선택되는 상대빈도는 주어진 상황에서 제시된(그들이 원소로 속해있는) 집합과 상관없이 같게 유지된다. 다른 말로 하면 선택공리는 이들 빈도가 전후사정과 관계가 없다고 전제한다.

선택공리를 있게 하는 두 조건은 공식 C_1, C_2로 표현하기로 한다. 대안의 집합 T와 어느 부분집합 $A \subset T$가 주어지면 C_1을 추정할 수 있다.

$$C_1.\ \text{모든 } x \in A\text{에 대해 그리고 모든 } A \subset T\text{에 대하여 } p_A(x) \neq 0 \tag{4.3.5}$$

이는 기본집합에 있는 모든 대인 x은(x가 그 멤버인) 부분십합 T와 상관없이 언젠가는 선택될 약간의 기회가 있다는 뜻이다. 이 전제조건은 고려의 대상에서 제외되지 않는 대안에 주의를 기울이게 제한하는 데에만 해당하기 때문에 별 의미가 없다. 그러나 대안을 위해 비율척도의 설정가능성 즉 선택공리에서 도출된 주요결과는 이 공준에 의존한다.

C_2. 모든 $x \in A$와 모든 $A \subset T$에 대하여 $p_r(x) = p_A(x)p_r(A)$ (4.3.6)

이 요구조건은 어느 정도 강한 편이다. 이 전제는 많은 상황에서 충족되지 못함을 보게 된다. 전체 집합 T로부터 x을 선택하는 단순 확률이 전체집합 T가 제시되었을 때 부분집합 A안에 있는 대안이 선택될 확률과 A가 제시되었을 때 x을 선택하는 확률 두 개로 구성된다는 것에 해당된다. 이 전제조건은 효용의 간격척도의 설정을 공부할 때 나온 복합복권의 축소와 유사하다. C_2는 결코 선택되는 일이 없는(선택되는 확률 0인) 것이 포함된 대안들의 집합들에 대해 성립되는 것이므로 C_1과는 관계가 없다. 그러한 집합에 적용되므로 C_2는 몇 개의 의미를 내포하고 있으며 이들은 쉽게 자명하다고 생각되지만 실제 행동에서는 그렇지 않은 경우도 있다. 예를 들면

(i) $p_r(x) \neq 0 \Rightarrow p_A(x) \neq 0$

말로하면 전체 집합 T가 제시되었을 때 대안 x가 얼만가의 확률로 선택된다면 x가 그 멤버인 집합 A가 제시되었을 때도 얼만가의 확률로 선택된다.

(ii) $p_r(x) = 0$이고 $p_r(A) \neq 0 \Rightarrow p_A(x) = 0$

말로하면 T가 제시되었을 때 x가 그 멤버인 부분집합 A안에 있는 x가 아닌 다른 어느 대안이 얼만가의 확률로 선택된다면 A가 제시되었을 때 x가 선택될 확률은 없다.

(iii) $p_r(y) = 0,\ y \neq x \Rightarrow p_r(x) = p_{r-\{y\}}(x)$

말로하면 T가 제시되었을 때 y가 선택될 확률이 전혀 없다면 x가 y가 아닐 때 T에서 y을 제거하더라도 T가 제시되었을 때 x가 선택될 확률에 아무런 영향도 주지 않는다. 이들 내용 중에서 어느 것이든 위반되는 상황을 상상하기는 어렵지 않다. 이 위반은 대안을 선택하는 확률의 전후관계(前後關係; context)에 영향을 준다. 예로써 두 정당 x와 y만 선거에 참가하고 한 투표인이 어떤 때는 x을 어떤 때는 y을 선택한다고 하자. 그런데 제삼의 정당 z가 참가하게 되는데 이 정당의 지지에 있어 유권자의 입장은 극단적이고 x을 지지하는 유권자가 y을 지지하는 유권자보다 z을 지지한다. 만일 어느 유권자가 z을 강하게 반대한다면 그 사람은 x와 거리를 두고 있고 x에 투표하지 않을 것이다. 우리가 T을 $\{x, y, z\}$로 집합 A을 $\{x, y\}$로 표시하면 위의 (ii)의 내용을 위반하고 있음을 보게 된다.

이 상황의 역은 어느 유권자가 한 번도 투표하지 않은 정당을 투표대상 정당 리스트에서 제외한 상황에서 나타난다. 이렇게 제외시킨 것이 그 유권자의 투표정당 선택확률에 영향을 준다면 (iii)이 위반된 것이다.

선호의 비율척도 구성

$A = \{x, y\}$인 모든 경우 $p_A(x)$을 $p(x, y)$라고 표기하면 $p(x, y)$는 x을 y보다 선호한다는 것을 의미한다. 선택공리(選擇公理; Choice Axiom)가 충족된다면 다음을 증명할 수 있다.

▶ **정리(定理; THEOREM)**. 공준(公準; postulates) C_1과 C_2가 성립하면 x와 z가 제시되었을 때 z보다 x을 선호하는 확률은 다음 식으로 나타낸다.

$$p(x, z) = \frac{p(x, y)p(y, z)}{p(x, y)p(y, z) + p(z, y)p(y, x)} \tag{4.3.7}$$

여기서 x, y, z는 T안에 있는 대안들이다. 전체 집합 T가 제시되었을 때 x가 선택될 확률은 대안의 쌍들의 확률을 가지고 다음 식으로 주어진다.

$$p_T(x) = \frac{1}{1 + \sum_{y \neq x}{}' p(y, x)/p(x, y)} \tag{4.3.8}$$

여기서 $\sum_{y \neq x}{}'$는 모든 $y \neq x$의 합(合; summation)이다.

증명. 식 (4.3.6)에 의하여

$$p_A(x) = p_r(x)/p_r(A)$$

$A = \{x, y\}$라면 $p_A(x)$을 $A = \{x, y\}$로 대치하면

$$p(x, y) = p_r(x)/p_r(A)$$
$$p(y, x) = p_r(y)/p_r(A)$$
$$p(x, y)/p(y, x) = p_r(x)/p_r(y) \tag{4.3.9}$$

식 (4.3.9)의 관점에서

$$1 \equiv \frac{p_r(x)p_r(y)p_r(z)}{p_r(y)p_r(z)p_r(x)} = \frac{p(x, y)p(y, z)p(z, x)}{p(y, x)p(z, y)p(x, z)} \tag{4.3.10}$$

식 (4.3.10)에서 $p(z, x)$을 $1 - p(x, z)$로 대치하고 $p(x, z)$로 풀면 식 (4.3.7)를 얻게 된다. 식 (4.3.8)을 얻기 위하여 식 (4.3.9) 모든 $y \neq x$에 대한 양쪽의 역(逆; inverse)을 합하고 왼편에 1을 더하고 동일하게 오른 편에 $p_T(x)/p_T(x)$을 더하면 다음 식을 얻는다.

$$1 + \sum_{y \neq x}{}' p(y, x)/p(x, y) = p_T(x)/p_T(x) + \sum_{y \neq x}{}' p_T(y)/p_T(x) \tag{4.3.11}$$

식 (4.3.11)의 오른 편은 $\sum_y p_T(y)/p_T(x)$라고 쓸 수 있다. 여기서 합계는 이제 모든 $y \in T$에 대해 합한 것이다.

$\sum_y p_T(y) = 1$이므로 식 (4.7.11)의 오른 편은 $1/p_T(y)$과 같다. 식4.7.11의 양편의 역을 구하면 식 (4.3.8)를 구할 수 있다.

이제 우리는 비율척도를 설정할 수 있다. 즉 $u(x) \geq u(y)$을 필요충분조건으로 대안 y보다

x을 선호하거나 x와 y의 선호가 무차별이 되도록 대안 x에 실수(實數; real number) $u(x)$을 배당할 수 있다. 더 나아가 선호의 순서가 양(陽; positive)의 유사성변환(類似性變換; similarity transformation) $x' = ax,\ a > 0$하에서 불변으로 유지된다.

한 임의의 대안 s을 선택하여 그 것에 어떤 임의의 실수 $u(s)$을 배당하면 우리는 $u(x)$을 $kp(x, s)/p(s, x)$라고 정의한다. 식 (4.3.10)의 관점으로

$$\frac{u(x)}{u(y)} = \frac{kp(x, s)p(s, y)}{kp(s, x)p(y, s)} = \frac{p(x, y)}{1 - p(x, y)},$$

이며 여기서 $p(y, x)$을 $1 - p(x, y)$로 대치하였다. $p(x, y)$로 풀면 다음 식을 얻는다.

$$p(x,\ y) = \frac{u(x)}{u(x) + u(y)}$$

일단 쌍으로 된 비교를 기초로 하여 선호척도 $u(x)$가 설정되면 우리는 집합 T로부터 대안 x을 선택하는 확률을 도출할 수 있다. 이 확률은 다음 삭으로 구할 수 있다.

$$p_r(x) = \frac{u(x)}{\sum_{y \in T} u(y)}$$

순서선호척도를 더 강한 척도로 다듬기위하여 우리의 의사결정모델에 **기회사건**(機會事件; chance events)을 도입하였다. 간격척도를 설정하는 경우에는 대안의 집합이 복권을 포함하도록 확장하기위하여 기회사건이 도입되었다. 즉 결정의 결과(結果; outcome)를 정하기 위하여 기회를 한 인자(因子; factor)로 사용하였다. 비율척도를 설정하는 경우는 피험자의 결정이 때로는 어떤 대안을 선택하고 다른 때는 같은 집합 안에 있는 다른 대안을 선택하는 변덕을 가정함으로써 기회를 도입하였다. 두 경우 모두에서 기회사건은 피험자선호의 상대적 강도를 수량화하게 하여주었다. 복권의 경우 피험자는 복권의 결과보상(結果報償; prize)과 그 결과를 가져올 확률을 대비한다고 상정한다. 때로 변하는 결정의 경우 한 대안에 대한 피험자의 선호강도는 그가 그것을 선택하는 상대빈도로 반영된다고 생각한다.

현실적 관점에서 보면 복권을 사용하여 순서척도를 설정하는 일이 피험자가 여러 대안들을 선택하는 확률을 사정하여 비율척도를 설정하는 일보다 훨씬 단순하다. 후자의 확률사정은 같은 집합을 여러 번 반복하여 제시하여야한다. 더구나 관측결과의 해석은 선택확률이 적어도 실험기간동안 일정하게 유지된다는 그리고 피험자의 선택들이 그가 취할 법한 선택의 모집단으로부터의 통계적으로 독립된 표본이라는 의문스러운 가정을 전제로 하고 있다.

선택실험에서의 피험자가 개인이 아니라 큰 모집단이라면 이들 어려움은 생기지 않는다. 여기서 대안을 선택하는 확률은 모집단에서의 상대빈도로 즉 여러 대안들을 선택하는 모집단의 비율로 추정할 수 있다. 이 상황에서 반복되는 제시는 필요 없으며 선택의 독립성을 합당하게 추정할 수 있다.

4.3.6 효용함수(效用函數; utility functions)

효용곡선을 회귀분석을 이용하여 효용함수를 도출할 수 있다. 이제부터 몇 개의 효용함수의 도박 $\langle 10, 0.5, 20 \rangle$에 대한 확실성등가 $(\bar{x})$와 위험대가 (rp)을 구해보기로 한다. 이 도박의 기대결과보상은 물론 0.5(10)+0.5(20)=15이다.

(1) $U(x) = -ae^{-cx} + b$: 우선 기대결과보상을 구해보면

$$U(\bar{x}) = 0.5\,U(10) + 0.5\,U(20)$$
$$-ae^{-c\bar{x}} + b = 0.5(-ae^{-10c} + b) + 0.5(-ae^{-20c})$$
$$e^{-c\bar{x}} = e^{-10c} + e^{-20c}$$

대수표를 이용하여 c의 값이 0.1, 0.2, 1인 경우의 확실등가 $\bar{x}$을 계산하여 구하면 13.80 12.85, 10.69이다. 위험대가는 기대결과보상과 확실등가의 차액이므로 15에서 확실등가를 뺀 1.2, 2.15, 4.31이다.

(2) $U(x) = \log(x + c)$ 단 $x > -c$, c는 상수:

$$\log(\bar{x} + c) = 0.5\log(10 + c) + 0.5(20 + c)$$
$$\bar{x} = \sqrt{(10 + c)(20 + c)} - c$$

c의 값이 1과 11일 때의 $\bar{x}$값은 14.2와 14.5이고 rp의 값은 0.8과 0.5이다

(3) $U(x) = -x^2$, 단 $x \geq 0$: 위의 (1)와 (2)는 증가함수이나 (3)는 감소함수이다.

$$-(\bar{x})^2 = 0.5(-10^2) + 0.5(-20^2)$$
$$\bar{x} = \sqrt{0.5(10^2 + 20^2)} = \sqrt{250} = 15.8$$

따라서 기대결과보상은 -15이고확실성등가는 -15.8이므로 위험대가(rp)는 0.8이다.

(4) $U(x) = 0.2x^2$, 단 $x \geq 0$: 이 효용함수는 위험추구 형이다.

$$0.2(\bar{x})^2 = 0.5(0.2 \times 10^2 + 0.2 \times 20^2)$$
$$\bar{x} = \sqrt{\frac{0.5(0.2 \times 10^2 + 0.2 \times 20^2)}{0.2}} = \sqrt{250} = 15.8$$

기대결과보상이 15이고 확실성등가가 15.8이므로 위험대가는 -0.8이다. 위험대가가 -이므로 위험추구 형이다.

다음은 효용함수에서 위험성향의 크기를 알아본다. U_1을 정의선형변환을 한 $U_2 = aU_1 + b$를 1차와 2차 미분하면

$$U_2{}' = aU_1{}'$$
$$U_2{}'' = aU_1{}''$$

양(陽; positive)의 선형변환이 된 효용함수는 변환전의 효용함수와 전략적으로 동등함으로 위 식에서 유도된 다음 관계는 위험성향이 같다고 할 수 있으며 이 성질을 이용하여 위험성향을 측정하는 척도로 쓰게 된 것이다.

$$\frac{U_2{}''}{U_2{}'} = \frac{U_1{}''}{U_1{}'}$$

여기서 위험성향 함수 $r(x)$을 다음과 같이 정의한다.

$$r(x) = -\frac{U''(x)}{U'(x)}$$

이 $r(x)$가 양(陽; positive)이면 위험기피이고 음(陰; negative)이면 위험추구이다. 물론 0의 경우는 위험중립 형이다. 위의 효용함수의 위험성향을 이 함수로 알아보자.

(1) $U(x) = -ae^{-cx} + b$의 경우: $U'(x) = ace^{-cx}$이고 $U''(x) = -ac^2e^{-cx}$이므로

$$r(x) = -(-ac^2e^{-cx}/ace^{-cx}) = c$$

$r(x)$가 상수인 c로서 양(陽; positive)의 값이므로 위험기피 형이다.

(2) $U(x) = \log(x+c)$ 단 $x > -c$의 경우: $U'(x) = \dfrac{1}{x+c}$이고 $U''(x) = \dfrac{-1}{(x+c)^2}$이므로

$$r(x) = -\frac{-1}{(x+c)^2} \times \frac{(x+c)}{1} = \frac{1}{x+c}$$

이며 $x > -c$이므로 $x+c$는 0보다 크다. 즉 이 효용함수는 위험기피 형이다.

(3) $U(x) = -x^2$, 단 $x \geq 0$의 경우: $U'(x) = -2x$이고 $U''(x) = -2$이므로

$$r(x) = -\frac{2}{2x} = -\frac{1}{x}$$

$x \geq 0$이므로 $r(x)$는 부의 값이 된다. 따라서 위험추구 형이다.

(4) $U(x) = 0.2x^2$, 단 $x \geq 0$의 경우: $U'(x) = 0.4x$이고 $U''(x) = 0.4$이므로

$$r(x) = -\frac{0.4}{0.4x} = -\frac{1}{x}$$

$x \geq 0$이므로 $r(x)$는 부의 값을 가지며 이 효용함수는 위험추구 형이다.

효용함수의 변환

효용함수의 형태와 관련하여 효용함수의 변환을 이해해야 한다. 이는 효용함수를 사정할 때 최대치와 최소치를 1과 0으로 하는 것이 편리하지만 필요에 따라 100에서 0이든 다른 기준치를 쓸 수 있다는 언급에서 짐작되는 일이고 효용은 선호의 척도이므로 일종의 구간(또는 비율) 척도이고 따라서 구간(비율)의 크기는 문제가 아니 된다고 이해하면 될 것이다. 이런 변환을 양(陽; positive)의 선형변환(線型變換; linear transformation)이라고 한다.

두 효용함수 U_1과 U_2가 서로 다른 도박에 대하여 언제나 선호순위가 같다면 두 효용함수는 전략적(戰略的; strategically)으로 동등(同等; equivalent)하다고 하고 $U_1 \sim U_2$라 표기한다. $U_1 \sim U_2$이면 모든 x에 대하여 $U_2(x) = aU_1(x) + b$을 만족하는 $a > 0$인 a와 b가 존재한다. 이것이 U_1을 U_2로 정의 선형변형 한다고 한다.

4.4 결정과 정규분포

1편 2.3에서 정규분포를 공부하였는데 이 분포는 많은 생물학적 사회학적 그리고 물리학적 현상들이 대략 정규로 분포되기 때문에 통계적 추론에서 매우 중요한 자리를 차지하고 있다. 결정상황에서 사전분포가 아래에 있는 몇 가지 전제를 충족한다면 정규분포를 이용하여 간단하게 분석하게 하여주는 모형이 존재한다.

1. 무작위변수가 성질상(시간이나 부피처럼) 연속적이거나 아주 많은 이산적(離散的; discrete) 값들을 가지고 있어 이들 값들의 분포가 본질적으로 연속적인 것으로 취급할 수 있다.
2. 가장 확률이 높은 단 한 개의 변수 값이 존재한다.
3. 변수의 값들이 가장 확률이 높은 값 근처에서 확률이 높고 멀어질수록 확률이 낮아진다.
4. 가장 확률이 높은 값 위와 아래 양쪽의 확률이 같다.
5. 값들의 밀도가 가장 확률이 높은 값에서 양방향으로 매끄럽게 떨어져나가 위와 아래 양극단에서 0에 접근한다.

전체적으로 이 전제조건들은 평균 근처에 밀집되어 있는 하나의 매끄럽고 한 봉우리모양(unimodal)이고 대칭인 분포를 설명하고 있다. 이들 전제들이 흔히 유효하기 때문에 결정목적을 위한 정규분포의 사용은 쉽게 정당화된다.

모집단이 정규분포로 정의되면 이 모집단에서 추출한 표본의 공산(公算; likelihood) 또한 정규분포이다. 이것은 계산을 쉽게 만들어주는 편리한 성질이다. 이분포가 있음으로써 최적결정을 찾아내고 추가표본정보나/또는 완전정보의 가치를 계산하며 표본결과를 근거로 사전에 사정(賦課; assess)된 값을 수정하고 최적표본크기를 결성하는 모형을 사용할 수 있는 것이다.

4.4.1 초보적 결정

정규분포를 지정하는 데는 평균과 표준편차가 필요충분조건이다. 평균은 $-\infty$에서$+\infty$까지 분포되어있다. 표준편차는 비음(非陰; nonnegative)의 수로 σ^2의 제곱근이다. 이들 분포를 다시 보려면 1편 [그림 2.3.1]에 μ와 σ^2이 다른 몇 가지 정규분포가 있다.

정규분포의 무한한 가족 중에서 특별히 관심이 가는 것이 표준정규분포인데 이는 표준편차가 1이고 평균이 0인 정규분포라고 설명한바 있다. 표준화된 분포를 1편 [그림 2.3.2]에서 다시 볼 수 있으며 표는 부록 H에 있다. 이 경우의 확률변수(確率變數; random variable)는 Z인데

$$Z = \frac{X - \mu}{\sigma}$$

로 정의된다. 본질적으로 Z는 평균에서 X까지 사이에 표준편차가 몇 개 들어가는가를 나타낸다. 연속분포에서 확률은 면적에 관련된다고 배웠다. 1편 [그림 2.3.2]에서 보는 것과 같이 분포 안의 면적을 다음과 같이 설명할 수 있다.

1. 곡선아래의 총 면적은 1이다.
2. 면적의 반은 평균 μ와 $+\infty$사이에 그리고 반은 μ와 $-\infty$사이에 놓여있다.
3. 점으로 나타내는 면적은 정의되지 않으므로 정확한 특정 값 X가 일어날 확률은 0이다.
4. 평균의 양쪽 0.67표준편차 안에 면적의 대략 반이 놓여있다.
5. 평균의 양쪽 1표준편차 안에 면적의 2/3이 들어간다.
6. 평균의 양쪽 2표준편차 안에 면적의 19/20이 들어간다.
7. 사실상 거의 모든 면적이 평균의 양쪽 3표준편차 안에 들어간다.

독자는 부록 H를 참조하면 위 설명을 확인할 수 있다. 이 표는 평균이 0인 $-\infty$에서 Z까지의 확률 값을 준다. 물론 평균은 분포의 중앙에 위치한다. Z값이 3.49가되면 확률이 0.9998이 되며 3.61을 넘어서면 모두 0.9999이다.

정규분포를 이용한 의사결정을 더 진행하기 전에 위험중립성과 선형비용함수 그리고 선형이익함수를 전제로 하고 있음을 강조해둘 필요가 있다. 확률변수의 함수가 선형이면 그 함수의 기대는 그 확률변수의 기대로 평가된 함수이다. 선형이 아니면 그렇지 않다. 이 가정의 중요성은 다음 예에서 분명해진다. 이익은 정규로 분포되었다고 상정되었고 그래서 기댓값이 μ인 확률변수 X의 선형함수이다. 기대이익의 값은 X의 기대인 μ로 그 함수를 평가하여 정해질 수 있다.

(예 4.4.1) 한 출판사가 의사결정을 다루는 교과서를 출판할 것인지를 결정하려한다. 이런 유형의 교과서의 시장은 작지만 경쟁 또한 상당히 약하다. 원고를 검토한 결과 좋은 것으로 판단되었다. 출판사는 시장이 받아드릴 최고의 값이 권당 ₩17,000이고 수요는 이 가격에 비탄력적(非彈力的; inelastic)이라고 결정하였다. 서점에 줄 할인금과 출하비용을 빼면 출판사의 수입은 약 ₩14,000일 것이다. 저자에 지불할 인세는 소매가의 15%이다. 극심한 판촉비가 권당 ₩500이고 인쇄 및 제본비가 변동비로 권당 ₩5,700이다. 판매량과 상관없이 출판고정비가 대략 8,000만원이 들고 권당 잡비로 250원이 소요될 것이다.

시장조사결과 의사결정분석에 관한 책의 총 수요는 대략 연간 2,500권이다. 원고를 검토하고 경쟁에 대해 주의 깊게 검토한 결과 충실한 판촉과 제품의 훌륭한 포장을 활용하면 절판까지 18,000권은 팔 수 잇을 것으로 추산하였다. 수요는 이 값을 평균으로 하는 정규분포이다. 교과사의 짧은 수명 때문에 돈의 시간가치는 무시하고 기대금전가치를 근거로 결정을 내리기로 하였다. 이 교과서를 출판하여야하나? 왜?

이 출판사는 원고의 출판을 전제로 하고 다음 수치를 계산해냈다.

• 권당 소매가	₩17,000
• 할인과 출하	(3,000)
• 출판사수입	14,000
• 저자인세	(2,550)
• 판촉비	(500)
• 인쇄와 제본(변동비)	(5,700)
• 기타	(250)
• 권당 변동비	5,000

이익은 다음 함수로 나타낼 수 있다.

$$\text{이익} = ₩\text{-}80{,}000{,}000 + ₩5{,}000X$$

위식의 X는 판매된 책의 권수이다.

이익이 0이 될 때 출판결정에 따르는 손익이 분기되는데 이는 ₩80,000,000 = 5,000X 즉 X = 80,000,000/5,000 = 16,000권이다. 이 이상 팔리면 이익이 생기고 그 이하이면 손해를 보게 된다.

우리가 기대이익을 기준으로 결정을 내리기를 원한다면 이익방정식에 X의 기댓값을 사용하면 되는데 그 이유는 방정식이 선형이기 때문이다. 확률분포를 변수구간(變數區間; fractiles)로 나누고 각각의 확률을 계산하며 이익을 계산하기위하여 각 구간의 중간점을 사용하여 이들 이익 모두의 기대를 계산하는 등등의 어려움을 고려하여 X의 기댓값으로 분포의 평균값 μ을 사용하기로 하면 책을 출판할 경우

$$\begin{aligned} E(\text{이익}) &= ₩80{,}000{,}000 + ₩5{,}000(\mu) \\ &= \text{-}80{,}000{,}000 + 5{,}000(18{,}000) \\ &= ₩{+}10{,}000 \end{aligned}$$

이다. 또 하나의 대안인 출판하지 않을 경우의 기대이익이 0이므로 최적의 행동은 출판하는 것이다.

이런 유의 결정에서 흔히 사용되는 또 다른 방법은 손익분기점을 직접 비교하는 것이다. 이 경우 손익분기점 X_B가 16,000권인데 예상 판매량이 18,000권이므로 출판이 최적결정이 되는 것이다.

확률변수가 정규로 분포되었고 이익함수가 선형일 때 μ가 X_B보다 크면 언제나 기대이익은 +일 것이다. μ와 X_B가 같다면 손익분기이고 μ가 X_B보다 작으면 기대결과는 손실이다.

4.4.2 정보의 가치

이익을 낼 수 있었던 프로젝트를 거절하거나 손실이 나는 프로젝트를 수락하는 것은 과오가 될 것이다. 이들 두 경우 함께 손실을 가져올 것이다. 이 예에서 최적결정은 출판이므로 **기회손실**은

$X \geq X_B$이면 0

$X < X_B$이면 $5,000(X_B - X)$

이다. 이 손실을 그림으로 나타내면 [그림 4.4.1]과 같다. 그림에서 보여주는 기회손실은 더 정확하게는 최적행위의 조건부기회손실이라고 불러야할 것이다. 왜냐하면 그들은 출판사가 택한 최선의 행위와 X가 일어날 실제 값을 전제로 예상된 것이기 때문이다.

[그림 4.4.1] 기회손실

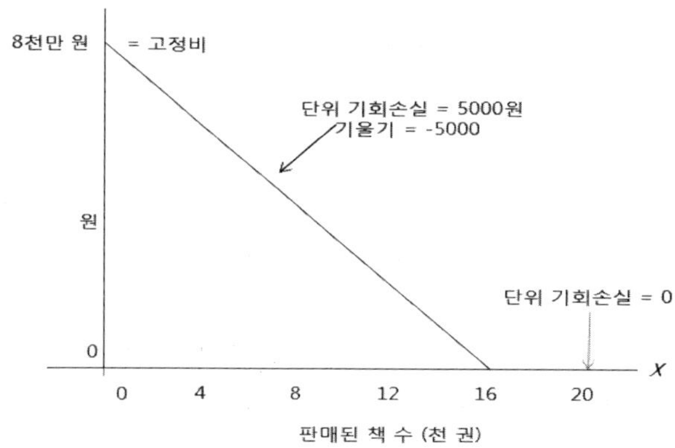

결정을 내리기전에 비용을 들여 환전한 정보를 쓸 수 있었다고 하자. 그 정보를 사용하지 않고 결정은 출판이다. 만일 그 정보가 X가 X_B보다 크다는 것이라면 결정도 여전히 출판일 것이므로 그 완전정보는 가치가 없는 것이다. 결정에 아무런 영향을 주지 않았기 때문이다. 반대로 그 정보가 X가 X_B보다 적다라고 말한다면 우리는 우리의 결정을 바꾸어 출판하지 않기로 함으로써 손실을 피할 수 있다. 따라서 완전정보의 조건부가치(conditional value of perfect information/CVPI)는

$X \geq X_B$이면 0

$X < X_B$이면 $5,000(X_B - X)$

이다. 피하게 될 기회손실은 [그림 4.4.1]에 있는 것처럼 선형이다. CVPI의 기대는 단순히 그들

이 일어날 확률로 가중(加重; weighted)된 생길 수도 있는 특정한 CVPI값으로 완전정보기대치(完全情報期待値; expectee value of perfect information)라고 부른다. 이것은 앞서 EVPI와 여러 면에서 유사(類似; analogous)하다. 정확한 함수는

$$\text{EVPI} = C \cdot S_o \cdot N(D)$$

여기서

C = 기화손실선의 기울기의 절대값
S_o = 모집단 평균 μ의 추정량 사전분포의 표준편차
$N(D)$ = 정규손실함수

이다. $N(D)$는 정규손실함수 표에서 얻어진다. 부록 I에 $N(D)$ 대 D로 나타나는데

$$D = \frac{|X_B - \mu_0|}{S_o}$$

이다. 위식에서

μ_o = 모집단 평균 μ의 추정량 사전분포의 평균

$$N(D) = \int_D^{\infty} (X - D) f(X) dX$$

$f(X)$ = 표준정규밀도함수

다. 이들 관계는 실제 예에서보다 더 복잡해 보인다. 의사결정자는 모집단의 평균 μ의 값을 추정하고 그 평균의 추정에 대한 불확실성도 추정한다. 어떤 추가표본정보도 구매하지 않은 사전(事前; prior)의 그 추정치의 표준편차가 S_o이다. D는 표준정규변수 Z와 유사한데 손익분기점과 표준편차와 같은 조건으로 추정된 평균 사이의 거리이다. 부록 I의 표는 D가 비부(非負; nonnegative)임을 전제로 만들어졌기 때문에 이 차(差; difference)는 절댓값을 취한다. 본질적으로 우리는 그 차의 방향을 무시하고 $(X_B - \mu_o)$을 특정한 값과 상관없이 비부로 취급한다. $N(D)$는 변수 값 D에서 오른쪽 끝까지 표준정규밀도함수를 $(X - D)$로 곱한 면적의 측치(測値; measure)이다.

위의 출판문제에서 출판사는 판매량의 평균을 18,000권으로 추정하였다. 이 평균값의 불확실성을 출판사의 "판매량평균이 20,000권이 넘을 확률이 25%이고 16,000권보다 적을 확률이 25%이다"라는 말을 가지고 평가해보자. 정규분포에서 면적의 50%가 양쪽으로 0.67표준편차 안에 들어간다. 나머지 50%는 $\pm 0.67\sigma$범위 밖에 양쪽으로 있다. 따라서 출판사의 말에는 함축적으로 18,000권과 20,000사이가 $0.67S_o$라고 추정하고 있는 것이다.

$$20{,}000 - 18{,}000 = 0.67S_o$$
$$2{,}000 = 0.67S_o$$

$3,000 = S_o$

이제 우리는

$C = ₩5,000/권$

$S_o = 3,000권$

$\mu_o = 18,000권$

$X_B = 16,000권$

$$D = \frac{|X_B - \mu_o|}{S_o} = \frac{|16,000 - 18,000|}{3,000} = \frac{2,000}{3,000} = 0.666\bar{6}$$

$N(D) = 0.1512$(부록 I의 표에서 $D = 0.66$과 0.67에 대한 0.1518과 0.1503을 내삽(內揷; interpolate)하여 구함)

이므로 완전정보의 기대가치를 다음과 같이 계산할 수 있다.

$$\text{EVPI} = C \cdot S_o \cdot N(D) = ₩5,000 \cdot 3,000 \cdot 0.1512 = ₩2,268,000$$

출판사가 책의 완전한 수요예측을 얻을 수 있다면 이에 대해 최대 ₩2,268,000을 기꺼이 지불하여야한다. 불완전한 예측은 그 불완전한 정도에 따라 가치가 떨어질 것이나 어느 경우에도 ₩2,268,000을 넘지는 못한다.

완전정보의 기대가치는 최적행위의 기대기회비용을 나타낸다. 이 예에서 최적행위는 출판이고 그 기대이익은 ₩10,000,000이었다. 최적행위의 기대이익과 최적행위의 기대기회비용의 합이 확실성하 기대이익(確實性下 期待利益; expected profit under certainty)이다. 이 예에서

확실성하 기대이익＝EPUC＝EMV＋EOS
＝₩10,000,000＋₩2,268,000
＝₩12,268,000

이다. 여기서 EMV는 기대금전가치(期待金錢價值; expected monetary value)의 그리고 EOL은 기대기회손실(期待機會損失; expected opportunity cost)의 약자(略字; abbreviated)이다.

정규분포를 이용하는 의사결정기법을 조금 더 공부아기에 앞서 쉬운 예를 하나 더 들어본다. 아래 값들이 적용되는 결정상황의 확률변수가 정규분포일 때

$\mu_o = 500$

$S_o = 100$

이익＝₩-12,000,000＋3,000X

완전정보의 가치는

$$X_B = \frac{1,200,000}{3,000} = 400$$

$C = 3000$

$D = \dfrac{|400 - 500|}{100} = 1.00$

$N(D) = 0.08332$

$EVPI = 3{,}000 \cdot 100 \cdot 0.08332 = 24{,}996$

이다. 이 예에서 손익분기점은 400이고 평균은 500이므로 이 투자계획은 받아들여져야 한다. 기대이익은 ₩-12,000,000+3,000(500)=₩300,000이다. 완전정보의 기대가치는 ₩24,996이고 확실성하 기대이익은 ₩324,996이다.

바로 전에 든 예의 변수들 간의 관계와 계산방법을 주의 깊게 검토해보면 몇가지 유익한 내용을 알게 된다. 정보의 가치는 무엇이 정해주나? 이 질문에 대한 답은 일반화할 수 있는가? 아니면 정규분포가 적용되는 경우에 국한하는가? 완전정보의 기대가치를 계산하는 식은 EVPI= $C \cdot S_o \cdot N(D)$이다.

1. 기회손실선의 기울기 C가 증가하면 EVPI도 증가한다. C는 마치 실수(失手; mistake)의 단가(單價; unit price)처럼 보인다. 실수 거부하여야만 하였을 일을 수락하는 실수가 손실을 초래한다. 이 손실이 크다면 그 손실을 피하기 위하여 결정을 내리기전에 많은 돈일지라고 지불하여야 할 것이다. 그 손실이 적다면 이를 피하기는 일에 관심이 적을 것이고 이를 회피(回避; avoid)하기 위하여 별로 지불할 뜻이 없을 것이다. 완전정보의 가치는 실수의 비용과 직접적인 관계가 있다. 과오의 비용이 0이라면 EVPI 또한 0일 것이다. 우리는 비용이 전혀 들지않는 과오회피를 위래 한 푼도 지불하지 않을 것이다.
2. 우리들의 평균의 추정치의 표준편차가 커지면 EVPI도 커진다. 표준편차는 산포도(散布度; dispersion)의 측치(測値; measure)이며 불확실성을 대신한다. 표준편차가 커질수록 분포는 널리 퍼져있으며 더 큰 불확실성을 나타낸다. 반대로 적은 표준편차는 불확실성도 적다는 뜻이다. 표준편차의 제일 낮은 한계는 0이고 EVPI 또한 0이며 이때 우리는 이미 완전정보를 가지고 있으므로 이를 위해 아무 것도 지출하지 않을 것이다.
3. $N(D)$는 더욱 분석하기 어렵다. 부록 I에서 D가 증가하면 $N(D)$는 감소한다. 예를 들어 D가 0.00에서 2.00으로 증가하면 $N(D)$는 0.3989에서 0.008491로 감소한다. D가 손익분기점과 평균사이의 거리를 표준편차로 나타낸 측치이므로 D는 의사결정자가 추가정보를 보고 결정을 바꿀 확률의 측치로 볼 수도 있다. 사정된 평균치 μ_o과 손익분기점 X_B 간의 거리가 늘어나면 변경의 확률은 줄어든다. 손익분기점과 기댓값이 거의 같으면 실수할 가능성이 크게 되고 결정은 변경될 가능성이 높아지며 D가 작아지고 $N(D)$는 커지며 EVPI가 크게 되어 결정이 변경될 확률은 높아지게 된다. 결정변경확률이 높아질수록 완선정보의 값은 올라갈 것이다. 부록 I에서 $N(D)$의 가장 작은 값은 D가 4.9일 때의 0.000004777이다. 어느 이치에 맞는 C와 S_o 값도 이 대단히 작은 $N(D)$ 값으로 곱하더라도 아주 작은 EVPI 값을 내놓을 것이다.

이들 관계는 정규분포가 내포되어있던 아니 되었던 간에 정성적으로는 어느 상황의 의사결정에도 성립된다. 정보는 결정이 변경될 잠재성이 있을 때 가치가 있다. 그 가치의 크기는 불확실의 정도와 실수의 비용 그리고 결정이 변경될 확률에 관계된다.

4.4.3 불완전한 정보를 근거로 한 수정

어느 회사가 완전정보를 구할 수는 없지만 표본추출은 가능하다고 하자. 시장조사실험, 조사, 등등의 추가정보는 불완전하지만 경영의 대안이 되기도 한다.

정규분포가 적용되는 상황에서 기본적인 관심사는 분포 X의 평균인 μ이다. 예컨대 손익분기점(損益分岐點; break-even point) X_B와 관련된 μ의 값이 얼마인가는 한 프로젝트를 수락하느냐 기각하느냐를 결정하는데 중요한 인자이다. 그래서 우리는 μ의 값을 추정하는데 관심이 큰 것이다. 여기서는 σ혹은 σ^2은 알고 있다고 전제하고 분포전체(책이 몇 권 팔릴까)의 추정을 수정하는 것이 아니라 그 평균(평균 몇 권이 팔릴까)을 추정하는데 관심을 가지고 있다(1편 2.3.4 정규분포와 2편 4.1 추정).

〈표 4.4.1〉에 관련되는 분포의 모수(母數; parameters)들을 요약하였다. 계산하는 절차를 설명하기 전에 몇 가지 중요한 전제를 밝혀두기로 한다.

1. **두 개의 행위**가 있을 수 있으며 이들 둘 중에서 하나를 택하는 결정상황을 다루기로 한다.

〈표. 4.4.1〉 분포의 모수들

항 목	무작위변수	평균	표준편차
모집단	X	μ	σ
표 본	X	$\overline{X}$	S
표본평균	$\overline{X}$	μ	σ_x 또는 $S_{\overline{X}}$
사 전	μ	μ_o	S_o
사 후	μ	μ_r	S_r

2. 이 두 행위에 따르는 이익 또는 비용은 **선형(線形; linear)**이다. 기대이익, 기대비용, 표본정보의 기대가치, 그리고 완전정보의 기대가치를 계산할 때 무작위변수의 기대가치를 적절한 함수로 치환(置換; substitute)하기위하여 이 가정이 필요하다.
3. **표본평균의 분포는 정규분포이다**. 평균이 μ이고 표준편차(標準偏差; standard deviation)가 σ인 모집단에서 추출한 무작위 표본의 분포는 표본의 크기가 커짐에 따라 평균이 μ이고 표준편차가 $\sigma/\sqrt{n}$인 정규분포로 근접한다(중앙극한정리(中央極限定理; central limit theorem)에 의하여). 표본평균의 분포모양은 모집단의 모양이 어떤 것이든 간에 n가 커지는데 따라 점점 더 정규분포에 가까워진다. 무작위변수 X가 정규(正規; normally)로 분포되어있다면 표본평균의 분포도 정규분포이다. X가 정규분포가 아니더라도 표본크기

가 크다면 예를 들어 말해 30이상이면 표본평균의 분포는 정규분포로 접근한다. 충분하게 정규에 근접한 것인지 여부는 오차의 비용과 표본크기의 증가와도 밀접한 관계가 있다(1.2 표본과 표본분포).

4. 표본평균의 **사전(事前; prior)분포는 정규분포**라고 가정한다. 이 분포는 의사결정자가 모집단평균 μ을 어떻게 평가하는가를 나타내준다. 이는 한가지모양이냐 대칭이냐 등등을 의미하며 그리 한정적(限定的; restrictive)인 것은 아니다. 이 가정은 표본평균분포와 사전분포가 둘 다 정규이면 사후분포도 정규이기 때문에 중요하다. 그렇지 아니하다면 사후분포는($\overline{X}$가 근사적(近似的; approximately)으로 정규분포라면) 근사적으로 정규분포가 된다.
5. 우리가 $S_X = S/\sqrt{n}$ 혹은 $\sigma_X = \sigma/\sqrt{n}$을 계산할 때 표본이 모집단을 평가할만한 분량이 되지 못한다고 상정하고 있다. 표본의 평균이나 분산과 같은 각 모수는 독립적인 관측결과라고 상정한다. 그러나 표본이 표본의 아주 큰 부분을 차지해서 표본을 추출함에 따라 모집단이 달라진다면 그러하지 않다. "평가할만한 분량(appreciable portion)"은 얼마일까? 이 질문에 대한 대답에 논쟁이 있지만 어림잡기(rule of thumb)로 표본이 적어도 모집단의 10%일 때 다음 방정식으로 표현되는 "유한모집단수정계수(有限母集團修正係數; finite population correction factor)를 사용하는 것이 합당하다고 하겠다.

$$S_X = \frac{S}{\sqrt{n}}\sqrt{\frac{N-n}{N-1}}$$

$$\sigma_X = \frac{\sigma}{\sqrt{n}}\sqrt{\frac{N-n}{N-1}}$$

여기서 n=표본의 크기
N=모집단의 크기

10% 어림잡기는 수정계수를 사용하지 않을 때의 근사계산(近似計算; approximation)비용은 고려하지 않는다. 이 수정계수를 무시함으로써 초래되는 오차가 아주 크고 모집단이 유한하다면 보수적으로 항상 이 계수를 사용하는 것이 현명한 길이다. 만일 n가 N에 비하여 매우 작거나 N가 n에 비하여 극히 크다면 수정계수의 분자 $N-n$은 근사적으로 N와 같고 분모 $N-1$도 N와 거의 같으므로 수정계수는 N/N의 제곱근으로 1이 된다. 따라서 모집단이 무한대이거나 표본이 작으면 수정계수를 사용하지 않아도 된다.

이들 가정이 정당하다면 우리는 여러 가지 분포에 포함되어있는 정보의 상대적 량을 추정하고 이 추정량을 사용하여 이사전분포를 수정하고 사후분포를 얻을 수 있다. 이 경우

$$정보 = \frac{1}{분산}$$

분산이 커지면 불확실성도 커지고 정보가 줄어든다. 분산이 작아지면 불확실성도 작아지고 정보는 늘어난다. 즉

$$I_r = \frac{1}{S_r^2} \text{ 이고 } I_o = \frac{1}{S_o^2} \text{ 이며 } I_{\overline{X}} = \frac{1}{\sigma_{\overline{X}}^2}$$

여기서 아래첨자(添字; subscript) r은 수정을, o는 사전(事前; prior) 그리고 $\overline{X}$는 표본을 의미한다.

▶ **사전평균의 수정.** 사후평균의 값은 사전 및 표본 평균의 가중평균(加重平均; weighted average)이다. 즉

$$\mu_r = \left(\frac{I_o}{I_o + I_{\overline{X}}}\right)\mu_o + \left(\frac{I_{\overline{X}}}{(I_o + I_{\overline{X}})}\right)\overline{X}$$

괄호안의 분모(分母; denominator) $(I_o + I_{\overline{X}})$는 사용가능한 총 정보를 나타낸다. 분자(分子; numerators)는 두 출처 각각으로부터(I_o는 사전으로부터 $I_{\overline{X}}$는 표본으로부터) 나오는 정보량을 나타낸다. 따라서 첫째 항은 μ_o 곱하기 사전 정보로부터 나오는 총 정보의 상대분수(相對分數; relative fraction)이고 둘째 항은 $\overline{X}$ 곱하기 표본에서 나온 총 정보의 상대분수이다. 분모 $(I_o + I_{\overline{X}})$는 정보가 덧셈(加算的; additive)이라는 뜻을 함축(含蓄; imply)하고 있다. 이 경우는 그러하지만 일반적으로 정보의 합리적 측척(測尺)(測尺; measures)이 반드시 덧셈인 것은 아니다.

수정의 예로써 사전분포가 $\mu_o = 30$이고 $S_o = 5$라고 하자. 크기 25인 표본은 $\overline{X} = 25$이고 $S = 15$이다. 그렇다면 수정된 사후분포의 평균 μ_r의 값은 얼마일까?

$$I_o = \frac{1}{S_o^2} = \frac{1}{5^2} = \frac{1}{25}$$

$$\sigma_{\overline{X}}^2 \cong S_{\overline{X}}^2 = \left(\frac{S}{\sqrt{n}}\right)^2 = \left(\frac{15}{\sqrt{25}}\right)^2 = \left(\frac{15}{5}\right)^2 = 9$$

$$I_{\overline{X}} = \frac{1}{\sigma_{\overline{X}}^2} = \frac{1}{9}$$

$$\mu_r = \left(\frac{1/25}{1/25 + 1/9}\right)30 + \left(\frac{1/9}{1/25 + 1/9}\right)25$$

$$= \left(\frac{9/225}{9/225 + 25/225}\right)30 + \left(\frac{25/225}{9/225 + 25/225}\right)25$$

$$= \left(\frac{9}{34}\right)30 + \left(\frac{25}{34}\right)25 = 26.32$$

수정된 평균은 26.32이다. 사전 추정량은 25이었는데 이 추정량은 5^2이라는 분산으로 보아

상당히 불확실한 것이었다. 표본평균은 25이었다. 모집단 분산의 추정량으로 표본의 분산(15^2)을 사용하여 표본분포 분산의 근사치($\sigma^2_{\overline{X}} = 9$)를 계산한다. 사전정보가 표본정보보다 정보량이 적다(1/25 대 1/9). 그래서 사전평균이 표본평균보다 덜 가중된다. 결과는 사후평균이 사전평균보다 표본평균에 더 가깝다.

$I_{\overline{X}}$을 계산하는 방정식에는 표본정보와 표본크기에 관한 무언가가 함축되어있다는 점에 유의할 필요가 있다.

$$I_{\overline{X}} = \frac{1}{\sigma^2_{\overline{X}}} \cong \frac{1}{S^2_{\overline{X}}} = \frac{1}{(S/\sqrt{n})^2} = \frac{1}{S^2/n} = \frac{n}{S^2}$$

표본이 가지고 있는 정보량은 표본분산에 반비례하고 표본크기에 비례한다. 표본이 커지면 커질수록 정보량은 더 커진다. 표본이 아주 크다면 모집단평균의 진짜 값에 매우 가까운 추정량을 내놓을 것이고 μ의 사전정보의 중요성은 덜할 것이다.

▶ **평균편차의 수정.** 평균을 수정하는 앞서의 예에서

$$\frac{1}{\text{사후분산}} = \frac{1}{\text{사전분산}} + \frac{1}{\text{표본분산}}$$

이다. 대입하면

$$\frac{1}{S_r^2} = \frac{1}{S_o^2} + \frac{1}{\sigma^2_{\overline{X}}}$$

S_r로 풀면 사후분포의 표준편차는

$$S_r = \sqrt{\frac{\sigma^2_{\overline{X}} \cdot S_r^2}{\sigma^2_{\overline{X}} + S_r^2}}$$

이 된다. 앞서의 예에서 $S_o = 5$, $n = 25$, 그리고 $S = 15$이었다. 따라서

$$\sigma^2_{\overline{X}} \cong S^2_{\overline{X}} = \left(\frac{S}{\sqrt{n}}\right)^2 = \left(\frac{15}{\sqrt{25}}\right)^2 = 9$$

$$S_r = \sqrt{\frac{9 \cdot (5)^2}{9 + (\ )^2}} = \sqrt{\frac{225}{34}} = 2.5725$$

사후 추정량 μ의 표준편차는 약 2.57이다. 사전표준편차 S_o는 5이었고 표본표준편차는 $\sqrt{9} = 3$이었다. 사후 값이 이를 계산하기위하여 사용된 두 출처로부터의 각각의 값보다 작다. 표본을 추출한 이후에 더 많은 정보를 사용할 수 있다. 왜냐하면 이 경우에 표준편차(혹은 분산)가 불확실성을 대신하고 있기 때문이다. 더 많은 정보를 사용할 수 있으면 표준편차는 줄어들어야한다. 표본이 적은 정보를 가지고 있다면 사후표준편차는 사전표준편차에 가까워지

겠지만 그보다는 작을 것이다. 표본의 정보량이 늘어남에 따라 사후표준편차는0이 될 때까지 줄어들 것이다. 그때가 완전정보가 얻어지는 때이다. 이와 같이 사후표준편차는 비부(非負; nonnegative)이고 사전 및 표본 분포표준편차보다 작다.

(예제 4.4.2) 한국자동차가 SUV(sport utility vehicle)의 신형인 SUV-N10을 미국시장에 출시할 것인지를 정하려한다. 이 차는 이미 유럽시장에 출시되어 일부 지역에서 성공한바 있으며 미국의 안전 및 배출 기준을 통과할 수 있다. 한국자동차는 미국에 1000개의 딜러를 가지고 있으며 회사에서는 이 차가 출시될 경우 딜러당 평균 200대가 팔릴 것으로 추산하고 있다. 더 나아가 회사는 평균판매대수가 180에서 220사이에 들어갈 확률이 50%이고 딜러 당 평균판매대수가 정규분포라고 추정한다.

출시를 위한 고정비(일부 설계변경과 배출조정 그리고 마케팅)로 천억 원이 들것으로 추산된다. 대당 경상비와 이익이 ₩463,000일 것이다. SUV-N10을 출시할 것인가?

이익방정식은

행위 I(출시 아니함): 이익=0

행위 II(출시함): 기대이익=₩-천억원(₩46만3천원/대)(천대)μ

=-천억원+4억6천3백만μ원

여기서 μ=딜러 당 평균판매대수이다.

딜러 당 평균 판매대수가 200대이므로

E(이익|출시) =-천억원+4,630만원(200)

=-74억원

불출시 때 이익=0

따라서 최적결정은 출시하지 않는 것이다. 그렇다면 완전정보의 기대가치는 얼마일까?

$$\mu_o=200$$

$$\mu_B=\frac{100,000,000,000}{464,000,000}=216$$

이다. $\pm 0.67S_o$가 면적의 50%를 차지하고 평균판매량이 180에서 220사이에 들어길 확률이 50%라 하였으므로 완전정보의 기대가치는

$$S_o=\frac{20}{0.67}=30$$

$$D=\frac{|\mu_B-\mu_o|}{S_o}=\frac{216-200}{30}=0.5333$$

부록 I에서 $N(D)=0.1877$

$$\text{NVPI} = (463{,}000{,}000) \cdot (30) \cdot (0.1877)$$
$$= ₩2{,}607{,}153{,}000$$

이다. 이 경우 대당이익 꽤 큰 C(₩463,000)과 비교적 큰 S_o값(30) 그리고 사전평균과 손익분기 평균이 가깝게 있다는 사실로 인하여 완전정보의 기대가치도 상당히 크며 이것은 결정이 변경될 확률이 높다는 것을 알려준다.

회사의 시장조사부에서 미국에 조사팀을 파견하기로 하고 25곳의 딜러를 무작위로 선정하였다. 그리고 각 대리점에 SUV-N10이 출시되었을 때의 예상판매대수를 묻고 이 수량의 대수를 판매하기로 하는 약정서에 서명할 것을 요구하였다. 이들 예상량의 평균은 235대이고 표본표준편차는 75이었다. 이들 예상량을 실제 판매량이 될 것으로 보기에는 약간의 어려움이 있다. 약정서가 딜러들로 하여금 조심스럽게 예상량을 내게 하겠지만 한편으로는 보수적이 되게도 하였을 것이기 때문이다. 아마도 이들 예상량이 하한선이 아닐까? 그렇다면 최적의 행위는 무엇일까?

$$\mu_o = 200 \qquad S_o = 30 \qquad \overline{X} = 235 \qquad S = 75 \qquad n = 25$$

$$I_o = \frac{1}{S_o^2} = \frac{1}{900}$$

$$I_{\overline{X}} \cong \frac{1}{S_o^2} = \frac{1}{(75/\sqrt{25})^2} = \frac{1}{225}$$

$$\mu_r = \left(\frac{1/900}{1/900 + 1/225}\right)200 + \left(\frac{1/225}{1/900 + 1/225}\right)$$
$$= (0.2)(200) + (0.8)(235) = 228$$

위의 계산결과 사후평균(228)이 손익분기판매대수 216보다 크므로 최적행위는 출시하는 것이다. 기대이익은 -천억원+4,630만원(228)=5,564,000,000원이다.

이제 완전정보의 사후기대가치를 계산해보자.

$$S_r = \sqrt{\frac{225 \cdot 900}{225 + 900}} = \sqrt{180} = 13.416$$

$$D = \frac{|216 - 228|}{13.416} = \frac{12}{13.416} = 0.894$$

부록 I에서 $N(D) = 0.1015$

$$\text{EVPI} = (463{,}000{,}000) \cdot (13.416) \cdot (0.1015) = ₩630{,}478{,}000$$

완전정보의 기대가치가 표본전보다 상당히 작아지었다. 이는 전보다 더 손익분기점에 가까워졌다는(그 차이가 16에서 12로) 점에서 놀라운 일이다. EVPI가 줄어든 주요인은 표준편차가 추정수량이 30에서 13.416으로 줄었다는데 있다. 이 감소는 딜러조사를 통한 정보의 증가에서 온 것이다.

이 예의 분석결과를 요약하면 다음과 같다.

	평균판매	손익분기	최적행위	기대이익	표준편차	EVPI
표본 전	$\mu_0 = 200$	$\mu_B = 216$	출시않함	0	$S_o = 30$	26억+
표본 후	$\mu_r = 228$	$\mu_B = 216$	출시함	55억6천+	$S_r = 13+$	6억3천+

4.4.4 표본정보의 가치

바로 앞의 예에서 한국자동차 딜러의 조사에 내포(內包; contain)된 정보가 결정 문제를 푸는데 유용하게 쓰였다. 제일 중요한 점은 딜러 당 판매대수 평균의 분산이 줄어들었다는 것이다. 이절에서는 표본 안에 있는 정보의 경제적 가치를 검토하기로 한다. 핵심쟁점이 표본이 얼마나 불확실성을 줄여주는가 또는 그 감소의 가치가 얼마인가가 아니라는 점을 강조하고자 한다. 문제는 그 감소분의 가치가 표본의 가치보다 작은 가이다. 의사결정자가 기꺼이 표본을 추출하여 결정목적에 사용할 때가 이 타협(妥協; trade-off)이 바람직한 때이다.

앞 절에서 정리된 전제조건이 표본 안에 포함된 정보의 가치를 결정하는데 사용될 함수를 만드는데도 또한 필요하다. 이들 전제조건이 타당하고 이들을 적절하게 조합하여 불완전정보의 가치를 추정하는 값을 만들어낼 수 있다.

선형 이익 또는 비용함수를 알아야 한다. 이 함수가 이익이나 비용을 미지(未知; unknown)의 관심대상 확률변수의 함수로 나타내준다. 또한 확률변수의 본성에 관한 최선의 추정수량을 확률분포로 바꿔놓는다. μ_o와 S_0가 수량화되어야 하고 이익함수에 있는 확률변수와 같은 단위로 표시되어야 한다.

표본정보가 그 비용에 비해 값어치가 있는 것인지를 알아보기 위하여 표본이 추출되기 전에 그 가치를 계산하여야한다. 이런 형태의 분석을 "사전사후(事前事後; preposterior)"분석이라고 부르는데 그 이유는 아직 추출되지 않은 잠재적 표본에서 나올 있을법한 사후확률을 다루기 때문이다. 표본을 추출하여 비용을 지불하고 나서 그 표본이 정당한가를 따지는 것은 바보 같은 짓이다. 표본추출 전에 분석 한다는 것은 모집단의 표준편차 σ의 무편향(無偏向; unbiased) 추정수량으로 표본의 표준편차 S을 사용할 수 없다는 의미이다. 불확실정의 감소량을 추정하기 위해서는 무엇인가 이 모수(母數; parameter) 또는 분산 σ^2이 필요하다. 이 추정수량은 유사한 모집단에서의 사전표본이거나 오직 이 분석을 목적으로 추출한 특수한 작은 표본을 근거로 한다. 표본이 추출되면(정당화되면) 그 표본표준편차는 σ의 추정척(推定尺; estimator)로 사용될 수 있다.

표본이 추출되면 그 정밀도(精密度; precision)는 표본의 크기 n와 그 표본을 추출한 모집단의 표준편차에 따른다. 표본추출의 오차(誤差; error) $\sigma_{\overline{X}}$는 표본평균분포의 표준표차로 $\sigma/\sqrt{n}$을 가지고 계산한다. 이들 값을 알게 되면 사전 및 표본 정보의 결합인 사후분포의 표준편차는

$$S_r = \sqrt{\frac{\sigma_{\overline{X}}^2 \cdot S_o^2}{\sigma_{\overline{X}}^2 + S_o^2}} = \sqrt{\frac{(\sigma^2/n) \cdot S_o^2}{(\sigma^2/n) + S_o^2}}$$

으로 계산한다. 예를 들어 $\sigma=200$, $S_o=40$, $n=40$이라면

$$S_r = \sqrt{\frac{(200^2/16 \cdot 40^2)}{(200^2/16) + 40^2}} = 31.23$$

이다. 이제 새로운 변수가 정의되어야 하는데 S_*로 표본정보로 인한 불확실성의 감소량

$$S_* = \sqrt{S_o^2 - S_r^2}$$

으로 나타낸다. S_o^2은 사전변수이고 S_r^2은 사후변수이며 그 차이가 S_*^2으로써 표본에서 온 분산의 감소이다. 앞서의 예를 가지고 계산하면 다음과 같다.

$$S_* = \sqrt{40^2 - 31.23^2} = 25$$

이익함수에서 손익분기점인 μ_B와 기울기 C을 구할 수 있으므로

$$D = \frac{|\mu_B - \mu_o|}{S_*}$$

이고

$$\text{표본정보의 기대가치} = \text{EVSI} = C \cdot S_* \cdot N(D)$$

이다. D의 계산은 S_o대신 S_*을 사용한다는 것 외에는 먼저와 같다. EVSI는 S_o을 S_*로 바꿔 놓은 것 외에는 EVPI와 같으며 계산결과로 나오는 추정수량은 완전정보가 아니라 표본(불완전)정보의 기대가치이다.

표본에 있는 정보의 성질 EVSI은 EVPI와 유산점이 많다. 오차의 비용 (C)가 증가하면 EVSI도 증가하고 사전불확실성(S_o)과 결정의 변경가능성 ($\mu_B - \mu_o$)이 증가하면 EVSI도 증가한다. 표본의 크기가 커지면 EVSI도 커니는데 그 이유는 표본에 더 많은 정보가 들어있기 때문이다. 그러나 모집단 표준편차가 늘면 EVSI는 감소하는데 왜 그러냐 하면 표본이 추출된 모집단의 분산성(分散性; dispersed nature)이 늘어남으로써 표본오차가 커질 것이기 때문이다.

이 개념을 예로 설명하기 위하여 한국자동차의 SUV-10N의 예로 되돌아가보면

$$\mu_o=200 \qquad \mu_B=216 \qquad S_o=30 \qquad C=463\text{백만}$$

이다. 10곳의 딜러를 조사한다고 하자. 모집단표준편차 σ는 100일 것으로 추정된다. 표본정보의 기대가치는 얼마일까?

$$S_r = \sqrt{\frac{(100^2/10 \cdot 30^2)}{(100^2/10) + 30^2}} = 21.76$$

$$S_* = \sqrt{30^2 - 21.76^2} = 20.65$$

$$D = \frac{|216 - 200|}{20.65} = 0.7748$$

$$N(D) = 0.1256$$

$$\text{EVSI} = (463{,}000\text{천}) \cdot (20.65) \cdot (0.1256) = 1{,}200{,}855\text{천 원}$$

표본의 크기가 20이면 EVSI는?

$$S_r = \sqrt{\frac{(100^2/20) \cdot 30^2}{(100^2/20) + 30^2}} = 17.93$$

$$S_* = \sqrt{30^2 + 17.93^2} = 24.05$$

$$D = \frac{|216 - 200|}{24.05} = 0.6653$$

$$N(D) = 0.1515$$

$$\text{EVSI} = (463{,}000\text{천}) \cdot (24.05) \cdot (0.1515) = 1{,}686{,}975\text{천 원}$$

표본비용은 얼마일까? 조사를 설계하고 조사원의 미국을 왕복하는데 드는 비용이 천만 원이라면 조사비의 고정비가 천만 원이 된다. 조사대상의 딜러 간의 항공료와 면담에 드는 비용이 합해서 60만 원이라면 표본비용을 다음의 선형함수로 나타낼 수 있다.

$$C_s = 10{,}000\text{천원} + 600\text{천}n\text{원}$$

위식의 $C_s =$ 표본의 총비용, 천원

$n =$ 표본의 크기, 딜러의 수

위의 두 경우의 기대정미이득(期待正味利得; expected net gain)은

$$n=10 \quad \text{ENG}=\text{EVSI}-C_s=1{,}200{,}855\text{천}-(10\text{백만}+6\text{백만})$$
$$=1{,}184{,}855\text{천원}$$

$$n=20 \quad \text{ENG}=\text{EVSI}-C_s=1{,}686{,}975\text{천}-(10\text{백만}+12\text{백만})$$
$$=1{,}664{,}975\text{천원}$$

이다.

4.5 민감도 분석(敏感度 分析; sensitivity analysis)

민감도 분석은 결정분석의 중요한 부분이다. 민감도 분석은 일반적으로 모델의 전제(前提; assumption)가 모델의 해답(解答; solution)에 주는 영향을 점검(點檢; check)하는 것이다. 결정 분석가와 의사결정자는 모델을 구성하는 동안 몇 개의 단순화한 전제를 만들지 않을 수 없다. 그리고 난후 모델의 해답이 구해지고 전제는 모델의 해석과정의 한 부분으로 재검토되고 분석된다. 이것은 한 단계에서 다음 단계로의 순환(循環; recycle)이 없는 아주 단순한 결정분석과정(그림4.5.1)을 설명한 것이다. 이런 단순한 과정에서 민감도 분석은 확실하게 구분되어

구성되는 결정분석단계 중에서 분명한 하나의 단계를 차지한다.

대부분의 실제 결정과정과 쓸모 있는 결정분석과정은 이 단순한 설명보다 더 복잡하고 애매하다. 그들은 분석의 한 단계에서 한 단계로 여러 다른 양태(樣態; patterns)로 이동한다. 민감도 분석은 그것이 결정분석의 해답이 나온 후에 할 일로 밀려나지 않고 오히려 결정분석과정의 모든 과정에 묻혀 들어가 있을 때 가장 유용한 도구가 된다. [그림 2.6.2]가 쓸모 있는 민감도 분석의 묻혀 들어간 개념 그리고 있을 법한 순환 화살의 집합이 포함된 결정분석과정을 보여준다. 순환 화살들은 아무 때나 결정분석과정의 어느 단계에서도 재음미(再吟味; review)해볼 수 있다는 것을 보여주고 있다. 있을 수 있는 모든 화살을 보여주지는 않지만.

[그림 4.5.2]는 민감도 분석을 잘 요약하고 있다. 그림은 민감도 분석의 여러 측면을 보여준다. 〈표 4.5.1〉은 이 내용을 잘 정리하여 민감도 분석을 여섯 형식으로 나누어 보여준다. 다르게 나누어 정리할 수도 있지만 민감도 분석의 원리가 옳게 식별되는 한 그런 차이는 별개 아니다. 요약한다면 그림에서 제시된 원리와 과정이 분석을 진행함에 따라 점검하고 의문을 제기하는 전제들 중 하나이기 때문에 의사결정에의 민감도분석 끼어들기가 결정과정 안에서 몇 개의 재순환(再循環; recycle)단계를 포함하는 분석과정의 부분이 되는 것이 좋은 모델은 그와 같은 체계화된 순환과정으로부터 전개된다.

결정과정에서의 민감도 분석의 통합적 관점(觀點; view)은 많은 독자들이 친숙한 선형계획(線型計劃; linear programming) 모델화 과정의 부분으로 설명되는 통상의 민감도 분석과는 현저하게 다르다. 선형계획 맥락에서는 분석과정이 잘 구성되어 있고 민감도 분석은 통상 매개변수(媒介變數; parameter) 값이 달라짐에서 오는 효과를 조사하는 경우에 한정된다. 이 매개변수의 민감도 분석이 매우 강력하고 유용한 통찰력을 만들어준다 해도 그것은 [그림 4.5.2]가 보여주는 민감도 분석의 풍부한 과정보다는 [그림 4.5.1]의 좁은 관점만을 반영한다.

〈표 4.5.1〉 민감도 분석의 유형(類型; type)

결정단계	민감도분석의 질문
실제 문제 정의	• 실제 문제는 무엇이며 그 문제의 여러 정의가 결정행동에 어떤 영향을 주나?
모델 구성	• 모델화 기법 및 구성에 어떤 대안이 있을 수 있나? 전제된 모수 값의 변화가 어떤 영향을 주나?
모델의 해답	• 결정기준의 변화가 주는 영향은 무엇인가?
모델의 해석	• 모델화과정이 문제에 관한 생각을 어떻게 바꾸고 바꿔야하나?
마지막 선택	• 핵심이 되는 결정 전략(모델의 산물)이 실제문제에 타당한가?
실제 행위	• 실제 행위가 실제 문제를 잘 해결해주나?

4.5.1 문제 확인(problem identification)에 대한 민감도분석

우리가 알아보아야 할 **민감도분석**의 첫 번째 유형은 문제의 확인에 대한 민감도분석이다. 우리는 진짜 문제가 무엇인가를 알고자한다. 우리가 옳은 문제를 확인하였을 때만 이를 적적하

[그림 4.5.1] 기본적 결정분석과정

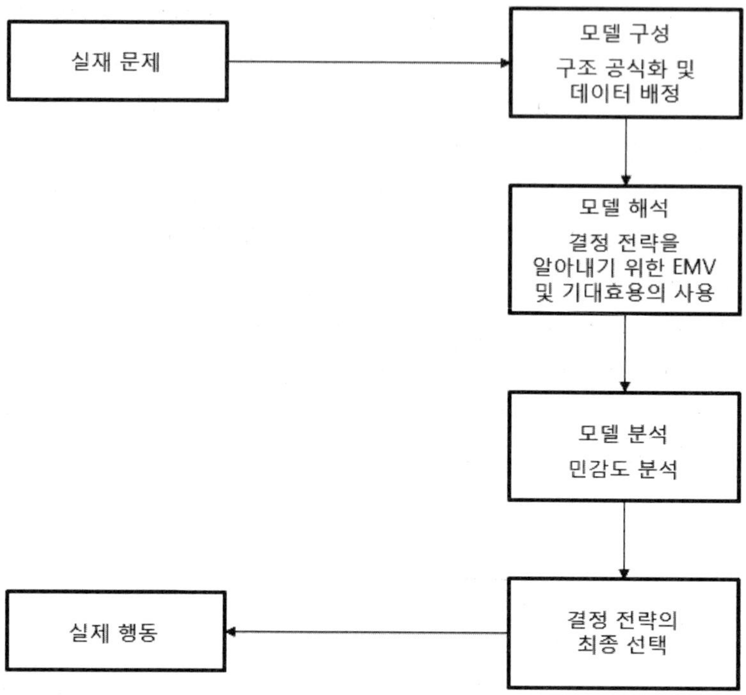

[그림 4.5.2] 전반적으로 민감도 분석이 묻혀 들어간 결정분석 과정

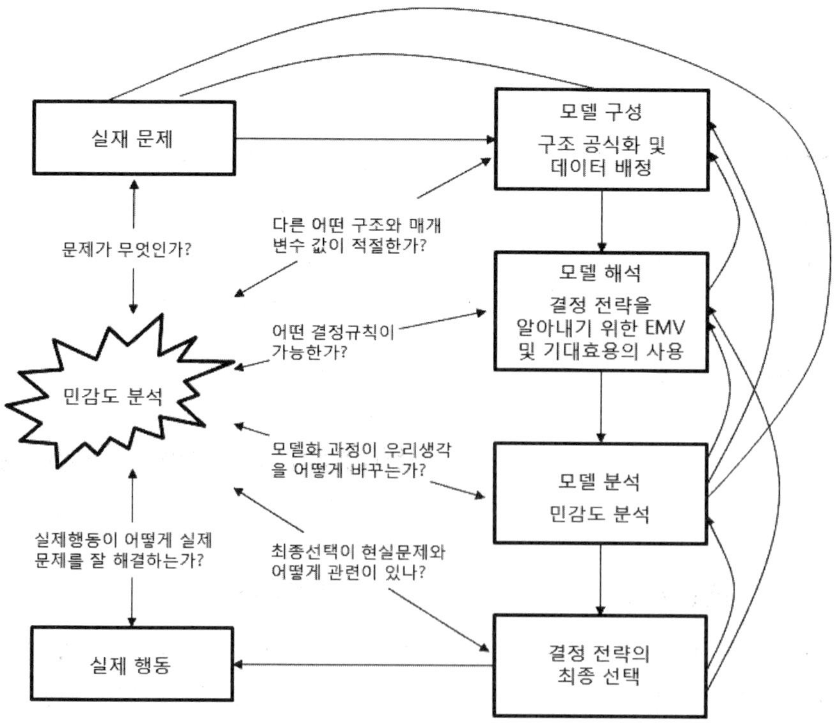

게 다루어 좋은 결정과 효과 있는 행동을 도출할 수 있다. 잘못된 문제를 잘 푸는데서 얻는 것은 별로 없다. 이런 현상을 제삼의 오류(誤謬; error)라고 부른다. 문제를 인식하는 의사결정자는 그가 보는 것이 실제 문제라고 자동적으로 가정(假定; assume)해서는 아니 된다. 우리들의 최초 인식이 항상 옳은 것은 아니다. 그 관찰은 단순히 증상의 한 단면일 수도 있고 실제문제의 일부 주변문제일지도 모른다. 정체를 잘못 파악하는 좋은 예가 공정재고가 많은 제조공정을 관찰할 때이다. 이 재고 그 자체가 문제라고 보기도 하고 제조공정상의 문제라고 보기도 한다는 것이다. 공정재고가 증가하는 것은 신뢰할 수 없는 부품 공급자에 대응하는 현장의 응답일 수도 있고 신뢰할 수 없는 제조설비에 대한 응답일 수도 있다. 문제는 우리가 재고가 많다는 것을 알아차렸을 때 우리가 진짜문제를 관찰하는가 아니면 어느 다른 문제의 증상(症狀; symptom)에 응답하는가이다. 이 문제의 맥락에서 이 질문에 대한 답은 많은 연구를 요한다.

또 다른 경영 문제를 예로 들기 전에 의학(의학; medicine)에서의 유사한 문제를 보기로 하자. X씨는 두 번 결혼에 실패한 항공관제사이다. 그는 그가 긴장항진증과 궤양의 가능성이 있음을 알려주는 증세(우울증과 복통도 포함)를 보이고 있다. 의사는 X씨가 그의 일과 개인 생활(그는 그의 두 전처에 돈을 대려면 많은 수입이 필요하다)모두에 많은 스트레스를 갖고 있다. X씨의 이야기에는 몇 개의 요소가 있다. 그 것은 돈의 필요성, 스트레스, 앓고 있는 긴장항진증과 궤양 징후, 그리고 우울증과 복통 증세이다. 이들 요소 중에서 어느 것이 진짜 문제인가 또는 이들 요소 전부가 문제인가? 이 질문에 대한 답은 어느 요소를 다루어야 하는 가에 연결된다. 결정분석의 용어를 사용하면 행동을 정하기 전에 진짜 문제를 정의하여야한다. X씨는 처음에 우울증과 복통이 문제라고 믿었다. 그는 항우울제(抗憂鬱劑; antidepressant)와 위장약을 원하였다. 그게 아니고 스트레스가 진짜 문제라면 그의 치료는 스트레스관리프로그램에 참석하는 것이어야 하지 않을까? 그의 스트레스의 주 출처(出處; source)가 그의 돈 문제라면 그의 수입증대나 지출의 철저한 관리 같은 것이 문제가 되지 않을까? 다른 문제는 없나?

진짜 문제의 분명한 정의를 찾기 위해 우리는 사업을 둘러싸고 있는 환경이나 어려움이 있는 사업의 하부조직을 훑어 보아야한다. 우리가 주위에서 알아낸 어느 변화도 단서(端緖; clue)가 되거나 우리를 진짜 문제에 도달하게 하여줄 수도 있다. 문제가 없는 유사한 조직단위의 핵심 매개변수와 비교하는 것이 도움이 되기도 한다.

복잡한 의료사례에서와 같이 진짜 문제가 무엇인가라는 질문은 경영자의 입장에서는 매우 복잡해질 수 있다. 경영자는 아주 자주 상충하는 정보와 의견의 안개 자욱한 바다에서 문제의 정의의 명료성(明瞭性; clarity)을 찾아야내야만 한다. 모호함(模糊性; ambiguity)과 데이터와 주변 환경을 잘못 해석할 가능성은 아주 많다.

문제를 푸는데 있어 창의성(創意性; creativity)은 경영자적 결정과정의 중요한 부분이다. 많은 문세해결 패러다임 및 과정이 기록된 문헌이 있다(Evans, 1986). 문제의 확인에 대한 민감도분석의 맥락에서 창의적 과정은 문제의 정의에 관한 전제에 대한 문제제기기와 대안이 되는 정의의 상상(想像; imagination)을 요구한다.

(예제 4.5.1 XYZ 제조회사에서 이 문제의 정체파악) XYZ제조회사의 CEO인 홍길동 씨는 그의 회사에 문제가 있음을 알아차렸다. 그의 회사는 일부 시장점유율을 잃고 기대하든 이익목표를 달성하지 못하고 있다. 그는 특히 석 달 후 있을 정기주주총회에서 어려운 문제를 야기할 것이 틀림없기 때문에 이 낮은 이익에 더욱 당황하였다. 그는 그 문제를 풀 실마리를 즉시 잡을 수 있다면 그는 시간에 맞추어 재무성과를 개선하거나 빠른 시일 안에 개선할 것을 약속하여 문제를 해결할 수 있을 것이라고 생각하였다.

한 주 내내 그 문제를 숙고(熟考; ponder)한 후 그는 월요일에 사무실에 도착하여 처리하여야할 다른 문제에서 벗어나 문제의 핵심을 잡으리라 결심하였다. 그는 그날 오후 다섯 시까지 그의 공약(公約; commitments) 범위 안에서 문제를 분명하게 선언하는 성명서를 만들기로 하였다.

그는 여러 부사장을 포함하는 8에서 10명의 간부회의를 소집하는 유혹에 저항하기 시작하였다. 그들과 통상 문제들에 대해 토론할 수 있다. 그러나 그는 일반적으로 회의를 중시하지 않는 사람이다. 그리고 10명의 간부가 두 시간을 회의한다는 것은 효율적이지도 효과적이지도 않다고 믿었다.

그는 먼저 상황설명서를 썼다. 그는 결산년도 첫 두 4분기에는 세후 이익이 낮았다고 지적하였다. 삼 분기 예상도 그리 좋지 않다. 그는 그러나 판매수익은 어느 정도 안정되어 있다고 지적하였다. 그의 사업 분석가는 그에게 시장성장을 보여주는 데이터를 제공한바 있다. 가격이 안정되어 왔기 때문에 몇 개의 계산을 통해 그는 그가 시장점유율을 잃고 있다고 확신하게 되었다. 그렇더라도 수익이 안정세를 보여주고 있으므로 최종결산결과가 아주 나쁘다고 할 수 없다. 홍 씨는 총원가는 작년보다 높고 수준제조[31)]시스템임에도 불구하고 변동 폭이 넓다고 지적하였다.

홍 사장은 고품질 추진이 성공적이었다고 보고한 판매담당 부사장에게 전화를 걸었다. 문제는 제조부가 알맞은 가격으로 고품질의 제품을 생산할 수 없다는 것이다. 그 위에 새로운 품질요구가 공장에서 재가공을 늘리고 최종제품의 출하를 느리게 하고 적기출하를 못 믿게 만든다. 영업부장은 기존 고객을 유지하기 어렵고 새로운 주문을 받기는 더 더욱 어렵다고 불평이다.

전반적 재무통제를 책임지고 있는 부사장에게 홍 사장은 다음으로 전화를 걸었다. 그녀는 증가하는 이자율이 재고를 주리자는 XYZ계획의 결과로 줄어든 운전자금투자 때문에 균형을 잡아왔던 원가가 올라가고 있다고 지적하였다. 그는 또 재고의 감축이 부품부족 과 생산중단과 같은 제조시스템상의 문제를 초래한다고 지적하였다.

홍 씨는 제조부문을 책임지고 있는 안 부사장을 찾아갔다. 두 사람은 오랜 친구이고 쭉 함께 승진하여왔다. 홍 씨는 훈련으로 회계담당이 되었지만 안 부사장은 공정기술부에서 기계엔지니어로 출발하였다.

안 씨는 금년도 재무성과는 단기현상이라고 주장한다. 그는 홍 사장은 단기 재무성과에 문제가 있다고 생각하나 장기적 전략에서 훨씬 더 중요한 문제가 있다고 문제를 제기하였다. 그

31) 수준제조란 주어진 기간에는 일정한 제조수준을 유지하는 제조를 말한다.

문제는 여러 고위 간부가 제조부문이 몇 개의 기준을 동시에 잘 수행하기를 원하고 있으나 그렇지 못하다는 것이다. 안 부사장은 그가 쟁취할 수 있는 많은 목표가 있다고 설명하였다. 그는 그 것들을

1. 품질의 우수성
2. 낮은 원가 생산
3. 출하 리드타임 단축
4. 주문에 대한 빠른 반응
5. 많은 모델의 생산
6. 생산 신뢰성
7. 최대 생산용량

이라고 말하였다.

안부사장은 어느 정도 절충이 있어야 되고 모두를 만족시킬 수는 없다고 말한다. 그는 회사가 과감하게 재고를 줄이기로 하였고 이 경험을 통해 많은 것을 배웠다고 이야기한다. 특히 그 것은 전에는 숨겨져 있던 많은 생산문제를 들어내 주었고 또 그 것은 회사가 분명하고 일관된 생산전략을 선언하지 않았음을 알려준다. 회사가 너무 변하기 쉬운 환경에 처해있으며 그런 여건에서 한 달 동안 품질운동이 일어났으며 뒤이어 원가절감운동을 하였다고 설명하였다.

점심시간까지 홍 사장은 그의 세 사람의 내부 최고위모임을 준비하였다. 그들은 현제의 상황을 검토하고 단기재무성과문제는 중요하지만 효과적이고 실행 가능한 생산전략을 수립하고 운영하는 전략적 문제에 비하여 이차적(二次的; secondary)이라고 결정하였다.

홍 사장은 다음의 두 문제를 조사하기로 하였다.

1. 최종결산을 적당한 수준까지 개선하는 길을 찾기. 그는 재무나 판매 또는 단기제조 전략을 포함하여 몇 개의 사용할 수 있는 도구를 가지고 있다.
2. XYZ가 가지고 있는 생산믹스(production mix) 중 경쟁력 있는 생산을 선택하는 기초가 되는 것을 파악하여 장기(長期; long-term)문제에 맞서기.

홍 사장은 잘 고안된 미래계획이 만들어진다면 회사는 어려운 한 해를 살아남을 수 있다는 것을 알기 때문에 단기문제보다는 장기문제를 효과적으로 해결하는데 더 관심을 갖는다.

홍 사장은 하루를 긴 탐색의 시간으로 보낸데 만족한다. 그는 사람들이 인식하고 있는 문제 다수를 알게 되었고 그들의 의견과 데이터를 집약하여 진짜 문제의 그림을 그릴 수 있었다. 그는 전략의 대안들과 불확실성의 출처를 나열하여 문제의 모델을 구성하여야겠다고 느낀다.

XYZ 제조사의 예에서 몇 개의 일반적 쟁점(爭點; issues)이 제기된다. 홍 사장은 한 문제를 인식하는데 몇 개의 다른 관점이 있음을 보았다. 어느 것이 진짜 문제일까? 우리는 진짜 문제를 알아차릴 수 있는 때를 확실히 알 수 있을까? 답은 "확실히 모르지만 상식(常識; common sense)의 사용과 체계적 과정을 통해 제삼의 오류를 저지를 확률을 줄일 수 있다" 이다. 무엇이

진짜 문제인가에 관한 민감도분석에는 보통 다수의 사람과 분석데이터로부터 입력자료(入力資料; input)를 취득하는 체계적 탐색이 필요하다.

우리는 또한 이 과정에서 우리가 정말 실제 문제를 알아차리지 못하였을 때 우리의 실제 행동의 결과는 무엇일까? 라고 물어야한다. 예를 들어 홍사장이 그의 영업담당 부사장의 관점을 받아들여 그 관점에 따라 행동하였다면 어떻게 되었을까? 그와 달리 재무담당 부사장은 다른 행동으로 이끌 수 있는 아주 다른 문제를 제기했다. 제삼의 오류(틀린 문제를 푸는 것)의 민감도는 통상 높다고 결론지울 수 있다. 문제의 해답이 아무리 창의적이고 세련되고 효율적인 것일지라도 해답이 올바른 문제를 향하지 않았다면 별로 얻는 것이 없을 것이다. 성질상 전략적인 문제의 맥락에서 잘못된 문제를 푸는 조직에 주는 영향은 대폭적(大幅的; substantial)일 수 있다. 과정의 시초부터 문제의 정체파악단계에서 "이면 어떻게"와 "왜"라고 묻기 시작하는 것은 결정분석에서 매우 유용하다.

4.5.2 모델구성 민감도분석

결정분석의 모델구성단계에서의 민감도분석에는 많은 측면이 있다. 일단 문제가 의사결정자에 만족하게 정의되고 나면 첫째는 모델의 유형을 선택하는 것이다.

▌모델선택 기법

모델구성 민감도분석의 첫째 유형은 "내가 다른 모델결정기법을 선택한다면 어떻게 될까?"이다. 다음상황을 예로 들어보기로 한다.

1. 생산부장이 그의 공정에 품질관리문제가 있음을 알아냈다. 그는 처음에 그 상황을 모델화하려고 결정나무를 선택했다. 조금 더 숙고한 끝에 그는 변수들 사이의 관계가 대부분 선형임을 그리고 그의 문제에서 불확실성의 출처가 크게 중요한 것이 아님을 알게 되었다. 그는 그의 문제를 나타내기 위하여 선형계획(線形計劃; linear programming)을 사용하였을 때의 효과를 생각해보았다. 한 기법보다는 다른 기법을 사용함으로써 어떻게 다른 통찰과 어떻게 다른 결정 전략이 만들어질까? 대부분의 전문가는 다른 기법은 다를 추론을 만들어낸다는데 동의한다. 다른 말로하면 모델결정기법의 민감도는 높다.
2. 한 보험회사가 본사건물에 들어가지 못할 정도로 커져서 새로운 장소로 옮기려한다. 그들의 문제는 사용하던 빌딩을 어떻게 할 것인가이다. 선택대상은 매각, 사무실용으로 임대, 호텔이나 아파트로 재개발 등이다. 미래 임대시장과 재산 가치라는 면에서 불확실성이 존재한다.

두 모델결정기법이 제안되었다. 첫 번째 기법은 결정나무와 일차원(一次元; unidimensional) 효용함수를 연계한 결정분석모델이다. 이 기법은 향후 20년간에 걸쳐 현금흐름(cash flow)를 사정(査定; assess)하고 이를 정미현제가치(正味現在價値; Net Present Value)로 할인하는 것이다. NPV에 있는 불확실성은 각 대안의 위험성을 반영하는 것으로 기대효용계산에서 감안될 것이다.

두 번째 기법은 자본자산 가격결정모델(capital asset pricing model-CAPM)을 사용하여 회사로 하여금 자산의 포트폴리오의 추가로서 빌딩의 대안들을 분명하게 고려하게 하여주는 것이다. 제안된 두 모델은 전제조건과 강조점이 상당히 다르다. 통찰과 결정 전략이 다를 공산이 크다.

일반적으로 우리는 특정한 모델결정 기법을 억지로 사용하지 않는다. 우리는 가장 가치 있을 것 같은 하나를 선정하는데 일반상식을 사용하여야 한다. 둘 또는 그 이상의 기법이 유용할 것 같을 때 적절한 질문은 이것보다 저것을 사용함으로써 나타나는 효과는 무엇인가? 이다. 시간과 자원이 허용한다면 둘 또는 그 이상의 기법을 사용할 수 있으리라. 몇 개의 단일 기법이 나란히 병용되는 복수의 분석은 일상의 지적 사고의 중심적인 특징이다. 다른 기법은 다른 답과 추론을 만들어 의사결정자에게 조정하는 일을 남겨둔다. 이 조정하는 일이 그 자체로 어려운 과정이다. 그러나 그것이 문제와 모델사이의 차이를 구별하는 것과 추론(推論; inferences)이 모델구성에 종속된다는 것을 인정하는 것이 핵심이라는 것을 분명히 해준다.

모델설계

모델구성 민감도분석의 두 번째 유형은 모델설계이다. 결정분석에 있는 몇 가지 모델설계 쟁점이 다음에 열거되어있다.

1. 다른 원소의 집합이 결정나무 표현에 포함될 수 있다. 여러 대안적 행위와 불확실성의 출처 중에서 어느 것은 결정나무에 포함되고 어느 것은 합리적으로 제외되는가? 나아가 이들 모델설계 결정의 효과는 무엇인가?
2. 주어진 결정요소의 집합에 대해서조차 그것들을 모델로 다르게 편성하거나 결정나무위에 다르게 병치(竝置; juxtapose) 할 수 있다. 이들 모델설계 결정은 일반적으로 모델 출력자료(出力資料; output)에 지대한 영향을 준다.
3. 집적(集積; aggregation)과 상세(詳細; detail)의 정도는 주어진 모델의 설계 안에서 변할 수 있다. 불확실한 양(量; quantity)을 연속적으로 표시하여야하나 또는 이산적(離山的; discrete)으로 표시하여야하나? 수익은 집적된 측척(測尺)로 표시해야하나 또는 가격과 양을 분리하여 정의하여야하나?

모델설계의 민감도 문제의 예는 많다. 관련된 결정요소를 빠트리는 것이 얼마나 중요한가는 아무리 강조해도 지나치지 않는다. 제소할 것인가 화해할 것인가의 문제에서 역제안(逆提案; counter-offer)의 길은 없다고 전제한다면 아주 다른 결론에 도달할 수도 있는 것이다.

일반적으로 하나의 문제에 대해 구성될 수 있는 여러 모델설계들을 수직적인 그리고 수평적인 사고방식으로 머릿속에 그려볼 수 있다. 수직적 사고를 "한 구멍을 더 깊이 파는 것"이라고 설명할 수 있다. 수평적 사고는 다른 곳에 구멍을 파보는 것이라 할 수 있겠다.

[그림 4.5.3] 수평적 및 수직적 사고

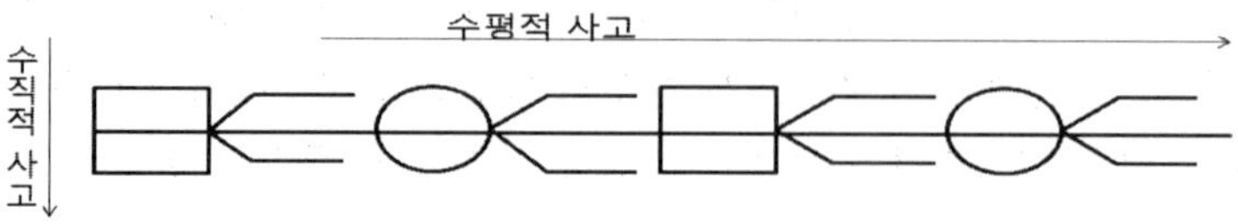

[그림 4.5.4] ABC Systems 결정나무

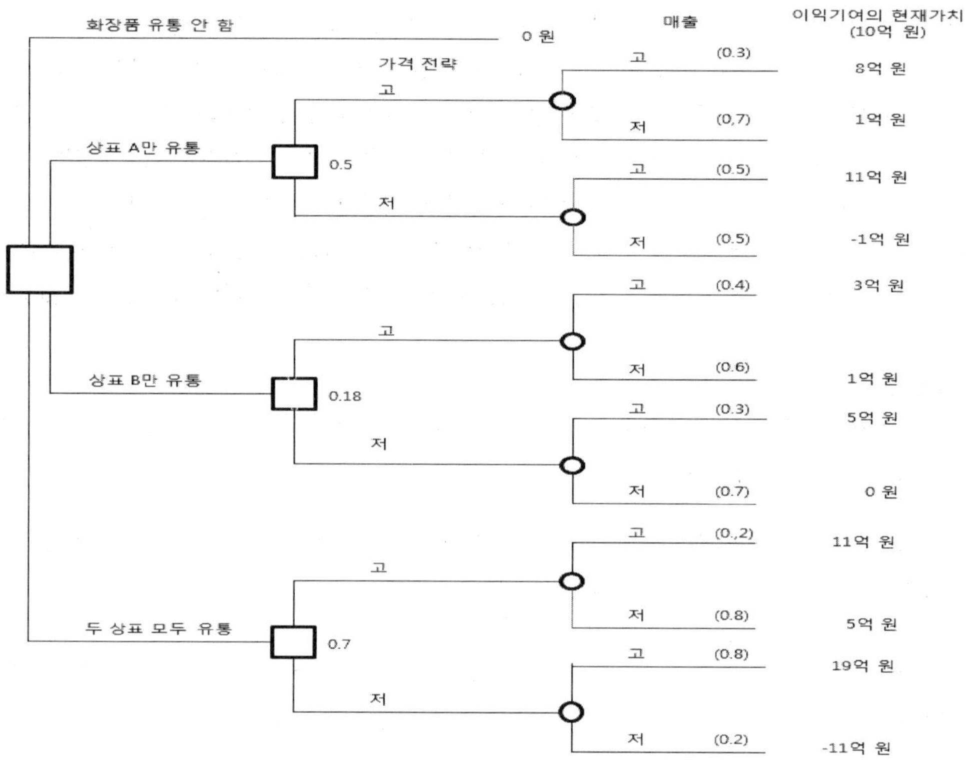

[그림 4.5.3]이 이 사고방식이 어떻게 결정나무 그림과 관계되는지를 보여준다. 일반적으로 수평적 사고가 더 많은 행위와 전략의 대안을 만들어 내는 과정인 반면 수직적 사고는 한 특정한 전략의 결과들을 추구하는 것이다.

매개변수 민감도분석

매개변수 민감도분석에는 결정모델에서 수치 값의 변화가 주는 결과를 분석하는 것이 있다. 이들 수치 값은 확률일 수도 결과득실일 수도 효용일 수도 있다. 우리는 손익분기 분석을 통하여 두 상충하는 결정 전략의 효과가 같도록 만들어주는 매개변수를 알아낼 수 있다.

그 대신 가정된 매개변수 값에 대한 결정 전략 순위가 일반적으로 얼마나 확고한지를 관찰할 수도 있다. 그런 분석을 그림으로 나타내는 것이 유용할 때가 많다.

(예제 4.5.2) ABC Systems. ABC Systems는 크리스마스장식 카드 문방구 부엌가구 등의 우편판매 사업에서 성공한 기업이다. 최근에 우편판매 유통업체를 찾고 있는 두 화장품제조업체로부터 접촉이 있었다. 화장품을 취급할 것인지 여부를 고려함에 있어 ABC Systems가 직면하게 되는 불확실성의 주요출처는 미래이익이다. 이것은 판매의 불확실성에서 온다. 왜냐하면 비용은 거의 알고 있기 때문이다. 그림4.5.4가 ABC Systems의 오너가 구성한 결정나무이다. 판매량은 높고 낮은 두 수준으로 나누고 그 각각이 일어날 확률을 가정(假定; assume)하였다. 그리고 일정한 미래기간 동안의 이익을 별도로 계산하여 현제가치로 할인하고 함께 그림에 표시하였다.

그리고 되돌아가며 계산하기로 기대금전가치(期待金錢價值; expected monetary value-EMV)를 계산하여 비교한 결과 "브랜드 A만"과 "두 브랜드 모두"의 저가전략이 제일 좋은 두 전략임을 알았다. "두 브랜드 모두"의 전략이 제일 높은 EMV를 가지고 있다. 의사결정자는 브랜드 A/저가전략의 경우 높은 수준 판매확률이 낮게 추정되었다는 느낌이 들었다. 확률추정치에 대한 민감도는 이 값들의 다른 추정치를 가정하여 EMV를 계산함으로서 검토할 수 있다.

높은 판매의 확률(브랜드 A만/저가)	EMV(10억 원)
0.5	0.5×1.1+0.5×-0.1 = 0.5
0.6	0.6×1.1+0.4×-0.1 = 0.62
0.7	0.7×1.1+0.3×-0.1 = 0.74
0.8	0.8×1.1+0.2×-0.1 = 0.86
0.9	0.9×1.1+0.1×-0.1 = 0.98

EMV 값은 확률추정치에 선형으로 증가한다. 최선의 대안인 두 브랜드 모두/저가의 EMV는 0.7이므로 이 최선의 가지와 "오직 브랜드 A/저가"의 EMV가 같아지는 손익분기점을 알게 되면 편리하다. 이를 가장 쉽게 하기위하여 문제의 매개변수(오직 브랜드 A/저가의 높은 판매확률)을 p라고 정의하고 비교하는 두 가지의 EMV를 같게 하는 방정식을 쓰면

$$p \times 1.1+(1-p)\times -0.1=0.7$$

이고 $p=0.67$이다.

의사결정자들은 그들의 당초 사정 값인 $p=0.5$가 다소 낮은 감이 있지만 0.67이상이 합리적일 가능성이 확실하다고할 정도로 낮지 않다고 믿는다. 다른 것 모두 같다고 볼 때 그들은 그들의 있을 수 있는 p의 저평가가 EMV를 기초로 한 전략의 순위를 틀리게 만들지는 않는다고 생각한다.

이 같은 단한번의 민감노 분석이 유용한 통찰을 하게 하여준다고 하더라도 이는 다른 모든 것이 같다는 것을 전제로 한다. 둘이나 그 이상의 추정된 양이 불확실할 때 어떻게 민감도를 검사할까? 모델 내에서 상호 작용하는 둘 또는 세 매개변수가 민감도의 주제일 때 단한번의 민감도분석만을 하는 것이 합리적일까요? 이 질문에 대한 답은 우리는 일반적으로 아니다 라고

한다. 왜냐하면 단한번의 민감도분석은 전형적으로 복잡한 관계를 파악하지 않기 때문이다. 예로써 식

$$R = P \times Q$$

에서 수익 R에 주는 가격 P와 양 Q의 변화 효과를 보기로 한다.

기본사례(基本事例; base-case)의 전제는 $P_1 = 3$ 그리고 $Q_1 = 5$이다. P와 Q가 한 단위 증가할 때 수익에 얼마의 영향을 주나? 새로운 가격과 양의 값은

$$P_2 = P_1 + \Delta P = 4$$
$$Q_2 = Q_1 + \Delta Q = 6.$$

수익은

$$R_1 = P_1 \times Q_1 = 3 \times 5 = 15$$

에서

$$R_2 = P_2 \times Q_2 = 4 \times 6 = 24$$

로 변한다. 즉

$$\Delta R = R_2 - R_1 = 9$$

이다. 우리는

$$\begin{aligned} \Delta R &= \Delta P \times Q + P \Delta Q + \Delta P \Delta Q \\ &= 5 + 3 + 1 \\ &= 9 \end{aligned}$$

라고도 말할 수 있다.

이 예에서 중요한 점은 우리가 P와 Q에 민감도를 개별적으로 분석할 때 우리는 $P \times \Delta Q$과 $\Delta P \times Q$항을 취하지만 $\Delta P \times \Delta Q$은 고려하지 않는다는 것이다.

단한번의 민감도분석은 통상 일차적(一次的; first-order) 효과를 정당히 고려하게 하여준다. 그러나 위의 예처럼 개별변화가 주는 효과의 합이 전부(全部; whole)와 같지 않을 수 있다. 단한번의 민감도분석변화의 효용은 몇 개의 불확실한 매개변수간의 단순한 상호작용이 있을 때 아주 높다. 그런 상호작용이 있을 때 단한번의 민감도분석이 민감도를 이해하는 유용한 첫 번째 관문이 되지만 더 상세한 조사가 뒤따라야할 것이다.

더 상세한 조사는 몇 가지 형식으로 이루어진다. 첫 번째 형식은 민감도분석의 주제가 될 변수를 취하는 것이다. 그리고 동시에 종속매개변수에 주어지는 여러 변화에 영향을 조사하는 것이다. 두 번째는 이들 매개변수를 그 자체가 불확실한 양으로 생각하고 그들에 대한 확률분포를 사정하는 것으로 정식분석을 하는 것이다.

비교적 간단한 문제에서 어떻게 매개변수집합의 민감도를 동시에 조사하는지를 생각해본다.

ABC Systems의 결정문제로 돌아가서(그림4.5.4 참조) 오직 브랜드 A/저가 가지(branch)에 대한 이익기여의 양과 추정된 확률에 있어서의 변화의 효과를 생각해보자. 의사결정자에게 높은 판매의 확률(p)과 당초 3억과 8억으로 각각 가정한 이익(P)의 수준 둘 다가 불확실하다고 하자. "브랜드 A/저가" 가지에 대한 EMV 값을 7억 원(최적전략이익과 같은 값)이 되게 하여줄(확률, 이익)을 계산하는 것은 비교적 단순하다.

"브랜드 A/저가" 가지에 대하여

$$\begin{aligned}\text{EMV} &= p \times P + (1-p) \times (-0.1) \\ &= p(P+0.1) - 0.1\end{aligned}$$

따라서

$$p \times (P+0.1) - 0.1 = 0.7 \text{(두 최선전략의 EMVs같은 손익분기점에서의)}$$
$$P = 0.8/p - 0.1$$

이 방정식에 무한대의 답이 존재한다. 그 중에는 다음 값도 포함된다.

p = 높은 판매의 확률	P = 높은 판매의 이익(10억 원)
0.5	1.5
0.6	1.23
0.7	1.04
0.8	0.9
0.9	0.79

[그림 4.5.5]가 이 관계를 곡선 그리고 또 EMV값이 다른 곡선들을 보여준다. 이 질 높은 정보 베이스가 있다면 의사결정자는 매개변수와 그들의 EMV에 주는 결합된 효과 간 관계의 성질을 분명하게 볼 수 있다. ABC Systems의 경영층은 "브랜드 A/저가"전략이 민감도분석에 기초한 기초사례 최적전략보다 더 높은 EMV를 가질 확률의 정보가 갖추어진 사정(査定; assessment)을 행할 수 있다.

위의 계산은 p와 P가 기초사례로 가정한 값으로부터 변화된다는 것에 주목해야 한다. 많은 다른 관련 매개변수는 아직도 일정하다고 가정하고 있다. 결국 판매가 낮아졌을 때의 이익 값 같은 것들이 그것들이다.

동시 민감도조사에 아주 많은 수의 변수가 포함된다면 해석하기가 급속하게 어려워진다. 왜냐하면 다중(多重; multiple) 차원에서 생각하고 그와 같은 정보를 효과적으로 처리하는 데 인간으로서 한계가 있기 때문이나. 더 복잡한 분석이 요구된다면 우리는 한 번에 세 개보다 많은 매개변수를 그림으로 나타내 표현하는 방법을 사용할 수 없으며 단순화하고 분해하여 하위문제(下位問題; subproblems)로 다루려 하게 된다.

요약하면 모델의 유형과 설계 그리고 사정(査定; assess)된 매개변수 값들 모두가 유용한 추론을 만들 모델의 힘에 강한 영향을 준다. 민감도분석은 사정의 문제제기를 촉진할 뿐만 아니

[그림 4.5.5] 확률(p)과 이익(P)의 상관관계 (Samso p.284)

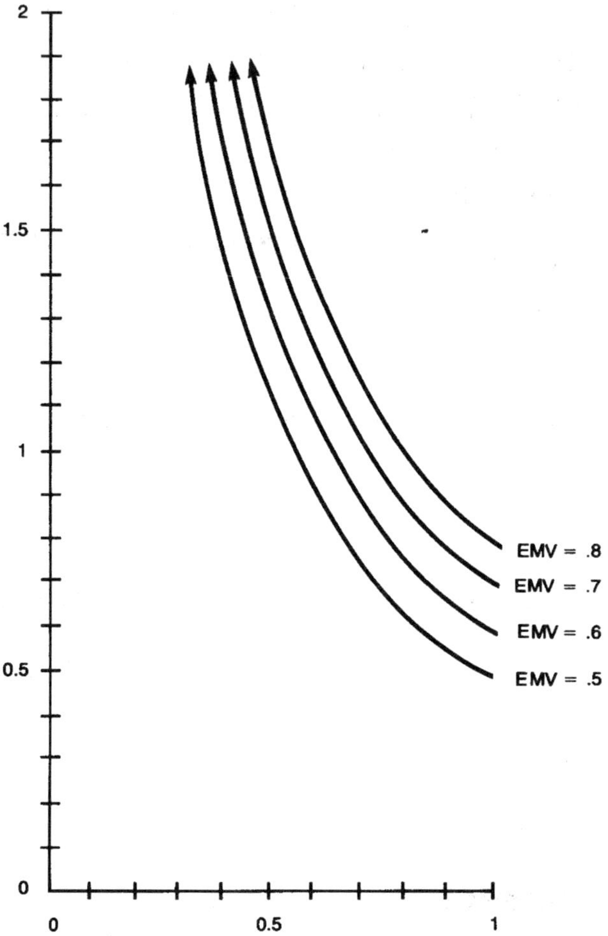

라 의사결정자가 모델의 입력 자료와 출력자료간의 관계를 이해하게 하여준다. 민감도분석은 어떤 전제가 분석과 결과로 나오는 결정 전략에 결정적으로 중요한가에 대해 통찰하게 하여준다. 첫째 모델구성 민감도분석은 모델의 유형과 설계에 대한 의문을 제기하며 다른 구성을 고려하도록 하여준다. 두 번째 요소는 매개변수의 추정치에 대한 민감도인데 이들 추정치로 다른 정량적(定量的; quantitative) 입력 자료를 측정하게 된다. 마지막은 이것도 매우 중요한데 민감도분석이 결정분석과정에서 실시간(實時間; real time)으로 생각해야할 부분이라는 것을 다시 강조하고자한다. 이 의미는 민감도분석이 분석의 모든 단계와 연계(連繫; integrate)하여 추가적인 분석과정으로 고려하여야한다는 것이다. 그렇게 함으로써 민감도분석이 단순한 사후최적화(事後最適化; post-optimality) 분석이상으로 유용하게 될 것이다.

4.5.3 모델 해답의 민감도분석

모델 해답단계는 최선의 전략을 알아내기 위하여 결정규칙을 사용하는 것으로 이루어져 있다. 이 맥락에서의 민감도분석은 특정한 결정규칙이 모델의 출력자료에 주는 영향을 조사하는데 사용된다. 예를 들면 EMV보다 일차원(一次元; unidimensional) 효용을 사용하였을 때의 효과는 무엇인가? 일반적으로 그 효과가 무엇인가를 연역(演繹; deduce)해보고난 뒤 한 예를 가지고 공부해보기로 한다. 만일 효용함수가 오목(위험기피를 나타냄)이라면 기대효용은 위험한 전략에 EMV의 해답보다 낮은 값과 순위를 줄 것이다. 볼록(위험선호) 효용함수 표현에서는 반대가 적용될 것이다. 이들 일반화는 유용하기는 하지만 너무 광범위해서 사례별(事例別; case-by-case)이 아닌 다른 기준으로 더 상세한 수준에서 강력한 추론을 이끌어내기가 어렵다. 예를 들어 지수(指數; exponential) 효용함수보다 대수(對數; logarithmic)효용함수를 사용할 때의 일반적 효과는 무엇일까? 대수 효용함수는 감소위험기피를 나타낸다. 그리고 지수 효용함수는 일정위험기피를 나타낸다. 이들 성질에 대한 우리들의 지식이 있음으로써 우리는 그중 하나 또는 다른 하나를 사용하는 것이 결정 전략을 선택하는데 어떻게 작용하는가에 관해 연역(演繹; deductions)을할 수 있게 된다.

우리가 순진히 위험기피(危險忌避; risk-averse) 또는 순전히 위험선호(危險選好; risk-preferring) 효용표현에 관하여 일반적으로 편리하게 말할 수 있는데 비해 오목과 볼록 부분을 함께 가지는 함수들에 관하여는 어떨까? 실제로 많은 의사결정자들이 그런 종류의 효용함수를 갖고 있다는 것을 보여주는 상당한 증거가 있다. 그렇다면 함수의 모양이 결정 전략에 어느 정도의 영향을 주나? 이에 대한 답을 연역할 수 없을 때 가장 유용한 절차(節次; procedure)가 수적(數的; numerical) 민감도분석을 수행하고 이들 전제에 관하여 결정 전략의 확고함(또는 확고함의 부족)을 관찰하는 것이다.

(예제 4.5.3 Solar Technics.) Solar technics 사는 태양열 시스템을 통제하는 장치의 제조특허권을 갖고 있는 연구개발 중심의 회사이다. 이 회사는 이 제품을 만드는데 사용되는 자원을 갖고 있는 다른 회사에 이 특허를 지금 또는 나중에 판매할 것을 고려중이다. Solar는 또한 이 권리를 자신이 가지고 제품의 제작과 조립을 하도급 주는 것도 고려하고 있다. 회사는 일반적인 태양열시스템의 미래에 크게 의존하는 이 제품의 미래에 관하여 걱정을 하고 있다. 예측하기 어려운 인자(因子; factors)들이 이 미래문제에 포함되는데 그것들은 원유 및 가스 가격 그리고 회사제품의 진부화(陳腐化; obsolescence)를 초래할 기술의 발전 등이다. 회사는 문제를 [그림 4.5.6]과 같은 결정나무로 구성하였다. [그림 4.5.6]은 현금흐름의 현재가치를 보여준다. 이들 현금흐름은 현재가치로 할인된 것이며 "자체 제조"의 경우는 제품의 가정된 수명기간의 값의 합이다. 기대가치를 보면 "나중에 판매"가 가장 매력적인 선택이다.

기대가치(당장판매)＝5억 원
기대가치(나중판매)＝0.2×1억＋0.6×5억＋0.2×13억
＝5억8천만 원
기대가치(자체제조)＝0.2×2억8천만＋0.6×4억＋0.2×10억
＝4억9600만 원

[그림 4.5.6] Solar Technics의 결정나무

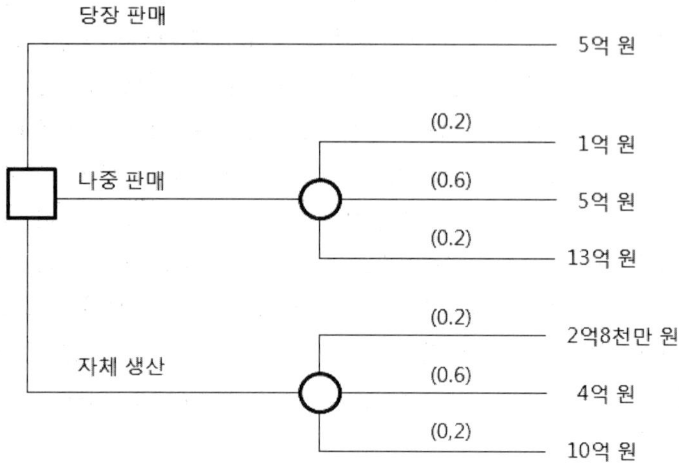

"나중 판매"가 높은 기대가치를 가지고 있지만 사실상 더 높은 불확실성을 가지고 있다(기대가치 주위에서 현금흐름이 흩어져있다). 회사의 사장이며 오너인 이 씨는 최근에 첨단 경영교육 프로그램에 참석하였었으며 거기서 배운 기대효용분석을 통하여 무엇을 얻을 수 있는지 보고 싶었다. 그는 의사결정나무에서 보여주는 것과 전반적으로 유사한 노름의 확실등가를 사정하였다. 그는 이 사정을 통해 자기가 위험기피임을 알았고 그의 확실등가 데이터에 맞추어 수학공식을 도출하였다. 지수함수로 매개변수가 $k=5$일 때 아주 잘 맞아떨어졌다.

$$u(x) = -e^{-5x}$$

이 사장은 지수함수표현을 쓰기로 한 것이 갖는 의미를 곰곰 생각했다. 그는 그것이 일정한 위험기피를 의미한다는 것을 알았고 조금 생각한 후 이 일정위험기피성이 그에게 타당한 것이라고 정하였다. 예를 들어 그가 갑자기 수십억 원을 상속받는다 하더라도 그의 결정과 위험태도는 바뀌지 않을 것이라고 느낀다.

그는 각 결정 대안의 기대효용을 계산하였다

$$\text{기대효용(당장팔기)} = -e^{-5\times 5} = -1.39$$

$$\begin{aligned}\text{기대효용(나중팔기)} &= 0.2(-e^{-5\times 1}) + 0.6(-e^{-5\times 5}) + 0.2(-e^{-5\times 13}) \\ &= 0.2(-0.007) + 0.6(-1.39) + 0.2(-5.9) \\ &= -0.001 - 0.834 - 1.18 = -2.015\end{aligned}$$

$$\begin{aligned}\text{기대효용(자체제조)} &= 0.2(-e^{-5\times 2.8}) + 0.6(-e^{-5\times 4}) + 0.2(-e^{-5\times 10}) \\ &= 0.2(-8.32) + 0.6(-2.06) + 0.2(-1.93) \\ &= -1.664 - 1.236 - 0.386 = -3.286\end{aligned}$$

이들 효용에 상응하는 확실등가와 기대가치를 비교하면 다음과 같다.

확실등가(당장팔기) = 5억 원	기대가치(당장판매) = 5억 원
확실등가(나중팔기) = 4.6억 원	기대가치(나중판매) = 5.8악 원
확실등가(자체제조) = 4.3억 원	기대가치(자체제조) = 4.98억 원

기대가치의 순위가 나중판매 — 당장판매 — 자체제조이던 것이 확실등가에서는 당장팔기 — 나중팔기 — 자체제조로 바뀌었다. 이를 해석해보면 미래에 대한 불확실성이 위험기피인 사장의 선호성이 확실등가를 낮추었으며 자체제조의 경우는 제조설비투자와 인원증가에 대한 위험기피까지 작용한 결과라 볼 수 있겠다.

이 사장은 다음으로 이들 결과가 사정된 효용함수에 주는 민감도를 검사해보기로 하였다. 그는 그의 효용함수식이 옳다고 확신하지만 결과의 위험 기피도(危險 忌避度; degree of risk aversion)에 대한 민감도를 검사하기를 원하였다. 지수함수에 대한 효용함수 매개변수가 위험기피의 측척(測尺)(測尺; measure)이다.

그는 위험 기피도를 10% 줄여서 기대효용을 계산하기로 하였다. 이 사장은 그의 k 값이 10%정도의 오차는 있을 수 있지만 그 이상은 가능성이 거의 없을 것이라고 생각하고 있다. k 값을 10% 줄여 4.5로 하였을 때의 결과는 다음과 같다. u(x)=-e(-4.5x)

선 택	기대효용	확실등가	순위
당장판매	-1.690	5억 원	1
미래판매	-1.820	4.8억 원	2
자체제조	-2.158	4.5억 원	3

이로써 이 사장은 위험 기피도를 10% 줄이더라도 그 순위가 바뀌지 않는다는 것을 알게 되었다. 그리고 10% 줄였을 때 확실등가의 차가 줄었음도 알게 되었다.

기대효용함수의 위험 기피도와 확실등가를 이용하는 계산은 컴퓨터 프로그램을 활용할 수 있어 아주 편리해졌다.

다 기준 효용함수(multiple criteria utility function)

또 다른 유용한 민감도분석 방식은 다 속성을 모델화할 때 생긴다. 이 맥락에서는 속성정의(屬性定義; attribute definition), 모델의 구조, 및 계수와 매개변수의 사정(査定; assessment)의 영향을 문제로 삼는 것이 유용하다. 우리는 다음과 같은 질문에 민감도분석을 사용할 수 있다.

1. 우리는 의사결정자의 선호(選好; preferences)를 잘 나타내주는 표현법을 가지고 있는가? 속성들을 유용하게 정의하는 방법들이 있는가? 이들이 해답에 얼마나 영향을 줄까?
2. 사정된 효용함수의 구조가 합리적인 단 하나의 것인가? 다른 구조의 것은 특정한 결정 전략에 문제를 야기하는가?
3. 매개변수의 사정에 우리는 얼마나 자신을 가지는가? 다르게 사정하였을 때 모델에서 도출한 최적의 결정 전략에 얼마나 영향을 주는가?

첫 번째 질문의 카테고리에서 완선하고 운용가능이고 분해 기능한 그리고 중복되지 않은 최소크기 속성의 집합을 정의하는 길은 하나가 아니다. 이들 다중 기준이 주어지면 다 속성 효용함수를 설계하는 과정은 그 자체로 어려운 다기준의 문제가 된다. 절충이 필요할 수도 있다.

예를 들어 다른 것이 같다면 충분히 운용 준비가 되어있지만 분해하기 어려운 속성의 집합과 운용하기 쉽게 만들기는 어렵지만 분해하기는 쉬운 또 하나의 집합 중에서 하나를 택해야할 때가 있다. 민감도분석의 입장에서 다른 속성 정의가 어떻게 결정문제와 그 해답에 영향을 주는가를 살펴보는 일은 쓸모 있는 작업이다.

위의 두 번째 질문의 카테고리는 특정한 다 기준 함수식의 효과를 살피는 것이다. 다음과 같은 효용함수에 추가 항(項; term)이 있을지를 살펴보는 것도 유용하다.

$$\begin{aligned} u(\text{시장점유율}, \text{수익율}) = {} & k_1 u_1(\text{시장점유율}) + k_2 u_2(\text{수익율}) \\ & + k_3 u_1(\text{시장점유율}) \times u_2(\text{수익율}) \end{aligned}$$

세 번째 항은 상호작용의 효과를 모델화 하여준다. 예를 들어 만일 높은 시장점유율과 높은 수익률을 개별적으로는 선호하지만 어떤 이유로 둘 모두의 높은 수준 또는 낮은 수준의 동시발생이 앞에 있는 두 항이 포착하고 있는 것 이상으로 또는 이하로 특별히 싫어하거나 좋아한다면 세 번째 항의 추가는 유용하다. 그와 같은 항을 방정식에 추가하는 효과는 민감도분석의 쟁점이다. 그 항을 추가함으로써 모델이 얼마나 더 좋아지는가? 이 표현이 모델을 더 복잡하게 만들더라고 더 많은 사정작업을 할 만한 것인가?

요약하면 결정분석의 해답단계는 결정규칙의 응용을 요구한다. 많은 경우에 다른 결정규칙을 선택하는 것이 해답에 주는 영향을 조사하는 것은 유용하다. 다중 기준 모델에 대해 모델유형의 요소들, 설계(구조), 사정결과가 전략의 효용과 순위를 결정한다. 이들 모델 입력자료는 그들이 모델의 출력자료에 어떻게 영향을 주는지 조사되어야하고 전제들의 변화에 결과가 얼마나 확고한지 검사하여야 한다.

4.5.4 모델해석의 민감도분석

많은 결정 및 경영과학에 관한 책들은 모델해석단계가 분석가가 민감도를 분석해야할 때라고 말한다. 심지어 모델해석단계가 바로 민감도분석이라고 주장하는 사람도 있다.

모델해석단계에서의 민감도분석은 모델화 과정을 비판적인 방식으로 재검토하여야할 시점이다. 그것은 우리가 "문제와 관련하여 모델화 과정이 무엇을 가르쳐주었나?"라고 물어야할 분석시점이다. 모델화에서 우리가 배우는 것이 모델이 최적이라고 밝혀낸 최종 결정 전략만은 아니다.

분석의 이 단계에서 우리는 모델의 현실성을 제한하였을 수도 있는 전제를 밝혀내는데 관심이 있다. 우리가 모델의 힘을 더 세게 만들도록 하여줄 수도 있었던 다른 전제대안을 만들 수 있었던 것은 아닐까? [그림 4.5.2]의 피드백 회로(feedback loop)를 보면 이 단계 또는 다른 어떤 단계에서 재구성이나 수정을 선택해야할지를 이회로가 밝혀준다. 모델 해석단계에서 결정과정을 더 일반적으로 재검토하는 것도 유용하다. 결정모델화(결정분석) 과정이 완전히 빠졌을 때 실제 행위가 어떻게 진행되었을 지를 상상해보는 것도 또한 유용하다. 통합적(統合的; holistic) 해답과 모델이 제시하는 결정 전략과를 비교할 수도 있다.

[그림 4.5.7] 가나다 Utility의 최초 결정나무

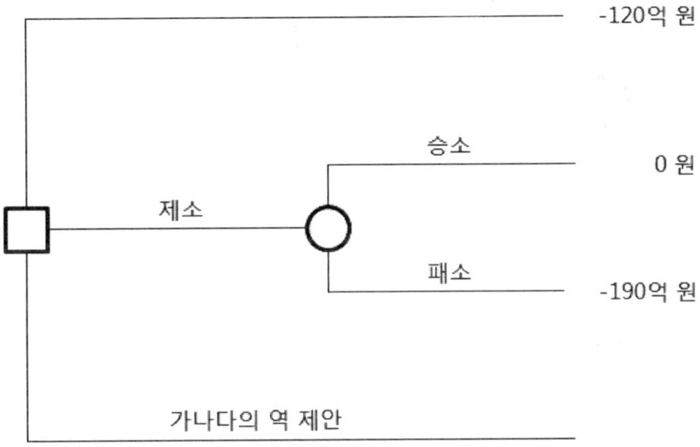

궁극적으로 의사결정자는 "나는 내가 전에 몰랐던 무엇을 지금은 알게 되었는가? 라고 물어야한다. 나아가 의사결정자는 의식적으로 더 좋은 결정모델화를 보장하여야 하는지에 관하여 선택하여야한다.

(예제 4.5.4 가나다 Utility의 소송) 가나다 Utility사는 회사의 소송문제를 애당초 [그림 4.5.7]의 결정나무와 같이 인식하였다.

그 후 회사의 변호사와 분석가들이 여러 정황을 분석하여 결정도를 위의 [그림 4.5.8]과 같이 수정하여 결정나무 분석을 시행하였다. 이와 같이 의사결정자가 그의 결정과정을 재검토하는 것은 유용하다. 두 결정나무를 통해 분석과정의 전과 후의 실제문제에 관한 지식의 상태를 비교할 수 있고 다음을 알게 된다.

1. 최초에 문제가 무엇인지 그리고 핵심 결정요소가 무엇인지에 관하여 상당한 애매함이 있었다.
2. 모델 구성과정이 문제의 정체를 파악하고 결정나무로 표현하는데 도움을 주었다. 이 과정이 구조를 명료하게 하여주었다.
3. 매개변수를 수량화하는 것이 유용하였다. 이들 추정이 어느 전략이 타당하게 보이는지를 알아내는데 도움을 주었다.
4. 이 과정이 정식으로 전문가로부터의 입력 자료를 허용해주었다. 이들 입력 자료가 직접 모델 입력 자료로 사용되었다.
5. 다른 결정나무 구조와 해답전략의 확고함을 검사할 숫자로 실험할 수 있게 되었다.

[그림 4.5.8] 가나다 Utility의 결정나무 (단위: 억원)

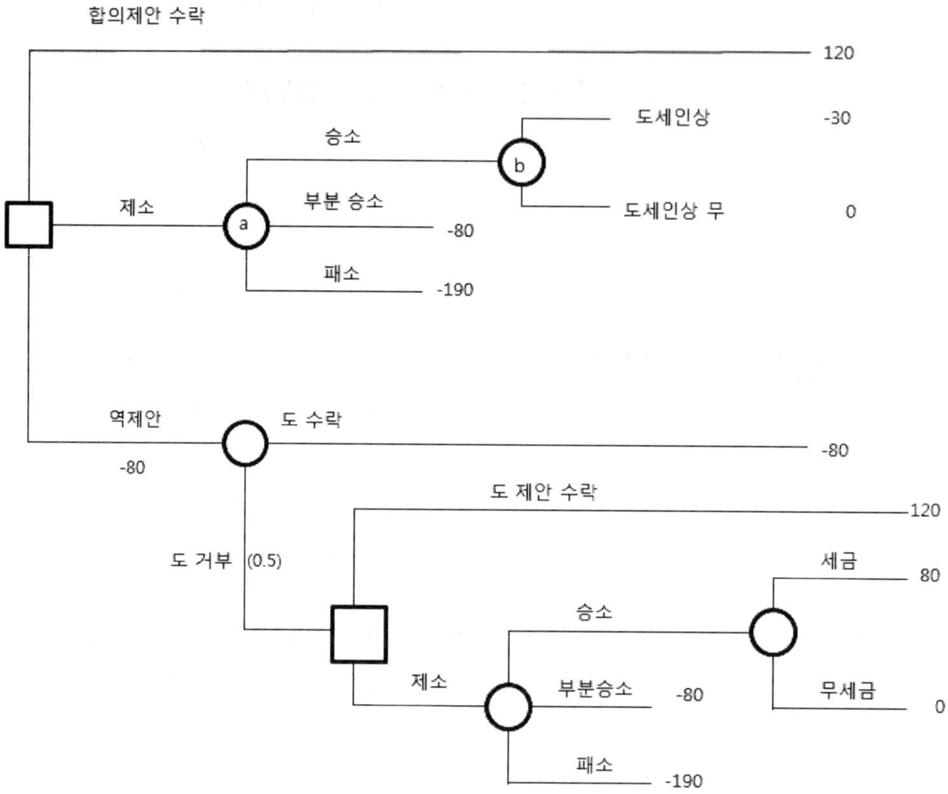

6. 모델화과정이 어질러지고 불분명한 문제를 취하였으며 의사결정자가 그들이 인식한 것을 합리적이고 정보에 입각한 결정으로 만들도록 통찰력을 제공하였다.
7. 민감도 분석이 전체 분석과정에 고루 미쳤다. 문제대안의 정의를 고려하였다. 다른 모델 구조를 만들어냈다. 여러 개의 사정결과를 만들었다. 모델의 정당성에 문제를 제기하였다.

이들 민감도분석단계 모두에 걸쳐 실제문제를 푸는데 도움을 주는 통찰력을 생기게 하는 목표를 명심하여야한다. 분석의 전 과정에서 만들어진 전제들을 재검토하는 것이 중요하다는 것을 다시 강조한다. 왜냐하면 이들 전제들이 생겨난 통찰력의 힘과 유용성에 강력한 영향을 주기 때문이다. 최종 선택 전에 일어나는 민감도분석이 복잡한 실제문제와 단순한 모델을 구별하도록 우리를 도와준다는 의미에서 우리로 하여금 조심하게 하여준다. 그 결과로 우리가 실제행위에 들어가기 전에 우리 생각의 초점을 모델에서 복잡한 실제문제로 되짚어보게 할 수 있게 될 것이다.

4.5.5 최종선택에 주는 민감도(sensitivity to final choice)

최종선택을 할 때 우리는 분해에 초점을 두는 분석 뼈대에서 전체논적 철학으로 되돌아가야

한다. 결정과정의 최종 단계에서 우리는(이 단계에서는 이미 잘 정의된) 실제문제와 몇 개 실제 대안행위를 현실주의적으로 고려하여야한다. 결정분석과정은 실제문제를 완전히 바꾸지는 않는다. 불확실성의 출처는 여전히 존재하며 실제 불확실성이 분석과정의 결과로 줄어들거나 늘어나는 것은 아니다. 그러나 분석과정은 문제와 불확실성의 측정에 대한 그리고 우리자신의 위험태도와 선호함수에 대한 우리의 이해를 향상시켜준다. 모델화과정으로 생겨난 통찰력을 사용하여 우리는 "불확실성 하"의 실제 결정을 내려야한다. 이 맥락에서 민감도분석의 질문은

1. (결정분석의) 최종선택이 문제를 어떻게 잘 풀어주는가? 여기서 우리는 모델이 아니라 실제행위와 실제문제에 관심이 있다.
2. 실제행위 대안들은 서로 어떻게 비교되나? 그들은 문제에 유사한 영향을 주나 아니면 유의적으로 다른가?

이다.

이 단계에서 우리는 모델이 나루지 않았을지도 모르는 실제문제의 복잡성을 설명하여야한다.

(예제 4.5.5 한국 자동차설비) 한국 자동차설비는 한국에서 자동차 부속품과 부품을 생산하는 큰 회사이다. 이 회사의 제품은 조향 및 운행통제 장치에서 자동차 축전지 및 경고시스템에 이르기까지 다양하다. 최근의 획기적인 제품개발의 결과가 디젤엔진의 연료를 절약하는 값싼 장치이다. 이 장치는 적은 양의 뜨거운 공기를 연료와 섞어서 이 연료-공기 혼합물을 실린더에 주입하고 여기에 더 많은 공기와 혼합하여 폭발하게 하는 것이다. 이 장치는 기존의 엔진에 쉽게 추가될 수 있다. 한국 자동차설비의 중역들은 한국 시장을 개척하고 Baltimore의 조사시장(調査市場; test market)에서 가능성이 입증된 후 이 제품을 미국에서 제조하기로 결정하였다.

입지조건과 공장공정설계를 고려하여 A, B, C 세 곳 의 후보지를 선정하였다. 한국 자동차설비 내부의 생각은 세 곳 다 만족스럽지만 최선의 선택을 원하였다. 한국 자동차설비 사람들의 팀이 상세한 데이터를 수집하고 지방세(地方稅; local taxs), 땅값, 건설비, 유틸리티 비용 및 노임, 노동시장사정, 노조사정, 유통센터에의 접근성(接近性; proximity) 등 결정에 관련되는 요인들을 파악하기위하여 현지를 순방하였다. 지역요인들과 유통 및 가격 전략 그리고 제품설계에 따르는 가격과 판매량의 불확실성을 짜 넣기 위해 결정분석모델이 사용되었다.

몇 번의 수정과 다듬음을 거쳐 분석이 완성된 후 한국 자동차설비의 CEO가 회사의 전략을 결정하고 필요한 자원을 배분하기로 정할 때가 온 것이다. 그 CEO는 분석결과를 주의 깊게 고려하고 나서 최초의 문제 정의로 되돌아갔다. 그는 그가 선택해야할 행위를 모델에서 보았다. 그는 모델이 어느 해답이 제일 좋은지를 정하는 데 매우 유용한 역할을 하였다고 그리고 그의 분석전문가가 세율, 인플레율, 가격 등의 가정을 주의 깊게 나타냈다고 생각하였다. 그러나 그들은 문제를 단지 한 개의 시설계획으로만 한정하였는데 비해 이 CEO는 이제는 금년에 첫 번째 장소를 정하고 삼년 후에 두 번째 가능하면 세 번째 장소를 정하는 넓은 문제로 생각하고 있다.

단지 한 곳만 건설한다면 입지 B가 제일 바람직할 것으로 보이지만 CEO가 고려하고 있는 다공장(多工場; multiplant)의 동적(動的; dynamic) 문제의 가장 좋은 해결책은 분명 아니다. CEO는 문제를 다기간(多期間; multiperiod) 다설비(多設備; multiperiod)의 생산능력(生産能力; capacity)과 생산설비 문제로 재고(再考; rethink)하기로 결정하였다. 그는 단일공장에 최적인 해답인 입지 및 시스템설계가 조금 더 긴 기간의 문제에는 최선의 해답이 아니라는 것을 안다. 단기간에 제일 좋은 것과 장기간에 최적인 것 사이의 절충이 필요하게 된 것이다. 그가 이 점을 분석가들에게 제안하자 그들은 모델을 수정하고 지금은 입지 C 그리고 3년 후 입지 A를 제안하였다. 그 CEO는 문제의 정의와 비교적 간단한 목표의 재설정(再設定; reformulation)이 근본적으로 다른 전략을 추천하는 원인이 되었음에 주목하였다. 그런 뒤 그는 그의 간부들과 앉아 그 문제를 재검토하여 어려운 선택에 결론을 내렸다.

이 예가 어떻게 최초의 문제 정의와 구성단계가 모델이 추천하는 결정 전략을 만들어 가는지를 설명하여준다. 실제행위의 선택은 문제의 정의에 결정적으로 영향 받는다. 그 선택 단계 중에 여러 타당한 실제 행위의 연관성이 검토되어야한다. 한국 자동차설비 예에서 단일공장 입지결정이 최초에 모델화되었다. 그리고 이 순간의 선택은 더 현실적인 문제(있을 수 있는 여러 공장)가 대두되자 만족스럽지 않음이 증명되었다.

한국 자동차설비의 예에서 입지 B가 3년에서 5년까지는 아주 좋은 해답일 수 있다. 그러니 그 이후에 회사는 두 공장(입지 A와 C)을 원할지 모른다. 후회(後悔; regret)의 개념이 이 맥락에 유용한 것이다. 문제의 형식을 바꿀 때 변화되는 핵심결정요소가 시간의 흐름이라는 점에 주목하기 바란다.

4.5.6 실제행동에 주는 민감도

결정 전략의 마지막 선택이 이루어진 후 결정은 실행된다. 결정의 모든 결과를 통상 미리 볼 수 없다는 의미에서 결정 전략은 모든 상세한 사항이 알려지기 전에 선택된다. 결정 전략이 조직 내에서 알려질 때 자주 그를 수정하고 몇 개의 보조적 결정을 내려야할 필요가 있다. 실행의 과정에서 의사결정자는 문제의 맥락에서 실제행위를 모니터하고 통제하여야한다. 이들 실행의 경험에서 선택된 결정 전략의 효과성에 관하여 그리고 결정과정의 유용성에 관하여 많이 배우게 된다.

한 예로 국가경제의 경제적 운영을 생각해보자. 이것은 모두 우리가 진행기준으로 관찰할 수 있는 것이다. 정부는 재정 및 통화 정책수단을 포함하여 여러 수단을 사용하여 경제를 끌고 나간다. 이 예의 맥락에서 결정분석 실행의 측면들을 생생하게 살려낼 수 있다. 경제는 계속적으로 모니터 된다. 수백 개의 다른 통계가 일간, 주간, 월간, 연간 기준으로 집계된다. 이들 통계치의 분석이 결정과 정책 그리고 행위를 이끌어간다. 정부가 기본 통화 공급을 일정수준으로 억제하기로 결정하는 예를 들어 보자. 일단 결정이 시행되면 주의 깊은 모니터링이 최초결정의 미세조정(微細調整; fine tuning)으로 사후 통화 공급 결정 또는 경제의 다른 분야에 보조적 조치(예컨대 조세정책)를 취하게 할 수도 있는 정보를 제공한다.

근본적인 실행의 쟁점이 민감도분석의 것이다: "선택된 행위가 어떻게 문제를 잘 해결했나?" 결정 전략의 효과성에 관한 초기 관찰 후 앞으로 어떻게 전개될지 "라면 어떻게("what if")"란 질문을 하는 것이 유용하다. 이들 전개가 시간이 해결해주는 확률적 일이거나 의사결정자가 사후조치로 통제할 수 있는 일이거나 일 것이다. 이 시점에서 우리는 더 이상 분석적 시각에서 결정분석을 고려하지 않고 전략을 선택하고 결정나무를 따라 우리의 길을 만든 대로 실시간에서 진행되기를 바라본다. 대부분의 경우 우리가 시간이 지남에 따라 문제에 관하여 더 많이 알게 되는 것은 필수적이며 실행의 단계에서 계속해서 "라면 어떻게"란 것(즉 민감도분석)을 생각해야할 것이다. 이 모니터링이 우리들의 생각을 바꾸게 할 수도 있고 아마도 중간과정에서 결정 전략을 바꾸게 할 것이다.

실시간에서 결정을 실행하는 과정은 성질상으로 결정모델을 구성하고 분석하는 기간 중 취해지는 계획과는 시각이 다르다. [그림 4.5.9]가 실시간에서 진행기준으로 일어나는 문제를 다루는 경영과정을 보여준다. 문제가 시간을 따라 계속해서 파악되고 분석이 행해지고 결정 전략이 선택되고 실행된다. 결정 전략의 미세조정은 거의 언제나 일어난다. 이 그림은 한 시스템(경제나 공공 또는 사조직 단위와 같은)의 관리자가 어떻게 문제의 파악, 분석, 그리고 실행의 단계를 상호작용하면서 움직여 가는지를 보여준다.

[그림 4.5.9] 경영의 결정분석 Samson p 294

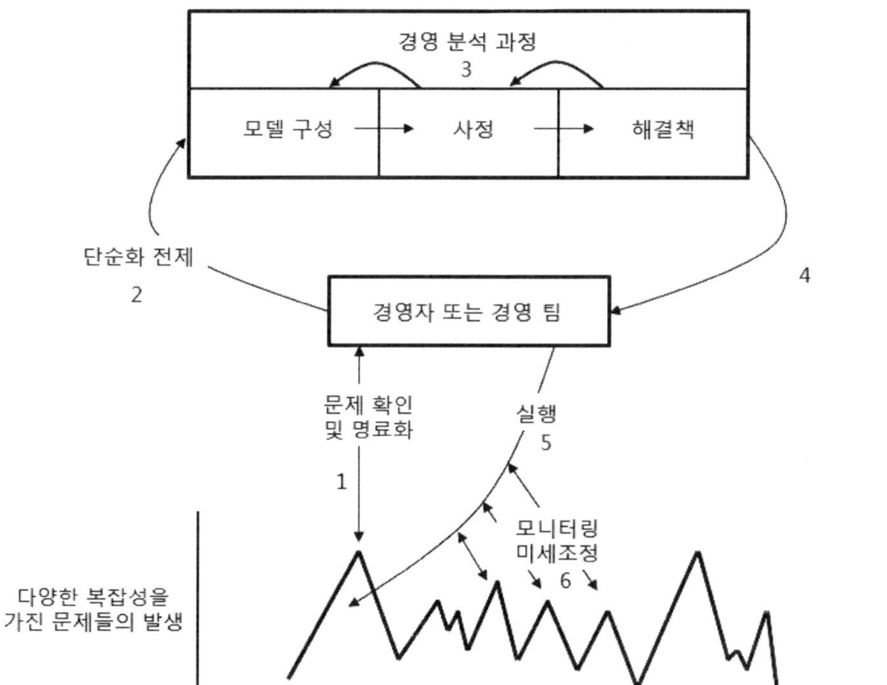

[그림 4.5.9]에서 단계 1이 문제의 파악과 해명(解明; clarification)의 단계이다. 이것에 뒤따르는 것이 결정분석을 설정하는 것이다(단계 2). (단계 3)은 결정분석 그 자체로 이제까지 설명한 몇 개의 민감도분석이 포함된다. 단계 4는 결정분석의 사용을 통하여 통찰력을 길러내는 것이다. 단계 5는 실제 행동의 선택과 최초 실행이다. 단계 6은 사후 결정의 미세조정을 포함하여 문제의 모니터링과 통제이다.

관리자는 계속기준으로 시스템을 모니터하고 이에 따라 그의 결정 전략을 미세조정 한다. 관리자 행위의 처방적 관점은 결정 전략의 효과성과 결정분석의 전제에 대한 끊임없는 의문제기에 크게 달려있다. 이 관점이 처방적이라고 강조함으로써 이를 관리자와 관리과정의 여러 기술적(記述的; descriptive) 관점과 구별할 수 있다. 우리의 관점은 관리가 계속되는 의사결정과정이라는 전제를 함축하고 있다. 이와 같은 얼개 안에서 실제행위에 주는 민감도는 결정전략 뒤따라가기와 정보 수집하기 그리고 필요할 때 이들 전략을 수정하기가 된다.

제5장 다차원 의사결정(多次元意思決定; multi-dimensional decision making)

일치되지 않는 관심을 갖고 있는 여러 당사자가 있을 때뿐만 아니라 한사람의 목적이나 바람이 관심의 크기나 우선순위에서 상충(相衝; compete)될 때 언제나 타협(妥協; compromise)과 절충(折衷; tradeoff)은 현실세상의 결정상황에서 피할 수 없는 일이다. 승용차를 구매하려는 사람은 그 차가 안전하고 안락하며 경제적이고 염가이기를 바란다. 그러나 실제로 그 사람이 이 모든 점에서 만족할 수는 없다. 직장을 구하는 사람은 높은 급료에 밝은 미래전망 그리고 맡아할 일이 재미있기 등등 을 원할 것이다. 일반적으로 그는 그의 이러한 절실한 요구(desiderata)중 일부를 희생시키지 않으면 아니 될 것이다. 이처럼 의문은 항상 일어나는 것이다. "이것의 얼마가 저것의 얼마의 값어치가 있는가?" "직장에 가까운 곳으로 이사하기 위하여 어느 정도 거리에 있는 아파트에 얼마를 지불해야할까?" "직책에 적임자를 고름에 있어 지식과 인간적 매력에 비해 경험은 어느 정도의 비중을 차지해야하나?"

이들 모든 기준에 대한 공통의 측정단위가 있다 하더라도 절충계산이 남아있으므로 여전히 문제는 복잡하다. 모든 요구사항이 금액으로 나타낼 수 있다고 가정해도 출퇴근하는 시간을 아낌으로써 희생된 시간을 급료로 얼마를 보상해야하나 결정하여야한다. 사업계의 공통된 생각과 달리 바람직하든 바람직하지 아니하든 간에 많은 사물과 인물 그리고 상황을 금전이득이나 금전손실로 바꿀 수 없다. 우리는 사물이나 상황을 우리의 개인적 효용척도로 평가하여 가치의 공통분모로 사용할 수 는 있을 것이다. 그러나 이런 효용들을 빼거나 더할 수 있는지 있다면 어느 정도 할 수 있는지 등의 의문이 생긴다. 경제학과 정치경제에서 널리 알려진 문제는 다른 행위자(行爲者; actors)들의 효용을 비교(개인 간 비교 - interpersonal comparison)하는 것이다. 여기서 개인 간의 효용을 어느 정도까지 비교할 수 있는가 문제를 제기한다. 분명히 비교할 수 없는 수많은 상황이 있을 수 있다. 비록 바이올린 과 그 활의 가격이 덧셈(加算的; additive)이어서 두 값을 합하면 활이 딸린 바이올린의 값이 된다 해도 바이올린의 효용과 바이올린 활의 효용은 단순히 덧셈이라고 할 수 없다. 따라서 첫 번째 문제는 몇 개의 양상(樣相; aspects)을 가진 사물의 효용이 그 양상들의 효용을 합한 것이 되는 조건을 정하는 것이다.

5.1 다기준 결정(multi-criteria decision)

지금까지는 주로 단일 기준을 기반으로 결정이 이루어졌다. 최대 기대이익, 최소 기대비용,

또는 재산에 대한 최대 기대효용을 갖는 행위가 최적이라고 간주되었다. 많은 경우 유일한 효과성 측척(測尺)(measure)을 전제하는 것이 적절하였다. 다른 결정상황에서 비금전적 자산의 변화를 기술하고 평가하는 것이, 결정그림에서 준거 결말 위치(reference terminal position)를 선정하는 것이, 그리고 준거 위치(reference position)와 대비하여 비금전적 사산의 변화 값을 계량화하는 것이 가능하다. 다른 말로 하면 비금전적 요인들은 상대적 금전 양(monetaryamounts)로 변환되고 결정 기준으로 혼합된다. 이제는 그 기준의 기대가 최대화 되거나 최소화 된다.

정당한(legitimate) 비판이 이 접근법을 노린다. 실생활에서 어떻게 **모든** 비금전적 요인을 정밀하게 금전적 값으로 그리고 명백하게 주관적이고 고도로 직관적인 평가로 변환할 수 있으며 전 결정분석이 직관적이 아니라고 주장할 수 있을까?일부 요인들은 쉽게 금전적 값으로 변환되지만 다른 것들은 그 특정한 상황에서 의사결정자에게 중대하기 때문에 그자체로 중요한 것이다.

최대 기대효용이 유일한 효과성의 측척(測尺)로 보일지 모르지만 반드시 그렇지는 않다. 다속성(多屬性; multi-attribute) 효용의 경우 기준이 몇 개든 이들을 하나의 전체적 효용 측척(測尺)로 변환하고 그 뒤 그 기대를 최대화하는 것이 가능하다. 다중 목적의 문제는 18세기에 Bernoulli가 "의사결정자는 적은 돈보다 많은 돈을 선호하며 그가 많은 돈을 가질수록 추가되는 돈에 그가 붙이는 가치는 더 적어진다." 라고 제안하였을 때 Bernoulli가 설명한 만큼 단순하지 않다. 그리고 Bernoulli의 선배 Jeremy Bentham이 사람의 목적은 기쁨을 극대화 하는 반면 고통을 극소화 하는 것으로 구성되어 있다고 말하였을 때도 충분하게 통찰력이 있었던 것도 아니다. 이 금언을 실생활에서 언제나 운용할 수 있도록 의미 있게 만드는 것의 어려움은 너무 분명해서 여기서 더 상세히 설명할 가치가 없다.

5.1.1 다수의 기준에 의한 의사결정의 기술(技術; art)

결정이 실생활에서 내려져야할 때 의사결정자는 비난 받기 쉽다. 그의 평판이 걸리기도 한다. 복잡한 영리 및 비영리 조직체에서 한 사람은 내려진 결정의 질에 의하여 장기간에 걸쳐 또는 최근에 내려진 몇몇 결정의 질에 의하여 평가된다. 그 위에 그 결정들이 합리적이고 비직관적이며 철저하게 전문적인 양식을 통하여 도달되었다 할지라도 그것들은 특정한 행동방향의 선별을 제안한 사람에 권한을 주고 평가할 책임이 있는 조직 내 다른 사람들에게 받아들어져야 한다.

무슨 이유에선지 이 받아들여지는 과정에 개인적이고 전문적인 방어메커니즘이 반드시 끼어든다. 결정과 결정에 도달하는데 사용된 과정은 상사에게, 부하에게, 그리고 동료에게 방어될 수 있어야한다. 어떤 대안들이 있을 수 있나? 어떤 기준이 사용되었나? 어떤 중요도 순서가 전제되었나? 각 대안들은 기준이란 면에서 어떻게 평가되었나? 특정한 행동방향이 어떻게 제일 좋은 것으로 선발되었나? 왜? 직관적인 설명하기 어려운 결정과정은 이들 문제를 살려내지 못할 것이다. "저것이 제일 좋은 것처럼 보인다."는 방어가 아니다. 십중팔구 직관적 의사결정자도 살아남기 어려울 것이다.

결정분석의 중요한 부분은 방어의 숨김없는 취급이라는 생각이 든다. 기초가 되는 전제(前提; assumption)는 무엇들인가? 추천된 행동방향을 방어하고 받아들여지게 하기 위해 어떤 특수한 기준이 포함되어야하고 어떤 가중치를 가져야하나? 누가 승인 불승인의 권리를 가지고 있으며 그들에게 무엇이 중요한가? 그들이 분석에 포함되어야하는 다른 관심사가 있는가? 나의 분석은 재생이 가능한가? 즉 다른 사람이 같은 대안들과 같은 사실에 직면했을 때 그들이 같은 결론에 도달할까? 아니라면 왜? 만일 내가 특별한 행위를 다른 것보다 선호함에 있어 또는 특정한 목적에 다른 것보다 더 큰 가중치를 줌에 있어 편향된다면 왜 이들 편향을 공개하고 그것을 방어하지 않는가? 또는 이유를 들어 이를 포기할 준비를 하는가?

(예제 5.1.1) 세 우주 항공사가 과학기술부로부터 Advent 미사일을 위한 첨단 고체연료 로켓에 대한 제안(提案; proposal)을 제출하도록 요청받았다. 이 프로젝트는 세 회사 모두 기술인원을 감축하는 과정에 있었고 이 특정한 계약은 성질상 장기계약이고 원가가산방식(cost-plus)기준이었으므로 세 회사 모두에 매우 매력 있는 것이었다. 정부는 우주기술연구소(Space Technology Laboratories; STL)를 이 프로젝트의 계약대행사로 지정하였다. 이 프로젝트는 이와 같은 프로젝트는 이전에 시도된바가 없기 때문에 주요 과학적 진척(進陟; advances)을 필요로 한다. 이것 그리고 기타 이유로 STL은 모든 요인들을 하나의 금전가치로 축소하고 세 제안을 비용 또는 이득의 수학적 기대로 평가할 수 없었다.

결국 어느 회사가 수주하게 될 것인가를 결정할 STL은 다섯 개의 기준을 지정하였다.

1. **문제의 이해(understanding the problem)**. 회사가 포함된 있을 수 있는 난점(難點; difficulties)을 알고 있는가? 프로젝트가 현제의 기술수준에서 중대한 진척이 있어야 한다는 것을 분명하게 인정하고 있는가?
2. **기술적 접근(technical approach)**. 제안된 과학적/공학적 문제 해결법이 실현가능한가? 그것이 최적인가? 작동은 될지라도 회사가 그것을 해낼 수 있을까?
3. **비용(cost)**. 회사의 제안이 정부에 얼마의 비용을 부담시킬까? 비용예상(費用豫想; cost projection)은 정확한가? 비용초과(費用超過; cost overrun)의 확률은 얼마인가?
4. **비용/효과(effectiveness)**. 절충(折衝; trade-offs)을 위해 무엇을 해야 하나? 비용을 줄이기 위해 어떤 성과(成果; performance)를 포기해야하나? 여러 비용 수치들에 대해 어떤 특정한 성과 측척(測尺)(specific measure of performance)을 집어넣어야하나? 회사는 이들 절충들을 분석하였으며 제출하였는가? 이들은 믿을 만한가?
5. **일정에 맞출 능력(capability to meet schedule)**. 이 회사는 전 Advent 프로젝트가 지체되지 않도록 제때 제 장소에 제품을 납품할 수 있을까?

분명히 이들 모든 기준을 금전가치로 환원하는 것은 어려울 것이다. 예를 들어 "문제의 이해"의 비용이 달러로 얼마의 가치를 가질까? 더 중요하게 각각의 기준이 어떤 공통된 기준으로 표현될 수 없다면 세 회사는 어떻게 평가받을 수 있을까?

STL이 취할 다음 단계는 점수매기기 메커니즘의 정의이다. 각 기준은 최고 100점 최저 0점으로 하기로 합의하였다. 0은 “전적으로 불충분하다”를 의미한다. 예를 들어 있을 수 있는 절충(trade-offs)의 비용/효과 분석이 들어있지 않은 제안은 0을 받는다. 100점은 그 기준에서 가능한 최고로 완벽하게 충족된다는 것을 의미한다. 중간 점수 예컨대 50은 “적당”으로 즉 겨우 조건에 맞지만 확실하게 뛰어나거나 완벽하게 충족되는 것은 아니라고 해석된다.

그 다음에 다섯 기준 각각이 중요도의 순서로 가중된다. 만일 그것들이 분명하게 가중되지 않는다면 그것들은 중요성에서 동일하게 고려될 필요가 있을 것이며 이것은 그자체로 무조건의 가중이다. 논쟁은 피할 수 없다. 문제는 “중요도의 상대적 순서는 무엇이며 얼마로 하여야 하나?”를 다루어야 한다는 것이다. 이 특정한 사례에서 STL은 〈표 5.1.1〉에 나열된 값을 가지고 결정하였다. 기술적 접근과 비용이 제일 중요하게 고려된다. 비용/효과와 문제이해는 기준으로 포함시키기에 충분할 만큼 중요하다. 그러나 고려되는 것 중에서 제일 덜 중요하다. 기타 기준은 중간정도로 중요하다. 숫자의 절대적 크기는 관련성이 없다. 단지 상대적 값만이 중요하다. 가중치를 10으로 곱하거나 2로 나누는 것은 분석이나 결정에 아무런 변화를 일으키지 않는다.

세 회사, A, B, 및 C는 제안서를 작성하여 STL로 제출하는데 3개월이 주어졌다. 서류제출 2주 뒤에 STL 경영진에 제안의 두드러진 점과 검토내용을 발표하게 되었다. 글로 된 제안서와 사람에 의한 발표를 기초로 〈표 5.5.2〉에 있는 것처럼 제안들에 점수를 매겼다. 그 다음 STL은 각사에 대한 가중된 총점수를 각 가중치를 그 회사의 점수로 곱하고 합하여 계산하였다. A사의 총점은 1075점 [(3×25)+(5×0)+(5×100)+(3×100)+(4×50)]이었다. 마찬가지로 B사는 1520 C사는 1325를 받았다. 계약은 B사에 돌아갔다.

계약의 승자가 어느 단일 기준에서도 제일이 아니었다는 것을 주목할 가치가 있다. C사는 문제의 이해와 기술적 접근 그리고 일정에 맞출 능력에서 제일이었다. 이 회사는 공학과 신뢰란 면에서 두 회사를 능가하였을 뿐만 아니라 받을 수 있는 최고의 점수를 받았다. 비용과 비용이 포함된 절충에 너무 소홀하여 계약을 놓쳤다. A사는 이들 비용분야에서는 아주 잘 해냈지만 문제의 이해와 불충분한 기술적 접근에서 부족하여 계약을 놓쳤다. 계약이 B사 편이 된 것은 모든 기준에서 골고루 비교적 잘 해냈기 때문이다.

〈표 5.1.1〉 기준과 상대적 가중치

기 준	상대적 가중치
문제이해	3
기술적 접근	5
비 용	5
비용/효과	3
일정에 맞출 능력	4

〈표 5.1.2〉 삼사의 점수

기준	상대적 가중치	STL의 점수		
		A	B	C
문제이해	3	25	75	100
기술적 접근	5	0	75	100
비 용	5	100	75	25
비용/효과	3	100	75	0
일정에 맞출 능력	4	50	80	100

기준, 가중치, 점수, 및 결정메커니즘은 일부로 만든 것이 아니지만 회사의 이름은 있을 수 있는 법률적 문제를 피하기 위해 바꾸었다.

다기준 의사결정의 중요한 요소가 이 우주 예에 내포되어있다. 최소한 STL은 계약자선정과정에서 어떤 정해진 단계를 밟지 않을 수 없었다. 복잡한 결정에는 복잡하게 된 그리고 아마도 경합(競合; competing)하는 관심사가 들어있다. 결정은 정부 이 경우에는 STL의 상사로부터 뒷받침 받아야 되었다. 계약을 놓친 회사는 그들의 제안이 거절된 근거를 알아야 할 권리가 있다. 자기보존(自己保全; self-preservation)과 산업계 전체의 평판 때문에 STL 경영층은 계약결정의 근거를 명백히 하고 뒷받침하지 않을 수 없었다. 결정과정에서의 각 단계가 공개적이고 "합리적"이어야 했다. 이들 단계는 본질적으로 하나 이상의 기준이 포함된 어떤 결정에 대해서도 같다:

1. **문제의 정의**. Advent 미사일은 개발되지만 로켓엔진이 없이는 날지 못한다. 어떤 회사는 적절한 연구개발을 수행하여 엔진을 생산해야한다.
2. **대안들의 목록작성(lising of the alternatives)**. 세 회사는 현제 이와 같은 프로젝트를 완성할 능력이 있다.
3. **기준의 정의**. 어떤 대안이 선별되어야 하나를 정하는데 지침(指針; guidelines)으로 무슨 예비목적이 사용되어야 하나?
4. **가중치의 정량화(quantification of weights)**. 여러 기준의 상대적 중요도 순서는 어떠한가?
5. **각 기준에 대한 각 대안의 평가**. 각 있을 수 있는 행동방향이 어느 정도까지 각 목적을 충족시키나?
6. **행동방향의 선택(choice of a course of action)**. 어느 대안이 제일인가?

하나이상의 기준이 있을 때 위의 모든 단계가 필요하다. 새로운 대안의 탐색과 집단의사결정 그리고 민감도분석과 같은 다른 고려사항들 또한 도입되어야할 것이다.

5.1.2 다수 기준 문제(multiple criteria problem)

(특정한 행위에 여러 개의 있을 수 있는 결과가 주어진다는 의미에서) 불확실성은 우주의 예에서는 명시적으로 다루어지지 않았다. A, B 및 C사의 경영진에게 이 특정한 문제는 의미

있는 양의 불확실성이 내포되어있다. 기준과 가중치 그리고 채점메커니즘을 제안서를 STL에 제출할 때 회사는 전혀 모르고 있었다. 왜 한 회사가 비용/효과 분석이란 기준 매개체가 적절한 중요도가 있는데도 이를 전혀 빼고 수백만 달라 프로젝트의 제안서를 제출하였는지 독자들은 이제는 알 것이다. 그들은 그것이 있을 것이라고 예상하지 못하였다는 것이다. 이런 의미에서 C사 결정은 전적인 불확실성하에서 이루어진 것이다. 그들의 제안은 모르는 표준의 집합에 의하여 판정된 것이다. 이 회사처럼 많은 관리자들이 중요하지 않다고 생각하는 분야에서 적절하게 일을 처리하지 못하여 상사로부터 보통의 등급을 받는다. 왜? 등급을 매기는 메커니즘을 그들이 모르기 때문이다. 왜? 상사가 무엇을 기대하는지를 말하여주지 않기 때문이다.

이 예가 불확실성하 결정을 다루는 일에 속하나? 두 문제가 즉각적으로 떠오른다. 첫째 STL이 그들의 채점메커니즘에 확률론적 추정치를 함께 사용하였는지 따져 봐야할 것이다. 예를 들어 일정 맞추기 능력에 50 점을 A사에 줄 때 STL은 암암리에 이 회사의 과거성과(past performance), 이 프로젝트 상의 현 기술수준으로 부터의 상대적 진척(advancement), 경영과 연구 그리고 생산 시기 및 시설에 대하여 경쟁하였던 A사가 완성한 다른 프로젝트를 고려하였을지도 모른다. 이 의미에서 50이란 점수는 단일 값 추정치라기보다 기댓값으로 해석될 수 있다. 둘째 효과성의 단일 측척(測尺)(single measure of effectiveness)보다 많은 기준의 도입이 의미 있는 많은 문제를 불러온다. 저자의 의견으로는 이들 새로운 문제는 확실성 상황에서 제출되었다면 최초에 파악하는 것이 더 쉽다. 많은 기준이 불확실성하 결정에 포함되었을 때의 예는 뒤에 검토될 것이다.

여러 행위의 바람직함의 단일 측척(測尺)가 제외되었을 때 무슨 새로운 문제가 나타날까? 수익위주 회사의 최고경영자가 직면하지 않을 수 없는 몇몇 있을 수 있는 목적을 고려해보자.

1 수익성(收益性; profitability)
2. 혁신(革新; innovation)
3. 시장점유율(market share)
4. 물리적 자원의 확보(maintenance of physical resources)
5. 간부 및 작업자 개발(management and worker development)
6. 사회적 책임(social responsibility)
7. 안전(safety)

성장, 생산성, 노사관계, 재무상태, 및 다각화도 함께 목록에 넣어야할 것들에 들어간다. 제한된 수의 목적만이 있을 수 있다 할지라도 측정의 문제가 남는다.

예를 들면 "수익성"은 무엇을 의미하나? 정미 세후이익(net profits after taxes)? 투자수익(return on investment)? 주당배당소득(earnings per share)? 주주복리(株主福利; shareholder wealth)? 그리고 언제부터 얼마동안? 단기 또는 장기? 돈의 시간가치를 고려한 할인? 등등

의사결정자가 결정의 총 효과를 단일 측척(測尺)(measure)로 줄일 수 있는 범위에서 그렇게 할 만한 가치가 있다. 이것이 불가능한 복잡한 상황에서 의사결정자는 명시적으로 목표의 유한

집합을 정의하고 그것들을 그에 따라 가중하여야한다. 그리고 몇 개의 함정이 그들을 기다리고 있음을 깨달아야한다. 이들 있을 수 있는 함정이 언제 어디서나 일어나는 것으로 특징짓는 것이 아마도 편리할 것이다.

시간의 문제는 경영자들의 공통된 고민거리이다. 한 프로젝트의 비용과 수입이 시간에 걸쳐 생기지만 장래로 예측될 수 있고 적절한 할인율이 정해질 수 있다면 그 프로젝트의 정미 현제가치(net present value)는

$$\begin{aligned} \text{NPV} &= \left[\frac{R_1}{(1+i)^1} + \frac{R_2}{(1+i)^2} + \cdots + \frac{R_n}{(1+i)^n}\right] - C \\ &= \sum_{i=1}^{n} \frac{R_t}{(1+i)^t} - C \end{aligned}$$

이며 여기서

NPV＝정미 현제가치

R＝1, 2, ⋯, n 년에 대한 연간 수익(정미 현금흐름)

n＝프로젝트 수명(project life)

i＝할인율(discount rate)

C＝최초비용(initial cost)

예를 들면 한 프로젝트가 10억 원(100,000천 원)의 최초투자가 필요하고 4년의 수명을 갖는다고 가정하자. 각각의 해에 그 프로젝트는 3천만 원(30,000천 원)의 이익을 낸다. 적절한 할인율은 12%이다. 이 경우 이 프로젝트의 정미 현제가치는(금액단위는 1,000원) 이익의 흐름이 120,000천 원(4년간 매해 $30,000)이고 프로젝트의 비용이 100,000천 원이라 할지라도 정미 현제가치가 부(-)이다. 돈의 시간가치를 고려하였기 때문에 그 프로젝트는 바람직하지 않으며 시행되어서는 안 된다.

$$\begin{aligned} \text{NPV} &= \left[\frac{30,000}{(1+0.12)^1} + \frac{30,000}{(1+0.12)^2} + \frac{30,000}{(1+0.12)^3} + \frac{30,000}{(1+0.12)^4}\right] - 100,000 \\ &= (26,786 + 23916 + 21,354 + 19,066) - 100,000 \\ &= -8,878 \end{aligned}$$

물론 이 예는 아주 단순화되어있다. 할인율은 어떻게 정의되나? 무슨 요인들이 프로젝트의 수명을 결정하나? 현금흐름과 최초비용은 확실한가? 그것들이 장래에 일어나는데 어떻게 확실할 수 있을까? 모든 이들 쟁점은 당대의 사상가에 의하여 조사되었으며 독자들은 재무관리 또는 경영공학의 문헌을 실질적으로 참조한다. 이 예의 전후관계에서 다른 시점에 회사 밖으로 또는 안으로 흐르는 돈의 다른 금액을 평가하는 것은 더 이상 의사결정자에 주요쟁점이 되지 않으며 다른 시간 패턴을 고려하기위한 기법은 쉽게 결정그림에 짜 넣어진다.

타이밍(timing)을 명시적으로 취급할 필요가 있는 일부 결정이 아직도 가장 심각한 경영상의

딜레마를 계속 가지고 있으며 정미 현제가치가 도움이 되지 않는다. 누가 이익이 선행할 때 이익의 즉각적 가치와 장래이익 사이를 어떻게 정하는가?

남가주(southwern California)에 있는 작은 전자회사 최고운영책임자의 예를 보기로 한다. 회사의 주요 제품 생산은 소형화된 전자부품의 많은 양의 복잡한 손 조립이 필요하다. 생산종업원의 공급원은 그 회사가 있는 지역사회의 특정인종의 인구이다. 이들 작업자들은 요구되는 조립작업에 훈련되어있지 않다. 회사가 급속히 성장하고 있으므로 새로운 작업자는 훈련되어야하고 기존 작업자들은 더 효율적인 생산방볍이 개발될 때는 계속 업데이트되어야한다. 모든 이 훈련에 드는 돈이 어떤 경우에는 현행의 생산을 어느 정도 제한할 수도 있다. 이들 둘 다 장래의 투자로 간주될 수도 있는 비용을 발생시킨다. 불행하게도 회사는 최근에 수익성을 즉각 입증하여야하는 대기업에 흡수되었다. 문제는 같은 기업에 흡수된 다른 작은 회사가 적자를 내고 있다는 것이 문제를 복잡하게 만들고 있다는 것이다. 예의 최고운영책임자는 현제의 이익을 극대화 하기위해 훈련을 포기하여야 할 것인지 장래를 위하여 훈련을 계속하고 이에 따라 이익을 줄일 것인지를 선택해야하는 딜레마에 직면하였다. 그는 후자를 택하였고 해고되었다.

경영과학자들은 이와 같은 상황을 기술함에 있어 **부분최적화**(sub-optimization)이란 용어에 호소한다. 이 용어는 통상 시스템전체에 최적한 것 보다 부족한 결과를 가져오는 시스템의 부분을 최적화 는 것을 뜻한다. 삼성전자에 제일인 것이 반드시 한국에 제일이지는 않다. 당장 제일인 것이 장기적으로 제일이 아닐 수도 있다. 조직은 단기적으로 운영되지만 장기적으로 우리는 죽어야한다는 것은 사실이다. 예의 최고운영책임자에게 그리고 한편으로 현제 거의 도산 직전인 그 대기업 오너에게 이 철학은 별로 위안이 되지 않는다.

부분최적화는 공간과 시간에 걸쳐 가장 심각한 문제이다. 공장관리자는 끊임없이 생산량과 품질 그리고 원가의 균형을 맞추는 결정에 직면한다. 생산량을 극대화하는 것은 비교적 단순하다. 품질과 원가의 제한을 느슨하게 하고 거대한 양의 폐품을 만들면 된다. 품질을 극대화 하는 것 또한 쉽다. 거의 생산하지 않고 높은 개당 원가를 가져오면서 완전함만 추구하면 된다. 원가, 품질, 및 양의 세 요인은 풍선의 옆구리와 같다. 한 쪽을 밀면 다른 쪽이 불룩해진다. 셋 모두를 누르면 당신 얼굴로 터질 것이다. 실제 비결은 원가를 최소화하고 생산을 극대화하며 품질을 요구수준에 맞추는 - 이들 세 가지 요인 모두를 단일 효과 측척(測尺)(measure)로 줄이는 것이다.

부분최적화의 다른 형태는 몇 개의 경쟁하는 부서가 한 관리자에게 보고하는 경영상황에서 일어난다. 조직에서 일어나는 내부갈등과 관리자를 위한 의사결정의 어려움은 파괴적일 수 있다. 생산 관리자는 표준화된 긴 생산가동과 좁은 생산라인을 원한다. 재무 관리자는 적은 재고와 여러 번의 짧은 생산가동으로 운전자금과 기타 금융비용이 최소가 되기를 바란다. 판매 관리자는 다양한 제품구성(product mix)과 많은 재고를 가짐으로써 주문에 즉시 응할 수 있기를 희망한다. 이들 목적의 집합 어느 하나도 다른 것들과 마찰을 빚는다. 최고운영책임자(chief operating officer)는 이들 모든 상충되는 관점의 조합(組合; combination)이 될 가능성이 높은 전략을 선별하여야한다.

비영리단체에서도 같다. 예를 들면 종합대학은 안에 있는 단과대학들이 훌륭해야 마찬가지로 훌륭하다. 좋은 대학교는 중앙난방시스템에 의하여 연결된 비범한 대학의 집합체이다. 대학교의 가용 자원은 항상 제한되어있다. 기금이 한 대학에만 배당된다면 다른 대학의 가용금액은 줄어들 것이다. 학장은 자신의 대학을 위해 제일인 것이 거의 언제나 다른 대학에 해롭다는 것을 알면서도 자기 대학을 위해서만 분투하지 않을 수 없다. 만일 그가 하나의 전체로서의 대학교를 위해 제일인 결정을 내린다면 그 개인이 맡고 있는 그 대학이 아마도 제일 밑이 될 것이고 그리 크게 되지 않을 것이다. 모든 것의 꼭대기에는 학사담당 부총장은 강력한 학장을 채용하고 어느 단과대학에게 거의 제일이 아니지만 대학교를 위해서는 제일인 방향으로 재원을 배분하며 협조적이고 투지 없이 순종하는 학장을 제거함으로써 훌륭한 대학교를 만들려고 노력하고 있다. 내부의 갈등과 부분최적화는 불가피하다. 그런 것이 어떤 최고경자 자리의 본성이다.

진실로 누군가의 전 "우주(宇宙; universe)"를 최적화한다는 것은 불가능하다. 의사결정자는 그들 자신의 시스템의 범위를 좁혀야하고, 목적(기준)을 정하여야하고, 그것들을 중요도의 순서로 가중(加重; weight)하여야하며, 그것들을 측정하고 계량화하는 방법을 결정하여야하고 그것이 가능한 범위 안에서 행위를 선택하여야한다. 기준의 결정은 어려워서 아마도 전 의사결정과정의 가장 어려운 측면이라고만 말하여두자.

만일(결정은 어떻게 내려져야하는가가 아니라) 현실세계에서 결정이 어떻게 내려지고 있는가를 강조하는 실제적인 결정이론의 주요 항목은 Herbert Simon이 사용하기 시작한 용어인 **만족조건최소화(satisficing)**의 아이디어가 아닐까 생각된다. 많은 결정 및 수많은 의사결정자들에 의하여 사용된 과정 연구에서 Simon은 목표가 실은 최적화가 아니라는 것을 이론화하였다. 어느 적절하지만 임의의 효과수준을 충족 또는 만족시키는 결정이 선택된다. 단일의 최적대안에 대한 막연한 탐색은 보통 착수되지 않는다. 최소의 턱거리 비율(hurdle rate)에 도달하면 그것은 충족되었다고 간주하고 더 이상의 탐색은 포기한다(만족최소화는 5.6에서 상세히 다루기로 한다).

누구도 이 분석에 시비를 걸 수 없다. 탐색에는 돈과 시간이 든다. 많은 경우에 있을 수 있는 제일 좋은 대안을 무제한 탐색하는 것은 비용증분(incremental cost)에 대비되는 탐색의 가치증분이란 면에서 정당화될 수 없다. 또한 한 시스템의 수준에서의 만족최소화가 사실은 다른 수준에서는 최적화일 수 있다. 인문학담당 부총장은 "충분한" 기금을 문과대학에 배정할 수도 있다.

다수의 기준을 다루기, 심상치 않은 부분최적화를 알아차리고 피하기, 및 최적화 대 만족하기의 균형 잡기는 의사결정 "기술(art)"의 이해범위 안에 들어간다. 한번 배웠던 어떤 정밀한 규범적 과학도 관리자에게 영원히 이들 쟁점이 관련된 모든 어려움을 피하도록 허용하지 않는다. 다음 절에서 독자에게 실생활 문제해결에 있어서의 취약성(脆弱性; vulnerability)을 줄이는데 도움이 되기를 바라는 몇몇 아이디어가 검토될 것이다.

5.1.3 기준과 가중치(加重値; weights)

효과성의 측척(測尺)는 의사결정을 위한 기준으로 주의 깊게 사용되어야만 한다. 누구든 "내가 진짜로 달성하고자 하는 것이 무엇인가?"라는 의문을 항상 물어야한다. 기준 또는 목적이 정당한 것인가 또는 측정하기 쉽고 즉시 쓸 수 있기 때문에 채택된 그릇된 목표는 아닌가? 예를 들면 2차 대전 중 많은 수의 영국 상선이 지중해에서 적의 공습으로 심하게 손상되거나 침몰되었다. 당연한 대응수단은 배에 방공장비 및 요원을 갖추는 것이다. 비용 때문에 그리고 방공장비는 다른 데에서도 수요가 많았으므로 모든 배를 그렇게 바꿔지 못하였다. 또한 선원들이 짧은 기간에 충분히 숙달될 만큼 훈련받지 못하였으므로 극히 적은 수의 적기만이 상선 단에 의하여 격추되었을 뿐이다. 이로 말미암아 일부 함선 내 부서들이 방공 선원 및 장비를 다른 더 효과적인 임무를 위해 이동시킬 것을 요구하게 되었다. 총포와 요원들이 부정확하여 상선 선원들이 더 안전하다고 느낌에도 불구하고 영국 고위 지휘관은 방공무기의 효과성의 보다 나은 측척(測尺)인 "적기 격추 백분율"이라는 기준을 근거로 총포 및 요원을 이동시키기로 결정하였다.

그러나 행동에 옮기기 전에 부족한 자원의 대체사용문제를 해결하기위하여 작전데이터가 분석되었다. 데이터는 단지 공격 한 적기의 4%만이 격추되었다는 것으로 동일한 장비와 요원에 다른 임무를 부여했을 때보다 아주 빈약한 결과를 보여주었다. 반면에 "비행기 격추"가 타당한 목적이 아니라는 것이 분명해졌다. 〈표 5.1.3〉이 보여주는 데이터에서 또 다른 중대한 사실이 떠올랐다. 대응수단은 적기를 격추하기위해서가 아니라 배를 보호하기위해 배에 실어졌다는 것이다. 효과성의 타당한 측척(測尺)는 배에 방공장비를 설치하지 않고 사용하지 않았을 때의 생존 또는 손상에 비해 배가 그 장비를 가지고 있고 이를 사용하였을 때의 침몰 또는 피해 가능성이 낮은지 아니면 높은지 이어야한다는 것이다. 방공포발사가 비행기 공격의 정확도에 영향을 주어 극심한 피해나 침몰의 기회를 줄여주는가? 〈표 5.1.3〉에서 침몰 백분율(10 대 25)은 방공장비가 발사되었을 때 유의적으로 낮다는 것은 분명하다. 따라서 대응수단의 설치와 사용이 사격의 상대적 부정확과 비행기의 낮든 격추비율과 상관없이 생존기회를 늘려주는 것은 확실하다.

앞에서의 예는 불확실성하의사결정을 위해 기준이 명시적으로 주의 깊게 고려되어 정해지는 것의 중요성을 지적하는 의미가 있다. 더 복잡한 결정에서 결정기준들을 중요도의 상대적 순서의 의하여 분리하는 것이 유용하다. 예를 들면 Kepner & Tregoe(1965)는 목적을 필수사항(musts)과 희망사항(wants)으로 분류할 것을 제안하였다. 이것은 기준에 가중치를 놓는 것과 유사하지만 덜 구조화되어있다. 필수사항은 거역할 수 없는(inviolable) 억제수단을 정의한다. 그들은 수리계획법(mathematical programming)의 한 구절을 빌려와 "가능해의 집합(feasible set of solutions)"을 정의하였다. 일부 목적은 의사결정자의 마음속에서 아주 중요하여 특정한 결과를 낳지 않는 어떤 전략도 즉각적으로 받아들여지지 않는다. 이들 옵션은 시작부터 분석에서 제외된다. 이것이 더 이상의 분석을 위한 가능성들의 제한된 집합의 탐색을 강제함으로써 훨씬 더 효과적인 최적의 전략을 찾게 만든다.

희망사항인 기준이 우리가 필수사항이 고려된 뒤에 남는 대안들의 상대적 바람직함의 순서를 매기게 하여준다. 일단 유명한 장소가 정의되면 우리는 작은 지역을 원하고 덜 혼잡하기를 바라며 쉬운 접근성을 고맙게 여길 것이다. 희망사항이 우리가 우리의 탐색을 더 다듬기위하여 찬반양론, 장단점을 추정하게 하여준다.

〈표 5.1.3〉 저위 비행기공격에 의한 상선의 사망률*

	대응 발사된 공습	대응 발사 없었던 공습
투하된 폭탄	632	304
명중된 폭탄	30	39
명중 %	8	13
공격받은 배	155	71
침몰된 배	16	18
침몰 %	10	25

* Morse, P. & G. Kimball, Methods of Operational Research, p.53, 1951에서 인용

아마도 세 번째 기준의 범주 - 무시사항(ignorables)을 소개해야 할 것이다. 분석은 탐색, 시간과 노력, 지출된 돈, 및 고려된 목적들이란 면에서 너무 많이 사용될 수 있다. 현명한 관리자는 목적이 그리 중요하지 않고 안전하게 "무시할 수 있는" 분석의 부분으로 결정할 것이다. 이에 따라 필수사항과 희망사항에 주의를 집중한다. 어느 것이 중요한가? 어는 것은 중요하지 않은가? 어떻게 제한된 시간을 압도적인 요구사항에 할당할 수 있을까? 성공적인 간부는 그 시간에 하는 일보다 해야 할 일이 더 많기 때문에 시간은 필수사항에 그 뒤에 희망사항에 배분되어야하지만 무시사항에 주어져서는 아니 된다. 상당한 시간이 별로 중요하지 않은 결정에 쓰인다면 통상 무언가 중요한 것이 무시된다. 이것이 흔히 치명적이 된다. 중요하지 않은 일에 쓰인 시간은 만회할 수 없다. 유능한 의사결정자는 이것을 알기 때문에 그에게 필수인 목적이 그의 시간의 효과적 사용이 된다. 아마도 이것이 오늘날 "시간의 관리"를 다루는 책, CD, 및 간부개발세미나가 그렇게 널리 보급되고 그렇게 이익을 내는 이유가 될 수 있다.

가중치의 결정

일단 위에서 언급된 세 부류로 나누어지면 가중 문제가 남는다. 희망사항들은 통상 중요도에서 동일하지 않다. 개념적으로 이 중요도에서의 상대적 차이를 어떻게 다루어야하나? 몇 가지를 강조해야겠다.

1. 가중치(weights)는 명시적이거나 함축적이다. 함축적인 것에는 불확실성과 편향이 개입된다. 알려지지 않은 표준의 집합이 사용되고 있기 때문에 결정은 재생산할 수 없다. 한 행위가 같은 대안, 같은 기준, 및 같은 측정법 의 집합에서 선택되지만 가중치가 한사람에

서 다른 사람으로 또는 한 기간에서 다음 기간으로 기준변화가 주어진다면 결정도 십중팔구 바뀔 것이다. 다른 말로 하면 당신이 가중치를 유의적으로 바꾸고 다른 모든 것을 같게 놓아두면 당신의 결정은 바뀐다. 함축적 가중치는 적극적 이론이 적용되는 현실세계에서 일반적이지만 그것들은 의사결정의 규범적 취급에 자리가 없다. 가중치는 노골적이어야 하고 주의 깊게 결정되어야 하고 명시적이어야 한다.

2. 다음 두 환경중 하나라도 일어나면 명시적 가중치는 의미가 없다. 첫째 모든 기준에 주어진 가중치가 같다면 그 가중치는 의미가 없다. 가중치의 상대적 값이 의미를 갖는다. 둘째 대안 하나가 환경과 상관없이 모든 다른 대안을 압도한다면 그 가중치는 소용없다. 예를 들면 모든 다른 실행 가능한 생산방법보다 운전이 더 쉬운, 사기 더 쉬운, 더 높은 품질의 제품을 생산하는, 그리고 운전이 더 안전한 기계가 비용, 품질, 및 안전의 중요도에 어떤 가중치가 주어진다 해도 바람직할 것이다. 가중치가 중요하게 되는 것은 기준간에 절충(折衷; tradeoffs)이 가능할 때뿐이다.
3. 명시적 가중치는 모든 다른 기준과 비교되는 한 기준의 중요도를 표시하기위하여 사용된다. 가중치를 명시적으로 기술하기위한 어떤 단일 표준 절차는 존재하지 않는다. 가중치는 0에서 1, 0에서 10, 3에서 5 등등으로 변할 수 있다. 숫자가 높으면 높을수록 기준이 더 중요하거나 대신으로 덜 중요하다. 어떤 단일 방법도 옳기 때문에 다른 모든 방법을 배제할 수 없다. 특정한 상황에서 의미가 통하는 어떤 것 또는 의사결정자에게 가장 편안한 어떤 방법도 사용되어야하는 하나이다.
4. 가중치의 결정은 인간의 판단이 포함된다. 주관성(主觀性; subjectivity)이 효용함수의 명세에서처럼 꼭 포함된다. 따라서 다른 누가 만든 가중치가 그릇되었다고 비판하는 것은 부적절하다. 만일 그것들이 당신이 만든 것과 다르다면 그 다른 점은 명료하고, 명시적으로 노골적이고, 논쟁의 여지가 있다.
5. 기준들이 경영자의 마음속에서 중요도를 크게 또는 작게 가정함에 따라 가중치는 때때로 그리고 결정 간에 변할 수도 있다.

가중치의 통상적 출발점은 기준에 이름을 붙이는 것과 그것들을 필수사항과 희망사항 그리고 무시사항으로 나누는 것이다. 그 뒤 필수사항과 무시사항은 당분간 재껴 놓는다. 이들 목적의 가중치 결정은 불필요하다. 다음으로 우리는 희망사항을 각각의 상대적 절박성을 고려하여 중요도의 순서로 순위를 매긴다. 내가 만일 하나만 선택하여야한다면 어느 기준을 택할까? 내가 만일 하나만 삭제해야한다면 어는 것을 무시할까? 왜?

기준의 이름이 지어지고 순위가 매겨지면 눈금을 매겨야한다. 상대적 크기를 계량화하는데 몇 가지 방법을 사용할 수 있다. 선택된 방법, 사용된 척도(尺度; scale), 그 척도가 비례적(比例的; straight)인가 아니면 역비례적(逆比例的; inverse)인가는 모두 의사결정자가 내리는 임의의 선택이다. 척도매기기 기법의 한 예를 [그림 5.1.1]이 보여준다. 필수사항과 무시사항은 척도화하지 않는다. 전자는 모든 있을 수 있는 행동방향의 대안들의 분석을 위한 "갈 것" 또는 "안갈 것"의 뼈대를 준다. 후자는 모든 이후 고려대상에서 빠진다. 나머지 기준을 위해 선택된 척도는

0에서 10까지의 범위를 가지며 비례적이다.

다음으로 가장 중요한 기준은(여기서의 순위에 따라) 척도상의 어떤 점에 자리잡아야한다. 이점이 척도의 가장 위에 있고 10이란 값을 갖는다고 가정하자. 두 번째 순위의 기준이 가장 중요한 기준과 비교하여 그 중요도에 상응하는 점에 있는 척도에 자리 잡는다. 예를 들면 두 번째 기준이 가장 중요한 기준에 비해 반만큼 중대하다고 간주된다면 적절한 가중치는 5일 것이다. 이 절차는 모든 기준에 가장 중요한 기준과 대비하여 척도가 매겨질 때까지 반복된다. 세 번째 기준이 우리의 임의의 척도에서 2라는 가중치를 할당받았다고 가정하자.

가중치들은 이제 모든 가중치가 가장 중요한 기준과 대비된 중요도의 비율로 표현되도록 조정될 수도 있다(표 5.1.4). 대신에 가장 낮은 순위와 대비하여 조정될 수 있다. 이 경우 기준 1, 2, 및 3에 대한 조정된 값은 10/2=5, 5/2=2.5, 및 2/2=1이 될 것이다. 의사결정자가 가중치를 조정하지 않고 척도로 매겨진 것을 그대로 사용한다면 그것도 받아들일 수 있다.

가중치는 "정규화" 될 수도 있는데 이는 가중치를 어떤 단일 기준에 할당된 모든 가중치의 비율을 나타내는 분수로 바꾸는 절차이다. 우주문제를 생각해보자. 거기서는 다섯 기준이 3에서 5까지 가중되었다. 이들 가중치를 모든 기준에 대해 합하고 이 값으로 각각의 개별가중치를 나눈다고 생각하자. 우주문제에 있어서의 이 정규화절차를 〈표 5.1.5〉에 있다. 수리적으로 i번째 기준에 대한 정규화 된 가중치 W_i는

$$W_i = \frac{i\text{번째 기준에 대한 개별 가중치}}{\sum_{\text{모든 기준}} \text{개별 가중치들}}$$

이다. 점수매기기는

$$\begin{aligned} \text{A사 합계} &= 0.15(25) + 0.25(0) + 0.25(100) + 0.15(100) \\ &\quad + 0.20(50) = 53.75 \\ \text{B사 합계} &= 0.15(75) + 0.25(75) + 0.25(75) + 0.15(75) \\ &\quad + 0.20(80) = 76.00 \\ \text{C사 합계} &= 0.15(100) + 0.25(100) + 0.25(25) + 0.15(0) \\ &\quad + 0.20(100) = 66.25 \end{aligned}$$

이다. 물론 이긴 회사는 아직도 B사이다.

〈표 5.1.4〉

기준	상대 순위	척도 값	조정된 값
1	가장 중요	10	10/10 = 1.0
2	중간정도 중요	5	5/10 = 0.5
3	제일 적게 중요	2	2/10 = 0.2

[그림 5.1.1] 가중치의 척도매기기

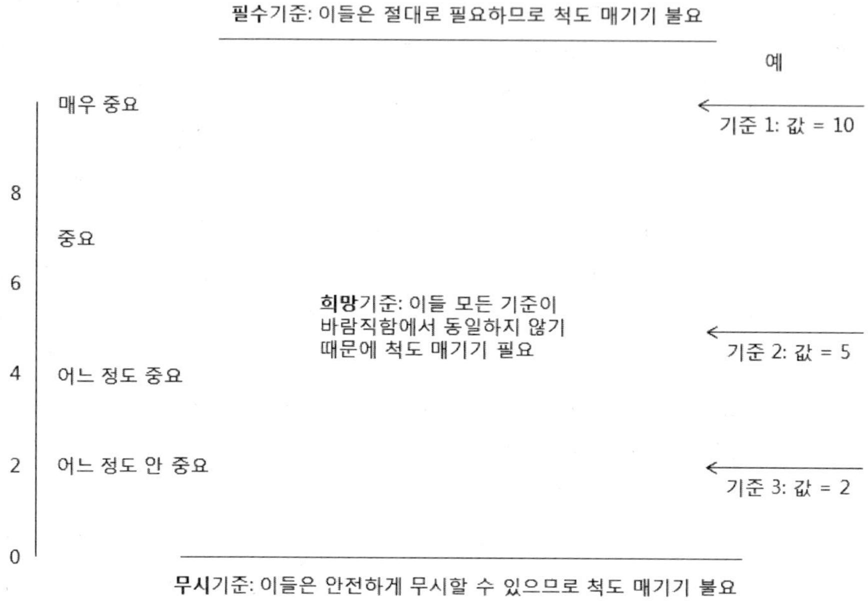

정규화가 다기준 결정과정에 두 개의 차원을 추가한다. 정규화 된 가중치를 분수 또는 백분율로 보는 것도 가능하다. 결정의 25%는 기술적 접근에, 25%는 비용에20%는 일정에 맞출 능력에 그리고 15%는 문제의 이해와 비용/효과에 두게 된다. 아마도 정규화하기가 어떤 면에서는 정규화 되지 않은 숫자 가중치로는 불가능한 각 기준에 대한 강조의 정도를 이해하기 쉽게 만든다.

또한 이제 STL은 합계 점수를 "각 대안이 달성하는 우리의 이상적 목적들의 양(量; amount)으로 해석할 수도 있었다. 이런 의미에서 B사는 이 프로젝트에서 얻을 수 있는 최대의 만족도의 76%를 달성할 수 있을 것이다. 이 해석은 B사가 달성한 총점이 1520이 최대 가능총점(2000)과 비교되지 않는다면 정규화 되지 않은 절차로는 더 어려울 것이다.

가중치를 결정하는 두 번째 방법에는 확실등가(確實等價; certainty equivalent)가 있다. 우리가 특정한 결정에서 가장 중요한 그리고 가장 덜 중요한 두 기준 A와 Z 각각을 지정한다고 하자. 다음으로 우리는 두 대안, 1과 2를 상상하기로 하는데 이들은 A와 Z에서는 동일하다. 고쳐 말하면 기준 A와 Z만 고려한다면 우리는 행위 1과 2사이에 선호무차별(選好無差別; indifferent)일 것이다. 만일 이 모델이 덧셈(加算的; additive)이고

$A_1 =$ 행위 1에 대한 기준 A의 점수

$A_2 =$ 행위 2에 대한 기준 A의 점수

$Z_1 =$ 행위 1에 대한 기준 Z의 점수

$Z_2 =$ 행위 1에 대한 기준 Z의 점수

이면

$$W_A A_1 + W_Z Z_1 = W_A A_2 + W_Z Z_2$$

〈표. 5.1.5〉

기 준	개별 가중치	정규화 가중치
문제의 이해	3	3/20 = 0.15
기술적 접근	5	5/20 = 0.25
비 용	5	5/20 = 0.25
비용/효과	3	3/20 = 0.15
일정에 맞출 능력	4	4/20 = 0.20
합 계	20	1.00

가 된다. 여기서 W_A와 W_Z는 기준 A와 Z에 대한 가중치이다. 방정식을 재배치하면

$$\frac{W_A}{W_Z} = \frac{Z_2 - Z_1}{A_1 - A_2}$$

예를 들어 A는 안전 Z는 빛깔이라고 가정하자. 0에서 10까지의 척도 상에서 행위 1은 안전에서 8 빛깔에서 4의 점수를 받은 반면 행위 2는 안전에서 6빛깔에서 10을 받았는데 의사결정자가 두 행위에 대해 선호무차별이다. 따라서

$$\frac{W_{안전}}{W_{빛깔}} = \frac{10-4}{8-6} = \frac{6}{2} = 3$$

이것이 갖는 의미는 안전에 대한 가중치가 빛깔에 대한 가중치의 세 배라는 것 즉 각각 3과 1이다.

(예제. 5.1.2) 젊은 부부가 주택을 구매하는 문제에 봉착하였다. 남편은 큰 컴퓨터 제조회사의 사장에 의하여 입사하게 된 최근에 대학을 졸업한 사람이다. 그는 근무지에 도착하고 열흘 이내에 집을 선택하고 이사하여야한다. 새로운 집의 건축은 문제 밖이다. 아파트 생활은 그의 아내와 어린 아이들이 좋아하지 않는다. 여러 가지 집 리스트를 갖고 있는 부동산 중개업자는 그들 부부에게 여러 집을 보여주었는데 일부는 마음에 들고 일부는 분명히 받아들일 수 없었다.

첫째 이 부부는 필수 기준을 정리하였다.

- 침실 셋 또는 침실 둘과 다락방 1
- 둘 또는 그 이상의 욕실
- 10일 이내에 입주 가능
- 교외일 것

- 사무실까지 차로 30분 이내에 위치
- 월 지급금이 세금을 포함하여 250만 원 이하
- 입주금은 1,500만 원 이하
- 질 좋은 초등학교가 도보거리 안에 있을 것
- 수영풀이 없어야한다.

다음으로 희망기준을 나열하고 중요도에 따라 순위를 매기고 가중하였다:

• 월 지급액	10	• 입주금	9
• 사무실까지 거리	7	• 학교까지 거리	7
• 주차장의 크기	5	• 주변의 안정성	5
• 집의 아름다움	5	• 마당의 아름다움	4
• 아이들 놀이터	4	• 내부 장식	3
• 전망	2	• 에어컨디션	2
• 교통과 소음	2	• 작업장	1
• 재봉실	1		

그들이 무시하기로 합의한 기준:

- 이웃의 인종
- 집의 나이
- 붙어있는 또는 떨어져있는 차고
- 벽돌 또는 나무 외장
- 가족실
- 지하실 유무

최초의 선별도구로 사용된 필수 기준이 더 이상 분석할 대상에서 세 집을 남겨놓고 모두 제외시켰다. 이들 세 집에 〈표 5.1.6〉이 보여주는 것처럼 희망 기준 각각에 대해 0에서 10까지의 점수를 매겼다. 집 1은 그 도시의 변두리에 있는 조금 오래된 집으로 이웃은 안정되어있다. 그 집은 내부와 마당에 상당한 수리가 필요하며 에어컨과 넓은 차고와 같은 최신 설비는 없다. 두 번째 집은 교외에 꽤 멀리 떨어져있으며 10년쯤 된 집이다. 이 집은 오래된 집 1과 사무실에서 운전거리 30분이지만 크고 현대식이고 보존상태가 좋아 거의 새집인 집 3 사이에서 절충된 것이라 할 수 있다.

이제 각 집에 대해 가중된 점수를 계산한다. 각 기준에 대해 각 대안이 얻은 점수를 그 기준의 가중치로 곱한다. 집 1의 가중된 점수의 합계는

$$\begin{aligned}&(10\times 10)+(9\times 10)+(7\times 8)+(7\times 7)+(5\times 5)(5\times 7)\\&+(5\times 7)+(4\times 7)+(4\times 4)+(3\times 2)+(2\times 0)\\&+(2\times 0)+(2\times 5)+(1\times 10)+(1\times 0)=460\end{aligned}$$

이다. 마찬가지로 집 2에 대한 가중된 합계는 521 집 3은 501이었다. 가장 매력적인 옵션은 타협안인 집 2이다.

이제 주의의 말을 해야 할 차례다. 두 번째 집으로 정하기 전에 의사결정자는 이제 가중하기 및 점수매기기 과정에 일관성이 있는지를 점검해야한다. 임의의 가중치가 임의의 점수와 결합되고 가중된 합계가 계산될 때 절충을 하여야한다. 이들 절충의 필요성이 의사결정자의 마음속에서 근거가 확실하지 않으면 가중하기와 점수매기기 과정은 조정되어야한다. 예를 들면 마당의 아름다움은 놀이터와 마찬가지로 4로 가중되었다. 첫 번째 집 마당의 아름다움은 7을 받았고 두 번째 집의 놀이터가 7을 받았다. 그래서 첫 번째 집은 마당의 아름다움에서(4 × 7) 즉 28점을 받고 두 번째 집은 놀이터에서(4 × 7) 즉 28점을 받았다. 이제 이들 부부의 마음속에서 문제는 "이들이 동일한가? 이다. 이것은 가정이다. 이것이 옳지 않다면 점수매기기 시스템은 바뀌어야한다. 결정과정이 타당하다고 생각하기 전에 한 기준에 대한 대안들 사이의 그리고 모든 기준에 대한 단일 대안내에서의 절충의 일관성이 점검되어야한다.

〈표 5.1.6〉

기준	집 1		집 2		집 3	
	내역	점수	내역	점수	내역	점수
월 지급액(만원)	230	10	250	8	250	8
입주금(만원)	1,000	10	1,500	7	1,500	7
사무실까지 거리(km)	6	8	10	5	13	3
학교까지 거리	3 블록	7	1 블록	10	4 블록	5
주차장의 크기	1 대	5	2 대	8	2 대	8
주변의 안정성	양호	7	최우수	10	최우수	10
집의 아름다움	보통	7	양호	9	양호	9
마당의 아름다움	보통	7	양호	9	보통	7
아이들 놀이터	좁다	4	보통	7	넓다	10
내부 장식	모자람	2	양호	6	우량	9
전 망	나쁨	0	보통	5	양호	8
에어컨디션	없다	0	있다	10	있다	10
교통과 소음	보통	5	양호	8	양호	8
작업장	있다	10	없다	0	있다	10
재봉실	없다	0	있다	10	있다	10

이 점검에서 여러 기준에 대한 결과(結果; outcomes)가 비교 가능한 측척(測尺)(1에서 10, 0에서 100, 등등)로 전환된다고 가정한다. 이들을 동일 단위로 계량할 수 있는 단위(commensurable units)라고 이름 붙인다. 특별히 가중하기 과정이 관련된 곳에서 이 전환이 실제 결과를 더 사용하기 쉬운 형태로 바꿔준다. 대신에 우리가 결과 점수를 직접사용하고 나서 그것들을 어떤 전반적 평가를 위해 합계를 낸다고 하자. 원, 일(日; days), 달러(dollars), 톤-킬로미터(ton-km), 및 인-일(人-日; man-days)로 측정된 기준에 근거를 둔 대안들 중에서의 결정을 생각해보자. 원이 톤-킬로미터와 직접 비교될 수 있도록 가중치를 어떻게 설정해야할까? 모든

것을 금전가치로 바꾸는 것이 때로는 편리할 것이지만 모든 경우에 그렇지는 않다. 이것은 실제로 모든 비용/이득 연구에서 문제가 된다. 당신은 구조된 인명의 가치가 들어있는 시스템의 비용을 어떻게 계산할 것인가? 이것은 단순히 도덕적 또는 철학적 가치의 문제만은 아니다. 그것은 또한 동일 단위로 계량할 수 없는(incommensurate) 단위를 다루는 것 중 하나다.

그에 더해 파운드로 측정된 결과를 대신에 톤으로 바꾼다. 가중치 또한 바뀌어야한다. 치수의 단위는 가중치의 크기와 중요한 관계가 있어서 가중치는 중요도 순서의 결정에서 직접 비교될 수 없다. 다중회귀분석에 친숙한 독자는 이 문제를 인정할 것이다. 변수1에 대한 다중추정 방정식에서의 계수는 변수 2에 대한 계수와 수적으로 비교되지 못할 수도 있다. 첫째 변수는 수백만 달러로 둘째 변수는 지수(指數; index) 수자로 표현될 수도 있다. 만일 첫째 변수가 아주 작고 둘째가 아주 크다고 해서 둘째 항이 예측력이란 면에서 더 중요하다고 가정하는 것은 옳지 않다. 첫째 변수의 치수를 십억 달러로 바꾸면 첫째 변수의 계수 크기는 바뀐다. 그 값은 이제 둘째의 것보다 커질 것이다. 첫째의 치수를 백만에서 10억대로 조정함으로써 우리가 첫째 변수를 둘째보다 더 중요하게 만들었는가? 분명히 아니다. 가중치는 여러 기준에 대한 결과 점수의 치수특정에 결정적으로 의존한다.

또한 동일 단위로 계량할 수 없는 치수를 수학적으로 연산하는 것은 동일 단위로 계량할 수 있는 것보다 상당히 더 제한된다. 덧셈은 우리가 점수를 금전등가(金錢等價; monetary equivalents)나 효용과 같은 균질 측척(測尺)(homogeneous measure)로 바꾸거나 또는 적절한 가중치를 설정하지 않는 한 전혀 정의되지 않는다. 어떻게 우리가 두 대안을 원, 사람, 그리고 시간으로 측정된 결과점수를 합하여 평가할 수 있을까? 더 나아가 만일 우리가 일(日; days)을 시간으로 바꾸고 단순히 결과점수를 더하면 우리들의 대안들 순위매기기는 변할 수도 있다. 이 경우 우리가 점수들을 비용/(사람 × 시간) 즉 인-시 당 원으로 결합하면 곱셈과 나눗셈은 완전하게 합리적이 된다. 동일 단위로 계량할 수 없는 점수를 올바르게 다루는 것은 정말로 복잡하다라고 말 할 수 밖에 없다.

덧셈 및 곱셈 다중속성효용함수에 대해 잠간 생각해보기로 한다. 특정한 문제에서 덧셈모델이 적절한지 아니면 곱셈모델이 적절한지 그리고 이는 어떻게 정해지는지 논쟁이 일어났을 때 결정이론 전문가들 사이에 상당한 격론이 있었다. 덧셈모델이 더 단순하여 이해하고 사용하기도 쉽다. 그러나 그것이 적절하지 않다면 어떻게 하나? 이 문제를 다룸에 있어 두 오류의 출처가 가장 중요하다. 곱셈모델이 사용되어야할 때 덧셈 모델이 사용되면 **모델화오류**(modeling error)가 개입된다. 절충은 단순성과 모델화 오류사이에서 이루어진다. 옳은 모델이 사용되지만 주관적 입력 자료가 옳지 않으면 **사정오류**(査定誤謬; assessment error)가 개입된다. 여러 효용함수의 사정에 본래부터 있는 어려움이 있을 때 "모델화오류" 대 "부과오류"의 크기는 대부분의 경우에 덧셈모델의 쉬움과 단순성에 대해 논란되는 것 같다. 모델 입력 자료가 그렇게 많은 잠재적 부과오류를 포함하고 있을 때 모델화오류에 관해 길게 논란을 벌리나? 이 접근법은 일반적으로 교육적(教育的; pedagogical)이라기보다 실용적(實用的; pragmatic)인 것으로 인정된다.

다중속성 효용함수가 덧셈이건 곱셈이건 간에 비금전적 기준에 대한 의사결정자의 선호는 선형일수도 비선형일수도 있다. 수익성이 좋은 지방정부와의 계약을 가진 회사가 법율에 따르기 위하여 장애인의 종업원을 고용하지 않을 수 없다고 하자. 회사가 법에 따를 수 있게 하여주는 일정한 수준까지는 지원자 중에서 비장애인에 비해 장애인을 선호하게 되지만 그 점을 넘어서면 그렇지 않게 된다. 그런 종업원을 10명 정도 고용하는 것이 회사에는 매우 중요할 수 있지만 이에 두 번째로 10명을 추가하는 것은 그 추가의 가치가 적을 수도 있다. 그런 종업원 20명은 경영자에게 10에 비해 두 배만큼 매력이 있는 것은 아닐 수 있다. 안전, 소음, 및 신뢰도와 같은 다른 요인들은 기울기가 마이너스일 수 있으며(소음이 적은 것이 더 선호된다) 그리고/또는 선호라는 면에서 비선형일 수 있다. 이들 그리고 관련된 문제점들은 오히려 복잡한 실생활의 결정분석일 수 있는 뒤따르는 포괄적인 예제를 통하여 알아보기로 하자.

(예제 5.1.3) 멕시코정부 공공 사업부(Mexican Ministry of Public Works)를 위한 결정분석이 실시되었다. 조사의 목적은 멕시코시티의 시내의 공항개발을 위한 가장 효과적인 전략을 찾아내는 것이다. 조사는 결정나무, 주관적 확률, 다중 기준, 효용의 사정 및 민감도분석 등이 작업에서 불확실성하 의사결정에 유용하게 사용되도록 제안된 모든 중요한 기법을 이용하였다. 이 분석을 요약한 문서가 발행되었으며 이 예제는 그 문서를 압축한 것이다. MIT의 R. L. Keeny가 주도한 분석의 개략을 소개한다.[32)]

공항개발에 관한 두 조사가 상충되는 권고를 내놓았다. 하나는 시 중심부의 근처인 Texcoco에 있는 공항시설을 확장할 것을 권고하였다. 또 하나는 Zumpango에 새로운 시설을 건설하고 그곳으로 모든 사업을 이전할 것을 권고하였는데 거기는 시에서 25마일 떨어져 있다. 명백한 모순에 봉착하여 멕시코 공공사업부는 이 권고안과 그 외의 대안들을 평가하고 잔여 30년을 위한 가장 효과적인 프로그램을 권고할 세 번째 조사를 의뢰하였다.

가용의 대안들은 Texaco 위치 및 Zumpango 시설과 함께 각 입지에서 운항될 항공기 형태의 명세로 구성되었다. 항공기의 네 카테고리; (1) 국내, (2) 종합, (3) 국제, (4) 군사 가 지정되었다. 이들 네 타이프의 각각은 어느 위치에서부터나 어떤 한 곳에서 제때에 운항될 수 있어야 한다. 30년 기간 안에서 세 개의 준거 시점 -1975, 1985, 및 1995을 지정하였다.

기본 결정도는 [그림 5.1.2]에 있다. 가지의 왼쪽 끝은 1975년에 취할 대안 행위를 보여주는데 Texcoco에서 네 형태의 항공기를 모두 운항하고 Zumpango에서는 하나도 운항하지 않는 안과 Zumpango에서 네 형태의 항공기를 모두 운항하고 Texaco에서는 하나도 운항하지 않는 안이 있다. 모든 다른 옵션(options)들은 이들 두 안의 극단 사이에 들어간다. 다

음 번 가지들은 1985년의 안들을 나타내며 세 번째 가지들은 1995년의 안들이다. 오른 쪽 가지들은 그 이후에 이루어질 어떤 선택 행위의 개개 결과(結果; consequences)를 보여준다.

결정도에서 $X_1, X_2, \cdots, X_6$은 어떤 안이든 그 전략의 효과성을 측정하는데 사용된 기준이

32) R. Keeny & H. Raiffa.(1976) A Decision Analysis with Multiple Objectives. Aitport Development for Mexico City: A Case Study. Wiley & Sons New York USA. 436-472.

다. 이들 기준은

1. **총비용**: 단위 백만 페소(pesos) (X_1)
2. **수용능력**: 항공기의 시간당 운항 대수 (X_2)
3. **접근시간**: 출발지에서 공항까지의 접근에 소요되는 분(minutes)을 여행자수로 가중한 것 (X_3)
4. **안전**: 항공기 사고 당 중상 및 사망자 수 (X_4)
5. **이동**: 공항개발로 이동하게 되는 사람 수 (X_5)
6. **소음**: 높은 소음 수준에 당하게 되는 사람 수 (X_6)

이다.

[그림 5.1.2] 결정 모델

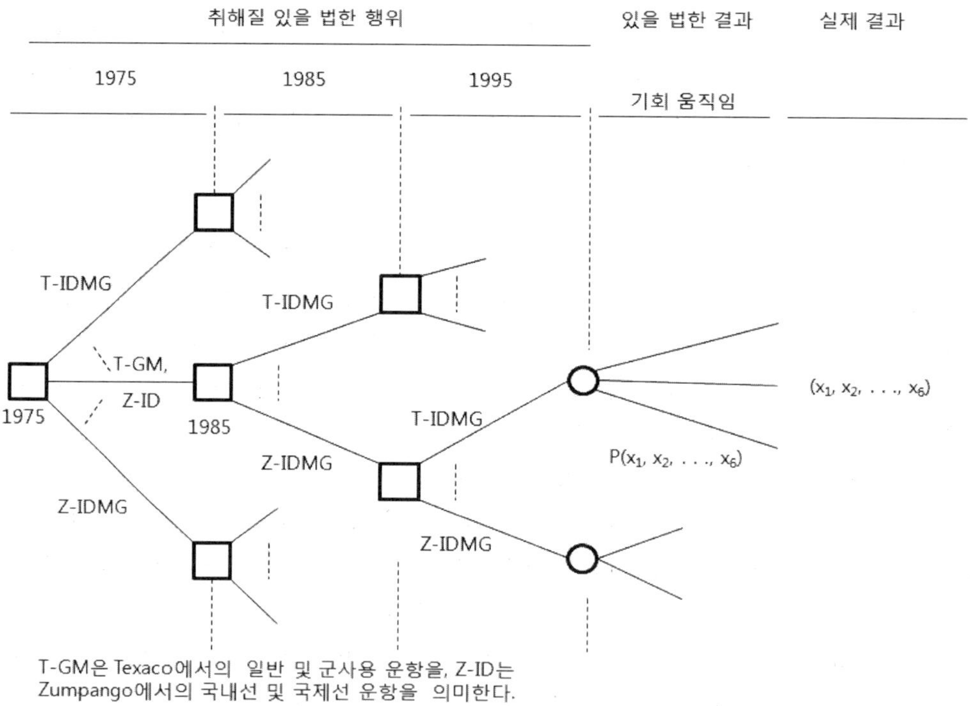

원전: Keeny & Raiffa (1976) pp. 445

프로젝트를 다루기 쉬운 크기로 축소하기위해서는 몇 개의 가정이 필요하다. 예를 들면 운항 비용은 제외되는데 그것은 모든 안이 같기 때문이다. 다른 비용들은 할인율 12%를 사용하여 현제가치로 할인되었다(모든 운항을 이곳에서 저곳으로 왔다 갔다 이동 시키는 것과 같은). 분명하게 불합리한 안도 제외되었다. 이들 가정의 상세는 원전을 참조하기 바란다.

다음 단계는 여러 결과의 확률분포를 부과하는 것이다. 결과 각각에 대해 객관적 정보를 수집하기위하여 실험이 실시되었다. 예를 들면 Mexico City를 10개 지역으로 나누어 각 지역 주민의 공항이용행동을 자세히 조사하였다. 그리고 각 지역에서 두 장소까지의 운전시간을 다른 기상조건에서 그리고 다른 시간대에서 측정하였다. 이들 실험으로부터 모든 가용의 대안들에 대해 접근시간의 확률밀도함수를 만들어냈다. 마찬가지로 시내의 다른 여러 지역에 항공기운항으로 인한 소음을 측정하기위하여 음향탐지기를 배치하였다. 있을 수 있는 항로는 시의 사진과 지도를 겹쳐 편집하여 사용하였다. 인구밀도는 각 관련된 지역에 대해 예측되었다. 이들 모든 데이터는 특정한 소음수준에 이르게 되는 사람 수에 대한 확률함수를 부과하기위하여 결합되었다. 1975, 1985, 1995년에 대해 부과되었다. 소음기준에 대한 최종 결과는 [그림 5.1.3]에 있다. 이 그림에서 "100CNR"은 혼성 소음등급인데 이는 데시벨(decibel)수준과 함께 발생빈도를 고려한 표준소음지수이다.

[그림 5.1.3] 소음 수준 확률 함수[33] (Baird 441)

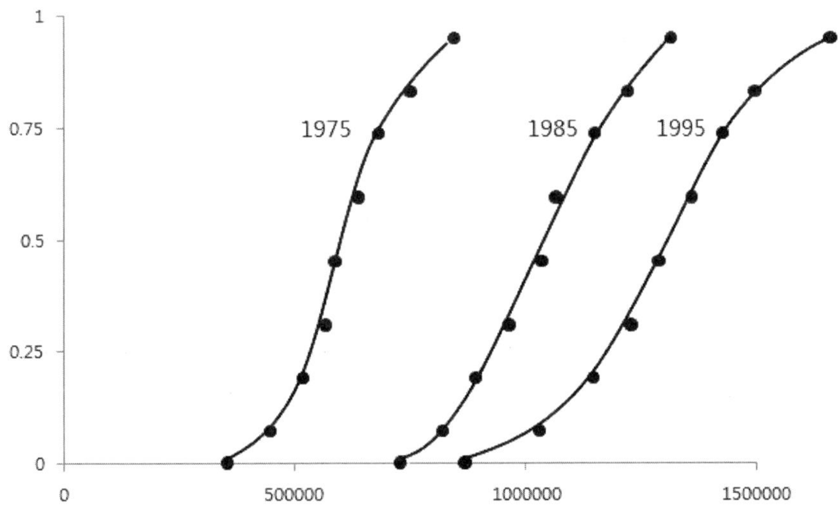

사람 수는 "모든 Texcoco" 옵션에서 100CNR이 넘는 소음수준에 이르게 되는 사람 수

원전: Keeny & Raiffa, 1976 pp447

주어진 해에 대해 특정한 소음수준보다 더 높은 수준에 이르게 되는 최대와 최소의 사람 수를 추정하였다. 그런 뒤에 0.5 분위 수가 부과되고 0.75, 0.25, 등등이 뒤이어졌다. 같은 과정이 1985와 1995년에 대해 반복되었다. 그림에서의 작은 원은 부과된 분위수(分位數; fractiles)를 나타낸다. 매끄럽게 된 곡선은 "모두 Texcoco"안에 대한 확률함수이다(수용능력을 제외하고). 각 기준에 대한 확률함수는 그 뒤 시간에 걸쳐 보여지며 30년간에 걸쳐 특정한 대안의 전반적 영향을 나타내는데 사용된다. 다른 기준의 확률함수의 부과에 대해 같은 분석이 사용된다.

다음으로 각 기준에 대한 효용함수를 도출하고 이들을 단일 다중속성 효용함수로 결합할 필

33) Keeny &Raiffa op. cit. p.447(Baird op. cit p.441)

요가 있다. 앞에서 지적한대로 "두 속성 이상이 동시에 변하는 효용사정(utility assessment)이 의사결정자에게 극도로 어려운 일이다." 라는 것을 경험이 말하여준다. 사용된 접근은 인상적으로 복잡하다. 중대한 독립성의 가정들이 분명하게 되었고 검사되었다. 개별 효용함수들은 복권(표준도박) 기법을 사용하여 정해졌다. 멕시코정부 공공사업부의 담당자들과의 인터뷰를 통하여 [그림 5.1.4]에 있는 효용함수들이 만들어졌다. 이 함수들은 0에서 1까지의 눈금이 매겨져있다. 이들 함수의 기울기가 적절한지를 확인할 수 있을 것이다. 예를 들면 접근시간의 기울기는 음(陰; negative)인데 이는 사람은 긴 접근시간에 대해 작은 효용을 가진다는 것을 나타낸다. 반면에 시설용량을 표현하는 효용함수의 기울기는 양(陽; positive)인데 이는 더 큰 시설용량이 더 바람직하다는 것을 의미한다. 공항시설용량을 하나의 단일 함수로 통합하기위한 단순한 측척(測尺)(measure)이 발견되지 않았으므로 이 기준을 위해 세 개의 효용함수를 따로따로 만들 필요가 있었다.

[그림 5.1.4] 효용함수들 Keeny & Raiffa

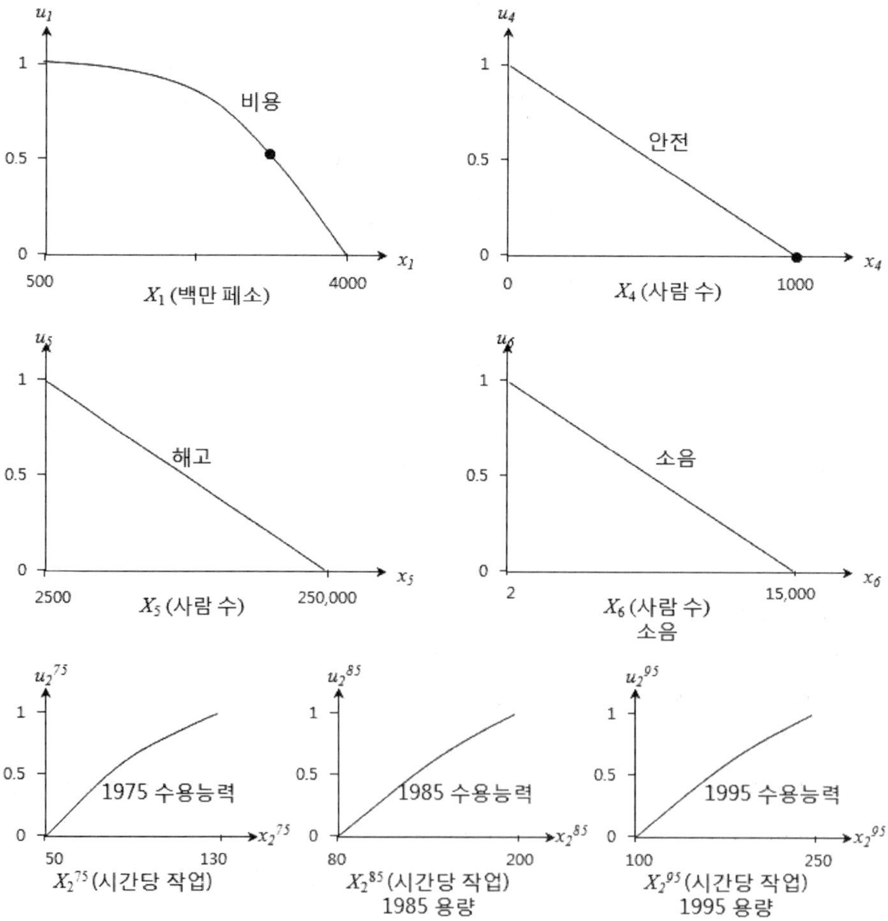

원전: Keeny & Raiffa (1976), pp 456

위에서 보여준 개별 효용함수들은 이제 여섯 기준 모두의 특정한 결합에 대한 선호를 묘사하여주는 하나의 **종합효용함수**로 결합되어야한다. 이 함수의 특징을 아직은 모른다. 그것은 덧셈으로나(종합효용을 얻기 위하여 여섯 효용이 더해지거나) 곱셈으로(개별 효용의 곱을 구하여) 정해질 것이다. 어떤 상수(常數; constants)와 "척도인자(scaling factors)"가 적절할까? 즉 어떤 가중치를 사용하여야할까? 분명히 여섯 기준이 중요도에서 같지 않다.

표준도박접근법을 포함하여 인터뷰결과가 이 경우에 종합함수는 곱셈임을 보여준다. 적절한 상수와 척도인자는 Keeney 논문에서 결정되고 기술되어있다. 이들 값들이 [그림 5.1.4]에 있는 개별함수들과 결합하여 충분하게 종합효용함수를 결정한다.

전략의 평가만이 남아있다. 항공기의 형태, 위치, 및 시기의 특정한 조합에 대해 각 기준의 값들이 이제 관련된 발생확률에 따라 정해질 수 있다. 이들은 종합효용함수를 통하여 그 특정한 전략에 대한 종합기대효용의 단일 값으로 바뀔 수도 있다. 이들 계산이 상당히 복잡하기 때문에 그리고 수많은 대안이 있을 수 있기 때문에 이 분석부분은 컴퓨터가 사용된다.

기대효용은 통상적인 0에서 1의 범위도 동등하게 적절하지만 0에서 100의 눈금을 사용하였다. 이론적으로 영이란 값은 여섯 기준 모두의 있을 수 있는 가장 나쁜 값들의 결합을 나타내는 반면에 100이란 값은 가정하여 있을 수 있는 가장 좋은 결과를 나타낸다. 이 척도 상에서 모든 항공기 운항을 전체 30년간 Texcoco에서만 하는 종합기대효용은 5.2이었다. 다른 극단이 〈표 5.1.7〉에 있는 가장 바람직한 대안들이다.

2번 순위의 대안은 Zumpango에 새로운 공항을 건설하고 가능한 한 빨리 이곳에서 모든 항공기를 운항하는 것이다 - 그리고 남은 한 세기(世紀; century)에 계속 그리하는 것이다. 가장 바람직한 전략을 포함하여 다른 전략들은 사실상 혼합된 것이다. 예를 들면 가장 바람직한 전략이 〈표 5.1.8〉에 있는 것이다. Keeny는 이 전략을 "Zumpango에 단계적 개발"이라고 묘사하였다. 3에서 10까지의 대안들은 대부분 Zumpango에서 보다 빠르게 개발하는 혼합전략의 변형들이다.

입출력 디스프레이 하드웨어가 이 프로젝트의 마지막 단계인 민감도분석을 위한 전산화된 모델과 함께 사용되었다. 확률 및 효용 추정치에 효과적 전략에 주는 상응하는 영향을 조사하기위하여 변화가 주어졌다. 모델의 일관성과 그 입력 자료들은 많은 "이해당사자들"에게 그 모델을 검사하도록 허용함으로써 검증되었다.

연구의 영향은 원 논문으로부터의 다음의 인용에 의해 가장 잘 이해된다.

> 여기에 기술된 분석은 멕시코 정부의 공항설비를 개발하는 안들에 직면한 멕시코정부의 의사결정과정에서 역할을 한 보다 넓은 연구의 일부분이다. 가능한 한 빨리 국제공항을 Zumpango로 옮길 것을 권고한 SOP[34]의 1965-1967 연구로부터 그리고 이 연구의 초기 지적으로부터 SOP의 일부 멤버가 아직도 Zumpango에로 대부분 이전하는 것이 가장 효과적인 전략이라고 생각하는 것은 분명하다. SOP 자신의 추정과 선호를 사용한 이 분석은 Zumpango에로의 점진적 이동

34) Secretaria de Obras Publicas(Ministry of Public Works: 공공사업부)

을 포함하는 단계적 개발이 동등하게 좋다는 것을 보여준다. 이것은 SOP안에 있는 많은 개인들에 심대한 영향력을 갖고 있다. 정치적 고려, 정책의 유연성, 외부요인(externalities) 등과 같이 이분석에 포함되지 않은 다른 요인들이 일단 1971년 정부에 공개된 안들의 동적(動的; dynamic) 분석에 있는 효과성과 함께 그 이유가 해명됨으로써 "Zumpango에 단계적 개발" 정책이 "일시에 Zumpango" 정책보다 더 좋다는 것이 분명해졌다.

SOP는 1971년 12월에 대통령에 "단계적 개발" 전략을 권고하였다. 이것이 1967년 연구로부터 그들의 자세에 중요한 변화가 있었음을 보여준다. 1971년 권고는 일어날 수도 있는 중대한 사건들이 해명되었으며 그래서 동적 전략을 주장하였다. 이것은 그 자체로 매우 중요하다. SOP의 먼젓번 권고는 향후 30년간에 걸친 여러 시점에서 해야 하는 것을 상술(詳述; specify)하는 종합계획(master plan)을 위한 것이었다. 그들은 일어날 수 있는 장래의 일을 고려한 현제의 개발을 계획한 것이 아니라 본질적으로 정부를 일정한 전략에 붙들어 매(lock into)는 것이다.

이 특정한 프로젝트를 상술한 것은 다기준 결정분석이 현실세상에서도 실현가능하다는 것을 강조하기위한 것이다. 반면에 이 프로젝트는 50 인-일의 범위에서 MIT와 Harvard로부터의 컨설턴트, 고도로 복잡한 하드웨어와 소프트웨어, 그리고 멕시코정부와 미국 해군연구소가 기부한 상당한 금전과 시간을 활용하였다. 이들 모든 자원은 일반적인 행정가(行政家; administrator)에게는 손에 넣을 수 없는 것이다. 그러나 다기준 결정문제에의 기본적 접근법은 이용이 가능하며 가장 복잡한 상황에서 이 접근법의 사용이 결정의 질을 유의적으로 향상시킬 것이다.

〈표 5.1.7〉 제일 좋은 10 대안들

순위	1975		1985		1995		기대
	Z	T	Z	T	Z	T	효용
1	D	IMG	ID	MG	ID	MG	91.23
2	IDMG		IDMG		IDMG		90.90
3	I	DMG	ID	MG	ID	MG	90.79
4	ID	MG	ID	MG	ID	MG	89.30
5	ID	MG	IDMG	IDMG	88.10		
6	ID	MG	ID	MG	IDMG		86.75
7	I	DMG	IDMG		IDMG		86.55
8	IG	DM	IDMG		IDMG		86.19
9	DG	IM	IDMG		IDMG		86.17
10	D	IMG	IDMG		IDMG		85.60

* 1순위대안은 1975년에는 국내선은 Zumpango이고 국제선, 군사용, 및 일반용은 Texcoco에 1985년과 1995년에는 국내선과 국제선은 Zumpango에 그리고 군사 및 일반용은 Texcoco에서 운항하는 안이다.

〈표 5.1.8〉

위 치	1975	1985	1995
Texcoco(시 중심)	국제선		
	군사용	군사용	군사용
	일반용	일반용	일반용
	국내선	국내선	국내선
Zympango(25 마일 밖)		국제선	국제선

이상에서 다기준 의사결정의 주요쟁점을 알아보았다. 목적은 이들 쟁점을 개관하는 것이었고 주제에 대한 완성된 작업은 아니었다. 따라서 수많은 있을 수 있는 다듬기가 무시되었다. 좀 더 상세하고 이론적인 접근에 대해서는 계속되는 절에서 커버하게 된다. 그럼에도 불고하고 만족하지 못하는 좀 더 자세한 것에 관심이 있는 독자들은 책 말미에 열거된 참고문헌을 참조하기 바란다.

5.2 다속성(多屬性; multi-attribute) 효용함수

다속성 효용함수는 다차원(多次元; multiple dimensional)의 가치를 다루는데 유용한 모델이다. 돈과 같이 단일한 차원의 가치만이 포함된 결정에서는 기대가치 기준이나 단일차원(unidimensional) 효용 기준이 사용된다. 일부 결정에서는 문제의 중요부분이 다차원의 가치가 포함되어 있으며 이들 결정은 다차원의 변역(變域; domain)을 가진 효용함수로 모델화하여야 한다. 결정나무에서 효용은 그들 효용이 단일차원의 변역을 갖든 다속성 변역을 갖든 금전 가치나 비금전(非金錢; non-monetary) 가치와 같은 방법으로 다루어진다. 두 경우 모두 효용 값들은 결정나무의 끝자리에 놓이고 통상적인 되돌아가기(rollback) 과정이 적용된다.

다속성 효용함수의 **유용성**은 이 더해지는 복잡함을 하나의 결정분석 속으로 끌어안는데 있다. 우리는 N차원의 가치 (DV)의 다중(多重; multiple) 집합을 단일 측척(測尺)(measure) U에 집어넣을 수 있다. 이 U는

$$U(DV_1, DV_2, DV_3, \cdots, DV_N)$$

로 정의된다.

이 함수에 잘 맞춤으로써 우리는 가치의 분리된 차원의 집합을 단일 측척(測尺) U로 통합할 수 있다. 이 U는 결정나무에 그대로 자리 잡을 수 있다. 이 모델화과정의 힘은 한 모델에 복잡한 다차원의 선호 집합을 포함시키고 그리하여 어떻게 우리의 선호가 다른 중요한 결정요소들을 조화시키는가를 이해하게 하여주는 능력이다.

앞서 의사결정기준을 설명하는 과정에서 이들 기준이 의사결정자에게 유용한 도우미가 된다고 설명하였다. 이들 기준은 아주 단순한 것(예를 들면 최대-최대)에서부터 복잡한 것(단일차원 기대효용)에까지 이른다. 우리가 점진적으로 더 복잡한 기준을 고려하여 갈 때 우리는 그들이

내포하고 있는 결정요소들에 의하여 그들이 더욱 포괄적이 된다는 것을 알았다. 가장 단순한 비확률적 기준(max-max, maxi-min)은 결정 전략을 극단적인 결과득실(結果得失; payoffs)을 찾는 것으로 정한다. 기대가치 기준은(예 EMV) 가중된 평균 결과보상을 정하기 위하여 확률을 사용한다. 기대효용 기준은 의사결정자의 선호양태(樣態; pattern)를 설명하여준다.

많은 경영자의 결정에는 다수(多數; multiple)의 상충되는 목적이 포함된다. 이들 다수의 목적들이 의사결정을 복잡하게 만든다. 이 복잡성을 극복하기위하여 결정지원(決定支援; decision aiding) 과정의 도움이 필요하게 되기도 한다.

(예제 5.2.1) L화학그룹에 산화아연 사업부가 있다. 이 사업부의 책임자는 김 상무이다. 그는 이 사업부의 생산 공정의 일부를 바꾸는 결정을 내리려한다. 이 사업부는 오직 한 가지 제품 산화아연만을 생산하는데 이 제품은 크림과 페인트에 사용되는 흰 분말(粉末; powder)이다. 근간에 값이 싼 새로운 제품이 수요를 많이 잠식하여 수요가 크게 위축되었다. 그리하여 세계적으로 많은 공장이 문을 닫았지만 이 사업부는 그런대로 이익을 내고 있다. 김 상무는 멀지않은 미래에 수요가 안정되고 수익성은 증기할 것으로 예상한다. 이 공장은 높은 품질수준과 원가절감에 성공한 것이 어려운 시기에도 경쟁력을 유지하게 하여주었다.

김 상무가 면밀하게 원가를 분석한 결과 원가의 많은 부분을 전력비가 차지하고 있음을 알았다. 앞으로 전기료가 크게 인상될 것으로 예상되고 있다. 그래서 김 상무는 생산설비를 자동설비로 바꿈으로써 에너지효율을 높이고자한다. 그런데 이 새 설비로 생산되는 제품의 품질이 문제이다.

제품 품질은 분말크기와 불순물함량으로 측정되는데 불순물함량이 훨씬 중요하고 컨트롤하기 어려운 요소이다.

김 상무가 설비교체를 검토하는 사이에 두 가지 일이 생겼다. 그 하나는 그의 공장의 다른 설비가 고장 나서 일시적으로 공장가동을 중단하게 되어 설비교체여부를 즉시 내려야 할 때가 왔다는 것이다. 그 둘은 그가 아연공급업체로부터 편지를 받았는데 앞으로 지금 공급되고 있는 아연제품의 공급이 중단되고 지금까지의 것보다 큰 과립(顆粒; granules)상태의 새로운 제품으로 바뀔 가능성이 있다는 내용이었다. 원료가 바뀌면 물론 제품의 품질도 달라질 것이다. 이상의 상황을 결정나무로 정리한 것이 [그림 5.2.1] 김 상무의 결정나무이다.

그는 이 결정에서 불확실한 양과 관련하여 몇 개의 확률사정을 하여야했다. 불확실 사건(事件; events)마다 C_5, C_6, C_7, C_8에서 세 개의 확률을 갖는 결과 품질을 되돌아가며 계산하기(folding-back)를 사용하여 결정하기로 하였다. 세 확률로는 0.2, 0.6, 0.2로 가정하였다. 결과품질은 주관적으로 사정한 품질 값이다. 과거자료를 참고로 만든 C_1, C_2, C_3의 결과에 대한 그의 선호함수가 선형(線形; linear)이 아니라는 것을 알게 되었다. 그 함수가 곡선이면서 불연속이기도 하다고 생각하였다.

김 상무는 그의 효용곡선의 사정(賦課; assess)에 도움을 받기 위하여 경영컨설팅회사의 도움을 받기로 하였다. 그 결과 김 상무는 자신의 효용함수가 [그림 5.2.2] 백분율 불량에 대한 효용함수와 같다는 결론에 도달하였다.

김 상무는 이 과정에서 순전히 제품 품질에 영향을 주는 대안들만을 대상으로 하였다. 결정은 새로운 설비 투자액이 새 설비가 가져다 줄 에너지비용 절감액과 같다는 전제로 이루어진 것이다. 즉 돈은 고려 대상이 아니었고 단지 품질만이 문제였다.

김 상무는 결정을 내린 후 새 생산 공정설비를 공급할 설비회사에 결정 사실을 연락하였다. 그랬더니 설비회사가 당초 견적금액을 변경해야한다는 것이다. 이 프로젝트의 설비 중에는 미국에서 수입키로 되어 있는 큰 원심분리기가 포함되어 있는데 그 가격이 당초 견적을 제출할 때보다 30%인상되게 되었다고 한다. 이 원심분리기가 모든 설비 중 가장 비싼 것으로 전체 프로젝트 비용의 50%나 차지한다고 한다. 김 상무는 전 프로젝트 비용이 15%나 상승하게 된 것을 알게 되었다. 환율도 강세가 유지될 것이 예상되고 있고 이렇게 크고 정밀한 원심분리기는 아직 국산품이 없으며 세계적으로도 이 회사만이 생산하고 있다.

[그림 5.2.1] 김 상무의 결정나무

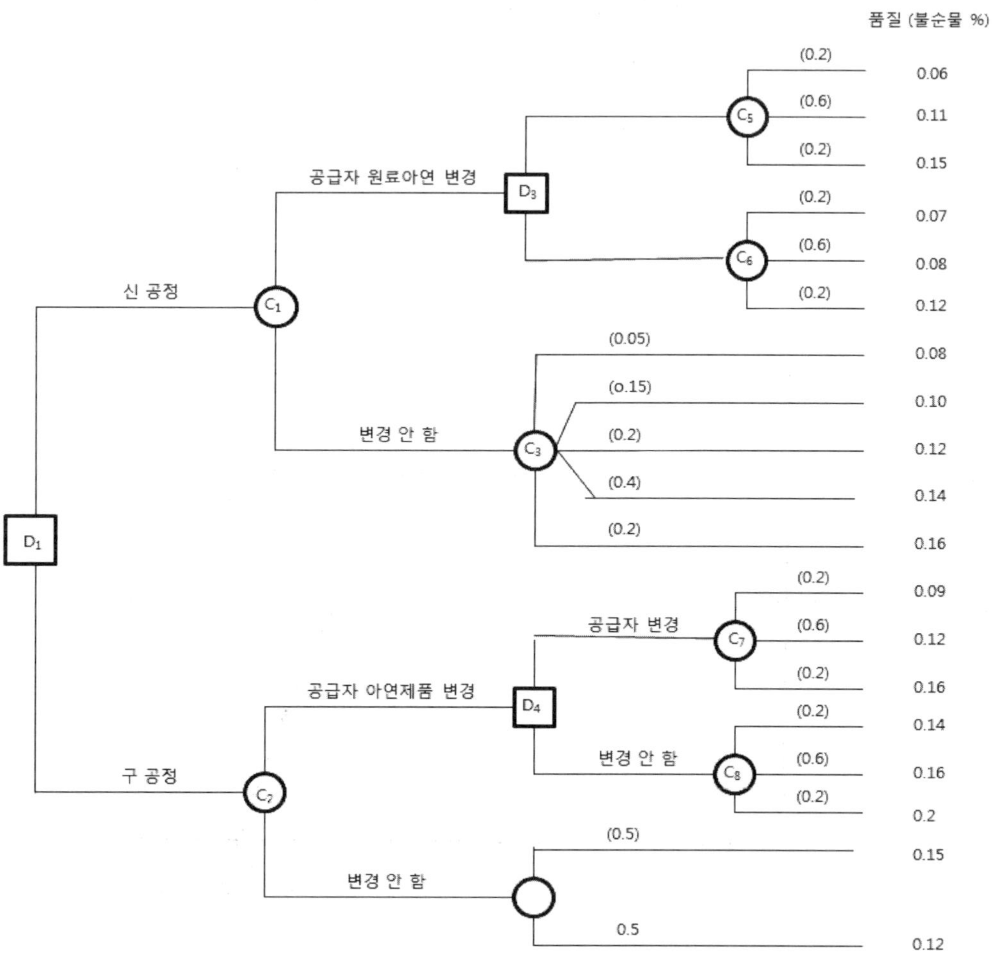

, C6, C3, C7, C8, 및 C4는 모두품질에 관한 불확실성을 말해준다,

김 상무는 이제 투자금액을 무시하고 제품 품질만을 분석대상으로 할 수 없게 된 것이다. 그는 새로이 금전문제도 고려하여야만 되게 된 것이다. 그는 돈과 품질 양쪽 모두에 대한 선호관계의 특성을 특정화 하여야 하게 되었다. 이 돈 문제가 대두하기 전에는 기대 품질, 기대 품질효용만을 잘 다루면 되었다. 그러나 이제 그는 그의 효용함수를 U(품질)에서 U(돈, 품질)로 바꾸어야만 한다.

다차원 효용함수의 가장 단순한 것이 2-속성의 경우이다. 2-속성 이상을 포함하는 문제는 2차원효용문제와 크게 다를 것이 없지만 그 함수의 크기에 따라 더 복잡해진다는 것뿐이다.

5.2.1 속성의 식별(identifying attributes)

다차원의 가치가 포함된 모든 문제에서 분석과정의 첫 번째 과제는 이들 가치의 차원을 분명하게 정의하는 것이다. 그렇게 함에 있어 우리는 "가치의 어떤 것이 이 결정에 영향을 주나?" 라는 질문에 답해야한다.

[그림 5.2.2] 백분율 불량에 대한 효용함수

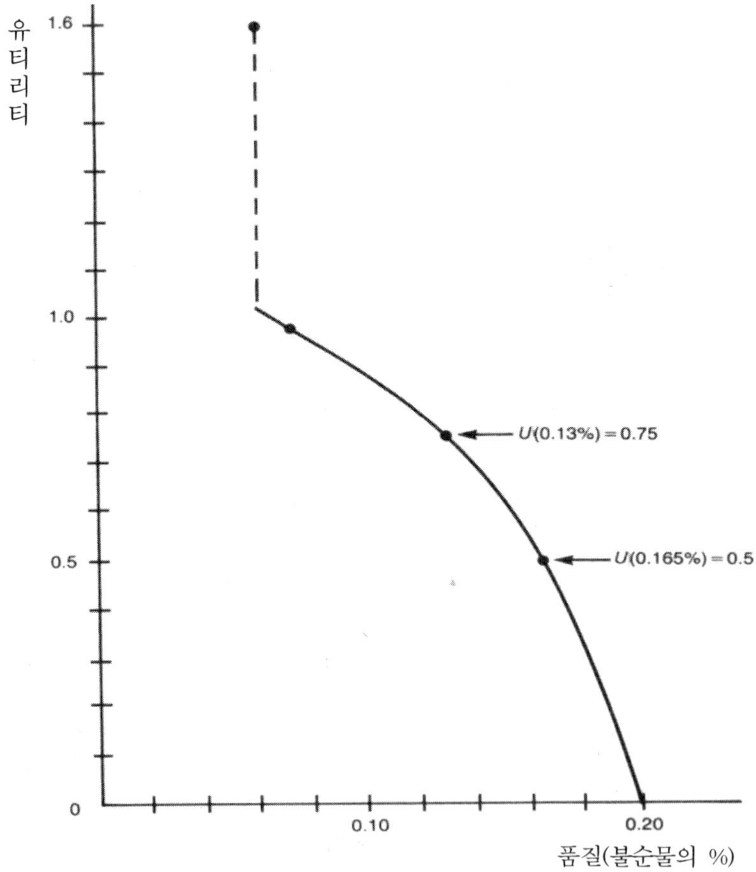

속성체계(屬性體系; system of attributes)의 구조는 몇 개의 단계로 존재한다. 이 논의는 결정분석모델에서 상세(詳細; detail)와 분해(分解; disaggregation)에 관한 논의와 성질상으로 유사한 것이다. 결정모델에서 상세함이 부족하게 그리고 중요한 특징(特徵; features)을 제외시키고 정의할 수도 있다. 반면에 모델이 너무 자세하면 기술(記述; description)과 잡동사니의 바다에 빠져 숲을 위한 결정나무를 잃어버릴 가능성도 있다. 판단이 잘못 되면 결정나무가 무성한 덤불이 나아가 늪으로 변할 수도 있다.

같은 원칙이 다속성 시스템에도 적용될 수 있다. 질 좋은 분석을 위하여 충분한 속성이 있어야하지만 분석 작업이 비현실적으로 커질 만큼 커서는 아니 되는 것이다. 속성의 집합은 적절한 범위를 벗어나지 말아야하지만 문제의 중요한 측면을 이중으로 다루어서는 아니 된다. 속성의 집합은 완전하고 운산가능(運算可能; operational)하고 분해가능(分解可能; decomposable)하며 여분이 없어야(non-redundant)하고 최소의 크기이어야한다.

5.2.2 속성(屬性; attributes)과 목적(目的; objectives)

경영의 맥락에서 많은 연구가 회사 및 공공 목적으로 다루어져 왔다. 많은 서적과 논문이 목적 및 목적에 의한 경영에 관한 것이다. 우리가 모델에서 "가치의 차원"을 속성이라고 정의한다면 목적은 "행위의 노림(aim)이나 끝(end)"이라고 정의할 수 있다. 목적은 어느 의미에서 속성보다 더 특정적(特定的; specific)이다. 왜냐하면 목적이 자주 가치 차원의 특정한 수준을 정의하기 때문이다. 예를 들면 한 속성이 "시장점유율"인 반면에 목적은 "*X*때까지 시장점유율을 *Y*%증가"일 수 있기 때문이다. 이에 대비되는 정의도 있는데 예를 들면 어떤 사람은 목적을 일반적인 노림(aim)으로 정의하고 목적의 특정한 수준을 목표(目標; goal)라고 정의한다. 정의상 이들 비교적 작은 차이가 존재하지만 목적과 속성은 매우 유사한 것으로 볼 수 있다. 그들은 둘 다 의사결정자의 노림과 바람의 표현이다. 또 다른 표현으로 기준(基準; criteria)이 있다. 즉 다기준(多基準; multi-criteria) 효용함수에 관한 연구도 많이 있다. 목적을 어떻게 설정하느냐하는 문제는 앞에서 잠간 살펴본 속성의 정의와 근본적으로 같다. 목표는 분명하게 정의되고 균형이 잡혀있어야 하고 타당하여야한다. 또한 목표는

1. 행위를 이끌어야한다.
2. 측정되고 통제되어야한다.
3. 야심적이고 도전적이어야 한다.
4. 조직의 제한조건에 대해 현실적이어야 한다.
5. 조직의 다른 수준과 연관되어야 한다.

목적을 나열하는 것으로는 충분하지 못하다. 나열된 목적을 다속성 효용함수로 바꾸는 것이 그들을 정식으로 결정분석의 대상이 되게 하여주는 것이다. 그리하여 결정지원모델에 편입되게 되는 것이다.

위에 열거되어 있는 특성이 좋은 효용함수 속성이 가져야할 성질이다. 그리고 이들은 조직목

표가 가져야할 좋은 특성과 거의 일치한다. 이들 유사성이 어느 조직이나 그 조직의 한 부분이 위에 열거된 목적의 특성을 효용함수로 표현할 수 있게 하여준다. 이에 따라 조직의 결정에서 (조직 선호의 표현인) 다속성 효용함수가 우리들의 목적시스템을 운산가능(運算可能; operationalizing)하게 해주는 장치를 제공해준다. 이러한 맥락(脈絡; context)에서 효용함수를 특정화(特定化; specification)하는 과정은 아주 생산적이다. 왜냐하면 이 특정화과정이 의사결정자로 하여금 속성과 선호구조를 정의하고 궁극적으로는 목적들 간의 절충(折衝; trade-offs)에 관하여(정량적 방식으로) 특정적이 되도록 강제하기 때문이다.

(예제 5.2.2 정부의 택지개발계획) 정부기 대도시 인근지역에 저가 임대아파트용 택지개발계획을 여러 각도에서 검토하고 있다. 검토대상지역에 수채의 주택과 아파트블록이 있으며 그 중 일부는 공적 수용이 선고되어 있다. 또 일부 토지는 이미 정부가 소유하고 있다. 태스크포스팀이 구성되었으며 결정분석 기법을 사용하기로 정해졌다.

다섯 개의 대안전략이 선별되었다.

1. 계획 취소
2. 대상지역 토지 전량 매수하여 저소득 가정에 재 임대
3. 대상지역 토지 전량 매수하여 공개 매각
4. 대상지역 토지 전량 매수하여 저소득 가정 임대용으로 택지 조성
5. 대상지역 토지 전량 매수하여 공개 매각용으로 택지 조성

효용함수의 관련 속성(屬性; attributes)으로 우선

1. 금전적 효과
2. 사회적 서비스
3. 지역 택지시장에 주는 영향
4. 미적(美的; aesthetic) 가치

을 선정하였다.

이들 속성 각각은 주의 깊게 정의되고 분해되었다. 예를 들면 금전적 효과는 정부에게, 주민에게, 개발업자에게 돌아가는 것이 있다. 정부에게 주된 금전적 결정변수는 각대안의 정부에게 돌아갈 정미비용(正味費用; net cost)이다. 미적가치는 두 개의 요소로 분해되었다.

1. 거주자를 위한 미(美; aesthetics)
2. 비거주자를 위한 미

이 중에서 특히 거주자들의 관심이 클 것으로 예상되며 건물 안뿐만 아니라 바깥의 아름다움에도 관심을 기우렸다.

의사결정자들은 금전적 효과를 정미비용으로 바꾸고 미적가치를 둘로 분해하기로 하였다.

그들은 그들의 효용함수가 단순한 구조를 가지고 있다고 즉 개별 속성들은 효용함수 안에서 덧셈 성질을 갖는다고 전제하였다. 이 전제는 있을 수 있는 이차효과(二次效果; second-order effects)와 속성 상호간의 관계를 무시하고 있지만 사용하기에 단순하고 아주 확고하다. 이 방식은 각 속성에 중요성에 따라 가중인자(加重因子; weighting factor)를 부여하고 결정대안에 각 인자로 점수를 매기는 것이다.

최종 효용함수는 단순한 가산식(加算式; additive form)인

$$U = k_1(\text{정미비용}) + k_2(\text{사회적 서비스}) + k_3(\text{택지시장영향}) + k_4(\text{주민의 미의식}) + k_5(\text{비주민의 미의식})$$

이다.

이상을 요약하기위하여 다음과 같은 질문을 던진다. 결정분석/기대효용이 결정지원을 위해 하는 일이 무엇인가? 그 대답은 가상적이고 지원되지 않은 과정과 위에서 설명된 과정을 비교하는데서 찾을 수 있다. 지원되지 않은 과정은 희망적으로(그러나 반드시 그렇지는 않은) 체계적(體系的; systematic) 방식으로 대안을 정의하고 그들을 평가할지도 모른다. 지원받지 않는 결정과정은 임시맞춤(ad hoc)식으로 진행될지도 모른다. 모델이나 결정기법 또는 결정구조 없이 이성적 분석으로 뒷받침되지 않는 전체론적(全體論的; holistic) 방법을 사용할지도 모른다. 각 대안을 검토할 때 아마도 각 대안의 체계적 분석은 포함되지 않을 것이다. 다만 단순비교의 불완전한 조합만이 이루어져 논리적 결론에 도달하지 못할 것이다. 그 결정은 기본적으로 직감에 의지하게 된다.

지원받지 않는 결정에 비해 다목적효용 분석은 근본적으로 더 면밀한 방법이다. 우리는 직관적이고 주관적인 요소를 제외시켜서는 아니 되고 주관적 인자를 모델에 정식으로 통합시킴으로써 그 중요성을 인정하여야한다. 비용-이익 분석법을 사용할 수도 있다. 비용-이익 분석법이 다목적 기법은 아니지만 비금전적 목적에 금전적 동등가치를 부여하여 다룬다. 따라서 비용-이익 분석에서 미적 가치라든지 사회적 서비스 같은 상태에 금전적 가치를 사정하려한다. 이들 판단은 무언가 인공적이고 판단내리기가 어렵다. 이런 문제와 함께 부수되는 부정확과 어려움이 아름다움과 같은 무형의 인자를 피하게 아니면 적어도 결정에 작은 비중을 두게 할 것이다. 비용-이익을 시행하는 것이 그리고 비금전적 속성에 동등한 금전가치를 매기는 것이 적절하지 않다는 말은 아니다. 결정모델의 선택은 최선의 통찰을 통해 최선의 결정과 결과를 가져오게 하는가에 달려 있다. 만일 비금전적 속성이 쉽게 그리고 정확하게 동등한 금전가치로 바꿀 수 있다면 비용-이익 분석은 결정을 분석하는데 필요한 모든 것을 줄 것이다.

일반으로 비금전적 인자를 금전적 가치로 바꾸는 것은 문제의 차원을 줄이는 것이다. 다중의 속성을 한 모델로 형식화(形式化; formalize)하는 정도는 여러 기법들이 얼마나 통찰력을 발휘할 것인가에 달려있다. 의사결정자가 해야 할 통찰을 빠트리지 않고 문제의 차원을 줄일 수 있다고 생각한다면 그리 해야 할 것이다. 정부의 택지개발계획과 같은 다속성 문제는 돈이라는 단일 차원문제로 줄일 수 있지 않을까? 그럴 경우 비용-이익 분석이 될 것이다.

(예제 5.2.3) 산화아연 사업부의 김 상무는 설비구매와 관련된 결정을 하여야한다. 이 결정의 결과가치는 돈(M)과 품질(Q)로 측정된다. 의사를 결정하는데 김 상무에게 세 개의 대안(代案; alternatives))이 있다.

1. $M-Q$의 절충이나 선호함수를 만들려는 시도를 하지 않고 (M, Q) 쌍(雙; pairs)을 기초로 전체논적인 판단으로 선택대안(選擇代案; options) 중에서 하나를 선택한다.
2. 품질 결과(結果; outcomes)를 금액으로 그 가치를 사정하여 이차원에서 일차원으로 줄일 수 있다. 문제를 기대금전가치(期待金錢價値; expected monetary value)문제나 일차원 효용문제로 다룰 수 있게 된다. 품질가치의 증가가 금전적 결과(결과; consequences)를 가져다준다는 점에서 그 타당성을 찾을 수 있다.
3. 그는 이차원 공간에서 효용함수를 사정하고 기대효용 분석을 할 수 있다. 이 과정의 한 부분으로 상호 효용독립성(效用獨立性; utility independence)을 전제로 할 수 있는지를 확인하여야 할 것이다. 여기서 효용독립성이란 속성들이 분리되어 있어 서로 간에 선호에 영향을 주지 않는다는 뜻으로 사용되었다.

위의 세 대안 중 어느 하나가 일반적으로 다른 어떤 것에 앞선다고 말할 수는 없다. 어떤 문제는 분석이 필요하지 않을 수도 있다. 그 이유는 선호하는 대안을 금방 알 수 있기 때문이다. 이는 결정분석은 우리가 무엇을 해야 할지모를 때 하는 것이라는 말을 생각나게 한다. 문제가 복잡하지 않거나 복잡하더라도 분명하게 선호하는 전략을 가지고 있을 때는 결정분석/효용함수기법이 필요 없다. 그러나 불행하게도 대부분의 의사결정자에게 오늘날의 사업이나 공공부문 문제는 이 카테고리에 들어가지 않는다.

선호하는 전략이 분명하지 않을 때는 모델의 도움을 받아야한다. 다속성 상황에서 속성의 수가 적고 비금전(非金錢; non-monetary) 속성을 쉽게 동등 금전가치로 변환할 수 있다면 단일 차원(금전)문제로 축소하는 것이 편리하다. 산화아연 사업부의 김 상무는 품질상태나 품질상태 사이의 차이의 금전가치를 이끌어내면 된다.

비금전 가치를 금전가치로 합리적으로 변환하는 일이 쉽지 않을 때 다속성효용 분석이 적절하다. 이 경우 의사결정자는 상호 효용 독립성을 전제할 수 있는지를 확인하여야한다. 전제할 수 있으면 언젠가 덧셈 효용함수를 사용할 수 있다. 그렇지 못하면 더 복잡한 함수를 적용해야 할 것이다. 속성의 독립성이 가산성이 있다는 것을 뜻하는 것은 아니지만 덧셈 함수식은 일단 한번 해볼 만한 것이며 뒤에 수정되거나 다듬어질 수 있다.

5.2.3 효용함수 구조(效用函數 構造; utility function structure)

두 속성 X와 Y만이 있는 상황에서 우리는 효용함수 $U(X, Y)$을 $X_0 < X < X_1$과 $Y_0 < Y < Y_1$의 범위에서 특정화되도록 정의한다. 효용함수 $U(X, Y)$는 의사결정자의 이차원 영역에서의 선호패턴을 나타낸다.

김 상무는 적어도 그의 품질과 금액에 대한 그의 선호를 알아야한다. 물론 우리는 대부분의 사람들처럼 그가 적은 금액보다는 큰 금액을 낮은 품질보다는 큰 품질을 선호한다는 것을 알고 있다. 그러나 (예제 5.2.1)에서의 김 상무의 결정에 이들 두 차원의 절충이 포함되어야하고 결정을 내림에 있어 그의 절충 율을 면밀하게 특정할 수 있도록 도움을 받아야할 것이다. 그의 절충 율은 변하지 않는가? 품질과 금액에 따라 변하는가? 그가 그의 효용함수, U(품질, 금액)을 특정화할 수 있다면 그는 이 효용함수를 그의 결정에 관해 통찰할 수 있도록 사용할 수 있다.

[그림 5.2.3] 2-속성 효용함수

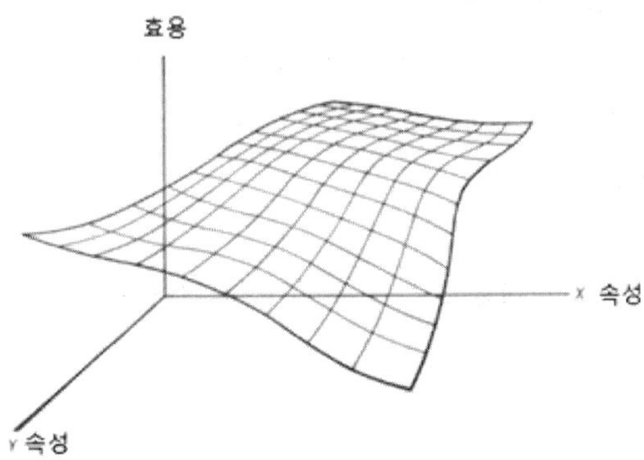

[그림 5.2.4] 2-속성 효용함수(X가 Y에 독립)

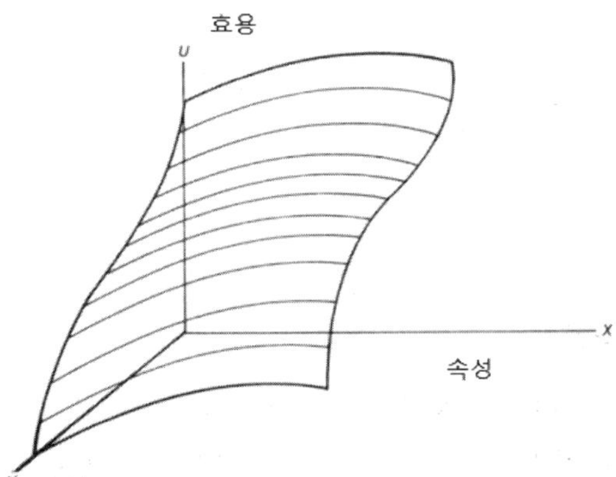

2-속성 (X, Y) 선호 시스템의 경우 각 속성에 대한 효용이 남은 하나의 속성의 가치와 무관(無關; independent)한지를 정하는 것이 유용하다. 독립성이 존재한다고 할 수 있다면 효용을 사정하는 일은 상당히 쉬워진다.

2-속성 효용함수는 3차원 그래프로 나타낼 수 있다. 일반적으로 효용함수는 면(面; surface)처럼 보인다(그림 5.2.3). 함수는 4.3.3의 효용곡선의 사정에서 설명된 것과 같은 방법으로 U(품질, 금액)을 체계적으로 평가하고 그래프위에 이들 점을 함께 모음으로써 직접 사정할

수 있다.

X와 Y 사이의 효용독립은 한 쪽으로만 성립되기도 하고 양쪽으로 다 성립하기도 한다. 한 방향 독립은 한 변수의 효용이 나머지 하나의 변수의 값에서 독립하지만 그 나머지 하나의 효용은 첫 번째 효용에서 독립하지 못하는 경우에 생긴다. 변수 X는 X에 대한 상대선호가 Y값과 무관할 때 Y의 효용에서 독립한다.

만일 X가 Y에 독립이고 Y가 X에 독립이면 상호 독립(또는 양방향 독립)이 생긴다. 독립은 일련의 일차원 효용함수를 사정하여 검사할 수 있다. X가 Y에 독립임을 검사하려면 여러 Y_i값에 대한 X의 일차원 효용함수 $U(X, Y_i)$을 구한다. X에 대한 선호패턴이 Y_i의 수준에 불변이라면 X가 Y에 효용독립라고 말할 수 있다. 그래프로는 X의 효용함수의 모양은 Y값에 상관없이 같을 것이다. [그림 5.2.4]가 이를 보여주고 있다

비슷하게 [그림 5.2.5]가 Y가 X에 효용독립인 경우를 보여주고 있다. 그림에서 보면 Y의 효용함수는 $Y-U$평면에 평행하는 면에 나타난다.

[그림 5.2.5] Y가 X에 효용독립

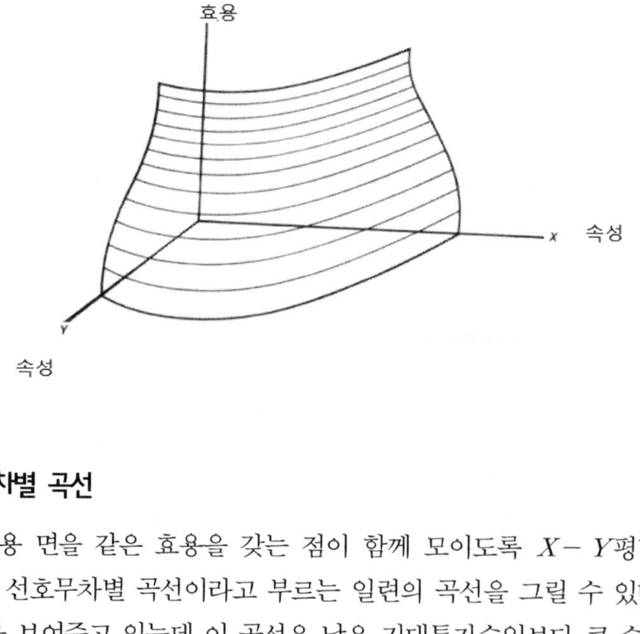

5.2.4 선호무차별 곡선

만일 2-속성 효용 면을 같은 효용을 갖는 점이 함께 모이도록 $X-Y$평면위로 투사(投射; projection)한다면 선호무차별 곡선이라고 부르는 일련의 곡선을 그릴 수 있다. [그림 5.2.6]이 선호무차별 곡선을 보여주고 있는데 이 곡선은 낮은 기대투자수익보다 큰 수익을 그리고 높은 수익표준편차보다 낮은 표준편차를 선호하는 투자자를 위한 것이다. 그림에서 화살표는 효용이 증가하는 방향을 나타낸다. 이 투자자는 그림에 있는 곡선을 따라서는 효용을 증가시키지 않는다. 왜냐하면 이 곡선은 같은 효용의 점을 모아놓은 것이기 때문이다. 그러나 한 곡선에서 다른 곡선으로의 이동은 효용의 변화를 뜻한다.

[그림 5.2.6] 효용무차별 곡선

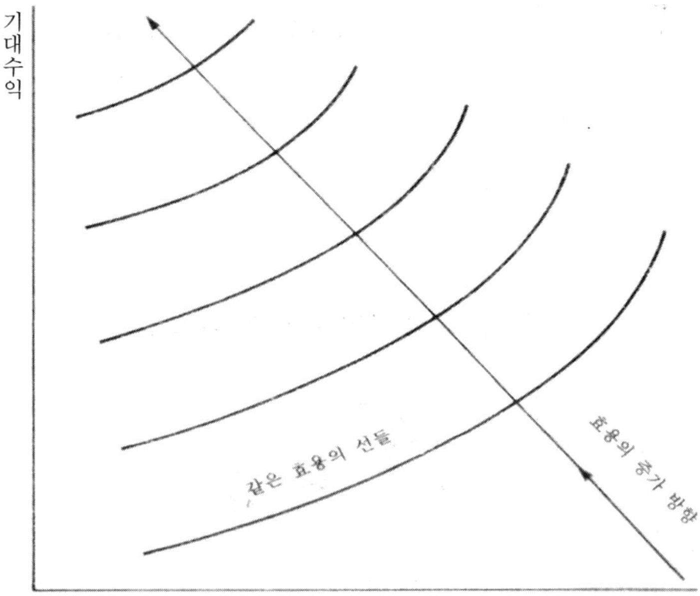

X가 Y에 효용독립(utility independent)이고 Y가 X에 효용독립일 때 상호 효용독립이 일어난다. 상호독립의 중요하고 특수한 경우가 효용함수가 덧셈일 때이다. 덧셈인 효용은

$$U(X, Y) = k_1 U_1(X) + k_2 U_2(Y) \tag{5.2.1}$$

으로 정의된다. 여기서 k_1, k_2는 상수(常數; constants)이다.

식 (5.2.1)에서 우리는 2-속성 효용함수는 두 개의 일차원효용함수의 가중합계(加重合計; weighted sum)로 나눌 수 있다는 아이디어를 표현하고 있다. 식 (5.2.1)은 상호 효용독립과 가산성(加算性; additivity)을 전제로 하고 있다. 이 전제들이 성립하면 $U(X)$와 $U(Y)$을 따로 분리하여 사정한 뒤 식 (5.2.1)에 대입하면 된다. k_1과 k_2는 속성 X와 Y의 $U(X, Y)$안에서 차지하는 중요도의 상대적 측척(測尺)이다.

(예제 5.2.4 한국보험) 한국보험(주)의 사장은 제품가격설정과 광고에 관한 두 제안서를 검토하고 있다. 마케팅 부장이 여러 전략을 안출(案出; devise)하였다. 각 전략은 〈표 5.2.1〉에 있는 것과 같은 시장 점유율(市場 占有率; market share)과 투자수익 율(投資收益 率; return on investment)면에서의 결과를 가져다 줄 것이다. 전략 1은 두 개의 있을 법한 결과 중 하나를 진략 2는 셋 중 하나를 가져다 줄 것이다. [그림 5.2.7]이 그 결정나무이다.

〈표 5.2.1〉 한국보험(주)의 전략

전략		시장점유율	수익률	확률
1	결과 1	4	12	0.6
	결과 2	6	6	0.4
2	결과 1	5	8	0.3
	결과 2	3	13	0.5
	결과 3	4	8	0.2

[그림 5.2.7] 한국보험(주)의 결정나무

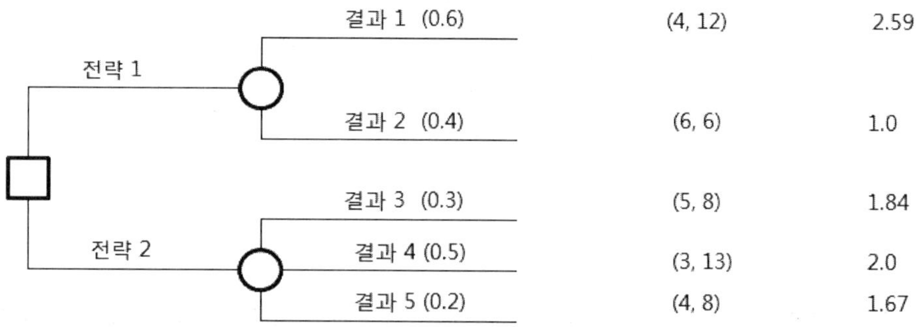

사장은 그의 시장점유율과 수익률에 대한 선호의 두 속성이 상호효용독립이고 덧셈인 구조를 가지고 있다고 정했다. 즉

$$U(\text{시장접유율}, \text{수익률}) = k_1 U(\text{시장점유율}) + k_2 U(\text{수익률})$$

이다.

[그림 5.2.8(a)] 시장점유율에 대한 효용

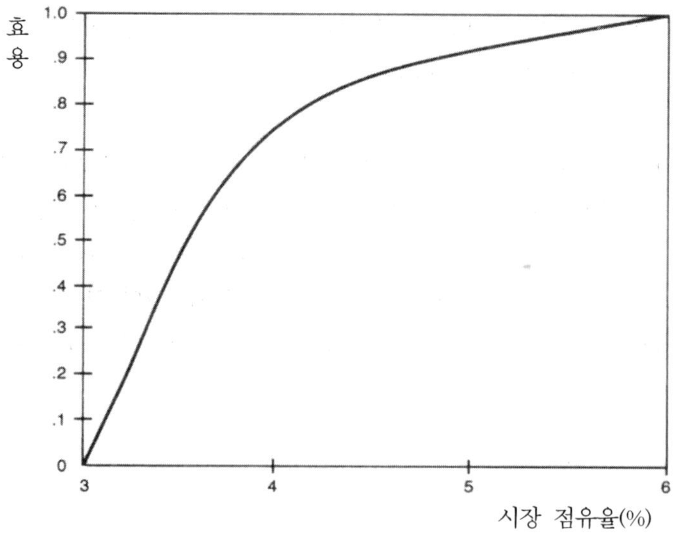

그는 시장점유율에 대한 그의 선호가 수익률 가치 그리고 그 역(逆; vice versa)에 영향을 받지 않는다고 믿는다. 그는 그의 효용함수를 [그림 5.2.8(a)]와 [그림 5.2.8(b)]과 같이 사정하였다. 이들 효용함수 영역의 상한(上限; upper bound)과 하한은 시장점유율과 수익률의 최대치와 최소치이다.

사장은 각 속성에 가중치를 배당하여야한다. 그는 일반적으로 수익률이 시장점유율보다 더 중요한 속성이라고 생각한다. 그는 가중치가 효용척도와 그 척도 위에서 매겨지는 평점에 강하게 관련되어 있음을 알고 있다. 예를 들어 그가 $k_2 = 2k_1$이라고 설정했다면 이는 수익률이 시장점유율보다 2배의 비중을 갖는다는 뜻이다. 그의 효용함수가 다른 척도로 매겨졌다면 그의 가중치는 이 상대성(相對性; relativity)을 유지하도록 조정되어야 할 것이다. 예를 들면 그가 수익률에 대한 효용함수를 하한(下限; lower bound) 0% 상한 20%로(현재의 8% - 13% 영역 대신) 정의하기로 하였다면 네 개의 대안에 걸친 효용 값의 퍼짐은 줄어들어야 할 것이다. 다른 것은 같아서 그 효과는 다속성 효용함수 안에서의 수익률의 상대적 중요성을 줄이게 된다.

일반적으로 의사결정자는 속성의 일반적 상대적 중요성만을 판단하여 속성가중치(k 값)를 설정해서는 아니 된다. 개별 다속성 효용함수에서 사용된 척도와 이들 척도 위에서 사정된 값이 얼마나 퍼져있는 가에도 주의를 기울여야한다.

[그림 5.2.8(b)] 수익률에 대한 효용

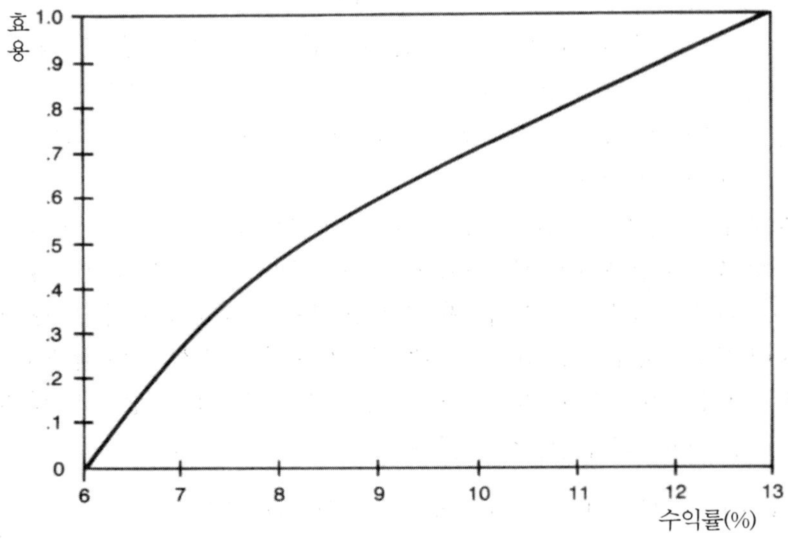

이들을 참작하여 사장은 $k_2 = 2k_1$라고 설정하였다. 따라서 우리는 $k_1 = 1$과 $k_2 = 2$라는 전제하에 각 전략에 대한 효용을 계산할 수 있다. 효용들은 [그림 5.2.8]에서 읽을 수 있다. 결과의 효용은

결과 1 : $U = 1 \times 0.75 + 2 \times 0.92 = 2.59$

결과 2 : $U = 1 \times 1 + 2 \times 0 = 1$

결과 3 : $U = 1 \times 0.92 + 2 \times 0.46 = 1.84$

결과 4 : $U = 1 \times 0 + 2 \times 1 = 2$

결과 5 : $U = 1 \times 0.75 + 2 \times 0.46 = 1.67$

[그림 5.2.7]에서 보는 기대효용은

전략 1 : $EU = 0.6 \times 2.59 + 0.4 \times 1 = 1.954$

전략 2 : $EU = 0.3 \times 1.84 + 0.5 \times 2 + 0.2 \times 1.67 = 1.886$

이다. 모델은 전략 1이 전략 2보다 좋다고 말하고 있다.

5.2.5 덧셈인 효용: 2이상-속성

2이상-속성의 경우에도 같은 개념과 원칙이 적용된다. 이들 경우에는 복잡도(複雜度; degree of complexity)가 더 크고 더 복잡한 사정과정을 거쳐야 할 뿐이다.

의사결정문제에서 속성의 수가 늘어남에 따라 효용함수의 구조를 단순화하는 이점(利點; advantages)도 빠르게 늘어난다. 2-차원 영역공간을 갖는 효용함수의 사정은 그다지 어렵지 않다. 상호독립성과 가산성과 같은 단순구조를 전제할 수 없다면 바로 완전한 이변수(二變數; bivariate) 함수를 사정할 수 있다. 그러나 속성의 수가 많이 늘면 모든 효용공간을 사정하는 일이 극단적으로 커진다. 예를 들면 단지 여섯 개의 속성을 가지고도 전체 효용공간을 직접 사정하는 일은 정말로 예상하기조차 힘겨운 일이다. 전체효용공간을 평가할 때 사정작업의 크기는 대략 속성 수의 지수함수(指數函數; exponential function)로 커질 것이다. 반면에 상호효용독립을 전제한다면 효용함수 사정작업은 속성 수에 선형으로 커진다. 개별효용함수를 사정하여 결합하면 되기 때문이다.

사정의 상대적 용이성이 덧셈인 함수를 매력적인 것으로 만들어 주지만 이 함수가 선호패턴 특성에 잘 맞지 않는다면 사용해서는 아니 될 것이다. 덧셈인 형식이 실제로 좋은 표현(表現; representation)이고 신뢰를 가지고 사용할 수 있는 경우가 많다. 그러나 매 경우마다 분석에 들어가기 전에 덧셈임(additivity)을 전제할 수 있는지 주의 깊게 살펴보아야한다. 기본적인 덧셈 식은 거의 같지만 개선이 요구된다. 식 (5.2.1)의 표현이 다음 모델에서처럼 추가 항(追加項; extra form)을 넣어 확장되는 수도 있다.

$$U(X, Y) = k_1 U_1(X) + k_2 U_2(Y) + k_3 U_1(X) \times U_2(Y)$$

추가 항은 표현에 포함될 상호작용의 형식을 허용한다. 이 이외에도 많은 $U(X, Y)$의 분해 방식이 있으며 물론 이들이 둘이상의 속성을 갖는 효용함수에 적용될 수도 있다.

(예제 5.2.5 구매결정) 박 교수가 새 차를 사기로 하였다. 그는 거의 가격이 같고 전체적인 디자인이 비슷한 세 모델로 선택폭을 좁혔다. 하나는 국산 다른 하나는 일제 그리고 마지막은 미제모델이다. 박 교수는 어느 차가 자기 목적에 가장 잘 부합하는지를 주의 깊게 분석하기로

하였다. 그는 시운전을 해보고 자동차 관련 잡지를 읽어보았다. 그는 직관적으로 바로 선택하기가 어려워 이 결정문제의 기초가 되는 것은 무엇인지 따져보기로 하였다. 박 교수는 우선 그의 선호의 특징에 관하여 주의 깊게 생각하는 것으로 시작하였다. 세 차 모두 그의 기본적 요구에 맞고 그의 모든 결정기준을 만족시켰다. 그는 이 단계에서 그의 선호함수는 덧셈이고 그 안에서 여러 속성이 효용독립이라고 느꼈다. 그는 그의 속성들을 체계적으로 나열하여 그의 선호에 관해 더 공부하기로 하였다. 이 속성이 안락성(安樂性; comfort), 운전편이성(運轉便易性; driveability), 연비(燃比; fuel economy), 외양(外樣; appearance), 특색(特色; features), 공학적 품질(工學的 品質; engineering quality), 힘(power)이다. 박 교수는 차에 대한 그의 바람이 이들 속성 모두의 함수라는 것을 알았다. 효용 항으로는

$$U(\text{승용차}_i) = \text{함수[안락성, 운전편이성, 연비, 외양, 특색, 공학적 품질, 힘]}$$

그는 완전한 효용독립과 덧셈임을 전제하는 것이 합리적이라고 생각했다. 4기통 소형차와 8기통 대형차를 비교할 때 속성들을 분리하는 것은 불합리 할 수 있지만 이 교수는 비슷한 차를 비교하고 있으므로 덧셈임을 전제하는 것이 무리하지 않다고 여겨진다. 그래서 그는

$$\begin{aligned} U(\text{차}_i) &= k_1 U_1(\text{안락성}) + k_2 U_2(\text{운전편이성}) + k_3 U_3(\text{연비}) + k_4 U_4(\text{외양}) \\ & k_5 U_5(\text{특색}) + k_6 U_6(\text{공학적 품질}) + k_7 U_7(\text{힘}) \end{aligned} \tag{5.2.2}$$

을 전제로 하기로 하였다.

이렇게 함수를 구성함에 있어 박 교수는 그가 옳은 속성 집합을 정의하였는지 재고하여 보았다. 옳은 속성집합이란 이 교수에게 중요한 모든 인자들이 의미 있는 방법으로 표현되었고 어느 측면(側面; aspects)으로도 이중으로 들어가지 않은 것이다. 속성은 상호간 분리되어 있거나 폐쇄(閉鎖; close)되어 있어야 한다. 예를 들어 연비와 총운행비는 서로 분리되어 있는 것처럼 보이지만 이 두 속성을 모두 넣는 것은 연료비를 과잉으로 강조하는 것이 된다. 왜냐하면 그들은 실제로는 분리되어 있지 않기 때문이다.

박 교수의 사정결과는 〈표 5.2.2〉와 같다.

박 교수는 모두 0에서 10까지의 척도 위에서 사정하였다. 그리한 것은 각 속성의 평가를 표준화하기 위해서다. 〈표 5.2.2〉에 (식 5.2.2)가 요구하는 사정결과가 있다.

〈표 5.2.2〉 승용차 구매 사정결과

속 성	차 1(일제)	차 2(미제)	차 3(국산)
안락성	6	9	7
운전편이성	5	3	9
연 비	9	6	7
외 양	5	8	8
특 색	6	7	5
공학적 품질	7	6	9
힘	3	8	5

식 (5.2.2)의 $k_i(i=1에서 7)$ 값은 효용함수에 대한 상대적 중요도 인자(속성 가중치)이다. 박 교수는 쌍으로 비교하는 방식으로 이들 속성을 비교하여 다음과 같이 정리하였다.

1. 연비는 힘에 비해 두 배로 중요하다(즉 $k_3=2k_6$).
2. 안락성은 중요도가 연비와 같다. $(k_1=k_3)$
3. 안락성은 공학적 품질에 1.5배 중요하다. $(k_1=1.5k_5)$
4. 외양은 힘과 중요도가 같다. $(k_4=k_6)$
5. 특색은 공학적 품질과 같다. $(k_7=k_5)$
6. 운전편이성은 힘보다 1.5배 중요하다. $(k_2=1.5k_6)$

식 5,2.2의 k_i 값을 위의 결과를 가지고 풀면

$k_1=1.8$ $\quad$ $k_2=1.5$

$k_3=2$ $\quad$ $k_4=1$

$k_5=1.33$ $\quad$ $k_6=1$

$k_7=1.33$

박 교수는 이 결과를 정의하기 위하여 충분한 비교를 하였지만 일관성을 검사하기 위하여 몇 번 더 쌍으로 된 비교를 하였다. 이들 추가 비교를 통해 이 교수는 일부 가중치를 수정하여 최종적으로 다음과 같이 정하였다.

$k_1=1.8$ $\quad$ $k_2=1.5$

$k_3=2.2$ $\quad$ $k_4=1$

$k_5=1.33$ $\quad$ $k_6=1$

$k_7=1.4$

다음으로 박 교수는 이들 가중치와 〈표 5.2.2〉의 데이터를 사용하여 식 (5.3.2)에서 효용을 계산하였다.

$$\begin{aligned} U(\text{차 }1) &= 1.8\times6+1.5\times5+2.2\times9+1\times5+1.33\times7+1\times3+1.4\times6 \\ &= 63.83 \\ U(\text{차 }2) &= 1.8\times9+1.5\times3+2.2\times9+1\times8+1.33\times7+1\times3+1.4\times6 \\ &= 67.7 \\ U(\text{차 }3) &= 1.8\times7+1.5\times9+2.2\times7+1\times8+1.33\times9+1\times5+1.4\times5 \\ &= 73.5 \end{aligned}$$

이들의 차이는 그리 크지는 않지만 의사결정자가 밝힌 선호와 그가 선택한 함수식을 반영하고 있다. 제일 높은 등수의 차(국산)와 두 번째 등수의 차(미제)의 차이는 5.8 utiles 또는 9%이다.

박 교수는 이 사정결과를 재검토할 수 있다. 그는 단순하게 결과를 수용하지 않고 또 차를

사려나가지도 않았다. 그는 면밀하게 왜 결과 등수가 나왔나 검사하였다. 예를 들면 그는 국산이 미제보다 운전편이성과 공학적 품질 면에서 월등이 좋다고 그리고 연비 면에서 약간 좋다고 평가하였다. 박 교수의 평가와 가중시스템에서 이들 속성이 미제가 우수한 안락성과 특색 그리고 힘의 측면보다 더 크게 작용하였다. 그는 최종결론을 내리기전에 속성과 그 점수에 대하여 조금 더 생각하였다.

이 분석이 어떻게 박 교수를 도왔나? 첫째 그것은 그가 그의 선호를 체계적으로 분명하게 밝힐 수 있게 해주는 장치(裝置; mechanism)와 체계(體系; structure)를 제공하여 주었다. 둘째 그가 값을 매기는 속성들 간에 절충(折衷; tradeoff)을 하는 방법을 알려주었다. 셋째 모든 다양한 속성들을 인위적이긴 하지만 공통된 측척(測尺)으로 바꾸어 주었다. 박 교수는 외양이나 안락성과 같은 아주 주관적인 속성에 대한 느낌을 수량화하지 않을 수 없었으며 연비와 같이 더욱 구체적인 인자에 대한 선호도 표시하였다.

5.3 우위성(Dominance)

5.3.1 내기 간의 순서 및 기수 우위성

우위성의 개념은 이론적 그리고 실용적 양면에 다 중요하다. 우위의 옵션이 존재할 때 그 옵션은 분명하게 가장 좋은 가용(可用; available) 옵션이며 더 이상의 분석이 필요하지 않다. 다른 말로 하면 우위성은 다른 것에 영향 받지 않는다. 실용적인 면에서 사람들은 우위의 옵션을 찾으려한다. 왜냐하면 사람들은 결정에 어려움이 없고 다른 사람에게 그 것이 제일 좋은 것이라고 믿게 애쓸 필요가 없기 때문이다. 이론적인 면에서는 우위성은 민감도분석을 불필요하게 하여주기 때문에 하위 옵션에서만 그런 분석을 하게 된다.

우위성의 개념(槪念; concept)은 이해하기 쉽다. 동전던지기 내기 A와 B를 보자. 내기 A는 앞면이 나왔을 때 ₩1,000을 받고 뒷면이 나왔을 때 ₩1,000을 받는 것이다. 내기 B는 앞면이 나오면 ₩2,000을 받고 뒷면이 나오면 ₩1,000을 받는 것이다. 그렇다면 내기 A가 B에 대해 우위에 있다. 이 개념은 다속성 효용 맥락에서 정확히 같게 작용한다. 새 차를 살 때 가속도와 안락성 그리고 가격을 기준으로 선택한다면 차 A와 차 B가 가속도와 안락성에서 동일하고 B가 A보다 싸다면 B가 A보다 우위에 있다. 위의 두 예에서 A가 순서적(順序的; ordinally)으로 우위에 있다고 말한다. 순서적으로 우위에 있는 옵션을 순서적으로 수락가능하다고 말한다.

앞으로 내기를 중심으로 설명하겠지만 우위성의 관념(觀念; notion)은 내기에서건 다속성 효용에서건 구조상으로 같다. 우리는 조건부 가치라는 생각에서부터 시작하려한다. 기대가치 최대화 모델을 사용하고 유한한 수의 사건(事件; events)과 그 사건 각각의 실수치(實數值; real-valued) 결과(結果; outcomcs)로 이루어진 단순한 내기를

$$EV(g) = \sum_{i=1}^{n} p_i CV_i(g) \tag{5.3.1}$$

라고 적기로 한다. 여기서 p_i는 i번째 사건이 일어날 확률이고 CV_i는 그 사건이 일어날 때 의사결정자가 받을 조건부 가치이다. 우리는 이를 내기 g의 i번째 조건부 가치라고 부른다.

〈표 5.3.1〉 내기 및 그들의 조건부 가치

내기	사건	
	E_1	E_2
g_1	2	3
g_2	2	6
g_3	3	5
g_4	6	4
g_5	7	3
g_6	1	1

〈표 5.3.1〉 여섯 개의 2-사상의 작은 금액내기 행렬(行列; matrix)을 보여준다. 표는 조건부 가치를 보여주고 있다. [그림 5.3.1]은 조건부 가치의 2-차원 공간에 있는 여섯 개의 내기를 점으로 나타낸 그림이다.

〈표 5.3.1〉을 살펴보면 첫째 내기 6은 어쩔 수 없이 제일 열위의 내기이다. 그것은 순서적으로 다른 모든 내기보다 하위에 있다. 즉 어떤 일이 일어나도 내기 6이외의 내기를 택하는 것이 좋을 것이다 다음으로 내기 1과 4를 비교하면 분명히 내기 4가 우위에 있다. 마찬가지로 내기 1보다 2와 3 그리고 5가 우위에 있다. 내기 1을 2 및 5와 비교하면 두 사상 중 한 쪽이 일어난다면 조건부 값이 같지만 다른 한 쪽이 일어난다면 결정적으로 유리하다. 따라서 2와 5가 우위에 있다.

살아남은 내기 2와 3 그리고 5 중에서 3은 특수한 경우이다. 그것은 순서적으로 열위에 있지 않지만 제일 좋은 것이 될 수 없다. 왜? 이는 [그림 5.3.1]을 보면 쉽게 이해된다. 내기 2와 내기 4를 연결하는 선은 어떤 확률인 경우 내기 2 그렇지 않으면 내기4를 따게 구성된 내기들 [p(내기 2) +$(1-p)$(내기 4)]가 놓일 자리(locus)라고 해석될 수 있다. 내기 2와 내기 4로 구성된 이들 복잡한 내기들의 부분집합은 순서적으로 내기 3에 우위이다. 이 결과를 가지고 우리는 내기 3은 (내기 2와 내기 4의 확률혼합(즉 p(내기 2) +$(1-p)$(내기 4))에 대해 기수적으로 열위이라고 말한다. 이와 같은 우위는 서수적이 아니라 기수적이라고 말한다. 그 까닭은 그 우위성이 [그림 5.3.1]의 x축과 y축의 측척(測尺)(測尺; measures)에 따라 달라지기 때문이다. 우리는 x축과 y축의 척도를 왜곡시킴으로써 이들의 순서성(順序性; order properties)은 유지할 수 있을지 모르지만 내기 3의 우위(優位; dominance)는 제거되게 할 수 있을 것이다. 그러나 우리는 그 두 축 상의 척도가 의미가 있다고 보기 때문에 우리는 기수적으로 열위(劣位; dominated)의 내기가 순서적으로 열위인 내기와 같이 무시할 우선후보라고 생각한다.

[그림 5.3.1] 여섯 내기의 조건부 가치

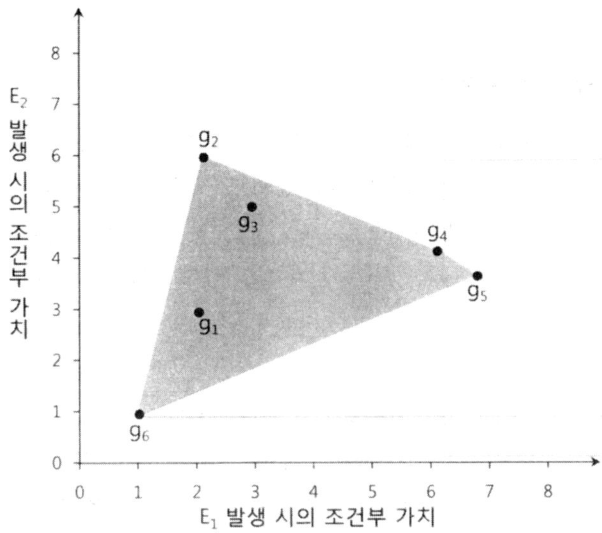

▌정의: 서수 우위(序數 優位; ordinal dominance)

내기 f의 조건부 가치가 최소한 g의 조건부 가치보다 어느 사상에서도 나쁘지 않고 적어도 한 사상에서 결정적으로 더 좋다면 내기 g가 f보다 우위이라고 말한다.

기수적 우위(基數的 優位; cardinal dominance)를 정의하려면 q 혼합(混合; mixture)이라는 개념을 도입해야한다. m 내기의 q 혼합이란 당초 내기의 조건부 가치의 q 혼합에 의하여 정의된 결과(結果; outcomes)를 가진 내기를 말한다. 다른 말로 하면 혼합 g_q의 조건부가치는

$$CV_i(g_q) = \sum_{j=1}^{m} q_j CV_{ij}(g_j)$$

이다. 여기서 i는 사건의 j는 내기의 첨자이다. q 혼합의 조건부 가치 벡터(vectors)는 당초 내기 집합의 볼록 경계 [그림 5.3.1]에서는 g_2와 g_4, g_4와 g_5을 잇는 직선)로 정의되는 구역(區域; area) 안에 놓인다. [그림 5.3.1]에서 q 혼합의 모든 있을법한 값의 집합은 빗금으로 나타냈다.

▌정의: 기수 우위(基數 優位; cardinal dominance)

만일 내기들의 q 혼합이 g에 서수적으로 우위이면 내기 g는 기수적으로 열위라고 부른다. 이는 [그림 5.3.1]이나 이에 상당하는 다속성 내기들에서 그림의 북동쪽 경계에 놓이지 않은 모든 내기는 서수적으로나 아니면 기수적으로 열위이다.

서수적으로나 아니면 기수적으로 우위인 내기를 용인가능(容認可能; admissible)이라고 한다. 동북쪽 경계와 그 다속성 상당 경계의 멋있는 이름은 Pareto 경계(境界; frontier)이다. Pareto 경계는 언제나 볼록이다. 이것은 단순히 그 경계의 어느 지점에서도 그에 접(接;

tangent)하는 선이나 평면 또는 초평면(超平面; hyperplane)이 그 경계의 다른 지점을 지나칠 수 없다는 의미이다.

5.3.2 다속성 옵션 간의 우위성

조건부 가치라는 용어는 내기에 보다 다속성 효용에 덜 분명하게 적용된다. 왜냐하면 결과(結果; outcomes)가 명쾌하게 무언가의 전제로 생각되지 않기 때문이다. 그러나 아무나 가치나무(value tree)를 그 나무가 끝나는 곳의 수준보다 더 낮은 수준으로 분해할 수 있다는 생각은 결국 같은 것이 된다. 한 사건을 조건으로 하는 값을 한 속성이나 목적을 조건으로 하는 값으로 대체(代替; replace)하는 것이나 확률$(p_i's)$을 가중치($(w_i's)$로 대체하는 것은 결국 같은 것이 되게 된다.

이상을 이해한다면 내기(gambles)들 간의 정식 구조와 다속성 효용 구조들이 동일하다는 것을 통해 내기에 관해 우리가 만든 논거(論據; arguments)가 다속성 효용에도 역시 적용된다는 것은 확실하다. 서수적 및 기수적 우위의 개념은 같으며 열위의 옵션은 고려할만한 대상이 안 된다는 것도 역시 같다.

5.3.3 더 높은 수준 우위

더 높은 수준의 우위개념은 그렇게 부르지는 않았지만 우리가 처음에 두 내기의 확률 혼합을 만들고 이렇게 만들어진 새로운 내기의 서수적 우위를 사용하여 기수적 우위를 정의하려고 내기의 혼합을 만들어 냈을 때 이미 도입되었다. 그 생각은 훨씬 더 일반적으로 적용된다.

더 높은 수준의 우위를 이해하는 가장 쉬운 길은 어떻게 SEU(주관적 기대효용)나 다속성 효용이 선택을 하게하여주는가를 보는 것이다. 모든 값과 가중치 또는 확률이 한데 모이면 결과는 각 옵션 각각에 대한 하나의 숫자 집합이 된다. 이들 숫자들 중 가장 높은 것이 다른 모든 것에 우위이다(같은 값이 없는 한).

하위집합(下位集合; subaggregation)은 오른쪽과 왼쪽 사이의 중간인 결정나무 또는 맨 위와 맨 밑 사이의 중간인 가치나무의 어느 수준으로 모이는 것을 의미한다. 하위합집이 전에는 우위였던 옵션 간에 우위를 갖게 해줄 수 있다는 것은 직관적으로 분명하여야하고 그런 경우이다. 확실한 ₩10,000원과 2-계단 내기 중에서 하나를 선택하는 문제를 보기로 한다. 내기를 택하면 동전을 던지게 된다. 그래서 앞면이 나오면 ₩6,000을 받고 뒷면이 나오면 다시 동전을 던지게 된다. 두 번째 던지기에서 앞면이 나오면 ₩2,000을 뒷면이 나오면 ₩16,000을 받게 된다. 내기는 그것을 택함으로써 ₩10,000이상을 받을 가능성이 있으므로 열위(劣位; dominated)가 아니다. 그러나 만일 두 번째 던지기를 기댓값으로 대체하여 하위로 집합하면(subaggregate) 첫 번째 던지기의 결과득실은 ₩6,000과 ₩9,000이 된다. 그리고 확실한 ₩10,000에 열위가 된다. 이와 똑같은 하위집합의 결과에서 오는 우위현상이 다속성 효용문제에서도 일어난다. 이 두 맥락에서 하위집합의 결과로 생긴 우위는 그 우위가 하위에서 집합한 그 위치 아래의 확률 또는 가중치에 의하여 정해진다는 의미에서 임시적(臨時的; tentative)이다. 예를 들어 일단 두 번째 던지기에 이르렀을 때 ₩16,000을 따는 확률이 충분히 높다면 내기는 확실히 ₩10,000을 받는 것보다 좋은 것이다. 정확하게 표현하면 EV 극대화로 의사결정을 하는 사람이 확실한 ₩10,000에 선호무차별이 되는 내기는 예를 들면 두 번째 던지기에서 앞면이 1/7이고 뒷면이 6/7이어야 할 것이다.

더 높은 수준 우위는 정보를 구매할 수 있는 가능성이 있는 맥락(脈絡; context)에서 중요한 세부 사항들을 필요로 한다. 기본적인 생각은 정보 구매의 결과(結果; outcomes)의 조건부 분포는 잘 알 수 있을지 모르지만 이들 조건부 분포가 종속되는 가설의 사전 확률은 그렇게 잘 모를 수도 있다는 것이다. 이런 경우 정보 변수에 관한 불확실성의 평균을 낸 뒤에 그 정보를 구매할 것인지를 정하기 위하여 조건부 값들을 도표로 만들어보는 것이 도움이 된다.

결정함수를 각 정보의 상태에 행위(내기)를 할당하는 규칙이라고 정의할 수 있다. 정식으로 결정함수는 정보변수로부터 내기 집합으로의 지도이다. 여기서 내기의 결과는 정보변수가 관련된 가설이나 사건(事件; events)에 따라 달라진다. 만일 정보변수 x가 있을 법한 값 중 유한한 수 K을 취한다면 각 x_k에 대하여 결정함수는 $\bar{d}(x_k) \in G$이라고 정의한다. 여기서 G는 내기의 집합이다. 만일 G도 유한하다면 사람들은 결정함수를 단순히 각 x_k에 대하여 자기가 택할 내기를 나열함으로써 정리할 수 있다. 각각의 내기는 n개의 있을 법한 사건을 조건으로 하는 결과의 벡터이므로 결정함수는 결정의 행렬로 나타낼 수 있다.

이를 〈표 5.4.1〉의 결과득실 행렬식으로 나타낸 여섯 개의 내기 중 하나를 선택하는 문제를 가지고 설명하기로 한다. 내기 중에서 하나를 선택하기 전에 우리가 x_1과 x_2 두 값 중에서 취할 수 있는 X을 관찰할 수 있다고 가정하기로 한다. 우리가 각각의 x_K에 여섯 개의 내기 중 하나를 배당하여 결정함수를 구성할 수 있다. 예를 들면 한 함수는 "x_1이 일어나면 g_1을 택하고 x_2가 일어나면 g_2을 택하라."가 될 것이다. 분명히 당초의 내기들은 결정함수들이다. 왜냐하면 하나의 정의할 수 있는 함수는 어떤 정보 상태를 얻느냐와 관계없이 같은 내기를 선택하는 것이기 때문이다.

〈표 5.3.2〉가 그러한 결정함수의 예이다. 각 함수는 내기를 나타내는 열(列; row)에 벡터를 갖고 있는 2×2 행렬로 나타나 있다. 모두 합해 6^2개의 결정함수를 만들어 낼 수 있다. K 정보 상태와 m 내기의 일반적인 경우 있을 수 있는 결정함수 의 총 수는 m^K개다.

일부 결정함수는 다른 것보다 분명히 하위이다. 특히 결정함수 $\bar{d}(x_1) = g_6$과 $\bar{d}(x_2) = g_6$이 열위(劣位; dominated)일 것이라고 기대들 한다. 결정전략 중에서의 우위를 쉽게 다루기 위하여 우리는 두 사건(事件; events) 각각에 대한 정보 변수의 발생확률을 균분(均分; average)할 수 있다. $P(x_k|E_i)$를 정보 변수의 조건부 확률이라고 그리고 d_{ij}를 결정함수 $\bar{d}$가 선택되고 사건 E_i가 일어났을 때 얻어지는 결과라고 하면 결정함수 $\bar{d}$의 조건부 값은

$$CV_i(\bar{d}) = \sum_{i=1}^{K} P(x_k|E_i) d_{ij} \qquad (5.3.2)$$

이라고 정의된다. 물론 결정함수 $\bar{d}$의 EV는

$$EV(\bar{d}) = \sum_{i=1}^{n} p_i CV_i(\bar{d}).$$

〈표 5.3.2〉 결정함수의 예

결정함수 $\bar{d}$	$\begin{matrix} & & E_1 & E_2 \\ \bar{d}(x_1) = g_1 = & \Big[& 2000원 & 3000원 \Big] \\ \bar{d}(x_2) = g_2 = & \Big[& 6000원 & 4000원 \Big] \end{matrix}$
결정함수 $\bar{e}$	$\begin{matrix} & & E_1 & E_2 \\ \bar{d}(x_1) = g_6 = & \Big[& 1000원 & 1000원 \Big] \\ \bar{d}(x_2) = g_3 = & \Big[& 3000원 & 5000원 \Big] \end{matrix}$
결정함수 $\bar{f}$	$\begin{matrix} & & E_1 & E_2 \\ \bar{d}(x_1) = g_5 = & \Big[& 7000원 & 3000원 \Big] \\ \bar{d}(x_2) = g_2 = & \Big[& 2000원 & 6000원 \Big] \end{matrix}$

결정함수의 조건부 값을 계산하려면 식 (5.3.2)의 조건부 확률을 알아야하는데 우리는 예로서 다음과 같이 가정한다.

$$P(x_1|E_1) = 2/3$$
$$P(x_1|E_2) = 1/3$$
$$P(x_1|E_2) = 1/3$$
$$P(x_2|E_2) = 2/3$$

[그림 5.3.2]는 이 예제의 36개의 있을 수 있는 결정함수에 대한 조건부 값 벡터를 보여준다.

[그림 5.3.1]과 [그림 5.3.2]를 비교해 볼만하다. [그림 5.3.2]에서 원 안에 있는 점들은 x_1이 일어나느냐 x_2가 일어나느냐에 관계없이 내기 $\mathbf{g}_j$을 선택함으로써 생긴 당초내기의 조건부 값들의 점들을 나타낸다. 당초 내기는 결정함수의 조건부 값 벡터의 복록 혼합(convex mixture) 안에 놓여있다. 이는 일반적으로 참이다. 왜냐하면 비용 없는 정보는 의사결정자가 현명한 선택을 할 수 있는 능력을 개선해주기 때문이다. 이런 맥락에서 우리는 비용 없는 정보를 무시한 내기가 비용 없는 정보를 사용한 내기의 우위가 될 수 없다고 결론을 내리지만 그 반대도 빈번히 일어난다. 예를 들어 당초에 수락 가능한 내기 g_4가 결정함수 중에서 수락할 수 없는 것이 된다. 사실 단지 다섯 개의 결정함수만이 용인 가능하다. 이들은 그들의 조건부 값과 함께 〈표 5.3.3〉에 나열되었다.

5.4 사전편집방식(辭典編輯 方式; lexicographic)의 순서화

절대적 우선순위(優先順位; priorities)를 고려하는 순서화가 사전편집 방식의 순서화이다. 이

용어는 사전이나 백과사전 등의 표제어들의 순서화에서 나왔다. 이는 한 단어의 첫 문자가 다른 단어의 첫 문자보다 가나다순에서 앞서면 앞서는 순서를 차지하는 순서화 방식이다. 이 순서화는 기준의 우선순위로 순서화하는 것을 나타낸다. 대상들의 수열 각각이, x_{ji}가 j번째 대상의 i번째 기준 값과 연계된 효용인 벡터(vector) $(x_{j1},\ x_{j2},\cdots)$로 그 특징을 나타낸다면 $x_{j1} > x_{k1} \Rightarrow u(j) > u(k)$; 만일 $x_{j1} = x_{k1},\ x_{j2} = x_{k2},\ \cdots,\ x_{jm} = x_{km},\ x_{j,m+1} > x_{k,m+1}$이면 $u(j) > u(k)$, 등등이다.

〈표 5.3.3〉 예제의 수락 가능 결정함수와 그들의 조건부 값

E_1 E_2		
$\bar{d}_1 = \begin{bmatrix} 2 & 6 \\ 2 & 6 \end{bmatrix}$	$CV_1(\bar{d}_1) = 2;$	$CV_2(\bar{d}_1) = 6$
$\bar{d}_2 = \begin{bmatrix} 2 & 6 \\ 6 & 4 \end{bmatrix}$	$CV_1(\bar{d}_2) = 8/3;$	$CV_2(\bar{d}_2) = 16/3$
$\bar{d}_3 = \begin{bmatrix} 2 & 6 \\ 7 & 4 \end{bmatrix}$	$CV_1(\bar{d}_3) = 16/3;$	$CV_2(\bar{d}_3) = 5$
$\bar{d}_4 = \begin{bmatrix} 6 & 4 \\ 7 & 3 \end{bmatrix}$	$CV_1(\bar{d}_4) = 20/3;$	$CV_2(\bar{d}_4) = 11/3$
$\bar{d}_5 = \begin{bmatrix} 7 & 3 \\ 7 & 3 \end{bmatrix}$	$CV_1(\bar{d}_5) = 7;$	$CV_2(\bar{d}_4) = 3$

[그림 5.3.2] 결정함수의 조건부 값 (원 내 점은 당초의 내기)

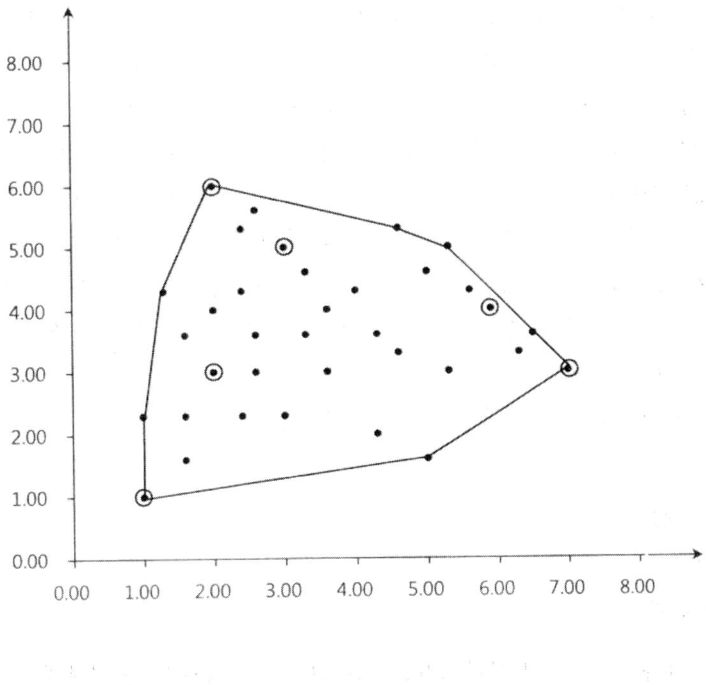

5.4.1 요인별 소거(Elimination By Aspects-EBA)

다음 결정상황을 보자. 채용시험응시자가 다음 기준을 기초로 평가받는다.

α. 경험
β. 인간성
γ. 자발성
등등

기준은 다음과 같이 절대적 우선순위에 따라 순서를 매길 수 있다. 응시자 x가 응시자 y보다 경험이 많다면 다른 기준의 점수에 관계없이 x가 y보다 선호된다. 만일 x와 y의 경험이 같다면 그들의 인간성을 비교한다. 역시 같다면 다음기준을 비교하고 같다면 다음을 비교하고...

이 과정에서 응시자의 모집단이 주어지면 가장 중요한 기준을 충족 못하는 모든 응시자는 탈락된다. 남은 사람 중에서 두 번째로 중요한 기준에 미달된 사람 모두가 탈락한다. 이리하여 모든 기준을 통과한사람이 남게 된다. 선택은 이들 중에서 이루어진다. 이런 과정을 **요인별 소거**(要因別 消去; elimination by aspects)라고 부른다.

몇 사람이 이 방식으로 평가를 받고 채용되었다면 그리고 그 들의 자격이 모호(模糊)하지 않게 부여되었다면 응시자의 채용에 있어 인사부장의 결정을 관찰함으로써 우리는 순서척도의 통상적인 일관성(예 이행성)이 충족된다고 전제하고 이 척도 위에서 자격요건의 우선순위와 이 자격요건에 대한 응시자의 점수를 추리할 수 있다. 우리는 순서척도보다 더 강한 척도위에서의 요인의 값과 우선순위를 구할 수 있을까? 원칙적으로 만일 인사부장의 선택이 일관성은 없으나 이 일관성으로 부터의 벗어남이 일관적이라면 구할 수 있다.

우선순위의 등급매기기가 흔들린다고 치자. 항아리 안에 있는 공이 기준을 나타낸다고 상상할 수 있다. 의사결정자는 항아리에서 공을 꺼내서 거기 붙어있는 라벨을 보고 우선순위 첫 번째인 기준으로 삼는다. 그 뒤 항아리에서 이 기준을 나타내는 공들을 모두 제거하고 다른 공을 꺼낸다. 이 공이 두 번째 우선순위의 기준을 정해준다. 이를 계속한다. 항아리 안의 상대적 수가 그 기준에 배당될 우선순위의 확률을 결정한다. 경험이 응시자를 채용하는데 가장 중요한 기준이라고 말하는 것은 첫 번째로 꺼낸 공이 그 기준을 나타내는 공의 선택 확률이 제일 크다고 말하는 것이다.

위에서 제시된 세 기준에 네 개를 추가하기로 한다.

δ. 정식교육
ϵ. 건강상태
ζ. 외모
θ. 결혼관계

채용시험응시자가 x, y, z 세 사람이라고 그리고 각 요건(기준)은 있다 없다 두 가지로만 판정한다고 하자. 즉 경험 유, 경험 무; 결혼, 미혼; 건강양호, 건강불량 등. 마지막으로 x는

$\alpha, \delta, \epsilon, \theta$을 y는 $\beta, \delta, \zeta, \theta$을 z는 $\gamma, \epsilon, \zeta, \theta$을 각각 충족한다고 하자.

이를 보면 모든 응시자가 θ즉 기혼자임을 알 수 있다. 이 기준으로는 응시자를 차별화(差別化; differentiate)할 수 없다. 따라서 우리는 응시자를 평가함에 있어 θ를 무시할 수 있다.

우리는 응시자 한 사람 한 사람이 합격할 확률에 관심이 있다. 결정은 추첨으로 즉 항아리에서 공을 꺼내는 것으로 이루어진다. 이 항아리에 들어있는 공에는 여러 비율로 표시된 기준이 적혀 있고 꺼낸 공에 적혀있는 기준이 적용된다. 예를 들어 꺼낸 공에 α(경험)이라고 적혀있으면 x가 이 기준을 충족하는 유일한 사람이므로 x가 자동적으로 선정된다. β가 나오면 y가 γ이 나오면 z가 자동적으로 선정된다.

그러나 δ가 나오면 x와 y 둘 다 δ를 충족하므로 아직 경정을 내릴 수 없다. 이 결정이 x와 y중에서 선정할 때 δ는 두 사람 다 충족하므로 고려할 필요가 없다. 따라서 4를 제외시킨다. 이제 x와 y을 차별화할 수 있는 기준은 $\alpha, \beta, \epsilon, \zeta$만 남는다. α나 δ가 꺼내지면 x가 채용될 것이고 β나 ζ일 경우에는 y가 고용된다.

앞서 효용의 척도에서 공부한 기호를 그대로 써서 x가 채용될 확률은

$$p_r(x) = \frac{u(\alpha) + u(\delta)p(x, y) + u(\epsilon)p(x, z)}{K} \tag{5.4.1}$$

여기서 $p(x, y)$는 x가 y보다 선호되는 확률, $p(x, z)$는 x가 z보다 선호되는 확률이고 $u(\alpha), u(\delta), u(\epsilon)$는 기준 α, δ, ϵ를 나타내는 공의 수 즉 기준에 배당된 가중치이다. 그리고 $K = u(\alpha) + u(\beta) + u(\gamma) + u(\delta) + u(\epsilon) + u(\zeta)$이다.

식 (5.4.1)을 보면 $u(\alpha)/K$는 첫 번째 꺼내기에서 α가 나올 확률이고 $u(\delta)/K$는 첫 번째 꺼내기에서 δ가 나올 확률이며 $u(\delta)p(x, y)/K$는 첫 번째 꺼내기에서 δ가 나온 뒤 다음 결과가 'x보다 y가 선호 된다'일 확률이다 등등이다.

$p_r(x)$의 계산을 완성하기 위해서는 $p(x, y)$와 $p(x, z)$을 계산하여야한다. x와 y을 비교하기위해서는 항아리에 $\alpha, \beta, \epsilon, \zeta$라고 표시한 공만 남겨두면 된다. 그 이유는 x와 y을 구별지어 주는 기준이 $\alpha, \beta, \epsilon, \zeta$뿐이기 때문이다. 따라서

$$p(x, y) = \frac{u(\alpha) + u(\epsilon)}{u(\alpha) + u(\beta) + u(\epsilon) + u(\zeta)} \tag{5.4.2}$$

마찬가지로

$$p(x, z) = \frac{u(\alpha) + u(\delta)}{u(\alpha) + u(\gamma) + u(\delta) + u(\zeta)} \tag{5.4.3}$$

식 (5.4.1)과 식 (5.4.2) 그리고 식 (5.4.3)을 결합시키면

$$p_r(x) = \frac{1}{K}u(\alpha) + \frac{u(\delta)[u(\alpha) + u(\epsilon)]}{u(\alpha) + u(\beta) + u(\epsilon) + u(\zeta)} + \frac{u(\epsilon)[u(\alpha) + u(\delta)]}{u(\alpha) + u(\gamma) + u(\delta) + u(\zeta)}. \tag{5.4.4}$$

이 모델을 순서척도보다 더 강한 척도 상에서의 효용을 정하는 문제에 적용하기 전에 우리는 선택공리를 기초로 하는 결정 모델과(4.3.4 효용의 척도 참조) 이 모델 사이에 중요한 차이가 있음에 주목하여야 한다. 선택공리는 비율척도로 한 사람의 대안들에대한 효용을 정하게 이끌어준다고 한바 있다. 그런데 이 비율척도를 기초로 하여 대안들 전체 집합 T의 부분집합 A에서 일부 대안이 선택될 확률을 추측할 수 있다. 이들 확률은 다음 식으로 구한다.

$$p_A(x) = \frac{u(x)}{\sum_{y \in A} u(y)} \tag{5.4.5}$$

선택공리를 기초로 한 모델은 단순 스칼라(scalar)[35] 계산을 기초로 한 결정모델의 특별한 경우이다. 이들 모델에서는 A에서 x을 선택할 확률은

$$p_A(x) = F_A[u(x), \cdots, u(z)] \tag{5.4.6}$$

으로 구하며 여기서 $x, \cdots, z$는 A의 원소(元素; elements)이며 F_A는 $u(x)$가 증가할 때 반드시 증가하고 $u(x)$외 다른 것이 증가할 때는 반드시 감소하는 함수이다. 이것은 x의 효용이 증가하고 다른 모든 변수의 효용이 변하지 않는다면 x을 선택할 확률이 증가한다는 것을 말해준다. 반면에 x가 아닌 어떤 변수의 효용이 증가하고 다른 변수가 그대로 있을 때 x을 선택할 확률은 감소한다. 왜냐하면 모든 대안이 어느 의미에서 서로 경쟁자(競爭者; rivals)이기 때문이다.

선택공리를 기초로 하는 모델이 단순 스칼라 계산 모델의 특별한 경우라는 것은 쉽게 알 수 있다. $u(y), y \neq x$가 증가하면 식 (5.4.5)의 오른 편의 분모가 증가하고 결과적으로 $p_A(x)$는 감소한다. $u(x)$가 증가하면 분자는 분모보다 더 큰 비율로 증가한다. 따라서 $p_A(x)$가 증가한다.

5.4.2 EBA (Elimination by aspects)의 응용

한 실험에 확률적 EBA 모델을 적용하여 피험자가 요인들에 배당한 가중치가 어떻게 원칙적으로 비율척도로 정해질 수 있는지 그리고 그렇게 될 때 무엇을 추론할 수 잇는지를 설명하고자한다.

EBA 모델을 검사(檢査; test)하기위하여 A. Tversky(1972)가 수행한 실험에서 피험자(이스라엘 고교생)들에게 세 개의 추정문제가 주어졌다. 한 문제에서는 그들에게 점들이 무작위(無作爲; random)로 그려진 세 개의 카드가 제시되었다. 카드의 면적과 점들의 밀도가 달랐다. 피험자에게 가장 많은 수의 점이 있는 카드를 말하게 하였다.

두 번째 문제는 세 개의 내기(gambles)가 제시되었다. 이 내기는 두 개의 매개변수(媒介變數; parameters)로 이루어져있는데 이 매개변수는 정해진 돈을 딸 확률이다.

세 번째는 대학원에 입학을 지망한 세 사람을 평가하는 것이다. 평가는 두 요인(要因; aspects) - 지능(知能; intelligence)과 열의(熱意; motivation)를 가지고 하게 되었다.

---

35) vector에 대비되는 scalar: 실수(實數)로 표시할 수 있는 수량

각각의 경우의 세 실험물(實驗物; stimuli)중 둘은 서로 비슷하게 설계되었고 하나는 이들 둘과 뚜렷하게 다르다. EBA모델의 시험은 두 크기를 비교하는 것이다. 이 두 크기는 쌍으로 된 대안을 비교하여 그중 하나를 선택하는 확률과 전체 셋으로 이루어진 집합에서 한 대안을 선택하는 확률이다. 선택공리는

$$p(x,z)=\frac{p_r(x)}{p_r(x)+p_r(z)};\qquad p(y,z)=\frac{p(y)}{p(y)+p(z)}\tag{5.4.6}$$

를 예측한다는 것을 상기하자. 한편 EBA모델은 위 실험맥락에서 보아 식 (5.4.6)의 방정식 왼편은 오른편보다 커야한다. 왜냐하면 x와 y의 유사성으로 인하여 이들 각각이 제삼의 대안과 쌍을 이룬 비교에서 선택될 확률은 영향을 받지 않는 반면에 그들 각각이 전체 집합에서 선택될 확률은 줄어들기 때문이다.

Tversky의 실험결과를 보면 $p(x,z)$와 $p(y,z)$의 추정치가 실험 2와 실험3에서 각각 $p_r(x)/[p_r(x)+p_r(z)]$와 $p_r(y)/[p_r(y)+p_r(z)]$의 추정치보다 정말 컸다. 그러나 실험 1에서는 그렇지 않았다. 여기서 차이는 큰 의미가 없었다.

언급된 것처럼 각 실험의 세 실험물 x,y,z중 둘 예컨대 x,y는 유사(類似; similar)하지만 z와는 유사하지 않다. 간단하게 x,y는 공통된 특징을 몇 개 가지고 있고 z와는 공통된 특징이 없다고 가정한다. 이 가정은 $U(\{\widetilde{x,z}\})=U(\{\widetilde{y,z}\})=0$; $U(\{\widetilde{x,y}\})=d$; $U(\{\tilde{x}\})=a$; $U(\{\tilde{y}\})=b$; $U(\{\tilde{z}\})=c$라는 뜻을 가지고 있다. 여기서 a,b,c,d는 각 피험자가 대안 중에서 하나를 선택할 확률을 추정하였을 때 각 피험자의 다섯 추정확률 집합에서 추정될 매개변수이다. 구체적으로 말하면 우리는 다음 추정치를 갖게 된다.

$$p(x,y)=a/(a+b);\quad p(y,z)=(b+d)/(b+d+c)$$
$$p(x,z)=(a+d)/(a+d+c)$$
$$p_r(x)=[a+ad/(a+d)]K^{-1};\quad p_r(z)=c/K$$

여기서 $K=a+b+c+d$이다.

이 실험에서 가장 관심이 있는 매개변수가 d이다. 이 d는 x와 y사이의 인지(認知; perceived)된 유사성을 나타내준다. 여덟 명의 피험자가 세 과제를 수행한 결과에서 추정한 d값은 〈표 5.4.1〉에서 볼 수 있다. χ^2값은 모델과 데이터간의 적합도(適合度; goodness of fit)를 가리킨다. χ^2값이 크다는 것은 낮은 적합을 의미한다. 왜냐하면 χ^2값은 관측된 벗어남이 우발적인 파동에 기인될 수 있을 확률을 나타내기 때문이다. 결과적(結果的; consequently)으로 이들 확률이 작으면 벗어남이 체계적이라고 즉 모델이 입증되지 않았다고 믿을 이유를 갖게 된다. 〈표 5.4.1〉에서 이런 경우 *표시를 하였다.

〈표 5.4.1〉

피험자	점(dots)		내기		응시자	
	d	χ^2	d	χ^2	d	χ^2
1	0.25	0.133	0.46	0.040	0.14	2.179
2	0.29	3.025	0.58	0.001	0.92	1.624
3	0.00	0.849	0.14	2.022	1.18	0.159
4	0.00	5.551*	1.56	1.053	0.51	6.863*
5	0.00	0.951	0.00	0.887	1.23	0.428
6	0.00	0.401	1.18	0.157	0.42	0.405
7	0.00	3.748	1.00	0.304	0.00	0.083
8	0.00	4.112	1.44	1.241	0.37	0.038

우리는 χ^2값이 24 관찰결과 중에서 단지 2개만이 크다는 것을 알았다. 전체적으로 우리는 이론적인 d값과 관찰된 d값 간의 적합도가 좋다는 것을 믿을만한 이유가 충분히 있다. d값은 무엇을 말해주고 있을까? 확률은 매개변수의 합계와의 비(比; ratio)로 나타나므로 이들 변수는 비율척도로 주어지며 공통단위를 갖고 있다. d값이 작다는 것은 x와 y사이에 인지된 유사성이 별로 없음을 큰 값은 강한 유사성을 반영한다.

다음으로 우리는 실험 1에서 여덟 피험자 중 여섯의 d값 추정치가 0임을 알게 되었다. 우리는 이를 통해 실험물(實驗物; stimuli)이 의도적으로 유사하게 만들어졌음에도 불구하고 이들 피험자들은 x와 y 사이에 아무런 유사성도 인지하지 못했다고 짐작하게 된다. 조금만 깊이 생각해보면 그 이유를 알아차릴 수 있다. 피험자에게 다른 모양으로 배열된 점들의 수를 비교하라고 요청하였다. 모델의 시험이 확률적 응답 즉 추측의 불확실성을 필요조건으로 전제하고 있으므로 세 패턴 모두의 점들 수가 거의 같을 수밖에 없었다. x와 y 사이의 유사성 두 요인 즉 면적과 밀도 면에서 작은 차이만을 반영하고 있다. 세 번째 패턴 z는 이들 둘보다는 뚜렷하게 다르다. 만일 피험자가 먼저 하나의 측면에서 패턴을 비교하고 나서 다른 측면으로 비교한다면 EBA 효과(效果; effect)가 실험 1에서 관찰 될 것으로 기대할 수 있다. 그러나 이것은 피험자들이 하지 않은 것일 수도 있다. 우리는 가축의 수를 그들의 다리의 수효를 헤아려 추정한다는 것은 효율적 방법이 아니다. 이는 단계적이 아닌 직접 점들의 수효를 헤아리는 것과 같다. 이것이 EBA 효과가 나타나지 않는 이유이다.

이에 비해 다른 두 실험에서는 16 중에서 두 경우에 d가 0이었다. 이는 EBA 모델이 여기서는 확인되었을 수도 있다는 것을 말하여준다. 내기를 평가함에 있어 피험자들이 각 요인 즉 딸 금액과 딸 확률 중에 때로는 금액에 먼저 그리고 때로는 확률에 먼저 주의를 기울이는 것은 자연스러운 일이다.

d가 비율척도 위에서 공통단위(共通單位; common unit)로 주어진다는 사실이 우리가 인지된 유사성을 개인 간 비교 그리고 사람들이 처한 상황 간 비교를 하도록 허용하여준다. 이로써 우리는 피험자 3이 인지하는 내기 x와 y보다 그에게 인지되는 응시자 x와 y가 더 유사하게

느껴진다고 반면에 피험자 6은 그 반대라고 짐작할 수 있다. 혹은 피험자 5에게는 응시자 x와 y가 더 유사하게 ($d=1.23$) 보이지만 피험자 7은 아주 유사하지 않다고($d=0$) 본다고 짐작(斟酌; conjecture)할 수 있다.

5.5 분석적 계층 과정(Analytic Hierarchy Process)

계층분석법(階層分析法; analytic hierarchy process-AHP)은 1970년대 말 T. L. Saaty Pittsburgh 대학 교수가 개발한 기법이다.

AHP를 사용하여 문제를 푸는 데는 우선 문제의 원소(元素; elements)를

최종목표 …… 평가기준 …… 대안

의 관계를 가지고 계층구조를 만들어낸다. 그리고 최종목표와 연관 지워 평가기준의 중요도를 구하고 다음으로 평가기준과 연관 지워 대안의 중요도를 평가하여 이를 최종목표와 관련된 대안의 평가로 환산한다. AHP는 이 평가의 과정에서 경험이나 제육감을 살려 모델화하거나 정량화하기가 어려웠던 것도 다룰 수 있는 장점이 있다.

5.5.1 우주왕복선(宇宙往復船; apace shuttle) 사례

AHP를 사용하는 의사결정 과정은 문제의 목표, 평가기준, 대안으로 분해한 것을 [그림 5.5.1]과 같은 계층도로 나타내는 것으로부터 시작한다. 이 그림은 1986년 1월 28일의 우주왕복선 사고 후 미국정부가 바로 취해야할 조치들(대안들)로 제안된 것을 다음에 넷으로 정리한 것이다.

- 보류: 당분간 보류하고 조사한다.
- 중지: 전 계획을 중지한다.
- 계속: 그대로 계속한다.
- 외국: 이 프로젝트를 타국에 맡긴다.

나아가 이들을 선택하는 기준 으로 다음 다섯이 선정되었다.

- 나라의 체면 유지
- 안전우선
- 군사우선
- 경제발전 도모
- 과학기술의 발전

[그림 5.5.1] 계층도

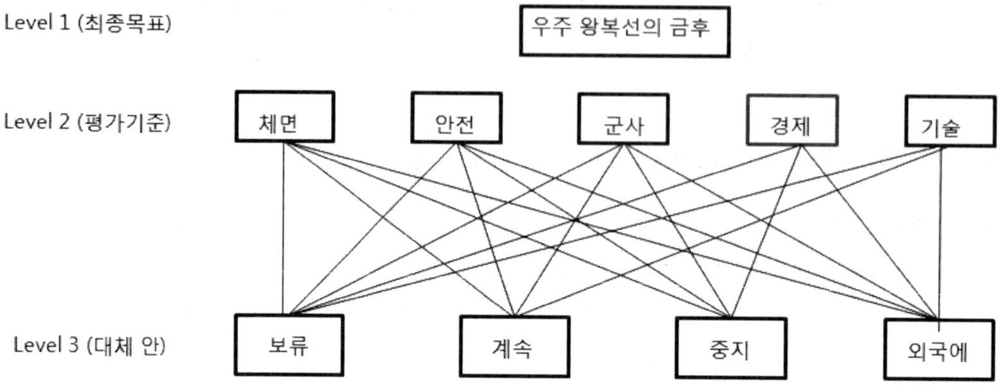

계층도에 제일 먼저 문제의 최종목표를 적는다. 그 아래에 문제를 해결하기위한 또는 대안을 선택하기위한 평가기준을 옆으로 늘어놓고 위의 최종목표와 선으로 연결한다. 그리고

그 아래에 대안을 늘어놓고 평가기준의 각각과 선으로 연결한다. [그림 5.5.1]의 세 개의 층을 수준(水準; level)이라고 한다. 위로부터 순준 1, 수준 2, 수준 3이라고 부른다. 평가기준은 작게 나누어 전체가 4층 또는 5층이 되는 경우도 있다.

수준 2이하의 각 수준의 요소 수는 7±2개 정도까지로 해 놓는다. 너무 많게 되면 요소의 다른 점을 판단하기가 어려워지기 때문이다. 또 같은 수준 중의 요소는 될 수 있는 데로 독립된 것이 바람직하다.

5.5.2 대체안의 가중치(加重値; weights)

계층도가 만들어지면 수준 1의 최종목표를 달성하기위해 제일 아래의 어떤 안을 선택하는 것이 제일 좋을까를 나타내는 각 대안의 중요도 혹은 가중치라고 부르는 수치를 구한다. [그림 5.5.1]에서는 먼저 수준 1의 목표를 달성하기 위해서는 수준2의 다섯 평가기준

(체면 안전 군사 경제 기술)

각각을 어느 정도 중시하여야하는가를 나타내는 가중치를 구하였다(그 방법은 뒤에 나온다).

$$(0.343 \quad 0.331 \quad 0.207 \quad 0.080 \quad 0.038) \tag{5.5.1}$$

다음으로 수준2의 각 기준과 연관되는 네 대안

(보류 계속 중지 외국)

의 어느 것이 바람직한가를 나타내는 가중치를 구한다. 예를 들면 나라의 체면을 유지해야한다는 기준에서 본 네 대안의 바람직함을 나타내는 가중치는 다음과 같다.

$$(0.550 \quad 0.232 \quad 0.135 \quad 0.080) \tag{5.5.2}$$

그 외 네 기준과 연관된 가중치를 구하여 다음 표와 같이 되었다고 하자.

체면	안전	군사	경제	기술	
보류	0.550	0.260	0.313	0.409	0.553
계속	0.232	0.125	0.419	0.391	0.213
중지	0.135	0.547	0.109	0.063	0.074
외국	0.083	0.068	0.059	0.137	0.160

(5.5.3)

그리고 최종목표와 연관된 대안의 가중치(총합 가중치)는 (3)의 수자를, 각 열을 (1)의 평가기준의 가중치로 가중하여 옆으로 합한 것이다. 즉

$$\begin{pmatrix}0.553\\0.232\\0.135\\0.083\end{pmatrix}\times 0.343+\cdots+\begin{pmatrix}0.553\\0.213\\0.047\\0.169\end{pmatrix}\times 0.038=\begin{pmatrix}0.394\\0.268\\0.258\\0.080\end{pmatrix} \tag{5.5.4}$$

이에 따르면 '보류의 중요도가 0.394로 제일 커 프로젝트를 일시 보류하여야한다.'가 된다.

5.5.3 일대일 비교

위의 식 (5.5.1), 식 (5.5.3)의 가중치를 정하는 방법이 AHP의 최대의 특징이다. 그 방법을 알아보자. 식 (5.5.1)의 다섯 가중치를 한꺼번에 정하는 것은 어려우므로 가장 단순하게 둘씩 비교하는 일대일(一對一; pair-wise)로 비교한다. 의사결정자에게 [원소 i가 원소j에 비해 어느 정도 중요한가]라고 묻는다. 그 답에 따라서 〈표 5.5.1〉과 같이 수치 a_{ij}를 주어서 $n\times n$ 행렬 $A=[a_{ij}]$을 만든다.[중요]라는 말은 [좋다]라든가 [가능성이 있다]등의 상황에 따라 변할 수 있다. 여기서 $a_{ij}=1/a_{ji}$라고 가정한다. n개의 원소가 있다면 $n(n-1)/2$번의 일대일 비교로 행렬A가 만들어진다.

〈표 5.5.1〉 일대일 비교

원소 j와 비교하여 원소 i는	→	(a_{ij})
똑같이 중요	→	1
약간 중요	→	3
상당히 중요	→	5
대단히 중요	→	7
극히 중요	→	9
위 둘의 중간 값에 사용		2, 4, 6, 8
$a_{ii}=1,\ a_{ji}=1/a_{ij}$		

우주왕복선의 문제에서 일대일 비교를 한 결과는 다음과 같다. 예를 들면 [기술]과 비교하여 [체면]은 상당히 중요하므로 $a_{15}=5$로 하였다. 거기서 [체면]과 비교한 [기술]의 a_{51}은 $1/5$이다.

	체면	안전	군사	경제	기술
체면	1	2	2	3	5
안전	1/2	1	3	4	9
군사	1/2	1/3	1	5	6
경제	1/3	1/4	1/5	1	3
기술	1/5	1/9	1/6	1/3	1

(5.5.5)

이표(일대일 비교행렬)에서 각 원소의 가중치를 구하는 것이다. 여기서 요소의 n개의 가중치를

$$w^T = (w_1, w_2, w_3, \cdots, w_n)$$

라고 하면 w_i/w_j를 a_{ij}로 추정하고 있다가 된다. 행렬 A의 각 원소 a_{ij}을 w_i/w_j로 바꾸어 놓고 w를 오른 쪽에서 곱하면

$$Aw = \begin{pmatrix} 1 & w_1/w_2 & w_1/w_3 & \cdots & w_1/w_n \\ w_1/w_2 & 1 & w_2/w_3 & \cdots & w_2/w_n \\ \vdots & \vdots & \vdots & \vdots & \vdots \\ w_n/w_2 & w_n/w_2 & w_n/w_3 & \cdots & w_n/w_n \end{pmatrix} \begin{pmatrix} w_1 \\ w_2 \\ \vdots \\ w_n \end{pmatrix}$$
$$= n\left[w_1 \cdots w_n\right]^T = nw$$

혹은 $(A - nI)w = 0$으로 이 n는 선형대수(線形代數; linear algebra)에서의 고유치(固有値; characteristic value) λ, w는 이에 대한 고유벡터(characteristic vector)이다. 이 때 A의 두 번째 줄 이하는 첫째 줄의 정수배이므로 A의 계수(階數; rank 혹은 order)는 1로 A의 고유치 λ_i $(i = 1, 2, \cdots, n)$ 중에서 하나만이 비영(非零; non-zero)이고 다른 것은 모두 0이다. 또 일반적으로

$$\sum \lambda_i = (A\text{의 대각원소의 합}) = n$$

이므로 영이 아닌 유일한 λ을 $\lambda_{\max}$라고 하면 선형대수의 이론으로

$$\lambda_{\max} = n,\ \text{기타}\ \lambda_i = 0$$

이다.

이상에서 $\lambda_{\max}$에 대한 고유벡터 w를 가중치로 한다. 단 $\sum w_i = 1$이 되도록 하나하나의w을 $\sum w_i$로 나누어 놓는다. 이후에는 이와 같이 정규화(正規化; normalized)된 것을 가중치 w_i라고 부르기로 한다.

행렬 5.5.5의 최대 고유치는 5.394, 이에 대한 고유벡터(를 정규화한 것)가 식 (5.5.1)로 나라의 체면을 지키는 것이 가장 중요하고 그 다음으로 안전우선이 뒤따른다.

다음으로 각 평가기준에서 본 대안의 일대일비교를 하게 되는데 여기서는 나라의 체면이란

입장에서 네 안을 비교한 결과행렬만 보기로 한다.

체면	보류	계속	중지	외국
보류	1	3	5	5
계속	1/3	1	3	2
중지	1/5	1/3	1	3
외국	1/5	1/2	1/3	1

(5.5.6)

이 행렬의 최대 고유치는 4.189로 이에 대한 고유벡터가 식 (5.5.2)이다. 안전, 군사, 경제, 기술 각 기준에서 본 대안의 일대일 비교하여 얻은 가중치가 (5.5.3)의 표이다.

일대일 비교에 들어가면 생각을 너무 지나치게 하는 사람도 있는데 조금 여유를 가져도 된다. n개의 항목에 순서를 매기려고 하면 최소 $n-1$개의 이원(二元; binary) 관계가 있으면 되지만 이것을 $n(n-1)/2$개의 판단으로 정하고 있기 때문에 상당히 번거롭기도 하다. 또 일대일 비교행렬 하나의 요소 값이 약간 변해도 고유벡터의 값에는 별로 영향을 주지 않는다. 또 나중에 수정 기회도 만들 수 있기도 하다.

또 의사결정자에게는 〈표 5.7.1〉의 오른 쪽 난(欄; column) 수치를 보여주지 않고 왼 쪽의 말로 된 척도로 대답하게 하는 것이 좋은 방법인 것 같다.

5.5.4 간편한 가중치 계산법

고유치의 계산은 컴퓨터가 필요하지만 약간 간단하게 고유치와 거의 같은 값을 구하는 방법이 있다. 그것은 일대일 비교행렬 원소 옆의 기하평균을 사용하는 것이다. 예를 들어 (5.7.5)의 일대일 행렬에서 다섯 개의 원소가 있으므로 다섯의 값을 곱한 것의 5제곱근을 취한다. 체면에 대한 다섯 개 값의 기하평균을 구하면

체면: $\sqrt[5]{1\times2\times2\times3\times5}=2.268$

이 된다. 마찬가지로

안전: $\sqrt[5]{1/2\times1\times3\times4\times9}=2.221$

군사: $\sqrt[5]{1/2\times1/3\times1\times5\times6}=1.380$

경제: $\sqrt[5]{1/3\times1/4\times1/5\times1\times3}=0.549$

기술: $\sqrt[5]{1/5\times1/9\times1/6\times1/3\times1}=0.262$

이 다섯 항목의 상대적 가중치를 구하기 위해 먼저 이들의 합계를 계산한다.

$2.268+2.221+1.380+0.549+0.262=6.680$

그리고 위의 각개의 값을 이 합으로 나눈 것을 각각의 가중치로 한다.

체면: $2.268/6.680=0.340$

안전: $2.221/6.680=0.332$

군사: 1.380/6.680=0.207

경제: 0.549/6.680=0.082

기술: 0.262/6.680=0.039

이들 값은 (5.7.1)에 충분히 가까운 값이므로 n제곱근을 계산할 수 있는 계산기를 쓸 수 있다면 간단하게 가중치를 구할 수 있다.

5.5.5 판단의 일관성(一貫性; consistency)

가중치가 공부한대로 계산할 수 있는 것은 일련의 일대일 비교가 처음부터 끝까지 일관되어 있을 때에 한한다. 즉 [원소 i보다도 원소 j가 바람직하고 원소 j보다 원소 k가 바람직하다]고 할 때에는 [원소 i보다도 원소 k가 바람직하다]고 말해야 한다는 것 엄밀하게는 [$a_{ik} = a_{ij}\ a_{jk}$가 i, j, k 전부에 대해 성립]할 때에 행렬 A는 일관성이 있다고 말한다.

그러나 인간이 언제나 일관성이 있는 판단을 한다고 할 수는 없다고 하더라도 될 수 있는 한 일관성이 없는 판단을 해서는 곤란하다. 완전히 일관성이 있을 때는 $\lambda_{\max} = n$가 성립하며 그 벗어남을 행렬의 크기를 나타내는 $n-1$로 나눈

$$\frac{\lambda_{\max} - n}{n-1}$$

을 **일관성지수**(一貫性指數; consistency index; CI)라고 부른다. 완전하게 일관성이 있을 때 CI는 0이고 일관성이 없을수록 커진다. CI가 0.1이하일 때는 문제가 없으나 0.1(혹은 0.15)을 넘는 경우에는 일대일 비교의 판단을 처음부터 다시 해볼 필요가 있다. 특히 0.2이상이 되어있을 때는 단지 일관성이 없는 판단이 포함되어 있을 뿐이지만 0.3이 넘었다면 원소를 거꾸로 한(다시 말하면 원소 j와 비교하여 원소 i가 더 중요하다고 판단하려는 것이 i, j를 거꾸로 하여 일대일 비교를 한) 착각의 잘못을 저지르는 일도 있다. 앞에 나온 일대일 비교행렬 5.5.5의 CI는 0.1이고 5.5.6에서는 0.08이었다.

여기에 또 하나 일관성의 척도가 있다. 크기가 같게 무작위로 만든 행렬을 생각해 그 행렬의 일관성지수와 비교하는 방법이다. 즉 대각원소는 전부 1이고 다른 것은 1/9, 1/7, ⋯, 1/3, 1, 3, 5, ⋯, 9란 값으로, 대각원소는 역수관계가 있는 행렬을 난수(亂數; random number)를 사용하여 만든다. 이런 난수를 여러 예를 들어 500이든가 1000개 만들어 이들의 일관성지수의 평균을 취한다. 이를 무작위 **일관성지수**(RI)라고 부른다. RI는 이미 〈표 5.7.2〉와 같이 계산된 것이 있다.

〈표 5.5.2〉 무작위 일관성지수

n	1	2	3	4	5	6	7	8	9	10	11	12
RI	0.00	0.00	0.58	0.90	1.12	1.24	1.32	1.41	1.45	1.49	1.51	1.53

앞서 구한 CI와 이 RI의 비(比; ratio)를 일관성비(一貫性比; consistency ratio; CR)라고 말하고 이것을 일관성의 척도로 사용한다.

일관성비: CR＝CI/RI

이 비도 0.1을 기준으로 하여 이이하이면 일관성이 있는 것으로 판단한다.

기하평균에 의한 간단한 방법을 사용하였을 때 일관성의 위 척도는 계산할 수 없다.

AHP를 사용한 의사결정의 절차는 다음과 같이 정리된다. 이것이 가장 중요한 단계이지만 충분히 시간을 써서 문제를 검토할 필요가 있다.

1. 문제를 분석하여 계층도를 그린다(그림 5.5.1).
2. 계층도의 바로 위 수준의 각 원소와 관련지어 일대일 비교하여 행렬을 만든다. 이를 계층도의 위에서부터 아래로 차례대로 행한다.
3. 각각의 일대일 비교행렬에서 원소의 가중치와 일관성지수를 계산한다. CI가 너무 크면 2의 비교판단을 재검토한다.
4. 일대일 비교 결과로부터 가중치를 합성하고 최종목표에서 본 대안의 총합 가중치를 구한다(식 5.5.4)의 계산).

선택의 문제에서는 이렇게 구한 총합가중치가 큰 것부터 선택하지만 예산의 배분에서는 총합가중치의 비율로 나누는 방법이 있다.

다른 관리기법과 마찬가지로 위의 모든 절차를 마치면 끝이라고 하지 말고 결과의 가중치나 계층도를 보고 반복하여 검토하기를 권한다.

조직이나 기업에서의 의사결정은 한사람이 아니라 몇 사람의 그룹으로 내리는 일이 많다. 계층구조를 만든다든지 전망한다든지 의사소통(意思疏通; communication)을 도모하면서 결정할 수 있기 때문에 AHP는 대단히 유효하다. 다만 그룹에서의 결정에는 각 피험자의 일대일 비교결과를 어떻게 집약할까 혹은 집약하지 않고 개인마다의 계층도를 만들거나 일대일 비교를 한 후에 한꺼번에 정리할까 지위나 경험 등에 따라 각자의 평가에 차등을 줄까 등 여러 가지 방법이 있어 상황에 맞게 고안하여 사용되고 있다.

일대일 비교를 복수의 사람들로 할 경우의 정리방법은 식 (5.5.1)에서 정한 각자가 판단한 값의 기하평균을 사용하는 것이다. 예를 들어 네 사람이 5, 6, 3, 3이라고 하였다면 그 기하평균

$$\sqrt[4]{6 \times 5 \times 3 \times 3} = 4.05$$

을 그 원소의 값으로 하는 것이다. 이렇게 하면 그 대각원소는 1/4.05가 되지만 실은 이 네 사람의 평점의 역수 1/5, 1/4, 1/3, 1/3의 기하평균도 이 값이 되어 잘 들이맞는다. 10명 정도라면 이 방법을 쓸 수 있다.

5.6 집단(集團; group) 의사결정

Sorkin et al.(2007)을 빌려서 집단의사결정에 관하여 공부하기로 한다. 당신이 South Carolina의 Charleston에 있는 작지만 유명한 미술관 구매책임자라고 잠시 상상하자. 프랑스의 Rouen의 회의에 참석하는 동안 그 지역 미술상이 당신에게 접근해왔다. 그는 초기 프랑스 인상파 화가가 그렸다고 그가 믿는 작은 스케치를 가지고 있다. 이 스케치는 어떤 알려진 소장품 리스트에도 올라있지 않은 것으로 그 출처가 분명하지 않다. 당신은 당신의 구매위원회 구성원들에게 그 그림을 감식하도록 요청하였지만 그 진품여부(authenticity)를 검사할 물리적 시간이 없다. 위원회는 그 존재가 공개되고 그 값이 극적으로 올라가기 전에 그 그림을 구매할지를 바로 결정하여야만 한다. 당신이 최근 구매한 것이 위조품임이었고 같은 종류의 또 다른 실수가 당신의 명성에 영향을 줄 수도 있으므로 당신은 신중할 수밖에 없다.

당신의 위원회에는 Louise, Louis, Terrence, 및 Olivia 네 사람이 있다. Louise는 인상파 작품의 진짜 전문가이지만 항상 평가에는 진보적(進步的; liberal)이며 편견 없이 개방적이어서 그녀는 소장품 및 중고품 세일에서 "귀중한" 작품을 발견하고 있다. Louis는 Louise와 결혼하였고 일반적으로 그녀의 건의에 동의한다. Terrence는 정 반대로 작품이 진짜라고 말하는데 상당히 보수적이지만 전문성에서 Louise에 미치지는 못한다. 당신자신의 전문성은 Terrence와 비슷하다. Olivia는 Terrence에 못 미치지만 진품판정에 대해 통상 중간노선을 취한다. 최종책임이 당신에게 있긴 하지만 위원회 건의가 당신 결정에 주요기준이다.

위원회는 서두르는 전화회의동안 신중하였다. 전화 전에 당신은 그것이 진품이라고 믿지만 위조품의 위험이 높다는 것을 알아차린다. Louis는 위조품이라고 평가하면서 통화를 시작한다. Louise는 그 그림이 진품이라고 단언하는 것으로 뒤를 따른다. 다음으로 Olivia는 진품에 무게를 두고 뒤이어 Terrence는 위작이라 한다. 당신은 잠시 당신의 의견을 보류한다. 이제 Louis가 그의 마음을 바꾸고 그 작품이 진품이라고 말한다. 다음으로 Olivia가 위작으로 돌아서고 몇 분간 아무도 말이 없다. 당신이 마지막으로 위작이라고 응답하고 그 뒤 Louis가 다시 위작으로 바꾸면서 통화는 구매에 4대1로 반대하는 것으로 끝난다. 이 결정과정을 정식으로 묘사하는 것이 가능한가? 멤버들의 개인적 특성이 최종결정에 어떻게 영향을 주었나?

이 예에서 제기된 집단결정에 관한 일반적 논쟁이 60년 이상 경제학, 공학, 심리학, 통계학, 및 타 분야에서 과학자들의 주된 고찰의 대상이 되어 왔다. Clemen & Winkler(1999)의 검토가 많은 수학적 및 행동적 토론을 잘 요약하여준다. 수학적 토론이 왕왕 복잡하고 아마도 집단의사결정에 관한 논문이 왜 이들 핵심논점의 고려를 왕왕 피하는 것인지 놀라운 일이 아니다. 집단의사결정의 행동적 측면은 아마도 모델화하고 예측하기가 훨씬 어렵기 때문일 것이다. 여기에 받아드림(acceptance)과 팀의 유대와 같은 사회적 요인 그리고 확인(確認; confirmation)과 일관성에 대한 편향과 같은 개인적 요인들 모두가 역할을 한다. Davis(1992)는 1950에서 1990까지의 집단의사결정에 관한 행동적 연구를 다시 되돌아보았다.

Clemen과 Winkler는 그들의 리뷰에서 집단의사결정을 모델화하고 새롭게 향상시키기 위한 접근법이 필요하다고 주장하였다. 이들 새 모델은 집단의 구성 및 집합 규칙이 집단의 결정

정확도 및 편향에 주는 효과를 예측할 수 있어야한다. 그 모델들은 집단에게 그들의 성과(成果; performance)의 정확도를 어떻게 극대화 할 수 있는지를 보여줄 수 있어야한다. 이 절은 이들 목표를 달성하려고 시도된 방법논과 일부 근간의 실험을 되돌아보기로 한다. 여기 있는 접근은 신호탐지의 전기공학적 분석에서 도출된 것으로 일반적으로 판단 및 결정 문헌에서 관심을 끌지 못하였다. 놀라운 일이 아니지만 고찰하려는 수학적 쟁점은 기본적으로 Clemen & Winkler(1999)와 Genest & Zidek(1986)이 그들의 초기 리뷰에서 검토된 것과 같다. 그러나 문제를 신호탐지관점에서 뒤돌아봄으로써 결정과학자들이 집단결정문제에 포함된 상호작용하는 수학적 및 행동적 쟁점의 향상된 이해를 얻기를 그리고 부수이익으로 집단성과의 정확도와 편향을 특징짓는 강력한 방법을 얻게 되기를 희망한다.

여기서의 접근은 몇 개의 가정에 기초를 두고 있다. 즉 집단의 성과는 구성원들의 개인적 능력에 뿐만 아니라 구성원정보가 어떻게 잘 집단과 소통되고 결집되며 결정으로 전환되는 가에도 달려있다. 여기에 더하여 구성원 간 정보의 소통은 본질적으로 불완전하다. 그리하여 구성원 정보는 직설적(直說的; categorical)이거나 가치 한정적(finite-valued)이어서 정보의 손실을 가져온다. 극단적인 경우에 구성원 간 소통이 둘 간의 또는 양분되는 메시지로 제한될 수도 있다는 것이다. 마지막으로 여기서 고찰되는 집단결정사항은 양분되는(위험 및 불확실성하) 결정에 한정될 것이며 집단의 그리고 구성원의 결과목표(outcome goals) 사이에 마찰은 없다고 가정한다.

전기공학문헌에서 집단에 의한 양분된 의사결정을 분할된(distributed) 또는 분산된(decentralized) 신호탐지라고 부른다. 문제는 탐지하는 사람 배열(detector array)에 의한 잡음(雜音; noise) 중에서의 최적의 탐지에 관한 것이다. [그림 5.6.1]에 그런 시스템이 있다. 탐지하는 사람의 집단은 확률적 사건, 신호 s_1 이나 s_2, 의 발생을 결정하여야만 한다. 잡음(입력의 분산, 신호 σ_i 및 $\sigma_{공통}$)과 탐지하는 사람의 한정된 어휘소유로 인하여 과업이 어렵게 된다. 우리는 집단 구성원을 분할구역 의사결정자(分割區域 意思決定者; Local Decision Makers)라고 부를 것이다. 입력을 받은 후 각 L의사결정자는 신호발생 공산(公算; likelihood)을 추정하고 그 추정을 직설적 응답 $r_{i,j}$로 변환한다. 그 응답은 집단의 최종결정이 내려지는 결정센터(Decision Center; DC)로 전달된다. DC는 분할구역 의사결정자 정보를 결집하기위하여 연산(演算; algorithm)을 사용한 뒤 결과를 사전에 설정해놓은 기준에 맞는지 검사할 수도 있다. 대신에 DC의 결정이 미술작품구매위원회의 대화에서처럼 분할구역의사결정자들과의 추가적인 대화가 포함된 과정에 기초를 둘 수도 있다. 이 절의 뒤따르는 부분은 이 간략한 설명위에서 확장될 것이다. 주목표는 분할된 탐지 접근법을 소개하고 집단의사결정에 관한 형식에 맞는 정식 설명과 양적 예측을 제공하는 힘을 입증하는 것이다. 거기에 더한 목표로 집단의사결정을 설명하기위한 분할된 탐지이론 및 전통적 접근법 사이의 상호관계를 보여주는 것이다.

[그림 5.6.1] 분산탐지 모델(distributed detection model)

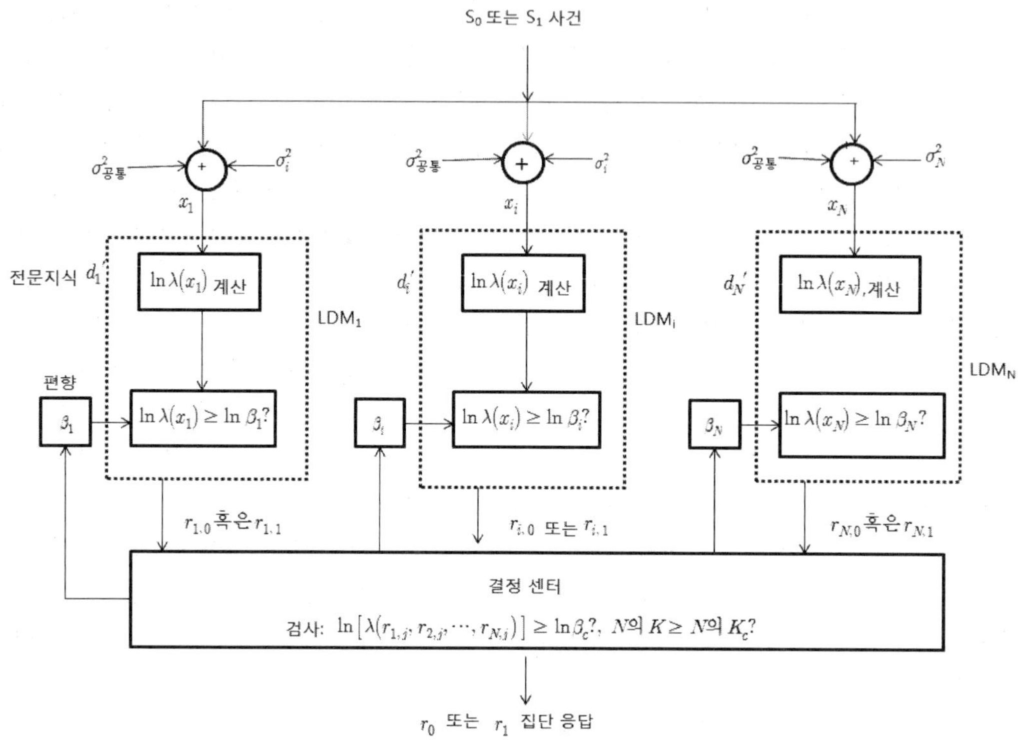

입력 자료는 s_0 또는 s_1: 관찰결과 x_i를 내놓으면서 독립된 그리고 공유의 잡음이 입력 각각에 나타난다. L의사결정자 $_i$는 탐지능력 d_i'와 편향 β_i을 갖고 있다. 만일 $\ln\lambda(x_i) \geq \ln(\beta_i)$라면 L의사결정자$_i$는 r_1이라고 그렇지 않으면 r_0라고 응답한다. 응답은 최종결정을 위해 DC로 가거나 L의사결정자들에게 반복된 β_i와 응답을 위해 피드백 된다.

통계적 결정이론을 신호 탐지에 응용하는 것은 전기공학과 감각심리학(sensory psychology)에서 60년 가까운 역사를 갖고 있다(Tanner & Swets, 1954; Swets, Tanner, & Birdsall, 1961). 지난 30여 년 동안에 기초적 이론은 탐지하는 사람들의 집합체를 사용하는 중요한 신호탐지문제로 확장되어왔다(Reibman & Nolte. 1987a, b; Pete, Pattipati, & Kleinman, 1993a, b; Viswanathan, & Varshney, 1997). 원래이론을 이제 **중앙집중 또는 고전적 신호탐지**라고 부르며 집단탐지에의 최근 응용을 분할 또는 분산 신호탐지라고 부른다. 이제 우리는 독자가 규범적 정보 통합(aggregation) 문제에 그리고 정확도와 편향을 탐지하는 이론적 측척(測尺)에 관심을 갖도록 하기위하여 전통적 탐지의 사례를 되돌아보고자 한다. 뒤이어 분할된 신호탐지모델 그리고 의사결정 및 인간집단에 의한 협의(協議; deliberation)에 이 모델이 어떻게 응용되는지가 검토될 것이다.

5.6.1 전통적(중앙 집중) 탐지(探知; detection) 모델

전통적 신호탐지문제는 다음과 같이 설명될 수 있다. 즉 의사결정자에게 두 있을 수 있는 신호사건들 s_0 또는 s_1에서 나온 입력자료 x이 제시된다. 이들 사건은 [잡음만 있는] 사건(s_0)와 [신호 +잡음] 사건(s_1)로 구별 된다. 입력 자료는 성질상 통계적이다; 그렇지 않다면 의사결정자는 오류 없이 일을 해낼 수 있을 것이다. 다음으로 $f(x|s_0)$와 $f(x|s_1)$는 x에서의 [신호+잡음]사건의 확률분포를 정의한다. 의사결정자는 결정 통계치(statistic) z을 계산하기위하여 x을 사용한다. 그 뒤에 그의 결정을 z의 크기에 기초를 두게 한다. 미술품 구매 예에서 s_1은 "진품"을, s_0는 "위작"을 그리고 z는 판관이 진품이 확실하다고 추정하는 값을 나타낸다.

우선 분포가 $f(z|s_1)$ 와 $f(z|s_0)$인 s_0또는 s_1을 조건으로 z가 정규적(Gaussian)으로 분포한다고 가정하자(그림 5.6.2를 보라.) 이들 분포가 그림이 보여주는 것처럼 분산은 같고 평균은 다르다고 즉 $\sigma_0^2 = \sigma_1^2$이고 $\mu_1 > \mu_0$이라고 하자. 두 신호사건을 구별하는 의사결정자의 능력은 z에서의 분포의 평균값의 차를 표준편차로 나눈 것, $(\mu_1 - \mu_0)/\sigma$에 관련된다. 이 정규화 된 평균의 간격은 탐지지표(探知指標; detection index) d'라고 명명되었다(Tanner & Birdsall, 1958.).

임력자료를 관찰하고 통계치 z을 계산한 뒤에 의사결정자는 응답 r_0과 r_1을 마련한다. 이 목표는 제일 많은 수의 옳은 결정 r_1 • s_1 및 r_0 • s_0(s_1의 옳은 확인, "적중(hit)" 및 s_0의 옳은 확인, "옳은 거절") 그리고 제일 적은 수의 틀린 결정 r_1 • s_0 및 r_0 • s_1(틀린 r_1 응답, "틀린 경보"와 틀린 r_0 응답, "못 맞춤")을 달성하는 것이다. "적중"에 "옳은 거절"을 더한 수를 시도(試圖; trials)의 수로 나눈 것이 옳은 백분율성과 $p(C)$이다. $p(C)$는 정확도의 단순한 측척(測尺; measure)를 제공하지만 의사결정자가 어느 한 응답을 다른 응답보다 선호하는 편향을 보였는지를 포착하지는 못한다.

[그림 5.6.2] 결정통계치의 가상적 분포

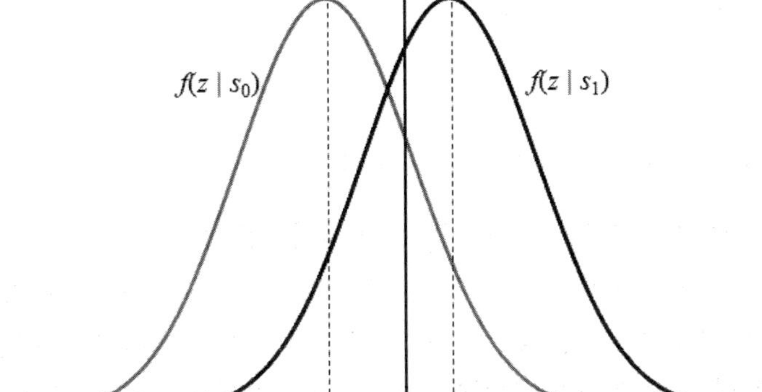

[그림 5.6.2]에서 수직선은 한 응답전략: $z \geq z_C$ 이면 r_1 그렇지 않으면 r_0이라는 전략을 보여준다. 분포의 매개변수를 알면 "적중"과 "틀린 경보"의 확률은

$$p(r_1|s_1) = \int_{z_C}^{\infty} (z|s_1)dz = 1 - F(z_c, \mu_1, \sigma) \tag{5.6.1}$$

과

$$p(r_1|s_0) = \int_{z_C}^{\infty} (z|s_0)dz = 1 - F(z_C, \mu_0, \sigma) \tag{5.6.2}$$

이며 여기서 $F(z)$는 누적 정규함수(∞ 에서 z_c까지의 적분)이다.

〈표 5.6.1〉 한 실험적 시도에서 나올 수 있는 결과

		결정 (응답)		
		r_0	r_1	
투입사건 (시그널)	s_0	옳은 기각 (결과보상 V_{00})	틀린 경보 (결과보상 V_{01})	s_0 사건의 수
	s_1	실수 (결과보상 V_{10})	적중 (결과보상 V_{11})	s_1 사건의 수
		r_0 결정의 수	r_1 결정의 수	시도의 수

〈표 5.6.1〉은 한 시도에서 나올 수 있는 네 결과를 보여준다. 결정행동이 시도 사이에 독립적이라면 "적중"과 "잘못된 경보"의 빈도가 완벽하게 의사결정자의 성과를 특정화하여준다. z에서의 가상적 분포가 정규적으로 분포되어있다면 우리는 관찰된 탐지의 지표 $d'_{관찰된}$과 응답기준 $z_{c-관찰된}$을

$$z_{c-관찰} = F^{-1}[1 - p(r_1|s_0)] \tag{5.6.3}$$

과

$$d'_{관찰} = F^{-1}[p(r_1|s_1)] - F^{-1}[p(r_1|s_0)] \tag{5.6.4}$$

에서 계산할 수 있으며 여기서 $F^{-1}(p)$는 확률 p의 역(逆; inverse) 누적정규함수이다.

따라서 $d'_{관찰된}$은 미술품 판관의 전문성을 특징짓고 $z_{c-관찰된}$은 그의 기준이나 편향을 나타낸다. d'의 값은 대략 69% 및 84%의 "옳은 성과" 백분율에 각각 상응하는 1.0 및 2.0과 같다. 〈표 5.6.1〉은 나올 수 있는 네 결정의 결과와 연계된 의사결정자에게 돌아갈 수 있는 이득(또는 비용) V_{ij}을 보여준다.

어떻게 결정 통계치 z을 계산하여야하나? 관찰 x에서의 공산(公算; likelihood) 비율계산 $\lambda(x)$에 기초를 둔 결정이 (1) 고정된 "틀린 경보" 비율이 고정되었을 때의 최대 "적중"율(Neyman-Pearson); (2) 최대의 기댓값; (3) 최대의 정보; (4) 사전 정보들 사이의 최대의 차이 등을 포함하는 여러 다수의 다른 기준 하에서 최적일 것이라는 것을 결정 통계치가 보여줄 수 있다. 여기서

$$\lambda(x) = \frac{f(x|s_1)}{f(x|s_0)} \tag{5.6.5}$$

이다(Hoballah & Varshney, 1989a, b; Viswanathan & Varshney, 1997). 그래서 의사결정자가 $\lambda(x)$를 계산하고 $\lambda(x) \geq \beta$이면 r_1이라고 그리고 $\lambda(x) < \beta$이면 r_0라고 응답하는 것이 규범적 규칙을 따른다고 말할 수 있다. 여기서 β는 결과득실(payoff)과 사전(prior) 확률조건 그리고 기타 요인에 의하여 정해지는 기준이다.

β에 대해 설정하는 최대 기댓값은

$$\beta = \frac{(V_{00} + V_{01})}{(V_{11} + V_{10})} \cdot \frac{p(s_0)}{p(s_1)} = V \cdot \frac{p(s_0)}{p(s_1)} \tag{5.6.6}$$

여기서 $p(s_0)$와 $p(s_1)$은 신호의 사전 확률이며 $\{V_{ij}\}$는 있을 수 있는 시도의 결과에 대한 결과보상이다. 결정 통계치는 자연대수(natural log)와 같은 공산(公算; likelihood) 비율의 단조변환(monotonic transformation)일 수 있다. 편리한 성질을 가진 결정 통계치는 $z = \ln[\lambda]$이며 결정 규칙은 $\ln[\lambda] \geq \ln\beta$이면 r_1으로 응답하는 것이다.

감각 문헌에서 중요한 개념, $d'_{이상적}$, 이 자기의 결정을 공산(公算; likelihood) 검사비율(likelihood test ratio)에 기초를 두고 결정과정에 잡음을 추가하지 않는 규범적, 또는 "이상적(ideal)" 관찰자인 의사결정자의 전문 감정을 명시하여준다(Tanner & Birdsall, 1958; Green & Swets, 1966). x 위에서의 분포가 정규적이고 매개변수 μ_{s_1}, μ_{s_0}, 및 σ를 매개변수로 가지고 있다면 [즉 [$X_{s_1} \sim Normal(\mu_{s_1}, \sigma)$이고] $X_{s_0} \sim Normal(\mu_{s_0}, \sigma)$]이면 $d'_{이상적}$은 $(\mu_{s_1} - \mu_{s_0})/\sigma$와 같다.

탐지실험결과를 적중(hit)확률 $p(r_1|s_1)$ 과 잘못된 정보 확률 $p(r_1|s_0)$을 좌표로 하는 그래프상의 한 점(그림 5.6.3에서의 점 A)이라고 하자. **수신자 조작 특성 곡선**(Receiver Op-erating Characteristic; ROC)[36] 곡선(Swets, 1973, 1986a, b; 1988)은 $z_{C-관찰된}$값은 같은 데에서 $d'_{관찰된}$값은 다르게 운용하는 의사결정자가 만들 수도 있는 모든 운용 점의 궤적(軌跡; locus)이다. Swets(1986b)는 과제(과제 "어려움")의 물리적 조건이 고정되었을 때 사람들은 한 ROC 곡선상의 다른 점에서 선택 대안들에 대한 그들의 선호에 따라 운용할 것이다. 실제로 우리는

36) 실험심리학 용어. 신호 탐지이론에서 수신자의 탐지 민감도가 일정하게 고정된 상태에서 반응 편중에 따라 탐지 정확률과 틀린 경보 비율이 변하는 관계를 보이는 곡선. 곡선의 휘어진 정도는 탐지 민감도를 나타낸다(그림 5.6.3).

판관이 한 무죄의 사람에게 유죄를 선고하기 전에 열 명의 범죄자를 석방하는 보수적 결정기준(점 A)을 적용하기를 희망한다. 반대로 위험한 조건을 우리에게 알려주는 경보를 설계할 때 우리는 한 번의 빠뜨린 신호보다 높은 수의 잘못된 경보를 하게하는 아끼지 않는 기준(점 C)을 경보가 갖기를 희망한다.

[그림 5.6.3] 적중확률 대 틀린 경보 확률 그래프

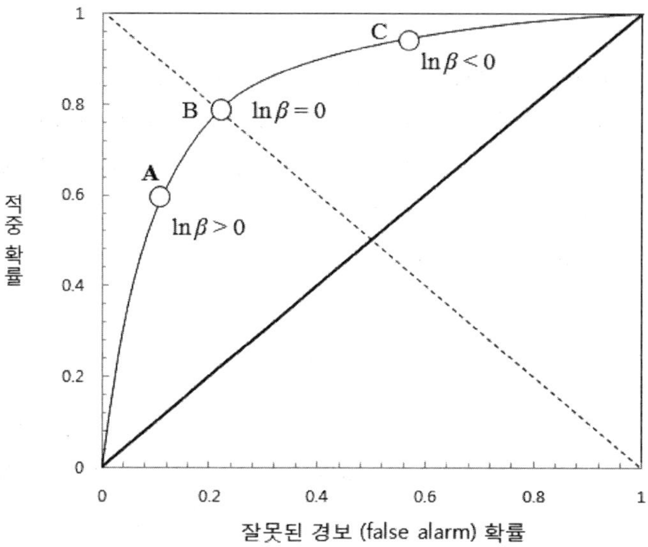

수신자조작특성곡선은 일정한 전문성과 다른 응답기준을 가지고 운용하는 시스템에 대한 모든 결과를 특정화한다. A는 보수적 편향 $(\ln\beta > 0)$을, B는 중립적 편향 $(\ln\beta = 0)$을 그리고 C는 진보적 편향 $(\ln\beta < 0)$을 반영한다. 대각선(0,0에서 1.1까지)은 기회성과(機會成果; chance performance)를 나타낸다. 점선 대각선상의 점들은 중립적 편향을 갖는다.

다중관찰(多重觀察; multiple observation)

[그림 5.8.4]에 있는 시각결정과제를 생각해보자. 우선 왼쪽 끝에 보이는 디스플레이 요소만이 과제에 들어있다고 상상하기로 한다. 의사결정자는 두 분포 중 어느 것이 디스플레이 된 값이 도출된 분포인가를 정해야한다. 즉 수평선이 디스플레이의 왼쪽으로 보이는 두 개의 검은 마크 중 높은 것과 같은 평균을 갖는(신호 + 잡음) 정규분포 에서 표본으로 추출되었는가? 또는 낮은 쪽 검은 마크와 같은 평균을 갖는(잡음 단독) 분포에서 표본으로 추출되었는가를 결정해야한다. 우리는 의사결정자가 한 기준 디스플레이 값을 선택하리라 기대하는데 그는 그 값보다 위의 값을 "신호", 그 외의 것을 "잡음"이라고 말할 것이다. 그의 성과는 평균 분할(平均 분할; mean separation) 및 분포들의 표준편차뿐만 아니라 디스플레이의 크기, 밝기, 존속기간(存續期間; duration), 및 있을 수 있는 시각상의 한계 등과 같은 물리적 요인들에 달려있다. 의사결정자의 시각의 가변성(可變性; variability) 때문에 $d'_{관찰된}$에 대해 얻어진 값은 $d'_{이상적}$보다 작을 것이다. Tanner & Birdsall(1958)은 인간 및 이상적 의사결정자사이의 성능 간 차이를 효

율, η

$$\eta = (d'_{\text{관찰된}}/d'_{\text{이상적}})^2 \tag{5.6.7}$$

라고 정의하였다. 단일 요소 대신에 자극물이 [그림 5.6.4]에 있는 모두 아홉 개의 독립된 표시 요소로 구성되었다고 가정하자. 같은 두 분포가 요소, $x_1, x_2, \cdots, x_9$ 각각과 연계되어있다. 어느 한 시도(trial)에서 모든 요소들에 대한 값을 한 분포나 다른 분포 둘 중 하나에서 도출한다. i번째 표시 요소의 구별하기 어려움을

$$d'_i = (\mu_{i1} - \mu_{i,0})/\sigma_i \tag{5.6.8}$$

이라고 하자. 의사결정자는 신호분포를 표본으로 추출할까 또는 잡음 분포를 추출할까를 각 시도(試圖; trial)에서 아홉 개의 자에 있는 값은 신호 및 잡음 분포에서 나온 것이다. 결정하기 위하여 아홉 요소 관찰 상의 공산(公算; likelihood)비율

$$\lambda(x_1, x_2, \cdots, x_N) = \frac{f((x_1, x_2, \cdots, x_N)|s_1)}{f((x_1, x_2, \cdots, x_N)|s_0)} \tag{5.6.9a}$$

을 계산하여야한다. 표시된 요소가 독립적이라면

$$\frac{f((x_1, x_2, \cdots, x_N)|s_1)}{f((x_1, x_2, \cdots, x_N)|s_0)} = \frac{f(x_1|s_1)f(x_2|s_1)\cdots f(x_N|s_1)}{f(x_1|s_1)f(x_2|s_0)\cdots f(x_N|s_0)} = \prod_{i=1}^{N} \lambda(x_i) \tag{5.6.9b}$$

그리고

$$\ln\left[\prod_{i=1}^{N} \lambda(x_i)\right] = \sum_{i=1}^{N} \ln[\lambda(x_i)]. \tag{5.6.10}$$

x에서의 분포가 정규분포라면 최적 결정 통계 값 z는

$$z = \sum_{i=1}^{N} \ln[\lambda(x_i)] = \sum_{i=1}^{N} a_i x_i \tag{5.6.11}$$

여기서 $a_i = d'_i$이고 z는 s_1 또는 s_0을 조건으로 같은 분산을 갖고 정규로 분포되어있다. s_1 또는 s_0을 조건으로 결정 통계치 $\sum(d'_i x_i)$의 평균 사이의 정규화 된 분할(分割; separation)이 과제에 대한 이상적 탐지 지수를 정의한다.

$$d'_{\text{이상적}} = \sqrt{\sum_{i=1}^{N} (d'_i)} \tag{5.6.12}$$

만일 요소들이 일치하는 분포를 갖는다면

$$d'_{\text{이상적}} = d'\sqrt{N} \tag{5.6.13}$$

[그림 5.6.4] 아홉 요소 시각 디스플레이의 예

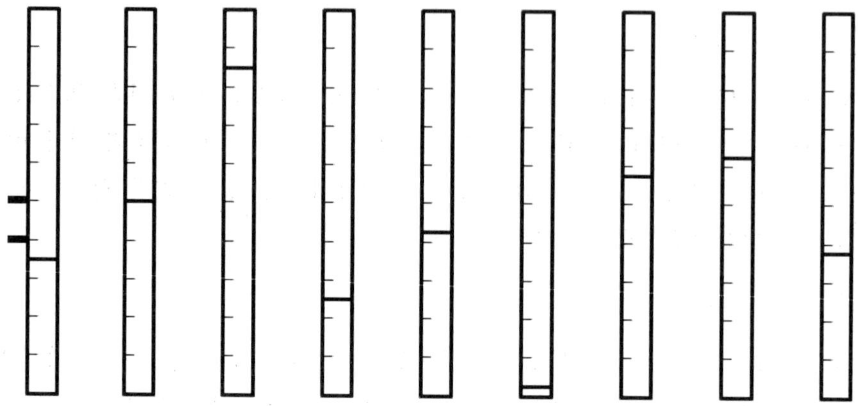

실험은 [그림 5.6.4]에 있는 것처럼 시각적 자극물을 사용하는 인간 의사결정자에 의하여 독립적인 요소를 가지고 수행되었다(Sorkin, Mabry, Weldon, & Elvers, 1991). 관찰된 d'들은 이상적인 것에서 약간 떨어질 것이라는 기대와 일치한다. 즉 탐지효율이 약 0.8이었다. 요소 평균 차, 표준편차, 또는 요소의 수와 같은 과제의 매개변수가 변하면 디스플레이기간(display duration)이 충분히 길고 디스플레이의 크기, 차이(差異; contrast), 및 밝기가 바뀌지 않는 한 성과는 식 (5.6.12)에 의하여 예측된다. 뒤따르는 실험에서 피험자들은 낮은 분산을 갖는 요소에 더 높은 가중치를 부여하였다(Montgomery & Sorkin, 1996). 사람들이 어떻게 다중 연속 출처에서 정보를 합하는가에 관한 유사한 의문은 판단과 결정에 관한 많은 수의 견해(見解; perspectives)에서 취급되어왔다(예를 들어 Genest & Zidek, 1986; Sniezek & Henry, 1989; Gigone & Hastie, 1997; Wallsten, Budescu, Erev, & Diederich, 1997; Clemen & Winkler, 1999).

만일 디스플레이 요소가 독립적이 아니라면 어찌하나? Durlach, Braida, 및 Ito(1996)에 의한 다채널신호탐지분석에 기초한 접근을 사용하여 Sorkin과 Dai(1994)는 디스플레이내의 요소들이 한 쌍씩 균일한 상관관계 ρ를 가질 때의 상황을 고찰하였다. 그들은 요소들이 분산을 공유하게 함으로써 공통의 출처에서 그 상관관계를 만들어냈다. 그들은 이상적 지수(index)가

$$d'_{\text{이상적}} = \sqrt{N}\left[\frac{\sigma^2_{d'}}{1-\rho} + \frac{\mu^2_{d'}}{\rho(N-1)}\right]^{1/2} \tag{5.6.14}$$

라는 것을 보여주었다. 여기서 $\mu_{d'}$와 $\sigma^2_{d'}$는 요소 d'_i값들의 평균과 분산이다. 이상적 탐지정확도는 N와 함께 증가하고 ρ가 0에서 증가할 때 감소한다. 요소의 값들이 한 집단의 멤버들에 의한 추정치라고 하자. 그러면 식 (5.8.14)는 어떻게 집단결정정확도가 집단의 멤버들의 판단간의 상관관계에 따라야하는가를 규정(처방)하여준다.

집단실험(group experiments)

우리는 피험자가 10명 이내인 집단에 의한 의사결정을 연구하기위하여 [그림 5.6.4]와 같은 시각적 자극물을 사용하였다(Sorkin, Hays, & West, 2001). 피험자들은 독립적으로 만들어진 9-요소 디스플레이를 관찰하고 나서 어느 신호가 그 시도 때 일어났는지를 집단으로 또는 개인으로 결정하여야만했다. 집단의 멤버 각자는 한 디스플레이를 보고 나서 신호발생의 공산(公算; likelihood)를 추정한다. 이 추정치는 0에서 100까지 점수를 매긴 것이다. 여기서 0은 확실하게 잡음인 관찰을 100은 확실하게 신호인 관찰을 나타낸다. 이들 최초의 추정치를 모든 멤버에게 보여주고 한 멤버가 집단결정을 내리도록 지명된다. 일부 조건에서 우리는 최초의 응답을 요청하고 나서 마지막 투표를 위해 집단에 여론조사를 한다. 다른 경우에 우리는 투표 전에 충분한 토의를 허용한다. 우리는 또(디스플레이 요소들의 분산을 증가시킴으로써) 일부 집단 멤버의 과제 어려움을 그리고(상관관계를 갖는 디스플레이 요소를 만들기 위해 기술된 것과 유사한 방식으로) 집단멤버판단간의 상관관계를 조종하는 조건을 사용한다. 모든 피험자들은 고도로 훈련되며 금전적 성과급은 개인 및 집단 응답의 정확도에 따라 결정된다.

일반으로 집단의 성과는 식 (5.6.14)와 일치한다. 즉 옳은 것의 백분율과 $d'_{\text{관찰된-집단}}$은 집단의 크기 N가 증가하면 증가하고 ρ가 증가하면 감소한다. 그러나 성과는 N의 증가에 모델이 예측하는 것보다 낮은 속도로 증가한다. 사실 크기의 커짐에서 오는 한계이점(marginal advantage of increasing size)은 감소되면서 집단탐지효율은 집단의 크기가 3명에서 10명으로 증가할 때 감소한다. 이 집단크기의 증가에서 오는 최적으로부터의 편차증가는 집단에 관한 문헌에서 자주 보고되어왔다(Clemen & Winkler, 1985; Ferrell, 1985).

우리는 신호(signal) 공산(公算; likelihood)의 각 멤버 추정치뿐만 아니라 실제 제시된 자극물(stimuli)을 기록하였기 때문에 우리는 그들의 개별적 탐지효율을 계산할 수 있었다. 우리는 또 멤버들이 다른 멤버들의 추정치를 최종결정에 취합(聚合; aggregate)시키는 효율을 따로따로 계산할 수 있었다. 성과의 총 효율은 두 개의 독립된 구성요소로 인수분해 된다.

$$\eta_{\text{의사결정자에 대해 총합}} = \left(\frac{d_{\text{멤버추정에 기초}}}{d_{\text{실제자극에 기초}}}\right)^2 \bullet \left(\frac{d_{\text{최종응답에 기초}}}{d_{\text{멤버추정에 기초}}}\right)^2 \quad (5.6.15)$$

$$= \eta_{\text{멤버탐지}} \bullet \eta_{\text{멤버추정의 집합}}$$

여기서 첫 번째 구성요소인 **멤버탐지효율**(member detection efficiency)은 의사결정자가 그 멤버의 어려움(평균 대 시그마(sigma)의 비)에 비하여 그의 개인적 탐지를 얼마나 잘 수행하는가의 측척(測尺)(measure)이며 두 번째 구성요소인 **취합효율**(聚合效率; aggregation efficiency)은 의사결정자가 최종결정을 형성하기위하여 팀의 추정치들을 얼마나 정확하게 취합시키는가를 요약하여준다.

이들 계산을 수행하는 과정에서 놀라운 결과를 발견되었다. 다른 멤버들로부터의 정보를 모으는 효율은 4명 내지 10명인 집단에서 멤버의 탐지능력에 차이가 있을 때조차도 일정하게 유지되었다. 그러나 개인의 탐지효율은 집단의 크기가 커짐에 따라 감소한다. 집단크기의 전반적 효율감소는 다른 멤버들로부터의 정보를 합하는 효율의 감소가 아니라 개인의 탐지노력에 감소에 기인하였다. Sorkin, Hays, & West(2001)는 이 감소를 일종의 사회적 태만(怠慢; loafing) 효과의 탓으로 돌렸다(예 Latane, Williams, & Harkins, 1979; Kerr, 1983; Shepperd & Taylor, 1999).

흥미롭게도 이 효과는 같은 과제를 컴퓨터게임으로 번안한 과제를 개별 피험자들에게 하도록 한 유사한 실험에서는 반복되지 않았다(Sorkin, Luan, & Itzkowitz 2001). 그 실험에서 피험자들은 개별적으로 일하였으며 가상의 집단멤버들이 만든 추정치들이 주어졌다. 다시 각 피험자의 개인적 노력의 효율과 그들의 가상적 추정치를 합하는 효율이 측정되었다. 가상의 추정치의 수가 17까지 증가하는데도 효율 측척(測尺) 어디에서도 하락은 없었다. 이결과는 옳은 조건하에서는 사람들이 다중의 출처로부터의 정보를 효과적으로 합한다는 시사를 하여준다. 효율 측척(測尺)가 d'가 아니라 $(d')^2$와 관계가 있기 때문에 멤버들의 감소된 개인의 노력으로 만들어진 집단의 d'에서의 작은 감소가 과장된다. 집단의 옳음 백분율에 주는 실제 영향은 작다. 그 작은 감소의 장점은 각 멤버가 어떤 관심사를 집단의 상호작용과 소통을 위해 필요할 수도 있는 다른 요구와 함께 가질 수 있다는 것이다(Hinsz, Tindale, & Vollrath. 1997). 그런 관심사의 공유가 피험자들이 컴퓨터 디스플레이에만 주의를 집중하는 개인의 컴퓨터 게임류의 상황에서 의미가 없을 수도 있다.

많은 수의 연구자들이 유사한 집단상황을 조사하였고 피험자들의 전반적인 행동이 일반적으로 규범적 예측이하라는 것을 관찰되었다(예 Clement & Schiereck, 1973; Hinsz, 1990). 일부 실험에서 피험자들 간의 상관관계가 실험자가 가정한 것보다 더 컸을 수도 있거나 규범적 가정으로부터의 다른 편차가 있을 수도 있다. 다르게 설명하면 사람들은 규범적 절차에서 벗어난 단순한 체험직감해법(體驗直感解法; heuristic)(Gigerenzer, 2007)에 기초를 두고 결정을 내릴 수도 있다. 아직도 일부 설명에는 일부 정보원(情報源 information source)에 대한 부적절한 가중(加重; weighting)이 있다(예 Einhorn, Hogarth, & Klempner, 1977). 예를 들면 사람들이 그들 자신의 추정치를 다른 사람들 것 보다 더 높게 평가하는 편향을 가지고 있을 수 있다(Sorkin, Hays, & West, 2001; Harvey & Harries, in press). Clemen and Winkler(1999)는 이것이 집단멤버들 자신의 관찰의 수위(首位; primacy)가 그것을 더 "잘 움직이지 않게(sticky)" 그리고 다른 사람들의 결정에 저항하게 만드는 원인이 되는 **정착편향**(定着偏向; anchoring bias)에 기인한다고 주장하였다. 이들 효과의 일부는 뒤의 분산탐지시스템에서 더 검토될 것이다. 전통적 탐지분석은 Wallsten과 그의 동료들이 제안한 통합 모델(pooling model)(Wallsten et al., 1997; Johnson, Budescu, & Wallsten, 2001)과 렌즈모델(Lens Model)(Gigone and Hastie, 1997; Goldstein, 2007)에 기초를 둔 분석과도 유사하다.

5.6.2 분할탐지(分割探知; distributed detection) 탐지시스템

개별적 시각실험에서 아홉 개의 디스플레이 요소가 이원표시(binary indications)이거나 또는 집단실험에서 집단멤버에 의한 응답이 연속적이 아닌 이원 점수매기기 이라면 어떤 일이 일어날까? 분할구역 의사결정자(Local Decision Makers; LDMs)응답의 비연속적이라는 성질이 분산 감지상황의 핵심특성이다. 이 특성은 각 분할구역 의사결정자 응답의 카테고리경계를 전제하여야만 성립된다. 양분된 경우에 각 분할구역 의사결정자는 단일응답 역(閾; threshold)을 갖는다. 이 상황이 분할 감지시스템의 특징이다. 왜냐하면 감지시스템 모든 멤버의 응답기준이 — 여러 분할구역 의사결정자의 응답을 결합하는 DC(decision center)를 포함하여 — 결정에 포함되기 때문이다. 그러므로 결정은 중앙의 결정센터와 분할구역 의사결정자들 사이에 분산된다.

[그림 5.6.1]에 있는 분산감지시스템을 생각하기로 하자. 각 분할구역 의사결정자는 이원응답(二元應答; binary response)을 하고 이 응답들은 DC(Decision Center)로 흘러간다. 정보가 집단심의(集團審議; group deliberation)처럼 DC와 분할구역 의사결정자들 사이에 왔다 갔다 흐를 수 있을 때 분산감지시스템의 일반경우라고 할 수 있다. DC는 어떻게 더 단순한 그리고 협의하지 않는 경우(non-deliberation)에 그 결정을 내려야하나? 분할구역의사결정자 응답이 이원(二元; binary)이므로 분할구역의사결정자 응답 패턴 $(r_{1,j}, r_{2,j}, \cdots, r_{N,j})$은 2^N개가 있을 수 있으며 여기서 각 패턴은 각 분할구역의사결정자로부터의 응답순서에 따르는 이원의 줄(string)이다. DC의 과제는 이들 2^N개의 패턴을 r_1 또는 r_0 결정으로 구분하는 것이다. 최적의 전략은 공산(公算; likelihood)비율검사(likeihood ratio test):

$$\ln\lambda(r_{1,j}, r_{2,j}, \cdots, r_{N,j}) \geq \ln(\beta_{DC})\text{이 응답 이면 } r_1 \text{ 아니면 } r_0 \tag{5.6.16}$$

을 사용하는 것이다. 여기서 $\ln(\beta_{DC})$는 DC의 기준이다.

공산(公算; likelihood)비율계산은 분할구역의사결정자 투표의 특정된 결합으로 특정한 결정 내리는("분할구역의사결정자$_1$과 분할구역의사결정자$_2$이 r_1에 투표하고 분할구역의사결정자$_3$이 r_0에 투표하는 것을 필요충분조건으로 예라고 결정하는") 복잡한 응답 조합(組合; combinations)에 의존할 수 있다. 왜 분할구역의사결정자들의 응답을 단순 계산하는 것이 집단 결정에 적절하지 않은가? 첫째, 분할구역의사결정자의 일부가 낮은 전문성을 갖고 있을 수도 있어 그들의 투표는 더 높은 d를 가진 사람들보다 낮게 평가되어야한다. 둘째, 일부 분할구역 의사결정자들은 편향된 응답기준을 가지고 있을 수도 있다. 극단적으로 보수적인 분할구역의사결정자의 r_0 투표는 안전하게 무시될 수 있다 - 그 분할구역의사결정자는 입력 자료와 상관없이 그 같은 응답을 하는 경향이 있다. 그러나 같은 분할구역의사결정자의 r_1 투표는 그 신호에 강력한 찬성의사를 갖게 되었다는 증거일 수 있다. 셋째, 두 분할구역의사결정자가 미술작품 감정의 예에서의 Louise와 Louis처럼 공동의 잡음 원(雜音 源; source of noise)을 가지고 있어서 상관관계가 있는 공산(公算; likelihood) 추정치를 내놓았다고 하자. 그들 두 투표가 결정에 주는 영향력은 두 독립된 투표보다 적을 것이다. 마지막으로, 두 상관관계가 있는 분할구역의사결정자가 다르고 알려진 응답기준을 가지고 있다고 하자. 상황에 따라 01 또는 10 응답 패턴이 00 또는 11 패턴보다 그들 관찰의 더 정확한 추정치를 제공할 수 있을 것이다.

상관관계가 있는 멤버 상황은 훨씬 더 복잡할 수 있다. 한 멤버가 다른 멤버 뒤에 이야기하고 그의 응답에서 얻은 정보를 먼저 있었던 응답과 조합하여 그의 기준을 최적화할 수 있다고 하자. Louis가 첫 번째로 r_0와 기준 β로 답한다고 하자. 일단 내려진 Louise의 기준(과 응답)은 알려질 것이며 물론 Louis의 응답을 들은 이후이다. Louise는 다음 멤버에게 최대의 정보를 전달할 수 있도록 그의 기준을 설정할 것이다. 분할구역의사결정자 기준의 한사람-한사람 뒤이은 설정은 분할구역(local) 및 중앙 응답기준의 전체적 최적 집합을 얻기 위한 기법이다(Viswanathan & Varshney, 1997). 한 시스템을 위한 응답 기준과 결합 규칙을 최적화하는 것은 분할구역의사결정자가 상관관계가 있거나, 분할구역의사결정자들 또는 신호가 일려지지 않은 성질을 가지고 있거나, 또는 그 구조가 단순한 평행 배열이 아니라면 훨씬 더 어려울 수 있다(Reibman & Nolte, 1987a, b; Hoballah & Varshney, 1989a, b; Pete et al., 1993a, b; Viswanathan & Varshney, 1997; Willett, Swaszek, & Blum, 2000). 그러나 일반적 분산탐지문제의 복잡성에도 불구하고 아주 좋은 성과를 만들어줄 전략에 도달하는 것이 흔히 있을 수 있다. 일부 상황에서 예를 들면 분할구역의사결정자들의 단순한 다수결 투표에 기초한 결정이 최적의 성과에 접근할 수도 있다.

K 또는 그 이상의 분할구역의사결정자들이 r_1이라고 응답하는 것을 필요충분조건으로 DC가 r_1이라고 응답한다고 하자. 이 상황은 집단멤버들이 옳은 판단을 내리는 확률 p_i가 다른 경우를 제외하고는 전통적 콩도르세(Condorcet)의 역설[37]과 유사하다. 이 경우는 많은 연구가들이 분석하여왔다(Nitzan & Paroush, 1982; Grofman, Owen, & Feld, 1983; Grofman, Feld, & Owen, 1984; Shapley & Grofman, 1984; Grofman & Feld, 1986). Pete et al.(1993b)은 분할구역응답들을 조합하는 선형 가중법(예 Nitzan & Paroush, 1982; Shapley & Grofman, 1984)이 공산(公算; likelihood)비율 검사의 한 특수한 경우이며 모든 분할구역 의사결정자들이 그들의 ROC(receiver operating characteristic)위의 중립적 편향(偏向; bias)점(- 대각선상의 점; [그림 5.6.3]의 점 B)에서 움직인다는 실증적으로는 의심스러운 가정에 따른다는 것을 보여준다. 전통적 방법은 분할구역의사결정자들의 전문성수준 d'_i와 기준 β_i를 분리하여 특정화할 필요를 무시한다. Pete et al.은 전문성과 기준의 분할구역의사결정자간 차이라는 일반적인(그리고 독립성의) 가정 하에서 최적의 집합규칙이 N중 K 다수결이며 여기서 분할구역의사결정자응답은 그들의 전문성 및 기준의 매개변수 둘 다에 의하여 가중된다. DC(decision center) 결정 통계치는

$$\ln \lambda(r_{1,j}, r_{2,j}, \cdots, r_{N,j}) = \sum_{i=1}^{N} \ln\left(\frac{p(r_i|s_1)}{p(r_i|s_0)}\right) = \sum_{i=1}^{N} w_i(r_i) \tag{5.6.17}$$

여기서 분할구역의사결정자 가중치(加重值; weights)는

$$w_i(r_1) = \ln\left[(1-p(r_{i,1}|s_1))/(1-p(r_{i,1}|s_0))\right] \tag{5.6.18a}$$

이고

$$w_i(r_0) = \ln\left[p(r_{i,1}|s_1))/p(r_{i,1}|s_0)\right] \tag{5.6.18b}$$

37) 최다득표제가 유권자의 선호도를 정확하게 반영하지 못하는 현상(Marquis de Condorcet)

이다.

5.6.3 분산된 집단을 이용한 실험

사람들은 흔히 그들 주위의 의견에 순응하여 결정을 내린다. 이 행동은 다른 사람들의 긍정적 기대를 충족시킴에 또는 사회적 압력에 순응함에 기인한다는 주장이 있다. 그러나 일부는 순응하는 태도가 사회적 압력 때문이 아니라 순응이 통상 더 좋은 결정으로 이끌어주기 때문에 존재한다는 반대의견(통계의 또는 정보의 영향; Deutsch & Gerard, 1955; Penner & Davis, 1969)을 내세운다. 통계적으로 다수의 선택이(독립성을 전제로) 더 정확한 선택인 경향이 있다. 그래서 이웃들 다수로 합의하는 것이 더 좋은 결정을 만든다. 집단 의사결정상황에서 사회적 영향에서의 정보를 차별화하기가 때로는 어렵다(Turner, 1991). 신호탐지접근으로부터 개발된 기법들이 이 문제를 분명하게 하여주는 그리고 왜 상응하는 행동이 그렇게 많이 관찰되는지를 간파(통찰)하는 기회를 줄 수도 있다.

멤버의 응답편향을 모르거나 중립이라고 가정하는 사례가 집단실험에서 흔히 있다(Hinsz, 1990). 그러나 집단 멤버의 응답이 편향되었다고 알려졌다고 하자. 성과에 주는 효과는 무엇이며 멤버는 역시 순응행동을 보일 것인가? 앞서 검토되었던 시각 디스플레이 실험이 반복되었으나 각 집단멤버로부터 이원 응답을 요구받았다(Sorkin, Hays, & West, 2001; Luan, Sorkin, & Itzkowitz, 2004). 피험자들이 디스플레이를 관찰하고 나서 r_1 또는 r_0 투표를 한다. 이것들은 모두에게 진열되고 한 멤버가 팀의 결정을 내린다. 결과득실(結果得失; payoffs)은 개인 및 팀 투표 둘 다의 정확도에 근거를 둔다. 과제는 첫 번째 응답에서의 과오나 잘못된 경보(警報; alarms) 중 하나에 다른 금전적 벌(罰; penalties)을 주는 조건하에서 운영되었는데 이것이 보수적이던 전향적이던 간에 한 결정대안을 향한 편향의 정도를 다르게 만들었다. 각 분할구역의사결정자를 위한 결과득실조건의 나머지는 각 멤버가 어떤 기준이 각 응답과 연계되었는지를 알 수 있도록 최초 투표의 디스플레이에 첨가된다. 투표디스플레이에 뒤이어(집단에서 무작위로 선출된) 대리 DC가 마지막 투표를 한다.

우리는 그 DC의 두 모델: (a) 정보를 극대화하고 편향된 정보의 유해한 영향을 극소화하는 방식으로 첫 번째 투표를 집합시키는 합리적 탐지전략과 (b) 첫 번째 투표의 다수의견에 동의하는 순응전략의 예측을 평가하였다. 탐지모델은(첫 번째 투표의 결과득실 매트릭스에 근거를 둔) 고정된 분할구역의사결정자 기준, 공산(公算; likelihood)비율 결정규칙, 및 중립적 최종 기준을 전제로 한다. 두 번째 모델은 단순히 첫 번째 투표의 다수에 결정의 근거를 둔다. 결과는 대부분의 피험자가 합리적 전략에서 벗어났다는 것 즉 그들의 결정이 알려진 첫 번째 투표의 득표 차(得票 差; majority)에 의하여 내려졌다는 것을 보여준다. 피험자가 분할구역의사결정자 응답이 크게 편향되어 정보를 제공하여주지 않는다는 것을 알았다 할지라도 그들은 여전히 그들의 결정에 있는 그 편향된 응답들에 유의적(有意的; significant)가중치를 주었다. 결과로 그들의 최종 투표성과는 성취될 수 있는 수준 밑이었다.

득표 차 체험직감해법(體驗直感解法; heuristic)(heuristic)은 또 다른 조작(操作; manipulation)의 결과도 설명하여준다(Luan et al., 2004). 우리는 피험자에게 두 다른 분할구역의사결정자로부터 나온 연속되는 추정치를 주었다. 즉 한 추정치는 한 분할구역의사결정자로부터 나온 추정치로 되어있고 다른 한 추정치는 한 명에서 여섯 명까지의 분할구역의사결정자의 추정치로 되어있다. 피험자에게 이들 자료는 제공된 구성추정치들의 수에 관계없이 같은(집합된) 정보가치를 갖고 있다고 알려주었다. 규범적으로 사람들이 각 자료에 할당한 가중치는 같아야하지만 우리들의 피험자들은 다중으로 구성된 자료에 더 큰 **결정가중계수**를 할당하였다. 가중치는 먼저 있었던 Harkins and Petty(1981, 1987)의 실험과 득표 차 체험직감해법에 일치되게 구성된 다중의 수에 따라 증가하였다.

우리의 피험자들이 사용한 다수규칙 경험해법은 최적보다는 못한 성과를 만들었지만 대부분의 경우 그 성과는 분할구역의사결정자가 다른 분할구역의사결정자의 투표를 알지 못하고 응답하였을 때의 것보다 훨씬 더 우수하였다. 이 장점(長點; advantage)으로 인하여 피험자가 훨씬 더 좋은 성과를 만들지 못하게 할 수도 있는 복잡한 전략을 채택하기를 꺼리게 만들었을 수도 있다. 득점 차가 단순하고 체험직감해법(體驗直感解法; heuristic)이 아닌 전략이 잠재적으로 복잡할 때 타에 순응하는 행동이 집단결정에서 일반적이란 것은(Stasser, Kerr, & Davis, 1989; Hinsz, 1990), 비록 그것이 분명하게 내보일 수 있는 결과를 요구하는 과제에서 더 일반적일 수 있다 할지라도(Laughlin & Ellis, 1986), 그리 놀라운 일은 아니다.

5.6.4 심의(審議; deliberation)에 의한 분산탐지

사회과학자는 어떻게 집단이 결정에 도달하는 가하는 문제를 깊이 생각하여왔다(예 Penrod & Hastie, 1979; Davis, 1992). Davis(1973)는 집단 결정에 도달하는 과정과 어떻게 최종결정이 집단멤버의 최초 선호에 의존하는지를 설명하기위하여 **사회적 결정책략**(社會的 決定策略; social decision scheme)이란 용어를 만들어냈다. 주 관심사는 멤버들의(이원적; binary) 최초 입장(立場; positions)의 분포와 최종집단입장 사이의 관계이다. 여기서 협의과정의 분산탐지모델을 설명해보자. 분산탐지를 반대하는 멤버의 입장을 듣고서 한 멤버가 그 자신의 입장을 수정하기위하여 규범적 규칙을 채용한다고 가정하자. 그 모델은 Delphi 모델에서처럼 멤버가 익명이기 때문에 쉽게 수정된다. 모델이 득표 차 규칙의 형태, 멤버판단들 간의 상관관계, 집단멤버들의 편향 및 전문성, 그리고 멤버정보의 지식(知識; knowledge)정도와 같은 집단결정의 정확도 및 편향에 핵심변수가 주는 영향을 명시한다는 것을 알 수 있다.

[그림 5.6.1]에 있는 시스템을 다시 생각해보자. 이제 분산된 응답에 관한 정보가 분할구역의사결정자들에게 되돌아 흐를 수 있다는데 주목하는 이 시점에서 멤버들이 그들의 응답(과 응답기준)을 서로 의사소통하도록 허용하기로 한다. 이 정보가 분할구역의사결정자들이 그들의 개인적 응답기준(또는 공산추정치; likelihood estimate)을 다른 분할구역의사결정자들의 응답에 기초를 둔 신호공산(signal likelihood)의 최신화한 추정치를 가지고 수정하게 하여준다. 이 과정은 미국의 표준배심원에서처럼 반복적이다. 배심멤버들은 다수결규칙을 통하여 의견일치가 달성될 때까지 그들의 입장을 갱신(更新; update)하고 그들의 투표를 서로 소통하면서 비밀투

표를 반복한다. 배심원들은 다른 배심원에게 알려진 전문성수준 $\{d'_i\}$ 및 최초기준 $\{\ln\beta_i\}$의 집합에 의하여 그들의 특징을 나타낼 수도 있다. 각 배심원은 내부 유죄추정 $\{\ln\lambda(x_i)\}$과 최초 이원응답(binary response) $\{r_{ij}\}$을 내놓다. 이들 응답은 모두에게 전달된다. 각 배심원은 그 뒤 다른 배심원들의 응답과 투표를 다시 통합하기위하여 Bayes의 규칙을 사용한다.

이 과정의 예로 4명의 배심 중 3번 배심원이 추정 사전 대수 비율(estimated prior odds ratio), $p(s_0)/p(s_1)$에 어느 결과득실, V을 곱한 것과 같은 최초의 기준, β_3를 가지고 있다고 하자(식 5.8.6에서처럼).

$$\beta_3 = V \cdot \frac{p(s_0)}{p(s_1)} \tag{5.6.19}$$

4명 배심 의 다른 멤버들은 3번 배심원에게 그들의 $\{r_{1,1}, r_{2,0}, r_{4,0}\}$(즉 배심원 1은 "유죄" 배심원 2와 4는 무죄)라는 투표를 낸다. 배심원 3은 그의 사전 대수 비율 의 최초 추정(즉 이제는 사후 대수 비율) 을 갱신화하기 위하여 Bayes 규칙을 사용한다. 그것의 갱신된 기준은

$$\beta_3 = V \cdot \frac{p(s_0|r_{1,1}, r_{2,0}, r_{4,0})}{p(s_1|r_{1,1}, r_{2,0}, r_{4,0})} = V \cdot \frac{p(r_{1,1}, r_{2,0}, r_{4,0}|s_0)p(s_0)}{p(r_{1,1}, r_{2,0}, r_{4,0}|s_1)p(s_1)} \tag{5.6.20}$$

이다. 배심원의 응답이 독립적이라면

$$\beta_3 = V \cdot \frac{p(r_{1,1}, r_{2,0}, r_{4,0}|s_0)p(s_0)}{p(r_{1,1}, r_{2,0}, r_{4,0}|s_1)p(s_1)} = V \cdot \frac{p(r_{1,1}|s_0)p(r_{2,0}|s_0)p(r_{4,0}|s_0)p(s_0)}{p(r_{1,1}|s_1)p(r_{2,0}|s_1)p(r_{4.0}|s_1)p(s_1)} \tag{5.6.21}$$

이다. 식 (5.6.21)에서 $p(r_{i,j}|s_1)$, $p(r_{i,j}|s_0)$에 대한 값은 식 (5.6.1)과 (5.6.2)를 사용하여 각 배심원에 대해 d'_i와 β_i로부터 계산될 수 있다. 이 과정은 필요한 합의에 이를 때까지 반복될 수 있다. Swaszek & Willett(1995)는 이 반복과정을 교섭(交涉; parley)이라고 이름붙이고 그것은 항상 합의에 이른다는 것을 또한 그 과정은 통상 둘이나 세 투표로 모아진다는 것을 보여준다.

배심원의 전문성 및 편향의 분포에 관한 전제가 주어졌을 때 표준 미국배심에 대한(단순한 다수결, 2/3, 3/4 그리고 만장일치와 같은) 여러 다수결 규칙의 상대적 이점의 계량화가 시도되었다(Sorkin, Luan, & Itzkowitz, 2003). 배심 모델의 Monte carlo 모의(模擬; simulation)를 사용하여 배심 최종결정의 정확도와 편향, 배심이 보류(m번의 투표에도 결정에 실패)되는 확률, 및 배심원의 기준을 최신화하기 위한 몇 개의 최적이 아닌 규칙의 상대적 행동이 평가되었다. 모의는 조건 당 25 Monte carlo 실험 및 실험 당 500시도를 가지고 3에서 12 멤버의 배심이 평가되었으며 투표는 6번의 진원배심투표의 반복 후 끝났다.

[그림 5.6.5]가 분석의 일부 전형적 결과(매개변수 값, $\rho = 0$, $\mu_{d'} = 1$, $\sigma_{d'} = 0.33$)를 보여준다. 위쪽 세 곡선은 배심원이 중립적 평균 기준 $(\ln\beta = 0)$으로 시작하고 만장일치, 4/3, 및 단순다수결 규칙을 사용할 때 옳은 배심성과가 나오는 백분율을 보여준다. 만장일치 다수결규

칙이 이상적이고 분산되지 않은(그림에 표시되지 않은) 경우에 가장 근접한 결과가 나왔으며 덜 절박한 다수결 규칙 하에서는 연속적으로 더 빈약하였다. 단순한 다수결 규칙에서 나온 함수는 협의 없이 투표한 한 사람의 배심원에 의해 만들어진 것과 같다. 협의 없는 더 절박한 규칙이 훨씬 더 나쁜 성과를 내는데 이는 Sorkin, West, & Robinson(1998)와 Feddersen & Pesendorfer(1998) 그리고 Guarnaschelli, McKelvey, & Palfrey(2000)와 일치한다.

최초의 편향이 영(零; zero)에서 멀어짐에 따라 성과는 크게 떨어지지만 떨어지는 크기 또한 득표 차 규칙을 따른다. 즉 만장일치규칙이 편향된 배심의 부정적 영향에 제일 크게 저항한다. [그림 5.6.5]에 있는 아래쪽 세 곡선은 만장일치, 3/4, 및 단순 득표 차 규칙을 각각 적용한 협의 배심에 의하여 만들어진 것이지만 최초의 평균 배심원기준의 극단이 +3 또는 -3이다(정확도가 아닌). 최종결정의 편향그래프(그림에 표시되지 않은)는 득표 차 규칙이 엄격할수록 최종 편향은 영에 더 가까워진다는 것을 보여준다. 절박한 득표 차 규칙에 의하여 만들어진 결정편향에 주는 조정효과를 모델이 분명하게 입증하여준다.

Delphi 규칙 및 단순한 기준이동 규칙을 포함하여 다른 갱신(更新; updating) 규칙들도 평가되었다. Delphi 규칙(무기명투표)은 배심원의 개인적 d'와 β는 모른다고 전제하는데 평균 d'와 β 값은 식 (5.6.21)의 계산을 위해 사용된다(Gustafson, Shukla, Delbecq, & Walster, 1973; Hillman, Hessel, Swensson, & Herman, 1977). 단순한 기준이동 규칙은 득표 차의 형세(majority position)를 향하여 기준을 이동시킨다는 것을 전제로 한다(Kerr, MacCoun, & Kramer, 1996). 예를 들면 만일 배심원투표(당신자신의 투표를 제외하고)의 대부분이 유죄편이라면 당신은 다음 투표에서 당신이 유죄옵션에 투표하기위해 필요한 증거를 적게 요구하는 방향으로 당신의 응답기준을 이동시킬 것이다. 검사된 모델의 단순변형에서 큰 득표 차들이 작은 득표 차들과 같은 크기의 이동을 한다고 전제되었다. 이 규칙은 기준이동의 크기에 따라 Delphi 규칙만큼 좋은 성과를 만들어냈다. 어떤 규칙도 Bayes의 규칙만큼 좋은 성과를 만들지는 못했다.

위쪽 세 곡선에서 배심은 평균적으로 중립인 편향을 갖고 협의를 시작한다. 그림의 세 곡선은 만장일치, 3/4, 및 단순 다수결 규칙에 대한 것이다. 아래 쪽 세 곡선에서 배심은 극단적으로 부정적인 또는 긍정적인 편향을 갖고 협의를 시작한다.

이 분석은 명백하게 사람들이 어떻게 다른 출처로부터의 그리고 다른 집단멤버로부터의 정보들을 통합하는지에 관한 많은 사실들을 무시한다. 예를 들어 집단은 그 집단의 개별멤버들보다 더 극단적인 입장을 취한다(Stoner, 1968.). 분산탐지접근은 한 집단의 추정상의 기준이동(criterion shift), 그 경계조건, 및 그런 이동을 조절할 수도 있는 요인이나 규칙들의 기저를 이루는 과정을 분명하게 하여줄 수도 있다(Bordley, 1983도 참조). 분산탐지접근은 또한 분할구역 의사결정자 투표의 최초분포가 어떻게 협의과정과 최종결정의 정확도와 편향에 영향을 주는가의 문제에 역점을 두고 다룬다(Kerr et al., 1996 참조). 마지막으로 분산탐지모델은 배심원들이 그들의 투표를 동시에 공유한다고 전제한다. 실생활 협의에서 분할구역 의사결정자 정보는 아마도 동시가 아니라 순차적으로 도착하며 정보도착의 순서가 결정의 정확도 및 편향에

[그림 5.6.5] 여섯 번의 모의 배심을 위한 배심원수의 함수로서 옳은 배심백분율

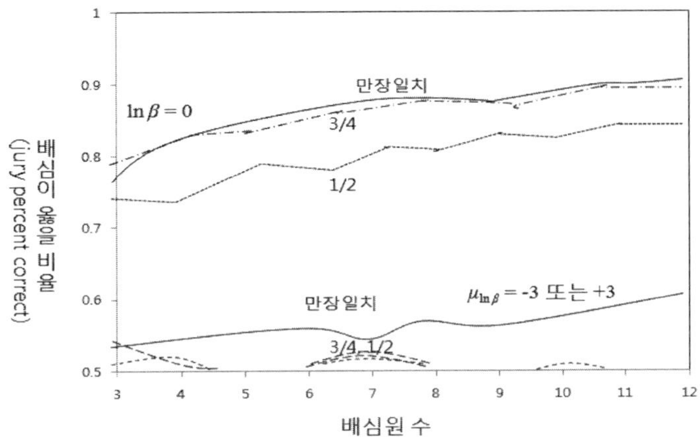

영향을 준다. Jesse Itzkowitz는 제일 깊은 전문성을 가진, 가장 극단적인 편향을 가진, 또는 $|\ln\lambda_i - \ln\beta_i|$이 제일 큰 멤버와 같은, 다음에 말할 사람이 누구인가를 결정하기위한 규칙의 효과를 연구하였다. 그의 목표는 가상적 및 인간 집단의 성과에 그런 구조적 요인들이 주는 효과를 발견하는 것이었다. 그의 연구 결과들이 가장 좋은 정보를 가진 사람에게 우선권을 주는 응답규약(應答規約; response protocol)이 최고의 성과를 만든다는 것을 보여준다.

구릅성과를 설명하기 위한 그리고 구릅협의과정에 대한 통찰력을 얻기 위한 분산탐지 모델의 유용성이 입증되었기를 희망한다(ROC[38] 개념의 사용을 포함하여). 탐지 이론적 시각은 누구든 집단의 구조, 멤버의 전문성 및 기준, 그리고 집단 통합규칙이 집단 결정의 정확도 및 편향에 주는 영향을 이해하게 하여준다. 분산탐지 분석은 또한 멤버의 관찰이 서로 상관관계를 가지고 있을 때 결정상황 계산상의 복잡성을 강조한다.

최적 모델의 잠재적 복잡성과 인간의 최적행동으로부터의 벗어남이 있을 때 분산탐지 접근은 인간 집단을 설명하기에 부적절한 것인가? 최적탐지규칙의 복잡성 — 그리고 N중 K 득표차 규칙의 단순성 및 최적에 가까운 성과 — 이 인간집단행동의 앞서의 설명을 강력하게 뒷받침한다. 인간 의사결정자가 많은 다른 상황에서 최적에 가까운 단순한 체험직감해법을 사용하는 것보다 더 "합리적"인 것이 무엇일까? 마지막으로 Bayes의 갱신(更新; updating) 과정을 추가함으로써 탐지분석은 집단협의 및 합의(合意; consensus)과정을 공식적으로 설명하여준다. 이후의 연구가 이 모델이 어떻게 인간집단의 협의과정을 잘 설명하는가를 보여줄 것이다.

38) 수신자조작 특성곡선(受信者操作 特性曲線; Receiver Operating Characteristic)

제 3 편

불확실성하 의사결정

(不確實性下 意思決定; decision making under uncertainty)

제1장 확률의 직관적 정의[39)]

예를 들어 "금년 안에 중동에서 전쟁이 일어날 확률은 얼마일까?" 또는 "다음 달 중 New York 증권거래소의 증권시장이 붕괴될 확률은 얼마일까?" 와 같은 예에서 우리는 이들 질문을 잘 정의하기위하여 "전쟁" 또는 "증권시장붕괴"가 무엇을 의미하는지를 명확하게 정의하지 않으면 안 된다. 우리가 그렇게 하였다고 가정하고 우리는 이들 의문에 어떻게 접근해야할까?

이들은 각각 많은 요인을 포함하는 복잡한 과정을 거쳐야 하기 때문뿐만 아니라 주로 그것들을 개념적으로 다루기 어렵기 때문에 대단히 복잡한 문제라고 여겨진다. 이 어려움을 살펴보기 위하여 이와 같은 유의 의문과 함께 다른 세 의문에 대비할 필요가 있다. 구체성을 위해 다음 네 의문을 생각해보자. 이들은 개념상의 어려움이 증가하는 순서로 되어 있다.

1. 나는 동전을 던지려 하고 있다. 앞면이 나올 확률은 얼마일까?
2. 나는 오늘 저녁 노상에 차를 주차하려 한다. 하룻밤 사이에 도적맞을 확률은 얼마일까?
3. 나는 의료수술을 받으려 한다. 내가 살아남을 확률은 얼마일까?
4. 금년에 중동에서 전쟁이 일어날 확률은 얼마일까?

우리가 이들 의문들에 줄 수 있는 답의 형태를 고려하여 분석하는 것이 답을 얻는 데 편리하다는 것을 우리는 안다. 확률이론이 나온 초기(17세기 중반)부터 사건에 확률을 할당하는 세 가지 방식이 있어 왔다.

첫째는 때로는 "전통적" 접근법이라 불리는 것으로 모든 결과(outcomes)에 균등한 확률을 할당하는 것이다.

둘째는 "빈도학파(頻度學派; frequentists)"의 접근법으로 한 사건의 확률은 그것이 과거에 관찰된 상대적 빈도와 같다고 생각한다.

셋째는 "주관적(主觀的; subjective)" 접근법은 우리의 막연한 믿음과 직관을 모델화하는 확률이론의 수학적 장치를 마련하는 것이다.

이들 세 방법을 더 자세히 검토해 보자. 사실 주관적 방법을 검토하는 데는 주관적 기내효용 극대화의 모든 전통적 이론이 망라된다. 그러나 그렇게 하기 전에 자유의지에 관한 한 마디가 있어야 하지 않을까?

---

39) Gilboa, I.,(2009).

1.1. 자유의지(Free Will)와 결정론(Determinism)

1.1.1 자유의지는 예측될 수 있나?

앞에서 제시된 네 번째 질문에는 인간(人間; human beings)의 결정이 포함되기 때문에 다른 것들보다 개념적으로 더 어렵다고 생각된다. 그런데 인간은 목표(goals), 욕망(desires), 믿음(beliefs) 및 의견(idea), 그리고 자유의지를 가지고 있다. 우리는 이들 모두에서 나온 행동을 예측할 수 있을까? 그런 예측이 개인들이 자유의지를 가지고 있다는 생각과 모순되지는 않을까?

이들 의문은 사회과학에 관심이 있는 모두를 괴롭힐 것임에 틀림없다. 만일 인간이 자유의지를 가지고 있다면 그리고 이것이 그들의 행동을 어떤 정확도로도 예측할 수 없다는 것을 의미한다면 우리는 사회과학은 불가능이라고 선언해야 할 것이다. 우리가 경제학을 공부한다는 사실이 우리가 일부 예측은 가능하다고 믿는 다는 것을 보여주는 것이 아닐까? 참으로 두 번째 질문 즉 나의 자동차가 도둑맞을지 여부의 맥락에서 자유의지는 통상 나타나지 않을 것이다. 그러나 사람이 자동차를 훔친다. 그러므로 자동차도둑에 관한 어떤 예측도 자유의지라는 문제에 부닥치게 된다.

사실 우리는 인간이 일반적으로 옳으며 그 행동을 아주 정확하게 예측할 수 있다고 생각한다. 인간이 자유의지가 있든 없든, 만 원짜리 지폐가 누가 집어가는 일 없이 연 5일간 인도상에 놓여있지 않을 것이라고 추측하는 것은 안전하다. 더 나아가 그 지폐를 집어가기로 정한 개인은 일반적으로 자유의지를 가지고 있다고 그리고 바로 그 행위에서 그것을 실행한다고 느낄 것이다. 자유의지의 주관적 경험이 우리의 예측과 모순되지 않을 것이다.

그에 반해서 자연현상이 자유의지의 탓으로 돌릴 수 있는 어떤 관련된 개체의 결정도 포함하지 않는다 할지라도 일정한 자연 현상을 예측하는 것이 아주 어려울 수 있다. 둘을 결합하여 볼 때 일정한 시스템의 행동이 자신 있게 예측될 수 있을지 없을지 여부는 자유의지의 의문과 별로 관계가 없는 것 같다.

1.1.2 세상은 결정논적인가?

자유의지의 맥락에서 뿐만 아니라 확률과 무작위성(無作爲性; randomness)과 관련되는 의문 그리고 또 다른 맥락에서 일어나는 의문은 우리들이 살고 있는 세상이 결정논적 즉 과거사건이 미래사건을 충분히 결정하는 것인가이다. 확률의 맥락에서 결정론의 가장 인기 있는 번안(飜案; version)은 인과관계 또는 물질 결정론이다. 한 예로 각 입자의 위치와 속도의 정확한 지식과 결부된 물리학 법칙의 지식이 있다면 그 입자의 미래의 위치와 속도를 예측할 수 있다고 주장하는 것이다. 이 관점에 따르면 진짜로 무작위한 것은 아무 것도 없으며 확률은 오직 우리가 충분한 정보나 충분한 계산능력이 없을 때만 사용될 수 있다.

이 관점은 많은 사항에서 주목받지 않을 수 없다. 내가 동전을 던질 때 우리는 모두 나의 손가락이 동전을 치는 각도, 들어가는 힘 등등의 정확한 측정이 동전던지기결과의 정확한 계산을 충족시킬 수 있을 것으로 믿는다. 사실 내가 밑에 있는 탁자 쪽으로 동전을 살짝 밀어낸다면 아무도 그 동전던지기가 무작위하다고 받아들이지 않을 것이다. 왜냐하면 그 결과를 계산하는 것은 아주 쉬울 것이기 때문이다. 약간 더 강한 밀어냄은 단지 정도에 있어 힘없는 밀어냄과 다를 것이지만 본질은 변하지 않을 것이다.

그러나 우리가 단지 일정한 정확도까지만 최초 조건을 측정할 수 있다는 것은 분명하다. 우리가 동전던지기의 결과를 정확하게 계산할 수 있다 할지라도 정확한 지진의 영향 또는 국회에서의 표결결과와 같은 더 복잡한 현상을 예측하는데 필요한 모든 정보를 모은다는 것은 불가능할 것이다. 이 불가능은 단지 실현가능성(practicality)의 문제 뿐만은 아니다. Heisenberg의 불확실성원리는 질량과 운동량(momentum)을 동시에 측정하는 정확도에 한계가 있을 수 있다는 것이다. Newton 물리학의 범위 안에서조차 카오스이론(chaos theory)은 결정론적 시스템이 실제로 모을 수 있는 모든 정보가 완벽한 예측을 위해 충분하지 않을 만큼 복잡하다는 것을 보여준다.

누가 충분하게 많은 숨겨진 변수를 도입함으로써 세상을 결정론적으로 모델화할 수 있을지 모른다. 그러나 이 모델은 결정론적이 아닌 다른 모델과 관찰 상 동일할 것이다. 우리가 알 수 있는 한 세상은 결정론적이 아니라는 결론에 도달한다.

1.1.3 자유의지는 관찰가능한가?

자유의지는 개인적 현상이다. 우리 자신은 우리가 자유의지를 갖고 있다고 믿으며 우리가 의식적인 결정을 내릴 때마다 자유의지의 행사를 경험한다. 우리는 우리의 모든 독자 또한 자유의지를 가지고 있다고 생각한다고 믿는다. 우리는 당신에게 당신이 불을 켜고(끄고) 싶어서 그것에 관하여 결정을 내리는지를 잠시 생각할 것을 요청할 수 있다. 당신은 필시 자유의지를 행사할 것이라는 느낌과 당신이 다르게 선택할 수 있을 것이라는 느낌을 이야기할 것이다. 그러나 우리는 당신의 자유의지의 느낌에 직접 접근할 수는 없다. 우리는 두 개인들, 자유의지를 가지고 있다고 느끼는 한 사람과 자유의지가 있다고 단지 주장만 하지 실제로는 대안이 되는 행동방향을 고려하지 않고 자동적인 방식으로 행동하는 사람 사이를 구별할 수 없을 것이다. 극단적으로 말하면 우리는 우리가 자유의지가 있다는 것을 알지만 다른 어떤 사람이 자유의지가 있는지 여부는 의미 없는 질문이다.

이 잘 알려진 관찰은 자유의지현상에 관심을 가져야한다고 경제학자들이 생각하지 않는 부분적 이유이다. 만일 그것이 관찰할 수 없는 것이라면 왜 우리가 그것에 관심을 가져야하나? 사람들이 자유의지를 가지고 있거나 없거나 같은 구매 및 판매결정을 내린다면 누가 자유의지에 관심을 갖겠는가? 더 나아가 누구는 어떤 과학적 분야도 자유의지의 의문을 가지지 말아야 한다고 주장할 수 있다. 즉 관찰 상의 동일성은 어떤 경제적 행동 또는 그 반대에 관한 데이터의 양이 아무리 많다 할지라도 자유의지를 가지고 있는지 여부를 결정하는 데는 충분하지 않을 것이라는 것을 의미한다. 자유의지는 형이상학적(形而上學的; metaphysical) 개념이다.

그러나 자유의지의 느낌, 우리가 다른 옵션들 중에서 선택할 수 있는 또는 다르게 선택할 수 있었던 주관적 경험은 관찰될 수 있다. 일반적으로 인정되듯이 단지 우리 자신의 자유의지

느낌만이 우리에게 직접적으로 관찰될 수 있고 다른 사람의 것은 단지 그의 알려줌에 의해서만 관찰될 수 있다. 그러나 이것은 많은 심리적 현상들이 갖는 현상이다. 여기서 우리가 자유의지라 말할 때 우리는 심리적 자유의지(psychological free will) 즉 여러 있을 수 있는 대안들 중에서 선택하는 느낌을 지칭한다. 이 현상은 우리의 결정행렬(decision matrix)의 정의와 관계가 있고 따라서 우리가 우리 자신의 결정을 분석하는데 관련된다.

1.1.4 자유의지의 문제

희망적으로 이제 우리는

1. 자유의지는 예측을 배제할 것이며
2. 세상은 결정론적이 아니라는 것에

동의한다. 자유의지가 우리를 괴롭히는 일은 없는 듯하다. 즉 사람들이 이 느낌을 경험하든 않든 간에 그것이 충돌하는 결정론적 이론은 없는 것 같다. "진짜" 자유의지의 형이상학적 개념은 확실히 관찰과 충돌하지 않을 수 있다. 사람들 의지의 자유라는 입장을 벗어나서 이 자유가 형이상학적이든 심리학적이든 간에 그들의 선택을 예측함으로써 우리의 일을 시작할 수 있다. 그러나 문제는 아직 남아있다.

많은 자유의지의 철학적 토론은 결정론 - 인과결정론 또는 신학적 결정론 즉 하느님(Almighty)이 미래를 이미 결정하였다는 또는 적어도(운명과 같은) 어떤 존재(存在; entity)가 미래를 알고 있다는 주장과 같은 다른 개념에 오래오래 초점을 맞출 것이다. 일부 최근의 논문은 현대과학에 의지하여 결정론이 자유의지의 존재에 대한 주요도전이란 견해를 받아들인다. Penrose(1997)는 소립자 수준에서의 불확실성(Heisenberg의 원칙)이 사람들의 결정에 관한 불확실성으로 진화하는데 따라서 자유의지의 개념을 구(救; salvage)하는데 충분할 수 있다고 주장하였다. Searle(2004)은 비록 신경생물학적 연구가 그런 단계에 도달하리라고 추측하지만 현재로는 우리의 신경생물학(神境生物學; neurobiology) 지식이 아직도 뇌가 결정론적이라는 것과 결과적으로 자유의지는 착각(錯覺; illusion)이라는 것을 증명하여주지 않는다고 그는 주장한다.[40]

그러나 자유의지가 이해하기 어렵다는 것을 보여주기 위하여 모든 결정이 미리 정해져있다고 가정할 필요는 없다. 어떤 결정은 이미 알고 있었다고 하는 것으로 충분하다. 이 논리는 한 추측(推測; conjecture)의 반대 예를 제시하는 것과 마찬가지이다. 한 개의 반대 예의 존재로 충분하다. 마찬가지로 만일 우리가 한편으로는 자유의지의 부정할 수 없는 느낌을 가지면서 다른 한 편으로는 우리의 다른 것을 선택하는 것에 관한 확실한 지식을 가지는 하나의 예를 발견할 수 있다면 적어도 이 예에서 우리는 자유의지의 느낌이 착각이라는 것을 인정하여야한다. 원칙적으로 그런 하나의 예가 자유의지의 개념(概念; notion)을 의심하게 만드는데 충분하다. 실제로 그런 예가 많다고 생각된다. 다음의 예를 생각해보자. Isaac Newton 경이 4층의

---

40) 이에 관한 연구를 커버하는 조사를 보려면 Kane, R.(2005)를 참조.

큰 창가에 서 있다. 그는 창밖으로 뛰어내리는 가능성을 심사숙고(深思熟考; contemplate)한다. 뛰어내려야한다면 그는 두 가능성을 연상(聯想; associate)한다. 즉 그는 경치를 보면서 공중에서 비상할지도 모르고 땅으로 곤두박질할지도 모른다. 합리적 의사결정자로써 Newton은 뛰어내리는 가능성을 생각하고 그의 물리학 지식을 가지고 땅으로 돌진하는 것이 현실적으로 확실하다는 결론에 이른다. 이제 그는 그 자신의 결론을 생각하고 뛰어내리지 않기로 정한다. 그렇게 함에 있어 그는 그가 결정을 내렸으며 그의 자유의지를 실천하였다고 느낀다. 그는 다르게 선택하는 것을 상상할 수도 있었으며 그는 그렇게 하지 않았다.

우리가 이 과정 내내 Newton 경과 함께 그의 사무실에서 함께 앉아있다고 상상하자. 우리의 제한된 물리학지식으로도 Newton이 한 것처럼 뛰어내리는 것이 충돌을 가져온다고 결론내리는 데 충분하다. 조금 더 작은 확실성을 가지고 그렇지만 아직도 아주 확신을 가지고 우리는 Newton이 뛰어내리지 않을 것을 스스로 예측할 것이다. 우리는 창 옆에 있는 많은 사람을 보아왔으며 그들은 방안에 있다. 요컨대 우리는 확실성을 가지고 Newton의 선택을 안다.

그러나 Isaac Newton 경 자신은 어떤가? 확실히 그는 그 자신을 적어도 우리가 그를 아는 만큼 자신을 잘 안다. 우리의 일반적인 인간본성에 관한 지식에 기초하여 우리가 Newton이 뛰어내린다고 결론을 내렸다면 그는 그렇게 할 수 있을 것이다. 사실은 그는 그 자신에 관하여 예측하는데 특별한 위치에 있다고 조차 말할 수 있다. 그의 추리과정을 생각해보자. 추론된 결정은 우리의 선택결과에 관한 우리의 생각을 도와주기위하여 아주 정확하다고 알려진 규칙과 질서(秩序; regularities)를 고려하게 되어있다. 우리는 Newton이 결정나무를 그리고 그 나무의 여러 가지(branches)에 확률을 할당하기위하여 그의 모든 지식을 사용하고 그 가지 중에서 현실적으로 있을 수 없는 것을 줄을 그어 지우는 것을 상상해볼 수 있다. 이것이 그가 어떻게 중력의 힘에 의하여 그가 하늘을 날 수 없고 떨어지게 된다는 결론을 내렸는지를 말해준다. 그러나 같은 논리로 Newton은 이제 그가 "나는 공중으로 난다."(뛰어내리기를 조건부로)라는 가지를 먼저 지운 것처럼 "나는 뛰어내린다."라는 가지를 지울 수 있다. 그가 분석을 마칠 때까지 어떤 결정도 더 이상 내려지지 않을 것이다. Newton은 다른 결론의 결과가 무엇일 것이라는 것을 알고 있다는 것과 같은 의미에서 그는 그의 결론이 무엇인지를 알고 있다. 이 과정에서 결정은 언제 내려지나? 그리고 Newton이 다르게 선택하는 세상이 논리적으로 모순이 없다고 상상할 수 없다면 어떻게 그가 자유의지의 경험을 말할 수 있을까? "그렇지만 나는 뛰어내릴 수 있었을 것이야."라는 그의 주장을 우리가 어떻게 이해할 수 있을까?

자유의지의 역설적 성질은

1. 우리의 선택이란 면에서 다를 수 있는 세상을 상상하는 능력과
2. 우리가 어떤 선택을 하기 전에 흔히 우리의 그 선택이 실제적으로 우리에게 알려 진다는 사실

이 동시에 존재할 수 있다는 데서 생긴다. 이들에 대해 상세히 설명하기로 한다.

(1) 자유의지가 무엇이든 그것은 다른 그러나 단지 우리의 선택과 그 선택의 결과(結果;

consequences)만이 다른 그런 세상을 생각하는 능력과 밀접하게 관련되어 있다. 그런 다른 세상을 생각하는 능력은, 동시가 아니라면 적어도 단일 결정을 내리는 과정에서, 합리적 선택에 필수적인 것이다. 그리고 이 능력은 자유의지의 느낌에 필수적이며 더 나아가 그 정의(定義; definition)일 수도 있다. 내가 내 팔을 들어 올릴 때 나는 자유의지를 행사하는 것을 느끼지만 나의 심장이 심하게 뛸 때는 그렇지 않다. 그 이유는 나의 팔을 들어 올리겠다고 의식적으로 결정할 때 나는 동시에 두 세상 그 하나는 팔이 들리어지는 세상 그리고 다른 하나는 들리어지지 않는 세상을 상상하게 된다. 반면에 나는 나의 심장이 박동이 정상화되는 것을 느낄 수 없었으며 스스로 그렇게 만들지도 않았다. 그리고 나는 일이 이런 상태에 이르게 할 선택을 상상할 수 없다. 따라서 나는 나의 심장박동을 정상화하는 데 나의 자유의지를 행사하였다고 주장할 수 없다.

이 점을 더 분명하게 알기위하여 당신이 내가 내리는 모든 선택을 자동적으로 내릴 로봇을 프로그램 한다고 하자. 다음으로 당신은 그 로봇이 말을 하도록 허용하고 당신은 내가 "이에 의하여 자유의지를 행사한다."라는 말을 할 바로 그 때 그 로봇이 그 말을 하기를 원한다. 조금 더 지나친 요구를 하기로 하고 그 로봇이 그의 선택이 합리적으로 정당하다는 주장을 인쇄할 것을 요구한다면 이 목적을 위해서 당신은 로봇에 일부 추론 능력과 그자신의 행위와 그가 살고 있는 환경을 구별하는 능력을 부여하여야할 것이다. 어떤 행위에 직면하였을 때 그 로봇은 "내가 a을 하게 되면 결과는 x일 것이다."와 그 로봇이 행위 a보다 행위 b을 선호한다는 "결론"을 내릴 것이라는 형식의 문제에 매달려야할 것이다. 그 로봇은 우리가 자유의지를 행사했다고 동의하도록 몇 개의 조건부 진술(陳述; statements)을 인쇄하여야할 것이다.

(2) 우리는 일반적으로 우리자신에 관하여 많은 것을 안다. 우리는 우리가 내려야할 결정을 안다 그리고 우리는 자주 우리가 내리려하는 일정한 결정에 관하여 비교적 좋은 짐작을 한다. 나는 내가 홍차보다 커피를 좋아하리라는 것을 안다. 나는 창문을 뛰어내리는 것보다 안 뛰어내리는 것을 선호한다는 것을 안다. 합리적 의사결정자로서 나는 데이터를 모으고 추론을 한다. 나는 나의 주위의 질서를 관찰하지 않을 수 없으며 과거의 나 자신의 결정은 내가 연구한 환경에 포함된다. 그 위에 내가 나 자신에 관한 것을 배우는 것이 합리적 결정에 필수적이다. 나는 내가 얼마나 빨리 달릴 수 있나 나의 시력은 얼마나 좋은가 와 같은 "기능적" 능력을 알 필요가 있다. 나는 나의 기억력은 얼마나 좋은가 나의 새해 결심을 어느 정도까지 따를 수 있을까 와 같은 정신적 능력에 관한 무언가를 안다는 것이 유용할 것이다. 이 마지막 목적을 위해 나는 내가 자유의지를 행사하였다고 느꼈던 환경에서의 나 자신의 선택을 알아야할 필요가 있다. 끝으로 자신에 관한 질서를 학습하는 것이 다른 사람들의 행동을 예측하는데 유용할 수 있다.

로봇을 다시 한 번 생각해보자. 로봇이 자신의 선택을 알까? 당신이 그것을 프로그램하고 있으므로 당신은 로봇이 그것을 모르게 하려할 수도 있다. 로봇이 하는 추론을 외부 사건에 한정하고 로봇 자신의 선택과 관련되는 계산을 중단하는 것이 가능하다. 이것은 어딘가 인위적이다. 그 위에 로봇은 그 자신의 과거결정을 지침(指針; guidance)으로 사용할 수 없을 것이기 때문에 그것은 비능률적일 것이다. 로봇은 커피나 홍차를 제공받을 때마다 로봇은 계산을 다시 해야 할 것이다. 그러나 그런 로봇의 주요 어려움은 그것이 나처럼 합리적이 아닐 것이라는 것이다. 그것이 끌어내지 못할 일부 명백한 추론이 있을 것이다. 우리자신의 추론엔진이 과거에 있었던 우리 자신의 선택에 이르렀을 때 멈추지 않는다. 우리는 우리 자신에 관하여 학습한다. 자신의 행동에서 명백한 질서를 보지 못한 어느 누구도 일반적으로 비합리적인 것처럼 보인다.

우리는 합리성이 두 기본적 필요사항을 요한다는 결론을 내린다. 즉 첫째 우리의 선택이란 면에서 다른 세상들을 고려하여야한다. 둘째 어떤 다른 관련 현상에 관하여와 같이 우리자신에 관하여도 명백한 질서(秩序; regularities)를 관찰하여야한다. 종합해 보면 우리는 모순을 얻는다. 우리는 흔히 우리가 알고 있는 세상이 불가능하다고 생각할 필요가 있다. 따라서 자유의지의 느낌은 우리가 우리자신에 관하여 가지고 있는 지식에 거는 우리의 능력에 의존할 것이다. 중요한 것은 많은 세상을 고려하는 것과 그 세상 중 일부는 불가능하다는 지식 둘 다 합리성에 의해 지배된다는 것이다.

1.1.5 합리적 착각(rational illusion)

결정이 내려지기 전에 모든 결정이 의사결정자 또는 외부 관찰자에게 알려지지는 않을 것이다. 의사결정자가 자기의 선택이 무엇이 될는지 모르는 한 그의 자유의지의 느낌 때문에 그가 가졌을 수도 있는 지식의 사용을 미루지 않을 것이다.

예를 들어 가지고 싶은 물건의 양이 다른 두 상태 중에서 하나를 선택해야만 할 때 예컨대 우리는 2천 달러와 3천 달러 중에서 택하려 할 때를 생각해보자. 핵심은 우리가 적은 것보다 많은 것을 선호한다는 것이다. 다음 세 가지 선택을 생각해보자.

1) $\sqrt{17}$ 또는 $(27/13)^2$
2) 2^3 또는 3^2
3) 0 또는 1

1)의 경우 어려움은 없다. 문제를 읽고 어느 쪽이 큰지 분명하지가 않다. 그러므로 우리는 선택의 결과를 계산하여야하며 선호하는 것을 찾아내야한다. 외부 참관인이 먼저 계산을 끝내고 이미 나의 선택이 어는 쪽인지 알지도 모른다. 그러나 나는 모르고 따라서 깊이 생각하기 시작하는 시점에서 나의 자유의지의 느낌이 내가 가진 지식과 모순되지 않을 것이다.

이에 비해 3의 경우는 거의 내가 문제를 읽자마자 나의 선택이 무엇일 것인지를 아는 것이다. 나는 0과 1의 의미를 이해하기위하여 긴 계산이 필요 없다. 이것은 창문 옆에 서서 밖으로 뛰어내릴지 안할지를 결정해야하는 Newton의 문제와 동류이다(유사한 문제로 숫자가 햇수를 그리고 0이 즉시 죽는 것을 나타낸다면 더욱 분명하다). 두 경우 모두 두 선택사항(옵션)과 그

것이 함의(含意; entail)하는 것을 이해할 필요가 있지만 이 이해하기는 아주 평범하다. 1 > 0의 계산은 거의 창문 밖으로 뛰어내리는 것이 죽음을 가져온다는 것을 알아차리는 것처럼 즉각적이다.

2)의 경우는 중간 경우로 제시되었는데 우리가 1의 경우와 3의 경우를 질적으로 다르다고 생각할 수 없음을 보여준다. 난도(難度; difficulty level)에 범위(範圍; range)가 있으며 합리적 선택을 타당하게 설명하려면 세 경우 모두에 적용되는 과정을 기술하여야한다. 세 경우 모두에서 의사결정자는 그가 한 옵션을 선택하고 그 결과(結果; outcome)를 생각한다는 잠정적 추정을 내린다고 우리는 전제하고 싶다. 그는 다른 옵션에 대해서도 똑같이 하며 그런 다음 논리적으로 생각해낸 결정을 내릴 수 있다. 1)의 경우 그 자신의 선택의 지식과 불일치는 없는 반면 3)의 경우는 있다. 1)과 같은 경우에 의사결정자는 자유의지를 가지고 있다고 믿을 수도 있으나 3)과 같은 경우 이것은 착각이었다고 시인하여야한다.

의사결정의 능률을 위해 우리가 매번 새롭게 우리의 최적 선택을 계산하지 않을 수도 있다. 우리는 우리의 생활을 단순화하는 습관과 규칙을 개발할 수도 있다. 그 결과로 모든 결정을 3)의 경우와 같이 선택의 자유는 없지만 주관적 저유의지의 느낌도 없는 습관적 결정과 1의 경우와 같이 선택의 자유는 있지만 막 이루어질 선택이 무엇인지의 선험적(先驗的; a priori) 지식이 없는 추론된 결정 두 부류로 분류하고 싶어진다. 그 같은 이분법이 가능하다면 자유의지는 그렇게 큰 문제는 아닐 것이며 누구 자신의 선택 지식과 충돌하지도 않을 것이다.

그러나 그렇지는 않다. 더구나 합리적 개인에게는 더욱 그럴 수 없을 것이다. 첫째 아무리 한 선택이 습관적이라 할지라도 합리적 개인은 스스로에게 그가 정말로 습관에 매달리기를 원하는지 여부를 물어볼 수 있어야한다. 그 질문이 제기되자마자 그 개인은 그가 그의 선택을 알고 있다는 것 그러나 그가 자유의지의 느낌을 가지고 있다는 것을 받아들여야할 것이다. 둘째 아무 생각도 필요치 않을 만큼 충분히 통례적이지 않은 그러나 그 개인이 그자신의 선택을 알기에 충분할 만큼 통례적인 중간 경우가 언제나 있을 것이다.

합리성은 우리가 정보를 수집하고 환경과 우리 자신 및 우리 미래의 자신에 관하여 학습할 것을 요구한다. 이에 따라 우리는 우리의 일정한 선택의 지식에서 벗어날 수 없다. 그러나 합리성은 또한 때때로 이들 선택에 질문을 던질 수 있어야한다고 요구하며 이것은 우리자신의 선택에 관한 지식을 뒤로 미루는 것을 의미한다. 결론적으로 자유의지는 합리성에 본래부터 있는 착각이다.

1.1.6. 자유의지와 결정행렬(free will and decision matrix)

불확실성하 의사결정의 기본적 정식 모델은 결정행렬 - 행(行; column)에 세상의 상태, 그리고 열에 행위, 그리고 항목(項目; entries)에 결과(outcomes)를 표시하는 행렬이다. 이 행렬은 의사결정자가 모든 있을 수 있는 세상의 상태, 즉 의사결정자가 선택할 일이 아닌 환경과 모든 있을 수 있는 행위와 상태의 쌍에서 나올 결과 중에서 의사결정자가 선택할 수 있는 모든 있을 수 있는 행위(또는 계획, 전략, 및 행위의 방식)를 나열한 것이라 해석된다.

의사결정자가 통제하는 행위들과 통제하지 못하는 상태들 사이의 구별은 합리적 선택의 기둥들 중 하나이다. 일상생활의 많은 잘못은 행위와 상태의 부적절한 구별에서 나온다. 예를 들어 만일 의사결정자가 그가 할 수 없는 것을 할 수 있다고 믿는다면 우리는 그가 희망사항에 불과한 일(wishful thinking)에 빠져있다고 말할 것이다. 일의 상태가 의사결정자에 의하여 영향을 받을 수 있다면 그것은 결정이론의 측면에서 "세상의 상태"가 아니다. 오히려 그것은 의사결정자의 행위와 "순수한" 세상의 상태의 결과이다.

반면에 마치 그가 그것에 관하여 생각하기 전에 그의 결정을 알았던 경우처럼 의사결정자가 실은 그가 할 수 있는 일정한 행위를 선택할 수 없다고 가정하는 것도 똑같이 비합리적일 것이다. 따라서 결정행렬은 의사결정자가 통제할 수 있는 믿음이 아닌 행위와 그가 믿음을 가지지만 통제할 수 없는 상태를 가지고 있어야한다.

우리가 세상의 상태를 통제할 수 없다는 식으로 세상의 상태를 기록하는 것은 비교적 단순하다. 즉 우리가 선택할 수 있는 행위를 시작하고 난 후 게임에서의 대자연의 전략이라고 적는 것은 비교적 쉽다. 그런 전략은 의사결정자의 선택에 대한 대자연의 반응을 특정화하며 그것은 선택이 독립변수인 함수라고 생각하게 할 수 있다. 엄밀한 의미에서 의사결정자는 행위를 선택하는데 그 행위는 그 함수의 독립변수이지만 함수 자체의 선택에 즉 세상의 상태에 영향을 줄 수 없다.

의사결정자가 행위에 관한 지식(또는 믿음)을 가지고 있지 않다고 확언한다는 것은 더 복잡한 일이며 행위와 상태의 적절한 정의에 의하여 얻어질 수 있는 것이 아니다. 여기서 요구되는 것이 아무개 자신의 결정에 관한 그의 지식을 유보하는 정신적 능력 즉 자유의지의 착각을 믿는 능력이다. 그렇게 하지 못하면 결국 그의 선택을 다시 생각할 수 없게 될 것이다.

결정행렬의 고전적 개념은 행위와 상태 간의 구별에 의지한다. 이 구별은 미국 목사 Reinhold Niebuhr의 "태연기도(泰然祈禱; Serenity Prayer)"를 상기시키는데 기도는 "신이시여, 바꿀 수 없는 일들을 태연하게 받아들이는 은총을, 바꾸어야하는 일을 바꾸는 용기를 그리고 한 가지를 다른 것과 구별하는 지혜를 주소서(Niebuhr, 1976.)(그의 미망인에 따르면 이 기도는 1943년에 쓰여 졌다). 우리가 바꿀 수 없는 일들은 세상의 상태이다. 우리는 그것을 받아들여야 즉 그것들이 있을 수 있다는 사실에 대처하여야 하고 그것들이 얼마나 바람직한가와 관계없이 그 공산(公算; likelihood)을 추정하여야 한다. 우리가 바꿀 수 있는 것은 우리의 행위이다. 우리의 선택을 바꿀 용기를 가져야하는데 그러기 위해서는 그 선택을 과거부터 우리가 갖고 있는 주어진 지식처럼 생각하지 말아야한다. 그리고 행위와 상태 사이를 구별하는 지혜를 갖는다는 것은 어떤 결정문제에 부닥칠 때 우리가 만나게 될 주요도전중 하나이다.

1.2 무차별(無差別; indifference) 원칙

불충분 이유 원칙(principle of insufficient reason)으로도 알려진 **무차별 원칙**은 Jacob Bernoulli가 때로는 Laplace가 그 시원으로 추정된다. 간단하게 말해 그것은 n개의 있을 수 있는 결과가 있고 다른 것보다 더 있을 가능성이 큰 것으로 볼 이유가 없다면 각각은 $1/n$의 확률을 할당받아야한다는 것이다. 주사위 굴리는 또는 카드를 섞어 떼는 기회의 게임에 매우 적절하기 때문에 이 원칙을 확률할당의 "고전적" 접근이라고 부르기도 한다.

그러나 이 원칙은 매우 조심하여 사용되어야한다. 초기의 예에는 "동전을 두 번 연속하여 던져 앞면이 나오는" 사건이 포함되어있다. 우리가 그 동전에 관하여 아무 것도 모른다면 우리는 무차별의 원칙을 적용하여 이 사건이 50%의 확률을 갖고 있다고 결론내릴 수도 있지만 그렇다면 같은 주장을 두 번 던지기의 어떤 두 결과에도 적용될 수 있을 것이다. 그러나 이런 형태의 예는 문제의 구조를 내세우고 세 결과가 하나보다 가능성이 높다는 것을 발견할 충분한 이유가 있다고 주장하여 제외시킬 수도 있다.

더 심각한 문제는 우리가 이 원칙을 일상의 문제에 적용할 때 일어나는데, 이 문제에 충분한 대칭성(對稱性; symmetry)이 부여되지 않는다는 것이다. 예컨대 내가 당신에게 내일 비가 올 확률이 얼마인가고 물었다고 가정하자. 당신이 "비 온다."와 "안 온다."의 두 결과를 생각한다면 당신은 1/2의 확률을 갖게 될 것이다. 그러나 가능성이 "눈", "비", 및 "개임" 이라면 확률은 1/3로 떨어진다. 특히 우리는 상태공간을 아주 많은 방법으로 분할할 수 있을 것이며 그 결과 문제의 사건에 어떤 바랐던 확률을 할당하는 무차별 원칙에 이르게 된다.

1.2.1 표준이 되는 상태가 도움을 줄까?

▌표준 상태 공간(canonical state space)

사건의 선택에서 임의성을 피하기 위한 시도에는 "모든" 있을 수 있는 세상 상태의 목록이 포함되어 있다. 이것은 바보 같은 생각이 아니다. 우리는 세상에 관한 문제로 이해가 되는 한글로 된 모든 유한한 문장을 상상할 수 있다. 세상의 상태는 **진실함수**(眞實函數; truth function) 즉 이들 문제에 0(거짓)과 1(참) 숫자를 모순되지 않게 할당하는 것으로 정의될 수 있다. 논리적으로 모순되지 않는 할당은 $\{0,1\}^N$의 어느 부분집합이며 따라서 우리는 단지 세상 상태의 연속체(連續體; continuum))만을 손에 넣을 뿐이다. 이렇게 얻은 상태공간을 표준 상태공간이라고 할 수 있다. 우리는 단지 우리가 파악할 수 있는 상태에 관하여만 관심이 있다고 그리고 우리의 파악이 한글문장으로 기술될 수 있는 것에 한정된다고 그럴듯하게 가정할 수 있다. 이들 가정 하에서 모든 의미 있는 명제에 참값을 부여함으로써 만들어진 상태공간이 우리에게 문제가 되는 모든 것을 기술하여줄 수 있다. 이들 상태의 정의에 의하여 우리는(우리가 어떻게 해서도 파악할 수 없었던 것을 떠나) 어떤 가능성도 배제하지 않았다.

어떤 사건에서도 표준 상태 공간과 간격 [0, 1] 사이의 유사점이 무차별 원칙의 연속적인 변형(變形; version)을 자초하는데 이 원칙이 간격 [0, 1]에 균일한 prior[41]를 할당할 것이다. 그러나 이 가정은(이른바 상태 공간 그 자체의 정의가 그런 것처럼) 무해하지 않을 것이다. 그것은 정당화되지도 않을 것이다. 이 맥락에서 적어도 두 기술적 문제점이 잘 알려져 있다.

---

41) 특정 사상(건)이 일어날 것에 관한 추가 정보를 확보하지 못한 상태. '선험적 확률'이란 용어로 주로 사용된다.

[0, 1]에서의 균일한 선험적 확률(先驗的 確率; prior)에 따르는 어려움

첫째 [0, 1]에 확률변수 X가 있고 그에 관하여 아무 것도 모른다면 그것이 [0, 1]에서에 균일한 분포를 가지고 있다고 가정할 수 없고 우리가 자연스러운 선택을 한 것처럼 가장할 수 없다. 사실 X가 [0, 1]안에 있는 값이라면 $Y=X^2$도 그럴 것이다. 분명히 X와 Y는 일대 일 관계에 있다. 우리가 X에 관하여 아무 것도 모른다면 Y에 관해서도 아무 것도 역시 모른다. 그러나 그 다음으로 우리가 $X\sim U(0,1)$라고 가정하는 것이 정당하다면 우리는 $X\sim U(0,1)$와 양립하지 않는 $Y\sim U(0,1)$를 가정하는 것도 똑같이 정당하다. 사실 $\alpha>0$ 각각에 대하여 우리는 $Z_\alpha=X^\alpha$라고 생각할 수도 있고 역시 어떤 두 변수 Z_α와 Z_β가 일대 일 관계에 있을 수도 있다. 그러므로 우리는 그것들 각각에 관하여 아무 것도 모른다. 그러나 많아 봐야 그 것들 중 하나가 균일한 분포를 가지고 있을 수 있다. 그런 변수 하나에 대해 그런 분포를 선택하는 것은 임기응변적인 것으로 사건들에 확률을 할당하는 추론된 방식에서 우리가 간절히 바라는 것인 것 일 것이다.

둘째 정규상태 공간 $\{0,1\}^N$의 풍부함은 [0, 1]에서 밀도가 달라진다고 소진되지 않는다. 매개변수가 p인 i.i.d(independently and identically distributed; 독립적으로 그리고 동일하게 분포된) 동전던지기의 수열을 생각해보자. 즉 이 수열은 i.i.d 확률 변수 X_i 의 수열이며 그 각각은 확률 p일 때 그 값이 1이고 확률$(1-p)$일 때 값이 0이라고 가정한다. 이 전제 하에서 모든 $p\in(0,1)$에 대하여 각 특정한 상태 의 확률은 0이다. 그러므로 셀 수 있게 많은 이원 유리수(二元 有理數; binary rationals)는 무시될 수 있으며 우리는 $[0,1]$인 표준 공간(canonical space)을 찾아낼 수 있다.

결론적으로 무차별의 원칙은 높은 정도의 자유재량(自由裁量; arbitrariness)을 허용하여주며 그것에 기초한 확률사정(確率査定; probability assignment)은 기본적으로 즉석에서 마련되는 것 같다. 자유재량이 유한한 상태 공간에서 분명한 반면에 자유재량은 표준 상태공간을 반영하기 때문에 또는 실선(實線; real line)의(점선에 비하여) 풍부함으로 인하여 때때로 연속적 모델이 이 자유재량을 최소화하고 균일한 분포를 믿을 수 있는 자연스러운 후보자라고 말할 수 있다고 믿어진다. 그러나 그렇지는 않다. 실선은 쌍을 이룬 공존할 수 없는 추측의 연속체(連續體; continua)들을 그 깊이(풍부함) 속에 숨기고 있는데 그들 추측의 각각은 자신을 자연스러운 선택으로 나타낼 수도 있으며 균일한 분포가 으뜸이라는 주장에 도전할 수도 있다.

1.2.2 동전에 관해 무엇이 특수한가?

무차별의 원칙은 전반적으로 적용될 수는 없다. 첫 번째로 제기된 질문(동전던지기)을 넘어 다른 것(보험, 의료수술, 또는 전쟁)으로 옮겨가자마자 무차별원칙에 큰 문제가 생긴다. 따라서 동전던지기의 경우 우리가 무차별원칙을 정당화할 수 있다 할지라도 그것은 대부분의 경제적 문제에 아주 타당하지 않을 것이다. 그리고 동전던지기와 같은 문제에서 그 원칙은 경험적 빈도(頻度; frequencies)로 대체될 수 있다. 그 때문에 그것은 종잡을 수가 없으며 그 정도로 해두라고 선언하고 싶어지는 것이다.

그럼에도 불구하고 많은 사람들이 동전의 경우 무차별의 원칙을 완벽하게 인정하지 않을 수 없는 것은 아닐지라도 전쟁의 경우에서처럼 엉터리없는 것은 아니라고 느낄 것이다. 누군가가 "전쟁이 일어남"과 "전쟁이 안 일어남" 두 가지 가능성만 있기 때문에 단순히 전쟁발발확률이 50%라고 한다면 그는 웃음거리의 표적이 될 것이다. 동전 앞면이 나올 확률에 50%를 할당한 누군가는 합리적인 것처럼 보인다. 왜?

이 질문에 만족할 만한 답이 없지만 여기 두 시도가 있다.

대칭(symmetry)

동전에는 대칭(對稱; symmetry)의 문제가 있다. 앞과 뒤는 대칭이 된다. 이 대칭을 조건으로 한다면 역시 대칭인 즉 같은 확률을 할당하는 것은 자연스럽게 보인다.

그러나 대칭이란 무엇인가? 우리가 대칭이 어떤 변환을 적용한 후에 사물이 매우 유사하게 보이는 것이라는 이른바 광의의 정의를 취한다면 우리가 너무 관대하게 되는 것일 것이다. 전쟁의 예를 다시 한 번 생각해보자. 분명히 우리들 대부분에게 "전쟁 일어남"과 "전쟁 안 일어남"은 대칭이 아니다. 왜냐하면 다른 한 쪽에는 상대(相對; counterpart)가 없는 그런 결과 각각에 관하여 우리가 아는 것이 많기 때문이다. 그러나 화성인이 지구에 와서 전쟁의 확률에 관해 질문 받았다고 가정하자. 그 화성인은 전쟁이 무엇을 의미하는지 전쟁을 벌이는 조건 등등에 관하여 아무 것도 모른다. 오히려 화성인에게는 "전쟁 함"은 어떤 명제 p인 반면 "전쟁 안 함"은 그 부정인 -p이다. 단지 $\{p, -p\}$로 구성된 논리적 영역에서 이 두 명제는 대칭이다. 부정의 연산자(演算子; operator)는 p에서 -p로 그리고 그 반대로 사상(寫像; map)한다. 만일 이것이 화성인이 의존해야할 모두라면 그가 p에 50%의 확률을 할당하는 것이 정당화될까?

어떤 사람은 적어도 아무 추가정보가 제공되지 않는 한 이것이 정말로 합리적인 확률 할당이라고 주장할 수도 있다. 이 접근은 우리가 "어기"와 "이세"가 무엇을 의미하는지 모른다면 우리는 무작위로 선택된 어기가 이세와 이세 아님 사이가 대칭이므로 50%의 확률을 갖는 이세라고 믿어야한다. 또 하나 다른 접근은 이 확률할당의 정당성을 부인하고 전쟁이나 이세의 예에서 무차별 원칙의 적용을 보장하기에 충분한 대칭은 없다고 주장하는 것이다.

전쟁의 예보다 동전의 예에 대칭성이 더 있는가? 아마도 그럴 것이다. 공중에 던져진 동전은 여러 기능 중 한 요소인 회전을 받으며 그 회전 중 180도 회전은 동전을 반대가 되게 하는 독특한 역할을 한다. 동전의 예에서 추가적인 구조(예컨대 원형이라는 구조)가 왜 무차별의 원칙을 적용하기에 충분할 만큼 대칭적이라고 직관적으로 생각되는가를 설명하는데 도움을 줄 수 있을 것이다.

유연한 믿음(smooth belief)

룰렛(roulette) 바퀴를 보라. 그 바퀴는 돌려지고 공이 돌아다니다 특정한 숫자에 가 자리잡는다. 그 숫자가 홀수일 확률은 얼마일까?(Machina, 2004를 보라)

룰렛바퀴는 공정하고 1에서 36까지의 숫자만 가지고 있다고 가정하자. 이 경우에 홀수의 확률은 정의상 50%이어야 한다. 다음으로 그 바퀴가 반드시 공정하지는 않다고 생각하자. 예컨대 11-20의 숫자집합이 1-10 집합과 21-30 집합 어느 것보다도 더 높은 확률을 가진다고 하자. 연속되는 빨강-검정 숫자들에 구역(區域; range)을 분할하는 것은 각각의 색깔이 그 룰렛의 각 영역(領域; region)이 공정한 몫(share)을 받게 만든다는 것을 의미한다. 당신이 더 작고 더 작은 구멍으로 그 바퀴를 계속 분할한다면 홀수 숫자로 된 구멍의 확률은 50%로 수렴될 것이다. 이것은 거의 객관적인 확률을 가진 내기를 뒷받침하여줄 수 있다. 두 행위자가 아주 다른 주관적 확률을 가질 수도 있지만 그들은 아직도 충분히 미세하게 나누기로 "빨강"의 확률이 정말로 50%가 된다고 합의할 수도 있다.

동전과 룰렛바퀴의 경우 실험(던지기 또는 돌리기)의 결과를 계산하기에는 너무 복잡하다는 점에서 동전은 룰렛바퀴와 유사하다. 참으로 내가 내 주머니에서 동전을 꺼내 앞면을 위로하여 떨어질지를 당신에게 내기로 걸고 나서 그것을 테이블 위에 앞면을 위로하여 간단히 올려놓는다면 당신은 나에게 내가 자기를 기만하였다고 주장할 것이다. 내가 주의하며 정확하게 한번 그것을 뒤집는다면 나는 역시 기만하는 것이 될 것이다. 동전던지기는 동전이 공중에서 여러 번 회전을 할 때에만 공정하다고 생각된다. 당신은 마지막 회전수가 홀수(짝수)일 때만 그 내기를 이길 것이고 나는 짝수(홀수)일 때 이길 것이다.

유사한 주장을 한 벌의 카드를 섞어 떼는데 아무개의 컴퓨터에서 시간을 표본 추출하는데 등등에 적용할 수 있을 것 같다. 이들 예 모두에서 무작위화 도구(無作爲化 道具; randomizing device)는 충분히 복잡하게 되어있어서 높은 정확도를 가지고 추측될 수 없으며 그 결과 공간은 작은 구획으로 세분되는 것으로 보일 수 있는데 그 구획은 확률이 같다고 표방(標榜; claim)되는 사건들을 얻기 위하여 함께 한 묶음이 된 것이다. 사실 별로 섞여지지 않은 한 벌의 카드로 또는 시간의 첫 번째 숫자로 내기를 하는 것처럼 이들 모든 예에서 그 분할이 충분히 미세하지 않다면 무작위화도구는 공평하지 않다.

1.3 상대적 빈도(相對的 頻度; Relative Frequencies)

1.3.1 대수법칙(大數法則; law of large numbers)

무차별원칙은 잘해야 단지 우리의 첫 번째 예에서 확률을 할당하는데 도움을 줄 수 있다. 우리는 그것이 1.1 자유의지와 결정론에 있는 예 (2)에서 자동차의 도둑맞을 확률이 그것이 도둑맞거나 그렇지 않거나 둘 중 하나이기 때문에 50%라고 말하는 것은 아주 합리적이지 못하다는데 동의한다. 오히려 누구는 경험에 의지하려하고 거리에 밤새 주차된 대부분의 차가 도둑맞지 않는다는 사실은 도둑맞을 확률을 50%이하로 더 낮게 할당하여야한다는 것을 암시한다고 말하려할 것이다. 또한 자동차가 정말로 도둑맞는 실험의 %는 도난확률의 정의이어야 한다.

이 정의가 대수법칙에 관련되며 Jacob Bernoulli(1713)까지 거슬러 올라가는데 우리가 독립적으로 그리고 동일하게 분포된(i.i.d; independently and identically distributed) 임의의 변수

(random variables), X_i를 관찰할 때 그것들의 평균 $\overline{X} = \frac{1}{n}\sum_i X_i$는 그것들의 기대(期待; expectation)로 수렴한다는 것을 말해준다.[42] 확률의 추정을 위한 법칙을 사용하기위하여 누구는 일연의 "실험" 또는 관찰 말하자면 도둑맞을 수도 또는 도둑맞지 않을 수도 있는 자동차를 생각한다. 그런 실험 각각에 대해 우리는 지표 무작위 변수(指標 無作爲 變數; indicator random variable), X_i를 정의할 수도 있는데 이 변수는 그 사건이 일어나면 값 1 그리고 일어나지 않으면 0이라 가정할 수도 있다. 이 무작위변수가 i.i.d.라고 가정하는 것은 우리가 그 실험을 "동일한 조건하에서" 반복되는 것으로 생각한다는 것을 의미한다. 즉 그들 각각에 대해 과거실험에 관계없이 같은 성공확률이 있다. 그런 일연의 i.i.d. 지표변수(indicator variables)에 대수법칙을 적용하면 우리는 문제가 되는(변수의 평균과 같은) 사건 발생의 상대빈도가 그 사건의(기대와 같은) 확률로 수렴한다는 것을 발견한다.

그러므로 큰 숫자 법칙은 확률을 추정하는데 사용될 수 있다. 실험이 같은 조건하에서 반복된다면 그리고 우리가 큰 숫자 n에 대해 상대빈도 $\overline{X}$가 $\hat{p} \in [0, 1]$과 같다고 관찰하면 이 숫자 $\hat{p}$가 문제가 되는 사건의(실험전체에 걸쳐 동일하다고 추정된) 확률 p의 유효한 추정치일 수 있다. 그 위에 통계학은 관찰된 실증적 빈도 $\hat{p}$와 알려지지 않은 진짜 기대사이의 근접(近接; proximity)을 계량화하는 길을 제공하여준다. 우리가 $\overline{X}$의 분포를 근사계산(近似計算; approximate)하도록 허용하여주는 중심극한정리(中心極限定理; central limit theorem)[43]에 의지하면 이 통계학 장치가 우리에게 여러 신뢰도에 대한 진짜 확률에 얼마나 가깝게 접근했는지를 말하여줄 수 있다.

그러나 이 확률추정절차가 확률개념의 정의(定義; definition)의 시발점 역할을 할 수 없다는 것을 관찰한다면 대수법칙은 여러 방면에서 확률개념에 의존한다는 것을 알게 된다. 첫째 이 법칙은 모든 X_i에는 값 1을 전제로 하는 확실한(certain) 확률 p가 있다고 가정한다. 둘째 이 법칙은 변수들이 독립적인, 확률적인 설정에서 정의된 용어라고 가정한다. 셋째 이 법칙은 확률 용어로 선언된다(기대에 접근하는 또는 확률 1로 기대에 수렴하는 높은 확률을 보장한다). 만일 우리가 "사건의 확률"이 무엇을 의미하는지 확신하지 못한다면 이들 주장의 어느 것도 분명한 의미를 갖지 않는다.

그러나 대수법칙은 확률의 정의를 고취(鼓吹; inspire)하는데 사용될 수 있다. 실은 이것이 가장 직관적인 확률정의이다. 만일 당신이 당신의 차가 도둑맞을 확률이 1%라고 말한다면 그리고 당신에게 이 말의 의미를 어린이에게 말하고 요청한다면 당신은 아마도 "100대의 똑같은 차 중에서 한 대가 도둑맞을 것"이라고 또는 당신이 조금 더 신중하다면 "내가 10,000대의 그런 차를 가지고 있다면 그들 차 중에서 약 100대를 도둑맞을 것이라 기대"한다고 말할 것이다.

이것을 흔히 확률정의에서 "빈도학파(頻度學派; frequentists)" 접근이라고 말한다. 우리가 한

---

42) 일부 큰 숫자법칙의 정확한 공식은 Feller(2005)와 Halmos(1950)을 참조하라.

43) 통계학 이론으로 무작위표본의 평균은 n이 무한대에 접근할수록 평균 μ이고 분산이 σ^2/n인 정규분포에 접근한다는 정리

사건 A가 확률 p을 가진다고 말할 때 우리가 말하고자 하는 것은 당신이 A가 일어날 것인지 안 일어날 것인지의 반복된 실험을 생각할 때 그 상대적 발생빈도는 반복횟수가 무한대에 접근함에 따라 p에 접근한다는 것이다.

1.3.2 귀납법(歸納法; induction)의 문제

흄의 비판

과거의 경험적 빈도가 우리에게 미래사건의 확률이 무엇인지를 말해줄 것이라는 생각이 누구에게는 이상한 느낌을 줄 수도 있을 것이다. 어떻게 우리가 과거를 나타낼 수 있는 "확률"이 미래사건에도 역시 적용되는가를 아는가? 예를 들어 한 동전이 무한으로 여러 번 던져진다고 그리고 처음 1,000,000번 던지기동안 완벽하게 무작위로 움직이는 것으로 나타나지만 그 후 하나도 빠짐없이 앞면이 나온다고 하자. 최초 백만 번 관찰결과에 사용할 수 있는 어떤 통계적 절차도 그 동전이 그 후에 쭉 움직임을 바꾼다고 경고하지 않을 것이다. 그렇다면 우리가 과거 상대빈도를 믿을 수 있나?

나쁜 뉴스는 우리는 그럴 수 없다는 것이다. 좋은 뉴스는 이것이 오래된 문제이며 모든 과학뿐만 아니라 일상의 인간추리에도 공통이라는 것이다. David Hume은 귀납법은 논리적 근거를 가지고 있지 않다고 주장하였다. Hume(1748, IV절)에서 그는 다음과 같이 썼다.

> 모든 부정할 수 없게 진실한 것의 반대(경험적 검사로 받아들일 수 있는 명제의 반대명제)도 여전히 있을 수 있다. 왜냐하면 그것이 결코 모순을 의미하지 않으며 마음이 그것을 마치 쭉 사실에 편안하여왔던 것 처럼 수월하게 그리고 뚜렷하게 느낄 수 있기 때문이다. 내일 태양은 뜨지 않을 것이라는 것 역시 지성적인 진술이며 그것이 뜰 것이라는 단언(斷言; affirmation)보다 더 많은 모순을 내포하지 않는다. 그러므로 우리는 헛되이 그 잘못됨을 논증하려들지 말아야 한다.

모든 과학 분야가 일반화 하려고 그리고 과거에 기초해 미래를 예측하려고 시도한다. 보통 말하듯이 그것은 귀납적 추리에 빠지는 것이다.[44][45] 마찬가지로 내가 의자에 앉아 내 몸무게로 그것이 부서지지 않을 것을 믿는 다면 내가 앉기 몇 분전에 그 의자를 검사했다할지라도 나는 귀납적 추리를 사용한 것이다. 그러므로 그것의 분명한 자유재량(自由裁量; arbitrariness)에도 불구하고 귀납적 추리를 수행함에 있어 우리가 혼자가 아니라는 사실에 약간의 위안이 있다. 그리고 어떤 형식의 귀납 없이 어떤 과학적 작업이나 매일 매일의 생활(生活; existence)을 상상하는 것은 어려운 일이다.

---

44) 미래의 예측이라는 개념은 우리의 지식상태에 비해 역시 주관적으로 해석된다. 역사학자조차도 이 해석을 가지고 추측을 한다. 예를 들어 Napoleon의 새로운 편지가 발견된다고 가정해보라. 그러면 우리는 역사학자들에게 그 내용을 추측하라고 요청하게 된다. 역사학자들이 그리 하겠다고 한다면 그들은 귀납적 추리를 다시 사용할 것이다.

45) 수학은 순수하게 연역적인 반면에 수학자의 연구는 귀납적 추리 역시 포함된다. 수학적 문제가 풀리지 않는 한 그리고 그 문제가 수학자에게 주관적 불확실성의 출처라면 그들은 추측을 하려할 것이며 어느 정도 그들의 과거경험에 기초를 둔 증명기법을 기도하려 할 것이다.

Goodman의 Grue Bleen 패러독스

우리는 Hume 이후 두 세기 반 동안 약간의 발전이 이루어졌다고 그리고 귀납의 문제가 더 잘 이해되었다고 희망하였지만 그런 일은 일어나지 않았다. Quine(1969)는 다음과 같이 썼다.

> 나는 Hume이 우리를 떠났을 때보다 오늘날 더 나아간 것을 보지 못한다. Hume의 곤경(困境; predica-ment)은 인간의 곤경이다.

더 나쁜 것은 20세기 분석철학을 대표하는 언어에 대한 높아진 민감도가 Goodman의 "grue-bleen" 패러독스를 만들어냈는데(Goodman, 1954.) 이 패러독스는 귀납적 추리의 정당성이 우리가 생각해왔던 것보다 더 기대할 수 없는 것이라는 것이다. 이 패러독스는 다음가 같다.

에메랄드가 blue이라는 이론에 비해 green이라는 이론을 검사하고자 하는 과학자를 생각해 보자. 에메랄드를 하나씩 검사한 후 그 과학자는 에메랄드가 정말로 green이라고 결론 내렸다. 그런데 다른 한 과학자가 나타나서 에메랄드가 bleen에 반대되는 grue인지를 검사하기를 원한다. "grue" 에메랄드는 시간 T까지 검사하면 우리 눈에 green으로 나타나지만 시간 T 이후에 검사하면 blue로 나타나는 에메랄드이다. "bleen" 에메랄드는 대칭적으로 정의된다. 장래 시간 T을 선택하기로 그리고 과학자가 모든 에메랄드가 grue임을 발견할 것이라고 인정하기로 하자. 그 과학자는 시간T 이후(T까지 검사된 것들처럼 grue일 공산이 제일 큰) 검사될 모든 새 에메랄드는 우리 눈에 blue인 것처럼 보일 것이라고 결론내릴 것이다.

에메랄드가 green이라는 가설 대 blue라는 가설을 검사한다는 것은 완벽하게 이치에 맞는 것처럼 보인다. grue임 대 bleen임에 대해 검사하기는 아무리 좋게 보아도 이상하게 보일 뿐이다. 이제 우리는 어떻게 우리의 다른 반응을 설명할 수 있을까? 이 두 검사는 같은 논리적 구조를 그리고 둘 다 과학적 방법을 따르고 있는 것처럼 보인다. 우리는 왜 하나는 수용하고 다른 하나는 거절하나?

공통된 반응은 에메랄드가 검사되어 green으로 발견되었을 때 새 에메랄드가 난데없이 blue로 보이기 시작할 것이라고 생각할 이유가 없다고 말하는 것이다. 그러나 누구는 같은 이유로 모든 검사된 에메랄드가 grue로 보인 뒤에 새 에메랄드가 시간 T에 바뀌어 bleen이 될 이유가 없다고 주장할 수도 있다. 우리의 상식은 green과 blue는 단순한 술어(述語; predicates)인 반면에 grue와 bleen은 복잡한 술어라고 말해 준다. 그러나 이것은 우리가 "green"과 "blue"가 언어의 기초요소(基礎要素; primitives)라고 전제하고 "grue"와 "bleen"을 "green"과 "blue"로 정의할 때만 진실이다. 누가 "grue"와 "bleen"을 무정의용어(無定義用語; primitive terms)로 시작한다면 "green"과 "blue"는 복잡한 용어로 보이게 된다.[46)]

따라서 Goodman의 패러독스는 귀납적 추리는 논리적 기초가 부족하다는 것뿐만 아니라 이 과정으로 무엇을 말하려하는지조차 분명하지 않다는 것을 보여준다. "그렇게 해왔던 것 그것은

---

46) Sober(1975)도 참고.

그러할 것"이라는 주장을 우리가 받아들일 의사가 충분히 있다 해도 어떤 미래가 그 "자연스러운" 연속으로써 주어진 과거에 상응하는지는 분명하지 않다.

Goodman의 green-blue 패러독스를 많은 사람들이 관련된 과학자들을 위해 별 의미가 없는 철학적 퍼즐이라고 받아들인다. 사실 우리가 단지 던져진 동전과 굴려진 주사위에만 관심이 있다면 우리는 그것을 아마도 바로 추정해버릴 것이다. 그러나 우리가 전쟁의 확률과 같은 문제에 이르면 우리는 과거경험을 어떻게 일반화하여야할지 분명하지가 않다. 전쟁과 같은 사건은 정확하게 같은 방식으로 반복하지 않으므로 과거사건을 암호화하는 하나 이상의 자연스러운 방식이 흔히 있을 것이다.

Goodman의 패러독스는 결국 아주 특별한 언어선택의 가공물(加工物; artifact)이라는 결론에 도달하는 것 같다. 그러나 우리가 좀 더 정식으로 복잡성을 검토한 뒤 이것을 설명하기로 한다.

▌Kolmogolov 복잡성(complexity)과 그것의 언어 의존성(dependence of language)

우리가 단순성(單純性; simplicity)을 선호하기 때문에 우리는 귀납추리과정을 정당하다고 생각한다. 몇몇 이론이 과거관찰결과를 설명하는데 같은 정도로 정확하고 그들이 만들어내는 예측의 범위란 면에서 같은 정도로 일반적일 때 가장 간단한 이론에 대한 선호가 규범적으로 그리고 또 기술적(記述的; descriptively)으로 조장되어왔다. 규범적 주장으로서 우리가 복잡한 이론보다 단순한 이론을 선호한다는 주장은 William of Occam에서 비롯된다(Russell, 1946을 보라). 기술적 주장으로서 즉 어떻게 사람들이 이론들을 선택하려하는가에 관한 주장은 아무리 늦어도 Wittgenstein의 논리철학논고(Tractatus Logico -Philosophicus)까지 거슬러 올라간다. 그는 "귀납의 절차는 우리의 경험과 조화될 수 있는 가장 단순한 법칙을 진실로 받아들이는데 있다"고 썼다(Wittgenstein, 1922.). 기본적 주장은 세상이 과거에 했던 것처럼 행동하기를 계속할 것이라고 추정하는 것이 더 간단하다는 것일 것이며 따라서 예를 들어 해가 내일 뜰 것이라고 믿는 것이 정당화된다. 해가 내일 뜰 것이라는 것을 모르는 동안 우리는 적어도 왜 우리가 과거관찰결과와 일치하는 모든 이론들 중 태양이 내일도 뜰 것이라고 예측하는 이론을 선택하는지를 설명할 수 있다.

Goodman의 grue-bleen 패러독스의 중요한 가르침은 우리의 단순성개념은 우리의 언어에 의존한다는 것이다. 이 가르침은 Kolmogolov의 복잡성을 검토한 다른 문헌에도 나온다. Kolmogolov는 "무작위성(無作爲性; randomness)"을 정의하려고 하였다. 당신이 이원 숫자 0, 1의 유한한 수열을 관찰한다고 가정하자. 당신은 언제 그 수열이 무작위하다고 말할까? 확실히 당신이 0000....을 보면 당신은 당신이 일정한 현상, 개략적으로 말해 무작위의 반대현상을 관찰한다고 추정할 것이다. 당신이 010101....을 관찰하게 된다면 당신은 일정한 과정의 실현을 보고 있지 않지만 당신은 그것을 무작위하다고 생각하지 않는다는 것을 받아들일 것이다. 사실 그런 과정은 단순한 패턴을 가지며 유한한 자동화[47]로 기술될 수도 있다. 당신이 유한 자동화

47) 유한 자동화는 유한하게 많은 상태가 있으며 하나의 상태와 다음 상태 간에는 일정한 함수관계를

로 산출할 수 없는 수열을 고려할 때조차도 당신은 01001100011100001111....의 경우에서처럼 무작위가 아니라고 느낄 수도 있다. “무작위가 아님” 또는 “패턴을 가짐”의 일반적 정의는 무엇일까?

“Kolmogolov의 복잡성”(Kolmogolov, 1963, 1965, Chaitin, 1966을 보라)이라고 알려진 측척(測尺; measure)은 다음과 같다. 즉 유한 수열이 주어지면 그것을 산출할 수 있는 모든 Turing 기계(영국의 수학자 A. M. Turing이 제안한, 무한대의 저장량과 절대로 고장이 없는 가상적 계산기)[48]을 생각해보라. 그런 기계는 언제나 있으며 아무리 나빠도 우리는 한 상태에서 다음 상태로 가는 상당히 단순한 기계를 생각할 수 있는데 여기서 각 상태는 적절한 숫자를 적어놓고 다음 상태로 이동한다. 이제 수열을 산출할 수 있는 “가장 작은 기계” 즉 최소의 상태를 가진 기계 또는 그것의 기술(記述; description)이(이원 숫자의 수열처럼) 제일 짧은 장치 중 하나를 선택해보자. 만일 그 제일 작은 기계가 최초 수열에 비해 상당히 작다면 우리가 그 수열에서 단순한 패턴을 발견하였다는 것과 따라서 그것이 무작위가 아니라는 것을 우리는 말할 수 있다. 이에 비해 만일 그 가장 작은 기계가 그 수열의 길이만큼 길면 우리는 어떤 패턴도 발견되지 않았다고 인정하여야할 것이며 이것이 무작위성의 정의 역할을 할 수 있을 것이다.

Kolmogotov의 정의가 Turing 장치의 개념을 사용한 이유는 이것이 잘 정의된 명령어의 수열인 “알고리듬(algorithm)”의 정식 정의라고 생각되기 때문이다. Turing 기계는 그것들이 기술할 수 있는 알고리듬이란 면에서 현대 컴퓨터언어를(그 컴퓨터가 무한한 숫자를 저장하고 있다면) 포함하여 몇 개의 다른 컴퓨터 모델과 맞먹는다고 알려져 있다. 당면한 검토를 위해 우리는 Turing 기계의 개념을 예컨대 컴퓨터언어 PASCAL로 대체할 수도 있다. 우리가 수열들 0000...., 010101...., 010011000 111....을 한참동안 이어가 그것들을 아주 길게 만든다 할지라고 그들 수열을 기술(즉 산출)할 수 있는 짧은 PASCAL 프로그램을 상상하기는 쉽다. PASCAL 프로그램이 그것이 산출하는 수열에 비해 짧다는 사실이 이 수열에서 비무작위성(非無作爲性; nonrandomness)을 포착해준다. PASCAL 프로그램(또는 Turing 기계)을 종요로이 사용함으로써 우리는 특별한 형태의 패턴에 예컨대 주기적인 패턴에만 우리의 주의를 기울이지 않게 된다. 알고리듬으로 기술될 수 있는 어떤 패턴도 프로그램의 개념으로 포착될 수 있다. i가 소수(素數; prime number)임을 필요충분조건으로 하여 들어가는 i 번째 자리에 1을 가진 패턴 0110101000101000101000....은 우리가 아무리 길게 이 수열을 늘려도 역시 짧은 프로그램으로 기술될 수 있다.

Kolmogolov의 복잡성은 Solomonoff(1964)가 말한 바대로 과학철학에 적용될 수 있다. 사람들이 단순한 이론을 좋아한다는 생각과 Kolmogorov의 측척(測尺)를 연결하면 우리는 이론선택(theory-selection)의 모델을 얻으며 확실한 일련의 증명(body of evidence)를 조건으로 어떤 이론을 사람들이 좋아하는가를 예측한다. 그것은 “시(詩; poem)이해하기”와 같은 일상생활의

가지게 하는 것이다.

48) Turing 머신은 기록할 수 있는 그리고 읽을 수 있는 무한한 테이프를 갖춘 자동화 장치라고 생각할 수 있다.

문구를 이해하는데도 사용될 수 있다. 즉 데이터 이해하기와 마찬가지로 예술작품 이해하기가 간결한 알고리듬에 의하여 그것의 대부분(또는 적어도 그것의 중요한 측면)을 만들어낼 수 있음을 의미한다.

Kolmogolov의 복잡성의 개념은 복잡성을 측정함에 있어 언어의 역할을 강조한다. 이것은 정식모델링의 하나의 장점이다 - 그것은 잠재적으로 미묘한 포인트(points)를 밝혀내는 확실한 훈련을 하게 하여준다. 어떻게 복잡성을 측정하는가를 기술하는 정식모델은 우리가 사용하는 컴퓨터언어가 정의(定義; definition)의 요소에 포함 될 것이라는 것을 우리로 하여금 알도록 만든다(상태, 변환 함수 등등을 가지고). Turing 기계로 기술될 때의 가장 단순한 이론이 PASCAL 프로그램으로 기술될 때의 가장 단순한 이론일 필요는 없다. 숫자로 된 데이터에 맞추려할 때 다항식(多項式; polynomials)의 언어로 나타낸 가장 단순한 이론이 삼각함수로 나타낼 때 가장 단순한 이론이 아닐 수도 있다. 그 위에 컴퓨터모델은 정의의 역할도 역시 설명한다. 확실한 개념이 자주 쓰일 때 프로그래머가 명령어(命令語; instruction)의 순서를 그 프로그램에 있는 절차로 정의하려고하는 것처럼 그것을 새로운 단어를 사용하여 정의하는 것이 능률적이다.

동시에 Kolmogolov의 복잡성이 항상 복잡성의 직관적 측척(測尺)이 아닐 수도 있다. 한 이론의 복잡성의 순수파 정의(purist definition)가 그것을 기술하기위하여 사용된 비트(bit)를 하나도 빠짐없이 셌을 것이기 때문에 그 이론에서 사용된 모든 상수(常數; constants)는 이항전개(二項展開; binary expansion)에서 판독될 것이며 그리고 그것들을 기술하기위하여 사용된 아라비아 숫자(digits)들은 그 이론의 복잡성의 부분으로 간주될 것이다. 우리는 이론 A 즉

$$y = 1.3096203x$$

가 "만일 x의 정수(整數; integer) 값이 소수(素數; prime)이면 $y = 2x$이고 그렇지 않고 x의 정수(整數; integer) 값이 7로 나눠지면 $y = x$이며 그렇지 않으면 $-y = -x$"이라고 하는 이론 B만큼 복잡하다는 것을 발견할 수도 있다. 그것은 이론 A에서 상수 1.3096203을 기술하기위하여 사용된 비트가 이론 B의 불가해(不可解; arcane)한 논리를 기술하는 비트와 같은 복잡성 비용을 요한다는 것이 직관에 반할 수도 있다. 솔깃한 대안은 숫자의 크기와는 상관없이 프로그램의 "논리"를 기술하는 비트만을 세고 산술연산(算術演算; arithmetic operations)은 별도의 레지스터(registers)에서 하도록 하는 것이다. 그러나 이것은 큰 숫자들이 그 프로그램의 명령어의 코드화에 사용되고 그에 따라 그것의 복잡성의 일부를 "감추"게 될 가능성을 미해결로 남겨놓는다.

희망적인 코멘트(comment)를 가지고 결론을 내자. 단순성 판단이 언어에 달려있다는 일반적 주장은 같은 표현력을 가진 언어들이 하나에서 다른 것으로 번역하는 명령어번역 프로그램(compilers)을 가졌다는 관찰결과에 의하여 자격을 얻는다. 구체적으로 말하면 두 언어 l와 l'에 대해 $C_{l,l'}$을, l로 쓰인 프로그램을 입력으로 받아드리고 l'로 쓰인 대등한 프로그램을 출력(出力; output)으로 산출하는 l'로 쓰인 프로그램이라고 하자. $c_{l,l'}$을 그런 명령어번역 프로그

램 $C_{l,l'}$의 최소기술(最小記述; minimal description)의 길이(length)라고 하자. l안에 있는(이론을 대표하는) 프로그램 A의 최소길이가 m이라면 l'안에 있는 A의 최소 대표 값(minimal representation)은 $m+c_{l,l'}$을 넘을 수 없다. 그러므로 바로 두 언어 l와 l'을 위해 모든 이론 A에 대해 l에 관하여 측정된 A의 복잡성과 l'에 관하여 측정된 A의 복잡성이 c이상 차이가 나지 않도록 해주는 상수 $c=\max(c_{l,l'}, c_{l',l})$가 존재한다.

여기서 수량사(數量詞; quantifier)의 순서는 중요하다. 즉 두 이론 A와 B을 조건으로 우리는 항상 언어 l을 내놓을 수 있는데 이 언어에서 한 이론은 다른 한 이론보다 더 단순하다. 반면에 어떤 두 언어 l와 l'을 조건으로 우리는 만일 이론 A가 한 언어에서 이론 B보다 충분히 더 단순하다면 다른 언어에서도 A가 B보다 더 단순하여야한다는 것을 발견한다.

진화론에 의한 설명

이 토론을 결론짓기 위하여 진화론적 심리학의 견해를 취하기로 하자. 인간의 마음이 어떻게 진화하여왔는지를 생각하는 것이 기술적(記述的; descriptive) 및 규범적(規範的; normative) 목적에 똑같이 도움을 준다. 기술적 견해에서 그와 같은 설명이 우리가 왜 어떤 정해진 추리를 하는 경향이 있는지 그리고 왜 어떤 정해진 언어를 선택하는 경향이 있는지를 이해하는데 도움을 줄 수 있다. 규범적 견해에서 우리는 인간의 마음이 그것의 목적을 위한 거의 최적의 도구라는 논쟁의 여지가 있는 가정을 할 수도 있다. 이 가정 하에서 왜 우리는 우리가 하였던 방식을 생각하게 진화하는지 그리고 무엇이 그런 사고방식의 장점인지를 묻는 것은 값어치 있는 일이다. 우리는 인간의 마음이 항상 그 목적을 위한 최적의 도구라고 가정하여서는 안 된다. 그러나 왜 그것이 그가 한 대로 작동하는지를 설명하는 것은 시도해볼만 하다. 우리는 단순히 결국 어리석다고 결론짓기에 너무 늦은 것은 결코 아닐 것이다.

▶ **Green 대 Grue**. 누구는 삶의 아주 "낮은" 형태에서 스마트한 인간으로 진화하기 시작하는 과정을 상상하려했을지도 모른다. 문제의 동물이 눈을 가졌고 그 눈이 그들이 보는 이미지를 일부 신경단위(神境單位; neurons)에 반영(反影; reflect)한다고 생각하자. 그 동물이 green색을 보았을(즉 우리가 일상생활에서 green이라고 부를 수 있는 것과 일치하는 파장을 받아들일) 때 그리고 다른 것 blue를 보았을 때 어떤 정해진 신경단위의 점화 배열(neuronal firing configuration)을 가지고 있을 수도 있다. 이들 신경단위의 배열은 아마도 상당히 안정되어서 특정한 배열이 우리가(바깥의 관찰자처럼) 실험을 실행할 때마다 특정한 파장과 연관되었을 것이다. 그와 같은 안정된 상관관계는 그 동물이 어떤 시간, 과거와 미래의 생각 또는 어떤 일반화 능력을 갖기 전에 확립된 길일 수 있다.

우리는 더 나아가 동물에게 아직 시간에 관하여 생각함을 허용하지 않고 색깔을 말하고 이름을 붙이는 능력을 부여할 수 있다. 즉 우리의 동물이 파장 w을 관찰하고 신경단위 반응 c을 하며 말로 표현하기를 배울 수도 있어서 색깔에 "green" 또는 "blue"라는 이름을 붙인다(예컨대 다른 동물과의 소통(疏通; communication)이나 조정(調整; coordination)을 위해). 색깔의 이름

붙이기가 유용하다고 전제하면 그 동물은 그 색을 볼 때마다 올바른 색깔을 말할 수 있다. 우리는 그 동물이 그에게 제시된 색이 무엇인지를 안다고 말하는 정도까지 갈 수 있다. 따라서 매 시간 t마다 그 동물은 t에 제시된 색이 무엇인지를 안다. 그러나 동물은 아직도 시간에 대해 무지(無知; ignorant)이고 일반화가 불가능하다.

분명한 것을 반복하는 위험을 무릅쓰고 우리의 동물이 발음한 "green"이나 "blue"는 Goodman이 인용한 "green"이나 "blue"와 같은 것이 아니라는 것을 강조한다. Goodman은 "green"을 일반화와 귀납이 포함된 성질(性質; property)로 생각한다. 즉 그에게 "green"은 "검사될 때마다 green 범위에 있는 파장을 방출하는"을 의미한다. 우리의 동물에게는 그렇지 않다. 동물은 "언제나"에 관하여 심지어 "이제"에 관하여 조차 생각할 수 없다. 우리 바깥 관찰자는 그 피조물이 시간 t에 제시된 입력에 시간 t에 반응한다는 것을 안다. 그러나 그 동물의 마음속에 시계는 없으며 시간의식도 없다.

시간에 관한 생각을 시작으로 하여 동물이 스스로 에메랄드의 성질이 무엇이냐고 물을 수도 있다. 이제 에메랄드의 성질은 정말 시간에서 두 초(超) 시간적(timeless)인 색깔로의 함수 즉 뉴런(neuron)의 배열 "green" 또는 "blue"이다. 이것들은 "검사할 때마다 green으로 보인다." 또는 "검사할 때마다 blue로 보인다."라는 서술이 아니다; 이것들은 단지 그 동물이 어떤 정해진 뉴런의 배열에 연관 지어 배운 이름이다. 그러나 만일 그 이름이 이미 그 언어에 존재하였다면 함수 "검사할 때마다 green으로 보인다." 또는 "검사할 때마다 blue로 보인다."가 이제는 "grue"와 "bleen"을 기술하는 함수보다 더 단순하다.

▶ **단순성(單純性; simplicity)에 대한 선호.** 왜 우리는 더 복잡한 것보다 더 단순한 것을 선호하나? 이를 명료하게 설명하여주는 방법은 한정된 합리성을 이용하는 것이다 - 인간 마음의 한계로 인하여 더 단순한 이론이 상상하고 기억하고 의사소통하며 검사하기 더 쉽다. 이 설명은 확실히 정당하지만 더 단순한 이론을 선호함에 본유(本有; innate)의 장점이 있는지를 물어볼만하다. 즉 당신이 무제한의 컴퓨터조작능력을 지닌 유기체를 프로그램하고 있다고 가정하자. 그 유기체가 다른 이론들을 비교할 때 당신은(정확도와 일반성을 유지하면서) 그 유기체에 더 단순한 것을 선호하라고 지시하고 싶겠는가?

우리의 유기체는 많은 현상에 직면할 개연성이 있다. 그것 주위에 있는 단순한 유기체의 행동과 같은 어떤 것들은 이들 유기체의 인지한계(認知限界; cognitive limitation)로 인해 단순하다. 구체성을 위해 우리의 유기체가 매일 통로 0 또는 1을 선택할 수 있는 동물을 사냥하려한다고 가정하자. 이들은 단순한 동물이기 때문에 그것들은 "항상 0" 또는 "항상 1"과 같은 단순한 패턴(patterns)을 선택하는 경향이 있다. 000과 같은 순열(順列; sequence)을 만났을 때 우리의 유기체는 예측 0 또는 1 중에서 하나를 선택하여야한다. 단순성에 대한 선호가 없을 때 이 둘은 동등하게 그럴듯하다, 반면에 단순성에 대한 선호가 1보다 0을 선호하게 할 수 있다. 사냥감의 단순성을 조건으로 단순한 동물은 순열 0001모다 0000을 만들어낼 가능성이 더 크므로 이것이 올바른 예측일 것이다.

다음으로 날씨와 같이 아주 복잡할 수도 있는 현상을 생각해보자. 자연(Nature)이 실현(實現; realization) 0과 1의 예컨대 비 옴과 안 옴 각각을 나타내는 순열을 선택한다고 생각하자. 그리고 자연의 선택이 완전하게 무작위(無作爲; random)라고 가정하자. 자연이 우연의 일치로 순열 000을 선택하여야한다면 바로 0이 뒤따를 가능성은 1이 뒤따를 가능성과 같다. 이 경우 단순성에 대한 선호가 더 좋은 예측을 가져다주지 않지만 더 나쁜 것을 가져다주지도 않는다. 이처럼 단순성에 대한 선호가 단순한 현상에 직면해서는 유익하지만 복잡한 것에 직면해서도 해롭지 않다. 전반적으로 단순성에 대한 선호가 복잡성에 대한 서호보다 약하게 우세하다.

이 주장은 자연은 복잡한 패턴을 일부러 선택하려하지 않는다고 생각한다.[49] 만일 환경이 경쟁유기체를 포함한다면 그것은 자격을 심사받아야할 것인데 그 경쟁유기체는 전략적으로 행동하려고 그리고 예측될 수 없도록 하려고 그러나 아마도 조정 하려고 노력할 수도 있다.

이 주장을 선언하는 또 다른 길은 단순성에 대한 선호가 과잉 맞추기(overfitting)[50]에 빠지지 않게 하여주는 보장(保藏; guarantee)이 되도록 하는 것이다. 반대로 우리의 유기체가 단순성에 대한 어떤 선호도 갖지 않는다고 가정하자. n 데이터 포인트(data points)에 직면하여 n보다 적은 매개변수(媒介變數; parameters)를 가진 이론을 선택할 이유는 없다. 실은 데이터를 잘 설명하려할 때 그리고 컴퓨터조정능력의 부족함에 특별한 문제가 없을 때 그 유기체는 모든 과거관찰에 완벽한 정확도로 맞는 한 이론을 찾아낼 것이다. 그러나 예측에 관한한 우리의 유기체는 과잉 맞추기(overfitting)로 인하여 잘 해내지 못할 가능성이 높을 수도 있다.

통계학자가 적은 변수 적은 매개변수 또는 일반적으로 낮은 복잡성을 가진 이론을 선호한다면 그들은 게으름이나 컴퓨터조작능력의 한계 때문에 그리하는 것이 아니다. 유추를 통해 우리의 유기체는 어떤 인지한계도 복잡한 이론을 배제하지 않음에도 불구하고 미래를 더 잘 예측하기위하여 단순성에 대한 미각(味覺; taste)을 개발하여야한다.

과잉 맞추기(overfitting)에 반대하는 주장은 적어도 우리주위의 일부 현상이 단순하다는 즉 예측을 허용할 만큼은 충분하게 단순하다는 가정에 따른다. 우리가 예측하기를 원하는 모든 것이 완벽하게 무작위하다면 우리가 선택하는 이론에 차이는 없고 억지 맞추기는 예측력(豫測力; predictive power)을 잃지 않는다. 그러나 단순성에 대한 선호를 적응할 수 있게 만들기 위하여 무작위 현상을 떠나서 계절의 변화나 다른 종(種; species)의 행동과 같은 단순한 어떤 것이 있다는 것으로 충분하다.

---

49) 단순한 패턴들보다 복잡한 패턴들이 더 많이 있다. 이 때문에 한 패턴의 무작위 선택은 연역적으로 복잡한 패턴이 되기 쉽다. 그러나 확실한 역사를 조건으로 무작위선택이 더 복잡한 패턴에 대한 조건부 편향을 나타내지는 않는다.

50) 과잉 맞추기란 통계적 용어로써 표본의 크기에 비해 너무 많은 매개변수를 가진 모델을 사용하는 것. 잠재적으로 아주 복잡한 과거 관찰을 아주 잘 설명하는 이론에 의한 데이터의 설명을 지칭한다. 잘 알려진 현상은 그런 이론은 과거자료를 잘 맞추((fitting)는데 아주 잘 기능하지만 예측에는 잘 기능하지 못하는 것이다. 통계적 이론은 데이터 맞추기(fitting) 와 단순성 사이의 절충(折衷; trade-off)에의 일반적 접근법을 제시한다(Akaike, 1974).

1.3.3 빈도주의자 접근이 갖는 문제

앞서 있었던 긴 토론이 실증적(實證的; empirical) 빈도(頻度; frequency)를 가지고 확률을 정의하면 모든 과학적 및 일상생활의 추리가 공통으로 가지고 있는 귀납적 추론의 근본적 문제들을 공유하게 된다는 것을 우리가 확신하도록 하여줄 수도 있다. 따라서 우리는 이 문제를 손쉽게 취급할 수 있고 우리의 확률사정(確率査定; probabilistic assessments)이 일반적인 과학적 결론보다 더 높은 신뢰를 받지 못할 것이라는 사실을 받아들일 수 있다. 이 접근은 1장 첫 부분에서 제시된 예 1과 2에서처럼 많은 문제에 대해 타당하다. 유사한 조건하의 동전던지기 때 우리가 확률의 정의로써 실증적 빈도를 취하는 것이 정당화된다. 마찬가지로 자동차가 도둑맞을 확률을 생각할 때 평균 절도율(竊盜率; theft rate)을 절도의 확률로 취하는 것은 합리적 접근이다. 그러나 1장의 첫 부분의 예 3과 4도 똑같이 합리적 접근이라고 주장할 수는 없다고 생각된다.

예 3에서 우리는 의사에게 급박한 의료수술 후 우리가 생존할 확률은 얼마인가라고 물었다. 의사는 추측컨대 전문 간행물로 출판된 많은 연구와 그 병원에서의 그 자신과 다른 의사들의 경험을 참고할 수도 있다. 그리하여 그는 이 수술에서의 평균 생존율이 얼마인지를 알아낸다. 그러나 이 평균 비율에는 전혀 관련이 없는 경우들도 포함되어 있다. 예를 들면 아주 나이 많은 또는 약한 환자는 이 수술을 이겨내지 못할 수도 있지만 만일 우리가 다행히 대체로 건강하다면 그들의 병력(病歷; history)이 우리의 생존율에 큰 영향을 주지 못할 것이다. 반면에 여성이 남성보다 더 높은 생존율을 가질 수 있으며 우리가 남성인 경우 우리는 남성의 생존율만을 알고 싶어 할 것이다. 혈압, 당뇨와 같은 다른 관심 있는 변수도 있다. 문제를 더 복잡하게 만드는 것은 생존확률이 수술이 시행되는 병원과 시술하는 의사에 따라 변할 가능성이 있다는 것이다. 요컨대 우리의 경우와 다른 것과를 구별하여줄 많은 관찰 가능한 변수들이 있다. 우리가 만일 이들을 모두 고려한다면 우리의 의사는 "나는 다만 일반적 통계만을 알고 있습니다. 나는 당신이 생존할 확률을 모릅니다. 다만 내가 당신을 수술한다면 수술이 끝난 뒤에야 당신이 생존할지 못할지를 판단할 수 있습니다."라고 말할 것이다

유사한 문제를 예 4 다시 말하면 금년에 중동에서 전쟁이 일어날 확률에서 만날 수 있다. 이 문제에 대한 빈도논자(頻度論者; frequentists)의 접근은 거꾸로 시간여행을 하여 과거에 전쟁이 있었는지 없었는지를 체크하고 중동에서의 전쟁확률을 과거 전쟁의 상대적 빈도로 정의하는 접근이다. 어느 두 환자도 예 3에서 동일 할 수 없고 예 4에서 두 해가 갖지 않다. 데이터베이스에는 냉전이 있었던 해와 없었던 해 경제적으로 호황이었던 해와 불경기의 해, 근간의 해와 조금 오래된 해 등등이 있다.

앞에서의 검토가 예 3과 예4 모두에서 우리는 "같은 조건하에서" 처리된 실험을 갖고 있지 않다는 것을 보여준다. 진실(眞實; reality)은 우리가 두 환자가 같다고 또는 두 해가 동일하다고 가정하기에는 너무 복잡하다. 어떤 의미에서 동전던지기와 같은 단순한 실험에서조차 두 실험에 대해서 같은 이야기를 할 수 있다. 사실 역사에서 어떤 두 순간도 정확하게 동일하지

않다. 같은 동전던지기의 다른 결과는 약간 다른 환경 즉 중력장에 영향을 주는 별들의 배열이나 그 동전을 던지는 사람이 동전에 주는 힘 등등이 다른 조건에서 시행되었기 때문일 것이다. 따라서 "같은 조건에서" 시행된 실험이 있다는 가정은 일반적으로 말해 단순화이다. 우리에게 충분히 비슷하게 보이는 조건들이 "동일 한 것"으로 한데 뭉뚱그려진다. 이 단순화한 가정이 예 1과 2에서는 합리적인 것처럼 보인다. 누구는 다른 던지기 사이의 심지어 다른 차 사이의 차이를 무시하기로 결정할 수도 있다. 그러나 누구는 다른 환자나 다른 해 간의 차이를 잘못 무시할 수 있을 것이다.

3과 4와 같은 예에서 확률을 사정하기 위하여 실증적 빈도(頻度; frequencies)를 사용할 때 관련 데이터베이스(database)를 정의함에 있어 많은 주관적 판단이 있다는 것을 우리는 알 수 있다. 예 3에서 의사는 전체 데이터베이스를 보고 같은 성별(性別; gender) 및 연령의 환자에만 초점을 맞추고 같은 병원에서 수술 받은 환자만을 고려하는 등등을 할 수 있다. 표본에 있는 모든 환자가 동일하다고 우리에게 주장하는 것은 필시 빈 데이터베이스로 끝날 것이다. 따라서 일부 변수는 고려되어야하는 반면에 다른 것은 무시된다. 의사가 초점을 맞추어야할 변수를 선택하는 것이 결국 그가 갖게 될 확률에 크게 영향을 줄 수도 있다. 마찬가지로 예 4에서 누구는 두 특정한 나라 간의 또는 나라의 계급 간의(예컨대 "서부세력"과 한 지방정부간의) 전쟁을 고려한다든가 누구는 세계의 타 지역에서 동시에 일어나는 사건을 고려하거나 무시한다든가 등등을 할 수도 있다. 두 예 모두에서 우리는 객관적 확률을 만들어 내는 것이라고 주장하는 빈도학파의 접근법이 관련된 데이터베이스의 선택으로 인하여 오히려 주관적이 되어버린다는 것을 알게 된다.

이들 유사성에도 불구하고 예 4를 예 3보다 더 복잡하게 만드는 중요한 길이 하나 있다. 후자에서 실험의 결과들이 인과관계에서 독립적이라고 생각될 수도 있다. 즉 누구는 한 환자의 수술결과가 대개 다른 사람의 결과에 영향을 주지 않는다고 가정할 수 있다. 예 4에서는 그렇지 않다. 중동에서의 연속된 전쟁은 인과관계에서 결코 독립적이지 않다. 특정한 전쟁이 당사국들을 호전적이 되게 그리고 보복을 할 수도 또는 당사국들이 더 이상의 전쟁과 파괴를 단념하도록 할 수도 있다(잠재적인). 계속되는 전쟁 간의 인과관계는 정말 얽히고설킬 수도 있다. 오직 명백한 것은 인과관계의 독립성이 지지할 수 있는 전제가 아니라는 것이다.

확률언어를 사용하는 큰 숫자 법칙은 무작위(無作爲; random)변수가 동등하게 그리고 독립적으로 분포된다고 전제한다. "확률"이라는 용어의 정의를 추구하면서 우리는 이들 조건들의 직관적 비확률적 번안에 호소한다. 실험이 "같은 조건하에서" 반복될 때 우리는 빈도학파(頻度學派; frequentist)의 접근법을 사용한다. 비공식적으로 두 성질이 성립할 것을 기대하는데 그것은 "동일(同一; identical)하고 독립적인 분포"와 개략적으로 일치한다. 그 두 성질은 (i) 실험은 같은 조건이라는 그리고 (ii) 그것들은 인과관계에서 독립적이라는 것이다. 우리는 뒤에(예 3에서처럼) (i)는 성립하지 못하지만 (ii)가 성립하면 아직 빈도학파 접근(의 번안)에 기초를 둔 확률을 정의할 수도 있다는 것을 주장하게 될 것이다. 우리는 또 나중에 가정 (i)과 (ii)가(예 4에서처럼) 위반될 때 우리가 어떤 합리적 방법으로 확률을 부과할 수 있다는 것이 결코 분명하지 않다고 주장하게 될 것이다.

1.4 주관적 확률(Subjective Probabilities)

1.4.1 은행원 Linda

확률사정에의 세 번째 접근법은 확률을 순전히 주관적으로 다루는 것이다. 이 접근에 따르면 사건 A의 확률이 p라고 말하는 것이 그 사건의 성질을 기술하는 것이 아니다. 오히려 그것은 한 사람의 그것에 관한 믿음을 반영한다. 기본적 아이디어는 확률이론의 장치(裝置; machinery)를 믿음을 모델화하고 그 과정에서 그 믿음을 분명히 하고 날카롭게 하는 도구로 사용하는 것이다.

확률모델이 어떻게 우리의 직관을 날카롭게 만들도록 도와줄 수 있는지를 이해하기위하여 Tversky와 Kahneman(1974)에 의한 유명한 실험 예를 생각해보자. 피험자들은 질문지를 채우도록 요청받았는데 그 질문지에는 다음과 같은 질문이 포함되어 있다.

> Linda는 31세로 독신이며 노골적이고 매우 영리하다. 그는 철학을 전공하였다. 학생으로 그녀는 차별과 사회정의 문제에 깊은 관심을 가졌었다. 그리고 반핵데모에 참가하였었다.
>
> 피험자들이 Linda를 묘사한 다음에 열거된 여덟 개의 특징을 확률(개연성)이란 면에서 순위를 매기라
>
> a. Linda는 초등학교 교사이다.
> b. Linda는 서점에서 일하며 요가 반에 나간다.
> c. Linda는 여성운동에 활동하고 있다.
> d. Linda는 정신병치료 사회복지사(psychiatric social worker)이다.
> e. Linda는 여성유권자연맹(the League of Woman Voters) 회원이다.
> f. Linda는 은행원이다.
> g. Linda는 보험판매원이다.
> h. Linda는 여성운동에 적극적인 은행원이다.

많은 피험자가 h가 f와 c의 결합인데도 불구하고 h에 f보다 높은 순위를 주었다. 거의 누구도 h에 c보다 높은 확률을 주지 않았다. Kahneman과 Tversky는 이 현상을 다음과 같이 설명하였다. 이 연습문제에서 비교될 쌍(雙; pairs)들의 대부분은 어떤 논리적 또는 수학적 기준으로 순위매길 수 없는 특징이다. 그 위에 그것들은 피험자에게 단지 아주 부분적인 정보만을 주는 여러 특징들이다. 논리적으로 생각해낸 답을 위한 충분한 정보 없이 피험자들은 그들이 할 수 있는 무엇이든지 사용을 시도한다. 특히 그들은 "대표성 체험직감해법(代表性 體驗直感解法; representativeness heuristic)"을 적용한다. 즉 그들은 각 특징이 어느 정도까지 Linda를 대표하나를 스스로에게 묻는다. 이런 식으로 보면 은행원은 그다지 Linda의 특징을 대표하지 못하지만 여성운동에 활동적이라는 것은 대표성이 있다. 따라서 Linda의 대표적인 특성을 갖는

특징이 높은 순위를 차지한다.

Gilboa(2009)의 실험에서도 그 반응은 비슷한 경향을 나타냈다. 학생의 40-50%가 h에 f보다 높은 확률을 주었다. 요점을 설명하여준 후에는 자기의 당초 선택을 아무도 고집하지 않았다(이것은 합리성에 대한 검사이다. f를 h보다 낮게 순위매기는 것은 비합리적이다. 왜냐하면 이 순위를 선택한 뒤에 사람들은 그들의 마음을 오로지 그들의 선택을 얼마나 분석하는가에 기초를 두고 바꾸기 때문이다). 일부 학생은 약간 화를 내며 f를 보고 그들은 "여성운동에 적극적이지 않은 은행원"으로 이해했다고 주장하였다. 다른 사람들은 그들이 틀렸다고 시인했다.

이 예의 요점은 학생들에게 요청한 믿음은 주관적이라는 것이다. 제공된 자료를 근거로 하는 선언(闡明; statements)에 순위를 매기는 객관적 길은 없다. 누가 주관적 확률을 그의 믿음에 대한 모델로 사용하려한다면 그는 h를 f보다 높게 순위매기는 잘못을 피할 것이다. 주관적 확률을 우리가 잘못 되었다고 생각할 판단이나 결정을 피하기 위하여 확률이론의 수학적 도구를 사용하는 방법이라고 볼 수 있다.

1.4.2 고전적(classical) 통계학 대 베이즈의(Bayesian) 통계학

여기서 잠시 주관적 확률과 관련지어 고전적 통계학과 베이즈의 통계학을 돌이켜 보기로 한다.

노름꾼의 오류(The Gambler Fallacy)

베이즈 통계학에서 큰 숫자의 법칙은 적용되지 않는다. 그 이유는 큰 숫자 법칙이 무작위 변수의 독립성을 전제로 하며 이 독립성은 p에 조건부로만 성립하기 때문이다.

이것은 Kahneman과 Tversky의 "노름꾼의 오류"와 관련이 있다. 당신은 카지노에 앉아 있으며 룰렛게임을 관찰하고 있다. 지난 10바퀴 내내 그 바퀴는 적색에 왔다. 당신은 걸기를 정해야하는데 적색에 아니면 흑색에 걸겠는가?

많은 사람들은 연이어 적색 결과가 나왔으며 큰 숫자 법칙은 길게 보았을 때 결국은 적색만큼 흑색도 나와야한다는 것을 암시하므로 흑색을 선택하여야한다고 생각한다. 즉 직관적 추리(推理; reasoning)는 그 법칙이 성립하기위해 흑색이 따라잡을 것이라 하고 따라서 우리는 다음 번에는 적색보다 흑색을 관찰할 가능성이 더 크다고 생각한다.

분명히 이 추리에는 결함이 있다. Kahneman과 Tversky가 말한 것처럼 큰 숫자 법칙을 따르는 자연에 관한한 "잘못은 고쳐지지 않으며 그것들은 희석된다." 좀 더 정밀하게 그 바퀴의 공정성에 대한 당신의 신뢰에 따라 두 가능성이 있다. 만일 당신이 룰렛바퀴가 공정하다고 자신한다면 적색과 흑색의 확률이 같다는 것과 바퀴돌리기가 i.i.d라는 것을 믿어야한다. 독립성의 가정 하에서는 장래 일에 관하여 과거 관찰로부터 배울 것은 절대적으로 아무 것도 없다. 그러나 만일 그 바퀴가 공정하다는 것에 당신이 믿음이 안 간다면 당신은 무엇인가 통계적 학습에 참여해야만할 것이다. 그리고 이 경우 "적색"을 10번 관찰한 후 당신은 그 바퀴가 편향되지 않을 수도 있는지 의심하기 시작할 수도 있다. 그러나 이 경우 흑색이 아니라 적색으로 편향되었을 수도 있다.

신뢰(信賴; confidence)는 확률이 아니다

고전적 및 베이즈 통계학의 차이를 분명히 보기위하여 전통적 확률의 몇몇 정의를 우리 스스로 연상해보는 것이 좋겠다.

우리가 한 무작위 변수 $X \sim N(\mu, 1)$이라고 생각한다고 하자. 단순성을 위해 우리는 알려진 표준편차 $\sigma = 1$이고 단일 관찰 $n = 1$이라고 가정한다. 우리는 우리가 예컨대 폭이 2인 μ에 대한 신뢰구간과 신뢰수준 68%를 구성할 수 있음을 안다.

$$P(\mu \in [X-1, X+1]) = 68\% \tag{1.4.1}$$

우리가 표본을 취하여 $X=3$을 관찰하였다고 하자. 그러면 간격은 [2, 4]이다. μ가 이 구간에 들어갈 확률은 얼마인가? 즉

$$P(\mu \in [2, 4]) = ? \tag{1.4.2}$$

확률이 68%라고 대답하는 것이 매우 마음을 끄는데 그것은 식 (1.4.1)에 $X=3$을 대입하여 얻는다. 그러나 이는 옳지 않다(1.4.1).의 신언은 부작위 변수$[X-1,\ X+1]$에 관한 또는 우리가 원한다면 무작위 변수 X에 관한 확률선언이지만 μ에 관한 것은 아니다. 고전적 통계학에서 μ는 무작위 변수가 아니며 우리는 그것에 관한 확률적 믿음을 가지고 있지 않다. 이것은 X을 관찰하기 전에도 후에도 진실이다.

이 점이 중요한 것처럼 다른 예를 가지고 반복해볼만 하다. Y가 공정한 주사위 굴림의 결과라고 가정하자. 주사위를 굴리기 전에 우리는 선험적으로

$$P(Y=3) = 1/6 \tag{1.4.3}$$

이라고 말한다. 이는 무작위 변수 Y에 관한 확률선언이다. 일단 우리가 Y을 관찰하면 우리는 그것을 식 (1.4.3)에 연결할 수 없다. 우리가 $Y=3$ 또는 예컨대 $Y=2$ 어느 것을 관찰하든 간에 Y을 그 값으로 바꾸고 $P(3=3)=1/6$ 또는 $P(2=3)=1/6$이라고 말하는 것은 무의미하다. 식 (1.4.3)이 말하는 확률은 이를테면 그것이 아직 무작위일 때 무작위 변수 Y의 확률이다. 더 엄밀하게 말하면 $Y=3$은 어떤 상태들은 포함하고 다른 것들은 포함하지 않는 한 사건의 이름이다. $P(Y=3)$는 이 사건의 확률이다. Y가 관찰되기 전에 우리는 상태 공간위에서 정의된 함수를 가리키기 위해 그리고 그에 따라 조건 $Y=3$으로 그 사건을 정의하기 위해 문자Y을 사용한다. 그러나 Y가 관찰된 뒤에는 우리는 현실화된 $Y=y$을 가지게 되지만 특정한 값 y는 함수 Y을 대신할 수 없다. 엄밀하게 같은 논리가 먼저의 예에 즉 $X=3$을 식 (1.4.1)에 대입하는 것에 적용된다.

식 (1.4.1)에 있는 68%는 무엇을 의미하는가? 그것은 우리가 구간을 만들어내는 일정한 절차를 사용하고 있고 우리는 μ가 실제로 얼마이든 간에 이 절차가 μ을 보장하기 위해 선험적으로 68%의 확률을 가진다는 것을 우리에게 보증한다는 것을 의미한다. 우리가 갖고 출발한 문제에서 $(X-\mu) \sim N(0, 1)$이기 때문에 단순하다. 그러나 σ가 미지일 때 그것은 그리 명확하지 않으므로 우리는 정말로 어느 관심 있는 무작위변수에 관하여 아무 것이라도 말할 수 있다. 다행

히 어떤 것들은 말할 수 있게 되었다 - t와 F분포가 독립적으로 미지의 모수(母數; parameters)의 여러 가지 표현을 위해 불쑥 나타났다. 이것은 정말로 기적으로 그것이 없으면 우리는 고전적인 통계적 추론을 수행할 수 없을 것이다.

어느 사건에서나 가설검정(hypothesis)을 위한 유의수준(significance level)과 함께 신뢰수준(confidence level)이 베이즈의 의미로는 확률이 아니라는 것을 기억할 필요가 있다. 그것들은 표본이 취해지기 전에 선험적으로(a priori)만 확률이고 그것들은 미지의 모수(parameter)와 관계없이 한결같게 계산되고 경계가 정해진다. 그러나 일단 표본이 취해지면 우리는 단지 선험적 확률만을 반영하고 모든 관련 정보와 통합되지 않을 수도 있는 신뢰 또는 유의 수준을 갖게 된다. 다음 예가 이를 보여준다.

전통적 통계학은 엉뚱할(ridiculous) 수 있다

폭 1의 구간에서 균일한 분포를 갖는 무작위변수를 생각해보자. De Groot(1975)에 의하면 우리는 이 구간이 어디 위치하는지 모른다. $\theta \in$ R이

$$X \sim U(\theta - 0.5,\ \theta + 0.5)$$

이 성립되는 중간점(midpoint)을 나타낸다고 하자. 그리고 이 분포로부터 $n = 2$ i.i.d 무작위변수 X_1, X_2을 취하고 그들 사이에 구간

$$[\min(X_1, X_2),\ \max(X_1, X_2)]$$

을 구성한다고 하자. 신뢰수준은 얼마인가?

구간 에 θ가 들어있지 않으려면 당신은 X_1, X_2 둘 다가 $[\theta - 0.5,\ \theta)$안에 또는 X_1, X_2 둘 다가$(\theta,\ \theta + 0.5]$안에 있게 하여야한다. 여기서 이들 사건 둘 각각은 .25의 확률을 갖는다. 이로써 우리는 50%의 신뢰구간을 확보하였다. 즉 θ가 얼마든 간에

$$P(\theta \in [\min(X_1, X_2),\ \max(X_1, X_2)]) = 0.5$$

이다.

다음으로 $X_1 = 0$ 그리고 $X_2 = 0.6$이라고 가정한다. $\theta \in [0, 0.6]$ 인 확률은 얼마일까? 이 경우에 우리는 그 답이 1임을 안다. $[\min(X_1, X_2), \max(X_1, X_2)]$ 에 θ가 들어있지 않은 두 경우가 $|X_1 - X_2| < 0.5$가 성립하는 경우이기 때문에 그렇다. 우리가 만일 $|X_1 - X_2| > 0.5$을 관찰한다면 이것이 표본에서 θ가 적중되는 경우들 중 하나라는 것을 우리는 안다. 그러나 이 지식은 신뢰수준에 반영되지 않으며 신뢰수준은 표본이 추출되기 전에 그러했던 50%로 남는다. 마찬가지 징표에 의하여 우리가 만일 $X_1 = 0$과 $X_2 = 0.001$을 관찰한다면 우리는 아마도 이 때 우리가 θ을 알아맞히었다고 정말로 생각하지는 않는다. $|X_1 - X_2| < 0.001$을 조건부로 우리는 우리의 구간 안에 θ을 포함하고 있다는 것을 다행으로 여겨야할 것이다. 그러나 고전적 통계학 언어는 우리가 모든 이들 느낌, 직관을 아니 지식조차도 표현하는 것을($|X_1 - X_2| > 0.5$

인 경우에) 허용하지 않는다. 우리는 모수를 포함하는 구간의 확률이 얼마 이었었나를 검토하는데 한정되고 우리의 표본에서의 증거를 고려하여 이 확률을 갱신할 수 없다.

▌다른 목표를 위한 다른 방법(Different Methods for Different Goals)

그런데 왜 우리는 전통적 통계학을 사용하나? 우리의 과학적 뿐만 아니라 일상의 통계적 추론을 처리하기 위한 결함이 있는 그런 절차의 집합을 어떻게 믿을 수 있을까?

정말로 고전적 그리고 베이즈 통계학자가 격렬한 지적 다툼에 빠졌던 날들이 있었다.[51] 그러나 우리는 고전적 및 베이즈 통계학은 그들이 다른 목표를 가지고 있기 때문에 전혀 서로 경쟁하는 것이 아니라는 것을 내세울 수 있다. 이 사회에 다른 믿음과 다른 목표를 가진 다른 사람들이 있다는 것을 조건으로 고전적 통계학은 사회가 공식적으로 인정받은 대로 서술될 수 있는 것에 사회가 동의하기위한 도구의 모음이다. 베이즈 통계학은 개인적 추론자(推論者; reasoner) 또는 의사결정자를 위한 도구인데 그들은 그들의 지식, 믿음, 증거, 및 직관을 가려내려는 사람들이다. 따라서 고전적 통계학은 객관적이 되려고 한다. 베이즈 통계학은 그에 비해 객관적이든 주관적이든 간에 모든 믿음과 직관을 포착하기를 희망한다.

두 예가 도움을 줄 것이다. 고전적 통계학의 일꾼(workhorse)인 가설검정을 설명하기위하여 기초교과서가 사용한 유추(類推; analogy)를 가지고 시작하자. 법정에 가기 전의 살인 사건을 생각해보자. 귀무 가설 H_0는 피고가 무죄라는 가설이다. 이에 대한 대안 H_1은 그가 유죄라는 것이다. 증거를 수집하기 전에 검정(檢定; test) - 있을 수 있는 관찰을 {채택, 기각}으로 바꾸는 함수를 정의하는데 여기서 H_0을 기각(棄却; reject)한다는 것은 그것이 틀렸다는 것을 증명하는 것인 반면에 그것을 채택(採擇; accept)한다는 것은 특이하지 않은 것으로 본다는 것이다. 특히 피고가 의심의 덕을 보고 결정적이 아닌 증거가 H_0을 기각하지 않거나 "채택하는" 결과를 가져올 가능성이 높을 것이다. H_0와 H_1의 역할을 서로 바꾼다면 그 귀무 가정을 유죄로 만들어서 H_0와 H_1어느 것도 채택될 수 없는 즉 H_0와 H_1어느 것도 "증명"되지 않는 경우가 될 것이다. 검정을 선택함에 있어 우리는 I형 오류와 II형 오류의 확률 상 경계를 고려하고 우리스스로에게 유죄인 피고가 무죄로 선고받을 그리고 그 반대로 선고받을 최대의 연역적(a priori) 확률은 얼마인가라고 묻는다.

이것은 번거로운 일이다. 누구는 유의수준(significance level)에 근거하여 검정을 정의하는데 이 유의수준은 연역적 확률만을 다루며, 누구는 H_0와 H_1을 비대칭적으로 다루어야하고 등등. 왜 우리가 이 잡동사니에 매달리는지를 이해하기위하여 베이즈의 대안을 생각해보자. 이 대안에서 재판관이나 배심원(법률제도에 따라)은 피고의 유죄에 대한 사전 확률을 만들어 내야하고 주어진 증거를 갱신해야하며 유죄의 사후 확률을 찾아내야한다. 그러나 재판관은 어디에서 사전확률을 구해야하나? 만일 재판관이 피고가 유죄인 사전 확률에 100%를 할당한다면 어떤 일이 일어날까? 아무리 많은 증거도 그로 하여금 반대를 믿게 만들 수 없을 것이다. 대신

51) 결국 수년에 걸쳐서 양측은 일정한 양보를 하고 상대측 방법이 일부 장점이 있다는 것을 기꺼이 시인하였다.

재판관이 우연히 피고의 어머니일 수 있을 것이고 그 어머니는 피고의 유죄에 솔직히 또는 전략적으로 0%의 사전 확률을 할당할 수도 있다.

분명히 우리는 법정제도가 객관적이기를 바라는 사회에서 사는 것을 선호한다. 우리는 일정한 규칙에 얽매여 제도가 우리로 하여금 우리가 믿기 쉬운 무언가를 증명하도록 허용하지 않을 경우도 있을 수 있을 것이라는 것을 안다. 이 경우 우리의 주관적 믿음과 법정제도가 만든 공식적 선고 사이에 차이가 있을 수 있다.

이 예의 계속으로 피의자가 한 여인을 만난 첫날에 강간하고 살해했다고 고발당한다고 가정하자. 그 위에 경찰이 피의자의 집을 수색하여 유죄임을 나타내는 증거로 총, 피 묻은 옷 등등을 발견한다고 가정하자. 그러나 재판과정에서 변호는 이들 증거를 설명하는 이론을 내세우는 쪽으로 진행되어 타당한 의심을 넘어 유죄가 설립될 수 없게 될 수 있을 것이다.

이제 당신 스스로 두 질문을 하여보라: (i) 당신은 피고를 감옥에 보내고 싶나? 그리고 (ii) 당신은 당신 여동생이 그와 데이트하는 것을 좋아할 것인가? 당신의 대답이 "마, 나는 우리의 법을 고수하는 것이 중요하다고 생각한다. 유죄는 명료하게 성립되지 않았으며 피고는 의심의 덕을 보아야한다. 동시에 나는 확실히 내 여동생이 그런 인간과 데이트하는 것을 보기 원하지 않는다. 나는 이 자가 살인자라고 확신한다."일 가능성이 아주 높다. 사회가 공식적으로 선고해야한다고 생각하는 것과 당신 자신의 결정문제에서 하고 싶은 것과의 차이는 고전적 통계추론과 베이즈의 갱신(更新; updating)과의 차이와 비슷하다.

다른 예를 생각해보기 위하여 유명한 제약회사가 일정한 형태의 암을 완화시킬 수도 있는 신약을 개발하였다고 하자. 나는 그 병을 앓고 있다. 그 신약이 내게 도움이 될 수도 있지만 아직 FDA의 승인을 받지 못하였다. 나의 개인적 결정을 위하여 나는 나의 모든 베이즈의 추론 정보를 사용하려한다. 그리고 나는 할 수 있다면 그 약을 복용해야한다는 결론을 내릴 수도 있다. 나는 결과적으로 FDA의 승인이 나지 않는 약을 복용한 일이 없다는 것을 안다. 나는 그 회사가 거절당함으로써 너무나 많은 손해를 입지 않을 수 없다는 것을 깨달았고 나는(그 회사가 제출한대로) 허가를 받는데 아주 높은 사후 확률을 준다. 동시에 나는 아마도 FDA가 그 회사가 평판이 좋다는 이유 때문에 자동적으로 이 회사의 약을 승인하기를 바라지 않을 것이다. 다시 한 번 우리는 두 질문을 구별하여야한다. (i) 나는 FDA가 검사 없이 그 약을 승인하기를 바라나? 그리고 (ii) 나는 FDA 승인 전에 그 약을 복용하기를 원하나? (i)에 부정적으로 그리고 (ii)에 긍정적으로 대답하는 것은 완벽하게 모순이 없는 것이다. 공공기관의 선언은 객관성의 표준을 고수하여야한다. 개인의 결정은 주관적 입력도 허용하여야한다.

과학적 연구가 개인적 직관과 사회의 선언이 갈라지는 또 다른 분야임을 관찰하자. 과학자는 여러 가지 육감과 직관을 가질 수 있을 것이다. 그러나 우리는 그들이 "A가 진실이라는 나의 사전 믿음을 근거로 나는 표본을 취하고 그 사전 자료를 갱신하여 그것이 정말로 높은 확률로 진실이라는 것을 알아냈다."라고 말하는 것을 허용할 수 없다. 우리는 과학자가 아주 다른 직관을 가지고 있음을 실감한다. 그 위에 그들은 여러 가지 결과를 발표할 유인(誘因; incentives)을 가지고 있다. 그러므로 우리는 과학적 연구에 높은 객관성의 표준을 고수하고 있다. 특히 과학의 모든 분야가 고전적 확률과 검정가설을 사용한다. 사전 믿음이 개별 과학자들로 하여금 연구의 추측을 개발하도록 유도하지만 그것들은 과학적 증명 규약(規約; protocol)에 들어갈 수 없다.

앞에서의 검토가 고전적 및 베이즈의 통계학이 하고자 하는 것을 다루는 것이지 그들의 목표를 달성하는 성공정도가 아니라는 것이 강조되어야한다. 고전적 통계학은 객관성을 지향하지만 이 목표를 달성하는데 많은 어려움과 함정에 직면한다. 반면에 베이즈의 통계학은 모든 우리의 직관을 포함해야하지만 우리는 그것이 어떤 잘 정의된 믿음도 가지고 있지 않다는 많은 문제에 관한 사전 믿음이 필요하다는 것에 너무 부담을 느끼게 된다는 것을 발견한다. 그러나 요점은 이들 방법의 각각이 완전히 다른 목표를 가지고 있다는 것이다.

제2장 기대효용이론(期待效用理論; expected utility theory)

불확실한 상황에서의 판단과 의사결정은 지나간 60여 년간 확률과 효용을 거쳐 기대효용을 근간으로 하여 연구되어 왔다고 하여도 과언은 아닐 것이다. 이 기간 동안 기대효용이론은 규범적 모델로 개발되어 발전되면서 널리 사용되어 왔다. 그러나 실제 행동을 설명하는데 한계가 발견되면서 실제 행동을 설명하는 기술적 모델을 찾는데 몰두하였지만 인간의 여러 결정행동을 설명하는 모델을 개발하는 데는 이르지 못하고 결국 규범적 접근에 상황적응성을 부여하여 기술성(記述性; descriptiveness)을 보완 하려는 노력이 뒤따르게 된다. 이들 이론이 이른바 일반화된 **기대효용이론**이다. 그러나 규범과 현상을 일치시킨다는 것은 본래부터 무리한 것으로 이른바 처방적(處方的; prescriptive) 접근의 필요성과 함께 발견적 해결방법(heuristic)을 모색하는데 까지 이르게 된 것이다. 여기에 의사결정이론이 실용성을 가져야한다는 현실적 요구에 부응해야하는 필요성이 새롭게 대두된 것이다. 우선 기대효용이론이 어떻게 역사적으로 전개되어왔는지 보기에 앞서 Gilboa(2009)의 사례연구를 빌려서 효용함수의 의미를 살펴보기로 한다.

2.1 사례연구를 통한 효용함수의 의미

20세기의 전반기 효용은 주관적 가치, 정신적 가치, 심리적 만족이라고 표현되는 것들의 표준용어로 사용되었다. 효용은 "독립적으로 측정 가능한 심리적 실체"라고 보았으며 어디까지 정확하게 측정될 수 있는가에 관해 활발한 논쟁이 있었다. 그러나 측정가능성 논쟁에 관한 관심은 **서수논자**(序數論者; ordinalists)들 즉 효용이란 개인 선호의 순서를 표현하여 주는 것에 불과하다고 주장하는 서수논자들에 의하여 압도당한다.

그러나 이러한 서수논의 인기에도 불고하고 효용의 측정가능성에 관한 관심은 당시 수학의 공리이론(公理理論; axiomatic theory)의 대두에 힘입어 1920/30년대에 부활되었다. 이들 **기수논자**(基數論者; cardinalists)들은 비교 가능한 선호차(選好差; preference difference) 또는 선호의 강도라는 개념을 공리화(axiomatize)하였다. 그들의 기본적 주장은 우리는 언제나 선호의 강도를 비교하며 그 비교에 관해 정밀해질 수 있다는 것이다. 이는 궁극적으로

$$v'(x) = av(x) + b$$

가 성립하는 a, b가 존재한다는 것을 의미한다. 여기서 $v'(x)$는 $v(x)$을 선형 변환(線形變換; linear transformation)한 것이라고 한다.

우리는 지금까지 네 개의 확률부과문제와 세 개의 확률정의를 생각해보았다. 첫째 선호무차별원칙은 너무 결함이 많아 우리는 일정한 정도 의미가 통하는 것처럼 보이는 몇 예에서조차 그것에 대한 정당성을 찾기 어려웠다. 둘째 빈도주의 접근은 일정한 문제에 대해서는 좋은 것처럼 보지지만 전쟁의 발발, 주식시장의 붕괴, 또는 심지어 의료절차의 성공과 같은 문제에 대처할 수 없는 것처럼 보인다. 불행하게도 우리의 사적 또는 직업적 삶에 있는 중요한 문제의 일부는 다루기 어려운 형태 - 같은 방식으로 반복된다고 가정할 수 없는 그리고 인과관계에서 독립적 양식에 있을 수조차 없는 형태들이다. 마지막으로 우리는 주관적 접근을 고려하였는데 그것은 전쟁과 같이 동전도 같은 방식으로 다루는 강력한 개념적 도구인 것처럼 보인다.

그러나 이 주관적 확률이란 정확하게 무엇인가? 우리는 그것을 어떻게 정하나? 그런 확률들을 사정하는 어느 정도 합리적인 길이 있나? 그리고 우리는 그 확률장치가 우리의 직관을 포착하는 옳은 길인가?

이들 질문의 모두가 공리적(公理的; axiomatic) 접근을 요구하고 있다. 그런 접근이 동시에 주관적 확률이 정확하게 무엇을 의미하며 어떻게 그것에 눈금을 긋고 그것을 측정하는지 그리고 왜(그리고 언제) 그것을 사용하여야하는지 등등을 우리에게 설명하여준다. 그 접근을 보다 잘 이해하기위하여 효용극대화의 사례연구를 좀 더 주의 깊게 분석해보자. 이 "사례연구"가 실제로는 효용함수의 의미를 다루며 이 문제 또한 불확실성하 의사결정에 아주 기본적이므로 상세히 다루고자 한다.

2.1.1 효용극대화를 위한 특성화정리(特性化定理; characterization theorem)

여기서 제시하는 정리는 Cantor(1915)로 거슬러 올라가며 그것은 Kreps(1988, pp.25-26)에도 나타난다. Cantor는 경제학이나 결정이론에 관심이 없었던 것으로 생각된다. 그러나 그는 실수(實數; real number)에 매혹되었으며 그는 그것들을 여러 관점에서 이해하려하였다. 그는 특히 실수 상에서의 순서("보다 크다")를 이해하는데 관심을 가졌다. 실선(實線; real line)과 그 관계 $\geq$와 같은 순서위의 이원관계를 갖는 집합의 원소를 어떻게 생각할 것인가? 이 질문에의 답으로 Cantor는 정리를 마련하였는데 그것은 효용극대화라고 생각할 수 있는 선호관계의 특성화라고 해석될 수 있다.

우리의 목적을 위해서 우리는 대안들 X의 집합과 그들 사이의 적어도 만큼은 선호; preferred at least as)된다고 해석되는 $\succsim \ \subset X \times X$을 고찰해야 한다. 우리의 주된 관심은 다음과 같은 질문에 포함되어있다. 언제 우리가 함수 $u : X \rightarrow \underline{R}$의 극대화에 의하여 $\succsim$를 표현할 수 있을까? 즉 언제 u가

$$u(x) \geq u(y) \quad \forall\, x, y \in X \text{을 필요충분조건으로 } x \succsim y \tag{2.1.1}$$

을 만족하는 실가함수(實價函數; real-valued function) u가 존재하는가? 이 경우 우리는 u가

$\gtrsim$를 나타낸다고 말한다.

$\gtrsim$의 부분인 비대칭(非對稱; asymmetric)($>$)과 대칭($\sim$)을 정의하고 다음의 세 공리를 고찰하자.

C1. 완전성(completeness): 모든 x, $y \in X$에 대해 $x \gtrsim y$ 또는 $y \gtrsim x$

C2. 이행성(transitivity): 모든 $x, y, z \in X$에 대해 $x \gtrsim y$와 $y \gtrsim z$는 $x \gtrsim z$ 를 의미한다.

C3. 분리가능성(separability): 모든 $x, y \in X \setminus \mathrm{Z}$에 대해 $x > y$이면 $x \gtrsim \mathrm{z} \gtrsim \mathrm{y}$가 성립하는 $z \in Z$가 존재한다는 것을 조건으로 셀 수 있는 집합 $Z \subset X$가 존재한다.

공리 C1과 C2는 소비자이론으로 아주 친숙하다. 그러나 다른 맥락에서 같은 공리들과 비교하기 위하여 우리는 어떻게 그것들이 일반적으로 정당화되는지를 스스로 되새겨볼만하다. 우리가 기술적(記述的; descriptive) 해석을 취한다면 완전성은 단지 정의의 문제이다. 즉 우리가 관찰하는 선택은 선호되는 것이라고 정의된다. 선택 집합 $[x, y]$에 직면한 의사결정자는 아무 선택이든 해야 할 것이므로 y의 존재 하에 x가 선택되었다고($x \gtrsim y$) 또는 그 반대로 말할 수 있다.

이 설명은 약간의 오해의 소지가 있다. 왜냐하면 완전성이 무언가 규칙성(regularity)이라는 의미로도 받아드려지기 때문이다. 더 정밀하게 같은 선택 집합 $[x, y]$을 조건으로 우리는 의사결정자가 항상 같은 비공(非空; nonempty)의 부분집합 $C([x, y]) \subset [x, y]$에서 선택할 것이라고 기대한다. 그런 까닭에 완전성은 무작위선택을 배제(排除; rule out)한다.

이행성은 분명한 기술적(記述的; descriptive) 해석이다. 다음 부분에서 우리는 이행성이 자주 위반되는 상황의 두 가족을 검토한다. 당분간 우리는 그 기본 논리를 따르는 것으로 우리자신을 만족시킬 수 있다.

규범적 해석을 취할 때 완전성 공리는 상당히 설득력이 있다. 그것은 확실한 선택이 이루어져야한다는 것을 말해준다. 그 공리는 암암리에 선택을 명확하게 하여달라고 우리에게 요구한다. 우리는 우리가 잘 정의된 선호를 갖고 있지 않다고 주장할 수도 있다. 결정이론가는 "그렇다면 당신은 당신의 선택을 감추고 단순히 그것을 보지 않겠다고 결정하는 것을 선호하는가?" 라고 말할 수도 있을 것이다. 완전성 공리는 따라서 사실에 맞서 명시적으로 선택을 모델화하라는 요청으로 간주된다.

이행성 공리는 방어하기 더 쉽다. 그 뒤에 있는 직관은 분명하고 설득력이 있다.

이제 C3의 수학적 내용을 간단히 이해하자. 분리가능성은 대략 셀 수 있을 정도의 많은 원소(Z의 원소들)가 자초지종을 이야기해준다고 말한다. 만일 내가 한 대안 x의 순위가 어떤가를 알고 싶다면 내가 Z의 모든 원소에 대비하여 그 순위가 어떤가를 아는 것으로 충분하다. 만일 X가 셀 수 있다면 우리는 $Z = X$를 선택할 수도 있으므로 C3은 저절로 성립한다.

분리가능성은 명백하게 수학이 작동하기위하여 필요한 조건이다. 그것은 기술적 또는 규범적 관점에서 대단히 강력하지는 않다. 동시에 그것은 특별하게 번거롭다고 할 수 없다. 실은 그것은 어떤 관찰 상의 의미를 가지고 있지 않다. 우리의 관찰이 언제나 유한하므로 우리는

C3에 이의를 제기할 실험을 상상할 수 없다. 이것은 그 공리가 기술적으로 해석되든 규범적으로 해석되든 간에 실증적(實證的; empirical) 내용을 가지고 있지 않고 따라서 우리의 이론을 제한하지 않음을 시사한다. 오히려 그 공리는 우리가 어떤 한 수학적 모델을 사용하기 원할 때 지불하여야할 대가이다.

분리가능성 공리가 무언가 수학적 힘을 가지고 있다는 것 그리고 그것이 효용표현에 대한 희망을 우리에게 줄 수도 있다는 것을 보기위해 왜 그것이 Debreu의 유명한 예(Debreu, 1959; Mas-Colell et al., 1995도 보라)를 제외했는지 보자. 이 예에서 $x_1 > y_1$ 또는($x_1 = y_1$이고 $x_2 \geq y_2$)를 필요충분조건으로 하여 $X = [0,1]^2$이고 $(x_1, x_2) \succsim (y_1, y_2)$이다. 당신이 첫 미시 경제학(微視 經濟學; microeconomics)교실로부터 회상할 수 있을 수도 있는 것처럼 이 예는 연속성(continuity)을 만족하지 않는다. 즉 엄격한 선호에 의하여 정의된 집합들은 $\mathbf{R}^2$ 상의 표준 위상(位相; topology)에서 열려있지 않다. 그러므로 그것은 연속적 숫자표현을 가지고 있지 않다. 그 위에 그것은 분리가능성을 만족시켜주지 않는다. $Z \subset X$가 가산집합(可算集合; countable set)이라고 가정하고 첫째 좌표 위에서의 그것의 투영(投影; projection)을 생각하자. 즉

$$Z_1 = \{x_1 \in [0,1] \mid \exists\, x_2 \in [0,1]\ s.t. (x_1, x_2) \in Z\}$$

분명히 Z_1 또한 계산가능하다. $x_1 \in [0,1] \setminus Z_1$을 고려하고 $(x_1, 1) \succ (x_1, 0)$에 주목하자. 그러나 그것이 그 첫째 좌표로 x_1을 가질 수 없으므로 Z의 어떤 원소도 선호라는 면에서 이들 둘 사이에 있을 수 없다.

정리(定理; theorem)는 다음과 같다. 즉

■ **정리 2.1.1(Cantor)** 이원관계 $\succsim$는 그것이 C1-C3를 충족시킨다는 것을 필요충분조건으로 실가함수(實價函數; real-valued function) u로 표현될 수 있다. 이들 조건하에서 그 함수 u는 증가하는 변환에 유일하다.

이 정리의 증명은 Gilboa(2009) pp.53 - pp.55를 참고하기 바란다.

2.1.2 해석(解釋; interpretations)

앞에서 나온 정리를 몇 가지로 다르게 해석할 수 있으며 이들 다른 해석을 자세히 점검해볼 가치가 있다. 이른바 규범적 및 기술적 이론의 표준적 역할과 관련지어 두 가지 해석을 할 수 있다. 다른 하나는 이론이 무엇인가 또는 이론은 어떠하여야 하나에 관한 이론적 의문과 관련이 있는 것으로 메타 이론적(meta-theoretic)이다. 여기에 규범적 및 기술적 의문이 있다는 것을 관찰하자. 그러나 경제학보다는 과학철학의 규범적 및 기술적 의문이 여기에 있다는 것을 관찰해보기로 한다. 몇 개의 문제가 여담으로 함께 검토될 것이다.

몇 개의 정의

▶ **"규범적"이란 어떤 의미가 있나?**. 경제학에서 우리는 통례적으로 규범적 및 기술적 이론을 구별한다. 기술적 이론은 "이다"를 규범적 이론은 "이어야한다"를 다룬다. 전자는 현실의 정확한 기술을 제공하려하는 반면에 후자는 현실이 무엇과 같아야 하나를 우리에게 말하려고 한다. 규범적 및 기술적 이론의 차이는 수학적 모델 보다는 해석에 있다는 것을 돌이켜볼 필요가 있다. 앞서 나온 정리(theorem)를 고려할 때 이행성이 어떻게 사람들이 실제로 결정을 내리는가에 관한 주장으로 또는 의사결정자에의 권고로 제안되었는지 분명하지 않다. 막연하게 말해서 한 논문이 규범적 이론을 제안하는지 또는 기술적 이론을 제안하는지 여부는 그 서문에 의해서 판단될 것이지 그것의 정식 모델에 의해서 판단되지 않을 것이다.

우리는 오히려 한 이론이 정확하다는 것이 무엇을 의미하는지 분명하게 이해하고 있다. 우리는 한 이론의 예측과 관찰된 데이터를 비교하고 여러 가지 적합도(goodness of fit)의 측척(測尺)(測尺; measures) 등등을 계산할 수 있다. 정확도가 이론을 판단하기위한 유일한 기준이 아니며 우리는 일반성과 단순성에 동시에 관심이 있다. 전반적으로 단순성, 일반성, 및 정확도의 적절한 측척(測尺)에 대하여 그리고 확실히 그것들을 절충하는 적절한 방법에 대하여 많은 의견차이가 있을 수 있다. 그럼에도 불구하고 우리는 정도차이는 있어도 우리가 나중에 무엇인지를 이해하고 우리가 그것을 보았을 때 그것을 재인(再認; recognize)하기를 희망한다.

그렇다면 "규범적"이 갖는 의미는 무엇일까? 아무 권고나 모두 규범적 이론인가? 그리고 우리는 어떻게 규범적 이론을 판단하나? 우리가 "회개(悔改; repent)하라"라는 표지판 주위를 맴돌았다면 우리는 규범적 과학에 빠진 것일까? 우리는 훌륭한 규범적 과학자일까? "회개해, 최후 심판의 날이 가까웠다."라는 우리의 표지판을 읽고 당신의 대답이 바뀔까?

"관찰하라 나의 친구여: 나는 최후의 심판의 날이 다가오고 있다는 것을 알게 되었다. 그 날이 오면 지옥에서 타죽기를 원치 않는 당신들은 회개를 생각하게 될 수 있다."("회개하라, 심판의 날은 멀지 않다"보다 공손한 말)와 같은 조리 정연한 주장이 딸려있는 일부 사람들은 거의 규범적 주장을 하지 않는다. 그는 현실에 관한 선언 즉 심판의 날의 타이밍에 관한 무조건적 선언 및 회개와 지옥에서의 타죽기 사이의 관계에 관한 조건부의 선언만을 할 것이다. 두 선언 모두 순수하게 기술적이라고 생각될 수 있으며 그것들은 우리가 그것들을 우리의 목표와 연결할 때만(짐작컨대 가능하다면 지옥에서의 타죽음을 피하기 위한) 행동방향에 대한 권고가 된다.

여기서 우리가 "규범적"을 사용할 방식은 조금 다르다. 규범적 이론이 기술적 이론일 것이지만 관찰된 현실에 관해서가 아니고 오히려 사람들이 관찰하고 싶은 현실에 관해서이다. 따라서 우리가 이행성을 규범적 공리로 생각한다면 우리는 사람들에게 그들이 이행적(移行的; transitive)이어야한다고 말하지 않을 것이다. 왜냐하면 우리가 그들에게 그렇게 말하였기 때문이다. 우리는 이행성을 사람들이 자기가 따르고 있음을 보고 싶은 행동양식이라고 말할 것이다. 마찬가지로 사회적 선택 이론에서의 익명(匿名; anonymity)과 같은 공리는 "사람들의 이름이 사회적 상호 작용의 결과에 영향을 주지 않는 사회에서 즉 익명의 공리가 성립하는 곳에서 살고 싶지 않은가?"라고 이해되어야 할 것이다.

결과적으로 규범적 이론의 성공은 기술적 이론의 성공과 마찬가지로 관찰에 적합한지여부에 달려있다고 할 수 있다. 그러나 관찰은 사람들의 행동의 관찰이 아니라 오히려 그들의 표현된 희망의 관찰이다. 그런 까닭에 규범적 과학자는 그의 이론을 그의 관객에게 판매하려는 사람이라고 생각할 수 있다. 대부분의 그의 청취자가(개인으로든 집단으로든 간에) 그 이론을 좋아하고 그것을 따르기로 결정하여야한다면 우리는 그 이론에 성공의 관을 씌워줄 것이다. 그의 청취자가 거부하거나 단지 하품하고 그들의 어깨를 으쓱한다면 우리는 그 이론이 규범적 이론으로 실패했다고 시인하지 않을 수 없을 것이다.

▶ **"무엇을 의미하나"가 가진 의미** 우리가 "....이 무엇을 의미하는가?"라고 물을 때 우리는 일반관습에 거의 부합되는 정의를 찾으려한다. 이런 의미에서 한 용어에 대해 — "규범적" 및 "합리적"이란 — 정의를 찾는다는 것은 함수를 데이터에 맞추는 것과 같다. 데이터는 긍정적 그리고 부정적 예 — 우리가 그 용어에 맞추었다고 그리고 맞추지 못하였다고 동의하는 현상 — 이고 함수는 그 용어가 적절하다고 생각되는 경우의 단순한 특성화(特性化; characterization)를 발견하려는 기도(企圖; attempt)이다. 그런 기술을 따른다면 용어를 정의하는 것은 순수하게 기술적(記述的; descriptive)성질의 과업이다. 실은 그것은 컴퓨터과학/기계학습(機械學習; machine learning)에서 "분류문제(classification problem)로 알려진 과업과 완전하게 동등하다. 긍정적 그리고 부정적 예를 만났을 때 누구는 미래의 예를 분류하는데 도움이 될 수 있는 일반적 규칙 또는 최소한의 알고리즘(algorithm)을 찾는다.

그러나 때로는 정의(定義; definition)의 행동이 더 규범적 냄새를 풍긴다. 어떤 일정한 용어의 용법을 관찰하면 누구는 그것의 일부는 혼란스럽다고 그리고 우리가 그 용어를 조금 다르게 사용하려고 결정하면 단순한 정의가 더 정확할 수 있을 것이라고 결론 내릴지도 모른다. 이것은 누군가가 우리는 토마토를 "야채"라고 부르지 않기로 한다고 암시하였을 때 일어나는 것이다. 이것은 또한 우리가 당신에게 "합리적"이라는 단어를 우리의 동료들 중 일부가 사용하는 것과 조금 다르게 사용하라고 요청할 때 일어난다.

정의는 우리가 선택하는데 따른다는 것을 상기하는 것이 중요하다. 우리는 용어를 우리가 원하는 어떤 방식으로 정의하는 자유를 가진다. 우리는 불필요한 혼선을 피하기 위하여 정의를 분명히 하여야 한다. 그리고 우리는 어느 정의가 우리의 검토에 가장 유용한가를 우리 스스로에게 물을 수 있지만 독립체(獨立體; entities)가 가질지도 또는 가지지 못할지도 모르는 어떤 본유적(本有的; innate) 성질을 지정하지 않는다. 예를 들어 경제학(또는 결정이론 또는 사회학)이 과학이다 아니다 논란을 벌일 필요는 없다. 우리는 "과학"을 경제학을 포함하는 방향으로 정의할 수도 또는 일반화가 정의를 사용하여 설명하는 것이 쉬울 것이라는데 영향 받지 않는 방향으로 정의할 수 도 있다.

독립체를 정의를 충족하는 것으로 또는 그렇지 못한 것으로 분류하는 것이 모호할 때도 있다는 것을 명심할 필요가 있다. 우리는 실생활에서의 거의 모든 이분법적 정의가 불분명하다는 예를 발견할 수 있다. 이것이 정의에 의하여 제시된 구별이 소용없다는 것을 의미하지는 않는다. 때때로 악에서 선을 말하는 것이 어렵지만 이것이 소용없는 정의는 아니다. 흑백사이의 구별에서조차 회색 영역이 존재한다.

▶ **사회과학으로서의 철학.** 우리는 "규범적" 그리고 "기술적" 이론이라는 용어를 과학철학의 맥락에서 사용한다. 다른 말로 하면 우리는 과학적 이론이 무엇이며 그것들은 무엇 같아야 하나를 검토한다. 이것은 과학철학이 규범적 및 기술적 정의를 가지고 있는 사회과학과 유사한지 의문을 제기한다.

철학을 어느 정도 사회과학이라고 보는 것이 정신이 나갔고 그리고 철학이 무엇에 관한 것인지를 전혀 모르고 하는 소리라고 생각하려는 소수의견이라고만 할 수는 없다. 말할 필요 없이 이것은 철학자들에 의한 주요 방어로 생각되어지기도 한다. 그럼에도 불구하고 여기서는 이 정의를 계속 지켜나가려 한다.

첫째 우리는 단지 우리가 이해할 수 있는 그 철학의 그 부분들만을 거론할 뿐이다. 명백히 이것들은 아주 제한된다. 당신이 개인적 고백으로 변명한다면 우리는 우리가 메타물리학의 이해를 불가능하게 만드는 확실한 학습장애(學習障碍; learning disability)에 걸려있다는 것을 인정하게 될 것이다. 1.3에 있는 grue-bleen 모순에서의 검토에서처럼 우리는 우리가 그것들을 이해하였다고 느끼기 위하여 사물을 아주 구체적이 되도록 가급적이면 0들과 1들의 수열에 의해 완벽하게 모델화되도록 할 필요가 있다. 이 이유 때문에 철학자들은 우리에게 우리가 존재론을 인식론과 체계적으로 혼동한다고 말한다. 그들이 존재하는 것을 논하려하고 있을 때 우리는 그 논의를 우리가 알거나 파악할 수 있는 측면에서 달리 말한다.

그러나 우리가 이해할 수 있는 철학적 토론에만 주의를 한정할 때 우리는 그들 철학자들이 인간의 마음 ― 우리가 어떻게 생각하며 우리는 어떻게 생각하고 있어야하나 ― 에 관련된 현상을 다룬다는 것을 알게 된다. 이것은 마음과 언어의 철학, 미학과 윤리학, 과학 및 종교의 철학, 등등에 적용된다. 우리가 철학을 어떻게 생각하고 추론하며 믿는지 등의 모델 집합체(collection of models)로 볼 때 철학은 아마도 기대하건대 심리학에 매우 근접할 것인데 이때의 심리학은 특히 시회과학으로 보인다. 인정하건대 심리학은 철학보다 더 기술적(記述的; descriptive)이다. 철학은 우리가 무엇을 믿어야하나, 우리가 어떻게 추론해야하나, 우리가 언어를 어떻게 사용하여야하나, 그리고 우리가 어떻게 과학을 하여야 하나와 같은 규범적 문제를 훨씬 많이 다룬다. 그러나 이들 규범적 토론은 당연히 사회과학의 부분일 것이다. 더 중요하게 이들 토론은 기술적인 것과 분리되지 않는다. 예를 들어 귀납이나 자유의지의 문제와 같은 의문을 다룰 때 우리의 언어사용이나 우리의 도덕적 판단 우리의 직관이 이 토론을 위한 데이터를 제공한다. 자유의지는 우리가 자유의지를 이해하지 못하였다면 문제가 안 될 것이다. Goodman의 모순은 우리가 귀납을 수행하는 합리적 길이 무엇인가를 이해하지 못하였다면 어리둥절하지도 않을 것이다. 도덕적 문제는 우리가 적어도 일부 선택상황에서 옳음과 그름을 이해하지 못하였다면 별 영향을 주지 않는다. 요컨대 철학은 우리의 추론, 믿음의 형성, 이야기하기, 등등의 방식에서 흔히 데이터에 다른 말로하면 우리의 직관과 통례에 의지한다.

▮메타 과학적 해석

19세기 말 그리고 20세기 초에 대부분이 물리학자인 과학철학자가 여러분이 있었다. 그들은 과학이 어떠해야 하는지에 많은 생각을 바쳤다. 그 시기에 물리학은 엄청만 발전을 이루었지만 과학적 관점에서 볼 때 모두가 아주 생산적인 것처럼 보이지 않았던 오랜 역사가 있었다. 동시에 과학의 지위를 요구하는 분야들도 있었지만 물리학과는 아주 달라보였다. 예컨대 가장 주목받는 것으로 Freud가 심리학에 혁명을 일으키면서 무대에 등장하였지만 동시에 과학적 기준에서 판단하기 어려운 것처럼 보이는 주장을 하였다. 그 때에 과학은 어떻게 처신하여야 하는가? 하는 의문이 제기되었다. 비과학(非科學; nonscience)과 과학은 무엇이 다른 것인가?

여기서 말하는 사고(thought)의 본체는 논리적 실증주의(logical positivism)이다. 그것은 Mach, Duhem, Bohr, Einstein, 등등과 같은 사상가의 저술에서 비롯되었고 Carnap(1923)에 의하여 공식화되어 수용된 관점(Received View)이라고 불리여 지게 되었다. 경제학에 영향을 준 수용된 관점의 원칙은 주로 한 이론에서 사용되는 어떤 이론적 개념도 관찰될 수 있는 것과 연관되어야한다는 생각이다. 물리학의 맥락에서 이것은 질량처럼 직관적인 어떤 것일지라도 그것이 측정되는 방식과 관련되어야한다는 것을 의미한다. 질량이 측정되는 과정 말하자면 저울위에서 무게를 재는 대상을 우리는 기술할 수 있다. 그 뒤 그 개념이 물리학에서 사용될 때에 우리는 그 법칙이 관찰로 이해되는지를 안다. 이 관점을 아주 심각하게 취하여 일부 작가는 태양은 무게를 재기위하여 저울위에 울려놓을 수 없으므로 누가 태양의 질량에 관하여 이론화 할 수 있는지 의아해한다. 이 염려가 다소 극단적인 것처럼 보일 수 있는 데 반하여 그것은 우리에게 이들 물리학자들이 얼마나 심각하게 관찰가능성을 생각하고 있을까 하는 느낌을 준다.[52)]

Popper(1934)는 한 발짝 앞서 논리적 실증주의 접근법을 택하였으며 이론은 반증 가능하여야한다고 주장하였다. 잘 알려진 대로 Popper는 이론은 증명될 수 없으며 그것들은 단지 이의가 제기되거나 조작될 수 있을 뿐이라고 주장하였다. 반증가능성을 강조하면서 Popper는 일어날 수 없는 것을 말하여야한다고 주장하였다. 이상적으로 이론은 단지 보편적 기호(記號; quantifier)만을 가져야하는데 그것에 대하여 반증되는 관찰을 상상하기는 쉬우며, 이론은 존재기호(存在記號; existential quantifier)를 포함하지 않아야하는데 그것은 단일 관찰로 반증될 수 없다고 그는 주장하였다.

20세기의 경제학에서 알려진 선호의 개념은 분명히 논리적 실증주의의 지적(知的; intellectual) 후예(後裔; descendant)이다. 18세기와 19세기의 경제학자들이 효용, 확률, 또는 복지(福祉; well-being)에 관한 이론화를 쉽게 생각한 반면에 논리적 실증주의 접근에 의하여 방

---

52) 양자역학은 수용된 관점을 고려하여 발전된 유일한 과학 분야이다. 그것은 측정될 수 있는 것을 크게 강조한다. Heisenberg의 불확정성 원리는 세상은 **측정될 수 있을 만큼 결정적이지 않다**는 사실을 이야기한다. 동시에 현대 물리학의 발전은 단지 이론에서만 측정할 수 있는 반면에 현실에서는 그것을 검사할 만한 에너지 수준에 이를 수 없음을 비판한다.

향이 잡힌 학문분야에서는 그런 개념들이 관찰가능이란 면에서 정의되었다.

■ 정리 2.1.1은 논리적 실증주의가 암시하는 노선을 따르는 "효용"의 정의라고 볼 수 있다. 우리는 이원선택(binary choices)을 직접관찰로 생각한다. 의사결정자가 y도 있는 데서 x을 선택하는 것을 관찰하고 나서 우리는 $x \succsim y$을 관찰하였다고 주장한다. 완전성과 이행성의 공리는 직접 관찰할 수 있는 의미를 가지고 있다. 완전성은 어떤 선택이 내려질 수 있다는 것을 그리고 같은 선택이 반복된 실험에서 내려질 수 있다는 것을 의미한다. 이행성 또한 분명한 관찰적(觀察的; observational) 의미를 갖고 있다. 이에 비해 분리가능성은 분명하지 않은 것 같다. 우리는 우리가 그것이 존재기호(存在記號; existential quantifier)를 포함하고 있다는 것을 알아차리자마자 조금 의심을 품지 않을 수 없고 우리는 Popper가 이것들을 좋아하지 않았다는 것을 안다. 우리는 어떻게 이 공리가 위반되는지 다시 말해 무엇 무엇이 일어나는 그런 가산집합(可算集合; countable set) Z이 존재하지 않는지 알 수 있을 것인가? 그 위에 우리가 관찰할 수 있기를 희망할 수 있는 모든 데이터가 유한하므로 그렇다면 분리가능성의 의미는 무엇인가?

앞에서 언급한 것처럼 여기서 그리고 다른 공리화(公理化; axiomatization)에서 우리는 수학이 작업할 필요가 있는 일부 공리가 있다고 기대하여야하지만 분명하게 관찰할 수 있는 의미는 가지고 있지 않다. 분리가능성, 계속성, 및 아르키메데스원리응용성(Archimedeanity)과 같은 공리는 우리가 그것이 필요하므로 거기에 있을 것이다. 그것들은 관찰가능 현상의 언어로 선언되지만 우리는 그것들이 직접 실험에서 검사될 수 있으리라고 진지하게 생각하지 않는다.53)

이 양보를 하게 되면 우리는 그 정리를 효용의 정의로 해석하는 것으로 돌아간다. 즉 그 정리는 효용극대화의 관찰 가능한 의미가 완전성과 이행성이라는 것을 말해준다. 나아가 그것은 함수 u의 존재에 관해서뿐만 아니라 그것의 독특성(獨特性; uniqueness)에 관해서도 무언가를 말해준다. 여기서 함수가 결코 유일하지 않은 경우라는 것이 판가름 난다. 그것의 단조적 변환(單調的 變換; monotonic transformation)이 선호를 나타내는 효용함수의 역할을 할 수 있을 것이다.

이것은 우리가 논리적 실증주의자 게임으로부터 배우는 아주 중요한 수업이다. 공리 없이 우리는 예컨대 금전으로부터의 효용함수 u: $\underline{R} \rightarrow \underline{R}$이 볼록인지 오목인지 여부를 물을 수도 있다. 우리는 체감한계효용(遞減限界效用; decreasing marginal utility) 의 개념에 기초를 둔 오목함(concavity)에 대한 어떤 직관을 가질 수도 있다. 그러나 누구는 또 이 개념에 도전하여 u가 볼록이라고 주장할 수도 있다. 어느 것이 더 그럴듯한 주장일까? 공리화의 실습을 통해 우리는 이것이 의미 없는 논쟁이라는 것을 알게 된다. 하나의 함수 u는 오목일 수도 있고 그것의 단조변환(單調變換; monotone transformation)이 볼록일 수도 있다. 이 경우 논란은 계속되고 오목함/볼록함 논쟁은 실증적 내용이 없게 된다. 두 이론은 관찰 상 동일하다. 우리는 시간

---

53) 때로는 우리가 이들 공리의 내포를 다른 공리와 함께 검사할 수 있다. 이것은 공리 각각의 검사보다는 이론의 검사에 이른다. 공리는 또한 "사고실험(thought experiments)"에 의해 그럴듯함(타당성)에 대해 검사될 수 있지만 실제적 관찰은 없으며 다른 어려움 중에서 여러 가지 틀효과(framing effect)의 대상이 될 수도 있다.

과 노력을 절약하고 어떤 실증적 의미를 가진 그리고 될 수 있는 한 관찰로 정해질 수 있는 다른 문제 즉 어느 것이 실증적 의미를 가지고 있는지 그리고 어느 것이 혹시 관찰에 의하여 정해질 수 있는지에 집중하는 것이 좋다. 공리화의 실습 즉 무엇이 이론적 질문의 실증적 도입인가라고 묻는 것이 우리로 하여금 많은 시간을 절약하게 할 수 있다. 그것을 통해 우리는 무엇이 물을만한 과학적 질문인가 그리고 무엇이 증거에 의하여 결코 정해질 수 없는 형이상학적(形而上學的; metaphysical) 질문인가를 알 수 있다.

측정과 밀접하게 관련되는 메타-과학적 해석은 효용함수를 도출하는데도 사용될 수 있다. 이 적용이 이 예에서 부분적으로는 공리가 아주 단순하기 때문에 그리고 부분적으로는 많은 자유도를 남겨두는 일단의 함수를 낳기 때문에 그리 분명하지 않다. 그러나 우리는 공리가 자주 이론적 개념을 측정하거나 눈금매기는 길을 말해줄 수 있다는 것을 보게 될 것이다. 이들 측정절차는 누가 단순한 선호질문을 스스로에게 묻기를 원하고 그의 효용함수를 정확하게 알아내기를 원하며, 그 뒤에 그것을 보다 더 복잡한 문제에서 사용하기를 원하는 사람에게 또는 개인의 효용함수를 발견하기를 원하는 실험 주의자에게 유용할 수도 있다.

규범적 해석(Normative Interpretation)

■ 정리 2.1.1의 규범적 해석은 아마도 가장 간단명료하다. 선택을 원하는 의사결정자(DM)와의 상상의 대화를 생각해보자. 이것이 어디에 살고 누구와 결혼하나에 관한 선택이라고 가정하자. 규범적 과학에 참여하기를 원하는 분석가(A)는 의사결정자에게 어떻게 결정을 내려야하는지를 말하려고 기도한다.

A: 나는 당신이 각 대안에 효용지수(utility index)를 붙이고 가장 높은 효용 을 갖는 대안을 선택하기를 제언합니다.

DM: 분명히 당신은 수학을 배웠죠.

A: 조금요. 그게 어때서요.

DM: 당신은 세뇌되어 왔습니다. 당신은 단지 함수에 관해서만 생각합니다. 그러나 이것은 중요한 결정입니다. 거기에는 사람이 포함되어있어요. 감정. 이것들은 함수가 아니에요! 당신은 분명히 인간의 마음에 관해 아무 것도 이해하지 못하고 있어요!

A: 천천히 합시다. 최종적으로 당신이 결론을 낼 것입니다. 그렇죠?.

DM: 내가 그리 안하리라 생각하나요?

A: 우리는 그것도 결정이라 부를 수 있습니다. 이것까지 감안하여 결정을 내릴 것입니까?

DM: OK, 그럴 것 같네요.

A: 세 옵션 사이를 순환하는데 마음이 편하실까요?

DM: 무슨 뜻이지요?

A: y보다 x을 선호하고 나서 z보다 y을 그러나 다시 x보다 z를 선호한다.

DM: 아니, 이건 바보 같은 짓이고 반생산적이지요. 나는 당신에게 사람이 포함되어 있다고 말했지 그들의 느낌을 가지고 장난치기를 바라지는 않아요.

A: 좋아요. 그렇다면 이제 비밀 하나를 말하지요. 만일 당신이 이들 두 조건 — 결정내리기와 순환(循環; cycling) 피하기 — 를 따른다면 당신은 당신이 마치 효용함수를 극대화하고 있는 것으로 기술될 수 있습니다. 당신은 그렇게 하고 결국 어떤 함수가 극대화되는지를 명백히 보고 싶지 않으십니까? 그것을 무시하는 것이 더 합리적입니까? 나아가 함수를 선택하고 그것을 극대화하는 것이 우유부단이나 사리가 맞지 않는 결정을 피하기 위한 단 하나의 알려진 알고리즘일 수 있으며 이것이 당신의 함수를 특정화하는 다른 이유는 아닐까요?

이것이 공리들이 규범적으로 사용되는 길이 되어야만 한다. 공리들은 수사적 도구로, 의사결정자가 효용극대화의 이론적 절차(節次; procedure)가 실제로 이해가 된다고 믿게 하는 방법으로 이용된다. 여기서 그렇지 않다면 효용극대화의 이론적 절차는 임의적이고 아마도 부적절할 수도 있다. 분석가가 앞에서 공리를 사용한 방법은 의사결정자가 궁극적 판관이라는 규범적 이론에 대한 우리들의 생각과 일치한다. 공리들을 규범적 기준으로 말하는 것은 의사결정자의 선호를 실제 선택에 의해서가 아니라 그가 따르기를 원하는 타이프의 순서에 의해서 또는 그가 되고자하는 의사결정자의 타이프에 의해 모델화하는 시도이다. [54)]

기술적 해석(Descriptive Interpretation)

우리가 기술적(descriptive) 이론에만 관심이 있다고 하자. 공리들은 어떤 목적으로 쓰여 지나? ■ 정리 2.1.1처럼 공리화가 특성화 정리(characterization theorem)라면 그것은 같은 이론을 두 가지로 대등하게 묘사하는 것이다. 그 이론은 그것의 대등한 묘사를 갖는다는 결과로 그다지 정확하게 되지 않는다.

그러나 공리화(公理化; axiomatizations)는 기술적(記述的; descriptive) 목적에도 역시 유용하다. 첫째 공리는 이론에 맞는 현상의 정확한 범위를 정의한다. 특히 그것들은 이론에 이의가 제기될(된다 하더라도) 때 이를 해명해준다. 둘째 공리는 이론의 다른 구성요소들을 따로따로 검사하도록 도와준다. 특별히 이론이 성능을 잘 발휘하지 않는다면 그리고 우리가 그것을 고치기를 원한다면 공리 각각을 분리하여 검사하는 것이 그리고 더 좋은 예측을 얻기 위하여 어느 것이 수정되어야하는지 보는 것이 유용할 수도 있다. 셋째 그리고 가장 중요하게 공리는 이론이 현실을 정확하게 묘사한다고 기대할 수 없을 때 필요하다. 이 점이 공들임을 필요로 한다.

한 경제이론이 그 예측의 정확도란 면에서 직접적으로 검사된다면 몇 개의 기술(記述;

54) Gilboa et al.(2008)은 공리의 또 다른 규범적 해석에 초점을 두는데 그것은 그들의 구체적 사례에의 적용이다. 이 해석에 따르면 의사결정자는(공리와 같은) 보편적인 서술 또는 정리는 아니더라도 공리의 실례(實例; instances)만은 알아야한다. 그래서 의사결정자는 그가 b보다 a을 그리고 c보다 b을 선호하므로 그는 c보다 a을 더욱 좋아하여야 한다는데 동의할 수도 있고 그에게 문제가 된 어떤 특정한 a, b, c에 대한 이 서술조차도 동의할 수 있다. 그러나 그는 "모든 x, y, z에 대하여 ...이면 ...이다"를 알 필요가 없으며 다만 동의하게 하여줄 뿐이다. 이 해석에서 이 일반적 서술은 그것을 사용한 정리와 함께 그 분석가의 지식의 부분이지만 반드시 그 의사결정자의 지식일 필요는 없다.

descriptions) 중에서 어느 것이 사용되는가는 중요하지 않아야한다. 그러나 우리는 자주 경제적 이론을 단지 은유(隱喩; metaphor), 예해(例解; illustrations), 또는 무엇인가 비슷한 다른 개념 등으로만 본다. 즉 이론은 우리가 문제에 관하여 생각하는 것을 도와주는 도구이지만 그것들을 글자 뜻대로 받아들일 필요는 없다. 엄밀한 의미에서 이론은 기술적으로 해석될 때 역시 수사적(修辭的; rhetorical) 장치로 사용된다.

한 예를 생각해보자. A와 B가 글로발화(globalization)의 장점과 화(禍; woes)에 관한 열띤 논쟁에 빠졌다고 하자. A는 복지정리(福祉定理; welfare theorem)를 글로발화로 뒷받침하고 자유무역을 받아들이는 첫째이유로 꼽는다. B는 그 원리는 Pareto 최적(最適; optimality)에 관하여 말하는데 그것은 효용함수의 극대화란 면에서 정의되었으며 따라서 제한된 적용가능성을 갖는다고 반격한다. "아무도 효용함수의 극대화주위를 맴돌지는 않는다. 다만 이상심리(sick mind)만이 인간을 그렇게 볼 수 있을 뿐이다. 복지정리는 결코 실재할 수 없는 존재하지 않는 실체(實體; entity)를 말하는 것이다."

대답에서 A는 끈기 있게(먼저 주어진 것과 비슷한) 대화를 밀고나가 B로 하여금 대부분 인간의 정신이 아무리 자유로울지라도 그리고 아무리 인간 역사에서 그들이 얼마나 독특할지라도 그들이 의사를 결정한다고 그리고 그 결정을 이행적(移行的; transitive)인 방식으로 내린다고 생각될 수 있다는 것을 인정하게 만든다. 그런 뒤 A는 "아하, 만일 당신이 이것이 사람들이 보통 행동하는 방법이라고 인정한다면 당신은 사람들이 대개 효용함수를 극대화한다는 것을 바로 인정한 것이 된다." 라고 말할 수 있다.

엄밀하게 말하면 경제이론은 정확하지 않고 정확할 것으로 기대되지 않기 때문에 그것들의 표현이 중요하다. 어떤 이론은 다른 수학 공식으로 표현되면 대개 그럴듯하게 보일 수 있다. 만일 정확도가 직접적으로 검사된다면 다른 표현이 같은 결과로 이어진다. 그러나 정확도가 대충 약식으로 사정(査定; assessed)될 때 표현이 다른 결과를 가져올 수 있다.

이 맥락에서 수학적 결과 특히 특성화정리(特性化定理; characterization theorem)는 "틀 효과(framing effect)"(Tversky & Kahneman, 1981)로 보일 수 있다. 동등한 표현은 꼭 설득력이 있는 것처럼 보인다. 그럼에도 불구하고 그것들은 그렇지 않다. 같은 이론이 효용극대화의 언어보다 완전성과 이행성의 언어로 표현되었을 때 훨씬 더 설득력이 있다.

수리경제학(mathematical economics)은 분명하고 검사 가능한 객관적 진실을 믿는다. 이에 비해 포스트모던 이론은 객관적 진실은 존재하지 않는다는 것과 과학계가 사회 내 다른 집단들이 수사적 도구에 불과한 "진실"과 "증거"를 구성함으로써 권력을 다투는 전쟁터라는 것을 말해준다. 이 관점은 일반적으로 정식 수학분석과 관련이 없다. 그러나 우리는 수학이 근대적 관점에서보다 포스트모던 관점에서 훨씬 더 유용할 수 있다는 것을 발견한다. 엄밀하게 말해 이론은 수사적 장치이기 때문에 그것들의 표현이 문제가 된다. 정말 만일 그것이 수사(修辭; rhetoric)에 관한 전부라면 놀라운 수학적 증명보다 더 좋은 수사적 장치를 누가 제시할 수 있을까?

2.1.3 한계(limitations)

앞에서 언급한대로 결과의 메타-과학적 해석은 우리에게 효용함수 u가 어디까지 관찰 가능한지를 말해 주어야한다. 본질적으로 유일한 관찰 가능 데이터가 이원선택이므로 이 함수는 단지 임의의 단조변환(單調變換; monotone transformation)을 전제로 서수적(序數的; ordinal)일 뿐이다. 이것은 가장 기초적이고 동시에 가장 두드러진 예인데 이 예에서 공리적 접근은 무언가 새로운 것 그리고 반직관적인 것조차를 우리에게 가르쳐준다. 사실은 진짜 선호에는 이원관계보다 훨씬 많은 정보가 들어있다는 것이다. 그래서 효용함수는 우리가 그것을 관찰할 수 있는 범위에서 아마도 결국은 기수적(基數的; cardinal)인 훨씬 많은 정보가 들어있을 것이다.

▌반-순서(半 順序; semi-order)

▶ **정신물리학(psychophysics).** 당신이 종이나 옷 더미를 나르면서 몇 개를 떨어뜨린 것을 몰랐던 일이 있었을 것이다. 나르고 있었던 전체 무게의 감소는 아마도 당신이 알아차릴 만큼 크지 않았을 것이다. 두 대상은 우리가 그들 사이의 차이를 알아차리기에는 무게 면에서 너무 접근해 있었다.

이 문제는 우리의 모든 감각에서의 지각(知覺; perception)에 공통적이다. 내가 당신에게 두 막대기가 길이에서 같은가 다른가라고 물었을 때 당신이 알아차리기에 너무 작은 차이가 있다. 같은 것이 당신의 소리(음량 과 높낮이), 빛, 온도, 등등에 적용된다. 우리의 지각능력에 한계가 있다는 사실은 오랫동안 인정되어 왔다. 우리의 지각이 어떤 일정한 법칙을 따른다는 것 또한 관찰되어왔다.

Weber(1834)는 다음과 같은 규칙성을 알게 되었다(주어진 조건하에 있는 주어진 사람에게). 가해진 어떤 일정한 측정가능 자극 S을 생각하자. 그 사람이 그 차이를 알아차리기에 필요한 S의 최소의 증가 다시 말해 겨우 알아차릴 수 있는 차이(just noticeable difference; jnd)를 생각하자. 다음으로 최초의 자극 S를 바꾸는 것을 생각하자. 모든 최초의 수준 S에 대해 우리는 다른 jnd, $\Delta S = \Delta S(S)$를 발견할 수도 있다. Weber의 법칙[55]는 그 둘이 비례적이라고 말한다. 즉

$$\frac{\Delta S}{S} = k$$

가 성립하는 상수 $k > 0$가 존재한다.

예를 들어 내가 당신에게 하나는 1 ft.이고 다른 하나는 1.1 ft.인 두 막대기를 보여준다고

---

55) 문헌은 흔히 "Weber-Fechner 법칙이라고 부른다. Daniel Algom은 Fechner(1860)의 논문은 Weber(1834)의 논문과 상당히 다르다고 지적하였다. Weber는 단지 자극 척도 상에서의 jnd만을 다룬데 반해 Fechner는 주관적 느낌의 양에 관한 이론에도 관심이 있었다(Marks & Algom, 1998을 보라). 여기서의 우리 초점은 주관적 느낌의 모델화에 있기보다는 오히려 차이를 분별하는 능력에 있다.

생각하자. 당신은 후자가 전자보다 길다고 말할 수 있지만 이것이 당신이 분별할 수 있는 최소의 길이라고 생각하자. 다음으로 내가 당신에게 2 ft.의 막대기를 보여주고 그것과 한층 긴 막대기와 비교한다고 가정하자. 법칙은 당신이 차이를 알아차릴 수 있는 최소의 길이는 2.2 ft.라고 일러준다.

상수 k는 자연적으로 사람과 실내조명의 양과 막대기로부터의 거리와 같은 실험조건에 따를 수도 있다. 그러나 우리가 이들 모두를 고정시키면 법칙은 k가 S와 함께 변하지 않는다고 말한다. 사회과학(또는 의학조차)에서의 아무 법칙도 Weber의 법칙정확도가 완전하다고 기대할 수 없다. 그러나 그것은 분명히 좋은 근사치(近似値; approximation)이다.[56)]

차이 분별의 정의가 확률적이라는 것을 강조하는 것은 중요하다. 우리가 피험자에게 두 막대기중 어느 것이 더 긴가라고 묻는다면 우리는(긴 막대기를 구별하는데 있어서의) 성공률을 $\triangle S$가 역치(閾値; threshold) kS을 넘음에 따라 50%(기회수준; chance level)에서 100%로 바꿀 수 있기를 기대하지 않는다. 탐지확률에서의 이행(移行; transition)은 반드시 연속적이어야 하며 "차이의 분별"의 정의는 "적어도 확률 p로 더 큰 자극을 구별"하는 것인데 여기서 $p=75\%$가 실험에서 널리 사용된다.

▶ **비이행적 선호무차별(非移行的 選好無差別; intransitive indifference).** Weber의 법칙에 고무되어 Luce(1956)는 같은 논리를 효용의 측정에 적용하기를 제언하였다. 그의 출발점은 우리의 불완전한 지각 능력으로 인하여 우리의 선호는 아무리해도 이행적일 수 없다는 것이다. Luce는 다음의 예를 내놓았다. 내가 당신에게 두 잔의 커피를 내놓는데 하나는 설탕이 없고 다른 하나에는 내가 한 그레인(grain)의 설탕을 넣었다. 당신은 당신이 차이를 말할 수 있겠는가? 당신의 대답이 긍정이라면 그레인을 반으로 줄이라. 어느 시점에서 당신의 미각이 한 잔과 다른 잔을 구별할 만큼 정밀하지 않다는 것을 인정하지 않을 수 없게 될 것이다. 이 경우 당신은 둘 사이에 선호무차별임을 받아들일 것이다. 사실 당신이 어느 것이 어느 것인지 말할 수 없다면 어떻게 어느 한 쪽을 엄밀하게 선호할 수 있겠는가?

우리는 서로 아주 다른 두 대안에 대하여 선호무차별일 수 있다. 당신은 휴가를 택하는 것과 휴가를 보류하고 돈을 챙기는 것 두 가지에 대해 우리가 정확하게 선호무차별이 되는 휴가패키지 가격을 찾을 수 있다. 이처럼 차이를 지각할 수 없는 것은 선호무차별의 충분조건이지 필요조건이 아니다.

이제 단 한 그레인의 설탕이 들어있는 커피 그리고 두 그레인의 커피 두 잔을 생각하자. 우리가 i그레인의 설탕이 들어 있는 잔을 c_i라고 표시하기로 하면 단순히 단 한 그레인은 결코 관찰될 수 없기 때문에 모든 $i \geq 0$에 대하여 십중팔구 $c_i \sim c_{i+1}$을 관찰할 가능성이 있는 것으로 보인다. 그러나(정리 2.1.1이 가정한대로) $\succsim$가 이행적이라면 $\sim$또한 이행적일 것이며

56) 주관적 느낌은 물리적 자극의 대수함수(logarithmic function)라고 일러주는 Fechner의 법칙은 자주 도전을 받는다(Marks & Algom, 1998; Stevens, 1957을 보라). 분별가능성의 개념에 한정된 Weber의 법칙이 아직은 건전한 발견이다.

우리는 모든 $i, j \geq 0$에 대하여 $c_i \sim c_j$임을 발견할 것이다. 즉 얼마의 설탕이 들어있는 두 잔의 커피는 의사결정자의 눈에는 동등하다. 이것은 분명히 비현실적이다.

무차별관계가 이행적이다라는 가정을 완화하는 것이 자연스러운 것처럼 보인다. 근접성(近接性; proximity)은 일반적으로 이행적 관계가 아니다. "다음에 앉기," "에 가깝게 있기," 및 "ϵ-근처에 있기" 등 모두는 비이행적 이원관계이다. "겨우 알아차릴 수 있는 차이(jnd)보다 더 가까이 있는 것이 이런 부류의 관계에 속한다.

▶ **선호이론의 개선(改善; refining).** Luce(1956)은 관찰가능 선호를 다시 정의하기 시작하였다. 그는 대안들의 집합 X위의 이원관계 P을 생각하였다. 이원관계 P는 엄격한 선호로 해석되며 여기서 어떤 방향으로도 선호가 없는 또는 "선호무차별"57)인 $I=(P \cup P^{-1})^c$이다. Weber의 법칙에도 불구하고 다음과 같은 타이프의 효용표현에 관심이 있다고 생각해보자. 즉 만일 모든 $x, y \in X$에 대하여

$$u(x) - u(y) > 1\text{을 필요충분조건으로 } xPy \tag{2.1.2}$$

이면 우리는 $u: X \to \underline{R}$ 이 L-표현(Luce의 표현) P라고 말한다.

Luce는 세 개의 공리를 공식화했는데 그것들은 쉽게 L-표현을 위해 필요한 것으로 보인다. 그는 관계 P가 이들 세 공리를 충족하면 그것은 반순서(半順序; semioder)가 된다고 정의하고 그 성질을 분석하였다.

그 공리를 말하기위하여 관계의 연결(連結; concatenation) 개념을 알고 있는 것이 유용하다. 두 이원관계 $B_1, B_2 \subset X \times X$ 가 주어지면 $B_1, B_2 \subset X \times X$을 다음과 같이 정의하자. 모든 $x, y \in X$에 대하여

$$\exists z \in x,\ xB_1z,\ zB_1y\text{을 필요충분조건으로 } xB_1B_2y.$$

우리는

L$_1$ P는 비재귀적(非再歸的; irreflexive) (즉 $x \in X$가 아닌 것에 대해 xPx).

L$_2$ $PIP \subset P$.

L$_3$ $PPI \subset P$.

이면 P(또는 (P, I))가 **반-순서**라고 말한다.

따라서 L2의 의미는 다음과 같다. 즉 $x, z, w, y \in X$가 $xPzIwPy$ 이라고 가정하면 사실은 xPy이 되어야만 한다. 마찬가지로 L3은 $xPzPwIy$인 경우 $z, w \in X$이 존재할 때마다 xPy가 성립한다는 것을 의미한다.

---

57) $P \subset X \times X$인 관계에 대하여 P^{-1}을 그 역 즉 $P^{-1} = [(x, y) | (y, x) \in P]$이 된다고 정의하자. 그러면 xPy도 yPx도 아닌 것을 필요충분조건으로 $I=(P \cup P^{-1})^c$는 xIy와 동등하다.

■ **정리** 2.1.2(**Luce**) X가 유한하다면 $P \subset X \times X$는 $u: X \rightarrow \underline{R}$이 L-표현(Luce의 표현) P가 존재한다는 것을 필요충분조건으로 반순서(半順序; semiorder)다.

이 정리의 증명은 Beja & Gilboa(1992)에 미루고 몇 개의 코멘트만 해두기로 한다.

1) 당신은 다음 조건 즉

   L_4 $IPP \subset P$

   에 어떤 일이 일어날 것인지 궁금할 것이다. L_2와 L_4가 L_3를 나타낸다면 L_2와 L_3는 L_4를 나타낸다.

2) (L_4를 추가하지 않고) L_3을 빼면 Fishburn이 **간격관계**(間隔關係; interval relation)라고 정의한 일단의 관계를 얻게 된다. 어떤 관계가 다음과 같이 즉 모든 $x \in X$에 대해 우리가

   $b(x) > e(x)$를 필요충분조건으로 xPy

   즉 x와 연계된 값들의 전 범위 $[b(x), e(x)]$가 y와 연계된 값들의 모든 범위 $[b(y), e(y)]$보다 큰 것을 필요충분조건으로 xPy가 성립하는 $b(x) \leq e(x)$인 간격 $[b(x), e(x)]$을 가진다.

   그런 표현을 조건으로 동등한 표현

   $$u(x) - u(y) > y\text{을 필요충분조건으로 } xPy \tag{2.1.3}$$

   를 얻기 위하여 우리는 $u(x) = b(x)$와 $\delta(x) = e(x) - b(x)$를 정의할 수 있다. 식 (2.1.2)와 (2.1.3)를 비교하면 우리는 식 (2.1.3)를 가변적인 겨우 알아차릴 수 있는 차이(jnd)를 가진 표현으로 생각할 수 있는 반면에 식 (2.1.2)는 1로 정규화되는 변함없는 jnd를 가진다.

3) 만일 P가 반-순서라면 우리는 그것으로부터 관계 $Q = \Pi \cup IP$를 정의할 수 있다. 즉 (xPz와 zIy) 또는 (xIz와 zPy)인 z가 존재한다면 xQy이다. 이것은 간접적인 현시선호(顯示選好; revealed preference)이다. xIy이지만 xPz이고 zIy라고 생각하자. 이것은 x와 y의 직접비교가 알아차릴 수 있는 차이를 나타내지 않으며 따라서 어느 쪽에도 선호가 없다는 것을 의미한다. 그러나 x와 y를 다른 대안 z와 비교하면 x는 그것보다 선호되는 z와 충분히 다르다는 것을 알아차리게 된다. 간접적으로 우리는 의사결정자 자신이 그에게 x와 y를 제시했을 때 그 차이를 알아차릴 수 없을지라도 우리의 의사결정자에게 x가 y보다 좋다는 증거를 발견한다($xIPy$라면 마찬가지 논리가 적용된다).

   만일 P가 반-순서라면 Q는 약 순서(弱 順序; weak order)의 엄격한 부분(strict part)으로 바뀐다. 더욱이 동시에

   $u(x) - u(y) > 0$을 필요충분조건으로 xQy

역시 충족하는 함수 u에 의하여 P의 Luce-표현을 얻을 수 있다.

4) X가 유한할 때 두 유형의 어려움이 있다. 첫째는 ■정리 2.1.1의 경우에서처럼 일반적인 숫자표현을 처리하여야하고 적절한 분리성(分離性; separability) 조건을 필요로 한다. 둘째는 우리가 1로 정규화한 고정된 겨우 알아차릴 수 있는 차이를 원한다는 사실을 다루어야한다. 예를 들어 우리가 엄격한 선호 $x_1Px_2P\cdots Px_n$의 무한하지만 한계가 있는 수열(數列; sequence)를 가지고 있다고 생각하자. 수열이 무한하므로 우리는 x_*의 u값이기에 충분할 만큼 낮은 실수(實數; real number)를 찾을 수 없을 것이다. 일반적인 Luce-표현을 허용하는 P의 필요충분조건은 Beza & Gilboa(1992)에 들어있다.

▶ **효용함수의 유일성(唯一性; uniqueness).** 우리는 최종적으로 유일성의 문제로 돌아가 보자. 반-순서 P을 Luce-표현하는 효용함수가 어떻게 유일한가? 일반적으로 그 답은 아주 번잡하다. 따라서 우리가 큰 X를 다루고 있다고 그리고 모든 $x, y \in X$에 대하여

$$xPy \Leftrightarrow u(x)-u(y)>1 \Leftrightarrow v(x)-v(y)>1$$
$$xQy \Leftrightarrow u(x)-u(y)>0 \Leftrightarrow v(x)-v(y)>0$$

이 성립하는 두 함수 $u, v: X \to \underline{R}$이 존재한다고 그리고 범위$(u)=$범위$(v)=\underline{R}$이라고 생각하자. 일반성의 상실 없이 $u(0)=v(0)=0$이라고 가정하자. 함수 u와 v는 [0, 1]에서 아주 다를 수 있다. 그러나 x가 $u(x)=1$이 성립된다면 우리는 $v(x)=1$라고 하여야만 할 것이다. 이것을 보기위하여 $v(x)>1$을 상상하라. 그러면 $v(y)\in(1, v(x))$인 대안 y가 있다. 이것은 v에 의하면 $yP0$, u에 의하면 $yI0$로 모순이 된다.

같은 논리가 우리가 가지고 출발한 어떤 점에도 적용된다. 즉 모든 x, y에 대해

$$u(x)-u(y)=1 \quad \Leftrightarrow \quad v(x)-v(y)=1$$

이고 이것은 명백하게 모든 $k\in\underline{Z}$에 대해 $(u(x)-u(y)=k \Leftrightarrow v(x)-v(y)=k)$로 일반화한다. 나아가 우리는

$$|u(x)-u(y)|<1 \quad \forall x$$

을 얻는다.

다른 말로 우리가 여기서 1로 정규화 한 겨우 알아차릴 수 있는 차이(jnd)에는 관찰할 수 있는 의미가 있다. P을 L-표현한 모든 함수는 같은 jnd를 가져야만 한다. 마찬가지로 우리가 어느 두 대안 x와 y를 고려하고

$$3<u(x)-u(y)<4$$

임을 발견한다면 이 부등식이 어느 다른 함수 v에 대해서도 성립할 것이라는 것을 우리는 안다. 그리고 그 이유는 역시 효용차이가 어느 정도 관찰 가능하게 되었다는 것이다. 즉 jnd보다 더 큰 것과 jnd보다 더 작은(또는 같은) 것 사이에 관찰 가능한 차이가 있다. 이 구별은 정밀하

지 못하다 할지라도 우리에게 효용척도를 따라 거리를 측정할 수 있는 어떤 관찰 가능한 닻(anchor)을 준다. 즉 우리는 대안들 사이에 얼마나 많은 정수(整數; integer)의 jnd 단계(段階; steps)가 있는지 셀 수 있다.

우리가 주어진 확률 한계점(限界點; threshold) 예컨대 $p=75\%$에 대해 반-순서가 정의되었다는 것을 상기할 때 우리는 더 강력한 클레임을 제기할 수 있다. 우리가 확률에 변화를 주면 우리는 다른 반-순서를 얻을 수 있다. 그래서 우리는 반-순서의 한 가족 $[P_p]_{p>.5}$을 갖게 된다. 확실한 가정 하에 같은 효용함수 u와 상응하는 jnd 가족 $[\delta_p]_{p>.5}$

$$xP_py \Leftrightarrow u(x)-u(y)>\delta_p$$
$$xQy \Leftrightarrow u(x)-u(y)>0$$

이 성립되도록 모든 이들 반-순서를 동시에 나타낼 수 있다. 이 경우에 효용함수 u가 먼저보다 더 큰 정도로 유일 할 것이라는 것은 알기 쉽다. 우리는 $p\rightarrow.5$에 따라 $\delta_p\rightarrow 0$이 된다는 것 즉 우리가 기꺼이 낮은 탐지(探知; detection) 확률로 임시변통한다면 우리는 아주 낮은 jnd들을 얻을 것이고 그에 상응하여 반-순서 $[P_p]_{p>.5}$을 $L-$표현한 아무 두 효용함수 u와 v가 일치할 것이라는 것조차 발견할 수도 있다.

유일성 결과는 불연속적으로 jnd δ에 의존할 것이라는 것을 관찰하라. 함수 u을 선택함에 있어 δ가 적으면 적을수록 $\sup|u(x)-u(y)|\leq\delta$이기 때문에 우리는 더 적은 자유를 갖는다. 그러나 우리가 $\delta=0$의 경우를 생각할 때 우리는 약 순서(weak order)를 가지고 돌아오게 되는데 이 약 순서에 대해 u는 단지 순서를 나타낼 뿐이다.

우리는 효용척도 상의 jnd 단계가 심리학적으로 의미가 있다고 주장 할 수 있다. 우리는 당신에게 당신이 하루에 $0보다 $100어치를 소비할 수 있는 것을 선호하느냐고 그리고 당신이 하루에 $100어치보다 $200어치를 소비하는 것을 선호하느냐고 물을 수 있다. 우리는 두 경우 모두에서 답은 단정적일 거라고 믿는다. 우리는 또한 당신의 효용수준의 차이 - $0에서 $100로의 증가와 $100에서 $200으로의 증가 중 어느 것이 더 큰가를 물을 수도 있다. 당신은 그런 질문에 쉽게 대답할 수도 할 수 없을 수도 있다. 당신이 그렇다 할지라도 당신의 미시경제학 선생이 협박하는 어조로 "그러나 그것이 의미하는 것은 무엇인가?"라고 물으면서 밤중에 당신을 괴롭히러 올 수도 있다. 사실(복권, 세상의 상태, 또는 돈과 교환될 수 있는 추가적 물건과 같은) 추가적 구조(構造; structure) 없이 당신은 이들 비교가 다른 선택과 일치하는 선택상황을 내기는 힘들 것이다. 그러나 당신은 "$0과 $100 사이에 얼마나 많은 jnd가 있는지 계산하자 그리고 난후 $100과 $200 사이에 대해서도 같은 일을 하자."라고 말할 수 있을 것이다. 당신은 $0으로부터 출발한다면 당신은 아마도 배고프고 집이 없을 것이다. 최초의 하루 $5는 한 끼 식사를 사게 하여줄 것인데 그것은 당신의 안녕에 있어 큰 차이이다. 실은 소량의 한 끼 식사가 당신이 배고플 때는 눈에 띌 만하다. 그러나 다음 $5는 그 의미가 덜하고 하루 $100과 $105의 차이는 주목할 만하지 않을 것이다. 따라서 $0-100의 범위에서보다 $100-$200의 범위에 더 적은 jnd가 있을 것이다.

이 예의 직관은 정밀하게 경제학자들이 효용함수는 체감한계(遞減限界; decreasing marginal) 효용을 나타내는 것이라고 믿었던 옛날의 직관이다. Daniel Bernoulli(1938)가 성 Petersberg의 모순의 해결책으로 기대효용을 제안했을 때 그는 돈의 한계효용이 누가 이미 가지고 있는 돈의 양에 반비례한다고 주장하였다.[58] 우리는 따라서 18 및 19세기의 한계효용행동의 직관적 논의가 현대경제학이 우리로 하여금 믿게 하는 것만큼 의미가 없는 것은 아니라는 것을 발견한다.

▌효용을 측정하는 다른 방도

앞에서의 검토는 진짜 선호가 단순한 약한 순서(weak order) $\succsim$보다 그 안에 훨씬 더 많은 정보를 가지고 있다는 것을 시사한다. 우리가 실제 사람의 선택을 관찰할 때 우리는 선택이 거기에 무작위 구성요소를 가지고 있음을 발견한다. 정말로 마케팅에서 널리 사용되는 이산(離散; discrete) 선택이론은 선택이 확률적이라고 가정함으로써 그리고 어떤 요인이 선택의 분포에 영향을 주는지를 물어봄으로써 소비자행동을 설명하려 시도한다. 선택의 확률을 추가적 데이터로 사용할 때 우리는 이들 추가적 데이터가 결정론적 선택모델보다 훨씬 낮은 자유도를 갖는 효용함수를 정확히 밝히는데 충분하다고 주장하여왔다.

선택의 확률이 소비자선호에 대해 우리가 가질 수 있는 유일한 추가적 정보 원(情報 源; source of information)은 아니다. 효용의 더 큰 차이가 더 짧은 응답시간에 반영될 수 있을 것이라는 것을 깊이 생각하면서 우리는 응답시간을 측정할 수 있다. 그리고 우리는 또한 선호의 강도를 판정하기위하여 신경학적 연구를 사용할 수도 그리고 뇌 활동을 사용할 수도 있다.

서수(序數; ordinal) 효용함수의 개념 및 효용차이를 검토하는 것이 의미가 없다는 믿음이 수학적 모델의 인공산물(人工産物; artifacts)임이 들어났다. 약한 순서에 의해 선호를 모델화하기로 결정하는 것은 모델화의 선택이다. 그것은 우리가 선택의 확률과 같은 골치 아픈 대상을 다룰 필요가 없는 것처럼 우리 생활을 크게 단순화한다. 경제학이론은 분석상의 편의를 위해 일부 데이터를 무시하는 모델을 택한다. 이것은 지극히 정당한 선택이다. 그러나 일부 관찰가능한 데이터를 무시하기로 정하고 나서 우리가 무시하기로 선택한 데이터를 사용하여 대답될 수 있는 의미 없는 질문이라고 선언하는 것은 완전히 정당한 결정이 아니다.

2.2 Bernoulli의 기대효용이론

2.2.1 St. Petersberg 모순

위험한 벤처(ventures)의 평가에 대한 Daniel Bernoulli의 연구는 그의 사촌인 Nicholas Bernoulli가 1917에 고안한 St. Petersburg 게임이 동기가 되었다. 이 게임에서 당신은 일련의 공정한 동전던지기를 만나게 된다. 매 번의 던지기는 50%의 확률로 앞면과 뒷면이 나오게 되며 게임은 최초로 앞면이 나올 때 끝나게 된다. 만일 이것이 n번째에 일어난다면 당신은 2^n달러를 받는다. 당신이 이 게임에 참가할 수 있는 권리를 가지고 있다면 당신은 비용부담 없이

58) 분명히 $u'(x) \propto 1/x$로부터 우리는 Bernoulli의 문제를 풀었던 로그(logarithmic) 함수를 얻는다.

이 게임에 참가할 수 있다. 이 권리를 팔 때 그 가격은 얼마나 될까? 그 값이 이 게임의 기대결과이득이다.

Nicholas는 이 게임에 언제나 참가할 수 있는 권리의 가치인 이 게임의 기대결과이득(expected payoffs)

$$\left(\frac{1}{2}\right)2+\left(\frac{1}{4}\right)2^2+\left(\frac{1}{8}\right)2^3+\ \cdots$$

는 무한대이지만 대부분의 사람들이 이 게임에 참가하는 권리를 비교적 낮은 값에 팔려는 것을 관찰하고 이와 같은 명백한 기대수익 극대화의 위반을 St. Petersberg 모순 이라고 명명하고 이를 Daniel에게 설명하여주기를 요청하였다. Daniel에 의하면 방정식

$$\sum_n v\left(w_0+2^n\right)2^{-n}=v\left(w_0+x\right)$$

의 w_0에 대한 유일한 해(解; solution) x가 최소판매가 또는 등가금액이다.

2.2.2 Bernoulli의 기대효용이론

Bernoulli형제에 따르면 앞에서 설명한 동전던지기 게임 참가 권리의 값이 이 게임의 등가금액(等價金額; equivalent monetary amount)이다. 모순은 기댓값이 무한대인데도 불구하고 대부분의 사람들이 이 게임을 하는데 단지 한정된(그리고 상당히 적은) 금액만을 지불한다는 것이다. 해답으로 Bernoulli는 사람들이 금전가치보다는 오히려 기대효용을 극대화한다고 제언하였다. 만일 그 함수가 로그함수라면 기대효용은 한정되고 모순은 해결된다.[59)]

확률이론 개발초기에 사용되었던 위험 하 의사결정의 기준이었던 기대가치 극대화 원칙에 대한 최초의 도전은 Bernoulli가 St. Petersberg 모순을 해결하기위하여 1738년에 두 가지를 주장하였는데 그 하나는 한 사람의 재화(財貨; wealth) w의 주관적 가치 $v(w)$는 선형으로 증가하는 것이 아니라 체감율(遞減率; decreasing rate)로 증가한다는 것으로 뒷날 경제학에서 한계효용 체감원칙으로 알려진 것이다. 다른 하나는 기대 주관가치라는 개념을 도입하여 기대 주관가치가 큰 쪽이 바람직한 것이라는 것이다. 즉 현제의 자산수준이 w_0이고 p가 자산수준이 w_0에서 x만큼 증가하는 확률분포상의 확률이라면 p의 기대 주관가치는

$$E(v,p)=\sum v\left(w_0+x\right)p(x)$$

이며

$$E(v,p)<E(v,q)\ \Leftrightarrow\ p<q$$

이다(Bernoulli, 1738.).

59) 분명히 우리는 한정되지 않은 어떤 효용함수에 대해 마찬가지 모순을 만들어낼 수 있다. 그러나 무한한 금액은 어쨌든 존재하지 않으며 그래서 그런 어느 있을 수 있는 모순을 피하기 위하여 효용함수를 미세조정을 하는 수고를 할 만한 가치가 있는지는 의문이다.

위험 하 의사결정에 있어서의 선택이론이 다음의 a, b, c로 구성될 때 이 선책이론을 Bernoulli의 기대효용이론이라고 할 수 있다.[60)]

a. 결과(outcomes)의 집합 X와 확률분포의 집합 P
b. 무위험 비교가능 선호 차의 개념에 기초한, 통상 양(陽; positive)의 선형변환(線形變換; linear transformation)에 유일하다고 추정되는 X위에서의 효용함수 v
c. 가장 바람직한 분포 또는 그들에 상응하는 위험 선택대안(alternatives)들은 기대효용 $\sum v(x)p(x)$을 극대화하는 것이라는 선택원칙.

위의 세 조건을 충족하는 선택상황에서 다음 정리가 성립된다.

■ **정리** 2.2.1 X위에서 v, v'가 두 개의 실 가치 함수(real-valued function)라면 모든 p, $q \in P_X$에 대하여 실수(實數; real number) a와 b가 존재하는 것과 $a > 0$임을 필요충분조건으로 하여

$$\text{모든 } x \in X\text{에 대하여 } v'(x) = av(x) + b$$

이면

$$\sum v(x)p(x) > \sum v(x)q(x) \Leftrightarrow \sum v'(x)p(x) > \sum v'(x)q(x)$$

이 성립된다.

2.3 von Neuman과 Morgenstern의 정리

2.3.1 배경

우리가 Bernoulli의 예를 모순으로 생각하든 안 하든 그것은 위험 하 선택의 기술적(記述的; descriptive) 이론으로서 기대효용이론에 동기를 부여했다. Bernoulli가 기대효용이론을 소개한 이후 기대효용이론은 약 200년간 잠자고 있었다.

그리고 그것은 내기를 하는 사람이 혼합된 전략 중에서 선택할 때 그들은 가장 높은 기대 결과이득(payoff)을 갖는 전략을 선택한다는 가정을 필요로 한다. 1928에 von Neuman은 최대 최소(最大最小; maxmin)정리를 유한한 두 사람 제로섬(tow person zero-sum) 게임에 대해 혼합전략 안에서는 maxmin이 minmax와 같다고 말하면서 maxmin 정리를 증명하였다. 이 공통의 값을 그 게임의 "가치"라고 불렀다.

그러나 왜 내기를 하는 사람들은 어떤 기대와 분산(variance)의 조합으로 또는 더 높은 모멘트로 또는 중앙(median) 결과이득으로 전략을 평가하지 않고 기대 결과이득을 극대화하는 혼

---

60) Fishburn, P.C., Nonlinear Preference and Utility Theory, John Hopkins Univ. Press 1988, pp.1-5.

합된 전략을 택할까? 여기서 부터 von Neuman과 Morenstern(vNM) 정리가 작동하기 시작한다.

그 정리가 위험 하 즉 확률을 모르는 “불확실성”의 상황에서와 반대로 확률이 알려진 환경에서의 결정에 관한 것이라는 것을 주목하라.61) 그처럼 vNM 정리가 효용의 의미를 보다 분명하게 밝혀 줄 수 있을지는 몰라도 그것이 우리가 확률의 개념을 이해하도록 우리를 도와주지는 않는다.

2.2.2 정리(THEOREM)

vNM의 당초 공식(formulation)에는 복합복권들이 명시적으로 모델화된 결정나무가 포함되어있었다. 우리는 여기서 Jensen(1967)과 Fishburn(1970)의 더 간결한 공식들을 사용하는데 이 공식들은 암암리에 복합복권이 무조건 Bayes의 공식에 의하여 단순화된다고 가정한다. 따라서 복권은 그들의 분포에 의하여 정의되며 “혼합”이라는 개념은 암암리에 의사결정자는 확률계산이란 면에서 정교함을 보여준다고 전제한다.

X가 대안들의 집합이라고 하자. 그것에 강요된 추가적인 구조는 없다. ■ 정리 2.1.1에서처럼 X가 친숙4한 위상(位相; topological) 및 선형 공간일 수 있지만 그것은 또한 당신이 원하는 어느 것일 수 있다. 특히 X가 $\underline{R}^l_+$와 같이 결과묶음(product bundles)의 공간으로 제한될 필요는 없으며 죽음과 같은 결과를 포함할 수도 있다.

선택의 대상(對象; objects)은 유한한 당첨금이 있는 복권 뽑기이다. $\sum_{x \in X} P(x) = 1$임을 잘 기억해 두어야할 것이며 그것에 앞서는 유한한 당첨금이 있음에 유념해야할 것이다.

혼합연산(mixing operation)은 매 $P, Q \in L$에 그리고 다음과 같은 매 $\alpha \in [0, 1]$에 대해 정의된 L에서 이루어진다. 즉$\alpha P + (1-\alpha)Q \in L$는 매 $x \in X$에 대하여

$$(\alpha P + (1-\alpha)Q)(x) = \alpha P(x) + (1-\alpha)Q(x)$$

에 의하여 주어진다. 이 연산의 뒤에 있는 직관은 조건부 확률의 직관이다. 즉 내가 당신에게 확률이 α인 복권 P와 확률이 $(1-\alpha)$인 복권 Q을 주는 복합 복권을 제시한다고 가정하라. 당신은 자신에게 주어진 결과(outcome) x을 획득할 확률이 얼마인가를 물을 수 있으며 그것은 확실히 당신이 P을 취할 때x의 조건부 확률 의 α배 더하기 Q를 취할 때의 조건부 확률의 $(1-\alpha)$배이라는 것을 관찰할 수 있다.

선택의 대상이 복권 뽑기이므로 관찰 가능한 선택은 L에서의 이원관계 $\gtrsim \subset L \times L$에 의하여 모델화된다. vNM의 공리는 다음과 같다.

공리1. 약한 순서(weak order): $\gtrsim$는 완전하고 이행적(移行的; transitive)이다.

공리2. 계속성(continuity): 각 $P, Q, R \in L$에 대하여 $P > Q > R$이라면;

$$\alpha P + (1-\alpha)R > Q > \beta P + (1-\beta)R$$

이 성립하는 $\alpha, \beta \in (0, 1)$이 존재한다.

---

61) 이 구별은 Knight(1921)로 돌아간다. Keynes(1921)도 보라.

공리3. 독립성(independence): 매 $P, Q, R \in L$ 및 그리고 매 $\alpha \in (0,1)$에 대하여 $\alpha P + (1-\alpha)R \succsim \alpha Q + (1-\alpha)R$을 필요충분조건으로 $P \succsim Q$이다.

이 공리체계는 매우 중요한 것으로 이를 다음과 같이 정리할 수도 있다.

공리 1. $u > v$는 U의 완전한 순서(ordering)이다. 이것은 $v > u$일 때 $u < v$라고 적는다는 의미이다.

공리 1.1 어느 두 u, v에 대하여 다음 세 관계 중 하나이고 또 오직 하나만이 성립한다.

$$u = v, \quad u > v, \quad u < v.$$

공리 1.2 $u > v,\ v > w$는 $u > w$을 의미한다.

공리 2. 순서화(ordering) 및 결합(combining)

공리 2.1 $u < v$는 $u < \alpha u + (1-\alpha)v$을 의미한다.

공리 2.2 $u > v$는 $u > \alpha u + (1-\alpha)v$을 의미한다.

공리 2.3 $u < w < v$는

$$\alpha u + (1-\alpha)v < w$$

인 α가 존재함을 의미한다.

공리 2.4 $u > w > v$는

$$\alpha u + (1-\alpha)v > w$$

인 α가 존재함을 의미한다.

공리 3 결합의 대수(代數; algebra)

공리 3.1 $\alpha u + (1-\alpha)v = (1-\alpha)v + \alpha u.$

공리 3.2 $\alpha\{\beta u + (1-\beta)v\} + (1-\alpha)v = \gamma u + (1-\gamma)v$

여기서 $\gamma = \alpha\beta.$

위의 공리 1을 이행성(移行性; tranbsitivity) 공리, 공리 2를 연속성(continuity) 공리 그리고 공리 3을 대체성(代替性; substitutability) 공리라고 부르기도 한다.

약-순서(weak-order) 공리는 ■정리 2.1.1에서처럼 소비자이론이나 확실성 하 선택에서의 같은 가정과 크게 다르지 않다. 그것은 확실성 하 선택의 맥락에서와 같은 강함과 약함을 가지고 있다.

계속성은 수학적 표현을 위해 필요한 그리고 증명이 작동하기위해 필요한 형식적(形式的; technical) 조건으로 보일 수도 있다. 사실 우리는 그것이 직접적으로 위반될 수 있을 실생활실험을 설계할 수 없다. 왜냐하면 그것의 위반은 무한대로 많은 관찰을 요하기 때문이다. 그러나 계속성은 어떤 사고(思考; thought)를 통한 실험에 의하여 가설적으로 검사될 수 있다. 예를 들어 당신은 아주 작지만 +인 확률들을 상상하고 그런 확률들을 포함하는 복권 뽑기들 간의 당신의 선호가 무엇일까를 깊이 생각해볼 수 있다. 당신이 그런 연습(演習; exercise)을 하고자 한다면 상상으로 계속성에 도전하는 다음의 예를 생각해보라. P는 \$1을 Q는 \$0을 보장하며

R은 죽음이라고 가정하라. 당신은 아무 것도 없는 것보다 \$1을 그리고 죽음보다 둘 다를 선호할 즉 $P > Q > R$의 선호를 나타낼 공산이 크다. 그런데 공리는 충분히 높은 $\alpha < 1$에 대하여 당신은

$$\alpha P + (1-\alpha)R > Q$$

의 선호를 보일 것이라고 즉 당신이 \$1을 얻기 위해 $1-\alpha$의 확률로 당신의 목숨을 걸 것이라고 요구한다. 이 예의 요점은 죽음의 확률 $1-\alpha$이 아무리 작더라도 당신은 \$1 때문에 목숨을 걸지는 않을 것이라는 것이다.

예를 들어 당신이 천 원짜리 신문을 사려한다고 하자. 그러나 당신은 길 건너에서 무료로 배포되고 있다는 것을 알아챈다. 당신은 그것을 거저 얻기 위하여 길을 건널까? 당신의 답이 예라면 당신은 천 원을 벌기위하여 비록 아주 적지만 일정한 위험을 받아들이고자 한다.

이 반론은 몇 가지 방식으로 도전받을 수 있다. 예를 들어 당신은 당신이 길을 건너지 않을 지라도 당신의 생명은 확률 1로 보장받지 않는다고 주장할 수도 있다. 정말로 잠들어버린 트럭 운전사는 여하튼 당신을 칠 수도 있다. 이 경우 우리는 확률 0의 죽음과 확률 $(1-\alpha)$의 죽음을 비교하고 있지 않다. 그리고 주장은 계속된다. 당신이 있는 쪽의 길이 진짜로 확실하다고 생각했다면 당신은 그 길을 건너지 않았을 것이며 그렇게 함으로써 공리를 위반하지 않았을 것이다.

이 예에서 틀에 넣기(framing) 또한 분명히 문제가 되리라 생각된다. 나는 공짜 신문을 얻기 위하여 길을 건너려 할 수도 있으나 당신이 나를 멈추게 하고 "너 무엇하고 있니? 이렇게 목숨을 걸다니 너 미쳤어? 무슨 일이 일어날지 생각해봐! 가족을 생각해!"라고 말한다면 나는 굴복하고 공짜 신문을 포기할 것이다. 어떤 행동 즉 죄책감을 유발하는 말이 포함된 의사결정이 적절한지 또는 포함되지 않은 의사결정이 더 적절한지는 확실하지 않다. 짐작컨대 이것은 적용의 문제일 수도 있다.

어떤 사건에서도 우리는 연속성 공리를 이해하며 또한 우리가 그것을 대부분의 적용에 대해 합리적인 가정으로 받아드리고자 한다고 생각한다.

독립성 공리는 동적 일관성(動的 一貫性; dynamic consistency)과 관계가 있다. 그러나 그것은 몇 개의 단계를 가지고 있는데 그 각각은 문헌에서 도전될 수 있었고 도전 받았다(Karni & Schmeidler, 1991을 보라). 다음 네 개의 결정상황을 생각해보자.

1. 당신은 P와 Q 중에서 하나를 선택하여야한다.
2. 자연(自然; Nature)은 제일 먼저 당신이 확률 $1-\alpha$로 R을 선택할지를 정할 것이다. 그러고 나면 당신은 선택할 것이 없게 된다. 그렇지 않으면 자연은 확률 α로 당신이 P와 Q 중에서 선택하게 할 것이다.
3. 선택은 (2)에서와 같지만 당신은 자연의 움직임을 관찰하기 전에 당신의 선택을 내려두겠다고 약속하여야한다.
4. 당신은 두 가지 중에서 선택하여야 한다. 하나에서 자연은 첫째로 당신이 확률 $1-\alpha$로

R을 취할지 또는 확률 α로 P을 취할지를 정할 것이다. 두 번째 가지는 P을 Q로 대체하는 것 외에는 동일하다.

분명히 (4)는 $\alpha P+(1-\alpha)R$과 $\alpha Q+(1-\alpha)R$ 중에서 선택하는 것이다. (1)에서의 선택과 (4)에서의 선택을 연관시키기 위하여 우리는 중간단계로 다음과 같이 (2)와 (3)를 사용할 수 있다. 즉 (1)과 (2)를 비교해보자. (2)에서 당신이 행동하도록 급하게 요청받는다면 당신은 P와 Q 중에서 선택한다. 그 시점에서 R은 조건법적(條件法的; counterfactual) 세상일 것이다. 왜 그것이 관련될까? 이제부터 당신은 일어나지 않은 가능성, 당신의 선택에서 R을 무시할 수 있다고 그리고 (1)에서의 결정과 (2)에서의 결정이 동일하다고 주장할 수 있다.

(2)와 (3) 사이의 차이는 단지 당신의 결정의 타이밍(時間選擇; timing)과 관련이 있을 뿐이다. 이들 시나리오에서 당신이 다른 선택을 하여야한다면 당신은 동적으로 일관되지 않을 것이다. 그것은 마치 당신이 (3)에서 주어진 선택을 할 계획이지만 그것을 결정할 기회가 왔을 때 당신은 뭔가 다른 것을 ((2)에서) 선택하는(하고 싶어 하는) 것과 같다. 당신이 문제 (3)에서 선택을 할 때 당신은 이 선택이 결정마디(decision node)에 도달하는 것을 조건으로 한다는 것을 알고 있다. 그러므로 여기서 당신이 갖는 추가적인 정보가 이 조건부 선택을 바꿔서는 안 된다.

마지막으로 (3)와 (4)가 동등하다고 하는 것은(당신이 이미 그리 하기로 의사를 밝힌 당신의 움직임과 자연(Nature)의 움직임의 순서를 바꾸는데 따른다. 따라서 당신의 선택이 유발한 결과(結果; outcomes)의 분포가 같은 한 제비뽑기의 순서가 문제되지 않는다고 전제한다면 이것은 복합 복권 뽑기 축소의 공리가 된다.

당신이 독립성 공리가 설득력이 있다는 것을 발견하든 않든 간에 우리는 그것의 의미는 분명하다고 생각한다. 우리는 마지막으로 다음의 정리를 선언할 수 있다.

■ **정리** 2.2.1 (vNM) $\succsim \subset L\times L$은 매 $P, Q\in L$ 모두에 대하여

$$\sum_{x\in X} P(x)u(x) \geq \sum_{x\in X} Q(x)u(x)\text{을 필요충분조건으로 } P \succsim Q$$

가 성립하는 $u: X\rightarrow \mathbb{R}$이 존재한다는 것을 필요충분조건으로 V1-V3을 충족한다. 이 경우 u는 양(陽; positive)의 선형변환(線形變換; linear transformation)에 유일(唯一; unique)하다. 이 정리의 증명은 Gilboa(2009) pp.83 - 86에 부탁하기로 하고 vNM 정리를 몇 가지로 나누어 해석함으로써 이해를 돕기로 한다.

2.2.3 세 해석(the three interpretation)

vNM의 여러 가지 해석은 Cantor의 정리의 해석을 반영한다. 메타-과학적 관점에서 그 정리는 효용함수의 정의를 제공하여준다. 온도의 측정을 위해서는 도(度; degree)가 유일하므로 우리는 도가 오히려 구체적인 측척(測尺)(測尺; measure)이라고 느낀다. 집합 X상에서의 효용의 유일성은 더 많은 관찰을 희생으로 하여 얻어진다. 우리는 선호가 X에서뿐만 아니라 X에서의

복권 즉 L에서도 관찰될 수 있다고 가정한다.

규범적 관점에서 우리는 공리를 읽고 기대효용의 사용이 결정을 내리는 바른 길이라고 믿게 될 수 있다. 효용함수 u의 적절한 선택을 위해 고차(高次; higher order)의 모멘트를 취할 필요는 없다. 중앙값보다 효용의 기대를 극대화될 지수(指數; index)로 선호할 충분한 이유가 있다.

마지막으로 기술적(記述的, descriptive) 관점을 채용하여 공리화(公理化; axiomatization)함으로써 주식시장에서의 모든 증권 트레이더(traders)뿐만 아니라 그들의 재산에 보험을 들려는 사람 또한 기대효용 극대화주의자라고 전제하는 모델을 만들 수 있다.

앞에서의 분석은 주어진 의사결정자의 효용함수를 확인할 수 있는 단순한 질문을 보여준다. 예를 들어 우리는 의사결정자에게 확실한 $500에 상당하는 내기 ($p$, $1000; (1 -$p$), $0)의 확률 p를 물을 수 있다. 그 답이 $p = .6$이라고 하자. 그러면 우리는 효용함수의 정규화(正規化; normalization) 예컨대 $u(\$0) = 0$과 $u(\$1000) = 1$을 선택할 수 그리고 $u(\$500) = .6$이어야한다는 것을 발견할 수 있다. 이 방식을 계속하여 우리는 두 개의 결과(outcomes) 각각(사실 한 편에는 두 결과 대 다른 편에는 단 하나의 확실한 결과)을 포함하는 복권들만을 사용하여 전체 효용함수를 사상(寫像; map)할 수 있다.

그런 효용함수의 도출은 기술적(記述的; descriptive) 및 규범적 목적에 똑 같이 사용할 수 있다. 기술적 예를 가지고 출발키로 하자. 우리가 주식시장에서의 거래와 같은 복잡한 환경에서 개인의 행동을 예측하기를 원한다고 하자. 그런 환경에서 누구의 효용을 측정하기가 어려운 과제일 수도 있으며 그것에 유의미한 측정오차가 있을 수도 있다. 단순한 실험실 실험에서 효용을 측정하고 나서 그것을 더 복잡한 실험에서도 예측을 위해 사용하는 것이 타당할 수도 있다. 이 프로그램은 그 실험이 외부 타당도(外部 妥當度 external validity)를 갖고 있지 않다면 예컨대 그것이 아주 인위적이라면 실패할 수도 있다. 그러나 아직은 그것은 문제의 단순화를 기초로 얼마간의 희망을 간직하고 있다.

규범적 해석을 고려하여 의사결정자가 두 개의 복잡한 복권 중에서 하나를 선택하게 되어있다고 가정하자. 그는 고려하여야 할 모든 숫자를 보면서 약간 갈팡질팡한다. 그는 어떤 닻(anchor)을, 아마도 우위(優位; dominance)를 내세울 논거를, 또는 동일한 원소를 소거(消去; cancellation)할 수 있는지를 찾으려 할 수도 있지만 그러나 문제는 아직도 완고하게 복잡한 채로 남아있다. 우리가 의사결정자에게 어떤 복권을 선호하는가라고 묻는다면 그는 아직 모른다고 말할 것이다.

그러나 의사결정자가 vNM 공리를 좋아하고 그가 스스로 그 공리들을 충족시키는 것을 보기 원한다면 우리는 그에게 당초에 주어진 대로 그의 효용의 눈금을 맞추라고 그리고 아주 단순한 문제만을 고려하라고 제안할 수 있으며 그 때문에 그는 더 좋은 직관 다시 말해 더 잘 정의된 선호를 갖게 된다. 이들 선택으로부터 우리는 효용함수를 사상(寫像; map)할 수 있고 이를 복잡한 결정에 사용할 수 있다. 우리는 의사결정자에게 돌아갈 수 있으며 우리가 복잡한 경우에 계산한 선택이 그 공리 및 단순한 상황에서의 그의 선택에 부합되는 유일한 것이라고 그에게 설명할 수 있다.

효용함수의 도출 절차는 논리적으로 그 공리들을 필요로 하지 않는다. 우리는 오직 수학공식만에 기초를 둔 효용함수를 유일하게 찾아내는 단순한 선호문제를 내놓을 수도 있다. 그러나 구체적이고 관찰 가능한 공리들의 언어와 단순한 공리들에 대한 탐구가 흔히 도출(導出; elicitation)/눈금 매기기(calibration) 문제를 해결하는데 도움을 준다.

2.4 De Finetti의 정리

2.4.1 동인(動因; motivation)

우리는 앞에서 확률을 세 가지로 정의하였다. 선호무차별에 기초를 둔 첫 번째 것과 빈도주의(頻度主義; frequentism)에 기초를 둔 두 번째 것은 한계가 있었다. 이에 비하여 주관적 확률은 아주 일반적이고 융통성이 있는 것처럼 보였다. 그러나 그것들은 너무 일반적이고 융통성이 있어 누구는 그것들이 모든 것을 설명하고 모든 것에 사용되어 궁극에는 소용없게 되는 것은 아닌지 의구심을 가지게 할 수도 있었다.

그 개념을 유용하게 하기위하여 주관적 확률에 적용되는 규칙을 조금 더 엄하게 할 필요가 있다. 일부 규칙이 우리의 주관적 확률이 언제 확률 측척(測尺)(測尺; measure) p로 그리고 언제q로 주어지는지를 우리들에게 말해줄 것이다. 그런 주관적 확률 간의 차이는 과연 무엇일까? 그런 두 확률 사이의 차이는 관찰되지 않을 수도 있는 것일까? 그리고 모든 것이 주관적 확률로 설명될 수 있다는 것이 현실성이 있나? 그렇다면 논리적 실증주의자(實證主義者; positivists)는 무엇이라 말할까?

그런 관심에 끌려 Ramsey(1931)은 주관적 확률이 관찰 가능 선택행동에서 유도된다고 제언하였다. 주관적 확률이 자진해서 내기에 거는 마음으로부터 계산된다면 그것들은 관찰 가능한 의미를 지닐 것이다. 희망적으로 우리는 두 다른 확률 측척(測尺)가 두 다른 행동방식으로부터 반영되며 관찰에 의하여 구별될 수 있다는 것을 증명할 수 있을 것이다. 마찬가지로 확실한 행동방식들이 주관적 확률과 일치하지 않을지라도 그 개념을 의미 있게 만들 것이라고 희망하여야 할 것이다.

주관적 확률을 그런 확률의 단순한 선언을 능가하는 관찰 가능 데이터에 연계하기위하여 우리는 주관적 확률이 어떻게 사용되는지를 생각할 필요가 있다. 이것은 논리적 실증주의가 가르쳐준 것이다. 즉 개념은 우리가 그것을 사용하는 방식으로부터 의미를 획득한다. 우리가 '어떻게(how)'에 대한 답을 안다면(우리는 개념을 사용한다.) 우리는(그것이) '무엇(what)'인지에 대한 답도 안다. 그리고 이것이 아마도 본질(本質; essence)이란 면에서 우리가 바랄 수 있는 유일한 의미 있는 답이다.

그렇다면 주관적 확률은 어떻게 사용되어야하나? 하나의 있을 수 있는 방법은 기대결과이득(expected payoff)의 극대화를 통하여 사용하는 것이다. 그것은 경제적 관점에서 보면 아주 만족한 접근법은 아니다. 왜냐하면 우리는 이미 기대효용의 극대화가 기대금전결과이득의 극대화보다 훨씬 더 합리적인 객관적 함수라고 정하였기 때문이다. 아직 누군가는 시작을 하여야한다. de Finetti의 활동은 1930년대로 거슬러 올라가며 von Neumann과 Morgenstern을 앞선다. 그는 원래 경제학자가 아니었고 주관적 전제(subjective prior)가 있는(기대효용보다 오히려) 기대 **가치**의 극대화에 만족하였다. 이 주관적 기대효용의 다음단계는 Savage를 기다려야한다.

당분간 우리가 아직 정의되지 않은 주관적 확률에 대하여 기대 결과이득을 극대화하려한다는 아이디어를 받아들이기로 하자. 마음속에 이런 형태의 용법을 가질 때 확률이란 무엇인가?

2.4.2 정리(定理; theorem)

de Finetti는 자연의 상태에서 금전적 내기를 생각하였다. 우리가 경마를 보려하고 각각 경주에 이긴 말에 해당하는 n 상태 $1, \cdots, n$가 있다고 전제하자(무한한 공간으로의 확장이 간단하기는 하지만 우리는 유한하게 많은 상태를 말하고 증명하려한다).

내기는 상태로부터 금전적 결과로의 함수이다; 즉 $x \in X = \mathbf{R}^n$이며 x_i는 말 i가 이기는 경우 이득을 나타낸다. 마이너스 값 x_i는 i가 이길 때 우리가 정미(正味; net)로 지불해야할 값을 나타낸다. 따라서 내기 $(1, -1, 0, \cdots, 0)$는 고른 승산에서 말 2보다 말 1이 이기는 내기인데 여기서 내기는 두 말 모두 이기지 못하면 취소된다.

de Finetti는 내기를 받아들일 수 있는 것과 받아들일 수 없는 것으로 나누었다. 그리고 그는 이들 집합이 볼록이어야한다고 요구한다(de Finetti, 1937과 그 번역 Kyburg & Smoker, 1964를 보라).

의사결정자가 내기에 대해 선호순서, $\gtrsim \subset X \times X$을 가진다고 가정하고 다음 공리를 생각해 보자.

D1. 약 순서(weak order): $\gtrsim$는 완전하고 이행성이다.

D2. 계속성(continuity): 모든 $x \in X$에 대하여 집합 $[y|x > y]$와 $[y|y > x]$이 열려있다.

D3. 가산성(加算性; additivity): 모든 $x, y, z \in X$에 대하여 $x + z \gtrsim y + z$을 필요충분조건으로 $x \gtrsim y$이다.

D4. 단조성(單調性; monotonicity): 모든 $x, y \in X$에 대해 모든 $i \leq n$에 대한 $x_i \geq y_i$는 $x \gtrsim y$를 뜻한다.

D5. 비자명성(非自明性; nontriviality)[62]: $x > y$인 $x, y \in X$가 존재한다.

공리 D1과 D2은 소비자이론에서 잘 알려져 있다. 가산성 D.3은 분명히 이들 공리 중 핵심 공리이다. 그러나 그것은 불행하게도 설득력이 부족하다. 공리 D3은 우리가 위험(危險; risk)에 대한 중립(中立; neutrality)을 전제하였다면 이해가 될 것이다. 예를 들어 $n = 2$라고 그리고 $(1, -1) \sim (-1, 1)$이라고 전제하자(직관적으로 당신은 그 두 말(horse)이 다 꼭 이길 것 같다고 생각한다). 그러면 $x = z = (1, -1)$이고 $y = (-1, 1)$이라고 설정함으로써 우리는 D3이 $(2, -2) \sim (0, 0)$을 의미한다는 것을 알게 된다. 등식 $(1, -1) \sim (-1, 1)$는 여러 가지 위험에 대한 태도와 부합된다는 것을 관찰하자. 이 등식은 두 상태가 일어날 가능성이 똑 같다고 생각

62) 제차(齊次)의 1차 연립 방정식의 해(解)에서, 적어도 하나의 미지수의 값이 0이 아님

하는 어떤 기대효용 극대화논자도 지켜줄 것이다. 그러나 D3이 있을 때 상태의 순열(順列; permutation)에 대한 선호무차별은 무작위변수가 그 기대와 동등하다는 것을 의미한다.

단조성 공리 D4는 더 구미에 맞으며 실제로 부정하기가 어렵다. 결과(outcomes)들이 모두 금전적 결과이득이므로 D4만이 의사결정자가 어떤 상태에서 더 높은 결과이득이 제공된다 할지라도 '조금'보다 '많이'를(약하게) 좋아하는 것을 요구 한다.

마지막으로 비자명성공리는(주관적) 확률 측척(測尺)를 발견하는 유일한 목적을 위해 필요하다. 그것이 없어도 그 표현은 아직 유지되지만 벡터 p는 제로벡터이었을 것이고 우리는 그것을 확률이라 해석할 수 없을 것이다.

de Finetti의 정리는 다음과 같이 말한다.

■ **정리** 2.3.1 (de Finetti) $\gtrsim \subset X \times X$는 모든 $x, y \in X$에 대하여

$$px \geq py \text{를 필요충분조건으로 } x \gtrsim y$$

인 확률 벡터 $p \in \Delta^{n-1}$가 존재한다는 것을 필요충분조건으로 D1-D5를 충족한다. 게다가 이 경우 p는 독자적(獨自的; unique)이다.

Δ^{n-1}은 $\{1, \cdots, n\}$ 상에서의 확률벡터의 집합이라는 것을 기억하자. 표기 px는 내적(內積; inner product) 즉 $\sum^{i} p_i x_i$을 나타내는데 이는 확률 p에 비례되는 x의 기대 결과이득이다.

너무 수학적 접근을 지양하기 위하여 이 정리의 증명은 생략코자 한다.

2.4.3 세 가지 해석(解釋; interpretation)

앞서의 두 공리화(公理化; axiomatization)에서처럼 세 형태의 해석이 있을 수 있다. 메타과학적 수준에서 이제 우리는 주관적 확률의 정의를 갖고 있다. 기대가치의 극대화를 위해 내기 행동을 예측하기 위하여 이렇게 정의된 확률을 사용할 수 있다. 우리는 어떤 조건하에서 사람들이 이렇게 정의된 주관적 확률을 가진다고 전제될 수 없는지를 즉 언제 그들이 공리를 위반하는지를 정밀하게 알고 있다. 그래서 기대가치 극대화가 공허한 이론이 될 위험은 없다.

규범적으로 위의 공리들이 설득력이 있다면 그것들은 우리로 하여금 기대가치극대화가 우리 자신의 주관적 확률에 비해 우리가 결정을 내리는데 있어 더 좋은 방법이 되리라고 믿게 하여준다. 기술적으로(descriptively) 그것들은 이들 공리를 기초로 하는 모델은 오직 수학공식화에 기초를 둔 모델보다 더 많은 것을 가지고 있다고 우리를 믿게 해줄 수 있다.

공리는 또한 주관적 확률을 측정하기위한 도출절차를 찾을 수 있게 하여줄 수 있다.[63] 1특히(약 순서 가정과 결합된) 단조성과 계속성은 단순한 내기의 선호가 특정한 매개변수를 알아내는데 충분하다는 것을 말하여 준다. 예를 들어 우리가 의사결정자에게 그가 1번 말과 2번

---

63) vNM 정리의 경우에서처럼 우리는 공리와는 별개로 도출절차를 찾아낼 수 있다.

말 사이의 승률이 얼마이면 내기에 걸 수 있겠는가를 물을 수도 있다. 그가 $(\alpha, -1, 0, \cdots, 0)$과 $(0, 0, 0, \cdots, 0)$이 선호무차별이라고 말하였다면 우리는 $p_2 = \alpha p_1$이라고 결론 내려야할 것이다. 그렇지 않으면 우리는 그에게 1번 말이 이기는 경우 $1 이득의 확실성등가는 얼마($\beta$)인가 즉 $(1, 0, 0, \cdots, 0)$과 $(\beta, \beta, \beta, \cdots, \beta)$를 풀면 β는 얼마인가 라고 물을 수 있으며 $p_1 = \beta$라고 결론 내릴 수 있다.

의사결정자가 단순 선호질문에 편안함을 느끼는 그리고 잡음이 포함되지 않은 답을 내놓을 수 있으며 따라서 공리들이 말해주는 이론이 우리로 하여금(또는 의사결정자 자신으로 하여금) 그 답으로부터 그 이론이 틀림없다면 복잡한 질문에의 답이 무엇인가 라는 단순질문까지 추론할 수 있도록 도와줄 수 있을 것이다.

마지막으로 가산성(加算性; additivity)공리 D3의 있을 수 있는 근거를 말해보자. 어떤 것은 오히려 불완전하지만 그것들은 다른 맥락에서는 중요할 수도 있다는 점을 지적하여둔다. 첫째 우리는 관심을 작은 금액으로 제한할 수도 있는데 이런 작은 금액에 대해 위험 중립(risk neutrality)의 태도를 취한다는 것이 틀린 말이 아닐 수 있다. 둘째 우리는 효용함수가 독립적으로 측정되었다고 그리고 결과득실(payoffs)은 단위 면에서 이를테면 "utils"로 주어진다고 가정할 수 있다(이 해석은 가산성 공리가 utils 더하기의 뜻으로 받아들여야한다는 것을 요구 한다). 셋째 누구는 결과득실이 객관적 확률로 주어진다고 상상할 수도 있다. 이것은 그런 객관적 확률이 공정한 룰렛(roulette) 바퀴의 경우에서처럼 주어지고 합의됨을 요구한다. 만일 그런 바퀴가 존재한다면 당신은 벡터 x을 당신이 이긴 그 룰렛바퀴의 구멍(slots) 수를 특정화하는 것으로 해석할 수 있다. 다른 말로 하면 벡터 x는 당신에게 i번 말이 경주에서 이기면 $x_i/37$의 확률로 정해진 결과이득 예컨대 $100을 보장한다. 이 경우에 당신이(기대가치보다 오히려) 기대효용으로 생각할지라도 당신은 가산성 공리가 수용 가능임을 알게 될 것이다.

2.5 Savage의 정리

2.5.1 배경

de Finetti의 정리는 주관적 확률의 정의를 우리에게 주지만 그것은 가산성(additivity)을 전제로 한다. 어떤 사람이 위험중립(risk neutral)이고 그의 결과득실(結果得失; payoff)이 확률로 측정되는 효용을 극대화하는 사람이라면 더 일반적으로 말해 우리가 의사결정자의 효용함수를 안다면 de Finetti의 공리는 설득력이 있다. 다른 말로 우리가 효용함수를 측정도구로 갖고 있다면 우리는 그것을 2.2.1 vNM 정리에서 설명된 도출절차에서처럼 주관적 확률을 측정하는데 효용함수를 사용할 수 있다.

vNM과 Finetti의 정리는 품위 있고 강력하지만 종합해서 생각해보면 그것들은 완전한 이야기를 하여주지 못한다. von Neuman과 Morgenstern은 우리에게 확률이 주어졌을 때 효용을 어떻게 얻는지를 말해주고 de Finetti는 그 반대 즉 효용이 주어졌을 때 확률을 어떻게 얻는지를 보여준다. 그러나 우리는 어디서 시작해야할까?

우리는 혼합(混合; hybrid) 접근법을 사용할 수도 있다. 예를 들어 우리가 룰렛바퀴, 주사위, 및 동전과 같은 확률게임(games of chance)에 관하여 이야기할 때 우리가 확률이 무엇을 의미하는지 이해한다면 우리는 이것을 vNM 모델의 입력자료(入力; input)로 사용하고 의사결정자의 효용함수를 측정할 수 있다. 그런 뒤 우리는 그 효용을 de Finetti의 모델에서 다른 사건의 주관적 확률을 측정하는데 사용할 수 있다.

그러나 그런 절차는 같은 효용함수가 두 설정(設定; setups) 모두에서 적용된다고 간주하는 어려움으로 시달리게 한다. 즉 확률게임의 맥락에서 측정된 효용함수가 다른 사건이 포함되었을 때 사용된 것이다. 이것은 한 "결과(outcome)"와 그것이 얻어진 환경 사이에 상호작용이 있을 수 있으므로 자명(自明; trivial)한 가정이 아니다. 예를 들어 룰렛바퀴게임을 할 때 우리는 오로지 돈으로만 정의된 효용을 가질 수 있다. 반면에 실생활 상황에서 나의 효용은 공정함, 대등함, 등등과 같은 다른 요인에 따르지도 모른다. 우리가 관심을 금전결과득실로 한정한다할지라도 확률게임의 설정이 나로 하여금 내가 실생활에서 하는 것보다 훨씬 더 위험선호가 되게 만들 수 있다. 즉 외부 정당성의 카테고리의 영향을 받는 여러 문제가 확률게임에서 측정된 효용함수를 다른 상황을 분석하기에 적절한 효용함수와 다르게 만들 수도 있다.

객관적 확률에 기초를 두고 주관적 확률을 측정하는 것이 더 직접적이다. 효용함수를 측정하기보다 우리는 주관적 확률이 약분되는 실험을 고안할 수 있다. 예를 들면 우리는 당신에게 증권시장이 붕괴하는 경우에 $100을 받는 것을 선호하는지 아니면 한번 강력하게 돌려진 룰렛바퀴가 짝수에서 멈출 경우에 $100을 받는 것을 선호하는지 물을 수 있다. 룰렛바퀴에서 짝수의 수를 바꿈으로써 우리는 당신의 효용함수와 관계없이 당신의 주관적 확률의 눈금을 조정할 수 있을 것이다. 그러나 우리는 $[u(\$100)-u(\$0)]/[u(\$50)-u(\$0)]$과 같은 효용차이의 비(比; ratios)에 관하여 걱정할 필요는 없다.

사실 이 아이디어가 Anscombe와 Aumann(1963)의 동인(動因; motivation)이었는데 그들은 사람들이 첫째로 객관적 확률을 이해함으로써 주관적 확률을 이해한다고 믿었다. 그들의 시각에서 보면 두 형태의 확률 — 확률게임에서처럼 객관적인 것과 주관적인 것 — 이 있다는 것과 어떻게 이들이 의사결정자에 의하여 비교되는지를 명백하게 보여주는 것이 실제로 이론이 보여줄 수 있는 것이다.

그러나 확률과 효용의 개념 어느 하나를 모델의 원시조건(原始條件; primitive)으로 가정함이 없이 이들을 동시에 유도하는 것이 개념적으로 더 품위가 있는 것처럼 보이지 않을까?. 이것이 Savage(1954)의 공로(功勞; merits)이다. 그는 세상(世上; world)과 결과(結果; outcomes)의 추상적 상태만을 전제로 하는 모델을 가지고 출발하였다. Savage의 공리는 어떤 숫자도 곱셈도 덧셈도 또는 유사한 수학적 장치도 포함되지 않은 원시적 언어로 진술되었다. 그리고 그의 정리를 보면 그가 제시한 공리가 결국 확률측척(測尺)에 비례하여 효용의 기대가 극대화되도록 결정이 내려지는 그런 효용함수와 확률측척(測尺) 둘 다가 공존한다는 것과 같다는 것을 보여준다.

그런 까닭에 개념적으로 Savage의 정리는 de Finetti나 vNM의 정리보다 훨씬 더 만족스럽다. 그 위에 Savage의 개념적 간소함 또한 수학적 검소함에서 나왔다는 것을 알아야 한다. 즉 Savage는 입력 자료(input)의 부분으로 숫자도 선형 연산(線形演算; linear operation)도 가정하지 않으므로 그가 의존한 수학적 장치는 별로 없다. 대신에 그는 맨손으로 숫자들을 구성하고 있다. 그 결과로 Savage의 정리 역시 인상적인 수학적 성취가 되었다. 뜻 깊은 수학적 결과와 뛰어난 개념적 성취의 결합이 경외심(敬畏心; awe)을 불러일으킨다. Kreps(1988)가 말한 대로 Savage의 정리는 결정이론의 더없는 자랑거리라 하겠다.

우리는 그의 공리를 기술하고 그것들의 배경이 되는 기본 논리를 설명하는 것으로부터 시작하고자한다.

2.5.2 상태(狀態; states), 결과(結果; outcomes), 및 행위(行爲; acts)

Savage의 모델에는 두 원시개념인 상태와 결과가 들어있다. 상태의 집합 S을 펼쳐질 수 있는 모든 시나리오의 망라(網羅; exhaustive)된 리스트라고 생각하여야한다. 그에 의하면 상태가 "모든 불확실성을 해결한다." 즉 상태는 당신이 관심을 가질만한 어떤 질문에 대한 답도 명시하여야한다. 그 답은 결정논적(決定論的; deterministic)이어야한다. 예를 들어 주어진 상태에서 한 행위가 동전던지기를 하게한다면 당신은 한 걸음 더 나아가 상태를 원래의 것과 모순되지 않는 두 개의 있을 수 있는 상태로 나누어야하지만 동전던지기에 관한 불확실성 또한 해결해야 한다. 나중에 이 개념을 상세히 설명하겠다.

실제 문제가 여러 기간으로 확장된다면 고려된 결정 문제는 게임에서의 전략의 선택이라고 생각되어져야한다. 그 게임은 장기간일 수도 무한일 수도 있다. 당신은 전략을 연역적(演繹的; a priori)으로 선택한다고 그리고 당신이 동적(動的; dynamic) 일관성(consistency), 예상하지 못한 만일의 사태(unforseen contingencies), 등등의 어려움 없이 그 전략을 고수할 것이라고 가정한다고 스스로 생각한다. 이것이 이 게임에서의 자연(Nature)의 전략처럼 상태의 개념과 대칭이다. 그것은 게임이 벌어질 때 자연이 해야만 하는 모든 선택을 명시한다.

사건(事件; event)은 부분집합 $A \subset S$이다. 가측성(可測性; measurability) 제약조건(制約條件; constraints)은 없으며 S가 측정 가능한 사건의 대수(代數; algebra)를 원래부터 가지고 있지는 않다.

결과(outcomes)의 집합을 X로 표기하기로 한다. 그것이 당신의 결정과 관련된다는 것을 고려하면 어떤 결과 x가 당신의 건강/행복(well-being)에 관련된 모든 것을 명시한다고 전제된다. 이 의미에서 Savage의 모델은(소비자이론에서처럼) 확실성하 효용극대화 또는 vNM의 모델과 다르지 않다.

선택의 대상(對象; objects)은 행위인데 그것은 상태에서 결과로의 함수로 정의되며 F로 표기된다. 즉

$$F = X^S = \{f \mid f : S \to X\}$$

이다. 당신이 어떤 행위 f를 선택할 때 당신은 일반적으로 당신이 경험할 결과를 모른다. 그러

나 당신이 당신의 선택 f와 상태 s를 안다면 당신은 결과가 $x=f(s)$이라는 것을 안다. 그 이유는 상태 s가 행위 f의 결과가 무엇인가를 포함하여 모든 불확실성을 해결하여야하기 때문이다. 특히 상태 s는 당신에게 "행위 f는 결과 x를 가져 온다."라는 진술이 참인지 거짓인지를 말해 주어야한다.

그 결과득실(結果得失; payoffs)이 세상의 상태와 관계가 없는 행위는 F에서 상수함수(常數函數; constant functions)이다. 우리는 표기법을 남용하여 행위를 그 행위가 가져올 결과로 표기할 것이다. 따라서 $x\in X$는 또한 $x(s)=x$인 $x\in F$로 이해된다. 세상에는 많은 혼란스러운 것 들이 많지만 이것이 그것들 중의 하나는 아니다.

선택의 대상이 행위이므로 Savage는 이원관계 $\succsim\subset F\times F$를 전제로 하였다. 이 관계는 통상처럼 정의된 대칭 및 비대칭 부분 $\sim$와 $\succ$을 가질 것이다. 그것은 관례에 따라 자연스럽게 X로 확장될 것이다. 구체적으로 말하면 두 결과(outcomes) $x, y\in X$에 대해 우리는 항상 x를 산출하는 상수함수(常數函數; constant function)가 항상 y를 산출하는 상수함수와 $\succsim$에 의해 관계되는 것을 필요충분조건으로 $x\succsim y$라고 말한다.

S 및X, 그리고 X^2에서의 관계 $\succsim$, 두 집합이 있다.

2.5.3 공리(公理; axioms)

여기서 Savage의 당초 이름 P1 - P7을 그대로 사용하기로 한다.

P1

P1은 $\succsim$이 약 순서(weak order)라고 말해준다. 그 기본적 아이디어는 기술적 및 규범적 정당화에서처럼 아주 잘 알려져 있다.

P2

공리 P2는 두 행위 f와 g 간의 선호가 다를 때 그 차이는 f와 g의 가치에 의해서만 나타난다는 것을 말해준다. f와 g는 사건 A(또는 그것의 부분집합)이 일어날 때에만 다르다고 하자. 달리 말하면 A가 일어나지 않으면 f와 g는 정확하게 같은 결과를 가져온다. 그렇다면 그것들을 비교할 때 우리는 이 사건 A에 집중할 수 있으며 A^c를 무시할 수 있다. 우리가 f와 g는 A의 밖에서 상수(常數; constants)라는 것을 알 필요가 없다. 즉 $s\notin A$일 때 $f(s)=g(s)$이다.

예를 들면 당신이 몇몇 친구와 함께 콘서트에 가려고 외출하려한다고 하자. 당신 친구 중 한사람이 콘서트 입장권을 사려하는데 표를 구할 수도 못 구할 수도 있으며 못 구할 경우 모두들 집에 머물러야한다. 당신 친구가 표를 구하는 동안 당신이 밖에 나갈 경우 당신은 비옷을 입어야하지 않을까 생각한다. 분명히 비가 온다면 비옷은 아주 유용하지만 그렇지 않다면 그것을 가지고 다닌다는 것은 괴로운 일일 것이다.

연역적으로 당신은 f, "외출할 때 레인코트를 입고 나가고 집에 머문다면 옷장에 놔둔다."와 g, "외출할 때 레인코트를 입고 나가지 않고 집에 머문다면 옷장에 놔둔다." 중에서 선택하여야만 한다. P2는 f와 g를 비교할 때 입장권이 없다면 그것들이 가져다 줄 결과는 무시할 수 있다.

그래서 P2는 조건부 선호 즉 A가 일어나는 것을 조건으로 하는 f와 g 사이의 선호에 대해서 말해주고 있다. 일부 모델은 그런 조건부 선호를 원초적이라고 가정한다(Ghirardato, 2002; Luce & Krant, 1971을 보라). Savage는 조건부 선호를 모델화하기위하여 자기 나름의 길을 선택하였다. 즉 f와 g의 값이 어디서 같은지가 문제가 되지 않는다는 아이디어를 표현하기위해 그는 그것들이 무엇과 같은 지는 문제가 되지 않는다는 것을 요구하였다. 즉

$$f(s)=f'(s) \text{ 그리고 } g(s)=g'(s) \quad s\in A$$

가 성립되는 f'와 g'를 각각 얻기 위하여 당신은 A^c에서만 f와 g를 바꾼다고 전제하자. 나중에 바뀐 행위 f'와 g'가(f와 그리고 g와 반드시 같지는 않지만) 아직도 A 밖에서 같다는 것을 당신이 확신한다고 전제하자. 즉

$$f(s)=g(s) \text{ 그리고 } f'(s)=g'(s) \quad s\notin A$$

그러면 당신은 그것이 $f'\succsim g'$를 필요충분조건으로 $f\succsim g$인 경우이기를 바란다. 이 경우에 Savage는 f을 A를 조건으로 적어도 g만큼 아니면 그 이상 선호하는 것으로 정의하고 $f\succsim_A g$라고 표기한다.

공리 P2는 자주 **당연지사 원칙**(當然之事 原則; sure-thing principle; STP)이라고 지칭된다. 왜 그런지를 보기위하여 이야기를 조금 복잡하게 해보자. 콘서트 입장권이 없다면 당신 친구가 산보를 간다고 가정하라. 다시 당신은 코트를 입고 가거나 또는 안 입고 갈 수도 있다. 당신이 결국 콘서트에 가게 된다면 코트를 입는 것이 좋겠다고 즉 $f\succsim_A g$라고 결정한다고 가정하라. 불행하게도 집을 떠나기 전에 입장권을 구할 수 있을는지를 아직 모른다. 즉 당신은 A가 일어날지 A^c가 일어날지를 모르는 채 코트를 입을지 말지를 결정하여야한다. 그러나 만일 당신이 P2(와 P1)를 만족한다면 당신은 "A가 일어날 경우뿐만 아니라 A가 일어나지 않을 경우에도 g보다 f를 선호한다. 그러므로 g보다 f를 선호하여야한다."라고 말하는 것은 당연한 일이다.

일부 저자는 다른 공리를 표기하기위하여 "**당연지사 원칙**(STP)"이란 용어를 사용한다. Peter Wakker는 Savage가 당초 P3 및 P7과 함께 P2를 언급하면서 이 용어를 사용하였다고 말하였다(사실 Kreps(1988)는 P7을 나타내기 위하여 이 용어를 사용하였다). 그러나 일반적으로 이 용어는 P2로 당연지사 원칙을 알아본다.

다음과 같은 표기법을 사용하기로 한다. 즉 두 행위$f,g\in F$ 그리고 한 사건 $A\subset S$에 대하여 행위 f_A^g를

$$f_A^g(s)=\begin{cases} g(s) & s\in A \\ f(s) & s\in A^c \end{cases}$$

라고 정의하기로 한다. 이 표기법으로 모든 $f,g,h,h'\in F$와 모든 $A\subset S$에 대하여 P2는

$$f_{A^c}^{h'}\succsim g_{A^c}^{h'} \text{ 를 필요충분조건으로 } f_{A^c}^{h}\succsim g_{A^c}^{h}$$

라고 말해준다.

▌영(零; null)의 사건(無效事件; null event)

개략적으로 말해 확률이 주어질 때 확률이 영(零; zero)인 사건을 의미하는 현실적으로 불가능한 일로 생각되는 직관적 개념을 표현하는 정의(定義; definition)가 있으면 편리하다. 그런 사건을 우리는 어떻게 정의할 수 있을까? 즉 당신이 한 사건 A가 일어날 수 없다고 믿는 사실의 행동적 표시(表示; manifestation)는 어떤 것일까?

하나의 자연스러운 정의는 사건 A가 모든 $f, g \in F$에 대하여 $f \sim_A g$이면 영이라고 말하는 것이다. 즉 A가 일어나지 않는다면 f와 g는 같은 결과를 산출한다는 것을 안다면 당신은 그것들이 동등하다고 생각한다.

예를 들면 당신이 작은 녹색 사람들이 우주에서 이곳으로 오고 있을 수도 있다고 정말로 믿는지 우리가 알고 싶다고 가정하자. 사건 A를 "우주로부터의 작은 녹색 사람들이 오 분 안에 방으로 들어 오려한다."는 것으로 정의하자. f는 당신의 생명을 의미하고 g는 f와 같지만 이에 더하여 A가 일어나면 $100을 얻게 된다. 이들 두 행위는 A 밖에서는 동일하다. 그럼에도 불구하고 당신이 엄밀히 말해 f보다 g를 선호한다면 우리는 당신이 녹색사람이 정말 방문을 열 약간의 확률이 있다고 생각한다고 가정하여야할 것이다. 반대로 우리가 $f \sim_A g$를 관찰하게 된다면 우리는 A가 논리적으로 불가능이 아닐지라도 당신은 당신의 결정에서 그것에 어떤 중요성도 부여하지 않는다고 우리는 결론지을 수 있다. 우리는 A가 당신에게는 영이라고 말하게 될 것이다.

일부 사람들은 그런 사건이 존재할 수도 있을 것이라는 아이디어에 반대한다. 그러나 요점은 작은 녹색 사람들에 의한 침공의 가능성이 없다 할지라도 왜 그들 도착을 조건으로 하는 $100을 거절하느냐 하는 것이다. 첫째 우리는 이 모델을 사전편집식(辭典編纂式; lexicographic)의 확률 또는 비표준 숫자[64]를 사용하는 확률을 다루도록 확장할 수도 있다. Blume et al.(1991)은 그와 같은 확률을 허용하는 Savage-유(類)의 모델을 공리적으로 도출하였다. 이 모델에서 사건 A가 당신이 내기를 걸기를 거절할 만큼 일어날 가능성이 없을 수 있지만 당신은 아직도 A에서 오는 결과이득(利得; payoffs)에 무관심하지 않을 것이다. 둘째 확률에서의 "영(零; zero)-확률"의사건 또는 여기서의 경우 영의 사건의 해석에는 문제가 많다. 왜냐하면 우리가 무한하게 많은 상태를 갖는 모델을 사용하기 때문이다. 그런 모델을 사용한다는 것이 편리할 때가 많다. 예를 들면 그것들이 확률과 통계에서 연속된 분포의 사용을 우리에게 허용하기 때문이다. 그러나 이들 모델은 또한 일부 비용을 들게 하고 특히 그것들은 "영-확률"을 "논리적 불가능성(不可能性; impossibility)"와 같다고 하도록 허용하지 않는다. 세상은 유한하다는 것과 무한한 모델은 단지 수학적 편의(便宜; convenience)로만 고려된다는 것을 기억한다면 우리는 문제의 무한한 모델이 다른 길에서 우리의 삶을 쉽게 하여주는 한 그런 해석상의 문제를 가지고 살아가기를 배워야하지 않을까?

P3

---

64) Abraham Robinson이 1960년대 초에 창안한 초준해석(初準解析; nonstandard analysis)에서 사용한 개념으로 초극미소수(超極微小數; infinitesimal number)

공리 3은 대충 다음과 같이 설명한다. 당신이 사건 A상에서의 결과(outcome) x를 보장하는 행위를 취하면 그리고 당신이 A에서 그것을 x로부터 다른 결과 y로 바꾸면 두 행위간의 선호는 두 결과 x와 y간의 선호를 따라야한다.

더 형식적으로 행위 $f \in F$, 사건 A, 및 두 결과 $x, y \in X$를 생각하자. A밖에서는 동일하지만 A에서 하나는 x을 그리고 또 다른 하나는 ye을 산출하는 두 행위 f_A^x와 f_A^y 을 비교하자. $x \succsim y$이면 $f_A^x \succsim f_A^y$라고 하는 것은 자연스럽다. 즉 A가 일어날 때 얻는 결과를 약하게 개선하면 그 행위 또한 약하게 개선하여야한다. $x > y$ 또한 $f_A^x > f_A^y$를 의미할 것이다. 이처럼 P3의 공식표현은 모든 $f \in F$, 비영(非零; nonnull)의 사건 $A \subset S$ 및 $x, y \in X$에 대해

$f_A^x \succsim f_A^y$를 필요충분조건으로 $x \succsim y$

이다.

P3에는 두 개의 주요 해석이 들어있다. 하나는 그리 어렵지 않은 것으로 P3가 단순히 단조성의 공리라는 것이다. 당신이 선호는 단조적(單調的; monotonic)이어야한다고 주장하려하고 있다고 생각하자. de Finetti의 모델에서 우리는 주어진 상태에서 금전 결과득실을 증가시키면 그 결과벡터가 적어도 당초 것만큼 높게 평가되어야한다고 요구할 수 있었다. 여기서 대등한 조건은 무엇일까? 우리는 금전결과득실을 증가시킬 수 없다. 왜냐하면 우리가 가진 모든 것은 $x, y \in X$와 같이 추상적인 결과(outcomes)이기 때문이다. 그러나 의사결정자가 확실하게 x를 얻는 것을 확실하게 y를 얻는 것보다 선호한다면 x가 y보다 좋은 것으로 보이며 y를 x로 바꾸는 것은 단조(單調; monotone) 선호를 위해 향상되어야 한다.

P3를 단조성(單調性; monotonicity)으로 해석하는 것은 결과가 금전결과득실일 때 아주 설득력이 있다. 그러나 돈이 아닌 결과에 관심을 가질 때 결과가 바람직한지는 그것을 경험하는 상태에 따라 달라진다는 것을 우리는 알 수 있다. 고전적 예를 인용하기위하여 우리가 비가 올지 청명할지를 모른다고 가정하자. 당신이 우리에게 우산 x(모든 상태 s에서)과 수영복 y(역시 모든 상태s에서) 중에서 선택하라고 요청한다. 이 때 우리는 있을 수 있는 결과를 그리고 우리가 따분한 모범생인 위험기피인간임을 고려하여 우산을 선호할($x > y$) 것이다. 그러나 만일 당신이 행위 $f = y$와 날씨가 청명하다는 사건 A를 고려한다면 당신은 우리가 A에서 y를 x대신으로 하기보다 오히려 y를 고수하는 것을 선호하는 것 즉 P3를 위반하여 $y = y_A^y > y_A^x$임을 발견하고 놀라지 않을 것이다. 우리는 이런 형태의 P3(와 P4) 위반을 뒤에 나오는 Savage의 비판에서 다룰 것이다. 이 점에서 우리는 P3가 단순한 단조성 이상의 무언가를 규정한다는 사실을 발견하기를 원한다.

P3의 다음과 같은 해석은 이 문제를 강조한다. 즉 우리가 하는 게임은 관찰된 행동에서 효용과 확률을 도출하는 것이다. 즉 우리는 효용과 확률을 한편으로 욕망 및 바람과 관련된 그리고 다른 한편으로는 지식과 믿음에 관련된 의도적[65] 개념이라고 생각할 수 있다. 특히 의사결정

---

65) "의도적"은 욕망과 바람과 같이 인간이 경험하는 정신적 현상을 지칭하기위해 사용되었다.

자가 y보다 x를 선호하는지를 우리가 알기를 원한다면 우리는 그에게 사건 A가 일어날 때 x 택하기 또는 y 택하기를 선호하는지를 즉 f_A^x와 f_A^y를 비교하라고 요구할 수 있다. 만일 그가 f_A^x를 선호한다고 말한다면 우리는 그가 y보다 x에 더 높은 가치를 부여한다고 결론지을 것이다.

그러나 당신이 같은 의사결정자에게 가서 그에게 다른 사건 B에 대한 f_B^x와 f_B^y 중에서의 선택을 제안하여 그가 실제로 후자를 선호한다는 것을 발견한다면 무슨 일이 벌어질까? 같은 측정방법에 의해 당신은 x보다 y가 선호된다는 것을 발견할 것이다. 이 경우 결과(outcomes)에 대한 분명한 선호는 없을 것이다 - 선호는 관련된 사건에 따를 것이다.

만일 이 연습을 우리가 의사결정자의 순위매기기(ranking)(그의 기수적 효용함수는 고사하고)를 측정하기위한 기도(企圖; attempt)라고 본다면 우리는 그 관찰결과가 측정도구에 의존하지 않기를 바랄 것이다. 여기서 함수 f와 사건 A 및 B는 다만 측정도구일 뿐이다. 따라서 우리는 그것이 모든 f와 모든 비영(非零; nonnull)의 A와 B에 대해

$$f_B^x \gtrsim f_B^y \text{를 필요충분조건으로 } f_A^x \gtrsim f_A^y$$

인 경우이기를 원한다.

분명히 그것은 한 비공의 사건 B를 정하기에 그리고 B에 대한 순위(順位; ranking)가 모든 A에 대한 순위와 같다고 규정하기에 충분하다. 당신이 $B=S$라고 정한다면 당신은 P3를 갖게 된다.

P4

P4는 위에서 설명된 P3의 두 가지 해석 중 나중에 설명된 것에 해당된다. 같은 추론방법을 지속하기로 하자. 우리는 결과의 순위뿐만 아니라 사건의 순위도 측정하기를 원한다. 특히 내가 당신이 사건 A가 사건 B보다 일어날 가능성이 더 크다고 생각하는지 여부를 발견하고 싶어 한다고 생각하자. $x > y$인 두 개의 결과를 택하기로 하자. 예를 들면 x가 \$100을 y가 \$0을 표시할 것이다. 우리는 이제 당신에게 당신이 A가 일어나면 더 좋은 결과 x(그리고 아니면 y)를 갖게 되기를 선호하는지 또는 B가 일어나면 더 좋은 결과 x(역시 아니면 대안으로 y)를 갖게 되기를 선호하는지를 물을 셈이다.

당신이

$$y_A^x > y_A^y$$

즉 첫 번째를 선호한다고 생각하면 당신 눈에 B보다 A가 더 일어날 가능성이 더 크다고 결론짓는 것은 타당한 것처럼 보인다. 그러나 이제 다른 결정이론가가 당신에게 접근하여 같은 실험을 하나만 조금 바꾸어 시행한다. 이 다른 결정이론가는 당신에게 더 좋은 결과로 \$400(z)을 그리고 제일 나쁜 결과로 \$200(w)을 약속한다. 당신은 이 경우에 B에 걸기를 선호한다고 말한다고 치자. 즉

$$w_B^z > w_A^z.$$

우리는 어떻게 마음먹어야하나? 측정도구 (x, y)를 사용하여 우리는 당신이 A가 B보다 일어날 가능성이 더 높다고 생각한다는 것을 발견한다. 측정도구 (z, w)가 주어졌을 때 우리는 그 반대의 결론을 발견한다. 이처럼 주장된 측정도구가 실험결과를 바꾼다. 사실 우리는 두 사건 A와 B 중에서 어느 것이 당신 눈에 일어날 가능성이 더 높은지 말할 수 없다.

P4는 그럴 수 없다고 요구한다. 공식으로 모든 $A, B \subset S$와 $x > y$이고$z > w$인 모든 $x, y, z, w \in X$에 대하여

$$w_A^z \succsim w_B^z\text{를 필요충분조건으로 } y_A^x \succsim y_B^x.$$

이다.

P5

P5는 $f > g$인 $f, g \in F$가 존재한다는 것을 말해준다.

이에 해당하지 않는다면 우리는 모든 $f, g \in F$에 대해 $f \sim g$를 갖게 된다. 즉 $\succsim = F \times F$이다. 이 관계는 기대효용극대화가 설명할 수 있다. 즉 당신은 어떤 확률 측척(測尺)도 그리고 어떤 상수(常數; constant) 효용함수도 선택할 수 있다. 게다가 효용함수는 양(陽; positive)의 선형변환(linear transformation)에 유일하다. 그러나 확률 측척(測尺)는 유일한 것과는 거리가 멀다.

달리 말하면 Savage는 $\succsim$이 기대효용극대화에 의하여 설명되는 그런 효용함수와 확률 측척(測尺)이 존재한다는 것을 기술하기위하여 그가 제시한 일곱 공리 대신 여섯만을 사용할 수 있었을 것이다. 사소한 경우 $\succsim = F \times F$ 외에도 확률 측척(測尺) 역시 유일하다는 것을 추가할 수 있었을 것이다. 그러나 공리화의 주요목표가 주관적 확률을 정의하는 것이므로 그리고 우리는 의사결정자의 주관적 확률이 될 유일한 확률 측척(測尺)를 정확히 기술해야하므로 P5는 명백한 공리로 필요하다.

일단 우리가 P5가 무엇을 제외시키는 가를 이해하면 우리는 그것이 필요한 공리라는 것을 깨닫게 된다. 다시 말해(u가 상수가 아닌 한) P5가 그 표현을 반드시 따른다는 수학적 센스에서뿐만 아니라 P5가 기대효용극대화 도출프로그램이 성공하기위해 필요하다는 센스에서도 P5는 필요하다. 초기에 언급한대로 도출프로그램의 아이디어는 선택을 관찰하고 "분해공학(分解工學; reverse engineering)"을 사용하여 결과에 대한 어떤 선호 그리고 사건에 대한 어떤 믿음이 그런 선택을 불러일으키는지를 묻는 것이다. 의사결정자가 선택을 하거나 어떤 선호를 표현하는 것이 절대적으로 필요하다. 선호를 표현할 수 없는 사람이든 Ramsey-de Finetti-Savage의 분해공학프로그램에 의한 주관적 확률을 내놓을 수 없다.

P6

두 개의 "절차상(節次上; technical)" 공리, 달리 말하면 수학적 증명이 작동하는데 필요하지

만 개념적 근거 상 반드시 필요하지는 않은 전제가 남아있다. 첫 번째 것 P6은 연속성의 냄새가 나지만 역시 아르키메데스(Archimedean)[66] 전환을 포함하고 있다.

우리는 우리가 두 행위 간의 엄격한 선호 $f > g$를 가지고 시작하며 우리가 어떤 연속성의 개념을 선언하기를 원한다고 전제하자. 우리는 $|f(s)-f'(s)| < \epsilon$일 때마다 $f' > g$이기를 요구할 수 없다. 왜냐하면 우리가 X에 미터법을 가지고 있지 않기 때문이다. 우리는 또한 $P(\{s|f(s) \neq f'(s)\}) < \epsilon$일 때마다 $f' > g$라고 말할 수 없다. 왜냐하면 우리는 S 에 P의 측척(測尺)이 없기 때문이다. 우리는 어떻게 f'가 f에 근접해있다고 말할 수 있을까?

측척(測尺) P가 없이 근접성을 다음과 같이 설명하려고 한다. 우리가 그런 측척(測尺) P를 가지고 있었고 우리가 그 상태공간을 모든 $i \leq n$에 대하여 $P(A_i) < \epsilon$이 되도록 사건 $A_1, \cdots, A_n$으로 분할할 수 있었다고 가정하자. 모든 측척(測尺) P가 그런 분할(partition)을 허용하지 않지만 우리가 하나를 발견하였다고 가정하자. 그러면 우리는 만일 f와f'이 사건 $A_1, \cdots, A_n$ 중 하나에서만 다르다면 f'가 f에 충분히 근접해 있고 따라서 $f' > g$라고 말할 수 있다. 이 마지막 조건은 측척(測尺) P와 상관없이 선언될 수 있다. 그리고 이것이 대략 P6이 요구하는 것이다. 더 정밀하게 말해 P6은 이것을 $f > g(f' > g$의 의미도)에 대해서도 $g > f(g > f'$의 의미도)에 대해서도 함께 요구한다. 다른 한편으로 P6은 더 약한 요구조건을 만들어 그 분할이 f'의 값에 의존하도록 허용할 것이다.

공식으로 P6은 $f > g$인 모든 $f,g,h \in F$에 대하여 모든 $i \leq n$에 대해

$$f^h_{A_i} > g \text{ 및 } f > g^h_{A_i}$$

인 S의 분할 $\{A_1, \cdots, A_n\}$[67]이 존재한다.

당신이 분할 $\{A_1, \cdots, A_n\}$을 선택하고 있을 때 당신이 그것을 f, g, h에 조건으로 붙일 수도 있다는 것을 확인한다면 당신은 어느 것이 f와 g를 포함하고 있는지 뿐만 아니라 h가 얼마나 빗나갈 수 있는지를 알게 된다.

아직도 P6은 제한적 공리이다. 특히 그것은 유한한 상태 공간 S의 가능성을 배제한다. 사실 P6는 모든 상태 $s \in S$가 영(零; null)임을 의미한다. 이것을 보기위하여 만일 s가 零이 아니라면 $f^x_{\{s\}} > f^y_{\{s\}}$인 $x, y \in X$와 $f \in F$가 있으리라는 것을 관찰하자. $f = f^x_{\{s\}}$, $g = h = f^y_{\{s\}}$을 선택하면 P6은 위반될 것이다. 왜냐하면 어떤 분할도 $s \in A_i$인 하나의 i를 가질 것이 때문에 그리고 이 A_i에서 f를 h로 바꾸면 g가 될 것이기 때문이다. 다음으로 P2가 영사건(零事件; null events)의 합집합이 영사건임을 의미하는데 이는 S가 유한하면 S 자체도 영일 것이라는 뜻으로 P5의 위반이다.

---

66) Archimedes는 모든 양의(positive) 정수(整數; integer) n와 m에 대해 $kn > m$인 k가 존재한다는 공리를 선언하였다. 즉 당신의 걸음걸이의 길이 n가 양이면 당신이 걸음을 충분히 여러 번 반복하면 당신이 원하는 것에 도달할 수 있을 것이다. 결정이론에는 이런 성질의 많은 공리가 있으며 그것들을 "Archimedean"이라고 부른다.

67) S의 분할은 그것들의 합집합이 S인 쌍을 이룬 공통원소를 갖지 않은 사건들의 모임(collection)이다.

P6의 정밀한 의미는 뒤에 더 분명하게 될 것이다. 당분간 두 형태의 제약조건이 결합된다는 것을 관찰하자. 첫째 그것이 연속성의 냄새를 갖고 있다. 즉 "충분히 작은" 사건에서 f(또는 g)를 변화시키는 것이 엄격한 선호를 변화시키지 않는다. 둘째 그것은 아르키메데스의 구성요소(構成要素; ingredient)를 가지고 있다. 왜냐하면 충분히 작은 사건이라는 개념을 공식화하는 길이 "분할 안에 있는 유한하게 많은 사건들의 어떤 것"이라는 말에 의하여 포착되기 때문이다. P6은 이처럼 전 상태 공간이 너무 크지 않기를 요구한다. 우리는 그것을 유한하게 많은 사건으로 분할할 수 있어야만 하는데 그 사건들 각각은 그리 의미가 없다.

우리가 무한으로 많은 상태를 필요로 한다는 그리고 더욱이 Savage가 도출한 확률 측척(測尺)이 미분자(微分子; atoms)를 가지고 있지 않다는 사실은 확실히 제약조건(制約條件; constraints)이다. 이 요구조건을 방어하는 표준적 방법은 어떤 상태 공간이 주어지면 우리는 그것에 다른 불확실성의 출처를 말하자면 무한으로 많은 동전던지기를 언제든지 추가할 수 있다. S_1을 무한의 동전던지기를 기술하는 보조적 상태 공간이라고 하자. 우리는 이제 이 상태 공간을 당초의 불확실성출처와 동전던지기 둘 다를 기술하는 곱(product) $S' = S \times S_1$이 되도록 확장할 수 있다. S가 미분자(atoms)를 갖고 있었다고 할지라도 이 곱의 공간은 미분자를 가질 필요가 없다. 즉 S의 모든 분자가 이제 보조공간에 따라 더 분할될 수 있는 사건이다.

동전이 공정한 것이라고 또는 던지기가 독립적이라고 가정할 필요가 없다는 것을 관찰하자. 정말로 우리가 어느 것이든 이들 중 일부를 가정하였다면 우리가 그것에 대한 객관적 확률 또는 적어도 조건부 확률을 가지고 있는 일부 사건이 있다는 것을 가정하였을 것이다.[68] 우리는 단지 $X^{S'}$에서의 행위에 대한 선호에서 반영된 것처럼 주관적 믿음이 미분자적이 아님(nonatomic)을 가정할 필요가 있을 뿐이다. 그것을 말하면서 X^S에서만 정의되는 선호가 모든 다른 공리가 아직 설립되는 그런 방식으로 모든 $X^{S'}$에 대한 선호로 확장될 수 있다는 바로 그 사실이 비자명(非自明; nontirvial)하다는 것을 인정하자.

P7

두 개의 "절차상(節次上; technical)" 공리 중 남아있는 것이 이것이다. 형식적으로 그 공리가 무엇을 말하고 있는지를 말하는 것은 쉽다. 그러나 그것이 무엇을 하는지 또는 무엇을 배제하는지를 설명하는 것은 어렵다. 특히 당신이 이미 Savage는 유한한 X의 경우에 그 공리가 필요치 않다고 들었다면 그가 그것을 필요로 한다는 것은 대단히 놀라운 일이다. 그러나 Savage는 이 공리가 필요하다는 것을 증명한다. 즉 그는 한 예를 내놓는데 그 예에서 공리 P1-P6은 성립하지만 기대효용공식에 의한 표현 $\succsim$은 없다.[69]

---

68) 당신이 동전은 공정하다는 것을 안다면 당신은 P(앞면)$=0.5$라는 것을 안다. 만일 당신이 동전의 분포를 모르지만 당신이 연속되는 던지기가 i.i.d(independently and identically distributed; 독립적으로 그리고 같게 분포되었)다면 당신은 던지기를 연속되는 쌍으로 나누고 첫째로 관찰되는 것이 무엇 - 앞뒤순서 또는 뒤앞순서 인지를 물을 수 있다. 이들 두 순서는 알려지지 않았지만 같은 확률이다. 이제부터 당신은 50%로 알려진 조건부 확률을 만들어낼 수 있으며 그것은 확률 1로 일어날 사건에 조건으로 붙여졌다.

P7은 다음을 말해준다. 행위들 $f, g \in F$와 한 사건 $A \subset S$를 고려하자. 만일 모든 $s \in A$에 대하여 $f \gtrsim_A g(s)$임이 사실이라면 $f \gtrsim_A g$이고 만일 모든 $s \in A$에 대하여$g(s) \gtrsim_A f$이면 $g \gtrsim_A f$이다.

우선 우리는 단지 $A = S$를 검토한다고 전제하자. P7은 만일 f가 g를 얻을 수 있는 어떤 특정한 결과(outcome)보다 약하게 선호된다면 f는 g 그 자체보다 약하게 선호되어야한다. 이것은 우리를 헷갈리게 한다. 우리가 공리 P1-P6를 가지고 있지 않다면 우리는 이 조건을 충족하지 못하는 이상한 선호를 만들어낼 수 있다. 그러나 우리는 P1-P6을 갖고 있다. 게다가 관심을 유한하게 많은 결과에 한정하면 우리는 이미 기대효용공식에 의한 선호표현이 있다는 것을 암시받았다. 그럼에도 불구하고 P7을 위반하도록 선호가 얼마나 빗나갈 수 있을까?
요컨대 어느 사건에서도 P7은 결과 공간에 부과된 연속성 조건의 또 다른 형태이다.

2.5.4 정리(The theorem)

공리를 다시 한 번 요약해보는 것이 좋겠다.

P1. $\gtrsim$은 약한 순서(a weak order)이다.

P2. 모든 $f, g, h, h' \in F$ 그리고 모든 $A \subset S$에 대하여 $f^{h'}_{A^c} \gtrsim g^{h'}_{A^c}$를 필요충분조건으로 $f^{h}_{A^c} \gtrsim g^{h}_{A^c}$.

P3. 모든 $f \in F$, 비공의 사건 $A \subset S$, 및 $x, y \in X$에 대하여 $f^x_A \gtrsim f^y_A$를 필요충분조건으로 $x \gtrsim y$.

P4. 모든 $A, B \subset S$와 $x > y$이고 $z > w$인 모든 $x, y, z, w \in X$에 대하여 $w^z_A \gtrsim w^z_B$를 필요충분조건으로 $y^x_A \gtrsim y^g_B$.

P5. $f > g$인 $f, g \in F$가 있다.

P6. $f > g$인 모든 $f, g, h \in F$에 대하여 모든 $i \leq n$에 대해 $f^h_{A_i} > g$ 및 $f > g^h_{A_i}$인 S의 분할(分割; partition) $\{A_1, \cdots, A_n\}$이 존재한다.

P7. 모든 $f, g \in F$와 사건 $A \subset S$에 대해 만일 모든 $s \in A$에 대해 $f \gtrsim_A g(s)$이면 $f \gtrsim_A g$이고 만일 모든 $s \in A$에 대해 $g(s) \gtrsim_A f$이면 $g \gtrsim_A f$이다.

■ **정리 2.4.1(Savage)** X가 유한하다고 전제하자. 그러면 $\gtrsim$은 $S(=(S, 2^S))$에서 유한하게 가산적인 확률 측척(測尺) μ 및 모든 $f, g \in F$에 대해

$$\int_S u(f(s))d\mu(s) \geq \int_S u(g(s))d\mu(s) \text{를 필요충분조건으로 } f \gtrsim g$$

인 비상수(非常數; nonconstant) 함수 u가 존재하는 것을 필요충분조건으로 $\gtrsim$이 P1-P6을 충족한다.

---

69) Savage(1972) p.78을 보라.

더 나아가 이 경우에 μ는 유일하고 u는 양(楊; positive)의 선형변환에 유일하다.

■ **정리** 2.4.2(**Savage**) $\succsim$은 $S(=(S, 2^S))$ 위에 비원자적인 그리고 유한하게 가산적인 확률 측척(測尺) μ와 모든 $f, g \in F$에 대해

$$\int_S u(f(s))d\mu(s) \geq \int_S u(g(s))d\mu(s) \text{를 필요충분조건으로 } f \succsim g \tag{2.4.1}$$

인 비상수(非常數; nonconstant) 유계함수(有界函數; bounded function) u이 존재하는 것을 필요충분조건으로 $\succsim$이 P1-P7을 충족한다. 더 나아가 이 경우에 μ는 유일하고 u는 양(楊; positive)의 선형변환까지 유일하다.

■ 정리 2.4.2가 u를 경계가 있도록 제한한다는 것을 확인하자. 물론 이것은 ■ 정리 2.4.1에서는 언급되지 않았다. 왜냐하면 X가 유한할 때만 u는 경계가 있기 때문이다. u의 유경계성(有境界性; boundedness)은 P3에서 나온 결론이다. Savage의 정리의 무경계 효용으로의 확장은 Wakker(1993a)에서 볼 수 있다.[70)]

이 정리의 당연한 귀결(corollary)은 사건 A은 $\mu(A)=0$을 필요충분조건으로 영(零; null)이라는 것이다. Savage의 공식에서 이 사실은 적분표현 식 (2.4.3)과 동등하다.

2.5.5 해석(Interpretation)

Savage의 정리가 개념상으로 vNM의 것보다 더 만족스럽기 때문에 그의 정리의 규범적 그리고 기술적(記述的; descriptive)해석이 더 주목받을 만하다. 예를 들어 당신이 의사결정자가 기대효용을 극대화한다고 믿으려고 노력하고 있다고 하자. vNM 정리를 기반으로 할 때 당신은 확률이 주어진 상황에 한정하여 기대효용을 다루게 될 것이다. 이때 당신은 숫자, 복합복권(複合福券; compound lottery), 및 Bayes 의 규칙을 이해할 수 있는 의사결정자이어야만 한다. Savage의 정리를 사용하면 당신은 훨씬 덜 구성된 정보를 가진 그리고 확률 면에서 추론할 필요가 없는 의사결정자에 관한 이야기를 할 수 있다.

Savage의 공리들을 충족시키지 못하는 의사결정자는 여전히 효용 또는 확률의 다른 개념을 가지고 있을 수 있다. Machina와 Schmeidler(1992)는 어느 의사결정자가 한 쌍의 행위 중에서 어느 한 쪽을 선택할 때 그 선택이 단지 이들 행위와 확률 측척(測尺) μ에 의하여 유발된 결과들의 분포에 의해서만 정해지는 그런 측척(測尺) μ가 존재할 때 이 의사결정자를 "확률적으로 세련(probabilistically sophisticated)"되었다고 정의하였다. Machina와 Schmeidler는 확률적 세련(sophistication)을 공리적으로 도출하였다. 즉 그들 둘은 주관적 확률을 내놓았다고 할 수 있는 의사결정자를 이 주관적 확률과 함께 사용된 결정규칙으로 제한하지 않고 확률적으로 세련되었다고 하였다.

---

70) 1954년 Savage는 언뜻 보기에 u의 유경계성이 p.3에서 나온 결론이라는 것을 몰랐다. Fishburn은 이것이 그들이 뒤에 가졌던 토론 중에 밝혀졌다고 보고하였다.

Rostek(2006)은 효용의 어떤 일정한 변위치(變位置; quantile)[71]의 극대화를, 예컨대, 중앙값(median)을 Savage-스타일로 도출하였다. 이 변위치는 주관적 확률 측척(測尺)에 대해 정의되며 Rostek은 공리화(公理化; axiomatization)로부터 Savage의 방법과 유사한 방식으로 이 측척(測尺)를 얻었다. Rostek의 의사결정자는(Machina와 Schmeidler의 정의에 의해서) 확률적 지식에 세련되어 있으며 그들은 그들의 주관적 확률을(기대보다는) 변위치(예를 들어 중앙값의) 효용극대화를 위해 사용하였다. 이처럼 의사결정자가 기대효용을 극대화하는 사람이 아닐 수도 있으며 잘 정의된 주관적 확률을 가지고 있을 수도 있다. Savage의 정리의 증명은 Gilboa(2009) pp.110-112에 맡기기로 하고 생략한다.

2.5.6 Savage에의 비판

Savage의 "형식적(形式的; technical)" 공리 P6과 P7은 합리성(rationality)의 규범(規範; canons)이 아니라 오히려 증명을 위해 필요한 수학적 조건으로 제시되었다. 따라서 우리는 이를 더 이상 검토하지 않기로 한다.

공리 P5에 관하여서도 추가할 것이 별로 없다. 주관적 확률의 행동적 도출(導出; derivation) 프로그램에서 그것의 역할을 강조할만하지만 부적당하다고 할 수는 없다.

반면에 P1-P4는 개념적 관점에서의 그것들의 합리성(reasonability)에 기초를 둔 열띤 논쟁의 주제(主題; subject)이어 왔으며 아직도 그렇다. 여기서는 P3와 P4를 가지고 검토를 시작한다. 우리는 우리가 할 수 있는 만큼 분명하게 적용가능성의 범위를 설명하려하며 대안을 간략하게 검토하고 나서 P1과 P2를 다룰 것이다.

▌P3와 P4의 비판

▶ **예(Example).** P3과 P4 둘이 갖는 주요 어려움은 그것들이 믿음에서 취향(趣向; tastes)을 분리하는 것을 전제한다는 것이다. 이것은(反證; counterexample)을 통해서 아주 쉽게 이해할 수 있다. 앞에서 언급한 고전적 예가 수영복 x대 우산 y을 생각하는 것이다. 비가 오는 사건 A에서 당신은 필시 x보다 y를 선호할 것이지만 비가 오지 않는 사건 B에서는 y보다 x을 선호할 것이다. [72]

이것은 P3의 위반이다. 앞에서 설명된 대로 P3은 다음과 같다고 할 수 있다. 어떤 $f \in F$에 대하여

$$f_A^x \succsim f_A^y \text{임을 필요충분조건으로 하는 } x \succsim_A y$$

---

71) 변위치(變位置; quantiles)는 확률변수의 누적분포함수(cumulative distribution function; CDF)로부터 일정 간격을 두고 택한 점들이다. 순서로 된 데이터를 q개의 근본적으로 같은 크기의 부분집합들로 나누는 것이 q-변위치에 대한 동기(動機; motivation)이다, 즉 변위치는 연이은 부분집합들 간의 경계를 구분하는 데이터 값들이다. 예를 들어 백분위수(percentile) quartile(4분위수)에서의 백, 4와 같은 값이다.

72) 논의를 위해 만일 비가 오지 않는다면 또한 해변에 갈 만큼 따뜻하다고 생각하자. 물론 A와 B가 여집합이 아니라면 같은 분석이 성립한다.

에 의하여 모든 비영(非零; nonnull)의 사건 A에 대하여 $\succsim_A \subset X\times X$라고 정의하면 P2가 f의 선택이 문제가 되지 않는다는 것을 보장하여준다. 이것은 $\succsim_A$가 이행적(移行的; transitive)이며 실은 $f_A^x \succsim f_A^y$인 $f\in F$가 존재함을 필요충분조건으로 $x \succsim_A y$라는 것을 의미한다. 즉 사건 A가 결과의 상대적 바람직함을 측정할 수 있는 길임을 시사한다. 즉 그것은 X에서의 순서를 정의한다. P3은 이순서가 사건 A와 관계가 없다는 것을 요구한다. 수영복의 예는 그렇지 않을 수도 있음을 보여준다.

마찬가지로 같은 예가 P4의 위반을 구성하는데 사용될 수 있다. 내가(비가 오는) 사건 A와 (비가 오지 않는) 사건B 중에서 어는 것이 더 당신 눈에 가능성이 큰가를 알아내려하고 있다고 생각하자. $z>w$인 결과(outcomes) z, w의 어떤 쌍에 대해서도 관계 $\succsim_{z,w} \subset 2^S\times 2^S$을

$$w_A^z \succsim_A w_B^z\text{를 필요충분조건으로 하는 } A \succsim_{z,w} B$$

에 의하여 정의하자.

P4는 $\succsim_{z,w}$가 $z>w$의 선택과 관계가 없다는 것을 요구한다. 이 예에서 P4가 왜 위반되는지를 보기위하여 우선 중립적 결과들의 쌍을 예컨대 z로 표기된 \$100과 w로 표기된 \$0을 생각하면 당신은 필시(확실한) z을(확실한) w보다 선호한다. 당신이 비 오는 것이 안 오는 것보다 가능성이 낮다는 것을 알게 되었다고 말하면서 당신이 또한 선호 $w_A^z \succsim_A w_B^z$을 보여준다고 생각하자. 다음으로(확실한) x와(확실한) y을 비교하자. 비에 관한 당신의 믿음과 상관없이 우리는 당신이 $x_A^y > x_B^y$을 나타낼 것이라는 데 기꺼이 걸 것이다. 정말로 x_A^y는 바로 당신이 바라는 것이다. 즉 비가 안 오면 수영복을 가지고 그렇지 않으면 우산을 가지는 것이다. 반면에 x_B^y는 당신이 해변에서 우산을 그리고 빗속을 달리기위하여 수영복을 취하는 어울리지 않는 조합이다. 즉 선호 $x_A^y > x_B^y$는 결과와 상태의 짝 맞추기에서 나온 것이며 그것은 믿음에 관해서 아무것도 보여주지 않는다. 따라서 우리가 $A >_{x,y} B$와 $B >_{z,w} A$라는 모순을 취할 수도 있다는 것이 놀라운 일은 아니다.

P1과 P2의 비판

▶ **기초적 문제(The Basic Problem).** 공리 P1과 P2뿐만 아니라 Savage의 정리 및 전체 베이즈 접근이 가진 주요 어려움은 다음과 같다. 즉 관심이 있는 많은 문제에 대해 우리가 확률을 정의하는데 기초가 되는 충분한 정보가 없다.[73] 확률을 객관적이 아니라 주관적이라고 말하는 것은 문제의 또 다른 증상(症狀; symptom)이며 그것의 해답이 아니다. 그것은 증상이다. 왜냐하면 누가 확률사정의 방법을 추론할 수 있다면 그는 똑같이 그 추론을 다른 사람들이 납득하게 할 수 있을 것이고 더 객관적인 확률개념을 낳게 할 수 있을 것이기 때문이다. 주관적 확률이 그 문제의 해답은 아니다. 주관성이 필요 없는 논쟁을 절약할 수도 있지만 그것이 우리에게 다른 것보다 한 확률을 선택하는 핑계를 주지는 않는다. 우리들 각자는 각자의 의견에 따라

73) 여기 있는 자료의 많은 부분이 Gilboa et al.(2004, 2007)에 있다. Shafer(1986)도 보라.

확률을 주관적으로 해석할 권리가 있다. 그러나 우리의 취향(趣向; devices)에 맡겨질 때 우리가 스스로에 왜 다른 사람들은 다른 믿음을 가지고 있는가? 라고 묻는 것은 합리적이다. 나는 어떻게 내가 옳고 다른 사람은 틀리다고 확신할 수 있는가? 어쩌면 나는 그의 믿음에 어떤 신뢰(信賴; credence)를 주어야하지 않을까?

이 어려움은 P1과/혹은 P2의 위반에서 분명해 진다. 우리가 합리성을 엄격하게 본다면 그리고 어떤 선호가 증거와 추론에 기초하여 정당화될 수 있는지 묻는다면 결국 우리는 불완전한 선호에 빠질 가능성이 높다. 우리가 합리성을 더 약하게 볼 수 있으며 꼭 정당화되지는 않지만 증거와 추론에 의하여 모순되지 않는 선호를 모델화할 수 있다. 이 접근은 완전성 공리를 충족하는 장점이 있지만 비용을 들여야만 한다. 많은 선호 쌍(雙; pairs)이 완전히 임의로 결정되어야할 것이다. 결과로써 우리는 우리가 다른 공리를 위반하는 것을 발견할 수 있다. 특히 P2가 희생자가 될 가능성이 높은데 왜냐하면 그것이 다른 것들 중에서 잘 추론된 가능성판단과 임의적인 판단사이에 의사결정자가 선호 무차별이어야 한다는 것을 의미하는 공리이기 때문이다.

제3장 기대효용이론의 위반

3.1 대입원칙의 위반(Allais의 모순)

대입원칙(substitution principles; 독립성원칙(獨立性原則)이라고도 함)은 EU이론의 핵심 가정이다(vNM 공리 3. 독립성.) Allais 는 가장 잘 알려 진 이 독립성원칙 의 위반 예를 제시하였다(Allais, 1953, 1979). 최근까지도 많은 사람들이 이 위반 예를 큰 결과이득과 극단적인 확률을 갖는 독특한 예라고 생각하였다. 그러나 중간정도의 분배이익과 극단적이 아닌 확률을 갖는 예도 있는데 여기서는 Tversky & Kahneman(1981) 의 예를 보기로 한다.

상황 1. 다음의 선택문제(option) 중 어느 것을 선택하는가?

A. 확실한 이득 $30 또는

B. $45를 딸 수 있는 30%의 기회와 아무 것도 딸 수 없는 20%의 기회

상황 2. 다음의 선택(option)중 어느 것을 선호하는가?

C. $30를 딸 수 있는 25%의 기회와 아무것도 딸 수 없는 75%의 기회

D. $45를 딸 수 값있 20%의 기회와 아무것도 딸 수 없는 80% 익 기회

만일 상황 I 에서 선택 A가 선택 B보다 더 선호된다고 전제하였을 때 독립성원칙 이 성립되려면 상황 2에서는 선택 C가 선택 D보다 더 선호되어야 한다. 이를 보기 위하여 vNM에서의 $P=$선택 A, $Q=$선택 B, $\alpha=0.25$, $R=\$0$이라고 하자. 다음의 부동식이 EU 모델의 위반을 직접 점검하게 하여준다. Tversky와 Kahneman은 그들의 피험자의 대다수가 B보다 A를 그리고 C보다 D을 선호한다는 것을 관찰하였다.

$$A > B$$
$$u(30) > 0.8u(45) + 0.2u(0)$$
$$C < D$$
$$0.25u(30) + 0.75u(0) < 0.2u(45) + 0.8u(0)$$
$$u(30) < 0.8u(45) + 0.2u(0)$$

$u(30)$이 $0.8u(45)+0.2u(0)$보다 동시에 크면서 작을 수는 없으므로 A > B와 C < D란 선택양태(選擇樣態; choice pattern)는 EU모델과 일치하지 않는다. 이 모순을 **Allais 모순**(矛盾;

paradox)라 한다.

3.2 확률에서의 모호성(模糊性; ambiguity) (Ellsberg 모순)

주관적 기대효용이 상태의 확률이 모호(ambiguous)하거나 막연(漠然; vague)할 때 위반될 수도 있다. 이 위반의 결과(consequence)로 우리는 각 상태에 일관된 확률을 할당하지 못할 수도 있다. 3.2.1의 예는 다수의 선호를 예측할 수 있게 하여주는 결과에 효용을 할당할 수 없음을 보여준다. Ellsberg(1961)은 다음과 같은 예를 제시하였다.

한 항아리에 90개의 볼이 들어있다고 생각하자. 볼 중 30개는 적색이고 60개는 백색과 황색인데 그 비율은 모른다. 그 항아리에서 무작위(無作爲; randomly)로 볼 하나를 꺼내게 되는데 그 결과이득(payoff)은 선택된 옵션과 꺼낸 볼의 색깔에 의해 정해진다.

〈표 3.2.1〉 Ellsberg의 옵션(option)

옵션	(볼30개)	(볼 60개)	
	적색	백색	황색
A	\$1000	\$0	\$0
B	\$0	\$1000	\$0
C	\$1000	\$0	\$1000
D	\$0	\$1000	\$1000

피험자에게 옵션 A와 B 중에서 선택하라 할 경우 다수는 옵션 A를 선택하는데 그 이유는 아마도 옵션 A에서 \$1000을 딸 수 있는 기회가 정확하게 1/3이기 때문이다. 옵션 B에서 백색 볼의 수를 모르기 때문에 백색 볼을 꺼낼 기회가 모호하다. 이제 같은 피험자에게 옵션 C와 D 중에서 선택하라고 하면 다수가 D를 선택한다. 역시 옵션 D에서 \$1000을 딸 수 있는 기회가 정확하게(2/3)라고 알 수 있는 반면에 옵션 C에서는 딸 기회가 모호하다. 이처럼 피험자는 특정성을 좋아하고 모호성을 회피하는 경향이 있다. 적색, 백색, 또는 황색 볼을 꺼낼 확률을 각각 $\mu(R)$, $\mu(W)$, 및 $\mu(Y)$라고 표기함으로써 우리는

$$A > B$$
$$\mu(R)u(1000) > \mu(W)u(1000) \text{ 또는} \tag{2.5.3}$$
$$\mu(R) > \mu(W)$$

$$D > C$$
$$\mu(W)u(1000) + \mu(Y)u(1000) > \mu(R)u(1000) + \mu(Y)u(1000) \text{ 또는} \tag{2.5.4}$$
$$\mu(W) > \mu(R)$$

이처럼 $\mu(R)$이 동시에 $\mu(W)$보다 크면서 작을 수 없는 것처럼 일관된 확률을 상태에 할당

할 수 없다.

Howard(1992)는 Allais 역설(逆說; paradox)에서와 같이 **Ellsberg 역설**도 그렇지 않았더라면 뒤에 현명하지 못한 것으로 보일 수도 있는 선택을 이끌어줄 교육의 필요성을 확인한다고 하였다.

3.3 선호역전(選好逆轉; preference reversal)[74)]

행동결정이론(行動決定理論; behavioral decision theory) 학생들을 곤혹스럽게 만들어온 대부분의 결과(결과; effects)는 "모순(矛盾; inconsistencies)"으로 특징지을 수 있다. 이들 모순은 두 개의 일반적 카테고리(categories): 내적(internal) 및 실질적(substantial) 모순으로(Kahneman, 1994) 나뉜다. 판단과 의사결정에 관한 대부분의 현존 연구는 내적 모순에 관한 것이다. 내적 모순은 사람들의 결정이 절차(節次; procedure) 불변성(不變性; invariance), 기술 불변성(descriptive invariance), 소거(消去; cancellation), 및 이행성(移行性; transitivity)과 같은 합리적 결정이론의 하나 또는 몇 개의 기본적 공리(公理; axioms)를 위반할 때 생긴다. 내적 모순의 첫째 예가 한 방법을 사용하여 도출한 선호가 다른 — 그러나 규범적으로 동등한 — 방법으로 도출한 선호와 다른 선호역전 현상이다. 선호역전에 대해 학생들은 왜 규범적으로 동등한 조건하에서 내려진 결정이 서로 모순되며 어느 쪽 조건에서의 결정이 외부 기준에 따라 "좋은지" 또는 "나쁜지"에 관심이 있다.

넓게 정의하여 규범적으로 동등한 조건 간의 선호순서에서의 체계적(體系的; systematic) 변화를 **선호역전**(예 Slovic & Lichtenstein, 1983)라고 부를 수 있다. 그러나 선호역전은 보다 제한된 의미를 가지고 있다. 그것은 선택 옵션이 그것에 관한 특징열거(特徵列擧; description)를 포함하여 똑 같지만 선호도출방법이 다른 상황과 관련이 있다. 이 검토를 위하여 우리는 선호도출방법을 세 부류(部類; classes): (a) 선택 대 가격매기기(pricing); (b) 선택 대 의미결합(意味結合; matching); 및 (c) 결합 대 분리 평가로 나눈다. 첫 번째 둘은 응답의 형태(形態; types)에 관한 것이고 마지막은 평가의 양식(樣式; mode)에 관한 것이다. 이들 선호역전 모두가 절차불변성의 위반이다. 합리적 선택의 중요한 기둥인 절차불변성은 "전략적으로 동등한 도출방법은 같은 선호순서를 가져다 줄" 것을 요구한다(Tversky, 1996, p.185.). 이제 우리는 이들 세 부류의 선호역전을 차례로 검토한다(Seidl, 2002; Slovic, 1995를 참고).

3.3.1 선택과 가격매기기 사이의 선호역전(preference reversal between choice and pricing)

Lichtenstein & Slovic(1971)과 Lindman(1971)은 직접 선택을 통해 도출된 선호가 가격매기기를 통해 도출된 선호와 다르다는 것을 보여줌으로써 선호역전을 입증하였다. Lichtenstein & Slovic(1971)에서 가져온 다음 한 쌍의 복권을 생각하자.

A: 확률 0.95로 \$2.50 따기; 확률 0.05로 \$0.75 잃기

B: 확률 0.40로 \$8.50 따기 ;확률 0.60로 \$1.50 잃기

---

74) Hsee, et al., 2007

복권 A(P에 걸기; P-bet 라 부른다.) 큰 확률로 작은 금액을 따고 복권 B는($에 걸기라 부른다.) 보다 작은 확률로 큰 금액을 딴다. 피험자들은 그들이 걸고 싶은 복권을 택하거나(선택조건) 두 복권의 값을 매기거나(가격매기기조건) 둘 중 하나를 하도록 요청받았다.

규범적으로 이 두 도출방법은 같은 선호순서를 내놓아야한다. 그러나 Lichtenstein & Slovic은 강한(확고한) 선호 역전 증명하였다. 선택조건에서 대부분의 피험자가 P에 걸기를 선택했지만 가격매기기 조건에서서는 대부분이 $에 걸기에 더 높은 가격을 할당하였다. 선택-가격매기기 선호 역전은 많은 다른 연구자(예 Grether & Plott, 1979; Pommerehne, Schneider, & Zweifel, 1982; Reilly, 1982)에 의하여 되풀이 되었으며 진짜 도박꾼이 진짜 돈을 거는 카지노에서도 또한 되풀이 되었다(예 Lichtenstein & Slovic, 1973.).

선택-가격매기기 선호역전에 대한 가장 널리 받아드려지는 설명은 부합성(附合性; compatibility) 가설이다. 이 **부합성 가설**은 속성이 척도(尺度; scale)나 단위에서 요구된 응답에 부합되지 않을 경우보다 부합될 경우에 그 응답에 더 큰 가중치(가중치; weight)를 준다(예 Slovic & MacPhillamy, 1974.). 왜냐하면 금전 결과득실(monetary payoffs)은 가격매기기 응답에는 부합되고 선택응답에는 그렇지 않기 때문에 금전 결과득실이 가격매기기 응답에서 더 많은 가중치를 받는다(Lichtenstein & Slovic, 1973.). 일부 연구자는 선택-가격매기기 역전이 정착 및 조절(anchoring and adjustment)에 의하여 조정된다고 주장한다(예 Lichtenstein & Slovic, 1971, 1973; Schkade & Johnson, 1989).

Slovic, Griffin, and Tversky(1990)는 부합성 가설은 무위험 옵션에도 적용된다고 제안한다. 예를 들면 선택에서 사람들은 더 높은 결과이득(結果利得; payoff)보다 더 짧은 시간지연을 가진 옵션을 선호하지만 가격 매기기에서는 선호가 역전된다. Irwin(1994)과 Irwin & Baron (2001)은 정신적 판단이 포함된 부합성 가설에 대한 증거를 확보하였다. 예를 들어 Irwin & Baron은 다른 책상을 평가할 때 책상의 가격(금전적 고려대상)이 지불자발성(支拂自發性; willingness to pay)에서 더 큰 가중치(weight)를 받으며 그 책상이 다우림목(多雨林木; rainforest wood)으로 만들어졌는지 여부(비금전적 고려사항; non-monetary considerations)는 매력(魅力; attractiveness)순위에서 더 큰 가중치를 받았다.

Goldstein and Einhorn(1987)은 선택-가격매기기 역전에 관한 이전 연구에서 혼동되는 요인을 밝혀냈다. 그들은 선택과제가 비교적이며 금전에 관한 것이 아니라고 그리고 가격 매기기 과제는 비교적이 아니고 금전에 관한 것이라고 주장한다. 그들은 이들 두 요인을 혼동하지 않으며 금전적 및 비금전적 응답 사이와 비교적 및 비비교적 응답사이 둘 다에서 선호 역전을 발견하였다. 우리는 뒤에 비교적 및 비비교적 응답 사이의 선호 역전을 살펴볼 것이다. Mellers와 그의 동료들(Mellers, Chang, Birnbaum, & Ordonez, 1992; Mellers, Ordonez, & Birnbaum, 1992)은 순위 및 가격 매기기 사이의 선호 역전을 설명하기위하여 **과정변화(change-of-process) 이론**을 그리고 확률과 결과득실은 순위 매기기에서 덧셈(additively)으로 통합되지만 가격 매기기에서는 곱셈(multiplicatively)으로 통합(統合; integrated)된다고 제안하였다.

3.3.2 선택과 의미결합(意味結合; matching) 사이의 선호 역전

또 다른 선호 역전은 선택과 의미결합 사이의 모순에 관한 것이다. 이 결과는 Slovic(1975)이 처음으로 발견하였으며 Tversky, Sattath, and Slovic(1988)에 의해 광범위하게 연구되었다. 그 결과를 보여주는 고전적 연구(Tversky, et al. 1988)에서 피험자들에게 생산엔지니어자리에 응모한 두 속성, 전문적 지식 및 인간관계에서 아래와 같이 다른 두 가설적 직업지원자에 관한 정보가 주어졌다.

	전문적 지식	인간관계
지원자 A	86	76
지원자 B	78	91

두 속성 다 40(아주 약함)에서 100(뛰어남)에 이르는 척도 상에서 평가되었다. 피험자의 한 집단(선택조건)은 두 지원자 중에서 선택하도록 요청받았다. 참가지의 또 다른 집단(의미결합 조건)은 네 점수 중 하나를 빼고 같은 두 대안을 제시받고 두 지원자가 동등한 매력을 갖도록 빠진 점수를 채우도록 요청받았다. 그 결과는 선택-의미결합 선호 역전을 나타냈다. 선택에서 대부분의 사람들은 지원자 A(전문적 지식에서 높은 점수를 받은 사람)를 선택하였지만 의미결합에서는 대부분의 사람들이 채워 넣은 점수가 B 지원자(좋은 인간관계를 가진 사람)에 대한 선호를 의미하였다. 이 발견은 **중요성 효과**(prominence effect) 즉 선택세트에서 가장 중요한 속성(예 이 연구에서의 전문적 지식)이 의미결합에서보다 선택에서 더 큰 가중치를 받았다.

Tversky et al.,(1988)은 중요성효과를 응답의 질적/양적 성질과 그 응답을 내기 위하여 사람들이 사용한 전략의 질적/양적 성질 사이의 부합성에 관한 새로운 부합성 가설을 가지고 설명하였다. 선택과 같은 질적 응답은 사전편찬 식 규칙과 같은 질적 결정 전략을 불러일으키지만 의미결합과 같은 양적 과제는 가중평균 규칙과 같은 양적 결정 전략을 불러일으킨다.

Fischer and Hawkins(1993)는 이 새로운 부합성 가설을 전략 부합성이라고 부르고 최초의 부합성 가설을 척도 부합성이라고 불렀으며 전략 부합성이 척도 부합성과 관계없이 작동한다는 것을 보여주었다. 이들 저자들은 또한 선택 세트에서 더 중요한 속성이 의미결합에서 보다 선택에서 가중될 뿐만 아니라 다른 양적 과제(예 순위매기기)에서보다 다른 질적 과제(예 선호의 강도)에서 더 가중된다는 것을 입증하였다.

Nowlis & Simonson(1997)은 응답의 비교적/비비교적 성질 및 자극물의 비교가능/비교불가능 성질 간의 부합성을 연구하였다. 예를 들어 그들은 선택에서 인지도 낮은 브랜드(poor brand)/낮은 가격 제품이 인지도 높은 브랜드(good brand)/높은 가격제품보다 더 호감을 받지만 구매의도의 순위 매기기에서는 선호가 역전됨을 발견하였다. 아마도 가격은 비교가능 속성이고 선택은 비교적인 응답이다. 브랜드는 비교불가능이고 강화된(enriched) 속성이고 순위 매기기는 비교불가능 응답이다. 따라서 가격은 선택에서 더 크게 생각되고 브랜드는 순위 매기기에서 더 크게 생각된다.

자극물과 응답 사이의 부합성은 척도와 전략 이외의 형태를 취할 수 있다. Tversky(1977)는 대안이 되는 옵션들의 공통되는 특색이 유사성(類似性; similarity) 판단에서 더 무겁게 가중되고 차별되는 특색은 차이점(差異點; dissimilarity) 판단에서 더 무겁게 가중됨을 보여주었다. Slovic et al.(1990)은 자극물과 응답 사이의 유발성(誘發性; valence)의 부합성 개념을 제안하였다. 이 아이디어를 뒷받침하기위하여 Shafir(1993)는 사람들이(더 적게 긍정적이고 더 적게 부정적인 특색을 가진) 무력한 옵션보다(더 긍정적이고 더 부정적인 특색을 가진) 강화된 옵션을 수용하고 기각하는 가능성 모두 높다는 것을 발견하였다. Chapman and Johnson(1995)은 속성과 응답 사이의 의미론상의(semantic) 관계에 기인되는 부합성의 효과를 찾아내었다. 예를 들어 그들은 평가가 기대수명으로 표현될 때 누구의 시력을 향상시키는 것과 같은 건강 물품이 일용품보다 선호되며 평가가 금전으로 표현될 때 선호가 역전되는 것을 발견하였다.

요약해서 지금까지 살펴본 선호 역전은 다른 현태의 응답들 간에 존재한다. 다른 형태의 응답이 자극물의 다른 측면을 강조하고 다른 선호로 이끈다. 이것은 부합성 아이디어의 정수(精髓; essence)이다.

3.3.3 합동 및 분리 평가 사이의 선호역전

거의 틀림없이 어떤 판단이나 결정도 합동 및 분리라는 두 개의 기본적 양식의 하나 또는 몇 개의 결합으로 내려진다. 합동평가(joint evaluation; JE) 양식에서 사람들은 다중의 옵션을 동시에 접하게 되고 그것들을 비교하여 평가한다. 개별 또는 단일 평가(separate evaluation; SE)에서 사람들은 단지 하나의 옵션을 접하게 되며 그것을 별개로 평가한다. 예를 들어 전자상점에서 TV를 쇼핑할 때 소비자는 통상 그들이 비교할 수 있는 많은 모델이 있으므로 JE 상태에 있다. 반면에 다른 TV가 없는 재산경매에서 TV를 경락할 것인지를 소비자가 숙고할 때 그들은 아마도 이 특정한 TV 하나만을 고려할 것이고 따라서 SE 상태에 있다. JE와 SE는 양분(兩分; dichotomy)되는 것이 아니고 연속체(連續体; continuum)이다.

근간의 연구가 JE와 SE 간의 체계적 역전을 입증하였다. 대표적인 연구(Hsee, 1996)에서 피험자들에게 JE로 되거나 SE로 된 두 중고 음악 사전(dictionaries)에 대한 자진지불의사(自進支拂意思; willingness to pay)를 진술하도록 요청하였다. 사전은 아래와 같은 두 속성 - 표제어(標題語; entries) 수와 장식적 조건(cosmetic condition) 간의 절충(折衷; trade-off)를 하게 된다.

	표제어 수	장식적 조건
사전 A	20,000	찢어진 표지
사전 B	10,000	본래대로의 표지

JE에서는 WTP가 20,000표제어/찢어진 표지에 대해 더 높았지만 SE에서는 WTP가 10,000표제어/본래대로의 표지에 대해 더 높았다. JE/SE 역전은 보상(報償; compensation)과 직업제안(職業提案; job offer)(예 Bazerman, Loewenstein, & White, 1992; Bazerman, Schroth, Shah, Diekmann, & Tenbrunsel, 1994; Hsee, 1993), 소비자제품(예 Nowlis & Simonson, 1994), 및

채용(예 Hsee, 1996)과 같은 다른 맥락(脈絡; contexts)에서 입증되었다. 예를 들면 Bazerman et al.(1992)은 자신에게 높은 급료를 주고 불공정하게 보이는(예 자신에게 $600 다른 사람에게 $800) 옵션과 자신에게 낮은 급료를 주고 공정하게 보이는(예 양 쪽 다 $500)옵션 사이에 JE에서는 전자가 SE에서는 후자가 선호되는 것을 발견하였다. Hsee(1993)는 더 높은 총액과 감소추세인 급료흐름과 더 낮든 총액과 증가하는 추세인 것 사이에 JE에서는 전자가 SE에서는 후자가 선호되는 것을 발견하였다.

JE/SE 역전은 전통적인 선택-가격매기기 및 선택-의미결합 역전과 다르다. 전통적 선호 역전에서 역전을 만드는 과제는 언제나 다른 형태의 응답을 포함한다. 그것들은 다른 평가양식을 포함하는지가 필수적이지 않다. 예를 들면 선택-의미결합 선호 역전에서 선택과 의미 결합 모두 JE로 되어 있다. JE/SE 역전에서는 역전을 만드는 과제는 다른 평가양식(JE 대 SE)을 포함한다. 그것들이 다른 형태의 응답양식을 포함하는지는 중요하지 않다. 예를 들면 사전(dictionary)연구에서 응답은 언제나 자진지불의사이다.

Hsee(1996; Hsee, Loewenstein, Blount, & Bazerman, 1999)는 JE/SE 역전을 설명하기위하여 **평가가능성 가설**(evaluability hypothesis)을 제안하였다. 이 가설에 의하면 JE/SE 역전은 일부 속성이 다른 것보다 독립적으로 평가하기 더 어려우며 이들 속성이 SE보다 JE에 더 큰 영향을 끼치기 때문에 일어난다. 예를 들어 사전 연구에서 표제어의 수는 독립적으로 평가하기 어렵다. SE에서 대부분의 사람들은 10,000표제어를 가진 사전이 얼마나 좋은지 또는 20,000 표제어를 가진 사전이 얼마나 좋은지 모를 것일 수 있고 그 두 사전을 아주 다르게 평가 못 할 것일 수도 있다. 반대로 사전의 표지가 원래대로인지 결함이 있는지 여부는 독립적으로 평가하기 쉽다. SE에서조차 사람들은 결함이 있는 표지는 바람직하지 못하며 본래대로의 표지 사전을 더 좋게 평가할 것일 수도 있다. JE에서 사람들은 20,000 표제어가 10,000 표제어보다 상당히 좋을 수 있을 것이며 20,000 표제어 사전을 좋아할 것일 수도 있다.

평가가능성 가설은 SE에서 객관적으로 우세한 옵션이 객관적으로 열세한 옵션보다 더 높게 평가될 수도 있다. 예를 들면 Hsee(1998)는 학생들에게 Haagen Daz 아이스크림 8온스를 10온스 컵에 넣어(덜 채우고) 내놓는 B와 5온스 컵에 7온스를 넣어(넘치게 채우고) 내놓는 A 중 하나 또는 둘 다에 대한 자진지불의사를 말하라고 요구하였다. 객관적으로 A가 더 많은 아이스크림을 갖고 있고 더 큰 컵으로 제공되므로 A가 B에 우세하다. 놀랄 것 없이 JE에서는 A가 더 높은 WTP를 가진다. 그러나 SE에서는 B가 더 높은 WTP를 가진다. 이 결과가 평가가능성 가설을 뒷받침한다. 아이스크림이 7온스가 들어있는지 또는 8온스가 들어있는지 여부는 독립적으로 평가하기 어려우며 SE에서 별로 차이를 주지 않는다. 이에 반해 넘치게 채운 것과 덜 채운 것은 독립적으로 평가하기 쉬우며 SE에서 차이를 준다.

유사한 우위(優位; dominance)의 위반이 한 세트는 24개의 본래대로의 것이고 다른 한 세트는 32개가 본래대로이고 8개가 깨진 것인 40개로 된 식기류의 두 세트가 포함된 연구에서 얻어졌다(Hsee, 1998.). JE에서 40개 세트가 더 평가되었다. 그러나 SE에서는 본래대로의 24개가 들어있는지 또는 32개가 들어있는지 여부가 평가하기 어려운 단서이며 깨진 것이 들어있는지 아닌지 여부는 평가하기 쉬운 단서이기 때문에 더 평가되었다. 이 결과는 응답자에의 진짜 재무적 결과를 포함하는 연구에서 되풀이되었다(List, 2002.).

우리가 위에서 살펴본 것 이외에 JE/SE 역전의 다른 형태들이 있다. 예를 들면 Irwin, Slovic, Lichtenstein, and McClelland(1993)는 JE에서 사람들은 VCR과 같은 소비자제품을 개선하기를 위해서보다 Denver의 공기의 질을 개선하기위해 더 많이 자진해서 지불하려하지만 SE에서는 WTP 값이 소비자제품 개선하기에 대해 더 높았다. Kahneman & Ritov(1994)는 JE에서 사람들은 인간의 생명(예 피부암을 앓는 농부)을 구하는 프로그램에 더 많이 기부하려하지만 SE에서는 멸종위기에 있는 동물(예 돌고래)을 구하는 프로그램에 더 많이 기부하려한다는 것을 발견하였다(Sunstein, Kahneman, Schkade, & Ritov, 2002도 보라). 앞에서 살펴본 연구에서 사용된 자극물과 달리 Irwin et. al.과 Kahneman & Ritov의 연구에서의 옵션은 다른 범주의 것(예 공기의 질 대 소비자 제품)이며 공통된 속성을 공유하지 않는다. 이들 결과를 설명하기위해서는 **규범이론**(norm theory)(Kahneman & Miller, 1986)과 평가가능성 가설이 필요한데 이 절의 범위를 넘는 것 같다(Hsee et al., 1999와 비교).

이 절에서 우리들은 지금까지 결정의 내적모순에 관하여 관심을 가지고 선호 역전을 공부하였다. 우리는 선호 역전의 두 일반적 부류에 관한 문헌을 살펴보았는데 그 하나는 다른 형태의 응답(선택 대 가격매기기 또는 선택 대 의미결합)을 포함하고 있으며 다른 하나는 다른 평가양식(JE 대 SE)를 포함하고 있다.

그것들의 이론적 차이에도 불구하고 이들 두 형태의 선호 역전은 실제로는 자주 혼동된다. 특히 선택과제가 일반적으로 JE를 포함하는데 사람들은 대안이 되는 옵션들을 비교하기를 요구한다. 반면에 판단과제는 흔히 SE 또는 JE와 SE의 어떤 배합(配合; combination)을 수반하는데 사람들이 한 대상을 한 번에 판단하게 해준다. 결과적으로 실제 상의 선호 역전이 자주 "JE 선택"과 "SE 판단"사이에 존재하며 이들 역전은 잠재적으로 평가가능성(evaluability), 부합가능성(compatibility), 또는 둘 다에 의하여 설명될 수 있다.

이 절에서 살펴본 선호 역전 문헌들은 선호가 안정적이고 행동적 결정이론의 중요한 명제를 뒷받침한다는 그리고 선호는 구성되며 안정하다는 합리적 선택모델의 기본적 가정에 이의를 제기한다(예 Bettman, Luce, & Payne, 1998; Payne, 1982; Payne & Bettman(2007); Payne, Bettman, & Johnson, 1992; Slovic, 1995).

3.4 노름하기와 보험[75)]

실증적 환경(empirical settings)에서 관찰된 행동패턴의 모두를 망라할 수 있는 이론이 나타나지 않은 이후 기대효용(EU)이론에 대한 심각한 문제는 시장 환경에서의 행동을 예견하는 능력이다. EU이론에서 떠오른 첫 번째 주요 문제는 보험과 노름하기에 대한 행동과 같은 불확실성이 포함된 시장에서의 관찰된 행동에서 비롯되었다. 대부분의 사람들은 자동차 사고와 같은

75) Quiggin(1993)

불운한 사건에 보험을 든다. 큰 비율이 예를 들어 복권을 사는 것에 의한 노름이다. 두 경우 모두 제공되는 배당률(配當率; odds)은 보험통계상 불공정하여 노름하기와 보험은 기대가치의 극대화와 일치하지 않는다.

EU하에서의 잘 개발된 보험구매 분석이 있다. 그러나 EU이론은 노름에 대해 별로 할 말이 없다. 이것은 심각한 한계이다. 노름하기는 확률이론의 개발을 위한 인스피레이션일 뿐만 아니라 경제적으로 중요한 불확실성의 한 측면이다. 그러나 노름하기는 위험기피 가설을 버리지 않는다면 EU이론과 일치하지 않으며 노름하기와 보험구매의 공존(共存; coexistence)은 EU 뼈대에 어울리기 아주 어렵다.

3.4.1 노름하기(Gambling)

일부 노름의 형태는 쉽게 충분히 설명될 수 있다. 예를 들면 경마에서의 일부 내기 걸기는 결과(outcome)에 관한 서로 다른 믿음을 반영한다. 이는 말의 질(質; quality), 기수(騎手; jockeys), 및 경주로(競走路; tracks)에 관한 정보를 수집하고 분석하기에 경주된 방대한 양의 노력에 반영된다. 반면에 정보를 전혀 수집하지 않고 마구잡이로 내기를 거는 많은 수의 경마장 도박꾼이 있다.

일부 형태의 **노름하기**는 재무적 결정으로보다 오히려 오락 활동으로 생각될 수도 있다. 예를 들면 중간에서 오랜 동안 슬롯마신에서 돈을 잃는 것이 거의 확실하지만 이 활동이 오락을 위해 행해진다고 가정하는 것이 합당한 것처럼 보일 때도 있다. 유사한 설명이 빙고(bingo)와 같은 시간소비노름게임에 참가한 사람에게 주어질 수도 있다.

그러나 복권에 관해 돈을 거는 유일한 설득력 있는 이유는 많은 돈을 딸 수 있는 기회이다. 이 동기는 심리학적 연구(Walker, 1984)에 의하여 확인된다. 일반적으로 위험기피(危險忌避; risk averse)인 사람들에 의한 복권의 구매는 EU 이론에 대해 의미심장한 문제를 구성하는데 이것은 합리적 행동의 영역에서 노름하기를 제외시키는 내용감소(content-decreasing) 수단에 의지하지 않고 설명하기 매우 어렵다.

적어도 경마내기의 일부 요소는 같은 카테고리에 들어 갈 것 같다. Griffith(1949)에서 Ali(1977)까지의 일연의 연구가 노름꾼은 판돈이 큰 말에 더 큰 돈을 걸려 한다는 것을 보여주었다. 즉 항상 판돈이 큰 말에 거는데서 오는 기대손실은(복권을 사는 데서 오는 기대손실과 마찬가지로) 상당히 크고 판돈이 작은 말에 거는데서 오는 기대손실은 아주 작다. 어떤 연구들은 일상으로 상충되는 말에 거는 전략이(가능성이 없는 것으로 보이지만) 플러스의 이익으로 이끌어 줄 듯 하다.

Friedman and Savage(1948)는 S 모양의 효용함수의 개념을 사용하여 노름하기와 보험의 공존을 설명하였다. 그 아이디어는 사람들이 그들의 현제 재산수준 안에 있는 재산의 변화에 대해서는 위험기피이지만 그들을 더 높은 사회계급으로 들어가게 해줄 가망성(可望性; prospects)에 대해서는 위험추구이기 쉽다. 따라서 효용함수는 낮은 소득 수준에서는 오목(concave)이고 어떤 더 높은 수입에서는 볼록일 수 있다. Friedman & Savage는 훨씬 더 높은 소득수준에 세 번째 오목부분을 도입하였는데 이는 복권들이 일반적으로 다중의 당첨금이 있는 반면에 위쪽 범위에 쭉 있는 볼록함이 큰 단일 당첨금을 가진 복권이 선호될 것이라는 것을 의미한다는 관찰에 대응하기 위한 것이다(그림 3.4.1).

Friedman & Savage 모델과 그 계승자들 대부분이 가진 주요문제는 그것이 너무 많은 노름하기를 예견한다는 것이다. 서로 이익이 되는 도박은 그의 현재 재산이 효용함수 커브의 오목부분에 있는 사람들이 언제나 할 수 있는 것이다. 커브의 오목부분에서조차 사람들은 그들이 기대 결과가 영이거나 그 이하인 위험한 노름을 거부할 것이란 면에서 위험기피인 점에 도달할 때까지 노름을 하는 경향을 가질 것이다. 이 조건은 안정된 결과 x_0에서 $x_0 = \lambda x_1 + (1-\lambda)x_2$가 성립하는 아무 x_1, x_2에 대해

$$U(x_0) > \lambda U(x_1) + (1-\lambda) U(x_2) \tag{3.4.1}$$

이라는 의미에서 효용함수는 '오목처럼 보인다.'라는 말로 표현될 수 있다.

Friedman & Savage는 그들의 모델이 노름하기 행동이 근본적으로 실제로 관찰된 것과 다르다는 것을 의미한다는 것을 깨닫지 못한 것 같다. 대부분의 사람들이 한 번에 하나 아니면 몇 개만의 복권을 사는 반면에 이 모델은 사람들이 그들이 완전히 멈추어야하는 점 B를 넘어서는 재산을 얻는 당첨금을 받거나 그들의 재산이 점 A 밑으로 떨어지기까지 노름을 계속할 것이라는 것을 의미한다. 관찰된 노름하기 패턴은 효용함수가 C와 같은 점에 개인을 영원히 붙잡아 두도록 이동할 때만 설명될 수 있다.

이것은 다음과 같이 보일 수도 있다. 아무 복권이 구매되기 전의 개인의 재산을 x_0라고 표기하기로 하자(편의상 x_0가 알려진 상수(常數; constant)라고 가정할 수도 있다). 있을 법한 결과(outcomes)의 범위가 작다면 최초의 상태(狀態; position)에 어떤 불확실성을 끌어들이는 것은 쟁점에 영향을 주지 않을 것이다. 이제 n을 복권의 총수, x^*을 복권당첨금, δ을 복권의 가격, 그리고 k을 구매된 복권 수라고 하자.

[그림 3.4.1] Friedman과 Savage의 효용함수

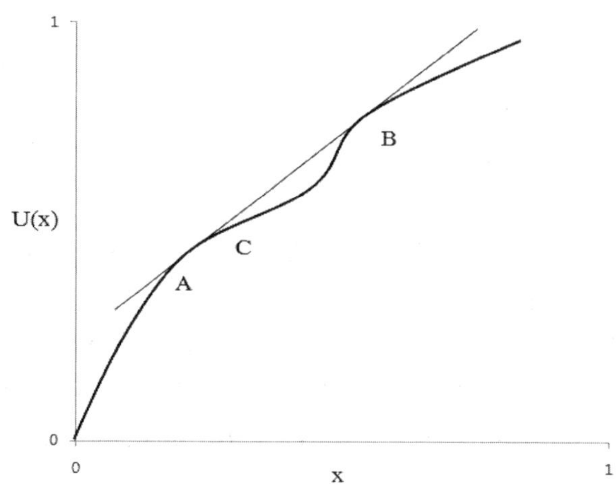

그러면 결정문제는

$$\max_k (k/n)\,U(x_0 - k\delta + x^*) + \{1-(k/n)\}\,U(x_0 - k\delta) \tag{3.4.2}$$

이다.

일차(first order)조건은

$$[\,U(x_0 - k\delta + x^*) - U(x_0 - k\delta)\,]/n \\ + \delta\left[k\,U'(x_0 - k\delta + x)/n + (1-k/n)\,U'(x_0 - k\delta)\right] = 0 \tag{3.4.3}$$

이다.

k가 n와 비교하여 작다고 가정하고 따라서 식 (3.4.3)을

$$(1/n)\,[\,U(x_0 - k\delta + x) - U(x_0 - k\delta)\,] - \delta\,U'(x_0 - k\delta) = 0$$

또는

$$\{\,U(x_0 - k\delta + x^*) - U(x_0 - k\delta)\}/\,U'(x_0 - k\delta) = n\delta \tag{3.4.4}$$

로 근사계산(近似計算; approximate) 하는 것은 타당하다.

만일 U가 관련된 범위에서 볼록이라면 식 (3.4.4)는 복권이 공정하다면 언제나 즉 $x^* = n\delta$ 일 때마다 그리고 또 운영자의 이익이 충분히 적은 어느 복권에 대해서도 양(陽; positive)의 k에 대한 해(解; solution)를 가질 것이다. 그러나 문제의 결정적 특색은 최초의 재산이 관계가 없다는 것이다. 문제가 되는 모든 것은 복권 구매 이후의 잔여 재산 $x_0 - k\delta$이다.

Friedman-Savage 모델의 이 특색은 병적인 도박행동을 보여준다. 재산의 증가는 A와 같은 점에 도달할 때까지 복권을 사는데 독점적으로(exclusively) 쓰일 것이다. 반대로 재산의 감소는 이것이 0까지 감소할 때까지 단지 복권에 대한 지출에 영향을 줄 것이다. A가 그 아래로의 재산의 감소가 심각한 결과를 가져다주는 생존수준을 나타낸다면 이 모델은 스스로 빈털터리가 될 때까지 노름을 하는 것을 열열이 지지하는 사람을 대변하게 된다.

3.4.2 보험(保險; insurance)

동시에 일어나는 노름이 없다 할지라도 관찰된 많은 보험결정의 양상(樣相; aspects)이 EU 이론의 예견에 반대되는 것처럼 보인다. 그러나 보험의 복잡성 때문에 시장행동만의 관찰로부터 명쾌한 결과를 얻는 일은 거의 없으며 시장 및 실험 증거의 혼합에 의지하는 것이 통상 필요하다.

아마도 보험결정의 연구에서 나오는 가장 놀라운 주장은 사람들이 높은 확률에 보험을 걸기를, 낮은 확률에 대해 보험을 걸기위한 낮은 손실 사건을, 그리고 기대손실과 보험지급금이 같을 때의 높은 손실 사건 등을 선호한다는 주장이다. 이 주장은 Slovic et al.(1977)에 의하여 제출되었으며 Edwards (1962)의 초기 결과를 뒤따랐다.

보험행동에 관해 더 확실하게 확인된 증거는 보험 통계적으로 불공정한 가격으로조차 전액

보험을 들 수 있을 때 대부분의 사람들이 초과액약관(超過額約款; excess clauses)과 공제조항(控除條項; deductibles)이 포함된 계약을 받아들이기를 꺼려한다는 것이다. 마지막 증거의 하나는 보험 옵션의 일괄판매(一括販賣; bundling)와 관계가 있다. EU이론은 사람들이 세 개의 상호 배타적인 위험에 대해 지불하고자하는 가격은 그들이 어떤 것에든 지불하고자하는 가격의 합과 같아야한다고 예견한다. 이에 비해 Slovic et al.(1977)은 높은 확률 낮은 손실 사건과 낮은 확률 높은 손실 사건에 대한 보험으로 이루어진 패키지로 파는 것이 둘을 나누어 팔기보다 더 쉽다는 것을 발견하였다. 보험을 드는 사건의 형태가 결정적인 것 같다.

적어도 그 이론의 부분집합이 EU인 그리고 시사되어온 EU로 설명될 수 없는 행동패턴의 일부를 구체적으로 설득력 있게 설명하여주는 합리적 선택이론이 있다는 것은 바람직하다. 이와 같은 이론으로 EU의 위반이 관찰될 수도 있고 관찰되지 않을 수도 있는 문제설정 대신에 일관된 선호집합을 추정하고 EU이론의 한계를 검사하는 것이 가능해질 수도 있을 것이다.

3.5 불변성의 위반: 프레임 짜기 효과(framing effect)[76]

의사결정자 A씨는 두 옵션 중에서 하나를 선택하여야한다. 하나의 옵션에서 그는 확실하게 $100을 벌게[된다. 다른 하나의 옵션에는 $200을 벌 수 있는 50%의 기회와 전혀 벌 수 없는 50%의 기회가 있다. 전통적인 규범적 선택이론은 일반적으로 사람들이 이성적(理性的; rational)이며 그들은 어떤 효용함수(von Neumann & Morgenstern, 1947)에 근거를 둔 분명하고 안정된 선호를 가진다고 가정한다. 선택이론은 **기술적 불변성**(記述的 不變性; descriptive invariance) — 의사결정자에게 정보가 제시되는 방법이 결정을 바꾸어서는 안 된다는 것; **절차 불변성**(節次 不變性; procedure invariance) — 선호를 도출하는 방법이 결정을 바꿔서는 안 된다는 것을 전제로 한다(Tversky & Kahneman, 1986; Shafir, 1993).

우리의 가설적 의사결정자 A씨는 위의 선택 문제를 어떤 전후사정(context) 없이 제공 받았다면 실험실 환경(環境; setting)에서 그의 효용함수에 의하여 잘 안내받을 것이다. 그러나 실세상의 의사결정자는 이것들처럼 의사결정에 있어 탁자위에 다른 관점을 끌어들인다. 예컨대 A씨는 제일 나쁜 시나리오(전혀 벌이가 없는)를 기준(基準; benchmark)으로 생각하여 모든 결과를 이 기준위로의 향상으로 취급할지도 모른다. 그 대신 그는 제일 좋은 결과를 기준으로 취급하고 다른 모든 것을 관련된 불만족스러운 결과로 취급할 수도 있을 것이다. 유사한 맥락에서 그는 이 선택을 하나만의 선택 - 그가 단지 한번만 하는 선택으로 또는 그가 내려야할 일연의 결정 중 하나의 선택으로 생각할 수도 있을 것이다. 그리고 그는 이 두 옵션의 어느 것을 선택할 것인가를 정하는 과제를 떠맡을 수도 있고 둘 중 어느 것을 거절할 것인가를 정할 수도 있다. A씨의 이와 같은 다른 관점을 다른 프레임(frames)의 사용이라고 말 할 수 있다. 흥미롭게도 이들 다른 프레임의 사용이 선택에서의 차이를 가져올 수도 있다.

---

76) Soman(2007)

3.5.1 프레임(frame)이란 무엇인가?

프레임은 개인이 문제를 풀기위해 사용하는 정신적 모델(Johnson-Laird, 1983)을 지칭하며 전후사정과 함께 결정문제의 요소들에 관한 세부사항(details)을 포함한다. 특정한 문제로부터의 정보는 같은 것으로 유지되겠지만 그것이 다르게 인식되고 조직되고 해석될 수도 있다; 그것이 다르게 구성될 수도 있다; 그리고 문제가 다른 전후사정에서 다른 사람에 의해 또는 다른 시기에 풀릴 수도 있다. 총괄하여 같은 문제를 다르게 보는 방식의 어느 것을 다른 프레임이라 부른다(예 Kahneman & Tversky, 1984; Schoemaker & Russo, 2001.).

개인적 및 상황적으로 특유한 정신적 모델이 암시하는 것은 같은 문제자극물을 제시받은 두 개인이 실제로는 다른 "정신적" 문제를 풀고 있을 수도 있다는 것이다(그림 3.5.1을 보라). 중요한 것은 평가와 선택의 진정한 대상이 실재하는 대상도 아니고 그것들의 문자대로의 설명(說明; description)도 아니며 오히려 정신적 표현(表現; representation)이라는 것이다. 이 아이디어는 의사결정연구에서 비교적 새로운 것이며 지난 30여년에 걸쳐 그 기세가 커져왔다. 그러나 인지심리학자는 이 원칙을 오랫동안 알아차려왔다. Kahneman이 쓴 대로 "지각(知覺; perception)과정을 밝은 어느 누구도 인접(隣接; proximal)하는 자극에서 객관적 실재를 구별하도록 그리고 실재와 자극 둘 다를 관찰자가 결국 구성하는 정신적 묘사와 구별하도록 배워왔다."(Kahneman, 2000, p.xiv.)

프레임이란 용어의 원천이 인지과학 및 인공지능이지만(Johnson-Laird, 1983; Minsky, 1975), 창틀과의 비유는 적절하다. 건축가들은 창문이 방의 최종 모습, 시야, 및 겉꾸밈에서 결정적 역할을 한다고 그리고 창문에서의 외견상의 미묘한 변화로 같은 방이 아주 다른 개성을 보인다는 것을 입증하여왔다(O'Gorman, 1998.). 창문의 결정적 역할의 근간이 되는 요소들의 중요한 두 세트가 있다. 창틀의 위치와 형태는 시야의 전망 및 선명도를 바꿀 수 있다. 그리고 창문의 크기는 보일 수 있는 시야의 크기를 결정한다. 똑같이 결정의 요소들을 구성하는 방식이 의사결정자의 시야와 나아가 그의 결정에 영향을 준다. 여기서 의사결정의 표현을 다르게 하는 것을 **결과 프레임 짜기**(Outcome Framing)이라 칭한다. 그리고 의사결정자 시야의 크기 - 그가 결정을 좁게 보느냐 또는 과제의 넓은 세트의 일부로 보느냐 여부는 결정에 영향을 준다. 여기서는 이것을 **구조 프레임 짜기**(Structure Framing)이라 칭한다. 우리는 또한 의사결정자가 결정을 내리는데 포함된 과업(또는 문제의 정의)을 해석하는 방법을 세 번째 프레임 짜기의 형태로 **과업 프레임 짜기**(Task Framing)이라고 부른다.

[그림 3.5.1] 판단과 의사결정에서의 정신적 묘사의 역할

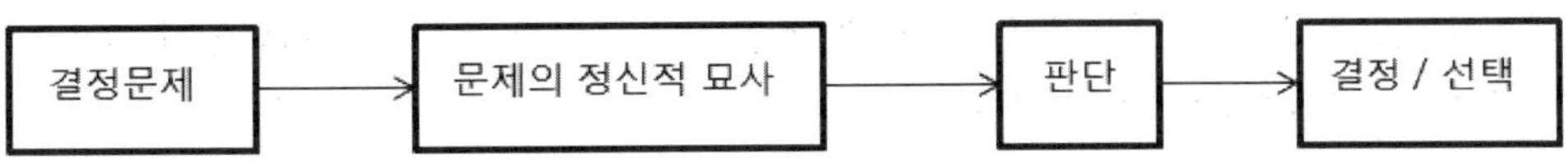

3.5.2 결과 프레임 짜기(Outcome Framing)

많은 결정상황에서 결과는 흔히 수량(數量; numerical quantities) 면에서 정의된다. 수량은 여러 가지 방식으로 기술될 수 있다. 특히 세 가지 결과 프레임 짜기가 문헌에서 연구 되었다.

1. 이득 또는 손실로 프레임 짜기
2. 합계 또는 분해된 량으로 프레임 짜기
3. 결과를 다른 통화 척도로 프레임 짜기

▮ 이득 또는 손실로 프레임 짜기.

결과는 보통 중립적 준거 상태에 비교된 이득 또는 손실 중 하나로 인식된다. 다음 두 아시아 질병문제(Tversky & Kahneman, 1981에서)가 이득으로 표현하느냐 손실로 표현하느냐에 따르는 프레임 효과의 예를 보여주며 불변성의 위반을 예증한다. 이 예 그리고 뒤 따르는 모든 다른 예에서 각 옵션에 대한 괄호 안 숫자는 그 옵션을 택한 피험자의 퍼센트이다.

| 문제 1(N = 152)| 미국은 생소한 아시아 질병의 창궐(猖獗; outbreak)에 대비하고 있는데 이 병이 600명을 죽일 것으로 예상된다. 이 병과의 전쟁에 서로 대안이 되는 두 프로그램이 제안되었다. 이들 프로그램결과의 정확한 추정치는 다음과 같다.

프로그램 A가 채택되면 200 명이 구조된다. [72 퍼센트]
프로그램 B가 채택되면 600 명이 구조될 확률이 1/3이고 아무도 구조되지 않을 확률이 2/3이다. [28 퍼센트]

이 두 프로그램 중 당신은 어느 프로그램을 택하겠는가?

응답자의 대부분이 이 문제의 프레임에서 위험기피인 것은 분명하다. 이제 같은 내용이면서 아래와 같이 다른 결과프레임으로 짜진 다른 문제를 생각하자.

| 문제 2(N = 155)| 프로그램 C가 채택되면 400명이 죽는다. [22 퍼센트]
프로그램 D가 채택되면 아무도 죽지 않을 확률이 1/3이고 600 명이 죽을 확률이 2/3이다. [78 퍼센트]

이 두 프로그램 중 당신은 어느 프로그램을 택하겠는가?

문제 1에서의 프로그램 A와 B는 객관적으로 문제 2에서의 프로그램 C와 D와 각각 아주 동일하다. 그러나 문제 2의 결과는 응답자의 대다수가 결정문제의 이 프레임에서 위험기피보다는 오히려 위험추구이다. 이처럼 결정문제에 대한 결과의 다른 프레임이 사람들의 선택을 위험기피행동에서 위험추구로 이동시킨다.

집합(aggregate)된 또는 분해(disaggregate)된 양으로 프레임 짜기

합동 결과 (x, y)를 평가하여야 하는 사람을 상상하자. 여기서 x와 y는 두 개의 결과이다. 평가는 문제가 합동으로 $v(x+y)$로 또는 분리되어 $v(x)+v(y)$ 중 어느 쪽으로 프레임 되느냐 그 방식에 따르게 될 것이다. Thaler(1985)는 사람들이 어느 규칙이 문제 하에 있는 합동 결과에 대해 더 높은 가치를 만들어내느냐에 따라 두 규칙 중 하나를 선별적으로 선택한다는 것을 시사한다. 즉 사람들은 다음과 같이 "**쾌락주의적 편집**(hedonic editing)"을 채용한다.

$$v(x\&y) = \text{Max}\,[v(x+y), v(x)+v(y)]$$

여기서 &는 두 결과 결합의 심리학적 표현을 나타낸다.

그는 가치를 극대화하는 방식으로 결합결과를 평가하기를 원하는 사람들을 위해 Kahnemann & Tversky(1979)의 가망이론(可望理論; prospect theory)의 가치함수를 이용하여 쾌락주의적 편집의 다음과 같은 원칙을 도출하였다(그들은 사람들의 심리적 가치가 이득에서는 오목 손실에서는 볼록이라고 주장하였다. 가망이론에 대해서는 (4.4.1) 가망이론에서 상술될 것이다). $x>0$ 그리고 $y>0$라고 할 때

1. 이득에 대해 이득곡선의 오목성은 $v(x)+v(y)>v(x+y)$일을 의미하므로 분리가 선호된다는 것을 나타낸다.
2. 손실에 대해 손실곡선의 볼록성(convexity)은 통합이 $v(-x)+v(-y)<v\{-(x+y)\}$이므로 선호된다는 것을 나타낸다.
3. 큰 이득과 작은 손실에 대해 이득곡선의 오목성은 $v(y)+v(x-y)>v(x)$임을 보여 주고 손실 기피는 $v(-y)<-v(y)$임을 나타낸다. $v(x)+v(-y)<v(x)-v(y)<v(x-y)$이므로 통합이 선호된다.
4. 큰 손실과 작은 이득에 대해 $x<y$이어서 정미(正味; net)손실이 있는 결과 x와 $-y$를 생각하자. 이 경우에 통합이 선호되는지 분리가 선호되는지의 진전된 정보 없이 우리는 정할 수 없다. 큰 손실과 작은 이득에 직면하였을 때 예컨대($40, -$6,000)이면 분리가 선호된다. 반면에($40, -$50) 믹스에 대해서는 통합이 선호될 수도 있다.

직관적으로 이들 원칙은 설득력이 있는 것으로 보인다. 즉 사람들은 $80을 주는 복권 하나를 이기는 것보다 $50과 $30을 따로 주는 두 개의 복권을 이기는 것이 더 행복하다. 또한 사람들은 큰 손실을 입은 시기에 작은 위안으로 큰 손실에서 밝은 희망을 찾아내거나 분리해내는 것을 좋아할 수도 있을 것이다.

밝은 희망 원칙이 시사해주는 한 가지가 마케팅 영역에 있다. 소매업자가 흔히 고가제품의 인기를 높이기 위해 그 값을 할인하는 경우가 있다. 그러나 개인들이 이미 많은 돈을 썼다면(즉 손실을 입었다면) 그 손실에서의 작은 가격인하는 아주 큰 영향을 주지 않을 것이다. 그러나 만일 대신에 할인 금액을 분리하여 할인(割引; rebate)이나 무료선물 중 하나로 제공한다면 그것은 큰 영향을 줄 것이다(Johnson, Hershey, Meszaros & Kunreuther, 1993을 보라).

Gourville(1998)은 마켓경영자가 빈번히 통합된 지출을 그가 하루-한-페니(pennies a day;

PAD)전략이라고 부르는 일연의 매일 작은 지출로 거래를 다시 프레임 하는데 주목하였다. 예를 들면 Sally Struthers는 하루 단지 72페니로 배고픈 어린이를 먹일 수 있다고 그리고 매트리스 소매업자는 당신이 단지 하룻밤 10센트로 편안하게 잘 수 있다고 선전한다. 가망이론과 쾌락주의적 편집원칙은 PAD 프레임 짜기 전략에서 소비자들은 일연의 작은 손실을 강조하는 분리 프레임보다 오히려 손실을 하나의 큰 손실로 통합하는 프레임을 선호한다고 예측한다. 그러나 산업에서의 광범위한 PAD전략의 사용은 쪼게기 전략이 소비자의 제품평가에 영향을 주는데 효과적일 수 있다는 것을 시사한다.

일연의 계속되는 연구에서 Gourville(1998, 1999)는 PAD프레임은 금전적 손실이 포함된 거래의 매력을 증가시킬 수 있으며 금전적 이득을 포함하는 거래의 매력을 감소시킬 수 있다고 결론지었다. 그러나 이 PAD효과는 금전요구의 크기에 의하여 조절되는데 이 요구에서 매일 매일의 큰 금액이 실제로 지각된 금전의 크기를 과장할 수도 있고 이에 의해 PAD 전략이 역효과를 내게 할 수도 있다. Gourville는 거래에 대한 가격의 일시적 프레임 짜기가 비교표준으로서 소비자가 되찾는 지출의 성질에 체계적으로 영향을 준다고 주장한다. PAD 프레임 짜기는 매일 매일의 또는 계속 진행되는 지출의 횟수를 늘리는 쪽으로 작용한다. 반면에 통합 프레임 짜기는 금액을 늘리고 지출회수는 줄이는 쪽으로 작용한다.

▌다른 통화로 척도화 하기(scaling)에 의한 프레임 짜기.

결과 프레임 짜기의 세 번째 길은 수적(數的; numerical) 양을 다른 통화로 척도화 하는 것이다. 경제적 결정을 내릴 때 사람들은 그 진짜 가치보다는 오히려 주어진 화폐량의 명목상의 액면가(額面價; face value)에 초점을 둔다는 것이 경제학에서 오랫동안 주목받아왔다. Fisher(1928)는 이 현상을 설명하기위하여 **화폐착각**(貨幣錯覺; money illusion)이란 용어를 만들어냈다. 실험 데이터를 사용하면서 Shafir, Diamond, & Tversky(1997)는 화폐량의 액면가치가(이자와 인플레율을 고려한) 구매력보다 소비자 선호에 더 큰 영향을 준다는 것을 보여주었다.

더 최근에 Soman, Wertenbroch & Chattopadhyay(2003)는 가상의 외국통화(PI$)로 하는 노름에 참가하도록 피험자를 초대하였다. 그 노름은 삼분의 일의 이기는 기회가 있으며 결과 이득은 건 돈의 다섯 배(질 경우 영)이다. 모든 피험자는 홍콩 달러로 $20인 같은 노름 밑천이 주어졌지만 실제로 피험자에게는 분명하게 명시된 교환율함수에 따라 PI$ 200 또는 PI$ 2가 주어졌다. 피험자는 영에서 이 기본 밑천 사이에 어떤 금액도 걸 수 있으며 실험의 끝에 모든 그들의 PI$는 정해진 교환율에 의하여 전부 환불될 수 있다. 결과는 PI$ 200을 가졌던 피험자는 HK$ 12.06에 상당하는 평균금액을 건데 비해 PI$ 2를 가졌던 피험자는 HK$ 6.17를 걸었다. 정확히 같은 금액이 PI$ 2보다 오히려 PI$ 200로 프레임 되었을 때 개인들은 그 금액에 더 큰 위험을 느끼는 것처럼 보인다.

3.5.3 결과 프레임 효과로서의 손실기피 및 관련현상

손실기피(損失忌避; loss aversion)는 가망이론의 가치함수가 이득영역에서보다 손실영역에서 가파르다는 즉 의사결정에서 손실이 이득보다 더 크게 보인다는 현상을 가리킨다(Kahneman & Tversky, 1979.). 그것은 사람들이 공정한 동전던지기로 돈내기하기를 꺼려하는 사실에서 반영된다. 잠재적 이득에서 오는 매력이 잠재적 손실에 대한 기피를 보상할 만큼 충분히 높지 않다는 뜻이다. 마찬가지로 "이득" 도박을 "손실" 도박으로 다시 프레임 하는 것은 Kahneman & Tversky의 실험에 기초한 다음의 실험에서 보여주는 것처럼 선택이 바뀐다.

| 문제 3A | 아래 A와 B 중에서 선택하라.
옵션 A: $3,000을 딸 기회가 50% 그리고 한 푼도 못 따는 기회가 50%인 동전 던지기 [35%]
옵션 B: 확실히 $1,500 따기 [65%]

| 문제 4 | 당신에게 $3,000이 주어졌다 하고 다음 중에서 선택하라
옵션 A: $3,000을 잃을 확률이 50%이고 하나도 안 잃을 확률이 50%인 동전 던지기 [72%]
옵션 B: 확실히 $1,500 잃기 [28%]

두 문제 모두에서 옵션 A와 옵션 B가 기능적으로 서로 동등하다는 것을 보기는 쉽지만 선택 패턴에서의 차이는 손실기피로 설명된다. 문제 4에서 옵션 B의 프레임이 이 옵션을 확실한 손실로 만드는데 이것이 피험자에게 기피된다. 따라서 손실 프레임에서 손실을 완전하게 피하는 것이 가능성이 있으므로 선택은 위험한 옵션으로 이동한다. 이 연구의 결과가 손실기피가 위험 기피의 감소를 가져온다고 말하는 것으로 해석될 수 있다.

기금효과(基金效果; endowment effect)

Soman(2007)은 Thaler(1980)에서 번안(飜案; adapt)된 다음의 시나리오를 내놓았다.

B씨가 한 병에 약 $5로 1950년대 후반에 생산된 좋은 와인을 한 상자 샀다. 몇 년 뒤 그의 와인상이 그 와인을 한 병에 $100에 되사겠다고 제안하였다. 그는 그가 한 병에 $35 이상 주고 와인을 산 일이 없음에도 불구하고 이를 거절하였다.

이는 사람들이 흔히 한 물건을 사기위하여 지불하려하는 금액보다 그것을 포기하는데 더 많은 금액을 요구한다는 사실의 실례(實例; illustration)이다. Thaler(1980)는 수령 의사(willingness to accept; WTA)와 지불 의사(willingness to pay; WTP) 간의 이 불일치(不一致; discrepancy)를 설명하기위하여 **기금효과**라는 용어를 만들어냈다. 기금효과는 한 물건을 포기하는데 따르는 가치손실이 같은 물건을 가지게 되는데 따르는 가치이득보다 크기 때문에 손실기피의 직접적인 결과(consequence)이다(Kahneman, Knetsch & Thaler, 1990를 보라).

매몰비용효과(The sunk cost effect)

Soman(2007)은 위의 B씨가 농구경기 관람권을 구매하는데 미리 $40을 지출하였다고 가정한다. 이 사람은 경기를 위한 계정을 설정하였고 이 계정은 오직 $40 값어치의 수지맞는 일로

소모됨으로써만 만족하게 마감될 수 있다. 그 게임이 있는 날 눈보라가 쳐서 운전하기 위험하다고 가정하면 합리적으로 말해서 B씨는 경기에서 오는 예상되는 이득이 운전의 위험과 비용보다 커야만 가게 될 것이다. 그러나 B씨는 $40을 잃고 그의 정신적 계정(mental account)을 손실로 마감하기 싫다. 그래서 그는 눈 속을 터벅터벅 걸어간다. 경기에 특정된 정신적 해석에 의해 강요된 프레임이 B씨의 소비행동을 지배한다. 그가 $80을 지출했다면 그는 훨씬 더 결정적으로 참관하였을 것이다. 그가 그 관람권을 공짜로 얻었다면 그는 집에 머물며 난로 앞에서 TV를 보았을 것이다. 일부 과거 투자가 이루어졌기 때문에 한 노력을 계속하려는 증가된 경향을 **매몰비용효과**라고 부른다(Arkes and Blumer, 1985.). 마케팅에서 그것은 단순히 어떤 제품을 얻기 위해 그들이 지불한 금액 때문에 그 제품을 소비하는 사람의 증가된 가능성으로 생각될 수 있다(Gourville & Soman, 2002.). 지불한 값이 크면 클수록 그 제품이 허비되지 않도록 하는 매몰비용압력이 커진다.

또 다른 예에서 Thaler(1980)은

> 한 사람이 테니스클럽에 가입하고 년 회비 $300을 지불하였다. 2주일의 경기 후 그는 테니스 엘보에 걸렸다. 그는(아픈 가운데) 나는 $300을 낭비하기를 원하지 않는다고 말하면서 테니스를 계속하였다.

에 주목하였다. 유사한 맥락에서 Arkes & Blumer(1985)는 61명의 대학생에게 그들이 잘못하여 바로 같은 주말에 있을 $50불짜리 스키여행과 $100 불짜리 스키여행을 둘 다 샀다고 가정하라고 요청하였다. 이들 학생에게 그들이 $50 여행이 $100 여행보다 더 재미있을 것으로 생각한다고도 들려주었다. 마지막으로 그들에게 그들은 두 여행 중 하나를 선택하고 다른 여행을 위한 표는 쓰레기가 되게 하지 않을 수 없다고 말해 주었다. 응답에서 모든 학생의 반 이상이 덜 즐거운 $100짜리 여행을 택한다고 보고하였다. 놀랍게도 $100짜리 여행의 더 큰 매몰비용이 더 큰 $50짜리 여행의 기대 즐거움보다 학생들의 선택에 더 큰 영향을 준 것이다.

▮ 선택에서의 장점(長點; advantage)과 단점(短點; disadvantage)

손실 기피는 두 옵션 사이의 주어진 차이가 그것이 두 장점이 비교될 때보다 두 단점이 비교될(프레임 될) 때 더 큰 영향을 준다는 것을 보여준다. 예를 들어 다음질문을 생각해보자(Tversky & Kahneman, 1991에서).

| 문제 5(N = 106) | 당신의 직업훈련의 부분으로 당신에게 파트타임 직무가 배당되었다. 훈련은 이제 끝나가고 당신은 채용을 기대할 수 있게 되었다. 당신에게는 두 가능성이 있다. 그들은 사회적 접촉의 양과 한 작에서 다른 작업으로 이동하는 편의성 이외에 모든 면에서 당신의 훈련 직무를 좋아한다. 두 직무 간 그리고 현제의 직무와 비교하기 위하여 당신은 다음과 같은 표를 만들었다.

직 무	사회적 접촉	매일 이동시간(분)
현제의 직무	장시간에 걸쳐 고립	10
직무 x	타인과 제한된 접촉	20
직무 y	알맞게 친목적(親睦的)	60

| 문제 6 |은 같은 직무 x와 y가 포함되지만 다른 참조 직무를 포함하는데 이 직무는 “훨씬 즐거운 사회적 교류와 80분의 매일 이동시간”이라고 설명되었다.

두 옵션(직무 x와 y) 모두 문제의 두 번째 번안에서 손실로 프레임 되었기 때문에 그 직무의 사회적 접촉 측면에서의 차이는 문제 6에서 강조되었다. 결과로서 응답자의 70%가 문제 5에서 x를 선택했지만 문제 6에서는 33%만이 그것을 선택하였다.

일반적으로 의사결정자에게 제공된 선택 집합의 구성 또한 프레임에 영향을 주며 결국 결과에 영향을 준다.

현상 편향(status quo bias)

손실 기피는 자연적으로 다른 옵션보다는 현제상황을 좋아하는 편향을 야기(惹起; induce)한다. Samuelson & Zeckhauser(1988)는 사람들의 현제상황에 머무르려는 경향을 설명하기위하여 현제상황 편향이라는 용어를 도입하였다. 현장연구에서 그들은 새로운 의료계획이 그 계획이 도입되기 전에 채용된 직원보다 그 계획이 도입된 이후에 채용된 새 Harvard 직원에 의하여 더 많이 선택되었다는 것을 발견하였다. 지금 있는 직원은 다른 것을 얻기 위한 교환(交換; exchange)에서 일부 이익을 잃어야만 하고 그 손실이 이득보다 크게 보이므로 그들은 현제상황과 함께 머무르게 결정한 것이다. Knetsch(1989)에 의한 또 다른 연구에서 학생들에게 무작위로 찻잔(mug)과 판 초콜릿(chocolate bar) 둘 중 하나를 받고 서로 교환이 허용되었다. 최초의 할당과 낮은 교환비용의 확률적 성질이 주어져 누구는 대폭적인 교환을 보리라고 기대하였을 것이다. 그러나 기금효과와 일치되게 대략 90%의 학생이 그들이 받은 선물을 보유하였다.

선택 꺼려하기(reluctance to choose)

절충이 포함된 두 옵션(예 옵션 A는 속성 1에서 뛰어나지만 속성 2에서는 그렇지 않은 반면 옵션 B는 속성 2에서 뛰어나고 속성 1에서는 그렇지 않다.) 중에서 선택한다고 가정하자. 이 개인이 아직 선택하기과정에 있는 동안에는 두 차원 어느 것에서도 손실을 경험하지 않을 것이다. 그러나 그가 한 옵션을 선택하자마자(A라고 하자) 그 결과로 기각된 옵션이 더 가치 있는 것으로 보일 수도 있는 것처럼 그는(속성 2에 따르는) 손실을 경험하게 될 것일 것이다. Carmon, Wertenbroch, and Zeelenberg(2003)는 손실기피가 소비자가 선택된 대안을 구매하기로 결정한 후 기정(旣定; foregone)의 대안들이 더 높게 평가되는 이유가 되어 그 소비자가 결정이후에 그 전과 비교하여 더 기분이 나쁘게 느낀다는 것을 보여준다.

3.5.4 구조 프레임(Sturcture framing).

구조 프레임 짜기(즉 의사결정자가 문제를 보는 크기와 배열)는 여러 방식으로 이루어질 수 있다.

1. 정보의 통합(統合; integration)과 분리(分離; segregation)
2. 우발적(偶發的; contingent) 사건의 순차적 프레임 짜기 및
3. 프레임의 범위 특히 특정한 결정을 분리해서 보느냐 또는 더 큰 결정 집합의 부분으로 보느냐 여부.

정보의 통합과 분리

구조 프레임의 한 예로서 다음 문제를 생각하라(Tversky & Kahneman, 1981.).

|문제 7(N = 86)| 다음 둘 중에서 선택하라.

E: $240을 따는 25%의 기회와 $760을 잃는 75%의 기회 [0%]

F: $250을 따는 25%의 기회와 $750을 일는 75%의 기회 [100%]

F가 E보다 위위인 것은 명백하고 모든 응답자는 그에 맞게 선택하였다. 또 다른 문제를 생각하라.

|문제 8(150)| 당신이 다음 한 쌍의 병행하는 결정에 직면하였다고 상상하라. 먼저 두 결정 모두를 조사(調査; examine)하고나서 당신이 선호하는 옵션을 표시하라.

결정 1 A와 B 중에서 선택

A: $240의 확실한 이득 [84%]

B: $1000을 버는 25%의 기회와 전혀 벌지 못하는 75%의 기회 [16%]

결정 2 C와 D 중에서 선택

C: $750의 확실한 손실 [13%]

D: $1000을 잃는 75%의 기회와 전혀 잃지 않는 25%의 기회 [87%]

결정 1에서 응답자의 다수가 위험기피이었지만 결정 2에서는 위험추구이었다. 더 중요한 것은 그들의 73%가 A와 D를 그리고 단지 3%가 B와 C를 선택하였다. 응답자들이 문제 8에 있는 두 결정을 동시에 고려하였으므로 그들은 B 및 C에 대한 A 및 D의 결합선호를 표현하였다. 그러나 우리가 이 두 쌍을 주의 깊게 조사하면 A와 D의 결합은 정확하게 문제 7에 있는 E를 산출한다. 다른 말로 하면 선호된 A와 D가 거절된 B와 C보다 우위에 있다. 이처럼 행위를 분리하여 문제를 구조적으로 다시 프레임 짜는 것이 합리적 선택이론의 기초가 되는 우위성 원칙(dominance principle)의 위반을 가져온 것이다.

문제 7과 8 사이의 불일치(不一致; discrepancy)는 Read, Loewenstein, & Rabin.(1999)에 의하여 "**괄호로 묶기 효과**(bracketing effect)"라는 명칭이 붙여졌다. 그들은 일단의 선택에 직면하였을 때 의사결정자는 선택 각각의 효과를 그룹 안에 있는 모든 다른 선택위에서 고려함으로써 그 선택들을 하나의 복합선택으로 묶을 수도 있다고 제안하였는데 이를 "넓은 괄호로 묶기(broad bracketing)"라고 불렀다. 반면에 의사결정자가 단순하게 선택을 하나하나씩 고려할 수도 있는데 이를 "좁은 괄호로 묶기(narrow bracketing)"라고 불렀다. 문제 10에서 피험자는 분명하게 두 선택을 따로따로 취급하였다. 즉 그들은 좁게 괄호로 묶었다. 그들이 그 두 선택을 넓은 괄호로 묶을 수 있었다면 그들은 연결하여 문제 7의 F가 되는 B와 C를 선택하여야했을 것이다.

우발적 사건의 순차적 프레임 짜기

구조 프레임의 도 다른 예가 문제 9와 10에 설명되어있다(Tversky & Kahneman, 1981).

|문제 9(N = 85)| 다음의 2 단계 게임을 고려하라. 첫 번째 단계에서 아무 것도 따지 못하고 끝나는 기회가 75% 그리고 두 번째 단계로 옮겨갈 수 있는 기회가 25%이다. 당신이 2 단계에 이르면 당신은 A와 B중에서 하나를 선택하여야한다.

A: 확실하게 $30 따기 [74%] 및
B: $45를 딸 기회가 80% [26%]

당신의 선택은 게임이 시작되기 전에 즉 1 단계의 결과가 알려지기 전에 이루어져야한다. 당신이 선호하는 옵션을 표시하라.

|문제 10(N = 81)| 다음 옵션 중 어느 것을 선호하는가?

C: $30 딸 수 있는 25% 기회 [42%] 및
D: $45 딸 수 있는 20% 기회 [52%]

문제 9와 10은 실제 확률과 결과란 면에서 동일하다. 문제 9의 2 단계 게임에서 옵션 A는 $30 따는데 25%의 확률을 제시하고 있는데 이는 정확하게 문제 10의 옵션 C이다. 옵션 B는 $45를 따는데 25% × 80% = 20 %를 제시하고 있는데 이는 정확하게 문제 10의 옵션 D이다. 그러나 선택 양상은 현저하게 다르다. 이들 문제들 사이의 차이를 Tversky & Kahneman(1981)은 **가짜확실성**(pseudo-certainty) 효과라고 이름 붙였다. $30을 제시한 가망은 응답자가 잘못되게 2 단계 번안에 들어가는 것이 허용된 것으로 생각했기 때문에 2 단계 번안에서 더 매력적인 것으로 보인다. 그러나 옵션 A와 연계된 "확실성"은 단순히 착각이다. 그것은 단지 25%의 기회밖에 없는 2 단계로 들어가느냐 여부에 달려있다.

프레임의 범위

구조적 프레임의 세 번째 측면은 프레임의 범위(範圍; scope)와 폭(幅; breadth)에 관련된다. 농구 게임 입장권을 $40을 주고 구매한 B씨의 앞서의 예에서 결정은 거래특정의 정신적 해석에서 좁게 프레임이 짜여졌다. B씨는 값($40)을 지불하였고 이득(농구경기의 관람)을 얻게 될 것이다. Prelec & Loewenstein(1998)의 언어로는 좁게 프레임이 짜진 정신적 해석에서 비용과 이득(利得; benefit)이 "연결(連結; coupled)"된다. 그러나 상황을 넓은 프레임으로 짜기는 분리(分離; decoupling)를 용이하게 해준다(Prelec & Loewenstein, 1998; Soman, 2001.).

개인이 넓은 프레임을 채용하도록 영향을 주는 한 가지 방법은 일괄가격판매(一括價格販賣; price bundling)의 평범한 마케팅 관행을 통하는 것이다. Soman & Gourville(2001)에서 채용한 다음의 시나리오를 고려하자.

> 각자 나흘 동안 사용가능한 리프트 이용권의 값어치만큼을 예매한 Ernie와 Bert는 열렬한 스키어이다. Ernie는 일일 리프트사용권 넷 각각에 $40을 지불하였고 Bert는 4일간의 스키장이용료로 $160을 지불하였다. 완벽한 조건에서 3일 동안 스키를 탄 후 각자가 넷째 날 아침에 일어나보니 스키장조건이 상당히 나빠져 있음을 발견하였다. 누가 나쁜 조건임에도 불구하고 더 스키를 타려할까?

경제적 관점에서 지불의 구성방식(構成方式; format)이 문제가 되어서는 안 된다. 매몰비용효과는 각자가 그의 이용권의 매몰비용을 고려할 것이고 이것이 넷째 날의 스키를 탈 가능성을 증가시킨다. 그러나 각자 동일한 금액을 지불한 사실을 볼 때 두 사람은 같은 매몰비용에 직면하였고 역시 넷째 날 스키할 가능성은 같아야 할 것이다.

Soman & Gourville(2001)은 일연의 연구에서 매몰비용이 이 경우 일괄된 거래의 고유한 모호성(模糊性; ambiguity)에 의해 경감된다는 것을 입증하였다. 일괄된 거래에서 특정한 비용과 이득의 연결이 모호하여 해석의 여지가 있다. Ernie는 그의 지불의 구성이 정해졌으므로 스키타는 하루하루를 분리해서 프레임 하는 반면에 Bert는 나흘을 일괄해서 프레임 할 것이다. 마지막 날 스키 타기를 할지 여부를 정함에 있어 Ernie는 그것이 그에게 $40을 지출하게 한다는 것을 명백하게 실감할 것이고 그의 결정은 그 금액을 잃지 않으려는 욕구에 의하여 영향을 받을 것이다. 반면에 Bert는 $160을 한 묶음의 비용으로 취급할 것이고 자신에게 그가 지난 삼일 동안에 이 비용으로 충분히 상쇄할만한 이득을 획득하였는지를 물을 것이다. 답이 예라면 그는 넷째 날의 스키타기를 별로라고 생각할 것이다. Ernie는 그의 좁은 프레임 짜기 때문에 $160로 처음 삼일간의 이득을 재분배할 수 없게 되고 넷째 날의 스키를 계속하려 할 것이다.

넓은 프레임 짜기로 손실기피 줄이기

위의 예가 증명하여주는 것처럼 선택 괄호로 묶기(choice bracketing)의 중요한 시사 중 하나는 "사람들이 다중(多重; multiple)의 결정을 함께 모으면 손실기피가 의사결정에 별로 영향을 주지 않는다."(Read et al., 1999, p.193)는 것이다. Cheema & Soman(2003)은 여행사 방문

객에게 항공료, 호텔, 및 관광이 포함된 휴가패키지여행에 대한 홍보자료를 주었다. 그 뒤 그들은 관광여행과 상충되는(매력적이든 그렇지 않든) 한 이벤트를 제시받고 이 여행을 포기할 의사가 있는지를 질문 받았다. 자료의 두 번안이 사용되었는데 한 번안은 오직 일괄된 가격만 주었는데 다른 하나는 일괄 가격을 주고 그 가격을 항공료, 호텔, 및 관광으로 분해하였다. 그들은 관광여행의(분해된)가격을 아는 피험자가 그 여행을 포기하기를 꺼려한다는 것을 발견하였다. 즉 그 여행은 비싼 것이며 그것을 포기하는 것이 낭비처럼 보였던 것이다. 반면에 일괄된 가격을 본 피험자는 마음이 끌리는 대안의 편을 들어 관광여행을 포기할 의사가 많았다. 제한을 두지 않은 응답이 관광여행 포기를 정당화하기위하여 상황을 프레임 짰다는 것을 보여준다. 그들이 채용한 넓은 프레임이 이들 피험자들로 하여금 패키지의 여러 구성요소에 걸쳐 비용과 이득을 재분배하도록 허용하였다.

노름하기 옵션을 받은 사람 또한 좁은 프레임과 넓은 프레임에서 다르게 선택할 것이다. 이 원칙의 제일 먼젓번 예는 아마도 Samuelson(1963)이 제안하였는데 그는 그의 동료에게 $200따기와 $100잃기의 확률이 같은 내기를 받아들이겠는가라고 물었다. 그 동료는 좁은 프레임으로 거절하였지만 그는 단지 그런 내기 100을 받아들이기에는 너무 행복하다고 추가하였다. 마찬가지로 Benartzi and Thaler(1995)는 손실기피인 사람은 주식을 그것의 휘발성(揮發性; volatility) 때문에 싫어한다. 그러므로 지분(持分; equity)보다 고정수입 유가증권에 과도하게 투자한다(이것이 소위 지분 프리미엄 퍼즐(Equity Premium Puzzle)이다). 그러나 더 긴 기간에 걸친 투자는 휘발성이 더 낮다. 따라서 개인들이 진행기준으로 그들의 포트폴리오(portfolio)를 세심히 살피지 않으면 손실기피의 희생물이 될 가능성은 낮을 것 같다(Gourvi1le and Soman(1998)도 참고바람).

3.5.5 과업 프레임 짜기(Task Framing).

결정은 자주 여럿 중 한 대안의 선택을 정당화하는 고려사항에 초점을 맞춤으로써 이루어진다(Simonson, 1989.). **과업 프레임 짜기**의 여러 방법들이 대안들의 여러 측면을 강조할 수 있다. 과업 프레임 짜기의 흔한 방법이 과업을 주어진 집합에서 옵션을 선택하는 결정으로 또는 그 집합에서 옵션들을 퇴짜 놓는 결정으로 프레임 짜는 것이다. Shafir(1993)는 한 옵션의 긍정적 및 부정적 특징이 그 옵션이 선택되느냐 퇴짜 맞느냐에 따라 다르게 가중된다는 것을 제안하였다. 옵션의 긍정적 특징은 그것을 선택하는 좋은 이유를 제공하며 따라서 사람들이 옵션들 중에서 선택하도록 요청받았을 때 더 무거운 가중치가 주어진다. 반면에 옵션의 부정적 특징이 그것을 퇴짜 놓는 좋은 이유를 제공하며 따라서 사람들이 대안들 중에서 퇴짜 놓도록 요청받았을 때 더 무거운 가중치를 받는다. 그런 특징의 상대적 가중하기의 차이가 결정 문제를 결말짓고 스스로에게 그리고 다른 사람에게 정당화하기 쉽게 만든다. 한 옵션이 분명하게 다른 옵션보다 우위일 때 상대적 가중하기의 약간의 변화가 사람들의 선택에 중대한 영향을 줄 가능성은 높지 않다. 그러나 결정문제가 어렵고 옵션이 서로 비교 가능할 때 선택 대 거절의 프레임 짜기는 중대한 효과가 있다. 다음 문제를 생각해보자(Shafir, 1993에서).

문제 11(N = 170): 당신이 비교적 복잡한 이혼의 뒤를 따르는 외자식 단독 친권 소송의 배심원의 한 사람으로 일한다고 상상하라. 소송의 실상(實狀; facts)은 모호한 경제적 사회적 및 감정적 고려사항에 의해 복잡하게 되어 당신은 당신의 결정을 전적으로 다음의 몇 가지 고려사항에 근거를 두기로 결정하였다. [어느 부모에게 아이의 단독 친권을 줄 것인가? 어느 부모에게 그 아이의 단독친권을 주지 않을 것인가?]

	수락	거절	
부모 A	평균적 수입	[36%]	[45%]
	평균적 건강		
	평균적 노동시간		
	아이에게 합당한 친밀관계		
	비교적 안정된 생활		
부모 B	평균이상 수입	[64%]	[55%]
	아이와 아주 친밀한 관계		
	사회활동 극히 활발함		
	많은 직무관련 여행		
	약간의 건강문제		

두 대안(인정 대 부인) 사이의 유일한 차이는 괄호안의 질문이다. 피험자의 반은 수락(또는 선택) 대안을 받았다. 남은 반은 거절 대안을 받았다. 부모 A는 두드러진 긍정적 또는 부정적 특징이 없는 "모자라는" 옵션이다. 부모 B는 더 긍정적이고 더 부정적인 특징을 가진 "강화된" 옵션이다.

규범적 선택이론은 두 옵션의 선택 집합에서 선택과 거절은 상보적(相補的; complementary)이 되어야한다. 또는 특정한 옵션을 받아들인 피험자와 거절한 피험자의 백분율이 합해서 100이 되어야한다. 그러나 앞서의 추론에 따라 더 부정적이고 더 긍정적인 특징을 가진 강화된 옵션(부모 B)이 모자라는 옵션보다 더 많이 선택될 것으로 그리고 더 자주 거절될 것으로 기대된다. 정말로 결과가 Shafir의 비교가능성(比較可能性; comparability)효과의 개념을 뒷받침하고 선호에서의 모순(矛盾; inconsistency)(64% + 55%) > 1과 36% + 45% < 1)을 보여준다. 사실 데이터는 비교가능성효과의 한층 더 강한 패턴을 보여주는데 여기서 짐작컨대 동류(同類; homogeneous)인 피험자 두 그룹의 다수에 의하여(각각 64%와 55%) 부모 B가 선택되고 동시에 거절되었다.

제4장 기대효용이론의 위반에 대한 대응

전절에서 EU이론의 기본적 가정에 대한 몇 가지 비판을 소개하였는데 이들 비판은 요약하면 EU이론이 사람들이 실제로 어떻게 행동하는가를 적절하게 포착하지 못 한다는 것이다. 따라서 비록 EU이론이 규범적 매력이 널리 인정되고 있긴 하지만 사람들의 실제 행동을 설명할 수 있는 새로운 모형의 개발이 필요하게 된 것이다. 이러한 모델들을 정리해보기로 한다.

4.1 일반화된 기대효용모델들

4.1.1 가중선형효용이론(加重線型效用理論; weighted linear utility theory)

가중선형효용(weighted linear utility; WLU) 이론은 Chew & MacCrimmon(1979)이 최초로 개발하였으며 뒤에 Chew(1982, 1983), Fishburn(1981, 1983a, 1983b), 및 Nakamura(1984)에 의하여 다듬어지고 확장되었다. 이것은 기대효용이론의 대입공리를 연화(軟化; weaken)시킴으로서 기대효용이론을 일반화한 것이다. 그들은 문헌상에 나타나는 많은 예에서 가장 많이 위반되는 공리가 대입공리라는 인식하에 이를 연화하여 가중선형모형을 얻었다.

가중선형모델은 다음과 같은 정의를 전제로 전개되었다.

■ **정의(定義; definition) 1.** 모든 $p, q \in X$와 모든 $\alpha \in [0, 1]$에 대해

$$u\{\alpha x+(1-\alpha)y\}=\frac{\alpha w(x)u(x)+(1-\alpha)w(y)u(x)}{\alpha w(x)+(1-\alpha)w(y)}$$

가 성립되도록 혼합집합 X상에서 정의된 선형함수 w 존재한다면 X상에서 정의된 실가치함수(實價値函數; real-valued function)는 가중선형이다. 이 선형함수 w을 가중함수라고 부른다.

■ **정의 2.** **원소** $x \in X$를 모든 $y \in X$에 대해 $y \gtrsim x (x \lesssim y)$일 때 최소(최대)라

■ **정의 3.** (a) 임의의 $x, y \in X$에 대하여 $x > y$가 $y \not\gtrsim x$를 의미하며

(b) 임의의$x, y, z \in X$에 대하여 $x \not\gtrsim y,\ y \not\gtrsim z$가 $x \not\gtrsim z$를 의미할 경우

집합 X상에서 정의된 이원관계(二元關係; binary relation)$\lesssim$는 약 순서(弱順序; weak order)라고 한다.

Chew와 MacCrimmon은 혼합집합 X상의 실가치(實價値; real valued) 가중함수의 필요충분 조건으로서 다음의 공리를 제시하였다.

▶ **공리 C-M 1.** 선호관계 $<$는 약 순서이다

▶ **공리 C-M 2.** 어느 $x, y, z \in X$에 대하여도 $x > y$이고 $y > z$이면 $y \sim \alpha x + (1-\alpha)z$이 성립되는 $\alpha \in [0,1]$이 존재한다.

▶ **공리 C-M 3.** 어느 $x, y, z \in X$에 대하여도 $x > y$이면 $\alpha > \beta$가 성립되는 모든 $\alpha, \beta \in$ [0, 1]에 대하여 다음이 성립한다.

$$\alpha x + (1-\alpha)y > \beta x + (1-\beta)y.$$

▶ **공리 C-M 4.** 어느 $x, y \in X$에 대하여도 $x \sim y$이면 $\beta \in [0,1]$이고 $x \sim y$이면 $z \in X$일 때

$$\beta x + (1-\beta) \sim \delta y + (1-\delta)z$$

이 성립되는 $\delta \in [0,1]$가 존재한다.

▶ **공리 C-M 5.** 민일 $x, y, z \in X$와 $\beta_1, \beta_2, \delta_1, \delta_2 \in [0,1]$에 대하여 $x \sim y$이며

$$\beta_i x + (1-\beta_i) \sim \delta_i y + (1-\delta_i)z$$

이면 (단 $i = 1, 2$) 다음이 성립한다.

$$\frac{\delta_1/(1-\delta_1)}{\beta_1/(1-\beta_1)} = \frac{\delta_2/(1-\delta_2)}{\beta_2/(1-\beta_2)}.$$

공리 C-M 4와 C-M 5에서 다음과 같은 공리(Chew와 MacCrimmon의 보조정리(補助定理; lemma 2)를 유도할 수 있다. 즉 어느 $x, y \in X$에 대하여도 $x \sim y$이면 모든 $z \in X$에 대하여 그리고 모든 $\alpha \in [0,1]$에 대하여

$$\alpha x + (1-\alpha)z \sim \frac{\alpha\delta}{\alpha\delta + (1-\delta)} y + \frac{1-\alpha}{\alpha\delta + (1-\alpha)} z$$

이 성립하는 $\delta > 0$이 존재한다.

위의 공리는 $\delta = 1$일 때의 고전적 기대효용이론의 대입원칙에 해당된다(Chew와 MacCrimmon (1979)은 이들 公理들을 가지도 X에 최대(mεximal)와 최소(minimal) 원소가 포함되고 있을 때 X 상에 가중효용함수가 존재한다는 것을 증명하였는데 이는 다음과 같은 정리로 요약된다.

■ **정리** 만일 혼합집합 X가 최대와 최소 원소를 포함하고 있으며 공리 C-M 1, C-M 2, C-M 3, C-M 4. C-M 5를 충족시킨다면

1) 모든 $x, y \in X$에 대하여 $u(x) > u(y)$ 의 필요충분조건은 $x > y$이고
2) 모든 $x, y \in X$와 모든 $\alpha \in [0, 1]$에 대하여

$$u\{\alpha x + (1-\alpha)y\} \sim \frac{\alpha w(x)u(x) + (1-\alpha)w(x)u(x)}{\alpha w(x) + (1-\alpha)w(y)}$$

이 성립하는 X상에서 정의된 실가치함수(實價值函數; real valued function) u와 양(陽; positive)의 실가치함수 w가 존재한다.

이상을 요약하면 다음과 같은 가중선형관계가 성립한다는 것이다.

$$U(p) = \frac{\sum w(x) \cdot u(x) \cdot p(x)}{\sum w(x) \cdot p(x)}.$$

이 모델은 기술적(記述的; descriptive) 측면과 처방적(處方的; prescriptive) 측면 둘 모두에 매력적으로 받아들여졌었다.

4.1.2 순위종속기대효용(順位從屬期待效用; Rank-dependent expected utility)

독립성의 위반을 설명한다는 면에서 가장 영향을 준 연구는 Machina(1982)라고 할 수 있다. 그러나 Machina는 독립성(대입) 공리가 없을 때 일반적 선호행동을 고려할만한 특정한 모델을 제시하는데 그리고 관찰된 위반이나 EU 예측을 설명할 일반적 가설을 제시하는데 별로 관심이 없었다. 그가 예를 들어 설명하기위하여 "확률에서 이차(二次; quadratic)인 선호방정식"을 함수식의 예로 제안하였지만 이 함수식은 별로 관심을 끌지 못하였다.

제안된 특정한 함수식 중에서 **순위종속기대효용모델이** 많은 관심을 끌었다. 거기에는 몇 가지 이유가 있었다. 첫째 예상된 효용(anticipated utility)이라는 이름으로 1982년에 발표된 모델이 비교적 일찍 실제로 사용되었다. 둘째 많은 수의 다른 연구가들에 의한 독립적인 발견이 기본적 아이디어의 보급에 기여하였다. 셋째 위의 두 이유와 연계하여 이 모델은 기대효용이론을 자연스럽게 일반화 한다. 특히 RDEU는 경제적 분석을 다루기 쉽게 한다.

RDEU모델은 여러 관점에서 볼 수 있다. 첫째 많은 결과가 있는 경우 이 모델은 확률 가중 접근(probability weighting approach)의 확장으로 생각될 수 있다. Handa(1977)와 Kahneman & Tversky(1979)가 함수식(函數式; functional form)으로 제시한 우위성의 위반의 뒤를 그리고 Kamarkar(1978, 1979)의 우위성위반을 바로잡기 위한 규범화 실패의 뒤를 이어 확률가중치에 기초를 둔 어떤 접근도 우위성위반을 피할 수 없을 것이라는 생각이 널리 퍼지게 되었다. RDEU 모델만이 일차 확률적 우위성과 일치하는 두 결과 확률가중치를 유일하게 확장하여준다.

둘째 RDEU는 위험의 존재에만 종속되지만 결과공간의 성질에는 종속되지 않는 위험기피와 위험선호의 대안이 되는 개념을 제공한다. 재산(財産; wealth)의 기수효용(基數效用; cardinal utility)이 확실성 하에서 알려진다고 그리고 위험기피에서의 위험이 효용에서의 위험을 말하는 것이라고 가정하는 Allais(1988)의 접근이 이 아이디어를 담고 있다.

RDEU 모델의 셋째 해석은 Savage의 당연지사 논란(當然之事; sure-thing argument)을 수정하는 데 기초를 두고 있다. 여기서 개념은 순위가 매겨진 방식에서 가망(可望; prospects)을 부호화하는 것이 자연스럽다는 것과 당연지사 논란은 확률이 같고 순위가 동일하게 매겨진 상태에만 적용될 수 있다는 것이다. 이것이 서수독립성(序數獨立性; ordinal independence)의 개념을 제기하고(Segal 1989, Green and Jullien 1988) 분리가능성 가정과 결합되어(Quiggin 1989) RDEU모델을 만들어낸다.

마지막으로 EU의 정식성질을 고려함으로써 자연스럽게 Yaari(1987)의 이중(二重; dual) 모델에 이르게 되는데 이 모델에서 효용함수는 위험태도가 전적으로 효용에 의해서만 포착되도록 선형이라고 가정된다.

RDEU 이론의 전개(展開; development)

개별사건의 확률이 아니라 확률의 전체 벡터에 종속되는 일반적 가중함수개념은 제일 먼저 Allais(1953)에 의하여 제안되었다. 그 당시 Allais가 함수식 또는 공리의 집합을 제안한 것은 아니었으며 그 아이디어는 그 후 25년 동안 개발되지 않았다.

RDEU 이론의 함수식은 Handa(1977)의 모델에서 제시된 우위성위반에의 대응으로 최초에 대학학부논문으로 제출되었다. 결정적인 아이디어는 Handa와 그 외 다른 사람들에 의하여 제안된 작은 확률의 과다가중(過加重; overweighting)은 낮은 확률-극단적 결과에만 적용되고 낮은 확률-중간정도 결과에는 적용되어서는 안 된다는 것이다. 이 생각이 즉각적으로 순위종속모델로 그리고 개별 확률이 아니라 전체 확률분포가 변형되어야한다는 요구로 이끌었다. Quiggin(1981)은 오스트리아 농민의 위험태도에 대한 자료에 적용하였으며 공리의 집합을 포함하여 완전한 모델의 최초 출판은 Quiggin(1982)에 나타난다.

이 연구는 수년간 별로 관심을 끌지 못하였다. 결과로써 순위종속모델과 관련된 함수식은 각각 분리된 기회에 독립적으로 아주 다른 동기로 재발견되었다. 이에 따라 이 모델은 다양하게 발견된 이론의 흥미 있는 예를 대변하며 Merton(1973)이 앞당겼고 Stigler(1982)가 경제적 맥락에서 검토하였다.

첫째 Yaari(1984, 1987)의 '이중이론(dual theory)'이 있는데 Roell(1987)에 의하여 한층 발전되었다. 동기가 된 것은 주로 공리적(公理的; axiomatic)인 것이었다. Yaari는 EU와 효용함수가 선형인 RDEU의 특별한 경우 사이의 많은 기하학적 대칭성(formal symmetries)을 찾아냈다. 효용함수의 선형성(線形性; linearity)은 이중모델에서는 위험태도가 재산의 체감한계효용과 전혀 관계가 없다는 것을 의미한다.

위험기피 역시 재산의 체감한계효용과 구별되는 현상이라는 개념에 기초를 둔 두 번째 재발견은 Allais(1987, 1988)에 의해서였는데 그의 연구가 전 분야에 대한 출발점을 제공하였다. EU 접근의 대부분 옹호론자는 위험기피가 감소하는 한계효용 면에서 기술되도록 허용하는 기수효용을 불확실한 선택을 모델화하기위한 편리한 도구로 취급하였다. 반면에 Allais는 항상 기수효용의 심리적 실재(實在; reality)를 고집하였다. 또 다른 관련된 발전은 당초 Choquet(1953-4)의 연구에서 개발되었으며 비가산적 측척(測尺) 또는 수용능력(收容能力; capacity)의 개념에 기초를 둔 Schmeidler(1989)와 Gilboa(1987)의 연구다. 여기서 확률을 모르는 모호성(模糊性; ambiguity)의 문제를 다룬다.

불확실성하 선택이론에서의 이들 발전에 추가하여(통상 Yaari의 연구에서처럼 선형효용함수를 갖는) RDEU 함수식이 상태들 전반의 확률변수들을 대신하는 개인들의 재산의 분포를 사회적 선택과 수입 분포 문제에 적용된다. Weymark(1981)와 Ebert(1988)의 예가 그 것이다.

RDEU 모델

순위종속기대효용(RDEU) 또는 예상효용(anticipated utility; AI)[77] 모델은 전절에서 검토된 확률가중모델에 의하여 자극을 받았다. 초기 모델처럼 RDEU는 확률가중함수 $q: [0,1] \rightarrow [0,1]$에 기초를 둔다. 그러나 가중함수는 개별사건의 확률이 아니라 누적확률함수에 적용된다.

RDEU 범함수(汎函數; functional)는

$$V(\{x;p\}) = \sum_{i=1}^{n} U(x_i) h_i(p) \tag{4.1.1}$$

로 주어진다. 여기서

$$h_i(p) = q\left(\sum_{j=1}^{i} p_i\right) - q\left(\sum_{j=1}^{i-1} p_i\right), \quad = q(F(x_i)) - q(F(x_{i-1})). \tag{4.1.2}$$

범함수를 비교함에 있어 때로는 다음 함수를 고려하는 것이 편리하다.

$$q^*(p) = 1 - q(1-p)$$

두 결과의 경우에 대해 가중벡터는 다음과 같다.

$$h(p) = (q(p_1)), q^*(p_2)$$

즉 q가 더 나쁜 결과(outcome)에의 가중치를 정의하고 q^*가 더 좋은 결과에의 가중치를 정의한다. $q(p) = q^*(p)\ \forall p$일 때 가중함수가 대칭이라고 말한다.

가중함수를 q^*로 표현하는 것은 우리가 확률 p로 양(陽; positive)의 결과득실(payoff) x을 받고 그렇지 않으면 아무 것도 받지 못하는 내기를 고려하고 있을 때 특히 편리하다. 자연스러운 정규화(正規化; normalization)를 사용할 때 그 가망(可望; prospect)의 예상된 효용은 단순하게 $V\{(0,x);(p,1-p)\} = q^*(p)U(x)$로 표현할 수도 있다.

---

77) "예상효용"이라는 용어는 $U(x)$의 예상 가치를 산출하기위하여 가중함수기 적분된다는 아이디어를 반영한다. 이는 수학적 기대와 다를 수도 있다. 그러나 이 전문용어는 많은 다른 모델에서도 동일하게 사용될 수 있을 것이다. 따라서 그것은 순위종속효용이라는 용어를 찬성하고 뺀 것이다.

q가 누적 분포함수에 적용되기 때문에 가중치 $h(p)$는 p의 모든 원소(elements)에 의해 결정되며 단지 p_i만 따르지 않는다. 이것이 같은 객관적 확률을 가진 두 사건이 다른 가중치를 갖는 것이 가능하다는 것을 의미한다. 이 특징이 Handa(1977)의 것이나 Kahneman과 Tversky(1979)의 것과 같은 **결정가중계수**에 기초를 둔 다른 이론과 RDEU이론을 구별하여주는데 이것이 우위성의 위반을 갖는 문제를 제기하는 것으로 보일 수도 있다. 직관적으로 아이디어는 비록 낮은 확률과 최고의 결과를 가진 사건에게 그들의 객관적 확률보다 유의적으로 더 큰 가중치를 준다 할지라도 같은 확률과 중간정도의 결과를 갖는 사건을 같은 방식으로 취급할 필요는 없다.

4.1.3 복권종속기대효용(福券從屬期待效用; Lottery dependent expected utility)

Becker와 Sarin(1987)은 결과(outcomes)의 효용이 평가되고 있는 복권에 종속되는 것을 허용하는 선호모델을 제안하였다. 요는 특정한 매개변수 값을 결정하기위하여 각 복권을 사용하여 특정한 복권 각각에 대한 효용함수를 특성화하는 것이다. 이 **복권종속효용**(LDU)함수의 기대가치가 선호의 전반적 측척(測尺)를 제공한다.

LDU 모델에서 복권 p에 대한 선호가치 U는

$$U(p) = \sum_x u_p(x)/p(x) = E_p[u_p(x)]$$

로 표현된다. LDU 함수 u_p는

$$u_p(x) = u(x, c_p)$$

로 표현된다. 여기서 c_p는 p에 종속되는 상수(常數; constant)이다.

만일 c_p가 상수라면 우리는 전통적 EU 모델을 얻는다. 우선 단순하게 일반화하기위해 c_p가 확률에서 선형이라고 가정한다. 그렇게 함으로써

$$c_p = \sum_x h(x)p(x)\, E_p[h(x)]$$

가 성립되는 실함수 $h(x)$가 존재하게 된다. 복권종속기대효용모델(LDEU)은

$$U(p) = E_p[u(x, E_p[h(x)])]$$

로 표현된다.

LDEU 모델은 이행성(移行性; transitivity), 연속성(連續性; continuity), 및 확률적 우위성(確率的 優位性; stochastic dominance)을 존속시켜준다.

LDEU로 얻은 선호무차별곡선은 일반적으로 직선도 아니고 한 점으로 수렴하지도 않는다. 그로 말미암아 이 모델은 가중된 효용 모델을 넘어 선호패턴을 예측하는 데 있어 추가적인 신축성을 제공한다. 더 나아가 우리는 LDEU에 대해 Machina(1982)가 도입한 국부(局部; local) 효용함수를 도출할 수 있다. 그에 의하면 이 국부효용함수는 선호범함수 U의 편도함수(偏導函

數; partial derivative) $\partial U/\partial p_i = U(x_i, p)$이며 이 국소효용함수를 사용하여 U의 몇 가지 총체적 성질을 도출할 수 있다. LDEU모델에 대한 국소효용함수 $U(x_i; p)$는

$$U(x_i; p) = u(x, c_p) + E_p[u_2(x, c_p)]h(x)$$

로 주어지는데 여기서 $u_2(x, c)$는 $du(x,c)/dc$를 의미한다.

이제 Machina(1982)에서 보여준 것처럼 만일 모든 p에 대하여 $U(x_i, p)$가 x_i에서 증가한다면 일차확률우위(first-order stochastic dominance)가 보장될 것이고 만일 $U(x_i, p)$가 추가적으로 x_i에서 오목이면 이차확률우위가 보장될 것이다.

LDEU 모델의 눈금을 매기기 위한 사정과정(査定過程; assessment process)은 두 단계로 이루어진다. 첫째 단계에서 $u(x, c)$에 대한 범함수형태가 지정된다. $u(x, c)$에 대한 두 범함수형태 — 지수(指數; exponential) 및 거듭제곱(power) — 가 아래에 있다. 몇 가지 다른 범함수형태도 있을 수 있다.

지수형태 만일 $c_p \neq 0$이면 $$u(x, c_p) = \frac{1 - e^{-c_p[(x - x_0)/(x^* - x_0)]}}{1 - e^{-c_p}}$$

만일 $c_p = 0$이면 $$= \frac{x - x_0}{x^* - x_0}$$

거듭제곱 $$= (f(x))^{1/c_0}$$

여기서 f는 $f(x_0) = 0$, $f(x^*) = 1$이고 $-\infty < c_p < \infty$와 더불어 증가한다.

둘째 단계는 매개변수 c_p가 각 복권에 대해 계산될 수 있도록 $h(x)$를 사정하는 것이다. $h(x)$를 사정하기위해 우리는

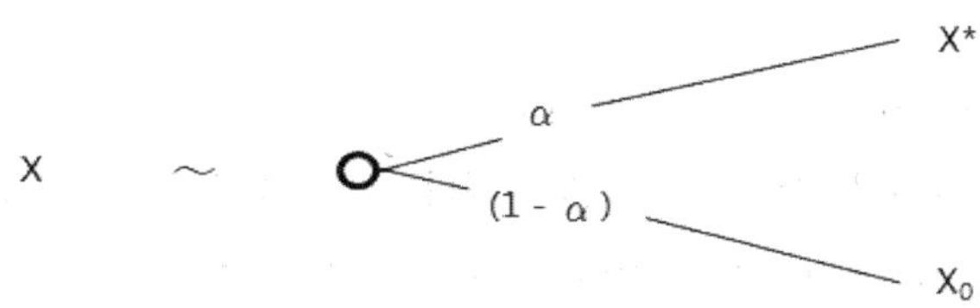

이 성립되는 α를 찾는다.

이제 $u(x, h(x)) = \alpha$이다. 1단계에서 우리가 u에 대한 범함수를 확인하였으므로 우리는 위의 등식(等式; equality)에서 $h(x)$를 도출할 수 있다. 예를 들면 $u(x)$가 지수식이라고 가정되면

$$u(x, h(x)) = \frac{1 - e^{-h(x)^{[(x - x_0)/(x^* - x_0)]}}}{1 - e^{-h(x)}} = \alpha$$

이다. 위 방정식의 해가 $h(x)$를 만들어준다.

$h(x)$의 지식이 우리로 하여금 각 복권에 대한 적절한 효용함수를 정할 수 있게 해준다. 이 복권특정효용함수가 대안들로 된 복권의 순위를 매기는데 사용될 수 있는 선호의 전반적 측척(測尺)(測尺; measure)을 마련하여준다.

4.1.4 감축누적 표현들(減縮累積表現; Decumulative representations)

여기서 검토되는 이행성과 확률적 우위가 유지되지만 독립성 원리의 위반이 허용되는 마지막 표현이 **감축누적 표현**이라 불리어지는 것이다. 이들 모델에서 가중함수(加重函數; weight function)는 감축누적 확률(decumulative probabilities; 어떤 결과 또는 그 이상을 얻는 것의 누적 확률) 전반에서 정의된다.

$x_1 < x_2 < \cdots < x_n$이고 $p_i = p(x_i)$, $\sum p_i = 1$라고 가정하자. 그러면 감축누적 표현은

$$U(p) = u(x_1) + \sum_{j=2}^{n} [u(x_j) - u(x_{j-1})]\,\omega\left(\sum_{i=j}^{n} p_i\right)$$

로 주어지는데 여기서 u는 결과들에 대한 효용함수이고 ω는 $\omega(0) = 0$이고 $\omega(1) = 1$인 가중함수이다. 결과가 둘인 노름의 경우

$$U(p) = u(x_1) + [u(x_2) - u(x_1)]\omega(p_2) = u(x_1)[1 - \omega(p_2)] + u(x_2)\omega(p_2).$$

모든 α에 대하여 $\omega(\alpha) = \alpha$이면 감축누적표현은 EU모델로 환원된다. 따라서 ω는 확률을 변환한 **결정가중계수**(決定加重値; decision weight)로 해석될 수 있다.

감축누적표현을 위한 핵심공리는 다음과 같이 설명될 수 있다. 두 복권 p와 q를 생각하자.

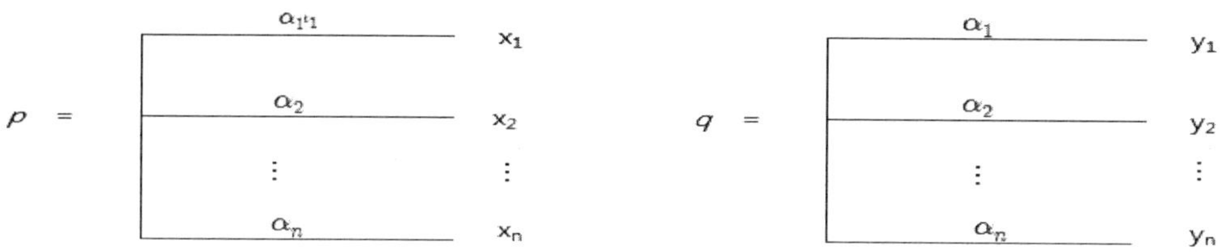

여기서 모든 i에 대하여 $y_i \geq x_i$, 1에서 n까지의 i에 대해 $\alpha_i > 0$ 그리고 $\sum \alpha_i = 1$이다. 복권q는 복권 p에 엄격하게 확률적으로 우위이다. $c(p)$를 복권 p의 확실등가, $c(q)$를 복권 q의 확실등가라고 하자. 즉 $c(p) \sim p$이고 $c(q) \sim q$이다. x_i의 승산이 λ이고 y_i의 승산이 $(1-\lambda)$인 복권의 확실등가를 $(x_i, y_i; \lambda)$로 표기한다. 따라서

$$c(x_i, y_i; \lambda) \quad \sim \quad \begin{array}{ccc} \lambda & & x_i \\ & \cdot & \\ (1-\lambda) & & y_i. \end{array}$$

감축누적 표현을 위한 핵심공리는 모든 $0 < \lambda < 1$에 대해

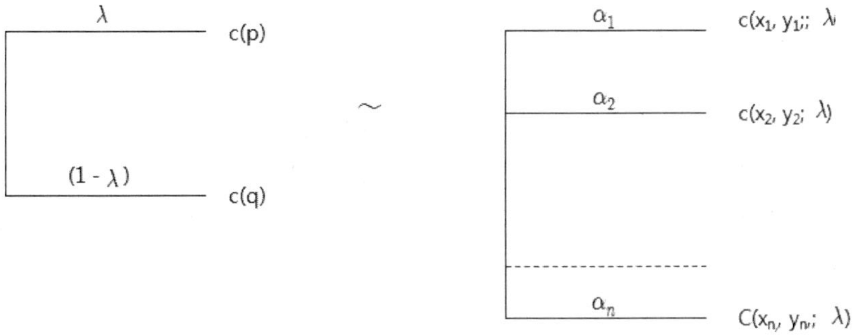

이 모델의 발전은 Quiggin(1982) Yaari(1987), Chew(l984), 및 Segal(l984)에서 발견된다.

4.2 모호함의 모델화(Modeling ambiguity)

3.2에서 Ellsberg(1961)의 모순을 검토한바 있는데 Ellsberg 의 예에서 많은 수의 피험자에게 상태에 일관된 확률이 할당될 수 없었다. 많은 연구가들이 사람들은 상태확률에서 막연하거나 모호한 확률보다 특이성(特異性; specificity)을 선호한다는 관찰을 하였다. 예를 들면 많은 수의 사람들이 붉은 그리고 검은 공이 모르는 비율로 들어있는(따는 기회가 모호한) 항아리보다 50 대 50으로 들어있는 항아리에 걸기를 선호한다. 주관적 기대효용이론은 이들 두 상황이 동등하다고 예측한다(Raiffa, 1961을 보라).

몇 년에 걸쳐 Ellsberg의 모순과 일치되는 예측을 낳는 몇 개의 모델이 발표되었다. 여기서는 이들 중 두 모델을 검토키로 하는데 Fishburn(1988)은 Ellsberg의 모순을 해결한 많은 다른 모델들을 분류하고 검토하였다.

4.2.1 비가산적(非加算的; nonadditive) 확률을 가진 기대효용

Schmeidler(1984)는 기대효용표현을 가추고 있지만 상태에 할당된 주관적 확률이 가산적일 필요가 없는 이론을 개발하였다. 우선 그의 표현을 보고나서 그의 주요 결과를 얻기 위하여 그가 사용한 핵심조건을 검토하기로 한다.

Savage의 ■정리 2.4.2가 덧셈법을 따르는 확률을 가진 기대효용에 대한 표현을 보여준다. 같은 표기법을 사용하여 다음 예를 생각하라:

상태	1	2	3	…	n
행위 f_s	f_1	f_2	f_3	…	f_n

위 예에서 f_s는 상태 s가 일어났을 때 $f_s(x)$(객관적 확률을 가진 복권)을 낳는 행위이다. 주관적 불확실성은 어느 상태가 실제로 일어날 것인가에 관한 불확실성이다. 제일 먼저 $f_s(x)$를 EU 값으로 변환하자.

$$u_s = \sum_x u(x) f_s(x)$$

그리하면 u_s 는 주관적 복권 $f_s(x)$에 대한 EU 값이다. 효용함수 $u(x)$는 제2편의 (4.3.6) 효용함수에서 설명된 것과 같은 방식으로 부과될 수 있다.

여기까지는 전통적 모델과 Schmeidler의 모델 사이에 차이가 없다. 변형된 문제는 아래와 같이 표현된다.

상태	1	2	3	$\cdots$	n
행위 f_s	u_1	u_2	u_3	$\cdots$	u_n

전통적 모델에서는 Savage의 ■정리 2.4.2를 사용하여 우리는 $\sum_{s=1}^{n} \mu(s) = 1$이 되도록 각 상태 s에 주관적 확률 $\mu(s)$를 그리고 행위 f_s에 대한 전체 선호 값을 할당한다. $U(f_s)$는)

$$\sum_{s=1}^{n} \mu(s) u_s$$

로 주어진다. 이제 A를(세상의 상태들) S의 부분집합의 모음(collection)이라고 정의하자. 한 사건 $a \in A$에 덧셈법을 따르는 주관적 확률 $\mu(s)$가 할당된다. 우리는 상태 s가 진짜 상태일 때 일어나는 사건을 표기하기위하여 a_s를 사용한다. 만일 a가 상태 1 또는 2 또는 3이 일어날 사건을 표기한다면 $u(a) = u(1) + u(2) + u(3)$이다 왜냐하면 상태들은 서로 배타적이기 때문이다. Schmeidler의 모델에서 한 사건에 할당된 주관적 확률이 덧셈법을 따르지 않을 수도 있다. 덧셈법을 따르는 확률측척(測尺) μ와 혼동되지 않도록 덧셈법을 따르지 않는 확률측척(測尺)를 σ로 표기하자.

이 제일반성(一般性;generality)을 잃지 않고 $\mu_1 > \mu_2 > \cdots > \mu_n$이라고 가정하자. Schmeidler의 모델에서 선호함수 $U(f_s)$는

$$\sum_{s=1}^{n-1} (u_s - u_{s+1}) \sigma \left[U_{j=1}^{s} a_j \right] + u_n$$

로 주어진다. $n=3$에 대해 $U(f_s)$에 대한 표현은

$$(u_1 - u_2)\sigma(a_1) + (u_2 - u_3)\sigma(a_1 U a_2) + u_3$$

이다. 만일 σ가 덧셈법을 따른다면 이 모델은 주관적 기대효용모델로 축소(단순화)될 것이다. 이것을 보기위하여 $\sigma(a_1 U a_2) = \sigma(a_1) + \sigma(a_2)$ 또는

$$\sigma \left[U^{s_{j=1}} a_j \right] = \sigma(a_1) + \sigma(a_2) + \cdots + \sigma(a_s)$$

을 대입(代入; substitute)하라. 이 대입에 의하여 $n=3$의 경우에

$$U(f_s) = \sigma(a_1)u_1 + \sigma(a_2)u_2 + (1 - \sigma(a_1) - \sigma(a_2))u_3$$

인데 이 식은 $\mu(s)$가 $\sigma(a_s)$로 대체된 Savage의 ■정리 2.4.2의 결과와 같다.

〈표 4.2.1〉 달리 표현된 Ellsberg의 옵션

	볼 30개	비율 모르는	볼 60개
	적(赤)	백(白)	황(黃)
f	백만 원	0 원	0 원
g	0 원	백만 원	0 원
f'	백만 원	0 원	백만 원
g'	0 원	백만 원	백만 원

이제 어떻게 위의 덧셈법을 따르지 않는 확률로의 일반화가 Ellsberg 모순을 조화시킬 수 있는지를 보여주기로 한다. Ellsberg 모순은 g보다 f를 선호하는 그리고 f'보다 g'를 선호하는 행위를 동시에 보여줌으로써 설명된다. $u(0\text{원}) = 0$, $u(\text{백만원}) = 1$이라고 정의하자. 사건을 다음과 같이 표기한다.

R: 빨간 볼이 뽑힘
W: 하얀 볼이 뽑힘
RUY: 빨간 또는 노란 볼이 뽑힘
WUY: 하얀 또는 노란 볼이 뽑힘

이제 덧셈법을 따르지 않는 EU모델을 사용하여 우리는

$f > g$는 $\sigma(R) > \sigma(w)$을 의미하고
$g' > f'$는 $\sigma(WUY) > \sigma(RUY)$를 의미한다고

결론 내린다. $\sigma(WUY) = \sigma(W) + \sigma(Y)$가 아니면 모순은 없다.

σ를 사정(査定; assess)하기위하여 우리는 2.4에서 공부한 주관적 기대효용에서 검토된 방법을 사용할 수 있다. 위의 예에서 $\sigma(R)$은 1/3이다. 더 나아가 의사결정자가 다음의 두 행위 사이에 선호무차별이라고 하자.

	R	W	Y
행위 1	0 원	백만 원	0 원
행위 2	0 원	0 원	백만 원

그러면 $\sigma(W) = \sigma(Y)$이다. 더 나아가 의사결정자가 아래 그림의 둘 사이에 선호무차별이라 생각하자. 그러면 이제 우리는 상태들에 할당된 주관적 가중치에 대한 모든 필요정보 ($\sigma(R) = 1/3$, $\sigma(W) = 1/4$, $\sigma(Y) = 1/4$)를 가지게 되었다. 우리의 경우 $\sigma(R) + \sigma(W) + \sigma(Y) =$

5/6이다. 잔차(殘差; residual) $1-5/6=1/6$은 무엇을 반영하는가? 하나의 해석은 그것이 의사결정자가 하얀 공과 노란공의 비율에 관한 모호함 또는 막연함을 싫어하기 때문에 이 상황에 부여한 모호성 프리미엄(premium)이라는 것이다. 만일 의사결정자가 모호성을 선호한다면 $\sum_{s=1}^{n}\sigma(a_i)>1$이다.

Schmeidler가 사용한 공리는 독립성 공리 P2가 덧셈법을 따르지 않는 σ를 달성하기위하여 약화된 것 이외에 Savage의 ■ 정리 2.4.2의 결과를 얻기 위하여 검토된 공리 P1, P2, P3, P4, 및 P5와 유사하다. 이 조건을 이해하기 위하여 $f_s > f_t$와 $g_t > g_s$가 성립되는 S내의 s와 t가 존재하지 않는다면 두 행위 f와 g가 상호단조적(相互單調的; comonotonic)이라고 정의한다. 아래의 예에서 f와 g는 상호단조적이다.

	s	t
행위 f	500만원	100만원
행위 g	300만원	290만원

대략 말해 두 상호단조적인 행위에 대해 상태사이의 결과의 순위(rank order)는 같다. P2는 이제 단지 상호단조적인 행위에만 적용되도록 수정된다.

▶ **상호단조적 독립성(comonotonic independence).** 모든 서로 상호단조적인 $f,\ g,\ h\in F$와 $0<\alpha<1$에 대해 $f>g$는 $\alpha f+(1-\alpha)h>\alpha g+\ (1-\alpha)h$을 의미한다.

Gilboa(1985)와 Wakker(1986)는 Schmeidler의 상호단조적인 독립성의 전략을 사용하여 추가적인 결과를 얻었다.

4.2.2 이원 양-선형(二元 兩線形; dual bilinear) 모델

Luce & Narens(1985)는 그들이 측정이론(測定理論; measurement theory)을 사용하여 개발한 불확실성하 결정모델을 제안하였다. $(x\,a\,y)$를 사건 a가 일어나면 결과 x를 따고 그렇지 않으면 y를 따는 노름을 표기하는 것으로 하자. **이원 양-선형모델**에서는

$$
\begin{aligned}
x > y\text{이면 } & u(x\,a\,y) = u(x)\sigma^{+}(a)+u(y)\big(1-\sigma^{+}(a)\big)\\
x \sim y\text{이면 } & \qquad\quad\ = u(x)\\
x < y\text{이면 } & \qquad\quad\ = u(x)\sigma^{-}(a)+u(y)\big(1-\sigma^{-}(a)\big).
\end{aligned}
$$

위의 모델에서 $u(x)$는 효용함수로 그리고 σ^{+}와 σ^{-}는 사건과 연계된 주관적 **결정가중계수**로

해석될 수 있다. 결정가중계수는 사건뿐만 아니라 결과 간의 선호에 종속된다. 우리가 a^c를 사건 a의 여집합(餘集合; complement)이라고 정의하면 결정분석응용에서 $u(xay) = u(ya^cx)$이다. 이 등식은 $\sigma^+(a) + \sigma^-(a^c) = 1$을 의미한다. 만일 모든 $a \in A$에 대해 $\sigma^+(a) = \sigma^-(a)$이고 가중함수가 A 위에서 덧셈법을 따른다면 우리는 전통적 주관적 기대효용모델을 얻는다. 몇 개의 σ^+와 σ^-에 관한 다른 제약조건과 그것들이 미치는 영향(影響; implication)이 Luce & Narens(1985)에서 검토되었다.

이원 양선형 모델은 대입원칙의 위반과 Ellsberg의 모순 둘 다를 해결한다. Ellsberg 모순의 해결은

$$u(1000\,R\,0) > u(1000\,w\,0)\text{과 } u(1000\,WUY\,0) > u(1000\,RUY\,0)$$

을 요구한다. 여기서 $u(100\text{만}\,R\,0)$는 빨간 볼을 뽑으면 100만원을 따고 그렇지 않으면 0원인 노름을 표기하고 $(100\text{만원}\,WUY\,0)$은 하얀 또는 노란 볼을 뽑으면 100만원을 따고 그렇지 않으면 0원인 노름 등등을 표기한다.

이원 양-선형에 대입함으로써 우리는 $\sigma^+(R) > \sigma^+(W)$ 및 $\sigma^+(WUY) > \sigma^+(RUY)$를 얻는다.

전통적인 주관적 기대효용이론에서 $\sigma^+(R) = \mu(R)$이고 $\sigma^+(WUY) = \mu(W) + \mu(Y)$이다. 따라서 위의 두 부등식은 동시에 충족될 수가 없다. 이원 양-선형 모델에서는 가중치가 확률측척(測尺)(測尺; measure)이 아니며 따라서 위의 부등식은 Ellsberg의 모순을 해결하기위해 충분하다.

이원 양-선형 모델을 다음과 같이 표현하는 방법도 있다.

$$u(xay) = \sigma(a)u(x) + (1-\sigma(a))u(y) + \omega(|u(x) - u(y)|)$$

여기서 ω는 +이거나 -일 수 있다. 등가성(等價性; equivalence)을 보기위해 단순하게 $\sigma^- = \sigma - \omega$ 그리고 $\sigma^+ = \sigma + \omega$로 치환하자.

이원 양-선형 모델은 다단계(多段階; multistage)(또는 복합; compound) 노름에 반복적으로 적용될 수 있다. 예를 들어 아래에서 보여주는 노름은 $(xay)b(waz)$이다.

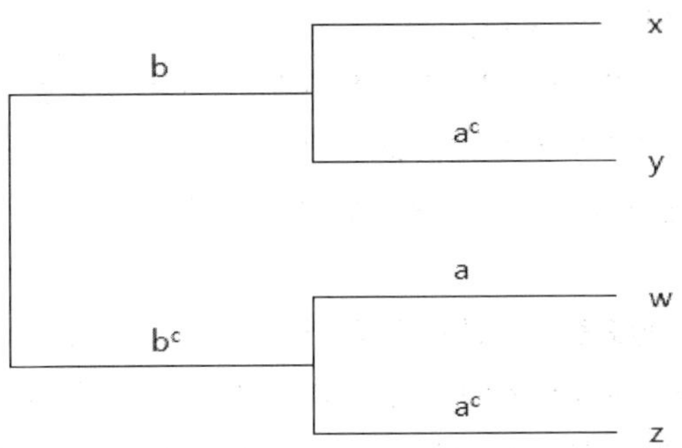

위의 노름을 평가하려면 우선 $u(x\,a\,y)=u_1$을 계산하고 난 후 $u(w\,a\,z)=u_2$를 계산하고 나서 마지막으로 $u(u_1\,b\,u_2)$를 평가한다.

4.3 비이행성(非移行性; nontransitive) 선호의 모델화

비이행성 선호의 모델화를 위한 가장 명쾌한 전략을 Fishburn(1982)이 그의 비대칭 양-선형(非對稱 兩-線型; skew-symmetric bilinear; SSB) 이론으로 제시하였다.

비이행성 선호를 모델화 하는 첫 번째 정당화는 순전히 선호 도치와 같은 현상을 설명하기 위한 이론적 도전에서 찾을 수 있다. 두 번째 정당화는 비이행성 집단 선호가 받아들여질 수 있는 집단결정 맥락에서 생긴다. 이때에 개인적 의사결정을 위해 선호의 이행성을 포기하는 것이 바람직하다고 확신하는 사람은 거의 없다. Fishburn(1984, 1986)과 Fishburn & LaValle (1986)은 비이행성선호가 여러 상태들 하에서 결과(outcomes)의 특정한 정렬(整列; alignments)로 인하여 일어날 수 있을 때 비이행성 선호모델을 "세상의 상태"(세상의 확률) 공식으로 확장하였다. 한 예가 아래와 같다.

〈표 4.3.1〉 이행성의 위반을 설명하여주는 다섯 행위 결정문제

	상태확률				
	0.2	0.2	0.2	0.2	0.2
행위 1	10	20	30	40	50
행위 2	20	30	40	50	10
행위 3	30	40	50	10	20
행위 4	40	50	10	20	30
행위 5	50	10	20	30	40

위의 예에서 사람들은 다섯 상태 중 네 상태에서 더 좋은 결과를 주기 때문에 행위 1보다 행위 2를 선호할 수도 있다. 마찬가지 추리(推理; reasoning)가 행위 2에 대한 행위3, 행위 3에 대한 행위 4, 행위 4에 대한 행위 5, 그리고 행위 5에 대한 행위 1의 선호를 가져다 줄 것이고 따라서 이행성 선호를 위반하게 된다.

이제 비이행성 선호를 설명하여주는 기초적 SSB 모델의 모습을 보기로 한다.

이행성이 없기 때문에 지금까지 검토된 표준 공식으로 즉 $U(p)>U(q)$를 필요충분조건으로 $p>q$를 가지고 선호를 나타낼 수 없다. 여기서 $p,q\in P$는 결과 집합 X 전반에서 정의된 복권이다.

우리는 $\Phi(p,q)>0$을 필요충분조건으로 하는 $p>q$를 가지고 $\mathbf{P}\times\mathbf{P}$ 위의 두 논거(two argument) 범함수(汎函數; functional) Φ을 정의한다. 여기서 $p>q>r>p$는 $\Phi(p,q)$, $\Phi(q,r)$과 같이 Φ에 의하여 표현되며 $\Phi(r,p)$는 모두 영보다 클 것이다.

범함수 Φ는 만일 모든 $p,q\in P$에 대하여 $\Phi(q,p)=-\Phi(p,q)$이면 비대칭(非對稱; skew-symmetric)이다. 이 성질은 그것이 p가 q보다 선호된다면 q는 p보다 선호될 수 없다는 것을 선언하고 있기 때문에 타당하다. 이제 Φ가 각 논거에서 각기 선형이기 때문에 양-선형(兩-線型; bilinear)이라고 불린다.

$$\Phi(\alpha p+(1-\alpha)q, r)=\alpha\Phi(p, r)+(1-\alpha)\Phi(q, r)$$
$$\Phi(r, \alpha p+(1-\alpha)q)=\alpha\Phi(r, p)+(1-\alpha)\Phi(r, q)$$

Fishburn은 이 표현이 성립하는 필요충분조건을 제시하였다. p와 q가 확실성 ($p(x)=1$, $p(y)=1$)인 x와 y 각각을 산출하는 복권이라면 우리는 $X\times X$위에서 Φ를

$$p(x)=q(y)=1 \text{일 때 } \Phi(x, y)=\Phi(p, q)$$

에 의하여 Φ를 정의할 수 있다. 이것은 $\Phi(p, q)$가 복권 p에서 x를 복권 q에서 y를 얻는 연합확률(聯合確率; joint probabilities) $p(x)q(y)$에 대한 $\Phi(x, y)$의 기대가치라는 결과에 이르게 한다.

$$\Phi(x, y)=\sum_x\sum_y p(x)q(y)\Phi(x, y).$$

이 모델을 설명하기 하여 아래에 묘사된 선호를 생각하기로 하자.

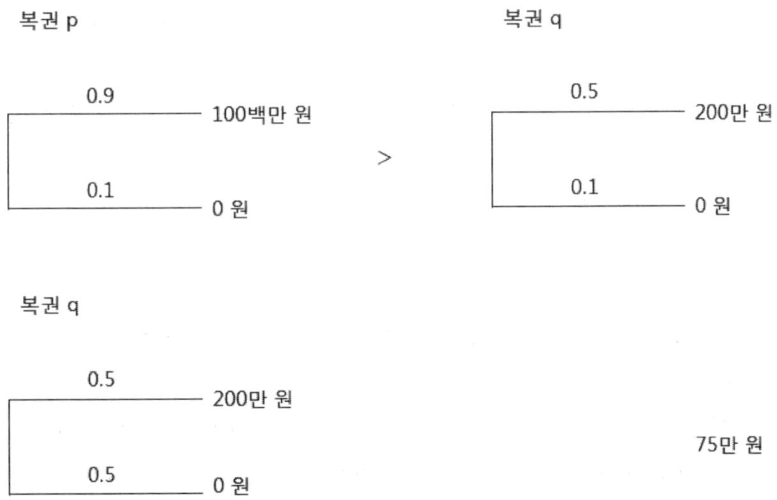

더 나아가 복권 r(확실하게 $750)이 복권 p(0.9의 기회로 $1000 그리고 0.1의 기회로 $0)보다 선호된다고 생각하자. 이 선호양태는 이행성(移行性; transitivity)을 위반한다.

SSB모델을 사용하여 다음결과를 얻는다.

$$\Phi(p, q)=.45\Phi(1000, 2000)+.45\Phi(1000, 0)+.05(0, 2000)+.05(0, 0)$$
$$\Phi(q, r)=.5\Phi(2000, 750)+.5\Phi(0, 750) \text{ 및}$$
$$\Phi(r, p)=.9(750, 1000)+.1\Phi(750, 0)$$

위의 예에서 우리가

$\Phi(750,0)=5$ $\Phi(1000,750)=0.5$ $\Phi(2000,1000)=5$

$\Phi(1000,0)=10$ $\Phi(2000,750)=6$

$\Phi(2000,0)=15$

라고 설정하면 우리는 바라던 선호 사이클 $p > q > r > p$를 얻는다.

4.4 심리기반(心理基盤; psychology-based) 모델

심리기반 모델은 명백하게 불확실성하 선호에 영향을 주는 심리적 요인 등을 포함한다. 이들 모델의 개발에 있어서의 일차적 동기는 사람들의 반드시 그래야만 하는 이 아니라 있는 대로의 선호를 설명할 수 있다는 것이다. 이들 모델을 통하여 얻어진 사람들의 기술적(記述的; descriptive) 행동에 대한 통찰력이 처방적(prescriptive) 결정분석에 유용할 수 있을 것이다. 여기서 심리적 직관을 사용하는 데 더하여 선호된 선택의 결정에 있어 확률과 가치를 결합하기위한 명시적 수학적 법칙을 제공하는 일부 모델에 초점을 둘 것이다.

4.4.1 가망(可望; prospect) 이론

1970년대 말까지 비합리적 행동은 무질서하고 모델화에 부적절하다고 믿어졌다. 규범적 기대효용모델이 기술적(descriptive) 행동의 최선의 개략(槪略; approximation)이라고 생각되었다. 그러나 Kahneman과 Tversky(1979)의 가망이론은 이에서 벗어나 명백하게 비합리적 행동을 실증적으로 현실적인 방식에 통합하면서도 동시에 체계적이고 다루기 쉬운 최초의 기술적 이론이 되었다(Kahneman 2003 p.1456). 말하자면 그것은 비합리적 행동의 최초 합리적 이론이었다.

그것이 고안(考案; invention)된지 30년 후인데도 아직 불확실성하 결정을 위해 필요한 것의 전 스펙트럼(spectrum)을 위험과 모호함을 자연스럽게 통합하여 내줄 수 있는 유일한 이론이다(Wakker, 2010).

당초의 가망이론을 그 내용을 앞세워 위험 하 결정을 위한 가망이론이라는 제목으로 설명하고 역사적 기술방법을 존중하여 후회이론(後悔理論; regret theory)과 모험이론(冒險理論; venture theory)을 설명한 뒤 모호성 하 결정을 위한 가망이론을 검토하기로 하겠다.

배경(背景; background)

Kahneman과 Tversky(1979)는 가망이론(PT)을 발표할 당시를 포함하여 1970년대와 80년대의 대부분에 경제학자들이 신앙처럼 믿었던 합리성의 극단적 가정을 뛰어넘어 오늘날 고도로 비합리적 행동양식을 경제적 모델에 도입하는 것을 받아들일 수 있다고 생각하게 되었다. 경제적 행위자들이 모델을 만드는 사람처럼 합리적이고 모든 수학적 정리(定理; theorems)를 알며 많은 것에 관련되어 대단히 중요한 상태공간에 대한 사전확률(prior probability)과 같은 알 수 없는 일조차 안다고 가정하는 것으로부터 시작하여 학계는 체계적으로 지나치게 낙관적이고 정보를 전적으로 무시하며 매일 동적 일관성(dynamic consistency)을 위반하는 사람들을 받아들이기 시작하였다.

행동경제학은 합리적 관점에서 확률의 정의에 초점을 두는 이 과정(course)을 넘어선다. Kahneman과 Tversky의 연구공헌 대부분은 합리적 또는 규범적이라고 생각되는 것으로 편향(偏向; biases)과 과오(過誤; mistakes)의 영역과는 거리가 벌다. 게다가 그들이 하였던 놀라운 연구의 본체에서 확률 그 자체의 정의에 기여한 것은 비교적 별로 없다. 그것 때문에 그리고 그들의 연구의 인기로 인하여 여기서는 이를 건너뛰는 것이 좋겠다고 생각된다.

▌위험하 결정을 위한 가망이론(prospect theory for decision under risk)

Kahneman & Tversky(1979)는 EU모델이 잘 정의된 상황에서 많은 수의 피험자가 보여준 선호양태를 설명하는데 실패하는 것을 설득력 있게 입증하였다. 그들은 EU모델보다 더 탁월한 설명력을 가진 것으로 보이는 선택모델의 대안을 제안하였다.

그들의 모델은 두 단계 즉 편집단계와 평가단계로 이루어져 있다. 편집단계에서 의사결정자는 가망(제비뽑기)을 어느 정도 느슨하게 정의된 지침에 따라 기호로 바꾼다. 그런 뒤에 이들 편집된 가망들에 가망모델을 적용하는 것이다.

가장 중요한 편집지침은 가망들을 최종 자산 수준이 아니라 준거점(準據点; reference point)에 대비하여 기호화하는 것이다.

준거점은 현제의 자산 수준일 수도 또는 가망을 어떻게 표현하는가에 따를 수도 있다. 다른 지침들은

- 결합(結合; combination)(동일한 결과는 결합되고 그들의 확률은 합산된다.),
- 분리(分離; segregation)(가망의 무위험 요소는 분리시킨다.),
- 생략(省略; cancellation)(모든 가망들의 공통요소는 무시된다.),
- 단순화(simplification)(결과득실과 확률은 개수화(概數化; rounding)한다.)
- 우위성(dominance)의 발견(우위성에서 떨어진 대안들은 버린다.) 등이다.

편집된 가망들은 EU규칙을 수정하여 사용함으로써 평가된다. 결과 x를 확률 p로 받고 y를 확률 q로 그리고 0을 확률 $(1-p-q)$로 받는 가망 $(x,p;y,q)$을 생각해보기로 하자. $p+q<1$이거나 $x\geq 0\geq y$이거나 $x\leq 0\leq y$이라면 그 가망을 규칙적(規則的; regular)이라고 부른다. 엄격하게 +인 가망은 $p+q=1$이고 $x,y>0$인 가망이고 엄격하게 −인 가망은 $p+q=1$이고 $x,y<0$인 것이다. 규칙에 의하여 주어진 규칙적 가망$(x,p\ ;y,q)$의 총 가치는

$$\pi(p)v(x)+\pi(q)v(y)+\pi(1-p-q)v(0)$$

으로 주어지며 여기서 $v(0)=0$, $\pi(0)=0$, $\pi(1)=0$이며 $v(\bullet)$은 가치함수이고 $\pi(p)$는 p와 연계된 **결정가중계수함수**(決定加重値函數; decision weight function)이다.

엄격하게 +인 또는 엄격하게 −인 가망은 다음의 규칙에 의해 평가된다.

$$v(y)+\pi(p)[v(x)-v(y)]$$

여기서 $x>y>0$ 또는 $0>y>x$이다.

이들 규칙적이 아닌 가망에 대해 대안이 되는 표현은

$$\pi(p)v(x)+[1-\pi(p)]v(y)$$

이다. $0\le p\le 1$에 대하여 $\pi(p)+\pi(1-p)=1$이 아니라면 규칙적인 그리고 규칙적이 아닌 가망을 평가하기위한 규칙은 다르다. $\pi(p)=p$일 때 가망모델은 결과를 준거점에 대하여 측정하는 EU 모델과 같은 표현을 갖게 된다.

전형적 가치함수와 π 함수는 [그림 4.4.1]과 [그림 4.4.2]에 각각 있다. 가치함수는 이득에서 오목이고 손실에서 볼록이고 이득에 대해서보다 손실에 대해서 더 가파르다.

결정계수 함수 π는 노름의 평가에 확률이 주는 영향을 반영한다. π 함수는 확률이론의 공리들에 따르지 않으며 다음 성질을 갖는다.

1. 그것은 p의 증가함수이며 $\pi(0)=0$이고 $\pi(1)=1$이다.
2. $\pi(p)+\pi(1-p)<1$, $0<p<1$이다. 이 성질을 부분-확실성(sub-certainty)이라고 부른다. 이는 π가 p에 대하여 누감적(累減的; regressive)이라는 것을 의미한다. 따라서 선호는 일반적으로 기대효용원칙이 요구하는 것보다 p의 변화에 덜 민감하다.
3. $\dfrac{\pi(pq)}{\pi(p)}\le\dfrac{\pi[(pq)r]}{\pi(pr)}$, $0<p,q,r\le 1$이다. 이 부분-비례성(部分-比例性; subproportionality)성질은 확률의 고정비율을 위해 결정계수의 상응하는 비율은 확률이 클때 보다 작을 때 1에 더 가깝다.
4. 아주 작은 확률에 대해 $\pi(p)>p$이다. 이 과대가중(過大加重; overweighting) 성질은 낮은 확률의 사건을 부과할 때 보통 발견되는 과대추정(過大推定; overestimation)과는 다른 성질이다.

[그림 4.4.1] 가치함수(손실에서 볼록 이득에서 오목)

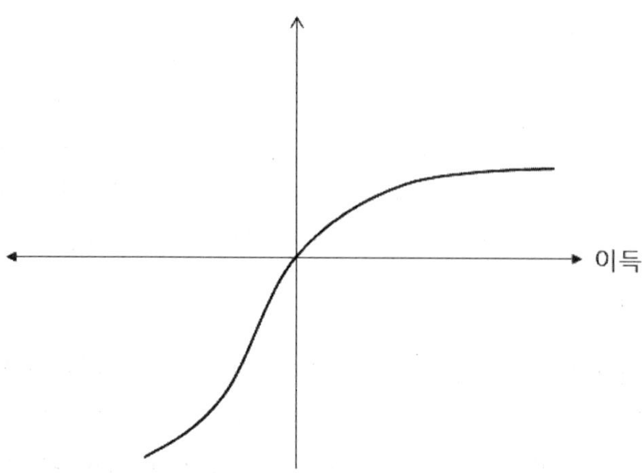

[그림 4.4.2] 결정계수 함수

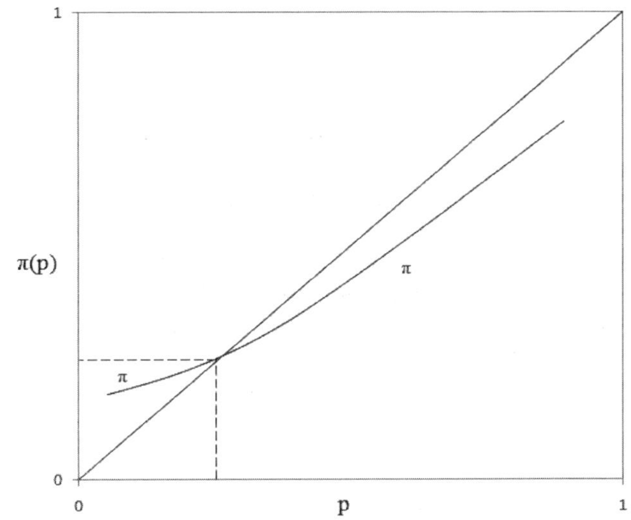

5. 아주 작은 확률에 대하여 $\pi(rp) > r\pi(p)$, $0 < r < 1$. 이 부분 가산성(部分 加算性; subadditivity) 성질은 큰 값의 p에 대해서까지 성립하지는 않는다.
6. π는 종점에서는 위의 2, 3, 4, 및 5대로 되지 않는다. 이것은 사람들이 극단적 확률을 파악하고 평가하는 능력에서 한계가 있기 때문이다. 아주 일어날 가능성이 낮은 사건은 무시되거나 과대 가중되며 높은 확률과 확실성의 차이는 무시되거나 과장된다.

가치함수와 결정계수함수의 부과방법 몇 가지가 Currim & Sarin(1988)에 의하여 검토되었는데 그들은 가망모델과 EU모델의 예측력을 실증적으로 비교 평가하였다. 이 연구에서 가망모델의 대부분의 성질이 많은 수의 피험자에 의하여 확인 되었으나 π함수가 이득과 손실에 종속될 수도 있다는 가능성이 제기되었다.

이 문제를 해결하기위하여 Tversky & Kahneman(1992)은 가망이론의 개량 판을 내놓았다. 첫째 그들은 확률 가중에 있어서의 이론적 문제를 바로잡기 위하여 Quiggin(1982)의 순위종속성(順位從屬性; rank dependence)을 사용하였다. 둘째로 그리고 더 중요하게 그들은 Schmeidler(1989)의 순위종속성을 사용하여 그들의 이론을 위험(알려진 확률)에서 막연함과 모호함(안 알려진 확률)으로 확장하였다. 이로써 처음으로 실증적 현실주의가 이론적 건전성 및 취급용이성과 결합된 이론으로 발전되게 된다. 누적가망이론이 Kahneman과 Tversky(1979)의 실증적 통찰력과 Gilboa(1987) 및 Schmeidler(1989)의 이론적 통찰력의 결합을 이루어냈다. 이는 뒤에 상세히 설명될 것이다(Wakker, 2010).

4.4.2 후회(後悔; regret) 이론

Bell(1982)과 Loomes & Sugden(1982)은 "후회"와 "기쁨"의 개념을 사용하여 쌍으로 된 행동

들 간의 선호를 비교하기위한 모델을 내놓았다. 두 행위

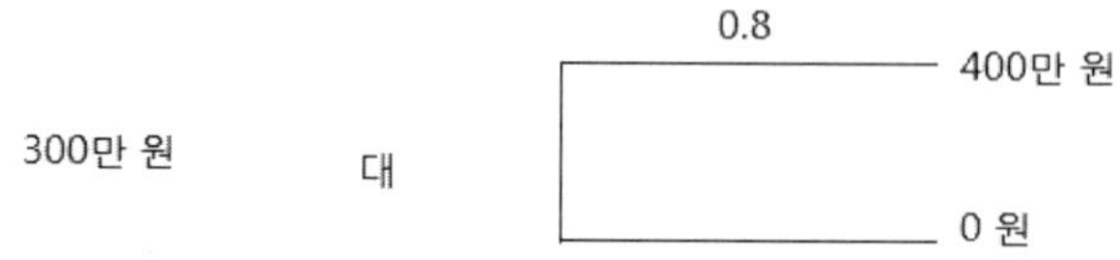

을 생각해보자. 위의 쌍에서 복권의 선택은 최후의 결과(outcomes)로부터 받는 만족뿐만 아니라 지나친 기회로 인하여 경험하는 후회 또는 기쁨이 포함된다. 따라서 400만 원의 효용에는 두 구성요소 즉 400만 원의 가치와 400만 원과 300만 원이 갖는 가치 사이의 차이가 반영하는 기쁨 요인이 포함된다. 마찬가지로 0 원의 효용에는 300만 원을 받을 기회가 가버린 것을 반영하는 후회요인이 있다. 상태공식을 위한 모델은 다음과 같이 묘사된다.

행위	s_1	s_2	⋯	s_2
π	x_1	x_2	⋯	x_n
ρ	y_1	y_2	⋯	y_n

$$\sum_{s=1}^{n} \mu(s)[R(x_s, y_s)] \geq \sum_{s=1}^{n} \mu(s)\left[R(y_s, x_s)\right] \text{를 필요충분조건으로 } \pi > \rho$$

여기서 $R[x_s, y_s]$는 받은 x_s와 가버린 y_s의 효용을 나타낸다. R에 대한 특정한 형태는 $R(x_s, y_s) = v(x_s) + f(v(x_s) - v(y_s))$이며 여기서 v는 결과 x를 받는데서 연유하는 만족의 측치(測値; measure)이며 함수 f는 가치와 후회 또는 기쁨 $(v(x_s) - v(y_s))$ 사이의 절충(折衷; tradeoff)이다. 만일 f가 선형이면 이 모델은(후회와 기쁨의 요인은 상쇄되므로) 주관적 기대효용으로 환원된다. 그러나 누구는 후회는 감지된 손실에서 나오며 기쁨은 감지된 이득에서 나온다고 기대할 것이다. 손실의 영향은 같은 크기 기쁨의 영향보다 더 크므로 후회는 기쁨보다 더 무겁게 가중될 것이다. 두 복권 p와 q가 독립적이라면 **후회모델**은 앞에서 검토된 SSB모델과 같은 표현을 가진다.

$$\sum_{y}\sum_{x} p(x)q(x)\Phi(x, y) \geq 0\text{을 필요충분조건으로 } p \gtrsim q\text{이다.}$$

여기서 $\Phi(x, y) = R(x, y) - R(y, x)$.

심리적으로 위의 모델은 노름 p에 있는 모든 결과 x가 노름 q에 있는 모든 y와 비교된다고 그리고 노름들은 확률적으로 독립적이므로 $R(x, y)$(x를 받고 y를 포기하는 효용)는 확률 $p(x)q(y)$로 얻어진다. 확률적으로 독립적이라는 것은 모든 $x, y \in X$에 대하여 p에서 x를 받고 q에서 y를 받는 연합확률(joint probability)이 $p(x)q(y)$라는 것을 의미한다.

후회모델은 대입원칙뿐만 아니라 이행성의 위반도 설명할 수 있다.

결정분석에서 만일 의사결정자가 후회로 고통 받는다면 그것도 처방적 배경(prescriptive setting)에 들어있는 한 요인으로 포함시키는 것이 적절할 수 있다. 그 대신에 이 모델은 의사결

정자가 후회를 피하기 위해 얼마나 많은 프리미엄(premium)을 지불하고 있는지에 대한 통찰력을 제공할 수 있으며 이 설명이 일부 사람들은 결정을 오로지 받은 결과와 포함된 확률 면에서만 평가하는 쪽으로 마음을 바꾸도록 유도할 수도 있다.

4.4.3 모험(冒險; venture) 이론

Einhorn & Hogarth(1985)는 Kahneman & Tversky(1979)의 가치함수를 그대로사용하면서 정착-조절(定着-調節; anchoring-adjustment)이라는 개념을 사용하여 모호한 확률을 가중계수화 할 수 있는 **결정가중계수**(decision weight) 모델을 도출하였다.

정착-조절(定着-調節; anchoring-adjustment)

정착-조절의 개념은 Slovic & Lichtenstein(1968)이 선호반전(選好反轉; preference reversal)을 설명하기위하여 사용한 정보처리(information processing)에서 그 기원을 찾을 수 있으며 Tversky(1974)는 이를 더욱 구체화하여 정착 및 조절이라는 용어를 명시적으로 사용하였다.

Tversky는 사람들이 미지의 값을 추정할 때 어떤 최초의 값에서 출발하여 최종적인 답으로 조절한다고 하였다. 그리고 그는 언급된 확률이 확률을 추정하기위한 자연스러운 출발점이 된다고 하였다.

Grether & Plott(1979)는 사람들이 제일 먼저 대상(對象; object)의 가장 두드러진 치수(dimension)나 양상(樣相; aspect)을 정착점(anchor)으로 하여 다른 특징을 설명하도록 위 아래로 조절한다고 하였다. 그들에 의하면 이 조절의 차이가 선호반전을 일으킨다는 것이다.

한편 본인과 타인에게 쉽게 설명하고 정당화할 수 있는 구조와 맥락(脈絡; context)이 정착점이 되는 배경이 된다. 특정한 단어나 맥락은 어떤 관점이나 측면을 정착점으로 유도하지만 다른 단어나 문맥은 다른 관점이나 측면으로 유도한다.

이와 같은 Grether와 Plott의 정보처리이론은 Goldstein & Einhorn(1987)의 표현이론(expression theory)으로 발전한다. 그들은 선호가 기호화와 평가과정을 거쳐 표현되며 다음 식으로 나타낼 수 있다고 하였다.

$$u(G) = u(w) - \Delta[u(w) - u(l)]$$

여기서 $G = (w, p; l, 1-p)$이며 w는 따는 l은 잃는 금액이고 $w > l$이다.

위의 식은 심리학의 관점에서 보면 정착과 조절의 전략으로 해석할 수 있다. 이 전략에서 누구는 w를 따는 즐거움에 정착하고 난 뒤에 잃는 금액의 효용을 가지고 하향 조절하여 최종 효용을 얻어내는 것이다. $u(G)$는 $u(w)$와 $u(l)$사이에 있지만 그 정확한 값은 0과 1 사이에 있는 가중계수 Δ의 크기에 따른다.

Hershey & Schoemarker(1985)는 피험자의 관찰된 응답은 올바른 EU응답과 명시적으로 언급된 정착점의 가중 평균치라 하였다.

이상의 이론들은 기본적으로 선호반전을 설명하기위한 것이었다. 이에 비하여 Einhorn과 Hogarth는 Ellsberg 모순을 해결하면서 모호한 확률판단을 설명하는 도구로 정착과 조절을 택한 것이다. 즉 사람들이 확률을 판단함에 있어 우선 확률의 추정치(推定値; estimate)에 정착한 다음 상상을 통하여 다른 가능한 값으로 조절한다는 것이다. 표본으로 사용되는 실험 작업에서는 실험인이 피험자에게 제공하는 확률이 정착점이 된다. 실제 상황에서는 경험에 의하여 얻은 숫자이거나 전문가에 의해 또는 통계자료에서 제공되는 가정치일 수도 있다. 그들의 정착-조절 모형을 대수적으로 표현하면 다음과 같다.

$$z(p_A) = p_A + (k_g - k_s) \tag{4.4.1}$$

여기서 p_A는 정착점이고 k_g는 정신적인 모의(模擬; simulation)를 통해 정착점보다 큰 값으로 가중되는 값이며 k_s는 정착점보다 아래로 가중되는 값이다.

Hogarth & Einhorn(1990)에 의하면 정착점은 이미 알고 있는 확률 또는 전문가가 제공하거나 기억으로부터 선정된 과거자료 등에 의하여 형성된다. 정신적 모의의 양은 결과의 불확실성과 함께 증가하는 것으로 전제한다. 두 개의 결과를 가진 노름에서 결과중 하나를 얻는 확률이 0이나 1인 경우는 결과 불확실성이 없으나 반면에 확률이 0.5인 경우 결과불확실성이 극대화한다. 이처럼 결과불확실성과 정신적 모의는 모두 확률이 0에서 0.5로 증가함에 따라 극대치를 향해 증가하며 0.5에서 1까지는 감소한다.

조절과정 즉 $k_g - k_s$의 부호 및 방향은 두 가지 요인이 영향을 준다. 그 하나는 p_A의 위치이고 다른 하나는 정착점 위와 아래의 방향으로 상상에 의해 주어지는 상대적 가중계수(relative weight)이다. p_A의 위치는 조절과정의 정미(正味; net)효과에 영향을 주는데 $p_A = 0$이면 조절은 비음(非陰; nonnegative)이고(0이거나 0보다 크고) $p_A = 1$이면 비양(非陽; nonpositive)이다(0이거나 0보다 크다). 작은 값의 p_A의 경우 정착점의 아래쪽보다 위쪽으로의 조절이 크며 p_A의 값이 클 경우는 그 반대이다. 정착점으로부터 위 또는 아래쪽으로 가중함에 있어 두 가지 변수가 영향을 줄 수 있다. 그 하나는 개인차이다. 사람에 따라 결과를 얻을 기회를 평가함에 있어 정착점 아래로 또는 위로의 조절의 정도가 다를 것이다. 그 두 번째는 의사결정의 맥락(脈絡; context)이다. 결과이득(양(+)의 payoff)을 포함하는 의사결정에 대해서는 정착점보다 큰 값이 작은 값에 비해 적게 가중된다. 반대로 결과손실(음의 payoff)은 정착점보다 작은 값보다는 큰 값에 더 크게 가중된다. 이상을 정리하면 식 (4.4.1)에 있어서의 k_g와 k_s는 다음과 같이 요약될 수 있다.

$$k_g = f(\sigma, p_A, v(x))$$
$$k_s = g(\sigma, p_A, v(x))$$

여기서 k_g는 증가함수이고 k_s는 감소함수이다. 그들은 k_g와 k_s가 같은 경우 즉 $Z(p_A) = p_A$인 p_A를 p_c라 표기하였다.

모호성이 없는 경우 정착점의 위와 아래로 상상되는 값에 동일한 가중계수가 주어질 때 p_A의 함수 $z(p_A)$는 0.5이하에서 오목 0.5이상에서 볼록으로 [그림 4.4.3]의 (a)와 같다.

정착점보다 아래쪽으로의 조절이 큰 경우에는 [그림 4.4.3]의 (b)와 같이 $z(p_A) = p_A$인 점

(p_c)이 $p_A = 0$과 $p_A = 0.5$사이에 전재할 것이고 정착점보다 위쪽으로의 조절이 큰 경우에는 [그림 2.4.3]의 (c)와 같이 p_c가 $p_A = 0.5$와 $p_A = 1$ 사이에 존재할 것이다. 그들은 $z(p_A)$를 벤처함수라 표기하였다.

모호한 확률의 가중계수화

Einhorn과 Hogarth(1985)는 사람들의 확률판단과 여러 가지 다른 모호성 하에서의 선택상황을 설명하는 모형의 요건으로 다음의 네 가지를 들었다.

1. Ellsberg의 모순에서 나타나는 선택양태를 설명할 수 있어야한다.
2. 어떤 조건하에서 모호성을 기피 또는 선호하느냐 그 조건을 찾아내야한다.
3. 개인차를 허용할 수 있어야한다.
4. 실증적으로 검사되어야한다.

Einhorn과 Hogarth는 위의 조건을 충족하는 모형을 개발함에 있어 앞에서 설명된 정착과 조절개념을 사용하였다. 그들은 조절과정을 대수적으로 모형화한

$$k = k_g - k_s$$

에서

$$k_g = \theta(1 - p_A)$$

[그림 4.4.3] 벤처함수도

(a) 동일하게 가중되는 경우 $p_c = 0.5$
(b) 아래쪽 값이 위쪽보다 더 가중되는 경우 $p_c < 0.5$
(c) 위쪽 값이 아래쪽보다 더 가중되는 경우 $p_c > 0.5$

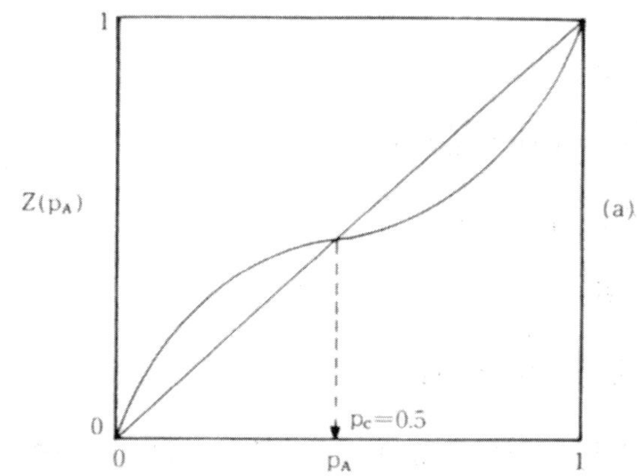

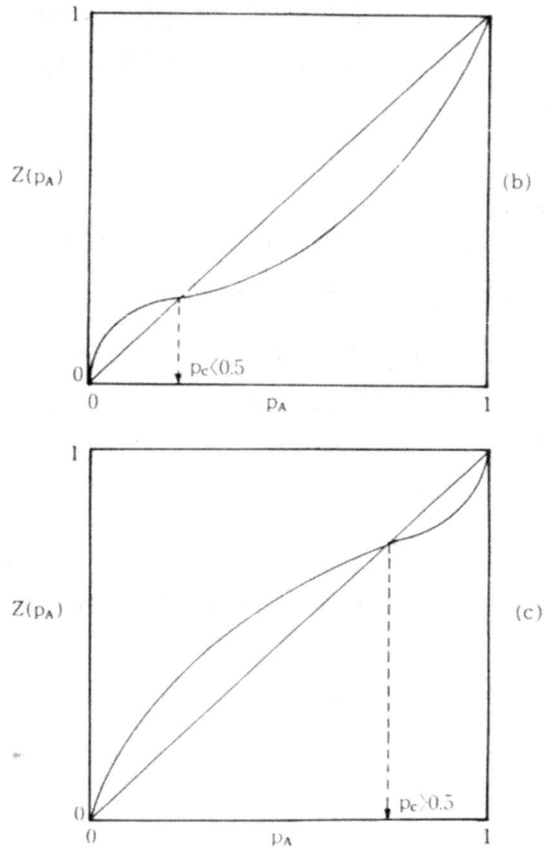

$$k_s = \theta(p_A)^\beta$$

라고 하였는데 여기서 θ는 비례성(比例性; proportionality) 그리고 p_A는 정착한 확률이며 β는 k_g와 k_s에 차등으로 가중되는 정도의 변수이다. 따라서

$$k = k_g - k_s$$
$$= \theta(1 - p_A - (p_A)^\beta$$

이며 이것을 전절의 식 (4.4.1)에 대입하면

$$z(p_A) = p_A + \theta(1 - p_A - (p_A)^\beta \qquad (4.4.2)$$

가 되며 이를 재배열하면

$$z(p_A) = (1-\theta)p_A + \theta(1 - (p_A)^\beta \qquad (4.4.3)$$

가 되며 식 (4.4.3)을 보면 판단된 확률은 p_A와 $\{1 - (p_A)^\beta\}$의 가중 평균치이다.

요컨대 Einhorn과 Hogarth의 모호성모형은 두 개의 매개변수 (θ와 β)가 있으며 그들은 이들 둘이 개인적 요인과 상황적 요인의 함수라고 하였다.

그들은 θ가 인지된 모호성 및 한사람이 p_A의 값을 모의(模擬; simulate)하는 정도를 반영하지만 상황적 요인들 예를 들면 사용가능한 정보의 절대량, 자료원(資料源; data source)의 신뢰도(信賴度; reliability), 결과가 만들어지는 과정에 관한 상황 적응적 능력의 부족 등등이 영향을 주며 β는 사람이 p_A의 값을 상상으로 가중할 때 어느 정도 차등적으로 가중하는가를 반영한다고 하였으며 개인의 수준에서는 낙관주의-비관주의 태도와 관계될 수도 있으나 한편으로는 모호한 확률을 조건으로 하는 결과득실의 크기와 부호와 같은 상황적 변수에도 영향을 받는다고 하였다.

벤처곡선(venture curve)

벤처이론의 핵심이라 할 수 있는 결정가중계수 모형은 벤처곡선으로 묘사되는데 그 구체적 형태는 [그림 2.4.4]의 5개 곡선과 같으며 그것이 내포하고 있는 의미는 다음과 같이 요약된다.

첫째 벤처곡선은 p_A에 대하여 회귀적(回歸的; regressive)이라는 것이다. 일반적으로 $0 < p_A < 1$에서 그 곡선은 정착점의 상향가중으로 시작하여 교차점(交叉點; cross-over point) p_c를 지나 하향가중으로 끝난다. 교차점의 위치는 정착점에 주어지는 조절의 상대적 크기에 따른다. 결과득실(payoff)의 크기와 득실여부에 의존하는데 이득에서는 $p_c < 0.5$이고 내기 돈이 클수록 적으며 손실에서는 $p_c > 0.5$이며 결과득실의 절대크기가 클수록 크다.

[그림 2.4.4] 무모호성(점선)에 대비하여 모호성효과를 보여주는 벤처곡선

(a) $p_c = 0$. (b) $0 < p < 0.5$. (c) $p_c = 0.5$. (d) $0.5 < p_c < 1$. (e) $p_c = 1$

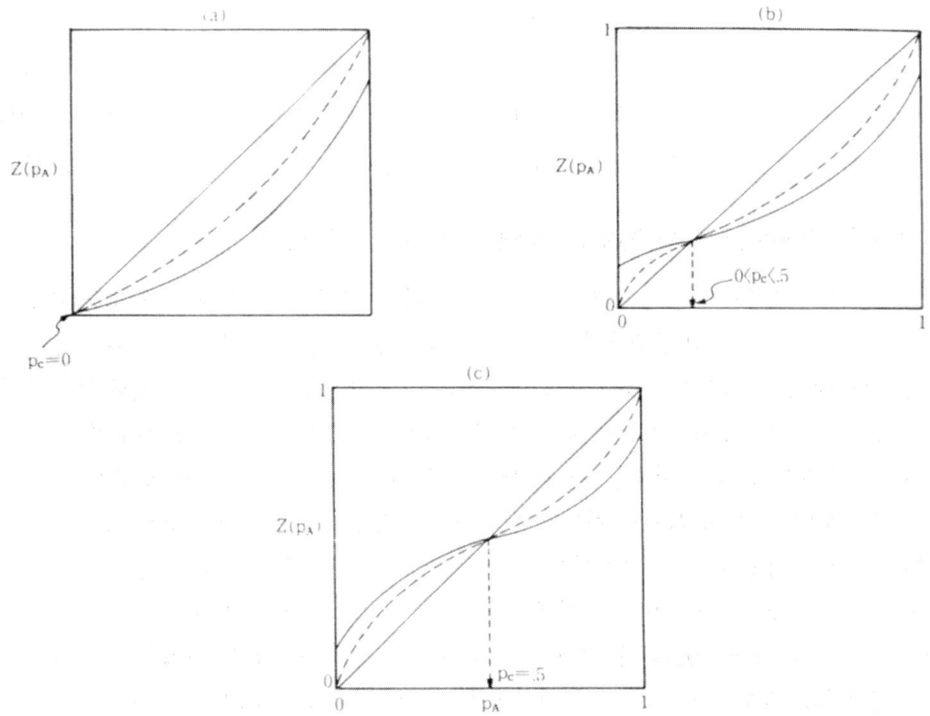

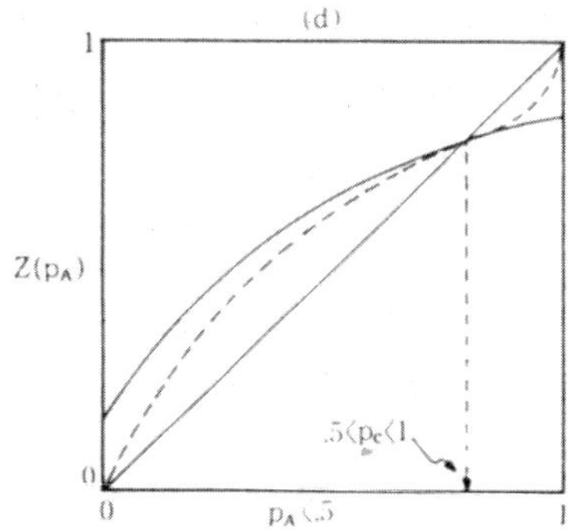

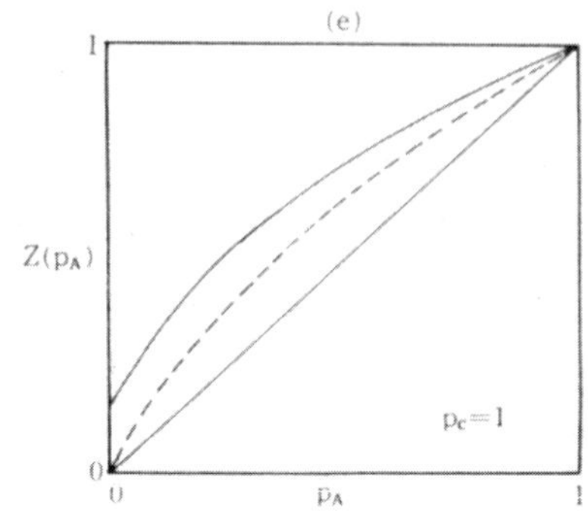

둘째 모호성이 없을 때 벤처곡선은 가망이론의 함수곡선과 달리 0과 1 사이에서 연속적이다.

셋째 p_A의 범위 안에서 $z(p_A)$가 p_A로부터 벗어나는 정도는 결과(outcome) 불확실성과 지각된 모호성의 크기에 의해 정해진다. 즉 이들 요인들에 의해 유도된 정신적 모의(模擬; simulation)가 클수록 그 편차(偏差; deviation)도 크다.

넷째 p_c가 0, 0.5, 1인 경우를 제외하고 상보확률(相補確率; complementary probability)에 연계된 결정가중계수 $z(p_A)$는 합해서 1이 되지 못한다. $z(p_A)$의 값은 $0 < p_c < 0.5$에서 부분-가산적(部分-加算的; sub-additive)이고 $0.5 < p_c < 1$에서 초과-가산적(超過-加算的; supper-additive)이다.

다섯째 이 모델은 위험 및 모호성에 대한 태도가 결과득실의 크기와 부호 그리고 확률수준의 함수이며 그것이 어떻게 변하는가를 예측하는데 사용될 수 있다.

위의 설명된 벤처곡선의 특징을 두 가지로 요약하면 다음과 같다.

첫째는 유일한 교차점이 있고 둘째는 $0 < p_c < 0.5$에서 $z(p_A) + z(1 - p_A) < 1$이고 $0.5 < p_c < 1$에서 $z(p_A) + z(1 - p_A) > 1$이다. 이들 결정가중계수의 비가산성은 표준선택이론의 많은 예외를 설명하는데 사용할 수 있다는 점에서 p_c의 위치는 매우 중요한 의미를 갖는다.

4.4.4 누적가망이론(累積可望理論; cumulative prospect theory)

가망이론을 설명하면서 가망이론의 π함수가 이득과 손실에 따라 달라질 수 있는 가능성이 지적되었는데 그들이 이를 해결하기위하여 누적가망이론을 발표하게 된다. 그들은 이를 위에 첫째 확률 가중에 있어서의 이론적 문제를 바로잡기 위하여 Quiggin(1982)의 순위종속성(순위종속성; rank dependence)을 사용하였다. 둘째로 그리고 더 중요하게 Schmeidler(1989)의 순위종속성을 사용하여 그들의 이론을 위험(알려진 확률)에서 무지의 상태와 모호함(안 알려진 확률)으로 확장하였다. 이 방식에서 처음으로 실증적 현실주의가 이론적 건전성 및 취급용이성과 결합된 이론이 나왔다. 누적가망이론이 Kahneman과 Tversky(1979)의 실증적 통찰력과 Gilboa(1987) 및 Schmeidler(1989)의 이론적 통찰력 사이의 결합을 이루어냈다.

Tversky & Kahneman(1992)은 분리 가능이기보다는 누적되는 **결정가중계수**를 채용하는 가망이론의 개정판을 개발하였다. 그들에 의하면 누적가망이론이라 불리는 이 개정판이 위험한 가망뿐만 아니라 많은 수의 결과를 가진 모호한 가망에도 적용되며 이득을 위한 가중함수와 손실을 위한 가중함수가 다르다는 것을 받아들인다. 두 개의 원칙 즉 체감(遞減; diminishing) 민감도와 손실기피가 가치함수 및 가중함수의 특성곡선(特性曲線; characteristic curvature)을 설명하기위하여 사용되었다. 그들은 실험을 통해 위험태도의 특이한 네 양태 즉 높은 확률의 이득에 대한 위험기피와 높은 확률의 손실에 대한 위험추구 그리고 낮은 확률의 손실에 대한 위험기피 및 낮은 확률의 이득에 대한 위험추구를 확인하였다. 이하 그들의 이론과 실험결과를 알아보기로 한다.

▌이론(理論; theory)[78]

전통적 이론에서 불확실한 가망의 효용은 결과들 효용의 합이며 각각의 결과는 그 것의 확률로 가중된다. 그들은 실험에 의한 증거를 뒷받침 삼아 이 전통적 이론에 두 주요 수정을 가하였다. 그 하나는 가치의 매개체(媒介體; carriers)가 이득 및 손실이지 그 최종자산이 아니라는 것이고 다른 하나는 각 결과의 가치는 가산적(加算的; additive) 확률이 아니라 결정가중계수(決定加重係數; decision weight)로 곱해진다는 것이다. 가망이론의 최초 판에서 사용된 가중책략(加重策略; weighting scheme)은 결과확률의 단조적(單調的; monotonic) 변환이다. 이 계책은 두 가지 문제에 봉착하였다. 첫째 그것은 많은 이론가들이 포기하기를 꺼려하는 가정(假定; assumption)인 확률우위성(確率優位性; stochastic dominance)을 항상 충족하지 못한다. 둘째 그것은 많은 수의 결과를 가진 가망으로 쉽사리 확장되지 않는다. 이 두 문제는 위험 하 결정을 위해 Quiggin(1982)에 의해 먼저 그리고 모호성 하 결정을 위해 Schmeidler(1989)에 의하여 뒤에 제안된 순위 종속적 또는 감축-누적 범함수(汎函數; functional)에 의하여 해결될 수 있다. 각 확률을 따로따로 변환하는 대신 이 모델은 감축-누적 분포함수 전체를 변환한다. 누적 가망이론은 감축-누적 범함수를 이득과 손실에 따로따로 적용한다. 이 개발의 결과 가망이론을 많은 수의 결과를 가진 위험한 가망뿐만 아니라 모호한 가망으로 확장하여주면서 그 이론의 가장 중요한 특징 대부분을 유지할 수 있게 되었다.

S가 자연 상태의 유한한 집합이라고 하자. S의 부분집합을 사건(事件; events)이라고 부른다. 정확하게 한 상태가 존재한다고 가정되는데 이 상태는 의사결정자에게 미지이다. X를 결말(結末; consequences)이라고 하자. 결과(結果; outcomes)라고도 부른다. 우리는 X가 0으로 표기되는 중립적 결과를 포함한다고 가정한다. 그리고 우리는 X의 모든 다른 원소들이 $+$와 $-$로 표기되는 이득과 손실이라고 해석한다.

불확실한 가망 f는 각 상태 $s \in S$에 X내의 한 결과(consequence) $f(s)=x$를 할당하는 S에서 X에로의 함수이다. 누적 범함수를 정의하기위하여 우리는 각 가망의 결과들을 증가하는 순서로 배열한다. 그러면 한 가망 f는 A_i가 일어나면 x_i를 산출하는 쌍 (x_i, A_i)의 수열(數列; sequence)로 표현된다. 여기서 $i > j$를 필요충분조건으로 $x_i > x_j$이고 A_i는 S의 분할(分割; partition)이다. 양(陽; positive)의 결과를 표기하기위해 $+$의 첨자를 사용하고 음(陰;

---

78) Tversky & Kahneman(1992) pp.299

negative)의 결과를 표기하기위해서 $-$의 첨자를 그리고 중립적 결과에는 0의 첨자를 사용하기로 한다. 한 가망의 결과가 모두 $+$이거나 비음(非陰 ;nonnegative)이면 그 가망을 엄격하게 양이라고 부른다. 엄격하게 음 인 가망도 마찬가지로 정의되며 기타 가망들은 혼합되었다고 말한다. f^+라고 표기된 f의 양(陽; positive)의 부분은 $f(s) > 0$이면 $f^+(s) = f(s)$라고 그리고 $f(s) \leq 0$이면 $f^+(s) = 0$이라고 할 때 얻어진다. f의 음(陰; negative) 부분은 마찬가지로 정의 된다.

기대효용이론에서처럼 우리는 각 가망 f에 $V(f) \geq V(g)$를 필요충분조건으로 f가 g보다 선호되거나 선호무차별이 되도록 $V(f)$라는 수를 할당한다. 다음 표현은 확률의 표준개념을 일반화하는 비가산적 집합함수인 용량(容量; capacity)(Choquet, 1953-4)에 관하여 정의한 것이다. 즉 용량 W는 다음 조건을 충족하는 집합함수이다.

1) $W(\varnothing) = 0$
2) $A \supset S$에 대하여 $W(S) = 1$
3) $A \supset B$일 때는 언제나 $W(A) \geq W(B)$

누적가망이론은 $v(x_0) = v(0) = 0$을 충족하는 엄격하게 증가하는 가치함수 $v : X \to \text{Re}$와 용량 W^+와 W^-가 존재한다는 것을 주장한다. 이는 $f = (x_i, A_i)$, $-m \leq i \leq n$에 대해

$$V(f) = V(f^+) + V(f^-)$$
$$V(f^+) = \sum_{i=1}^{n} \pi_i^+ v(x_i),\ V(f^-) = \sum_{i=-m}^{0} \pi_i^- v(x_i) \tag{4.4.4}$$

가 성립함을 전제로 한다. 여기서 결정가중계수(decision weight) $\pi^+(f^+) = (\pi_0^+, \cdots, \pi_n^+)$와 $\pi^-(f^-) = (\pi_{-m}^-, \cdots, \pi_0^-)$는

$$\pi_n^+ = W(A_n),\ \pi_{-m}^- = W(A_{-m})$$
$$\pi_i^+ = W^+(A_i \cup, \cdots, \cup A_n) - (A_{i+1} \cup, \cdots, A_n),\ \ 0 \leq i \leq n-1$$
$$\pi_i^- = W^-(A_{-m} \cup \cdots \cup A_i) - W^-(A_{-m} \cup \cdots \cup A_{i-1}),\ \ 1-m \leq i \leq 0$$

에 의하여 정의된다. 만일 $i \geq 0$이면 $\pi_i = \pi_i^+$이고 $i < 0$이면 $\pi_i = \pi_i^-$라고 할 때 식 (4.4.4)는

$$V(f) = \sum_{i=-m}^{n} \pi_i v(x_i)$$

로 환원된다.

양$(+)$의 결과와 연계된 결정가중계수 π_i^+는 "결과가 적어도 x_i만큼은 좋다."라는 사건의 용량과 "결과가 엄격하게 x_i보다 좋다."라는 사건의 용량 사이의 차이이다. 부$(-)$의 결과와 연계된 결정가중계수 π_i^-는 "결과가 적어도x_i만큼은 나쁘다."라는 사건의 용량과 "결과가 엄격하게

x_i보다 나쁘다."라는 사건의 용량 간의 차이이다. 따라서 결과에 연계된 결정가중계수는 각 사건의 한계(限界; marginal) 기여(寄與; contribution)로 해석될 수 있으며 용량 W^+와 W^-로 정의될 수 있다. 각 W가 가산적이라면 따라서 확률 측척(測尺)이라면 π_i는 단순하게 A_i의 확률이다. $+$와 $-$가망 둘 다에 대해 결정가중계수가 1로 합산된다는 것은 π와 W의 정의로부터 쉽게 알 수 있다. 그러나 혼합 가망에 대해 그 합은 1보다 크거나 작을 수 있다. 왜냐하면 이득에 대한 그리고 손실에 대한 결정가중계수가 따로따로의 용량으로 정의되기 때문이다.

가망 $f=(x_i, A_i)$가 확률분포 $p(A_i)$로 주어진다면 그것은 확률적 또는 위험한 가망 (x_i, p_i)로 볼 수 있다.이 경우 결정가중계수 는 다음과 같이 정의될 수 있다.

$$\pi_n^+ = w^+(p_n),\ \ \pi_{-m}^- = \pi^-(p_{-m}),$$
$$\pi_i^+ = w(p_i + \cdots + p_n) - w^+(p_{i+1} + \cdots + p_n),\ 0 \le i \le n-1,$$
$$\pi_i^- = w^-(p_{-m} + \cdots + p_i) - w^-(p_{-m} + \cdots\ p_{i-1}), 1-m \le i \le 0$$

여기서 w^+와 w^-는 단위간격에서 $w^+(0)=0$ 그리고 $w^+(1)=w^-(1)=1$을 충족하는 그 자체에로의 엄격한 증가함수이다.

모델을 예시하기위해 다음 기회게임을 생각해보자. 당신이 주사위를 한번 굴리고 결과 $x=1,\cdots,6$을 관찰한다. x가 짝수이면 당신은 $\$x$를 받고 홀수이면 당신이 $\$x$를 내야한다. 같은 확률이 있는 결과를 갖는 확률가망으로 본다면 f는 각각 확률이 1/6인 결과 $(-5,-3,-1,2,3,6)$를 산출한다. 따라서 식 (2.4.4)에 의하여

$$\begin{aligned} V(f) &= V(f^+) + V(f^-) \\ &= v(2)[w^+(1/2) - w^+(1/3)] + v(4)[w^+(1/3) - w^+(1/6)] \\ &\quad + v(6)[w^+(1/6) - w^+(0)] \\ &\quad + v(-5)[w^-(1/6) - w^-(0)] + v(-3)[w^-(1/3) - w^-(1/6)] \\ &\quad + v(-1)[w^-(1/2) - w^-(1/3)]. \end{aligned}$$

▶ **가치와 가중계수(values and weights).** 기대효용이론에서 위험기피(危險忌避; risk aversion)와 위험추구(risk seeking)는 오로지 효용함수에 의해서만 정해진다. 지금의 이론에서는 다른 누적모델에서처럼 위험기피와 위험추구는 가치함수와 그들이 누적가중함수 또는 약해서 가중함수라고 부르는 용량 연합에 의해 정해진다. 그들은 본래의 가망이론에서처럼 v가 준거점(準據点; reference point)위에서는 오목 $(v''(x) \le 0,\ x \ge 0)$이고 준거점 아래에서는 볼록 $(v''(x) \ge 0, x \le 0)$이라고 가정한다. 그들은 역시 이득에 대해서보다 손실에 대해서 더 가파르다고 즉 $x \ge 0$에 대해 $v'(x) < v'(-x)$이라고 가정한다. 첫 번째 두 조건은 변화의 영향이 준거점에서의 거리와 함께 감소하는 민감도체감원칙(principle of diminishing sensitivity)을 반영한다. 마지막 조건은 그에 따라 손실이 상응하는 이득보다 크게 나타나는 손실기피원칙에 의하여 설명된다(Tversky & kahneman, 1991.).

민감도체감원칙은 가중함수에도 함께 적용된다. 결과의 평가에서 준거점은 손실과 이득을 구별하는 경계로서의 역할을 한다. 불확실성의 평가에 확률에서는 확실성 척도(尺度; scale)의 종점에 상응하는 두 자연스러운 경계 - 확실성과 불가능이 있다. 체감민감도는 확률에서의 주어진 변화의 영향이 경계로부터의 그 거리와 더불어 감소한다는 것을 수반한다. 예를 들어 주어진 상금을 따는 확률이 0.1 증가하는 것이 그것을 따는 확률이 0.3에서 0.4 또는 0.6에서 0.7로 변하는 때보다 0.9에서 1 또는 0에서 0.1로 변하는 것이 더 많은 영향을 준다. 그러므로 체감민감도는 0근처에서는 오목 1근처에서는 볼록인 가중함수를 생기게 한다. 불확실한 가망에 대해 이 원칙은 가능성이 아주 낮은 사건에 대해 부족가산성(subadditivity) 확실성근처에 대해 초과가산성(superadditivity)을 산출한다. 그러나 그 함수는 종점 근처에서는 잘 행동하지 않으며 아주 작은 확률은 매우 과대 가중되거나 모두 무시되거나 둘 중 하나일 수 있다.

여기서 관찰된 선호의 비선형성과 가중함수의 모양을 관련짓는 것이 중요하다. 이 목적을 위해 그들은 위험보다 오히려 불확실성을 포함하는 결정에서의 공통결과효과(common consequence effect)의 새로운 설명법을 고안하였다. 〈표 4.4.1〉이 156명의 금전매니저에게 워크숍동안 제시된 한 쌍의 결정문제(I과 II)를 보여준다. 피험자는 그 결과가 Dow Jones의 오늘과 내일 사이의 차이 d에 따라 달라지는 가망 중에서 선택하였다. 예를 들면 d가 30을 초과하면 $25,000을 지불하고 그렇지 않으면 아무 것도 주지 않는다. 각 가망을 선택한 응답자의 비율은 괄호 안에 있다. 기대효용이론의 독립성 공리는 f'가 g'보다 선호 되는 것을 필요충분조건으로 f가 g보다 선호된다는 것을 의미한다. 〈표 4.4.1〉은 선택의 형태가 문제 I에서는 f 문제 II에서는 g'이었다는 것을 보여준다. 이 양태는 독립성을 무시하는 것으로 응답자의 53%가 선택하였다.

〈표 4.4.1〉 독립성의 검사(test of independence) (Dow Jones)

		A	B	C	
		$d < 30$이면	$30 \le d \le 35$	$35 < d$이면	
문제 I	f	$25,000	$25,000	$25,000	[68]
	g	$25,000	0	$75,000	[32]
문제 II	f'	0	$25,000	$25,000	[23]
	g'	0	0	$75,000	[77]

* 주: 결과는 Dow Jones의 오늘과 내일의 종가 간 차이 d에 따라 달라진다. 각 가망에 대한 응답자($N=156$)의 비율은 [ ]안에 있다.

본질적으로 같은 양태가 같은 디자인의 두 번째 연구에서 관찰되었다. Stanford 학생 98명으로 이루어진 집단이 그 결과가 앞으로 나올 Stanford-Berkeley 미식축구게임에서 점수 차 에 따라 달라지는 가망 사이에서 선택하였다. 〈표 4.4.2〉가 문제의 가망을 보여준다. 예를 들어 g는 Stanford가 이기지 못하면 $10을 그리고 10점 이하로 이기면 $30을 지불하고 10점을 넘는 점수 차로 이기면 한 푼도 지불하지 않는다. 무작위로 선택된 피험자의 10%가 실제로 그들의 선택중 하나에 따라 지불받았다. 피험자의 46%가 선택한 선택 형태는 f와 g'이었으며 다시 한 번 독립성 공리의 직접적 위반을 보여준다. 이 양태가 강요하는 제약조건을 탐색하기위하여 그들이 제시한 이론을 〈표 4.4.1〉에서의 선택양태에 $1000을 한 단위로 하여 적용하였다. 문제 1에서 f가 g보다 선호되므로

〈표 4.4.2〉 독립성 검사(test of independence) (Stanford-Berkeley 미식축구)

		A	B	C	
		$d<0$이면	$0\le d\le 10$	$10<d$이면	
문제 I	f	$10	$10	$10	[64]
	g	$10	$30	0	[36]
문제 II	f'	0	$10	$10	[34]
	g'	0	$300	0	[66]

* 주: 결과는 Stanford-Berkeley 미식축구 간의 점수 차 d에 따라 달라진다. 각 가망에 대한 응답자 $(N=156)$의 비율은 [ ]안에 있다.

$$v(25)>v(75)W^+(C)+v(25)[W^+(A\cup C)-W^+(C)$$

또는

$$v(25)[1-W^+(A\cup C)+W^+(C)]>v(75)W^+(C).$$

그러나 문제 II에서 f'에 대한 g'의 선호는

$$v(75)W^+(C)>v(25)W^+(C\cup B);$$

따라서

$$W^+(S)-W^+(S-B)>W^+(C\cup B)-W^+(C). \tag{4.4.5}$$

그래서 확실성에서 B를 빼는 것이 $C\cup B$에서 B를 빼는 것보다 더 큰 영향을 준다. $W_+(D)=1-W^+(S-D)$ 그리고 $w_+(p)=1-w^+(1-p)$라고 하자. 그러면 쉽게 식 (4.4.5)가 W_+의 부족가산성과 동등 즉 $W_+(B)+W_+(D)\ge W_+(B\cup D)$이라는 결과를 가져다 준다. 확률가망성에 대해 식 (4.4.5)는

$$1-w^+(1-q)>w^+(p+q)-w^+(p),$$

또는

$$w_+(q)+w_+(r)\ge w_+(q+r),\ q+r<1$$

로 환원된다. Allais의 경우가 $p(C)=.10$ $p(B)=.89$ 및 $p(A)=.01$에 해당한다.

〈표 4.4.1〉과 〈표 4.4.2〉에서 보고된 독립성의 위반은 또한 Loomes & Sugden(1982, 1987)

이 제안한 후회이론(regret theory)과 Fishburn(1988)의 SSB모델과 모순된다. 후회이론은 의사결정자가 각각의 선택에 있는 두 가망이 마치 통계적으로 독립적인 것처럼 결과를 평가한다고 가정함으로써 Allais의 예를 설명한다. 문제의 가망이 〈표 4.4.1〉과 〈표 4.4.2〉에서와 같은 사건집합에 의하여 정의될 때 후회이론은(Fishburn의 SSB 모델처럼) 그것이 모든 상태에서 가산적이므로 독립성을 의미한다. 공통결과효과(共通結果效果; common consequence effect)가 현안의 문제에서 의미심장하다는 발견은 Allais의 예를 후회이론으로 해석하는 것의 근거를 약화시킨다.

공통결과효과는 W_+의 그리고 w_+의 부족가산성(不足加算性; subadditivity)를 의미한다. 기대효용이론의 다른 위반들은 작은 그리고 중간정도의 확률에 대한 W_+와 w_+의 부족가산성을 의미한다. 예를 들어 Prelec(1990)은 대부분의 응답자가 $30, 000을 따는데 1%보다 $20,000을 따는데 2%를 선호하며 그들은 또한 $20,000을 따는데 34%보다 $30,000따는데 1%이고 $20,000따는데 32%인 것을 선호한다는 것을 발견하였다. 현안의 이론으로는 이들 데이터는 $w^+(0.02)-w^+(0.01)\geq w^+(0.34)-w^+(.33)$임을 의미한다. 더 일반적으로 우리는 $p+q+r$이 충분히 작다면

$$w^+(p+q)-w^+(q)\geq w^+(p+q+r)-w^+(q+r) \tag{4.4.5}$$

이라는 가설을 세운다. 식 (2.4.5)는 w^+가 원점 근처에서 오목임을 말해주고 위 부등식들의 결합은 체감민감도와 일치하여 w^+가 역 S 모양을 가지며 종점 근처에서는 가파르고 범위의 중간에서는 더 얄팍하다는 것을 말해준다. 결정가중계수를 다르게 취급한 것을 보려면 Hogarth & Einhorn(1990), Prelec(1989), Viscusi(1989), 및 Wakker(1990)을 보라.

실험

그들은 가치와 가중계수함수에 관한 보다 자세한 정보를 얻기 위하여 Berkeley와 Stanford에서 결정이론에 대한 특별한 훈련을 받지 않은 남성 12명과 여성 13명의대학원생을 채용하였다. 실험 내용에 관심이 있는 사람은 Tversky & Kahneman(1992)를 참조하기 바란다. 여기서는 실험 결과에서 얻은 결론을 요약하고자 한다.

그들은 실험 결과를 가지고 가치함수와 결정가중계수함수를 다음과 같이 도출하였다.

$$v(x)=\begin{cases} x\geq 0\text{이면 } x^\alpha \\ x<0\text{이면 } -\lambda(-x)^\beta \end{cases}$$

$$w^+(p)=\frac{p^\gamma}{[p^\gamma+(1-p)^\gamma]^{1/\gamma}},\ w^-(p)=\frac{p^\delta}{[p^\delta+(1-p)^\delta]^{1/\delta}} \tag{4.4.6}$$

이 결정가중계수함수 (식 4.4.6)의 가족을 [그림 4.4.5]에서 볼 수 있다.

이상의 설명을 정리해보자. 불확실성하 선택이론은 일반적으로 1) 선택의 대상, 2) 평가 척(evaluation rule), 3) 불확실한 사건과 있을 수 있는 결과를 주관적 상대(相對; counterpart)로 사상(寫像; map)하는 함수의 특성을 명시하여준다. 기대효용이론의 표준 응용에서 선택의 대

상은 자산에 대한 확률분포이고 평가 척은 기대효용이며 효용은 자산의 오목함수이다. Kahneman & Tversky(1979)의 가망이론(Prospect Theory)과 여러 다른 연구에서 보고된 경험적 증거가 세 요소 모두의 주요 수정을 요구하고 있는데 대해 Tversky & Kahneman(1992)은 1) 선택의 대상은 이득과 손실로 짜진 가망(可望; prospect)이고 2) 평가 척은 두 편으로 된 누적 범함수이며 3) 가치함수는 S 모양 가중함수는 역 S 모양인 대안이 되는 기술적 이론을 제안하였다. 그들은 실험을 통해 이들 척도의 정성적 특성을 확인하였으며 이들은 거듭제곱 가치함수와 이득과 손실에 대한 가중함수로 근사계산(近似計算; approximated)된다.

[그림 4.4.5] 식 (2.4.6)의 가족

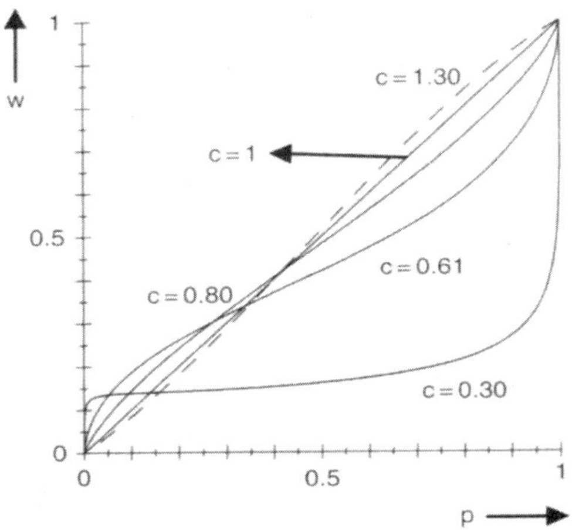

* 원전: Wakker(2010)

가중함수의 굴곡(屈曲; curvature)이 위험한 가망(可望; prospects)에 대한 태도를 설명하여준다. 작은 확률의 초과가중(超過加重; overweighting)은 복권 및 보험의 인기에 기여한다. 높은 확률의 부족가중(不足加重; underweighting)은 확률적 이득과 확실한 것 사이의 선택에서의 위험기피(risk aversion)의 우세(優勢; prevalence)와 확률적 및 확실한 손실 사이의 선택에서의 위험추구의 우세 양 쪽에 다 기여한다. 이득에 대한 위험기피와 손실에 대한 위험추구가 이 두 영역에서의 가치함수의 굴곡에 의하여 더 앙양(昂揚; enhanced)된다. 우리가 손실기피라고 이름붙인 가치함수의 확연한 비대칭은 혼합된 가망에의 극단적 싫어함(reluctance)을 설명한다. 가중함수의 모양이 확실성효과와 유사-볼록(quasi-convexity)의 위반을 설명한다. 그것은 왜 이들 현상이 확률척도의 양 끝에서 가장 쉽게 관찰되는지를 설명하는데 거기서 가중함수의 굴곡이 가장 확연하다(Camerer, 1992).

[그림 4.4.1]과 [그림 4.4.2]에서 설명된 공통결과효과의 새로운 논증(論證; demonstration)이 모호성 하 선택이 위험 하 선택의 주요 특성의 일부를 나타낸다는 것을 보여준다. 반면에 모호(模糊; ambiguous)한 가망에 연계된 결정가중계수와 위험한 가망에 연계된 결정가중계수는 중요한 점에서 다르다는 징후(徵候; indications)가 있다. 첫째 확률의 주관적 판단이 확률이론의

일반적 규칙을 따르지 않는다는 풍부한 증거가 있다(Kahneman, Slovic, & Tversky, 1982.). 둘째 모호성 하 선택에 관한 Ellsberg의 예와 그 이후의 연구가 사람들은 그렇지 않은 것보다 일부 모호한 원천(source)을 선호한다는 것을 보여준다. 예를 들면 Heath & Tversky(1991)는 개인들이 확률적 가능성에 맞추어진 내기보다 그들의 전문분야에서의 모호한 사건에 거는 내기를 비록 전자가 모호하고 후자는 그렇지 않음에도 불고하고 일관되게 선호한다는 것을 발견하였다. 일부 모호성의 원천에 대한 체계적 존재는 다른 영역에 대한 다른 가중함수를 필요로 하며 이들 함수의 일부는 전적으로 다른 것들을 넘어 존재한다는 것을 시사한다. 그들은 불확실한 사건에 대한 결정가중계수의 연구조사가 앞으로의 연구에 대한 유망한 영역이 되었다고 하였다.

이 이론은 가망(prospect) 이론 초판의 주요특성을 보유하고 있으며(두 부분으로 된)누적범함수(cumulative functional)를 도입하였는데 이 범함수는 결정가중계수의 편리한 수학적 표현을 제공한다. 그것은 또한 기대효용이론의 부적절한 제약조건을 완화하여준다. 그것의 보다 큰 일반성에도 불구하고 누적 범함수는 세부적으로 정확할 것 같지 않다. 결정가중계수가 가망의 공식화와 함께 결과의 수, 간격, 및 수준에도 민감할 수도 있다고 의심된다. 특히 가중함수의 굴곡(屈曲; curvature)이 결과가 넓게 벌어져 있을 때 더 뚜렷하다고 시사하는 일부 증거가 있다(Camerer, 1992.). 이 이론은 그런 효과를 조화시키기 위하여 일반화될 수 있지만 가치와 가중계수의 분리가능성을 포기함으로써 얻어지는 기술적(descriptive) 정당성에서의 이득이 예측력과 증가된 복잡성 비용을 정당화할 수 있을지 여부는 의심스럽다.

선택이론들은 기껏해야 개략적이고 불완전하다. 비관적 평가의 한 이유는 선택이 구성적(構成的; constructive)이고 우발적(contingent) 과정이라는 것이다. 복잡한 문제에 부닥쳤을 때 사람들은 가망의 표현과 평가를 단순하게 하기위하여 여러 가지 경험발견 과정을 적용한다. 이들 과정에는 공통 구성요소 생략하기와 비본질적인 차이 버리기와 같은 계산상(computational)의 지름길과 편집 작업이 포함된다(Tversky, 1969.). 선택의 발견적 해법은 그것들의 적용이 문제의 공식화, 도출방법, 및 선택의 맥락에 의존하기 때문에 쉽게 정식 분석에 도움을 주지 않는다.

가망 이론은 경제주체들의 합리성을 전제로 하는 전통에서 벗어난다. 그것은 규범적이 아니라 기술적 이론으로 제안되었다. 경제이론에서의 합리성의 이상화된 가정은 일반적으로 두 가지 근거: 경쟁적 환경에서 단지 합리적 행동만이 생존할 수 있다는 신념 및 합리성을 포기한 어떤 조치도 무질서하며 제어할 수 없다는 공포에서 정당화된다. 두 주장은 의문스럽다. 첫째 사람들은 프레임짜기 효과(framing effect)를 피하는 것과 결정가중계수를 사용하는 일반적 능력을 획득함이 없이 경쟁적 환경에서 일생을 보낼 수 있다는 것을 증거가 보여준다. 둘째 인간의 선택은 항상 합리적이 아닐지라도 질서를 지킨다는 것을 보여준다.

제5장 불확실성하 판단/결정

5.1 체험직감해법(體驗直感解法; heuristic)[79)]

우리는 일상생활에서 그것에 관한 지식이 없거나 겨를이 없어 확률이나 효용을 계산하지 않고 결정을 내릴 경우가 많을 뿐만 아니라 정보가 부족하여 불확실한 상황에서 즉각적으로 결정을 내리게 된다. 이런 상황에서 실제로 판단과 결정을 내라는데 사용되는 인지 체험직감해법(cognitive heuristics)에 관한 Gigerenzer(2007)를 소개하고자한다. **heuristic**은 희랍어(希臘語; greek)에서 나온 용어로 "찾아내거나 발견하도록 도와주기(serving to find out or discover)"를 의미한다. 여기서는 체험직감해법이라 번역하여 사용하기로 한다. 1905년의 노벨상 수상 논문의 제목에서 A. Einstein은 용어 heuristic을 그가 우리의 지식의 한계로 인하여 불완전하지만 유용하다고 생각하는 아이디어를 나타내기 위하여 사용하였다(Holton, 1988.). Stanford 수학자 G. Polya(1954)에게 경험-발견적 사고는 예컨대 수학적 증명을 어떻게 발견하는가와 같은 미적분이나 확률이론으로 풀어질 수 없는 문제에 대한 분석적 사고만큼 없어서는 안 되는 것이었다. 컴퓨터 프로그래밍의 출현이 heuristic의 새로운 중요성을 부여한 것이다. 중요도가 크든 작든 대부분의 문제가 계산적으로 다루기 어렵다는 것 즉 우리가 최적의 해법이나 그것을 찾아내는 방법을 모른다는 것은 분명해졌다. 이것은 체스(chess), 고전적 컴퓨터게임 Terris, 및 이동하는 세일즈맨 문제와 같은 잘 정의된 문제에 대해서조차 성립된다(Michalewics & Fogel, 2000.). 이 같은 불확실성은 어떤 직무제안을 받아들일까 어떤 주식에 투자할까 또는 누구와 결혼할까와 같이 별로 잘 구성되지 않은 문제에 적용된다. 최적해(最適解; optimal solution)를 손에 넣을 수 없을 때 우리는 아무 일도 못하게 마비되거나 실패라는 결말에 빠지지 않고 좋은 해법을 발견하기위하여 경험-체험직감해법을 사용할 수 있다.

5.1.1 체험직감해법(Heuristic)이란 무엇인가?

당신이 공 - 야구나 크리켓(cricket)에서처럼 나는 공을 잡을 수 있는 로봇을 실제로는 존재하지는 않지만 개발하기를 원한다고 상상하자. 단순성을 위해 공이 이미 공중 에 높이 있으며 선수의 앞이나 뒤에 떨어질 상황이라고 생각하라. 당신은 그런 로봇을 어떻게 만들어낼까? 하나의 상상은 무한지식(無限知識; omniscience)이다. 즉 당신은 당신의 로봇에게 그의 환경에

79) Gigerenzer, 2007

관한 완벽한 표현과 가장 고도로 정교한 계산 기계를 주는 것을 목표로 한다. 첫째 당신은 이론상 공은 포물선 궤도를 가지므로 당신의 로봇에게 포물선 가족을 주려할 것이다. 옳은 포물선을 선별하기위해서 로봇은 공의 최초 거리, 최초 속도, 및 투사각(投射角; projection)을 측정할 수 있는 계기를 장착할 필요가 있다. 그러나 실세상에서 공은 공기저항과 바람 그리고 공의 회전으로 인해 포물선으로 날지 않는다. 따라서 로봇은 결과가 가져다주는 통로와 공이 떨어질 위치를 계산하고 거기로 달려가기 위해 공이 나르는 각 점에서의 바람 속도와 방향을 측정할 수 있는 더 많은 계기가 필요하게 될 것이다. 이들 모두는 수 초 - 공이 공중에 있는 시간 안에 완결되어야한다.

대안으로 생각되는 것이 있는데 그것은 완전한 표현과 정보를 목표로 하지 않는다. 그것은 그 문제를 해결할 수 있는 똑똑한 체험직감해법이 있는가? 라는 의문을 제기한다. 체험직감해법을 발견하기위한 한 가지 길은 경험 있는 선수를 연구하는 것이다. 실험실 연구가 선수들은 몇 가지 체험직감해법을 실제로 사용하는 것을 보여주었다. 이들 중 하나가 응시(凝視; gaze) 체험직감해법이다. 날아오는 공이 접근할 때 선수는 그의 시선을 공에 고정하고 달리기 시작한다. 이 체험직감해법은 시선의 각도가 일정하게(또는 일정한 범위 안에) 유지되도록 달리는 속도를 조정하는 것이다(McLeod & Dienes, 1996을 보라). 시선의 각도는 지면에 대한 눈과 공 사이의 각도이다. 우리의 상상실험에서 이 체험직감해법을 사용하는 로봇은 바람, 공기저항, 고의 회전 또는 기타 원인이 되는 변수를 측정할 필요가 없다. 그것은 모든 원인이 되는 정보를 무시하고 벗어날 수 있다. 모든 관련 정보는 한 개의 변수 시선의 각도에 포함되어있다. 응시 체험직감해법을 사용하는 선수나 로봇은 공이 떨어지는 지점을 계산할 수 없다. 그러나 선수는 볼이 떨어지는 곳에 있을 것이다.

응시 체험직감해법은 빠르고 간소한 체험직감해법이다. 그것은 문제를 몇 초 안에 풀기 때문에 빠르다. 그리고 그것은 별 정보가 아닌 단지 시선의 각도만을 필요로 하기 때문에 간소하다. 일반적으로 체험직감해법은 "공에 고정하고 달리기 시작하여 시선의 각도가 일정하게 유지되도록 달리는 속도를 조정하라"와 같이 규칙이다. 그러나 그것이 세 가지 특성을 구현하지 않는 한 규칙이 반드시 체험직감해법은 아니다.

1. **체험직감해법은 진화된 능력을 활용한다**. 체험직감해법은 유기체의 진화된 또는 학습된 능력에 비해 **단순**하다. 예를 들면 인간이 시끄러운 배경을 향해 움직이는 대상을 추적하는 것은 쉽다. 두 달 된 어린아이가 움직이는 목표물을 계속 응시한다(Rosander & Hofsten, 2002.). 그러나 대상을 추적하는 것은 로봇에게는 어렵다. 이문제와 함께 인간의 마음을 해결할 수 있는 컴퓨터프로그램은 아직 존재하지 않는다(마찬가지로 로봇에 비해 인간은 달릴 수 있다). 따라서 응시 경험발견해법은 인간 에게는 단순하지만 로봇에게는 그렇지 않다. 단순성이 아름다움의 특성만은 아니며 그것은 빠르고, 간소하고, 투명하며 건전한 판단을 내리게 해주기도 한다. 모든 체험직감해법처럼 응시 체험직감해법은 그것이 쉽게 이해되고 초심자에게 쉽게 가르쳐줄 수 있다는 면에서 투명하며 건전하다는 용어는 새로운 상황에 일반화되는 체험직감해법의 능력을 말해준다.

2. **체험직감해법은 환경의 구조를 이용한다.** 체험직감해법의 합리성은 논리적은 아니지만 생태적이다. 생태적 합리성은 그 자체로는 좋거나 나쁘지 않고 합리적이거나 비합리적이 아니며 단지 환경과 관계가 있다. 그것은 일정한 환경의 구조를 이용할 수 있거나 바꿀 수 있다. 예컨대 응시 체험직감해법은 그 환경에 있는 공의 복잡한 궤도를 직선으로 변환한다. 모든 체험직감해법은 어느 정도 영역-특수적(domain-specific)이다. 그것들은 특수한 부류의 문제들을 풀기위하여 설계된다. 응시 체험직감해법은 움직이는 대상의 가로채기가 포함된 문제를 풀 수 있다. 당신이 비행기 날리기를 학습한다면 당신은 그것의 변형(變形; version)을 배우게 될 것이다. 다른 비행기가 접근해 올 때 당신은 충돌이 겁나서 당신 비행기의 전면 유리에 있는 긁힌 자리를 보고 다른 비행기가 그 긁힌 자리에 대비하여 움직이는지 여부를 관찰할 것이다. 만약 그렇지 않다면 빨리 급강하여 나가야 한다. 조종사에게 목표는 충돌을 피하는 것인 반면 외야수(外野手; outfielder)에게는 충돌이 목표다. 이 간이체험직감해법의 본성은 같다.
3. **체험직감해법은 "마치-처럼(as if)" 최적화(最適化; optimization) 모델과 구별된다.** 미분방정식을 풀어서 공의 궤적을 계산하겠다는 생각은 최적화의 한 형식이다(인공시스템을 구축하는 것의 반대로). 인간행동을 설명하기위하여 최적화가 제안되었을 때 이것을 "마치-처럼" 최적화라고 불렀다. Richard Dawkins의 작품(1976, p.96)에서 "한 남자가 공중으로 볼을 높이 던지고 그것을 다시 잡을 때 그는 그 공의 궤도를 예측하는데 있어 마치 미분방정식의 집합을 푼 것처럼 행동한다." 마치-처럼 최적화 모델은 비록 그것이 때때로 측정과 계산이 무의식적으로 일어난다는 것을 암시하지만 실제 과정에 관해 침묵한다. 그러나 응시 경험발견해법(gaze heuristic)은 체험직감해법의 논리가 의식적이든 무의식적이든 마치-처럼 최적화와 뚜렷하게 다르다는 것을 보여준다. 이것이 편리함을 가져다준다. 좋은 체험직감해법 모델을 가지고 누구는 마치-처럼 최적화 모델로부터 얻을 수 없는 예측을 연역(演繹; deduce)할 수 있다. 예컨대 응시 체험직감해법이 선수는 시선의 각도를 일정하게 유지하여야한다는 사실에서 필연적으로 그 선수가 달리는 동안 그 볼을 잡는다는 것을 예측하게 하여준다. 마찬가지로 볼이 선수의 옆으로 던져졌을 때 우리는 그 선수가 야구외야수에서 또는 Frisbees[80])를 잡는 개에서 관찰될 수 있는 것과 같이 약간의 원호(圓弧; arc)를 달릴 것이라는 것을 예측할 수 있다(Shafer & McBeath, 2002.).

요약해서 체험직감해법의 모델은 그 목적이 단순히 결과만이 아니라 문제해결(problem solving)실제과정을 설명하는 규칙이다.

5.1.2 한정된 합리성과의 연관

합리성의 모델에서 모든 관련된 정보는 누구에게나 자유롭게 사용할 수 있다고 전제된다. 이 얼개(framework) 속에서 문제는 만일 인간이 완전한 정보를 갖고 영원히 마음대로 쓸 수

80) 던지기를 하고 놀 때 쓰는 플라스틱 원반

있다면 그들이 어떻게 행동할 것인가이다. 한정된 합리성 모델은 우리를 우리의 인간피부로 되돌아가게 하고 시간과 지식이 별로 없는 인간이 어떻게 행동하는가라는 질문에 대답하려한다. 그러나 Simon(1955, 1956)의 용어 한정된 합리성(bounded rationality) 그 자체는 세 개의 이질적 프로그램: 제약조건하에서의 최적화연구, 인지적 착오의 연구, 및 빠르고 간소한 체험직감해법과 연계되어있다.

용어 [한정된] 은 정보비와 같은 환경의 제약조건과 제한된 기억과 같은 정신에서의 제약조건을 지칭할 수 있다(Todd, 2001.). 마치-처럼 최적화프로그램에 하나 또는 그 이상의 제약조건을 더하여 제약조건 하 최적화를 얻을 수 있다(Conlisk, 1996.). 예컨대 공이 나르는 궤적을 결정하는 모든 원인이 되는 변수를 측정하는 아이디어는 시간과 같은 일부 제약조건을 조건으로 함으로써 이 마치-처럼 최적화프로그램이 제약조건하 최적화 프로그램이 되는 것을 실지로 보여준다.

인지적 착오의 연구는 최적화에 대항하여 진화되었지만 그 자체가 한정된 합리성에 연결되어 있다(Camerer, 1998; Kahneman, Slovic, & Tversky, 1982, p.xii.). 그것의 첫째 목적은 최적화가 기술적(記述的; descriptively)으로 무효하다는 것을 보여주는 것 즉 사람들의 판단이 실제로 확률의 제 법칙 또는 기대효용의 극대화를 따르지 않는 다는 것을 입증하는 것이다. 그 결과로 합리성보다는 오히려 불합리성을 강조하는 인지적 착오로 해석되는 규범으로부터의 벗어나는 많은 실례를 찾아내게 되었다. 전제는 이들 벗어남이 근원적인 인지과정을 드러낼 수 있다는 것이다.

이 프로그램은 어떻게 선수들이 공을 잡는가하는 문제에 접근하는가? 상상실험을 계속해보자. 누구는 공이 떨어지는 지점을 계산할 때 선수들이 체계적인 오류를 범한다는 것을 입증하려할 것이다. 선수는 운동장의 고정된 점에 배치될 것이고 공이 던져지며 한 선수에게 공이 어디에 떨어질 것인지 물어볼 것이다. 선수들이 공이 떨어지는 지점까지의 거리를 너무 작게 추산하든지하여 잘 예측하지 못한다면 이 오류(誤謬; error)는 사람들의 제한된 인지능력 탓일 것이다. 그것은 야구에서 **낙관적 편향**(optimistic bias)이라고 이름 붙일 수도 있을 것이다. 왜냐하면 과소추산(過小推定; underestimation)은 선수들이 그들이 할 수 없을 때조차 공을 잡을 수도 있을 것이라고 생각하는 것을 보여주기 때문이다. 탈 편향(脫偏向; debiasing) 훈련이 선수들에게 제공될 수도 있을 것이다. 이 상상실험에서 인지적 착오 프로그램에 최적화모델이 잘못이라는 것이 기술적으로 증명되었지만 낙관적 편향이 선수들이 사용하는 응시 체험직감해법 또는 다른 체험직감해법을 찾아내게 해주지는 않는다. 최적화모델처럼 인지적 착오 프로그램이 선수의 실제 목표는 공이 어디에 떨어지는지를 예측하는 것이 아니라 공이 떨어지는 곳 바로 그것이라는 것을 간과하였을 것이다. 체험직감해법의 합리성은 단순히 주어진 목적에 이르는 수단이 아니다. 체험직감해법 그 자체가 그 목적이 무엇인지를 정의할 수 있다.

한정된 합리성에 대한 Simon의 관점은 제약조건하 최적화도 아니고 인지적 착각도 아니다(Gigerenzer, 2004.). 합리성에 대한 그의 생각은 생태적인 것: 마음과 환경 사이의 시합(試合; match)이다. 이것은 그가 제시한 "인간의 합리적 행동은(가위의) 두 날(blade)이 행위자의 과업

환경 및 계산능력의 구조물이 되는 가위에 의하여 형성된다."라는 비유(比喩; analogy)에 가장 잘 나타내준다(Simon, 1990, p.7). 단지 한 날만 본다면 누가 가위가 어떻게 자르는지를 이해하지 못하는 것처럼 인간의 마음이 어떻게 일하는지 충분히 이해할 수 없다.

예컨대 〈표 5.1.1〉이 보여주는 것처럼 연구인들이 환경에서의 정보구조를 연구하기 시작하자마자 우둔한 인지적 착각처럼 보인 것이 흔히 날카로운 가위로 바뀐다. 예를 들면 일연의 실험에서 피험자들의 일반지식질문에 대한 대답에서 대표적인 발견은 피험자가 옳은 답을 냈다는 100% 자신이 있을 때 옳은 답의 평균이 80%로 정도로 낮았다. 이 현상은 **과신(過信; overconfidence) 편향** 또는 **잘못눈금매기기**(miscalibration)라고 이름 붙여졌으며 인지적 착각으로 해석되었다. 그러나 환경적 구조를 힐끗 보는 것만으로 큰 비체계적 과실(過失; error)을 들추어내는데 이것이 인지적 편향이 없을 때 어떤 평균으로의 회귀로 이끈다. 즉 옳은 답의 평균이 항상 높은 신뢰수준보다 낮다. 누구는 데이터를 반대로 그래프를 그릴 경우 비체계적 과실이 불충분신뢰(不充分信頼; underconfidence)처럼 보이는 패턴을 만들어낸다. 피험자가 100% 옳게 대답했을 때 그들의 평균 신뢰도는 80% 정도로 낮았다. 인지적 착각이기보다는 오히려 이 현상은 크게 실질적인 비체계적 과실이 있는 환경의 결과(結果; consequence)처럼 보인다(Erev, Wallsten, & Budescu, 1994; 다른 시각에 대해서는 Griffin & Brenner, 2007을 보라).

〈표 5.1.1〉 시초에 "인지적 착오"로 해석되지만(왼쪽) 뒤에 환경구조가 주어졌을 때 타당한 판단이라고 재평가되는 현상 12예

인지적 착오로 인한 현상인가	환경적 구조와 편향되지 않은 정신으로 인한 것인가
(잘못된 눈금메기기로 정의된) 과신편향	"잘못눈금매기기(miscalibration)"는 체계적이 아닌 오류가 있는 환경에서의 편향되지 않은 정신에서 찾을 수 있으며 평균으로의 회귀(regression)의 원인이 된다(Dawes & Mulford, 1996; Erev et al.(1994)).
(평균 신뢰도 빼기 비율수정으로 정의된) 과신편향	"과신편향"은 문제들을 대표할 수 없는 표본추출이 있는 환경에서 편향되지 않은 정신으로 찾아볼 수 있다. 무작위 추출로 대부분 사라질 수 있다(Juslin, Winman, & Olsson, 2000.).
난이효과	"난이효과(難易效果; hard-easy effect)"는 체계적이지 않은 오류가 있는 환경에서 편향되지 않은 정신으로 찾아볼 수 있으며 평균에로의 회귀의 원인이 된다(Juslin, et al., 2000.).
낮은 위험의 과소추정 높은 위험의 과대추정	이 전통적 현상은 체계적이지 않은 오류가 있는 환경에서 편향되지 않은 정신으로 찾아볼 수 있으며 평균에로의 회귀의 원인이 된다(Gigerenzer & Fiedler, 2004.).
우발적 착각	"우발적 착각(contingency illusion)"은 다수집단과 소수집단과 크기가 다른 표본의 유의성 검정(significance test)을 수행하는 편향되지 않은 정신으로 찾아볼 수 있다(Fiedler, Walther & Nickel, 1999.).
대부분의 운전자는 자신이 평균보다 안전하게 운전한다고 말함	실제 사건수의 분포는 대단히 편향되어있는 데 이것은 대부분의 운전자가 사고의 평균 숫자보다 적은 사고를 내는데 연유한다(Lopes, 1992; Gigerezer, 2002.).

인지적 착오로 인한 현상인가	환경적 구조와 편향되지 않은 정신으로 인한 것인가
유용성 편향	"유용성 편향(availability bias)"은 자극물(문자)이 선택되기보다 대표성에 의하여(representatively) 표본을 추출할 때 크게 사라진다(Sedlmeier, Hertwig, Gigerenzer, 2002.).
선호역전	일관된 사회적 가치(예 제일 큰 조각을 취하지 말라; 피켓 라인을 지나칠 때 첫 번째 사람이 되지 말라)가 선호역전과 같이 보이는 것을 만들어낼 수 있다(Sen, 2002.).
확률 맞추기(matching)	확률 맞추기는 개별로 연구된 개인에 대해서는 차선이지만 사회적 경쟁에 있는 개인에 대해서는 꼭 그렇지 않다(Gallistel, 1990.).
결합오류	"결합오류(conjunction fallacy)"는 사회적 상황에서의 의미추론에 대한 인간 능력에서 찾아 볼 수 있다(Hertwig & Gigerenzer, 1999.).
그릇된 합의 효과	"자기중심 편향(egocentric bias)"은 한 사람이 사전확률에 없는 상황에 대한 Bayes 규칙으로 찾아볼 수 있다(Dawes & Mulford, 1996.).
논리적 추리의 위반	얼마간의 분명한 "논리적 오류(誤謬; fallacy)"는 사건의 경험적 분포로부터 크게 편향된 환경에 대한 Bayes 통계학으로(McKenzie & Amin, 2002; Oaksford & Chater, 1994) 그리고 사회적 계약의 논리로(Cosmides & Tooby, 1992) 찾아볼 수 있다.

일반적 주장은 편향되지 않은 마음과(비체계적 오류, 동일하지 않은 표본크기, 편향된 분포와 같은) 환경구조가 그런 현상을 만들어 내는데 충분하다는 것이다. 일부 다른 요인들 역시 그 현상의 일부에 기여한다는데 주목하라. 알아야 하는 것은 사람들이 잘못하지 않는다는 것이 아니라 좋고 나쁜 판단을 이해하기위하여 문제 또는 자연환경의 구조를 분석할 필요가 있다는 것이다.

5.1.3 체험직감해법의 모델

체험직감해법의 모델은 다음을 명시한다. 즉 (1) 절차 규칙(process rule) (2) 규칙을 단순하게 이용할 수 있는 능력 및 (3) 체험직감해법이 풀 수 있는 문제의 종류 즉 그것이 성공적일 수 있는 환경의 구조. 뒤의 두 개는 Simon의 두 가위 날이다. 체험직감해법의 모델은 단순한 라벨(label)과 구별될 필요가 있다. 예컨대 **대표성**(representativeness)과 유용성(有用性; availability)과 같은 용어는 체험직감해법이 성공하고 실패하는 절차와 조건의 명세가 없는 상식(常識; common sense)라벨이다. 이들은 검사 가능한 모델로 발전되어야한다. 그렇지 않으면 거의 모든 것에 대해 먼저 있었던 사건을 이유로 설명할 수 있을 뿐이다(Gigerenzer, 1996, 2000; Gigerenzer & Murray, 1987, 제5장; Gigerenger & Regier, 1996; Kahneman & Tversky, 1996을 보라).

체험직감해법을 위한 만족최소화(satisficing)(Selten, 2001; Simon, 1982), 요인별 소거(elimination by aspect)(Tversky, 1972), 및 Payne, Bettman, & Johnson(1993)과 Payne & Bettman(2007)에서 검토된 다속성 선택을 위한 여러 가지 체험직감해법과 같은 얼마간의 검사 가능한 모델이 이미 존재한다. 이들 초기 연구의 많은 것이 추론이 아니라 선호를 위한 즉 성공의 외적 기준이 없는 문제에 대한 체험직감해법을 다루었다. 체험직감해법의 정확도에 대한 기준은 그것들이 모든 정보를 사용하는지 그렇지 않은지 또는 어떻게 그것들이 가중된 가산적

(加算的; additive) 모델의 안정적 평가기준을 얼마나 면밀하게 적용하는지와 같이 일반적으로 내적이다. 정확도에 대한 외적 기준이 없기 때문에 체험직감해법의 진정한 힘을 입증할 수 없다. 어떤 이는 체험직감해법이 일반적으로 비합리적 판단으로 이끌며 기껏해야 두 번째로 좋은 선택이라고 결론 내렸다. 예컨대 Keeny & Raiffa(1993)가 사전편찬방식(辭典編纂方式; lexicographic)의 체험직감해법을 검토할 때 그들은 반복해서 그런 전략은 "그것이 순진하게 단순하므로" 그리고 "합리적임 검사를 좀처럼 통과하지 않을 것이므로" 그것이 그러할만하기보다 실제로 더 널리 채택된다는 경고를 반복적으로 써넣었다(p.77-78). 그러나 저자들은 그런 검사를 보고하는데 실패하였다 - 선호 단독으로 체험직감해법이 얼마나 확실히 정확한지 드러낼 수 없다. 뒤에 그런 검사를 보게 될 것이다.

여기서는 비교판단(comparative judgments), 분류(classification) 및 추정(estimation)과 같은 추리에 대한 체험직감해법에 집중하고자 한다. 단순 단위 가중치(+1과 −1과 같은; Dawes, 1979를 보라.)를 가진 체험직감해법에 대한 생산적인 연구에서 우리는 단순한 체험직감해법의 예측정확도가 저울질하기와 더하기의 확실한 예측정확도의 평가기준과 같거나 보다 더 높을 수 있다는 것을 안다. 예컨대 단위무게(unit weights)가 다중회귀분석만큼 또는 더 잘 학생들의 학과성적을 예측하였으며(Dawes & Corrigan, 1974.) **최선취하기(Take the Best) 체험직감해법**은 1996 NBA 시즌의 농구경기결과를 Bayes의 법칙만큼 잘 예측하였으면서도 더 빨리 그리고 적은 정보로 해냈다(Todorov, 2002.). 분류, 추정, 비교판단, 및 선택을 위한 체험직감해법이 Gigerenzer, Todd, & ABC 연구 구릅(1999), Gigerenzer & Selten(2001) 및 Todd & Gigerenzer(2000)에서 검토되었다. 몇 개의 체험직감해법을 선택하여 생태적 합리성과 경험적 증거를 따져보기로 한다.

5.1.4 재인(再認; recognition) 체험직감해법(heuristic)

당신이 TV게임쇼에 게임 피험자이고 백만 불 질문 "San Diego와 San Antonio 중 어느 도시 인구가 더 많은가?"를 마주하고 있다고 상상하라. 당신의 답은 무엇인가? 당신이 미국인이라면 옳은 답 San Diego를 찾을 기회는 그리 나쁘지 않을 것이다. Chicago 대학교 학부생 약 2/3이 그러하였다(Goldstein & Gigerenzer, 2002). 그러나 만일 당신이 독일인이라면 당신의 가망(可望; prosspects)은 별수 없을 것이다. 왜냐하면 대부분의 독일인은 San Diego에 관하여 별로 아는 것이 없고 San Antonio에 대해해서는 많은 사람이 별로 들어보기조차 못하였을 것이기 때문이다. 우리가 검사한 별로 알지 못하는 독일인 집단이 얼마나 많이 올바른 추리를 해냈을까? 상당한 지식의 부족에도 불구하고 독일인의 100%가 이 질문에 바르게 답하였다. 주제에 대하여 덜 아는 사람들임에도 불구하고 어떻게 더 많이 옳은 추리를 할 수 있을까? 답은 독일인이 빠르고 간소한 체험직감해법인 재인체험직감해법 즉 당신이 한 도시의 이름을 재인하지만 다른 도시는 그렇지 못할 경우 재인된 도시를 인구가 많은 것으로 추리하는 것을 사용하였다는 것이다. 미국사람은 두 도시를 모두 들었기 때문에 이 체험직감해법을 사용할 수 없었다. 그들은 너무 많이 알았다.

재인체험직감해법은 재인과 기준 사이에 ― 어느 방향이든 ― 강한 상관관계가 있을 때 유용하다. 간단하게 하기위해 우리는 그 상관관계가 +라고 가정한다. 두 대안 중에서 선택하는 과제에서 이 체험직감해법은 다음과 같이 말할 수 있다.

> 재인체험직감해법: 두 선택 중 하나는 재인되고 다른 하나는 그렇지 않다면 재인된 대상이 기준에 대하여 높은 가치를 갖는다고 추리하라.

재인체험직감해법은 얼굴재인, 음성재인, 및 이름재인과 같은 재인을 위해 진화된 능력에 기반을 둔다. 아직 어린 아이들이 하는 얼굴재인을 해낼 수 있는 컴퓨터프로그램은 존재하지 않는다. 재인을 위한 능력이 회상(回想; recall)을 위한 것과 다르다는 것에 유의하자. 예컨대 누구는 얼굴을 재인하지만 그 사람이 누구인지에 관하여 아무 것도 회상하지 못할 수도 있다(Craik & McDowd, 1987.).

> **생태학적 합리성(ecological rationality).** 재인체험직감해법은 무지가 무작위적이 아니라 체계적일 때 즉 재인이 기준과 강력하게 서로 관계가 있을 때 성공적이다.

재인과 기준간의 상관관계의 방향은 경험으로부터 학습될 수 있거나 유전적으로 코드화될 수 있다. 실질적 상관관계가 이름재인과 대학의 탁월성, 회사제품의 가치, 스포츠 팀의 우수함 등 사이 같은 경쟁적 상황에 존재한다. Manchester United 대 Shrewsbury Town과 같은 32회 영국 FA 제삼라운드 축구경기의 결과를 예측하는 것을 생각해보자. Ayton & Onkal(1997)은 50명의 터키 학생과 54명의 영국학생을 검사하였다. 터키 피험자들이 영국 축구팀에 대해 별로 지식이 없는(또는 관심이 없는) 반면에 영국피험자들은 꽤 많이 알고 있었다. 그럼에도 불구하고 터키 예측인들은 영국 사람들만큼 정확하였다(63% 대 66%로 맞추었다). 그들의 예측은 662 중 627의 경우에서 재인체험직감해법과 일치하였다. Goldstein & Gigerenzer(2002)에 의한 실험연구는 재인체험직감해법이 생태학적으로 합리적인 상황에서 사람들은 모든 경우의 약 90%에서 그것에 의존한다는 것을 보여준다.

재인체험직감해법의 생태학적 합리성의 정도(인식과 기준의 상관관계)를 측정하는 한 가지 길이 **재인정당성**(再認正當性; recognition validity) α인데 이는 도시, 회사, 또는 스포츠 팀과 같은 참조계층(參照階層; reference class)에서 재인된 대상이 재인되지 못한 대상보다 더 높은 기준가치를 갖는 회수의 비율이다:

$$\alpha = R/(R+W) \tag{5.1.1}$$

여기서 R은 재인체험직감해법이 달성한 옳은 추리의 수로써 한 대상은 인식되고 다른 하나는 그렇지 않은 모든 쌍에 걸쳐 계산된 것이며 W는 같은 환경에서 잘못된 추리의 수이다.

재인체험직감해법은 **유용성(有用性; availability)**(Tversky & Kahneman, 1974)이나 **친밀성(親密性; familiarity)**(Griggs & Cox, 1982)와 같은 특성과는 구별되어야한다. 유용성은 재인이

아니라 회상의 용이(容易; ease)를 칭한다. 재인체험직감해법은 내가 알고 있는 어떤 이론으로부터도 연역(演繹; deduce)될 수 없는 몇 가지 반직관적 현상을 의미한다. 예컨대 재인정보는 비록 상충되는 증거가 있기는 하지만 쥐에서도 사람에서도 그 이상의 정보보다 앞서는 경향이 있다(Goldstein & Gigerenzer, 2002). 다음으로 반직관적 현상, **덜함이-더-많음(less-is-more) 효과**와 그것이 일어나는 조건을 따져보기로 한다.

덜함이-더-많음(less-is-more) 효과

식 (5.1.2)는(도시, 축구팀과 같은) N 대상 중 n를 재인한 사람에 대해 이들 대상의 모든 쌍을 총망라한 검사에서 옳은 답의 비율 c을 지정한다.

$$c = \frac{2n(N-n)}{N(N-1)}\alpha + \frac{(N-n)(N-n-1)}{N(N-1)} + \frac{n(n-1)}{N(N-1)}\beta \tag{5.1.2}$$

방정식의 오른쪽의 세 항은 사람이 두 대상 중의 하나나 둘 다를 인식하거나 하나도 인식하지 못하는 세 가능성에 해당한다. 첫째 항은 재인체험직감해법에 의해 이루어진 옳은 추리를 설명하고 둘째 항은 추측(推測; guessing)에 대한 것이며 셋째 항은 재인을 넘어 지식이 사용된 때 만들어진 옳은 추리의 비율이다. **지식정당성**(知識正當性; knowledge validity) β는 대상 둘 다가 인식되었을 때 옳은 답이 얻어지는 상대빈도(相對頻度; relative frequency)인데 이는 재인정당성과 같이 계산된다. 식 (5.1.2)의 모든 매개변수(媒介變數; parameters)는 독립적으로 측정될 수 있다.

[그림 5.1.1] 덜함이-더-많음 효과는 재인체험직감해법의 결과이다.

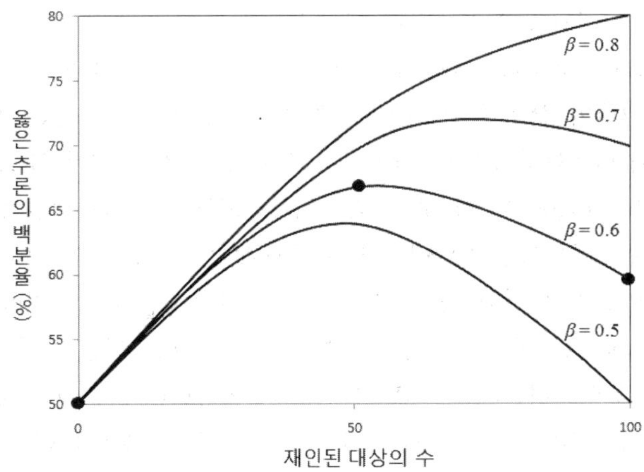

이 효과는 인식정당성 α가 지식정당성 β보다 클 때 일어난다. 보여주는 곡선은 $\alpha = 0.8$에 대한 것이다. 덜함이-더-낫다 효과는 중간과 오른 쪽 점으로 보여주는 것처럼 같은 β를 가진 사람 들 사이에서 일어날 수 있다. 그것은 또한 다른 지식정당성을 가진 사람들 사이에서도 일어날 수 있다. 예컨대 대상의 50%($n = 50$)만을 인식하고 유용한 지식을 갖지 못한($\beta = 0.5$) 사람이 모든 대상을 인식하고 유용한 지식($\beta = 0.6$)을 가진 사람보다 더 옳은 추리를 한다.

누가 식 (5.1.2)의 곡선을 그리면 역직관적(逆直觀的; counter-intuitive) 결과를 볼 수 있다(그림 5.1.1). 먼저 $\beta = 0.5$에 대한 즉 재인 이상의 예측을 위한 지식을 갖지 않은 사람에 대한 곡선을 생각하자. 모든 대상에 대하여 들은바 없는 사람은 모험수준에서(at chance level)(왼쪽 50%) 임무를 수행할 것이다. 모든 대상에 대하여 들은바 있는 사람 역시 모험수준에서(at chance level)(오른쪽 50%) 임무를 수행할 것이다. 오직 전부가 아닌 일부 대상에 대해서만 들은 사람만이 재인체험직감해법을 사용할 수 있을 것이며 그의 정확도는 처음에는 n가 증가함에 따라 증가할 것이지만 다시 감소할 것이다. 그 이유는 모두 재인되거나 하나도 재인되지 않을 때에 비해 대상의 약 반이 재인될 때 가장 자주 재인체험직감해법이 사용된다는 것이다. 대상의 반이 재인된다면 우리는 때의 반 정도가 지났을 때 재인체험직감해법을 사용할 수 있는데 그 결과는 식 (2.1.2)로부터 계산될 수 있는 것처럼 65%($\alpha = 0.8$에 대해 40% 더하기 추측에 대해 25%)가 옳은 추리이다. 세 개의 점을 가진 다음 곡선은 단순한 인식 이상의 지식 존재 하에서의 $\beta = 0.6$에 대한 덜함이-더-낫다 효과를 보여준다. 왼쪽 점이 어떤 대상에 대해서도 들은바 없는 사람을 나타내며 한편 오른쪽 점은 모든 대상에 대해서 들은바 있고 우연보다 더 잘 하는 지식을 기억하고 있는 사람을 나타낸다. 중간점은 적은 대상을 인식하지만 더 옳은 추리를 얻는 사람을 나타낸다. 일반적으로 α와 β가 일정할 때 다음 결과가 증명될 수 있다(Goldstein & Gigerenzer 2002).

덜함이-더-많음의 효과: 재인체험직감해법은$\alpha > \beta$이면 덜함이-더-좋은 효과를 낳는다.

덜함이-더-많음의 효과는 적어도 세 개의 다른 상황에서 나올 수 있다. 첫째로 더 잘 알고 있는 집단이 덜 알고 있는 집단보다 주어진 영역에서 더 나쁜 추리를 하는 두 집단 사이에서 일어난다. 한 예가 San Diego와 San Antonio 중 어느 도시가 큰가라는 질문에 대한 미국과 독일 학생의 성적(成績; performance)이다. 둘째로 덜함이-더-많음의 효과가 영역 사이에 즉 같은 그룹 사람이 그들이 잘 아는 영역보다 덜 아는 영역에서 더 높은 정확도를 달성할 때 일어난다. 예를 들어 미국학생이(New York, 대 Chicago와 같은) 미국의 22개의 제일 큰 도시들에 대하여 그리고(Cologne 대 Frankfurt와 같은) 독일의 22개의 제일 큰 도시들에 대하여 검사받았을 때 그들은 그들 자신의 나라의 도시에 대해서는 중앙값 71.0%(평균 71.1%)이 옳았지만 덜 친숙한 독일 도시에 대해서는 중앙값이 73%(평균 71.4%)으로 약간 더 높았다. 이 효과는 불리한 조건(handicap)에도 불구하고 얻어졌다. 많은 미국인은 이미 세 개의 제일 큰 도시를 순서대로 알고 있었으며 아무 추리도 할 필요가 없었다(Goldstein & Gigerenzer, 2002.). 유사한 덜함이-더-많음 효과가 Austria의 학생들에 의하여 입증되었는데 그들의 옳은 답을 낸 점수는 75 제일 큰 독일 도시에 대해서보다 75 제일 큰 미국도시에 대해서 약간 더 높았다(Hoffrage, 1995; Gigerenzer, 19 93도 보라). 셋째로 덜함이-더-많음의 효과는 지식취득기간 중 즉 개인의 성적 곡선이 처음에는 증가하지만 뒤에는 다시 감소할 때 일어난다.

▌집단에서의 덜함이-더-많음

이제 집단의사결정을 생각하자. 세 사람이 San Diego와 San Antonio 중 어느 도시가 주민이 더 많은가?와 같은 질문이 스크린에 나타나는 컴퓨터 앞에 앉아있다. 이 집단의 과업은 토의를 통해 옳은 답을 찾아내는 것이며 그들은 어떤 수단의 사용도 자유이다. 이 과업에서 옳은 해답은 개별집단구성원에 의하여 증명되기 어렵다. 따라서 우리는 다수가 집단의 결정을 정한다고 기대할 수도 있을 것이다(다수결 법칙: Gigone & Hastie, 1997을 보라). 이제 다음과 같은 상충(相衝; conflict)되는 상황을 생각해보자. 두 집단 구성원이 두 도시를 들은바 있으며 각각은 독립적으로 A시가 크다고 결론 내렸다. 그러나 제 삼의 집단구성원은 A에 대해 들은바 없고 단지 B에 대해서만 들었으며(재인체험직감해법에 의지하여) B가 더 크다고 결론짓는다. 이들 세 구성원이 절충을 마친 뒤 그들의 합의는 무엇일까? 두 구성원이 적어도 두 도시에 관한 일부 지식을 갖고 있다면 우리는 그 합의가 언제나 A라고 기대할 수 있을 것이며 그것은 다수결 법칙이 예측하는 것이다. 사실은 모든 경우의 반 이상(59%)에서 이 집단은 B에 투표하였다(Reimer & Katsikopoulos, 2004.). 이 숫자는 두 구성원이 단순한 인식에 의존할 때 76%로 올라간다.

집단구성원이 그들의 지식을 다른 사람들의 재인부족에 의하여 지배되도록 한다는 것은 이상하게 보일 수도 있다. 그러나 실은 이 분명히 불합리한 결정이 그 집단의 전반적 정확도를 증가시켰다. 이 결과는 분석적으로 연역할 수 있으며(Reimer & Katsikopoulus, 2004) [그림 5.1.1]에서 볼 수 있다. 재인체험직감해법이 집단결정에 사용될 때 덜함이-더-많음의 효과는 [그림 5.1.1]에서 처럼 $\alpha > \beta$일 때 더 강력하게 나온다. 이론과 일치하게 Reimer & Katsikopoulos(2004)는 두 집단이 같은 평균 α와 β를 가졌을 때 **더 적은** 도시(더 작은 n)를 인식한 집단이 더 많은 옳은 답을 내놓았다. 예컨대 한 집단은 단지 평균 도시의 60%만을 인식하였고 두 번째 집단의 구성원은 80%이었지만 첫 번째 집단이 일연의 100개가 넘는 질문에 대해 83%가 옳은 답을 내놓은데 반해 두 번째 집단은 단지 75%였다. 따라서 집단 구성원은 직관적으로 재인체험직감해법을 신뢰하며 이 해법이 정확도를 향상시키고 집단 사이에 반직관적 덜함이-더-많음의 효과로 이끌 수 있다.

5.1.5 이유 기반 체험직감해법(heuristics based on reason)

재인이 정당하지 않거나 사람들이 너무 많이 아는 경우 체험직감해법은 이성이나 실마리를 위한 탐색을 포함할 수 있다. Beagle호을 타고 가진 여행 수년 후 29세의 Charles Darwin은 ("이것이 문제다." 라는 제목의) 논문을 "결혼"과 "결혼 아니 함"표제를 갖는 두 칼럼(column)으로 나누었으며 두 있을 수 있는 행동방향에 대해 "난방이 좋은 소파(sofa)에 앉은 멋진 부인"과 반대로 "클럽에서의 영리한 남자와의 대화"와 같은 뒷받침되는 이유를 열거하였다. Darwin은 첫째 칼럼 밑에 결정적으로 "결혼-결혼-결혼 Q.E.D"라고 적으면서 그는 결혼하여야 한다고 결론지었다(Darwin, 1969[1987]. pp.232-3.). 다음 해에 그의 사촌 Emma Wedgewood와 결혼하는데 그녀와 사이에 10명의 아이를 갖게 된다. Darwin은 어떻게 그가 상상했던 있을 수 있는 결과 - 아이들, 시간의 손실, 거듭되는 말상대(companion)등을 기반으로 하여 결혼하려 결정하였을까? 그는 우리에게 이야기하지 않았다. 그러나 우리는 그의 질문을 의사결정의 여러 가지 환상을 설명하기위한 상상실험(thought experiment)으로 사용할 수 있다.

Darwin은 그의 기억 속에서 이유를 찾았다. 두 가지 비전 즉 최적화탐색과 체험직감해법이 있다. Wald(1950)의 순차분석(順次分析; sequential analysis)의 최적화모델을 뒤따라서 몇 개의 심리적 이론이 순차적 탐색과 정지법칙의 변형을 공리로 간주하였다(예 Busemeyer & Townsend, 1993, 제7장.). (결혼하느냐 안 하느냐와 같은 이원가설(二元假說; binary hypothesis)의 경우에서 대부분의 **순차모델**의 기본 아이디어는 다음과 같다. 즉 임계값(threshold)은 결혼하는 것이 더 좋은 선택이라는 잘못된 결정과 같이 있을 수 있는 두 실수의 비용을 근거로 두 가설 중 하나를 받아들이기 위해 계산된다. 각각의 이유 또는 관찰이 그 뒤 가중되고 한 가설에 대한 임계값에 맞을 때까지 증거가 축적되는데 그 시점에서 탐색은 정지되고 그 가설은 받아들여진다. 만일 Darwin이 이 과정을 따른다고 한다면 그는 의식적이든 무의식적이든 아이 하나를 갖는 것과 영리한 친구와의 얼마나 많은 대화가 동등한지 그리고 담배연기 자욱한 곳에서의 몇 시간이 안락의자에서의 부드러운 순간의 생애(生涯; lifetime)와 맞먹는지를 추정했어야 할 것이다. 가중과 더하기는 수학적으로 편리한 전제(前提; assumption)이지만 그것은 양적 확률 및 효용 면에서의 모든 믿음과 욕구에 대한 공통된 통화(通貨; currency)가 있다고 가정한다. 이들 모델은 흔히 마치-처럼(as-if)모델로 제시되는데 이들의 과업은 비록 계산이 무의식적으로 신경활성화(神經活性化; neural activation)의 공통통화를 사용하여 수행될 수 있다고 시사되어왔지만 의사결정의 과정보다는 오히려 결과를 예측하는 것이다.

탐색의 두 번째 입장(立場; vision)은 사람들이 사회적 체험직감해법이든 이유 기반 체험직감해법이든 간에 어떤 진화된 능력을 이용하는 체험직감해법을 사용한다는 것이다. 사회적 체험직감해법은 사회적 학습이나 모방(모방이 반드시 학습을 가져다 주지는 않는다.)에 대한 인간들의 능력을 활용하며 이 능력은 동물들이 필적할 수 없는 것이다. 예를 들어 다음의 체험직감해법이 사회적 조장(social facilitation)을 이끌어낸다(Laland, 2001).

> 다수 따라하기 체험직감해법을 사용하기: 당신이 당신 또래들의 다수가 한 행동을 보인다면 그 행동에 가담하라.

결혼문제에 대해 이 체험직감해법이 한 남자가 우리들이 속한 사회적 집단의 대부분의 남자가 대략 30에 결혼을 생각하기 시작하는 그 시기에 결혼을 생각하게 만든다. 누가 찬반을 생각할 필요조차 없다는 점에서 가장 간소한 체험직감해법이다. (1) 변화하기 보다는 오히려 안정되고 (2) 시끄러운 환경 즉 누구의 행위의 즉각적인 결과(consequence)가 무엇인지 알기 어려운 환경과 유사한 환경에 (3)그 행동의 관찰자와 집행자가 노출되었을 때 다수를-따르라는 것이 생태학적으로 합리적인 경향을 보인다(Boyd & Richerson, 1985; Goldstein, Gierenzer, Hogarth, et al., 2001.).

그러나 Darwin은 그의 결정을 이유에 근거를 두었던 것처럼 보인다. 여기서 이유를 탐색하는 두 부류의 체험직감해법을 기술하고자 한다. 최적화 모델과 달리 두 부류 모두 단서(端緖; cue)를 가중하거나 더하거나 하지 않는다. 체험직감해법의 한 부류는(가중하기의 단순한 형태인) 더하기를 생략하고 순서대로 단서를 탐색한다. 우리는 이 부류를 **한-이유 의사결정**(one-reason decision making)이라고 지칭한다. 두 번째 부류는 가중하기를 생략하며 임계값에 도달할 때까지 단서를 추가해간다. 이 두 번째 부류를 **대조(對照; tallying)하기** 체험직감해법이라고 지칭한다. 이들 체험직감해법의 각각은 세 개의 구성요소 즉 탐색을 위한 규칙, 멈추기, 및 의사결정으로 이루어졌다. 이들 체험직감해법의 각 부류가 성공할 조건의 일부를 명시하고 이렇게 하기위해 선호보다는 오히려 추리로 방향을 바꿔 보려한다.

최선 취하기와 대조하기

대안 a나 b중 어느 것이 어떤 기준에서 더 높은 가치를 가지는지를 예측하는 과업을 생각하자. 이 기준에서 a와 b는(행위, 대상, 사건일 수 있는) N 대안들 집합의 원소이다. 그 예측은 단서 값 1과 0이 각각 더 높은 그리고 더 낮은 기준 값을 가리키는 M 이원 단서($1, 2, \cdots, i, \cdots, M$)을 기반으로 할 수 있다. 예를 들기 위해 Newell, Weston & Shanks(2003)의 실험을 생각해보자. 피험자들은 일연의 두 가상 회사 주식 중에서 선택하도록 요청받았다. 각각의 시도에서 두 회사가 컴퓨터 스크린에 제시되고 어느 회사 주식이 더 수익성이 높을 것인지를 추리하라고 요청받았다. 더 수익성이 높은 주식을 찾아내는 것을 돕기 위해 피험자는 "그 회사는 새로운 프로젝트에 투자하는가?" "그 회사는 재무적 유보(留保; reserve)를 가지고 있는가?"와 같은 여섯 개의 단서에 관한 정보를 얻을 수 있다. 각 단서에 관한 정보의 비용은 10 원이다. 피험자들이 그들이 원하는 만큼 정보를 사고 결정을 내린 뒤 그들의 값이 맞는지 여부의 피드백이 주어졌다. 답이 맞으면 70 빼기 그들이 정보를 사용한 금액을 받았다. 사람들이 정보를 쓰지 않으면 안 될 때 그들은 어떻게 추리할까?

사람들이 어떻게 추리하는가에 관한 하나의 가설은 **최선취하기** 체험직감해법(Gigerenzer & Goldstein, 1999)인데 이는 하나의-이유 의사결정의 형식이다. 그것은 세 개의 구성요소: 탐색규칙, 멈추기 규칙, 및 결정규칙이다:

최선취하기

1. 정당성(正當性; validity)에 의한 탐색: 정당성의 순으로 단서를 탐색하라. 제일 높은 정당성을 첫째로 하여 그 단서의 단서가치를 알아보라.
2. 하나의-이유 멈추기 규칙: 하나의 대상이 양(陽; positive)의 단서 값 (1)을 갖고 다른 것은 아닐(0 또는 모름) 때 탐색을 멈추고 3단계로 진행하라. 그렇지 않으면 이 단서를 제외하고 1단계로 돌아가라. 더 이상의 단서가 발견되지 않으면 짐작하라.
3. 하나의-이유 의사결정: 양의 단서 값 (1)을 가진 대상이 그 기준에서 더 높은 가치를 가지고 있다고 예측하라.

한 단서 i의 정당성은 $v_i = R_i / P_i$이다. 여기서 R_i = 단서 i에 의한 옳은 예측의 수이고 P_i = 단서의 i값들이 대상 간에 다른 쌍의 수이다. 예컨대 Newell, Weston, & Shanks(2003) 실험에서 피험자는 수익성예측을 위한 가장 정당한 단서를 찾아보는 것으로 시작하고 이 단서에서 두 회사가 다른지를 볼 것이다. 그렇다면 피험자는 탐색을 멈추고 그에 따라 선택할 것이다. 그렇지 않다면 피험자는 다음으로 가장 정당한 단서를 찾을 것이고 선택이 내려질 때까지 반복할 것이다. 이 멈추기 규칙을 사용하여 피험자들은 모든 쓸 수 있는 단서를 찾아볼 필요 없이 추리를 끄집어 낼 수 있을 것이다.

이제 대조하기 체험직감해법에 대한 예를 생각해보기로 하는데 이것은 더하기에 의존하지 가중하기(또는 순서)에 의존하지 않는다.

대조하기:

1. 무작위 탐색: 무작위 순서로 단서들을 두루 탐색하라. 단서 값들을 알아보라.
2. 멈추기 규칙: m $(1 < m < M)$ 단서 후 탐색을 멈추고 어느 대상이 더 많은 양의 단서값 (1)을 가지고 있는지 정하고 3 단계로 진행하라. 만일 그 수가 같다면 1 단계로 돌아가 다른 단서를 탐색하라. 더 이상 단서가 없다면 짐작하라.
3. 대조하기 규칙: 더 높은 양(陽; positive)의 단서 값 (1)을 가진 대상이 그 기준에서 높은 가치를 가진다고 예측하라.

문헌에서 모든 단서($m = M$) 또는 m개의 유의미한 대상을 검색되는 단위-가중(unit-weight) 모델(Dawes, 1979)과 같은 대조하기의 변형이 검토되어왔다. 결과만을 예측하는 마치-처럼(as-if) 모델과 달리 이들 체험직감해법의 모델은 과정과 결과를 예측하며 더 강력한 검사의 대상이 될 수 있다. Newell, Weston, & Shanks의 연구(2003)에서 세 구성요소 각각은 독립적으로 검사되었다.

▶ **탐색 규칙**. 이론상 피험자들은 많은 다른 방식으로 단서를 통해 탐색할 수 있다. 만일 그들이(결과득실(pay-off)함수를 조건으로, 있음직하지 않은) 여섯 단서 모두를 검색한다면 6! = 720의 다른 순서가 있을 것이다. 대조하기 체험직감해법의 탐색 규칙은 특정한 순서를 예측하지 않지만 최선취하기 체험직감해법으로부터의 탐색규칙은 강력한 예측을 한다. 사람들은 이들 순서 중 하나, ν_i에 의하여 정의된 것을 탐색할 것이다. 정당성을 학습하기위하여 Newell, Weston, & Shanks(2003)는 각 피험자에게 각 대답 이후에 주어진(옳다/틀리다는) 피드백과 함께 120 학습시도에 접하게 하였다. 그 여섯 단서는 정당성에서 다르다. 학습단계의 뒤를 60시도로 이루어진 검사단계가 따른다. 검사단계 동안 피험자의 75%가 최선취하기의 탐색 규칙을 따랐다. 오직 두 단서만이 있을 때 이 숫자는 92%까지 증가하였다. 따라서 피험자의 대다수가 무작위로 탐색하는 것이 아니라 정당성의 순서로 탐색하였다.

▶ **멈추기 규칙**. 탐색을 멈추기 위한 논리적 가능성은 탐색을 위한 것보다 더 적다(사람들이

탐색하지 않고 단순하게 짐작하는 가능성을 세는 것이 아니고). 멈출 가능성이 첫째, 둘째, ..., 여섯째 여섯 번 있다. 대조하기는 피험자들이 한 단서 이상을 더해나간다고 상정(想定; postulates)하지만 얼마나 많이는 미결로 남겨둔다(즉 수 m은 독립적으로 추정되어야한다). 이에 비해 최선취하기는 탐색은 먼저도 아니고 뒤도 아닌 첫 번째로 차별되는 단서가 발견된 바로 뒤에 멈추어진다. 각각의 멈추기 규칙은 탐색규칙에 대한 결과와 상관없이 정당할 수 있다는데 유의하자. 예컨대 사람들은 ν_i와 일치하지 않는 719순서 중 하나에서 탐색할 수 있지만 첫 번째 차별되는 단서가 발견된 뒤에 멈출 수 있거나 또는 탐색이 정당성을 따를 수 있지만 모든 단서를 검색한 뒤에만 멈추어진다. 따라서 탐색에 대한 경험적 결과가 멈추기 행동을 제약할 수는 없다. Newell, Weston, & Shanks(2003)는 (피험자가 어떤 정보라도 산) 모든 단서의 80%에서 피험자들은 하나의 차별되는 단서를 넘어 계속하지 않았으며 이 숫자는 단지 두 단서만 있을 때 89%로 증가한다. 이것은 아주 많은 다수가 차이를 만들어주는 첫 번째 단서를 발견한 바로 뒤 탐색을 멈추었다는 것을 의미한다.

▶ **결정 규칙**. 이론상 피험자들은 여섯 단서에 관한 정보를 결합하기위하여 무한한 방식을 사용할 수 있다. 이에는 가중된 또는 가중되지 않은 선형모델이 있다. 한 사람이 한-이유(one-reason) 멈추기 법칙을 따른다면 이것이 결정에 도달하는 방식을 제약할 것이다(반면에 먼저 언급한 것처럼 탐색 규칙은 멈추기 및 결정 규칙에 어떤 제약조건도 강요하지 않는다). 단지 한 조각의 차별시켜주는 정보만 얻어진다면 남는 유일한 합리적 결정 규칙은 한-이유 의사결정 형식이다. 반면에 다중이유(multiple-reason) 멈추기 규칙은 있을 수 있는 결정 규칙을 제약하지 않을 것이다. Newell, Weston, & Shanks(2003)은 여섯 및 두 단서 모두에 대한 시도의 89%에서 그들의 피험자들이 최선취하기 결정 규칙을 따랐다고 보고한다.

이제 어떤 조건하에서 사람들이 최선취하기를 사용하는지(Bröder, 2000, 2003; Newell &Shanks, 2003; Newell, Weston, & Shanks, 2003) 그리고 언제 같은 과업에서 최선취하기가 다른 체험직감해법이나 최적화 모델과 비교되는지를 분석한 많은 수의 실험(Bröder, 2000, 2002; Bröder & Schiffer, 2003a, 2003b; Lee & Cummins, 2004; Newell, Rakow, Weston, Shanks, 2004; Rieskamp & Hoffrage1999; Rieskamp & Otto, 2004; Todorov, 2002)이 있다. 대조하기를 실험한 연구는 비교적 많지 않다(Bröder, 2000, Rieskamp & Hoffrage, 1999.). 내기가 크게 걸린 결정에서 한-이유(one-reason) 의사결정이 관찰되었다. 영국 치안판사들이 좋은 이유 하나만을 근거로 보석결정을 내리며(Dhami, 2003; Dhami & Ayton, 2001.) 영국의 일반 개업의들이 지질저하제(脂質低下劑를; lipid lowering drugs) 처방할 때 그리하는 경향이 있다(Dhami & Harries, 2001.). 많은 부모들이 밤중에 아이가 심하게 아플 때 어느 의사에게 갈 것인가를 결정하는데 하나의 이유에 의지한다(Scott, 2002.).

[그림 5.1.2] 되돌아보기 편향의 과정모델

되돌아보기 편향: 신뢰도

질문: 케이크와 파이 중 어느 것이 콜레스테롤이 많을까?

신호	당초	피드백	되돌아보기
포화지방 (80%)	케이크 ? 파이	"케이크"	케이크 > 파이
칼로리 (70%)	케이크 >파이		탐색 중단
단백질 (60%)	탐색 중단		
선택	케이크		케이크
신뢰도	70%		80%

피험자들은 두 슈퍼마켓 식료품의 어느 것이 콜레스테롤이 많은지를 판단하기위하여 단서(포화지방, 칼로리, 단백질)와 정당성(괄호)을 배운다. 당초 판단, 피드백, 회상의 세 시점이 있다.

당초의 판단은 최선취하기로 이루어지는데 이는 단서들의 정당성을 기억에서 찾아본다는 것을 의미한다. 주어진 예에서 첫 번째 단서 포화지방산은 피험자가 케이크와 파이 어느 것이 더 높은 값을 가진지 모르기 때문에(?로 표시) 탐색을 멈추지 않는다. 두 번째 단서는 피험자들이 케이크가 파이보다 칼로리가 높다는 것을(〉로 표시) 알기 때문에 탐색을 멈춘다. 답은 케이크이며 신뢰도는 단서의 정당성 즉 70%이다. 두 번째 시점에서 케이크가 옳다는 것이 주어졌다. 피드백이 자동적으로 단서(의문부호)에 관한 기억 속의 없어진 정보를 새롭게 하기위하여 사용된다. 따라서 회상의 시점에서 피드백의 지시를 따라 포화지방에 관한 "?"이 〉로 바뀌었을 것으로 보인다. 당초 판단의 회상이 다시 최선 취하기를 따르지만 이제 첫 번째 단서는 탐색을 멈추고 회상된 답은 전처럼 케이크이다. 반면에 회상된 신뢰도는 80%인데 이것은 옳지 않으며 되돌아보기 편향이라 불린다. 피험자가 아는 것과 모르는 것을 솜씨 있게 처리함으로써 누구는 각각의 질문에 대해 되돌아보기 편향이 일어나는지 아닌지를 예측할 수 있다.
원전: hoffrage et al.(2000)

최선취하기와 대조하기는 **정신적 확률모델**이론(probabilistic mental models theory)에서(Gigerenger, Hoffrage, & Kleinbölting, 1991; Slegers, Brake, & Doherty, 2000) 그리고 **되돌아보기 편향**(hindsight bias)에 대한 최초의 과정모델인 RAFT(Hoffrage, Hertwig, & Gigerenzer)에서와 같이 얼마간의 판단 과정의 구성요소로써 제안되고 검사되었다. 우리는 되돌아보기 편향이 때로는 일어나고 때로는 일어나지 않는다는 것을 많은 연구를 통하여 안다. 과정모델은 각각의 피험자에 대해 예측하고 되돌아보기 편향이 일어날지 안 일어날지를 질문할 수 있다(표 5.1.2).

5.1.6 생태학적 합리성(Ecological Rtionality)

환경의 어떤 구조에 이 두 체험직감해법의 각각이 이용될 수 있을까? [그림 5.1.3]에서 처럼 다섯 단서가 있는 상황을 생각하자. 그림에서 가중치는 최선취하기에서의 단서의 순서에 상응한다. 1/2, 1/4, 1/8 등등과 같은 단서의 가중치가 기하급수적으로 감소하는 환경에서 다중회귀(多重回歸; multiple regression)을 포함하여 어떤 선형모델도 더 빠르고 더 간소한 최선취하기를 능가할 수 없다. Martignon & Hoffrage(1999, 2002)가 이를 증명하였다. 우리는 한 단서의 오른 쪽에 있는 단서가중치(端緒加重值; cue weights)들의 합이 이 단서의 가중치보다 클 수 없기 때문에 - 그것들이 그 단서에 대해 더 높은 가중치로 대신 메울 수 없기 때문에 이 결과를 직감적으로 볼 수 있다. 이런 형태의 환경은 비보상 정보(非報償 情報; noncompensatory information)로 구축된다. 여기서 하나의 이유에 의존하고 나머지는 무시하는 것이 어떤 선형 모델에 의해 모든 이유를 통합하는 것만큼 정확하다. 간소한 체험직감해법의 뛰어난 확고함(robustness)이 주어진다면(아래를 보라) 최선취하기는 실제로 더 정확해질 것 같다.

비보상 정보를 가지고 대조하기를 잘 하지 못할 것이다. 그것은 단서 가중치가 별로 다르지 않은 환경에서 이용될 수 있다. 모든 단서가 같은 가중치를 갖는 [그림 5.1.3]에서 보여주는 극단적 경우에서 우리는 모든 단서를 대조하는 $(m = M)$ 대조하기 체험직감해법이 어떤 선형 모델과도 같은 정확도를 갖게 해줄 것이라는 것을 알 수 있다.

이들 두 체험직감해법이 이용할 수 있는 구조가 더 있다(Forster, Martignon, Vitouch, & Gigerenzer, 2003; Martignon & Hoffrage, 1999, 2002.). 예컨대 정보가 드물 때 즉 단서의 수에 비해 데이터 포인트(data points)가 적을 때 최선 취하기와 기타 단순한 체험직감해법이 큰 학습 표본들이 필요한 다중회귀 및 다른 통계적 모델에 비해 일반적으로 유리하다(Gigerenzer et al., 1999; Chater, Oaksford, Nakisa, & Redington, 2003.).

[그림 5.1.3] 최선 취하기와 대조하기의 생태학적 합리성

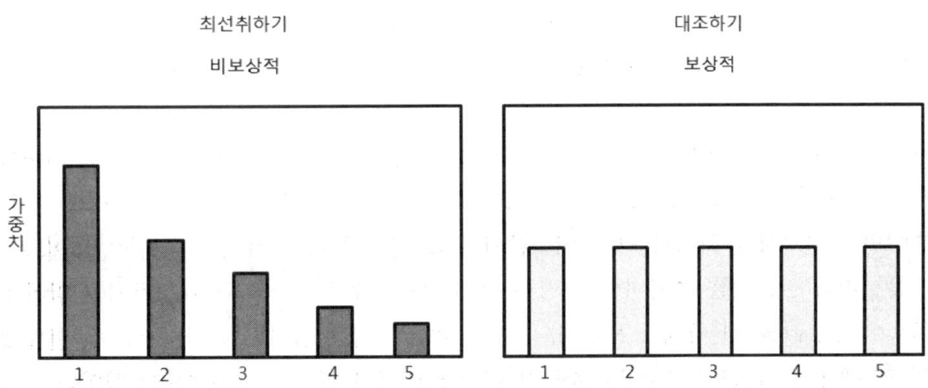

왼쪽의 환경은 완벽하게 비보상적 정보를(다섯 개의 이원 단서의 가중치가 기하급수적으로 감소한다.) 갖는다. 오른쪽 환경은 완벽하게 보상적(모든 가중치가 같다)이다(대조하기가 아니라). 최선 취하기는 비보상적 정보를 이용하며(최선취하기가 아니라) 대조하기는 보상정보를 이용한다.

원전: Martignon & Hoffrage(1999)

5.1.7 사람들은 어느 체험직감해법을 쓸 것인지를 어떻게 아나?

사람들은 체험직감해법이 사용될 의식적 결정을 거의 내리지 않지만 그들은 피드백이 있다면 환경을 빠르게 그리고 무의식적으로 바꾸는데 체험직감해법을 적용하는 경향이 있다는 것

[그림 5.1.4] 어떻게 사람들이 그들의 체험직감해법을 환경 구조에 적응시키나?

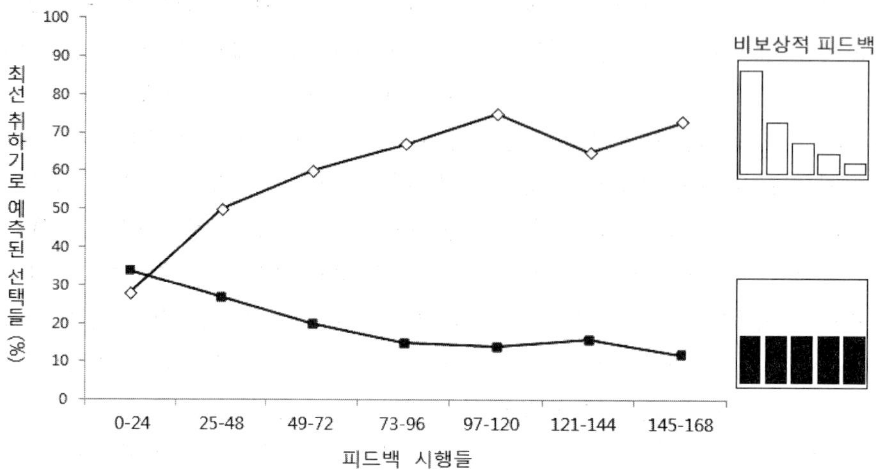

원전: Rieskamp & Otto (2004)를 근거로 한 Gigerenzer (2007)

을 Payne et al.(1993)의 연구가 보여준다. 이 적응하는 과정은 Rieskamp & Otto(2004)에 의한 실험에 의해 설명되었다. 피험자들은 종업원의 자격과 수익성과 같은 여섯 단서를 근거로 대출 신청을 한 두 회사 중 어느 회사가 더 지불능력이 있는지를 평가하는 과업을 가진 은행고문역할을 했다(단서가치를 알아보기 위한 비용이 무료라는 것 외에는 Newell et al., 2003에 의한 실험과 유사하다). 첫 번째 24쌍의 회사들에 대해서 피험자들 추리가 옳은지 여부에 대해서 피드백은 제공되지 않았다. 피험자들은 약 30%의 경우에서 사람들은 체험직감해법이 사용될 의식적 결정을 거의 내리지 않지만 그들은 피드백이 있다면 환경을 빠르게 그리고 무의식적으로 바꾸는데 체험직감해법을 적용하는 경향이 있다는 것을 Payne et al.(1993)의 연구가 보여준다. 이 적응하는 과정은 Rieskamp & Otto(2004)에 의한 실험에 의해 설명되었다. 피험자들은 종업원의 자격과 수익성과 같은 여섯단서를 근거로 대출신청을 한 두 회사 중 어느 회사가 더 지불능력이 있는지를 평가하는 과업을 가진 은행고문역할을 했다(단서가치를 알아보기 위한 비용이 무료라는 것 외에는 Newell et al., 2003에 의한 실험과 유사하다). 첫 번째 24쌍의 회사들에 대해서 피험자들 추리가 옳은지 여부에 대해서 피드백은 제공되지 않았다. 피험자들은 약 30%의 경우에서 선취하기를 따랐는데 이는 정보가 자유인 상황에서는 이상한 것이 아니다. 다음의 시도들에서 피드백이 주어졌다. 피험자들의 한 집단은 환경이 비보상적이었다(그림 5.1.3을 보라). 즉 더 신용이 있는 회사는 약 90%의 경우에서 제일 높은 정당성을 가진 단서(두 회사가 이 단서에서 달랐다.)에 의하여 정해졌다. 두 번째 집단에게는 환경이 보상적이었다. 즉 피드백은 약 90%의 경우에서 가중가산규칙(加重加算規則; weighted additive rule)에 의하여 정해졌다. 사람들은 직관적으로 그들의 체험직감해법을 환경의 구조에 적응시키나? [그림 5.1.4]에서 볼 수 있는 것처럼 환경구조에 관한 피드백이 최선취하기사용의 빈도를 바꾸었다. 사람들은 다른 환경에서는 다른 체험직감해법이 성공적이라는 것을 가르침 없이 배운다.

Bröder(2003)는 높은 IQ를 가진 사람들이 환경의 구조를 간파하는데 그리고 그 결과로써 어느 체험직감해법을 사용하는가를 더 잘 알아낸다고 보고하였다. 전략사용을 개인적으로 연관시키기는 것은 찾기 어렵지만 개인적으로 적응시키기는 것은 입증하기 쉬운 것처럼 보인다.

이 실험이 피드백에 의한 개인적 학습의 예를 보여준다. 어떤 문제에 대해 어떤 체험직감해법을 사용할까가 점진적 및 문화적 학습으로도 배울 수 있다. 예컨대 거피(guppy)(서인도산 관상용 열대어) 암놈은 짝짓기 상대를 선택하기 위한 체험직감해법을 이미 갖추고 있는데 이는 최선취하기와 비슷하다(Dugatkin, 1996.). 거피암놈이 두 수놈 중에서 정하지 않으면 안 될 때 가장 중요한 단서는 오렌지색의 정도인 것처럼 보인다. 한 수놈이 다른 놈보다 더 오렌지색이면 이 단서가 탐색을 멈추기에 충분하고 그 놈을 선택한다. 사회적 학습이 언제 어떤 체험직감해법을 사용할 것인가를 배우는데 가장 빠른 길인 반면 점진적(연습을 통한) 학습이 제일 느리다. 신출내기 외야수, 조종사, 또는 선원은 수분 안에 시선 체험직감해법을 배울 수 있다.

[그림 5.1.5] 단순성이 더 높은 예측 정확도로 이끌 수 있다.

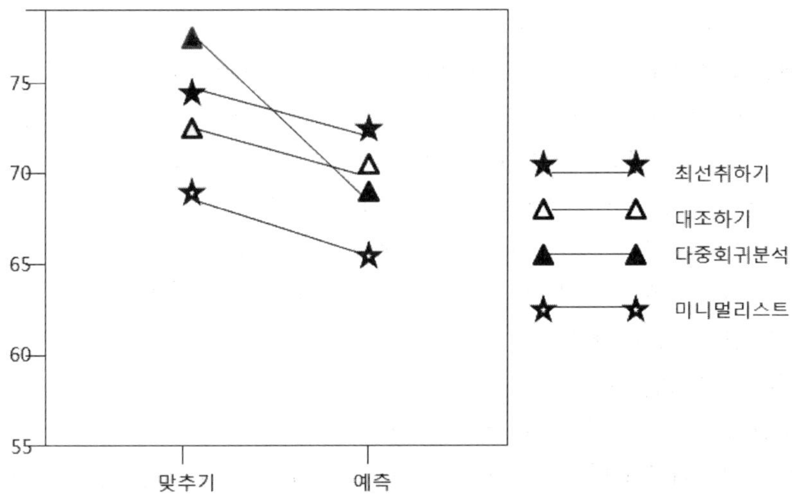

세 체험직감해법의 예측력은 20 문제에서 다중 회귀분석과 비교된다. 체험직감해법의 둘(최선취하기와 미니멀리스트(minimalist; 최소의 단순한 요소로 최대의 효과를 노리는 사람)는 하나의 이유 의사결정 가족에 속한다. 세 번째는 대조하기 가족(단위 가중선형모델)에 속한다. 20 예측 문제는 심리적, 경제적, 환경적, 생물학적, 및 건강문제를 포함한다. 대부분은 통계학 교과서에서 취했다. 여기서 그것들은 다중회귀분석의 사용을 위한 예로서의 역할을 하였다. 단서의 수는 3과 19 사이에서 변한다. 그리고 그것들은 중앙값에서 이원화되거나 이분되었다. 20문제 각각과 네 전략 각각에 대해 95% 신뢰구간이 $\leq$ 0.42 % 포인트이었다. 비록 다중회귀분석이 제일 좋은 맞추기를 가지지만 체험직감해법의 둘이 더 높은 예측 정확도를 가진다.

원전: Czerlinski et. al.(1999)

5.1.8. 확고함(robustness)

좋은 체험직감해법은 확고할 필요가 있다. 확고함이란 미래나 새로운 사건에 관해 예측하는 능력이다. 반면에 맞추기(fitting)는 과거나 알려진 데이터에 맞추는 것이다. 훌륭한 맞추기가 과도-맞추기(overfitting)[81]에 지나지 않을 수 있다(Mitchell, 1997; Roberts & Pasher, 2000.). 과도-맞추기를 정의하기위하여 모델이 자신의 매개변수를 추정하기위한 학습표본과 그것이 검사되는 검사표본을 구별할 필요가 있다. 두 표본 모두 같은 모집단에서 무작위로 추출된다.

▶ **정의.** 모델 O은 만일 O가 O'보다 학습표본에서 에러가 더 적지만 검사표본에서 더 많은 에러가 있는 그런 대안이 되는 모델 O'가 존재한다면 학습표본을 과도로 맞춘 것이다.

[그림 5.1.5]를 보자. 이 그림은 20개의 실생활 문제를 평균 낸, 다중회귀분석과 비교되는 세 체험직감해법의 정확도를 보여준다(Czerlinski, Gigerenzer, & Goldstein, 1999.). 각 문제에서 과업은 두 대상 중 어느 것이 한 기준에서 더 높은 점수를 받느냐를 예측하는 것이다. 예컨대 하나의 문제는 어느 Chicago 공립 고교가 더 높은 탈락률을 가지는가를 예측하는 것이었다. 단서는 학생들의 출석률, 전 학생의 사회경제적 및 인종적 구성, 반의 크기, 및 여러 표준화된 시험에서의 학생들의 점수가 포함되었다. 다른 문제들은 사람들의 매력판단, 무주택비율, 대학교수의 급료, 18세 청소년의 비만을 예측하는 것이다. 세 체험직감해법은 최선취하기,(최선취하기와 같지만 무작위순서로 단서를 탐색하는) 미니멀리스트(minimalist), 및 모든 단서($m = M$)를 조사하는 즉 단위가중치 선형 규칙이었다. 최선취하기와 미니멀리스트가 가장 간소하다; 그것들은 탐색을 멈추기 전에 평균 2.4 및 2.2 단서를 조사하였다. 대조하기와 다중회귀분석은 모든 단서정보를(망라된 탐색을) 조사하였는데 이는 평균 7.7 단서에 이른다. 체험직감해법이 얼마나 정확한가?

중요한 포인트는 데이터 맞추기와 예측을 구별하는 것이다. 데이터 맞추기에서 검사세트는 훈련세트와 같으며 여기서 더 조절 가능한 모수(母數; parameters)를 가진 모델이 일반적으로 더 잘하는 것은 수학적으로 자명한 이치(truism)이다. 따라서 다중 회귀분석이 가장 잘 맞춘다. 그러나 모델의 진정한 검사는 그것의 예측의 확인이 중요한데 그 확인이 교차확인(交叉確認; cross validation)이다. 즉 이들 네 모델은 그들의 모수를 데이터의 반에서 배우고 나머지 반에서 검사된다. 최선취하기와 대조하기의 예측정확도는 평균적으로 다중회귀분석보다 높았다. 이 결과는 다중회귀분석이 모든 정보를 그리고 체험직감해법 각각이 한 것보다 더 많이 처리하였으므로 모순된 것처럼 들린다.

[그림 2.1.5]는 다중회귀분석이 최선취하기와 대조하기 둘 다에 비해 데이터를 과도로 맞추었다(Dawes, 1979도 보라). 과도-맞추기를 이해하는 직관적 방법은 다음 방법이다. 즉 관찰의 집합은 다른 표본으로 일반화되는 정보와 그렇지 않은 정보(예 잡음; noise)로 이루어진다. 우

---

81) 과도-맞추기(over-fitting)는 통계학에서 표본에는 잘 맞지만 새 데이터에는 잘 안 맞는 모델에서 사용됨.

리가 데이터에서 너무 많은 정보를 추출하면 우리는 더 좋은 맞춤(fit)(더 높은 설명된 분산(explained variance))을 갖게 될 것이지만 누구는 예측하는 정보에 대해 더 많은 잡음을 잘못 판단할 것이다. 결과로 우리의 예측력을 대폭적으로 감소시킬 것이다. 단순화의 두 형식 — 합산이거나 가중하거나 하여 생략하는 것 — 이 더 크게 확신에 차게 하여주었다는 것에 유의하라. 그러나 합산과 가중 둘 다를 가지고 분산시켰던 미니멀리스트는 데이터에서 아주 적은 정보만을 뽑아냈다.

일반으로 모델의 예측정확도는 그것의 맞추기의 횟수로 증가하고 조절 가능한 모수의 수와 함께 감소한다. 그리고 맞추기와 예측정확도 사이의 차이는 더 많은 수의 데이터 포인트와 함께 더 작아진다(Akaike, 1973; Forster & Sober, 1994.). 일반적 교훈은 불확실성하 판단에서 우리는 좋은 예측을 위해서 정보를 무시해야한다는 것이다. 요령은 적당한 것을 무시해야한다는 것이다. 우리에게 결정을 내리도록 허용해주는 최선의 이유를 사용하고 나머지는 무시하는 것과 같이 단순성을 장려하는 체험직감해법은 일반화되는 정보에 초점을 맞출 확률이 높다.

이 결과는 직관에 반하는 것처럼 보일 수도 있다. 더 많은 정보가 언제나 더 좋다. 즉 더 많은 선택이 언제나 더 좋다 — 라고들 이야기한다. 이 문화적 편향이 반대의 발견을 불가사의한 기이함처럼 보이게 만든다(Hertwig & Todd 2003.). 그러나 전문가들은 그들의 판단을 놀라우리만큼 적은 정보에 기반을 두며(Shanteau, 1992) 핸드볼 프로선수들은 시간이 별로 없을 때 더 조은 결정을 내린다(Johnson & Raab, 2003.). 사람들은 반분(半分)동안 비디오클립(video clips)보고 나서 모르는 사람의 믿음직한 인상을 형성할 수 있으며(Ambady & Rosenthal, 1993), 품종이 많지 않을 때 구매고객이 더 많이 물건을 사고(Iyengar & Lepper, 2000), 실험적 시장에서 지식이 없는 상인이 지식을 가춘 사람들만큼 이익을 낸다(Gode & Sunder, 1993.). 마지막이지만 최소가 아닌 최소의 필요조건을 추구하는 사람(satisficers)이 더 낙관적이고 더 높은 자부심과 생활만족을 가진다고 보고된 반면 최대를 추구하는 사람(maximizers)은 우울, 완벽주의, 후회, 및 자책에서 앞선다(Schwartz, Ward, Monterosso, Lyubomirsky, White, & Lehman, 2002.). 작음이 많음일 수 있다.

5.1.9. 체험직감해법의 구성요소(the building blocks of heuristics)

체험직감해법과 그것의 구성요소와의 관계를 생각하는 하나의 길은 화학에서의 주기율표인데 여기에 많은 원소가 있지만 입자는 별로 많지 않다. 같은 입자들이 결합하여 새로운 원소를 만드는 것처럼 같은 구성요소가 새로운 과업을 처리하기위해 새로운 체험직감해법을 구성한다. 다음 문제를 보자.

심하게 가슴이 아픈 한 남자가 병원으로 달려 들어왔다. 의사들은 심한 허혈성심장질환(심근경색; MI; myocardial infarction)을 의심하며 결정을 내려야하고 빨리 내려야만 한다. 그 환자는 심장질환집중치료실로 보내져야하나 또는 심전도(心電圖; electrocardiogram; ECG) 원격측정시설이 있는 일반 병실로 보내져야하나? 한 Michigan 병원에서 의사들은 그들의 환자 중 90%를 심장동맥집중치료실로 보낸다. 이 방어적 의사결정이 초만원을 불러오고 치료의 질을

떨어뜨리며 그 병실에 있어서는 안 되는 환자에게 건강상의 위험

이 되었다. 약 50%의 확률이 있는 **전문가시스템**(expert system)과 로지스틱(logistic) 회귀분석이 의사들보다 더 잘 해내지만 의사들은 그들이 투명하지 않기 즉 그들은 이들 시스템을 이해하지 못하기 때문에 그것들을 사용하고 싶지 않다. 해법을 찾기 위해 Michigan 대학 병원 연구원들(Green & Mehr, 1997)은 분류 체험직감해법을 빠르고 간소한 나무(그림 5.1.6)의 형태로 설계하기위하여 최선취하기의 구성요소를 사용하였다. 만일 환자가 그의 심전도에 이상(이른바 ST segment 변화)이 있으면 그는 즉시 심장동맥집중치료실로 보내진다. 다른 정보는 필요 없다. 그런 경우가 아니라면 두 번째 변수가 고려된다. 즉 그 환자의 주요 증상이 가슴의 아픔인지를. 그렇지 않다면 그는 즉시 낮은 위험으로 분류되고 일반병실로 보내진다. 다른 정보는 고려되지 않는다. 만일 답이 예이면 세 번째 복합적 질문이 그 환자를 분류하기위하여 주어진다.

[그림 5.1.6] 빠르고 간소한 나무: 심장동맥집중치료실 결정

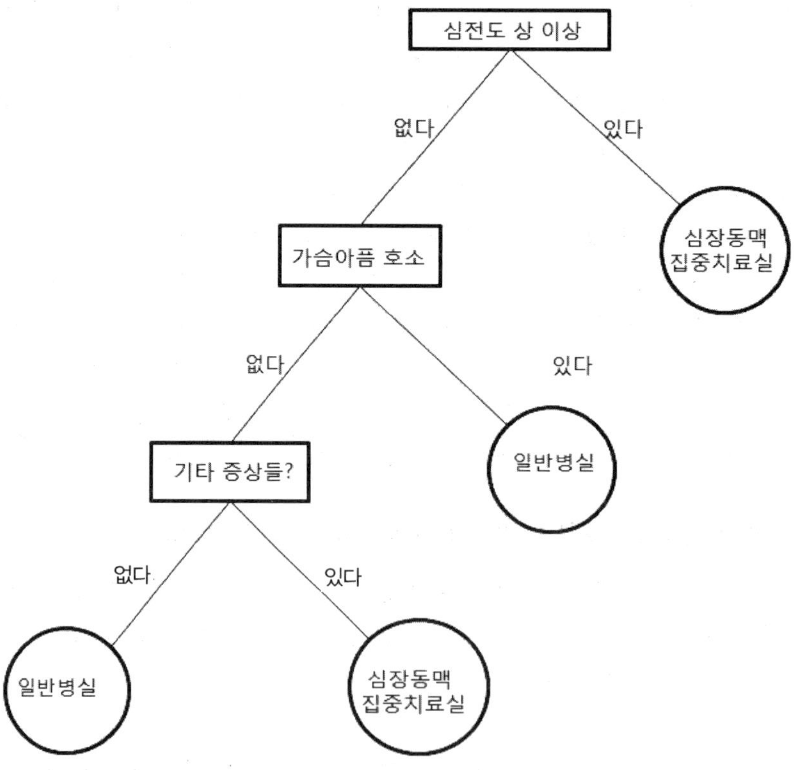

원전: Green & Mehr (1997)을 근거로 한 Gigerenzer, 2007

Green & Mehr(1997)은 빠르고 간소한 나무는(심근경색으로의 발병으로 측정한 대로) 의사들의 결정보다 더 정확하였다. 그것은 더 높은 민감도와 더 작은 위양성율(僞陽性率; false positive rate)을 갖는다. 빠르고 간소한 나무가 가지고 있는 그리고 그 이상의 모든 정보를 가진 전문가시스템보다 체험직감해법이 역시 더 정확하였다.

빠르고 간소한 나무는 나무의 각 수준에서 분류를 허용하는 분류나무로 정의된다. 그것은 $M+1$의 출구(M은 변수 또는 단서의 수이다) 또는 끝 마디를 갖는다. 이에 비해 완성된 나무 끝 마디의 수 2^M은 기하급수적으로 증가하는데 이는 완성된 나무를 많은 수의 변수에 대해 계산적으로 처리하기 어렵게 만든다. 빠르고 간소한 나무는 최선취하기와 같은 구성요소 즉 순서화된 탐색, 한-이유 멈추기 규칙, 및 한-이유 의사결정으로 구성되어 있다. 병상의 단서가 [그림 5.1.3](왼쪽)을 따를 때 누구는 어떤 로지스틱회귀분석도 체험직감해법보다 더 정확하지 않다는 것을 보여줄 수 있다. 병상의 단서가 더 보상적인 구조(그림 5.1.3 오른쪽)를 따른다면 대조하기 경험해법이 더 정확할 것이다. 집중치료실 배정문제에 대한 대조하기 체험직감해법은 다음과 같다(Forster et al. 2003):

> **셋을 대조하기.** 만일 세 양(陽; positive)의 단서 값이 나타난다면 탐색을 멈추고 환자를 심장동맥 집중치료실로 보낸다.

두 분류를 위한 체험직감해법 모두 투명하다. 즉 의사들은 그것들의 논리를 쉽게 이해하고 따라서 로지스틱 회귀분석보다 더 기꺼이 그것들을 받아들이고 사용한다. 즉 (1) 만일 그것들이 환경의 구조를 활용할 수 있다면(그림 5.1.3을 보라.), 그리고 (2) 단순성이 확고함을 조장하기 때문에 이들 체험직감해법의 예측정확도는 높다. 로지스틱 회귀분석이 당초 정당화되었던 병실 모집단에서 맞추기를 훌륭하게 해냈을 수 있지만 이제는 Michigan 병원에서 알 수 없을 정도로 환자 모집단에 적용된다는 것에 주목하자. 훈련 및 검사 표본이 같은 모집단에서 추출된 [그림 5.1.5]의 상황과 달리 여기서는 확고함이 미지의 모집단과 관련된다.

빠르고 간소한 의사결정의 체계적 가르침은 전통적 결정이론의 대안으로(Elwyn, Edwards, Eccles & Rovner, 2001) 그리고 거장(巨匠; master) 임상의(clinicians)의 뛰어난 직관의 설명(說明; explication)으로도(Naylor, 2001; Phillips, Klein, & Sieck, 2007) 의료계에 널리 도입되고 있다. 빠르고 간소한 나무가 어린 아이들에게 항생제를 처방하기위한 때와 같이 규범적 가이드라인으로 제안되어왔다(Fischer et al., 2002.).

많은 수의 범주를 가진 문제의 분류에 대해 체험직감해법은 한-이유 의사결정이나 대조하기보다는 오히려 소거법(消去法; elimination)에 의존할 수 있다. 이 구성요소는 소거에 의한 분류(分類; categorization)(Berretty, Todd, & Martignon, 1999)의 그리고 양적 추정이 포함된 문제를 풀 수 있는 체험직감해법, QuickEst(Hertwig, Hoffrage, & Martignon, 1999)의 일부이다. 그것은 일찍이 요인별(要因別) 소거법(elimination by aspects)에서 우선적 선택(preferential choice)에 사용되었다(Tversky, 1972.). 여기서 다루지 않은 체험직감해법의 구성요소들에는 (Todd & Miller, 1999에서의 배우자선택에서처럼), 요구수준(要求水準; level of aspiration), (Hertwig, Davis, & Sulloway, 2002에서의 부모의 투자에서처럼) 주주권(株主權; equity)의 사회적 관념, (Boyd & Richerson, 2001에서의 체제순응주의에서처럼) 사회적 규범(social norms), 그리고 그 기능이 인지적 구성요소의 기능과 유사하지만 더 강하게 그리고 더 오래 지속되는 감정적 절차(emotional processes)(Gigerenzer & Selten, 2001)가 포함된다. 예컨대 사랑에 빠지는 것은 파트너 찾기를 끝내고 혼약을 마음먹는 강력한 멈추기 규칙이다. 혐오(嫌惡; disgust)가 선택세트를 제한할 수 있고 사회적 규범이 우리를 내내 어떻게 결정을 내려야 하는지 생각하지 않으면 안 되는 것으로부터 자유롭게 해준다.

5.1.10. 적합한 공구상자(the adaptive toolbox)

영리한 체험직감해법의 연구는 (1) 체험직감해법의 구성요소 및 (2) 주어진 체험직감해법이 활용할 수 있는 환경의 구조를 알아보는 것 즉 그것이 풀 수 있는 문제의 종류와 관계가 있다. 다른 말로 하면 그것의 첫 번째 목적은 적합한 공구상자의 연구이고 두 번째는 기술적(記述的; descriptive)이기도 하고 처방적(處方的; prescriptive)이기도 한 목적을 가진 생태적 합리성의 연구이다. 적합한 공구상자의 연구는 체험직감해법의 사용에 있어서의 개인적 차이 및 인생과정에서의 적합한 공구상자의 변화를 설명하는 것을 목적으로 한다(Gigerenzer, 2003.). 체험직감해법의 모델들은 선수들이 달리면서 공을 잡을 수 있을지 여부 또는 **되돌아보기 편향**이 일어날 또는 일어나지 않을 조건과 같은 질적 예측을 허용한다. 그것들은 또한 재인 체험직감해법을 사용할 때의 옳은 답의 비율과 같은 양적 예측도 하게 해준다. 베이즈 모델 검사하기(MacKay, 1992)와 모순되지 않는 강력한 검사방법을 (1) 개인 및 집단 의사결정에서의 덜함이-더-많은 효과와 같은 반직관적(counterintuitive) 예측 및 (2) 최선취하기의 탐색, 멈추기, 및 결정 규칙과 같은 제로 점 조절가능 매개변수(zero adjustable parameter)를 가진 모델들로부터 얻을 수 있다.

이에 비해 생태적 합리성의 연구는 기술적이고 처방적이다. 체험직감해법과 환경의 구조 간의 어울림에 관한 연구의 결과는 사람들의 체험직감해법의 적합한 사용을 위한 가설을 도출하는데 사용될 수 있다. 이들 결과는 또한 처방적 힘이 있다. 예컨대 유용한 정보가 비보상적일 때 우리는 분류를 위해 빠르고 간소한 나무를 또는 쌍으로 된 비교를 위해 최선취하기를 추천할 수 있다. 왜냐하면 이들 체험직감해법이 어떤 선형모델 못지않게 보다 더 빠르게, 간소하게, 그리고 투명하게 예측할 것이기 때문이다. 이에 더해 유용한 정보가 드물다면 우리는 체험직감해법이 더 정확할 것이라고 기대한다. 왜냐하면 그것들은 확고할 것이기 때문이다. 우리의 마음을 괴롭히는 대부분의 문제는 계산적으로 다루기가 힘들다 - 어떤 기계나 마음도 최적의 해답을 찾을 수 없다. 빠르고 간소한 체험직감해법의 체계적 연구는 우리가 최선의 해법을 전혀 모를 때조차 실증적 기반위에서 규범적 추천을 마련할 수 있다.

이 장에서 우리는 개명(開明; enlightenment)의 태양이 논리와 확률의 빛줄기 속으로 내리비춘다고 알고 있는 친숙한 나라와는 다른 나라를 여행하였다. 우리가 찾고 있는 새로운 합리성의 나라는 불확실성의 안개로 휩싸인 시간과 지식이 제한되어 있지만 영리한 체험직감해법(heuristic)을 마음대로 이용할 수 있는 사람들이 살고 있는 나라이다.

5.2 편향

5.2.1 편향(bias)이란 무엇인가?[82)]

Oxford 영어사전(2002)에 따르면 "**편향**(偏向; bias)"이란 용어(term)는 애초에는 경사진 선(slanting line; 예를 들면 정사각형의 대각선) 그리고 던져진 볼링 볼의 비스듬한 움직임을 기술하기위하여 사용되었다. 또한 볼 한쪽에 납을 붙임으로서 생기는 비대칭구조를 지칭하기도 한다.

이들 용례를 통해 우리는 현대의 여러 용어 사용상의 맥락에서 두 가지 차이점이 있음을 미루어 알 수 있다. 첫째 차이로 편향은 흔히 규범(規範; norm)에서의 벗어남을 기술하기위하여 사용되지만 또 다른 더 중립적인 의미에서는 그것이 단순히 어느 것에서 다소 기울어진 경향을 가리키는 경우도 있다. 예컨대 "**적극성 편향**(**積極性偏向; positivity bias**)"이라는 용어는 인물지각(人物知覺; person perception)에서 더 일반적으로는 일상 언어에서 부정적 평가보다 긍정적 평가가 우세함을 기술하는데 사용되어 왔다(Kanouse & Hanson, 1971; Peeters, 1971). 이것은 그 자체로 우리가 긍정적인 사건과 부정적인 사건이 서로 균형을 이루어야 한다고 믿지 않는 한 판단에 아무 오류도 나타내고 있지 않다. 반면에 "**바람직함 편향**(desirability bias)" (Budescu & Bruderman, 1995)는 뒷받침되는 증거가 많기 때문이 아니라 우리가 단순히 그 결과가 현실화되기를 원하고 바라기 때문에 그런 결과에 과장된 확률추정치를 부여하는 경향을 의미한다. 그런 편향은 체계적인 차선의 판단으로 간주될 수 있으며 때로는 "착오" 또는 "오류"라고 불릴 수조차 있다.

또 하나의 차이점은 원인으로서의 편향 대 결과로서의 편향에 관한 문제이다. 볼링공의 편향은 그 볼의 모양 또는 던지기 동작일 수 있으며 볼을 직선에서 벗어나게 한다. 그것은 또한 한쪽으로 기울어진 구조에서 오는 궤적(軌跡; trajectory)을 가리키기도 한다. 판단심리학에서 편향은 원래 원인보다는 결과로 이해되었다. 그러나 많은 맥락에서 편향은 예를 들어 설명될 현상보다는 오히려 묘사(描寫; explanation)로 사용되어왔다. 예를 들면 논리적 과제의 연구에서 Evans(1989)는 연역적 추리(deductive reasoning)의 많은 오류가 일반적인 "**맞추기 편향**(matching bias)"을 근거로 설명될 수 있다고 말하였는데 이 맞추기 편향은 전제와 일치하는 결론을 뒷받침하려는 경향이다. 마찬가지로 가설검정에서의 "**확인**(**confirmation**) **편향**"을 부정적인 예 보다는 긍정적인 예를 찾아서 또는 부당성을 증명하기보다 설득력이 있는 확증을 관찰하여 발견함으로써 가설을 검정하려는 일반적 전략이라고 생각할 수 있다(Wason, 1960; Klayman & Ha, 1987).

기준으로부터의 체계적 벗어남(또는 여러 판단보다는 한 판단으로의 쏠림)이라는 편향의 개념이 편향의 어느 일면 만을 설명하는 것이라고 말할 수도 있다. 편향은 인지의 한계(cognitive limitations), 처리전략(processing strategies), 지각의 조직화원칙(perceptual organizing principles), 자기중심적 시각(視覺; perspectives), 특정한 동기(motivation)(예 사회심리학에서

82) Keren & Teigen(2007)

의 **이기적 편향**; self-serving bias), 정서(情緖; affects), 및 인지스타일의 결과일 수 있다.

판단의 심리작용은 생각의 심리작용과 지각(知覺; perception)의 심리작용 사이의 중간영역을 차지하는 것으로 이해될 수 있다. 그것은 문제풀기처럼 느리고 신중할 수 있다. 한편 외관상으로는 전제나 신호를 의식적으로 알아차리지 못한 채 바로 결론으로 뛰어넘는 것처럼 보이는 거리지각(距離知覺; distance perception) 같이 빠르고 즉각적일 수 있다.

편향에 의해 도출된 주관적 결론이 때로는 진실이 아니거나 부정확하다고 알려져 왔다. 연역적 추론에 관한 논문에서 그와 같은 착오(錯誤; error)를 오류(誤謬; fallacy)라고 부른 반면에 지각상의 잘못(mistake)을 착각(錯覺; illusion)이라고 불렀다. 논리학에 관한 여러 고전이 많은 면에서 언뜻 보기에 "편향"을 생각나게 하는 오류를 다루고 있다(예 Mill, 1856). 마찬가지로 감각(感覺; sensation)과 지각에 관한 논문에는 필수적으로 여러 가지 시각(視覺; visual)상 및 기타의 착각이 들어있다. 오류와 착각의 차이는 백이십여 년 전의 International Scientific Series에 들어있는 두 권의 책에 잘 설명되어있는데 그 하나는 심리학자 James Sully 의 책(1882) 착각(Illusion)이고 두 번째는 논리학자 Alfred Sidwick의 책(1883) 오류(Fallay)이다. 그러나 두 저자 모두가 "즉각적, 자명한, 또는 직관적 지식"의 착오(error)로 정의되는 착각과 그릇된 추리(inference) 또는 추론(reasoning)의 착오를 나타내는 오류를 구별하기는 어렵다고 하였다.

5.2.2 편향의 성질[83)]

편향에 관한 고전적 논문에서 Arkes(1991)는 몇 개의 일반적 원인이 넓은 범위의 편향의 기초가 된다고 주장하였다. 그의 첫 두 부류는 무의식적 자동적 시스템 1 과정에 귀인(歸因; attributable) 될 수 있는 잘못이다(Kahneman, 2003; Kahneman & Frederick, 2002; Stanovich, 1999). 세 번째 부류는 의식적이고 신중한 시스템 2 전략에 귀인 될 수 있는 잘못이다(표 5.2.1 참조):

1. **정신물리학적 과오**(시스템 1): 이 부류는 판단과 평가에서 자극물의 비선형적 해석에 의해 생기는 잘못이 포함된다. 그 원형적인 예가 준거점 효과(準據點 效果; reference point effect)인데(Wu, Zhang, & Gonzalez, 2007), 여기서(손실 기피 때문에) 준거점이 기울기에 비틀림을 그리고(민감도의 감소로 인해) 가치(價値; valuation)에서의 굴곡(屈曲; curvature)을 가져온다. 준거점이 맥락을 떠나서 이동하기 때문에 — 어떤 비교가 기억에서 지각적으로(perceptually) 두드러지고 접근하지 쉬운지에 따라 — 같은 자극이 모순되게 판단될 수 있다(Kahneman, 2003).
2. **관련(關聯)기반 과오**(association-based error(시스템 1): 이 부류는 기억에서 정보의 접근가능성(accessibility)의 바탕이 되는 자동적 과정이 원인이 되는 과오가 포함된다(Kahneman, 2003). 관련기반 과오는 흔히 자극에 의하여 유발된 최초의 표상이 개념적으

83) Larrick(2007)

로(conceptually) 또는 어의적으로(semantically) 관련된 인지를 활성화할 때 그리고 관련되지 않은 인지를 억제할 때 생긴다. 관련기반 과정의 주요 결과는 편협한 틀 구성(framing)을 포함하여(Kahneman, 2003) 판단과 결정의 원천이 되는 좁고 편향된 정보베이스의 보충(補充; recruitment)이다(Payne, Bettman & Schkade, 1999).

3. **전략기반 과오**(strategy-based error): 세 번째 부류는 좋지 않은 전략 또는 결정규칙의 사용이 원인이 되는 과오를 포함한다. 전략기반 과오가 적응될 수 있다는 — 즉 그것들이 합리적 이득-손실 계산을 반영한다는 — Arke(1991)의 최초의 가정은 옳지않은 것 같다. 사람들이 그들의 결정 전략을 상황적 요구에 적응시킨다는 것을 보여주는 상당한 증거가 있다 할지라도(Payne, Bettman, & Johnson, 1993), 그들이 전략을 최적으로 선택한다는 또는 노력 및 정확도를 정확하게 잰다는 직접적 증거는 별로 없다(Fennema & Kleinmuntz, 1995). 그 위에 사람들이 그들의 규범적 레퍼토리(repertoire) 안에 규범적 전략을 갖고 있지 않을 수 있는데 그런 경우에 좋지 않은 전략에 의존하는 것은 계산된 선택이 아니고 불가피한 것이다. 이 관점에서 시스템 2는 그것이 과소 또는 과잉 수정(修正; correction)을 만들어 낼 만큼 형편없이 눈금이 매겨진 전략이나 결함이 있는 전략을 포함한다면 그 자체로 과오의 주요 출처일 수 있다(Wilson & Brekke, 1994).

〈표 5.2.1〉 편향의 일반적 원인

	정신물리학적 원인	관련성 원인	전략적 원인
설명	판단과 평가에서의 자극의 비선형 변환	개념적 또는 어의적으로 관련된 인지의 활성화	부적절한 규칙
편향의 예	• 현상 편향(status quo bias) • 결합 또는 분리평가에 기인하는 선호 반전 • 확률 가중함수의 굴곡	• 정착의 일부 형식 • 확인편향의 일부 형식 • 과거지향(hindsight) 편향 • 잠재의식의 기폭(起爆; priming)	•적극적 검사 전략 • 사전 편찬 식 선택규칙
결점	• 규범적 이론에서 선형으로 가정된 특성을 비선형으로 해석(예 확률) • 자극의 일관성 없는 판단	• 문제해결에서의 기능적 고정성 • 확률판단에서의 주요 결과의 초과가중(overweighting) • 선택에서 속성과 대안의 좁은 보충	• 판단과 선택에서의 관련정보의 무시 • 판단과 선택에서 입력의 부적절한 결합
시스템	시스템 1	시스템 1	시스템 2
매몰비용의 예	손실에서의 체감 민감도(볼록성)가 최초의 매몰비용 후에 추가되는 비용을 덜 고통스럽게 만든다.	최초의 투자 결정과 일치되는 인식은 얻기 쉬운 과장된, 성공확률이다.	부정확한 정신적 설명규칙: 과거 비용이 현제의 계정에 들어감

물론 많은 편향이 복합적으로 결정된다(표 5.2.1의 매몰비용 예 참조). 그 함의(含意;

implication)는 원인에서 편향으로의 또는 편향에서 교정으로의 1대 1 사상(寫像; mapping)은 없을 것이라는 것이다. 다른 과정 또한 서로 의존적일 수 있다.

5.2.3 편향의 영역

편향에 대한 탐색이 판단과 의사결정의 전 분야로 일반화되면서 **현상 편향**(status quo biases)(예 Kahneman, Knetsch & Thaler, 1991), **생략 편향**(omission biases; Spranca, Minsk, & Baron, 1991), 및 **결과 편향**(outcome biases; Baron & Hershey, 1988)과 같은 결정 편향이 대두되었다.

한층 넓은 의미에서 편향의 개념은 체험직감해법(體驗直感解法; heuristic)의 개념과 함께 인지심리학(가설검정, 연역적 및 귀납적 추리) 내에서 그리고 사회적 인지문제들을 연구하는 사회심리학자들에 의하여 판단과 의사결정분야 바깥의 영역에 적용되어왔다(Nisbett & Ross, 1980). 특히 **상응(相應; correspondence) 편향**(Gilbert & Malone, 1995)과 "**자기고양(自己高揚; self-serving) 편향**"과 같은 편향이 종종 속성(屬性; attribution) 이론의 틀 안에서 논의되는데 여기서 상응 편향은 한 사람의 행동을 보고 그 사람의 성향(性向; disposition)에 관해 추리하는 경향을 말하며 자기고양 편향은 사람의 자부심(self-esteem)을 보호하거나 높여주려는 속성 패턴(patterns)을 말한다. 편향은 또한 사람들이 일반적으로 자신을 다른 사람에 비해 더 훌륭하고 더 행운이 있거나 더 특별하다고 판단하는 자기-타인 비교 영역(평균이상 편향, 환상에 불과한 낙관주의, 그릇된 독특성 효과; uniqueness effect 등)에서도 발견된다. Pronin, Lin, 및 Ross(2002)는 근간에 사람들은 자기가 다른 사람들보다 덜 편향된다고 믿기조차 한다는 것을 입증하였다.

5.2.4 편향연구의 진전

많은 연구인들이 편향 프로그램을 열광적으로 도입 적용한 이후 30여 년간의 집중적인 연구와 이에 상응하는 논쟁이 뒤따랐다. 이 점증되는 연구는 체험직감해법(體驗直感解法; heuristic)과 이에 관련된 편향이 합리성의 부족에 대한 증거로 어느 정도 고려되어야하느냐의 문제가 그 주류를 이루었다(예 Cohen, 1981, 1983; Evans & Over, 1996; Gigerenzer, 1996; Stanovich & West, 2002).

많은 연구가 앞선 발견을 더욱 굳건히 하며 동시에 특정한 편향이 나타나고 때로는 사라지는 환경과 조건을 기술하였다. 예를 들어 Koehler(1996)의 **기본 율 오류**(base rate fallacy; 사건이 일어날 확률을 판단할 때 기본 율을 무시하고 다른 정보에 집중하는 경향)에 관한 논문이 그 현상이 굳건하다는 전반적 증거를 보여준다. 동시에 Koehler는 연구인들은 사람들이 단순히 기본 율을 "무시"한다고 너무 빨리 결론을 내린다고 지적하면서 이에는 방법논적 결점이 있을 수 있다고 지적한다.

편향 연구 프로그램이 계속적으로 축적되면서 더욱 확대되어 새롭게 찾아진 편향의 수가 지속적으로 증가되고 있다. 예를 들어 판단과 의사결정에 관한 교과서에서 Baron(2002)은 25에

달하는 편향을 다루었다. 이와 같은 증가는 새로운 체험직감해법(體驗直感解法; heuristic)의 등장이 뒷받침된 측면도 있다.

5.2.5 편향연구의 성과와 한계

단 하나의 장에서 편향 연구 프로그램의 모든 측면과 의사결정에의 영향(影響; implications)을 다룬다는 것은 불가능하다. 여기서 우리는 간략하게 이 연구의 성과와 한계 그리고 그것이 미래에 전개될 수도 있는 방향을 평가해본다.

편향 연구프로그램은 몇 가지 중요한 공헌을 하였다. 첫째 그것이 사고와 추리의 심리와 지각원칙을 성공적으로 통합하여 불확실성하 판단을 연구하는데 체험직감해법(體驗直感解法; heuristic)과 함께 새로운 시각을 제공하였다. 둘째 인간의 추리와 의사결정 능력이 분명히 훌륭하지만 체계적 오류를 범하기 쉽다는 반박할 수 없는 증거가 제시되었다. 셋째 그리고 결과로서 그것은 "Homo Economicus"와 그것과 연계되는 인간의 합리성에 관한 경제이론의 딱딱한 가정들에 도전하였다. 분명히 사람들은(사실에도 불구하고 원래 인간의 마음에 의해 구성된) 규범적 이론의 규정(처방)들을 표준경제이론에 의하여 추정된 대로 언제나 따르지 않는다.

5.3 탈 편향(debiasing)

5.3.1 합리성과 탈 편향

마음에 착각이 있다는 것은 이론의 여지가 없는 것은 아니다. 결정연구의 30여 년간 기술적(記述的; descriptive) 행동이 규범적 이상(理想; ideals)에 체계적으로 못 미친다는 것을 주장하기위하여 경제학, 통계학, 및 논리학으로부터의 합리적 이론들이 사용되어왔다. 그러나 이 규범적인 것과 기술적인 것 사이의 간격은 많은 논쟁을 일으켰다: 정말 간격이 있는가? 그리고 간격이 있다면 그 간격을 메울 수 있을까 - 즉 편향을 "**탈 편향**"할 수 있을까?

많은 경제학자와 철학자는 간격은 없다고, 사람은 본질적으로 합리적이고, 만일 잘못이 있다면 그것은 무작위에 의한 그리고 비체계적인 것이며 표면적인 체계적 불일치는 그릇된 경험적 방법의 탓이라고 주장한다. Stanovich(1999)는 이 그룹에 Panglossian(극단적인 낙천논자)이라는 적절한 이름을 붙였다. 탈 편향에 관한 초기의 연구는 여러 가지 바로잡는 수단으로 체계적 편향의 확고함을 입증함으로써 Panglossian의 주장을 반격하는데 기여하였다(Fischoff, 1982). 체계적 편향의 존재는 이제 결정 연구자들에 의해서 그리고 다른 분야의 연구자에 의하여 더욱 더 널리 받아들여지고 있다.

규범적-기술적 간격의 존재를 받아들이게 되면 어떻게 그 간격을 메울 수 있을까라는 문제가 제기된다. 한 접근법은 어떻게 잘 해내는가에 초점을 맞추었다. 이 접근법에서의 결정적인 전제는 사람들이 규범적 전략을 갖고 있으며 이익이 비용을 초과할 때 이들을 사용한다는 것이다. 나머지 접근법들은 이를 가정하지 않는다. 그 대신 직관적 전략이 불완전하지만(충분하지는 않을 지라도) 규범적 표준에 근접하는 전략에 의하여 대체될 수 있다고 전제한다. 더 좋은 전략을 확인하고 전파(傳播; dissemination)하는 것은 처방적(處方的; prescriptive) 의사결정의 역할로 알려져 있다.

여기서는 주로 결정 환경을 조절하기위하여 외부 에이전트들이 사용하는 테크닉과 반대로 개인들 자신이 채용할 수 있는 처방적 전략을 강조하고자 한다. 처방적 전략의 한 접근 예는 추상적으로 또는 경험규칙(rule of thumb)으로 복리 원리(principle of compounding)로 사람들을 훈련함으로써(예 "72 법칙" –X %로 증가하는 투자는 대략 매 72/X 년에 두 배가 된다.) 은퇴저축을 늘릴 수 있다. 외부 에이전트들이 사용하는 접근법의 예로 조직이 현상(status quo)을 바꾸고 정신적 계산을 개발함으로써 더 저축하기위해 재 편향(rebias)하게할 수 있다는 Thaler와 Benartzi(2001)의 입증을 들 수 있다. **재 편향**(한 편향을 상쇄하려고 다른 편향을 사용)과 결정 환경을 바꾸는 것은 탈 편향을 위한 실행가능한 방법이다. 그러나 여기서는 개인들을 전략으로 무장하는데 초점을 두려하는 데 그 까닭은 이 접근법이 그들의 결정 솜씨와 이들 솜씨를 새로운 결정영역에(이 예에서는 아마도 저축) 적용하는 능력을 향상시키는 경향이 있기 때문이다.

처방을 위한 하나의 접근법은 개인의 인지(認知; cognitive) 전략을 수정하는데 초점을 둔다. 이 관점에서 최적의 처방 전략은 규범적 이상(理想; ideal)에 접근하는 전략과 기억과 계산상의 통상적 인지 한계를 극복하기위하여 기억되고 도구가 되는 전략사이에 타협을 하게 하는 것이다. 성공적인 도구화(道具化; implementation)를 위해 언제 인지 전략을 적용할 것인가를 알아내기 위한 **부호화전략**도 필요로 한다(Nisbett, Krantz, Jepson, & Kunda, 1983.).

순수하게 인지적인 전략이 추리(推理; reasoning)를 향상시킬 수 있는 한계가 논쟁의 출발점이 된다. Stanovich(1999)는 인지 전략을 향상시키는 데에 낙관적인 사람을 Meliorists(개선논자)라고 이름 지었는데 그들은 일상생활의 추리가 이상적인 것에 아주 못 미치지만 경험과 교육에 의하여 향상될 수 있다고 믿는다(Nisbett, 1993.). 이에 비해 Apologists(변명자)는(확률적 추리에서의 Baye 법칙과 같이) 계산상의 제약과 부자연스러운 문제 표현 때문에 많은 과제에 대해 예상된 규범적 표준을 달성할 수 없는 것이라고 감지(感知; perceive)하고 그 예상된 규범적 표준을 거부한다. 그들은 사람들이 따르는 기본적 인지 전략은 자연주의자적 판단 과제에 진화적으로 잘 적응된다고 주장한다(Gigerenzer; 2007 참조). 각 관점은 처방에 대해 다른 함의(含意; implication)를 가지고 있다. Meliorists는 훈련을 통해 인지전략을 향상시키는 데 대해 낙관적인 반면 Apologists는 결정과제가 진화적으로 적응된 전략에 맞추어져야 한다고 말한다(Sedlmeier, 1999는 흥미를 끄는 중간적 입장을 내세운다).

인지전략을 통해 추리가 향상될 수 있는 한계가 합리성에 관한 철학적 논쟁의 배경이 된다. 많은 철학자들은 합리성을 인간으로서 성취할 수 없는 전략과 동일시하기를 꺼려한다. 이 경우에 사람들이 사용할 수 있는 가장 정확한 인지전략이 합리성을 위한 표준이 된다. "피험자들이 뇌를 필요로 하는 전략을 사용하지 않기 때문에 나쁜 직무 추리를 하고 있다고 판단하는 것은 잘못인 것으로 보인다.."(Stanovich, 1999) Stanovich(1999)는 Melorists를 뒷받침하는 위 인용문에 대한 흥미로운 증거를 제시하였다. Apologists의 시각과 반대로 결정임무에 규범적 반응을 보이는 의사결정자들 중 일부는 항상 있으며 적어도 일부 사람들은 그들이 보일 수 있는 반응의 목록 중에 그것을 가지고 있음을 실험을 통해 확인하였다. 게다가 개인들이 보여주는 규범적 반응의 양태(樣態; pattern)는 체계적이다. 규범적 반응은 일반적인 습성과 상관관계가 있다(Jepson, Krantz, & Nisbett, 1983; Larrick, Nisbett, & Morgan, 1993을 보라). 이들 데이터는 규범적 인지전략이 달성할 수 없지만 일부 개인들이 체계적으로 가지고 있고 사용하고 있다는 증명을 보여준다.

비록 개인들이 사용할 수 있는 인지전략을 규범적인 것과 기술적인 것으로 구별함으로써 합리성 논쟁을 이해하게 해주지만 규범적-기술적 사이의 간격을 메우는 것이 유일한 수단은 아니다. 개인의 추리는 도구의 사용을 통하여 규범적 표준에 접근할 수 있다. 그런 테크닉들에는 개인 대신 집단을 사용한다든지 결정 보조물을 이용하여 정보처리를 개선한다든지, 직관적 의사결정에 정식 결정분석을 보충한다든지 또는 개인의 판단을 전면적으로 통계적 모델로 바꾼다든지 등이 포함된다. 합리성을 위한 논쟁자들은 순전히 인지적 전략에만 초점을 맞추어 왔으며 합리성의 궁극적 기준이 뛰어난 도구를 이용하려는 결정일 수 있을 것이라는 가능성을 모호하게 만들었다.

사람들이 그들 자신의 편향을 알아차리고 수정한다고 낙관적으로 볼 수도 있지만 고립되어 있는 개인이 스스로 편향을 탈피할 수 없다는 많은 이유가 있다(Kahneman, 2003). 부분적으로 이것은 어떤 현상이 공언된 편향인가의 문제이다. 개인이 알아차리기 어려운 편향은 판단 및 의사결정 연구의 규범(規範; canon)안에서 선택되는 반면에 쉽게 재인되고 수정되는 것은 그렇지 않다. 그러나 개인들이 왜 스스로 편향에서 벗어나지 못하는 가에는 다른 이유들이 있다. 첫째 언제 그들이 불완전한 결정과정을 사용하였는지 즉 언제 그들의 결정 결과에 피드백이 늦어질 수 있는지 그리고 그 결과의 원인이 되는 결정요소가 모호하다든지 하여 오류(誤謬; error)의 존재와 출처를 확인하기 어렵게 만드는지를 깨닫지 못할 것이다(Hogarth, 2001). 둘째 결정과정을 평가하기위하여 결정결과를 사용하는 것이 불확실성하에서 내려진 결정을 그릇된 결론으로 이끈다. 이런 결론은 더 나아가 의사결정자로 하여금 좋은 결과는 기능에 그리고 불충분한 결과는 상황 요인에 귀인(歸因; attribute)시키는 이기적인 속성에 의하여 왜곡된다.

따라서 탈 편향 연구는 더 좋은 전략을 확인하는 것을 넘어 개인 의사결정자가 그런 전략을 갖추도록 하는 방법을 확인하는 것으로 가야만 한다. 여기에 개인의 개별적 연구자 의사결정을 향상시키기 위한 잠재력을 과소평가할 가능성이 있다. 비록 개별적인 개인이 스스로 편향을 벗어나지 못할지라도 그들은 그들의 부족함을 보충하는 문화적 메커니즘에 둘러싸여 있다(Camerer & Hogarth, 1999; Heath, Larrick, & Klayman, 1998). 예를 들면 지난 두 세기에 걸친 규범적 모델들의 발전에서 직관의 부족함을 알게 되었을 뿐만 아니라 그것들을 수정할 수 있는 학문상의 지식을 얻었다(Nisbett et al., 1983). 그 결과로 편향의 확인과 이를 줄이는 도구의 유포가 경쟁적으로 이루어졌다. 물론 일반적인 경제학 및 통계학의 교육과정이 직관을 향상시키는 최선의 수단을 제공한다는 보장은 없다(Hogarth, 2001). 탈 편향에 대한 연구 과제의 한 부분은 물론 우수한 결정 전략을 받아들이고 그 사용을 증진시키는 방법을 알아내는 것이어야 한다.

이제부터 주요 탈 편향 접근에서의 주장과 발견을 다루기로 한다. 전략은 앞에서 요약 설명된 세 접근: 동기, 인지, 및 기술적 측면에서의 전략에 따라 구성되었다. 마지막으로 다른 탈 편향 전략의 선택, 보급, 및 성취에 기초가 되는 주요 쟁점을 검토하기로 한다.

5.3.2 동기부여 전략

유인(誘因; incentives)

경제학자들은 더 좋은 유인의 필요성을 가지고 결정 오류에 관한 주장에 대응하여 왔다. 개인들은 내기에 걸린 돈이 충분히 크면 숙고(熟考; reflection)와 계산에 더 많은 노력을 들인다는 것이 전제다. 그러나 유인이 일관성 있게 결정성능을 향상시킨다는 실증적 증거는 별로 없다(camerer & Hogarth, 1999). 예를 들어 유인의 초기 연구들이 진짜 내기 돈이 선호반전(選好反轉; preference reversal)을 강화한다는 것을 발견하였다(Hsee, Zhang, & Chen, 2007). 다른 편향들의 이어지는 연구들은 유인이 단지 한줌의 사례에서만 편향을 감소시켰다는 것을 발견하였다. Camerer, & Hogarth(1999, p.33)는 "합리적 선택의 이론이 잘 명시된 행동 대안 편에서 낮은 내기 돈에서는 거절되고 높은 내기 돈에서는 수락된다는 중복된 연구는 없다고 결론지었다.

왜 유인이 일반적으로 효과가 없는가를 이해하기위하여 유인 접근법에서의 두 번째 전제를 알아둘 필요가 있다. 유인이 의사결정을 개선하려면 의사결정자가 유인이 없을 때 그들이 효과적이지만 적용에 실패하는 또는 불충분한 노력을 가지고 사용하는 전략을 가지고 있어야한다. Camerer & Hogarth(1999)의 말을 빌리면 의사결정자는 추가적 노력을 적용할 수 있는 필요한 "인지적 자본"을 가지고 있어야만 한다. 유인이 사무적(事務的; clerical) 및 암기하는 과제와 같은 그런 설정(設定; settings)에서 성능을 개선한다는 것 그리고 그 설정에서 사람들은 잘 해내는데 필요한 인지적 자본을 소유했지만 본질적(本質的; intrinsic) 동기가 부족하다는 것에 그들은 주목하였다. 그러나 결정과제가 단순한 사무적 일이나 기억과 유사한 경우는 흔하지 않다. 대신에 실험적인 의사결정 임무는 매우 복잡하거나 또는 비교적 단순하지만 의사결정자가 옳은 전략과 그 사용 시기를 재인하는 능력 모두를 소유할 것을 필요로 한다. 의사결정자가 필요한 인지적 자본이 부족할 때 유인이 더 완강하게 그들이 열등한 전략을 사용하도록 하게 할 수도 있다.

소수의 결정임무는 단순한 전략에 사용되고 있는 더 큰 노력으로부터 이익을 얻는다. 다속성(多屬性; multiattribute) 선택에서 정확도 유인은 사람들이 더 넓게 정보를 찾게 그리고 속성이 아니라 대안에 의하여 정보를 처리하게 함으로써 더 정확한 결정을 내리게 하여준다(Stone & Zeibart, 1995; Creyer, Payne & Bettman, 1990.). 한편 유인은 예측임무를 맡은 의사결정자가 산정기준(算定基準; base rate) 정보에 덜 의존하고 나아가 그들이 일관성 없게 사용하는 불완전한 단서(端緖; cues)에 더 많이 의존하게 만든다(Arkes, Dawes & Christensen, 1986; Hogarth, Gibbs, McKenzie, & Marquis, 1991.).

Arkes(1991)는 연상(聯想; association)에 기초를 둔 그리고 정신물리학에 기초를 둔 착오의 자동성(自動性; automatic nature)이 착오가 크게 유인에 반응하지 않게 만들어야한다고 주장하였다. 이것이 이들 형태의 대부분의 편향(예 회상 편향, 과신, 액자 효과)에 적용된다. 그러나 놀랍게도 유인은 일부 예에서 닻(anchor)의 영향을 줄이는 것으로 보였다(Epley, 2007). 사회심리학자들은 사람들이 일부 연상기반 편향에 관하여 직관적 이론을 가지고 있고 그것들에 대해 재인하고 신중하게 조절할 수 있다고 주장하였다(Wegener & Petty, 1995; Wilson & Brekke, 1994). 의사결정자가 언제 연상기반 편향이 일어나는가를 재인한다면 유인이 그들 편향을 바로잡는데 들이는 노력을 늘리는데 도움이 될 것이다(Stapel, Martin, & Schwarz, 1998). 이와 관련된 앞으로의 연구에 유망한 분야는 언제 사람들이 자발적으로 **연상기반 편향**의 직관적 이론을 응용하는가를 알아내는 것이다.

유인이 실험실 연구에서 대부분의 편향을 줄이는데 효과적이지 못하였음에도 불구하고 이들 결과가 실험실 밖에서 유인의 진짜 잠재력을 반영하지 않을 수도 있다. 첫째 일부 조직의 결정에서 임무가 정말로 따분하여 생긴 노력의 부족이 심각한 문제이었을 수도 있다. 개인이 이해관계가 미미할 때 그는 대안, 속성, 단서의 피상적인 조사에 만족할 수 있다. 이런 환경에서 유인은 의사결정을 향상시키고 개인의 노력과 조직의 이익을 합치하게 하는 유용한 도구일 수 있다. 둘째 비록 유인이 간단한 실험과정에서 인지능력을 향상시킬 수는 없지만 그것들이 장기간에 걸쳐서 그들이 필요로 하는 결정솜씨를 얻도록 동기를 부여할 수 있다(Camerer & Hogarth, 1999).

책임(責任; accountability)

두 번째 탈 편향에로의 동기부여 접근법은 사람들에게 그들의 결정에 책임을 지게 하는 것이다 - 즉 그들에게 그들이 뒤에 그들의 결정에 대해 다른 사람에게 설명하여야 한다는 기대를 갖게 하는 것이다. 책임의 논리는 그것이(좋은 인상을 준다는 것과 당황을 피하게 한다는 것과 같은) 사회적 이득의 동기부여 효과에 의존한다는 것 외에는 유인의 논리와 유사하다. 책임이 의사결정을 향상되게 하여주는 주요 메커니즘은 선제적 자기비판이다. 그들의 결정을 타인에게 정당화하기 위한 준비에서 의사결정자들은 그들 자신의 주장에서 결함을 예상하고 그들의 결정과정과 결과를 향상시키는 것이다.

책임 패러다임의 인기는 많은 책임이 여러 편향에 주는 영향에 대한 검사를 하게 해 주었으며 주목할 만한 성공이 있었다(Lerner & Tetlock, 1999). 금전적 유인에서처럼 책임이 더 많이 노력하게 하고 더 많은 정보를 사용하게 하는데(Huber & Seiser, 2001) 이것들이 향상된 성과를 가져다 줄 수 있다.

책임의 사회적 특징이 몇 가지 면에서 책임을 금전적 유인과 다르게 만든다. 한 흥미 있는 차이는 책임이 다른 사람들에게 일관성 있게 보이려는 강한 사회적 요구를 불러일으킨다는 것이다. 엄격한 책임이 큰 과제에 대해 해롭기는 하지만 신뢰할 수 있는 단서를 일관되지 않게 가중(加重; weighting)하는 과오가 발생하는 예측 임무를 향상시켜준다(Siegel-Jacobs & Yates,

1996). 책임의 사회적 특징은 또 일부 잠재적 문제를 개입시킨다. 첫째 책임 있는 의사결정자가 "사람들이 원하는 대로 해주는" 경향이 있다. 만일 의사결정자가 청중의 특정한 결정 결과에 대한 선호를 안다면 그는 그의 결정과정이 그 결과를 정당화하도록 왜곡한다. 그리고 그들의 청중의 결정 과정(process)에 대한 선호를 알 때 그들이 그 과정을 사용할 가능성이 높다 (Brown, 1999). 따라서 결정을 알려지지 않은 선호를 가지고 청중에 정당화하는 것은 선제적 자기비판을 가져오지만 결정을 알려진 과정을 이용하여 청중에 정당화하는 것은 편향된 근거 만들기로 유도한다. 둘째 정당화에 초점을 두는 것이 정당화를 기반으로 하는 결정 편향을 악화시키는 효과가 있다(Shafir & Lebouef, 2007). 예를 들어 유인(誘引; attraction) 및 타협 효과는 책임에 의하여 확대된다(Simonson, 1989). 책임은 선택에서의 결과 확률과 같은 두드러지거나 쉽게 정당화되는 특징(特徵; dimensions)에의 의존을 강화하는 것 같다.

5.3.3 인지적 전략

"반대의견 참작하기(consider the opposite)."

필요 때문에 인지전략이 편향의 좁은 집합에 집중하도록 맞추어진 맥락특정의 규칙이 되는 경향이 있다. 이 사실이 "반대의견 참작하기"라는 단순하지만 일반적인 전략이 더 관심을 끌게 만든다. 왜냐하면 "반대의견 참작하기"가 과신, 회상(hindsight) 편향, 및 정착(定着; anchoring) 등의 영향을 줄이는데 효과적이기 때문이다(Arkes, 1991; Mussweiler, Strack & Pfeiffer, 2000). 이 전략은 단지 자신에게 묻는 것으로 이루어진다. "나의 최초의 판단이 틀렸을 이유가 무엇인가?" 이 전략은 그것이 직접적으로 관련기반 과정의 기본적 문제 — 지나치게 작은 증거 표본 — 에 대해 표본을 확장하고 그것이 더 대표성을 갖도록 대응하게 하여주기 때문에 효과적이다. 마찬가지로 그것은 의사결정자에게 대안이 되는 가설을 고려하도록 촉구함으로써 새로운 정보 찾기와 평가하기에서의 확인(confirmation) 편향을 줄여준다.

"반대의견 참작하기"는 그렇지 않으면 고려되지 않을 반대되는 증거에 주의를 향하게 하기 때문에 일을 해낸다. 그에 비해 의사결정자들이 뒷받침하는 이유를 만들어내는 경향이 있기 때문에 단순히 이유를 나열하는 것은 일반적으로 결정을 향상시키지 못한다. 또한 일부 과제에 대해 쉽고 분명하게 말할 수 있는 이유와 결과를 결정하는 실제 요인이 서로 잘 조화되지 못하면 이유 만들어내기가 의사결정의 정확도를 붕괴시킬 수 있다(Wilson & Schooler, 1991). 마지막으로 누구에게 너무 많은 반대 이유를 나열하도록 요구하는 것이 불리한 결과를 초래할 수 있다 - 열 번째 "반대"만들기의 어려움이 의사결정자가 그의 최초 판단이 결국 옳았었다고 확신하게 만들 수 있다(Roese, 2007).

규칙에서의 훈련(training in rules)

합리성 논쟁에서의 중요한 쟁점은 사람들의 열등한 전략을 우등한 전략으로 대체할 수 있는가의 여부이다. 그 다음으로 실제상의 질문이 나오는데 어떻게 열등한 전략을 우수한 전략으로 대체하나? 이다. 경험이 있을 수 있는 하나의 방법이지만 그것은 흔히 부정확한 그리고 판단을 그르치게 하기조차 하는 선생이다(Hogarth, 2001). 두 번째 방법인 훈련이 잠재적으로 더 정확하다.

광범위한 연구 프로그램에서 Nisbett(1993)와 동료들은 탈 편향으로 이끌어주는 규범적 규칙상의 훈련의 유효성을 탐색하였다. 첫째 그들의 연구는 규범적 규칙의 학습과 사용을 가능하게 해주는 특정한 인지적 요인을 확인하였다(Fong & Nisbett, 1991; Fong, Krantz, & Nisbett, 1986; Jepson et al. 1983; Nisbett et al. 1983). 둘째 그들의 연구는 경제학 및 통계학과 같은 기본교과에서의 정식 훈련이 효과적인 인지전략을 전달하기위한 중요한 문화 메커니즘임을 논증하였다(Fong et al., 1986; Larrick, Morgan, & Nisbet, 1990; Lehman & Nisbet, 1990).

이 논문의 기초가 되는 전제가 사람들은 흔히 통계적, 논리적, 및 경제적 원칙의 초보적 이해를 가지고 있지만 그것들을 언제 어떻게 사용하는 가를 아는데 어려움이 있다는 것이다. 예를 들어 Nisbet et al.(1983)은 표본평균이 표본이 커질수록 모집단의 평균을 더 정확하게 반영하는 경향과 같은 기초적 통계원칙을 사람들이 이해하고 있다고 주장한다. 그러나 그들은 이 이해가 다른 영역보다 투명하게 확률논적인 영역에서 더 잘 신장되지만 경험으로 개선될 수 있다고 주장한다. 스포츠 초보자들은 팀 입단시험(tryout) 기간 동안 훌륭한 성적을 보인 신참선수가 정작 리그시즌에는 성적이 별로 좋지 않았다는 이야기를 들었을 때 그들은 “그 선수가 일단 입단하면 그는 태만해진다”와 같은 결정적 표현을 흔히 한다. 반면에 스포츠팬은 그 양태(樣態; pattern)가 입단시험 에서 얻은 작고 믿을 수 없는 증거표본에 그 탓이 있다고 생각한다. Fong et al.(1986)은 표본추출 및 표본 변화성의 원칙이 추상적이든 구체적 예를 가지고든 간에 짧은 훈련기간으로 배울 수 있다는 것을 그리고 이들 둘 의 조합이 가장 효과가 크다는 것을 입증하려하였다. 마지막으로 Fong & Nisbett(1991)은 영역을 넘는 전달이 두 주일이 넘으면 그 효과가 줄어들기는 하지만 하나의 영역형태(예 스포츠성적)에서 훈련된 의사결정자가 성공적으로 그 규칙을 다른 영역(예 입단테스트받기)으로 일반화한다는 것을 예증하였다.

일련의 다른 실험연구는 논리적 및 경제적 원칙의 훈련에 초점을 두었다. 논리적 추리에 관한 연구에서 Cheng, Holyoak, Nisbet, & Oliver(1986)는 대학재학생을 실질 조건문(實質 條件文; material conditional)(p이면 q이다)을 가지고 추리하도록 성공적으로 훈련하였다. 여기서 관계를 입증하려면 의사결정자가 p(q가 참인지를 검사하기위하여)와 q가 아님(p가 참이 아님을 검사하기위하여)에 관한 증거를 조사하여야한다. 훈련은 순수하게 추상적인 규칙을 사용하기보다 허가(permission)와 의무(obligation)(술을 마시려면 18세가 넘어야 한다.)에 관한 익숙하고 실용적인 규칙을 사용하는 것이 효과적이다. 게다가 추상적 원칙을 구체적 예와 결합하는 것이 이 규칙을 학습하기위해 특이 중요하다는 것이 입증되었다. 경제적 원칙에 관한 연구에서 Larrick et al.(1990)은 학생들이 재무적 영역에서 매몰비용을 무시하고 그 규칙을 시간 결정으로 일반화하게 훈련될 수 있다는 것 그리고 그들이 규범적 원칙에서 볼 때 반대의 행위(투자의 중단 및 계속)가 되는 매몰비용문제들을 바르게 분별할 수 있게 훈련될 수 있다는 것을 입증하였다.

마지막으로 학문분야를 통한 훈련이 차별적 효과가 있음을 보여준다. 생물학이나 인문학

(the humanities) 교수들보다 경제학 교수들이 같은 소비기회를 가졌음에도 불구하고 영화 관람이나 레스토랑에서의 식사와 같은 그들이 이미 그 비용을 지출한 소비자활동을 더 잘 포기는 것 같다(Larrick et al., 1990; 1993). 그리고 사회과학과 심리학을 전공하는 학생들은 3년간의 관련 학습과정을 수료한 후에 통계적 문제에 관한 추리를 향상시켰지만 관련이 없는 논리적 규칙에는 향상이 없었다(Lehman & Nisbett, 1990.).

전반적으로 이들 연구는 여러 부류의 결정규칙을 비교적 간단한 훈련을 가지고 효과적으로 가르칠 수 있다는 것을 입증하였다. 대부분의 효과적 접근법이 추상적 원칙을 구체적 예와 결합한다. 여기서 예에 의한 경험이 원칙을 특정한 내용(content)에 사상(寫像; mapping)하는데 힘을 발휘한다. 성공적으로 배운 규칙은 매몰비용과 같이 비교적 간단하거나 큰 숫자의 법칙과 같이 익숙하다. 이 규칙 훈련 연구가 Bayes의 규칙과 같이 아주 복잡한, 익숙하지 않은, 그리고 추상적 규칙을 다루는 것이 아니라는 것에 주목하여야한다. 즉 이 연구에 숨어있는 전제가 Bayes의 규칙은 훈련에 쓰이기에는 적합하지 않다는 것이다.

표현(representation)에서의 훈련

두 번째 훈련 프로그램(Sedlmeier, 1999)은 사람들이 확률에 관해서 보다 빈도(頻度; frequency)에 관해 더 정확하게 판단을 내린다는 것을 보여주는 연구에서 생겨났다(Gigerenzer & Hoffrage, 1995). 예를 들면 Tversky & Kahneman(1983)은 **결합오류**(結合誤謬; conjunction fallacy)가 단일 사례를 판단할 때보다 사례들의 집합에 관하여 추리할 때 적게 일어난다는 것을 보여주었다(그러나 왜 빈도 형식이 만병통치약이 아닌가에 대해 Over, 2007; Gigerenzer, 2007; Griffin & Buehler, 1999를 참조). 결정임무에서의 정확도를 조절하는 변수가 발견되었을 때 그것이 탈 편향 전략을 설계하기위한 기초가 될 수 있다. 이 경우에 두 전략이 있을 수 있다. 기술적 전략은 정보를 의사결정자에게 확률보다는 빈도로 줌으로써 환경을 탈 편향하는 것이다. Sedlmeier(1999)가 추구한 인지적 전략은 사람들을 확률론적 추리과제를 빈도(頻度; frequency)양식으로 해석하도록 훈련하는 것이다.

컴퓨터기반 설명(instruction) 및 예증(例證; illustration)의 집합을 통하여 Sedlmeier는 피험자들이 확률문제를 풀기위하여 확률기반 또는 빈도기반 접근법을 사용하도록 훈련하고 몇 주 뒤에 성과를 검사하였다. 결합규칙 상(Venn 그림에 의한) 확률훈련과(빈도 격자에 의한) 빈도훈련 둘 다 아주 효과적이라는 것이 증명되었다. 조건부 확률 또는 Bayes의 규칙에 관한 추리를 요하는 문제를 위해(빈도 격자 및 빈도 나무에 의한) 빈도훈련이 아주 효과적이고 영속성이 있으며 확률훈련의 효과를 능가한다는 것이 증명되었다. Sedlmeier의 훈련기법은 일상의 결정에 유용한 통계학 수업을 보충하기위해 중요한 의미를 지니고 있다.

편향에서의 훈련(training in biases).

행동 결정이론(behavioral decision theory; BDT)에 관한 연구를 심리학, 법학, 및 경영학 교육과정에서 점점 더 많이 배운다. 통계학 과정이 일부 통계적 추리의 사용을 증가시키는 것처럼 BDT과정이 결정 편향을 감소시키는지를 검사하기위한 통제된 실험을 행하는 것은 흥미 있는 일이다(Fong et al., 1986). 통계학 및 경제학 교실이 흔히 행동의 실례를 통한 사람들의 직관을 개발하는 기회를 놓치는 것처럼 행동결정연구가 포함된 과정이 결함을 증명하는 것 외에 아무 것도 하지 않는다면 그 과정은 사람들의 직관을 개발하는 기회를 놓칠지도 모른다. 알아차리는 재주와 결정도구의 동반이 없다면 "깨닫는 것(awareness)" 만으로는 불충분하다 하겠다.

5.3.4 기술적 전략

▌집단 의사결정.

집단이 사회에 영향을 주는 과정에서 의사결정자원의 효과성을 떨어뜨리기 때문에 집단은 의사결정자원으로서 비난받는다. 집단안의 사람들은 자주 부결의 사회적 비용을 회피하기위해 또는 다른 사람의 노력에 "무임승차" 하기 위해 의도적으로 자기들의 판단을 보류하거나 왜곡하여 표현한다. 그러나 아마도 가장 잘 들어나지 않는 집단에서의 문제는 다른 사람의 공개된 판단에 부지부식 간에 영향을 받는 것이다. 특히 불확실성의 조건하에서 사람들은 그들 자신의 판단을 형성함에 있어 다른 사람의 판단에 닻을 내리기가 쉽다.

이런 문제들에도 불구하고 집단이 유익할 수 있는 많은 이유가 있다. 첫째 집단은 상호작용(대화)기간에 오류검사(誤謬檢査; error-checking)시스템으로서의 역할을 한다. 둘째 "시너지(synergies)"는 사람들이 상보적(相補的; complementary) 전문가와 상호작용할 때 생긴다. 그러나 집단의 주요 이익은 전혀 상호작용에 의존하지 않을 수도 있다. 집단이 의사결정을 향상시키는 세 번째이고 논의의 여지가 있는 가장 중요한 이유는 통계적인 것이다. 집단은 결정을 내리는데 사용되는 경험의 효과적 표본크기를 증가시킨다. 그 결과는 ― 독창력이나 가설산출 과제와 같은 ― 새로운 해법을 필요로 하는 임무에서 집단은 어떤 개인보다 더 다양한 시각을 갖는다는 것이다. 그리고 ― 예측이나 평가 임무와 같은 - 추정을 요하는 임무에서 집단은 보다 큰 표본과 단서사용(端緖使用; cue-usage)의 다양성을 제공하므로 개인판단의 조합(組合; combination)을 개인의 과오를 줄이는 강력한 방법이 되게 만든다. 그 결과 개인의 예측들을 단순하게 평균 내는 것이 예측과 추정에서 과오를 줄이는 확고한 방법임이 증명 되었다(Clemen, 1989; Soll & Larrick, 2004).

한편 집합의 통계적 이득은 없어지기도 쉽다. 한 집단의 효과적 표본크기는 집단구성원 중 판단이 같은 사람들을 뺀 것이 되어야한다(Hogarth, 1978). 함께 받는 훈련, 함께 가진 경험, 함께 하는 토론 모두가 집단구성원이 세상을 비슷하게 보게 - 그리고 비슷한 맹점을 갖게 한다. 비슷한 시각을 갖는 것이 집단의 단결을 조장할지는 몰라도 집단의사결정의 정보를 제공하는 장점을 줄여준다.

결정을 향상시키기 위해 집단을 사용하는 것은 궁극적으로 다양한 경험과 훈련을 가진 집단을 모으느냐에 그리고 시각의 다양성을 유지하느냐에 달려있다. 효과적으로 사용되면 집단은 그들 자신의 "반대의견 참작하기" 과정을 만들어낸다. 가장 인기 있는 집단 의사결정방법 ―

브레인스토밍(brainstorming) — 이 다양성을 유지하기 위해 나왔다는 것이 흥미롭다. 브레인스토밍은 선별단계와 "무비판" 아이디어내기단계를 분리함으로써 아이디어의 다양성을 조장하도록 설계되었다. 이들 도움이 되는 규칙에도 불구하고 n명의 브레인스토밍 집단에서 나온 독특하고 질 좋은 아이디어의 수가 같은 기간 동안에 n명이 따로따로 작업하여 내놓은 것에 이르지 못한다. 이 부족을 평가우려(評價憂慮; evaluation apprehension)와 정보의 동시가 아닌 순차 공유가 채워준다. 그러나 조사되지 않은 브레인스토밍의 결함은 초기의 제안이 모든 구성원의 뒤따르는 아이디어를 "오염"시킨다는 것이다. 집단의사결정의 기본적 필요조건은 개인이 집단에서 일하기 전에 독립적으로 그들 자신의 가설과 판단 그리고 추정을 명확하게 말하여야한다. 일단 집단에 들어가면 공유된 아이디어가 새로운 통찰에 불을 지핀다.

▌선형(線型; linear) 모델, 다속성(多屬性; multi-attribute) 효용분석, 및 결정분석

결정분석의 기본을 "복잡한 문제는 더 단순한 문제로 분해하고 이들 단순한 문제 안에서 사람의 생각을 이해하며 이들 분석을 논리적 풀(glue)로 함께 반죽을 하라..."라고 표현할 수 있다(Raiffa, 1968.). 예를 들면 고용 결정은 대안들(예 고려중인 후보들), 속성들(예 교육경험과 같은 후보들의 특성), 및 속성수준(attribute level)(예 삼년의 교육경험)으로 분해될 수 있다. 각 속성은 가중되고 각각의 대안 전반으로 합산되어야 한다. 이것이 일반적으로 선형의 덧셈(加算的; additive) 수식 $U(A)=wx_1+wx_2+wx_3+\cdots+wx_n$을 취하는데 여기서 w는 속성에 할당된 가중치이고 x는 속성수준이다.

▶ **적당한 그리고 적당하지 않은 선형모델** 선형모델에서 가중치(weights)를 도출하는 보다 단순한 길은 예측변수(predictor)의 집합에 기준을 맞추기 위해 다중 회귀분석과 같은 통계적 기법을 사용하는 것이다. Meehl & Dawes(Dawes, Faust, & Meehl, 1989를 참조)는 다수의 연구 전반에서 과거 데이터를 기초로 한 통계적 모델이 새로운 사례들에 대한 판단인의 "통합적(holistic)" 추정(推定; estimates)보다 일관되게 우수하다는 것을 입증하였다. 물론 "적절한" 통계모델은 필연적으로 데이터의 집합 안에서 진정한 선형관계를 포착한다. 더 놀라운 것은 과거 데이터에 기초를 두지 않은 "부적절한" 모델들의 변형 역시 직관적 판단을 앞선다는 것이다(Dawes & Corrigan, 1974). 이것들에 독력(獨力; bootsrapped) 모델이 포함되는데(Schoemaker, 2007 참조) 이 모델에서 판단인의 통합적 판단은 속성들의 집합으로 회귀되어 판단인의 어김없이 흠이 있는 속성가중치(attribute weights)를 잡아낸다. 그리고 균등 가중치모델이 포함되는데 이 모델에서는 관련된 속성들의 집합이 확인되고 속성 값들은 정규화 되며 덧셈 모델에 균등한 가중치가 주어진다(Dawes & Corrigan, 1974.). Camerer(1981)는 독력모델(bootstrapped model)들이 통합적 판단들보다 일관되게 우수하다는 것을 그리고 균등 가중치가 넓은 범위의 조건 하에서 독력 가중치보다 좋거나 같은 성능을 갖는다는 것을 보여주었다(Payne et al., 1993 참조).

왜 눈에 띄게 부적절한 모델이 직관적 판단보다 우수한가? 하나의 이유는 관련된 속성이 흔히 보이지 않는 곳에 있다는 것이다. 기억에 의존하는 임무에서 접근성 때문에 일부 속성이 다른 것보다 더 뚜렷해질 가능성이 크다. 사람들이 임무를 단순화 하기위해 요인별 제거(要因別 除去; elimination by aspect)와 같은 비보상적(noncompensatory) 전략을 사용하여 많은 속성에 대처할 수도 있다(Payne and Bettman, 2007). 그래서 선형모델이 모든 속성을 사용한다는 것 그리고 그들 속성들이 일관되게 가중되고 결합된다는 것을 보장하기 때문에 부적절한 선형모델조차도 효과적일 수 있다. 편향되었지만 일관되게 적용된 모델이 편향되고 모순된 인간보다 향상된 것이다. 전반적으로 선형모델은 검토할 많은 수의 대안이 있는 임무에 아주 잘 맞아떨어진다.

▶ **다속성 효용(multiattribute utility; MAU) 분석:** 선형모델에서 속성가중치를 할당하기 위한 대안이 되는 방법이 MAU 분석을 통하여 의사결정자로부터 직접 속성가중치를 도출하는 것이다(Pidgeon & Gregory, 2007). 다속성 효용분석이 역사적 전례 가 없는 독특한 선택 문제를 풀기위한 선형모델의 주요 대안이다. 가중치를 유도해 내기위한 방법의 변형이 존재하고 (Clemen, 1996) 그 방법이 신뢰성을 보이며 비슷한 추정치를 만들어내는 경향이 있다(Leon, 1997; Stillwell, Barron, & Edwards, 1983). 사용할 수 있는 여러 방법을 가지고 있다는 것에 내포된 실제상의 의미는 그것들을 동시에 사용할 수 있으며 차이들을 조사하고 조정할 수 있다는 것이다(Payne et al., 1999). 예를 들면 MAU 분석을 통하여 "하향식(下向式; top down)"으로 효용을 구성하고 그것들을 선택에서 "상향식(上向式; bottom up)"으로 만들어 낸 효용과 비교함으로써 우리는 왜 우리의 "머리"와 "가슴"이 일치하지 않는지 되돌아 보기위하여 이 차이들을 사용할 수 있다.

▶ **결정분석(decision analysis; DA).** MAU는 DA 기법 중 하나일 뿐이며 DA 기법에는 확률을 도출하기위한 그리고 위험 하 효용을 도출하기위한 방법들이 포함된다. 상세한 내용은 본서 제 2편이 여러장 외에 Pidgeon & Gregory, 2007을 그리고 특히 훌륭한 기법들을 소개한 Clemen, 1996과 Hammond, Keeny, & Raiffa, 1997을 참조하고 어떻게 DA가 결정결합에 역점을 두는가에 대해서는 Payne et al., 1999를 보기를 권한다. 그러나 추상적 수준에서 DA 기법들은 MAU와 공통의 특성을 함께 가지고 있다. 첫째로 그것들 모두 분해라는 근본적 논리에 의존한다. D. Kleinmuntz(1990)은 이들 모든 분해방법이(집단의 판단이 개인의 판단보다 더 효과를 발휘한다는 통계적 원칙과 같게) 개별 구성요소들의 과오를 평균 냄으로써 통합적인 판단보다 더 효과적이 된다고 주장하였다. 둘째로 DA 방법은 일연의 일관성검사(一貫性檢査; consistency check)를 통하여 입증되어야만 하는 중요한(가산성; additivity, 독립성, 등등에 관한) 일관성(一貫性; coherence)전제들에 의존한다. 그리고 셋째로 민감도 분석은 결론이 그 구성요소들의 다른 추정치들에 확고한지 여부를 정하기 위해 중요하다.

DA의 양적인 성질이 전통적으로 DA를 아주 사회적인 과정이 되도록 만들어 주는데 이 과정에서 기능적으로 빈틈없는 조언자(助言者; advisor)가 이들 절차를 통하여 의사결정자를 지도

하여준다. 이것이 DA가 복잡하고 비용이 들며 애매하다는 인상(印象; impression)을 갖게 할 수도 있다. 그러나 근래의 접근법들은 근본적 목적들을 확인하고 새롭고 창의적인 대안들의 폭넓은 집합을 만들어내는 것을 포함하여 결정구성의 질적 측면을 강조한다(Hammond et al., 1997; Keeney, 2002). 끝으로 DA의 많은 부분을 자동화 할 수 있는 가능성이 증가하고 있다. 이런 경향 모두가 DA를 보통의 의사결정자에게 흥미를 끌게 그리고 유용하게 만드는데 도움을 줄 수 있다. 불행하게도 DA 훈련이 일상의 결정을 향상시키는지 여부에 대한 실증적 증거가 부족하다는 것이 탈 편향 연구에서의 가장 큰 결점이며 따라서 향후 역점을 두고 다루어야할 분야인 것이다.

▶ **결정지원시스템(decision support system; DSS)**. 컴퓨터 기술이 인간의 계산 및 기억 능력을 엄청나게 향상시켰다. 나노초(nanoseconds)안에 복잡한 알고리즘을 처리하는 컴퓨터 능력과 자료를 도서관만큼 저장하는 컴퓨터능력을 가지고 컴퓨터는 인간이 노력과 정확도를 절충함으로써 노력의 비용을 극적으로 줄일 수 있게 하여줄 것이다. Edward & Fasolo(2001, p.581)는 DSS를 요약한 글에서 컴퓨터기반 "결정 도구가 21세기에는 20세기에 스프레드시트가 중요했던 것만큼 중요할 것이다"라고 추측하였다. 그러나 인간의 취향(趣向; tastes)과 한계에 관한 기술을 체계화하는 것은 아직도 극히 중요하다. Edwards와 Fasolo가 관찰한 것처럼 "인간의 입력 자료에 크게 의존하지 않고 중요한 결정을 내리는 절차에 관한 아이디어는 있을 것 같지도 않고 매력적이지도 않다. 한 사람(또는 더 자주는 사람들)로부터의 응답의 선별, 훈련, 및 도출 … 은 필수적이다(p.588)."

DSS는 여러 가지로 개인의 의사결정을 향상시킬 잠재력을 가지고 있다.

1. DSS가 없었다면 개인들이 기억하고 실행하기 어려운 기초적 규범적 알고리즘(MAU, 베이즈 이론, 주관적 기대효용이론)의 사용을 DSS는 보장한다.
2. DSS가 없었다면 의사결정자를 위협하였을 알고리즘을 DSS는 시야 밖에 묻어버릴 수 있고 결정분석도구를 더 바람직하게 만들 수 있다.
3. DSS는 인간조언자보다 더 쉽게 그리고 덜 강제적으로(예 확률이나 속성가중치에 대한) 일관성검사를 할 수 있다.
4. DSS는 민감도분석결과를 만들고 보여줄 수 있다.

DSS를 통하여 결정정확도를 향상시켜주는 가장 믿음직한 기회중 하나가 정보의 획득과 처리를 촉진하기위한 정보표지(情報標識; information presentation)를 사용하는 것이다. Schkade & Kleinmuntz(1994)는 정보 진열(陳列; display)의 중요한 특징을

1. 진열의 편성(대안별, 속성별, 또는 행렬식)
2. 진열의 형식(말로 또는 숫자로)
3. 정보의 전후관계(sequence)

로 요약하였다. 광범위한 프로토콜(protocol) 연구에서 그들은 대안별이나 속성별 또는 행렬식 편성이 정보 획득의 대응 차(對應 差; corresponding difference)를 볼 수 있게 하여준다는 것과 숫자로 진열하는 것이 말로 진열하는 것보다 더 상쇄처리(相殺處理; compensatory processing)를 하게하여준다는 것을 발견하였다. 대안을 의사결정자의 효용에 의하여 분류한 진열이 의사결정자로 하여금 가장 매력적인 옵션을 곰곰이 생각하게 하고 무작위 진열보다 더 빠른 결정을 내리게 해준다.

Schkade & Kleinmuntz(1994)에서 정보 진열이 선택의 질에 영향을 주지 않았다 할지라도 대안기반 정보획득을 용이하게 하는 요인들과 상쇄적 결정규칙들이 여러 환경 하에서 훌륭한 결정을 내리게 하여준다고 기대하는 것은 이치에 맞는다. 불행하게도 통용되고 있는 많은 웹사이트들이 이렇게 설계되어있지 않다. 일부 웹사이트는 소비자가 정보의 행렬(行列; matrix)을 보고 대안들을 속성별로 분류하게 하여주는 거대한 데이터베이스를 제공하고 있다. 그러나 수십의 대안 및 수십의 속성이 있을 때 소비자들은 근본적으로 사전 편찬 식(lexicographic) 결정규칙으로 재분류하도록 강요당한다. 이것은 사이트들이 몇 개의 속성에서 역(閾; threshold)의 설정(연결결정규칙; conjunctive decision rule)에 의한 또는 속성의 가중 및 결합에 의한(보상적 방식으로) 병행동시선택을 하게 하여주지 않는다는 사실이 일을 더 복잡하게 만든다. 이이상적으로 사이트는 대안을 분류함에 있어 보상적 절충을 용이하게 하기위하여 소비자의 속성 전부에 붙는 가중치를 캡처(capture; 파일화) 하려 할 것이다(Edwards & Fasolo, 2001.). DSS와 정보 진열이 의사결정을 용이하게 할 수 있는 정도는 아직도 탈 편향 연구를 위한 중심토픽이 되리라 기대되는 연구 분야이다(Todd & Benbesat, 2000).

5.3.5 탈 편향 기법의 채택과 보급

탈 편향 연구에서의 결정적 쟁점중 하나는 탈 편향 기법의 채택을 쉽게 하기위한 방법을 알아내는 것이다. 사람들은 많은 이유 때문에 편향탈피에 저항한다(Arkes, 2003; Kleinmuntz, 1990.). 사람들은 그 동안 "잘못 해왔다"라고 듣기를 원치 않는다. 그들은 결정과정의 통제를 포기하려 하지 않는다. 그리고 아마도 가장 중요한 것으로 그들은 그들이 지나치게 자신만만하기 때문이 아니라 기법들 자체가 이질적이고 복잡하기 때문에 그리고 그 이득이 요란스럽거나 뒤에 나타나거나 작기 때문에 그들 자신의 능력과 관련되는 많은 탈 편향 기법들의 장점을 이해하지 못한다.

실제로 관행을 촉진하게 하여주는 요인들을 이해하려면 행동규범을 추종하는 것과 믿음을 내면화(內面化; internalization)하는 것의 사회심리학적 차이를 이용하는 것이 편리하다. 추종은 보상과 위압에 의해 야기되며 피상적으로 채택되는 경향이 있다 - 사람들은 기계적으로 유인(誘引; inducement)에 응하여 관행에 동조하지만 그 유인이 제거되면 동조를 그만둔다. 한편 관행이 믿을만한 전문가에 의하여 보증될 때 그리고 관행설계에 참여하는 것처럼 획득과정이 적극적이고 자발적일 때 내면화가 조장된다(Kaplan, Reneau, & Whitecotton, 2001.). 관행이 이해되고 관행을 이용하려는 동기가 생기게 되면 내면화는 확실히 두드러지게 된다. 물론 인지

전략이 성공적으로 채택되고 이 채택된 인지전략이 전 영역에 침투시키기 위해서뿐만 아니라 기술적 전략을 위해서도 그 인지전략을 이해하는 것이 무엇보다 중요한데 여기서 DSS의 기초가 되는 가정(假定; assumptions)을 모르고 있다면 위험할 수 있고 DSS에 과잉 의존하는 것은 DSS를 사용하지 않는 의사결정을 위해 필요한 기능의 성장을 억제할 수 있다(Glover, Prawitt, & Spilker, 1997).

결정의 도움을 더 받아들이기 쉽게 만들어주는 요인들에 관한 흥미 있는 연구를 제외하고(예 Kaplan et al., 2001) 탈 편향 테크닉 특히 인지전략의 채택과 전파에 관한 연구는 별로 없었다. 그러나 유사한 움직임의 전파에 관한 흥미 있는 사례는 있다. 1980년대에 종합적 품질관리(Total Quality Management; TQM) 그리고 1990년대에 6 시그마와 같은 새로운 여러 의사결정 테크닉들이 조직을 휩쓸었다. 두 움직임 모두 브레인스토밍 및 인과분석(cause-effect analysis)과 같은 보다 부드러운 도구뿐만 아니라 막대그래프(histogram)와 Pareto 도표와 같은 통계학 도구들도 사용한다. 그러나 통계학 도구들은 이들 움직임이 조직을 통하여 전파될 때 제일 먼저 버려질 대상이 될 것이다(Zbaracki, 1998). 경영의 일시적 유행이 사라지는 이유는 많다. 예컨대 고위 간부가 무언가를 지지 홍보하지만 그것을 실행하지 않고 냉소주의를 퍼뜨리며; 사람들은 그들을 훈련하려고 외부에서 들어온 컨설턴트를 믿지 않고; 피교육자는 그들의 동료와 분리되며 그 동료들은 피교육자가 돌아왔을 때 옛날대로 하라고 압력을 넣는다.

조직은 어떻게 이들 장애물을 극복할까? 1980년대에 Zerox는 100,000의 직원들이 통계학 도구를 포함하여 TQM을 성공적으로 채택하는데 아주 큰 어려움을 겪었다(Kearns & Nadler, 1992). 그들은 일주일 걸리는 그들 자신의 훈련프로그램과 교재를 개발하였다. 현존하는 조직 단위는 한 "가족"으로 훈련되었으며 그것을 "배우고, 사용하고, 가르치고, 검사하도록" 하였다. 여기서 "그것을 사용하는 것"에는 집단을 가정으로 구성하여 행해지는 강제적인 "가족" 프로그램이 포함된다(그렇게 함으로써 선언적 지식을 절차상 지식으로 바꾼다). 그 코스는 최초에 최고 간부를 가르치고 그들 간부는 자신들 아래 다음 수준의 간부를 가르친다. 이 과정은 훈련이 조직의 하단부로 직렬로 폭포처럼 떨어질 때까지 반복된다. 그것을 가르치는 것은 그 방법의 깊은 이해와 함께 적극적이고 공개된 지지와 홍보를 필요로 한다. 이 행동적으로 빈 틈 없는 훈련프로그램은 새로운 관행을 위해 냉소주의를 줄이고 내면화를 고무하며 — 집단저항이 아닌 — 집단지원(集團支援; group support)을 조장하도록 완벽하게 설계되었다.

정식 기법에 대한 정식 훈련을 공부하는데 추가하여 Heath et al.,(1998)이 "**인지 수리**(認知修理; cognitive repair)"라고 부른 그들의 비공식적인 탈 편향 기법이 왜 전파되는지를 이해하는 것도 탈 편향을 이해하는데 유익한 일이다. 이들 탈 편향 전략에는 〈표 5.3.1〉에서 표로 나타낸 격언과 절차가 포함되어있다. 인지 수리를 검토함으로써 그것들의 어떤 관점(觀點; dimensions)을 채택하여야 하는지를 알아볼 수 있다. 예컨대 단순 대 복잡, 역역특정 대 영역일반, 사회적 대 개인적, 및(그것들이 조직 어디에서 시작되는가를 말해주는) 하향식(下向式; top-down) 대 상향식(上向式; bottom-up) 등 관점의 쌍 중에서 어느 쪽을 선택하느냐 하는 문제가 포함된다. 이들 관점의 쌍 중에서 선택할 때 양자택일이 아니라 절충을 하지 않을 수 없을 때가 있다. 조직 내에서의 많은 "인지적 수리"가(표 5.3.1에서처럼) 상당히 단순하고, 격언이나 두문자어(頭文字語; acronym; 예 Republic of Korea → ROK)를 포함하며 Wall Streets나 은행과 연결되어 영역-특정적(領域-特定的; domain-specific)이다. 단순성과 영역-특정성이 이들 관행의 기억가능성과 응용가능성을 크게 높여주고 이에 따라 실제로 채택될 가능성을 높여준다. 그러나 단순한 영역-특정 수리는 대가를 치를 수도 있다. 그것들은 부정확할 수 있는 경향이 있으며 그것들은 쉽게 새로운 문제로 변신하지 못한다. 그러나 의사결정자에게 올바른 방향을 제시해 주는 전문가의 경험법칙(rule of thumb)이 이해하기 어렵고 쉽게 왜곡되고 빨리 버려지는 복잡한 일반적 규칙보다 더 좋을 수도 있다.

〈표. 5.3.1〉 "인지 수리"의 예

인지 수리	수리의 이득
Wall Street 브로커는 서로 "두뇌와 상승 장세를 혼동치 말라"고 말 한다.	이 격언은 의사결정능력의 이기적 편향을 축소하는데 도움을 준다.
Toyota 및 일부 회사들은 종업원들에게 "왜"라고 다섯 번 물어봄으로써 문제를 분석하도록 권한다.	다섯 번의 왜가 의사결정자를 왜 문제가 생겼는지에 대해 단순히 접근하기 보다 더 깊은 해답에 도달하게 도와준다.
New York의 연방 준비은행에서 조사원은 대출을 심사하기 위하여 CAMEL(capital adequacy, asset quality, management, earning, and liability; 자본적정성, 자산의 질, 관리, 수입, 부채)이라고 알려진 두문자어(頭文字語; acronym)를 사용한다.	CAMEL은 조사원이 관련 속성 전부에 주의를 기울이게 한다.
Motorola는 신제품 팀이 프로젝트를 완료하면 그 팀을 해체하고 뒤따르는 새 디자인은 새로 편성된 팀에 맡긴다.	외관상 비능률적인 과거에 빠진 팀 구성원을 계속적으로 순환시킴으로써 Motorola는 집단 의사결정에서 검토된 공동의견과 공동과오의 문제를 예방한다.

Heath et al.,(1998)은 사회적으로 통용되는 관행이 흔히 개인의 관행보다 더 효과적인데 그 이유는 개인들이 자신의 의사결정능력을 과신하고 언제 도움이 필요한지를 재인하지 못하기 때문이라고 주장한다. 그리고 마지막으로 Heath et al.은 국지적으로(또는 상향식으로) 일어나는 관행이 단순성, 영역특정성, 및 주인의식의 장점을 가지는 경향이 있다고 주장한다. Heath et al.은 "가장 성공적인 수리는 단순한, 영역-특정한, 사회적으로 통용되는, 그리고 하향식으로 전개되기보다 상향식으로 진화된 것이라고 결론 내렸다. 우리는 이 결론이 결정분석. 통계학, 및 경제학에서의 학문적 문헌에서 권고된 것들과 뚜렷이 다르게 기술되었기 때문에 더 흥미를 갖게 된다."(pp.30-1)

지금까지 검토된 탈 편향 기법에 이들 특징이 아직 남겨놓은 함의(含意; implications)가 무엇이 있는지를 생각해 보도록 하자. 유인(誘因; incentives), 책무(責務; accountability), 및 집단의사결정과 같이 사회적으로 통용되는 일반적 관행이 의사결정들을 제멋대로 하게 내버려두지 않고 그들이 더 깊게 생각하게 만들어준다. "역으로 생각하라" 또는 통계적 및 경제적 규칙과 같은 관행들은 내면화되거나 개별적으로 사용될 수도 있다. 그러나 이들 규칙은 채택이라는 시각에서 불리한 입장에 빠질 수 있다. 그것들은 흔히 하향식(top-down)을 강요하는 경향이 있다. 그리고 그것들은(기억가능성과 응용가능성을 저해하는) 영역-일반(domain-general)의 경향이 있다. 그것들의 영역-일반성 때문에 넓은 범위의 예들에 적극적으로 규칙들을 적용하려면 그런 규칙을 훈련하는 것이 매우 중요하게 된다(Kahneman, 2003; Phillis, Klein, & Sieck, 2007).

그러나 채택에 대해 가장 큰 문제를 일으키는 탈 편향 기법은 통계적 모델 또는 결정분석과 같은 기술적 전략인데 이들은 복잡하고 영역-일반이며 간부나 컨설턴트에 의하여 자주 하향식(top-down)을 강요받는다. 그 전략의 논리가 덜 양적으로 훈련된 사람들이 이해하기에 어려울 수도 있고 그 전략의 이익을 생생하게 입증하기가 어려운데 이 어려움들이 채택에 전형적 장애물이다. 설명하기 어려운(신비한) 기술적 전략을 더 단순하고 더 직관적이며 더 받아들이기 쉬운 전략으로 바꾸기가 앞으로 탈 편향 연구에 큰 기회를 줄 것이다.

5.3.6 탈 편향의 미래

탈 편향에 대한 연구는 편향을 입증하는 연구에 의하여 지나치게 가리어진 경향이 있다. 무엇인가가 부서져있다는 것을 보여주는 것이 어떻게 그것을 고치는가를 보여주는 것보다 더 기삿거리가 된다(새로운 편향들의 입증은 반드시 탈 편향 기법을 동반해야한다고 제안할 만하다). 그러나 이 분야에 있는 많은 사람들의 간절한 바람은 결함 그 자체를 발견하는 것이 아니라 의사결정을 향상하려는 의도를 갖는 것이다. 많은 효과적인 탈 편향 기법을 검토하였지만 더 많은 것이 필요하다. 새로운 기법의 개발이 계속해서 탈 편향 연구의 중심 쟁점이 될 것이다.

탈 편향 연구의 장래에 대하여 두 방향으로 나누어 추측해보고자 한다. 한 방향은 어떻게 정서, 동기부여, 및 자만심이 의사결정에 영향을 주는가에 주어지는 점증하는 관심에서 찾을 수 있다(Larrick, 1993; Payne & Bettman, 2007; Rottenstreich & Shu, 2007을 보라). 정서기반 편향을 위한 기법을 찾아내는 것이 유망한 새 분야이다. 어떤 중재가 예상된 후회(anticipated regret)와 같이 결정의 내부요인이 되는 감정에 사람들이 효과적으로 대처하도록 도와줄까? 또는 어떻게 그들이 일부 관계가 없는 경험으로부터의 분노와 같은 결정과 무관한 감정을 알아차리고 무시하도록 도울 수 있을까? 답은 결정연구를 인지-행동 치료(cognitive-behavioral therapy)에서 사용되는 기법과 같은 임상심리학에 근접시키는 것이다. 두 번째 방향은 직관적 전략의 확고함(robustness)에 대한 늘어나는 관심이다(Gigerenzer, 2007; McKenzie, 2007; Phillips, Klein, & Sieck, 2007). 탈 편향 연구를 위해 해볼 만한 일은 중재의 이익과 비용을 평가(assess)하는 것이다. 언제 직관이 중재가 필요 없을 만큼 충분히 믿음직할까? 의사결정자가 언제가 자신의 직관을 믿어야하는 그리고 언제가 그들이 그것을 수정하거나 대체하여야 하는 환경인지를 알아차리도록 훈련될 수 있을까?(Hogarth, 2001; Payne & Bettman, 2007.)

5.4 확률의 판단

불확실성을 계량화하는 첫걸음이 확률개념의 확립이었으며 앞에서 확률의 직관적 의미를 살펴보았는데 여기서는 실제로 사람들이 어떻게 확률을 판단하는지를 Lagnado & Sloman(2007)을 빌려 알아보기로 한다. 그들은 확률을 판단함에 있어 큰 틀에서 두 가지 접근법 즉 밖으로부터의 접근과 안으로부터의 접근법을 사용한다고 하였다.

5.4.1 내적 및 외적 접근법의 차이

네 형제가 하루 동안 경마장에 갔다. 그들은 큰 경마에 내기를 걸려고 준비하고 있다. Harpo는 완전한 풋내기이다. 그는 여덟 마리의 말이 달리고 있다는 것을 알고 있지만 그 외에는 아무 것도 모른다. 그는 각각의 말이 이길 확률이 1/8이라고 생각한다. Chico 역시 풋내기이지만 그는 그 말들 중 하나가 "Sure Thing"이라고 불린다는 것을 알아차렸다. 그는 이 말이 이길 것이라고 생각하고 모든 그가 가지고 있는 돈을 그 말에 걸었다. Zeppo는 경마장 전문가이다(그가 경마장 행을 주선하였다). 그는 경마일보(Racing Post)를 아침 내내 세세히 읽고 각 말들의 지금까지의 성적을 보았다. 그는 오늘의 큰 경마와 아주 유사한 지난 열 번의 오늘의 여덟 마리의 말이 참가한 경주를 간신히 찾아냈다. "Best Shot"이 열 번 중 여덟 번을 이겼으므로 그 확률이 8/10이라고 생각한다. 마지막으로 Grucho 역시 전문가이다. 사실 그는 어제 저녁에 경마장 마부(stable boy)와 저녁을 함께 했다(그가 샀다). 그는 "Some Dope"가 이길 것을 거의 보증하는 기적의 신약(new wonder drug)을 먹어왔다는 것을 알게 되었다. 따라서 그는 그 말에 걸었다.

우선은 각 전략의 상대적 장점을 무시하고 우리는 이들 네 확률판단을 두 넓은 부류로 분류할 수 있다. Harpo와 Zepo는 그들의 전문지식에서의 차이에도 불구하고 둘 다 밖으로부터 추리하고 있다. 그들은 결과(outcomes)를 사건들이나 가능성들의 집합 원소로 생각하고 있으며 그들의 판단은 이들의 적절한 비율에 근거를 두고 있다. Chico와 Grucho는 그들의 차이에도 불구하고 안으로부터 추리하고 있다. 그들은 그들의 판단을 특정한 말의 특성들에 관한 지식(또는 믿음)에 근거를 두고 있다. 이들 두 전략은 철학 및 심리학 둘 다에서의 확률판단의 개념들로 역 추적될 수 있는 근거들을 갖고 있다.

▮ 확률철학에서의 지식적(知識的)인 것과 도박적(賭博的)인 것의 구별

처음부터 쭉 확률의 정식 개념은 이치에 맞는 믿음의 정도라는 그리고 사건들의 통계적 분포라는 두 개의 주요한 의미중 하나로 해석되어왔다. Hacking(1975)은 먼저의 의미를 그것이 지식이나 믿음의 상태에 관계되므로 지식적(知識的; epistemic)인 것으로 후자를 그것이 세상에서의 확률적(確率的; stochastic) 과정에 의하여 발생되는 빈도(頻度; frequnencies)나 비율(比率; proportions)에 관계되므로 도박적(賭博的; aleatory)인 것으로 구별하였다. 확률의 철학적 분석들이 이 구별을 보강하였다(Carnap, 1950; Ramsey, 1931b.). 일부 이론가들은 두 의미가 서로 배타적이라고 주장하였지만 일반적으로 합의된 것은 둘 다 중요하다는 것이다(Gilles,

2001.). 규범적 관점에서 확실히 둘 다 확률 계산법(calculus)의 정당성을 뒷받침한다. 지식적인 관점에서 확률의 법칙들이 우리들의 믿음의 정도들에 대한 일관성(coherence) 법칙을 뒷받침한다. 이들 법칙들을 위반하는 것이 사람들을 사설마권판매소(Dutch book)에 갈 여지를 만들어준다. 즉 만일 당신이 일관성이 없는 믿음들의 집합에 따라 내기를 건다면 반대 측은 사건들의 실제 결과와 관계없는 내기걸기로부터 돈을 딸 수 있다(Ramsey, 1931b.). 통계적 관점에서 이 법칙들은 상대적 빈도들에 대한 결합규칙들에 있다.

여기서 요약된 지식적/도박적 구별은 확률계산법의 근거가 확실한 해석과 관계되고 그 의미에서 규범성(規範性; normativity)의 쟁점을 거론하게 된다. 완전하게 일관된 믿음을 가진 또는 그들의 판단을 적절한 상대적 빈도에 조화(調和; attune)시키는 사람은 이상적 추론가(推論家; reasoner)이다. 그러나 철학적 논쟁은 역시 어떻게 사람들이 실제로 확률판단을 하는가에 초점을 둔다. 우리는 확률의 이야기를 무엇이 일어날 것인가에 대한 신뢰의 표현이라는 면에서 또는 상대적 빈도라는 면에서 이해하는가? 때때로 우리는 부여된 증거를 뒷받침하는 정도를 나타내기 위해 확률을 사용하며 다른 경우 우리는 그것들을 사건들의 한 부류에서의 비율을 나타내기 위하여 사용한다. 어느 것도 하나만으로는 용법의 모든 중요한 측면들을 다 포착하기에 충분하지 않다.

▮ 임상적(clinical) 대 통계적 예견

Meehl(1954)은 어떻게 개인이 행동할 것인가(예 그들이 감옥에서 석방된 후 다시 죄를 지을 것인가? 그들은 그들의 우울증으로 인하여 자살할 것인가?)를 예견하기 위하여 기본적인 방법논적 문제에 관심을 가졌다. Meehl은 눈앞에서 일어나는 개인적 사건의 사정(査定; assessment)을 포함하는 그리고 뒤따라 일어나는 행동을 결정하는 인과적으로 관련된 요인들을 분리하려고 시도하는 "임상적" 예견을 한사람이 비슷한 사람들의 부류에 선정되는 그리고 관련된 빈도들의 통계적 도표가 장래의 행동을 추론하는데 사용되는 통계적 예견과 비교하였다. Dawes(1996)는 임상 사회에서의 강력한 반대의 믿음에도 불구하고 통계적 접근의 우수성을 보여주는 수많은 연구를 잘 정리하였다. 즉 사람들의 행동과 느낌은 그것들을 한 집합의 요소로 봄으로써 그리고 무슨 변수들이 어떻게 일반적으로 그 집합에 대해 예견하는가를 결정함으로써 가장 잘 예측된다. 그 결론은 개인의 삶을 아주 자세히 분석할 수 있다는 그리고 무엇이 무엇의 원인이 된다는 것을 결정할 수 있다는 전문가의 주장과 모순된다.

확률판단 그 자체 보다는 오히려 예측과 그리고 초심자들보다는 전문가들과 관계가 있음에도 불구하고 임상적 및 통계적 방법들 사이의 비교는 유사한 차이가 우리들의 일상생활의 예측활동들에서 작동할 수도 있다는 것을 보여준다. 우리들의 일상 판단상황에서의 우리들의 분명한 "전문지식"에도 불구하고 우리 역시 통계적인 접근의 무시로 괴로워 할 수도 있다는 것을 우리는 명심하여야할 것이다. 사실 이것이 Kahneman & Tversky(1982a)가 내/외의 차이를 도입하였을 때 그들이 가졌던 견해이다.

▌내적 및 외적 시각(視角; view)

그들의 논문 "불확실성의 변형들(Variants of uncertainty)"에서 Kahneman과 Tversky는 사람들이 다양한 방식으로 확률판단에 도달한다고 주장하였다. 특히 그들은 분포 모드(distributional mode)를 단수형(單數形; singular) 모드와 구별하였는데 여기서 분포 모드는 "문제의 사례를 유사한 부류의 사례들의 한 실례(實例; instance)로 보며 그 실례에 대한 상대적 빈도가 알려져 있거나 추정될 수 있는" 모드이고 단수형(單數形; singular) 모드는 "확률들이 목전에 있는 특정한 사례의 성향(性向; propensities)으로 사정되는" 모드이다. 이것은 "**계획 오류**(planning fallacy)"의 고려에 의하여 예증되는데 이 오류에 의하여 사람들은 특정한 프로젝트에만 있는 요인들을 기반으로 한 프로젝트의 완료시기를 추정하고 유사한 프로젝트가 완료되는데 얼마나 걸렸는지에 관한 정보를 무시한다. 여러 가지 실험 연구들을 감안하여 그들은 사람들이 그것이 잘못된 판단으로 이끌 가능성이 큼에도 불구하고 단수형 모드를 사용하는 경향이 있다고 추측한다. 따라서 "사람들은 그들이 목전의 사례들을 표본추출 개요(概要; schema)에 대비(對比; relate)하는 '외적 견해'보다 일반적으로 결과를 가장 직접적으로 만들어내는 인과 시스템인 '내적 견해'를 취하는 단수형 모드를 선호한다."

Tversky & Kahneman이 채용한 기본적 통찰과 용어를 채택하여 여기에서 확률판단에 대한 내적 시각을 개인적인 사례와 그에 수반하는 성질들에 초점을 맞춘 것이 특징이라고 하기로 한다. 확률의 판단은 이 사례와 판단될 범주 또는 결과 사이의 관계를 사정(査定; assess)함으로써 이루어진다. 반대로 외적 시각은 개인적 사례가 속하는 실례들의 어떤 집합이나 참고 부류(reference class)를 고려한다. 이 집합의 분포적 특성이 확률판단을 위한 기초를 형성한다. 설명을 위해 Hilary의 사례를 보기로 하자. 그녀는 사람들이 부러워하는 직무의 빈자리에 응모하였다. 그녀가 뽑힐 기회는 얼마나 될까? 내적 관점은 오로지 Hilary의 그 자리에의 자질(지능, 충성도)과 적합성에 초점을 둘 것이다. 확률의 판단은 이들 특성들이 직무명세(job specification)와 선발과정에 얼마나 잘 맞는가에 근거를 두고 내려질 것이다. 이에 비해 외적 관점은 Hilary가 그 구성원소가 되는 하나 또는 그이상의 - 그녀가 먼저의 직무들에 응모했을 때의 집합, 다른 응모자들의 집합 등을 고려할 것이다. 이들 집합의 분포들에 관한 지식이 외적 확률판단에 정보를 줄 것이다.

확률판단에 관한 근현대의 문헌의 개관(槪觀; survey) 대다수는 두 형태의 모델을 보여주는데 내적 또는 외적 관점을 취하는 것으로 분류될 수 있다. 그러나 내적 및 외적 관점 사이의 관계는 복잡하다. 첫째로 사람들은 때때로 — 실례를 조사함으로써 — 범주(範疇; category)를 밖에서부터 보려고 하지만 순수한 범주 실례들의 수효가 집계를 효력이 없게 만들 수 있다. 그런 경우에 검색된 실례들은 대표적인 표본으로 취급될 수 있고 확률판단에 도달하기위하여 속성에 기초를 둔(屬性基盤; property-based) 비교(전형적인 내적 관점의 작업)의 대상이 될 수도 있다. 둘째로 범주들의 외적 관점들은 내적 관점에서 숨겨진 범주들 간의 포함관계(包含關係; inclusion relation)를 밝혀낸다. 그런 까닭에 확률판단의 여러 가지 현상들이 사람들로 하여금 내적 견지(見地; perspective)에서 외적 견지로 바꾸게 하는 원인이 되는 변수들의 영향을 반영하여준다.

5.4.2 내적 모델들

▌유사성(類似性; similarity): 속성중복(屬性重複; property overlap)으로부터의 확률판단

확률판단의 **대표성**(representativeness) **체험직감해법**(體驗直感解法; heuristic)은 Tversky & Kahneman(1973)에 의한 초기의 논고를 시작으로 여러 가지 방식으로 정의되어 왔다. 그 지배적인 의미는 유사성과 관계가 있다(Kahneamn & Frederick, 2002.). 사건은 그것이 판단 받고 있는 사건의 모델과 유사한 한 대표적이라고 그리고 따라서 개연성이 있다고 판단된다. George가 색소폰(saxophone) 연주자라는 당신의 판단된 확률은 George가 당신의 전형적 색소폰연주자의 모델에 얼마나 유사한가에 대한 당신의 판단을 반영한다.

유사성이란 면에서 판단된 대로 대표성 체험직감해법에 대한 증거는 방대하고 광범하다. 많은 연구들이 대표적인 판단이 어떻게 기저율(基底率; base-rate) 정보를 무시하게 하는지, 확률의 기본 법칙을 무시하게 하는지 그리고 사람들의 유사성 및 확률의 판단간의 거의 완벽한 상관관계에 이르게 하는지를 보여주었다(Kahneman & Frederick, 2002를 보라). 예를 들면 Bar-Hillel & Neter(1993)는 학생들에게 다음과 같은 유의 질문을 주었다. “Danielle는 감수성이 강하고 내성적이다. 고교시절에 그녀는 내밀히 시를 썼다. 아름답긴 하지만 그녀는 파티에 나가기보다 집에서 조용히 책읽기를 더 좋아하였으므로 사교생활은 별로 없었다. 그녀의 전공은 무엇일까?” 그 후 피험자들은 확률, 적합성(suitability), 또는 내기에의 자발성(willingness to bet)과 같은 몇 개의 기준들 중 하나에 따라 주제 범주(範疇; categories)일람표의 순위를 매겼다. 포함된 일람표들은 성격 프로필(profile)이 상위(上位; superordinate)범주보다는 하위(下位; subordinate)범주에 더 잘 어울리도록 특별하게 설계된 하위-상위 내포 쌍(內包雙; nested pairs)(예 Danielle의 경우 “문학(Literature)”과 “인문학(Humanities)” 둘 다)가 있다. 두 개의 주요 발견으로 첫째, 확률의 확장법칙(그것에 의하면 하위가 그것을 포함하고 있는 상위범주보다 더 확률이 높을 수 없다.)을 위반하고 일관되게 하위범주에 상위보다 더 확률이 높은 순위를 주었다. Bar-Hillel & Neter는 이를 **괴리(乖離; disjunction) 오류**라고 칭하였다. 둘째, 확률순위는 거의 완벽하게 적합성과 내기에의 자발성과 상관관계가 있었다(그리고 계속된 실제내기 행동실험에서도). 이는 다른 판단환경에서의 피험자들이 같은 기저(基底; underlying)의 과정을 그리고 확률의 확장 이해(擴大 理解; extensional understanding)에 기반을 두지 않은 과정을 사용하였다는 것을 말해준다.

그런 발견들은 사람들이 내적 관점을 취하고 문제 상황의 분포상의 특성들을 무시하는 경향이 있다는 것을 말해준다. Danielle의 성격프로필이 감수성이 있는 문학학생의 고정관념을 상상으로 만들어내며 사람들은 그들의 판단을 문학이 인문학의 부분집합이라는 구조적 사실 보다는 오히려 상상에 기반을 둔다. 그러나 이런 종류 과정의 타당성(plausibility)은 유사성판단 그 자체의 실행 가능 모델에 의존한다. 그런 모델들은 많이 존재한다. 대부분 유사성 모델은 거리 또는 치수(値數; dimensional) 값의 중복의 결여 또는 특성들이란 면에서 정의되었다

(Shepard, 1980.). **유사성대조 모델**(contrast model)(Tversky, 1977)은 대상들의 특성들과 가치들이 구별되는 정도뿐만 아니라 대상들 사이의 공통성의 정도를 고려한다. Smith & Osherson(1989)은 결합(conjunction) 및 기저율(基底率; base-rate) 문제 둘 다에 대한 확률판단에 대조 모델의 변형을 적용하였다.

Tversky(1977)의 모델에서처럼 **특색가중 모델**(feature weighting model)의 결과(結果; consequence)는 복잡한 특색개요가 어느 점에서는 목표범주와 매우 유사하지만 다른 면에서는 유사하지 않다는 것이다. 이 가능성에 따라 Yamagishi(2002)는 사람들이 때로는 비보완적 이원판단(noncomplementary binary judgment) 즉 상호 배타적이고 망라적인 두 사건 A와 ~A에 대해 그들의 p(A)와 p(~A)에 대한 평가의 합이 1을 넘으며 이는 확률법칙을 위반한다는 것을 보여준다.

Tversky & Kahneman(1983)의 결합문제에서의 “Linda”와 “Bill”의 강화된 묘사(描寫; descriptions)를 사용하여 Yamagishi는 유사성의 판단들이 판단된 확률과 고도로 상관관계가 있다는 발견을 반복검증하고 또한 부동성(不同性; dissimilarity)의 판단이 판단된 부정확률(否定確率; negation probability)(개인은 목표범주의 원소(元素; member)가 아닌 확률)과 고도의 상관관계가 있다는 것을 보여주었다. 예를 들면 Linda(여기서는 Rhonda)의 강화된 묘사에 “차별과 사회정의문제에 깊게 연관”과 같은 전형적인 페미니스트(남녀평등주의자)의 특성들과 대조되는 “낙태반대”와 “교회활동 적극”과 같은 특성들이 추가되었다. 후속되는 Rhonda가 여러 가지 범주(예 은행원, 남녀평등주의자 은행원, 여성유권자 연맹)에 속했을 확률의 판단이 Rhonda와 이들 범주사이의 유사성 판단들과 높은 상관관계가 있다. Rhonda가 이들 범주의 멤버가 아니라는 확률의 판단과 그녀가 그것들과 얼마나 다른가의 판단 사이에서 유사한 상관관계가 얻어졌다.

본질에 있어 대표성 체험직감해법(representativeness heuristic)은 확률판단들이 원형(原型; prototype)에의 유사성을 매개로하여 유별화(類別化; categorization)를 결정하는 정신적 과정들에 의하여 지배된다는 제안이다. X는 X가 Y의 좋은 예인 한에는 사건 범주의 예시화(例示化; instantiation)일 가능성이 크다고 판단된다. 본보기(example)의 우수성 역시 상위개념 안에 있는 범주의 특유성(特有性; typicality) 판단의 핵심 결정요소이며(Hampton, 1998.) 본보기와 카테고리 원형의 유사성의 측척(測尺)(測尺; measure)으로 여겨져 왔다(Rosch, 1973.).

그러나 외부관점을 취하는 것처럼 보이는 다른 유별화 모델들 또한 존재한다. 즉 그들 모델들은 특유성 및 범주 이름 판단들을 원형에의 유사성의 탓이 아니라 본보기들(examplars) 집합에의 유사성 탓으로 돌린다(예 Nosofsky, 1984.). 이와 서로 맞도록 우리는 이제 본보기처리(examplar processing)에 호소하는 확률판단모델을 발견하게 될 것이다(MINERVA-DM: Dougherty, Gettys, & Ogden, 1999.). 이 모델은 일부현상을 대표성 체험직감해법(heuristic)의 탓이라고 그리고 여러 가지 다른 확률판단자료들에 잘 맞는다고 설명한다. 그러나 이 모델 연구의 많은 부분이 본보기 그 자체의 분석에 의해서가 아니라 오히려 본보기들이 처리를 위해 어떻게 선별되는가를 결정하는 유사성관계에 의해서 이루어졌다. 이쯤에서 우리는 어떤 일정한 판단현상을 이해하기 위한 열쇠로 사람들이 사건들을 내적으로부터 그것들의 특성에 관하여 살펴보는 그리고 한 사건의 특성들을 판단의 대상이 되는 사건 모델의 특성들과 비교함으로써 판단을 내리는 경향이 있다는 것을 계속 받아들이기로 하자.

확률판단의 관련(關聯; associative) 이론들

확률판단의 관련 모델들(예 Gluck & Bower, 1988; Shanks, 1991) 역시 원형이론(原型理論; prototype theory)이다. 그 모델들을 분간하는 것은 그것들이 증분(增分; incremental) 오류중심(誤謬中心; error-driven) 학습구조(learning mechanism)에 의존하는 것이다. 이 의존은 사람들이 순차적으로 학습된 정보에 노출되는 판단상황에 그 모델들이 적용될 가능성을 제한한다. 중심아이디어는 이 노출기간동안 사람들이 단서(端緖; cues)들(성질들이나 특성들)을 결과(outcomes)들(특히 또 다른 성질 또는 범주 예측)에 연계시키는 것을 학습 한다는 것 그리고 이들 학습된 연계가 뒤따르는 확률판단을 형성한다는 것이다.

이 연계된 기본 틀 안에서 몇몇 연구는 체험직감해법(heuristic) 및 편향 프로그램에서 전형적으로 발견되는 편향과 유사한 확률판단에서의 편향을 입증하였다. 예를 들어 Gluck and Bower(1988)는 기저율(基底率; base-rate)을 무시하는 편향을 실례를 들어 입증하였다. 온라인 패러다임(paradigm)에서 사람들은 두 가상의 질병을 증상들의 집합들을 기초로 진단하고 난 후 특정한 목표증상을 조건으로 이들 질병의 확률을 어림잡는 것을 학습한다. 학습 환경은 각 질병의 조건부 확률은 같지만 하나의 전반적 확률(기저율)은 높고 다른 것은 낮도록 조정된다. 이 구조가 주어지면 목표 증상이 보통의 것보다 희귀한 질병의 더 좋은 예측변수(predictor)이며 연계모델과 긴밀히 연결되도록 사람들은 희귀질병의 조건부 확률에 대해 더 높게 평가를 한다. 이 확률의 관련 평가(associative account) 편향은 단서경쟁효과들(cue competition effects)이 필요하며 MINERVA-DM(Cobos, Almaraz, & Garcia-Madruga, 2003)과 같은 본보기 모델들(examplar models)로는 설명이 될 수 없다.

Lagnado & Shanks(2002)는 이 접근을 분리(分離; disjunction) 오류로 확장하였다. 피험자들은 계층(階層; hierarchy)의 두 수준에서 질병들을 진단하는 것을 학습하고 나서 하위(예 아시아 독감) 및 상위 범주(예 독감)의 조건부 확률을 평가하도록 요청받았다. 학습 환경은 목표증세가 그 질병의 상위 카테고리의 예측변수이기보다 목표증세가 하위 질병의 더 좋은 예측변수가 되도록 조정되었다. 연계평가(associative account)에 따라 사람들은 하위카테고리의 조건부 확률이 그 질병의 상위카테고리보다 높을 수 없다는 확률의 확장규칙을 위반함에도 불구하고 하위카테고리의 조건부 확률을 더 높이 평가하였다. 이것은 질병들 사이의 부분집합 관계를 무시하였고 그들의 조건부확률판단들을 증상과 질병카테고리 사이의 연계정도에 근거하였다는 것을 보여준다.

Cobos et al.(2003)은 기저율 효과를 되풀이 하였을 뿐만 아니라 사람들이 증상 연합(聯合; conjunction)의 확률을 그 연합요소(聯合要素; conjuncts) 중 하나의 확률보다 높게 평가하는 연합효과(聯合效果; conjunction)와 그들이 증상이 주어진 질병의 조건부확률과 질병이 주어진

증상의 조건부확률을 혼동하는 전환(轉換; conversion) 효과를 입증하였다. 이들 편향(偏向; biases) 둘 다 연계모델에 의하여 조정될 수 있지만 본보기기반(examplar-based) 모델에 의해서는 그렇게 될 수 없다.

이들 학습연구는 많은 일회 한(一回 限; one shot)의 판단문제들과 마찬가지로 사람들이 그들의 판단을 단서나 특성이 결과 카테고리와 연계되는 정도에 근거를 두며 기저율(基底率; base-rate) 또는 문제공간의 집합구조에 의하여 제공되는 확장 정보는 무시한다는 것을 말해준다.

▌인과관계(因果關係; causality): 관계 설명으로부터의 확률판단

사람들이 흔히 카테고리의 분포상의 특성에 반대되는 원형(原型; prototypical)의 사건 특성들을 고려함으로써 확률을 판단한다는 것은 증거에 비추어볼 때 반론의 여지가 없는 것처럼 보인다. 그러나 그들 특성들을 독립(변수)로 취급하는 것은 뚜렷하지 않다. 연합(聯合; conjunction) 오류(誤謬; fallacy)의 확실한 예들이 이미 확률판단이 일반적으로 독립된 성질들 사이에 중첩되게 축소될 수 없다는 것을 말해주고 있다. Tversky & Kahneman(1983)의 다음 문제를 생각해보자:

F씨는 성인 남성의 대표적 표본으로 무작위로 선정되었다. 어느 쪽이 더 확률이 높은가?

a) F씨는 한번이나 그 이상의 심장마비를 겪었다.

b) F씨는 한번이나 그 이상의 심장마비를 겪었으며 그는 55세 이상이다.

그들의 피험자 중 58%가 확률의 결합규칙이 a)라고 지정함에도 불구하고 b)를 선택하였다. 이것에 대한 설명은 55세가 넘고 한번 또는 그 이상 심장마비를 겪었던 F씨가 단순히 한번 또는 그 이상의 심장마비를 겪었던 F씨보다 더 사람들이 기대하는 성인남자에 더 가깝다는 것이다. 그러나 적어도 그럴 수밖에 없는 설명은 나이든 F씨가 55가 넘었다는 것이 인과적으로 심장마비가 겪었을 것과 관련이 있기 때문에 더 대표적이다. 대표성(代表性; representativeness)은 특성들 간의 관계, 본질적으로 설명을 위한(나이는 심장문제에 대한 설명의 한 부분이다) 관계를 필요로 한다.

설명을 위한 관계들은 많은 종류의 판단을 위한 근거로서의 역할을 한다. 설명하기 위해 Pennington & Hastie(1993)는 증거가 무작위 순이 아니라 발생순서로 제시된다면 모의 배심원들(mock jurors)이 유죄를 가설의 피의자에 돌릴 가능성이 높다는 것을 보여주었다. 그들은 이 결과를 설명상의 일관성이란 면에서 해석하였다 - 발생순서로 보인 증거는 동기부여를 제공하는 이야기의 구성을 촉진하며 더 일반적으로 사건들의 인과 모델의 구성을 허용한다. 열쇠는 배심원들의 판단이 인과 모델에 의하여 뒷받침된 때만 유죄의 확률이 충분히 높다고 생각하려 한다는 것이다. 그 자체로 강력한 증거는 자동적으로 사람들이 유죄라고 결론짓게 하여주지 않는다. 즉 증거는 인과 모델을 뒷받침하여야한다.

귀납적 추리(歸納的 推理; inductive inference)에서의 인과관계 설명

확률판단의 한 영역(領域; domain)은 조건부확률과 관계가 있다. 사람들은 다른 관련된 카테고리들에 관한 정보를 조건으로 카테고리에 관한 그들의 믿음을 어떻게 갱신하나? 심리학자들은 이 문제는 "큰 사슴(moose)은 신경전달물질로 노르에피네프린(norepinephrine)을 사용한다. 따라서 사슴(deer)은 신경전달물질로 노르에피네프린(norepinephrine)을 사용다."와 같은 특정한 형식의 주장을 사용하여 접근하여 왔다. 서술부("신경전달물질로 노르에피네프린을 사용한다.")는 하나 또는 그 이상의 전제 카테고리에 연유(緣由; attributed)되며 피험자들은 결론 카테고리의 서술부 또한 옳다는 그들의 믿음에 관한 판단을 내리라고 요청받는다.

많은 현상이 그런 주장들에 의해 입증되어왔다(Sloman & Lagnado, 2005을 보라). 하나의 분명한 사실이 피험자들이 잘 모르고 이치를 따지는데 사용할 수 없는 서술문을 사용한 위의 것과 같은 주장들과 관계가 있다. 그런 주장들은 전제와 결론 카테고리가 유사하다는 정도까지 강하다고 판단된다(Rips, 1975.). 다음 두 문장을 비교해보자.

> 모든 개별 새는 종자연골(種子軟骨; sesamoid bones)을 가지고 있다. 따라서 모든 개별 울새(robin)는 종자연골을 가지고 있다.
>
> 그리고 모든 개별 새는 종자연골을 가지고 있다. 따라서 모든 개별 타조(ostrich)는 종자연골을 가지고 있다.

두 주장 다 모든 울새와 타조가 새라는 것에 동의하는 사람들에 의해서조차 흔히 1 이하의 확률이 할당될 뿐만 아니라 사람들은 대체로 두 번째 결론보다 첫 번째 더 특징적인 것에 더 높은 조건부확률을 할당한다(Sloman, 1998.). 여기서 내적 유사성-기반의 견지가 사람들로 하여금(상위 집합의 모든 원소가 소유하고 있는 성질을 그 부분집합의 어느 것의 원소도 모두 소유하여야 한다는) 구조적 제약조건을 무시하게 한다.

그러나 유사성 관계는 유연하며 그것들은 서술부들이 이치를 따져 설명하는데 사용될 수 있을 때 바뀐다(Heit & Rubinstein, 1994). 매들이(두 개의 방이 있는 간(肝; liver)과 같은) 해부학적 특성을 갖는 조건부 확률은 호랑이들이 그런 특성을 가졌다고 말했을 때보다 닭들이 그렇다고 말했을 때 더 크다. 그러나(밤에 먹이를 주는 것을 선호한다와 같이) 사냥과 관계가 있는 행동적 서술이 주어지면 매가 그런 행동을 한다는 확률은 닭보다는 호랑이를 조건으로 하였을 때 더 높다. 서술의 해석이 고려중인 카테고리들의 관련 특성들의 집합을 골라낸다.

인과적 지식이 관련 특성들을 선별하는 과정은 기본적으로 설명의 과정이다. 귀납법(歸納法; induction)은 왜 서술이 카테고리 특성들 간의 관계들을 기반으로 카테고리의 특성을 구하는가를 설명하기위한 사람들의 노력에 의하여(Sloman, 1994), 또는 어떻게 결론이 전제의 인과효과일 수 있는가를 설명하기위한 인과모델의 구성에 의하여(Medin, Coley, Storms, & Hayes, 2003) 조정된다.

여기서 사람들은 그들의 확률판단을 적절한 집합이나 준거부류(準據部類; reference classes)에 호소하는 것이 아니라 근본적으로 내적 조작인 전제와 결론을 연결하는 인과적 설명의 그럴

싸함(plausibility)에 근거를 둔다.

▌정신적 모의(mental simulation)

조건부 확률의 판단은 "이면-이다"라는 조건부 선언들의 확률판단과 밀접하게 관련된다(Over & Evans, 2003.). 그런 확률들을 결정하기 위한 방법의 개요는 Ramsey(1931a)에 의하여 언급되었으며 Ramsey의 검사에 기초한 조건부 선언들의 의미에 관한 이론들은 Stalnaker(1968)와 Lewis(1976)에 의하여 개발되었다. 심리적 가설로서의 — 판단을 위한 전략으로서의 — Ramsey 제안의 자연스러운 해석은 p이면 q의 확률을 판단하기위하여 우리는 첫째로 p가 참인 세상을 상상하고 난 뒤 거기서 q가 성립하는 확률이 무엇인가를 보기위하여 그 세상을 조사한다.

이것은 기본적으로 Kahneman & Tversky(1982b)가 사람들이 확률을 부과할 수 있는 일반적 수단으로 제안한 정신적 모의에 의한 체험직감해법(heuristic)의 아이디어이다. 이렇게 사람들은 적절한 상황의 인과모델을 구성하고 어떤 일정한 매개변수설정(媒介變數設定; parameter settings)(예 조건문의 선행조건(antecedent)에서 조건으로 지정된 것들)을 통하여 그것을 처리한다. 그다음으로 목표결과(target outcome)를 달성하는 것이 얼마나 쉬운가가 최초 조건을 전제로 그 결과의 확률측척(測尺)으로 취해진다. 그런 절차에 의하여 도달된 사건의 확률에 대한 추정치들은 내적 관점(inside view)이 요구된다. 그것들은 사례들 집합의 분포상의 특성들이 아니라 개인의 시나리오들이나 이야기들에 중점을 두는 것이 포함된다.

모의 체험직감해법(simulation heuristic)은 특별히 사람들이 미래에 관한 계획이나 예언을 하는 상황에 적용될 수 있다. **계획오류(計劃誤謬; planning fallacy)**라고 이름 붙여진 확고한 실증적 발견은 사람들이 과제나 프로젝트를 완성하는데 걸리는 시간의 양을 과소평가하는 경향이 있다는 것이다. 한 예가 학생들이 그들의 학교 숙제를 완성하는데 얼마나 걸리는가를 과소평가하는 경향이다. Buehler, Griffin, & Ross(1994)는 일 년 내 완성 논문제출 기간이 임박한 학생들이 그들의 완성시기를 평균 22일이나 과소평가하는 것을 발견하였다.

계획오류는 아마도 사람들이 프로젝트나 과제의 정신적 모의를 사용하고 시작부터 완료까지의 있을 법 한 단계들의 집합을 만들어냄으로써 시간을 추정하기 때문에 일어난다. 있을 법한 시나리오에의 집중이 완료시기 지연의 과거 빈도와 같은 외부요인들의 고려를 무시할 수 있다. 이 영향은 사람들이 확률판단보다는 빈도를 만들 때조차 그리고 적절한 날짜까지 10 개 중 몇 개의 과제가 완성될까를 추정할 때 일어난다(Griffin & Buehler, 1999). 외부 시각을 취하고 완료를 유사한 사례들 집합에 걸친 분포 면에서 판단하라는 상기(想起; prompt)메시지에도 불구하고 사람들은 내적 관점을 취하기를 고집하였다.

▌단일 또는 제한된 경로 추론(single path or restricted path reasoning)

더 일반적으로 사람들의 확률판단이 그들이 구성한 시나리오들의 수에 의하여 조정된다는 것을 말해주는 풍부한 증거가 있다. 목표결과의 판단된 확률은 사람들이 그 결과의 많은 원인을 상상할 때 증가하지만 그들이 대안이 되는 결과의 많은 원인들을 상상할 때는 감소한다(Koehler, 1994.). 더 나아가 그들의 판단에 도달함에 있어 사람들은 그들 자신을 있을 수 있는 시나리오들의 최소의 수, 흔히 오직 하나를 고려하도록 제한하는 경향이 있다.

예를 들기 위하여 Dougherty, Gettys, & Thomas(1997)은 사람들에게 실생활 상황(예 소방관을 죽음으로 이끄는 상황)에 관한 텍스트에 기초를 둔 삽화(挿畵; vignettes)를 주고 나서 확률판단과 그들이 이 판단에 도달함에 있어 그들이 가졌던 생각들의 리스트 둘 다에 대해 그들에게 물었다. 그들은 피험자들이 단일 통로 및 몇몇 통로 전략을 섞어서 사용하였다는 것과 전자가 후자보다 더 높은 확률추정치로 이끈다는 것을 발견하였다. 그 위에 사람들이 최초에 몇몇 인과시나리오를 만들어내기는 하지만 그들은 그들의 판단을 내리기 전에 이들 중 있을 가능성이 낮은 것을 제거하는 경향이 있다. 단일 통로 전략은 분명히 내적 관점을 필요로 하며 몇몇 대안이 되는 통로들을 마음에 품었다 할 때조차 사람들은 역시 그들의 최종 판단에 이르기 위해 내적전략을 채용하지만 대안이 되는 통로들에 관한 지식을 가지고 이것을 조정한다.

유사한 단순화전략이 불확실한 전제를 기초로 확률판단이나 예언을 할 때 역시 뚜렷하다. 순차적(順次的; cascaded) 추리(inference)에 관한 초기연구(Steiger & Gettys, 1972)는 다단계 추리를 검토하였는데 여기서 첫째 단계는 알려진 전제에 기초를 둔 확률적 추리가 포함되며 둘째 단계는 이 불확실한 판단을 조건으로 하는 더 나아간 확률적 추리가 포함된다. 예를 들면 당신이 Grand National 대장애물경마에서 마권을 사기를 원하며 당신은 비가 오면 말 "Water Boy"에 유리하다는 것을 안다고 하자. 당신은 경주트랙 옆으로 먹구름이 몰려오는 것을 본다(이것이 당신의 알려진 전제이다). 이것으로부터 당신은 비의 확률을 추정한다(이것이 당신의 첫째 단계 추리이다). 마지막으로 당신은 이 추리를 전제로 "Water Boy"가 이길 확률을 추정한다(이것이 둘째 단계이다.). 그런 순차적 추리문제들에서 사람들은 "최선의 짐작" 또는 "마치-처럼" 전략을 채용한다. 그들은 첫째 단계에서 가장 있을 법한 결과를 마치 있을 법한 것이 아니라 진짜인 것처럼 그들의 둘째 추리를 내린다. 우리의 예에서 이는 비가 올 것이라고 가정하기와 당신의 "Water Boy"가 이길 확률추정을 이 가정에 기초를 두기가 포함된다. 규범적으로 더 타당한 절차는 Bayes 정리의 수정판을 사용하여 모든 선택할 수 있는 통로에 걸친 가중된 합계를 계산하는 것이다(Jeffrey, 1965.). 몇 안 되는 대안들을 가지고도 이것은 복잡한 계산을 하여야만 한다. 따라서 사람들이 단순화된 체험직감해법(體驗直感解法; heuristic)을 사용하는 것이 놀라운 일은 아니다. 실제로 이 체험직감해법은 여러 개의 있을 법한 사건들의 체인들(chains)에 걸친 외부 견지를 버리고 단일의 가장 있을 법한 그래서 아마도 가장 대표적인 통로에 초점을 맞추기에 이른다.

독자적이지만 아주 유사한 연구방식이 카테고리 추리(category inference)에서 개발되었다(Murphy & Ross, 1994.). 출발점에는 Anderson(1991)의 범주화(範疇化; categorization) 합리모델이 있으며 특히 불확실한 범주화에 기초를 둔 예측을 할 때 사람들은 모든 잠재적인 범주들의 가중평균을 계산하는 Bayes의 규칙을 따른다는 그의 주장이 있다. 이 다중 카테고리 관점과 대조적으로 Murphy와 Ross는 가장 있을 법한 카테고리만이 예측을 위해 사용되는 단일 카테고리에 대한 증거를 마련하였다. 예를 들면 어두운 밤에 당신을 향해 날라 오는 벌레가 당신을 쏠지 여부를 예측하는 과제를 생각해보자. 이 상황에서 잠재적 카테고리가 파리, 말벌(wasp), 또는 꿀벌이라고 하자. 다중 카테고리 관점에 따라 당신은 쏘일 확률을 정하기 위해 세 카테고리 모두에 걸쳐 가중평균을 계산한다. 그에 반해서 단일 카테고리 관점에서는 당신은 당신의 예측을 단지 가장 있을법한 카테고리에 초점을 두고 대안이 되는 카테고리는 무시한다.

Ross & Murpy(1996)는 이들 발견을 카테고리의 기억속에서의 유용성(有用性; availability)이란 면에서 경험발견적인 설명을 하였고 사람들은 이것들이 더 이용하기 쉬워질 때 다중 카테고리들을 통합할 수 있음을 보여주었다. 그러나 대표성 또한 있을 것으로 보인다. 즉 사람들은 뒤따르는 추리를 유도하기 위해 가장 대표적인 카테고리에 초점을 맞춘다. Lagnado & Shanks(2003)는 이 연구방식을 계층적(hierarchical) 카테고리들을 포함하는 온라인 학습상황으로 확장하였다. 그들 역시 사람들이 뒤따르는 확률추정을 하기 위하여 가장 있을법한 카테고리에 집중한다는 강력한 증거를 발견하였으며 이들 추정들이 사람들을 다른(예 상위의 또는 하위의) 계층 수준으로 유도함으로써 쉽게 조작될 수 있다는 것을 보여주었다. 이 결과들은 사람들이 학습하는 동안 쌓아올린 연상(聯想; associative) 고리들(links)과 판단단계에서의 그들에 뒤따르는 활성화(活性化; activation)란 면에서 설명되었다. 예를 들면 당신이 한 개인을 Broadsheet 독자일 것이라고 생각한다면 당신은 보수당을 찍을 것이라는 연상된 특성을 활성화하는 반면에 같은 사람이 Guardian의 독자(Broadsheet 독자의 부분집합)라고 생각한다면 당신은 노동당에 찍을 것이라는 연상된 특성을 활성화한다.

이 세 세트의 연구들은 상당히 다른 패러다임에도 불구하고 같은 결론으로 모인다. 또한 그것들은 내적 시각의 강력한 영향을 보여준다. 여러 선택가능 통로들의 고려를 피하는 그리고 단일의 가장 있을법한 경우에 집중하는 것을 보여준다.

마지막으로 연구들이 사람들에게 목표결과에 대한 정확한 확률이 투명하도록 선택 가능한 결과들의 풀세트를 주었을 때조차 그들의(숫자가 아닌 언어수단으로 측정된) 불확실성의 직관적 사정(査定; assessment)이 대안들 분포와 무관계한 특성에 의하여 조정된다(Windschitl, Young, & Jenson, 2002.). 예를 들면 사람들은 59의 당첨 래플(raffle)[84] 중에서 그들이 19를 갖고 다른 사람들이 16, 7,7, 6, 6을 갖는 것보다 다른 사람이 9, 9, 8, 8, 및 8을 각각 갖는 것에 더 큰 낙관적 느낌을 보인다. 이 대체 결과 효과(alternative outcomes effect)는 목표결과와 그것의 제일 강력한 경쟁대상에 집중된 체험적(體驗的; heuristic) 비교과정으로 설명될 수 있다. 더 나아가 사람들이 그들의 판단을 과거 결과들의 빈도에 대한 기억에 집중할 수밖에 없는 학습 패러다임(paradigm)에서 그 효과 역시 그들의 수적 확률추정에 반영된다.

이들 연구는(좋아하는 결과들의 비율을 계산함으로써 주어진) 외적 관점의 확률판단과 구두보고로 반영된 더 직관적인 확률판단 사이의 분리(分離; dissociation)를 보여준다. 그것들은 후자가 내적 시각의 비교과정 특성에 기초를 둔다는 것을 시사한다. 그 위에 발견들은 사람들이 그들이 확률판단에 도달하기위하여 고려하는 가능성들의 집합을 심하게 제한한다는 아이디

84) 특정 프로젝트·기관의 기금 모금을 위한 복권

어를 더욱 뒷받침한다.

5.4.3 외적 모델(outside models)

확장 추리의 정신적 모델이론(mental model theory of extensional reasoning)

Johnson-Laird, Legrenzi, Girotto, Legrenzi & Caverni(1999)는 그들의 확장 추리의 정신적 모델에서 확률추리에 대해 분명한 외적 시각을 취하였다. 그들은 소박한 추론가(naive reasoners) — 확률계산에 익숙하지 않은 사람들 — 가 그럼에도 불구하고 확장방식으로 사건들의 확률들을 추리할 수 있다고 주장한다. 여기서 확대추리는 "한 사건의 확률을 그것이 일어날 수 있는 다른 있을법한 방법으로부터 추리하는 것"으로 이루어진다. 그 중심이 되는 주장은 사람들이 문제 상황의 정신적 모델 구성 및 뒤따르는 이들 모델들 모두의 계산을 통하여 확률판단에 도달한다는 것이다.

이 모델이론의 한 핵심 주장은 사람들이 진짜라고 짐작되는 것에 집중하는 정신적 모델을 구성하기 때문에 그들의 문제공간의 정신적 구획(區劃; partition)이 때로는 상호 배타적이고 망라적인 집합 전체에 부합하는데 실패한다는 것이다. 이것이 여러 가지 잘못된 확률적 추론을 설명할 수 있다. 또 다른 주요 주장은 반대되는 정보가 없을 때 사람들은 각 정신적 모델이 같은 확률을 갖는다고 가정한다. 예를 들어 우리가 시골길 산책에서 우리의 동행이 안 보인다고 하자. 우리는 길이 세 갈래로 갈라지는 교차로에 이르렀다. 특별한 정보가 없이 우리는 각 방향에 1/3의 확률을 할당한다. 게다가 일단 같은 확률의 분할이 만들어지면 사람들은 복합사건들의 확률들을 비례의 원칙(proportionality)에 의하여 계산할 수 있다. 방향 중 둘이 언덕위를 향하고 있고 하나가 언덕아래를 향하고 있다면 우리의 동행이 언덕위로 올라 간 확률이 2/3이다.

여러 연구들(예 Girotto & Gonzalez, 2003)이 아이들을 포함하여 아마추어 추론가들이 확률을 이들 원칙에 기초를 두고 계산할 수 있다는 것을 보여준다. 그 위에 피험자들이 내는 전형적인 오류들은 문제공간의 부적절한 분할의 탓일 수 있다(Fox & Rottenstreich, 2003 또한 보라). 이것 또한 Johnson-Laird et al.,(1999)에 나오는 Monty Hall 문제와 Bertrand의 세 카드 문제와 같은 확률퍼즐들에서의 공통된 과오들의 기저(基底; base)를 이룬다고 생각된다.

균등 확률 원칙은 모델 이론에서 많은 일을 하지만 연역적(演繹的; a priori) 확률들을 설정하기위한 수단으로는 부적절하다(Gillies, 2001.). 문제 공간들은 흔히 다른 분할들을 허용하고 그런 경우에 균등 확률 원칙은 같은 사건에 일관성이 없는 확률이 할당되도록 할 수 있다. 예를 위해 앞서의 문제 공간을 균등한 확률의 방향으로 나눈다면 당신의 친구가 언덕을 올라 간 확률이 2/3이다. 그러나 당신이 가능성의 공간을 언덕을 올라가기나 언덕을 내려가기 중 하나로 나눈다면 이 같은 사건의 확률은 1/2이다.

이 원칙이 심리적 체험직감해법(體驗直感解法; heuristic)으로 의도된다면 좋지만(정말로 일단 특정한 분할이 가정되면 그것이 사람들의 추리 오류들을 설명하는데 도움이 된다.) 그런 예들은 논리적 원칙으로서의 그것의 자격을 격하시킨다. 이것이 확대 확률 추리가 연역적(演繹

的; deductive)이라는 모델 이론가들의 주장을 심하게 제한한다. 만일 사람들에게 독특한 균등 확률의 분할을 준다면 그들은 다른 확률을 연역할 수 있다. 그러나 적절한 분할을 만들어내기가 많은 상황에서 주된 문제이며 이것이 연역으로 바뀌지는 않는다.

모델이론 그리고 어떤 확대이론에 대한 관련 문제가 정신적 모델들의 차등 가중화(差等 加重化; differential weighting)에 영향을 미친다. 많은 상황에서 우리는 일부 가능성들의 사전(事前; prior)을 가중화한다. 그래서 우리는 동전이 불규칙한 모양을 가지며 한 면이 다른 면보다 선호된다는 것을 추리할 수도 있다. 모델이론은 우리가 각 모델에 붙여진 숫자 꼬리표를 써서 이들 가중화를 암호화한다고 제안한다. 그러나 균등 확률 원칙이 적용되지 않을 때 우리가 어떻게 그런 가중치들을 추리하는가를 이 이론은 우리에게 말해주지 않는다. 여기서 우리가 예를 들어 동전의 인과적 성질들, 그것의 정상적인 동전과의 유사성, 등등에 관하여 내적 판단에 의존하여야 한다는 것은 명백한 것 같다.

요컨대 사람들이 때로는 외부로부터 추론할 수 있으며 아마도 정신적 모델들을 구성함으로써 그렇게 할 수 있으나 이들 모델들의 가중화는 논리적인 것이 아니고 흔히 내부 판단에 의존할 것이다.

▶ 유용성(availability): 실례들 집합의 구성(construction of a set of instances)

Tversky & Kahneman(1973)은 **유용성**(有用性)을 빈도나 확률을 추정하는 체험직감적(heuristic) 방법으로 채용하였다. 사람들은 유용성 체험직감해법(體驗直感解法; heuristic)을 사례나 사건(occurrences)이 얼마나 생각나기 쉬운가에 기초를 둘 때마다 그들의 추정을 사용한다. 체험직감해법의 정보의 단순성에도 불구하고 그것은 다양한 사례들을 커버한다. 첫째로 그것은 이전에 있었던 사건(예 X 팀이 Y 템을 이긴 것을 얼마나 자주 기억하나)의 회상과 있을 법한 사건(예 새로운 계획이 잘못된 것을 얼마나 많은 방법으로 상상하나)의 발생에 적용된다. 둘째 그것은 실제 회상이나 발생을 포함할 필요는 없지만 단지 이들 작용이 얼마나 용이하게 이루어질 수 있는 가의 평가를 필요로 한다. 실제 회상이나 발생의 사례들에 검토가 집중될 것이다. 왜냐하면 이것들이 확률판단의 지금 당면하고 있는 모델들과 가장 관련되기 때문이다. 회상의 내용보다는 회상의 용이함에 대한 주관적 느낌에 대해서는 Schwarz & Vaughn(2002)를 참고하기 바란다.

Tversky & Kahneman이 지적한대로 일반적으로 자주 있는 사건이 흔하지 않은 사건들보다 더 쉽게 회상되기 때문에 유용성이 빈도에 생태적으로 타당한 단서가 된다. 그러나 사람들이 이 체험직감해법(heuristic)을 사용한다는 가장 분명한 증거는 어디서 그것이 편향된 추정으로 이끄는 가에 관한 연구들에서 나온다. 예를 들면 시간이 정해진 조건하에서 ____ing 형식의 단어가 _____n_ 형식의 단어의 부분집합임에도 불구하고 사람들은 먼저 나온 형식의 단어를 뒤에 나온 형식의 단어보다 더 훨씬 많이 만들어낸다. 이것이 먼저 나운 형식이 뒤에 나온 형식보다 더 쉽게 기억된다는 것을 보여준다. 그 위에 한 집단이 4페이지의 소설 속에 얼마나 많은 단어가 ____ing 형식을 가지는지 추정하고 다른 집단은 _____n_ 형식에 대한 같은 질문에 답할 때 첫째에 대한 추정이 훨씬 더 높았다. 이것은 사람들이 그들의 빈도추정을 함에 있어 실례(實例; instances)를 생각해내기 용이함에 의존한다는 것을 말해준다(Tversky & Kahneman, 1983.).

유용성 체험직감해법(體驗直感解法; heuristic)은 사건들이나 실례들의 한 표본을 구성하기위한 하나의 방법을 제공하여준다. 표본추출의 더 일반적 설명은 Fiedler(2000)가 진척시켰다. 이것이 분석을 기억기반 탐색에서 환경기반 탐색으로 확장하였다. 탐색의 두 종류 다 외부 시각을 요구하며 둘 다 실례들의 결과 집합에서 편향을 가져올 수 있다. 그 하나로 환경이 편향된 방법으로 표본 추출될 수도 있을 것이다. Fiedler는 거짓말 탐지기들의 평가에 관한 예를 인용하였다. 그런 도구들의 많은 유효성 연구에 치명적인 표본추출 편향이 포함된다. 검사를 통과하지 못한 모든 사람들의 타당성 평가는 단지 나중에 고백한 사람만을 포함하고 있다. 검사를 통과하지 못하였지만 진실을 말하고 있는 사람들은 계산에서 빠졌다(Klayman & Ha, 1987의 긍정적 검사 전략과 비교하라). 통상 있는 또 다른 오류는 사람들이 선정적(煽情的; sensational)이고 뉴스거리가 되는 사건을 지나치게 기술하는 매스컴과 같은 편향된 환경으로부터 표본을 추출할 때 일어난다.

체계적 편향들은 누군가 그 자신의 기억으로부터 표본을 추출할 때이다. 이것은 연합적 기억과정들이 밀고 들어가기 때문에 일어날 수 있다(Kelly & Jacoby, 2000.). 그렇지 않으면 그것이 가능성들이나 시나리오들을 편향되게 만들어낸 결과일 수 있다. 예를 들면 사람들은 그들 자신의 관점을 뒷받침하기위하여 이유들을 보충하며 반대하는 결론을 뒷받침하는 이유들이나 반론을 무시하는 경향이 있다(Kunda, 1990.). 모든 이들 사례들에서 사람들은 실례들의 집합을 모음으로써 외부 시각을 향한 조치를 취한다. 뒤따르는 판단들은 그 표본이 더 넓은 모집단에 어울리지 않기 때문에 결함(缺陷; flaw)이 되는 수 도 있다. Fiedler(2000)는 많은 판단 편향들이 표본정보를 정확하게 처리하는 우리의 능력 — 에도 불구하고 보다는 오히려 — 때문에 생겨난다. 표본들도 자주 편향되며 우리는 그런 편향들을 바로잡을 초인지적(超認知的; metacognitive) 재능이 부족하다.

유용성 체험직감해법(體驗直感解法; heuristic)은 실례들 집합의 유발(誘發; generation)을 포함하지만 그것이 어떻게 이 집합에서 확률판단으로 가는지를 명시하지는 않는다. 어떤 일정한 경우들에서 이것은 말 A가 말 B보다 더 경마에서 이기는 실례들이 회상되고 따라서 A가 B를 이길 것으로 예언될 때와 같이 비교적 투명할 것이다. 그러나 많은 상황들이 더 복잡할 것이다. A와 B가 서로 겨루어본 일이 없고 A는 쉬운 경주들에서만 그리고 B는 어려운 경주들에서만 달려보았을 뿐이라고 생각하자. 이 경우에 당신은 그들의 이긴 횟수를 다르게 가중하고 이 유용성의 제안에 따르지 안아야할 필요가 있을 수도 있다.

확률판단에서의 유용성의 주요 역할은 실례들 집합의 선택이나 구성을 가능하게 하는 것이다. 이 과정이 오직 한 실례로만 이끄는 때에 추론가는 확률추정에 도달하기 위해(유사성 또는 연관성의) 내적 판단에 의존하기 쉽다. 내적 판단이 실례들의 집합을 살펴보도록 이끌 때에 추론가는 선택을 하게 된다.

내포(內包; nested)된 집합[85)]

내적 관점의 장점 중 하나는 판단되는 카테고리의 특성과 연결되는 풍부한 지식을 이용할 수 있다는 것이다. 그러나 이 카테고리의 내적구조에의 집중은 카테고리 실례들의 분포 상의 구조를 무시하는 원인이 된다. 특히 내적 관점은 유(類)개념에 의한 종(種)개념의 포섭(class inclusion) 관계를 나타내는데 실패한다. 이에 반해 외부 관점은 이들 관계를 투명하게 만든다. 실례들의 분포를 나타냄으로써 실례들의 집합 간의 단순한 관계들이 자동적으로 표현된다(Tversky & Kaneman, 1983.) Sloman & Over(2003)는 내포된 집합 가설을 (1) 다른 모든 것이 같다면 사람들은 내적 관점을 선호한다는 그러나 (2) 실례들을 나타내는 것은 유(類)개념에 의한 종(種)개념의 포섭(class inclusion) 관계를 투명하게 만들 수 있는 외적 관점을 필요로 한다는 시각으로 설명하였다.

내포된 집합 가설을 지지하는 증거로 내포된 집합 관계를 드러내는 그림을 이용한 문제 제시가 결합오류(conjunction errors)와 기저율 무시(base-rate neglect)의 발생률(發生率; incidence)를 줄인다는 것을 입증하는 것이 있다(Agnoli & Krantz, 1989; Cosmides & Tooby, 1996; Sloman, Over, & Slovak, 2003.). 또한 그들의 사고 과정을 종이 위에 서술하라고 요청받았을 때 문제들을 정확하게 파악한 사람들이 내포된 집합 관계들을 묘사하는 그림을 그릴 가능성이 더 있다.

내포된 집합 가설은 또한 실례들의 빈도(頻度; frequency)로 문제를 제시하는 것이 단일 사건 확률로 제시하는 것보다 더 성과를 올린다(Cosmides & Tooby, 1996; Fiedler, 1988; Tversky & Kahneman, 1983.). 빈도구도(頻度構圖; frequency frame)는 피험자들의 통상적인 내적 특성을 기반으로 하는 시각을 전제로 하는 대신에 그들에게 카테고리의 많은 실례들에 관하여 생각하라고 요청함으로써 외적 시각을 유도한다.

빈도효과는 확률판단 오류들의 상태에 대한 활발한 논쟁에 불을 붙인다. Gigerenzer(2000)와 Cosmides & Tooby(1996) 같은 이론가들은 확률판단은 그것의 생태계 맥락에서 이해되어야 한다고 주장하였다. 피험자들이 단일 사건 확률들을 판단하라고 요청받았을 때 이 관점에 대한 오류들이 발생한다. 왜냐하면 사람들이 그런 판단을 내리도록 진화하지 않았기 때문이다. 오히려 그들은 자연계의 빈도를 사용하여 판단하도록 진화하였다. 이에 대응하여 Kahneman & Tversky(1996)는 그들의 체험직감해법(體驗直感解法; heuristic) 및 편향 프로그램의 개시 이후 빈도의 판단을 사용하여 오류가 입증되었다고 그리고 비난논자들은 이 프로그램이 알아낸 체계적 편향을 설명하는데 실패하였다고 지적하였다. 그 위에 빈도 공식화는(자연적 표본 추출을 통해서조차) 간이화(簡易化; facilitation)를 위해 필요하지도 충분하지도 않다. 간이화는 확률의 판단에서 관찰되었으며(Girotto & Gonzalez, 2001; Johnson-Laird et al., 1999; Sloman et al., 2003) 오류는 빈도의 판단에서 관찰되었다(Bar-Hillel & Neter, 1993; Gluck & Bower, 1988;

85) 네스트란 "상자(箱子)와 분(盆)을 크기대로 겹쳐 넣다"는 의미가 있다(수학). 집합 또는 구간의 순서를 지닌 계열(系列)에서, 각기 그 앞의 것에 포함되고, 또한 집합의 직경이나 구간의 길이가 0으로 수속(收束)하는 것.

Lagnado & Shanks, 2002, 2003.). 사람들이 단일 사건의 확률 판단을 내리기위해 인과 모델들과 같은 도구들을 사용하도록 잘 진화하였을 수 있는 것으로 진화의 이유는 그자체가 용의자이다(Sloman & Over, 2003.).

문제를 빈도로 제시하는 것이 확률적 판단에서의 오류의 발생률을 줄일 수 있다는 것을 많은 데이터가 보여준다. 그러나 당장의 증거는 이것이 자연의 표본추출에 의한 자연의 빈도효과가 아니라 내포된 집합 관계를 투명하게 만드는 외적시각의 도출에 의하여 조정된 것이라는 것을 말해준다. 요컨대 사람들은 그들이 "자연의 빈도들"을 처리하여야만 하는지 여부를 객관적 현실에 의거하여 판단 내릴 수 있다(Girotto & Gonzalez, 2001.).

▌통계적 체험직감해법(統計的 體驗直感解法)(statistical heuristics)

확률논적 추리에의 특별한 지식이 없는 접근이 흔히 내적 관점을 포함한다. 내적 관점에서 외부 관점으로의 이동을 조장하는 요인들은 무엇일까? 영향력 있는 발전적 주장은 사람들의 통계적 직관이 무작위화 도구들(예 동전 던지기, 카드 뽑기, 카지노의 스피너(spinners)의 성질에 관한 그들의 학습에서 생겨난다는 것이다. Piaget & Inhelder(1951)는 아이의 불확실성 개념이 물리적 인과관계의 이해에서, 인과 메커니즘에서, 그리고 그 이해와 메커니즘이 만들어내는 결과들의 예측가능성에서 도출된다고 주장하였다. 처음에 아이들은 무작위화 도구들을 파악하려고 애쓰며 예측가능성의 부족을 설명하기위하여 임기응변으로 인과관계를 가지고 설명하려한다. 점차 그들은 더 많은 이해로 발전한다. 그들은 개별적 결과들(outcomes)의 예측불가능성과 반복된 시도들의 관련성((關聯性; relevance)을 인정하게 된다.

이들 아이디어에 의지하여 Nisbett, Krantz, Jepson and Kunda(1983)는 사람들이 통계적 체험직감해법(體驗直感解法; heuristic) - "정식 통계학 절차를 닮은 직관적인, 경험법칙(rule of thumb)의 추리절차"를 가지고 있다고 주장한다. 그런 체험직감해법(體驗直感解法; heuristic)들의 예에는 적지 않은 증거, 가변성(可變性; variability)에 관한 직관, 그리고 어떤 일정한 맥락들에서의 기저율(基底率; base rate)의 평가에 대한 선호가 포함되어있다. 사람들은 이들 체험직감해법(體驗直感解法; heuristic)을 비교적 젊을 때 무작위화 도구들에 그리고 나중에 확률적 인과 시스템(예 스포츠 이벤트, 일기예보)에 적용하게 된다. 우리가 그런 체험직감해법(體驗直感解法; heuristic)을 소유하고 있음에도 불구하고 왜 우리는 자주 내적으로 추리하기를 고집할까? Nisbett et al.은 세 개의 관련된 요인을 찾아냈다.

첫째 통계적 체험직감해법(體驗直感解法; heuristic)의 사용은 표본 공간과 표본추출 과정의 명료성에 달려있다. 따라서 대안이 되는 결과들의 공간(예 동전이나 주사위의 면)과 시도의 반복성 둘 다가 명료하고 잘 정의되어있을 때 전형적 우연 구조(偶然構造; chance set-ups)가 이들 체험직감해법(體驗直感解法; heuristic)의 사용을 장려한다. 정말 대부분 우연의 게임들이 이들 특성을 투명하게 하기위하여 명확하게 설계되어있다. 예를 들면 주사위 여섯 면의 대칭 및 각각 독립된 주사위 던지기의 유사성이 분포상의 또는 외부의 시각을 가지기 쉽게 만든다. 이것은 잘 정의된 표본공간들을 가진 여러 가지 문제들에서 어른들과 아이들이 외연으로 추론한다는 Girotto & Gonzalez(2003)의 발견에 의하여 뒷받침된다. 그것은 또한 적절한 조건들 하에서 사람들은 대수(大數; large numbers)의 법칙을 따르며(Sedlmeier & Gigerrenzer, 2000; Fiedler, 2000도 보라.) 동질의 특성들이 이질적인 것들보다 덜 확증적인 증거를 요구한다는 것을 평가한다는 Nisbett et al.의 논증에 의하여 뒷받침된다.

두 번째 요인은 무작위화 요소 자체의 투명성이다. 주사위의 던짐 또는 룰렛바퀴의 회전을 보면 그 과정의 우연성을 쉽게 알 수 있다. 볼 게임에서와 마찬가지로 볼의 움직임이 임의성(任意性; randomness)의 요소들을 보여준다. 이것은 무작위화 요인이 잘 눈에 들어오지 않는 많은 사회적 영역과 대조를 이룬다. 예를 들면 면접시험에서 무작위요소들에의 계기(契機; cues) 부족 때문에 사람들은 그 면접을 모집단으로부터의 표본이 아니라 "미세화의 초상(portrait in miniature)"로 간주하는 경향이 있다.

이 주장의 뒷받침에서 Nisbett et al.(1983) 은 피험자들이 무작위과정(random process)이 두드러질 질 때에도 내부에서 외부로 추리를 이동한다는 것을 보여주었으며 Gigerenzer, Hell, & Blank(1988)은 변호사/엔지니어 문제에서의 기저율(基底率; base rate) 무시가 사람들이 표본추출을 스스로 수행할 때 감소된다는 것을 보여주었다. 의료진단 문제에서의 기저율 무시 또한 그 문제에서의 무작위 표본추출이 명백하게 되었을 때 감소된다(Cosmides & Tooby, 1996.).

Nisbett et al.이 인용한 세 번째 요인은 통계적으로 사고하기위한 문화적 관행(慣行; prescriptions)이다. 그들은 어떻게 통계 훈련이 외부 시각의 채용을 조장하는 가를 보여주는 여러 연구를 보고하였으며 이것들은 통계적으로 판단을 내리도록 사람들을 훈련하는데 대한 근간의 연구에 반영되었다(Sedlmeier, 1999.). Nisbett et al.은 내적추론에서 외적추론으로의 이동에서의 추진력(driving force)은 문화적 추리(cultural reasoning)라는 교훈을 얻었다. 이것은 어떤 일정한 통계적 추론 능력들이 하드웨어에 내장된 것이고(Cosmides & Tooby, 1996; Gigerenzer, 2000) 적절한 설명을 요한다고 주장하는 이론가들과 대조된다. 세 번째 관점은 외연으로 추론하는 능력이 다른 더 기본적인 인지작업으로부터 개발된다는 것이다(cf. Heyes, 2003.).

마지막으로 우리의 무작위 메커니즘 개념이 우리의 인과시스템(causal systems)의 사전 이해에서 개발되었다는 주장이 두 길로 나누어진다. 외부관점을 촉진하는 조건들을 암시함과 동시에 그것은 그것을 약화시키거나 왜곡할 수 있는 이유를 암시한다. 우리의 인과시스템의 원시적 개념의 흔적이 우리의 무작위 과정의 통상적 개념 안에 남아있다. 도박꾼의 오류(gambler's fallacy)와 뜨거운 손(hot hand fallacy) 오류 둘 다 이것에의 증거이다. 도박꾼의 오류의 경우에서 사람들은 일들이 결과적으로 균형을 잡게 되어있다고 주장함으로써 자주 그들의 잘못된 추리들(예 앞면이 나온 동전 전지기후에 다음 던지기가 뒷면이 나올 가능성이 더 많다는 것)을 옳다고 한다. 이것은 우연(chance)을 진짜로 무작위한 것이라기보다 자기-수정적(self-correcting) 과정이라고 상상하는 것이다(Tversky & Kahneman, 1982와 비교하라). 마찬가지로 농구팬이 득점을 올린 후 다음 슛에서도 골을 넣을 가능성이 크다고 믿을 때(Gilovich, Vallone, & Tversky, 1985) 그들은 이들 잘못된 믿음을 인과관계의 설명에 호소하여 방어한다(예 인기 있는(hot) 선수가 더 의욕을 갖거나 자신이 있다). 두 경우 모두에서 사람들은 인과구조를 사건들의 무작위 맥락에 이용한다.

이제 내적 및 외적 확률판단을 구별하는 가이드라인을 정리해보자. 우선 외적 관점은 실례들이나 가능성 등 관련된 집합의 목록이 필요하다. 그러나 이 것 만으로는 부족하다. 확률판단은 비율 또는 상대빈도와 같은 분포상의 성질에 근거를 두어야 한다. 그 위에 외부 시각으로 부터의 추리는 단순한 인과 또는 유사 관계보다는(내포(內包; nested) 집합 관계와 같은) 실례들간의 구조적 관계를 잘 보아야 할 것이다. 마지막으로 내적 및 외적 시각 모두가 잘못된 추리로 이끌 수 있지만 이들 오류들의 성질은 다르다. 내적 판단은 확률적 일관성에 의하여 제약받지 않는(유사성이나 연관성과 같은) 자연적 사정(査定; assessments)에 의하여 진행되기 때문에 확률법칙을 위반하는 경향이 있다. 이에 비해 외적 관점 오류는 문제공간의 불완전하거나 부적절한 특정화(特定化; specification)에서 일어나는 경향이 있다.

두 시각은 근본적으로 서로 맞서고 있음을 보여준다. 외부에서 편향되지 않은 확률판단에 도달하기 위해서는 문제의 적절한 표현과 관련 단위들 전반에 대한 분포적 시각(分布的 視角; distributional perspective) 둘 다가 필요하다. 그러나 좋은 표현을 이루어내는 과제는 내적 판단 - 유사성에 의해 단위들을 그룹으로 나누기, 인과관계에 의한 관련성의 결정, 결부력(結付力; associative strength)에 의한 대안들의 가중화(加重化; weighting)에 의존한다. 그리고 이들 요인들 각각은 더 넓은 시야를 보는 우리의 능력을 억제한다. 외부 관점은 우리가 특수한 경우를 뛰어넘을 것을 요구하지만 그러나 우리들의 세상 표현을 설득력 있게 만들어주는 것은 그 특수한 경우이고 모든 그 성질이다.

5.5 정보처리접근(information processing approach)

20세기 중반부터 쭉 정보처리 접근법이 인간의 판단과 결정에 대한 많은 연구를 수행하는 이론적 및 방법론적 골격(骨格; framework)이었다. 심리학에서의 이른바 "인지혁명(認知革命; cognitive revolution)"의 한 부분인 이 접근법은 Herbert A. Simon의 선구적 연구위에 구축되었다. 한정된 합리성에 대한 Simon의 1955년의 개척자적 논문이 발표된 지 벌써 50여년이 지났다. 결정연구에의 정보처리접근은 전통적으로 의사결정의 인지적(마음/두뇌; mind/brain) 측면을 이해하는데 초점을 맞추어왔었다. 그러나 근간의 연구는 인지적인 것을 의사결정의 더 정서적인 그리고 동기유발적인 측면과 결합하려 시도하여 왔다(Luce, Bettman, & Payne, 2001; Shiv & Fedorikhin, 1999.). 여기서 정보처리 접근법에 관하여 Payne & Bettman(2007)을 소개하는 것으로 그 설명을 대신하고자한다.

Simon은 다음의 인용문에서 결정연구에의 정보처리접근의 세 핵심측면을 잡아냈다. 즉

1. 인간합리성의 이론은 실재적 합리성 — 그들 결정의 내용과 관련될 뿐만 아니라 "절차적 합리성 — 결정이 내려지는 방식과도 관련되어야만 한다(Simon, 1981, p.57.).
2. 절차적 합리성 모델이 해내야 할 "과업은 경제인의 전체적인 합리성을 인간들이 실제로

소유하고 있는 정보 및 계산능력에의 접근과 조화되는 그런 하나의 합리적 행동으로 대체하는 것이다."(Simon, 1955, p.99.)

3. "인간의 합리적 행동은 행위자의 과업환경과 계산능력의 구조에 의하여 구체화된다.

첫 번째 인용문처럼 판단과 선택 과정에 초점을 맞추고 결정처리(決定處理; decision processing)를 추적하기위해 여러 가지 방법을 사용하는 것은 경제학에서 전통적으로 결정이 어떻게 내려지는 지보다 어떤 결정이 내려지는 지에 초점을 맞추는 것에 비해 정보처리접근의 특징이다. 두 번째 인용문은 합리적 의사결정자(완벽한 지식, 안정된 선호의 시스템, 및 무한한 계산 기능을 가진 사람)에 관한 전통적 경제 이론의 가정을 인간의 기억 시스템과 계산능력과 더 조화되는 의사결정자의 시각으로 교체할 필요성을 강조한다. Simon(1955)은 계산능력의 한계는 특히 합리적 선택의 정의(定義; definition)위에 있는 중요한 제약조건이다 즉 사람들은 단지 제한된 합리성만을 나타낼 뿐이다.

마지막 인용문은 결정처리를 이해하는 것이 인지적 한계와 서로 다른 결정 과업의 요구와의 교차(交叉; intersection)를 반영하여야한다는 것을 의미한다. 결정행동의 많은 연구로부터의 하나의 일관되고 두드러진 결론은 인간정보처리시스템 및 결정 환경 둘 다의 특성 간의 상호작용 때문에 판단과 선택이 고도로 과업의 종류와 맥락요인에 의해 우발적이라는 것이다(Payne, 1982).

이와 관련하여 유의할 점은 적어도 부분적으로 정보처리능력에서의 한계 때문에 판단 또는 선택 과제에의 응답을 만들어냄에 있어 얼마나 복잡한지와 상관없이 대상이나 사건에 대한 선호와 이들에 관한 믿음이 자주 — 단지 드러내는 것이 아니라 — 구성된다고 결정연구인들이 점점 더 믿는다는 것이다(Bettman, 1979; Payne, Bettman, & Johnson, 1992; Slovic, 1995.). 즉 사람들이 알고 있는 잘 정의된 그리고 안정된 선호 대신에 필요한 즉석에서 선호와 믿음을 구성하는 것으로 보인다. 더 나아가 선호는 베이즈의 최신화(updating) 처리나 기대효용계산과 같은 어떤 불변의 알고리듬에 의하여 발생되는 것이 아니라 여러 가지 다른 결정 체험직감해법이나 단순화 메커니즘의 우발적 사용에 의하여 발생된다. 여러 과업과 맥락의 우발사태 하에서의 다중의 단순화 메커니즘(체험직감해법)의 사용은 구성된 응답의 특징을 나타내는 불완전하게 환기된 그리고 불안정한 선호와 믿음을 산출한다.

이 결정연구에의 핵심적 정보처리접근의 개념적 및 방법논적 측면을 살펴보고 그 뒤 대안이 되는 행위의 방향들 중에서의 선택을 다루는 연구프로그램(적응할 수 있는 의사결정자 기초구조; Adaptive Decision Maker framework)에 초점을 맞춤으로써 이 접근이 예증될 것이다. 어떻게 정보처리기초구조가 감정(感情; emotion)과 같은 비인지적 요인들을 포함하기위하여 확장될 수 있는지 그리고 어떻게 정보처리접근이 현제의 사고(思考; thought) 이원처리(二元處理; dual process) 이론들과 연관되는지도 고려될 것이다.

5.5.1 정보처리 개념과 방법

▌부족한 자원으로서의 주의(Attention as a scarce resources)

정보처리접근의 핵심 아이디어는 의식적인 주의(注意; attention)가 의사결정자에게 부족한 자원이라는 것이다(Simon, 1978.). 따라서 사람들은 일반적으로 무슨 정보에 주의를 기울여야 하고 어떻게 그것을 사용해야하는지에 관하여 고도로 선택적이다. 무엇이 의사결정에서 선택적 주의를 모으는지를 이해하는 것이 결정연구를 위해 결정적 과업이다.

주의의 두 주요 형태로 자발적인 것과 비자발적인 것 이 있다(Kahneman,1973.). 자발적 주의는 개인들이 당면한 목표 예컨대 해로움의 방지와 관련이 있다고 감지되는 정보에 몰두하는 주의를 말한다(Higgins, 2002.). 주의는 또한 신기한, 예기치 않은, 잠재적으로 위협을 주는 또는 감동과 관련된(affect-related), 또는 단순히 돌출적으로 감지된 환경의 요인(예 어떤 염원(念願; aspiration), 목표, 또는 기준에 대비되는 변화 또는 손실)에 의하여 비자발적으로 유발될 수 있다. Simon(1983)은 감정(感情; emotion)이 주의를 집중시키고 우리의 정보처리시스템의 한 번에 하나라는 한계를 극복하도록 도와준다고 주장하였다. 중요한 것은 사람들이 그들의 주의를 과업환경의 어떤 일정한 요인들에 집중시켜왔고 결과적으로 결정에 영향을 주어왔다는 것을 눈치 채지 못할 수도 있다는 것이다.

의사결정에서 구성된 가치와 믿음을 나타내는 많은 일반적 맥락과 과업효과가 판단과 선택환경의 다른 요인들을 돌출시킴으로 인한 선택적 주의의 결과이다. 예컨대 결정연구에서의 가장 두드러진 과업효과는 두 내기(가망; 可望; prospects) 사이의 선호순서가 요구된 응답이 두 내기사이의 직접선택이냐 아니면 각 내기에 거는 값이냐에 따라 자주 도치되고, 우발적이 된다는 것이다. 아마도 몇 가지 요인이 그런 선호역전의 원인이 되겠지만 나와 있는 설명 중 하나는 응답형식의 특성과 내기의 한 측면(aspect) 사이의 친화성(親和性; compatibility)이다. 예를 들면 내기 걸기 응답을 달러로 표현하게 함으로써 내기의 결과득실을 평가하는데 더 많이 주의를 하게 할 수도 있다. 더 일반적 수준에서 선택적 주의가 내기 결과득실 대 확률과 같은 단일대안의 여러 측면에 다르게 주어지는 주의뿐만 아니라 중간 결과에 비해 위험한 선택의 순위종속효용모델에 관한 최근의 연구(Wu, Zhang, & Gonzalez, 2007)에서처럼 내기의 제일 좋은 그리고 제일 나쁜 결과(outcomes)에 더 크게 집중되는 또는 모든 다중 대안의 특성(예 대안들의 공통적 대 특이한 차원)에 다르게 주어지는 주의가 포함될 수 있다.

결정적인 점은 주의(注意; attention)가 고도로 선택적인 결정처리(decision processing)가 반드시 부실한 결정을 내리는 것은 아니다. 의사결정자의 선택적 주의가 환경의 관련요인들에 연관되고 관련이 없는 요인을 무시하는 정도까지 고도로 단순화된 메커니즘도 좋은(만족한)결정을 낳을 공산이 크다(Johnson & Payne, 1985.). 그러나 한 개인이 관련이 없는 정보에 선택적으로 관심을 갖거나 관련이 있는 정보를 무시하는 정도까지 부실한 결정이 나올 수 있다. 만일 주의가 의사결정자의 부족한 자원이라면 개인들을 주의를 관리하도록 도와주는 것이 결정을 개선하는데 결정적이다. 많은 결정지원이 주의가 단순히 한 옵션의 특성 전반에 그리고 다중의 옵션 전반에 균일하게 퍼지도록 보장하는 것에 실질적인 가치가 있다(제3편 5.3 탈 편향 참고).

정보 한 아이템을 처리하는 비용과 정보를 획득하는 비용의 구별은 주의를 부족한 자원으로 보는 아이디어와 관련이 있다. 결정에 관한 숙고(熟考; deliberation)(정보를 처리하기)는 돈이 드는 활동이며(Conlisk, 1996) 우리는 의사결정의 모델화에서 처리비용뿐만 아니라 정보획득비도 고려하여야한다. 정보 한 아이템을 처리하는 인지적(정서적) 비용의 증가는 정보 한 아이템을 획득하는 비용처럼 정보처리를 최소화하는 최소화메커니즘을 더 많이 사용하게 할 것이다. 정보 한 아이템을 획득하고 처리하는 비용이 정보가 처리되는 순서뿐만 아니라 한 아이템이 처리되는지 전혀 처리되지 않는 지에도 영향을 또한 줄 수도 있다. 끝으로 처리가 비용이 많이 들기 때문에 사람들은 그것을 변환하기위하여 인지적 노력을 소모하기보다는 오히려 그것이 주어지는 형식대로 받아들이려는 경향이 있다(Slovic, 1972.).

▌순차적 처리(serial processing)

일반적으로 정보처리접근은 의사결정이 문제의 내적 표현을 반영하는 심벌의 순차적 조작을 포함한다고 가정한다. 즉 생각에서의 한 단계가 뒤 따르고 다른 것에 의하여 영향 받는다. 그러나 Simon(1979)이 주목한대로 인간의 정보처리시스템이 순차적이라고 특정하는 것은 논의의 여지가 많은 주장이다(p.4.). 아래에서 더 상세하게 검토되는 것처럼 몇 명의 연구인들은, 평행이고 비교적 자동적이고 결합적이며 빠른 하나의 처리유형(시스템 1) 및 순차적이고, 노력이 들며 규칙을 기반으로 하는 또 다른 처리유형(시스템 2)을 가진다는 사고의 이원적 과정의 관점을 찬성하였다(예 Kahneman & Frederick, 2002; Sloman, 1996.). 정보처리 전통의 대부분 연구인은 일부 판단에서 평행처리의 가능성을 수용한다. 그러나 여기서는 대부분 순차적이고 주의를 필요로 하는(attention-demanding) 결정처리의 측면 즉 시스템 2 사고에 초점을 두고자 한다.

▌경험 발견적 판단과 선택전략(heuristic judgement and choice strategies)

한정된 합리성(Simon, 1955)의 중심아이디어는 제한된 인지 능력이 결정 문제를 해결하기위하여 정보의 선택적이고 단순한 사용을 포함하는 메커니즘(체험직감해법)의 사용을 필요로 한다는 것이다. 더 나아가 정보처리연구인들은 체험직감해법이 일반적으로 만족스러운 결과를 만들어낸다고 주장한다. 단순화된 체험직감해법의 사용을 위한 몇몇 이유가 있다. 첫째 개인들은 때때로 다른 선택이 없기 때문에 단순화 메커니즘을 사용하지 않을 수 없다. 즉 처리를 위한 제한된 인지능력 또는 시간이 특수한 환경에서의 실현가능한 처리에 대한 제약조건으로 작동할 수도 있다. 둘째 개인들은 계산능력의 부족한 자원의 사용에서 오는 노력 또는 시간에서의 비용 때문에 단순화할 수도 있다. 마지막으로 한사람이 과거에 단순화 메커니즘이 만족스럽게 작동하였으며 쉽게 기억해 낼 수 있기 때문에 단순화메커니즘을 사용할 수도 있다.

Simon(1955)은 한 중요한 결정처리의 단순화는 결정에 최선(최적)인 해답을 위해 전부를 다

탐색하기보다는 오히려 결정문제에의 최초의 만족한 해답이 얻어진 후 탐색을 멈출 것을 제안하였다. 관련된 아이디어는 결정결과(decision consequences)가 단순한 결과득실계획(payoff scheme)을 사용하여 평가된다는 것이다. 여기서 결정의 결과(outcomes)는 어떤 목표수준(aspiration level)이나 준거가치(reference value)에 대비하여 만족이거나 아니면 불만족이거나 어느 것으로 보인다. 결정행동의 동태적 측면은 목표수준 또는 준거점(reference point)의 변화에 의하여 포착된다. 만족최소화(satisficing)와 단순한 결과득실개요를 포함하는 체험직감해법이 자주 적당한 선택으로 이끌어주기는 하지만 그것들도 선택편향을 가져올 수 있다. 예컨대 탐색과 대안적 선별을 가이드하기위하여 만족최소화를 사용하는 것은 대안들이 고려되는 순서가 크게 선별된 대안에 영향을 줄 수 있다는 것을 의미한다. 단순한 결과득실계획을 사용한다는 것은 결정이 상충되는 목적들 사이의 추론된 절충을 고려하지 않을 것이라는 것을 의미한다.

다른 체험직감적 메커니즘은 문제의 재정의(再定義; redefinition)가 포함될 수 있다. 예를 들어 Kahneman과 Frederick(2002)은 사람들이 어려운 판단문제를 해결하기위해 속성대체(屬性代替; attribute substitution)를 즉 문제의 정의를 해결하기위해 더 쉬운 속성으로 교체할 수도 있다고 주장한다. 예를 들면 특성 X를 가진 사람이 특성 Y를 가진 직무를 현재 하고 있는 것이 얼마나 가능한가라는 더 어려운 질문에 대해 특성 X가 특성 Y와 얼마나 유사한가라는 질문에 답하도록 더 쉽게 바꿀 수도 있다. 특징들의 두 집합이 더 유사할수록(더 대표성이 있을수록) 판단된 확률이 더 높을 것이다. 선택적 주의 효과처럼 문제의 재정의가 의사결정자가 알고 있는 어떤 것일 수도 그렇지 않을 수도 있다. 속성 교체의 사용이 잠재적으로 관련된 확률예측에 대한 정보(예 다른 직무의 기저-율; base-rates)가 무시될 수도 있다는 것을 의미한다.

판단과 선택에의 정보처리접근의 중대한 전제는 개인이 결정 문제를 풀기위해 경험과 정식의 훈련을 통해 얻어진 다양한 체험직감적 전략 즉 전략의 "레퍼토리", "연장 세트(toolkit)," 또는 "공구상자"를 소유하고 있다는 것이다(Payne, Bettman, & Johnson, 1993; Gigerenzer, 2007.). 우리는 오래 동안 과제의 요구에 따라 정해지는 다양한 체험직감해법의 사용이 제한된 인지능력을 가진 인간이 복잡한 결정 환경에 현명하게 적응하는 길이라고 주장하여왔다(Payne, Bettman, & Johnson, 1988).

요컨대 체험직감해법이 제한된 정보처리로 복잡한 문제를 해결하기위한 방법을 제공한다. 체험직감해법은 또한 일반적으로 만족스러운 결과를 산출한다. 그러나 정보처리를 위해 체험직감적(선택적) 방법을 사용하는 것은 역시 결정오류가 생길 수 있다는 것을 의미한다. 중요한 것은 판단과 선택에서의 그런 오류가 체계적(반복적)일 경향이 있다는 것이다. 따라서 의사결정에 있어서의 인간의 체계적 오류가 동기가 부여된 불합리(irrationality)를 요구 하지 않지만 그가 할 수 있는 최선을 다한 제한된 정보처리의 결과일 수 있다. 더 나아가 바로 그 결과를 추론함에 있어서의 잠재적 편향 또는 오류를 쉽게 사라지게 할 수 있는 망가지기 쉬운 결과로 보아서는 안 될 것이다. 즉 그것들은 결정행동에 있어 정규성(正規性; regularity)을 가진 중요한 것이다. 동기부여적인 것의 반대로 이들 결정오류의 인지적 측면은 결정을 평가하고 지원하는 데 중요한 의미를 가지고 있다.

5.5.2 방법론적 고려사항

결정연구에의 정보처리접근 역시 일부 방법론적 특성을 공유하고 있다. 앞에서 강조한대로 (맨 앞 인용 1) 정보처리접근은 무슨 결정이 내려지나가 아니라 결정이 어떻게 내려지는가에 대한 연구를 강조한다(Simon, 1978.). 결과로써 정보처리의 기본골격(基本骨格; framework) 안에 있는 결정연구가들은 흔히 과업 중 처리의 구두보고 즉 구두 프로토콜(protocol); 정보탐색의 감시(monitoring); 및 응답시간과 같은 "과정추적(process tracing)"의 결과를 가지고 마지막 판단과 선택을 보충한다(Svenson, 1996.). 과정추적 방법의 사용은 결정과정의 이해가 "총체적 집합적 데이터의 간접적이고 먼 해석보다는 오히려 현미경적인 분석을 통해 탐구되어야 한다"는 아이디어와 일치한다(Simon, 1982.).

▌구두 프로토콜(verbal protocol)

프로토콜 분석은 의사결정과정에 대한 상세 데이터를 수집하기위한 접근법이다(예 Hastie, Schkade, & Payne, 1998.). 구두 프로토콜분석의 진수(眞髓; essence)는 연구인에게 관심이 되는 어떤 과제를 수행하는 동안 피험자에게 계속되는 구두보고를 하도록 즉 "소리 내어 생각하도록" 요구하는 것이다. 연구인은 구두 프로토콜을 피험자의 진행 중인 문제해결(problem-solving) 또는 결정행동의 기록으로 취급하며 들은 것을 특정한 시점에서의 피험자의 지식상태의 표시 또는 지식의 한 상태에서 다른 상태로 변환하기 위한 특정한 작업의 사용으로 이해한다(Newell & Simon, 1972.).

▌정보탐색 감시(監視; monitoring)

정보획득행동(情報追跡行動; information acquisition behavior)을 추적(追跡; monitoring)하는 것은 결정연구인들이 사용하는 가장 인기 있는 과정추적방법 중 하나이다. 이 방법이 효력을 발생할 수 있게 하기위해서 선택 또는 판단 과제는 어떤 그리고 얼마나 많든 정보가 추구되는지, 어떤 순서로 그것들이 획득되는지, 그리고 각 정보가 얼마나 오랫동안 조사되는지가 쉽게 모니터링 되도록 피험자가 정보를 찾지 않으면 안 되게 구성된다.

과거에 단순한 "정보보드(information board)"(예 Payne, 1976)에서 정교한 눈-움직임 추적(eye-movement tracking)(Russo & Dosher, 1983)에 이르는 정보획득행동을 모니터하기위한 몇몇 방법이 활용되었다. 그러나 오늘날 가장 흔한 접근은 인터넷(Internet) 위에서의 사용을 위해 설계된 시스템들(Edwards & Fasolo, 2001) 을 포함하여 정보획득을 나타내고 기록하기위한 컴퓨터화한 정보검색시스템들(예 Jacoby, Mazursky, Troutman, & Kuss 1984; Payne & Braunstein, 1978)을 사용하는 것이다. 예측 및 선호선택의 연구에서의 정보획득 모니터링의 근간의 예에 대해서는 Newell and Shanks(2003)와 Costa-Gomes, Crawford, and Broseta(2001)를 보라.

응답시간(response time)

결정연구에서의 정보처리모델들의 한 가지 장점은 처리단계들의 아이디어, 각 단계에서의 다른 작업, 및 더 일반적인 순차처리 관점 등으로 인하여 특정한 판단 또는 선택을 내리는데 발생하는 시간상의 차이를 설명하는 자연스러운 길을 이들 모델이 마련하여준다는 것이다. 따라서 정보처리연구인들은 자주 응답시간 측척(測尺)를 사람들이 판단과 선택을 정할 때 수집되는 정보의 일부로 포함시킨다. 선택행동을 연구하기위한 응답시간의 사용 예에 대해서는 Bettman, Johnson & Payne(1990)을 보라.

5.5.3 정보처리접근의 예: 적응할 수 있는 의사결정자(adaptive decision maker)

의사결정과정의 핵심으로 보이는 대안이 되는 행위방향들 중에서 선택하는 것에 대한 한 연구프로그램을 자세히 살펴보는 것을 통하여 정보처리방법 및 개념을 사용하는 예를 들어보기로 하자. 이 연구프로그램의 핵심이 되는 전제는 개인들이 어떻게 결정하는지를 어떻게 결정하는가가 인지노력뿐만 아니라 여러 가지 정보처리전략의 정확도를 반영한다는 것이다(Payne et al., 1993.). 인지노력 최소화 목표는 Simon(1955)이 주창한 "한정된 합리성"의 개념에 잘 맞는다. 더 나아가 항상 최적이 아니라면 한 결정에 대한 다수의 목표를 조건으로, 사람들이 어떻게 결정을 내리는가가 일반적으로 적응적이고 지적이라고 전제된다.

과업분석(task analysis)

인간행동을 이해함에 있어 과업환경구조의 중요성을 조건으로 할 때(Simon, 1990)중요한 첫 단계는 과업분석이다. 예컨대 전형적인 다속성(多屬性; multiattribute) 선택문제는 m옵션의 집합으로 구성되는데 여기서 각 옵션(대안) i은 n속성 가치 $(x_{i1,}\ x_{i2}, \cdots, x_{in})$의 벡터(vector)에 의하여 기술된다. 이 때 각 속성 가치는 각 옵션이 의사결정자의 그 속성에 대한 목적(목표)을 얼마나 충족하는지 그 정도를 반영한다. 통상 어떤 단일 대안이 모든 대안들 중에서 최선의(가장 선호되는) 것이 아니기 때문에 거의 모든 선택문제의 핵심특징은 가치갈등을 수반한다는 것이다. 속성들은 일반적으로 의사결정자에게 그것들이 얼마나 바람직한가, 실제 속성가치를 받아들이는데 따르는 불확실성, 및 의사결정자가 한 속성에서의 이득에 대해 다른 속성에서의 손실을 얼마나 자발적으로 받아들이는지에 따라 변한다. 가치갈등이 나타난다는 사실 때문에 그리고 그 갈등을 해결하기위한 규칙이 흔히 기억에서 나올 수 없다는 사실 때문에 선호선택문제는 일반적으로 단순하게 양태재인(樣態再認; pattern recognition)과 응답이 아니라 오히려 정보 획득 및 평가의 과정을 사용하여 해결된다.

다속성 선택문제에 대한 전략(strategies for multiattribute choice problem)

사람들은 어떻게 다속성(多屬性; multi-attribute) 선택 문제를 풀까? 연구는 한 개인이 과업요구에 부응하는 여러 가지 다른 정보처리전략 예컨대 고려되어야할 다수의 대안들을 사용한다는 것을 보여준다. 개인에 따라서도 다른 전략을 사용하는 경향이 있다. 그들 전략의 일부에는 사용가능한 대안들에 관한 모든 관련정보의 처리 및 가치들 간의 절충(tradeoffs)(즉 그것들은 보정적(補正的; compensatory)이다.)의 명시적인 고려가 포함되는 반면에 다른 체험직감적 전략은 더 제한된 그리고 자주 매우 선택적인 방식으로 정보를 사용하며 절충을 피한다(즉 그들은 비보정적이다). 일부 결정 전략은 주로 다른 옵션이 고려되기 전에 처리된 단일 옵션의 다수 속성을 가지고 대안에 의해 정보를 처리한다. 이들과 다른 전략들은 더 속성 집중적(attribute-focused)이며 단일 속성에서의 몇몇 대안의 가치들이 또 다른 속성에 대한 정보가 고려되기 전에 조사된다.

전통적인 의사결정 전략은 가중가산전략(加重加算戰略; weighted additive strategy-WADD)인데 이것은 절충 처리를 차지하며 흔히 결정을 위한 규범적 규칙이라 생각된다. WADD를 이용하기위해 한 대안의 상대적 중요성(가중치)의 측척(測尺)에 특정한 대안 속성의 값이 곱해지며 그 곱(product)은 그 대안에 대한 전체 값을 얻기 위하여 모든 속성에 걸쳐 합해지고 전체 합산 평가가 제일 높은 대안이 선택된다(즉 WADD는 최대화 전략이다). 따라서 WADD 전략은 모든 관련 결정정보를 사용한다. 결과로 나온 값의 가중하기와 더하기는 잠재적으로 한 속성에서의 좋지 않은 값이 다른 속성에서의 좋은 값에 의해 보정 받도록 허용한다. WADD 전략은 또한, 처리가 선택세트 안에 있는 다음 대안으로 옮겨가기 전에 한 대안의 요약평가가 도달되는, 정보를 처리하기위한 대안 기반의 전략이다. 위험한 결정을 위한 기대가치, 기대효용 및 여러 가지의 비선형 기대 모델이 WADD와 관련된 전략이다(Wu, Zhang, & Gonzalez, 2007 및 3편 2장을 보라).

사람들은 때때로 WADD 및 관련된 기대모델들과 일치되는 방식으로 결정을 내린다. 그러나 이들 전략은 부족한 인지자원을 사용하도록 하기에는 힘이 들 수 있다. 그러므로 장기간에 걸친 결정연구가 사람들은 흔히 더 단순한 결정과정(체험직감해법)을 사용하여 결정을 내린다는 것을 밝혀냈다. 예를 들면 사람들은 종종 사전편찬적(辭典編纂的; lexicographic)인 전략(LEX)을 사용한다. 여기서는 가장 중요한 속성상의 제일 좋은 가치를 가진 대안이(이 속성에 같은 것들이 없다는 것을 전제로) 선택된다. LEX 전략은 선택 체험직감해법의 한 예이다. 여기서 그 전략을 사용하는 사람들은 무슨 정보가 사용되는가에 관해 고도로 선택적임이 전제된다. LEX 전략은 또한 속성기반 정보처리를 사용한다. 추론적 판단에 대한 아주 유사한 모델이 최선취하기 체험직감해법이다(5.1 체험직감해법 참조).

정보의 고도로 선택적인 사용에도 불구하고 일부 과업조건들에서 그 아주 단순한 LEX 선택 체험직감해법이 WADD와 같은 정보-집약적 전략과 유사한 결정을 만들어 낸다(Johnson & Payne, 1985.). 일부 결정 환경(예 모든 속성들의 **결정가중계수**들에 높은 분산(分散; variance)이 있는 과제)에서 선택을 하기위해 LEX 전략과 연계된 결정의 질이란 면에서 비교적 비용이 덜 든다. 이것은 매우 중요하다. 왜냐하면 LEX 전략과 같은 체험직감해법의 사용은 있을 수 있는 최선의 결정을 내리는 것뿐만 아니라 인지적 노력의 절약도 목표로 가지고 있는 의사결정자를 위한 일부 결정과제에 적응할 수 있는 응답일 수 있기 때문이다. 즉 체험직감해법이 결정 정확도라는 좁은 의미에서 최적의 전략이 아닐지라도 그것들이 많은 결정 문제를 풀기위한 합당한 길일 수도 있다.

LEX 체험직감해법이 일부 환경에서 성과가 좋을 지라도 사람들이 속성가치들에 대한 변별역(辨別閾; just-noticeable-difference) 구조를 가지고 있다는 아이디어와 결합될 때 비이행적 선택양태와 같은 오류를 범할 수 있다(Tversky, 1969.). 기대되는 대로 과제환경이 더 다수의 중요한 속성에 의하여 특징지어질수록 LEX 전략은 더욱 고품질의 결정을 내리지 못하게 된다(Johnson & Payne, 1985.). 최선취하기 체험직감해법에서의 유사한 점에 대해서는 Martignon & Krauss(2003)를 보라.

Simon(1955)은 결정에 대해 만족최소화(Satisficing; SAT)[86] 전략을 제안하였다. SAT에서 당장 고려중인 옵션에 대한 각 속성의 가치는 그 속성에 대한 사전에 정해진 탈락기준(脫落基準; cutoff level)과 비교된다. 어떤 속성이 그 탈락기준에 미치지 못하면 그 옵션은 기각되고 다음 옵션이 고려된다. 각 대안에 대해 얼마나 많은 정보가 처리되는지에 일반적으로 분산이 있을 것이기는 하지만 한 대안에 대해 다수의 속성이 고려될 수 있기 때문에 SAT는 대안-기반(alternative-based)이다. 종요로이 모든 속성에 대해 탈락을 통과한 선택 집합에서의 첫 번째 옵션이 선택된다. 그래서 사람들은 최대화한다고 전제하지 않는다. 만족한 대안이 찾아졌을 때 멈추기가 많은 정보처리를 절약하게 할 수 있다. 만일 어떤 옵션도 모든 탈락을 통과하지 못하면 기준이 완화될 수 있고 그 과정은 반복된다. Busemeyer와 Johnson은 LEX, SAT, 및 WADD 전략의 요소들을 결합한 선호모델을 제안하였다(Busemeyer & Johnson, 2007.).

요인별 소거법(Elimination by aspects; EBA)은 LEX 및 SAT 전략 둘 다의 요소를 내포하고 있는 일반적으로 사용되는 결정 전략이다. EBA는 최소 탈락가치에 미치지 않는 또는 가장 중요한 속성을 위해 바람직한 요인을 가지고 있지 않은 옵션을 소거한다. 소거과정(消去過程; elimination process)은 두 번째로 가장 중요한 속성을 위해 반복되며 다음으로 가장 중요한 속성을 가지고 단일 옵션이 남을 때까지 처리하며 계속된다(Tversky, 1972.). EBA는 처리정보를 위한 기초에 초점을 두며 비보상적이고 잠재적으로 관련이 있는 모든 정보를 사용하지 않는다. 속성들이 사용되는 순서가 의사결정자의 기본 가치를 반영하는 정도까지 이 체험직감해법은 잘 해낼 것이다. 그러나 사용된 속성들이 나열 상의 특출함(salience)과 같은 선택적 관심의 "상관없는(irrelevant)" 요인들을 반영하는 한 EBA 전략은 결정 정확도란 면에서 성과를 잘 올리지 못 할 수도 있다.

의사결정자는 또한 결합된 선택전략을 사용할 수도 있다. 한 전형적인 결합된 전략은 시작단계에서 일부 대안들이 소거되고 두 번째 단계에서 남은 옵션이 더 상세하게 분석된다. 하나의 빈번하게 관찰되는 결합이 선택 집합을 둘이나 세 옵션으로 줄이기 위한 EBA의 최초 사용인데 그들 옵션 중에서 선택하기 위하여 WADD와 같은 보상적 전략이 뒤따른다. 결합된 전략 사용하기의 함의는 선택 과제의 "특성들"이 특정한 전략을 처음 사용한 결과에 따라 변할 수도 있다는 것이다. 예를 들면 자주 주장된 절차인 선택 집합에서 열세한 대안들을 먼저 소거하기위한 과정의 사용이 속성가치들 간의 상충(相衝; conflict)을 더 극단적으로 만들고 그리고 아마도

86) 뒤에 상술된다.

옵션이 줄어든 집합위에서 새로운 전략을 적용하기 시작하게 할 것이다.

전략선택(srategy selection)

결정연구에의 정보처리접근에 대한 결정적 질문은 어떻게 그리고 왜 의사결정자가 다른 것 대신에 한 결정 전략을 특정한 과제를 위해 선택하는가이다. 많은 연구로 이끌어온 한 가설은 전략 선택이 인지노력을 최소화하기와 결정정확도의 만족한 수준 달성하기 두 목표 모두에 의하여 좌우된다는 것이다(Beach & Mitchell, 1978; Payne, 1976.).

위에서 기술된 다른 결정 전략들은 겉보기에 그 전략에 맞는 계산노력을 필요로 한다. 그러나 인지노력이란 면에서 결정 전략을 비교하기위해 우리는 더 정밀한 분석기준이 필요하다. 우리는 WADD와 EBA와 같은 선택전략을 기본정보과정(elementary information processes; EIPs)이라 불리는 더 기본적인 구성요소로 분해하는 접근법을 취해왔는데 이 과정은 EIPs의 특정한 모음 및 차례라는 면에서 정의된 특수한 결정 전략을 가지고 있다. Newell & Simon(1972)은 한 전략이 한 과제를 완결하기위해 필요한 EIPs의 수가 그 과제를 위한 그 전략의 인지처리노력의 측척(測尺)을 제공한다고 주장한다. 우리가 사용해온 EIPs의 집합은 정보 읽기, 가치 비교하기, 가치 합산하기, 및 기타 고려사항으로 옵션이나 속성 소거하기와 같은 작업이 포함된다. 다음에 우리는 각 전략을 상기 일연의 작업들에 의하여 특징지을 수 있다. 예를 들면 사전편찬식 선택전략은 몇몇 읽기 및 비교하기 EIPs가 포함될 수 있을 것이지만 합산하기나 곱하기와 같은 보상적 EIPs은 포함되지 않을 것이다.

EIPs의 특정한 집합은 선택과정에 대한 적절한 분해 수준에 관한 이론적 판단을 나타낸다. 예컨대 우리는 곱하기 EIP를 더 세분화된 기본정보과정으로 분해할 수 있을 것이다. 또한 예를 들어 우리는 더 일반적 처리구성요소, 예컨대 선택적 탐색을 위한 규칙 및 탐색 끝내기 규칙을 사용할 수 있을 것이다. 우리는 그러나 정보읽기나 가치비교하기와 같은 EIPs로 대표되는 분해 수준은 과업환경의 차이에서 오는 여러 가지 결정 전략의 상대적 인지노력의 유용한 측척(測尺)를 제공하도록 충분히 세분화 된다고 믿는다. 그런 EIPs는 다른 인지과업을 위해 상정(想定; postulate)된 것들과 유사하며 결정시간과 결정노력의 자기보고(自己報告; self-report)를 예측하기위해 성공적으로 사용되어왔다(Bettman, et al., 1990.).

결정환경에서의 노력과 정확도의 모의(模擬; simulation)

우리는 다양한 결정 환경에서의 인지 노력 및 정확도를 탐구하기위해 결정 전략의 생산시스템으로의 표현(表現; representations) 및 컴퓨터 모의를 사용하여왔다(Johnson & Payne, 1985; Bettman, Johnson, Luce, & Payne, 1993; Payne, Bettman, & Luce, 1996; Gigerenzer, 2007.). 보통 우리는 정확도를 위한 표준으로 WADD 또는 기대가치 같은 과제를 위한 규범적 모델들의 성과를 이용하여왔다. 추리과업과는 대조적으로 선호과업에서는 가치에서의 개인차가 무엇이 정확한 또는 높은 질의 결정을 이루는지를 정의하기위하여 인정되어야한다. 개인들은 정확도를 위한 표준을 과업요구의 함수로 조정할 공산이 있다(Busemeyer & Johnson, 2007).

이들 모의 결과가 결정 체험직감해법에 관한 몇 개의 결론을 제기한다. 첫째 체험 직감적 선택 전략은 인지노력을 상당히 절약하면서 고도로 정확할 수 있다. 따라서 선택 체험직감해법은 부족한 인지자원의 사용을 최소화하기와 좋은 결정내리기 모두에 관심이 있는 의사결정자를 위해 타당한 대답일 수 있다. 둘째 어떤 단일 체험직감해법도 정확도라는 면에서 모든 환경에 걸쳐 다 잘 할 수 없다. 모든 과업 환경에 걸쳐 어떤 주어진 체험직감해법이 일반화된 좋은 성과를 올리지 못한다는 것은 체험 직감적 처리에 부담을 안겨준다. 이 결과는 만일 의사결정자가 합리적으로 높은 정확도와(체험직감해법을 사용하여) 낮은 노력 모두를 성취하기 원한다면 그 는 체험 직감적 전략의 상황적 요구에 적응하여 선택하는 레퍼토리(공구상자)를 사용하여야만 한다.

셋째 경험 발견해법과 함께 요구되는 인지노력은 선택과제가 더 복잡하게 됨에 따라 WADD를 사용하는데 필요한 노력보다 더 서서히 증가한다. 넷째 WADD와 같은 전략들이 정확성이 있다는 장점은 선택 집합에 있는 결과들(outcomes)의 확률들 간 또는 대안들 속성들의 가중치들 간의 분산이 더 낮은 맥락에서 또는 속성 값들 간의 상충 수준이 더 큰 맥락에서 제일 크다. 더 일반적으로 WADD와 같은 더 규범적인 전략의 하나의 장점은 정확성이 체험직감해법에 대한 경우보다 과제 및 맥락 요인에서의 변화에 덜 민감한 경향이 있다는 것이다. 이 일반적인 결론의 한 예외는 시간 압력의 경우이다. 증가된 시간압력이 모든 선택 전략의 정확성을 해친다할지라도 정확성을 나춘다는 면에서 가장 큰 영향은 WADD에 대한 것이다. 왜냐하면 계산이 완결되기 전에 시간이 종료되기 때문이다. 대폭적인 시간압력의 경우 단순한 LEX 규칙이 자주 결정 정확성을 확보한다는 면에서 최선이다(Payne et al., 1988; Payne et al, 1996.). 즉 비록 제한되긴 하지만 심한 시간압력 하에서의 각 옵션에 관한 일부 정보를 조사하는 것이 일부 옵션을 더 깊이 조사하고 다른 것은 전혀 조사하지 않는 것보다 최선이다.

▮ 적응가능 전략 선택을 조사하는 실험(experiments examining adaptive strategy selection)

모의(模擬; simulation) 결과들이 이상화(理想化; idealized)된 적응성 있는 의사결정자가 과제 및 맥락의 요구가 변하는 데 따라 선택전략을 어떻게 바꾸는가를 강조(强調; highlight)하여 보여준다. 실제 의사결정자들이 적응성 있게 행동하는가? 다음에 기술되는 실험연구에서 피험자들은 시간압력과 같은 여러 가지 선택환경특성 하에서 옵션들로부터 선택을 한다. 그리고 우리는 그들의 정보처리의 상세한 것을 관찰한다. 어떻게 관찰 가능한 처리 요인(要因; aspects)이 변할 수도 있는가에 관한 가설은 모의로부터 도출된다. 아래에서 요약되는 여러 가지 실험에서 우리는 그런 처리요인이 결정과제에서의 변화와 함께 바뀌는 정도를 측정하기위하여 과정추적(process-tracing) 방법을 사용한다. 이들 요인에는 처리된 정보의 양, 정보처리의 선택성(選擇性; selectivity), 대안기반(代案基盤; alternative-based) 대 속성기반 처리의 정도, 및 속성기반 처리가 다수의 대안을 포함하는 정도 등이 포함된다. 이들 처리요인 각각은 원형적(原型的; prototypical) 결정 전략과 연관된다. 예를 들면 EBA전략은 완전한 정보를 덜 사용하며, 모든 대안들에 선택적이고, 다수의 대안들 ($n > 2$)에 걸쳐 확장될 수 있는 속성기반 처리를 비교적 더 사용하는 반면에 WADD는 완전한 정보를 사용하며, 선택적이 아니고, 대안을 기반으로 한다. 실험 또한 강력한 적합성 검사를 마련하기위하여 피험자 내 설계의 사용, 성과조건 결과득실(payoffs)의 사용, 및 행동 과정 측척(測尺)(測尺; measures) 뿐만 아니라 최종선택 및 판단의 평가 등이 포함된다.

그런 실험들로부터 무엇을 배웠나? 분명한 하나의 결과는 사람들이 결정과제가 더 복잡해짐에 따라 EBA나 만족최소화와 같은 선택 체험직감해법의 사용을 늘린다는 것이다. 예컨대 사람들은 하나의 선택 집합에 겨우 둘이나 세 대안만이 있을 때보다 많은(넷 또는 그 이상의) 대안들을 만났을 때 아주 다르게 정보를 처리한다. 중요한 것은 이들 전략이 과업 복잡성의 함수가 피험자 간에 생김에 따라 이동(移動; shifts)한다는 것이다. 즉 같은 개인이 어떤 상황에서는 더 보상적인 전략을 사용할 것이고 다른 상황에서는 더 발견적인 전략을 사용할 것이다. 이 결과가 직접적으로 한 사람이 결정 전략들의 레퍼토리를 갖고 있다는 결정적 아이디어를 뒷받침한다. 이에 더해 사람들이 때로는 하향(top-down)방식으로 그들의 처리를 적응시킨다는 증거가 있다. 뒤따르는 두 의사결정자의 구두 프로토콜(verbal protocol)로부터의 인용문이 이 점을 설명하여준다. (1) "선택할 이들 많은(여섯) 아파트의 모든 특성을 나는 다루지 않을 것이다. 가능한 한 빨리 그것들을 소거하기 시작하자."(Payne, 1976.) (2) "겨우 두 개의 선택할 [내기]를 가지고 나는 모든 정보를 추적하려한다. 그것은 그리 어려운 일이 아닐 것이다."(Payne & Braunstein, 1978.) 사람들은 때로는 여러 가지 형태의 문제를 어떻게 풀 것인지 선험적으로 계획한다. 한편 우리는 다른 때에는 전략 선택이 훨씬 더 상향(bottom-up)의 건설적 방식으로, 전략이 선택된다는 것을 거의 또는 전혀 알아차리지 못한 채 진행된다고 믿는다. 대신에 사람들은 결정 문제를 푸는 과정동안 그들의 처리를 그들이 결정의 구조에 관하여 더 알게 됨에 따라 "기회주의적" 방식으로 조정한다.

또 다른 방식은 결정 정확도가 결정 노력을 절약하는 것보다 강조될 때, 전략 선택의 기초가 되는 비용-이득 절충의 일반적 아이디어에 일치되는 WADD와 같은 과정이 더 많이 사용된다는 것이다(Creyer, Bettman, & Payne, 1990.). 실험결과에서 입증된, 모의로는 덜 명확한 예측(prediction)은 WADD와 같은 과정의 사용이 속성가치(屬性價値; attribute values) 간의 충돌수준이 더 크다는 특징이 있는(즉 속성 간의 상관관계가 더 부정적인) 과제 환경에서 더 많다는 것이다(Bettman, et al., 1993.). 모의 결과가 속성간의 부정적인 상관관계가 특징인 영역에서, 체험직감해법을 사용한 것에 대한 결정의 질에서의 상대적 불이익이 더 크다는 것을 보여준다. 흥미롭게도 속성의 상관관계의 수준이 달라짐에 따라 전략을 이동시킨 피험자가 평균 결과득실이란 면에서 더 좋은 성과를 올린다.

가장 중요한 결정과제 변수 중 하나는 시간압력이다. 결정이 일정한 시점까지 내려져야 하기 때문에 또는 너무 빨리 정함으로써(서둘러 판단) 또는 결정을 너무 늦춤으로써 판단이나 선택에서의 오류가 발생하기 때문에 시간 압력이 온다. 발견적 결정규칙의 주요 장점 중 하나는 더 빠른 결정으로 이끌어 줄 수 있다는 것이다. 그리고 위에서 언급된 대로 우리의 모의 결과는 LEX와 같은 단순한 체험직감해법이 실질적인 시간압력에 직면해서 결정정확도를 확보한다는 면에서 WADD보다 더 잘 해낸다는 것을 보여준다. LEX 규칙에 더 가까운 전략들에의 이동은 그와 같은 시간압력 하에서의 더 높은 결과득실과 연계된다. 따라서 적응하는 결정행동은 시간압력 하에서의 더 선택적인 처리 및 더 속성기반의 처리의 특징이 된다. 시간압력에 응답계층(應答階層; hierarchy of responses)이라는 증거도 있다. 사람들은 시간압력이 증가함에 따라 LEX와 같은 전략으로 이동하지만 이 처리에서의 이동은 의사결정자가 첫 번째로 그가 당장의 결정 전략을 실행하려고 하는 속도를 단순히 증가시킴으로써 응답하려고 한 후에만 일어나는 경향이 있다. 마지막으로 우리는 전략을 이동시킴으로써 시간압력에 더 적응하려는 그러나 단지 일을 빨리하려고 하지만은 않는 그런 피험자들이 더 잘 해낼 것이다. 즉 더 큰 결정정확도를 이룰 것이다. 이들 예측은 몇 개의 실험에서 입증되었다(Payne et al., 1988; Payne et al., 1996.).

그런 결과들은 의사결정자들이 적응하는 방식으로 선택 체험직감해법을 흔히 사용한다는 주장을 뒷받침한다. 그러나 우리는 또한 상황적응적인 전략사용이 항상 적절하지는 않다는 것 또한 보아 왔다. 예를 들어 Payne et al.(1996)의 연구들 중 하나에서 우리는 사람들이 경합하는 시간압력을 받는 그리고 상관관계구조를 요구하는 상황에서 결정정확도에 적응하지 못 한다는 것을 발견하였다. 특히 시간압력이 없는 조건에서 상관관계구조의 요구에 잘 대응하는 것이 더 높은 결과득실을 가져다주는 반면에 시간압력이 있는 조건에서 상관관계에 더 잘 대응하는 것은 더 낮은 결과득실을 가져왔다. 부정적 상관관계에 대응하는 더 대안기반의 비선택적 처리전략으로 이동하는 것은 시간압력의 조건 하에서는 적합하지 않다.

요약하여 연구프로그램은 한 개인이 다속성(多屬性; multi-attributes) 선택 문제를 풀기위하여 고도로 선택적인 정보처리를 포함하는 체험 직감적 전략을 포함하여 다양한 전략을 사용한다는 것을 보여준다. 옵션의 수, 시간압력, 정보의 포맷(format), 응답형식, 속성 상관관계구조, 등등과 같은 요인을 기초로 하여 어떤 일정한 유형(類型; types)의 결정 전략이 더 많이 또는 더 적게 사용될 가능성이 큰지가 정해지는 조건을 예측할 수 있다. 다음으로 우리는 간략하게 결정에 대한 다른 목표들과 감정을 포함하는 적응성 의사결정자의 범위(範圍; extension)을 간략하게 개관해보기로 한다.

5.5.4 정서 및 기타 목표들(emotion and other goals)

인지적 노력과 결정정확도가 결정행동의 두 주요 결정요소이다. 그러나 그것은 전략 선택과 결정행동의 형식이 목표에 의하여 영향 받으며 흔히 즉석에서 건설적으로 개발된다. 이들 목표가 결정의 과정 그리고 결정의 결과 둘 다에 적용될 수 있다는 데 주목하자.

선택목표의 기본구조(a choice goals framework)

Bettman, Luce, & Payne(1998)은 선택을 위한 네 개의 중요한 메타 목표(meta-goals)가 결정 정확도의 최대화, 결정을 위해 필요한 인지노력의 최소화, 결정을 내리는 동안 그리고 그 이후의 부정적 감정의 최소화, 및 결정을 정당화하기 쉬움의 극대화라고 제언하였다. 이 목표

집합에 부정적 감정과 표준적 정확성/노력 접근에의 정당화와 관련된 두 목표가 추가된다.

이들 목표의 여러 부분집합들이, 각각의 목표에 관계되는 성과(成果; performance)에 유효한 결정의 중요성 및 불가역성(不可逆性; irreversibility) 그리고 피드백의 적시성(適時性; timeliness) 및 모호성(模糊性; ambiguity)과 같은 요인들에 따르는 여러 상황에, 관련될 공산이 크다. 예컨대 노력 피드백은 일반적으로 정확성 피드백보다 얻기가 훨씬 더 쉽다(Einnorn, 1980.). 이것이 인지노력 고려사항들이 결정행동을 설명하는 데 큰 역할을 할 수도 있다는 하나의 이유이다. 그러나 선택목표 기본구조의 유용성은 각 결정에 대해 여러 목표와 같이 너무 많은 목표가 요구된다면 타협될 수 있다. 따라서 우리가 이들 네 메타목표가 의사결정에 관련된 가장 중요한 동기부여 요인들의 많은 것을 차지한다고 믿기 때문에 위에 열거된 목표들의 제한된 부분집합에 초점이 집중된다.

부정적 감정의 최소화(minimizing negative emotion)

비록 모든 결정이 감정적 대응을 불러일으키지는 않는 것 같지만 사람들이 때때로 감정이 실린 선택에 직면하는 것은 분명하다. 예컨대 소비자들은 어떤 특정한 절충(折衷; tradeoff)이 다른 것보다 더 감정적으로 어렵다는 것을 알게 된다. 예를 들면 큰 자동차의 증가된 안전과 열악한 휘발유마일리지에서 오는 환경오염 사이에서 절충하기 같은 것이다. 극단적으로 사람들은 자주 사람의 생명 구하기와 환경의 질 저하를 받아들이기를 금전 면에서의 가치와 비교하기조차 싫어한다. Tetlock(2002)은 그러한 신성한 대 세속적인 고려사항의 절충을 **금기(禁忌; taboo) 절충**이라고 불렀다. 감정이 실린 선택들의 특성은 뒤따르는 부정적 감정이 결정 그 자체와 연계되지만 일부 관계가 없는 주위의 부정적 기분과는 연계되지 않는다는 것에 유의하자.

어려운 절충이 포함된 선택을 정하는 동안 경험한 부정적 기분이 어떻게 전략 선택과 의사결정에 영향을 주는가? 하나의 접근법은 감정이 인지적 성과를 떨어뜨리면서 결정과정을 방해할 것이라고 주장하는 것이다(Hancock & Warm, 1989.). 이에 따라 우리는 어떤 인지조작(認知操作; cognitive operation)도 부정적인 감정이 증가함에 따라 시간이 더 많이 걸리고 더 많은 오류를 포함할 것이라고 가정함으로써 위에서 예시된 결정 전략들의 모델들을 수정할 수 있을 것이다. 이는 부정적 감정에 적응하는 의사결정자들은 과제 복잡성을 증가시키는 효과와 유사한 시행하기 쉬운 결정 전략으로 단순히 이동할 것이라는 것을 보여준다.

감정의 영향을 설명하기위해 정보처리이론을 확대하기위한 또 다른 접근법은 의사결정자들이 직접적으로 부정적 감정 자체에 적응을 할 수도 있다고 주장하는 것이다. 사람들은 관련되었지만 분리된 두 방식으로 감정이 실린 과제에 대응할 수 있다. 한 가지 방식은 Folkman & Lazarus(1988)가 문제에 초점을 맞춘 대처(對處; coping)라고 부른 것이다. 즉 한 과제와 연계된 부정적 감정들은 문제를 가능한 한 잘 풀려고 노력함으로써 처리되며 실제적으로는 부정적 감정을 결정 중요성의 신호로 다룬다. 결정 문제를 효과적으로 풀기위해 노력하려는 태도는 정확성을 극대화하는 목표의 비중을 증가시킬 것이다. 위에서 언급된 대로 정확하게 해내려는 동기(動機; motivation)는 자주 다방면에 걸친 정보의 처리와 연계된다. 다방면에 걸친 정보의 처리는(자신에게) 가장 쉽게 쓸 수 있고(타인에게) 관찰될 수 있는 우리의 정확해지려는 동기의 지표이다. 이것은 더 쉬운 체험직관적 전략들의 사용으로 이끄는 대신에 결정과 연계된 늘어난 부정적 감정이 더 광범위한 정보의 처리로 이끌어야 한다는 것을 시사한다.

감정이 실린 결정에 대처하는 둘째 방식은 결정에 관한 생각의 양과 내용을 바꿈으로써 직접적으로 감정을 최소화하기위한 행동을 취하는 것이다(감정기반 대처). 이것들에는 어떤 결정도 내리기를 거부하기(Anderson, 2003), 다른 사람이 당신을 위해 그 결정을 내리게 하기, 또는 현상의 옵션이나 혹은 스스로나 타인에게 정당화하기 더 쉬운 어떤 다른 옵션에 대한 증가된 선호 보여주기와 같은 회피행동 등이 포함된다(Luce, 1998.). 이와 관련된 전략은 결정을 전적으로 피하지는 않지만 대신에 우리가 높은 수준의 절충을 유발하는 부정적 감정 하에서조차 가장 괴로움을 주는 것으로 알게 된 결정문제의 어떤 특정한 요인들을 회피하는 것이다. 예를 들면 자동차를 구매하려는 사람이 생명을 위협하는 사고에 빠지게 될 가능성 같은 것은 고려하기를 거부하면서 그 구매 결정의 다른 요인들(예 비용, 신뢰성, 및 차의 스타일)은 아주 기꺼이 주의 깊게 평가할 수도 있다. 우리는 명쾌하게 절충하기가 부정적 감정을 만들어낸다는 것을 믿는다. 그래서 하나의 가설은 개인들이 절충을 피하고 LEX와 같은 비보상적 전략을 채택함으로써 감정이 실린 결정에 대처할 수도 있다는 것이다. 어떤 속성기반(屬性基盤; attribute-based)처리전략도 한 속성이 다른 것을 얻기 위해 희생되어야만 하는 가능성에 직면하기를 최소화하려할 것이다(Hogarth, 1987.).

자선단체의 도와줄 아이의 선별이나 직업의 선택에 관한 일연의 연구에서 Luce, Bettman, & Payne(1997)은 이들 예언된 처리에서의 이동(즉 처리의 양과 속성기반 처리의 동시 증가)을 발견하였다. 다른 연구들에서는 고려중인 질 속성(質 屬性; quality attribute)이 어느 속성이 더 중요하게 보이는지와 관계없이 고려중인 질 속성의 감정 절충이 점점 어려워짐에 따라 질 속성의 높은 값을 낮은 값으로 절충하려는 의사가 점점 줄어든다는 것이 발견되었다(Luce, Payne, & Bettman, 1999, 2000.).

감정 최소화 목표 고려의 필요성을 더 증명하기위해 증가된 결정갈등(속성들 간의 더 부정적인 상관관계)에의 반응이 조사되었다. 위에서 요약된 노름 중에서의 선택에 관한 Bettman et al(1993)의 연구에서, 속성간의 증가된 갈등이 더 많은 처리를, 처리에서의 더 적은 선택성을, 그리고 더 많이 대안에 기반을 둔 처리를 결과로 가져왔는데 이는 WADD와 같은 전략을 더 많이 사용하는 것과 일치한다. 반면에 Luce et al.(1997)의 연구에서는 증가된 갈등이 더 광범한 그리고 더 많이 속성에 기반을 둔 처리와 연계되었다. 복합적으로 이들 두 세트의 연구는 의사결정자들이 속성들의 감정 절충의 어려움이 비교적 낮을 때 결정갈등이 명시적으로 요구하는 속성 간 절충에 직면하게 되는 경향이 있지만 그들은 속성들의 감정 절충의 어려움이 더 높을 때 이들 명시적인 절충을 회피한다는 것을 보여준다. 다소 역설적이지만 의사결정자들은 더 감정이 실린 그리고 때로는 더 중대한 결정일 때보다 덜 감정이 실린 선택들에 대한 규범적 결정규칙과 연계된, 갈등에 맞서는 형태의 과정을 더 흔쾌히 사용하고자할 수도 있다. 위에서 요약된 연구에 대한 더 세부적인 것은 Luce et al.(2001).을 보라.

▌정당화의 용이성 최대화(maximizing ease of justification)

Bettman et al.(1998)이 주장한 선택목표 기초구조에도 역시 다른 사람들이나 자신에게 결정을 쉽게 정당화하는 목표가 들어 있다(Tetlock, 2002). 여기서 정당화의 용이성(容易性; ease)이 정확성과 노력의 고려에 의하여 충분히 설명될 수 없음을 보여주는 연구를 자세히 검토할 수는 없지만 정당화의 용이성 최대화가, 집합에서 단순하게 타협 옵션을 선택하는 것과 같은, 옵션 간의 잘 보이고 전달할 수 있는 관계에 기초를 둔 다른 형태의 결정 체험직감해법(heuristic)을 포함랄 수 있다는 것을 강조해둔다. 그런 체험직감해법을 관계 체험직감해법이라 부른다(Bettman et al. 1998). 예로써 Huber, Payne, & Puto, 1982과 Simonson & Tvetsky, 1992의 비대칭 우위성(非對稱 優位性; asymmetric dominance) 효과를 참구하자. 합리적 선택이론의 한 전통적 예가 정규성(正規性; regularity) 즉 선택집합에 새로운 대안을 추가하는 것이 당초 집합 원소(元素; member)의 선택확률을 증가시킬 수 없다는 것이다. 그러나 사람들의 선택은 항상 이 정규성을 따르지는 않는다. 특히 당초집합에 있는 옵션에 열세이지만 다른 것에는 그렇지 않은(비대칭 우위 관계) 선택 집합에 한 옵션을 추가하는 것이 실제로 우세한 대안의 선택 몫(share)을 증가시켜 정규성을 위반하는 주목할 만한 결과이다. 결정 정당화의 필요성을 다룬 중요한 연구에서 Simonson(1989)은 정당화에 대한 증가된 필요성이 비대칭 효과를 키운다는 것을 보여준다.

5.5.5 이중과정이론(dual process theories)

정보처리 시각을 다르게 확장한 것이 사고(思考; thinking)를 이중과정으로 보는 견해이다. 심리학에서 최근에 이론화(예., Hogarth, 2001, Kahneman & Frederick, 2002, Sloman, 1996 등)가 여러 특성에 의하여 특징지어진 사고의 두 양식(樣式; modes)에 대해 찬성론을 폈다. 사고의 한 유형(類型; type)은 **시스템 1 사고**라고 불리는 것으로 비교적 무의식적이고, 자동적이고, 고도로 결합적(associative)이고, 빠르고, 맥락에 연계(contextualized) 되었고, 병행적이고, 일찍이 발달되었고, 비교적 언어와는 관계가 없으며, 확신 감을 불러일으킨다. 시스템 1 사고는 일반적으로 직관이라고 불리는 것과 그리고 또한 "정서체험직감해법(情緖體驗直感解法; affect heuristic)"과 관련이 있으며 이는 빠르고 자동적이며 비교적 힘들이지 않는 방식(方式; manner)으로 좋은지 나쁜지를 평가한다(Slovic, Finucane, Peters, & MacGregor, 2002.). **시스템 2 사고**는 제어가 가능하고, 의식적이고, 작동 기억(作動記憶; working memory)에 의해 통제되고, 규칙기반(rule-based)이고, 순차적이고, 나이와 함께 발전하고 노화에 취약하고, 언어와 관계가 있으며, 확신감에 의해 덜 특징지어진다. 시스템 2는 일반적으로 분석적이라 불린다. 이들 두 시스템은 아마도 두 별개의 카테고리가 아니라 오히려 연속체의 양 끝을 의미한다(Hammond, 1996.).

일찍이 지적한대로 Simon(1979)은 많은 의사결정을 특징짓는 더 높은 수준의 인지적, 주의를 요구하는 정보처리의 순차적 특성을 강하게 주장하였다. 따라서 인지(認知; cognition)의 이중과정모델(dual-process models)이란 면에서 Simon의 연구와 이 절에서 검토된 많은 결정연구들의 초점은 비록 관계체험직감해법(關係體驗直感解法; relational heuristics)들이 시스템 1에 가깝긴 하지만 시스템 2이다. 그러나 의식의 수준아래에서의 정보처리(즉 시스템 1)가 예전에 알았던 것보다 훨씬 더 크게 판단과 선택에 영향을 줄 수도 있다는 관심이 커지고 있다(Bargh & Chartrand, 1999; Hogarth, 2001.). Simon(1983) 역시 어떤 종류의 심각하고 복잡한 생각도 여러 가지의 비율로 그리고 여러 가지 방식으로 분석적 및 직관적 사고(思考; thought)를 사용한다고 주장하였다.

우리는 정보처리 기본구조(framework)를 넓히는 중요한 방향이 주의요구(注意要求; attention demand)를 거의 또는 전혀 불러일으키지 않는 판단 과정들(시스템 1 사고)이 어떻게 "높은" 수준의 주의를 요구하는 인지과정들과 서로 영향을 주는지를 조사하는 것이라고 믿는다. 하나의 가설은 거의 또는 전혀 노력 및 의식적 관심 conscious awareness)이 포함되지 않은 최초의 판단이 시스템 1 사고를 경유하여 빠르게 도달되며 그런 최초의 판단이 그 뒤 더 노력이 필요한 의식적 시스템 2 처리에 의하여 즉각적으로 표현되거나 확인되거나 수정될 수 있다는 것이다(예 Cobos, Almaraz, & Garcia-Madruga, 2003.).

시스템 2에 의한 시스템 1의 수정(修正; correction)은 이 두 사고방식(modes of thinking)이 서로 영향을 줄 수 있는 한 가지 방식이다. 두 유형의 사고가 서로 관계를 가질 수도 있는 또 다른 있을 법한 길은 "선택" 모델들(Gilbert & Gil, 2000)로 표현된다. 선택모델은 처리방식(mode of processing)이 인지적 부하(負荷; load) 또는 시간압력과 같은 요인들에 기초를 두고 선택된다고 주장한다. 예를 들면 누구는 인지적 부하가 높거나 시간이 촉박할 때 시스템 1 사고가 선택될 것이라고 기대할 것이다. 반면에 수정모델은 사람들이 일반적으로 시스템 1 과정들로 시작하고 나서 시스템 2 처리에 들어가거나 들어가지 않거나 할 수 있다고 말한다. 즉 시스템 1은 항상 판단과 선택에 영향을 미치는 디폴트 처리방식(default processing mode)이며 시스템 1의 결과는 시스템 2 처리에 의하여 수정될 때도 있고 수정되지 않을 때도 있다. 시스템 1 판단의 결과가 결정전 정보왜곡과 같은 영향을 통하여 뒤이은 시스템 2 사고에 영향을 미칠 수도 있다(Russo, Meloy, & Medvec, 1998.).

판단을 바로잡는 접근의 가치에 대한 진화론적인 받아들일 수 있는 주장은 우리의 환경이 대부분의 시간 빠르고 적게 힘들이는 판단시스템이 좋은 답을 내놓도록 구축되어왔으며 단지 더 비정상적인 경우들을 다루는데 만 수정시스템을 사용하게 한다는 것이다. Hogarth(2001)는 인간들은 언제 직관(시스템 1 사고)이 잘못될 수 있는지 그리고 어떻게 그런 판단을 수정하기위하여 신중한(시스템 2)사고를 사용하는지를 배움으로써 지성(知性; intelligence)을 나타낼 수 있다고 주장하였다. 그러나 Wilson & Brekke(1994)는 수정과정이 비교적 드물다고 말하였다. 최초판단의 수정은 편향(偏向; bias)이나 오류의 가능성(potential)에 대한 관심과 결함이 있는 판단과정을 수정하기위한 능력과 동기를 필요로 한다. 관심이든 능력이든 동기든 어느 하나라도 부족하면 수정은 일어나지 않을 것이다. 따라서 우리가 관찰한 많은 판단이 더 분석적인 시스템 2 사고보다는 오히려 시스템 1 사고의 결과일 수도 있다. 그러나 결정 환경이 빈번하게 그리고 자주 크게 변화하는 현대 기술사회에서는 더욱더 시스템 2 사고가 필요할 수도 있다.

즉 더 경험에 기초한 시스템 1 사고의 성과가 좋지 못할수록 과거와 다를 수도 있는 미래에 경험될 사건들을 더 많이 다룰 필요가 있게 된다.

시스템 2 사고가 결정, 특히 차별적 선택에의 정보처리접근 내에서의 많은 연구의 초점이어 왔지만 아직도 시스템 1 의사결정의 본성과 어떻게 시스템1과 2가 상호 영향을 주는지에 관하여 배울 것이 많이 있다. 그런 배움은 정보처리접근의 일부 개념과 방법을 조정함으로써 쉬어질 수 있다. 예를 들면 신경과학에서의 새로운 기법을 특정한 뇌 부분에 국한된 시간순서(time-ordered) 데이터를 마련하기위하여 사용함으로써 시스템 1 사고를 위한 "과정추적(過程追跡; process-tracing)"을 할 수도 있다(Breiter, Aharon, Kahneman, Dale & Shizgal, 2001.). 특수한 시스템 1 판단전략(예 관계체험직감해법)의 컴퓨터모델 개발하기가 시스템 2 선택전략을 위해 행해져왔던 것처럼 어떻게 여러 가지 사고 시스템이 상호작용하는지를 이해하는데 도움을 줄 수 있다.

이상에서 공부한 내용을 정리해보자. 한정된 합리성에 관한 Simon의(1955) 고전적 논문이 발표된 지 50여년이 지난 지금 의사결정에 관해 많은 것을 알게 되었다. 이제 결정과정의 본성에 관한 Simon의 추측들을 위한 강력한 연구재단이 있다. 사람들은 자주 사람들의 제한된 컴퓨터사용(계산)능력 에 의하여 맞추어지고 강요된, 단순화된 메커니즘(체험직감해법)을 사용하여 판단과 선택을 내린다. 판단과 선택을 위한 많은 체험직감해법(體驗直感解法; heuristic)이 밝혀져 왔고 계속되고 있다. 그런 체험직감해법의 일부는 시스템 2 사고를 위한 단순한 규칙을 반영하고 일부는 지각(知覺; perception)에 기초를 둔(시스템 1) 사고를 나타낸다.

중요한 것은 같은 개인이 과제의 요구에 따라 많은 다른 체험직감해법을 사용하는 것을 보여주어 왔다는 것이다. "인간의 합리적 행동은 두 날이 과제환경의 구조와 행위자의 계산능력인 가위에 의하여 형성된다."는 Simon의 지적(1990, p.7)은 거듭 거듭 입증되었다.

과제의 요구에 맞추어 여러 개의 체험직감해법을 사용하는 것이 만족스러운 결정 결과로 이끌어 줄 수 있다. 그러나 체험직감해법의 사용이 예측할 수 있는 그리고 의미 있는 결정오류들로 이끌 수도 있다. 인간의 결정처리(decision processing)의 과제를 조건으로 하는(task-contingent) 특성 역시 사람들이 체계적으로 경제학 모델이 전통적으로 전제하는 기술적(descriptive), 절차적(procedural), 및 맥락불변성(context invariance)의 원칙을 위반한다는 것을 의미한다. 결과적으로 선호와 믿음이 단순히 기억에서 상기된다기보다는 오히려 빈번하게 현장에서의 필요에 따라 구성된다는 견해가 점점 더 수용되고 있고 결정의 이해, 평가 및 향상을 위해 중요한 함의를 가지고 있다(Payne, Bettman, & Schkade, 1999).

모두 합쳐 생각해서 정보처리 접근으로부터의 개념과 과정추적(process-tracing) 방법을 사용하는 결정연구의 지나간 50여년이 더 복잡한 나아가 더 현실적인 실제 인간의 의사결정과정의 관점(view)이라는 결과를 낳았다. 한 이론이 필요이상 더 복잡할 필요는 없지만 판단과 선택 행동의 심리학의 좋은 이론은 결정으로 이끄는 인지적 및 감정적 핵심 메커니즘을 포착할 만큼 충분히 복잡하여야한다. 점점 더 우리들의 결정행동모델들에서 "만족최소화"는 덜 필요하게 되었다. Simon의 한 때 혁명적이었던 많은 아이디어들이 실증적으로 증명이 되어왔으며 결정연구의 주류의 한 부분이 되었다.

5.6 예측과 시나리오계획: 불확실성과 복잡성에의 도전

예측은 미지의 문제나 쟁점에 관한 예견(豫見; making prediction)을 포함한다. 여기서는 Schoemaker(2007)를 빌려서 왜 **불확실성**(uncertainty)과 **복잡성**(複雜性; complexity)이 예측(豫測; forecasting)에 특별한 도전을 제기하는지 그리고 이에 관하여 무엇을 할 것인지에 초점을 맞추어 검토하기로 한다. [그림 5.6.1]이 예견이 얼마나 불확실한지(x 축)와 쟁점이 얼마나 복잡한지(y 축)에 기초를 둔 예측의 유형분류체계(類型分類體系; typology)을 보여준다. 여기서 복잡성은 변수의 수와 그것들이 서로 관계를 갖는 정도를 말한다. 이에 비해 불확실성은 단순하든 복잡하든 간에 목표변수에 관한 가용(可用; available) 지식의 정도와 관계가 있다(Schoemaker, 1993.). 인식되지 않은 복잡성이 불확실성으로 보일 수도 있지만 그것들은 개념적으로 별개이다.

낮은 불확실성-낮은 복잡성(약해서 LL)은 예를 들어 안정된 환경에서 알려진 제품의 수요를 추정할 때 흔히 점 추정(point estimates)의 형태로 다루어진다. HL(높은 불확실성-낮은 복잡성)의 경우는 대체로 점 추정치 더하기 신뢰범위 또는 아마도 전체 확률분포를 동반한다. 이때 평균값은 변수가 변할 수 있는 범위보다 덜 관심을 끈다. 한 예가 시굴하고자하는 새로운 해상유전의 석유매장량을 추정하려하는 것이다. LL과 HL 두 경우 모 두 복잡성이 낮으므로 그것에 영향을 줄 수도 있는 다른 변수들에 관한 주요가정에 대한 예측에 광범위하게 조건을 달지 않고 관심 변수에 관해 수적으로 예측하는 것은 정당하다 할 수 있다. 불확실성 범위(또는 전체 단변량; 單變量; univariate 확률분포)는 이들 다른 이차 요인들의 결합된 영향을 포착하고 반영할 수 있을 수 있다. 그러나 복잡성이 높을 때 다수의 예측변수들 간의 상호의존(interdependence)이 있다는 의미에서 그런 단 하나의 예측이 가치가 떨어지고 아마도 위험하게 된다.

LH(낮은 불확실성 - 높은 복잡성)의 경우 보통 이해가 걸린 주요 변수들이 서로 명백하게 관계가 있는 결정논적 모델을 공식화(公式化; formulation)할 필요가 있다. 예들 들어 GNP성장에 관한 단기예측은 이자율, 소비자의 신뢰, 경제정책, 등등 간의 주요 관계를 명시하지 않는다면 무의미할 수 있다. 계량경제학 모델들은 명백한 불확실성에의 관심 없이 그런 관계들을 대수학적으로 포착하려한다. HH(높은 불확실성-높은 복잡성)의 경우는 무작위 도착시간의 대기행렬모델과 같은 명시적으로 불확실성을 포함시키려하는 확률론적(stochastic) 모델을 필요로 할 것이다. 세계적인 경제적 상호작용을 잘 포착한 확률모델은 거의 존재하지 않는다. HH 경우에서 복잡성 및 불확실성 둘 다를 포착하기는 아주 어렵다. 시나리오 계획이 고도의 공식적 모델과 비공식적 추측(推測; conjecture)사이의 좋은 타협안을 제공할 것이다(Huss, 1988.). 그것은 열린 마음을 필요로 하는 분야에 대한 요구의 균형을 유지하며 HH 경우를 위한 좋은 출발점을 제공할 수 있다. 여기서는 특히 시나리오 계획을 통하여 HH 경우에 특별한 관심을 가지게 되겠지만 우선 불확실성 및 복잡성 두 차원을 상세히 검토하는 것으로부터 시작하기로 한다.

5.6.1 불확실성의 도전

[그림 5.6.1] 복잡성과 불확실성

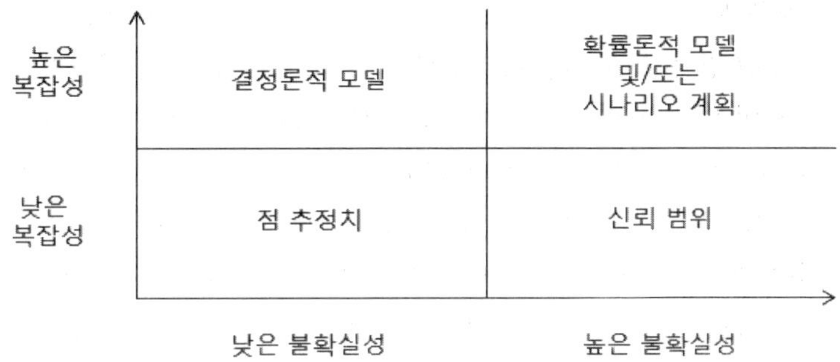

불확실성은 관심 있는 미지의 양의 옳은 가치에 관해 예측하는 사람들의 의견불일치(不一致; disagreement) 또는 한 사람인 경우 그 예측인의 의심이라고 정의된다. 판단과 의사결정에 대한 수년간의 행동연구에 의해 사람들이 불확실성에 직면할 때 여러 가지 인지적 한계가 있음이 밝혀졌다. 여기서는 그 한계의 주요한 것만을 다루기로 한다.

예측할 때 대부분의 인간들은 과신에 시달린다. 우리는 미래에 대한 단일 견해를 너무 확신하며 대안이 되는 견해를 충분히 고려하는데 실패한다(Lichtenstein, Fischhoff & Phillips, 1982; Ayton & McClelland, 1997; Klayman, Soli, Gonzalez-Vallejo, & Barlas, 1999). 풋내기들과 전문가들은 똑같이 그들의 대부분의 예측에 과신을 갖는 것 같다(Cerf & Navasky, 1984). 우리는 모든 미래에로의 있을 법한 통로를 상상하는 데 무능력 - 상상의 실패 때문에 어느 정도는 과신한다. 그러나 거기에는 다른 이유가 있다(Russo & Schoemaker, 1992).

▮ 통제의 착각(illusion of control)

왜 사람들이 과신 할 수도 있는지 그 동기적 이유는 그들이 무엇이든 할 수 있다는 뿌리 깊은 심리적 욕구를 품고 있다는 것이다. Langer(1975)는 사람들이 자기도 모르는 사이에 무엇이든지 할 수 있다는 착각에 빠지는데 이것이 미래를 예견하는데 더욱 노력을 할수록 더 커진다는 것을 보여주었다. 예를 들면 Massachusetts에서의 복권판매가 숫자가 옛날방식으로 무작위 배정되는 것이 아니라 자기 행운 번호를 택할 수 있도록 허용될 때 현저하게 증가하였다(Perlmuter & Monty, 1977.) 통제하고 있다는 착각의 필요성은 광범위하며(Presson & Benassi, 1996) 왜 노름꾼이 그들의 주사위노름을 걷어차 버리고 룰렛에서의 연승을 연구하는지를 설명한다. 그러나 통제의 착각은 또한 우리의 정신적 건강에 이바지하며(Taylor & Brown, 1988) 따라서 모두 나쁘지만은 않다. 과신은 다만 핵심 예측을 할 때 또는 중요한 결정을 내릴 때 어느 정도 억제할 필요가 있다.

정보의 왜곡(information distortion)

사람들의 위험과 불확실성의 인식은 입수 가능한 정보가 실제 상황을 나타내지 않을 수도 있기 때문에 더욱 왜곡된다. 우리는 대부분의 잡음을 만들어 내거나 가장 쉽게 잘 보이는 세상의 부분들에 과도한 관심을 갖는다(Tversky & Kahneman, 1974.). 예를 들면 연구가들이 피험자들에게 그들이 미국에서 일 년에 더 많은 사망자를 내는 것이 폐암이라고 생각하는지 교통사고라고 생각하는지를 물었을 때 대다수는 교통사고라고 추축하였다. 실은 그 연구시기에 교통사고로 인한 약 40,000명에 비해 폐암으로 인해 연간 약 140,000명의 사망자가 있었다. 사람들은 교통사고에 관하여 매체(媒體; media)로부터 매일 보고 들으며 그들의 위험 인식이 그것에 맞게 왜곡된다(Huber, Wider, & Huber, 1997.). 마찬가지로 우리는 바다에서의 상어공격이나 공중에서의 테러리스트공격에 과잉반응하고 이들 위험을 적절한 통계적 시각으로 보지 못한다. 가장 쉽게 입수 가능한 정보를 과도하게 가중하는 편향은 많은 미묘한 방식으로 작동하며 우리가 이용할 수 있는 데이터에 숨겨진 편향된 견해가 있는지를 물음으로써 가장 잘 반격할 수 있다.

위험인식(risk perception)

사람들의 위험인식에 대해서라면 다른 요인들이 역할을 한다. 우리가(지하실 내의 라돈가스와 같이) 잘 알지 못하는 또는(날고 있는 상업항공기와 같이) 우리가 통제할 수 없는 그런 위험을 두려워한다. 모든 사람이 죽는 항공기추락과 같이 집단으로 일어나는 위험들이 자동차사고와 같이 고립된 개인들에게 무작위로 덮치는 훨씬 더 큰 위험들보다 더 많은 공포를 심어준다. 마찬가지로 우리는 여러 가지 종류의 암과 연계된 덜 생생한 통계적 위험들보다 육체적 폭행이나 정신적 외상을 초래할 정도로 충격적인 출산과 같이 생생하게 묘사되거나 경험된 불확실성에 더 강하게 반응한다(Fischhoff, 1983; Slovic, 1987).

확률 부과 또는 가중(assessing or weighting probabilities)

이것은 사람들이 잘 다루지 못하는 또 다른 분야이다. 흔히 그들은 이 정보를 보기조차 하지 않는다. 몇몇 연구에서 사람들에게 불확실한 대안들 중에서 선택하도록 요청하고 추가적인 정보를 얻을 기회를 주었을 때 확률에 관한 데이터를 요구하는 사람은 별로 없었다(Kunreuther, Hogarth, & Meszaros, 2001; Magat, Viscusi, & Huber, 1987.). 이 문제는 대재앙의 사고나 자연재해의 확률과 같은 아주 낮은 확률을 다룰 때 특히 심하였다. 그런 경우에 사람들은 후자가 열배나 일어날 가능성이 낮은데도 불구하고 0.001 대 0.0001의 위험을 쉽사리 구별하지 못한다.

요약하면 인간들은 위험과 불확실성을 적절히 부과하고 추정하는데 어려운 시간을 갖는 것 같다. 사태가 복잡성에 이르면 실로 더 좋지 않다.

5.6.2 복잡성의 도전(challenge of complexity)

복잡성은 얼마나 많은 변수를 다루어야하는지 그리고 목전의 예측과제를 위해 그 변수들이 얼마나 깊이 상호작용하는지를 가리키는 말이다. 결정연구는 인간들이 복잡성에 어떻게 대처하는지에(불확실성에 반대로) 그리 많이 치중하지 않아왔다. 체험직감해법(heuristics) 및 편향(biases)에 관한 광범위한 문헌들이 대부분 닻 내리기(anchoring), 유용성(有用性; availability), 또는 **대표성**과 같은 메커니즘이 어떻게 피험자들의 불확실한 양 추정의 기초가 되며 자주 한 쪽으로 치우치게 하는지에 역점을 두어 다루지만 상호관련성 문제 자체에 역점을 두고 다루지는 않는다.

변수들의 결합(combining variables)

렌즈모델(2편 1.5 사회적 판단이론 참조) 패러다임(lens model paradigm) 안에서의 초기 결정연구는 피험자들이 다중예측변수(多重豫測變數; multiple predictor variables)를 어떻게 잘 결합할 수 있는지를 다루었다(Hammond, Hursch, & Todd, 1964; Dawes, Faust, & Meehl, 1989.).(정의에 의하여 가산적(加算的; additive) 모델이 포착할 수 없는) 단서(端緒; cue) 연관성을 이해함에 있어 그 초점을 주로 피험자들의 기능(技能; skill)보다는 오히려 단서들을 가산적으로 종합하는 그들의 능력에 두었다. 이들 렌즈모델연구들은 더 나아가 오목 또는 볼록 단서관계와 같은 다른 형태의 비선형성을 다루는데 어려움을 겪는다는 것을 입증하였다. 또한 렌즈모델 연구 활동이 사람들의 직관적 다변량(multivariate) 예측에 나타나는 많은 양의 무작위 오차와 모델들을 예측보조로 사용하려는 욕구를 강조하였다(camerer, 1981.). 피험자가 새로운 경우를 예측함에 있어 그들 자신의 회귀(regression) 모델에 의하여 기량이 올라가는 그런 부츠트래핑(bootstrapping)[87] 현상이 많은 관심을 받았다. 그리고 선형모델들은 그것들의 확고한 아름다음(robust beauty)에 칭찬을 받았다(Dawes & Corrigan, 1974). 그럼에도 불구하고 Feltovich, Ford, & Hoffman(1997)은 우리가 복잡한 현실세계에서 단서를 발췌할 때 불가피하게 왜곡(歪曲; distortion)을(즉 **축소편향**; reduction bias을) 만들어낸다고 경고한다.

공분산(共分散; covariance) 이해하기

기타 행동연구들이 왜 상관관계나 변수들 간의 공변동(共變動; covariation)의 주관적 추정들이 일부 흥미를 일으키는 왜곡으로 어려움을 겪는지를 조사하였다(Jennings, Amabile & Ross, 1982.). 한편으로 사람들은 그들의 지각(知覺; perception)이 예를 들어 몇 라운드의 매치 플레이 후 두 선수 간의 골프스코어에 관해 스프레드시트 형식으로 제출된 데이터와 같이 순수하게 비 이론적(atheoretical)일 때 변수들 간의 상관관계를 과소평가하는 경향이 있다. 이에 반하여

87) 부츠트래핑에 관한 대표적인 연구로는 Wallace(1923); Meehl(1954); Hammond et al.(1964); Hoffman, Slovic, & Rorer(1968); Dawes &: Corrigan(1974); Dawes, 1979; Camerer(1981); 및 Dawes et al.(1989), 부츠트래핑의 경영에의 응용은 Hammond, Hamm, Grassia, & Pearson(1987); Ashton, Ashton, & Davis(19941); 및 Cooter & Erdmann(1995) 등등 있다.

인간들은 그들이 당연한 것으로 여겨지는 인과론(causal theory)에 근거를 두었을 때 상관관계를 과대평가하는 경향이 있다. 취중 또는 휴대폰 사용 중 교통사고에서와 같이 - 만일 우리가 쉽게 한 변수를 다른 변수에 종속되게 만들 수 있는 통로를 마음속에 그릴 수 있다면 사람들은 그 상관관계가 데이터의 근거보다 더 강하다고 간주할 것이다. 기본적인 결론은 사물이 복잡하게 될 때(즉 여러 개의 변수가 포함될 때) 사람들이 단서의 중요성이나 단서의 연관성을 잘 처리하지 못한다는 것이다. 더 나아가 무작위 잡음이 이 방정식에 추가될 때 다변량 관계를 찾아내는 제한된 능력이 빠르게 나빠지는데 이 때 이 방정식에 불확실성 차원이 도입된다(위에서의 HH 경우).

▌인지 단순화(認知 單純化; cognitive simplification)

복잡성의 도전은 한정된 합리성(Simon, 1997) 개념과 직접적으로 연관된다. 인간들은 그들을 둘러싸고 있는 복잡한 세상을 단순화할 필요가 있으며 결합 네트워크, 대본(臺本; scripts), 개략도(概略圖; schemata), 틀(frames) 및 정신적 모델들(더 자세한 구별은 Klayman & Shoemaker, 1993을 보라.)과 같은 인지도구들을 통하여 그렇게 만든다. 이들 정신적 메커니즘들은 요구되는 인지구조와 단순화를 제공하여주는데 이는 세상이 주는 복잡한 패턴들을 이해하는데 필수적이다(Gentner & Stevens, 1983; Johnson-Laird., 1983; Ranyard, 1997.). 매일 우리를 공격하는 정보의 쇄도를 고려할 때 이들 인지적 구조들과 처리 과정들이 어떤 것을 걸러내고 다른 것들에 집중하도록 도와준다. 우리들의 컴퓨터나 TV 스크린 상의 불연속 화소들 흐름을 보는 것 대신에 우리는 이미지들과 단어들을 볼 수 있다. 그러나 그런 인지 경제학의 하나의 결점은 우리들의 틀(frames)이 크게 사실을 왜곡할 수 있다는 것이다(Schoemaker & Russo, 2001.). 전문지식의 진수는 높은 기능적 능력을 유지하는 동안 인지적 단순화의 분별있는 균형 잡기를 동반 한다는 것이다(Klein, 2003.).

사람들은 새로운 자극들과 우리 머리 속에 있는 정신적 모델을 연결하기위하여 "패턴매칭(pattern matching)"과 "구연(口演; story telling)"과 같은 관련된 과정들을 자주 사용한다. Hastie, Penrod, Pennington, & Willis(2002)는 가짜 엄마 재판에서의 배심원들을 연구하고 초기에 그들이 최초 데이터에 관한 이야기들과 대본들을 얼마나 발전시키는지 그리고 그 뒤 이들 최초 이야기와 긴밀히 연결되도록 추가적인 정보를 처리하는지에 주목하였다. 문제는 우리가 우리의 틀들 또는 이야기들의 함정에 빠지게 되는 경향이 있다는 것이다. 즉 우리는 어울리지 않는 것보다 사실임을 보여주는 증거에 더 신경을 쓴다(Klayman & Ha, 1987, 1989.). 우리는 진짜로 거기에 없는 패턴을 보기 시작하거나 새로운 데이터가 이야기 줄거리에서 근본적 변화를 요구할 수 있다는 것을 충분할 만큼 빨리 보기에 실패한다. 새로운 정보가 들어올 때 우리는 그것을 우리의 틀을 바꾸기보다 기존 틀에 집어넣으려 한다. "우리는 일들을 가능한 한 단순하게 만들어야 하지만 더 단순하게 해서는 안 된다."는 Albert Einstein의 경구를 염두에 두어야 한다. 틀의 주요 위험들은 그것들이 정보를 여과하고 우리의 관심을 제한하며 너무 깊이 몸에 베게하고 우리의 시각을 진짜보다 더 완벽하게 보이게 만든다는 것이다(Russo & Schoemaker,

2001.). 틀에 관심을 갖고 조절하는 것이 이들 위험을 극복하게 도와준다.

▮동적 복잡성(動的 複雜性; dynamic complexity)

복잡성의 문제는 적어도 두 개의 중요한 차원을 갖고 있다. 그 하나는 어떻게 변수들이 주어진 시점에서 밀접한 연관을 갖게 되는지에 관한 단면 복잡성(斷面 複雜性; cross-sectional complexity)이고 다른 하나는 시간 요소와 피드백 루우프(feed-back loops)의 역할을 추가하는 동적 복잡성(動的 複雜性; dynamic complexity)이다. 앞에서 인용된 렌즈 모델연구는 대부분 정적 복잡성을 중요하게 다룬다. 시간적 차원은 관찰, 피드백, 및 학습과 관계되는 추가적인 도전을 필요로 한다. Sterman(1989, 1999)은 구체적으로 사람들이 항공사의 전략적 결정의 컴퓨터 모의(simulation)나 전자제품회사의 일시적 호경기를 맞은 인기제품(hit product)의 새 출시와 같은 모의된 동적 환경에서의 복잡한 관계에 관하여 어떻게 학습하는가를 연구하였다. 이들 실험에서 피험자들은 주어진 기간에 경영의 역할을 하는 체하고 여러 가지 전략적 및 운영상의 결정을 내리도록 요청받았다. 한 라운드의 결정을 완료한 후에 그들은 많은 피드백을(재무제표, 시장점유율 데이터, 운영상 통계자료, 등등의 형태로) 받았으며 그 후 이 과정을 20 또는 그 이상의 주기들에 반복하도록 요청 받았다. 각 주기 후의 광범위한 피드백에도 불구하고 피험자들은 시간에 따라 단지 느리게 향상되었을 뿐이고 모의실험의 보다 깊은 추진요인에 관한 정신적 모델을 개발하는데 어려움이 있었다. 그들은 대체로 주기 중 한 번만의 계획대상기간과 그 기간 안의 기억을 가지고 한 기간에서 다음 기간으로의 아주 단순한 조정만이 허용된 그리고 미리 프로그램화된 간단한 체험직감해법(heuristic)보다 더 잘 해내지 못하였다.

Senge(1990), Moecroft & Sterman(1994) 및 다른 연구가들이 이들 동적 모의실험들을 피험자들의 마음속에 깊이 새겨진 정신적 모델들을 드러내기 위하여 사용하였는데 이 모델들은 간부들이 그들의 산업들의 주요 변화에 직면할 때마다 유용하게 사용할 수 있다. 정신적 모델을 표면화하고 표현하는 과학은 아직도 초기단계에 있다. 그 열쇠는 복잡한 연관성(interrelationship)이 어떻게 정신적으로 표현되는가를 더 잘 이해하는 것인데 이는 결국 더 좋은 네트워크 과학을 필요로 한다고 할 수 있다(Barabasi, 2002.). 신경 회로망(neural nets), 유전 연산법(genetic algorithms), 및 전문가 시스템(expert systems)과 같은 접근법들을 사용하는 인공지능(人工知能; artificial intelligence; AI)에서 많은 발전이 이루어졌다. AI에서 연구된 과제들은 체스(chess)나 의료진단에서처럼 잘 구성되었으며 영역에서의 경계가 분명하다. 그럼에도 불구하고 이들 과제들은 전형적으로 아주 복잡하다. 이에 따라 복잡성 과학이 대두되고 있으며 복잡한 시스템의 행동과 그 표현을 더 잘 이해하려는 물리학자, 경제학자 등의 욕구가 그 대두의 배경에 있다(Varela, 1979.). Von Bertalanffy(1976), Wiener(1961), & Forrester(1961)까지 거슬러 올라가는 시스템이론(systems theory) 및 인공두뇌학(cybernetics) 분야가 유사한 목표를 추구하였지만 아직도 그 목표를 달성하지는 못하고 있다, 그러나 복잡성이 그의 쌍둥이인 불확실성과 비교할 때 의사결정연구의 의붓자식이었기 때문에 그 노력은 더욱 중요하다.

복잡성연구는 **파국이론**(破局理論; catastrophe theory) 이론(Thom, 1984)및 카오스(chaos)

모델들(Gleick, 1987; Ekeland, 1988; Baumol & Benhabib, 1989.)과 같은 흐름들과 관련이 있는데 이것들은 복잡한 시스템의 불연속성과 예측불가능을 연구한다. 기상 패턴(weather patterns), 경제 사이클(economic cycles)뿐 아니라 투기 거품(speculative bubbles)에서 만나게 되는 것처럼 이들 불안정이 예측가들에게 큰 도전에 빠지게 하지만 그것을 잘 하는 사람에게는 주요한 기회가 된다(Andreassen & Kraus, 1990.). 그러나 전형적으로 시장에서의 전환점 또는 티핑 포인트(tipping point)[88]가 생길 수도 있을 때를 알아내기 위해서 더 깊은 이해가 필요하다. 그리고 아마도 이들 분기(分岐; bifurcation)가 많은 관찰 불능 요인들에 전적으로 달려있기 때문에 예측가들은 그 시스템이 진동(振動; oscillate)할 수 있는 범위를 한정하는 것 이상은 별로 할 수 있는 것이 없다. 예를 들면 비선형 피드백 루프를 가진 비교적 단순한 결정논적 모델이 기초적 변수들에서의 사소한 편차에 민감성을 나타낼 수 있는데 이것이 관찰자로 하여금 그것을 "혼돈된, 예측할 수 없는 시스템"이라고 간주하게 재촉할 수도 있다. 그러나 이 경우에 결정논적 모델이 정의상 어떤 확률적 요소도 포함하지 않으므로 결정론적 복잡성은 단순히 불확실성으로 잘못 진단된다(Schuster, 1995.).

위 복잡성 논의의 관점에서 보면 잘 보정(補正; calibrate)된 일부 예보가 일기예보 중에서 발견된다는 것은 역설적(逆說的; ironic)이다(Lichtenstein et al., 1982; Murphy & Winkler, 1984.). 이들 전문가들은 그들이 찾고자 하는 것이 고도로 불확실하고 복잡하다는 것을(HH의 경우) 실감한다. 그 결과로 그들은 확률적 예측을 하고 결과를 면밀하게 관찰한다. 또한 그들은 컴퓨터기반 일기예보에 기초를 둔 좋은 출발점에 의해 도움을 받는다. 시간이 흐르면서 정확하고 반복된 그리고 제 때의 피드백뿐만 아니라 좋은 보정(calibration)에 대한 명시된 보상으로 보완된 이 인간-기계 접근은 효과적인 예보시스템으로 발전되었다. 향상에의 열쇄는 과제의 특성, 인간들의 한계, 및 도구의 가치를 이해하는 것이다. 다음 절이 더 나아가 인간들이 불확실성과 복잡성의 여러 조합(組合; combinations)에서 만나게 될 법한 도전들을 살펴볼 것이다.

5.6.3 복잡성과 불확실성의 조합

지금까지 불확실성과 복잡성을 분리된 차원에서 검토하였지만 이제 그것들의 조합된 효과를 살펴보기로 한다. 광범위한 행동에 관한 문헌(Hastie, 2001; Gilovich, Griffin, & Kahneman, 2002)을 기초로 [그림 5.6.1]의 사분면(四分面; quadrants)과 같이 양식화하여 검토키로 한다.

▌낮은 불확실성-낮은 복잡성(low uncertainty-low complexity)(LL)

단일 점(單一 點; single point) 예측은 흔히 지나치게 한 값에 치중하는 경향과 그 최초의 추정치에서 벗어나기 싫어하는 것에 의하여 귀찮게 된다. 그런 점 예측들은 편리한 준거점과 함께 출발하고 나서 다른 요인들을 반영하도록 조절하거나 또는 그것들이 수많은 요인들을 한꺼번에 통합하려 시도한다. 전자의 접근에서 그 과정이 불충분한 조절로 정착(닻 내리기;

---

88) 티핑 포인트: 작은 변화들이 어느 정도 기간을 두고 쌓여, 이제 작은 변화가 하나만 더 일어나도 갑자기 큰 영향을 초래할 수 있는 상태가 된 단계

anchoring)으로 고통 받을 수도 있다(Tversky & Kahneman, 1974.). 후자의 접근에서 유용성 효과에서 대표성(representativeness) 왜곡에 이르기까지 여러 가지 다른 편향들이 일어날 수 있다(Kahneman, Slovic, & Tversky, 1982.). 시간변수가 추가될 때 연구가들은 예를 들어 기하급수적인 증가가 보통 과소평가된다는 것과 다른 비선형효과들이 체계적으로 잘못 판단된다는 것을 발견하였다(Wagenaar &Timmers, 1979.). 더 최근의 정보를 시간이 흐름에 따라 통합할 때 초과 가중 될 수도(새로움 편향; recency bias) 있다(Lawrence & O'Connor, 1992; Bolger & Harvey, 1993.). 일반적으로 정보가 종합판단(綜合判斷; synthesis judgment)에 도달하기 위하여 검색되는 길이 회상 및 기타 유용성 편향들에 시달릴 수도 있다. Tversky & Kahneman, 1973; Bolger &. Harvey, 1998.) 직관적 예측들은 통상 정보가 우연한 방식으로 처리되기 때문에 역시 높은 정도의 무일관성(無一貫性; inconsistency)을 나타낸다.[89] 우리가 추가해야 할 경고는 위의 대부분 편향이 실생활 과제에서의 전문가에게 배우기보다는 오히려 실험적인 설정(設定; settings)에서 논증되었다는 것이다. 이것이 전반적 발견들의 보편성(普遍性; generality)을 제한할 수도 있다.

높은 불확실성-낮은 복잡성(high uncertainty-low complexity)(HL)

불확실성 범위들은 일반적으로 좁다. 사람들은 그들의 예측의 정확성에 관하여 지나치게 확신한다(Lichtenstein et al., 1982; Klayman et al., 1999.). 생생한 정보 또는 쉽게 회상되는 데이터가 점 추정들뿐만 아니라 범위들 면에서 판단에 과도하게 영향을 줄 수도 있다(Tversky & Kahneman, 1974.). 새로운 정보가 사람들의 수정된 예보(豫報; forecasts)에 너무 보수적으로 영향을 줄 수 있는(보수주의 편향) 반면 다른 배경(settings)에서 구체적인 새로운 정보가 추상적인 사전 확률을 무색하게 만들(기저-율 무지; baserate ignorance) 수도 있다. 일반적으로 인간들은 체계적으로 또는 포괄적으로 모든 요인들을 고려할 수 없으며 그 결과 그들은 자주 불확실성의 정도와 함께 그들의 직관적 예측들의 일관성의 평가를 그르친다(Kahneman & Tversky, 1982; Harvey, 1995; Dougherty, Gettys, & Thomas, 1997.).

낮은 불확실성-높은 복잡성(Low uncertainty-high complexity(LH)

모델들을 구성할 때 관계가 있는 많은 요인을 결합하기위하여 사람들은 흔히 원인과 결과에 관해 지나치게 단순한 생각을 품는다(Tversky & Kahneman, 1980; Einhorn & Hogarth, 1986.). 그들은 피드백 루프(feedback loop)나 부차적 상호작용을 무시할 수도 있다(Sterman, 1989, 1999.). 놀랍게도 여러 변수를 포함하는 직관적 예측보다 바로 그들 변수에 기초를 둔 (bootstrapping으로 알려진) 선형회귀모델들이 더 성능이 우수하다. 인간 및 기계의 예측을 결합하는 것이 역시 그 각각을 물리친다(Blattberg & Hoch, 1990; Hoch, 1994, 2001.). 도전은

89) 직관의 주제는 복잡하고 논의의 여지가 있다. 일부는 그것을 찬양한다(Weston, 1989.). 반면에 다른 사람들은 주의할 것을 주장한다(Simon & Prietula, 1989; Hayashi, 2001). 또는 아주 회의적이다(Dawes et al., 1989.). 근간의 직관을 다룬 것으로 Hogarth(2001), Myers(2002) 및 Klein(2003)을 보라.

그것을 둘러싼 다방면에 걸친 잡음 중에서 직관적 판단의 타당한 구성요소를 찾아내는 것이다(Whitecotton, Sanders, & Norris, 1998.). 통계학에서의 근간의 접근은 벡터 자동회귀분석(vector autoregression)을 사용하여 LH의 경우에 역점을 둔다(Tiao, 2001.).

높은 불확실성-높은 복잡성(high uncertainty-high comlexity)(HH)

높은 불확실성과 높은 복잡성의 조건들 하에서의 인간판단에 관한 제한된 행동연구가 존재한다. 이 경우에 학습의 초점이 분석 자체보다 더 중요하다. 사람들이 모호성을 싫어하고 그 결과 그런 상황들을 피하려고 한다는 것은 잘 알려져 있다(Einhorn & Hogarth, 1985; Hogarth & Kunreuther, 1995: Fox & Tversky, 1995; Kunreuther et al., 1993.). 그러나 그들이 그런 상황에서 역할을 해야만 할 때 특히 비선형 피드백 루프가 존재하거나 다른 복잡한 요인들이 복잡한 동적상황에서 작동한다면 인간들은 더 깊은 구조들에 관해 쉽게 학습하지 못한다(Sterman, 1989, 1999.). 복잡하고 불확실한 환경에서 학습하려할 때 공통적인 과오들은 많은 가설을 생각하는데 실패하는 것과 미확인보다 확인 증거에 너무 많은 무게를 두는 것이 포함된다(Klayman & Ha, 1987, 1989.).

복잡성과 불확실성은 분명히 건전한 예보를 위한 우리의 시도를 복잡하게 만든다(O'connor, Remus, & Griggs, 1993.). 일반적으로 그런 경우에 예측인이 고도의 전문가이고 많은 경험을 가지고 있지 않다면 직관적 판단이 신뢰를 받아서는 안 된다(Hogarth, 2001; Klein, 2003.). 두 구성요소(즉 불확실성과 복잡성) 모두 일상생활에서 매우 중요하지만 행동결정연구가들은 인간이 어떻게 복잡성을 다루는가보다 불확실성하 판단에 훨씬 더 많이 초점을 두었다. 대부분의 복잡성 연구는 틀 효과(framing effects)이거나 또는 체험직감해법들과 편향들에 그러나 흔히 규범적 벤치마크들이 쉽게 확립될 수 있는 실험실환경에 초점을 맞춘다(이 연구 노선에 비판에 대해서는 Gigerenzer, 1991, 1996; Klein, 1998을 보라).

5.6.4 예측 개선 도구들(tools to improve prediction)

다행히 위에서 언급된 수많은 예측과 의사결정의 함정을 극복하는데 도움이 될 많은 도구가 있다(Armstrong, 2001; Courtney, Kirkland, & Viguerie, 1997; Courtney, 2001.).

낮은 불확실성-낮은 복잡성(Low uncertainty-low complexity)(LL의 경우)

이것은 편향되지 않은 점 추정치가 적합할 수도 있는 상황이다. 비록 불확실성과 복잡성이 존재하지만 그것들은 아마도 정상적인 사업과정에서 관리될 수 있는 종류의 것이다. 예를 들어 McDonald가 이제 또 다른 주류(主流; mainstream) 식당을 개업할 때 방대한 경험의 혜택을 가지고 그 일을 한다. 20,000 이상의 먼저 개업된 McDonald 식당들이 예상 수입, 비용 구조, 경쟁행동, 등등에 관한 높은 자신을 그 식당에 줄 것이다. 이 경우에 외삽(外揷; extrapolative) 추정, 정미 현제가치 분석, 및 민감도 분석과 같은 결정 분석적 방법들이 필요로 하게 되는 모든 것이다. 더 많은 것을 하는 것은 과잉이 될 공산이 있다. 그 각각의 요구가 입력 변수들에 관한 면밀한 조사와 정보 집합 과정에 관한 어떤 훈련을 환영하는 방금 언급된 체계적 방법들을 사용함으로써 인간의 무일관성(無一貫性; inconsistency), 빈약한 비선형 외삽(extrapolation) 및 편리한 출발점에 닻 내리기와 같은 문제들을 크게 없앨 수 있다. 물론 숨겨진 가정들과 정렬이 안 된 정신적 모델에 관해 더 깊은 편향이 남아있을 수 있는데 이 경우 더 많은 연습이 표면화를 돕고 그것들을 바로잡도록 도와주기 위해 필요하게 된다(Fiol & Huff, 1992.).

▌높은 불확실성-낮은 복잡성(HL의 경우)

이 상황에 유의미한 외부 불확실성이 있기는 하지만 이 불확실성은 무난히 구성되고 분석될 수 있는 종류의 것이다. 한 예가 작은 생명공학(biotech)회사가 핵심적 특허를 받을 것인지 못 받을 것인지의 불확실성이다. 있을 법한 결과들이 분명하게 확인되고 확률들을 어느 정도 자신을 가지고 할당할 수 있을 때는 언제나 우리는 HL의 경우를 다루게 된다. 여기서의 핵심 전제는 예측과제가 충분히 잘 구성된 그리고 완전한 분석을 감안하기로 이해된다는 것이다. 여기서의 자연스러운 기법은 사건 도표(event diagrams), 과오 나무(fault trees), 모의(模擬; simulation)와 결정분석, 특히 결정 나무들 및 Bayes의 업데이트(updates)와 같은 정보 가치의 분석이다.[90] 이들 기법의 건전한 응용이 과신(좁은 범위)과 편향된 추정의 문제를 줄여주지만 정신적 모델에 관한 초기 경고 및 가정들이(Bell, Raiffa, & Tversky, 1988; KleindorfeI, Kunreuther, & Schoemaker, 1993) 아직도 적용된다. HL에서 확률의 편향되지 않은 추정치를 얻는 것이 특히 중요한 경우들인데 그것들의 많은 것은 사실상 주관적이다. 이것이 합의에 의한 예측 또는 다른 통계적 평균내기 기법(averaging techniques)을 통해 이루어질 수 있다(Winkler, 1981.).

▌낮은 불확실성-높은 복잡성(LH의 경우)

이 경우는 포함된 변수의 수와 그것들의 상호작용에 대한 더 체계적인 분석이 요구된다. LH의 경우들은 일반적으로 결정론적 모델 만들기의 형식으로 처리할 수 있다. 이것이 추정된 연관성의 구조에서 틈이나 뒤틀림을 발견할 수 있기 때문에 단순한 접근은 전제 분석(assumption analysis)과 함께 출발하는 것이 될 것이다(Mason & Mitroff, 1981.). 다음으로 영향그림(influence diagram)과/또는 시간에 따라 인과의 관련성을 충분히 평가(Einhorn & Hogarth, 1986)하기위한 전 시스템의 동적 모델(Sterman, 2000을 보라)을 구성할 수 있다. 고려하여야할 또 다른 접근은 발견주도의 계획(McGrath & MacMillan, 1995)인데 이 계획에서 우리는 특정한 최종상태를 달성하는데 어떤 전제와 중간 달성이 필요한가를 보기위하여 거꾸로 작업한다. 이 기법은 또한 필요하다면 예측에서 시기적절한 조정이 이루어지도록 면밀하게

---

90) 의사결정에의 공식적 또는 양적 분석은 Nau & Clemen, 1996이나 Raiffa, 1968에 잘 설명되어 있다. 더 상급으로 다룬 것으로는 Keeney & Raiffa, 1976과 Kleindorfer, et al., 1993에서 찾을 수 있다.

모니터하여야 할 핵심 동인(動因; driver)들을 확인하는데 도움을 줄 것이다. 이들 전체논적인 접근에 추가하여, 복잡하게 되어야만 할 때 판단의 질을 개선하기 위해 집중된 기법들이 존재한다. 이유산출(理由産出; reason generation), 역할 연기(role-playing), 이례적 결과 상상(imagining unusual outcomes)(이상치; 異常値; outliers), 과거 사례와의 비교, 및 Delphi식 투표와 같은 패널기법(panel techniques)이 모두 입력변수(入力變數; input variables) 또는 인과관계에 관한 판단을 개선할 수 있다(Armstrong, 2001을 보라.).

▮ 높은 불확실성-높은 복잡성(HH의 경우)

이 도전의 제일 큰 수준은 불확실성과 복잡성이 둘 다 높을 때 제기된다. 실생활에서 이것은 신뢰할 수 있는 예측을 하기에 너무도 적은 지식이 존재하는 높은 모호성이나 무질서(無秩序; chaos)의 경우들에 해당된다. 테러리즘에 의한 전쟁의 결과들을 예측하는 것처럼 개놈 기반(genomics-based) 약들의 장래 시장규모를 사정하는 것이 그 예이다. 그런 경우들에서 존재하는 어떤 불충분한 지식이든 간에 이들을 단일 점 예측이나 단변량(單變量; univariate) 범위로 합성하려 노력하기보다 오히려 탐구(探究; exploration)와 학습에 치중하여야한다. 더 깊은 전제들의 표면화, 정신적 모델들에의 도전 및 확인되지 않은 의문들의 제기가 좋은 출발방식일 수 있을 것이다(Mason & Mitroff, 1981; de Geus, 1988.). 복합원인들과 피드백루프들에 집중하면서 시스템시각(system perspective)에서 쟁점들을 탐구하는 것 또한 도움이 될 것이다. HH의 경우에서 강력한 예측들이 내려질 때마다 거꾸로 일해 나가고 그들 예측이 정당하다고 믿어야만 하는가를 물어보는 것이 현명할 것이다. 예컨대 2015년까지 개놈 기반(genomics-based) 약들의 매출이 100억불을 넘으려면 무엇이 필요한가? 또는 중동에서의 특정한 전쟁을 예컨대 6개월 내에 끝내려면 어떻게 해야 하나? 시나리오 계획(scenario planning)이 우리의 작업능력의 이해를 심화시키는데 그리고 불확실성과 복잡성의 전 범위를 포착하는 다중의 시각을 만들어내는데 특히 좋다.

5.6.5 시나리오 계획

여기서는 시나리오 계획이 HH 경우들을 다루는데 증명된 실용적인 도구이므로 시나리오 계획에 집중하기로 한다. 앞에서 검토한 도구들과 달리 시나리오 계획은 보통 대국적 쟁점들과 장래에 관한 시각의 차이들을 포함하여 풍부한 조직 맥락(組織 脈絡; organizational context) 안에서 일어난다. 여기서는 비록 그 도구가 홀로 일하는 단 한사람에 의해서 사용될 수 있다 할지라도 이 조직 맥락을 반영할 것이다.

시나리오는 많은 요인들의 공동효과에 초점을 둔다. 시나리오 계획하기는 복잡한 태피스트리(tapestry; 벽걸이 융단)의 여러 가지 실 가닥들이 하나이상을 잡아당길 때 어떻게 움직이는지를 우리가 이해하도록 도와준다. 예를 들어 과오나무분석(fault tree analysis)(Dube-Rioux & Russo, 1988)에서처럼 있을 수 있는 원인들을 다만 나열한다면 홀로 있는 어떤 한 요인을 무시하는 경향이 생길 수도 있다. 그러나 당신이 요인들을 모두 함께 탐구한다면 당신은 어떤 일정한 결합들이 서로의 영향이나 공산(公算; likelihood)을 확대할 수 있음을 실감한다. 예컨대 증가된 무역적자가 경제적 경기후퇴를 유발할 수도 있는데 이것이 차례차례 실업자를 만들어내고 국내 생산을 감축시킨다. 사건들의 연합발생이 각 개별 사건 단독보다 잦은 확률을 가질지라도 **결합오류**(結合誤謬; conjunction fallacy)가 실제로 인과적으로 일관된 시나리오들에 더 큰 심리적 믿음(credence)을 준다(Tversky & Kahneman, 1983.). 얄궂게도 시나리오 계획은 편향(결합오류)을 과신 및 제한된 상상과 같은 다른 편향을 극복하는 것을 도와주기위해 사용한다.

시나리오계획은 우리들의 지식을 두 넓은 영역으로 나누는 것으로 시작한다. 즉 우리가 그것들에 관해 무언가를 알고 있다고 믿는 사물들 그리고 우리가 불확실하거나 모른다고 생각하는 요소들 두 가지로 나눈다. 첫 번째 구성요소 — 경향(傾向; trends) — 는 우리 세상이 상당한 탄력(彈力; momentum)과 연속성을 소유하고 있다는 것을 인정하면서 과거를 미래로 투사한다. 예를 들면 우리는 인구통계학적 변화 그리고 아마도 어떤 일정한 신기술에 대한 대체효과에 관하여 안전하게 가정할 수 있다. 두 번째 구성요소 — 진짜 불확실성들 — 는 장래의 이자율, 정치 선거의 결과, 혁신의 비율, 시장에서의 유행들, 등등과 같은 확정할 수 없는 것들이 포함된다. 시나리오계획의 기술(art)은 아는 것과 모르는 것을 혼합하여 아주 넓은 가능성을 포괄하는, 내적으로 일관성이 있는 제한된 수의 장래를 보는, 시각을 갖게 만드는 것이다.

다수의 조직들이 비교적 단순한 전술적 결정들에서 전략적 계획 및 비전형성(vision building)의 복잡한 과정에 이르기까지 넓은 범위의 쟁점들에 시나리오계획을 응용하여왔다(Schwartz, 1991; van der Heijden, 1996; Ringland, 1998.). 예를 들어 1970년대 초 이후 Royal Dutch/Shell사의 전략적 옵션들을 만들어내고 평가하기 위한 과정에 시나리오 계획들이 사용된 예가 있다(Wack, 1985a, 1985b; Schoemaker & van der Heijden, 1992.). Shell은 지속적으로 다른 회사들보다 원유 예측에서 더 좋았으며 회사의 경쟁자들보다 유조선 사업과 유럽의 석유화학제품에서의 생산과잉을 일찍 예측하였다(Schwartz, 1991.). 다른 회사들도 시나리오계획으로부터 마찬가지로 이익을 얻었다(Sunter, 1987.).

5.6.6 시나리오를 어떻게 개발하나

이제부터 Royal Dutch/Shell과 다른 회사들이 개발한 접근법을 근거로 어떻게 누가 다수의 **시나리오**를 구성하는가에 대해 간략하게 설명하기로 한다(Schoemaker, 1995.). 개별 의사결정자들이나 예측가들에 초점을 둔 앞 절에 비해 여기서는 조직의 견지에서 다루어보기로 한다. 독자들은 시나리오계획이 여러 가지 형식을 취할 수 있다는 것과 수많은 변형이 존재한다는데 유의하여야 하는데(Fahey & Randall, 1987) 이것이 시나리오계획을 아주 융통성이 있게 그리고(비공식적인 것에서 공식적인 것에 이르기까지) 고도로 확장축소가 가능한 과정이 되게 만들어준다.

1. **범위(範圍; scope) 정의.** 시간의 틀과 분석의 범위를 설정하라(예 제품, 시장, 지역, 기술 등).
2. **주요 이해당사자 확인.** 이들 쟁점에 누가 이해관계가 있는가? 누가 그것들에 영향을 받을까? 누가 그것들에 영향을 줄까? 각 참여자의 역할, 이해관계, 및 힘의 위치(power

position)에 관하여 생각하라. 그리고 그들이 어떻게 그리고 왜 시간이 지남에 따라 변하는지를 물어라? 이해당사자 지도에 핵심 이해당사자들을 힘과 이해관계란 면에서 표시할 수 있을 것이고 시간이 지남에 따라 이 지도를 재검토할 수 있을 것이다.

3. **기본적 경향의 확인.** 어떤 사회적, 기술적, 경제적, 환경적, 및 정치적(STEEP) 동향이 확실히 당신이 1 단계에서 확인한 쟁점들에 영향을 확실히 주는가? 간략하게 각(노령화 인구, 또는 더 큰 광대역의 가정에의 진출과 같은) 경향을 정의하고 어떻게 또는 왜 그것이 정말로 타당한가를 설명하라. 당신은 당신의 현제의 전략에 주는 그것의 영향이 긍정적인지 부정적인지 또는 중립적인지를 확인하기위하여 차트위에 각 동향을 열거(列擧; list)할 수 있을 것이다. 어떤 경향이 있다고 하기위해 모든 사람은 그 경향이 고려된 시간의 틀 안에서 방향성을 가지고 계속될 것이라는 것에 합의하여야만 하며 팀내에서 의견차이가 있는 어떤 쟁점도 다음 단계에 속하게 된다.
4. **주요 불확실성들의 확인.** 불확실한 어떤 사건들과 어느 사건들의 결과들이 당신과 관련된 쟁점들에 유의적으로 영향을 줄까? 위에서처럼 정치적, 경제적, 사회적 등의 요인들을 고려하라. 각 불확실성에 대해 있을 법한 결과들을 정하라. 각 불확실성의 있을 법한 모든 결과를 설명하는 것은 중요하지 않다. 결과들의 범위를 단순화하는 것으로 충분하다. 예를 들면 당신은 수백의 이자율보다 오히려(높은, 중간의, 및 낮은) 있을 법한 세 가지 이자율로 생각할 수도 있다. 먼저처럼 당신은 각 결과를 현제의 전략에 비해 긍정적인지 부정적인지 중립적인지란 면에서 점수를 매길 수 있을 것이다. 여기서의 목적은 모든 가능성들을 망라하는 것이 아니라 넓은 범위를 기술하는 것이다.
5. **최초 시나리오주제의 구성.** 일단 경향과 불확실성을 확인하면 당신은 시나리오 구성을 위한 주요한 구성요소들을 갖게 된다. 첫째로 가장 단순한 접근은 모든 긍정적인 결과들을 하나로 묶고 모든 부정적인 것을 다른 하나로 묶음으로써 두 극단의 세계로 구별하고 나서 나머지 중립적인 결과들을 섞어 넣는 것이다(Schoemaker, 1991.). 긍정적, 부정적, 또는 중립적이란 여기서 현제의 전략과 대비되어 정의된다. 그래서 외견상 부정적 결과(예컨대 더 큰 환경규제)가 나중에 새 전략으로 채용된다면 혁신 및 숨겨진 기회의 하나임이 증명될 수도 있다. 두 번째 그리고 아마 더 좋은 접근은 두 가장 중요한 불확실성을 선택하고 나서 각 불확실성에 대한 다소 극단적인 결과를 가정하는 것이다. 그러면 이들 양분된 불확실성이 2 대 2 행렬 안에서 [그림 5.6.2]가 보여주는 것 처럼 네 개의 있을 법한 시나리오 주제(主題; themes)의 행렬을 만들 수 있다.
6. **시나리오 청사진 만들기.** 다음 단계는 다른 불확실성들의 역할을 반영하기 위하여 행의 각 셀(cell)에 더 넣을 결과들을 추가하는 것이다. 이렇게 하여 모든 시나리오에 대해 추정된 결과들을 나열(羅列; list)한 청사진이 만들어진다. 모든 불확실성을 끌어낸데 추가하여 우리는 각 시나리오에 모든 경향(傾向; trends)을 추가하여야한다. t 경향과 u 불확실성이 있다고 가정(假定; assuming)하면 각 시나리오는 이제 모든 불확실성에 대한 모든 경향들과 추정된 결과들로 이루어진 n 조(組)(여기서 $n=t+u$) 중 하나이다. 그 후에

우리는 이들 최초의 시나리오 각본이 타당한지 내면적으로 모순이 없는지 그리고 충분히 관련이 있는지를 물어야한다. 예를 들면 한 최초의 시나리오가 완전고용과 제로 인플레이션 둘 다를 상정할 수도 있다. 그러나 그것은 있을 법하지 않은 조합(組合; combination)이다. 내적 일관성을 검사하기위해 물어보자: 경향들이 선택된 시간 틀 안에서 모순되지 않는가?(그렇지 않다면 적합지 않은 경향을 제거하라.) 시나리오들이 서로 어울리는 불확실성들의 결과들을 조합하였는가?(그렇지 않다면 그 있을 법한 짝을 그 시나리오에서 제거하라.) 주요 이해당사자들이 그들이 좋아하지 않는 자리에 자리 잡고 있나 그리고 바꿀 수 있는가?(그렇다면 당신의 시나리오는 다른 무언가로 진화될 것이다. 더 안정된 새로운 시나리오를 기술하도록 시도하라.)

[그림 5.6.2] 기본적 시나리오 행렬[91)]

기술의 영향 \ 경기장에서의 변화	경미	극심
점진적	CU 영향력	지갑 전쟁
급진적	테크노크라시	카멜레온

7. **자격을 제대로 갖춘 시나리오의 개발**. 지금쯤은 이미 일부 일반적 주제가 나타나기 시작하여야한다. 일단 구성요소(構成要素; building blocks)들이 여러 가지 방식으로 정리되면 (위의 5 및 6 단계), 더 전체논적(全體論的; holistic) 관점이 채용되어야한다. 전반적 목표는 목전에 있는 불확실한 쟁점들에 대한 모든 다양한 있을 법한 결과(outcomes)를 망라하는 시나리오들을 위한 줄거리들과 주제들을 밝혀내는 것이다. 내적으로 모순 이 없고

91) 이 특정한 행렬식의 두 차원은 구체적으로 말하면 다음을 포함한다. 기술차원은 인터넷 뱅킹 및 e-commerce(웹사이트; websites, portals, 등등), 수표(手票; check) 영상화(imaging) 및 처리(전자식 및 종이)와 같은 문제들; 홍채인식(紅彩認識; Iris scans), 칩(chips)을 가진 스마트 카드(smart cards), 데이터 마이닝(data mining), 작업을 간소화하기위한 백 엔드 시스템(back-end system) 등등과 같은 새로운 사용자입증(使用者立證; user verification) 방법을 망라한다. 경기장문제는(주 및 연방) 신용조합이 일할 수 있는 규례(規例; rules and regulations),(신용조합에 세금을 부과하는 청구서로 간주되는 의회의 정밀감사, 뿐만 아니라(이익에 집중으로부터 시장점유율, 혁신과의 경쟁에 이르기까지) 여러 참여자들의 계획에 관련된다.

타당한 둘에서 다섯 개의 시나리오사이의 어딘가를 만들어 내기 위하여 시나리오들의 요소들을 재정리할 필요가 있을 수도 있다. 이들 시나리오는 일반적으로 한 주제의 변형들이 아니라 다른 장래들을 기술하여야한다. 그것들은 넓은 범위의 가능성들을 커버하고 분명하게 대립되는 시각을 강조하여야한다. 정의상으로 경향들은 모든 시나리오에서 나타나야하지만 그것들은 다른 시나리오에서 더 큰 또는 더 작은 가중치가 주어질 수 있다. 열쇄는 어떻게 장래가 끝맺게 될지에 관한 분명한 관점을 장악하는 각 시나리오에 대한 설득력 있는 줄거리를 개발하는 것이다. 그래서 좋은 시나리오는 추정된 결과들과 경향들의 n-조(組; n-tuple)이상이 되지만 미래가 시간이 지남에 따라 어떻게 나타날 것인가의 시종일관된 동적 설명이다.

8. **연구필요성 찾기(identify the research needs)**. 이 시점에서 우리는 우리의 불확실성들과 경향들의 이해뿐만 아니라 아마도 그것들의 시간이 지남에 따른 연관성을 더 구체화하기 위해 더 진전된 연구를 할 필요가 있다. 예를 들면 우리는 정말로 사건들의 인과 사슬(causal chain)을 이해하는가? 또는 핵심 이해당사자들이 주어진 시나리오들에서 어떻게 행동할 것인가? 우리는 아직은 우리의 산업의 주류가 아니지만 언젠가 그렇게 될 수도 있는 새로운 기술들을 연구할 필요가 있지 않을까? 이 단계에서 앞선 기간과 유사한 점을 이끌어 내거나 또는 다른 산업들에서 시나리오의 진수(眞髓; essence)의 예를 찾아보는 것이 도움이 될 수 있다. 예를 들면 유전체학(遺傳體學; genomics)의 미래에 관한 시나리오가 표준들의 중요성, 킬러 애플리케이션(killer application)[92), 또는 전략적 제휴(戰略的 提携; strategic alliance)를 강조하기위해 컴퓨터산업의 초기를 참조할 수 있을 것이다. 각 시나리오의 동적 논리를 포착하는 영향도(影響圖; influence diagram)를 만들어 내는 것 역시 도움이 될 수 있다(Microsoft & Sterman, 1994; Sterman, 2000.). 그런 그림들이 피드백 루프(feedback loop)를 포함하여 여러 가지 경향들과 핵심 불확실성들이 어떻게 인과적으로 연관되어있는지를 극적으로 표현하는 것을 도와줄 수 있다.
9. **양적 모델들 만들어내기(develop quantitative models)**. 일단 우리가 영향도를 가진다면 어떤 시나리오도 그것을 정량화(定量化; quantifying)함으로써 다음 수준의 특수성(特殊性; specificity)으로 옮겨갈 수 있다. 우리는 **i-사고(i-think)** 또는 유사한 소프트웨어를 사용하여 대수적으로 시스템을 동적으로 표현하게 하여주는 각 시나리오에서의 핵심 관계를 명시하기 시작할 수 있다. 그 후 이 모델을 가격행동, 성장율, 시장점유율, 등등의 면에서 여러 가지 시나리오들의 결과를 모의하기위하여 사용할 수 있다. Royal Dutch/Shell은 그런 모델을 원유가격, 인플레이션, GNP 성장, 세금, 원유재고, 이자율, 등등이 그것의 시나리오들 각각에서 그럴듯하게 균형을 유지한다는 것을 확실히 하기위하여 사용하였다. 그와 같은 모의의 장점은 시나리오들이 의사결정과정에 조금 더 가까이 다가

92) 킬러 애플리케이션: 특정한 운영 체제를 보급시키는 계기가 될 정도로 많은 인기를 얻는 소프트웨어를 가리킴.

가게 된다는 것이다. 경영자들은 각 시나리오들이 함의하는 특정한 수적 범위들에 대해 더 잘 이해할 수 있다.

10. **결정 시나리오들로의 진화**. 마지막으로 반복되는 과정을 통해 우리는 우리가 결국은 우리의 전략들을 검사하고 새로운 아이디어들을 산출하기위하여 사용할 제한된 수의 뚜렷하게 다른 시나리오들에 집중하여야한다. 시나리오들(그리고 9 단계에서의 양적모델들)이 우리의 회사가 직면하고 있는 진짜 문제들을 다루고 있는지를 보기위하여 단계 1에서 8까지를 되풀이하라. 그것들이 적절한가? 내적으로 일관되고 있나? 그것들이 한 주제에 대한 변형이 아니라 총체적(總體的; generically)으로 다른 미래들을 기술하고 있는가? 각 시나리오가 최종 결론(무엇인가 있다면)의 방향을 충분히 고려하였는가? 입력 자료와 외부의 확인을 얻기 위하여 또는 도전하기 위하여 다른 사람들과 의논하였는가? 위의 질문에 대한 답이 예라면 끝낸다. 그렇지 않다면 전 단계들을 반복하고 시나리오들을 화가가 그림그리기에서 균형과 초점을 맞추듯이 다시 초점을 맞추라. 이 판단의 반은 예술이고 반은 과학이다. 일단 끝나면 이제 시나리오들은 결과득실 행렬(payoffs matrices), 결정나무, 옵션 분석(options analysis), Monte Carlo 모의(模擬; simulation), 또는 포트폴리오 최적화(portfolio optimization)와 같은 기법을 사용하는 핵심 결정들과 프로젝트들의 더 양적인 분석을 위한 뼈대(frame-works) 또는 입력자료(inputs)로 사용될 수 있다.

5.6.7 시나리오 계획의 일부 한계들(some limitations of scenario planning)

시나리오 계획이 산업에서 많은 지지를 얻었지만 그 주관적 및 체험 직감적 특성 때문에 많은 학리파(學理派; academics)들은 그리 흔쾌히 지지하지는 않았다. 우리가 올바른 시나리오를 가졌는지 어떻게 아는가? 그리고 우리는 어떻게 시나리오에서 결론에 도달하는가? 이들 우려는 정당하며 시나리오 계획은 더 많은 연구가 그것의 상대적 성능(performance)과 밑에 깔려있는 이론적 전제들 위에서 이루어진다면 학문적 지위를 얻을 것이다(Gregory & Duran, 2001; Harries. 2003.). 유명한 시나리오 계획자들의 근간의 글 모음(Fahey & Randall, 1998)은 한 개의 학문적 연구 자료에 한 개의 참고문헌만을 포함시키는데 실패한 것으로 보인다. 그 기법은 경험에서 태어났으며 그것의 매력(魅力; appeal)은 과학적 증거보다 입증되지 않은 일화적인 증거에 근거를 두고 있다. 그 위에 유의미한 오해가 그것의 의도와 주장들에 관하여 남아있다. 무엇보다도 시나리오 계획은 불확실성이 만연하였을 때 집단적 학습(collective learning), 지각 재구성(reframing perceptions), 및 불확실성 관리하기(preserving uncertainty)를 위한 도구이다. 너무나 많은 의사결정자들이 여러 개의 미래들을 받아들이기보다는 미래를 예측하고자하는 유혹의 함정에 빠지면서 하나의 미래 시나리오에 걸기를 원한다(Wright, 1999; van der Heijden, 2002.). 또 다른 함정은 시나리오들을 마치 그것들이 고정된 장래를 결정하는 정적(靜的; static)인 횃불인 것처럼 너무 글자 그대로 받아들인다는 것이다. 실제로 그것들의 목적은 장래에 한계(限界; bound)를 두는 것이지만 장래가 펼쳐질 때 학습과 조정이 허용되는 유연한 방식이다.

위에서 그 개요가 설명된 둘씩(2-by-2) 기법에 대한 하나의 비판은 그 행렬이 네 개의 어느 정도 임의의 시나리오 주제를 가져다준다는 것이다.[93] 만일 다른 기본적 불확실성이 선택되었더라면 아주 다른 시나리오가 나타났을 것이라고 주장될 수도 있을 것이다. 이것이 얼마나 진실한가는 그 행렬을 뒤를 잇는 청사진에 의하여 대체될 출발점으로 볼 것인가 아니면 그 밖의 모든 것의 보금자리가 되는 거대한 건축물(建築物; architecture)로 볼 것인가에 달려있다. 그러나 어떤 경우에도 쟁점은 어느 것이 옳으냐가 아니라 그것들이 있을 법한 장래들의 범위를 적절하게 기술하고 있는지 여부이어야 한다. 복잡한 그림을 단순화하려는 어떤 도구도 그것이 지도이든 시나리오의 집합이든 간에 왜곡(歪曲; distortions)을 끌어들일 가능성이 있다. 복잡성은 좀처럼 자연스럽게 단순한 상태들로 분해되지 않을 것이다. 그러나 그럴 수도 있을 것이다. 예를 들어 물(분자 H_2O)의 행동을 생각해보라. 그것은 온도와 압력에 따라 자연적으로 바로 세 상태: 가스, 액체, 및 고체로 존재한다. 시나리오들의 기술(技術; art)은 복잡한 시스템의 행동에서 그런 자연적 상태들이나 분기점들을 찾는 것이다.

시나리오 디자인에 있는 어떤 고유의 주관성을 제외하고 그 기법은 Schoemaker(1998)에서 열거된 여러 가지 과정 및 내용상의 함정에 시달릴 수 있다. 이들 함정들은 대부분(팀 구성, 협력자의 역할 등등과 같이) 프로세스가 조직 내에서 어떻게 집행되는가와 함께 시나리오들의 실질적(實質的; substantive)인 초점(장기 대 단기, 세계적 대 지역적, 증분(增分; incremental) 대 패러다임 이동 등)에 관련된다. 누구는 이것들을 단순히 실행(實行; implementation)의 도전들로 생각할 수도 있을 것이지만 프로세스 구성요소는 시나리오 경험에 필수적이므로 그것들 역시 방법론 자체의 약점으로 보일 수도 있다. 시나리오 계획의 집행이 실재하는 조직에서 행사될 때 정치적 탈선, 의제(議題; agenda) 통제, 근시안적 및 제한된 상상(imaginations)에 대한 제한된 안전장치들이 존재한다. 그러나 여러 면에서 모든 예측기법은 그와 같은 조직상의 한계에 시달릴 것이다. 사용할 벤치마크(benchmark)는 특히 높은 불확실성과 복잡성에 직면했을 때 완벽성(完璧性; perfection) 또는 절차상 불변성 및 논리적 일관성과 같은 규범적 수칙(守則; precepts)에의 엄격한 고수(固守; adherence)가 아니고 오히려 그 기법이 경쟁상대보다 더 잘 해내느냐이다. 그리고 이 질문에 공정하게 대답하기위하여 성과(成果; performance)는 신중하게 명시되어야한다. 그것은 어떤 정확도 측척(測尺)들 뿐만 아니라 노력과 정확도사이의 절충(折衷; tradeoff)을 포함하는 비용-이득 분석을 분명하게 포함하여야한다. 덧붙여 더 많은 경험이 얻어짐에 따라 정당화기준(正當化基準; legitimation criteria)이 그 접근을 다듬고 개선하는 능력과 함께 고려되어야한다.

조직상의 환경(環境; settings)에서의 시나리오계획의 세 번째 한계는 그것이 다른 계획 및 예측 기법과 잘 통합이 안 된다는 것이다. 대부분의 회사들은 여럿은커녕 하나의 미래를 다루기에도 많은 어려움이 있다. 일반적으로 예산 짜기 및 계획하기 시스템들은 미래의 단일 관점

93) 둘씩(2-by-2) 기법은 시나리오를 개발하는 몇몇 기법 중 하나일 뿐이다. 대안이 되는 방법에 다변량(多變量; multivariate) 기법이 포함되며 Schoemaker(1991)에 기술되어있다.

들에 근거를 두는데 분산분석(variance analysis), 긴급사태 대책(緊急事態 對策; contingency plan), 규칙적 단계예산(rolling budgets) 및 정기적 재교섭(periodic renegotiation) 등을 통하여 필요에 따라 미세한 조정이 이루어진다. 이들 전통적인 접근들의 약점은 2001년 9월 11일의 비극적 공격이후 분명해졌는데 그 때 많은 회사들이 마비되었고 상당수의 회사가 바로 계획과 예산을 버려버렸다. 그들의 전략들은 미래를 보증하지 못하였고 그것들은 외부소란(外部騷亂; external turmoil)에 적응하는 조직화된 메커니즘(mechanisms)이 부족하였다. 위기의 경우에 리더십은 중요하게 되지만 어느 정도의 대비(對備; preparedness)도 그러하다. 일단 시나리오가 완성되면 어떻게 유연한 전략들과 적절한 점검시스템(monitoring system)을 정교하게 만드는가와 같은 진짜 일이 시작된다(Schoemaker, 2002.). 경영자들은 처음부터 끝까지 불확실성을 향도(嚮導; navigate)하여줄 단순하지만 포괄적인 나침반(羅針盤; compass)이 필요하다. 시나리오계획은 더 완전한 경영시스템의 한 구성요소에 불과하며 그 상세한 것은 여기서의 범위를 넘는 것이지만 Schoemaker(2002)에서 찾을 수 있다. 요점은 시나리오 사고(思考; thinking)가 기존의 계획하기와 예산 짜기 시스템과 통합될 필요가 있다는 것이다. 현실은 대부분의 조직들이 불확실성을 잘 다루지 않으며 연구자들이 높은 불확실성과 복잡성 하에서 어떻게 계획을 짜는가에 관하여 적절한 해답을 마련하지 않는 것이다. 이것은 연구와 업무 모두에서 중요한 새로운 영역(領域; frontier)이다.

지금까지 공부한 내용을 정리해 보자. 예견(豫見; prediction)과 예측(豫測; forecasting)은 모델들 또는 기계들에 오직 부분적으로 맡겨질 수 있을 뿐인 인간사(人間事; human affairs)이다. 따라서 우리는 도울 수 있는 도구들과 함께 인간들이 이 과제에 끌어들이는 자연적인 편향들을 인정하여야한다.[94] 편향들은 불확실성-복잡성 유형분류체계(類型分類體系; typology)를 사용하여 검토되었고 불확실성과 복잡성의 다른 조합을 위한 여러 가지 도구들도 개관(槪觀; review)되었다. 각 구성요소는 예측가들에게 엄청난 도전으로 남겨졌으며 예언(豫言; prognostigation)이 만들어질 때 충분하게 인정(認定; acknowledge)될 필요가 있다. 불확실성은 신뢰도 수준 표시하기, 또는 기초가 되는 가정들 명백하게 하기, 불확실성이 어떻게 영향을 미칠지 명백하게 모델화하기 등 여러 가지 방식으로 표현될 수 있다. 마찬가지로 복잡성은 그림에 의한 영향도에서 본격적인 수학적 모델들 및 모의(模擬; simulations)에 이르기까지 여러 가지 방식으로 다루어질 수 있다.

(개인과 집단 모두가) 어떤 의미이던 간에 대부분의 예견에 내재하고 있는 불확실성과 복잡성을 받아들이는 방법을 배우기 위하여 강력한 도구로서의 시나리오 계획에 특별한 주의가 주어졌다. 시나리오 계획에서의 초점은 예측으로 나타나는 계산상의 복잡성보다 개념상 및 인식상의 복잡성에 있다(Keren & Teigen, 2007.). 우리가 무엇을 아는가와 무엇을 모르는가의 문제는 "우리가 모른다는 것을 우리가 아는가?"와 함께 시나리오 계획에서 중요하고 중심이 된다. 그것은 다른 예측방법들이 별로 하지 않는 방식으로 불확실성과 복잡성을 전면에 내세운다.

---

94) Goldstein and Hogarth(1997), Connolly, Arkes, & Hammond(2000), Gilovich et al.(2002), March(l998) 및 Klein(1998) 참조.

불행하게도 시나리오 계획은 잘 이해되지 않을 뿐만 아니라 그것이 그래야 할 만큼 널리 실용되지도 않는다. Schoemaker and Randall(2002)의 조사에 따르면 대부분의 경영자들은 이 중요한 도구와 단지 중간 정도의 친숙함을 가지고 있다. 그들이 조사한 — 소프트에서 하드에 이르기까지 — 다른 도구들이 훨씬 좋은 대접을 받는 것도 아니다. 이것은 누가 책임이 있는지 경영자인지 도구인지에 관한 흥미로운 의문을 제기한다. 추측컨대 양쪽에 모두 조금씩 책임이 있다. 도구들은 대부분의 경영자들보다 더 잘 실현하지만 그것들의 지지자들이 믿고자 하는 만큼 아주 유용하지는 못하다.

끝으로 우리는 점 추정치(pont estimates) 대신에 아무 예측에도 본래부터 있는 불확실성과 복잡성에 초점을 두면 더 좋은 결정을 내릴 가능성이 크다는 것을 알아야한다. 점점 더 우리의 세상은 불확실성과 복잡성의 수준이 높아지는 방향으로 변해가고 있는데 이런 환경에서 선형외삽법(線形外揷法; linear extrapolation)과 점 예측이라는 편안함에 유혹된다면 환영에 빠지고 자주 위험할 것이다. Pasteur의 유명한 표현이 그것을 잘 말해준다. "운은 오직 준비된 마음만을 따른다." 어떻게 개인 및 조직의 마음을 운(運; chance)의 편이 되게 준비시키는가는 어려운 일로 남아있지만 시나리오 계획하기가 올바른 방향으로 나아가게 하여준다고 믿어진다.

5.7 목표적응이론 및 만족조건최소화

여기서는 **만족조건최소화**(滿足條件最少化; sacrificing)의 이론적 배경이 된다 할 목표적응이론을 Selten(2001)을 가지고 먼저 검토하고 뒤이어 만족조건최소화를 Simon(1997)을 중심으로 설명하기로 한다.

5.7.1 목표적응이론(目標適應理論; aspiration adaptation theory)

결정시간이 부족할 때 익숙하지 않은 최적화가 합리성의 인지영역 내에서 불가능하다고 믿는 데는 이유가 있다. 이는 다음과 같은 의문을 제기한다. 어떻게 우리는 한정적으로 합리적인 경제행위자의 최적화되지 않은 행동을 모델화할 수 있을까? 목표적응이론이 이 대답을 찾는 출발점이 될 수 있다(Sauermann & Selten, 1962; Selten, 1998.).

목표적응이론이 실증적으로 증명된 의사결정행동의 설명이라고 주장할 수는 없다. 실험실 증거는 확장과 수정이 필요하다고 시사한다. 그러나 이 이론의 기본적 아이디어는 실험에서 효과가 있었으며(Tietz and Weber, 1972; Tietz, 1976) 미래에도 계속하여 그 가치를 발휘할 수 있을 것이다.

▌목표약도(目標略圖; aspiration scheme)

목표적응이론의 특색 중 하나는 목표를 모든 결정대안들의 완벽한 선호순서로 결합하지 않고 하나의 다중(多重; multiple) 목표문제로 의사결정을 모델화하는 것이다. 의사결정자는 몇 개의 실수치(real-valued) 목표변수들을 가지고 있다. 각각의 목표변수는 다다익선(more is better)이다. 이것은 편리한 모델화 관습이다. 예를 들어 목표 중 하나가 비용을 낮추는 것이라면 목표변수를 음(陰; negative)의 비용으로 모델화할 수 있다. 목표변수들에 대한 서로 다른 가치의 벡터 두 개가 있다고 하자. 그들 중 하나가 더 크거나 같은 가치를 가진다면 이 벡터를 다른 하나보다 더 선호할 것이다. 그러나 그렇지 않다면 비교가능성(比較可能性; comparability)이 없다. 우리는 이 특성을 **목표 비교불가능성**(目標 比較不可能性; goal incomparability)이라고 부르기로 한다.

목표적응이론에서 **목표수준(asrpiration level)**은 목표변수에 대한 가치의 벡터이다. 부분목표수준인 이들 가치에는 여러 가지 이산단계(離散段階; discrete steps)가 있다. 있을법한 목표수준은 목표변수공간에서 격자를 형성한다. 우리는 이를 **목표격자(目標格子; aspiration grid)**라고 부른다. 목표적응은 조절단계(adjustment steps)의 수열(sequence) 형태를 취한다. 조절단계는 현제의 목표수준에서 목표격자위의 이웃하는 지점으로 단 하나의 목표변수만을 바꾸면서 이동한다. 상향이동은 목표변수의 증가 하향이동은 감소이다.

상향조절단계는 동점(同點; ties)이 없는 목표변수의 순위인 **긴급성순서**(緊急性順序; urgency order)에 의하여 정해진다. 하향조정은 철회변수(撤回變數; retreat variable)를 줄인다. 철회변수가 반드시 제일 덜 긴급한 것은 아니다. 긴급성순서와 철회변수가 격자지점에 의존할 수도 있다. 목표격자는 긴급순서와 철회변수를 모든 격자지점에 배치함으로써 **목표약도**(目標略圖; aspiration scheme)를 형성한다.

목표조절이론에서 목표약도는 통상적 결정이론에서의 선호순서의 자리를 차지한다. 목표비교불가능성은 없어지지 않는다. 긴급성순서와 철회변수는 결정변수에 대한 전반적 선호를 나타내는 것이 아니라 조절단계에 대한 국부적 절차상 선호(local procedural preference)를 나타낸다. 상향조절단계와 하향조절단계 사이에는 비대칭성이 있다. 누구는 여러 실행가능(feasible) 상향조절단계에서 선택하기위해 긴급성순서를 필요로 하지만 누구는 항상 제일 고통이 덜한 하향조절을 선택하고 거기서부터 조절과정을 계속한다.

목표조절은 한정된 합리성의 중요한 구성요소인 것처럼 보이는 두 특성, 목표비교불가능성과 국부적 절차상 선호를 모델화한다.

▌여러 대안 중 선택(selection among many given alternatives)

여기서는 목표조절이론의 설명을 부분적 목표수준에 대한 최대 및 최소가치가 없는 무경계 목표격자에 한정하기로 한다.

모든 목표변수에 대한 특정한 값을 가진 유한한 수의 대안 중에서 하나를 선택하여야 하는 의사결정자를 상상해보자. 한 대안에 대한 가치의 벡터를 목표벡터라고 부른다. 적어도 한 대안의 벡터가 만족시켜주는 목표수준을 실행가능하다고 말한다. 의사결정자는 과거자료에서 취한 **사전목표수준**(previous aspiration level)을 가지고 시작한다. 시작목표수준을 첫 번째 것으로 그리고 **새 목표수준**(new aspiration level)을 마지막 것으로 하는 **중간목표수준**(intermediate aspiration level)의 수열을 만드는 조절과정에서 선별이 이루어진다. 끝으로 새로운 목표수준을 만족시켜주는 선택이 이루어진다.

상향조절단계가 실행 가능한 목표수준에 이르게 해준다면 상향조절은 실행가능하다. 모든 실행 가능한 것 중에서 가장 긴급한 실행가능 상향조절단계는 가장 긴급한 변수를 불러오는 것이다. 조절과정은 세 개의 조절규칙을 따른다.

1. 하향규칙: 중간목표수준이 실행 가능하지 않다면 철회변수의 부분목표수준을 낮추어 주는 하향조절단계로 나아간다.
2. 상향규칙: 중간목표수준이 실행 가능하고 상향조절단계가 실행가능하다면 가장 절박한 실행가능 상향조절단계로 나아간다.
3. 결말규칙: 중간목표수준이 실행가능하고 어떤 상향조절단계도 실행불가능이라면 이 목표수준이 새로운 것이다.

이 과정에는 실행 가능한 목표수준에 이르기까지의 하향조절단계와 뒤이은 신 목표수준에 이르는 상향조절단계의 두 단계가 있다.

대안의 탐색(search for alternatives)

의사결정자가 결정대안들을 순차적으로 찾고 있다고 하자. 탐색이 특정화된 목표벡터를 갖는 대안들의 수열을 만들어낸다. 목표변수의 일부는 결정자원의 재고(在庫; stocks)일 수 있는데 반드시 지불하여야할 결정비용의 출처가 되는 **결정비용자원**(decision cost resources)이나 최대결정시간과 비교하여 남는 시간인 결정시간 비축(decision time reserves)이 결정자원의 재고이다. 이들 **결정자원재고**(decision resources stocks)는 탐색이 진행되면서 줄어든다.

의사결정자는 그가 탐색을 시작하기 전에 최초의 대안, **디폴트 대안**(default alternative)을 알고 있다. 그리고 그는 언제라도 탐색하기를 중단할 수 있다. 그 탐색은 결정시간의 끝에 외적 요인으로 끝날 수도 있다. 의사결정자는 **최초목표수준**을 가지고 출발한다. 디폴트대안을 포함하여 k대안이 찾아진 상황을 생각해보자. $k=1$인 경우의 사전목표수준(previous aspiration level)이 최초대안이다. 중간목표수준을 통하여 진행되는 적응과정(adaptation process)이 다음번 사전목표수준이 되는 새 목표수준에 이르게 된다.

전절에서와는 다르게 이제는 "실행가능하다"라는 용어는 동적(dynamic)인 의미에서 사용된다. 이미 발견된 적어도 하나의 대안의 목표벡터가 목표수준을 만족시켜주면 그 목표수준은 "실행가능하다." 당장에는 실행가능하지 않은 목표수준이 탐색을 더 진행하면 실행가능하게 될 수 있고 중단함으로써 알아볼 수 있을 정도로 실행불가능하게 된다면 "잠재적으로 실행가능하다." 여기서는 결정자원 재고외의 목표변수에 관한한 모든 것이 가능하다고 전제한다. 그러나 결정자원 재고는 탐색에 의하여 감소된다. 그 재고의 일부가 너무 낮아 현제의 목표수준에서 더 이상 탐색을 할 수 없게 되자마자 이 목표수준은 알아볼 수 있을 정도로 실행불가능하게 만든다.

상향조절단계가 한 실행가능 목표수준에서 다른 실행 가능한 또는 잠재적으로 실행 가능한 목표수준으로 이끌어준다면 그것은 허용가능(permissible)하다. 가장 긴급한 허용가능 상향조절단계의 정의는 가장 절박한 실행가능 상향조절단계의 정의와 같다. 우리는 다음 세 조건으로 허용가능 목표수준을 정의한다.

1. 실행가능 목표수준은 허용가능하다.
2. 잠재적으로 실행 가능한 목표수준은 그것이 사전목표수준이라면 또는 허용가능 상향조절단계에 의하여 거기에 도달될 수 있다면 허용가능하다.
3. 1과 2에 의하여 허용 가능한 것 외의 목표수준은 허용가능하지 않다.

허용가능목표수준은 실행가능 목표수준과 같은 역할을 한다. 목표조절은 세 조정규칙에서 모든 "실행가능"을 "허용가능"으로 대체해야할 정도의 차이밖에 없을 만큼 유사하다. 다음의 계속규칙(continuation rule)이 탐색할지 말지를 결정해준다.

- 계속규칙: 새 목표수준이 잠재적으로 실행가능하다면 탐색은 계속된다. 그렇지 않으면 새 목표수준을 최종목표수준으로 하고 종결한다. 그리고 그의 목표벡터가 이 최종목표수준을 만족시켜주는 대안을 선택한다.

허용가능 목표수준이 실행 가능하거나 잠재적으로 실행 가능하므로 최종목표수준도 실행가능하다.

허용가능성의 정의가 신중한 낙관주의 원칙(principle of cautious optimism)을 구체화시켜준다. 실행가능성의 부족이 아니라 유일한 알아볼 수 있는 실행불가능성만이 사전목표수준을 낮추는 이유이다. 목표수준이 잠재적으로 실행 가능한 한은 탐색을 더 함으로써 그것을 만족시키리라고 희망할 수 있다. 그러나 상향조절은 이제 실행 가능한 수준에서 한 단계이상을 조절해서는 안 된다. 잠재적으로 실행 가능한 목표수준에서 위로 조절되는 단계는 실행 가능하지 않다. 거기에 탐색에 필요한 낙관주의에 신중함이 요구되는 것이다.

질적 기대 기반 목표적응(質的 期待 基盤 目標適應; aspiration adaptation on the basis of qualitative expectation).

한정적으로 합리적인 의사결정자가 반드시 양적 기대(量的 期待; quantitative expectations)를 만들어내는 것은 아니다. 대신에 그들은 결정대안에 연결된 질적 기대에 의존할 수도 있다. 이는 일의 현제상태와 비교되는 변화의 방향에 기대를 가진다는 것을 의미한다. 결정대안에 목표변수를 올린다든지 내린다든지 아니면 영향을 주지 못하든지를 기대할 수 있다. 우리는 이 세 가능성을 형식적으로 나타내기 위하여 기호 "+", "-" 및 "0"을 사용한다. 이렇게 하여 목표적응 이론은 +, -, 또는 0을 가능성 있는 표제항(表題項; entry)으로 가진 질적 목표벡터(qualitative goal vector)로 결정대안에 연결된 질적 기대를 설명한다.

"일상적 모델(routine model)"이라고 부르는 단순한 모델에서 회사는 가격, 생산, 광고 등등과 같은 얼마간의 매개변수(媒介變數; instrument variables)를 주기적으로 결정한다. 결정대안들은 예를 들어 "5% 가격인상과 10% 광고비"와 같이 한정된 수의 변화가능성이 다. 각 대안에 대해 질적 목표벡터 형태의 질적 기대를 가지고 있다.

지난 기간에 실현된 목표벡터를 실현(realization)이라고 지칭한다. 대안 중 하나는 무위(無爲; doing nothing) 즉 도구변수(道具變數; instrument variables)를 그것들의 맨 마지막 기간의 값들로 놔두기이다. 이 대안을 위해 양적 기대가 다시 말하면 실현이 형성된다. 의사결정자는 아무것도 행해지지 않았다면 아무것도 변화되지 않을 것이라고 기대한다. 실현된 목표수준은 그 실현으로 만족하게 된 가장 높은(각 구성요소에서 제일 높은) 목표수준이다.

의사결정자는 기대 실행가능 목표수준(expected feasible aspiration level)을 각 대안에 대해 구성한다. 실현된 목표수준은 아무것도 안하기에 대한 기대 실현가능 목표수준이다. 다른 대안들에 대해서 그 대안의 목표변수에 대한 부분 목표수준을 질적 목표벡터에 상응하는 표제항과 관련시켜 네 개의 기대규칙(expectation rules)이 기대 실행가능 목표수준을 결정한다.

1. 표제항이(+)이면 부분 목표수준은 실현된 목표수준의 수준보다 한 단계 위에 있다.
2. 표제항이(-)이고 실현된 목표변수의 값이 실현된 목표수준의 목표변수 값보다 위라면 부분 목표수준은 실현된 목표수준과 같은 수준이다.
3. 표제항이(-)이고 실현된 목표변수의 값이 실현된 목표수준의 그것과 같다면 부분 목표수준은 실현된 목표수준의 그것보다 한 단계 아랫수준이다.
4. 표제항이 0이면 부분 목표수준은 실현된 목표수준과 같다.

목표적응은 기대실행가능 목표수준의 구성을 뒤따른다. 직전기간에서 취한 목표수준을 가지고 출발하여 이 목적을 위해 많은 대안 중 하나를 선택하는 절차가 적용된다(이절의 대안의 선택항 참조). 이때의 유일한 차이는 기대실행가능 목표수준이 실행가능 목표수준의 자리를 차지한다는 것이다. 이 절차를 통해 현제의 기간에 대한 신 목표수준을 얻게 된다. 이 기대실행가능 목표수준에 대한 대안이 선택된다. 그런 대안이 여러 개 있으면 두 개의 기준:

1. 대안의 질적 목표벡터에서 "-" 표제항의 최소화
2. 대안의 질적 목표벡터에서 "+" 표제항의 최소화

를 연속적으로 적용하여 선택폭을 줄여간다. 앞에서 상향조절이 실행가능 목표수준과 잠재적 실행가능 목표수준 사이의 차이가 허용 가능한 것으로 모델화되었다. 기대실행가능 목표수준은 이 방법으로 도달된 잠재적 실행가능 목표수준과 비슷하다. 누구는 선택된 대안이 기대실행가능 목표수준을 만족시켜주는 새 실현 속에 있기를 희망한다. 그러나 누구는 이것을 기대할 수 없다. 질적 기대를 기반으로 하는 대안을 선택하려면 기대 규칙 1과 2가 표현한 낙관주의가 필요하다. 기대실행가능 목표수준의 부분적 목표수준은 실현된 목표수준에서 극리 적은 차이가 있을 뿐이다. 이것도 신중해야할 점을 더해준다.

신중한 낙관주의는 결정의 결과(consequences)에 무지(無知; ignore)하다는 한정적으로 합리적인 행동의 필요한 특색인 것처럼 보인다. 이에는 새로운 대안을 비용이 많이 들더라도 탐색하는 것과 함께 질적 기대를 기반으로 대안을 시험해보는 것이 포함된다.

질적 정보만을 기초로 하는 의사결정은 한정적으로 합리적인 행동의 중요한 양식인 것처럼 보인다. 목표조절이론이 이를 위한 모델화접근을 하게 하여준다.

▌위험관련 목표변수(risk-related goal variables)

매일 매일의 경험은 위험한 결정이 분명한 확률판단에 별로 의존하지 않는다는 것을 보여준다. 일부 특수한 맥락에서 빈도정보를 기반으로 하는 확률추정치가 보인다. 생명보험회사의 고객은 통상 관련된 확률을 생각조차 안 한다. 보험구매자는 보험료가 그의 수입의 5%이내라면 그의 가족이 3년 동안 살아갈 수 있는 금액을 타는 것으로 부보하기로 결정할 지도 모른다. 이에는 확률추정치 없이 보험료와 부보금액만을 목표변수로 하는 2-차원 목표수준을 포함하고 있다.

일부 경우에서 확률판단이 선험적(先驗的; a priori) 고려사항을 기반으로 형성된다. 그러나 이것은 도박장과 같은 아주 특수한 맥락에 한정된 것으로 보인다. 실제 사업과 일상생활에서 그런 선험적 확률을 위한 기회는 통상 없다.

파산과 같은 파국의 위험은 목표변수의 값이 클수록 위험은 적어지는 성질을 가진 목표변수에 주목함으로써 제한 할 수 있다. 우리는 이런 목표변수를 위험-관련 목표변수이라고 부른다. 회사는 위험관련 목표변수로 유동성(liquidity)비율을 사용할 수 있다.

위험관련 목표변수의 흥미 있는 예로 공학계산에 사용되는 안전여유(安全餘裕; safety margin)가 있다. 건물이나 교량을 위한 정적(靜的; static) 계산에서 누구는 사용 중 기대되는 최대 힘의 k배를 견뎌야한다고 요구한다. 여기서 k는 2나 3처럼 정수(整數; integer)이다. 이 계산은 결정론적(決定論的; deterministic) 모델에 기초를 둔다. 그럼에도 불구하고 파손위험은 k에 대한 부분목표수준에 의하여 제한될 수 있다.

안전여유는 법에 의하여 강제될 수 있다. 이 경우 여유는 개인적 목표조절보다는 집단적 목표조절의 결과이다.

▌목표조절이론으로 모델화된 한정된 합리성의 특색(features of bounded rationality modeled by aspiration adaptation theory)

목표조절이론으로 모델화된 결정행동은 모델화의 세세함과 관계없이 한정된 합리성을 기술하는데 의미가 있는 것으로 보이는 특색이 있다. 이 특색은 아래와 같다.

1. 목표 비교불가능성
2. 국부적 절차의 선호
3. 결정자원에 대한 집약된 결정
4. 질적 기대에 기초한 결정
5. 대안 탐색과 질적 기대의 사용에 있어서의 신중한 낙관주의
6. 위험관련 목표변수

목표조절이론은 목표 비교불가능성과 국부적 절차의 선호가 있는 다목적 구조에서의 의사결정을 모델화한다. 이들 성질이 목표약도(aspiration scheme)에서 구체화된다. 결정자원에 대한 집약된 결정은 결정자원의 재고를 목표변수로 포함하는 목표적응에 의하여 모델화된다. 목표적응이론은 또한 변화의 방향에 대한 질적 기대를 이용하여 대안들과 그들 사이의 목표적응에 대한 기대실행가능(expected feasible) 목표벡터를 조심스럽게 낙관적으로 구성한다고 설명한다. 대안의 탐색도 조심스럽게 낙관적으로 모델화된다. 위험관련 목표변수는 위험(危險; risk)이 확률판단 없이 어떻게 제한되는가를 설명한다.

▌목표적응이론이 답을 주지 않은 문제(questions not answered by aspiration adaptation theory.

목표적응이론은 합리적 의사결정에의 시종일관된 접근이다. 그러나 약점이 있다. 확장과 수정이 필요하다. 더 나아가 목표적응이 모델화되는 방법은 회사행동이론에 긴밀하게 맞추어져야 할 것이다(Cyert and March 1963.). 이것은 주로 목표적응을 개인 수준에서 이미 발견된 한정된 합리성의 특색에 주의를 집중하기위하여 의도적으로 회피된 문제분야인 조직적 과정이다.

실험적 연구가 비최적화 의사결정이라는 근본적으로 다른 이론으로 이끌어줄 가능성이 있다. 그러나 모델화의 세세함이 다르다 할지라도 다목적 기초구조에서의 목표적응이 한정적으로 합리적인 의사결정의 포괄적 이론의 한부분이 되어야 할 가능성이 더 클 것 같다. 목표적응이론은 한정적으로 합리적인 행동측면의 무시로 어려움을 겪게 되는데 이들 측면들은 실험결과를 설명하기위해 없어서는 안 되는 경우가 많다. 목표적응이론이 답을 주지 않는, 적어도 현제의 형식에서 답을 주지 않는 얼마간의 문제와 이들 측면은 관련이 있다.

의사결정자는 그가 무엇을 원하는지 언제나 알지는 못한다. 새로운 상황에서 목표는 형성되어야 한다. 목표약도는 어디서 오는 것일까? 흔히 원칙적으로 무한한 수의 대안이 가능할지라도 단지 유한한 수의 대안만이 고려대상이 된다. 이 선택은 어떻게 이루어지나? 목표변수에 관한 질적 양적 기대가 형성될 필요가 있다면 이는 어떻게 형성될까? 목표적응이론은 크게 보아 목표의 형성, 대안의 구성, 및 기대의 형성을 모델화하지 못 한 채로 남겨 놓았다.

5.7.2 만족조건최소화(滿足條件最小化; satisficing)

만족조건최소화는 대안을 용인할 수 있게 해주는 속성의 범위를 특정화하는 것을 말한다. 이들은 최소한의 용인조건들이며 옵션들을 걸러내는데 쓰인다. 만족조건최소화는 Simon (1956)의 제한된 합리성(bounded rationality)을 이론적 배경으로 하고 있다. 여기서는 Simon (1997)의 만족최소화를 중심으로 설명하기로 한다.

의사결정자자 어떤 기준에 따라 가용(可用; available) 대안 중에서 가장 좋은 것을 택하는 것을 최적화한다고 말한다. 반면에 특정한 기준에 맞거나 이를 초과하지만 유일하거나 최선이라고 보장할 수 없는 대안을 선택할 때 만족조건최소화한고 말한다.

최적화(最適化; optimization)와 그 문제점

경제학과 통계적 의사결정이론의 문헌에서 보면 합리성은 일반적으로 어떤 유형의 최적화 예를 들어 예산제약(豫算制約; budget constraints)을 조건으로 하는 효용의 최대화를 의미하는 방식으로 정의되어 있다. 단순한 상황에서 경제학 교과서에서 사용된 예에서와 같이 최대치(最大値; maximum)를 계산한다는 것은 아마도 일차 미분도함수(一次 微分導函數; derivative)를 구하고 이를 0으로 하여 푸는 정도로 단순한 과정일지 모른다. 수천 개의 선형 등식과 부등식뿐만 아니라 한 개의 선형 기준함수가 포함되는 훨씬 복잡한 상황에서조차 선형계획(線型計劃; linear programming)이라는 강력한 방법을 사용하여 견딜만한 계산노력으로 흔히 최선의 선택을 찾아낼 수 있다.

그러나 대부분의 실사회 상황에서 진짜 최적(최대 또는 최소)은 실제 우리가 견뎌낼 수 있는 노력범위 내에서 단순하게 계산해낼 수 있는 것이 아니다. 이것은 특히 컴퓨터의 도움 없이 결정을 내릴 대 특히 그러하지만 강력한 계산 설비를 사용할 수 있을 때조차도 그렇다. 세상의 복잡성은 수천 아니 수만의 변수와 제약조건(制約條件; constraints)에 끝이는 것이 아니고 계산이 될 수 있도록 선형성과 볼록성(convexity)을 간직하고 있지도 않다.

만족조건최소화 대안

최적화가 불가능하거나 그렇게 하는데 드는 비용이 너무 큰 상황에 직면했을 때 의사결정자는 최적이 아니라 만족하는 대안을 택하게 된다. 몇 개의 아니 알맞은 제약조건을 충족하는 행동방향을 찾는 것이 어떤 함수를 최대화하는 행동방향을 찾는 것보다 훨씬 쉽다.

건초더미 속에서 바늘을 찾는 예를 생각해보자. 뾰족하기가 다른 여러 바늘의 건초더미 속에서의 확률밀도 분포가 있다면 가장 뾰족한 바늘 찾기에 드는 노력은 건초더미의 크기에 비례할 것이다. 바느질하기에 충분할 정도로 뾰족한 바늘을 찾는 일은 필요한 만큼만 뾰족한 바늘의 밀도에 따르는 것이지 건초더미의 크기와는 상관이 없다. 만족최소화 기준이 주는 매력은 선택 상황의 크기나 복잡성에서 오는 조사비(調査費; search cost)와 무관하다는 데 있다.

만족조건최소화 과정은 언제나 조사비용을 고려하여 그리고 다른 조사로 말미암은 기대이득과 조사로 인한 기회비용이 같을 때까지만 조사하기로 하고 최적화과정으로 전환될 수 있다(Simon, 1955; Stigler, 1961.). 그러나 이 전환은 선택인(選擇人; chooser)에게 새롭고 무거운 정보 및 계산상의 짐을 지우는데 그 짐이란 조사의 기대한계수익과 기회비용을 추정하는 짐을 말한다. 이들 계산문제를 푸는 것이 당초 선택만큼이나 아니 그보다 더 어려운 일이 될 수도 있다. 새로운 대안은 만족할만한 대안을 찾는 것이다.

역으로 OR(operation research)이나 경영과학의 이른바 최적화모델의 대부분을 만족조건최소화모델로 보는 것이 더 유익할 수 있다. OR 최적화 기법의 응용에서 일부 실사회 상황으로 어느 정도 단순하게 어림셈하는 것이 정식(正式; formal) 모델(예 선형계획 및 정수계획-整數計劃; integer programming 모델)로 환원되며, 그 뒤 개략화된 기준함수를 가지고 마찬가지로 개략화(槪略化; approximation)에 의한 최적치를 계산하게 된다. 그 결과로 나온 결정이 자주 실사회 상황을 위한 만족스러운 결정이 된다. 그러나 어떤 다른 만족조건최소화 기법으로 도달되는 결정보다 좋을 것이란 보장은 없다.

만족조건최소화로 결정하는 사람은 어떻게 '만족'을 정의하는 기준을 설정할까? 심리학은 목표수준(目標水準; aspiration level)의 기법을 제안한다. 정해진 기준에 맞는 대안을 찾기가 매우 쉽다면 기준을 점점 올린다. 만족할만한 대안을 찾지 못하고 오랫동안 찾기가 계속되면 기준을 차츰 내린다. 일종의 되돌아가기 기법으로 의사결정자는 큰 어려움 없이 성취할 수 있는 기준의 집합으로 수렴(收斂; converge)한다. 목표수준 기법과 최적화 방법 간의 차이는 전자가 후자보다 훨씬 단순한 계산을 한다는 것이다. 그 차이는 불확실성 하 선택이론에서의 적응적 기대(適應的 期待; adaptive expectation)와 합리적 기대 간의 차이와 어딘가 유사하다.

목표와 결과의 동일단위측정 불가능성(同一單位測定 不可能性; incommensurability)

만족조건최소화는 최적화에 비해 또 다른 계산상의 이점이 있다. 사람들은 자주 그들에게 동일단위로 측정이 불가능한 것처럼 보이는 가치의 차원이나 측면 간의 절충을 아주 어려운 것으로 본다. 물론 모든 경우 동일단위측정을 보장하는 것은 효용함수이다. 그러나 우리는 그것을 어떻게 특징지을지 모를 수도 있다. 동일단위측정 불가능성이 특히 개입할만한 상황의 세 부류는 (1) 각 대안에 대해 한 우발상황(偶發狀況; contingency) 하에서 나쁜 결과와 다른 우발사건 하에서의 좋은 결과를 꼭 비교하여야하는 그런 불확실성의 경우, (2) 한 사람의 이득이 다른 사람의 손실이 되는 다인(多人; multiperson) 선택의 경우, (3) 각 선택이 하나의 가치차원에서는 이득이지만 아주 다른 가치차원에서는 손실이 되는 상황 들이다.

이들 세 경우의 환경에서 그리고 특히 각 결과(結果; outcome)가 즐거운 결과(結果; consequences)와 함께 즐겁지 않은 것도 일어날 경우 의사결정자는 즉각적으로 결정을 내리려 하지 않는다. 대신에 비교를 피하려한다. 예를 들어 하나의 공통된 반응은 주어진 대안 중에서 선택하려하지 않고 새로운 대안을 찾으려한다. 이 새로운 대안은 (1)의 경우 적어도 모든 우발상황에서 최소한의 만족한 결과를 보장하는 것; (2)의 경우 모든 참가자(參加者; participants)에게 만족한 결과를 가져다주는 것; (3)의 경우 적어도 모든 차원에서 최소한의 만족을 주는 것이다. 이런 대안을 받아들이는 것이 만족조건최소화의 정의(定義; definition) 안에 들어있다.

경제학이론을 위한 결과(結果; consequences)

실제 선택행동과 사람 마음의 계산한계에 관하여 실증적으로 알고 있으면 경제적 의사결정의 최적화보다 만족조건최소화로 타협하기 쉬어진다. 반면에 전자 대신에 후자를 택함으로써 많은 것을 포기하게 되는 데 그 포기는 두 경우에서 합리성의 공준(公準; postulate)에서 도출될 수 있는 정리(定理; theorems)의 힘과 다양성의 포기이다. 만족조건최소화를 기초로 하는 행동을 예측하기위해서는 최적화이론을 기초로 하는 예측보다 예컨대 목표수준과 그의 적응성(適應性; adaptivity)에 관한 훨씬 더 많은 실증적 데이터가 필요하다. 그러나 그 차이의 크기는 우리가 최적화이론이 효용함수의 모양과 내용에 관하여 아무것도 알려주지 않는다는 것을 인정할 때 적어진다. 최적화이론은 의사결정자가 최적화 대신에 만족조건최소화를 택할 때 발견되지 않을 수도 있는 모든 기간에서의 행동의 일관성을 요구한다.

미시적(微視的; micro) 그리고 거시적(巨視的; macro) 수준에서 경제행동을 예측하고 설명함에 있어서의 상대적 효과와 정확성이란 측면에서 선택은 이루어져야한다.

(예제 5.7.1) 인사부장이 처한 결정문제는 회사컴퓨터시스템을 관리할 컴퓨터 프로그래머를 선정하는 것이다. 여섯 명의 응시자와 면접을 보고 그가 중요하다고 생각하는 몇 개의 기준에 따라 점수를 매겼다. 〈표 5.6.1〉이 이 순위를 보여준다. 각 속성은 영(최악)에서 10(최선)까지의 척도로 채점하였다.

〈표 5.6.1〉 속성별 점수

응시자	자격	기능	열의	성실	리더십
1	0	6	9	9	5
2	4	7	3	8	8
3	9	8	5	7	3
4	4	8	7	9	8
5	8	4	6	2	9
6	5	3	4	7	6

이들 점수를 기초로 인사부장은 우위성 원칙을 일부 응시자를 가려내는 데 사용할 수 있을지 보기로 하였다. 그는 또한 일부 속성에는 만족최소화 기준으로 다음과 같은 최소요건을 정하였다.

- 자격: 최소점수=2
- 기능: 최소점수=4
- 성실: 최소점수=5

나아가 인사부장은 속성을 중요성에 따라 다음과 같이 순위를 매겼다.

1. 기능　　　2. 성실
3. 열의　　　4. 자격
5. 리더십

사전편집 식 순위 매기기로 무엇을 얻을 수 있을까? 첫째 우위성 규칙으로 응시자 2를 제외시킬 수 있다. 예를 들면 응시자 4는 같은 점수 둘(자격과 리더십)외에는 모든 면에서 점수가 더 높다. 열위의 다른 응시자가 있을까? 열위의 대안을 찾는 일은 컴퓨터 프로그램에 의한 쌍대 비교(雙對 比較; pair-wise comparison)로 쉽게 해낼 수 있다. 그러나 대안의 수가 크지 않으면 데이터를 조심스럽게 살핌으로써 찾을 수 있다.

둘째 세 개의 최소요건을 통해

- 응시자 1(자격 미달)
- 응시자 5(성실 미달)
- 응시자 6(기능 미달)

을 제외시킨다.

위와 만족최소화 규칙을 사용한 결과로 응시자 3과 4만 남게 되었다. 이제 인사부장은 그의 속성 채점에 사전편집 식 방식을 적용한다. 제일 순위가 높은 속성 기능에서 두 응시자는 동점이다. 두 번째 순위의 성실에서 응시자 4가 3보다 우위에 있다. 이에 따라 응시자 4를 택하게 된다.

이 두 규칙이 어떻게 의사결정자를 도와주었는가? 우위와 만족최소화는 대부분의 합리적인 사람들이 현명한 결정행동이라고 인식하는 것을 공식화한다는 점에서 아주 잘 이해된다. 사전편집 방식(속성 간 절충이 아닌 속성의 독립)은 어딘가 한계가 있다. 이들 방식은 비교적 시행하기가 쉽다. 왜냐하면 다속성 효용함수를 완벽하게 특정화할 필요가 없기 때문이다. 그러나 대안들 간의 절충이 적절한 그리하여 실은 절충이 문제의 핵심이 되는 복잡한 결정문제가 많이 있다. 그런 많은 경우에 우위와 만족최소화 원칙은 모두가 아니라 단 하나의 전략만을 제거한다. 이에 따라 이들 규칙은 다속성 의사결정에서 주로 옵션 추려내기 도구로 확실하지만 제한된 용도로만 쓰이는 것으로 보인다.

후 기

드디어 끝맺는 말을 쓰게 되었다는 탄식이 나온다. 80을 바라보는 나이에 글을 더구나 책을 쓴다는 것이 이처럼 어려운지 미처 몰랐다. 만학으로 시작된 배움의 길 그것도 독학의 길이 어려울 것이라는 것을 각오하지 않은 것은 아니지만 아내의 발병과 삼년반이 넘는 보호자 생활 그리고 그녀의 죽음이 이 책 쓰기를 거의 4년간이나 멈추게 하였으니 긴 시간이었다.

불확실성이나 의사결정이 일상생활이나 경영활동에서 늘 부닥치는 중요한 문제로서 부정하거나 피해갈 수 없는 것이라는 것은 누구나 인정하지 않을 수 없을 것이며 학문적으로도 많은 연구가 진행되어 오고 있는데 우리나라에 그에 관한 책이 변변히 없다는 것을 안타깝게 생각해 온 것이 이 책을 쓴 동기인데 국내에서는 이에 대한 실험이나 조사 연구가 없어 원전의 거의 모두를 외국에서 찾지 않을 수 없었으며 무엇보다 용어의 번역에 어려움이 많았음을 밝혀둔다. 예를 들어 prospect(가망; 可望), heuristic(체험발견해법; 體驗發見解法)과 같은 것이며 적정한 한국어 용어의 제정이 필요하다고 생각된다.

너는 공부를 하여야만 살아갈 수 있다고 끊임없이 뒤에서 밀고 앞에서 이끌어 주셨던 어머니와 회사와 학교를 함께하는 바쁜 생활을 묵묵히 뒷받침해주었던 아내 그리고 공부하기를 격려하고 위협(?)하여 중년의 나이에 대학원에 진학하여 끝내 박사학위를 받도록 이끌어준 친구에 감사의 말씀과 함께 이 책을 드린다.

참고문헌

Abbink, K., and B. Kuon. (1998) An option pricing experiment with professional traders. SFB Discussion Paper B-426. Bonn: Univ. of Bonn.

Agnoli, F. & Krantz, D. H. (1989) Suppressing natural heuristics by formal instruction: The case of the conjunction fallacy, Cognitive Psychology, 21, 515-50.

Ahn, W, Kalish, C. W., Medin, D. L.& Gelman, S. A (1995). The role of covariation versus mechanism information in causal attribution. Cognition, 54, 299-352.

Akaike, H. (1973) Information theory and an extension of the maximum likelihood principle. In B. N. Petrov & F. Csaki (eds.), 2nd International Symposium on Information Theory (pp.267-81). Budapest: Akademiai Kiado.

Akaike, H. (1974), "A New Look at the Statistical Model Identification; IEEE Transactions on Automatic Control, 19 (6): 716-723.

Akerman, J. & Greenough, P. (2010). Hold the Context Fixed-Vagueness Still Remains. Dietz, R. & Morruzi, S. Ed. Cuts & Clouds. Vagueness, Its nature, and Its logic. Oxford Univ. Press. New York. 275-288.

Albers, W., and G. Albers. (1983) On the prominence structure in the decimal system: In Decision Making under Uncertainty, ed. R. W. Scholz, pp.271-287, Amsterdam: Elsevier.

Ali, M. M. (1977), 'Probability and utility estimates for racetrack betting', Journal of Political Economy 85(4), 803-15.

Allais, M. (1953) Le comportement de l'homme rationnel devant le risque critique des postulats et axiomes de l'ecole americaine." Ecollometrica 21(4), 503-546.

Allais, M. (1979). The So Called Allais Paradox and Rational Decisions under Uncertainty." Expected Utility Hypothesis and the Allais Paradox. Dordrecht, Holland: D. Reidel Publishing Company.

Allais, M. (1987). The general theory of random choices in relation to the invariant cardinal utility function and the specific probability function: The (U, θ) model-A general overview. Paris, Centre National de la Recherche Scientifique.

Allais. M. (1988). The general theory of random choices in relation to the invariant cardinal utility function and the specific probability function, pp.233-289 ln Munier, B. (ed.), Risk, Decision and Rationality. Dordrecht, Reidel.

Alt, F. (1936), "On the Measurability of Utility," in J. S. Chipman, L. Hurwicz, M. K. Richter, and H. F. Sonnenschein (eds.), Preferences, Utility, and Demand, A Minnesota Symposium. New York: Harcourt Brace Jovanovich, Inc., pp.424-431, ch. 20. [Translation of "Uber die Messbarheit des Nutzens," Zeitschrift fuer Nationaloekonomie,7: 161-169.

Ambady, N. & Rosenthal. R. (1993) Half a minute: Predicting teacher evaluations from thin slices of nonverbal behavior and physical attractiveness, Journal of Personality and Social Psychology, 64, 431-41.

Amir, O. & Ariely, D. (2002) Decision by rules: disassociation between preferences and willingness to act. Unpublished manuscript, Massachusetts Institute of Technology.

Anderson, J. A. (1997) An Introduction to Neural Networks. Cambridge, MA: MIT Press.

Anderson. J. R. (1990). The adaptive character of thought. Hillsdale. NJ, Erlbaum.

Anderson, J. R. (1991) The adaptive nature of human categorization, Psychological Review, 98, 409-25.

Anderson, J. R. (2000). Learning and memory: An integrated approach (2nd edn). New Jersey Wiley.

Anderson, C. J. (2003) The psychology of doing nothing: Forms of decision avoidance result from reason and emotion, Psychological Bulletin, 129, 139-67.

Anderson J. R. & Sheu, C. F. (1995). Causal inferences as perceptual judgments. Memory and Cognition, 23(4), 510-514.

Anderson, J., Dillon, J. and Hardaker, B. (1977), Agricultural Decision Analysis, Iowa State University Press, Ames, Iowa.

Andreassen, P. B. & Kraus, S. J. (1990) Judgmental extrapolation and the salience of change, Journal of Forecasting, 9, 347-72.

Anscombe, F. J., and R. J. Aumann (1963), "A Definition of Subjective Probability," The Annals of Mathematics and Statistics, 34: 199-205.

Ariely, D. & Levav, J. (2000) Sequential choice in group settings: Taking the road less traveled and less enjoyed, Journal of Consumer Research, 27, 279-90.

Arkes, H. R. (1991) Costs and benefits of judgment errors: Implications for debiasing, Psychological Bulletin, 110, 486-98.

Arkes, H. R., & Blumer, C. (1985). The psychology of sunk cost. Organizational Behavior and Human Decision Processes, 35, 124-140.

Arkes, H. R., Christensen, C., Lai, C., & Blumer, C. (1987). Two methods of reducing overconfidence. Organizational Behavior and Human Decision Processes, 39, 133-144.

Arkes, H. R., Dawes, R. M., & Christensen, C. (1986) Factors influencing the use of a decision rule in a probabilistic task, Organizational Behavior and Human Decision Processes, 37,93-110.

Arkes, H. R., Faust, D., Gulmette, T. J & Hart, K. (1988). Eliminating the hindsight bias. Journal of Applied Psychology, 73(2), 305-307.

Arkes, H. R., Wortmann, R. L., Saville, P. D., & Harkness, A. R. (1981). Hindsight bias among physicians weighing the likelihood of diagnoses. Journal of Applied Psychology, 66, 252-254.

Armstrong, J. S. (ed.) (2001) Principles of Forecasting: A Handbook for Researchers and Practitioners. Dordrecht, The Netherlands: Kluwer-Academic Publishers.

Aronson, E. & Mills, J. (1959). The effect of severity of initiation on liking for a group. Journal of Abnormal and Social Psychology, 59, 177-181.

Asch, S. E. (1946). Forming impressions of personality. Journal of Abnormal and Social Psychology, 41, 258-290.

Aschenbrenner, K. M., Albert, D., & Schmalhofer, F. (1984) Stochastic choice heuristics, Acta Psychologica, 56(1-3), 153-66.

Ashby, F. G. (2000) A stochastic version of general recognition theory, Journal of Mathemati- cal Psychology, 44, 310-29.

Ashton, A. H., Ashton, R. H., & Davis, M. N. (1994) White-collar robotics: Levering managerial decision making, CalifOrnia Management Review, 37(1), 83-109.

Aumann, R., and S. Sorin (1989) Cooperation and bounded recall. Games Econ. Behav. 1:5-39.

Ausubel, N. (Ed.). (l948). A treasury of Jewish folklore: Stories, traditions, legend, humor, wisdom and folk songs of the Jewish people. New York: Crown Publishers.

Ayton, P. (2000) Do the birds and bees need cognitive reform? Behavioral and, Brain Sciences, 23(5), 666-667

Ayton., P. &. McClelland, A. G. R. (1997) How real is overconfidence? Journal of Behavioral Decision Making, 10(3), 279-86.

Ayton, P. & Onkal, D. (1997) Forecasting football fixtures: Confidence and judged proportion correct. Unpublished manuscript.

Baird, B. F. (1989) Managdrial Decisions under Uncertainty. Wiley, New York, USA. Balentine B., et ai., (1999). How tv "Build a Speech Recognition Application. San Francisco: Enterprise Integration Group.

Barabasi, A. L. (2002) Linked: The New Science of Networks. Boulder, Co: Perseus Publishing.

Bargh, J. A. & Chartrand, T. L. (1999) The unbearable automaticity of being, American Psychologist, 54, 462-79.

Bar-Hillel, M. & Neter, E. (1993) How alike is it vesus how likely is it: A disjunction fallacy in probability judgments. Joumal of Personalty and Social Psychology, 65, 1119-31.

Baron, J. (1991). Beliefs about thinking. In J. .F. Voss, D. N. Perkins & J, W. Segal (Eds.), Developmental perspectives on teaching and learning thinking skills (pp.169-186). Basel: Karger.

Baron, J. (1995). My side bias in thinking about abortion. Thinking and Reasoning, 1(3), 201-288

Baron, J. (2002) Thinking and Deciding (3rd edn.). Cambridge: Cambridge University Press.

Baron, J. (2007) Normative Models of Judgment and Decision Making. Blackwell Handbook of Judgment and decision Making edited by Koehler & Harvey, Blackwell, 19-36

Baron, J. & Hershey, J. C. (1988) Outcome bias in decision evaluation, Journal of Personality and Social Psychology, 54, 569-79.

Baumol, w.]. & Benhabib, J. (1989) Chaos: Significance, mechanism, and economic appli- cations, Journal of Economic Perspective, 3(1), 77-105.

Bayes. T. (1763), "An Essay towards Solving a Problem in the Doctrine of Chances." Communicated by Mr. Price, Philosophical Transactions of the Royal Society of London, 53: 370-418.

Bazerman, M. H., Giuliano, T., & Appelman, A. (1984). Escalation of commitment in individual and group decision making. Organizational Behavior and Human Performance, 33, 141-152.

Bazerman, M. H., Loewenstein, G. F., & White, S. B. (l992) Reversals of preference in allocation decisions: Judging an alternative versus choosing among alternatives, Adminstrative Science Quarterly, 37, 220-40.

Bazerman, M. H., Schroth, H. A., Shah, P. P., Diekmann, K. A., Tenbrullsel, A. E. (1994). The inconsistent role of comparison others and procedural justice in reactions to hypothetical job descriptions: Implications for job acceptance decisions, Organizational Behavior and Human Decision Processes, 60, 326-52.

Beach, L. R. & Mitchell, T. R. (1978) A contingency model for the selection of decision strategies. Academy of Management Review, 3, 439-49.

Beal, J. (2010). Vague Intensions: A Modest Marriage Proposal. Dietz, R. & Morruzi, S. Ed. Cuts & Clouds. Vagueness, Its nature, and Its logic. Oxford Univ. Press. New York. 187-199.

Becker, O. (1967) Die wirtschaftliche Entscheidungen des Haushalts. Berlin: Duncker und Humblot.

Becker, O., and U. Leopold. 1996. The bounds and likelihood procedure-A. simulation study concerning the efficiency of visual forecasting techniques. Cent. Eur. J. Oper. Res. Econ. 4: 2-3.

Beckman, L. (1973). Teachers' and observers' perceptions of causality for a child's performance. Journal of Educational psychology, 65, 198-204.

Bedau, H. A., & Radelet, M. L. (1987). Miscarriages of justice in potentially capita1 cases. Stanford Law Review, 40, 21-179.

Behn and Vaupel (1982), Quick Analysis for Busy Decision Makers.

Beja, A. & Gilboa, I. (1992). Numerical Representations of Imperfectly Ordered Preferences (A Unified Geometric Exposition), Journal of Mathematical Psychology, 36: 426-449.

Behn and Vaupel (1982), Quick Analysis for Busy Decision Makers.

Beja, A., and 1. Gilboa (1992). Numerical Representations of Imperfectly Ordered Preferences (A Unified Geometric Exposition). Journal of Mathematical Psychology, 36: 426-449.

Bell, D. E. (1982) Regret in Decision Making under Uncertainty. Operations Research 30: 961-982.

Bell, D. E., Raiffa, H. & Tversky, A. (1988) Decision Making Descriptive, normative, and Prescriptive interactions. Cambridge Univ. Press. Cambridge. Great Britain

Bem, D. J. (1972). Self-perception theory. In L. Berkowitz (Ed.), Advance in experimental social psychology (Vol. 6). New York: Academic Press.

Bermudez, J. L. (2002) Rationality and psychological explanation without language. In J. L. Bermudez and A. Millar (eds.), Reason and Nature: Essay in the Theory of Rationality. Oxford: Oxford University Press.

Bernartzi, S. & Thaler, R. (l995) Myopic loss aversion and the equity premium puzzle. Quarterly Journal of Economics, 110(1), 73-92.

Bermudez, J. L. (2002) Rationality and psychological explanation without language. In J. L. Bermudez and A. Millar (eds.), Reason and Nature: Essays in the Theory of Rationality Oxford Oxford University Press.

Bernoulli, D. (1738/1954), "Exposition of a New Theory on the Measurement of Risk," Econo- metrica, 22: 23-36.

Bernoulli, J. (1913), Ars Conjectandi, Translated into German by R. Hausner (1899) as "Wahrschein-lichkeitsrechnung," in Ostwald's Klassiker der Exakten Wissenschaften, 107, 108. Leipzig: W. Englemann.

Berretty, P. M., Todd, P. M, & Martignon, L. (1999) Categorization by elimination: Using few cues to choose. In G. Gigerenzer, P. M. Todd, and the ABC Research Group, Simple Heuristics that Make Us Smart (pp.235-57). New York: Oxford University Press.

Bettman, J. R. (1979) An Information-Processing Theory of Consumer Choice. Reading, MA Addison-Wesley.

Bettman, J. R., Johnson, E. J., & Payne, J. W. (1990) A componential analysis of cognitive effort in choice. Organizational Behavior and Human Decision Processes, 45, 111-39.

Bettman J. R., Johnson, E J., Luce, M. F., & Payne, J. W. (1993) Correlation, conflict, and choice. Journal of Experimental Psychology: Learning, Memory, and Cognition, 19, 931-51.

Bettman, J. R., Luce, M. F., & Payne, J. W. (1998) Constructive consumer choice processes. Journal of Consumer Research, 25,187-217.

Birnbaum, M. H. & Sutton, S. E. (l992) Scale convergence and utility measurement, Organizational Behavior and Human Decision Processes, 52, 183-215.

Birnbaum, M. H., Yeary, S., Luce, R. D., & Zhou, L. (2002, submitted) Contingent valuation, endowment, or viewpoint effects: Testing properties in judgments of buying and selling prices of lotteries.

Blattberg, R. & Hoch, S. (1990) Database models and managerial intuition: 50% model + 50%·manager, Management Science, 36(8), 887-99.

Bless, H., Mackie, D.M. & Schwarz. N. (1992). Mood effects on attitude judgments: Indepen- dent effects of mood before and after message elaboration. Journal of Personality and Social Psychology, 63(4), 585-595.

Blume, L., A. Brandenbuger, and E. Dekel (1991), Lexicographic Probabilities and Choice under Uncertainty. Econometrica, 59: 61-79.

Bodily, S. E. (1985) Modern Decision Making. McGraw Hill, New York, N.Y. U.S.A.

Bolger, F. & Harvey, N. (1993) Context-sensitive heuristics in statistical reasoning, Quarterly Journal of Experimental Psychology, 46A, 779-811.

Bolger, F. & Harvey, N. (1998) Heuristics and biases in judgmental forecasting. In G. Wright and P. Goodwin (eds.), Forecasting with Judgement (pp.113-37). New York: Wiley.

Bonczek, R. H., C. W Holsapple, and A. B. Whinston. (1980). "The Evolving Roles of Model in Decision Support Systems." Decision Sciences, Vol. 11, No.2.

Bordley, R. F. (1983) A Bayesian model of group polarization, Organizational Behavior & Human Decision Processes, 32(2), 262-74.

Bourbaki, N. (1990, July). "Turing, Searle and Thought." Al Expert.

Boyd, R. & Richerson, P J. (1985) Culture and the Evolutionary Process. Chicago: University of Chicago Press.

Boyd, R. & Richerson, P. J. (2001) Norms and bounded rationality. In G. Gigerenzer and R. Selten (eds), Bounded Rationality: The Adaptive Toobox (pp.281-96). Cambridge, MA: MIT Press.

Bransford, J. D., & Franks, J. J. (1971), The abstraction of linguistic ideas. Cognitive Psychology, 2, 331-350.

Brehmer, B. (1974) Hypotheses about relations between scaled variables in the learning of probabilistic inference tasks, Organizational Behavior and Human Performance, 11, 1-27.

Brehmer, B. (1976) Social judgment theory and the analysis of interpersonal conflict, Psy- chological Bulletin, 83, 985-1003.

Brehmer, B. (1980) In one word: Not from experience, Acta Psychologica, 45, 223-41.

Brehmer, B. (1988) The development of social judgment theory. In B. Brehmer and C. R. B. Joyce (eds.), Human Judgment: The SJT View (pp.13-40). Amsterdam: North- Holland Elsevier.

Brehmier, A. & Brehmer, B. (1988) What have we learned about human judgment from thirty years of policy capturing? In B. Brehmer and C. R. B. Joyce (eds.), Human Judgment: The SJT View (pp.75-114). Amsterdam: North-Holland Elsevier.

Brehmer, B. & Joyce, C. R. B. (eds.) (1988) Human Judgment: The SJT View. Amsterdam: North-Holland Elsevier.

Breiter, H. C., Aharon, I., Kahneman, D., Dale, A., & Shizgal, P. (2001) Functional imaging of neural responses to expectancy and experience of monetary gains and losses. Neuron, 30, 619-39.

Brem, S. K. & Rips, L. J. (2000). Explanation and evidence in informal argument. Cognitive Science, 24(4), 573-604.

Brickman, P., Coates, D., & Janoff-Bulman, R. (1978) Lottery winners and accident victims: Is happiness relative? Journal of Personality and Social Psychology, 36, 917-27.

Brockner, J., & Rubin, J. Z. (1985). Entrapment in escalating conflicts: A social psychological analysis. New York: Springer-Verlag.

Brockner, J., Rubin, J. Z., & Lang, E. (1981). Face-saving and entrapment. Journal of Experimental Social Psychology, 17, 68-79.

Brockner, J., Shaw, M. C., & Rubin, J. Z. (1979). Factors affecting withdrawal from an escalating conflict: Quitting before it's too late. Journal or Experimental Social Psychology, 15, 492-503.

Bröder, A. (2000) Assessing the empirical validity of the "Take The Best"-heuristic as a model of human probabilistic inference, Journal of Experimental Psychology; learning, memory, and Cognition, 26, 1332-46.

Bröder, A. (2002) Take the Best, Dawes' Rule, and compensatory decision strategies: A regression-based classification method, Quality & Quantity, 36, 219-38.

Bröder, A. (2003) Decision making with the "adaptive toolbox"; Influence of environmental structure, intelligence, and working memory load. Journal of Experimental Psychology; Learning, Memory., and Cognition, 29, 611-25.

Bröder, A. & Schiffer, S. (2003a) Bayesian Strategy assessment in multi-attribute decision making, Journal of Behavioral Decision Making, 16, 193-213.

Bröder, A. & Schiffer, S. (2003b) Take The Best: versus simultaneous feature matching: Probabilistic inferences from memory and effects of representation format. Journal of Experimental Psychorogy: General, 132, 277-93

Brophy, J. E.. (1983). Research on the self-fulfilling prophecy and teacher expectations. Journal of Educational Psychology, 75, 631-661.

Brown, C. L. (1999) "Do the right thing": Diverging effects of accountability in a managerial context, Marketing Science, 18, 230-46.

Brown, E., Deffenbacher, K., & Sturgill, W. (1977). Memory for faces and the circumstances of encounter. Journal of Applied Psychology, 62, 311-318.

Bruner, J. S., & Postman. 1. J. (1949). On the perception of incongruity: A paradigm. Journal of Personality, 18, 206-223.

Brunswik, E. (1943) Organismic achievement and environmental probability, Psychological Review, 50,255-72.

Brunswik, E. (1952) International Encyclopedia of Unified Science (vol. I, no. l0): The Conceptual Framework of Psychology. Chicago: University of Chicago Press.

Brunswik, E. (l955) Representative design and probabilistic theory in a functional psychology, Psychological Review, 62, 193-217.

Brunswik, E. (1956) Perception and the Representative Design of Psychological Experiments (2nd edn.). Berkeley: University of California Press.

Brunswik, E. (1957) Scope and aspects of the cognitive problem. In H. E. Gruber, K. R. Hammond, and R. Jessor (eds.), Contemporary Approaches to Cognition: A Symposium Held at the University of Colorado (pp.5-31). Cambridge: Harvard University Press.

Brunswik, E. (1966) Reasoning as a universal behavior model and a functional differentiation between "perception" and "thinking." In K. R. Hammond (ed.), The Psychology of Egon Brnnswik (pp.487-94). New York: Holt, Rinehart and Winston.

Budescu, D. V. & Bruderman, M. (l995) The relationship between the illusion of control and the desirability bias, Journal of Behavioral Decision Making, 8, 109-25.

Buehler, R., Griffin, D., & Ross, M. (1994) Exploring the "panning fallacy" Why people underestimate their task completion times. Journal of Persona1ity and Social Psychology, 67, 366-81.

Burns, P. 1985. Experience and decision making: A comparison of students and businessmen in a simulated progressive auction. In: Research in Experimental Economics, ed. V. Smith, vol. 3, pp.139-157. Greenwich, CT: JAI Press.

Busemeyer, J. R. (1985) Decision making under uncertainty: Simple scalability, fixed sample, and sequential sampling models, Journal of Experimental Psychology: Learning, Memory, and Cognition, 11, 538-64.

Busemerer, J. R. & Diederich, A. (2002) Survey of decision field theory, Mathematical Social Sciences. 43, 345-70.

Busemeyer, J. R. & Goldstein, W. M. (1992) Linking together different measures of preference: A dynamic model of matching derived from decision field theory, Organizational Behavior and Human Decision Processes, 52, 370-96.

Busemeyer, J. R. & Johnson, J. G. (2007) Computational Models of Decision Making. Koehler, D. J. & Harvey, N. (eds.) Blackwell Handbook of Judgment and Decision Making

Busemeyer, J. R. & Townsend, J. T. (l992) Fundamental derivations from decision field theory, Mathematical Social Sciences, 23, 255-82.

Busemeyer, J. R. & Townsend, J. T (l993) Decision field theory: A dynamic-cognitive approach to decision making in an uncertain environment. Psychological Review, 100, 432-59.

Busemeyer, J. R., Townsend, J. T., & Stout, J. C. (2002) Motivational underpinnings of utility in decision making: Decision field theory analysis of deprivation and satiation. In S. Moore (ed.), Emotional Cognition. Amsterdam: John Benjamins.

Bush, R. R., and F. Mosteller. 1955. Stochastic Models of Learning. New York: Wiley.

Camerer, C. F. (1981) General conditions for the success of bootstrapping models, Organi- zational Behavior and Human Performance, 27, 411-22.

Camerer, C. F. (1992) Recent Tests of Generalizations of Expected Utility Theory. In W. Edwards (cd.), Utility Theories, Measurement and Applications, Boston, MA: Kluwer Academic Publishers.

Camerer, C. F. (1998) Bounded rationality in individual decision making, Experimental Economics, 1,

163-83.
Camerer, C. F. & Hogarth, R. M. (1999) The effects of financial incentives in experiments: A review and capital-labor-production framework, Journal of Risk and Uncertainty, 19, 7-42.
Campbell, J. D. & Tesser, A. (1983). Motivational interpretations of hindsight bias: An individual difference analysis. Journal of Personality. 51, 605-620.
Cantor, G. (1915), Contributions to the Founding of the theory of Transfinite Numbers. Translated and provided with an introduction and notes by Ph. E Jourdain. Chicago/ London: The Open Court Publishing company.
Carli, L.L. (1999). Cognitive reconstruction, hindsight, md reactions to victims and perpetrators, Personality and Social Psychology Bulletin, 25(8), 965-979.
Carmon, Z., Wertenbroch, K, & Zeelenberg M. (2003) Option attachment: When deliberation makes choosing feel like losing, Journal of Consumer Research, 30(3), 15-29.
Carnap, R. (1923), "Uber die Aufgabe der Physik und die Andwednung des Grundsatze der Einfachstheit," Kant-Studien, 28: 90-107.
Carnap, R. (1950) Logical Foundations of Probability. Chicago: University of Chicago Press.
Carroll, J. S. (1978). The effect of imagining an event on expectations for the event: An interpretation in terms of the availability heuristic. Journal of Experimental Social Psychology, 14(1), 88-96.
Centor, R. M., Dalton, H. P., & Yates, J. F. (1984). Are physicians' probability estimates better or worse than regression model estimates? Paper presented at the Sixth Annual Meeting of the Society for Medical Decision Making, Bethesda, MD.
Cerf, C. & Navasky, N. (1984) The Experts Speak. New York: Pantheon Books.
Chaitin, G. J. (1966) On the Length of Programs for Computing Binary Sequences. Journal of the Association of Computing Machines, 13: 547-569.
Chaken, S., Lieterman, A. & Eagly, AH. (1989). Heuristic anQ systematic processing within and beyond persuasion context, In J.,S, Uleman & J. A. Bargh (Eds.), Unintended thought. New York: Guilford.
Chapman, L.J (1967). Illusory correlation in observational report. Journal of Verbal Learning and Behavior, 6, 151-155.
Chapman, L.J. & Chapman, J. P. (1967). Genesis of popular but erroneous psychodiagnostic observations. Journal of Abnormal Psychology, 72, 193-204.
Chapnan, L.J. & Chapman, J. P. (1969). Illusory correlation as an obstacle to the use of valid psychodiagnostic signs. Journal of Abnormal Psychology, 74, 2.71-280.
Chapman, L. J.& Chapman, J.P. (1971). Test results are what you think they are. Psychology Today, November, 18-22, 106-110.
Chapman, G. B. & Johnson, E. J. (1995) Preference-reversals in monetary and life expectancy evaluations, Organizational Behavior and Human Decision Processes 62. 300-17.
Chater, N., Oaksford, M., Nakisa, R., & Rediington, M. (2003) Fast, frugal, and rational: How rational norms explain behavior, Organizational Behavior and Human Decision Processes, 90, 63-86.
Cheema, A. & Soma, D. (2003) Malleable mental accounting. Unpublished working paper. St. Louis, MO: Washington University, Olin School.
Cheng, P. W. (1997). From covariation to causation: A causal power theory. Psychological Review, 104(2), 367-405.
Cheng, P., Holyoak, K. J., Nisbett, R. E., & Oliver, L. (1986) Pragmatic versus syntactic approaches to training deductive reasoning, Cognitive Psychology, 18, 293-328.
Chew, S. H. (1982) A Mixture Set Axiomatization of Weighted Utility Theory. Discussion Paper 82-4,College of Business and Public Administration, University of Arizona.
Chew, S. H. (1983) A Generalization of the Quasilinear Mean with Application to the Measurement of income Inequality and Decision Theory Resolving the Allais Paradox. Econometrica 51: 1065-1092.
Chew, S. H. (1984) An Axiomatization of the Rank Dependent Quasilnear Mean Generalizing the Gini Mean and the Quasilinear Mean. (Preprint. Baltimore, Maryland: Department otf Political Economy. Johns Hopkins University.
Chew, S. H. (1989) An axiomatic generalization of the quasilinear mean and Gini mean with application to decision theory. Working Paper, Johns Hopkins University.
Chew, S. H., and K. R. MacCrimmon (1979) Alpha-nu Choice Theory: A Generalization of Expected Utility theory. Working paper No. 669, University of British Columbia, Faculty of Commerce and Business Administration, Vancouver, 1979.

Chew, S., Karni, E., & Safra, Z. (1987) Risk aversion in the theory of expected utility with rank-dependent preferences. Journal of Rconomic Theory 42(2), 370-81

Choi, L. & Nisbett, R. E. (2000). The cultural psychology of surprise: Holistic theories and recognition of contradiction. Journal of Personality and Social Psychology, 79, 890-905.

Choquet, G. (1953-4) Theory of Capacties. Annales de L'Institut Fourier 5, 131-295,

Christensen, D., &. Rosenthal, R. (1982). Gender and nonverbal decoding skill as determinants of interpersonal expectancy effects. Journal of Personality and Social Psychology, 42, 75-87.

Christensen-Szalanski, J. J, J. & Bushyhead, J. B. (1981). Physicians' use of probabilistic information in a real clinical setting. Journal of Experimental Psychology: Human Perception and Performance, 7, 928-935.

Clement, D. E. & Schierek, J. J., Jr. (1973) Sex composition and group performance in a visual signal detection task, Memory & Cognition, 1(3), 25l-5.

Clemen, R. T. (1989) Combining forecasts: A review and annotated bibliography, International Journal of Forecasting, 4, 559-84.

Clemen, R. T. (1996) Making Hard Decisions: An Introduction to Decision Analysis (2nd edn.). Pacific Grove: Duxbury Press.

Clemen, R. T. & Winkler, R. L. (l985) Limits for the precision and value of information from dependent sources, Operation Research, 33, 427-42.

Clemen, R. T & Winkler, R. L. (1999) Combining probability distributions from experts in risk analysis. Risk Analysis, 19(2), 187-203.

Clifford, B R., & Scott, J. (1978). Individual and situational factors in eyewitness testimony. Journal of Applied Psychology, 63, 352-359.

Cobos, P. L., Almaraz, J., & Garcia-Madruga, J. A. (2003) An associative framework for probability judgment: An application to biases. Journal of Experimental Psychology: Learning, Memory, and Cognition, 29, 80-94.

Cohen, L. J. (l981) Can human irrationality be experimentally demonstrated? Behavioral and Brain Sciences, 4, 317-70.

Cohen, L. J. (1983) Can human rationality be experimentally demonstrated? Behavioral and Brain Sciences, 4, 317-70.

Conlisk, J. (l996) Why bounded rationality? Journal of Economic Literature, 34, 669-700.

Cooksey, R. W. (1996a) The methodology of social judgement theory. In M. E. Doherty (ed.), Socia/Judgement Theory (special issue of Thinking and Reasoning, 2(2/3),141-73). East Sussex, UK: Psychology Press.

Cooksey, R. W. (l996b) Judgment Analysis: Theory, Methods, and Applications. San Diego: Academic Press.

Cooksey, R. W. (2000) Commentary on "Cognitive adaptation and its consequences: A test of cognitive continuum theory," Journal of Behavioral Decision Making, 13, 55-9.

Cooper, W, H. (1981). Ubiquitous halo. Psychological Bulletin 90, 21&-244,

Coren, S., & Miller, J. (1974). Size contrast as a function of figural similarity. Perception and Psychophysics, 16, 355-357.

Cosmides, L. & Tooby, J. (l992) Cognitive adaptations for social exchange. In J. H. Barkow, L. Cosmides, and J. Tooby (eds.), The Adapted Mind: Evolutionary Psychology and the Generation of Culture (pp.163-228). Oxford: Oxford University Press.

Cosmides, L. & Tooby, J. (1996) Are humans good intuitive statisticians after all? Rethinking some conclusions from the literature on judgment under uncertainty, Cognition, 58, 1-73.

Costa-Gomes, M., Crawford, V. P., &. Broseta, B. (200l) Cognition and behavior in normal- form games: An experimental study, Econometrica, 69, 1193-235.

Costanza, R. (1984). Review essay: The nuclear arms race and the theory of social traps. Journal of Peace Research, 21, 79-86.

Courtney, H. (2001) 20/20 Foresight. Boston, MA: Harvard Business School Press.

Courtney, H., Kirkland, J., & Viguerie, P. (l997) Strategy under uncertainty, Harvard Business Review. November-December, 66-81.

Coyle, R.G. (1977) Management System Dynamics, New York: John Wiley.

Craik, K. J. W. (1943). The nature of explanation. Cambridge: Cambridge University Press.

Craik, F. I. M. & McDowd, M. (l987) Age differences in recall and recognition, Journal of Experimental Psychology: Learning, Memory and Cognition. 14, 474-79.

Creyer, E. H., Bettman, J. R., & Payne, J. W. (1990) The impact of accuracy and effort feedback and goals on adaptive decision behavior, Journal of Behavioral Decision Making, 3, 1-16.

Creyer, E. H., Payne, J. W., & Bettman, J. R. (1990) The impact of accuracy and effort feedback and goals on adaptive decision behavior, Journal of Behavioral Decision Making, 3, 1-16.

Cross, J. G., & Guyer, M. J. (l980) Social traps. Ann Arbor: University of Michigan Press.

Cummins, D. D. & Cummins, R. (l999) Biological preparedness and evolutionary explanation, Cognition, 73, 37-53.

Currim, I. S., & Sarin, R. K. (1989) Prospect Versus Utility. Management science, 35, 1, January.

Curley, S. P. & Benson, P. G. (1994). Applying a cognitive perspective to probability construction. In G. Wright and P. Ayton (Eds.), Subjective probability (pp.105-209). Chichester: Wiley.

Cyert, R, and J. G. March 1963. (1992, 2d ed.). A Behavioral Theory of the Firm. Englewood Cliffs, NJ: Prentice Hall.

Czerlinski, J., Gigerenzer, G., & Goldstein, D. G. (1999) How good are simple heuistics? In G. Gigerenzer, P. M. Todd, and the ABC Research Group, Simple Heuristics that Make Us Smart (pp.97-118), New York: Oxford University Press.

Darley, J. M., & Fazio, R. H. (1980), Expectancy confirmation processes arising in the social interaction sequence. American Psychologist, 35, 867-881.

Darwin, C. (1969) The Autobiography of Charles Darwin, 1809-1882. New York: Norton. (Original work published 1887.)

Davidson, Suppes and Siegel (1957) Decision Making An Experimental Approach. Greenwood Press, Westport, Connecticut, U. S. A.

Davis, C. G., Lehman, D. R., Wortman, C. B., Silver, R. C. & Thompson, S. C. (1995). The undoing of traumatic life events, Personality and Social Psychology Bulletin, 21, 109-124.

Davis, J. H (l973) Group decision and social interaction: A theory of social decision schemes, Psychological Review, 80(2), 97-125.

Davis, J. H. (1992) Some compelling intuitions about group consensus decisions, theoretical and empirical research, and interpersonal aggregation phenomena: Selected examples, 1950-1990, Organizational Behavior and Human Decision Processes, 52, 3-38.

Davies, M. F. (1987). Reduction of hindsight bias by restoration of foresight perspective: Effectiveness of foresight-encoding and hindsight-retrieval strategies. Organizational Behavior and Human Decision Processes, 40, 50-68.

Davies, M. F. (1992). Fie1d-dependence and hindsight bias: Cognitive restructuring and the generation of reasons. Journal of Research in Personality, 26, 53-74.

Dawes, R. M. (1975). The mind, the model, and the task. In F. Restle, R. M. Shiffrin, N. J. Castellan, H. R. Lindman, & D. B. Pisoni (Eds.), Cognitive theory (Vol. 1). Hillsdale, NJ: Erlbaum.

Dawes, R. M. (1979) The robust beauty of improper linear models in decision making, American Psychologist, 34, 571-82.

Dawes, R. M. (1980). Social dilemmas. Annual Review of Psychology, 31, 169-193.

Dawes. R. M. (l996) House of Cards: Psychology and Psychotherapy Built Myth. New York: The Free Press.

Dawes, R. M. & Corrigan, B. (1974) Linear models in decision making, Psychological Bulletin. 81, 95-l06

Dawes, R., Faust, D., & Meehl, P, (l989) Clinical versus actuarial judgment, Science, 243, 1668-73.

Dawes, R, M. & Mulford, M. (1996) The false consensus effect and overconfidence: Flaws in judgment, or flaws in how we study judgment? Organizational Behavior and Human Decision Proccsses, 65, 201-11.

Dawkins, R. (l976) The Selifsh Gene. Oxford: Oxford University Press.

Debreu, G. (1959), The Theory of Value: An Axiomatic Analysis of Economic Equilibrium. New Haven, CT: Yale University Press.

Deci, E. L. (1975). Intrinsic motivation. New York: Plenum Press.

Deffenbacher, K. A. (1980). Eyewitness accuracy and confidence. Law and Human Behavior, 4, 243-260.

de Finetti, B. (1937), "La Prevision: Ses Lois Logiques, Ses Sources Subjectives," Annales de l'Institut Henri Poincare, 7: 1-68.

De Geus, A. (l988) Planning as learning, Harvard Business Review, March-April, 70-4.

De Groot, M. H. (1970) Optimal Statistical Decisions. New York: McGraw-Hill.

De Groot, M. H. (1975), Probability and Statistics. Reading, MA: Addison-Wesley.

de Finetti, B. (1930), "Funzione caratteristica di un fenomeno aleatorio," Atti della Academia Nazionale dei Lincei Rendiconti, Class di Scienze Fisiche, Matemaitiche e Naturali, 4: 86-133.

de Finetti, B., (1937) La Prevision: Ses Lois Logiques, Ses Sourses Subjectives," Annales de l'Institut Henri Poincare, 7: 1-68.

Deutsch, M.. & Gerard, H. B. (1955) A study of normative and informational social influence upon individual judgment, International Journal of Psychology, 51, 629-36.

Dhami, M. K. (2003) Psychological models of professional decision-making. psychological Science, 14, 175-80.

Dhami, M. K. & Ayton, P. (2001) Bailing aid jailing the fast and frugal way. Journal of Behavioral Decision Making, 14, 141-68.

Dhami, M. K. & Harries, C. (2001) Fast and frugal versus regression models in human judgement. Thinking & Reasoning, 7, 5-27.

Dhar, R., Nowlis, S. M., & Sherman, S. J. (2000) Trying hard or hardly trying: An analysis of context effects in choice, Journal of Consumer Psychology, 9, 189-200.

Diederich, A. (1997) Dynamic stochastic models for decision making under time constraints, Journal of Mathematical Psychology, 41(3), 260-74.

Diederich, A. (2003a) Decision making under conflict: Decision time as a measure of conflict strength, Psychonomic Bulletin and Review, 10(1), 167-75.

Diederich, A (2003b) MDFT account of decision making under time pressure, Psychonomic Bulletin and Revlew, 10(1), 157-66.

Diederich, A. & Busemeyer, J. R. (l999) Conflict and the stochastic dominance principle: decision making, Psychological Science, 10, 353-9.

Diederich, A. & Busemeyer, J. R. (2003) Simple matrix methods for analyzing diffusion models of choice probability, choice response time, and simple response time, Journal of Mathematical Psychology, 47(3), 304-22.

Diener, E. D. & Biswas-Diener, R. (2002) Will' money increase subjective well-being? Social Indicators Research, 57, 119-69.

Dion, K., Belscheid, E., & Walster, E. (l972). What is beautiful is good. Journal of Personality and Social Psychology, 24, 285-290.

Ditto, P. H. & Lopez, D. F. (1992). Motivated scepticism: Use of differential decision criteria for preferred and nonpeferred conclusions. Journal of Personality and Social Psychology, 63(4), 568-584

Ditto, P.H., Jemmot III, J. B. & Darley, J. M. (1988). Appraising the threat of illness: A mental representation approach. Health Psychology. 7, 183-200.

Doherty, M. E. (ed.) (1996) Social Judgement Theory (special issue of Thinking and Reasoning. 2(2/3), 105-248), East Sussex, UK: Psychology

Doherty, M. E. & Balzer, W. K. (l988) Cognitive feedback. In B. Brehmer & C. R. B. Joyce (eds.), Human Judgment: The SJT View (pp.163-97). Amsterdam: North-Holland Elsevier. Press.

Doherty, M. E. & Brehmer, B. (1997) The paramorphic representation of clinical judgment: A thirty-year retrospective. In W. M. Goldstein and R. M. Hogarth(eds.), Research on judgment and Decision Making: Currents, Connections, and Controversies (pp.537-51). Cambridge: Cambridge University Press.

Doherty, M. E. & Tweney, R. D. (2004) Reasoning and task environments: The Brunswikian approach. In K. I. Manktelow and M. C. Chung (eds.), Psychology of Reasoning: Theorerical and Historical Perspectives (pp.11-42). Hove, GB: Psychology Press.

Dougherty, M. R. P., Gettys, C. F., & Ogden, E. E. (1999) MINERVA-DM: A memory processes model for judgments of likelihood, Psychological Review, 106, 180-209.

Dougherty, M. R. P., Gettys, C. F., & Thomas, R. p, (l997) The role of mental simulation in judgments of likelihood, Organizational Behavior and Human Decision Processes, 70, 135-48.

Doherty, M. E., Mynatt, C. R., Tweney, R. D., & Schiavo, M. D.(l979) Pseudodiagnosticity, Acta Psychologica, 43, 111-21.

Doob, A. N., Carlsmith, J. M., Freedman, J. L., Landauer, T. K., & Tom, S., Jr.(1969). Effect of initial selling price on subsequent sales. Journal of Personality and Social Psychology, 11, 345-350.

Dorr, C. (2010). Iterating Definiteness. Dietz, R. & Morruzi, S. Ed. Cuts & Clouds. Vagueness, Its nature, and Its logic. Oxford Univ. Press. New York. 550-575

Dougherty, M. R. P., Gettys, C. F., &. Ogden, E. E. (l999) MINERVA.-DM: A memory processes model for

judgments of likelihood, Psychological Review, 106, 180-209.
Dougherty, M. R. P., Gettys, C. F., & Thomas. R. P. (1997). The role of mental simulation in judgments of likelihood. Organizational Behavior ana Human Decision Processes, 10(2), 135-148.
Dreze, J.H. (1987) Essays on Economic Decision under Uncerainty. Cambridge, UK: Cambridge University Press.
Dougherty, M. R. P., Gettys, C. F., & Ogden, E. E. (l999) MINERVA-DM: A memory process model for judgements of likelihood, Psychological Review, 106, 108-209.
Dror, I. E., Busemeyer, J. R., & Basola, B. (1999) Decision making under time pressure: An independent test of sequential sampling models, Memory and Cognition, 27, 713-25.
Dube-Rioux, L. & Russo, J. E. (1988) An availability bias in professional judgment, Journal of Behavioral Decision Making, 1, 223-37.
Dugatkin, L. A. (1996) Interface between culturally based preferences and genetic preferences: Female mate choice in Poecilia reticulata. Proceedings of the National Academy of Sciences, USA, 93, 2770-3.
Dunn, E. W., Wilson, T. D., & Gilbert, D. T. (2003) Location, location, location: The misprediction n of satisfaction in housing lotteries, Personality and Social Psychology Bulletin, 29, 1421-32.
Dunning, D., Griffin, D. W., Milojkovic, J. D., & Ross, L. (1990). The overconfidence effect in social prediction. Journal of Personality and Social Psychology, 58, 568-581.
Dunwoody, P. T., Haarbaur, E., Mahan, R. P., Marino, C., & Tang, C, C. (2000) Cognitive adaptation and its consequences: A test of cognitive continuum theory, Journal of Behavioral Decision Making, 13, 35-54.
Durlach, N. I., Braida, L. D., & Ito, Y. (1986) Towards a model for discrimination or broadband signals, Journal of the Acoustical Society of America, 80, 60-72.
Easterlin, R. (2001) Income and happiness: Towards a unified theory, Economic Journal, 111, 465-84.
Ebert, U. (1988) Rawls and Bentham reconciled. Theory and Decision 24, 215-223.
Edgington, D. (2010). Sorensen on Vagueness and Contradiction. Dietz, R. & Morruzi, S. Ed. Cuts & Vagueness, Its nature, and Its logic. Oxford Univ. Press. New York 91-106
Edgeworth, F. Y. (1881) Mathematical Psychics. London: Kegan Paul.
Edwards, W. (1953), 'Probability preferences in gambling', American Journal of Psychology 66, 349-64.
Edwards, W. (1954), 'Probability preferences among bets with differing expected values'. American Journal of Psychology 67(1), 56-67.
Edwards, W. (1962), Subjective probabilities inferred from decisions', Psychological Review 69(1). 109-35.
Edwards, W. & Fasolo, B. (2001) Decision technology. Annual Review of Psychology, 52, 581-606,
Edwards, K. and Smith, E. E. (1996). A disconfirmation bias in the evaluation of arguments. Journal of Personality and Social Psychology, 71(1), 5-24.
Einhorn, H. J. (1980) Learning from experience and suboptimal rules in decision making. In T. S. Wallsten (ed.), Cognitive Processes in Choice and Decision Behavior (pp.1-20). Hillsdale, NJ: Erlbaum.
Einhorn, H. J., and R. M. Hogarth (1985) "Ambiguity and Uncertainty in Probabilistic Inference. Psychological Review 92, 433-461.
Einhorn, H. J. & Hogarth R. M. (1986) Judging probable cause, Psychological Bulletin, 99, 3-19
Einhorn, H. J., Hogarth, R. M., & Klempner, E. (l977) Quality of group judgment, Psychological Bulletin, 84(1), 158-72.
Ekeland, I. (1988) Mathematics and the Unexpected. Chicago, IL. University of Chicago Press.
Eklund, M. (2010). Vagueness & Second-Level Indeterminacy. Dietz, R. & Morruzi, S. Ed. Cuts & Clouds. Vagueness, Its nature, and Its logic. Oxford Univ. Press. New York. 63-76
Ellsberg. D. (1961) Risk, ambiguity and the Savage axioms. Quarterly Journal of Economics, 75, 643-669.
Elwyn, G., Edwards, A., Eccles, M., & Rovner, D. (2001) decision analysis in patient care. The Lancet, 358, 571-4.
Eom, S. B. (1996, Sept./Oct.). "A Survey of Operational Expert Systems in Business (1980-1993)." Interfaces, Vol. 26, No. 5.
Epley, N. (2007) A Tale of Tuned Decks? Anchoring as Accessibility and Anchoring as Adjusting. Blackwell Handbook of Judgment and Decision Making Harvey, Blackwell
Erev, I., and A. E. Roth. 1998. On the role of reinforcement learning in experimental games: The cognitive game theoretic approach. In: Games and Human Behavior: Essays in Honor of Amnon Rapoport, ed. D. Budescu, I. Erev, and R. Zwick, pp.53-78. Mahwah, NJ: Erlbaum.
Erev, L., Wallsten T. S., & Budescu, D. V. (1994) Simultaneous over- and under- confidence The role of

error in judgment processes. Psychological Review, 101, 519-27.

Evans, J. St. B. T. (1989) Bias in Human Reasoning: Causes and Consequences. Hove, UK: Erlbaum.

Evans, J. St B. T., Newstead, S. B. & Byme, R. M. J. (1993). Human reasoning: The psychology of deduction. Hove: Erlbaum.

Evans, J. St B. T. & Over, D. E. (l996) Rationality and Reasoning. Hove: Psychology Press.

Fahey. L. & Randall, R. (eds.) (1998) Learning from the Future. New York: Wiley.

Fechner, G. T. (1860), Elemente der Psychophysik, 2 vols. [Elements of Psychophysics]. English translation: Elements of Psychophysics (1966). New York: Holt, Reinhart and Winston.

Feddersen, T. & Pesendorfer, W. (l998) Convicting the innocent: The inferiority of unanimous jury verdicts under strategic voting, American Political Science Review, 92, 23-36.

Feldman, J. M. (1986). A note on the statistical correction of halo error. Journal of Applied Psychology, 71, 173-176.

Feldman, R. S., & Prohaska, T. (1979), The student as Pygmalion: Effect of student expectation on the teacher. Journal of Educational Psychology, 71, 485-493.

Feldman, R. S., & Theiss, A. J. (1982). The teacher and the student as Pygmalions: Joint effects of teacher and student expectations. Journal of Educational Psychology, 74, 217-223.

Feller, W. (2005), An Introduction to Probability Theory and Its Applications, 2nd edition. New York. John Wiley and Sons.

Feltovich, P. J., Ford, K. M., & Hoffman, R. R. (1997) Expertise in Cotext. Menlo Park, CA: AAAI Press/The MIT Press.

Fennema, M. G. & Kleinmuntz, D. N. (1995) Anticipations of effort and accuracy in multiattribute choice, Organizational Behavior and Human Decision Processes, 63(1), 21-32.

Ferrell, W. R. (l985) Combining individual judgments. In G. Wright (ed.), Behavioral Decision Making (pp.111-45). New York: Plenum.

Festinger, L. (1957). A theory of cognitive dissonance. Evanston, IL: ROW, Peterson.

Festinger, L., & Carlsmith, J. M. (1959). Cognitive consequences of forced compliance. Journal of Abnormal and Social Psychology, 58, 203-210.

Feynman, R. P. (1988, February). An outsider's inside view of the Challenger inquiry. Physics Today, 26-37.

Fiedler, K (1988) The dependence of the conjunction fallacy on subtle linguistic factors, Psychological Research, 50, 123-9.

Fiedler, K. (2000) Beware of samples! A cognitive-ecological sampling approach to judgment biases. Psychological Review, 107, 659-76.

Fiedler, K., Wuther, E., & Nickel, S. (1999) Covariation-based attribution: On the ability to assess multiple covariates of an effect, Personality & Social Psychology Bulletin, 25. 607-22,

Field, H. (2010). This Magic Moment: Horwich on the boundaries of Vague Terms. Dietz, R. & Morruzi, S. Ed. Cuts & Clouds. Vagueness, Its Oxford Univ. Press. New York. 200-208.

Fine, K. (1975). 'Vagueness, truth and logic', Synthese 30. Reprinted in Vagueness, Its nature, and Its logic' R. Keefe and P. Smith, eds., MIT Press, New York. 419-437.

Fiol, C. M. & Huff, A. S. (l992) Maps for managers: Where are we? Where do we go from here? Journal of Management Studies, 29(3), 267-85.

Fischer, G. W. & Hawkins, S. A. (l993) Strategy compatibility, scale compatibility and the prominence effect, Journal of Experimental Psychology: Human Perception and Performance, 19, 580-97.

Fischer, G. W., Jia, J., & Luce, M. F. (2000) Attribute conflict and preference uncertainty: The Rand MAU model, Management Science, 46, 669-84.

Fischer, J. E., Steiner, F., Zucol, F., Berger, C., Martignon. L., Bossart, W., et al.(2002) Use of simple heuristics to target macrolide prescription in children with community-acquired pneumonia. Archives of Pediatrics and Adolescent Medicine, 156, 1005-8.

Fischhoff, B. (1975) Hindsight ≠ foresight: The effect on outcome knowledge on Judgment under uncertainty. Journal of Experimental Psychology: Human Perception md Performance, 1. 288-299.

Fischhoff, B. (1977). Perceived informativeness of facts. Journal of Experimental Psychology: Human Perception dnd Performance, 3, 349-358.

Fischhoff, B. (l982) Debiasing. In D. Kahneman, P. Slovic, and A. Tversky (eds.), Judgment Under Uncertainty: Heuristics and Biases (pp.422-44). Cambridge: Cambridge University Press.

Fischhoff, B. (1983) Acceptable risk: The case of nuclear power, Journal of Policy Analysis and Management, 2, 559-75.

Fischhoff, B. & Beyth, R. (1975). 'I knew it would happen'. Remembered probabilities of once-future things. Organizational Behavior and Human Performance, 13, 1-16.

Fischhoff, B., & Beyth-Marom, R. (1983). Hypothesis evaluation from a Bayesian perspective. Psychological Review, 90, 239-260.

Fischhoff, B., Lichtenstein, S., Slovic, P., Derby, S. L, & Keeney, R. L. (1981). Acceptable risk. Cambridge, England: Cambridge University Press.

Fischhoff, B., Slovic, P., & Lichtenstein, S. (1977). Knowing with certainty: The appropriateness of extreme confidence. Journal of Experimental Psychology: Human Perception and Performance, 3, 552-564.

Fishburn, P. C. (1970). "Intransitive Indifference in Preference Theory: A Survey." Operations Research, 18: 207-228.

Fishburn, F. C. (1981). An axiomatic characterization of skew-symmetric bilinear functionals, with applications to utility theory. Economics Letters 8, 311-13.

Fishburn, P. C. (1982) Nontransitive Measurable Utility. Journal of Mathematical Psychology 26: 31-67.

Fishburn, P. C. (1983a) Transitive measurable utility. Journal of Economic Theory 31, 293-317.

Fishburn, P.C. (1983b) "Utility Functions on Ordered Convex Sets:" Journal of Mathematical Economics 12: 221-232.

Fishburn, P. C. (1984) SSB Utility Theory and Decision-Making under Uncertainty." Mathematical Social Sciences 8: 253-285.

Fishburn, P, C (1985), Interval Orders and Interval Graphs. New York: John Wiley and Sons.

Fishburn, P. C. (1986) Nontransitive Measurable Utility for Decision under Uncertainty. Murray Hill NJ: AT&T Laboratories.

Fishburn. P. C (1988) Nonlinear Preference and Utility Theory, Johns Hopkins University press, Baltimore U.S.A.

Fishburn, P. C. & I. H. LaValle. (1986) A Nonlnear, Nontansitive and Additive Probability Model for Decision under Uncertainly. Annals of Statistics.

Fisher, I. (I928) The Money Illusion. New York: Adelphi.

Fodor, J. (l983) The Modularity of Mind. Cambridge, MA: The MIT Press.

Folkman, S. & Lazarus, R. S. (l988) Coping as a mediator of emotion, Journal of Personality and Social Psychology, 54, 466-75.

Fong, G. T. & Nisbett, R. E. (1991) Immediate and delayed transfer of training effects in statistical reasoning, Journal of Experimental Psychology, 120, 34-5.

Fong, G. T., Krantz, D. H., & Nisbett, R. E. (1986) The effects of statistical training on thinking about everyday problems, Cognitive Psychology, 18, 253-92.

Forbes, G. (2010). Identity and the Facts of the Matter. Dietz, R. & Morruzi, S. Ed. Cuts & Clouds. Vagueness, Its nature, and Its logic. Oxford Univ. Press. New York. 419-437.

Forrester, J. W. (1961) Industrial Dynamics. Bala Cynwyd, PA: Pegasus Communications

Forster, M, Martignon, L., Vitouch, O, & Gigerenzer, G. (2003, forthcoming) Simple heuristics versus complex predictive instruments: Which is better and why? Manuscript submitted for publication.

Forster, M & Sober, E. (1994). How to tell when simpler, more unified, and less ad hoc theories will provide more accurate predictions. British Journal of the Philosophy of Science, 45, 1-35.

Fox, C. R. & Rottenstreich, Y. (2003) Partition priming in judgment under uncertainty, Psychological Science, 14, 195-200.

Fox, C. R. Tversky, A. (1995) Ambiguity aversion and comparative ignorance, Quarterly Journal of Economics, 585-603.

Frank, R. (1999) Luxury Fever: Why Money Fails to Satisfy in an Era of Excess. New York: Free Press.

Frederick, S. & Loewenstein, G. F. (l999) Hedonic adaptation. In D. Kahneman, E. Diener, and N. Schwartz. (eds.), Well-being: The Foundations of Hedonic Psychology (pp.302-29). New York: Russell Sage Foundation.

Fredrickson, B. L. & Kahneman, D. (1993) Duration neglect in retrospective evaluations of affective episodes, Journal of Personality and Social Psychology, 65, 45-55.

Frenkel, O. J., & Doob, A.. N. (1976). Post-decision dissonance at the polling booth. Canadian Journal of Behavioral Science, 8, 347-350.

Frey, B. S. & Stutzer, A. (2002) What can economists learn from happiness research. Journal of Economic literature, 40, 402-35.

Friedman. M. and Savage, L. J. (1948). 'The utility analysis of choices involving risk'. Journal of Political

Economy 56(4). 279-304.

Fugelsang, J. A. & Dunbar, K. N. (2005). Brain-based mechanisms underlying complex causal thinking. Neuropsychologia, 43, 1204-1213.

Fugelsang. J. A. & Thompson, V. A. (2003). A mal-process model of belief and evidence interactions in causal reasoning. Memory and Cognition, 31(5), 800-815.

Gallistel, C. R. (1990) The Organization of Learning. Cambridge, MA: MIT Press.

Gazzanga, M. S. (2009) The Cognitive Neuroscience, 4th ed. MIT Press

Genest, C. & Zidek J. V. (1986) Combining probability distributions: A critique and annotated bibliography, Statistical Science, 1, 114-48.

Gentner, D. & Stevens, A. L. (l983) (eds.) Mental Models. Hillsdale, NJ: Laurence Erlbaum Associates.

George, C (1995). The endorsement of the premises: Assumption-based or belief-based reasoning. British Journal of Psychology, 86, 93-111.

Ghirandato, P. (2002), 'Revisiting Savage in Conditional World, Economic Theory, 20: 83-92.

Gigerenzer, G. (199l) How to make cognitive illusions disappear: Beyond "Heuristics and biases," European Review of Social Psychology, 2,83-115.

Gigerenzer, G. (1993) The bounded rationaliy of probabilistic mental models. In K. I. Manktelow and D. E. Over (eds.), Rationality: Psychological anl Philosophical Perspectives (pp.184-33). London: Routledge.

Gigerenzer, G. (1996) On narrow norms and vague heuristics: A rebuttal to Kahneman and Tversky (l996), Psychological Review, 103, 592-6.

Gigerenzer, G. 1997. Bounded rationality: Models of fast and frugal inference. Swiss J. Econ. Stat. 133: 201-218.

Gigerenzer, G. (2000). Adaptive Thinking: Rationality in the Real World. New York: Oxford University Press.

Gigerenzer, G. (2002) Calculated Risks: How to Know When Numbers Deceive You. New York: Simon & Schuster. (UK edition: Reasoning with Risk. Learning to Live with Uncertainty. London: Penguin.)

Gigerenzer, G. (2003) The adaptive toolbox and lifespan development: Common questions? In U. M. Staudinger & U. E. R. Lindenberger (eds.), Interactive Minds: Lift-span Perspectives on the Social Foundation of Cognition (pp.19-46). Cambridge: Cambridge University Press.

Gigerenzer, G. (2007) Fast and Frugal Heuristics: The Tools of Bounded Rationality, Blackwell Handbook of Judgment and decision Making edited by Koehler & Harvey, Blackwell, 62-88.

Gigerenzer, G. & Fiedler, K. (2004) Minds in environments: The potential of an ecological approach to cognition. Manuscript submitted for publication.

Gigerenzer, G. & Goldstein, D. G, (1999) Betting on one good reason: The Take The Best heuristic. In G. Gigerenzer, P. M. Todd, and the ABC Research. Group, Simple Heuristics that Make Us Smart (pp.75-95). New York: Oxford University Press.

Gigerenzer, G., Hell, W., & Blank, H.(1988) Presentation and content: The use of base rates as a continuous variable, Journal of Experimental Psychology: Human Perception and Performance, 14, 513-25.

Gigerenzer, G. & Hoffrage, U. (1995) How to improve Bayesian reasoning without instruction: Frequency formats, Psychological Review, 102, 684-704.

Gigerenzer, G., Hoffrage, U. & Kleinbolting, H. (1991). Probabilistic mental models: A Brunswikian theory of confidence. Psychological Review, 98, 506-528.

Gigerenzer, G. & Murray, D. J . (1987) Cognition as Intuitive Statistics, Chapter 5. Hillsdale, NJ: Erlbaum.

Gigerenzer, G. & Regier, T (l996) How do we tell an association from a rule? Comnent on Sloman (1996), psychological Bulletin, 119, 23-6

Gigerenzer, G. & Selten, R. (2001) Bounded Rationality The Adaptive Toolbox. MIT Press, Massachusetts, USA. 13-36.

Gigerenzer, G. & Todd, P. M. (l999) Fast and frugal heuristics: The adaptive toolbox. In G. Gigerenzer, P. M. Todd, and the ABC Research Group (eds.), Simple Heuristics that Make us Smart (pp.3-34). New York: Oxford University Press.

Gigerenzer, G., P. M. Todd, and the ABC Research Group (eds.), Simple Heuristics that Make us Smart. New York: Oxford University Press.

Gigerenzer, G., Hell, W., & Blank, H. (1988) Presentation and content: The use of base rate as a continuous variable, Journal of Experimental Psychology: Human Perception and Performance, 14,

513-25.

Gigerenzer, G,, Hell, W., & Blank, H. (1988) Presentation and content: The use of base rate as a continuous variable, fast and frugal lens model. In K. R, Hammond and T. R. Stewart (eds.),The Essential Brunswik: Beginnings, Explications, Applications (pp.342-47). Oxford: Oxford. University "Press.

Gigerenger, G, Hoffrage, U., & Kleinbölting, H. (l991) Probabilistic mental models: A Brunswikian theory of confidence. Psychological Review, 98, 506-28.

Gigerenzer, G., Todd, P., & the ABC Research Group (l999) Simple Heuristics that Make Us Smart;. New York: Oxford University Press.

Gigone, DE. & Hastie, R. (l997) Proper analysis of the accuracy of group judgments, Psychological Bulletin, 121,149-67.

Gilbert, D. T., Driver-Linn, E., & Wilson, T. D. (2002) The trouble with Vronsky: Impact bias in the forecasting of future affective states. In L. F. Barrett and P. Salovey(eds.), The Wisdom in Feeling: Psychological Processes in Emotional Intelligence (pp.114-43). New York: Guilford

Gilbert, D. T. & Gill, M. J. (2000) The momentary realist, Psychological Science, 11, 394-8.

Gilbert, D. T. & Malone, P. S. (1995) The correspondence bias, Psychological Bulletin 117, 21-38.

Gilbert, D. T., Gill, M. J., & Wilson, T. D. (2002) The future is now: Temporal correction in affective forecasting" Organizational Behavior and Human Decision Processes, 88, 430-44.

Gilbert., D. T., Pinel, E. C., Wilson, T. D., Blumberg, S. J., & Wheatley, T. P. (1998) Immune neglect: A source of durability bias in affective forecasting, Journal of Personality and Social Psychology, 75, 617-38.

Gilboa, L. (1985) Expected utility with Purely Subjective Non-additive Probabilities. Working paper 6-85. Foerder Institute for Economic Research, Tel-Aviv University, Ramat Aviv, Israel.

Gilboa. L (1987). Expected Utility with purely subjective non-additive probabilities. Journal of Mathematical Economics 16(1), 65-88.

Gilboa, I., (2009). Theory of Decision under Uncertainty 3-48, Cambridge University Press New York USA

Gilboa, 1., and R. Lapson (1995), "Aggregation of Semi-Orders: Intransitive lndifference Makes a Difference." Economic Theory, 5: 109-126.

Gilboa, 1., and D. Schmeidler (2001), A Theory of Case-Based Decisions. Cambridge: Cambridge University Press.

Gilboa, I., A. Postlewaite, and D. Schmeidler (2004), "Rationality of Belief," mimeo. Revised, 2007.

Gilboa, I., A. Postlewaite, and D. Schmeidler (2007), "Probabilities in Economic Modeling." mimeo.

Gilboa, I., F. Maccheroni, M. Marinacci, and D. Schmeidler (2008), Objective and Subjective Rationality in a Multiple Prior Model, mimeo.

Gillies, D. (2001) Philosophical Theories of Probability. London: Routledge.

Gilovich, T., Griffin, D., & Kahneman, D. (eds.) (2002) Heuristics and Biases: The Psychology of Intuitive Judgment. Cambridge: Cambridge University Press.

Gilovch, T., Vallone, R., and Tversky, A. (1985) The hot hand in basketball: On the misperception of random sequences, Cognitive psychology, 17, 295-314.

Ginitis, H, (2006), The foundations of behaviour: The beliefs. preferences and constraints model. Biological Theory, 1(2), 123-127.

Girotto, V. & Gonzalez, M. (2001) Solving probabilistic and statistical problems: A matter of information structure and question form. Cognition, 78, 247-76.

Girotto, V. & Gonzalez, M. (2003) Probabilistic reasoning and combinatorial analysis. V. Girotto and P. Johnson-Laird (eds.), The Shape of Reason: Essays in Honor of Paolo Legrenzi, Hove, Psychology Press.

Glassner, A., Weinstock, M. & Neurnm, Y. (2005). Pupils' evaluation and generation of evidence and explanation in argument. British Journal of Educational Psychology, 75, 105-118.

Gleick, J. (1987) Chaos; Making a New Science. New York: Viking Penguin, Inc.

Glockner, A. (2002) The maximizing consistency heuristic: Parallel processing in human decision making, thesis, Heidelberg University.

Glover, S. M., Prawitt, D. F., & Spilker, B. C. (1997) The influence of decision aids on user behavior: Implications for knowledge acquisition and inappropriate reliance, Organizational Behavior and Human Decision Processes, 72, 232-55.

Gluck, M. A. & Bower, G. H. (l988) From conditioning to category learning: An adaptive, network model,

Journal of Experimental Psychology: General, 117, 227-47.

Gode, D. K. & Sunder, S. (l993) Allocative efficiency of markets with zero intelligence traders: Market as a partial substitute for individual rationality. Journal of Political Economy, 101, 119-37.

Gold, J. 1. & Shadlen, M. N. (2001) Neural computations that underlie decisions about sensory stimuli, Trends in Cognitive Neuroscience, 5, 10-16.

Gold, J. I. & Shadlen, M. N. (2002) Banburismas and the brain: Decoding the relationship between sensory stimuli, decisions, ani reward. Neuron, 36, 299-308.

Goldberg. L. R. (1959). The effectiveness of clinicians' judgments: The diagnosis of organic brain damage from the Bender-Gestalt test. Journal of Consulting Psychology, 23, 25-33.

Goldstein, W. (2007). Social Judgment Theory: Applying and Extending Brunswik's Probabilistic Functionalism. Blackwell Handbook of Judgment and decision Making edited by Koehler & Harvey, Blackwell.

Goldstein, W. M. & Einhorn, H. J. (1987) Expression theory and the preference-reversal phenomena, Psychological Review, 94, 236-54.

Goldstein, D. G, & Gigerenger, G. (2002) Models of ecological rationality: The recognition heuristic. Psychological Review 109, 75-90.

Goldstein, W. M. & Weber, E. U. (l995) Content and discontent: Indications and implication of domain specificity in preferential decision making. In J. R. Busemeyer, R. Hastie, and D. L. Medin (eds.), The Psychology of Learning and Motivation (vol. 32): Decision Making From a Cognitive Perspective (pp.83-136). San Diego: Academic Press.

Goldstein, W. M. & Wright, J. H. (200l) "Perception" versus "thinking": Brunswikian thought on central responses and processes. In K. R. Hammond and T. R. Stewart (eds.), The Essential Brunswik: Beginnings, Explications, Applications (pp.249-56). Oxford: Oxford University Press.

Goldstein, D. G, Gigerenger, G., Hogarth, R. M., Kacelnik, A., Kareev, Y, Klein, G., et aI. (200l) Group report: Why and when do simple heuristics work? ln G. Gigerenzer and R. Selten (eds.), Bounded Rationality: The Alaptive Toolbox (pp.173-90). Cambridge, MA: MIT Press.

Gomez-Torrente, M (2010). The Sorites, linguistic Preconceptions, and the Dual Picture of Vagueness. Dietz, R. & Morruzi, S. Ed. Cuts & Clouds. Vagueness, Its nature, and Its logic. Oxford Univ. Press. New York. 228-253.

Gonzalez-Vallejo, C. (2002) Making trade-offs: A probabilistic and context-sensitive model of choice behavior, Psychological Review, 109(1), l37-55.

Goodman, N. (1954), Fact, Fiction, and Forecast. Cambridge, MA: Harvar University Press.

Gorry, G. A., and M. S. Scott Morton. (1971). "A Framework for Management Information Systems." Sloan Management Review, Vol. 13, No. 1.

Gossett, W.S. [Student] (1908). "The Probable Error of a Mean," Biometrika 6:1-25.

Gourville, J. (1998) Pennies-a-day: The effect of temporal reframing on transaction evaluation, Journal of Consumer Research, 24, 395-408.

Gourville, J. (1999) The effect of implicit versus explicit comparisons on temporal pricing claims Marketing Letters, 10(2), 113-24.

Gourville. J. & Soman D. (1998) Paymant depreciation: The Behavioral effect of temporally separating paymants from consumption, Journal of Consumer Research, 25(2), 160-74.

Gourville, J. & Soman, D. (2002) Pricing and the psychology of consumption, Havard Business Review, (September), 90-6.

Gratton, G., Coles, M. G., Sirevaag, E. J., Erickson, C. J., & Donchin, E. (1988). Pre- and poststimulus activation of response channels: A psychophysiological analysis, Journal of Experimental Psychology: Human Perception and Performance, 14, 331-44.

Green, J. and Jullien, B. (1988), Ordinal independence in non-linear utility theory. Journal of Risk and Uncertainty 1(4), 355-88.

Green, L. & Mehr. D. R. (1997)) What alters physicians' decisions to admit to the coronary care unit? The Journal of Family Practice, 45, 219-26.

Green, D. M. & Swets, J. A. (1966) Signal Detection Theory and Psychophysics. New York: Wiley.

Gregory, W. L., Cialidini, R. B. & Carpenter, K M. (1982.). Self-relevant scenarios as mediators of likelihood estimates and compliance: Does imagining make it so? Journal of Personality and Social Psychology, 43, 89-99.

Gregory, W. L. & Duran, A. (200l) Scenarios and acceptance of forecasts. In J. S. Armstrong (ed.), Principles of Forecasting: A Handbook for Researchers and Practitioners (pp.519-40). Dordrecht, The

Netherlands: Kluwer Academic Publishers.

Grether, D. M. &. Plott, C. R. (1979) Economic theory of choice and the preference-reversal phenomenon, American Economic Review, 69, 623-38.

Griffin, D. & Brenner, L. (2007) Perspectives on Probability Judgment Calibration. In Koehler, D. & N. Harvey (eds.) B1ackwell Handbook of Judgment and Decision Making

Griffin, D. & Buehler, R. (1999) Frequency, probability, and prediction: Easy solutions to cognitive illusions. Cognitive Psychology, 38(1), 48-78.

Griffin, D. W., Dunning, D., & Ross, L (1990). The role of construal processes in overconfident predictions about the self and others. Journal of Personality and Social Psychology, 59, 1128-1139

Griffith, R. M. (1949), Odds adjustments by American horse race bettors. American Journal of Psychology 62(2), 290-4.

Griggs R. A & Cox, J. R. (1982) The elusive thematic-materias effect in Wason's selection task. British Journal of Psychology, 73, 407-20.

Grofman, B. & Feld, S. (1986) Determining optimal weights for expert judgment. In B. Grofman and G. Owen (eds.) Decision Research (vol. 2, pp.167-72). Greenwich, CT: JAI Press.

Grofman, B. Feld, S., & Owen, G. (1984) Group size and the performance of a composite group majority: Statistical truths and empirical results, Organizational Behavior and Human Performance, 33, 350-9.

Grofman, B., Owen, G., and Feld, S. (1983) Thirteen theorems in search. of the truths. Theory and Decision, 15, 261-78.

Grossberg, S. (1988) Neural Networks and Natural Intelligence. Cambridge, MA: MIT Press.

Grossberg, S. & Gutowski, W. E. (l987) Neural dynamics of decision making under risk: Affective balance and cognitive-emotional interactions, Psychological Review, 94(3), 300-18.

Guarnaschelli, S., McKelvey, R. D., & Falfrey, T. R. (2000) An experimental study of group decision rules, American Political Science Review, 94, 407-23.

Guimaraes, T., Y. Yoon, and A. Clevenson.(1996, June). "Factors Important to Expert Systems Success: A Field Test." Information & Management, Vol. 30, No. 3.

Guo, F. Y. & Holyoak, K. J. (2002) Understanding similarity in choice' behavior: A connectionist model. In W. D. Gray and C. D. Schunn (eds.), Proceedings of the Twenty-fourth annual conference of the Cognitive Science Society (pp.393-8). Mahwah, NJ: Erlbaum.

Gustafson, D. H., Shukla, R K., Delbecq, A, & Walster, G. W. (1973) A comparative study of differences in subjective likelihood estimates made by individuals, interacting groups, Delphi groups, and normal groups, Organizational Behavior and Human Performance, 9, 280-91.

Hacking, L (1975) The Emergence of Probability. Cambridge: Cambridge University Press.

Haigh, M.S. & List, J. A. (2005). Do professional traders exhibit myopic loss aversion? An experimental analysis. The Journal of Finance, 40(1). l523-534.

Halmos, P. R. (1950), Measure Theory. Princeton, NJ, Van Nostrand.

Hammond, K. R. (1955) Probabilistic functionalism and the clinical method, Psychological Review, 62, 255-62.

Hammond, K. R. (l965) New directions in research on conflict resolution, Journal of Social Issues, 21,44-66.

Hammond, K. R. (1973) The cognitive conflict paradigm. In L. Rappoport and D. A. Summers (eds.), Human Judgment and Social Interaction (pp.188-205). New York: Holt, Rinehart and Winston.

Hammond, K. R. (l996) Human Judgment and Social Policy: Irreducible Uncertainty, Inevitable Error, Unavoidable Injustice. New York: Oxford University Press.

Hammond, K. R. (2000) Judgments Under Stress. New York: Oxford University Press.

Hammond, K. R. & Brehmer, B. (l973) Quasi-rationality and distrust: Implications for international conflict. In L. Rappoport and D. A. Summers (eds.), Human Judgment and Social Interaction (pp.338-91), New York: Holt, Rinehart and Winston.

Hammond, K. R., Hursch, C. J., & Todd, F. J (l964) Analyzing the components of clinical inference, Psychological Review, 71, 438-56.

Hammond, K. R. & Joyce, C. R. B. (eds.) (1975) Psychoactive Drugs and Social Judgment: Theory and Research. New York: Wiley.

Hammond, K. R. & Stewart, T. R. (eds.) (2001) The Essential Brunswik: Beginnings, Explications, Applications. Oxford: Oxford University Press.

Hammond, K. R. & Summers D. A. (1972) Cognitive control, Psychological Review, 79, 58-67.

Hammond, K. R. & Wascoe, N. E. (eds.) (1980) Realizations of Brunswik's Representative Design. San

Francisco: Jossey-Bass.
Hammond, K. R., Hamm, R. M., Grassia, J., & Pearson, T. (1987) Direct comparison of the efficacy of intuitive and analytical cognition in expert judgment, IEEE Transactions on Systems, Man, and Cybernetics, SMC-17, 753-70.
Hammond, K. R., Hursch, C. J., & Todd, F. J. (1964) Analyzing the components of clinical inference, Psychological Review, 71, 438-56.
Hammond, J . S., Keeney, R. L., & Raiffa, H. (1997) Smart Choices: A Practical Guide to Making Better Life Decisions. New York: Broadway Books.
Hampton, J. A. (1998) Similarity-based categorization and fuzziness of natural categories, Cognition, 65 137-65.
Hancock, P. A. & Warm, J. S. (1989) A dynamic model of stress and sustained attention, Human Factors, 31, 519-37.
Handa, J. (1977). Risk, probabilities and a new theory of cardinal utility, Journal of Political Economy 85(1) 97-122.
Handley, S. J., Capon, A., Beveridge, M., Dennis, I. & Evans, J. St B. T. (2004). Working memory, inhibitory control and the development of children's reasoning. Thinking and Reasoning, 10, 175-195.
Hanson, N. R. (1958), Patterns of Discovery. Cambridge, England: Cambridge University Press.
Hardin, G. (1968). The Tragedy of the commons. Science, 162, 1243-1248. "Harper's Index." (1986, October). Harper's, p.11.
Hardman, D. (2009). Judgment and Decision Making. BPS Blackwell
Harkins, S. & Petty, R. (1981) The multiple source effect in persuasion The effect of distraction. Personality and Social Psychology Bulletin, 7, 627-35.
Harkins, S. & Petty, R. (1987) Information utility and the multiple source effect. Journal of Personality and Social Psychology, 52, 260-8.
Harries, C. (2003) Correspondence to what? Coherence to what? What is good scenario-based decision making? Technological Forecasting & Social Change, 5561, 1-21.
Harvey, N. (1995) Why are judgments less consistent in less predictable task situations? Organizational Behavior and Human Decision Processes, 63, 247-63.
Harvey, N. & Harries, C. (2003, in press) Effect of judges' forecasting on their later combination of forecasts for the same outcomes, International Journal of Forecasting.
Hastie, R. (1984). Causes and effects of causal attribution Journal of Personality and Social Psychology. 46, 44-56.
Hastie, R. (2001) Problems for judgment and decision making, Annual Review of Psychology, 52, 653-83.
Hastie, R. & Pennington, N. (2000). Explanation-based decision making. In T. Connolly, H. R. Arkes & K.R. Hammond (Eds.), judgment and decision making: An interdisciplinary reader (2nd edn, pp.212-228). Cambridge: Cambridge University Press.
Hastie, R., Penrod, S. D., Pennington, N. & Willis, J. (2002) Inside the Jury. Clark, NJ: The Lawbook Exchange Ltd., November.
Hastie, R., Schkade, D. A., & Payne, J. W. (1998) A study of juror and jury judgments in civil cases: Deciding liability for punitive damages, Law & Human Behavior, 22, 287-314.
Hastorf, A. H, & Cantril, H. (1954). They saw a game: A case study. Journal of Abnormal and Social Psychology, 49, 129-134.
Hayashi, A. M. (2001) When to trust your gut, Harvard Business Review, 79, 59.
Heath, T. B. & Chatterjee, S. (1995) Asymmetric decoy effects on lower-quality versus higher quality brands: Meta analytic and experimental evidence, Journal of Consumer Research, 268-84.
Heit, E. & Rubinstein, J. (1994) Similarity and property effects in inductive reasoning. Journal of Experimental Psychology: Learning, Memory, and Cognition 20, 411-22.
Heath, C. & A. Tversky. (1991). Preference and Belief: Ambiguity and Competence In Choice Under Uncertainty, Journal of Ri나 and uncertainty 4, 5-28.
Heath, C., Larrick, R. P., & Klayman, J. (1998) Cognitive repairs: How organizations compensate for the shortcomings of individual learners, Research in Organizational Behavior, 20, 1-37.
Heit, E. & Rubinstein, J. (1994) Similarity and property effects in inductive reasoning, Journal of Experimental Psychology: Learning;, Memory, and Cognition, 20, 411-22.
Hershey, J. C., & Schoemaker, P. J. H. (1980). Risk taking and problem context in the domain of losses:

An expected utility analysis. Journal of Risk and Insurance, 47, 111-132.

Hershey, J. C. & Schoemaker, P. J. H, (1985) Probability versus Certainty Equivalence Methods in Utility Measurement: Are They Equivalent? Managemnet Science, Vol, 3, No. 10, October

Herstein, I. N. & J. Milnor (1953). An Axiomatic Approach to Measurable Utility, Econometrica, 21: 291-297.

Hertwig, R., Davis, J. N., & Sulloway, F. J. (2002) Parental investment: How an equity motive can produce inequality. Psychological Bulletin, 128, 725-45.

Hertwig, R. & Gigerenzer, G. (l999) The "conjunction fallacy" revisited: How intelligent inferences look like reasoning errors, Journal of Behavioral Decision Making, 12, 275-305.

Hertwig, R., U. Hoffrage, and L. Martignon. (1999) Quick estimation: Letting the environment do some of the work. In: Simple Heuristics That Make Us Smart, G. Gigerenzer, P. M. Todd, and the ABC Research Group, pp.209-234. New York: Oxford Univ. Press.

Hertwig, R. & Todd, F. W. (2003). More is not Always better: The benefits of cognitive limits. In D. Hardman and L. Macchi (eds.), Reasoning and Decision Making: A Handbook (pp.213-31) Chichester: Wiley.

Heyes, C. M. (2003) Four routes of cognitive evolution, Psychological Review, 110(4), 713-27.

Higgins, E. T. (2002) How self-regulation creates distinct values: The case of promotion and prevention decision making. Journal of Consumer Psychology, 12, 177-91.

Hillman, B. J., Hessel, S. J., Swensson, R. G., & Herman, P. G. (1977) Improving diagnostic accuracy: A comparison of interactive and Delphi consultations, Investigative Radiology, 11(2), 112-15.

Hinsz, V. B. (1990) Cognitive and consensus processes in group recognition memory performance, Journal of Personality and Social Psychology, 59(4), 705-18.

Hinsz, "I". B., Tindale, R. S., & Vollrath., D. A. (l997) The emerging conceptualization of groups as information processors, Psychological Bulletin, 121, 43-64.

Hoballah, I. Y. & Varshney, P. K. (1989a) An information theoretic approach to the distribution detection problem, IEEE Transactions on Information Theory, 35(5), 988-94.

Hoballah, I. Y. & Varshney, P. K (1989b) Distributed Bayesian signal detection, IEEE Transactions on Information Theory, 35(5), 995-1000.

Hoch, S. J. (1984). Availability and interference in predictive judgment. Journal of Experimental Psychology; Learning, Memory, and Cognition, 10, 649-662.

Hoch, S. J. (1985). Counterfactual reasoning and accuracy in predicting personal events. Journal of Experimental Psychology: Learning, Memory, and Cognition, 11, 719-731.

Hoch, S. J. (1994) Experts and models in combination. In R. Blattberg, R. Glazer, and J. D. C. Little (eds.), The Marketing Information Revolution. Harvard Business School Press.

Hoch, S. J. (2001) Combining models with intuition to improve decisions. In S. J. Hoch and H, C. Kunreuther, Wharton on Making Decisions (Chapter 5). New York: Wiley.

Hoerr, S. J. (1985). Counterfactual reasoning and accuracy in predicting personal events. Journal of Experimental Psychology: Learning, Memory, and Cognition, 11,719-731.

Hoffman, P. J. (1960) The paramorphic representation of clinical judgment, Psychological Bulletin, 57, 116-31.

Hoffrage, U. (l995) Zu Angemessenheit subjektiver Sicherheits-Urteile: Eine Exploration der Theorie probabilistischen mentalen Modelle [The adequacy of subjective confidence judgments: Studies concerning the theory of probabilistic mental models.] Unpublished doctoral dissertation, University of Salzburg, Austria.

Hoffrage, U, Hertwig, R., & Gigerenzer, G. (2000) Hindsight bias: A by-product of knowledge updating. Journal of Experimental Psychology: Learning, Memory, and Cognition, 26, 566-81.

Hofstadter, D. R. (1985). Metamagical themas: Questing for the essence of mind and pattern. New York: Basic Books.

Hogarth, R. M. (1978) A note on aggregating opinions, Organizational Behavior and Human Perf01mance, 21, 40-6.

Hogarth, R. M. (1980). Judgment and Choice: The Psychology of Decision. New York: Wiley.

Hogarth, R. M. (1987) Judgement and Choice (2nd edn.). New York: Wiley.

Hogarth, R. M. (200l) Educating Intuition. Chicago: University of Chicago Press.

Hogarth, R, M, & Einhorn. H. J. (1990) Venture Theory: A Model of Decision Weights. Management Science, 36, 7, July, 780-803.

Hogarth, R. & Kunreuther, H. (1995) Decision making under ignorance: Arguing with yourself, Journal of Risk and Uncertainty, 10, 15-36.

Hogarth, R. M., Gibbs, B. J., McKenzie, C. R. M., & Marquis, M. A. (1991) Learning nom feedback: Exactingness and incentives, Journal of Experimental Psychology: Learning, Memory,,md Cognition, 17, 734-52.

Holland, J., K. Holyoak, R. Nisbett, and P. Thagard. (1986) Induction. Cambridge, MA: MIT Press.

Holton, G. (1988) Thematic Origins of Scientific Thought (2nd edn.). Cambridge: MA: Harvard University Press,

Holyoak, K. J. & Simon, D. (1999) Bidirectional reasoning in decision making by constraint satisfaction, Journal of Experimental Psychology: General, 128(1), 3-31.

Holyoak, K., and P. Thagard. (1995) Mental Leaps. Cambridge, MA: MIT Press.

Horsten, L. Perceptual Indiscriminability and the Concept of a Color Shade. Dietz, R. & Morruzi, S. Ed. Cuts & Clouds. Vagueness, Its nature, and Its logic. Oxford Univ. Press. New York. 209-227.

Hovland, C. I., Lumsdaine, A. A. & Sheffield, F. D. (1949). Experiments on mass communication. Studies in social psychology in World War II: Vol. +3, Princeton, NJ: Princeton University Press.

Howard, R. A. (1992). In Praise of the Old Time Religion, Kluwer Academic Publishers, Boston. 28-55.

Hsee, C. K. (1993) When trend of monetary outcomes matters: Separate versus joint evaluation and judgment of feelings versus choice, working paper.

Hsee, C. K. (1996) The evaluability hypothesis: An explanation for preference-reversal between joint and separate evaluations of alternatives, Organizational Behavior and Human Decision Processes, 67, 247-57.

Hsee, C. K. C. (1998) Less is better than low-value options are judged more highly than high-valued options, Journal of Behavioral Decision Making, 11, 107-21.

Hsee, C. K., Loewenstein, G. F., Blount, S., & Bazerman M. H. (1999) Preference-reversals between joint and separate evaluations of options: A review and theoretical analysis, Psychological Bulletin, 125, 576-91.

Hsee, C. K., Yu, F., Zhang, J., & Zhang, Y. (2003) Medium maximization, Journal of Consumer Research, 30, 1-14.

Hsee, C. K. & Zhang, J. (2003) Choice-consumption inconsistency, unpublished manuscript.

Hsee, C. K. & Zhang, J. (2004) Distinction bias: Mis-prediction and mis-choice due to joint evaluation, Journal of Personality and Social Psychology, 86, 680-95.

Hsee, C. K., J. Zhang, & J. Chen (2007) Internal and Substantive Inconsistencies in Decision Making. Koehler, D. & Harvey, N., Blackwell handbook of judgment and decision making, 360-378.

Hsee, C. K., J. Zhang, & J. Cheng (2007) Internal and Substantive Inconsistencies in Decision Making. In Koehler, D, & Harvey, N. (eds) Blackwell Handbook of Judgment and Decision Making

Huber, J., Payne, J. W., & Puto, C. (1982) Adding asymmetrically dominated alternatives: Violations of regularity and the similarity hypothesis, Journal of Consumer Research, 9(1), 90-8.

Huber, O. & Seiser, G. (2001) Accounting and convincing: The effects of two types of justification on the decision process. Journal of Behavioral Decision Making, 14, 69-85.

Huber O., Wider, R., & Huber, O. (1997) Active information search and complete information presentation In naturalistic risky decision tasks, Acta Psychologica, 95, 15-29.

Hume, D. (1748), An Enquiry Concerning Human Understanding. Oxford: Clarendon Press.

Hume, D. (1975) Enquiries Concerning the Human Understanding and Concerning the Principles of Morals, (ed. P. H. Nidditch) (3rd edn.). Oxford: Clarendon Press.

Hume, D.(1978) A Treatise of Human Nature, (ed. P. H. Nidditch) (2nd edn.). Oxford: Clarendon Press.

Hursch, C. J., Hammond, K. R., & Hursch, J. L. (1964) Some methodological considerations in multiple-cue probability studies, Psychological Review, 71, 42-60.

Huss, W. R. (1988) A move toward scenarios, International Journal of Forecasting, 4, 377-88.

Hyde, D. (2010). Prospects of a Para-consistent Response to Vagueness. Dietz, R. & Morruzi, S. Ed. Cuts & Clouds. Vagueness, Its nature, and Its logic. Oxford Univ. Press. New York. 385-405.

Iacona, A. (2010). Saying More (or Less) Than One Thing. Dietz, R. & Morruzi, S. Ed. Cuts & Clouds. Vagueness, Its nature, and Its logic. Oxford Univ. Press. New York. 289-303.

Irwin, J. R. (1994) Buying/selling price preference. reversals: Preference for environmental changes in buying versus selling modes, Organizational Behavior and Human Decision Processes, 60, 431-57.

Irwin, J. R. & Baron, J. (2001) Response mode effects and moral values, Organizational Behavior and

Human Decision Processes, 84,177-97.

lrwin, J. R., Slovic, P., Lichtenstein, S. & McClelland, G. H. (1993) Preference-reversals and the measurement of environmental values, Journal (Risk and Uncertainty, 6, 5-18.

Iyengar, S. S. & Lepper, M. R. (2000) When choice is demotivating: Can one desire too much of a good thing? Journal of Personality and Social Psychology, 79 995-1006.

Jackson, P. (1998). Introduction to Expert Systems, 3rd ed. Reading, MA: Addison Wesley.

Jacoby, J., Mazursky, D, Troutman, T., & Kuss, A.. (l984) When feedback is ignored: Disutility of outcome feedback, Journal of Applied Psychology, 69, 531-45.

Janis, I. L. (1982). Groupthink: Psychological studies of policy decisions and fiascoes (2nd ed.), Boston: Houghton Mifflin.

Jeffrey, R. (l965) The Logic of Decision. New York: McGraw-Hill.

Jennings, D. L., Amabile, T. M., & Ross. L. (1982) Informal covariation assessment: Data-based vs. theory-based judgments. In D. Kahneman, P. Slovic, & A. Tversky (eds.), Judgment Under U7certainty: Heuristics and Biases (pp.211-30). New York: Cambridge University Press.

Jensen, A. R.(1998). The *g* factor: The Science of mental ability. Westport, CT: Praeger.

Jensen, N. E. (1967), "An Introduction to Bernoullian Utility Theory, I, II," Swedish Journal of Economics, 69: 163-183, 229-:47.

Jepson, D., Krancz, D. H., & Nisbett, R. E. (1983) Inductive reasoning: Competence or skill Behavioral and Brain Sciences, 6, 494-501.

Johnson, T. R., Budescu, D. V., & Wallsten, T. S. (200l) Averaging probability judgments: Monte Carlo analyses of asymptotic diagnostic value, Journal of Behavioral Decision Making, 14, 123-40.

Johnson, E., Hershey, J., Meszaros, J. & Kunreuther, H. (1993) Framing, probability distortions and insura.nce decisions, Journal of Risk And Utcertainty, 7, 35-51.

Johnson, E. J. & Payne, J. W. (1985) Effort and accuracy in choice. Management Science, 31, 394-414.

Johnson, J. G. & Raab, M. (2003) Take the first: Option generation and resulting choices, Organizational Behavior and Human Decision Processes, 91, 215-29.

Johnson-Laird, p.(1983). Mental Models. Cambridge, MA: Harvard Univ. Press.

Johnson-Laird, P., Legrenzi, P., Girotto V., Legrenzi, M., and Caverni, J.-P. (l999) Naive probability: A mental model theory of extensional reasoning. Psychological Review, 106, 60-88.

Juslin, P. (2001) Representative design: Cognitive science from a Brunswikian perspective. In K. R. Hammond and T. R. Stewart (eds.), The Essential Brunswik: Beginnings, Explications, Applications (pp.404-8). Oxford: Oxford University Press.

Juslin, P. & Montgomery, H. (eds.) (l999) Judgment and Decision Making: Neo-Brunswikian and Process-Tracing Approaches. Mahwah, NJ: Erlbaum.

Juslin, P., Winman, A, & Olsson, H. (2000) Naive empiricism and dogmatism in confidence research: A critical examination of the hard-easy effect, Psychological Review, 107, 384-96.

Jussim, L. (1986). Self-fulfilling prophecies: A theoretical and integrative review. Psychological Review, 93, 429-445.

Kahneman, D. (l973) Attention and Effort. Englewood. Cliffs, NJ: Prentice-Hall.

Kahneman, D. (1994). New challenges to the rationality assumption. Journal of Institutional and Theoretical Economics, 150, 18-36.

Kahneman, D. (2000). Experienced utility and objective happiness: A moment-based Approach. In D. Kahneman and A. Tversky (eds.), Choices, Values and Frames. Cambridge: Cambridge University Press.

Kahneman, D. (2003) Maps of Bounded Rationality: psychology for Behavioral Economics. American Economic Review 93, l449-1475.

Kahneman, D. & Frederick, S. (2002) Representativeness revisited: Attribute substitution in intuitive judgment. In T. Gilovich, D. Griffin, and D. Kahneman(eds.), Heuristics and Biases: The Psychology of Intuitive Judgment. Cambridge: Cambridge University Press.

Kahneman, D., Fredrickson, B. 1., Schreiber, C. A., & Redelmeier, D. A. (1993) When more pain is preferred to less: Adding a better end, Psychological Science, 4, 401-05.

Kahneman, D., Knetsch, J. L., & Thaler, R. H. (1986) Fairness and the assumptions of economics, Journal of Business, 59, 285-300.

Kahneman, D., Knetsch, J. L., & Thaler, R. H. (1990) Experimental tests of the endowment effect and the Coase theorem, Journal of Political Economy, 98(6), 1325-48.

Kahneman, D. & Miller, D. T. (1986). Norm theory: Comparing reality to its alternatives. Psychological Review, 93(2), 136-153.
Kahneman, D. & Ritov, I. (1994) Determinants of stated willingness to pay for public goods: A study in the headline method, Journal of Risk and Uncertainty, 9, 5-38.
Kahneman, D, P. Slovic, and A. Tversky, eds. (1982) Judgment under Uncertainty, Heuristics and Biases. Cambridge: Cambridge Univ. Press.
Kahneman, D. & Snell, J. (1990) Predicting utility. in R. M. Hogarth (ed.), 37 Insights in Decision Making (pp.295-311). Chicago, IL: University of Chicago Press.
Kahneman, D. & Snell, J. (l990). Predicting utility. In R. M. Hogarth (ed.), Insights in Decision Making (pp.295-311). Chicago, IL. University of Chicago Press.
Kahneman, D. & Snell, J. (l992) Predicting a changing taste: Do people know what they will like? Journal of Behavioral Decision Making, 5, 187-200.
Kahneman, D., and Tversky, A. (1979) 'Prospect Theory: An Analysis of Decision under Risk.' Econometrica 47: 203-291. American Journal of Psychology 62(2), 290-4.
Kahneman, D. & Tversky, A (1982a). Variants of uncertainty, Cognition 11, 143-157, 1982
Kahneman, D. & Tversky, A. (1982b). The simulation heuristic. In D. Kahneman, P. Slovic & A. Tversky (Eds.), Judgment under uncertainty: Heuristics and biases (pp.201-208). Cambridge: Cambridge University Press.
Kahneman D. & Tversky, A. (1984) Choices, values, and frames, American Psychologist, 39, 341-50.
Kahneman, D. & Tversky, A. (l996) On the reality of cognitive illusions. Psychological Rev. 103, 3, 582-91.
Kahnenan, D., Knetsch, J. L., & Thaler, R. (1 ~90) Experimental tests of the endowment effect and the Coase tleorem, Journal of Political Economy, 98, 1325-48.
Kahneman, D., Knetsch, J. L., & Thaler, R. H. (1991) The endowment effect, loss aversion, and status quo bias, Journal of Economic Perspectives, S, 193-206.
Kahneman, D., P. Slovic, and A. Tversky (eds.). (1982). Judgment Under Uncertainty: Heuristics and Biases. New York: Cambridge University Press.
Kahneman, D, Wakker, P., & Sarin, 1. (1997) Back to Bentham, Quarterly Journal of Economics 11, 375-401.
Kane, R. (2005), A Contemporary Introduction to Free Will. New York/Oxford: Oxford University Press.
Kantola, S. J., Syme, G. J., & Campbell, N. A. (1984). Cognitive dissonance and energy conservation. Journal of Applied Psychology, 69, 416-421.
Kanouse, D. E. & Hanson, L. R. (1971) Negativity in evaluations. In E. E. Jones, D. E. Kanouse, H. H. Kelley, R. E. Nisbett, S. Valins, and B. Weiner (eds.), Attribution: Perceiving the Causes of Behavior (pp.47-62). Morristown NJ: General learning Press.
Kao, S. F. & Waserman, B.A. (1993) Assessment of an information integration account of contingency judgment with examination of subjective cell importance and method of information presentation. Journal of Experimental Psychology: Learning, Memory, and Cognition, 19(6), 1363-1386,
Kaplan, S. E., Reneau, J. H., & Whitecotton, S. (2001) The effects of predictive ability information, locus of control, and decision maker involvement on decision aid reliance, Journal of Behavioral Decision Making, 14, 35-50.
Karmarkar. U. (1974). The effect of probabilities on the subjective evaluation of lotteries. Working Paper No 698-74, MIT.
Karmarkar, U. (1978). Subjectively weighted utility: A descriptive extension of the expected utility model. Organizational Behavior and Human Performance 2l(l), 61-72.
Karmarkar, U. (1979). Subjectively weighted utility and the Allais paradox. Organizational Behavior and Human Performance 24(l), 67-72.
Karney, B. R. & Coombs, R. H. (2000) Memory bias in long-term close relationships: Consistency or improvement? Personality and Social Psychology Bulletin, 26, 959-70.
Karni, E., and D. Schmeidler (1981), "An Expected Utility Theory for State-Dependent Preferences," Working Paper 48-80. The Foerder Institute of Economic Research, Tel-Aviv University.
Karni E., and D. Schmeidler (1991), "Atemporal Dynamic Consistency and Expected Utility Theory," Journal of Economic Theory, 54: 401-408.
Kearns, D. T. & Nadler, D. A. (L992) Prophets in the Dark: How Xerox Reinvented Itself and Drove Back the Japanese. New York: Harper Business.
Keefe, R. (2000). Theories of Vagueness, Cambridge University Press, Cambridge.

Keefe, R. (2010). Super-valuationism, Indirect Speech Reports, and Demonstratives. Dietz, R. & Morruzi, S. Ed. Cuts & Clouds. Vagueness, Its nature, and Its logic. Oxford Univ. Press. New York. 360-372.
Keen, P. G. W. (1980, Fall). "Adaptive Desgn for Decision Support Systems." Data Base, Vol. 12, Nos. 1 and 2.
Keen, P. G. W., and M. S. Scott Morton. (1978). Decision Support Systems: An Organizational Perspective. Reading, MA: Addison-Wesley.
Keeny, R. L. (2002) Common mistakes in making value trade-offs, Operations Research, 50, 935-45.
Keeney, R. & Raiffa, H. (1976) Decisions with Multiple Objectives: Preferences and Value Tradeoffs. New York John Wiley & Sons.
Keeny, R. L & Raiffa, H. (1993) Decisions with Multiple Objectives. Cambridge, UK: Cambridge University Press.
Kelley, H. H. (1950). The warm-cold variable in first impressions of persons. Journal of Personality, 18, 431-439.
Kelley, C. M. & Jacoby, L. L. (2000) Recollection and familiarity: Process-dissociation. In E. Tulvlng and F. I. M. Craik (eds.), The Oxford Handbook of Memory. New York: Oxford University Press.
Kempton, W. (1986). Two theories of home heat control. Cognitive Science, 10(1), 75-90.
Kepner, C. & Tregoe, B. (1965). The Rational Manager. McGraw-Hill, New York. 183-186.
Keren, G. (1987). Facing uncertainty in the game of bridge: A calibration study. Organizational Behavior and Human Decision Processes, 39, 98-114.
Keren, G. & Teigen, K. H. (2007) Yet Another Look at the Heuristics and Biases Approach. Koehler, D. & Harvey, N. (eds.) Blackwell Handbook of Judgment and Decision Making
Kerr, N. L. (1983) Motivation losses in task-performing groups: A social dilemma analysis, Journal of Personality and Social Psychology, 45, 819-28.
Kerr, N. L., MacCoun, R. J., & Kramer, G. P. (1996) Bias in judgment: Comparing individuals and groups Psychological Review, 103(4), 687-719.
Keynes, J. M. (1921) A Treatise on Probability. London: MacMillan and Co.
Kivetz, R. & Simonson, 1. (2002) Earning the right to indulge: Effort as a determinant of customer preferences towards frequency program rewards, Journal of Marketing Research, 39, 155-70.
Klaczynski, P. A. (1997). Bias in adolescents' everyday reasoning and its relationship with intellectual ability, personal theories, and self-serving motivation. Developmental Psychology, 33, 273-283.
Klaczynski, P. A. &. Robinson, B. (2000). Personal theories, intellectual ability, and epistemological beliefs: Adult age differences in everyday reasoning tasks. Psychology and Aging, 15, 400-416.
Klayman, J. (l988a) On the how and why (not) of learning from outcomes. In B. Brehmer and C. R. B. Joyce (eds.), Human Judgment: The SJT View (pp.115-62). Amsterdam: North-Holland Elsevier.
Klayman, J. (1988b) Cue discovery in probabilistic environments: Uncertainty and experimentation, Journal of Experimental Psychology: Learning, Memory, and Cognition, 14, 317-30.
Klayman, J & Ha, Y. W. (1987). Confirmation, disconfirmation, and information in hypothesis testing. Psychological Review, 94, 211-228.
Klayman, J. & Ha, Y. W. (1989) Hypothesis testing in rule discovery: Strategy, structure and content, Journal of Experimental Psychology: Learning, Memory, and Cognition, 15(4), 496-604.
Klayman, J. & Schoemaker, P. J. H. (1993) Thinking about the future: A cognitive perspective, Journal of Forecasting, 12, 161-8.
Klayman, J., Soll, J.-B. Gonzalez-Vallejo, C., & Barlas, S. (1999) Overconfidence: It depends on how, what, and whom you ask, Organizational Behavior and Human Decision Processes, 79(3), 216-47.
Klein, G. (1998) Sources of Power: How People Make Decisions. Cambridge, MA: MIT Press.
Klein, G. (2003) Intuition at Work. New York: Doubleday.
Kleindorfer, 1', Kunreuther, H., & Schoemaker, P, J, H. (l993) Decision Sciences: An Integrative Perspective. New York: Cambridge University Press.
Kleinmuntz, B. (1990) Why we still use our heads instead of formulas: Toward an integrative approach, Psychological Bulletin, 107, 296-310.
Kleinmumz, D. N. (l990) Decomposition and the control of error in decision-analytic models In R. M. Hogarth (ed.), Insights in Decision Making (pp.107-26). Chicago: University of Chicago Press.
Knetsch, J. (1889) The endowment effect and the evidence of nonreversible indifference curves. American Economic Review, 79, 1277-84.
Knight, F. H. (1921), Risk, Uncertainty, and Profit. Boston New York: Houghton. Mifflin.

Knox, R. E., & Inkster, J, A. (1968). Postdecision dissonance at post time. Journal of Personality and Social Psychology, 8, 319-323.

Koehler, D. J. (1991). Explanation, imagination, and confidence in judgment. Psychological Bulletin, 110(3), 499-519.

Koehler, D. J. (1993). The influence of prior beliefs on scientific judgments of evidence quality. Organizational Behavior and Human Decision Processes. 56, 28-55.

Koehler, D. J. (l994) Hypotheses generation and confidence in judgment. Journal of Experimental Psychology: Learning, Memory, and Cognition, 20, 461-9.

Koehler, J. (1996) The base-rate fallacy reconsidered: Descriptive, normative, and methodological challenges, Behavioral and Brain Sciences, 19, 1-53.

Kölbel, M. (2010). Vagueness as Semantic. Dietz, R. & Morruzi, S. Ed. Cuts & Clouds. Vagueness, Its nature, and Its logic. Oxford Univ. Press. New York. 304-326

Kolmogorov, A. N (1963), "On Tables of Random Numbers," Sankhya Series A, 25: 369-376.

Kolmogorov, A. N. (1965). "Three Approaches to the Quantitative Definition of Information," Probability and Information Transmission, 1: 4-7.

Kopylov, I. (2007) Subjective Probabilities on 'Small' Domains. Journal of Economic Theory, 133: 236-265.

Koriat, A, Lichtenstein, S., & Fischhoff, B. (1980). Reasons for confidence. Journal of Experimental Psychology: Human Learning and Memory, 6,107-118.

Kraft, C. H.J. W. Pratt, and T. Seidenberg (1959), "Intuitive Probability on finite Sets," Annals of Mathematical Statistics, 30: 408-419.

Kreps, D. (1988), Notes on the Theory of Choice. Underground Classics in Economics. Boulder, CO: Westview Press.

Kuhn, D. (1991). The skills of argument. Cambridge: Cambridge University Press.

Kunda, Z (l990) The case for motivated reasoning, Psychological Bulletin, 108, 480-98.

Kunnathur, A. S., M. U. Ahmed, and R. J. S. Glades. (1S96, Jan.). Expert Systems Adoption: An Analytical Study of Managerial Issues and Concerns. Information & Management, Vol. 30, No. 1.

Kunreuther, H., Hogarth, R., & Meszaros, J. (1993) Ambiguity and market failure, Journal of Risk and Uncertainty, 7, 71-88.

Kunreuther, H., Novemsky, N., & Kahneman, D. (200l) Making low probabilities useful, Journal of Risk and Uncertainty, 23, 103-20.

Kyburg, H. E., and H. E. Smokler (1964), Studies in Subjective Probability. New York: John Wiley and Sons.

Lagnado, D. A. & Shanks, D. R., (2002) Probability judgment in hierarchical learning: A conflict between predictiveness and coherence. Cognition, 83, 81-112.

Lagnado, D. A. & Shank, D. R. (2003) The influence of hierarchy on probability judgment. Cognition, 89, 157-78.

Lagnado, D. A. & Sloman, S. (2007). Inside and Outside Probability Judgment. Koehler, D. & Harvey, N., Blackwell handbook of judgment and decision making, 157-176.

Laland, K. N. (200l) Imitation, social learning, and preparedness as mechanisms of bounded rationality. In G. Gigerenzer and R. Selten (eds.), Bounded Rationality: The Adaptive Toolbox (pp.233-47). Cambridge. MA: MIT Press.

Lamal, P. A. (1979, October). College student common beliefs about psychology. Teaching of Psychology, pp.155-158.

Laming, D. R. (l968) Information Theory of Choice-reaction Times. New York: Academic Press.

Laming, D. (2004). Human judgment: The eye of the beholder. London: Thomson.

Landy, D., & Sigall, H. (1974). Beauty is talent: Task evaluation as a function of the performer's physical attractiveness. Journal of Personality and Social Psychology. 29, 299-304.

Langer. E. J. (l975) The illusion of control, Journal of Personality and Social Psychology, 32, 322-8.

Larrick, R. P. (1993) Self-protective processes in decision making, Psychological Bulletin, 11

Larrick, R. P. (2007) Debiasing. Koehler, D. & Harvey, N., Blackwell handbook of judgment and decision making, 316-337.

Larrick, R. P., Morgan, J. N., & Nisbett, R. E. (1990) Teaching the use of cost-benefit reasoning in everyday life, Psychological Science, 1, 362-70.

Larrick, R. P., Nisbett, R. E., & Morgan, J. N. (l993) Who uses the normative rules of choice? Implications fot the normative status of microeconomic theory, Organizational Behavior and Human Decision

Processes, 56, 331-47.

Latane, B., Williams, K., & Harkins, S. (1979) Many hands make light the work: The causes and consequences of social loafing, Journal of Personality and Social Psychology, 37, 822-32.

Laughlin, P. R. & Ellis, A. L. (l986) Demonstrabillty and social combination processes on mathematical intellective tasks, Journal of Experimental Social Psychclogy, 22, 177-89.

Lawrence, M. J. & O'Connor, M. (1992) Exploring judgmental forecasting, International Journal of Forecasting, 8(1), 15-26.

Leary, M. R. (1981). The distorted nature of hindsight. Journal of Social Psychology, 115, 25-29.

Leary, M. R. (1982). Hindsight distortion and the 1980 presidential election. Personality and Social Psychology Bulletin, 8, 257-263.

Lee, M. D. & Cummins, T. D R. (2004) Evidence accumulation in decision making. Unifying "Take the best" and "rational" models, Psychonomic Bulletin & Review, l1, 343-52.

Lehman, D. R. & Nisbett, R. E. (1990). A longitudinal study of the effects of undergraduate education on reasoning, Developr1!ental Psychology, 26, 952-60.

Leippe, M. R., Wel1s, G. L., & Ostrom, T. M. (1978). Crime seriousness as a determinant of accuracy in eyewitness identification. Journal of Applied Psychology, 63, 345-351.

Leon, O. G. (1997) On the death of SMART and the blrth of GRAPA, Organizational Behavior and Human Decision Processes, 71, 249-62.

Lerner, J. S. & Tetlock, F. E. (1999) Accounting for the effects of accountability, Psychological Bulletin, 125, 225-75

Levin, S J. & Levine, D. S. (1996) Multiattribute decision making in context: A dynamic neural network methodology, Cognitive Science, 20, 271-99.

Levin, J. P., Wasserman, E. A. & Kao, S. F. (1993). Multiple methods for examining biased information use in contingency judgments. Organizational Behavior and Human Decision Processes, 55, 228-250.

Levine, L. J. (1997) Reconstructing memory for emotions, Journal of Experimental Psychology General, 126, 165-77.

Lewis, D. (1976) Probabilities of conditionals and conditional probabilities, Philosophical Review, 85, 297-315.

Lichtenstein, S., & Fischhoff, B. (1977). Do those who know more also know more about how much they know? Organizational Behavior and Human Performance, 20, 159-183.

Lichtenstein, S., & Fischhoff, B. (1980). Training for calibration. Organizational Behavior and Human Performance, 26, 149-171,

Lichtenstein, S., Fischhoff, B., & Phillips, L. D. (1982). Calibration of probabilities: The state of the art to 1980. In D. Kahneman, P. Slovic, & A. Tversky (Eds.), Judgment under uncertainty: Heuristics and biases. Cambridge, England: Cambridge University Press.

Lichtenstein, S. & Slovic. P. (1971) Reversal of preference between bids and choices in gambling decisions, Joural of Experimental Psychology, 89, 46-55.

Lichtenstein, S. & Slovic, P. (1973) Response-induce reversals of preference in gambling. An extended replication in Las Vegas, Journal of Experimental Psychology, 101, 16-20.

Lindman, H. R. (l971) Inconsistent preferences among gamblers, Journal of Experimental Psychology 89, 390-7.

Link, S. W. & Heath, R. (1975) A sequential theory of psychological discrimination, Psychometrika,, 40, 77-111.

Lipe, M. G. (1990). A lens-model analysis of covariation research. Journal of Behavioral Decision Making, 3, 47-59.

List, J. A. (2002) Preference-reversals of a different kind: The "more is less" phenomenon. American Economic Review, 92, 1636-43.

Lober, K. & Shanks, D. R. (2000). Is causal induction based on causal power? Critique of Cheng (1997). Psychological Review, 10(1), 195-212.

Loewenstein, G. (l996) Out of control: visceral influences on behavior, Organizational Behavior and Human Decision Processes, 65, 272-92.

Loewenstein, G. & Schkade, D. (1999) Wouldn't it be nice? Predicting future feelings. In D. Kahneman, E. Diener, and N. Schwartz. (eds.), Well-being: The Foundatiom of Hedonic Psychology. New York, NY: Russell Sage Foundation.

Loftus, E. F. (1979) Eyewitness testimony. Cambridge, MA: Harvard University Press.

Loftus, E. (1980). Memory: Surprising new insights into how we remember and why we forget. New York: Ardsley House.

Loftus, E. F., & Palmer, J. C. (1974). Reconstruction of automobile destruction: An example of the interaction between language and memory. Journal of Verbal Learning and Verbal Behavior, 13, 585-589.

Loomes, G. and R. Sugden. (1982) Regret Theory: An Alternative Theory of Rational Choice under Uncertainty. Economic Journal 92, 805-824.

Loomes, G. & R. Sugden (1987). Some Implications of a More General Form of Regret Theory, Journal of Economic Theory 41, 270-287.

Lopes, L. L. (1992) Risk perception and the perceived public. In D. W. Bromley and K. Segerson (eds.), The Social Response to Environmental Risk (pp. 57-73). Boston: Kluwer Academic Publishers.

Lopez de Sa, D. (2010). How to Respond to Borderline Cases. Dietz, R. Morruzi, S. Ed. Cuts & Clouds. Vagueness, Its nature, and Its logic. Oxford Univ. Press. New York. 327-340

Lord, C. G., Lepper, M. R., & Preston, E, (1984). Considering the opposite: A corrective strategy for social judgment. Journal of Personality and Social Psychology, 47, 1231-1243.

Lord, C. G., Ross, L. & Lepper, M. R. (1979). Biased assimilation and attitude polarization: The effects of prior theories on subsequently considered evidence. Journal of Personality and Social Psychology. 37, 2098-2109.

Loy, J, W., & Andrews, D. S. (1981). They also saw a game: A replication of a case study. Replications in Social Psychology, 1, 45-49.

Luan, S., Sorkin, R. D., and Itzkowitz, J. (2004) Weighing information from outside sources: A biased process, Journal of Behavioral Decision Making, 17, 95-116.

Luce, R. D. (1956), "Semiorders and a Theory of Utility Discrimination; Econometrica, 78-191.

Luce, R. D · (l959) Individual Choice Behavior. New York: Wiley.

Luce, M. F. (l998) Choosing to avoid: Coping with negatively emotion-laden consumer decisions, Journal of Consumer Research, 24, 409-33.

Luce, R. D. (2000) Utility of Gains and Losses. Mahwah, NJ: Erlbaum.

Luce, M. F., Bettman J. R., & Payne, J. W, (1997) Choice processing in emotionally difficult decisions, Journal of Experimental Psychology: Learning, Memory, and Cognition, 23, 384-405.

Luce, M. F., Bettman, J. R., & Payne, J. W. (200l) Emotional Decisions: Tradeoff Difficulty and Coping in Consumer Choice, Monographs of the Journal of Consumer Research, 1. Chicago: University of Chicago Press.

Luce., R. D. and D. H. Krantz (1971), Conditiona1 Expected Utility. Econometrica, 39, 253-271.

Luce. R. D. and L. Narens (1985) Classification of Concatenation Measurement Structures According to Scale type. Journal of Mathematical Psychology 29: 1-72.

Luce, M. F., Payne, J. W., & Bettman, J. R. (1999) Emotional trade-off difficulty and choice, Journal of Marketing Research, 36, 143-59.

Luce, M. F., Payne, J. W., & Bettman, J. R. (2000) Coping with unfavorable attribute values in choice, Organizational Behavior and Human Decision Processes, 81, 274-99.

Luce, R. D. & Suppes, P. (l965) Preference, utility, and subjective probability. In R. D. Luce, R. R. Bush, and E. Galanter (eds.), Handbook of Mathematical Psychology (vol. 3, pp.249-410). New York: Wiley.

Luck, R. F., vall den Bosch, R., & Garcia, R. (1977). Chemical insect control - A troubled pest management strategy. Bio-Science, 606-611.

MacCoun, R. J. (1998). Biases in the interpretation and use of research results. Annual Review of Psychology. 49, 259-287.

Machina, M. J. (1982). 'Expected Utility' analysis without the independence axiom. Econometrica 50(2), Z77-323.

Machina, M. J., (2004), "Almost-Objective uncertainty," Economic Theory, 24: 1-54.

Machina, M. J., and D. Schmeidler (1992), "A More Robust Definition of Subjective Probability," Econometrica, 60: 745-780

MacKay, D. J. C. (1992) Bayesian interpolation, Neural Computation, 4, 415-47.

Mackie, J. L. (1974), the cement of the universe: A study of causation, Oxford: Oxford. University Press.

Mackie, D. M. & Worth L. T. (1989). Cognitive deficits and the mediation of positive effect in persuasion. Journal of Personality and Social Psychology, 57, 27-40

Magat, W., Viscusi, K., & Huber, J. (l987) Risk-dollar tradeoffs, risk perceptions, and consumer behavior, In W, Viscusi & W. Magat (eds.) Learning About Risk (pp.83-9), (7). Boston, MA: Harvard University Press.

March, J. G. (1998) Decisions and Organizations. Oxford: Basil Blackwell.

Marks, I. E., and D. Algom (1998), "Psychophysical Scaling," in M. H. Birnbaum (ed.), Measurement, Judgment, and Decision Making. New York: Academic Press, pp.81-136.

Marr, D. (l982) Vision. Cambridge, MA: MIT Press.

Martignon, L & Hoffrage, U. (1999) Why does one-reaon decision making work? A case study in ecological rationality. In Gigerenzer, P., M. Todd, and the ABC Research Group, Simple Heuristics that Make Us Smart (pp.119-40). New York: Oxford University Press.

Martignon, L. & Hoffrage, U. (2002) Fast, frugal and fit: Lexicographic heuristics for paired comparison. Theory and Decision, 52, 29-71.

Martignon, L. & Krauss, S. (2003) Can L'Homme Eclaire be fast and frugal? Reconciling Bayesianism and bounded rationality. In S. L. Schneider and J. Shanteau (eds.), Emerging Perspectives on Judgment and Decision Research (pp.108-22). Cambridge: Cambridge University Press.

Mas-Colell et, al. (1995). Microeconomic Theory. New York: Oxford Press.

Mason, R. & Mitroff, I. (1981) Challenging Strategic Planning Assumptions. New York: Wiley.

Mather, M., Shafir, E., & Johnson, M. K. (2000) Mis-remembrance of options past: Source monitoring and choice, Psychological Science, 11, 132-8.

McCord. M and de Neufville. R. (1983), Empirical demonstration that expected utility analysis is not operational, In Stigum. D. and Wenstop. F. (ed.), Foundations of Utility and Risk with Applications, Dordrecht, Holland, Reidel.

McGrath, R. G. & MacMillan, I. (1995) Discovery-driven planning, Harvard Business Review, July-August),4-12.

McHoskey, J. W. (1995). Case closed? On the John F. Kennedy assassination: Biased assimilation of evidence and attitude polarization. Basic Applied Social Psychology, 17, 395-409.

McKenzie, C. (2007). Hypothesis Testing and Evaluation. Blackwell Handbook of Judgment and decision Making edited by Koehler & Harvey, Blackwell, 200-219.

McKenzie. C. R. M. & Mikkelson. L. A. (2007). A Bayesian view of covariation assessment. Cognitive Psychology, 54(1), 33-61.

MacKay, D. J.e. (1992) Bayesian interpolation, Neural Computation, 4, 415-47.

Mackie, D. M. & Worth, L. T. (1989). Cognitive deficits and the mediation of positive affect in persuasion. Journal of Personality and Social Psychology, 57, 27-40.

Martignon, L. & Krauss, S. (2003) Can L'Homme Eclaire be fast and frugal? Reconciling Bayesianism and bounded rationality. In S. L. Schneider and J. Shanteau (eds.), Emerging Perspectives on Judgment and Decision Research (pp.108-22). Cambridge: Cambridge University Press.

McKenzie, C. R. M. & Amin, M. B. (2002) When wrong predictions provide more support than right ones, Psychonomic Bulletin & Review, 9, 821-8.

McKenzie, C. & Mikkelson, L. A. (2007). A Bayesian view of covariation assessment. Cognitive Psychology, 54(1), 33-61.

McKenzie, C., Ferreira, V. S., Mikkelsen, L. A., McDermott, K. J. & Skrable, R. P. (2001). Do conditional hypotheses target rare events? Organizational Behavior and Human Decision Processes, 85, 291-309.

McLeod. P. & Dienes, Z. (l996) Do fielders know where to go to catch the ball or only how to get there? Journal of Experimental Psychology: Human Perception and Performance, 22, 531-43.

McMillen, D., Smith S., & Wells-Parker, E. (1989). The effects of alcohol, expectancy, and sensation seeking on driving risk taking, Addictive Behaviors, D, 477-483.

Medin, D. L., Coley, J. D., Storms, G., & Hayes, B. (2003) A relevance theory of induction. Psychonomic Bulletin and Review, 10(3), 517-32

Meehl P. E. (1954) Clinical vs. Statistical Prediction: A Theoretical Analysis and a Review of the Evidence. Minneapolis, MN: University of Minnesota Press.

Meehl, P. E. (l954) Clinical vs. Statistical Prediction: A Theoretical Analysis and a Review of the Evidence. Minneapolis, MN: University of Minnesota Press.

Mellers, B. A. & Biagini, K. (l994) Similarity and choice, Psychological Review, 101, 505-18.

Mellers, B. A., Chang, S., Birnbaum, M. H., & Ordonez, L. D. (1992) Preferences, prices and ratings in risky decision making. Journal of Experimental Psychology. Human Perception and Performance, 18,

347-61.
Mellers B. A, Ordonez, L. D., & Birnbaum, M. H. (1992) A change-of-process theory for contextual effects and preference-reversals in risky decision making. Organizational Behavior and Human Decision Processes, 52, 331-69.
Merton, R. K. (1948). The self-fulfilling prophecy. Antioch Review, 8, 193-210.
Merton, R. K. (1973). The Sociology of Science. University of Chicago Press, Chicago,
Michalewicz, Z. & Fogel, D. B. (2000) How to Solve It: Modern Heuristics. New York: Springer.
Mill, J. S. (l856) A System of Logic. London: Parker.
Miller, N., & Campbell, D. T. (1959). Recency and primacy in persuasion as a function of the timing of speeches and measurements. Journal of Abnormal and Social Psychology, 59, 1-9.
Miller, D. T., & Turnbull, W. (1986). Expectancies and interpersonal processes. Annual Review of Psychology, 37, 233-256.
Miller, D,T" Turnbull, W, & McFarland, C, (1990), Counterfactual thinking and social perception: Thinking about what might have been. In M.P. Zanna (Ed.), Advances in Experimental Social Psychology, Vol. 23 (pp.305-331). New York: Academic Press.
Minsky, M. (1975) A framework for presenting knowledge. In P. Winston (ed.), The Psychology of Computer Visions. New York, NY: McGraw-Hill.
Mintzberg, H. A. (l980). The Nature of Managerial Work. Englewood Cliffs, NJ: Prentice Hall.
Mintzberg, H. A. (1993). The Rise and Fall of Strategic Planning. New York: Free Press.
Mitchell T. M. (1997) Machine Learning. New York McGraw-Hill International.
Miyamoto, J. M. (1988), 'Generic utility theory: measurement foundations and applications in multi-attribute utility theory', Journal of Mathematical Psychology' 32. 351-404.
Montgomery, D. A. & Sorkin, R. D. (1996) Observer sensitivity to element reliability in a multi-element visual display, Human Factors, 38, 484-94.
Moore, 1. H., and M. G. Chang. (1980 Fall). Design of Decision Support Systems. Data Base, Vol. 12, No. 1 and 2.
Morecroft, J. & Sterman, J. (1994) Modeling for Learning Organizations. Portland, OR; Productivity Press.
Morgan, M. G. & Henrion, M. (1998) Uncertainty. New York, USA. Cambridge University Press.
Mulligan, E. J. & Hastie, R. (2005). Explanations determine the impact of information on financial investment judgments. Journal of Behavioral Decision Making, 18,145-156.
Murphy, A. H., & Brown, B. G. (1984). A comparative evaluation of objective and subjective weather forecasts in the United States. Journal of Forecasting, 3, 369-393.
Murphy, G. L. & Ross, B. H. (1994) Predictions from. uncertain Categorizations, Cognitive Psychology, 27, 148-93.
Murphy, A. H., & Winkler, R. L. (1984). Probability forecasting in meteorology. Journal of the American Statistical Association, 79, 489-500.
Musch, J. (2003). Personality differences in hindsight bias. Memory, 11(4/5), 473-489.
Mussweiler, T., Strack, F., & Pfeiffer, T. (2000) Overcoming the inevitable anchoring effect: Considering the opposite compensates for selective accessibility. Personality and Social Psychology Bulletin, 26, 1142-1150.
Myers, D. G. (1990). Social psychology (2nd ed.). McGraw-Hill: New York.
Myers, D. G. (2002) Intuition: Its Powers and Perils. New Haven, CT: Yale University Press.
Myers, D. G. (2005). Social psychology (8th edn). New York: McGraw-Hill.
Mynatt, C. R., Doherty, M. E., & Tweney, R. D. (1977). Confirmation bias in a simulated research environment: An experimental study of scientific inference. Quarterly Journal of Experimental Psychology, 29, 85-95.
Nakamura, Y. (1984) Nonlinear Measurable Utility Analysis. Ph. D, dissertation, University of California. Davis.
Nakayama, K. (200l) Modularity in perception, and its relation to cognition and knowledge. In E. B. Goldstein (ed.), Blackwell Handbook of Perception. Oxford: Blackwell.
Nathanson, S., Brockner, J., Brenner, D., Samuelson, C., Countryman, M., Lloyd, M., & Rubin, J. Z. (1982). Toward the reduction of entrapment. Journal of Applied Social Psychology, 12, 193-208.
Nau, R & Clemen, R. (l996) Making Hard Decisions: An Introduction to Decision Analysis (2nd. edn.). Boston, MA: PWS-Kent Publishing Co.
Naylor, C. D. (200l) Clinical decisions: From art to science and back gain, The Lancet, 358, 523-4.

Nelson, R. R. & Winter, S. G. (1982). An Evolutionary Theory of Economic Change. Cambridge, Mass.: Harvard University Press.
Neuman, Y. (2003) Go ahead, prove that God does not exist! On high school students' ability to deal with fallacious arguments, Learning and Instruction, 13, 367-380.
Neuman, Y. & Weizman, E. (2003). The role of text representation in students' ability to identify fallacious arguments. The Quarterly Journal of Experimental Psychology. 56A(5), 849-864.
Newell, B. R., Rakow, T., Weston, N. J., & Shanks, D. R. (2004) Search strategies in decision making: the success of "success," Journal of Behavioral Decision Making. 17, 117-37.
Newell, B. R.. & Shanks, D. R. (2003) Take the best or look at the rest? Factors influencing "one reason" decision-making Journal of Experimental Psychology: Learning, Memory, and Cognition, 29, 53-65.
Newell, A. & Simon, H. A. (1972). Human Problem Solving. Englewood Cliffs, NJ: Prentice Hall.
Newell, B. R, Weston, N., & Shanks, D. R. (2003) Empirical tests of a fast and frugal heuristic: Not everyone "takes-the-best." Organizational Behavior and Human Decision Processes, 91, 82-96.
N'gbala, A. & Branscombe, N. R. (1995). Mental simulation and causal attribution: When simulating an event does not affect fault assignment. Journal of Experimental Social Psychology, 31, 139-162.
Niebuhr, R. (1976), Justice and Mercy. New York: Harper and Row.
Nisbett, R. E. (ed.) (1993) Rules for Reasoning. Hillsdale, NJ: Erlbaum.
Nisbett, R. E. (2003). 'The geography of thought: How Asians and Westerners think differently and why. New York Free Press.
Nisbett, R. E. & Ross, I. (l980) Human Inference: Strategies and Shortcoming of Social Judgment. Englewood Cliffs, NJ: Prentice-Hall.
Nisbett, R. E., Krantz., D. H., Jepson., D. H., & Kunda, Z. (1983) The use of statistical heuristics in everyday inductive reasoning, Psychological Review, 90, 339-63.
Nitzian, S. & Paroush, J. (1982) Optimum decision rules in uncertain dichotomous choice situations, International Economic Review, 23(2), 289-97.
Norman., D. A. (2002). The design of everyday things. (Originally published in 1988 as The psychology of everyday things.) New York: Basic Books.
Nosofsky, R. M. (1984) Choice, similarity, and the context theory of classification. Journal of Experimental Psychology: Learning, Memory, and Cognition, 10, 104-14.
Nosofsky, R. M. & Palmeri, T. J. (1997) An exemplar based random walk model of speeded classification, Psychological Review, 104, 266-300.
Novemsky, N. & Ratner, R. N. (2003) The time course and impact of consumers' erroneous beliefs about hedonic contrast effects, Journal of Consumer Behavior, 29, 507-16
Nowlis, S. M. & Simonson, I. (1994) The context-dependency of attributes as a determinant of preference-reversals between choices and judgments of purchase likelihood. Unpublished manuscript, Stanford University.
Nowlis, S. M. & Simonson, I. (1997). Attribute-task compatibility as a Determinant of consumer preference-reversals. Journal oj Marketing Research, 34, 205-18.
Nozick, R. (1993) The Nature of Rationality. Princeton, NJ: Princeton University Press.
Oaksford, M. & Chater, N. (l994) A rational analysis of the selection task as optimal data selection, Psychological Review, 101, 608-31.
Oaksford, M. & Chater, N. (l998) Rationality in an Uncertain World: Essays on the Cognitive Science of Human Reasoning. Hove, UK: Psychology Press.
O'Connor, M. Remus, W., & Griggs, K. (1993) Judgmental forecasting in times of change, International Journal of Forecasting, 9, 163-72.
Ofir, C. 81 Mazursky, D. (1997). Does a surprising outcome reinforce or reverse the hindsight bias? Organizational Behavior and Organizational Decision Proceses. 39, 51-57.
O'Gorman, J. (1998) ABC of Architecture. Philadelphia: University of Pennsylvania Press.
Oskamp, S. (1965). Overconfidence in case study judgments. Journal of Consulting Psychology, 29, 261-265.
Over, D. E. (2002) The rationality of evolutionary psychology. In J. L. Bermudez & A. Millar (eds.), Reason and Nature: Essays in the Theory of Rationality. Oxford: Oxford University Press.
Over, D. E. (2007) Rationality and the Normative/ Descriptive Distinction. Blackwell Handbook of Judgment and decision Making edited by Koehler & Harvey, Blackwell, 3-18.
Over, D. E. & Evans, J. St. B. T. (2003) The probability of conditionals: The psychological evidence. Mind and Language, 18(4), 340-58.

Paese, P. W., & Sniezek, J. A. (1991). Influences on the appropriateness of confidence in judgment: Practice, effort, information, and decision making. Organizational Behavior and Human Decision Processes, 48, 100-130.

Pagin, P. (2010). Vagueness and Central Gaps. Dietz, R. & Morruzi, S. Ed. Cuts & Clouds. Vagueness, Its nature, and Its logic. Oxford Univ. Press. New York. 254-272

Payne, J. W. (1976) Task complexity and contingent processing in decision making: An information search and protocol analysis, Organizational Behavior and Human Performance, 16, 366-87.

Payne, J. W. (1982) Contingent decision behavior, Psychological Bulletin, 92, 382-402.

Payne, J. & Bettman, J. (2007). Walking with the Scarecrow: The Information-processing Approach to Decision Research. Blackwell Handbook of Judgment and decision Making edited by Koehler & Harvey, Blackwell, 110-132

Payne, J. W., Bettman, J. R., & Johnson, E J. (1988) Adaptive strategy selection in decision making. Journal of Experimental Psychology: Learning, Memory, and Cognition, 14, 534-552.

Payne, J. W., Bettman, J. R., & Johnson, E. J. (1992) Behavioral decision research: A constructive processing perspective, Annual Review of Psychology, 43, 87-131.

Payne, J. W., Bettman, J. R., Johnson, E. J. (1993) The Adaptive Decision Making. Cambridge UK: Cambridge University Press.

Payne, J. W., Bettman, J. R., & Luce, M. F. (1996) When time is money: Decision behavior under opportunity-cost time pressure. Organizational Behavior and Human Decision Processes, 66, 131-52.

Payne, J. W., Bettman, J. R., and Schkade, D. A. (1999) Measuring constructed preference towards a building code, Journal of Risk and Uncertainty, 19, 243-70.

Payne, J. W. & Braunstein, M. L (1978) Risky choice: An examination of information acquisition behavior. Memory & Cognition, 6, 554-61.

Peeters, G. (1971) The positive-negative asymmetry: On cognitive consistency and positive bias, European Journal of Social Psychology, 1, 455-74.

Perlmuter, L. C. & Monty, R. A. (l977) The importance of perceived control: Fact or fantasy? American Scientist, 65 (November-December), 759-65.

Penner, L. A. & Davis, J. H. (1969) Conformity and the "rational" use of unanimous majorities, Journal of Social Psychology, 78, 299-300.

Pennington, N. & Hastie, R. (1986). Evidence evaluation complex decision making. Journal of Personality and Social Psychology, 51, 242-258.

Pennington, N. & Hastie, R (1988). Explanation-based decision making: The effects on memory structure on judgment. Journal of Experimental Psychology: Learning, Memory, and Cognition, 14, 521-533.

Pennngton, N. & Hastie, R. (1992). Explaining the evidence: Tests of the story model for juror decision makig. Journal of Personality and Social Psychology, 62(2), 189-206.

Pennington, N. & Hastie, R. (1993). Reasoning in explanation-based decision making. Cognition, 49, 123-163.

Pennington, D. C., Rutter, D. R., McKenna, K., & Morley, I. E. (1980). Estimating the outcome of a pregnancy test: Women's judgments in foresight and hindsight. British Journal of Social and Clinical Psychology, 19, 317-324.

Penrod, S, & Hastie, R. (1979) Models of jury decision making: A critical review, Psychological Bulletin, 86(3), 462-92.

Penrose, R. (1997). The Large, the Small, and the Human Mind. Cambridge: Cambridge University Press.

Perales, J. C. & Shanks, D. R. (2003). Normative and descriptive accounts of the influence of power and contingency on causal judgment. Quarterly Journal of Experimental Psychology, 56(6), 977-1907

Perkins, D. N. (1985). Postprimary education has little impact on informal reasoning. Journal of Educational Psychology, JJ, 562-571.

Perlmuter, L. C. & Monty, R. A. (1977) The importance of perceived control: Fact or fantasy? American Scientist, 65 (November-December), 759-65.

Pete, A., Pattipati, K. R., & Kleinman, D. I. (1993a) Distributed detection in teams with partial information: A normative-descriptive model. IEEE Transactions on Systems, Man, and Cybernetics, 23(6), l626-48.

Pete, A., Patlipati, K. R., & Kleinman, D, I. (1993b) Optimal team and individual decision rules in unCertain dichotomous situations, Public Choice, 75, March, 205-30.

Petty, R. E. & Cacioppo, J. T. (1986). The elaboration likelihood model of persuasion. In. I. Berkowitz (Bd.), Advances in experimental social psychology: Vol. 19. New York: Academic Press.

Petty, R. E., Schumann, D. W., Richman, S. A. & Strathuman, A. J (1993). Positive mood and persuasion: Different roles for affect under high and low elaboration conditions. Journal of Personality and Social Psychology, 64, 5-20.

Pezzo, M. V, (2003). Surprise, defence. or making sense: What removes hindsight bias? Memory, 11 (4/5),421-441.

Pham, M. T. (1998) Representativeness, relevance, and the use of feelings in decision making Journal of Consumer Research, 25, 144-59.

Phillips, J., G. Klein, & W. Sieck (2007). Expertise in Judgment and Decision Making: A Case for Training Intuitive Decision Skills. Blackwell Handbook of Judgment and Decision Making edited by Koehler & Harvey, Blackwell, 297-315

Phillips, J. K., Klein, G. & Sieck, W. R. (2007) Expertise in Judgment an Decision Making: A Case for Training Intuitive Decision Skills In Koehler, D. & Hatvey, N. (eds.) Blackwell Handbook of Judgment and Decision Making.

Piaget, J. & Inhelder, B. (1951) The Genesis of the Idea of Chance in the Child. Paris: Presses Universitaires de France.

Pidgeon, N. & Gregory R. (2007). Judgment, Decision Making, and Public Policy. Blackwell Handbook of Judgment and decision Making edited by Koehler & Harvey, Blackwell.

Platt, J. (1973). Social traps. American Psychologist, 28, 641-651.

Platt, M. L. (2002) Neural correlates of decisions, Current Opinion in Neurobiology, 12(2), 141-8.

Plott, C. R. (1996) Rational individual behavior in markets and social processes: The discovered preference hypothesis. In K. Arrow, E. Collombatto, M. Perlaman, and C. Schmidt (eds.), The Rational Foundations of Economic Behavior. London: Macmillan.

Plous, S. (1993) The Psychology of Judgment and Decision Making. New York: USA. 15-47

Polya, G. (1954) Mathematics and Plausible Reasoning Vol. 1: Induction and Analogy in Mathematics. Princeton, NJ: Princeton University Press.

Pommerehne, W. W., Schneider, F., & Zweifel, P. (1982) Economic theory of choice and preference-reversal phenomenon: A reexamination, American Economic Review, 72, 569-74.

Popper, K. R. (1934). Logik der Forschung, English edition (1958), The Logic of Scientific Discovery. London: Hutchinson and Co. Reprinted (1961), New York: Science Editions.

Prelec, D. (1989), On the Shape of the Decision Weight Function," Unpublished manuscript, Harvard Graduate School of Business Administralion.

Prelec, D. & Herrnstein, R. (1993) Preferences or principles: Alternative guidelines for choice. In R.J. Zeckhauser (ed.), Strategy and Choice. Cambridge, MA: MIT Press.

Prelec, D., & Loewenstein, G. (l998) The red and the black : mental accounting of savings and debt, Marketing Science. 17, 4-28.

Presson, P. & Benassi, V, (l996) Illusion of control: A meta-analytic review, Journal of Social Behavior and Personality, 11, 493-510.

Priest, G. (2010). Non-Transitive Identity. Dietz, R. & Morruzi, S. Ed. Cuts & Clouds. Vagueness, Its nature, and Its logic. Oxford Univ. Press. New York. 406-416.

Pronin, E., Lin, D. Y. & Ross, I. (2002) The bias blind spot: Perception of bia in self versus others, Personality and SOlial Psychology Bulletin, 28, 369-81.

Pyszczynski, T., Greenberg, J. & Holt, K. (1985). Maintaining consistence between self-serving beliefs and available data: A bias in information evaluation following success and failure. Personality and Social Psychology Bulletin, 21, 195-211.

Quiggin, J. (1979), The theory of the multiproduct firm under uncertainty, Australian National University, B. Ec. Honors thesis.

Quiggin, J. (1981) 'Risk perception and Risk aversion among Australian farmers. Australian Journal of Agricultural Economic 25(2), 160-9.

Quiggin, J. (1982) a theory of anticipated utility, Journal of Economic Behavior and Organization, 3 (4)323-43

Quiggin J. (l989) Sure things-Dominance and independence rules for choice under uncertainty. Annals of Operations Research 15, 335-57.

Quine, W. V. (l969), Epistemology Naturalized. in Ontological Relativity and Other Essays. New York: Columbia University Press.

Rabin, M. (2002) A perspective on psychologr and economics, European Economic Review, 46, 657-85.

Radner, R. (1975). Satisficing. Journal of Mathematical Economics 2, 253-62.
Raffman, D. (2010). Demoting Higher-Order Vagueness. Dietz, R. & Morruzi, S. Ed. Cuts & Clouds. Vagueness, Its nature, and Its logic. Oxford Univ. Press. New York. 509-522.
Raiffa, H. (1961) Risk. Ambiguity. and the Savage Axioms: Comments. Quarterly Journal of Economics 75: 690-694.
Raifa, H. (1968) Decision Analysis introductory Lectures on Choice under Uncertainty. Reading, MA Addison-Wesley.
Ramsey, F. P. (1931a) The Foundation of Mathematics and Other Logical Essays. London: Routledge and Kegan Paul.
Ramsey, F. P. (1931b), Truth and Probability, in The Foundation of Mathematics and Other Logical Essays. London: Routledge and Kegan Paul, pp.156-198.
Ranyard, R. (1997) Decision Making: Cognitive Models and Explanations. London: Routledge.
Rappoport, L. & Summers, D. A. (eds.) (1973) Human Judgment and Social Interaction. New York: Holt, Rinehart and Winston.
Ratcliff, R. (1978) A theory of memory retrieval, Psychological Review, 85, 59-108.
Ratner, R. K., Kahn, B. E., & Kahneman, D. (l999) Choosing less-preferred experiences for the sake of variety. Journal of Consumer Research, 26,1-15.
Raynor, W. (1996). The International Dictionary of Artificial Intelligence. London: Glenlake Publishing.
Read, D., Loewenstein, G., & Rabin, M. (1999) Choice bracketing, Journal of Risk and Uncertainty, 19, 171-97.
Read, S. J., Vanman, E. J., & Miller, L. C. (1997) Connectionism, parallel constraint satisfaction and gestalt principles: (Re)introducing cognitive dynamics to social psychology, Personality and Social Psychology Review, 1, 26-53.
Reibman, A. R. & Nolte, L. W. (1987a) Optimal detection and performance of distributed senor systems, IEEE Transactions on Aerospace and Electronic Systems. AES-23(1), 24-30.
Reibman, A. R & Nolte, L. W. (1987b) Design and performance comparison of distributed detection networks, IEEE Transactions on Aerospace and Electronic Systems, AES-23(6), 789_97.
Reilly, R J. (1982) Prefernce-revenal: Further evidence and some suggested modifications in experimenal design, Americαη Economic Review, 72, 576-84.
Reimer, T. & Katsikopoulos, K. (2004) The use of recognition in group decision-making, Cognitive Science, 28, 1009-29.
Rescorla, I. A. & Wagner, A. L (1972). A theory of Pavlovian conditioning: Variations on the effectiveness of reinforcement and nonreinforcement. In L. H. Black & W. F. Prokasy (Eds.), Classical conditioning II: Current research and theory (pp.64-99). New York: Appleton-Century-Crofts.
Reilly, R. J. (1988) Preference-reversal: Further evidence and some suggested modifications in experimental design, American Economic Review, 72, 576-84.
Rich, E., and K. Knight. (1991). Artificial Intelligence, 2nd ed. New York: McGraw-Hill.
Rieskamp, J. & Hoffrage, U. (1999) When do people use simple heuristics, and how can we tell? In G. Gigerenzer, P. M. Todd and thv. ABC Research Group, Simple Heuristirc that Make us Smart (pp l41-6). New York: Oxford University Press.
Rieskamp, J. & Otto P. E. (2004) Adaptive strategy selection in decision making: The learning rule theory. Manuscript submitted for publication.
Ringland, G. (1998) Scenario Planning. New York: Wiley.
Rips, I. (1975) Inductive judgments about natural categories, Journal of Verbal Learning and Verbal Behavior, 14, 665-81.
Robbins, J. (1987). Diet for a new America. Walpole, NH: Stillpoint Publishing.
Roberts, S. & Pashler, H. (2000) How persuasive is a good fit? A comment on theory testing. Psychological Review, 107, 358-67.
Robinson, M. D. & Clore, G. L. (2002) Belief and feeling: Evidence for an accessibility model of emotional self-report, Psychological Bulletin, 128, 934-60.
Rode, C., Cosmides, L., Hell, W., & Tooby, J. (1999) Then and why do people avoid unknown probabilities in decisions under uncertainty? Testing some predictions from optimal foraging theory, Cognition, 72, 269-304.
Roe, R., Busemeyer, J, R., & Townsend, J. T. (2001) Multi-alternative decision field theory: A dynamic connectionist model of decision-making, Psychological Review, 108, 370-92.

Roell, A. (1987), Risk-aversion in Quiggin and Yaari's rank-order model of choice under uncertainty. Econonic Journal 91, 143-59.

Roese, N. J. (1994). The functional basis of counterfactual thinking. Journal of Personality and Social Psychology, 66(5), 805-818.

Roese, N. J. (1997). Counterfactual thinking. Psychological Bullletin, 121(1), 133-148.

Roese, N. (2007). Twisted Pair: Counter-factual Thinking and the Hindsight Bias. Handbook of Judgment and Decision Making edited by Koehler & Harvey, Blackwell

Ronis, D. L., & Yates, J. F. (1987). Components of probability judgment accuracy: Individual consistency and effects of subject matter and assessment method. Organizational Behavior and Human Decision Processes, 40, 193-218.

Rosander. K. & Hofsten, C. von (2002) Development of gaze tracking of sma11 and large objects. Experimental Brain Research, 146, 157-64.

Rosch, E. H. (1973) Natural categories, Cognitive Psychology, 4, 328-50.

Rosenthal. R. (1987, December). Pygmalion effects: Existence, magnitude and social importance. Educational Researcher, pp.37-41.

Rosenthal, R., & Jacobson, L. (1968), pygmalion in the classroom: Teacher expectation and pupils' intellectual development. New York: Holt, Rinehart & Winston.

Ross, L., Lepper, M., & Hubhard, M. (1975), Perseverance in self perception and social perception: Biased attributional processes in the debriefing paradigm. Journal of Personality and Social Psychology, 32, 880-892.

Ross, L., Lepper, M., Strack, F., & Steinmetz, J. (1977). Social, explanation and social expectation: Effects of real and hypothetical explanations on subjective likelihood. Journal of Personality and Social Psychology, 37, 817-829.

Rostek, M. (2006), "Quartile Maximization in Decision Theory;' forthcoming in the Review of Economic Studies.

Roth, A., and I. Erev. 1995. Learning in extensive form games. Games Econ. Behav. 8: 164-212.

Rottenstreich, Y. & S. Shu (2007). The Connections between Affect and Decision Making: Nine Resulting Phenomena. Blackwell Handbook of Judgment and decision Making edited by Koehler & Harvey, Blackwell. 444-463

Rubin, J. Z., Brockner, J., Small-Wen, S., & Nathanson, S. (1980). Factors affecting entry into psychological traps. Journal of Conflict Resolution, 24, 405-426.

Rumelhart, D., & McClelland, J. L. (1986) Parallel Distributed Processing: Explorations in the Microstructure of Cognition (vol. 1). Cambridge, MA MIT Press.

Rusbult, C. E.. (1980). Commitment and satisfaction in romantic associations: A test of the investment model. Journal of Experimental Social Psychology, 16, 172-186.

Russell, B. (1946), A History of Western Philosophy. Great Britain: Allen & Unwin.

Russo, J. E. & Dosher, B. A. (1983) Strategies for multiattribute binary choice. Journal of Experimental Psychology: Learning, Memory and Cognition, 9, 676-96.

Russo, J, E., Meloy, M. G., & Medvec, V. H. (1998) Predecisional distortion of product information. Journal of Marketing Research, 35, 438-52.

Russo, J. E., & Schoemaker, P. J. H. (1989). Decision traps: Ten barriers to brilliant decision making am how to overcome them. New York: Simon & Schuster.

Russo, J. E. & Schoemaker, P. J. H. (1992) Managing overconfidence, Sloan Management Review, Winter, 7-18.

Russo, J. E. & Schoemaker, P. J. H. (2001) Winning Decisions. New York: Doubleday Publishing Co.

Ryback, D. (1967). Confidence and accuracy as a function of experience in judgment- making in the absence of systematic feedback. Perceptual and Motor Skills, 24, 331-334.

Sa, W. C., Kelley, C. N., Ho, C. & Stanovich: K. E. (2005). Thinking about personal theories: individual differences in the coordination of theory and evidence. Personality and Individual Differences, 38, 1149-1161.

Sa, W. C., West. R. F. & Stanovich, K. E. (1999). The domain specificity and genenality of belief bias: searching for a generalizable critical thinking skill. Journal of Educational Psychology, 91(3), 497-510.

Shafir, E. (1993) Choosing versus rejection: Why some options are both better and worse than others. Memory and Cognition, 21(4), 546-56.

Shafir, S (1994). Intransitivity of preferences in honey bees: support for 'comparative' evaluation of foraging options. Animal Behaviour, 48, 55-67

Shafir, E., Diamond, P., & Tversky, A. (1997) Money illusion, Quarterly Journal of Economics, 112, 342-74.

Shafir, E. & LeBoeuf, R. A. (2007) Context and Conflict in Multiattribute Choice. Blackwell Handbook of Judgment and Decision Making edited by Koehler & Harvey, Blackwell, 341-359.

Samuelson, P. (1963) Risk and uncertainty: A fallacy of large numbers, Scientia, 98, 108-13.

Sauermann, H., & R. Selten. 1962. Anspruchsanpassungstheorie der Unternehmung. Z. ges. Staatswiss. 118: 577-597.

Samuelson, W. & Zeckhauser, R. (1988) Status quo bias in decision making, Journal of Risk and Uncertainty, 1, 7-59.

Sann., LJ, Schwarz, N. & Stocker, S. L. (2002). When debiasing backfires: Accessible content and accessibility experiences in debiasing hindsight. Journal of Experimental Psychology. 28(3), 497~502.

Sanna, L. J. & Turley, K.J. (1996). Antecedents to spontaneous counterfactual thinking: Effects of expectancy violation and outcome valence. Journal of Personality and Socia[Psychology, 22, 506-919 .

Sanna, LJ., Schwarz, N. & Stocker, S. L. (2002). When debiasing backfires: Accessible content and accessibility experiences in debiasing hindsight. Journal of Experimental Psychology, 28(3), 497-502.

Sargent, T. 1993. Bounded Rationality in Macroeconomics. Oxford: Clarendon.

Sauermann, H., and R. Selten. 1962. Anspruchsanpassungs theorie der Unternehmung. Z. ges. Staatswiss. 118: 577-597.

Savage, L. J. (1954), The Foundations of Statistics. New York: John Wiley and Son. Second edition in 1972, Dover.

Schall, J. D. (200l) Neural basis of deciding, choosing, and acting, Nature Reviews: Neuroscience, 2, 33-42.

Schelling, T. (1971). The ecology of micromotives. Public Interest, 25, 61-98.

Schiffer, S. (1998). Schiffer, S, (1998) Two issues of vagueness, Monist 81.

Schkade, D. A. & Johnson, E. J (1989) Cognitive processes in preference-reversals, Organizational Behavior and Human Decision Processes, 44, 203-31.

Schkade, D. A. & Kahneman, D. (1997) Does living in California make people happy? A focusing illusion in judgments of life satisfaction, Psychological Science, 9, 340-6.

Schkade, D. A. & Kleinmuntz, D. N. (l994) Information displays and choice processes: Differential effects of organization, form, and sequence, Organizational Behavior and Human Decision Processes, 57, 319-37.

Schmeidler, D. (1984) Subjective Probability and Expected Utility Without Additivity." Preprint 84, Institute for Mathematics and Its Applications, University of Minnesota. Minneapolis.

Schmeid1er, D. (1989) Subjective probability and expected utility without additivity. Econometrica 57. 571-87.

Schoemaker, P. J. H. (1991) When and how to use scenario planning: A heuristic approach, with illustration, Journal of Forecasting, 10, 549-64,

Schoemaker, P. J, H. (l992) How to link strategic vision to core capabilities, Sloan Management Review, Fall, 67-81.

Schoemaker, 'P. J. H. (1993) Multiple scenario developing: Its conceptual and behavioral basis, Strategic Management Journal, 14, 193-213.

Scnoemaker, P. J. H. (1995) Scenario planning: A tool for strategic thinking, Sloan Management Review, Winter, 25-40.

Schoemaker, P. J. H. (1998) Twenty common pitfalls in scenario planning. In Learning from the Future (pp.422-31). New York: John Wiley & Sons.

Schoemaker, P. J. H. (2002) Profiting from Uncertainty. New York: Free Press.

Schoemaker, P. (2007). Forecasting and Scenario Planning: The Challenges of Uncertainty and Complexity. Handbook of Judgment and Decision Making edited by Koehler & Harvey, Blackwell

Schoemaker, P. J. H. & Randall, D. (2002) Managing Uncertainty: A Guide for Credit Unions. Madison, WI: Credit Union Executives Society (CUES).

Schoemaker, P. & Russo, J. (200l). Managing frames to make better decisions. In S. Hoch and H. Kunreuther (eds.), Wharton on Making Decisions (pp.131-55). New York: John Wiley & Sons.

Schoemaker, P. J. H. & van der Heijden, K. A. J. M. (1992) Integrate scenarios into strategic planning at Royal Dutch/Shell, Planning Review, 20, 41-6.

Schustack, M. W. & Sternberg, R. J. (1981). Evaluation of evidence in causal inference. Journal of Experimental Psychology: General, 110, 101-120.
Schuster, H. G. (1995) Deterministic Chaos: An Introduction (3rd edn). New York: Simon & Schuster.
Schwartz, P. (1991) The Art of the Long View. New York: Doubleday.
Schwarz, S. & Stahlberg, D. (2003). Strength of hindsight bias as consequence of metacognitions. Memory. 11(4/5), 395-410.
Schwarz, N. & Vaughn, L. (2002) The availability heuristic revisited: Ease of recall and content of recall as distinct sources of information. In T. D. Gilovich, D. W. Griffin, & D. Kahneman (eds.), Huristics and Biases: The Psychology of Intuitive Judgment (pp.103-19). New York: Cambridge University Press.
Schwartz, B., Ward, A., Monterosso, J., Lyubomirsky, S., White, K. & Lehman, D. R. (2002) Maximizing versus satisficing: Happiness is a matter of choice. Journal of Personality and Social Psychology, 83, 1178-97
Scott, A. (2002). Identifying and analysing dominant preferences in discrete choice experiments: An application in health care, Journal of Economic Psychology, 23, 383-98.
Searle, J. R. (2004). Freedom and Neurobiology: Reflections on Free Will, Language, and Political Power, New York: Cambridge University Press.
Sedlmeier, P. (1999) Improving Statistical Reasoning: Theoretical Models and Practical Implications. Mahwah, NJ: Lawrence Erlbaum Associates.
Sedlmeier, P. & Gigerenzer, G. (2000) Was Bernoulli wrong? On intuitions about sample size, Journal of Behavioral Decision Making, 13, 133-9.
Sedlmeier, P., Hertwig, R., & Gigerenzer, G. (1998) Are judgments of the posisiojal fre혀두 s of letters systematica1 biased due to availability? Journal of Experimental Psychology: Learning, Memory, and Cognition, 24, 754-70.
Segal, U. (1984) Nonloinear Decision Weights with the Independence Axiom. paper 353, Department of Economics, University of California, Los Angeles.
Segal, U. (1987a) Some remarks on Quiggin's Anticipated Utility'. Journal of Economic Behavior and Organization 8(1). 145-54.
Segal. U. (1989). 'Anticipated utility: A measure representation approach', Annals of Operations Research 19, 359-74.
SeHen, R. (1998). Aspiration adaption theory. J. Math. Psych. 42:191-214.
Seidl, C. (2002) Preference-reversal, Journal of Economic Surveys, 16, 621-55.
Selten, R. (1967) Investitionsverhalten im Oligoexperiment. In: Beitrage zur experimentel1en Wirtschaftsforschung, ed. H. Sauermann, vol. 1, pp.60-102. Tubingen: J.C.B. Mohr.
Selten, R. (1991) Evolution, learning and economic behavior. Games Econ. Behav. 3: 3-24.
Selten, R. (1998a) Aspiration adaption theory. J. Math. Psych 42: 191-214.
Selten, R. (1998b) Features of experimentally observed bounded rationality. Eur. Ecan. Rev. 42: 413-436.
Selten, R. (2001) What is bounded rationality? In G. Gigerenzer and R. Selten(ed.), Bounded Rationality the Adaptive Toolbox (pp 13-36). Cambridge, MA: MIT Press.
Selten, R., and C. C. Berg. (1970) Drei experimentelle Oligospielserien mit kontinuierlichem Zeitverlauf. In: Beitrage zur experimentellen Wirtschafts-forschung, ed. H. Sauermann, vol. 2, pp.162-221. Tubingen: J.C.B. Mohr.
Selten, R., and J. Buchta. (1999) Experimental scaled bid first price auctions with directly observed bid functions. In: Games and Human Behavior, ed. D, Budescu, I. Erev, and R. Zwick, pp.79-102. Hillsdale, NJ: Erlbaum.
Selten, R., & R. Stoecker. (1986) End behavior in sequences of finite prisoner's dilemma supergames. J. Econ, Behav. Org. 7: 47-70.
Sen, A. (1993) Internal consistency of choice, Econometrica, 61, 495-521.
Sen, A. (2002) Rationality and Freedom. Cambridge, MA: Harvard University Press.
Senge, P. (1990) The Fifth Discipline. New York: Doubleday Inc.
Shafer, G. (1986), "Savage Revisited," Statistical Science, 1: 463-486.
Shaffer, D. M. & McBeath, M. K. (2002) Baseba1l outfielders maintain a linear optical trajectory when tracking uncatchable fly balls, Journal of Experimental Psychology: Human Perception and Performance, 28, 335-48.
Shafir, E. (1993) Choosing versus rejecting-why some options are both better and worse than others,

Memory and Cognition, 21, 546-56.
Shafir, E (1994). lntransitivity of preferences in honey bees: support for comparative evaluation of foraging options. Animal Behaviour, 48, 55-67.
Shafir, E., Diamond, P., & Tversky, A. (1997). Money illusion, Quarterly Journal of Economics, 112, 342-74.
Shafir, E, & R. Lebouef (2007). Context and Conflict in Multi-attribute Choice. Blackwell Handbook of Judgment and Decision Making edited by Koehler & Harvey, Blackwell, 341-359.
Shafir, E, Simonson, L., & Tversky, A (1993) Reason-based choice, Cognition, 49, 11-36.
Shanks, D. R. (l991) A connectionist account of base-rate biases in categorization. Connection Science, 3, 143-62.
Shanks, D. R. (2004). Judging covariation and causation. In D. J. Koehler and N. Harvey (Eds.), Blackwell Handbook of judgment and decision making. Oxford: Blackwell.
Shanteau, J. (1992) How much information does an expert use? Is it relevant? Acta Psychologica, 81, 75-86.
Shapiro, S. (2010). Vagueness, Metaphysics, and Objectivity. Dietz, R. & Morruzi, S. Ed. Cuts & Clouds. Vagueness, Its nature, and Its logic. Oxford Univ. Press. New York. 149-162
Shapley, L. & Grofman, B. (1984) Optimizing group judgmental accuracy in the presence of interdependencies, Public Choice, 43, 329-32.
Shaw, V. F. (1996). The cognitive processes in informal reasoning. Thinking and Reasoning, 2(1), 51-80.
Shepard, R. N. (1980) Multidimensional scaling, tree-fitting, and clustering, Science, 210, 390-8.
Shepperd, J. A. & Taylor, K. M. (1999) Social loafing and expectancy-value theory, Personality & Social. Psychology Bulletin, 25(9), 1147-58.
Sherif, M., Taub, D., & Hovland, C. I. (1958). Assimilation and contrast effects of anchoring stimuli on judgments. Journal of Experimental Psychology, 55, 150-155.
Sherman, S. J., & Gorkin, L. (1980). Attitude bolstering when behavior is inconsistent with central attitudes. Journal of Experimental Social Psychology, I 6, 388-403.
Shiv, B. & Fedorikhin, A. (l999) Heart and mind in conflict: The interplay of affect and cognition in consumer decision making, Journal of Consumer Research, 26, 278-92.
Shubik, M. (1971). The Dollar Auction game: A paradox in noncooperative behavior and escalation. Journal of Conflict Resolution, 15, 109-111.
Sidgwick, A. (1883) Fallacies: A View of Logic from the Practical Side. London: Kegan Paul, Trench & Co.
Sieber, J. E. (1974). Effects of decision importance on ability to generate warranted subjective uncertainty. Journal of Personality and Social Psychology, 30, 688-694.
Siegel-Jacobs, K. & Yates, J. F. (l996) Effects of procedural and outcome accountability on judgment quality, Organizational Behavior and Human Decision Processes, 65, 1-17.
Silverman, B. (1995). "Knowledge-based Systems and the Decision Sciences." Interfaces. Nov.-Dec.
Simon, H. A. (1955) A Behavioral model of rational choice, Quarterly Journal of Economics, 69, 99-118.
Simon, H. A. (l956) Rational choice and the structure of environments, Psychological Review, 63, 129-38.
Simon, H. A. (1957) Models of Man: Social and Rational. New York Wiley.
Simon, H. A (l978) Rationality as process and as product of thought. American Economic Review, 68, 1-16.
Simon, H. A. (1979) Models of thought, New Haven, CT: Yale University Press.
Simon, H. A (l981) The Sciences of the Artificial (2nd edn.). Cambridge, MA: MIT Press
Simon, H A. (l982) Models of Bounded Rationality. Cambridge, MA: MIT Press.
Simon, H. A. (l983) Reason in Human Affairs. Stanford, CA: Stanford University Press.
Simon, H. A. (1990) Invariants of human behavior. Annual Review of Psychology, 41, 1-19.
Simon, H. (1997) Models of Bounded Rationality, Cambridge, MA: MIT Press.
Simon, rI. A. & Prietula, M. J. (l989) The experts in your midst, Harvard Business Review, Januay-February, 120-4.
Simonson, I. (l989) Choice based on reasons-the case of attraction and compromise effects, Journal of Consumer Research, 16, 158-74.
Simonson, I. (l990) The effect of purchase quantity and timing on variety-seeking behavior, Journal of Marketing Research, 27, 150-62.
Simonson, I. & Nowlis, S. M. (2000) The role of explanations and need for uniqueness in consumer decision. making: Unconventional choices based on reasons, Journal of Consumer Research, 27, 49-68.
Simonson, I. & Nye, P. (l992) The effect of accountability on susceptibility to decision errors, Organizational Behavior and Human Decision Processes, 51, 416-46.

Slegers, D. W .. Brake, G. L., & Doherty, M. E. (2000) Probabilistic mental models with continuous predictors. Organizational Behavior and Human Decision Processes, 81, 98-114.

Sloman, S. A. (1994) When explanations compete: The role of explanatory coherence on judgments of likelihood, Cognition, 52, 1-21.

Sloman, S. A. (1996) The empirical case for two systems of reasoning, Psychological Bulletin, 119, 3-22.

Sloman, S. A. (1998) Categorical inference is not a tree: The myth of inheritance hierarchies, Cognitive Psychology, 35, 1-33.

Sloman, S. A. & Lagnado, D. A. (2005) The problem of induction, In K. Holyoak & E. Morrison (eds.), Cambridge Handbook of Thinking and Reasoning (pp.95-116). Cambridge University Press.

Sloman, S. A. & Over, D. E. (2003) Probability judgment: From the inside and Out. In D. E. Over (ed.), Evolution and the Psychology of Thinking: The Debate. Hove: Psychology Press.

Sloman, S. A., Over, D. E., & Slovak, L. (2003) Frequency illusions and other fallacies. Organizational Behavior and Human Decision Processes, 91, 296-309.

Slott, A. (2002). Identifying and analysing dominant preferences in discrete choice experiments: An application in health care. Journal of Economic Psychology, 23, 383-98.

Slovic, P. (1972) From Shakespeare to Simon: Speculation _ and some evidence-about man's' ability to pocess information. Oregon Research Institute Bulletin, 12(3), 1-29.

Slovic, P. (1975) Choice between equally valuable alternatives, Journal of Experimental Psychology: Human Perception and Performance, 1, 280-7.

Slovic, P, (1987) Perception of risk, Science, 236, 280-5.

Slovic, P (1995) The construction of preference. American Psychologist, 50, 364-71.

Slovic, P., Finucane, M., Peters, E., & MacGregor, D. G. (2002) The affect heuristic. In T. Gilovich, D. Griffin, and D. Kahneman (eds.), Heuristics and Biases: The Psychology of Intuitive Judgment (pp.397-420). Cambridge: Cambridge University Press.

Slovic P. & Fischhoff, B. (1977). On the psychology of experimental surprises. Journal of Experiment and Psychology: Human Perception and Performance, 3, 544-551.

Slovic, P., Fischoff, P., Lichtenstein, S., Corrigan, B. and Coombs, B. (1977), Preference for insuring against probable small losses: Insurance implications · . Journal of Risk and Insurance 44(4), 237-58.

Slovic, P., Griffin, D., & Tversky, A. (1990) Compatibility effects in judgment and choice. In R. M. Hogarth (ed.) Insights in Decision Making: Theory and Applications. Chicago: University of Chicago.

Slovic, P. & Lichtenstein, S. (1968) Relative Importance of Probabilities and Payoffs in Risk Taking. Journal of experimental psychology Monograph, Vol. 78, No.3, part 2, November.

Slovic, P. & Lichtenstein, S. (1983) Preference-reversals: A broader perspective, American Economic Review, 73, 596-605.

Slovic, P. & MacPhillamy, D. (1974) Dimensional commensurability and cue utilization in comparative judgment, Organizational Behavior and Human Performance, 11, 172-94.

Smedslund, J. (1955) Multiple Probability Learning. Oslo: Akademisk Forlag.

Smedslund, J. (1963). The concept of correlation in adults. Scandinavian Journal of Psychology, 4, 165-173.

Smith, P, L. (1995) Psychophysically principled models of visual simple reaction time, Psychologica Review, 102(3), 567-93.

Smith, N. (2010). Degree of Belief is Expected Truth Value. Dietz, R. & Morruzi, S. Ed. Cuts & Clouds. Vagueness, Its nature, and Its logic. Oxford Univ. Press. New York. 491-506

Smith, E. E., Langston, C., & Nisbett, R. (1992) The case for rules in reasoning Cognitive Science, 16, 1-40.

Smith, E. E. & Osherson, D. N. (1989) Similarity and decision making. In S. Vosnioiadou & A. Ortony (eds.), Similarity and Analogical Reasoning (pp.60-75). New York: Cambridge University Press.

Sniezek, J. A., & Henry, R. A. (1989). Accuracy and confidence in group judgment. Organizational Behavior and Human Decision Processes, 43, 1-28.

Sniezek, J. A., & Henry, R. A. (1990). Revision, weighting, and commitment in consensus group judgment. Organizational Behavior and Human Decision Processes, 45, 66-84.

Sniezek, J. A., Paese, P. W., & Switzer, F. S., III. (1990). The effect of choosing on confidence and choice. Organizational Behavior and Human Decision Processes, 46, 264-282.

Snyder, M. (1984) · When belief creates reality. In L. Berkowitz (Ed.), Advances in experimental social psychology (Vol. 18, pp.247-305), New York: Academic Press.

Snyder, M.. (1994). Motivational foundations of behavioral confirmation, In M. P. Zanna (Ed.), Advances in

experimental social psychology (Vol. 25). New York Academic Press.
Snyder, M., & Cantor, N. (1979). Testing hypotheses about other people: The use of historical knowledge. Journal of Experimental Social Psychology, 15, 330-342.
Snyder, M., & Swann, W. B., Jr. (1978). Hypothesis-testing processes in social interaction. Journal of Personality and Social Psychology, 36. 1202-1212.
Snyder, M., Campbell, B. H., & Preston, E. (1982). Testing hypotheses about human nature: Assessing the accuracy of social stereotypes. Social Cognition, 1, 256-272.
Snyder, M., Tanke, E. D., & Berscheid. E. (1977). Social perception and interpersonal behavior: On the self-fulfilling nature of social stereotypes. Journal of Personality and Social Psychology, 35, 656-666.
Soames, S. (2010). The Possibility of Partial Definition. Dietz, R. & Morruzi, S. Ed. Cuts & Clouds. Vagueness, Its nature, and Its logic. Oxford Univ. Press. New York. 46-62
Sober, E. (1975), Simplicity. Oxford: Clarendon Press.
Soll, J. B. & Klayman, J. (2004) Overconfidence in interval estimates, Journal of Experimental Psychology: Learning, Memory, and Cognition, 30, 299-314.
Soll, J. B. & Larrick, R. P. (20D4) Strctegies for revising judgment: How, and how well, do people use others' opinions? Unpublished manuscript.
Solomonoff, R. (1964). A Formal Theory of Inductive Inference I, II. Information Control 7 1-22, 224-254.
Soman, D. (2001) Effects of payment mechanism on spending behavior: The role of rehearsal and Immediacy of payments. Journal of Consumer Research, 27, 460-74.
Soman, D. (2007). Framing, Loss Aversion, and Mental Accounting. Handbook of Judgment and Decision Making edited by Koehler & Harvey, Blackwell. Malden, MA. USA.
Soman, D. & Gourville, J. (200l) Transaction decoupling: How price bundling affects the decision to consumer, Journal of Marketing Research, 38, 30-44.
Soman, D., Wertenbroch. K., & Chattopadhyay, A. (2003) Currency numerosity effects on the perceived value of transactions. Unpublished working paper, Hong Kong University of Science and Technology
Sorkin, R. D, & Dai, H. (1994) Signal detection analysis of the ideal group, Organizational Behavior and Human Decision Processes, 60, 1-13.
Sorkin, R. D., Hays C. J., & West, R. (200l) Signal detection analysis of group decision making, Psychological Review, 108, 183-203.
Sorkin, R. D., Luan, S., & Itzkowitz, J. (200l) Rational models of social conformity and social loafing. "Paper-presented at the European Association for Decision Making (SPUDM-18), Amsterd1am, Netherlands, August 2001.
Sorkin, R. D .. Luan, S. aid Itzlowitz, J. (2003) Effect of majority rule and initial bias on information aggregation by groups. Paper presented at AFOSR, EADM, and NSF Workshop on Information Aggregation in Decision Making, Silver Spring, MD, May 2003.
Sorkin, R. D., Luan, S., & Itzkowitz, J. (2007) Group Decision and Deliberation: A Distributed Detection Process. In Koehler, D. J. & Harvey, N. (eds.) Blackwell Halldbook of Judgment and Decision Making, Malden, MA., USA
Sorkin, R. D., Luan, S., Itzkowitz, J. & Crandall, C. (submitted for publication) Signal detection theory of group deliberation: Jury decision making.
Sorkin, R. D., Mabry, T. R, Weldon, M., & Elvers, G. (l99l) Integration of information from multiple element displays, Organizational Behavior and Human Decision Processes, 49, 167-87.
Sorkin, R. D., West, R., & Robinson, D. E. (l998) Group performance depends on the majority rule, Psychological Science, 9, 456-63.
Sprague, R. H., Jr., and H. 1. Watson (eds.). (1996). Decision Support Systems, 4th ed. Englewood Cliffs, NJ: Prentice Hall.
Spranca, M., Minsk, E. & Baron, J. (199l) Omission and commission in judgment and choice, journal of Experimental Social Psychology, 27, 76-105.
Stalnaker, R. (1968) A theory of conditionals, American Philosophical. Quarterly Monograph Series, 2, 98-112.
Stanovich, K. E. (1999) Who is Rational? Studies in Individual Differences in Reasoning. Mahwah, NJ: Laurence Erlbaum Associates.
Stanovich, K. E. & West, R. F. (1997). Reasoning independently of prior belief and individual differences in actively open-minded thinking. Journal of Educational Psychology, 89, 342-357

Stanovich K. E. & West, R. F (1998). Individual differences in rational thought:. Journal of Experimental Psychology: General. 127, 161-188.
Stanovich, K. E. & West, R. F. (2000) Individual differences in reasoning: Implications for the rationality debate? Behavioral and Brain Sciences, 23, 645-726.
Stanovich, K. E. & West, R. F. (2002). Individual differences in reasoning: Implications for the rationality debate? Behavioral and Brain Sciences, 23, 645-726.
Stanovich, K. E, & West, R. F. (2003) Evolutionary versus instrumental goals: How evolutionary psychology misconceives human rationality. In D. E. Oyer (ed.), Evolution and the Psychology of Tf:Jinkirzg: The Debate. Hove, UK: Psychology Press.
Stanovich, K. E. & West, R. E (2007). Natural myside bias is independent of cognitive ability. Thinking and Reasoning, 13(3), 225-247.
Stapel, D. A., Martin, 1. L., & Schwarz, N. (1998) The smell of bias: What instigates correction processes in social judgments? Personality and Social Psycholo효 Bulletin, 24, 797-806.
Stasser, G., Kerr, N. L., & Davis, J. H. (1989) Influence processes and consensus models in decision-making groups. In P. Paulus (ed.), Psychology of Group Influence (2nd edn.). Hillsdale, NJ: Erlbaum.
Staw, B. M. (1976). Knee-deep in the big muddy A study of escalating commitment to a chosen course of action. Organizational Behavior and Human Performance, 16, 27-44.
Staw, B. M., & Ross, J. (1987). Behavior in escalation situations: Antecedents, prototypes, and solutions. Research in Organizational Behavior, 9, 39-78.
Staw, B. M., & Ross, J. (1987, March-April), Knowing when to pull the plug. Harvard Business Review, pp.68-74.
Steiger, J. H. & Gettys C. F. (1972) Best-guess errors in multistage inference. Journal of Experimental Psychology, 92, 1-7.
Stein, E. (1996) Without Good Reason: The Rationality Debate in Philosophy and Cognitive Science. Oxford: Oxford University Press.
Sterman, J. D. (1989) Modeling managerial behavior: Misperceptions of feedback in a dynamic decision making environment, Management Science, 35(3), 321-39.
Sterman, J. D. (1999) Boom, bust, and failures to learn tn experimental markets, Management Science, 39(12), 1439-58.
Sterman, J. D. (2000) Business Dynamics: Systems Thinking and Modeling for a Complex World. Boston, MA: McGraw-Hill/Irwin.
Stevens, S. S. (1957), "On the Psychophysica1 Law," Psychological Review, 64: 153-181.
Stewart, T. R. (1988) Judgment analysis: Procedures. In B. Brehmer and C. R. B. Joyce (eds.), Human Judgment: The SJT View (pp.41-74). Amsterdam: North-Holland Elsevier.
Stewart, T. R. (2001) The lens model equation. In K. R. Hammond and T. R. Stewart (eds.), The Essentzal Brunswik: Beginnings, Explications, Applications (pp.357-62). Oxford: Oxford University Press.
Stigler, G. J. (1961). The economics of information. Journal of Political Economy 69, 213-25.
Stigler, G. J. (1982), Merton on multiples, denied and affirmed, in Stigler, G.(ed.), The Economist as Preacher and other Essays, Chicago. University of Chicago Press.
Stillwell, W. G., Barron, F. H., & Edwards, W. (1983) Evaluating credit applications: A validation of multiattribute utility weight elicitation techniques, Organizational Behavior and Human Performance, 32, 87-108.
Stone, D. N. & Zeibart, D. A. (1995) A model of financial incentive effects in decision making, Organizational Behavior and Human Decision Processes, 61, 250-61.
Stoner, J. A. (1968) Risky and cautious shifts in group decisions: The influence of widely held values, Journal of Experimental Social Psychology, 4(4), 442-59.
Strassmann, B. I. & Dunbar, R. I. M. (1999) Human evolution and disease: Putting the stone age in perspective. In S. C. Stearns (ed.), Evolution in Health and Disease. Oxford: Oxford University Press.
Sully,]. (1882) Illusions: A Psychological Study. London: Kegan Paul, Trench & Co.
Sunstein, C. R., Kahneman, D., Schkade, D., & Ritov, I. (2002) Predictably incoherent judgments, Stanford Law Review, 54, 1153-215.
Sunter, C. (1987) The World and South Africa in the 1990s. Cape Town: Human and Rousseau Tafelberg.
Svenson, O. (1992) Differentiation and consolidation theory of human decision making: A frame of reference

for the study of pre- and post-decision processes, Acta Psychologica, 80, 143-68.
Svenson, O. (1996) Decision making and the search for fundamental psychological regularities: What can be learned from a process perspective? Organizational Behavior and Human. Decision Processes, 65, 252-67.
Svenson, O. & Edland, A. (1987) Change of preferences under time pressure: Choices and judgments, Scandinavian Journal of Psychology, 28, 322-30.
Swaszek, P. E. & Willett, P. (1995) Parley as an approach to distributed detection, IEEE Transaction: on Aerospace and Electronic Systems, 31(1), 447-57.
Swets, J. A. (1973) The relative operating characteristic in psychology, Science, 182(7), 990-1000.
Swets, J. A. (1986a) Indices of discrimination or diagnostic accuracy: Their ROCs and implied models, Psychological Bulletin, 99(1) 100-17.
Swet., J. A. (1986b) Form of empirical ROCs in discrimination and diagnostic tasks: Implications for theory and measurement of performance, Psychological Bulletin, 99(2) 181-98.
Swets, J. A. (1988) Measuring the accuracy of diagnostic systems, Science, 240(3), 1285-93.
Swets, J. A., Tanner, W. P., Jr., & Birdsall, T. G. (1961) Decision processes in perception, Psychological Review, 68, 301-40.
Synodinos, N. E. (1986). Hindsight distortion: "I knew-it-all along and I was sure about it." Journal of Applied Social Psychology, 16, 107-117.
Tanner, W. P. Jr. & Birdsall, T. G. (1958) Definition of d' and η as psychophysical measures, Journal of the Acoustical Society of America, 30, 922-8.
Tanner, W. P., Jr., & Swets, J. A. (1954) A decision-making theory of visual detection, Psychological Review, 61, 401-09.
Taylor, S. E. & Brown, J. D. (1988) Illusion and well-being: A social psychological perspective on mental health, Psychological Bulletin, 193(2), 193-21.
Teger A. I. (1980). Too much invested to quit. New York: Pergamon Press.
Tetlock, P. E. (2002) Social functionalist frameworks for judgment and choice: Intuitive politicians, theologians, and prosecutors, Psychological Review, 109, 451-71.
Tetlock, P. E, & Boettger, R (1989) Accountability: A social magnifier of the dilution effect, Journal of Personality and Social Psychology, 57, 388-98.
Thagard, P. & Millgram, E. (1995) Inference to the best plan: A coherence theory of decision. In A. Ram and D. B. Leake (eds.), Goal-driven Learning (pp.439-541. Cambridge, MA: MIT Press.
Thaler, R. (1980) Toward a positive theory of consumer choice, Journal of Economic Behavioral Organization 1, 39-60.
Thaler, R. (1985) Mental accounting and consumer choice, Marketing Science, 4, 199-214.
Thaler, F. H. & Benartzi, S. (2001) Save more tomorrow: Using behavioral economics to increase employee saving. Working paper, University of Chicago.
Thorn, R. (1984) Mathematical Models of Morphogenesis. London: Ellis Horwood Ltd.
Thorndike, E. L. (1920). A constant error in psychological ratings. Journal of Applied Psychology, 4, 25-29.
Thurstone, L. L. (1959) The Measurement of Values. Chicago: University of Chicago Press.
Tiao, G. C. (2001) Vector ARMA models. In D. Pena, G. C. Tiao, & R. S. Tsay (eds.), A Course in Time Series Analysis. New York: Wiley.
Tietz, R. (1976) Anspruchsausgleich in experimentellen Zwei-Personen-verhandlungen mit verbaler Kommunikation. Entscheidungsprozesse in Gruppen. Z. Sozialpsych. Beih.2: 123-141.
Tietz, R., and H. J. Weber. 1972. On the nature of the bargaining process in the KRESKO-game. In: Contributions to Experimental Economics, ed. H. Sauermann, vol. 3, pp.305-334. Tubingen: J.C.B. Mohr.
Todd, P. (2001) Fast and frugal heuristics for environmentally bounded minds. In G. Gigerenzer and R. Selten (eds.), Bounded Rationality. The Adaptive Toolbox (pp.51-70) Cambridge, MA: MIT Press.
Todd, P. & Benbasat, I. (2000) Inducing compensatory information processing through decision aids that facilitate effort reduction: An experimental assessment, Journal of Behavioral Decision Making, 13, 91-106.
Todd, P. M. & Gigerenzer, G. (2000) Precis of Simple Heuristics that Make Us Smart. Behavioral and Brain Sciences, 23, 727-80.
Todd, P. M. & Miller, G, F. (1999) From pride to prejudice to persuasion: Satisficing in mate search. In G. Gigerenzer, P. M. Todd, and the ABC Research Group, Simple Heuristics that Make Us Smart (pp,

287-308). New York: Oxford University' Press.

Todorov, A (2002) Predicting real outcomes: When heuristics are as smart as statistical models, Unpublished manuscript

Torndike, E. L, (1920). A constant error in psychological ratings. Journal of Applied Psychology. 74, 25-29.

Toulmin, S. (1958). The uses of argument. Cambridge: Cambridge University Press.

Townsend, J. T. & Busemeyer, J. R. (l995) Dynamic representation of decision-making. In R. F. Port and T. van Gelder (eds.), Mind as Motion (pp.101-20). Cambridge, MA: MIT Press.

Turban, E. & Aronson, J. (2001). Decision support systems and Intelligent System.. Prentice Hall. New Jersey, USA.

Turner, J. C. (1991) Social Influence. Milton Keynes: Open University Press.

Tversky, A. (1969) Intransitivity of preferences, Psychological Review, 76, 31-48.

Tversky, A. (1972) Elimination by aspects: A theory of choice, Psychological Review, 79, 281-99.

Tversky, A. (1974) Assessing Uncertainty. J. R. Statist. Soc. Series B. Vol. 36, 148-159,

Tversky, A. (1977) Features of similarity, Psychological Review, 84, 327-52.

Tversky, A. (1996) Rational theory and constructive choice. In K. J. Arrow, E. Colombatto, M. Perlman, and C. Schmidt (eds.), The Rational Foundations of Economic Behavior (pp.185-202). London and NewYork: Macmillan and St. Martin's Press.

Tversky, A. and Griffin, D. (l991) Endowment and contrast in judgments of well-being. In F. Strack, M. Argyle, and N. Schwanz (eds.), Subjective Well-being: An Interdisciplinary Perspective (vol. 21, pp.101-18). Oxford: Pergamon Press.

Tversky, A. & Kahneman, D. (1973). Availability: A heuristic for judging frequency and probability, Cognitive Psychology, 5(2), 207-32.

Tversky, A., and D. Kahneman (1974), Judgment under Uncertainty: Heuristics and Biases, Science, 185: 1124-1131.

Tversky, A. & Kahneman, D. (l980) Causal schemas in judgements under uncertainty. In M. Fishbein (ed.), Progress in Social Psychology, Hillsdale, NJ: Erlbaum.

Tversky, A., and D. Kahneman (1981). "The Framing of Decisions and the Psychology of Choice," Science, 211: 453-458.

Tversky, A. & Kahneman, D. (1982) Evidential impact of base rates. In Kahneman, D., Slovic, P., and Tversky, A (eds.) Judgment under Uncertainty: Heuristics and Biases. Cambridge: Cambridge University Press.

Tversky, A. & Kahneman, D. (1983) Extensional versus Intuitive reasoning: The conjunction fallacy in probability judgment, Psychological Review 90, 293-315.

Tversky, A. & Kahneman, D. (1986) Rational choice and the framing of decisions, Journal of Business, 59, 251-78.

Tversky, A. & Kahneman, D. (1991) Loss aversion in riskless choice: A reference-dependent model, Quarterly Journal of Economics, 106, 1039-61.

Tversky, A. & D. Kahneman (l992) Advances in Prospect Theory: Cumulative Representation of Uncertainty. Journal of Risk and Uncertainty 5, 297-323.

Tversky, A., Sattath, S., & Slovlc, P. (1988) Contingent weighting in judgment and choice, Psychological Review, 95, 371-84.

Tversky, A. & Simonson, I. (1993) Context dependent preferences, Management Science, 39, 1179-89.

Usher, M. & McClelland, J. L. (200l) On the time course of perceptual choice: A model based on principles of neural computation, Psychological Review, 108, 550-92.

Usher, M. & McClelland. J. L. (2002) Decisions, decisions: Loss aversion, information leakage and inhibition in multi-attribute choice situations. Unpublished note.

Valee-Tourangeau, F., Hollingsworth, L & Murphy, R. A. (1998). Attentional bias' in correlation judgements? Smedslund (1963) revisited, Scandinavian Journal of Psychology, 39, 221-233.

Vallone, R. P., Griffin, D. W., Lin, S., & Ross, L. (1990). Overconfident prediction of future actions and outcomes by self and others. Journal of Personality and Social Psychology, 58, 582-592.

Vallone, R. P., Ross, L., & Lepper, M. R. (l985).The hostile media phenomenon: Biased perception and perceptions of media bias in coverage of the Beirut massacre. Journal of Personality and Social Psychology, 49, 577-585.

Van der Heijden, K. (l99«1) Scenarios: The Art of Strategic Conservation, New York: Wiley.

Van der Heijden, K. (2002) Scenarios and forecasting: Two perspectives, Technological Forecasting and

Social Change, 65, 31-6.
van Osselaer, S. M. J., Alba, J. W., & Manchanda, P. (2001) Loyalty programs and process in mediated intertemporal choice. Unpublished manuscript, University of Chicago, Chicago, IL 60637.
Varela, F. J. (1979) Principles of Biological Autonomy. Elsevier North-Holland.
Vartarian, O. & Mandel, D. R. The Neuroscience of Decision Making. Psychology Press.
Vickers, D. (1979) Decision Processes in Visual Perception. New York: Academic Press.
Viscusi, K. W. (1989) Prospective Reference Theory: Toward an Explanation of the Paradoxes," Journal of Risk and Uncertainty 2, 235-264.
Viswanathan, R.. & Varshney, P. K. (1997) Distributed detection with multiple sensors Part I - fundamentals, Proceedings of the IEEE, 85, 54-63.
Von Bertalanffy, L. (1976) General system theory: Foundations, development, applications. New York: George Braziller.
von Winterfeldt, D. & Edwards, W. (1986). Decision analysis & Behavioral Research. Cambridge Univ. press, New York, N.Y.
Wack, P. (1985a) Scenarios: Shooting the rapids, Harvard Business Review, November- December, 139-50.
Wack, P. (1985b) Scenarios; Uncharted waters ahead, Harvard Business Review, September-October, 73-89.
Wagenaar, W. A. & Timmers, H. (1979) The pond-and-duckweed problem: Three experiments on the misperception of exponential growth, Acta Psychologica (43), 239-51.
Wakker, P. P. (1986) Representations of Choice Situations, Nijmegen, Holland: Catholic University.
Wakker, P. P. (1990) Separating Marginal Utility and Risk Aversion. Unpublished manuscript, University of Nijmegen, The Netherlands.
Wakker, P. P. (1993a), Unbounded Utility for Savage's 'Foundations of Statistics,' and other Models. Mathematics of Operations Research, 18: 446-485.
Wakker, P. P. (1993b) "Clarification of Some Mathematical Misunderstandings about Savage · s Foundations of Statistics, 1954," Mathematical Social Sciences, 25: 199-202.
Wakker, P. P. (2008) Explaining the Characteristics of the Power (CRRA) Utility Family: If with Economics. 17, 1329-1344.
Wakker, P. P. (2010) Prospect Theory for Risk and Ambiguity. Cambridege University Press. New York, N. Y., U.S.A.
Wald, A. (1950) Statistical Decision Functions. New York: Wiley.
Walker, M. (1984), Explanations for gambling, in Caldwell, G., Haig, B. D., Dickerson, M. and Sylvan. L.(eds.). Gambling in Australia. Sydney. Croom Helm .
Wallsten, T. S. (1981). Physician and medical student bias in evaluating diagnostic information. Medical Decision Making, 1, 145-164.
Wallsten, T. S. & Barton, C. (1982) Processing probabilistic multidimensional information for decisions, Journal of Experimental Psychology: Learning, Memory, and Cognition, 8, 361-84.
Wallsten, T. S., Budescu, D. V., Erey, I., & Diederich, A. (1997) Evaluating and combining subjective probability estimates, Journal of Behavioral Decision Making, 10, 243-68.
Walster, E. (1967). Second-guessing important events. Human Relations, 20, 239-249.
Walton, D. N. (1989). Informal logic: A handbook for critical argumentation. Cambridge: Cambridge University Press.
Walton, D. N. (1996) Argumentation schemes for presumptive reasoning Mahwah, NJ: Erlbaum.
Ward, W. C. & Jenkins, H. M. (1965). Th display of information and the judgment of contingency. Canadian Journal of Psychology, 19, 231-241.
Wason, P. C. (1960). On the Failure to eliminate hypotheses in a conceptual task. Quarterly Journal of Experimental Psychology, 12, 129-140
Wason, J. C., & Johnson-Laird, P. N. (1972), Psychology of reasoning: Structure and content. Cambridge, MA: Harvard University Press.
Wasserman, E. A., Dorner, W. W. &. Kao, S. F. (1990). Contributions of specific cell information to judgments of interevent contingency. Journal of Experimental Psychology: Leaning, Memory, and Cognition, 16, 509-521.
Wasserman, E. A., Elek, S. M., Chatlosh, D. L. & Baker, A. G. (1993). Rating causal relations: The role of probability in Judgments of response outcome contingency. Journal of Experimental Psycho1ogy: Learning, Memory, and Cognition, 19, 174-188.
Weatherstone, B. (2010). Vagueness as Indeterminacy. Dietz, R. & Morruzi, S. Ed. Cuts & Clouds.

Vagueness, Its nature, and Its logic. Oxford Univ. Press. New York. 77-90.
Weber, E. H. (1834), The Sense of Touch (De Tactu-Der Tastsinn), 1st edition. Translated by H. E. Ross, and D. J. Murray. Preface by J. D. Mollon. London: Academic Press.
Wegener, D. T. & Petty, R. E. (1995) flexible correction processes in social judgment: The role of naive theories in corrections for perceived bias, Journal of Personality and Social Psychology, 68,36-51.
Weiner, B. (1985) 'Spontaneous' causal thinking. Psychological Bulletin, 97, 74-84.
Weston, H. A. (ed.) (1989) Intuition in Organizations. New York: Sage Publications.
Weymark, J. (1981), 'Generalized Gini equality indices', Mathematical Social Sciences 1, 409-30
White, P. A. (1989). A theory of causal processing. British Journal of Psychology, 80, 431-454.
Whitecotton, S. M., Sanders, D. E., & Norris, K. B. (1998) Improving predictive accuracy with combination of human intuition and mechanical decision aids, Organizational Behavior and Human Decision Processes, 17(3), 325-48.
Whitten, I. L and L. B. Bentley. (1997). Systems Analysis and Design Methods, 4th ed. Bun Ridge, IL: Irwin.
Wiener. N. (1961) Cybernetics (2nd edn.). Cambridge, MA: MiT Press.
Willams, D. K., Bourgeois, M. J. & Croyle, R. T. (1993). The effects of stealing thunder in criminal and civil trials. Law and Human Behavior, 17, 597-609.
Willett, P., Swaszek, P. F., & Blum, R.. S. (2000) The good, bad and ugly: Distributed detection of a known signal in dependent Gaussian noise, IEEE Transactions on Signal Processing, 48(12), 3266-79.
Wilson, G. T., & Abrams, D. (1977). Effects of alcohol on social anxiety and physiological arousal: Cognitive versus pharmacological processes. Cognitive Research and Therapy, 1, 195-210.
Wilson, T. D. & Brekke, N. (1994) Mental contamination and mental correction: Unwanted influences on judgments and evaluations, Psychological Bulletin, 116, 117-42.
Wilson, T. D. & Gilbert, D. (2003) Afective forecasting, Advances in Experimental Social Psychology, 35, 345-411.
Wilson, T. D. & Schooler, J. W. (1991) Thinking too much: Introspection can reduce the quality of preferences and decisions, Journal of Personality and Social Psychology, 60, 181-92.
Windschitl, P, D., Young, M. E., & Jenson, M. E.. (2002) likelihood judgments based on previously observed outcomes: The alternative-outcomes effect in a learning paradigm, Memory and Cognition, 30, 469-77.
Winkler, R. L. (1981) Combining probability distributions from dependent information sources, Management Science, 27 (April), 479-88.
Winter, S. G. (1971). Satisficing, selection and the innovating remnant. Quarterly Journal of Economics 85, 237-61.
Wise E. (1999). Applied Robotics. Indianapolis: H.W. Sams.
Wittgenstein, L. (1922), Tractatus Logico Philosophicus. London: Routledge /Kegan Paul.
Wood, G.(1978). The knew-It-all-along effect. Journal of Experimental Psychology: Human Perception and Performance, 4, 345-353.
Word C. O., Zanna, M. F., & Cooper, J. (1974). The nonverbal mediation of self-fulfilling prophecies in interracial interaction. Journal of Experimental Social Psychology, 10, 109-120.
Wright, G. (1999) Scenario thinking versus subjective probability forecasting, Technological Forecasting and Social Change, 61, 81
Wright, G. & Goodwin, P. (eds.) (1998) Forecasting with Judgment. New York: Wiley.
Wu, G., Zhang, J., & Gonzalez, R. (2007) Decision Under Risk. Koehler, D. J. & Harvey, N. (edes.) Blackwell Handbook of Judgement and Decision Making,
Wyer. R. S. & Frey D. (1983). The effects of feedback about self and others On the recall and judgments of feedback-relevant information. Journal of Experimental Social Psychology, 19, 540-559.
Yaari, M. (1987), The dual theory of choice under risk. Econometrica 55(1), 95-115.
Yamagishi, K. (2002) Proximity, compatibility, and noncomplementarity in subjective probability. Organizational Behavior and Human Decision Processes, 87, 136-55.
Yates, J. F. (1990). Judgment and decision making. Englewood Cliffs, NJ: Prentice Hall.
Zbaracki, M. J. (1998) The rhetoric and reality of total quality management, Administrative Science Quarterly, 43, 602-36.

찾아보기

저자 약력

■강 성 안

- 서울대학교 공과대학 공학사
- 숭실대학교 중소기업대학원 경영학석사
- 숭실대학교 대학원 경영학박사
- 인제대학교 경영학과 겸임교수

- 한국화인케메칼(주) 전무이사
- (주)진양 부사장
- 한국포리올(주) 부사장
- 한림인텍(주) 부회장
- 세일인텍(주) 부회장
  - e-mail: sungankang@hanmail.net
  - home-page: kangsungan.kr

불확실성하 의사결정

초 판 1쇄 발행 —— 2013년 10월 20일
초 판 2쇄 발행 —— 2015년 10월 30일
지은이 —— 강 성 안
펴낸이 —— 전 두 표
펴낸곳 —— 도서출판 두남
서울시 강동구 성내로6길 34-16 두남빌딩
신 고 : 제25100-1988-9호
TEL : 02) 478-2065, 2066, 2067, 2311
FAX : 02) 478-2068
E-mail : dunam1@unitel.co.kr
http://www.dunam.co.kr

정가 39,000원

ISBN 978-89-6414-468-8 93320